MonLab | xL
L'apprentissage optimisé

Votre livre comprend l'accès à l'**Édition en ligne** et à la plateforme numérique **MonLab xL**, qui vous connecte aux exercices interactifs et vous permet de suivre la progression de vos résultats. **MonLab xL** vous accompagne vers l'atteinte de vos objectifs, tout simplement !

INSCRIPTION de l'étudiant

❶ Rendez-vous à l'adresse de connexion **http://mabiblio.pearsonerpi.com**

❷ Cliquez sur « Pas encore d'accès ? » et suivez les instructions à l'écran. Lorsqu'on vous demandera votre code d'accès, utilisez le code fourni sous l'étiquette bleue.

❸ Vous pouvez retourner en tout temps à **mabiblio.pearsonerpi.com** pour consulter votre Édition en ligne et MonLab xL. Pour y accéder plus rapidement, ajoutez cette page à vos favoris.

ATTENTION ! Si vous utilisez plus d'un produit MonLab xL

Afin d'accéder à deux produits (ou plus) sur MonLab xL, **vous devez absolument** avoir un nom d'utilisateur différent pour chaque produit.

Si vous utilisez MonLab xL dans plus d'un cours (mathématiques, chimie ou physique), rendez-vous sur la page **monlabxl.pearsonerpi.com/aide** pour connaître la procédure de connexion détaillée et voir la vidéo de démonstration.

VOTRE CODE D'ACCÈS

● L'accès est valide pendant **6 mois** à compter de la date de votre inscription.

● Vous aurez accès à l'**Édition en ligne**, qui vous permettra de consulter votre manuel sur votre ordinateur ou votre tablette.

● Si votre professeur y a créé un cours, vous aurez aussi accès à **MonLab xL**, qui comprend de nombreux exercices analogues à ceux qu'on trouve dans votre livre.

CODE D'ACCÈS DE L'ÉTUDIANT

LASTE6-QUIPU-OLDEN-CLOUD-HIGHS-LIKES

D1379539

AVERTISSEMENT : Ce livre NE PEUT ÊTRE RETOURNÉ si

ACCÈS de l'enseignant

Du matériel complémentaire à l'usage exclusif de l'enseignant est offert sur adoption de l'ouvrage. Certaines conditions s'appliquent. **Demandez votre code d'accès à information@pearsonerpi.com**

 I 800 263-3678 option 2
pearsonerpi.com/aide

W20771 (A38685)

Algèbre linéaire

et applications 5e ÉDITION

DAVID C. **LAY**
STEVEN R. **LAY**
JUDI J. **McDONALD**

Algèbre linéaire
et applications   5e ÉDITION

ADAPTATION FRANÇAISE
FATIHA **KACHER**
Université de Montréal
École de technologie supérieure

TRADUCTION ET ADAPTATION DE MONLAB | XL
ZOUMANA **COULIBALY**

PEARSON

Développement éditorial
Philippe Dubé

Gestion de projet
Sylvie Chapleau

Révision linguistique et correction d'épreuves
Bérengère Lepoutre Roudil

Recherche iconographique
Aude Maggiori

Direction artistique
Hélène Cousineau

Supervision de la réalisation
Estelle Cuillerier

Mise en pages (Latex)
Bernard Marcheterre

Conception graphique de la couverture
Martin Tremblay

Imprimé au Canada   23456789   NB   22 21 20 19
ISBN 978-2-7613-7652-5   20771 ABCD   SM9

REMERCIEMENTS DE L'ADAPTATRICE

Je souhaite remercier mes collègues de l'École de technologie
supérieure, spécialement Michel Beaudin, Sylvie Gervais, Gilles Picard,
Geneviève Savard, Chantal Trottier, Lise Massicotte et Sofiane Ayad,
pour leurs encouragements tout au long de ma carrière.

Je fais une place toute particulière à Béatrice Pudelko, professeure
à la TÉLUQ, à Georges Zaccour, professeur à HEC Montréal, à
Jean Guérin, maître d'enseignement à l'École polytechnique de
Montréal, et à Marlène Frigon, professeure à l'Université de
Montréal, pour leur disponibilité et leurs conseils.

Je n'oublierai pas de remercier mon collègue Zoumana Coulibaly,
chargé de cours à l'École polytechnique de Montréal, pour son aide
précieuse.

Merci également à toute l'équipe de Pearson ERPI pour son soutien
et ses encouragements.

Pour finir, j'aimerais remercier mon époux, Mourad, mes deux
enfants, Missipsa et Guiva, ma sœur Miassa et mes parents pour
leurs encouragements et leur patience.

FATIHA KACHER

Préface

Comme dans les éditions précédentes, cet ouvrage propose une introduction à la fois moderne et élémentaire à l'algèbre linéaire, ainsi qu'une large sélection d'applications intéressantes.

L'objectif principal de cet ouvrage est d'aider les étudiants à maîtriser les concepts fondamentaux et le savoir-faire dont ils auront ultérieurement besoin dans leur carrière.

LES NOUVEAUTÉS DE CETTE ÉDITION

L'objectif principal de cette édition est, d'une part, de renouveler les exercices et, d'autre part, d'aborder de nouveaux sujets.

1. La cinquième édition est complétée par des ressources offertes sur la plateforme numérique MonLab xL. Cet outil pédagogique accompagne efficacement les étudiants dans leur apprentissage grâce aux nombreux exercices qu'il propose. Les étudiants non seulement reçoivent une rétroaction concernant leurs réponses, mais trouvent aussi un guide partiel ou complet pour la résolution des problèmes. De plus, les données des exercices sont aléatoires. Enfin, les exercices de MonLab xL peuvent constituer la base de quiz ou de devoirs pour lesquels l'enseignant aura un travail de correction allégé.

2. En plus des exercices sur la mise en application des concepts et des méthodes proposés dans les « exercices d'entraînement », cette édition comporte des exercices sur les démonstrations de résultats théoriques. Les étudiants pourront ainsi s'entraîner non seulement à utiliser les concepts et les méthodes de calcul, mais également à concevoir des preuves théoriques.

3. Des remarques pertinentes sur le type de raisonnement mathématique utilisé dans les démonstrations de certains théorèmes visent à permettre aux étudiants de comprendre plus facilement la logique suivie dans les preuves.

4. Plus de 25 % des exercices sont nouveaux ou ont été réactualisés, particulièrement les exercices de calcul. Les séries d'exercices restent l'une des caractéristiques majeures de ce livre, et les nouveaux exercices ont été conçus avec la même exigence de rigueur que ceux des éditions précédentes. Ils sont façonnés de manière à pousser les étudiants à réinvestir le contenu de la section correspondante, en développant leur confiance en eux et en les stimulant afin qu'ils puissent mettre en œuvre et généraliser les idées qu'ils viennent de découvrir.

LES PARTICULARITÉS DE CET OUVRAGE

Une introduction précoce des concepts fondamentaux

La plupart des idées fondamentales de l'algèbre linéaire sont introduites au cours des sept premiers chapitres. Elles sont présentées dans le cas plus concret de $\mathbb{R}^n$, puis examinées progressivement à partir de différents points de vue. Le chapitre 1 permet de visualiser les concepts sous une forme géométrique, de façon à ce que leur généralisation puisse ensuite s'effectuer naturellement. Une des caractéristiques principales de l'ouvrage est que le niveau de difficulté s'élève de manière très progressive.

Une approche moderne de la multiplication matricielle

Il est fondamental de travailler avec de bonnes notations, et la présentation adoptée ici reflète la façon dont les scientifiques et les ingénieurs utilisent réellement l'algèbre linéaire. Les définitions et les démonstrations s'appuient fondamentalement sur les colonnes des matrices plutôt que sur leurs coefficients. Un des points essentiels ici est d'interpréter le produit $A\mathbf{x}$ d'une matrice par un vecteur comme une combinaison linéaire des colonnes de A. Cette approche moderne simplifie beaucoup de raisonnements et établit un lien étroit entre les concepts se rapportant aux espaces vectoriels et l'étude des systèmes linéaires.

Applications linéaires

Les applications linéaires constituent le fil rouge de l'ouvrage. Leur utilisation renforce la coloration géométrique du texte. Dans le chapitre 1, par exemple, les applications linéaires permettent d'interpréter de façon dynamique et visuelle la multiplication d'une matrice par un vecteur.

Valeurs propres et systèmes dynamiques

Les valeurs propres sont introduites relativement tôt dans le texte, aux chapitres 5 et 7. Leur étude s'étend ainsi sur plusieurs semaines, ce qui permet aux étudiants de disposer de plus de temps pour assimiler et revoir ces concepts. Les systèmes dynamiques discrets et continus sont utilisés à la fois comme motivation et comme application des valeurs propres ; ils apparaissent dans les sections 1.10, 4.8 et 4.9, ainsi que dans cinq sections du chapitre 5.

Orthogonalité et méthode des moindres carrés

Ces sujets font l'objet d'un traitement plus approfondi que celui que l'on trouve en général dans des ouvrages pour débutants.

ASPECTS PÉDAGOGIQUES

Applications

L'ouvrage comprend un large choix d'applications qui illustrent la puissance de l'algèbre linéaire pour simplifier les calculs et expliquer les principes fondamentaux en ingénierie, informatique, mathématiques, physique, biologie, économie et statistiques. Chaque chapitre débute par une petite anecdote qui présente une application de l'algèbre linéaire, apportant ainsi une motivation pour l'étude des sections qui suivent. Cette application est ensuite reprise vers la fin du chapitre.

Une importante coloration géométrique

Un étudiant apprend plus facilement quand il peut visualiser une idée. C'est pourquoi tous les concepts importants sont interprétés géométriquement. On trouvera ici beaucoup plus de dessins que ce que l'on voit habituellement.

Exemples

On trouvera également ici beaucoup plus d'exemples que dans la plupart des ouvrages d'algèbre linéaire. Leur nombre excède ce qu'un enseignant peut présenter en classe. Mais comme ces exemples sont décrits soigneusement et avec force détails, les étudiants peuvent les étudier seuls.

Théorèmes et démonstrations

Les résultats importants sont énoncés sous forme de théorèmes. D'autres propriétés essentielles figurent dans des encadrés en couleur, afin que l'on puisse les retrouver facilement. La plupart des théorèmes sont accompagnés de leur démonstration formelle, rédigée pour l'étudiant débutant.

Exercices d'entraînement

Des exercices d'entraînement, soigneusement sélectionnés, figurent juste avant les séries d'exercices. Les solutions en sont données après ces dernières. Ces exercices d'entraînement peuvent se concentrer sur telle ou telle difficulté susceptible d'être rencontrée dans les exercices, ou constituer une sorte d'échauffement pour les exercices qui suivent. Leurs solutions contiennent souvent des indications utiles ou des mises en garde pour préparer le travail à la maison.

Exercices

Les séries d'exercices vont d'exercices d'application directe à des questions plus théoriques, nécessitant une certaine réflexion. Une bonne partie des questions ont été conçues de façon assez originale, tenant compte de certaines difficultés conceptuelles que nous avons pu rencontrer au fil des ans dans les devoirs des étudiants. Dans chaque série, les exercices sont soigneusement arrangés dans un ordre qui suit la progression de la matière. Il est ainsi facile de proposer un travail à la maison, même si une section n'a pas été étudiée en totalité. L'une des caractéristiques principales de ces exercices est leur simplicité numérique. Les calculs s'effectuent facilement, ce qui évite une perte de temps inutile. L'objectif est de se concentrer sur la compréhension des concepts, plus importante que la virtuosité en calcul. Les exercices de cette édition reprennent la totalité de ceux des éditions précédentes, auxquels s'ajoutent de nouveaux problèmes.

Les exercices marqués du symbole [**M**] sont conçus pour être traités avec l'aide d'un programme **Matriciel** (un logiciel tel que MATLAB®, **M**aple™, **M**athematica®, MathCad® ou Derive™, ou bien une calculatrice programmable dotée de fonctions matricielles, telle que celles de Texas Instruments).

Questions vrai-faux

Pour encourager les étudiants à une lecture complète et critique du texte, nous avons rédigé 300 questions très simples du type vrai-faux. Elles apparaissent dans 33 sections du texte, à la suite des exercices d'application directe. Il suffit de lire le texte pour y répondre. Elles ont pour but de préparer les étudiants aux exercices plus théoriques qui suivent. Une fois qu'ils ont compris l'importance d'une lecture attentive, les étudiants apprécient beaucoup ce type de questions. Après les avoir testées en cours et en avoir discuté avec les étudiants, nous avons décidé de ne pas fournir les réponses à ces questions. Les premiers corrigés se contentent de donner quelques conseils de méthode. On trouvera en outre 150 questions vrai-faux supplémentaires (en général en fin de chapitre). Les réponses sont données, mais sans justifications (lesquelles nécessitent en général un peu de réflexion).

Rédaction des exercices

La capacité à rédiger en bon français un raisonnement mathématique cohérent est essentielle pour tous les étudiants en algèbre linéaire, et pas seulement pour ceux qui se destinent aux études de mathématiques. On trouvera de nombreux exercices pour lesquels une justification rédigée fait partie intégrante de la réponse attendue. Les exercices théoriques nécessitant une petite démonstration sont en général accompagnés d'indications permettant à l'étudiant de démarrer. Les exercices portant un numéro impair sont corrigés en fin d'ouvrage, soit sous la forme d'une solution complète, soit sous la forme d'indications à compléter par l'étudiant.

Aspect informatique

Le texte souligne l'impact des technologies informatiques à la fois sur le développement et sur la pratique de l'algèbre linéaire, que ce soit en sciences pures ou dans les applications pour les ingénieurs. De nombreuses *remarques numériques* attirent l'attention sur les problèmes liés au calcul pratique et distinguent les concepts théoriques, tels que l'inversion matricielle, de leur mise en œuvre informatique, par exemple avec les factorisations LU.

MonLab xL

La plateforme numérique MonLab xL accompagnant la cinquième édition apporte un soutien et un encadrement permanent aux étudiants. Ainsi, elle leur permet de résoudre divers exercices d'algèbre linéaire tout en ayant une correction automatique de leur démarche. En cas de difficulté ou d'erreur dans la solution, elle met de plus à leur disposition un guide leur rappelant les concepts nécessaires à la résolution, pour les amener à la bonne réponse.

Les auteurs

David C. Lay

David C. Lay est titulaire d'un baccalauréat ès arts de l'Université d'Aurora (Illinois), d'une maîtrise ès arts et d'un doctorat de l'Université de Californie à Los Angeles. Il est depuis 1966 enseignant-chercheur, principalement à l'Université du Maryland. Il a également exercé en tant que professeur invité à l'Université d'Amsterdam, à l'Université libre d'Amsterdam et à l'Université de Kaiserslautern en Allemagne. On lui doit plus de 30 articles de recherche en analyse fonctionnelle et en algèbre linéaire.

Comme membre fondateur du Linear Algebra Curriculum Study Group (groupe d'étude de l'enseignement de l'algèbre linéaire), D. C. Lay a joué un rôle prééminent dans le mouvement actuel de modernisation de l'enseignement de l'algèbre linéaire. Il est également le coauteur de plusieurs ouvrages de mathématiques, parmi lesquels *Introduction to Functional Analysis*, avec Angus E. Taylor, *Calculus and Its Applications*, avec L. J. Goldstein et D. I. Schneider, et *Linear Algebra Gems—Assets for Undergraduate Mathematics*, avec D. Carlson, C. R. Johnson et A. D. Porter.

Stephen R. Lay

Steven R. Lay a débuté sa carrière d'enseignant à l'Université d'Aurora (Illinois) en 1971, après avoir obtenu une maîtrise ès arts et un doctorat en mathématiques à l'Université de Californie à Los Angeles. En 1998, il a intégré la faculté de mathématiques de l'Université Lee (Tennessee), où il est resté depuis. Steven R. Lay est également l'auteur de trois ouvrages de mathématiques : *Convex Sets and Their applications*, *Analysis with an Introduction to Proof* et *Principles of Algebra*.

Judi J. McDonald

Judi J. McDonald s'est jointe à l'équipe rédactrice de ce livre après avoir travaillé étroitement avec David C. Lay sur la quatrième édition. Elle possède un baccalauréat ès sciences en mathématiques de l'Université d'Alberta, une maîtrise ès arts et un doctorat de l'Université du Wisconsin. Elle est actuellement professeure à l'Université d'État de Washington.

Note aux étudiants

En algèbre linéaire, les concepts sont au moins aussi importants que les calculs. Les exercices numériques très simples qui ouvrent chaque série d'exercices ont pour seul but de vous aider à vérifier votre compréhension des méthodes fondamentales. Plus tard, dans votre carrière, vous pourrez confier les calculs aux ordinateurs, mais il vous faudra décider des calculs à effectuer, savoir interpréter les résultats, puis les expliquer aux autres. C'est pourquoi beaucoup d'exercices demandent d'expliquer ou de justifier les calculs. La résolution requiert en général une rédaction écrite soigneuse. Pour les exercices impairs, des corrigés en fin d'ouvrage fournissent soit cette rédaction complète, soit des indications détaillées. Il faut absolument résister à la tentation de les consulter avant d'avoir essayé de rédiger vous-même la solution. Sinon, vous risquez de croire que vous avez compris une notion alors que ce ne sera pas le cas.

Pour maîtriser les concepts de l'algèbre linéaire, il faut lire et relire le manuel soigneusement. Les termes nouveaux sont écrits en caractères gras, parfois dans une définition encadrée. Un glossaire figure en fin d'ouvrage. Les résultats importants sont énoncés sous forme de théorèmes ou d'encadrés en couleur facilitant la consultation. Nous vous encourageons vivement à lire le début de cette préface pour en apprendre plus sur la structure de l'ouvrage. Cela vous donnera un cadre général pour comprendre comment progresser dans l'apprentissage.

D'un point de vue pratique, l'algèbre linéaire est un langage. Il faut l'apprendre de la même façon que vous étudieriez une langue étrangère : en travaillant quotidiennement. Il est très difficile de comprendre le contenu d'une section sans avoir complètement étudié les sections précédentes et travaillé sur les exercices. En suivant bien la progression de votre cours, vous gagnerez du temps et vous éviterez du stress.

Remarques numériques

Il importe de bien lire les remarques numériques, même si vous n'utilisez pas d'ordinateur ou de calculatrice graphique. Dans la pratique, la plupart des applications de l'algèbre linéaire nécessitent des calculs numériques. Et tout calcul numérique est sujet à des erreurs d'arrondi, même si ces erreurs peuvent être très faibles. Les remarques numériques du texte sont destinées à vous mettre en garde contre d'éventuelles difficultés, plus tard dans votre carrière. C'est en les étudiant soigneusement maintenant que vous pourrez vous les rappeler plus tard.

Table des matières

Chapitre 7   Matrices symétriques et formes quadratiques   425

Chapitre 8   Géométrie des espaces vectoriels   469

Annexes

1 Équations linéaires en algèbre linéaire

Modèles linéaires en économie et en ingénierie

C'était à la fin de l'été 1949. Un professeur de l'Université de Harvard, Wassily Leontief, introduisait soigneusement son dernier lot de cartes perforées dans le Mark II, l'ordinateur de l'université. Les cartes contenaient des données économiques sur les États-Unis, soit une synthèse de plus de 250 000 renseignements collectés par le Bureau des Statistiques américain et constituant le fruit de plus de deux ans de travail intense. Leontief avait divisé l'économie américaine en 500 « secteurs », comme l'industrie du charbon, l'industrie automobile, les communications, etc. Pour chacun de ces secteurs, il avait écrit une équation linéaire qui décrivait comment celui-ci distribuait sa production aux autres secteurs. Comme le Mark II, un des plus grands ordinateurs de son époque, ne pouvait traiter le système de 500 équations à 500 inconnues qu'il obtenait, Leontief avait réduit le problème à un système de 42 équations à 42 inconnues.

Programmer le Mark II pour résoudre les 42 équations de Leontief avait exigé plusieurs mois d'efforts et ce dernier s'inquiétait de savoir combien de temps l'ordinateur mettrait pour résoudre le problème. Le Mark II ronronna et clignota pendant 56 heures avant de produire finalement une solution. Nous étudierons la nature de cette solution dans les sections 1.6 et 2.6.

Leontief, qui reçut le prix Nobel d'économie en 1973, avait ouvert la voie à une nouvelle ère de la modélisation mathématique en économie. Ses efforts à Harvard en 1949 ont conduit à l'une des premières utilisations des ordinateurs pour analyser un modèle économique à grande échelle. Depuis cette époque, des chercheurs dans beaucoup d'autres domaines ont utilisé l'informatique pour analyser des modèles mathématiques. Du fait des très grandes quantités de données en jeu, on utilise en général des modèles *linéaires*, c'est-à-dire qui sont décrits par des *systèmes d'équations linéaires* ou simplement des *systèmes linéaires*.

L'importance de l'algèbre linéaire appliquée s'est accrue en proportion directe de l'augmentation de la puissance des ordinateurs, chaque nouvelle génération de matériel et de logiciels suscitant une demande de performances encore plus élevées. L'informatique est donc intimement liée à l'algèbre linéaire à travers la croissance explosive du calcul parallèle et à grande échelle.

Les scientifiques et les ingénieurs travaillent maintenant sur des problèmes bien plus complexes que ceux que l'on pouvait ne serait-ce que rêver de résoudre il y a quelques décennies. Aujourd'hui, dans bien des domaines scientifiques ou économiques, l'algèbre linéaire a, pour les étudiants de premier cycle, une utilité bien plus grande que n'importe quel autre sujet de mathématiques ! Cet ouvrage développe les fondements sur lesquels pourront ensuite s'appuyer des travaux plus approfondis, et cela, dans de nombreux domaines très intéressants. Voici quelques exemples. D'autres seront décrits plus loin.

- *Exploration pétrolière.* Quand un navire cherche des gisements de pétrole en pleine mer, ses ordinateurs résolvent des milliers de systèmes linéaires par *jour*. On obtient les données sismiques permettant d'établir ces équations par des ondes de choc sous-marines produites par des canons à air. Les ondes se réfléchissent sur les roches du sous-sol et des géophones reliés à la poupe du navire par des câbles de plusieurs kilomètres les mesurent.

- *Programmation linéaire.* Beaucoup de décisions de management s'appuient aujourd'hui sur des modèles de programmation linéaire qui utilisent des centaines de variables. Les compagnies aériennes, par exemple, emploient ces méthodes pour organiser l'emploi du temps des équipages, gérer les emplacements des avions ou planifier des services techniques comme la maintenance ou les opérations dans les terminaux.

- *Réseaux électriques.* Les ingénieurs utilisent des logiciels de simulation pour concevoir des circuits électriques et des puces électroniques constituées de millions de transistors. Ces logiciels reposent sur des techniques d'algèbre linéaire et des systèmes linéaires.

Les systèmes linéaires sont au cœur de l'algèbre linéaire. Nous allons les utiliser dans ce chapitre pour introduire de façon simple et concrète certains des concepts fondamentaux de ce domaine. Les sections 1.1 et 1.2 développent une méthode systématique de résolution des systèmes linéaires. Cet algorithme sera utilisé dans les calculs tout au long de l'ouvrage. Les sections 1.3 et 1.4 montrent l'équivalence entre systèmes linéaires, *équations vectorielles* et *équations matricielles*. Cette équivalence permet de ramener des problèmes de combinaisons linéaires de vecteurs à des questions sur les systèmes linéaires. Tout au long de notre découverte de la beauté et de la puissance de l'algèbre linéaire, nous verrons que les notions fondamentales de combinaisons linéaires, d'indépendance linéaire et d'applications linéaires, étudiées dans la seconde moitié du chapitre, jouent un rôle essentiel.

1.1 | SYSTÈMES D'ÉQUATIONS LINÉAIRES

On appelle **équation linéaire** d'inconnues $x_1, \ldots, x_n$ une équation que l'on peut mettre sous la forme

$$a_1 x_1 + a_2 x_2 + \cdots + a_n x_n = b \tag{1}$$

où b et les **coefficients** $a_1, \ldots, a_n$ sont des nombres réels ou complexes, dont on connaît en général la valeur. L'indice n est un entier strictement positif. Dans les exemples et les exercices de ce livre, n sera en général compris entre 2 et 5. Dans les applications pratiques, n peut valoir 50, 5 000, voire beaucoup plus.

Les deux équations

$$4x_1 - 5x_2 + 2 = x_1 \quad \text{et} \quad x_2 = 2\left(\sqrt{6} - x_1\right) + x_3$$

sont linéaires car on peut les réécrire sous la forme de l'équation (1) :

$$3x_1 - 5x_2 = -2 \quad \text{et} \quad 2x_1 + x_2 - x_3 = 2\sqrt{6}$$

Les équations

$$4x_1 - 5x_2 = x_1x_2 \quad \text{et} \quad x_2 = 2\sqrt{x_1} - 6$$

ne sont pas linéaires. La première contient le terme x_1x_2 et la seconde, le terme $\sqrt{x_1}$. Elles ne peuvent être transformées pour prendre la forme (1).

On appelle **système d'équations linéaires** (ou **système linéaire**) un ensemble d'une ou plusieurs équation(s) linéaire(s) aux mêmes inconnues $x_1, \ldots, x_n$. Par exemple

$$\begin{aligned} 2x_1 - x_2 + 1{,}5x_3 &= 8 \\ x_1 \qquad - 4x_3 &= -7 \end{aligned} \qquad (2)$$

On appelle **solution** du système toute liste $(s_1, s_2, \ldots, s_n)$ de nombres qui transforme chaque équation en une égalité vraie quand on substitue $s_1, \ldots, s_n$ respectivement à $x_1, \ldots, x_n$. Par exemple, $(5\,; 6{,}5\,; 3)$ est solution du système (2) car, si on substitue dans (2) ces valeurs à x_1, x_2 et x_3, on obtient respectivement $8 = 8$ et $-7 = -7$.

On appelle l'ensemble de toutes les solutions possibles **ensemble des solutions** du système linéaire. Deux systèmes linéaires sont dits **équivalents** s'ils possèdent le même ensemble de solutions, c'est-à-dire si toute solution du premier système est solution du second, et toute solution du second est solution du premier.

Trouver les solutions d'un système de deux équations linéaires à deux inconnues est assez facile, puisque cela revient à déterminer l'intersection de deux droites. Considérons par exemple le système

$$\begin{aligned} x_1 - 2x_2 &= -1 \\ -x_1 + 3x_2 &= 3 \end{aligned}$$

Ces équations représentent deux droites, notées respectivement d_1 et d_2. Un couple de nombres (x_1, x_2) vérifie les *deux* équations du système si et seulement si le point de coordonnées (x_1, x_2) se situe à la fois sur d_1 et d_2. Dans le système ci-dessus, l'unique solution est le point $(3, 2)$, comme on peut le vérifier aisément (voir figure 1).

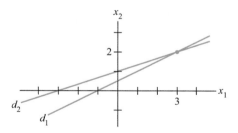

FIGURE 1 Exactement une solution

Bien entendu, deux droites ne se coupent pas nécessairement en un point unique. Elles peuvent aussi être soit parallèles, soit confondues, donc, dans ce dernier cas, « se couper » en chacun de leurs points. La figure 2 montre les représentations graphiques des deux systèmes suivants :

$$\begin{aligned} \text{(a)} \quad x_1 - 2x_2 &= -1 & \qquad \text{(b)} \quad x_1 - 2x_2 &= -1 \\ -x_1 + 2x_2 &= 3 & -x_1 + 2x_2 &= 1 \end{aligned}$$

Les figures 1 et 2 illustrent une propriété générale des systèmes linéaires, établie dans la section 1.2.

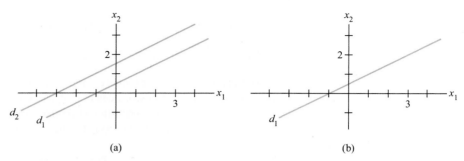

FIGURE 2 (a) Aucune solution (b) Une infinité de solutions

Un système d'équations linéaires ne peut être que dans une des trois situations suivantes :

1. Soit il n'a pas de solution ;

2. Soit il a exactement une solution ;

3. Soit il a une infinité de solutions.

Un système linéaire est dit **compatible** (ou **consistant**) s'il admet une solution ou s'il en admet une infinité. Il est dit **incompatible** (ou **inconsistant**) s'il n'a pas de solution.

Notation matricielle

On peut présenter les informations importantes sur un système linéaire de façon concise dans un tableau rectangulaire appelé **matrice**. Étant donné le système

$$
\begin{aligned}
x_1 - 2x_2 + x_3 &= 0 \\
2x_2 - 8x_3 &= 8 \\
5x_1 \phantom{{}- 2x_2} - 5x_3 &= 10
\end{aligned}
\tag{3}
$$

où les coefficients de chaque inconnue ont été alignés verticalement, la matrice

$$
\begin{bmatrix}
1 & -2 & 1 \\
0 & 2 & -8 \\
5 & 0 & -5
\end{bmatrix}
$$

est appelée **matrice (des coefficients) du système** (3) et

$$
\begin{bmatrix}
1 & -2 & 1 & 0 \\
0 & 2 & -8 & 8 \\
5 & 0 & -5 & 10
\end{bmatrix}
\tag{4}
$$

est appelée **matrice complète** (ou **matrice augmentée**) du système (la deuxième ligne contient un 0 car la deuxième équation peut s'écrire $0 \cdot x_1 + 2x_2 - 8x_3 = 8$). La matrice complète d'un système s'obtient en adjoignant à la matrice du système la colonne contenant les constantes des seconds membres de chaque équation.

La **taille** d'une matrice indique son nombre de lignes et de colonnes. La matrice complète (4) ci-dessus possède 3 lignes et 4 colonnes et l'on dit que c'est une matrice 3×4 ou de type 3×4 (lire « 3-4 » ou « 3 par 4 »). Si m et n sont des entiers strictement positifs, une **matrice $m \times n$** est un tableau rectangulaire de nombres à m lignes et n colonnes (on écrit toujours en premier le nombre de lignes). Dans les exemples ci-dessous, la notation matricielle permet de simplifier les calculs.

Résolution d'un système linéaire

Cette section ainsi que la suivante décrivent un algorithme (c'est-à-dire une procédure systématique) permettant de résoudre un système linéaire. Fondamentalement, la stratégie consiste à *remplacer un système par un autre qui lui est équivalent (c'est-à-dire ayant le même ensemble de solutions), plus facile à résoudre.*

Grosso modo, on utilise le terme en x_1 de la première équation pour éliminer les termes en x_1 des autres équations. Ensuite, on utilise le terme en x_2 de la deuxième équation pour éliminer les termes en x_2 des équations suivantes, et ainsi de suite, jusqu'à obtenir finalement un système très simple, équivalent au système de départ.

On utilise trois opérations fondamentales pour simplifier le système : modifier une équation en lui ajoutant un multiple d'une autre équation, échanger deux équations et, pour finir, multiplier tous les termes d'une équation par une constante non nulle. On verra après le premier exemple pourquoi ces trois opérations ne modifient pas l'ensemble des solutions.

EXEMPLE 1   Résoudre le système (3).

SOLUTION   La procédure d'élimination est présentée ici à la fois sous forme matricielle et sous forme non matricielle. On a disposé côte à côte les résultats de ces deux approches pour faciliter la comparaison.

$$
\begin{aligned}
x_1 - 2x_2 + x_3 &= 0 \\
2x_2 - 8x_3 &= 8 \\
5x_1 \qquad\quad - 5x_3 &= 10
\end{aligned}
\qquad
\begin{bmatrix}
1 & -2 & 1 & 0 \\
0 & 2 & -8 & 8 \\
5 & 0 & -5 & 10
\end{bmatrix}
$$

On conserve x_1 dans la première équation et on l'élimine dans les autres. Pour cela, on ajoute -5 fois la première équation à la troisième. Avec un peu d'entraînement, on finit en général par effectuer ce type de calcul de tête.

$$
\begin{array}{ll}
-5 \cdot \text{[équation 1]} & -5x_1 + 10x_2 - 5x_3 = 0 \\
+ \text{[équation 3]} & \underline{5x_1 \qquad\quad - 5x_3 = 10} \\
\text{[nouvelle équation 3]} & \qquad 10x_2 - 10x_3 = 10
\end{array}
$$

On écrit alors le résultat à la place de la troisième équation :

$$
\begin{aligned}
x_1 - 2x_2 + x_3 &= 0 \\
2x_2 - 8x_3 &= 8 \\
10x_2 - 10x_3 &= 10
\end{aligned}
\qquad
\begin{bmatrix}
1 & -2 & 1 & 0 \\
0 & 2 & -8 & 8 \\
0 & 10 & -10 & 10
\end{bmatrix}
$$

Ensuite, on multiplie l'équation 2 par $\frac{1}{2}$ pour obtenir 1 comme coefficient de x_2 (ce qui simplifiera les opérations arithmétiques à l'étape suivante) :

$$
\begin{aligned}
x_1 - 2x_2 + x_3 &= 0 \\
x_2 - 4x_3 &= 4 \\
10x_2 - 10x_3 &= 10
\end{aligned}
\qquad
\begin{bmatrix}
1 & -2 & 1 & 0 \\
0 & 1 & -4 & 4 \\
0 & 10 & -10 & 10
\end{bmatrix}
$$

On utilise le terme en x_2 de l'équation 2 pour éliminer le terme $10x_2$ de l'équation 3. Le calcul mental correspond à ceci :

$$
\begin{array}{ll}
-10 \cdot \text{[équation 2]} & -10x_2 + 40x_3 = -40 \\
+ \text{[équation 3]} & \underline{10x_2 - 10x_3 = \quad 10} \\
\text{[nouvelle équation 3]} & \qquad\qquad 30x_3 = -30
\end{array}
$$

On écrit alors le résultat à la place de la troisième équation précédente :

$$\begin{array}{rl} x_1 - 2x_2 + & x_3 = 0 \\ x_2 - & 4x_3 = 4 \\ & 30x_3 = -30 \end{array} \qquad \begin{bmatrix} 1 & -2 & 1 & 0 \\ 0 & 1 & -4 & 4 \\ 0 & 0 & 30 & -30 \end{bmatrix}$$

Ensuite, on multiplie l'équation 3 par $\frac{1}{30}$ pour obtenir 1 comme coefficient de x_3 (ce qui simplifiera les opérations arithmétiques à l'étape suivante) :

$$\begin{array}{rl} x_1 - 2x_2 + & x_3 = 0 \\ x_2 - & 4x_3 = 4 \\ & x_3 = -1 \end{array} \qquad \begin{bmatrix} 1 & -2 & 1 & 0 \\ 0 & 1 & -4 & 4 \\ 0 & 0 & 1 & -1 \end{bmatrix}$$

Le nouveau système a alors une forme *triangulaire*[1] :

$$\begin{array}{rl} x_1 - 2x_2 + & x_3 = 0 \\ x_2 - & 4x_3 = 4 \\ & x_3 = -1 \end{array} \qquad \begin{bmatrix} 1 & -2 & 1 & 0 \\ 0 & 1 & -4 & 4 \\ 0 & 0 & 1 & -1 \end{bmatrix}$$

On pourrait éliminer le terme $-2x_2$ dans l'équation 1, mais il est plus efficace d'utiliser d'abord x_3 dans l'équation 3 pour éliminer les termes $-4x_3$ et $+x_3$ dans les équations 2 et 1. Les calculs mentaux sont

$$\begin{array}{ll} 4 \cdot [\text{équation 3}] & 4x_3 = -4 \\ + [\text{équation 2}] & x_2 - 4x_3 = 4 \\ \hline [\text{nouvelle éq. 2}] & x_2 = 0 \end{array} \qquad \begin{array}{ll} -1 \cdot [\text{équation 3}] & -x_3 = 1 \\ + [\text{équation 1}] & x_1 - 2x_2 + x_3 = 0 \\ \hline [\text{nouvelle éq. 1}] & x_1 - 2x_2 = 1 \end{array}$$

On combine en général ces deux calculs en un seul :

$$\begin{array}{rl} x_1 - 2x_2 & = 1 \\ x_2 & = 0 \\ x_3 & = -1 \end{array} \qquad \begin{bmatrix} 1 & -2 & 0 & 1 \\ 0 & 1 & 0 & 0 \\ 0 & 0 & 1 & -1 \end{bmatrix}$$

Maintenant que l'on a éliminé tous les termes au-dessus du x_3 de l'équation 3, on revient à x_2 dans l'équation 2 et on l'utilise pour éliminer le $-2x_2$ au-dessus. Grâce aux calculs précédents, x_3 n'intervient plus. On ajoute 2 fois l'équation 2 à l'équation 1 et on obtient :

$$\begin{array}{rl} x_1 & = 1 \\ x_2 & = 0 \\ x_3 & = -1 \end{array} \qquad \begin{bmatrix} 1 & 0 & 0 & 1 \\ 0 & 1 & 0 & 0 \\ 0 & 0 & 1 & -1 \end{bmatrix}$$

L'essentiel est maintenant fait. On voit que l'unique solution du système initial est le triplet $(1, 0, -1)$. Après ces nombreux calculs intermédiaires, il est toutefois bon de prendre l'habitude de vérifier la solution. Pour s'assurer que $(1, 0, -1)$ est effectivement solution, on substitue ces valeurs dans le premier membre du système initial et on calcule :

$$\begin{array}{rl} 1(1) - 2(0) + 1(-1) = 1 - 0 - 1 = & 0 \\ 2(0) - 8(-1) = \; 0 + 8 = & 8 \\ 5(1) - 5(-1) = 5 + 5 = & 10 \end{array}$$

---

[1] Le terme intuitif de *triangulaire* sera remplacé par un mot plus précis dans la section suivante.

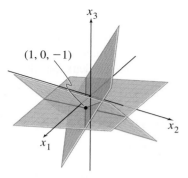

$(1, 0, -1)$

Chacune des équations initiales détermine un plan dans un espace à trois dimensions. Le point $(1, 0, -1)$ appartient aux trois plans.

Le résultat correspond au second membre du système initial, donc $(1, 0, -1)$ est bien solution du système. ∎

L'exemple 1 montre comment des opérations sur des équations d'un système linéaire correspondent à des opérations analogues sur les lignes de sa matrice complète. Les trois opérations élémentaires citées ci-dessus correspondent aux opérations suivantes sur la matrice complète.

OPÉRATIONS ÉLÉMENTAIRES SUR LES LIGNES

1. (Remplacement) Remplacer une ligne par la ligne obtenue en lui ajoutant un multiple d'une autre ligne.

2. (Échange) Échanger deux lignes.

3. (Multiplication par un scalaire) Multiplier tous les coefficients d'une ligne par une constante non nulle.

On peut appliquer ces opérations sur les lignes à n'importe quelle matrice, et pas uniquement aux matrices complètes associées à un système linéaire. Deux matrices sont dites **équivalentes selon les lignes** si l'on peut passer de l'une à l'autre par une suite d'opérations élémentaires sur les lignes.

Il est important de noter que les opérations sur les lignes sont *réversibles*. Si l'on échange deux lignes, on peut retrouver la matrice initiale en effectuant de nouveau l'échange. Si l'on multiplie une ligne par une constante non nulle c, alors on retrouve la ligne d'origine en multipliant la nouvelle ligne par $1/c$. Considérons enfin une opération de remplacement entre deux lignes (par exemple les lignes 1 et 2) et supposons que l'on ait ajouté à la deuxième ligne le produit de la première ligne par c, obtenant ainsi une nouvelle deuxième ligne. Pour inverser cette opération, il suffit d'ajouter à la (nouvelle) deuxième ligne le produit de la première par $-c$ (voir les exercices 29 à 32 à la fin de cette section).

Intéressons-nous pour l'instant plus spécifiquement aux opérations sur les lignes de la matrice complète d'un système linéaire. Supposons que l'on ait transformé un système linéaire par des opérations sur les lignes. En considérant chaque type d'opération élémentaire, on voit que toute solution du système initial est solution du nouveau système. Inversement, comme on peut déduire le système initial du nouveau système par une suite d'opérations élémentaires, toute solution du nouveau système est solution du système initial. Ces remarques justifient l'énoncé ci-dessous.

Deux systèmes linéaires dont les matrices sont équivalentes selon les lignes admettent le même ensemble de solutions.

Les calculs de l'exemple 1 peuvent paraître assez longs, mais avec un peu d'entraînement, ils vont en fait assez vite. Les exemples et exercices ci-après ont été choisis de façon que les opérations sur les lignes s'effectuent facilement, ce qui permet au lecteur de se concentrer sur les concepts sous-jacents. Il est toutefois indispensable d'apprendre à effectuer ces opérations avec précision, car elles seront utilisées tout au long de l'ouvrage.

La fin de cette section montre comment on peut utiliser les opérations sur les lignes pour déterminer la taille de l'ensemble des solutions, sans avoir à résoudre entièrement le système.

Problèmes d'existence et d'unicité

Nous verrons dans la section 1.2 pourquoi un système linéaire peut n'admettre aucune solution, en admettre une seule ou en admettre une infinité. Pour déterminer la nature de l'ensemble des solutions d'un système linéaire, il faudra répondre aux deux questions ci-dessous.

DEUX QUESTIONS FONDAMENTALES À PROPOS D'UN SYSTÈME LINÉAIRE

1. Le système est-il compatible ? Autrement dit, *existe-t-il* au moins une solution ?

2. Si une solution existe, est-elle *la seule* ? Autrement dit, la solution est-elle *unique* ?

Ces deux questions apparaîtront sous des formes diverses tout au long du livre. Cette section et la suivante montrent comment y répondre à l'aide d'opérations sur les lignes.

EXEMPLE 2 Étudier la compatibilité du système suivant :

$$\begin{aligned} x_1 - 2x_2 + x_3 &= 0 \\ 2x_2 - 8x_3 &= 8 \\ 5x_1 - 5x_3 &= 10 \end{aligned}$$

SOLUTION Il s'agit du système de l'exemple 1. Supposons que l'on ait effectué les opérations sur les lignes qui aboutissent à la forme triangulaire

$$\begin{aligned} x_1 - 2x_2 + x_3 &= 0 \\ x_2 - 4x_3 &= 4 \\ x_3 &= -1 \end{aligned} \qquad \begin{bmatrix} 1 & -2 & 1 & 0 \\ 0 & 1 & -4 & 4 \\ 0 & 0 & 1 & -1 \end{bmatrix}$$

À ce stade du calcul, on connaît la valeur de x_3. Si, dans l'équation 2, on substituait à x_3 sa valeur, on pourrait calculer x_2 et ainsi déterminer x_1 à l'aide de l'équation 1. Il existe donc une solution, et le système est compatible (en réalité, comme x_3 a une seule valeur possible, l'équation 2 détermine x_2 de façon unique, donc l'équation 1 détermine x_1 de façon unique ; la solution est unique). ■

EXEMPLE 3 Étudier la compatibilité du système suivant :

$$\begin{aligned} x_2 - 4x_3 &= 8 \\ 2x_1 - 3x_2 + 2x_3 &= 1 \\ 4x_1 - 8x_2 + 12x_3 &= 1 \end{aligned} \qquad (5)$$

SOLUTION La matrice complète est

$$\begin{bmatrix} 0 & 1 & -4 & 8 \\ 2 & -3 & 2 & 1 \\ 4 & -8 & 12 & 1 \end{bmatrix}$$

Pour avoir un terme en x_1 dans la première équation, on échange les lignes 1 et 2 :

$$\begin{bmatrix} 2 & -3 & 2 & 1 \\ 0 & 1 & -4 & 8 \\ 4 & -8 & 12 & 1 \end{bmatrix}$$

Pour éliminer le terme $4x_1$ dans la troisième équation, on ajoute -2 fois la ligne 1 à la ligne 3 :

$$\begin{bmatrix} 2 & -3 & 2 & 1 \\ 0 & 1 & -4 & 8 \\ 0 & -2 & 8 & -1 \end{bmatrix} \tag{6}$$

On utilise ensuite le terme en x_2 de la deuxième équation pour éliminer $-2x_2$ dans la troisième. On ajoute donc 2 fois la ligne 2 à la ligne 3 :

$$\begin{bmatrix} 2 & -3 & 2 & 1 \\ 0 & 1 & -4 & 8 \\ 0 & 0 & 0 & 15 \end{bmatrix} \tag{7}$$

La matrice complète est maintenant sous forme triangulaire. Pour l'interpréter, on revient à la notation sous forme d'équations :

$$\begin{aligned} 2x_1 - 3x_2 + 2x_3 &= 1 \\ x_2 - 4x_3 &= 8 \\ 0 &= 15 \end{aligned} \tag{8}$$

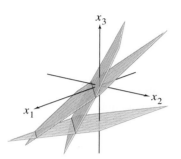

Ce système est incompatible car aucun point n'appartient aux trois plans.

L'équation $0 = 15$ est une forme simplifiée de $0x_1 + 0x_2 + 0x_3 = 15$. Ce système triangulaire contient une contradiction évidente. Aucune valeur de x_1, x_2, x_3 ne peut satisfaire (8) puisque l'équation $0 = 15$ n'est jamais vérifiée. Et comme (8) et (5) ont le même ensemble de solutions, le système initial est incompatible (c'est-à-dire qu'il n'a pas de solution). ∎

La dernière ligne de la matrice (7) est typique de ce que l'on obtient quand on a réduit un système incompatible à une forme triangulaire.

REMARQUE NUMÉRIQUE

Dans les problèmes réels, on résout les systèmes linéaires à l'aide d'ordinateurs. Si la matrice du système est carrée, les logiciels utilisent presque toujours l'algorithme d'élimination présenté ici et dans la section 1.2, en le modifiant légèrement pour améliorer la précision.

La grande majorité des techniques de résolution de problèmes d'algèbre linéaire rencontrés dans le monde des affaires ou de l'industrie est fondée sur *l'arithmétique en virgule flottante*. On représente les nombres sous forme décimale $\pm 0, d_1 \cdots d_p \times 10^r$, où r est un entier et où le nombre p de chiffres après la virgule est en général compris entre 8 et 16. Comme le résultat doit être tronqué ou arrondi pour correspondre au nombre de chiffres que l'on peut conserver, les calculs en virgule flottante sont en général approchés. On rencontre aussi des erreurs d'arrondi quand il faut entrer un nombre tel que $1/3$ dans l'ordinateur, puisque sa représentation décimale doit être approchée par un nombre comportant un nombre fini de chiffres. Mais, heureusement, les imprécisions de l'arithmétique en virgule flottante posent assez rarement de gros problèmes.

Les encadrés « Remarque numérique » de ce livre sont destinés à avertir le lecteur de difficultés qui pourraient éventuellement se présenter plus tard dans sa carrière.

EXERCICES D'ENTRAÎNEMENT

Tout au long de l'ouvrage, il est conseillé d'essayer de résoudre les exercices d'entraînement avant de travailler sur les autres exercices. Les solutions sont données après chaque série d'exercices.

1. Décrire par une phrase la première opération élémentaire sur les lignes qu'il faudrait effectuer pour résoudre le système [plusieurs réponses sont possibles dans le (a)].

   a.
   $$\begin{aligned} x_1 + 4x_2 - 2x_3 + 8x_4 &= 12 \\ x_2 - 7x_3 + 2x_4 &= -4 \\ 5x_3 - x_4 &= 7 \\ x_3 + 3x_4 &= -5 \end{aligned}$$

   b.
   $$\begin{aligned} x_1 - 3x_2 + 5x_3 - 2x_4 &= 0 \\ x_2 + 8x_3 &= -4 \\ 2x_3 &= 3 \\ x_4 &= 1 \end{aligned}$$

2. On a transformé la matrice complète d'un système linéaire en la matrice ci-dessous au moyen d'opérations sur les lignes. Ce système est-il compatible ?

   $$\begin{bmatrix} 1 & 5 & 2 & -6 \\ 0 & 4 & -7 & 2 \\ 0 & 0 & 5 & 0 \end{bmatrix}$$

3. Le triplet $(3, 4, -2)$ est-il solution du système ci-dessous ?

   $$\begin{aligned} 5x_1 - x_2 + 2x_3 &= 7 \\ -2x_1 + 6x_2 + 9x_3 &= 0 \\ -7x_1 + 5x_2 - 3x_3 &= -7 \end{aligned}$$

4. Pour quelles valeurs de h et k le système suivant est-il compatible ?

   $$\begin{aligned} 2x_1 - x_2 &= h \\ -6x_1 + 3x_2 &= k \end{aligned}$$

1.1 EXERCICES

Résoudre les systèmes des exercices 1 à 4 au moyen d'opérations élémentaires sur les lignes effectuées soit sur les équations, soit sur la matrice complète. On suivra la procédure systématique d'élimination décrite dans la présente section.

1.
$$\begin{aligned} x_1 + 5x_2 &= 7 \\ -2x_1 - 7x_2 &= -5 \end{aligned}$$

2.
$$\begin{aligned} 2x_1 + 4x_2 &= -4 \\ 5x_1 + 7x_2 &= 11 \end{aligned}$$

3. Déterminer le point (x_1, x_2), intersection des deux droites d'équations respectives $x_1 + 5x_2 = 7$ et $x_1 - 2x_2 = -2$ (voir figure).

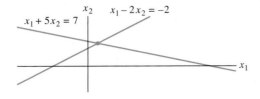

4. Déterminer le point (x_1, x_2), intersection des deux droites d'équations respectives $x_1 - 5x_2 = 1$ et $3x_1 - 7x_2 = 5$.

On suppose que les matrices des exercices 5 et 6 sont les matrices complètes d'un système linéaire. Dans chaque cas, décrire par une phrase les deux premières opérations élémentaires sur les lignes à effectuer dans la procédure de résolution du système.

5.
$$\begin{bmatrix} 1 & -4 & 5 & 0 & 7 \\ 0 & 1 & -3 & 0 & 6 \\ 0 & 0 & 1 & 0 & 2 \\ 0 & 0 & 0 & 1 & -5 \end{bmatrix}$$

6.
$$\begin{bmatrix} 1 & -6 & 4 & 0 & -1 \\ 0 & 2 & -7 & 0 & 4 \\ 0 & 0 & 1 & 2 & -3 \\ 0 & 0 & 3 & 1 & 6 \end{bmatrix}$$

Dans les exercices 7 à 10, on a réduit la matrice complète d'un système linéaire à la forme indiquée au moyen d'opérations sur les lignes. Dans chaque cas, donner les opérations qui restent à effectuer et décrire l'ensemble des solutions du système.

7. $\begin{bmatrix} 1 & 7 & 3 & -4 \\ 0 & 1 & -1 & 3 \\ 0 & 0 & 0 & 1 \\ 0 & 0 & 1 & -2 \end{bmatrix}$ **8.** $\begin{bmatrix} 1 & -4 & 9 & 0 \\ 0 & 1 & 7 & 0 \\ 0 & 0 & 2 & 0 \end{bmatrix}$

9. $\begin{bmatrix} 1 & -1 & 0 & 0 & -4 \\ 0 & 1 & -3 & 0 & -7 \\ 0 & 0 & 1 & -3 & -1 \\ 0 & 0 & 0 & 2 & 4 \end{bmatrix}$

10. $\begin{bmatrix} 1 & -2 & 0 & 3 & -2 \\ 0 & 1 & 0 & -4 & 7 \\ 0 & 0 & 1 & 0 & 6 \\ 0 & 0 & 0 & 1 & -3 \end{bmatrix}$

Résoudre les systèmes linéaires des exercices 11 à 14.

11.
$$x_2 + 4x_3 = -5$$
$$x_1 + 3x_2 + 5x_3 = -2$$
$$3x_1 + 7x_2 + 7x_3 = 6$$

12.
$$x_1 - 3x_2 + 4x_3 = -4$$
$$3x_1 - 7x_2 + 7x_3 = -8$$
$$-4x_1 + 6x_2 - x_3 = 7$$

13.
$$x_1 \qquad - 3x_3 = 8$$
$$2x_1 + 2x_2 + 9x_3 = 7$$
$$x_2 + 5x_3 = -2$$

14.
$$x_1 - 3x_2 = 5$$
$$-x_1 + x_2 + 5x_3 = 2$$
$$x_2 + x_3 = 0$$

Sans effectuer la résolution complète, étudier la compatibilité des systèmes des exercices 15 et 16.

15.
$$x_1 \qquad + 3x_3 \qquad = 2$$
$$x_2 \qquad - 3x_4 = 3$$
$$- 2x_2 + 3x_3 + 2x_4 = 1$$
$$3x_1 \qquad + 7x_4 = -5$$

16.
$$x_1 \qquad - 2x_4 = -3$$
$$2x_2 + 2x_3 \qquad = 0$$
$$x_3 + 3x_4 = 1$$
$$-2x_1 + 3x_2 + 2x_3 + x_4 = 5$$

17. Les trois droites d'équations respectives $x_1 - 4x_2 = 1$, $2x_1 - x_2 = -3$ et $-x_1 - 3x_2 = 4$ ont-elles un point commun ? Expliquer.

18. Les trois plans d'équations respectives $x_1 + 2x_2 + x_3 = 4$, $x_2 - x_3 = 1$ et $x_1 + 3x_2 = 0$ ont-ils au moins un point commun ? Expliquer.

Dans les exercices 19 à 22, déterminer la ou les valeurs de h telles que la matrice soit la matrice complète d'un système linéaire compatible.

19. $\begin{bmatrix} 1 & h & 4 \\ 3 & 6 & 8 \end{bmatrix}$ **20.** $\begin{bmatrix} 1 & h & -3 \\ -2 & 4 & 6 \end{bmatrix}$

21. $\begin{bmatrix} 1 & 3 & -2 \\ -4 & h & 8 \end{bmatrix}$ **22.** $\begin{bmatrix} 2 & -3 & h \\ -6 & 9 & 5 \end{bmatrix}$

Dans les exercices 23 et 24, certains des principaux énoncés de cette section du cours ont été soit cités tels quels, soit légèrement reformulés (tout en restant vrais), soit modifiés de façon à les rendre faux dans certains cas. Déterminer si les énoncés proposés sont vrais ou faux et *justifier* la réponse. Si l'énoncé est vrai, indiquer l'endroit dans le texte où un résultat similaire apparaît, ou citer précisément une définition ou un théorème correspondant. Si l'énoncé est faux, indiquer un résultat énoncé ou utilisé de façon incorrecte, ou citer un contre-exemple qui montre qu'il peut être faux. On trouvera par la suite de nombreux autres exercices comme celui-ci, de type « vrai-faux ».

23. a. Toute opération élémentaire sur les lignes est réversible.

b. Une matrice 5×6 a six lignes.

c. Une **solution** d'un système linéaire d'inconnues $x_1, \ldots, x_n$ est un n-uplet $(s_1, s_2, \ldots, s_n)$ de nombres qui transforme chaque équation en une égalité vraie quand on substitue $s_1, \ldots, s_n$ respectivement à $x_1, \ldots, x_n$.

d. Il existe deux questions fondamentales sur un système linéaire concernant les notions d'existence et d'unicité.

24. a. Des opérations élémentaires sur la matrice complète d'un système linéaire ne changent jamais l'ensemble de solutions du système.

b. Deux matrices sont équivalentes selon les lignes si elles possèdent le même nombre de lignes.

c. Un système linéaire incompatible a une ou plusieurs solutions.

d. Deux systèmes linéaires sont équivalents s'ils possèdent le même ensemble de solutions.

25. Déterminer une relation entre g, h et k de façon que le système ci-dessous soit compatible.

$$\begin{bmatrix} 1 & -4 & 7 & g \\ 0 & 3 & -5 & h \\ -2 & 5 & -9 & k \end{bmatrix}$$

26. Construire trois matrices complètes de différents systèmes linéaires dont l'ensemble des solutions correspond à $x_1 = -2$, $x_2 = 1$ et $x_3 = 0$.

27. On suppose que le système ci-dessous est compatible quelles que soient les valeurs de f et g. Que peut-on dire des coefficients c et d ? Justifier la réponse.

$$x_1 + 3x_2 = f$$
$$cx_1 + dx_2 = g$$

28. On suppose que a, b, c et d sont des constantes telles que a soit non nul et telles que le système suivant soit compatible quelles que soient les valeurs de f et g. Que peut-on dire des coefficients a, b, c et d ? Justifier la réponse.

$$ax_1 + bx_2 = f$$
$$cx_1 + dx_2 = g$$

Dans les exercices 29 à 32, déterminer les opérations élémentaires sur les lignes qui transforment la première matrice en la seconde, puis déterminer l'opération inverse qui transforme la seconde en la première.

29. $\begin{bmatrix} 0 & -2 & 5 \\ 1 & 4 & -7 \\ 3 & -1 & 6 \end{bmatrix}$, $\begin{bmatrix} 1 & 4 & -7 \\ 0 & -2 & 5 \\ 3 & -1 & 6 \end{bmatrix}$

30. $\begin{bmatrix} 1 & 3 & -4 \\ 0 & -2 & 6 \\ 0 & -5 & 9 \end{bmatrix}$, $\begin{bmatrix} 1 & 3 & -4 \\ 0 & 1 & -3 \\ 0 & -5 & 9 \end{bmatrix}$

31. $\begin{bmatrix} 1 & -2 & 1 & 0 \\ 0 & 5 & -2 & 8 \\ 4 & -1 & 3 & -6 \end{bmatrix}$, $\begin{bmatrix} 1 & -2 & 1 & 0 \\ 0 & 5 & -2 & 8 \\ 0 & 7 & -1 & -6 \end{bmatrix}$

32. $\begin{bmatrix} 1 & 2 & -5 & 0 \\ 0 & 1 & -3 & -2 \\ 0 & -3 & 9 & 5 \end{bmatrix}$, $\begin{bmatrix} 1 & 2 & -5 & 0 \\ 0 & 1 & -3 & -2 \\ 0 & 0 & 0 & -1 \end{bmatrix}$

Parmi les problèmes importants que pose l'étude des transferts thermiques figure celui de la répartition de la température à l'état stationnaire d'une plaque fine dont la température aux bords est fixée. On suppose que la plaque de la figure ci-dessous est la section d'une tige métallique ; on néglige le flux de chaleur dans la direction perpendiculaire à la plaque. Soit $T_1, \ldots, T_4$ les températures aux quatre nœuds intérieurs du quadrillage de la figure. La température en un nœud est à peu près égale à la moyenne des températures aux quatre nœuds voisins (au-dessus, à gauche à droite et en dessous)[2]. On a par exemple

$$T_1 = (10 + 20 + T_2 + T_4)/4, \quad \text{soit} \quad 4T_1 - T_2 - T_4 = 30$$

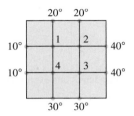

33. Écrire un système de quatre équations dont la solution donne l'estimation des températures $T_1, \ldots, T_4$.

34. Résoudre le système d'équations de l'exercice 33. [*Indication* : Pour simplifier le calcul, on pourra échanger les lignes 1 et 4 avant de commencer les opérations du type « remplacement ».]

_____
[2] Voir Frank M. White, *Heat and Mass Transfer*, Reading, MA : Addison-Wesley Publishing, 1991, p. 145 à 149.

SOLUTIONS DES EXERCICES D'ENTRAÎNEMENT

1. a. Pour le calcul « à la main », le mieux est d'échanger d'abord les équations 3 et 4. On peut aussi multiplier l'équation 3 par $1/5$ ou encore ajouter à l'équation 4 $-1/5$ fois la ligne 3. En tout cas, il serait très maladroit de chercher à éliminer le $4x_2$ de l'équation 1 à l'aide du x_2 de l'équation 2. Il faut auparavant avoir obtenu une forme triangulaire et avoir éliminé les termes en x_3 et en x_4 dans les deux premières équations.

   b. Le système est sous forme triangulaire. La simplification suivante concerne le x_4 de la quatrième équation. On l'utilise pour éliminer tous les termes en x_4 au-dessus de lui. La bonne opération à effectuer maintenant est d'ajouter 2 fois la quatrième équation à la première (après cela, on passe à l'équation 3 : on multiplie par $1/2$ et l'on utilise l'équation ainsi transformée pour éliminer les termes en x_3 au-dessus).

2. Le système correspondant à la matrice complète est

$$x_1 + 5x_2 + 2x_3 = -6$$
$$4x_2 - 7x_3 = 2$$
$$5x_3 = 0$$

La troisième équation donne $x_3 = 0$, qui correspond bien entendu à une valeur autorisée pour x_3. Après élimination des termes en x_3 dans les équations 1 et 2, on peut sans problème terminer la résolution et obtenir une unique valeur pour x_2 et x_1.

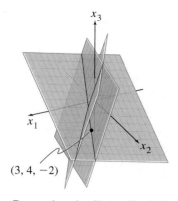

$(3, 4, -2)$

Comme le point $(3, 4, -2)$ vérifie les deux premières équations, il appartient à la droite d'intersection des deux premiers plans. Mais comme il ne vérifie pas les trois équations, il n'appartient pas aux trois plans à la fois.

Il existe donc une solution, et elle est unique. On comparera cette situation à celle de l'exemple 3.

3. Il est très simple de vérifier qu'une liste de nombres donnée est solution. On pose $x_1 = 3$, $x_2 = 4$ et $x_3 = -2$, et l'on obtient

$$
\begin{aligned}
5(3) - (4) + 2(-2) &= 15 - 4 - 4 = 7 \\
-2(3) + 6(4) + 9(-2) &= -6 + 24 - 18 = 0 \\
-7(3) + 5(4) - 3(-2) &= -21 + 20 + 6 = 5
\end{aligned}
$$

Les deux premières équations sont vérifiées, mais pas la troisième, donc $(3, 4, -2)$ n'est pas solution du système. On remarque la présence des parenthèses dans l'expression des substitutions. Leur usage est fortement recommandé afin d'éviter des erreurs de calcul.

4. Si l'on ajoute trois fois la première équation à la seconde, le système devient

$$
\begin{aligned}
2x_1 - x_2 &= h \\
0 &= k + 3h
\end{aligned}
$$

Si $k + 3h$ est non nul, il n'y a pas de solution. Le système est compatible pour toutes les valeurs de h et k telles que $k + 3h = 0$.

1.2 | MÉTHODE DU PIVOT DE GAUSS ET FORMES ÉCHELONNÉES

Dans cette section, on précise la méthode de la section 1.1 pour mettre en place un algorithme de réduction, appelé *méthode du pivot de Gauss ou méthode d'élimination de Gauss-Jordan*, et permettant d'analyser n'importe quel système d'équations linéaires[3]. En nous restreignant à la première partie de cet algorithme, nous pourrons répondre à la question fondamentale, posée dans la section 1.1, de l'existence et de l'unicité d'une solution.

L'algorithme s'applique à n'importe quelle matrice, qu'elle s'interprète ou non comme la matrice complète d'un système linéaire. La première partie de cette section concerne donc une matrice rectangulaire quelconque et commence par la définition d'une classe importante de matrices, qui comprend les matrices « triangulaires » de la section 1.1. Dans les définitions ci-dessous, on appelle ligne ou colonne non nulle une ligne ou une colonne contenant au moins un coefficient non nul. On appelle **coefficient principal** d'une ligne non nulle le coefficient non nul le plus à gauche dans la ligne.

---

[3] Des mathématiciens chinois utilisaient une méthode analogue d'élimination dans les systèmes linéaires aux alentours de l'an 250 av. J.-C. Le procédé est resté inconnu des savants occidentaux jusqu'à sa découverte au XIXᵉ siècle par le célèbre mathématicien allemand Carl Friedrich Gauss. Un ingénieur allemand, Wilhelm Jordan, rendit l'algorithme célèbre dans un article de géodésie publié en 1888.

DÉFINITION

Une matrice rectangulaire est dite **sous forme échelonnée** (ou **sous forme échelonnée en ligne**) si elle vérifie les trois propriétés suivantes :

1. Toutes les lignes non nulles sont au-dessus de toutes les lignes nulles.
2. Le coefficient principal de chaque ligne se trouve dans une colonne située à droite de celle du coefficient principal de la ligne au-dessus d'elle.
3. Tous les coefficients situés dans une colonne en dessous d'un coefficient principal sont nuls.

Une matrice qui vérifie en outre les deux conditions ci-dessous est dite **sous forme échelonnée réduite** (ou **sous forme échelonnée en ligne réduite**) :

4. Le coefficient principal de toute ligne non nulle est égal à 1.
5. Les coefficients principaux (égaux à 1) sont les seuls éléments non nuls de leur colonne.

On appelle **matrice échelonnée** (respectivement **matrice échelonnée réduite**) une matrice qui est sous forme échelonnée (respectivement sous forme échelonnée réduite). La propriété 2 signifie que les coefficients principaux sont disposés selon des *échelons* (ou en escaliers) qui se déplacent vers le bas et la droite au fur et à mesure que l'on descend dans la matrice. La propriété 3 est une conséquence immédiate de la propriété 2, mais on l'a ajoutée pour insister sur ce résultat.

Les matrices « triangulaires » de la section 1.1 comme

$$\begin{bmatrix} 2 & -3 & 2 & 1 \\ 0 & 1 & -4 & 8 \\ 0 & 0 & 0 & 15 \end{bmatrix} \quad \text{ou} \quad \begin{bmatrix} 1 & 0 & 0 & 1 \\ 0 & 1 & 0 & 0 \\ 0 & 0 & 1 & -1 \end{bmatrix}$$

sont sous forme échelonnée. La seconde est même sous forme échelonnée réduite. On propose d'autres exemples ci-dessous.

EXEMPLE 1 Les matrices ci-dessous sont sous forme échelonnée. Les coefficients principaux (■) peuvent avoir n'importe quelle valeur non nulle ; les coefficients marqués (∗) peuvent avoir n'importe quelle valeur (nulle ou non).

$$\begin{bmatrix} ■ & * & * & * \\ 0 & ■ & * & * \\ 0 & 0 & 0 & 0 \\ 0 & 0 & 0 & 0 \end{bmatrix}, \quad \begin{bmatrix} 0 & ■ & * & * & * & * & * & * & * & * \\ 0 & 0 & 0 & ■ & * & * & * & * & * & * \\ 0 & 0 & 0 & 0 & ■ & * & * & * & * & * \\ 0 & 0 & 0 & 0 & 0 & ■ & * & * & * & * \\ 0 & 0 & 0 & 0 & 0 & 0 & 0 & 0 & ■ & * \end{bmatrix}$$

Les matrices ci-dessous sont sous forme échelonnée réduite car leurs coefficients principaux sont égaux à 1 et ont des 0 en dessous *et au-dessus* d'eux.

$$\begin{bmatrix} 1 & 0 & * & * \\ 0 & 1 & * & * \\ 0 & 0 & 0 & 0 \\ 0 & 0 & 0 & 0 \end{bmatrix}, \quad \begin{bmatrix} 0 & 1 & * & 0 & 0 & 0 & * & * & 0 & * \\ 0 & 0 & 0 & 1 & 0 & 0 & * & * & 0 & * \\ 0 & 0 & 0 & 0 & 1 & 0 & * & * & 0 & * \\ 0 & 0 & 0 & 0 & 0 & 1 & * & * & 0 & * \\ 0 & 0 & 0 & 0 & 0 & 0 & 0 & 0 & 1 & * \end{bmatrix}$$

■

Toute matrice non nulle peut être réduite selon les lignes (c'est-à-dire transformée par une suite d'opérations élémentaires sur les lignes) en au moins une matrice échelonnée, mais cette réduction n'est pas unique car différentes suites d'opérations sont possibles. En revanche, la forme échelonnée réduite que l'on obtient à partir d'une matrice donnée est unique. Le théorème ci-dessous est démontré dans l'annexe A, à la fin du livre.

THÉORÈME 1

Unicité de la forme échelonnée réduite

Toute matrice est équivalente selon les lignes à une et une seule matrice échelonnée réduite.

Si une matrice A est équivalente selon les lignes à une matrice échelonnée U, on appelle U **forme échelonnée** (ou forme échelonnée en ligne) **de** A ; si U est sous forme échelonnée réduite, on l'appelle **forme échelonnée réduite de** A. [La plupart des logiciels ou des calculatrices possédant des fonctions matricielles utilisent l'abréviation RREF pour « forme échelonnée réduite en ligne » (en anglais *Reduced Row Echelon Form*). On trouve parfois REF (*Row Echelon Form*, « forme échelonnée en ligne »).]

Positions de pivot

Une fois qu'une matrice a été réduite à une forme échelonnée, les opérations que l'on effectue par la suite pour aboutir à la forme échelonnée réduite ne modifient pas la position des coefficients principaux. Comme la forme échelonnée réduite d'une matrice est unique, *les coefficients principaux d'une matrice échelonnée obtenue à partir d'une matrice donnée sont toujours situés à la même position*. Ces coefficients principaux correspondent aux coefficients principaux (des 1, par définition) de la forme échelonnée réduite.

DÉFINITION

On appelle **position de pivot** d'une matrice A l'emplacement dans A correspondant à un coefficient principal (égal à 1) de la forme échelonnée réduite de A. On appelle **colonne pivot** une colonne de A contenant une position de pivot.

Dans l'exemple 1, les carrés (■) correspondent aux positions de pivot. De nombreux concepts fondamentaux étudiés dans les quatre premiers chapitres sont liés d'une façon ou d'une autre aux positions de pivot d'une matrice.

EXEMPLE 2 Réduire la matrice A ci-dessous à une forme échelonnée et déterminer les colonnes pivots de A.

$$A = \begin{bmatrix} 0 & -3 & -6 & 4 & 9 \\ -1 & -2 & -1 & 3 & 1 \\ -2 & -3 & 0 & 3 & -1 \\ 1 & 4 & 5 & -9 & -7 \end{bmatrix}$$

SOLUTION Le principe est le même que dans la section 1.1. Le haut de la colonne non nulle la plus à gauche correspond à la première position de pivot. Il faut placer un coefficient non nul (le *pivot*) à cette position. On a intérêt ici à échanger les lignes 1 et 4. On amène ainsi un 1 en position de pivot, ce qui évite les fractions à l'étape suivante.

$$
\begin{array}{c}
\overset{\displaystyle\text{Pivot}}{}\\
\begin{bmatrix}
1 & 4 & 5 & -9 & -7 \\
-1 & -2 & -1 & 3 & 1 \\
-2 & -3 & 0 & 3 & -1 \\
0 & -3 & -6 & 4 & 9
\end{bmatrix}\\
\underset{\displaystyle\text{Colonne pivot}}{}
\end{array}
$$

On fait apparaître des 0 en dessous du pivot, 1, en ajoutant aux lignes inférieures des multiples de la première ligne et l'on obtient ainsi la matrice (1) ci-dessous. La position de pivot de la deuxième ligne doit être aussi à gauche que possible, soit, ici, dans la deuxième colonne. On choisit donc comme pivot le coefficient 2 qui est à cet emplacement.

$$
\begin{bmatrix}
1 & 4 & 5 & -9 & -7 \\
0 & 2 & 4 & -6 & -6 \\
0 & 5 & 10 & -15 & -15 \\
0 & -3 & -6 & 4 & 9
\end{bmatrix}
\tag{1}
$$

On ajoute $-5/2$ fois la ligne 2 à la ligne 3, et $3/2$ fois la ligne 2 à la ligne 4.

$$
\begin{bmatrix}
1 & 4 & 5 & -9 & -7 \\
0 & 2 & 4 & -6 & -6 \\
0 & 0 & 0 & 0 & 0 \\
0 & 0 & 0 & -5 & 0
\end{bmatrix}
\tag{2}
$$

La matrice (2) ne ressemble à aucune de celles que l'on avait rencontrées dans la section 1.1. Il est impossible de faire apparaître un coefficient principal dans la colonne 3 ! Il n'est pas question d'utiliser les lignes 1 ou 2, car on détruirait alors la disposition en échelons des coefficients principaux obtenus auparavant. En revanche, on peut faire apparaître un coefficient principal dans la colonne 4 en échangeant les lignes 3 et 4.

$$
\begin{bmatrix}
1 & 4 & 5 & -9 & -7 \\
0 & 2 & 4 & -6 & -6 \\
0 & 0 & 0 & -5 & 0 \\
0 & 0 & 0 & 0 & 0
\end{bmatrix}
\qquad \text{de la forme :} \qquad
\begin{bmatrix}
\blacksquare & * & * & * & * \\
0 & \blacksquare & * & * & * \\
0 & 0 & 0 & \blacksquare & * \\
0 & 0 & 0 & 0 & 0
\end{bmatrix}
$$

Cette matrice est sous forme échelonnée, ce qui permet d'affirmer que les colonnes 1, 2 et 4 sont des colonnes pivots.

$$
A =
\begin{bmatrix}
0 & -3 & -6 & 4 & 9 \\
-1 & -2 & -1 & 3 & 1 \\
-2 & -3 & 0 & 3 & -1 \\
1 & 4 & 5 & -9 & -7
\end{bmatrix}
\tag{3}
$$

L'exemple 2 illustre la notion de **pivot**, qui est un nombre non nul en position de pivot, utilisé pour faire apparaître des 0 au moyen d'opérations sur les lignes. Dans l'exemple 2, les pivots sont 1, 2 et -5. On remarque que ces nombres ne sont pas les coefficients de A correspondant aux positions de pivot qui apparaissent en couleur dans (3).

À l'aide de l'exemple 2, nous allons maintenant décrire une procédure effective pour transformer une matrice en une matrice échelonnée, réduite ou non. Le lecteur est invité dès maintenant à étudier soigneusement et à maîtriser cette procédure. Cet effort initial sera largement récompensé par la suite.

L'algorithme du pivot de Gauss

L'algorithme qui suit comporte quatre étapes et conduit à une matrice sous forme échelonnée. Une cinquième étape permet d'obtenir une matrice échelonnée réduite. L'algorithme est illustré par un exemple.

EXEMPLE 3 À l'aide d'une suite d'opérations élémentaires sur les matrices, mettre la matrice ci-dessous d'abord sous forme échelonnée, puis sous forme échelonnée réduite.

$$\begin{bmatrix} 0 & 3 & -6 & 6 & 4 & -5 \\ 3 & -7 & 8 & -5 & 8 & 9 \\ 3 & -9 & 12 & -9 & 6 & 15 \end{bmatrix}$$

SOLUTION

ÉTAPE 1

On considère la colonne non nulle la plus à gauche. C'est une colonne pivot. La position de pivot est en haut de cette colonne.

$$\begin{bmatrix} 0 & 3 & -6 & 6 & 4 & -5 \\ 3 & -7 & 8 & -5 & 8 & 9 \\ 3 & -9 & 12 & -9 & 6 & 15 \end{bmatrix}$$
Colonne pivot

ÉTAPE 2

On choisit comme pivot un élément non nul de la colonne pivot. Si nécessaire, on échange deux lignes pour amener cet élément à la position de pivot.

On échange les lignes 1 et 3 (on aurait pu également échanger les lignes 1 et 2).

Pivot
$$\begin{bmatrix} 3 & -9 & 12 & -9 & 6 & 15 \\ 3 & -7 & 8 & -5 & 8 & 9 \\ 0 & 3 & -6 & 6 & 4 & -5 \end{bmatrix}$$

ÉTAPE 3

Au moyen d'opérations de remplacement, on fait apparaître des 0 à toutes les positions situées sous le pivot.

On pourrait préalablement diviser la première ligne par le pivot 3. Mais comme la colonne 1 comporte deux fois le nombre 3, il est aussi simple d'ajouter -1 fois la ligne 1 à la ligne 2.

$$
\begin{array}{c}
\overset{\text{Pivot}}{} \\
\begin{bmatrix}
3 & -9 & 12 & -9 & 6 & 15 \\
0 & 2 & -4 & 4 & 2 & -6 \\
0 & 3 & -6 & 6 & 4 & -5
\end{bmatrix}
\end{array}
$$

ÉTAPE 4

On cache (ou on ignore) la ligne contenant la position de pivot et, éventuellement, toutes les lignes au-dessus d'elle. On applique les étapes 1 à 3 à la sous-matrice restante. On répète le processus jusqu'à ce qu'il ne reste plus aucune ligne non nulle à modifier.

Si l'on cache la ligne 1, on voit, en appliquant l'étape 1, que la colonne 2 est la colonne pivot suivante. Pour appliquer l'étape 2, on choisit comme pivot le « haut » de cette colonne.

$$
\begin{bmatrix}
3 & -9 & 12 & -9 & 6 & 15 \\
0 & 2 & -4 & 4 & 2 & -6 \\
0 & 3 & -6 & 6 & 4 & -5
\end{bmatrix}
$$

Nouvelle colonne pivot

Pour l'étape 3, on pourrait introduire une étape facultative qui consisterait à diviser la ligne supérieure de la sous-matrice par le pivot, 2. Mais on peut aussi directement ajouter $-3/2$ fois la ligne supérieure à la ligne juste en dessous. On obtient alors

$$
\begin{bmatrix}
3 & -9 & 12 & -9 & 6 & 15 \\
0 & 2 & -4 & 4 & 2 & -6 \\
0 & 0 & 0 & 0 & 1 & 4
\end{bmatrix}
$$

Si l'on cache la ligne contenant la deuxième position de pivot pour l'étape 4, on se retrouve avec une nouvelle sous-matrice formée d'une seule ligne.

$$
\begin{bmatrix}
3 & -9 & 12 & -9 & 6 & 15 \\
0 & 2 & -4 & 4 & 2 & -6 \\
0 & 0 & 0 & 0 & 1 & 4
\end{bmatrix}
$$

Pivot

Les étapes 1 à 3 sont sans objet pour cette sous-matrice, et l'on est parvenu à une forme échelonnée de la matrice initiale. Si l'on veut la forme échelonnée réduite, il faut effectuer une étape supplémentaire.

ÉTAPE 5

On fait apparaître des 0 au-dessus de chaque pivot, en commençant par le pivot le plus à droite et en progressant vers le haut et vers la gauche. Si un pivot est différent de 1, on divise sa ligne par la valeur du pivot pour obtenir la valeur 1.

Le pivot le plus à droite est à la ligne 3. On fait apparaître des 0 au-dessus de lui en ajoutant aux lignes 1 et 2 des multiples convenables de la ligne 3.

$$\begin{bmatrix} 3 & -9 & 12 & -9 & 0 & -9 \\ 0 & 2 & -4 & 4 & 0 & -14 \\ 0 & 0 & 0 & 0 & 1 & 4 \end{bmatrix}$$ ← Ligne 1 + (−6) · ligne 3
← Ligne 2 + (−2) · ligne 3

Le pivot suivant est à la ligne 2. On transforme sa valeur en 1 en divisant cette ligne par le pivot.

$$\begin{bmatrix} 3 & -9 & 12 & -9 & 0 & -9 \\ 0 & 1 & -2 & 2 & 0 & -7 \\ 0 & 0 & 0 & 0 & 1 & 4 \end{bmatrix}$$ ← On multiplie la ligne par $\frac{1}{2}$.

On fait apparaître un 0 dans la colonne 2 en ajoutant 9 fois la ligne 2 à la ligne 1.

$$\begin{bmatrix} 3 & 0 & -6 & 9 & 0 & -72 \\ 0 & 1 & -2 & 2 & 0 & -7 \\ 0 & 0 & 0 & 0 & 1 & 4 \end{bmatrix}$$ ← Ligne 1 + (9) · ligne 2

Pour finir, on divise la ligne 1 par la valeur du pivot, 3.

$$\begin{bmatrix} 1 & 0 & -2 & 3 & 0 & -24 \\ 0 & 1 & -2 & 2 & 0 & -7 \\ 0 & 0 & 0 & 0 & 1 & 4 \end{bmatrix}$$ ← On multiplie la ligne par $\frac{1}{3}$.

Et voilà la forme échelonnée réduite de la matrice initiale.   ■

L'ensemble des opérations correspondant aux étapes 1 à 4 est appelé **phase de descente** de l'algorithme du pivot. L'étape 5, qui conduit à l'unique forme échelonnée réduite, est appelée **phase de remontée**.

REMARQUE NUMÉRIQUE

À l'étape 2 décrite ci-dessus, un programme informatique choisit en général comme pivot le coefficient de la colonne le plus grand en valeur absolue. Cette méthode, appelée **stratégie du pivot partiel**, est celle qui produit le moins d'erreurs d'arrondi.

Solutions d'un système linéaire

En appliquant l'algorithme du pivot de Gauss à la matrice complète d'un système linéaire, on arrive directement à la description de son ensemble de solutions.

Supposons, par exemple, que la matrice complète d'un système linéaire ait été mise sous la forme échelonnée *réduite*

$$\begin{bmatrix} 1 & 0 & -5 & 1 \\ 0 & 1 & 1 & 4 \\ 0 & 0 & 0 & 0 \end{bmatrix}$$

Le système comporte trois inconnues, puisque la matrice complète a quatre colonnes. Le système linéaire associé est

$$\begin{aligned} x_1 \quad\quad - 5x_3 &= 1 \\ x_2 + \quad x_3 &= 4 \\ 0 &= 0 \end{aligned} \qquad (4)$$

Les inconnues x_1 et x_2, correspondant aux colonnes pivots de la matrice, sont appelées **inconnues principales ou variables liées**. La dernière inconnue, x_3, est appelée **inconnue secondaire** ou **variable libre** ou tout simplement **inconnue non principale**.

À chaque fois que, comme dans (4), un système est compatible, on peut décrire explicitement son ensemble de solutions en résolvant le système d'équations *réduit*, ce qui revient à exprimer les inconnues principales en fonction des inconnues non principales. Cela est possible parce que, dans la forme échelonnée réduite, chaque inconnue principale figure dans une et une seule équation. Dans (4), on résout la première équation à l'inconnue x_1 et la deuxième à l'inconnue x_2 (on ne tient évidemment pas compte de la troisième équation, qui n'introduit aucune contrainte supplémentaire sur les inconnues).

$$\begin{cases} x_1 = 1 + 5x_3 \\ x_2 = 4 - x_3 \\ x_3 \text{ quelconque} \end{cases} \tag{5}$$

La locution « x_3 quelconque » signifie que l'on peut choisir arbitrairement n'importe quelle valeur pour x_3. Une fois cette valeur choisie, les formules (5) déterminent de façon unique les valeurs de x_1 et x_2. Par exemple, pour $x_3 = 0$, la solution est $(1, 4, 0)$; pour $x_3 = 1$, la solution est $(6, 3, 1)$. *Des choix distincts pour x_3 déterminent des solutions distinctes du système, et toute solution du système est déterminée par un choix de x_3.*

EXEMPLE 4 Déterminer la solution générale du système dont on a réduit la matrice complète à

$$\begin{bmatrix} 1 & 6 & 2 & -5 & -2 & -4 \\ 0 & 0 & 2 & -8 & -1 & 3 \\ 0 & 0 & 0 & 0 & 1 & 7 \end{bmatrix}$$

SOLUTION La matrice est sous forme échelonnée, mais la résolution nécessite la forme échelonnée réduite. Cette réduction est détaillée ci-après. Le symbole $\sim$ placé avant une matrice signifie qu'elle est équivalente selon les lignes à la matrice qui la précède.

$$\begin{bmatrix} 1 & 6 & 2 & -5 & -2 & -4 \\ 0 & 0 & 2 & -8 & -1 & 3 \\ 0 & 0 & 0 & 0 & 1 & 7 \end{bmatrix} \sim \begin{bmatrix} 1 & 6 & 2 & -5 & 0 & 10 \\ 0 & 0 & 2 & -8 & 0 & 10 \\ 0 & 0 & 0 & 0 & 1 & 7 \end{bmatrix}$$

$$\sim \begin{bmatrix} 1 & 6 & 2 & -5 & 0 & 10 \\ 0 & 0 & 1 & -4 & 0 & 5 \\ 0 & 0 & 0 & 0 & 1 & 7 \end{bmatrix} \sim \begin{bmatrix} 1 & 6 & 0 & 3 & 0 & 0 \\ 0 & 0 & 1 & -4 & 0 & 5 \\ 0 & 0 & 0 & 0 & 1 & 7 \end{bmatrix}$$

Le système comporte cinq inconnues, car la matrice complète a six colonnes. Le nouveau système associé est

$$\begin{aligned} x_1 + 6x_2 \quad + 3x_4 \quad &= 0 \\ x_3 - 4x_4 \quad &= 5 \\ x_5 &= 7 \end{aligned} \tag{6}$$

Les colonnes pivots de la matrice sont 1, 3 et 5, donc les inconnues principales sont x_1, x_3 et x_5. Les inconnues restantes, x_2 et x_4, peuvent avoir une valeur quelconque.

On résout par rapport aux inconnues principales et l'on obtient la solution générale

$$\begin{cases} x_1 = -6x_2 - 3x_4 \\ x_2 \text{ quelconque} \\ x_3 = 5 + 4x_4 \\ x_4 \text{ quelconque} \\ x_5 = 7 \end{cases} \tag{7}$$

On remarque que la valeur de x_5 est déjà fixée par la troisième équation du système (6). ∎

Représentation paramétrique de l'ensemble des solutions

Les relations obtenues en (5) et en (7) constituent des *représentations paramétriques* des ensembles de solutions, dans lesquelles les inconnues non principales jouent le rôle de paramètres. *Résoudre un système* revient à trouver une représentation paramétrique de l'ensemble des solutions ou à montrer que l'ensemble des solutions est vide.

Quand un système est compatible et comporte des inconnues non principales, plusieurs représentations paramétriques de l'ensemble des solutions sont possibles. Par exemple, dans le système (4), on peut ajouter 5 fois l'équation 2 à l'équation 1 et obtenir ainsi le système équivalent

$$x_1 + 5x_2 \qquad = 21$$
$$x_2 + x_3 = 4$$

On pourrait considérer x_2 comme un paramètre, exprimer x_1 et x_3 en fonction de x_2, et on aurait ainsi une description tout aussi exacte de l'ensemble des solutions. Cependant, par souci de cohérence, on adoptera désormais pour convention (arbitraire) de choisir les inconnues non principales comme paramètres pour représenter un ensemble de solutions (les corrigés des exercices, données en fin d'ouvrage, respectent cette convention).

Quand un système est incompatible, l'ensemble des solutions est vide même si le système comporte des inconnues non principales. Dans ce cas, il n'existe *aucune* représentation paramétrique de l'ensemble des solutions.

Résolution par substitutions successives

Considérons le système ci-dessous, dont la matrice complète est sous forme échelonnée *non réduite* :

$$x_1 - 7x_2 + 2x_3 - 5x_4 + 8x_5 = 10$$
$$x_2 - 3x_3 + 3x_4 + x_5 = -5$$
$$x_4 - x_5 = 4$$

Plutôt que de calculer la forme échelonnée réduite, un programme informatique résoudrait ce système par remontée, en commençant par la dernière équation et en substituant aux inconnues les valeurs obtenues au fur et à mesure. Plus précisément, le programme résoudrait l'équation 3 en exprimant x_4 en fonction de x_5, substituerait l'expression de x_4 dans l'équation 2, puis résoudrait l'équation 2 en x_2 ; il substituerait ensuite les expressions de x_2 et x_4 dans l'équation 1, qu'il résoudrait finalement en x_1.

La présentation matricielle de la phase de remontée dans la méthode du pivot nécessite le même nombre d'opérations arithmétiques que la méthode par substitutions successives. Mais quand on effectue le calcul à la main, il est préférable de s'astreindre à la présentation matricielle, ce qui diminue le risque d'erreur. La meilleure stratégie consiste à n'utiliser que la forme échelonnée *réduite* pour résoudre un système !

REMARQUE NUMÉRIQUE

En général, la phase de descente de la méthode du pivot prend beaucoup plus de temps que la remontée. On mesure habituellement un algorithme de résolution d'un système en flops (*floating point operations*, opérations en virgule flottante). Un **flop** est une opération arithmétique $(+, -, *, /)$ entre deux réels représentés en virgule flottante[4]. Pour une matrice $n \times (n + 1)$, la réduction à une forme échelonnée peut nécessiter jusqu'à $2n^3/3 + n^2/2 - 7n/6$ flops (soit environ $2n^3/3$ flops dès que n est suffisamment grand, typiquement $n \geq 30$). En revanche, les opérations restant à effectuer pour parvenir à la forme réduite nécessitent au maximum n^2 flops.

Problèmes d'existence et d'unicité

Une forme échelonnée non réduite n'a pas grande utilité à elle seule pour résoudre un système. C'est en revanche l'outil le plus adapté pour répondre aux deux questions fondamentales formulées dans la section 1.1.

EXEMPLE 5 Étudier l'existence et l'unicité d'une solution au système

$$\begin{array}{rcrcrcrcrcr} & & 3x_2 & - & 6x_3 & + & 6x_4 & + & 4x_5 & = & -5 \\ 3x_1 & - & 7x_2 & + & 8x_3 & - & 5x_4 & + & 8x_5 & = & 9 \\ 3x_1 & - & 9x_2 & + & 12x_3 & - & 9x_4 & + & 6x_5 & = & 15 \end{array}$$

SOLUTION On a déterminé à l'exemple 3 une forme échelonnée de la matrice complète du système :

$$\begin{bmatrix} 3 & -9 & 12 & -9 & 6 & 15 \\ 0 & 2 & -4 & 4 & 2 & -6 \\ 0 & 0 & 0 & 0 & 1 & 4 \end{bmatrix} \tag{8}$$

Les inconnues principales sont x_1, x_2 et x_5, et les inconnues non principales, x_3 et x_4. Aucune des équations n'étant du type $0 = 1$, ce qui signifierait une incompatibilité du système, on peut donc remonter le système par substitution. Mais sans avoir à expliciter tout le calcul, l'*existence* d'une solution au système (8) est claire. Par ailleurs, la solution n'est *pas unique* car le système comporte des inconnues non principales. Différentes valeurs de x_3 et x_4 déterminent des solutions différentes. Le système admet donc une infinité de solutions. ∎

Si un système est sous forme échelonnée et qu'il ne comporte aucune équation de la forme $0 = b$, avec b non nul, alors toute équation non nulle contient une inconnue principale affectée d'un coefficient non nul. Dans ce cas, soit les inconnues principales sont complètement déterminées (il n'y a pas d'inconnues secondaires), soit l'une au moins des inconnues principales s'exprime en fonction d'une ou plusieurs inconnues non principales. Dans le premier cas, il existe une solution unique ; dans le second cas, il en existe une infinité (une pour chaque choix de valeur des inconnues non principales).

Ces remarques justifient le théorème suivant.

---

[4] Traditionnellement, un *flop* était uniquement défini comme une multiplication ou une division, car l'addition et la soustraction prenaient beaucoup moins de temps et pouvaient être négligées. Mais du fait des progrès effectués en architecture des ordinateurs, on préfère maintenant adopter la définition du *flop* proposée ici (voir Golub et Van Loan, *Matrix Computations*, 2ᵉ éd., Baltimore : The Johns Hopkins Press, 1989, p. 19 et 20).

THÉORÈME 2

Théorème d'existence et d'unicité

Un système linéaire est compatible si et seulement si la colonne de droite de la matrice complète *n'est pas* une colonne pivot, c'est-à-dire si et seulement si une forme échelonnée de la matrice complète n'a *aucune ligne* de la forme

$$[\,0 \quad \cdots \quad 0 \quad b\,] \qquad \text{avec } b \text{ non nul}$$

Si un système linéaire est compatible, alors l'ensemble des solutions contient soit (i) une solution unique, s'il n'existe pas d'inconnues secondaires, soit (ii) une infinité de solutions, s'il existe au moins une inconnue secondaire.

RÉSOLUTION D'UN SYSTÈME LINÉAIRE PAR LA MÉTHODE DU PIVOT DE GAUSS

1. Écrire la matrice complète du système.
2. Appliquer la méthode du pivot pour obtenir une matrice complète équivalente sous forme échelonnée. Déterminer si le système est compatible. S'il n'y a pas de solution, c'est terminé ; sinon, aller à l'étape suivante.
3. Continuer la méthode du pivot pour obtenir la forme échelonnée réduite.
4. Écrire le système d'équations correspondant à la matrice obtenue à l'étape 3.
5. Réécrire chaque équation non nulle issue de l'étape 4 de façon à exprimer son unique inconnue principale en fonction des inconnues non principales apparaissant dans l'équation.

EXERCICES D'ENTRAÎNEMENT

1. Déterminer la solution générale du système linéaire dont la matrice complète est

$$\begin{bmatrix} 1 & -3 & -5 & 0 \\ 0 & 1 & -1 & -1 \end{bmatrix}$$

2. Déterminer la solution générale du système

$$\begin{aligned} x_1 - 2x_2 - x_3 + 3x_4 &= 0 \\ -2x_1 + 4x_2 + 5x_3 - 5x_4 &= 3 \\ 3x_1 - 6x_2 - 6x_3 + 8x_4 &= 2 \end{aligned}$$

3. On suppose que la matrice des *coefficients* d'un système linéaire est une matrice 4×7 contenant quatre pivots. Le système est-il compatible ? Dans le cas où il l'est, étudier l'unicité de la solution.

1.2 EXERCICES

Dans les exercices 1 et 2, indiquer les matrices qui sont sous forme échelonnée réduite ainsi que, parmi celles qui ne le sont pas, celles qui sont seulement sous forme échelonnée.

1. a. $\begin{bmatrix} 1 & 0 & 0 & 0 \\ 0 & 1 & 0 & 0 \\ 0 & 0 & 1 & 1 \end{bmatrix}$ b. $\begin{bmatrix} 1 & 0 & 1 & 0 \\ 0 & 1 & 1 & 0 \\ 0 & 0 & 0 & 1 \end{bmatrix}$

c. $\begin{bmatrix} 1 & 0 & 0 & 0 \\ 0 & 1 & 1 & 0 \\ 0 & 0 & 0 & 0 \\ 0 & 0 & 0 & 1 \end{bmatrix}$ d. $\begin{bmatrix} 1 & 1 & 0 & 1 & 1 \\ 0 & 2 & 0 & 2 & 2 \\ 0 & 0 & 0 & 3 & 3 \\ 0 & 0 & 0 & 0 & 4 \end{bmatrix}$

2. a. $\begin{bmatrix} 1 & 1 & 0 & 1 \\ 0 & 0 & 1 & 1 \\ 0 & 0 & 0 & 0 \end{bmatrix}$ b. $\begin{bmatrix} 1 & 1 & 0 & 0 \\ 0 & 1 & 1 & 0 \\ 0 & 0 & 1 & 1 \end{bmatrix}$

c. $\begin{bmatrix} 1 & 0 & 0 & 0 \\ 1 & 1 & 0 & 0 \\ 0 & 1 & 1 & 0 \\ 0 & 0 & 1 & 1 \end{bmatrix}$ d. $\begin{bmatrix} 0 & 1 & 1 & 1 & 1 \\ 0 & 0 & 2 & 2 & 2 \\ 0 & 0 & 0 & 0 & 3 \\ 0 & 0 & 0 & 0 & 0 \end{bmatrix}$

Réduire les matrices des exercices 3 et 4 à la forme échelonnée réduite par la méthode du pivot. Entourer les positions de pivot dans la matrice réduite ainsi que dans la matrice initiale, et préciser les colonnes pivots.

3. $\begin{bmatrix} 1 & 2 & 3 & 4 \\ 4 & 5 & 6 & 7 \\ 6 & 7 & 8 & 9 \end{bmatrix}$ **4.** $\begin{bmatrix} 1 & 3 & 5 & 7 \\ 3 & 5 & 7 & 9 \\ 5 & 7 & 9 & 1 \end{bmatrix}$

5. Décrire toutes les formes échelonnées possibles d'une matrice 2×2 non nulle. On utilisera les symboles ■, * et 0, sur le modèle de la première partie de l'exemple 1.

6. Reprendre l'exercice 5 avec une matrice 3×2 non nulle.

Déterminer la solution générale des systèmes dont la matrice complète est donnée dans les exercices 7 à 14.

7. $\begin{bmatrix} 1 & 3 & 4 & 7 \\ 3 & 9 & 7 & 6 \end{bmatrix}$ **8.** $\begin{bmatrix} 1 & 4 & 0 & 7 \\ 2 & 7 & 0 & 10 \end{bmatrix}$

9. $\begin{bmatrix} 0 & 1 & -6 & 5 \\ 1 & -2 & 7 & -6 \end{bmatrix}$ **10.** $\begin{bmatrix} 1 & -2 & -1 & 3 \\ 3 & -6 & -2 & 2 \end{bmatrix}$

11. $\begin{bmatrix} 3 & -4 & 2 & 0 \\ -9 & 12 & -6 & 0 \\ -6 & 8 & -4 & 0 \end{bmatrix}$ **12.** $\begin{bmatrix} 1 & -7 & 0 & 6 & 5 \\ 0 & 0 & 1 & -2 & -3 \\ -1 & 7 & -4 & 2 & 7 \end{bmatrix}$

13. $\begin{bmatrix} 1 & -3 & 0 & -1 & 0 & -2 \\ 0 & 1 & 0 & 0 & -4 & 1 \\ 0 & 0 & 0 & 1 & 9 & 4 \\ 0 & 0 & 0 & 0 & 0 & 0 \end{bmatrix}$

14. $\begin{bmatrix} 1 & 2 & -5 & -6 & 0 & -5 \\ 0 & 1 & -6 & -3 & 0 & 2 \\ 0 & 0 & 0 & 0 & 1 & 0 \\ 0 & 0 & 0 & 0 & 0 & 0 \end{bmatrix}$

Dans les exercices 15 et 16, on utilise pour les matrices échelonnées les notations de l'exemple 1. On suppose que chaque matrice est la matrice complète d'un système linéaire. Déterminer dans chaque cas si le système est compatible. Dans le cas où il l'est, étudier l'unicité de la solution.

15. a. $\begin{bmatrix} ■ & * & * & * \\ 0 & ■ & * & * \\ 0 & 0 & ■ & 0 \end{bmatrix}$

b. $\begin{bmatrix} 0 & ■ & * & * & * \\ 0 & 0 & ■ & * & * \\ 0 & 0 & 0 & 0 & ■ \end{bmatrix}$

16. a. $\begin{bmatrix} ■ & * & * \\ 0 & ■ & * \\ 0 & 0 & 0 \end{bmatrix}$

b. $\begin{bmatrix} ■ & * & * & * & * \\ 0 & 0 & ■ & * & * \\ 0 & 0 & 0 & ■ & * \end{bmatrix}$

Dans les exercices 17 et 18, déterminer la ou les valeurs de h telles que la matrice proposée soit la matrice complète d'un système linéaire compatible.

17. $\begin{bmatrix} 2 & 3 & h \\ 4 & 6 & 7 \end{bmatrix}$ **18.** $\begin{bmatrix} 1 & -3 & -2 \\ 5 & h & -7 \end{bmatrix}$

Dans les exercices 19 et 20, choisir des valeurs pour h et k de façon que le système (a) n'ait pas de solution, (b) ait une solution unique, (c) ait plusieurs solutions. On donnera une réponse séparée pour chacune de ces trois questions.

19. $x_1 + hx_2 = 2$
$4x_1 + 8x_2 = k$

20. $x_1 + 3x_2 = 2$
$3x_1 + hx_2 = k$

Dans les exercices 21 et 22, dire si les affirmations proposées sont vraies ou fausses. Justifier chaque réponse[5].

21. a. Dans certains cas, à partir d'une matrice donnée, la méthode du pivot peut aboutir à différentes matrices échelonnées réduites selon le choix des opérations élémentaires effectuées.

b. On ne peut appliquer la méthode du pivot qu'à des matrices complètes de systèmes linéaires.

c. Une inconnue principale est une inconnue qui correspond à une colonne pivot dans la matrice des coefficients du système.

d. Il revient au même de trouver une représentation paramétrique de l'ensemble des solutions d'un système et de *résoudre* le système.

e. Si l'une des lignes d'une forme échelonnée d'une matrice complète est $[0 \ 0 \ 0 \ 5 \ 0]$, alors le système associé est incompatible.

22. a. La forme échelonnée réduite d'une matrice est unique.

b. Les positions de pivot d'une matrice dépendent du fait que l'on ait ou non utilisé des échanges de lignes pendant le processus de réduction.

c. Si toutes les colonnes d'une matrice complète contiennent un pivot, alors le système correspondant est compatible.

d. Si un système possède des inconnues non principales, alors il a plusieurs solutions.

e. La solution générale d'un système est une description explicite de toutes les solutions du système.

---

[5] Des exercices vrai-faux de ce type sont proposés dans beaucoup de sections. La façon de justifier les réponses est expliquée avant les exercices 23 et 24 de la section 1.1.

23. On suppose que la matrice des *coefficients* d'un système linéaire est une matrice 3×5 contenant trois colonnes pivots. Le système est-il compatible ? Pourquoi ?

24. On suppose que la matrice *complète* d'un système linéaire est une matrice 3×5 dont la cinquième colonne est une colonne pivot. Le système est-il compatible ? Pourquoi ?

25. On suppose que chaque ligne de la matrice des coefficients d'un système linéaire contient une position de pivot. Expliquer pourquoi le système est compatible.

26. On suppose que toutes les colonnes de la matrice des coefficients d'un système linéaire de trois équations à trois inconnues contiennent un pivot. Expliquer pourquoi le système a une solution unique.

27. Reformuler la dernière phrase du théorème 2 en utilisant le concept de colonne pivot : « Si un système linéaire est compatible, alors la solution est unique si et seulement si _____. »

28. À quelle condition portant sur les colonnes pivots de sa matrice complète un système linéaire a-t-il une et une seule solution ?

29. On appelle parfois un système linéaire avec moins d'équations que d'inconnues un système *sous-déterminé*. Un tel système peut-il avoir une solution unique ? Expliquer.

30. Donner un exemple de système sous-déterminé incompatible de deux équations à trois inconnues.

31. On appelle parfois un système linéaire avec plus d'équations que d'inconnues un système *surdéterminé*. Un tel système peut-il être compatible ? Illustrer la réponse par un exemple de trois équations à deux inconnues.

32. On réduit une matrice $n \times (n+1)$ à sa forme échelonnée réduite par la méthode du pivot. Parmi les opérations (flops) utilisées au total, quelle est approximativement la proportion consacrée à la phase de remontée si $n = 30$? si $n = 300$?

On considère des données expérimentales représentées par un ensemble de points du plan. On appelle **polynôme d'interpolation** de ces données un polynôme dont le graphe passe par chacun des points. En calcul scientifique, on peut par exemple utiliser ce type de polynôme pour estimer une valeur entre deux données expérimentales. On peut l'utiliser aussi en infographie pour créer des courbes. L'une des méthodes pour déterminer un polynôme d'interpolation consiste à résoudre un système linéaire.

33. Déterminer le polynôme d'interpolation $p(t)$ aux points $(1, 12)$, $(2, 15)$ et $(3, 16)$. Autrement dit, déterminer a_0, a_1 et a_2 tels que

$$a_0 + a_1(1) + a_2(1)^2 = 12$$
$$a_0 + a_1(2) + a_2(2)^2 = 15$$
$$a_0 + a_1(3) + a_2(3)^2 = 16$$

34. [M] On a mesuré en soufflerie la force que la résistance de l'air exerçait sur un projectile à différentes vitesses :

Vitesse (10 m/s)	0	2	4	6	8	10
Force (100 N)	0	2,90	14,8	39,6	74,3	119

Déterminer un polynôme d'interpolation correspondant à ces données et estimer la force s'exerçant sur un projectile lancé à 75 m/s. On cherchera un polynôme de degré inférieur ou égal à 5 sous la forme $p(t) = a_0 + a_1 t + a_2 t^2 + a_3 t^3 + a_4 t^4 + a_5 t^5$. Que se passe-t-il si l'on cherche un polynôme de degré strictement inférieur à 5 (on pourra par exemple essayer avec un polynôme de degré 3)[6].

_____
[6] Les exercices marqués du symbole [M] sont conçus pour être résolus à l'aide d'un « programme **M**atriciel » (un logiciel tel que MATLAB®, Maple™, Mathematica®, MathCad® ou Derive™, ou une calculatrice programmable dotée de fonctions matricielles, comme celles fabriquées par Texas Instruments ou Hewlett-Packard).

SOLUTIONS DES EXERCICES D'ENTRAÎNEMENT

1. La forme échelonnée réduite de la matrice complète et le système correspondant sont

$$\begin{bmatrix} 1 & 0 & -8 & -3 \\ 0 & 1 & -1 & -1 \end{bmatrix} \quad \text{et} \quad \begin{array}{rcl} x_1 & -8x_3 &= -3 \\ x_2 - x_3 &= -1 \end{array}$$

Les inconnues principales sont x_1 et x_2, et la solution générale est

$$\begin{cases} x_1 = -3 + 8x_3 \\ x_2 = -1 + x_3 \\ x_3 \text{ quelconque} \end{cases}$$

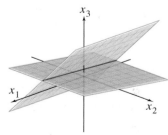

La solution générale du système d'équations est la droite d'intersection de deux plans.

Remarque: Il est essentiel que la solution générale décrive chaque inconnue, celles qui jouent le rôle de paramètres étant clairement identifiées. Les relations ci-dessous ne décrivent *pas* l'ensemble des solutions :

$$\begin{cases} x_1 = -3 + 8x_3 \\ x_2 = -1 + x_3 \\ x_3 = 1 + x_2 \end{cases} \quad \text{Solution incorrecte}$$

Cette formulation implique que x_2 et x_3 sont *toutes les deux* des inconnues principales, ce qui n'est sûrement pas le cas.

2. On applique la méthode du pivot.

$$\begin{bmatrix} 1 & -2 & -1 & 3 & 0 \\ -2 & 4 & 5 & -5 & 3 \\ 3 & -6 & -6 & 8 & 2 \end{bmatrix} \sim \begin{bmatrix} 1 & -2 & -1 & 3 & 0 \\ 0 & 0 & 3 & 1 & 3 \\ 0 & 0 & -3 & -1 & 2 \end{bmatrix}$$

$$\sim \begin{bmatrix} 1 & -2 & -1 & 3 & 0 \\ 0 & 0 & 3 & 1 & 3 \\ 0 & 0 & 0 & 0 & 5 \end{bmatrix}$$

Cette matrice montre que le système est *incompatible* car sa colonne de droite est une colonne pivot; la troisième ligne correspond à l'équation $0 = 5$. Il est inutile de continuer la réduction. On remarque que, vu l'incompatibilité du système, la présence d'inconnues non principales est sans conséquence dans cet exemple.

3. Comme la matrice des coefficients a quatre pivots, chacune de ses lignes contient un pivot. Cela signifie que la forme échelonnée réduite de la matrice des coefficients ne possède aucune ligne nulle. Ainsi, la forme échelonnée réduite de la matrice complète ne peut pas avoir une ligne de la forme $[0 \ 0 \ \cdots \ 0 \ b]$, avec b non nul. D'après le théorème 2, le système est compatible. De plus, puisqu'il y a sept colonnes dans la matrice des coefficients et seulement quatre colonnes pivots, il y aura trois inconnues non principales. Par conséquent, le système admet une infinité de solutions.

1.3 | ÉQUATIONS VECTORIELLES

D'importantes propriétés des systèmes linéaires peuvent être interprétées à l'aide du concept de vecteur. Cette section établit un lien entre les systèmes linéaires et certaines équations portant sur des vecteurs. Le terme de *vecteur* apparaît dans des contextes mathématiques ou physiques très variés, qui seront abordés au chapitre 4, *Espaces vectoriels*. D'ici là, *vecteur* signifiera *liste ordonnée de nombres*. Cette conception assez simple permet d'accéder aussi rapidement que possible à un certain nombre d'applications intéressantes et importantes.

Vecteurs de $\mathbb{R}^2$

Une matrice à une seule colonne est appelée **vecteur colonne** ou, plus simplement, **vecteur**. Les coefficients constituant un vecteur sont appelés **composantes**. Voici par exemple quelques vecteurs à deux composantes :

$$\mathbf{u} = \begin{bmatrix} 3 \\ -1 \end{bmatrix}, \qquad \mathbf{v} = \begin{bmatrix} 0,2 \\ 0,3 \end{bmatrix}, \qquad \mathbf{w} = \begin{bmatrix} w_1 \\ w_2 \end{bmatrix}$$

où w_1 et w_2 sont des réels quelconques. L'ensemble des vecteurs à deux éléments est noté $\mathbb{R}^2$ (lire « r-deux » ou « r au carré »). La notation $\mathbb{R}$ désigne l'ensemble des nombres réels qui apparaissent comme composantes dans les vecteurs, et l'exposant 2 signifie que chaque vecteur contient deux composantes[7].

Deux vecteurs de $\mathbb{R}^2$ sont dits **égaux** si leurs composantes correspondantes sont égales. Ainsi, les vecteurs $\begin{bmatrix} 4 \\ 7 \end{bmatrix}$ et $\begin{bmatrix} 7 \\ 4 \end{bmatrix}$ ne sont *pas* égaux, car des vecteurs de $\mathbb{R}^2$ sont des paires *ordonnées* de réels.

Étant donné deux vecteurs $\mathbf{u}$ et $\mathbf{v}$ de $\mathbb{R}^2$, leur **somme** est le vecteur $\mathbf{u} + \mathbf{v}$ obtenu en additionnant les composantes correspondantes de $\mathbf{u}$ et $\mathbf{v}$. Par exemple, on a

$$\begin{bmatrix} 1 \\ -2 \end{bmatrix} + \begin{bmatrix} 2 \\ 5 \end{bmatrix} = \begin{bmatrix} 1+2 \\ -2+5 \end{bmatrix} = \begin{bmatrix} 3 \\ 3 \end{bmatrix}$$

Étant donné un vecteur $\mathbf{u}$ et un réel c, le **produit** de $\mathbf{u}$ par c est le vecteur $c\mathbf{u}$ obtenu en multipliant toutes les composantes de $\mathbf{u}$ par c. Par exemple,

$$\text{si} \quad \mathbf{u} = \begin{bmatrix} 3 \\ -1 \end{bmatrix} \quad \text{et} \quad c = 5, \qquad \text{alors} \quad c\mathbf{u} = 5\begin{bmatrix} 3 \\ -1 \end{bmatrix} = \begin{bmatrix} 15 \\ -5 \end{bmatrix}$$

Le nombre c dans $c\mathbf{u}$ est appelé un **scalaire**. On l'écrit en caractère maigre pour le distinguer du $\mathbf{u}$ écrit en caractère gras. Les vecteurs $\mathbf{u}$ et $c\mathbf{u}$ sont dits **colinéaires**.

On peut, comme dans l'exemple ci-dessous, combiner les opérations d'addition et de multiplication.

EXEMPLE 1   On pose $\mathbf{u} = \begin{bmatrix} 1 \\ -2 \end{bmatrix}$ et $\mathbf{v} = \begin{bmatrix} 2 \\ -5 \end{bmatrix}$. Calculer les vecteurs $4\mathbf{u}$, $(-3)\mathbf{v}$ et $4\mathbf{u} + (-3)\mathbf{v}$.

SOLUTION

$$4\mathbf{u} = \begin{bmatrix} 4 \\ -8 \end{bmatrix}, \qquad (-3)\mathbf{v} = \begin{bmatrix} -6 \\ 15 \end{bmatrix}$$

et

$$4\mathbf{u} + (-3)\mathbf{v} = \begin{bmatrix} 4 \\ -8 \end{bmatrix} + \begin{bmatrix} -6 \\ 15 \end{bmatrix} = \begin{bmatrix} -2 \\ 7 \end{bmatrix} \qquad \blacksquare$$

Pour des raisons pratiques (et pour économiser de la place), on écrira parfois un vecteur colonne tel que $\begin{bmatrix} 3 \\ -1 \end{bmatrix}$ sous la forme $(3, -1)$. Dans ce cas, les parenthèses et la virgule[8] permettent de distinguer le vecteur $(3, -1)$ de $\begin{bmatrix} 3 & -1 \end{bmatrix}$, qui est une matrice 1×2 et s'écrit avec des crochets et sans virgule. Ainsi, on a

$$\begin{bmatrix} 3 \\ -1 \end{bmatrix} \neq \begin{bmatrix} 3 & -1 \end{bmatrix}$$

car, bien qu'ayant les mêmes éléments, ces matrices n'ont pas la même forme.

Interprétation géométrique de $\mathbb{R}^2$

On considère un système de coordonnées cartésiennes dans le plan. Puisque tout point est entièrement déterminé par une liste ordonnée de deux points, *on peut identifier le point du plan de coordonnées (a, b) avec le vecteur colonne* $\begin{bmatrix} a \\ b \end{bmatrix}$. On peut donc considérer $\mathbb{R}^2$ comme l'ensemble des points du plan (voir figure 1).

---

[7] Dans cet ouvrage, il sera essentiellement question de vecteurs et de matrices à coefficients réels. Mais tous les théorèmes et toutes les définitions des chapitres 1 à 5 et de la plupart des autres chapitres s'appliquent sans difficulté à des coefficients complexes. Des vecteurs et des matrices complexes apparaissent par exemple naturellement en électricité.

[8] Ou le point-virgule s'il existe un risque de confusion avec la virgule décimale. (*NdT*)

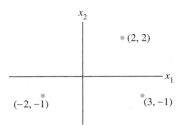

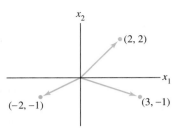

FIGURE 1 Vecteurs vus comme des points

FIGURE 2 Vecteurs avec des flèches

On visualise souvent plus facilement l'interprétation géométrique d'un vecteur tel que $\begin{bmatrix} 3 \\ -1 \end{bmatrix}$ en le représentant par une flèche (segment de droite orienté) allant de l'origine $(0, 0)$ vers le point $(3, -1)$, comme indiqué à la figure 2. On ne donne dans ce cas aucune signification particulière aux points situés sur la flèche[9].

La somme de deux vecteurs s'interprète géométriquement sans difficulté. On peut vérifier la règle ci-dessous par un calcul de géométrie analytique.

Règle du parallélogramme pour l'addition

Si l'on représente deux vecteurs $\mathbf{u}$ et $\mathbf{v}$ de $\mathbb{R}^2$ par des points du plan, alors $\mathbf{u} + \mathbf{v}$ correspond au quatrième sommet du parallélogramme dont les autres sommets sont $\mathbf{u}, \mathbf{0}$ et $\mathbf{v}$ (voir figure 3).

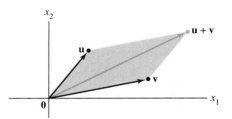

FIGURE 3 Règle du parallélogramme

EXEMPLE 2 La figure 4 représente les vecteurs $\mathbf{u} = \begin{bmatrix} 2 \\ 2 \end{bmatrix}$ et $\mathbf{v} = \begin{bmatrix} -6 \\ 1 \end{bmatrix}$, ainsi que leur somme $\mathbf{u} + \mathbf{v} = \begin{bmatrix} -4 \\ 3 \end{bmatrix}$. ∎

L'exemple suivant illustre le fait que l'ensemble des vecteurs colinéaires à un vecteur non nul fixé est une droite passant par l'origine $(0, 0)$.

EXEMPLE 3 Soit $\mathbf{u} = \begin{bmatrix} 3 \\ -1 \end{bmatrix}$. Représenter sur un dessin les vecteurs $\mathbf{u}, 2\mathbf{u}$ et $-\frac{2}{3}\mathbf{u}$.

SOLUTION Se référer à la figure 5 qui représente les vecteurs $\mathbf{u}, 2\mathbf{u} = \begin{bmatrix} 6 \\ -2 \end{bmatrix}$ ainsi que $-\frac{2}{3}\mathbf{u} = \begin{bmatrix} -2 \\ 2/3 \end{bmatrix}$. La flèche correspondant à $2\mathbf{u}$ est deux fois plus longue que celle

---

[9] En physique, les flèches représentent des forces et peuvent en général se déplacer librement dans l'espace. Cette interprétation des vecteurs sera analysée dans la section 4.1.

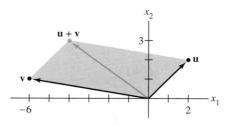

FIGURE 4

de **u**, et les deux flèches pointent dans la même direction. La flèche correspondant à $-\frac{2}{3}\mathbf{u}$ a une longueur égale aux deux tiers de celle de **u**, et les flèches pointent dans des directions opposées. De façon générale, la longueur de la flèche de $c\mathbf{u}$ est égale à $|c|$ fois la longueur de la flèche de **u**. [On rappelle que la longueur du segment de droite joignant $(0,0)$ à (a, b) est $\sqrt{a^2 + b^2}$. Ce point sera examiné plus loin dans le chapitre 6.]

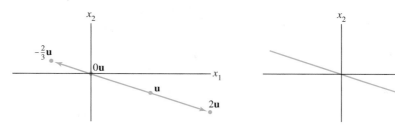

Quelques vecteurs colinéaires à **u**   Ensemble des vecteurs colinéaires à **u**

FIGURE 5

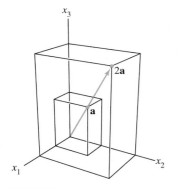

FIGURE 6
Vecteurs colinéaires

Vecteurs de $\mathbb{R}^3$

Les vecteurs de $\mathbb{R}^3$ sont des matrices colonnes 3×1 avec trois éléments. Ils s'interprètent géométriquement comme des points dans un espace à trois dimensions, munis parfois, pour plus de clarté, de flèches partant de l'origine. La figure 6 représente les vecteurs

$$\mathbf{a} = \begin{bmatrix} 2 \\ 3 \\ 4 \end{bmatrix} \text{ et } 2\mathbf{a}.$$

Vecteurs de $\mathbb{R}^n$

Si n est un entier strictement positif, $\mathbb{R}^n$ (lire « r-n ») désigne l'ensemble de toutes les listes ordonnées (ou n-uplets) de n réels, que l'on écrit en général sous forme de matrices colonnes $n \times 1$:

$$\mathbf{u} = \begin{bmatrix} u_1 \\ u_2 \\ \vdots \\ u_n \end{bmatrix}$$

On appelle **vecteur nul** le vecteur dont tous les éléments sont nuls et on le note **0** (le nombre de composantes de **0** est déterminé par le contexte).

On définit l'égalité des vecteurs de $\mathbb{R}^n$ ainsi que les opérations d'addition et de multiplication par un scalaire comme dans $\mathbb{R}^2$, c'est-à-dire composante par composante. Ces opérations possèdent les propriétés suivantes, que l'on vérifie directement à partir des propriétés correspondantes des réels (voir le problème d'entraînement 1 ainsi que les exercices 33 et 34 en fin de section).

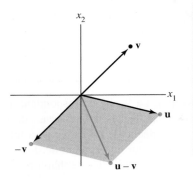

FIGURE 7
Différence de deux vecteurs

Propriétés algébriques de $\mathbb{R}^n$

Quels que soient les vecteurs $\mathbf{u}$, $\mathbf{v}$ et $\mathbf{w}$ de $\mathbb{R}^n$ ainsi que les scalaires c et d :

(i) $\mathbf{u} + \mathbf{v} = \mathbf{v} + \mathbf{u}$

(ii) $(\mathbf{u} + \mathbf{v}) + \mathbf{w} = \mathbf{u} + (\mathbf{v} + \mathbf{w})$

(iii) $\mathbf{u} + \mathbf{0} = \mathbf{0} + \mathbf{u} = \mathbf{u}$

(iv) $\mathbf{u} + (-\mathbf{u}) = -\mathbf{u} + \mathbf{u} = \mathbf{0}$,
où $-\mathbf{u}$ désigne $(-1)\mathbf{u}$

(v) $c(\mathbf{u} + \mathbf{v}) = c\mathbf{u} + c\mathbf{v}$

(vi) $(c + d)\mathbf{u} = c\mathbf{u} + d\mathbf{u}$

(vii) $c(d\mathbf{u}) = (cd)\mathbf{u}$

(viii) $1\mathbf{u} = \mathbf{u}$

Pour simplifier les notations, un vecteur tel que $\mathbf{u} + (-1)\mathbf{v}$ est noté $\mathbf{u} - \mathbf{v}$. La figure 7 montre la construction de $\mathbf{u} - \mathbf{v}$ comme somme de $\mathbf{u}$ et de $-\mathbf{v}$.

Combinaisons linéaires

Étant donné des vecteurs $\mathbf{v}_1, \mathbf{v}_2, \ldots, \mathbf{v}_p$ de $\mathbb{R}^n$ et des scalaires $c_1, c_2, \ldots, c_p$, le vecteur $\mathbf{y}$ défini par

$$\mathbf{y} = c_1\mathbf{v}_1 + \cdots + c_p\mathbf{v}_p$$

est appelé **combinaison linéaire** de $\mathbf{v}_1, \ldots, \mathbf{v}_p$, les scalaires $c_1, \ldots, c_p$ étant appelés **coefficients** de la combinaison linéaire. La propriété (ii) ci-dessus permet d'omettre les parenthèses dans l'écriture d'une telle combinaison. Les coefficients d'une combinaison linéaire peuvent être des réels quelconques, éventuellement nuls. Voici quelques exemples de combinaisons linéaires de $\mathbf{v}_1$ et $\mathbf{v}_2$:

$$\sqrt{3}\,\mathbf{v}_1 + \mathbf{v}_2, \quad \tfrac{1}{2}\mathbf{v}_1 \ (= \tfrac{1}{2}\mathbf{v}_1 + 0\mathbf{v}_2), \quad \mathbf{0} \ (= 0\mathbf{v}_1 + 0\mathbf{v}_2)$$

EXEMPLE 4 La figure 8 montre quelques combinaisons linéaires de $\mathbf{v}_1 = \begin{bmatrix} -1 \\ 1 \end{bmatrix}$ et $\mathbf{v}_2 = \begin{bmatrix} 2 \\ 1 \end{bmatrix}$. Les droites parallèles formant le quadrillage passent par des multiples entiers de $\mathbf{v}_1$ et $\mathbf{v}_2$. Estimer les combinaisons linéaires de $\mathbf{v}_1$ et $\mathbf{v}_2$ qui correspondent aux vecteurs $\mathbf{u}$ et $\mathbf{w}$.

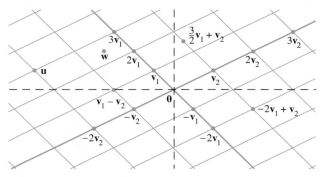

FIGURE 8 Combinaisons linéaires de $\mathbf{v}_1$ et $\mathbf{v}_2$

SOLUTION La règle du parallélogramme montre que **u** est la somme de $3\mathbf{v}_1$ et $-2\mathbf{v}_2$; autrement dit,

$$\mathbf{u} = 3\mathbf{v}_1 - 2\mathbf{v}_2$$

On peut interpréter cette expression de **u** comme une suite d'instructions pour aller de l'origine au point **u** en suivant des chemins rectilignes. On parcourt d'abord trois unités dans la direction de $\mathbf{v}_1$ pour arriver à $3\mathbf{v}_1$, puis -2 unités dans la direction de $\mathbf{v}_2$ (parallèlement à la droite joignant **0** à $\mathbf{v}_2$). Quant au vecteur **w**, bien qu'il ne soit pas situé sur le quadrillage, il semble être à peu près à mi-chemin de deux points de la grille, au sommet d'un parallélogramme défini par $(5/2)\mathbf{v}_1$ et $(-1/2)\mathbf{v}_2$ (voir figure 9). Une estimation raisonnable de **w** est donc

$$\mathbf{w} = \tfrac{5}{2}\mathbf{v}_1 - \tfrac{1}{2}\mathbf{v}_2 \qquad \blacksquare$$

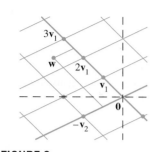

FIGURE 9

L'exemple suivant établit un lien entre un problème concernant les combinaisons linéaires et la question fondamentale d'existence étudiée dans les sections 1.1 et 1.2.

EXEMPLE 5 On pose $\mathbf{a}_1 = \begin{bmatrix} 1 \\ -2 \\ -5 \end{bmatrix}$, $\mathbf{a}_2 = \begin{bmatrix} 2 \\ 5 \\ 6 \end{bmatrix}$ et $\mathbf{b} = \begin{bmatrix} 7 \\ 4 \\ -3 \end{bmatrix}$. Le vecteur **b** peut-il être écrit comme une combinaison linéaire de $\mathbf{a}_1$ et $\mathbf{a}_2$? Autrement dit, existe-t-il des coefficients x_1 et x_2 tels que

$$x_1\mathbf{a}_1 + x_2\mathbf{a}_2 = \mathbf{b} \ ? \qquad (1)$$

Si elle(s) existe(nt), déterminer la ou les solution(s) de l'équation (1).

SOLUTION En utilisant les définitions de la multiplication par un scalaire et de l'addition de vecteurs, on écrit l'équation vectorielle

$$x_1\underset{\mathbf{a}_1}{\begin{bmatrix} 1 \\ -2 \\ -5 \end{bmatrix}} + x_2\underset{\mathbf{a}_2}{\begin{bmatrix} 2 \\ 5 \\ 6 \end{bmatrix}} = \underset{\mathbf{b}}{\begin{bmatrix} 7 \\ 4 \\ -3 \end{bmatrix}}$$

c'est-à-dire

$$\begin{bmatrix} x_1 \\ -2x_1 \\ -5x_1 \end{bmatrix} + \begin{bmatrix} 2x_2 \\ 5x_2 \\ 6x_2 \end{bmatrix} = \begin{bmatrix} 7 \\ 4 \\ -3 \end{bmatrix}$$

ou encore

$$\begin{bmatrix} x_1 + 2x_2 \\ -2x_1 + 5x_2 \\ -5x_1 + 6x_2 \end{bmatrix} = \begin{bmatrix} 7 \\ 4 \\ -3 \end{bmatrix} \qquad (2)$$

Les deux vecteurs de chaque côté de l'égalité (2) sont égaux si et seulement si les éléments correspondants sont égaux. Autrement dit, x_1 et x_2 vérifient l'équation vectorielle (1) si et seulement si x_1 et x_2 sont solutions du système

$$\begin{aligned} x_1 + 2x_2 &= 7 \\ -2x_1 + 5x_2 &= 4 \\ -5x_1 + 6x_2 &= -3 \end{aligned} \qquad (3)$$

Pour résoudre ce système, on applique la méthode du pivot à la matrice complète en écrivant[10] :

$$\begin{bmatrix} 1 & 2 & 7 \\ -2 & 5 & 4 \\ -5 & 6 & -3 \end{bmatrix} \sim \begin{bmatrix} 1 & 2 & 7 \\ 0 & 9 & 18 \\ 0 & 16 & 32 \end{bmatrix} \sim \begin{bmatrix} 1 & 2 & 7 \\ 0 & 1 & 2 \\ 0 & 16 & 32 \end{bmatrix} \sim \begin{bmatrix} 1 & 0 & 3 \\ 0 & 1 & 2 \\ 0 & 0 & 0 \end{bmatrix}$$

La solution de (3) est $x_1 = 3$ et $x_2 = 2$. Ainsi, $\mathbf{b}$ est une combinaison linéaire de $\mathbf{a}_1$ et $\mathbf{a}_2$, avec les coefficients $x_1 = 3$ et $x_2 = 2$. Autrement dit, on a

$$3\begin{bmatrix} 1 \\ -2 \\ -5 \end{bmatrix} + 2\begin{bmatrix} 2 \\ 5 \\ 6 \end{bmatrix} = \begin{bmatrix} 7 \\ 4 \\ -3 \end{bmatrix} \qquad \blacksquare$$

On remarque que dans l'exemple 5, les vecteurs initiaux $\mathbf{a}_1$, $\mathbf{a}_2$ et $\mathbf{b}$ sont les colonnes de la matrice complète que nous avons transformée en matrice échelonnée réduite :

$$\begin{bmatrix} 1 & 2 & 7 \\ -2 & 5 & 4 \\ -5 & 6 & -3 \end{bmatrix}$$
$$\begin{array}{ccc} \uparrow & \uparrow & \uparrow \\ \mathbf{a}_1 & \mathbf{a}_2 & \mathbf{b} \end{array}$$

Si, pour abréger, on écrit cette matrice en mettant simplement le nom de ses colonnes, c'est-à-dire

$$\begin{bmatrix} \mathbf{a}_1 & \mathbf{a}_2 & \mathbf{b} \end{bmatrix} \tag{4}$$

alors on voit clairement que l'on peut écrire la matrice complète directement à partir des vecteurs de l'équation (1), sans passer par les étapes intermédiaires de l'exemple 5. Il suffit de prendre les vecteurs dans l'ordre où ils apparaissent dans l'équation (1) et de les mettre dans les colonnes d'une matrice, comme dans (4).

On peut donc facilement généraliser ce qui précède et énoncer ceci.

Une équation vectorielle

$$x_1\mathbf{a}_1 + x_2\mathbf{a}_2 + \cdots + x_n\mathbf{a}_n = \mathbf{b}$$

a le même ensemble de solutions que le système dont la matrice complète est

$$\begin{bmatrix} \mathbf{a}_1 & \mathbf{a}_2 & \cdots & \mathbf{a}_n & \mathbf{b} \end{bmatrix} \tag{5}$$

En particulier, on peut écrire $\mathbf{b}$ comme une combinaison linéaire de $\mathbf{a}_1, \ldots, \mathbf{a}_n$ si et seulement si le système linéaire correspondant à la matrice (5) admet au moins une solution.

En algèbre linéaire, l'une des principales questions qui se posent est l'étude de l'ensemble des vecteurs qui s'écrivent comme des combinaisons linéaires d'un ensemble donné de vecteurs $\{\mathbf{v}_1, \ldots, \mathbf{v}_p\}$.

---

[10] Le symbole $\sim$ entre les matrices désigne l'équivalence selon les lignes (voir section 1.2).

DÉFINITION

Soit $\mathbf{v}_1, \ldots, \mathbf{v}_p$ des vecteurs de $\mathbb{R}^n$. L'ensemble des combinaisons linéaires de $\mathbf{v}_1, \ldots, \mathbf{v}_p$ est noté[11] Vect$\{\mathbf{v}_1, \ldots, \mathbf{v}_p\}$ et appelé **partie de $\mathbb{R}^n$ engendrée par les vecteurs** $\mathbf{v}_1, \ldots, \mathbf{v}_p$. Autrement dit, Vect$\{\mathbf{v}_1, \ldots, \mathbf{v}_p\}$ est l'ensemble de tous les vecteurs qui s'écrivent sous la forme

$$c_1\mathbf{v}_1 + c_2\mathbf{v}_2 + \cdots + c_p\mathbf{v}_p$$

où $c_1, \ldots, c_p$ sont des scalaires.

Dire qu'un vecteur $\mathbf{b}$ appartient à Vect$\{\mathbf{v}_1, \ldots, \mathbf{v}_p\}$ revient à dire que l'équation vectorielle

$$x_1\mathbf{v}_1 + x_2\mathbf{v}_2 + \cdots + x_p\mathbf{v}_p = \mathbf{b}$$

a au moins une solution ou, de façon équivalente, que le système linéaire de matrice complète $[\,\mathbf{v}_1 \quad \cdots \quad \mathbf{v}_p \quad \mathbf{b}\,]$ a au moins une solution.

On remarque que Vect$\{\mathbf{v}_1, \ldots, \mathbf{v}_p\}$ contient tous les vecteurs colinéaires à $\mathbf{v}_1$ (par exemple), puisque $c\mathbf{v}_1 = c\mathbf{v}_1 + 0\mathbf{v}_2 + \cdots + 0\mathbf{v}_p$. En particulier, le vecteur nul appartient nécessairement à Vect$\{\mathbf{v}_1, \ldots, \mathbf{v}_p\}$.

Interprétation géométrique de Vect$\{\mathbf{v}\}$ et Vect$\{\mathbf{u}, \mathbf{v}\}$

Soit $\mathbf{v}$ un vecteur non nul de $\mathbb{R}^3$. Alors Vect$\{\mathbf{v}\}$ est l'ensemble de tous les vecteurs colinéaires à $\mathbf{v}$, qui n'est autre que l'ensemble des points de la droite de $\mathbb{R}^3$ joignant $\mathbf{v}$ à $\mathbf{0}$ (voir figure 10).

De même, si $\mathbf{u}$ et $\mathbf{v}$ sont des vecteurs non nuls de $\mathbb{R}^3$, non colinéaires, Vect$\{\mathbf{u}, \mathbf{v}\}$ est le plan de $\mathbb{R}^3$ contenant $\mathbf{u}$, $\mathbf{v}$ et $\mathbf{0}$. En particulier, Vect$\{\mathbf{u}, \mathbf{v}\}$ contient la droite de $\mathbb{R}^3$ joignant $\mathbf{u}$ à $\mathbf{0}$ ainsi que la droite joignant $\mathbf{v}$ à $\mathbf{0}$ (voir figure 11).

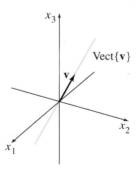

FIGURE 10 Vect$\{\mathbf{v}\}$ vu comme une droite passant par l'origine

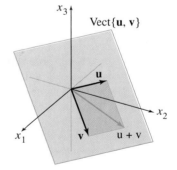

FIGURE 11 Vect$\{\mathbf{u}, \mathbf{v}\}$ vu comme un plan passant par l'origine

EXEMPLE 6 On pose $\mathbf{a}_1 = \begin{bmatrix} 1 \\ -2 \\ 3 \end{bmatrix}$, $\mathbf{a}_2 = \begin{bmatrix} 5 \\ -13 \\ -3 \end{bmatrix}$ et $\mathbf{b} = \begin{bmatrix} -3 \\ 8 \\ 1 \end{bmatrix}$. L'ensemble Vect$\{\mathbf{a}_1, \mathbf{a}_2\}$ est alors un plan de $\mathbb{R}^3$ passant par l'origine. Le vecteur $\mathbf{b}$ appartient-il à ce plan ?

---

[11] L'exemple 3 de la section 2.8 justifie cette notation. (*NdT*)

SOLUTION L'équation $x_1\mathbf{a}_1 + x_2\mathbf{a}_2 = \mathbf{b}$ a-t-elle une solution ? Pour répondre à cette question, on applique la méthode du pivot à la matrice complète $[\,\mathbf{a}_1 \quad \mathbf{a}_2 \quad \mathbf{b}\,]$:

$$\begin{bmatrix} 1 & 5 & -3 \\ -2 & -13 & 8 \\ 3 & -3 & 1 \end{bmatrix} \sim \begin{bmatrix} 1 & 5 & -3 \\ 0 & -3 & 2 \\ 0 & -18 & 10 \end{bmatrix} \sim \begin{bmatrix} 1 & 5 & -3 \\ 0 & -3 & 2 \\ 0 & 0 & -2 \end{bmatrix}$$

La troisième équation est $0 = -2$, ce qui montre que le système n'a pas de solution. L'équation vectorielle $x_1\mathbf{a}_1 + x_2\mathbf{a}_2 = \mathbf{b}$ n'a donc pas de solution et $\mathbf{b}$ *n'appartient pas* à Vect $\{\mathbf{a}_1, \mathbf{a}_2\}$. ∎

Applications de la notion de combinaison linéaire

Le dernier exemple ci-dessous montre comment la colinéarité et les combinaisons linéaires peuvent intervenir quand une quantité, telle que par exemple un coût global, se décompose en plusieurs catégories. L'exemple traite du calcul du coût de production de plusieurs unités d'un produit donné, le coût unitaire étant connu :

$$\begin{Bmatrix} \text{nombre} \\ \text{d'unités} \end{Bmatrix} \cdot \begin{Bmatrix} \text{coût} \\ \text{unitaire} \end{Bmatrix} = \begin{Bmatrix} \text{coût} \\ \text{global} \end{Bmatrix}$$

EXEMPLE 7 Une entreprise fabrique deux types de produits. Pour un certain produit B, si l'on ramène son prix à 1 \$, l'entreprise dépense 0,45 \$ en matériaux, 0,25 \$ en main-d'œuvre et 0,15 \$ en frais généraux. De même, si l'on ramène le prix d'un produit C à 1 \$, l'entreprise dépense 0,40 \$ en matériaux, 0,30 \$ en main-d'œuvre et 0,15 \$ en frais généraux. Posons

$$\mathbf{b} = \begin{bmatrix} 0{,}45 \\ 0{,}25 \\ 0{,}15 \end{bmatrix} \quad \text{et} \quad \mathbf{c} = \begin{bmatrix} 0{,}40 \\ 0{,}30 \\ 0{,}15 \end{bmatrix}$$

Alors, $\mathbf{b}$ et $\mathbf{c}$ représentent le « coût par dollar de revenu » de chacun des deux produits.

a. Quelle interprétation économique peut-on donner au vecteur $100\mathbf{b}$?

b. Supposons que l'entreprise veuille fabriquer le produit B pour une valeur de x_1 dollars et le produit C pour une valeur de x_2 dollars. Déterminer un vecteur donnant les divers coûts que l'entreprise devra supporter (pour les matériaux, la main-d'œuvre et les frais généraux).

SOLUTION

a. On calcule

$$100\mathbf{b} = 100 \begin{bmatrix} 0{,}45 \\ 0{,}25 \\ 0{,}15 \end{bmatrix} = \begin{bmatrix} 45 \\ 25 \\ 15 \end{bmatrix}$$

Le vecteur $100\mathbf{b}$ fournit les divers coûts de production du produit B pour une valeur de 100 \$, soit 45 \$ de matériaux, 25 \$ de main-d'œuvre et 15 \$ de frais généraux.

b. Le vecteur $x_1\mathbf{b}$ donne les coûts de production de B pour une valeur de x_1 dollars et $x_2\mathbf{c}$ donne les coûts de production de C pour une valeur de x_2 dollars. Le vecteur $x_1\mathbf{b} + x_2\mathbf{c}$ donne alors les coûts globaux (pour les deux produits). ∎

EXERCICES D'ENTRAÎNEMENT

1. Montrer que, pour tout $\mathbf{u}$ et tout $\mathbf{v}$ dans $\mathbb{R}^n$, $\mathbf{u} + \mathbf{v} = \mathbf{v} + \mathbf{u}$.

2. On pose

$$\mathbf{v}_1 = \begin{bmatrix} 1 \\ -1 \\ -2 \end{bmatrix}, \qquad \mathbf{v}_2 = \begin{bmatrix} 5 \\ -4 \\ -7 \end{bmatrix}, \qquad \mathbf{v}_3 = \begin{bmatrix} -3 \\ 1 \\ 0 \end{bmatrix} \text{ et } \mathbf{y} = \begin{bmatrix} -4 \\ 3 \\ h \end{bmatrix}$$

Déterminer la ou les valeurs de h telles que le vecteur $\mathbf{y}$ appartienne à l'ensemble Vect$\{\mathbf{v}_1, \mathbf{v}_2, \mathbf{v}_3\}$.

3. Soit $\mathbf{w}_1, \mathbf{w}_2, \mathbf{w}_3, \mathbf{u}$ et $\mathbf{v}$ des vecteurs de $\mathbb{R}^n$. Supposons que les vecteurs $\mathbf{u}$ et $\mathbf{v}$ appartiennent à Vect $\{\mathbf{w}_1, \mathbf{w}_2, \mathbf{w}_3\}$. Montrer que $\mathbf{u} + \mathbf{v}$ est aussi dans Vect $\{\mathbf{w}_1, \mathbf{w}_2, \mathbf{w}_3\}$. [*Remarque :* La solution de cet exercice nécessite l'utilisation de la définition de Vect comme ensemble de vecteurs présentée à la page 33.]

1.3 EXERCICES

Dans les exercices 1 et 2, calculer $\mathbf{u} + \mathbf{v}$ et $\mathbf{u} - 2\mathbf{v}$.

1. $\mathbf{u} = \begin{bmatrix} -1 \\ 2 \end{bmatrix}, \mathbf{v} = \begin{bmatrix} -3 \\ -1 \end{bmatrix}$

2. $\mathbf{u} = \begin{bmatrix} 3 \\ 2 \end{bmatrix}, \mathbf{v} = \begin{bmatrix} 2 \\ -1 \end{bmatrix}$

Dans les exercices 3 et 4, représenter à l'aide de flèches les vecteurs suivants, en munissant le plan d'un repère Oxy : $\mathbf{u}, \mathbf{v}, -\mathbf{v}, -2\mathbf{v}, \mathbf{u} + \mathbf{v}, \mathbf{u} - \mathbf{v}$ et $\mathbf{u} - 2\mathbf{v}$. On remarquera que $\mathbf{u} - \mathbf{v}$ est le dernier sommet d'un parallélogramme dont les autres sommets sont $\mathbf{u}, \mathbf{0}$ et $-\mathbf{v}$.

3. $\mathbf{u}$ et $\mathbf{v}$ sont les vecteurs de l'exercice 1.

4. $\mathbf{u}$ et $\mathbf{v}$ sont les vecteurs de l'exercice 2.

Dans les exercices 5 et 6, écrire un système d'équations équivalent à l'équation vectorielle proposée.

5. $x_1 \begin{bmatrix} 6 \\ -1 \\ 5 \end{bmatrix} + x_2 \begin{bmatrix} -3 \\ 4 \\ 0 \end{bmatrix} = \begin{bmatrix} 1 \\ -7 \\ -5 \end{bmatrix}$

6. $x_1 \begin{bmatrix} -2 \\ 3 \end{bmatrix} + x_2 \begin{bmatrix} 8 \\ 5 \end{bmatrix} + x_3 \begin{bmatrix} 1 \\ -6 \end{bmatrix} = \begin{bmatrix} 0 \\ 0 \end{bmatrix}$

À l'aide de la figure, écrire chaque vecteur des exercices 7 et 8 comme une combinaison linéaire de $\mathbf{u}$ et $\mathbf{v}$. Tous les vecteurs de $\mathbb{R}^2$ sont-ils des combinaisons linéaires de $\mathbf{u}$ et $\mathbf{v}$?

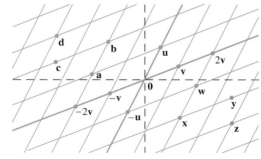

7. Les vecteurs $\mathbf{a}, \mathbf{b}, \mathbf{c}$ et $\mathbf{d}$

8. Les vecteurs $\mathbf{w}, \mathbf{x}, \mathbf{y}$ et $\mathbf{z}$

Dans les exercices 9 et 10, écrire une équation vectorielle équivalente au système linéaire proposé.

9.
$$\begin{aligned} x_2 + 5x_3 &= 0 \\ 4x_1 + 6x_2 - x_3 &= 0 \\ -x_1 + 3x_2 - 8x_3 &= 0 \end{aligned}$$

10.
$$\begin{aligned} 4x_1 + x_2 + 3x_3 &= 9 \\ x_1 - 7x_2 - 2x_3 &= 2 \\ 8x_1 + 6x_2 - 5x_3 &= 15 \end{aligned}$$

Dans les exercices 11 et 12, déterminer si $\mathbf{b}$ est une combinaison linéaire de $\mathbf{a}_1, \mathbf{a}_2$ et $\mathbf{a}_3$.

11. $\mathbf{a}_1 = \begin{bmatrix} 1 \\ -2 \\ 0 \end{bmatrix}, \mathbf{a}_2 = \begin{bmatrix} 0 \\ 1 \\ 2 \end{bmatrix}, \mathbf{a}_3 = \begin{bmatrix} 5 \\ -6 \\ 8 \end{bmatrix}, \mathbf{b} = \begin{bmatrix} 2 \\ -1 \\ 6 \end{bmatrix}$

12. $\mathbf{a}_1 = \begin{bmatrix} 1 \\ -2 \\ 2 \end{bmatrix}, \mathbf{a}_2 = \begin{bmatrix} 0 \\ 5 \\ 5 \end{bmatrix}, \mathbf{a}_3 = \begin{bmatrix} 2 \\ 0 \\ 8 \end{bmatrix}, \mathbf{b} = \begin{bmatrix} -5 \\ 11 \\ -7 \end{bmatrix}$

Dans les exercices 13 et 14, déterminer si $\mathbf{b}$ est une combinaison linéaire des vecteurs formés par les colonnes de A.

13. $A = \begin{bmatrix} 1 & -4 & 2 \\ 0 & 3 & 5 \\ -2 & 8 & -4 \end{bmatrix}, \mathbf{b} = \begin{bmatrix} 3 \\ -7 \\ -3 \end{bmatrix}$

14. $A = \begin{bmatrix} 1 & -2 & -6 \\ 0 & 3 & 7 \\ 1 & -2 & 5 \end{bmatrix}, \mathbf{b} = \begin{bmatrix} 11 \\ -5 \\ 9 \end{bmatrix}$

Dans les exercices 15 et 16, donner cinq vecteurs de Vect $\{\mathbf{v}_1, \mathbf{v}_2\}$. Pour chacun de ces vecteurs, expliciter par le calcul (donc sans faire de dessin) les coefficients de $\mathbf{v}_1$ et $\mathbf{v}_2$ qui l'engendrent, ainsi que ses trois composantes.

15. $\mathbf{v}_1 = \begin{bmatrix} 7 \\ 1 \\ -6 \end{bmatrix}, \mathbf{v}_2 = \begin{bmatrix} -5 \\ 3 \\ 0 \end{bmatrix}$

16. $\mathbf{v}_1 = \begin{bmatrix} 3 \\ 0 \\ 2 \end{bmatrix}, \mathbf{v}_2 = \begin{bmatrix} -2 \\ 0 \\ 3 \end{bmatrix}$

17. On pose $\mathbf{a}_1 = \begin{bmatrix} 1 \\ 4 \\ -2 \end{bmatrix}, \mathbf{a}_2 = \begin{bmatrix} -2 \\ -3 \\ 7 \end{bmatrix}$ et $\mathbf{b} = \begin{bmatrix} 4 \\ 1 \\ h \end{bmatrix}$. Déterminer la ou les valeurs de h telles que $\mathbf{b}$ soit dans le plan engendré par $\mathbf{a}_1$ et $\mathbf{a}_2$.

18. On pose $\mathbf{v}_1 = \begin{bmatrix} 1 \\ 0 \\ -2 \end{bmatrix}$, $\mathbf{v}_2 = \begin{bmatrix} -3 \\ 1 \\ 8 \end{bmatrix}$ et $\mathbf{y} = \begin{bmatrix} h \\ -5 \\ -3 \end{bmatrix}$. Déterminer la ou les valeurs de h telles que $\mathbf{y}$ soit dans le plan engendré par $\mathbf{v}_1$ et $\mathbf{v}_2$.

19. On pose $\mathbf{v}_1 = \begin{bmatrix} 8 \\ 2 \\ -6 \end{bmatrix}$ et $\mathbf{v}_2 = \begin{bmatrix} 12 \\ 3 \\ -9 \end{bmatrix}$. Donner une interprétation géométrique de $\text{Vect}\{\mathbf{v}_1, \mathbf{v}_2\}$.

20. Donner une interprétation géométrique de $\text{Vect}\{\mathbf{v}_1, \mathbf{v}_2\}$ pour les vecteurs de l'exercice 16.

21. On pose $\mathbf{u} = \begin{bmatrix} 2 \\ -1 \end{bmatrix}$ et $\mathbf{v} = \begin{bmatrix} 2 \\ 1 \end{bmatrix}$. Montrer que, quels que soient h et k, $\begin{bmatrix} h \\ k \end{bmatrix}$ appartient à $\text{Vect}\{\mathbf{u}, \mathbf{v}\}$.

22. Construire une matrice A de type 3×3 à coefficients non nuls et un vecteur $\mathbf{b}$ de $\mathbb{R}^3$ tels que $\mathbf{b}$ *n'appartienne pas* à la partie engendrée par les colonnes de A.

Dans les exercices 23 et 24, dire si les affirmations proposées sont vraies ou fausses. Justifier chaque réponse.

23.
   a. Une autre notation possible du vecteur $\begin{bmatrix} -4 \\ 3 \end{bmatrix}$ est $\begin{bmatrix} -4 & 3 \end{bmatrix}$.
   b. Les deux points du plan correspondant aux vecteurs $\begin{bmatrix} -2 \\ 5 \end{bmatrix}$ et $\begin{bmatrix} -5 \\ 2 \end{bmatrix}$ sont sur une même droite passant par l'origine.
   c. Le vecteur $\frac{1}{2}\mathbf{v}_1$ est une combinaison linéaire des vecteurs $\mathbf{v}_1$ et $\mathbf{v}_2$.
   d. l'ensemble des solutions du système linéaire dont la matrice complète s'écrit sous la forme $[\,\mathbf{a}_1 \quad \mathbf{a}_2 \quad \mathbf{a}_3 \quad \mathbf{b}\,]$ est égal à l'ensemble des solutions de l'équation $x_1\mathbf{a}_1 + x_2\mathbf{a}_2 + x_3\mathbf{a}_3 = \mathbf{b}$.
   e. On peut toujours interpréter l'ensemble $\text{Vect}\{\mathbf{u}, \mathbf{v}\}$ comme un plan passant par l'origine.

24.
   a. Toute liste de cinq réels est un vecteur de $\mathbb{R}^5$.
   b. Si l'on additionne le vecteur $\mathbf{u} - \mathbf{v}$ et le vecteur $\mathbf{v}$, on obtient le vecteur $\mathbf{u}$.
   c. Les coefficients $c_1, \ldots, c_p$ d'une combinaison linéaire $c_1\mathbf{v}_1 + \cdots + c_p\mathbf{v}_p$ ne peuvent pas être tous nuls.
   d. Si $\mathbf{u}$ et $\mathbf{v}$ sont des vecteurs non nuls, alors $\text{Vect}\{\mathbf{u}, \mathbf{v}\}$ ne contient que la droite joignant $\mathbf{u}$ à l'origine et celle joignant $\mathbf{v}$ à l'origine.
   e. Se demander si le système linéaire associé à la matrice complète $[\,\mathbf{a}_1 \quad \mathbf{a}_2 \quad \mathbf{a}_3 \quad \mathbf{b}\,]$ admet une solution revient exactement à se demander si $\mathbf{b}$ appartient à $\text{Vect}\{\mathbf{a}_1, \mathbf{a}_2, \mathbf{a}_3\}$.

25. On pose $A = \begin{bmatrix} 1 & 0 & -4 \\ 0 & 3 & -2 \\ -2 & 6 & 3 \end{bmatrix}$ et $\mathbf{b} = \begin{bmatrix} 4 \\ 1 \\ -4 \end{bmatrix}$. On note $\mathbf{a}_1$,

$\mathbf{a}_2$ et $\mathbf{a}_3$ les colonnes de A et l'on pose $W = \text{Vect}\{\mathbf{a}_1, \mathbf{a}_2, \mathbf{a}_3\}$.
   a. Le vecteur $\mathbf{b}$ appartient-il à $\{\mathbf{a}_1, \mathbf{a}_2, \mathbf{a}_3\}$? Combien de vecteurs $\{\mathbf{a}_1, \mathbf{a}_2, \mathbf{a}_3\}$ contient-il ?
   b. Le vecteur $\mathbf{b}$ appartient-il à W ? Combien de vecteurs W contient-il ?
   c. Montrer que $\mathbf{a}_1$ appartient à W. [*Remarque :* Il est inutile ici d'effectuer des opérations sur les lignes.]

26. On pose $A = \begin{bmatrix} 2 & 0 & 6 \\ -1 & 8 & 5 \\ 1 & -2 & 1 \end{bmatrix}$ et $\mathbf{b} = \begin{bmatrix} 10 \\ 3 \\ 3 \end{bmatrix}$. Soit W l'ensemble des combinaisons linéaires des colonnes de A.
   a. Le vecteur $\mathbf{b}$ appartient-il à W ?
   b. Montrer que la deuxième colonne de A appartient à W.

27. Une compagnie minière exploite deux mines. En une journée, la mine 1 produit un minerai composé de 20 tonnes de cuivre et de 550 kg d'argent, tandis que, toujours en une journée, la mine 2 produit un minerai composé de 30 tonnes de cuivre et de 500 kg d'argent. On pose $\mathbf{v}_1 = \begin{bmatrix} 20 \\ 550 \end{bmatrix}$ et $\mathbf{v}_2 = \begin{bmatrix} 30 \\ 500 \end{bmatrix}$. Ainsi, $\mathbf{v}_1$ et $\mathbf{v}_2$ représentent la production quotidienne de chaque métal, respectivement pour les mines 1 et 2.
   a. Quelle interprétation physique doit-on donner au vecteur $5\mathbf{v}_1$?
   b. On suppose que la compagnie exploite la mine 1 pendant x_1 jours et la mine 2 pendant x_2 jours. Sans la résoudre explicitement, écrire une équation vectorielle dont la solution correspond au nombre de jours d'exploitation nécessaire à chaque mine pour obtenir au total 150 tonnes de cuivre et 2 825 kg d'argent.
   c. **[M]** Résoudre l'équation obtenue à la question (b).

28. Une centrale thermique utilise deux types de charbon comme combustible : de l'anthracite (A) et de la houille (H). La combustion de chaque tonne de A produit 27,6 mégajoules (MJ) de chaleur, 3 100 g de dioxyde de soufre et 250 g de particules polluantes. La combustion de chaque tonne de H produit 30,2 MJ de chaleur, 6 400 g de dioxyde de soufre et 360 g de particules.
   a. Quelle quantité de chaleur la centrale produit-elle en brûlant x_1 tonnes de A et x_2 tonnes de H ?
   b. On suppose que la production de la centrale est décrite par un vecteur dont les composantes sont respectivement les quantités produites de chaleur, de dioxyde de soufre et de particules. En supposant que la centrale utilise x_1 tonnes de A et x_2 tonnes de H, exprimer ce vecteur comme une combinaison linéaire de deux autres vecteurs.
   c. **[M]** Au bout d'un certain temps, la centrale produit 162 MJ de chaleur, 23 610 g de dioxyde de soufre et 1 623 g de particules. Calculer la quantité de chacun des types de charbon consommée par la centrale. La solution devra faire appel à une équation vectorielle.

29. Soit k un entier strictement positif. On considère k points $\mathbf{v}_1, \ldots, \mathbf{v}_k$ de $\mathbb{R}^3$ et l'on suppose que pour j compris entre 1 et k, un objet de masse m_j est situé au point $\mathbf{v}_j$. Les physiciens appellent de tels objets des *points matériels*. La masse totale du système de points matériels est

$$m = m_1 + \cdots + m_k$$

Le *centre de gravité* (ou *centre de masse*, ou *barycentre*) du système est

$$\overline{\mathbf{v}} = \frac{1}{m}[m_1\mathbf{v}_1 + \cdots + m_k\mathbf{v}_k]$$

Calculer le centre de gravité du système constitué des points matériels ci-dessous (voir la figure) :

Point	Masse
$\mathbf{v}_1 = (5, -4, 3)$	2 g
$\mathbf{v}_2 = (4, 3, -2)$	5 g
$\mathbf{v}_3 = (-4, -3, -1)$	2 g
$\mathbf{v}_4 = (-9, 8, 6)$	1 g

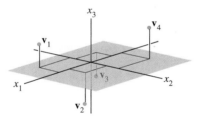

30. Soit $\mathbf{v}$ le centre de gravité d'un système de points matériels situés aux points $\mathbf{v}_1, \ldots, \mathbf{v}_k$ (voir exercice 29). Le vecteur $\mathbf{v}$ appartient-il à Vect $\{\mathbf{v}_1, \ldots, \mathbf{v}_k\}$? Expliquer.

31. Les sommets d'une plaque mince triangulaire, de densité et d'épaisseur uniformes, sont situés aux points $\mathbf{v}_1 = (0, 1)$, $\mathbf{v}_2 = (8, 1)$ et $\mathbf{v}_3 = (2, 4)$, conformément à la figure ci-dessous, et la masse de la plaque est de 3 g.

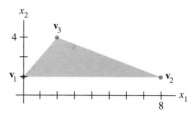

a. Déterminer les coordonnées du centre de gravité de la plaque. Ce « point d'équilibre » de la plaque coïncide avec le centre de gravité du système constitué de trois points matériels d'un gramme, situés aux sommets du triangle.

b. Déterminer comment distribuer une masse supplémentaire de 6 g entre les trois sommets afin d'amener le point d'équilibre en $(2, 2)$. [*Indication* : On note w_1, w_2 et w_3 les masses supplémentaires en chaque sommet et on écrit $w_1 + w_2 + w_3 = 6$.]

32. On considère les vecteurs $\mathbf{v}_1$, $\mathbf{v}_2$, $\mathbf{v}_3$ et $\mathbf{b}$ de $\mathbb{R}^2$, tels que représentés sur la figure. L'équation $x_1\mathbf{v}_1 + x_2\mathbf{v}_2 + x_3\mathbf{v}_3 = \mathbf{b}$ a-t-elle une solution ? Est-elle unique ? On utilisera la figure pour expliquer les réponses.

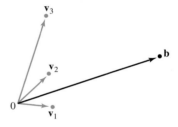

33. On considère les vecteurs $\mathbf{u} = (u_1, \ldots, u_n), \mathbf{v} = (v_1, \ldots, v_n)$ et $\mathbf{w} = (w_1, \ldots, w_n)$. Justifier les propriétés algébriques suivantes de $\mathbb{R}^n$:

a. $(\mathbf{u} + \mathbf{v}) + \mathbf{w} = \mathbf{u} + (\mathbf{v} + \mathbf{w})$

b. $c(\mathbf{u} + \mathbf{v}) = c\mathbf{u} + c\mathbf{v}$ pour tout scalaire c

34. On pose $\mathbf{u} = (u_1, \ldots, u_n)$. Justifier les propriétés algébriques suivantes de $\mathbb{R}^n$:

a. $\mathbf{u} + (-\mathbf{u}) = (-\mathbf{u}) + \mathbf{u} = 0$

b. $c(d\mathbf{u}) = (cd)\mathbf{u}$ quels que soient les scalaires c and d

SOLUTIONS DES EXERCICES D'ENTRAÎNEMENT

1. On prend deux vecteurs arbitraires $\mathbf{u} = (u_1, \ldots, u_n)$ et $\mathbf{v} = (v_1, \ldots, v_n)$ de $\mathbb{R}^n$, et l'on calcule

$$\mathbf{u} + \mathbf{v} = (u_1 + v_1, \ldots, u_n + v_n) \qquad \text{Définition de l'addition vectorielle}$$
$$= (v_1 + u_1, \ldots, v_n + u_n) \qquad \text{Commutativité de l'addition dans } \mathbb{R}$$
$$= \mathbf{v} + \mathbf{u} \qquad \text{Définition de l'addition vectorielle}$$

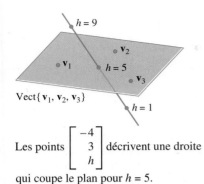

$h = 9$

$h = 5$

Vect$\{\mathbf{v}_1, \mathbf{v}_2, \mathbf{v}_3\}$

$h = 1$

Les points $\begin{bmatrix} -4 \\ 3 \\ h \end{bmatrix}$ décrivent une droite

qui coupe le plan pour $h = 5$.

2. Le vecteur $\mathbf{y}$ appartient à Vect$\{\mathbf{v}_1, \mathbf{v}_2, \mathbf{v}_3\}$ si et seulement si il existe des scalaires x_1, x_2, x_3 tels que

$$x_1 \begin{bmatrix} 1 \\ -1 \\ -2 \end{bmatrix} + x_2 \begin{bmatrix} 5 \\ -4 \\ -7 \end{bmatrix} + x_3 \begin{bmatrix} -3 \\ 1 \\ 0 \end{bmatrix} = \begin{bmatrix} -4 \\ 3 \\ h \end{bmatrix}$$

Cette équation vectorielle équivaut à un système de trois équations linéaires à trois inconnues. Par la méthode du pivot, on obtient

$$\begin{bmatrix} 1 & 5 & -3 & -4 \\ -1 & -4 & 1 & 3 \\ -2 & -7 & 0 & h \end{bmatrix} \sim \begin{bmatrix} 1 & 5 & -3 & -4 \\ 0 & 1 & -2 & -1 \\ 0 & 3 & -6 & h-8 \end{bmatrix} \sim \begin{bmatrix} 1 & 5 & -3 & -4 \\ 0 & 1 & -2 & -1 \\ 0 & 0 & 0 & h-5 \end{bmatrix}$$

Le système est compatible si et seulement si il n'y a pas de pivot dans la quatrième colonne, c'est-à-dire que $h - 5$ doit être nul. Donc $\mathbf{y}$ appartient à Vect$\{\mathbf{v}_1, \mathbf{v}_2, \mathbf{v}_3\}$ si et seulement si $h = 5$.

Rappel : La présence d'une inconnue non principale ne garantit pas la compatibilité du système.

3. Comme les vecteurs $\mathbf{u}$ et $\mathbf{v}$ appartiennent à Vect$\{\mathbf{w}_1, \mathbf{w}_2, \mathbf{w}_3\}$, il existe des scalaires c_1, c_2, c_3 et d_1, d_2, d_3 tels que

$$\mathbf{u} = c_1 \mathbf{w}_1 + c_2 \mathbf{w}_2 + c_3 \mathbf{w}_3 \quad \text{et} \quad \mathbf{v} = d_1 \mathbf{w}_1 + d_2 \mathbf{w}_2 + d_3 \mathbf{w}_3$$

Notons que

$$\begin{aligned} \mathbf{u} + \mathbf{v} &= c_1\mathbf{w}_1 + c_2\mathbf{w}_2 + c_3\mathbf{w}_3 + d_1\mathbf{w}_1 + d_2\mathbf{w}_2 + d_3\mathbf{w}_3 \\ &= (c_1 + d_1)\mathbf{w}_1 + (c_2 + d_2)\mathbf{w}_2 + (c_3 + d_3)\mathbf{w}_3 \end{aligned}$$

Comme $c_1 + d_1, c_2 + d_2$ et $c_3 + d_3$ sont aussi des scalaires, alors le vecteur $\mathbf{u} + \mathbf{v}$ est dans Vect$\{\mathbf{w}_1, \mathbf{w}_2, \mathbf{w}_3\}$.

1.4 L'ÉQUATION MATRICIELLE $A\mathbf{x} = \mathbf{b}$

L'une des idées fondamentales de l'algèbre linéaire est d'interpréter une combinaison linéaire de vecteurs comme le produit d'une matrice par un vecteur. La définition ci-dessous permet de reformuler d'une nouvelle manière certains concepts de la section 1.3.

DÉFINITION

Si A est une matrice $m \times n$, de colonnes $\mathbf{a}_1, \ldots, \mathbf{a}_n$, et si $\mathbf{x}$ est un vecteur de $\mathbb{R}^n$, alors on appelle produit de A par $\mathbf{x}$, et on note $A\mathbf{x}$, la combinaison linéaire des colonnes de A dont les coefficients sont les composantes correspondantes de $\mathbf{x}$, c'est-à-dire que l'on pose

$$A\mathbf{x} = \begin{bmatrix} \mathbf{a}_1 & \mathbf{a}_2 & \cdots & \mathbf{a}_n \end{bmatrix} \begin{bmatrix} x_1 \\ \vdots \\ x_n \end{bmatrix} = x_1\mathbf{a}_1 + x_2\mathbf{a}_2 + \cdots + x_n\mathbf{a}_n$$

Il est essentiel de noter que $A\mathbf{x}$ n'est défini que si le nombre de colonnes de A est égal au nombre de composantes de $\mathbf{x}$.

EXEMPLE 1

a. $\begin{bmatrix} 1 & 2 & -1 \\ 0 & -5 & 3 \end{bmatrix} \begin{bmatrix} 4 \\ 3 \\ 7 \end{bmatrix} = 4\begin{bmatrix} 1 \\ 0 \end{bmatrix} + 3\begin{bmatrix} 2 \\ -5 \end{bmatrix} + 7\begin{bmatrix} -1 \\ 3 \end{bmatrix}$

$\qquad = \begin{bmatrix} 4 \\ 0 \end{bmatrix} + \begin{bmatrix} 6 \\ -15 \end{bmatrix} + \begin{bmatrix} -7 \\ 21 \end{bmatrix} = \begin{bmatrix} 3 \\ 6 \end{bmatrix}$

b. $\begin{bmatrix} 2 & -3 \\ 8 & 0 \\ -5 & 2 \end{bmatrix} \begin{bmatrix} 4 \\ 7 \end{bmatrix} = 4\begin{bmatrix} 2 \\ 8 \\ -5 \end{bmatrix} + 7\begin{bmatrix} -3 \\ 0 \\ 2 \end{bmatrix} = \begin{bmatrix} 8 \\ 32 \\ -20 \end{bmatrix} + \begin{bmatrix} -21 \\ 0 \\ 14 \end{bmatrix} = \begin{bmatrix} -13 \\ 32 \\ -6 \end{bmatrix}$ ∎

EXEMPLE 2 Si $\mathbf{v}_1$, $\mathbf{v}_2$ et $\mathbf{v}_3$ sont des vecteurs de $\mathbb{R}^m$, écrire la combinaison linéaire $3\mathbf{v}_1 - 5\mathbf{v}_2 + 7\mathbf{v}_3$ sous la forme du produit d'une matrice par un vecteur.

SOLUTION On place $\mathbf{v}_1$, $\mathbf{v}_2$ et $\mathbf{v}_3$ dans les colonnes d'une matrice A et les coefficients $3, -5$ et 7 dans un vecteur $\mathbf{x}$. On a donc

$$3\mathbf{v}_1 - 5\mathbf{v}_2 + 7\mathbf{v}_3 = \begin{bmatrix} \mathbf{v}_1 & \mathbf{v}_2 & \mathbf{v}_3 \end{bmatrix} \begin{bmatrix} 3 \\ -5 \\ 7 \end{bmatrix} = A\mathbf{x} \qquad ∎$$

On a vu dans la section 1.3 comment écrire un système d'équations linéaires sous la forme d'une équation vectorielle utilisant une combinaison linéaire de vecteurs. Par exemple, le système

$$\begin{aligned} x_1 + 2x_2 - x_3 &= 4 \\ -5x_2 + 3x_3 &= 1 \end{aligned} \qquad (1)$$

équivaut à

$$x_1\begin{bmatrix} 1 \\ 0 \end{bmatrix} + x_2\begin{bmatrix} 2 \\ -5 \end{bmatrix} + x_3\begin{bmatrix} -1 \\ 3 \end{bmatrix} = \begin{bmatrix} 4 \\ 1 \end{bmatrix} \qquad (2)$$

De même que dans l'exemple 2, la combinaison linéaire du premier membre de cette relation n'est autre que le produit d'une matrice par un vecteur ; ainsi, l'équation (2) s'écrit

$$\begin{bmatrix} 1 & 2 & -1 \\ 0 & -5 & 3 \end{bmatrix} \begin{bmatrix} x_1 \\ x_2 \\ x_3 \end{bmatrix} = \begin{bmatrix} 4 \\ 1 \end{bmatrix} \qquad (3)$$

L'équation (3) est de la forme $A\mathbf{x} = \mathbf{b}$. Une telle équation est appelée **équation matricielle**, par opposition à la notion d'équation vectorielle, type d'équation apparaissant en (2).

On remarque que la matrice dans (3) est tout simplement celle des coefficients du système (1). Des calculs analogues montrent que, plus généralement, tout système d'équations linéaires, ou toute équation vectorielle du type de (2), peut s'écrire sous la forme équivalente d'une équation matricielle $A\mathbf{x} = \mathbf{b}$. On utilisera cette simple constatation à de très nombreuses reprises tout au long de cet ouvrage.

On énonce maintenant formellement le résultat.

THÉORÈME 3

Soit A une matrice $m \times n$, de colonnes $\mathbf{a}_1, \ldots, \mathbf{a}_n$ et $\mathbf{b}$ un vecteur de $\mathbb{R}^m$. L'équation matricielle

$$A\mathbf{x} = \mathbf{b} \tag{4}$$

a le même ensemble de solutions que l'équation vectorielle

$$x_1\mathbf{a}_1 + x_2\mathbf{a}_2 + \cdots + x_n\mathbf{a}_n = \mathbf{b} \tag{5}$$

laquelle a elle-même le même ensemble de solutions que le système linéaire de matrice complète

$$\begin{bmatrix} \mathbf{a}_1 & \mathbf{a}_2 & \cdots & \mathbf{a}_n & \mathbf{b} \end{bmatrix} \tag{6}$$

Le théorème 3 fournit un puissant outil d'étude approfondie des problèmes d'algèbre linéaire. En effet, on peut maintenant aborder un système d'équations linéaires de trois façons différentes, mais équivalentes : comme une équation matricielle, comme une équation vectorielle ou comme un système d'équations linéaires. À chaque fois que, pour un problème réel, on construit un modèle mathématique, on peut librement choisir le point de vue le plus naturel. Si c'est utile, il est tout à fait possible ensuite de passer d'une formulation à une autre. Dans tous les cas, l'équation matricielle (4), l'équation vectorielle (5) et le système linéaire se résolvent tous de la même façon, à savoir la méthode du pivot appliquée à la matrice complète (6). D'autres méthodes de résolution seront développées plus loin.

Existence de solutions

La définition de $A\mathbf{x}$ conduit directement au résultat essentiel suivant.

L'équation $A\mathbf{x} = \mathbf{b}$ admet une solution si et seulement si $\mathbf{b}$ est une combinaison linéaire des colonnes de A.

Dans la section 1.3, on avait formulé la question de l'existence sous la forme « le vecteur $\mathbf{b}$ appartient-il à Vect $\{\mathbf{a}_1, \ldots, \mathbf{a}_n\}$? » Une façon équivalente de le dire est « l'équation $A\mathbf{x} = \mathbf{b}$ est-elle compatible ? » On peut se poser un problème plus compliqué, à savoir celui de la compatibilité de l'équation $A\mathbf{x} = \mathbf{b}$ pour *tous* les vecteurs $\mathbf{b}$ possibles.

EXEMPLE 3   On pose $A = \begin{bmatrix} 1 & 3 & 4 \\ -4 & 2 & -6 \\ -3 & -2 & -7 \end{bmatrix}$ et $\mathbf{b} = \begin{bmatrix} b_1 \\ b_2 \\ b_3 \end{bmatrix}$. L'équation $A\mathbf{x} = \mathbf{b}$ est-elle compatible pour tous b_1, b_2, b_3 ?

SOLUTION On applique la méthode du pivot à la matrice complète du système $A\mathbf{x} = \mathbf{b}$:

$$\begin{bmatrix} 1 & 3 & 4 & b_1 \\ -4 & 2 & -6 & b_2 \\ -3 & -2 & -7 & b_3 \end{bmatrix} \sim \begin{bmatrix} 1 & 3 & 4 & b_1 \\ 0 & 14 & 10 & b_2 + 4b_1 \\ 0 & 7 & 5 & b_3 + 3b_1 \end{bmatrix}$$

$$\sim \begin{bmatrix} 1 & 3 & 4 & b_1 \\ 0 & 14 & 10 & b_2 + 4b_1 \\ 0 & 0 & 0 & b_3 + 3b_1 - \frac{1}{2}(b_2 + 4b_1) \end{bmatrix}$$

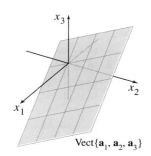

FIGURE 1

Les colonnes de
$A = [\,\mathbf{a}_1 \quad \mathbf{a}_2 \quad \mathbf{a}_3\,]$ engendrent un
plan passant par l'origine $\mathbf{0}$.

La troisième composante de la colonne 4 est égale à $b_1 - \frac{1}{2}b_2 + b_3$. L'équation $A\mathbf{x} = \mathbf{b}$ *n'est pas* compatible pour tout $\mathbf{b}$, car on peut choisir $\mathbf{b}$ de façon que $b_1 - \frac{1}{2}b_2 + b_3$ soit non nul. ∎

La matrice réduite de l'exemple 3 permet une description de tous les vecteurs $\mathbf{b}$ pour lesquels l'équation $A\mathbf{x} = \mathbf{b}$ *est* compatible : les composantes de $\mathbf{b}$ doivent vérifier

$$b_1 - \tfrac{1}{2}b_2 + b_3 = 0$$

Cette équation est celle d'un plan de $\mathbb{R}^3$ passant par l'origine. Ce plan est l'ensemble de toutes les combinaisons linéaires des colonnes de A (voir figure 1).

Si l'équation $A\mathbf{x} = \mathbf{b}$ de l'exemple 3 n'est pas compatible pour tous les $\mathbf{b}$, c'est parce que la forme échelonnée de A comporte une ligne de 0. Si les trois lignes de A avaient un pivot, il ne serait pas nécessaire d'examiner la dernière colonne de la matrice complète car, dans ce cas, aucune forme échelonnée de cette matrice complète ne pourrait avoir de ligne telle que $[\,0 \quad 0 \quad 0 \quad 1\,]$.

Dans le théorème suivant, la phrase « Les colonnes de A engendrent $\mathbb{R}^m$ » signifie que *tout* vecteur de $\mathbb{R}^m$ est une combinaison linéaire des colonnes de A. Plus généralement, on dit qu'un ensemble $\{\mathbf{v}_1, \ldots, \mathbf{v}_p\}$ de vecteurs de $\mathbb{R}^m$ « engendre » $\mathbb{R}^m$ si tout vecteur de $\mathbb{R}^m$ est une combinaison linéaire $\mathbf{v}_1, \ldots, \mathbf{v}_p$, c'est-à-dire si $\text{Vect}\,\{\mathbf{v}_1, \ldots, \mathbf{v}_p\} = \mathbb{R}^m$.

THÉORÈME 4

Soit A une matrice $m \times n$. Les propriétés suivantes sont équivalentes, c'est-à-dire que, pour toute matrice A donnée, elles sont soit toutes vraies, soit toutes fausses.

   a. Pour tout $\mathbf{b}$ appartenant à $\mathbb{R}^m$, l'équation $A\mathbf{x} = \mathbf{b}$ admet au moins une solution.

   b. Tout vecteur de $\mathbb{R}^m$ est une combinaison linéaire des colonnes de A.

   c. Les colonnes de A engendrent $\mathbb{R}^m$.

   d. Il existe dans chaque ligne de A une position de pivot.

Le théorème 4 est l'un des plus importants de ce chapitre. L'équivalence des propriétés (a), (b) et (c) provient de la définition de $A\mathbf{x}$ et de celle de la notion d'ensemble de vecteurs engendrant $\mathbb{R}^m$. L'étude qui suit l'exemple 3 permet de comprendre l'équivalence entre (a) et (d) ; une démonstration complète est proposée en fin de section. Les exercices proposent des exemples illustrant la façon dont on utilise le théorème 4.

Attention : Le théorème 4 concerne la matrice des *coefficients* d'un système, et non la matrice complète. S'il existe une position de pivot dans chaque ligne d'une matrice complète $[\,A \quad \mathbf{b}\,]$, alors l'équation $A\mathbf{x} = \mathbf{b}$ peut être ou non compatible.

Calcul de $A\mathbf{x}$

Les calculs de l'exemple 1 s'appuyaient sur la définition du produit d'une matrice A par un vecteur $\mathbf{x}$. L'exemple très simple qui suit illustre une méthode plus efficace pour calculer les composantes de $A\mathbf{x}$ quand on effectue les opérations à la main.

EXEMPLE 4   Calculer $A\mathbf{x}$, avec $A = \begin{bmatrix} 2 & 3 & 4 \\ -1 & 5 & -3 \\ 6 & -2 & 8 \end{bmatrix}$ et $\mathbf{x} = \begin{bmatrix} x_1 \\ x_2 \\ x_3 \end{bmatrix}$.

SOLUTION Par définition, on a

$$\begin{bmatrix} 2 & 3 & 4 \\ -1 & 5 & -3 \\ 6 & -2 & 8 \end{bmatrix} \begin{bmatrix} x_1 \\ x_2 \\ x_3 \end{bmatrix} = x_1 \begin{bmatrix} 2 \\ -1 \\ 6 \end{bmatrix} + x_2 \begin{bmatrix} 3 \\ 5 \\ -2 \end{bmatrix} + x_3 \begin{bmatrix} 4 \\ -3 \\ 8 \end{bmatrix}$$

$$= \begin{bmatrix} 2x_1 \\ -x_1 \\ 6x_1 \end{bmatrix} + \begin{bmatrix} 3x_2 \\ 5x_2 \\ -2x_2 \end{bmatrix} + \begin{bmatrix} 4x_3 \\ -3x_3 \\ 8x_3 \end{bmatrix} \qquad (7)$$

$$= \begin{bmatrix} 2x_1 + 3x_2 + 4x_3 \\ -x_1 + 5x_2 - 3x_3 \\ 6x_1 - 2x_2 + 8x_3 \end{bmatrix}$$

La première composante du produit $A\mathbf{x}$ est une somme de produits (ce que l'on appelle un *produit scalaire*) utilisant la première colonne de A et les composantes de $\mathbf{x}$. On peut schématiser ce produit sous la forme

$$\begin{bmatrix} 2 & 3 & 4 \\ & & \end{bmatrix} \begin{bmatrix} x_1 \\ x_2 \\ x_3 \end{bmatrix} = \begin{bmatrix} 2x_1 + 3x_2 + 4x_3 \\ & \end{bmatrix}$$

Cette écriture montre comment on peut calculer la première composante de $A\mathbf{x}$ directement, sans détailler tous les calculs apparaissant dans (7). De même, on peut calculer la deuxième composante de $A\mathbf{x}$ d'un seul coup en multipliant les coefficients de la deuxième ligne de A par les composantes correspondantes de $\mathbf{x}$ et en additionnant les produits ainsi obtenus :

$$\begin{bmatrix} -1 & 5 & -3 \end{bmatrix} \begin{bmatrix} x_1 \\ x_2 \\ x_3 \end{bmatrix} = \begin{bmatrix} -x_1 + 5x_2 - 3x_3 \end{bmatrix}$$

On calcule de la même façon la troisième composante de $A\mathbf{x}$ à partir de la troisième ligne de A et des coefficients de $\mathbf{x}$. ∎

> **Calcul de $A\mathbf{x}$ par la règle ligne-vecteur**
>
> Si le produit $A\mathbf{x}$ est bien défini, alors la i^{e} composante de $A\mathbf{x}$ est la somme des produits des composantes correspondantes de la ligne i de A et du vecteur $\mathbf{x}$.

EXEMPLE 5

a. $\begin{bmatrix} 1 & 2 & -1 \\ 0 & -5 & 3 \end{bmatrix} \begin{bmatrix} 4 \\ 3 \\ 7 \end{bmatrix} = \begin{bmatrix} 1 \cdot 4 + 2 \cdot 3 + (-1) \cdot 7 \\ 0 \cdot 4 + (-5) \cdot 3 + 3 \cdot 7 \end{bmatrix} = \begin{bmatrix} 3 \\ 6 \end{bmatrix}$

b. $\begin{bmatrix} 2 & -3 \\ 8 & 0 \\ -5 & 2 \end{bmatrix} \begin{bmatrix} 4 \\ 7 \end{bmatrix} = \begin{bmatrix} 2 \cdot 4 + (-3) \cdot 7 \\ 8 \cdot 4 + 0 \cdot 7 \\ (-5) \cdot 4 + 2 \cdot 7 \end{bmatrix} = \begin{bmatrix} -13 \\ 32 \\ -6 \end{bmatrix}$

c. $\begin{bmatrix} 1 & 0 & 0 \\ 0 & 1 & 0 \\ 0 & 0 & 1 \end{bmatrix} \begin{bmatrix} r \\ s \\ t \end{bmatrix} = \begin{bmatrix} 1 \cdot r + 0 \cdot s + 0 \cdot t \\ 0 \cdot r + 1 \cdot s + 0 \cdot t \\ 0 \cdot r + 0 \cdot s + 1 \cdot t \end{bmatrix} = \begin{bmatrix} r \\ s \\ t \end{bmatrix}$ ∎

La matrice de l'exemple 5(c), avec des 1 sur la diagonale et des 0 ailleurs, est appelée **matrice unité** et est notée I. Les calculs en (c) montrent que, pour tout vecteur $\mathbf{x}$ de $\mathbb{R}^3$, $I\mathbf{x} = \mathbf{x}$. On définit de manière analogue la matrice unité $n \times n$, notée en général I_n. De même qu'en (c), tout vecteur $\mathbf{x}$ de $\mathbb{R}^n$ vérifie $I_n\mathbf{x} = \mathbf{x}$.

Propriétés du produit d'une matrice par un vecteur

Les relations du théorème ci-dessous sont importantes et seront constamment utilisées par la suite. La démonstration repose sur la définition du produit $A\mathbf{x}$ et sur les propriétés algébriques de $\mathbb{R}^n$.

THÉORÈME 5

Soit A une matrice $m \times n$, $\mathbf{u}$ et $\mathbf{v}$ des vecteurs de $\mathbb{R}^n$ et c un scalaire. Alors, on a les relations

a. $A(\mathbf{u} + \mathbf{v}) = A\mathbf{u} + A\mathbf{v}$;

b. $A(c\mathbf{u}) = c(A\mathbf{u})$.

DÉMONSTRATION Supposons pour simplifier que $n = 3$. La matrice A est donc de la forme $A = [\,\mathbf{a}_1 \quad \mathbf{a}_2 \quad \mathbf{a}_3\,]$, et $\mathbf{u}$ et $\mathbf{v}$ appartiennent à $\mathbb{R}^3$ (la démonstration dans le cas général est analogue). Pour $i = 1, 2, 3$, notons u_i et v_i les i^{es} composantes respectives de $\mathbf{u}$ et $\mathbf{v}$. Pour montrer (a), on écrit $A(\mathbf{u} + \mathbf{v})$ comme une combinaison linéaire des colonnes de A, les coefficients étant les composantes de $\mathbf{u} + \mathbf{v}$.

$$A(\mathbf{u} + \mathbf{v}) = [\,\mathbf{a}_1 \quad \mathbf{a}_2 \quad \mathbf{a}_3\,] \begin{bmatrix} u_1 + v_1 \\ u_2 + v_2 \\ u_3 + v_3 \end{bmatrix}$$

$$= (u_1 + v_1)\mathbf{a}_1 + (u_2 + v_2)\mathbf{a}_2 + (u_3 + v_3)\mathbf{a}_3$$

$$= (u_1\mathbf{a}_1 + u_2\mathbf{a}_2 + u_3\mathbf{a}_3) + (v_1\mathbf{a}_1 + v_2\mathbf{a}_2 + v_3\mathbf{a}_3)$$

$$= A\mathbf{u} + A\mathbf{v}$$

Pour montrer (b), on calcule $A(c\mathbf{u})$ comme une combinaison linéaire des colonnes de A, les coefficients étant les composantes de $c\mathbf{u}$.

$$A(c\mathbf{u}) = [\,\mathbf{a}_1 \quad \mathbf{a}_2 \quad \mathbf{a}_3\,] \begin{bmatrix} cu_1 \\ cu_2 \\ cu_3 \end{bmatrix} = (cu_1)\mathbf{a}_1 + (cu_2)\mathbf{a}_2 + (cu_3)\mathbf{a}_3$$

$$= c(u_1\mathbf{a}_1) + c(u_2\mathbf{a}_2) + c(u_3\mathbf{a}_3)$$

$$= c(u_1\mathbf{a}_1 + u_2\mathbf{a}_2 + u_3\mathbf{a}_3)$$

$$= c(A\mathbf{u}) \qquad\blacksquare$$

REMARQUE NUMÉRIQUE

Pour optimiser un algorithme de calcul de $A\mathbf{x}$ par ordinateur, il est préférable d'effectuer la séquence de calculs avec des données stockées dans des régions contiguës de la mémoire. Les algorithmes les plus largement utilisés dans le monde professionnel sont écrits en Fortran, langage qui stocke les matrices sous forme d'ensembles de colonnes. Ces algorithmes calculent $A\mathbf{x}$ comme une combinaison linéaire des colonnes de A. Au contraire, un programme écrit en C, langage également très répandu et qui stocke les matrices en ligne, calculera de préférence $A\mathbf{x}$ au moyen de la règle vue précédemment et utilisant les lignes de A.

DÉMONSTRATION DU THÉORÈME 4 Comme on l'a remarqué après l'énoncé du théorème 4, les propriétés (a), (b) et (c) sont clairement équivalentes. Il suffit donc de montrer que, pour toute matrice donnée A, les énoncés (a) et (d) sont soit tous les deux vrais, soit tous les deux faux. Cela reliera les quatre énoncés.

Soit U une forme échelonnée de A. Étant donné un vecteur $\mathbf{b}$ de $\mathbb{R}^m$, on peut réduire la matrice complète $[\, A \quad \mathbf{b}\,]$ par la méthode du pivot et on obtient une matrice complète du type $[\, U \quad \mathbf{d}\,]$, où $\mathbf{d}$ est un vecteur de $\mathbb{R}^m$:

$$[\, A \quad \mathbf{b}\,] \sim \cdots \sim [\, U \quad \mathbf{d}\,]$$

Si (d) est vrai, alors il existe dans chaque ligne de U une position de pivot, et la dernière colonne de la matrice complète ne peut contenir aucun pivot. Il en résulte que $A\mathbf{x} = \mathbf{b}$ a une solution quel que soit le vecteur $\mathbf{b}$, et (a) est vrai. Si (d) est faux, la dernière ligne de U est nulle. Soit $\mathbf{d}$ un vecteur quelconque dont la dernière composante est 1. Alors $[\, U \quad \mathbf{d}\,]$ représente un système *incompatible*. Comme les opérations sur les lignes sont réversibles, $[\, U \quad \mathbf{d}\,]$ peut être transformée en une matrice du type $[\, A \quad \mathbf{b}\,]$. Le système $A\mathbf{x} = \mathbf{b}$ est également incompatible, et (a) est faux. ∎

EXERCICES D'ENTRAÎNEMENT

1. On pose $A = \begin{bmatrix} 1 & 5 & -2 & 0 \\ -3 & 1 & 9 & -5 \\ 4 & -8 & -1 & 7 \end{bmatrix}$, $\mathbf{p} = \begin{bmatrix} 3 \\ -2 \\ 0 \\ -4 \end{bmatrix}$ et $\mathbf{b} = \begin{bmatrix} -7 \\ 9 \\ 0 \end{bmatrix}$. On peut montrer que $\mathbf{p}$ est une solution de $A\mathbf{x} = \mathbf{b}$. Utiliser ce résultat pour écrire explicitement $\mathbf{b}$ comme une combinaison linéaire de colonnes de A.

2. On pose $A = \begin{bmatrix} 2 & 5 \\ 3 & 1 \end{bmatrix}$, $\mathbf{u} = \begin{bmatrix} 4 \\ -1 \end{bmatrix}$ et $\mathbf{v} = \begin{bmatrix} -3 \\ 5 \end{bmatrix}$. Vérifier le théorème 5(a) dans ce cas en calculant $A(\mathbf{u} + \mathbf{v})$ et $A\mathbf{u} + A\mathbf{v}$.

3. Construire une matrice 3×3 A et des vecteurs $\mathbf{b}$ et $\mathbf{c}$ dans $\mathbb{R}^3$ tels que $A\mathbf{x} = \mathbf{b}$ admette au moins une solution mais $A\mathbf{x} = \mathbf{c}$ n'admette aucune solution.

1.4 EXERCICES

Calculer les produits dans les exercices 1 à 4, (a) d'abord en utilisant la définition, comme dans l'exemple 1, (b) puis en utilisant le calcul de $A\mathbf{x}$ avec la règle ligne-vecteur. Si un produit n'est pas défini, expliquer pourquoi.

1. $\begin{bmatrix} -4 & 2 \\ 1 & 6 \\ 0 & 1 \end{bmatrix} \begin{bmatrix} 3 \\ -2 \\ 7 \end{bmatrix}$

2. $\begin{bmatrix} 2 \\ 6 \\ -1 \end{bmatrix} \begin{bmatrix} 5 \\ -1 \end{bmatrix}$

3. $\begin{bmatrix} 6 & 5 \\ -4 & -3 \\ 7 & 6 \end{bmatrix} \begin{bmatrix} 2 \\ -3 \end{bmatrix}$

4. $\begin{bmatrix} 8 & 3 & -4 \\ 5 & 1 & 2 \end{bmatrix} \begin{bmatrix} 1 \\ 1 \\ 1 \end{bmatrix}$

Dans les exercices 5 à 8, utiliser la définition de $A\mathbf{x}$ pour transformer la relation matricielle en une relation vectorielle, ou inversement.

5. $\begin{bmatrix} 5 & 1 & -8 & 4 \\ -2 & -7 & 3 & -5 \end{bmatrix} \begin{bmatrix} 5 \\ -1 \\ 3 \\ -2 \end{bmatrix} = \begin{bmatrix} -8 \\ 16 \end{bmatrix}$

6. $\begin{bmatrix} 7 & -3 \\ 2 & 1 \\ 9 & -6 \\ -3 & 2 \end{bmatrix} \begin{bmatrix} -2 \\ -5 \end{bmatrix} = \begin{bmatrix} 1 \\ -9 \\ 12 \\ -4 \end{bmatrix}$

7. $x_1 \begin{bmatrix} 4 \\ -1 \\ 7 \\ -4 \end{bmatrix} + x_2 \begin{bmatrix} -5 \\ 3 \\ -5 \\ 1 \end{bmatrix} + x_3 \begin{bmatrix} 7 \\ -8 \\ 0 \\ 2 \end{bmatrix} = \begin{bmatrix} 6 \\ -8 \\ 0 \\ -7 \end{bmatrix}$

8. $z_1 \begin{bmatrix} 4 \\ -2 \end{bmatrix} + z_2 \begin{bmatrix} -4 \\ 5 \end{bmatrix} + z_3 \begin{bmatrix} -5 \\ 4 \end{bmatrix} + z_4 \begin{bmatrix} 3 \\ 0 \end{bmatrix} = \begin{bmatrix} 4 \\ 13 \end{bmatrix}$

Dans les exercices 9 et 10, écrire le système d'abord comme une équation vectorielle, puis comme une équation matricielle.

9. $\begin{aligned} 3x_1 + x_2 - 5x_3 &= 9 \\ x_2 + 4x_3 &= 0 \end{aligned}$

10. $\begin{aligned} 8x_1 - x_2 &= 4 \\ 5x_1 + 4x_2 &= 1 \\ x_1 - 3x_2 &= 2 \end{aligned}$

Dans les exercices 11 et 12, on donne une matrice A et un vecteur $\mathbf{b}$. Écrire la matrice complète du système linéaire correspondant à l'équation matricielle $A\mathbf{x} = \mathbf{b}$, puis résoudre le système. On exprimera la solution sous la forme d'un vecteur.

11. $A = \begin{bmatrix} 1 & 2 & 4 \\ 0 & 1 & 5 \\ -2 & -4 & -3 \end{bmatrix}, \mathbf{b} = \begin{bmatrix} -2 \\ 2 \\ 9 \end{bmatrix}$

12. $A = \begin{bmatrix} 1 & 2 & 1 \\ -3 & -1 & 2 \\ 0 & 5 & 3 \end{bmatrix}, \mathbf{b} = \begin{bmatrix} 0 \\ 1 \\ -1 \end{bmatrix}$

13. On pose $\mathbf{u} = \begin{bmatrix} 0 \\ 4 \\ 4 \end{bmatrix}$ et $A = \begin{bmatrix} 3 & -5 \\ -2 & 6 \\ 1 & 1 \end{bmatrix}$. Le vecteur $\mathbf{u}$ est-il dans le plan de $\mathbb{R}^3$ engendré par les colonnes de A (voir figure) ? Pourquoi ?

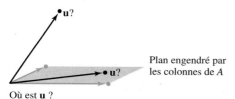

u?

Plan engendré par les colonnes de A

u?

Où est **u** ?

14. On pose $\mathbf{u} = \begin{bmatrix} 2 \\ -3 \\ 2 \end{bmatrix}$ et $A = \begin{bmatrix} 5 & 8 & 7 \\ 0 & 1 & -1 \\ 1 & 3 & 0 \end{bmatrix}$. Le vecteur $\mathbf{u}$ est-il dans la partie de $\mathbb{R}^3$ engendrée par les colonnes de A ? Pourquoi ?

15. On pose $A = \begin{bmatrix} 2 & -1 \\ -6 & 3 \end{bmatrix}$ et $\mathbf{b} = \begin{bmatrix} b_1 \\ b_2 \end{bmatrix}$. Montrer que l'équation $A\mathbf{x} = \mathbf{b}$ peut, pour certaines valeurs de $\mathbf{b}$, ne pas avoir de solution, et décrire l'ensemble des vecteurs $\mathbf{b}$ pour lesquels l'équation $A\mathbf{x} = \mathbf{b}$ a au moins une solution.

16. Même question qu'à l'exercice 15, avec
$A = \begin{bmatrix} 1 & -3 & -4 \\ -3 & 2 & 6 \\ 5 & -1 & -8 \end{bmatrix}$ et $\mathbf{b} = \begin{bmatrix} b_1 \\ b_2 \\ b_3 \end{bmatrix}$

Dans les exercices 17 à 20, on considère les matrices A et B ci-dessous. Effectuer les calculs permettant de justifier les réponses et préciser le théorème utilisé.

$A = \begin{bmatrix} 1 & 3 & 0 & 3 \\ -1 & -1 & -1 & 1 \\ 0 & -4 & 2 & -8 \\ 2 & 0 & 3 & -1 \end{bmatrix}$ $B = \begin{bmatrix} 1 & 3 & -2 & 2 \\ 0 & 1 & 1 & -5 \\ 1 & 2 & -3 & 7 \\ -2 & -8 & 2 & -1 \end{bmatrix}$

17. Combien de lignes de A admettent une position de pivot ? L'équation $A\mathbf{x} = \mathbf{b}$ a-t-elle une solution quel que soit le vecteur $\mathbf{b}$ de $\mathbb{R}^4$?

18. Les colonnes de B engendrent-elles $\mathbb{R}^4$? L'équation $B\mathbf{x} = \mathbf{y}$ a-t-elle une solution pour tout vecteur $\mathbf{y}$ de $\mathbb{R}^4$?

19. Tout vecteur de $\mathbb{R}^4$ est-il une combinaison linéaire des colonnes de la matrice A ci-dessus ? Les colonnes de A engendrent-elles $\mathbb{R}^4$?

20. Tout vecteur de $\mathbb{R}^4$ est-il une combinaison linéaire des colonnes de la matrice B ci-dessus ? Les colonnes de B engendrent-elles $\mathbb{R}^3$?

21. On pose $\mathbf{v}_1 = \begin{bmatrix} 1 \\ 0 \\ -1 \\ 0 \end{bmatrix}$, $\mathbf{v}_2 = \begin{bmatrix} 0 \\ -1 \\ 0 \\ 1 \end{bmatrix}$ et $\mathbf{v}_3 = \begin{bmatrix} 1 \\ 0 \\ 0 \\ -1 \end{bmatrix}$. L'ensemble $\{\mathbf{v}_1, \mathbf{v}_2, \mathbf{v}_3\}$ engendre-t-il $\mathbb{R}^4$? Pourquoi ?

22. On pose $\mathbf{v}_1 = \begin{bmatrix} 0 \\ 0 \\ -2 \end{bmatrix}$, $\mathbf{v}_2 = \begin{bmatrix} 0 \\ -3 \\ 8 \end{bmatrix}$, $\mathbf{v}_3 = \begin{bmatrix} 4 \\ -1 \\ -5 \end{bmatrix}$. L'ensemble $\{\mathbf{v}_1, \mathbf{v}_2, \mathbf{v}_3\}$ engendre-t-il $\mathbb{R}^3$? Pourquoi ?

Dans les exercices 23 et 24, dire si les affirmations proposées sont vraies ou fausses. Justifier chaque réponse.

23. a. L'équation $A\mathbf{x} = \mathbf{b}$ est appelée *équation vectorielle*.

b. Un vecteur $\mathbf{b}$ est une combinaison linéaire des colonnes d'une matrice A si et seulement si l'équation $A\mathbf{x} = \mathbf{b}$ admet au moins une solution.

c. L'équation $A\mathbf{x} = \mathbf{b}$ est compatible s'il existe une position de pivot dans chaque ligne de la matrice complète $[\,A \quad \mathbf{b}\,]$.

d. La première composante du produit $A\mathbf{x}$ s'exprime comme une somme de produits.

e. Si les colonnes d'une matrice A de type $m \times n$ engendrent $\mathbb{R}^m$, alors l'équation $A\mathbf{x} = \mathbf{b}$ est compatible pour tout vecteur $\mathbf{b}$ de $\mathbb{R}^m$.

f. Si A est une matrice $m \times n$ et si l'on peut trouver un vecteur $\mathbf{b}$ de $\mathbb{R}^m$ tel que l'équation $A\mathbf{x} = \mathbf{b}$ soit incompatible, alors il ne peut exister une position de pivot dans chaque ligne de A.

24. a. À toute équation matricielle $A\mathbf{x} = \mathbf{b}$ correspond une équation vectorielle admettant le même ensemble de solutions.

b. On peut toujours écrire n'importe quelle combinaison linéaire sous la forme $A\mathbf{x}$ en choisissant convenablement la matrice A et le vecteur $\mathbf{x}$.

c. l'ensemble des solutions du système linéaire dont la matrice complète est $[\,\mathbf{a}_1 \quad \mathbf{a}_2 \quad \mathbf{a}_3 \quad \mathbf{b}\,]$ est égal à l'ensemble des solutions de l'équation $A\mathbf{x} = \mathbf{b}$, où l'on a posé $A = [\,\mathbf{a}_1 \quad \mathbf{a}_2 \quad \mathbf{a}_3\,]$.

d. Si l'équation $A\mathbf{x} = \mathbf{b}$ est incompatible, alors $\mathbf{b}$ n'appartient pas à la partie engendrée par les colonnes de A.

e. S'il existe dans chaque ligne de la matrice complète $[\,A \quad \mathbf{b}\,]$ une position de pivot, alors l'équation $A\mathbf{x} = \mathbf{b}$ est incompatible.

f. Si A est une matrice $m \times n$ dont les colonnes n'engendrent pas $\mathbb{R}^m$, alors l'équation $A\mathbf{x} = \mathbf{b}$ est incompatible pour certains vecteurs $\mathbf{b}$ dans $\mathbb{R}^m$.

25. On remarque que $\begin{bmatrix} 4 & -3 & 1 \\ 5 & -2 & 5 \\ -6 & 2 & -3 \end{bmatrix} \begin{bmatrix} -3 \\ -1 \\ 2 \end{bmatrix} = \begin{bmatrix} -7 \\ -3 \\ 10 \end{bmatrix}$.

Avec cette relation (et sans effectuer d'opérations sur les lignes), trouver des scalaires c_1, c_2 et c_3 qui vérifient l'égalité

$$\begin{bmatrix} -7 \\ -3 \\ 10 \end{bmatrix} = c_1 \begin{bmatrix} 4 \\ 5 \\ -6 \end{bmatrix} + c_2 \begin{bmatrix} -3 \\ -2 \\ 2 \end{bmatrix} + c_3 \begin{bmatrix} 1 \\ 5 \\ -3 \end{bmatrix}.$$

26. On pose $\mathbf{u} = \begin{bmatrix} 7 \\ 2 \\ 5 \end{bmatrix}, \mathbf{v} = \begin{bmatrix} 3 \\ 1 \\ 3 \end{bmatrix}$ et $\mathbf{w} = \begin{bmatrix} 6 \\ 1 \\ 0 \end{bmatrix}$.

On peut montrer que $3\mathbf{u} - 5\mathbf{v} - \mathbf{w} = \mathbf{0}$. Avec cette relation (et sans effectuer d'opérations sur les lignes), trouver x_1 et

x_2 vérifiant la relation $\begin{bmatrix} 7 & 3 \\ 2 & 1 \\ 5 & 3 \end{bmatrix} \begin{bmatrix} x_1 \\ x_2 \end{bmatrix} = \begin{bmatrix} 6 \\ 1 \\ 0 \end{bmatrix}$.

27. Soit $\mathbf{q}_1, \mathbf{q}_2, \mathbf{q}_3$ et $\mathbf{v}$ des vecteurs de $\mathbb{R}^5$, et x_1, x_2 et x_3 des scalaires. En précisant les notations éventuellement introduites, écrire l'équation vectorielle ci-dessous sous forme d'équation matricielle.

$$x_1\mathbf{q}_1 + x_2\mathbf{q}_2 + x_3\mathbf{q}_3 = \mathbf{v}$$

28. Réécrire la relation matricielle numérique ci-dessous sous la forme d'une équation vectorielle symbolique, en notant $\mathbf{v}_1, \mathbf{v}_2, \ldots$ les vecteurs et $c_1, c_2, \ldots$ les scalaires. Avec les données numériques contenues dans l'équation matricielle, préciser la valeur désignée par chacun des symboles.

$$\begin{bmatrix} -3 & 5 & -4 & 9 & 7 \\ 5 & 8 & 1 & -2 & -4 \end{bmatrix} \begin{bmatrix} -3 \\ 2 \\ 4 \\ -1 \\ 2 \end{bmatrix} = \begin{bmatrix} 8 \\ -1 \end{bmatrix}$$

29. Construire une matrice 3×3, non échelonnée, dont les colonnes engendrent $\mathbb{R}^3$. Démontrer que la matrice ainsi construite possède bien la propriété voulue.

30. Construire une matrice 3×3 non échelonnée, dont les colonnes *n'engendrent pas* $\mathbb{R}^3$. Démontrer que la matrice ainsi construite possède bien la propriété voulue.

31. Soit A une matrice 3×2. Expliquer pourquoi l'équation $A\mathbf{x} = \mathbf{b}$ ne peut pas être compatible pour tout

$\mathbf{b}$ dans $\mathbb{R}^3$. Généraliser le raisonnement au cas d'une matrice arbitraire A possédant plus de lignes que de colonnes.

32. Un ensemble de trois vecteurs de $\mathbb{R}^4$ peut-il engendrer $\mathbb{R}^4$ tout entier ? Expliquer. Qu'en est-il de n vecteurs de $\mathbb{R}^m$ si n est strictement inférieur à m ?

33. On suppose que A est une matrice 4×3 et $\mathbf{b}$ un vecteur de $\mathbb{R}^4$ tels que l'équation $A\mathbf{x} = \mathbf{b}$ admet une solution unique. Que peut-on dire de la forme échelonnée réduite de A ? Justifier la réponse.

34. On suppose que A est une matrice 3×3 et $\mathbf{b}$ un vecteur de $\mathbb{R}^3$ tels que l'équation $A\mathbf{x} = \mathbf{b}$ admet une solution unique. Montrer que les colonnes de A engendrent $\mathbb{R}^3$.

35. Soit A une matrice 3×4, et $\mathbf{v}_1$ et $\mathbf{v}_2$ des vecteurs de $\mathbb{R}^3$. On pose $\mathbf{w} = \mathbf{v}_1 + \mathbf{v}_2$ et l'on suppose qu'il existe des vecteurs $\mathbf{u}_1$ et $\mathbf{u}_2$ de $\mathbb{R}^4$ tels que $\mathbf{v}_1 = A\mathbf{u}_1$ et $\mathbf{v}_2 = A\mathbf{u}_2$. D'après quel résultat peut-on en conclure que l'équation $A\mathbf{x} = \mathbf{w}$ est compatible ? (*Remarque* : $\mathbf{u}_1$ et $\mathbf{u}_2$ désignent des vecteurs, et non des composantes scalaires de vecteurs.)

36. Soit A une matrice 5×3, $\mathbf{y}$ un vecteur de $\mathbb{R}^3$ et $\mathbf{z}$ un vecteur de $\mathbb{R}^5$. On suppose que $A\mathbf{y} = \mathbf{z}$. D'après quel résultat peut-on en conclure que le système $A\mathbf{x} = 4\mathbf{z}$ est compatible ?

[M] Dans les exercices 37 à 40, déterminer si les colonnes de la matrice engendrent $\mathbb{R}^4$.

37. $\begin{bmatrix} 7 & 2 & -5 & 8 \\ -5 & -3 & 4 & -9 \\ 6 & 10 & -2 & 7 \\ -7 & 9 & 2 & 15 \end{bmatrix}$ **38.** $\begin{bmatrix} 5 & -7 & -4 & 9 \\ 6 & -8 & -7 & 5 \\ 4 & -4 & -9 & -9 \\ -9 & 11 & 16 & 7 \end{bmatrix}$

39. $\begin{bmatrix} 12 & -7 & 11 & -9 & 5 \\ -9 & 4 & -8 & 7 & -3 \\ -6 & 11 & -7 & 3 & -9 \\ 4 & -6 & 10 & -5 & 12 \end{bmatrix}$

40. $\begin{bmatrix} 8 & 11 & -6 & -7 & 13 \\ -7 & -8 & 5 & 6 & -9 \\ 11 & 7 & -7 & -9 & -6 \\ -3 & 4 & 1 & 8 & 7 \end{bmatrix}$

41. **[M]** Dans la matrice de l'exercice 39, déterminer une colonne que l'on peut enlever, de façon que les autres colonnes engendrent toujours $\mathbb{R}^4$.

42. **[M]** Dans la matrice de l'exercice 40, déterminer une colonne que l'on peut enlever, de façon que les autres colonnes engendrent toujours $\mathbb{R}^4$. Peut-on enlever plus d'une colonne ?

SOLUTIONS DES EXERCICES D'ENTRAÎNEMENT

1. La relation matricielle

$$\begin{bmatrix} 1 & 5 & -2 & 0 \\ -3 & 1 & 9 & -5 \\ 4 & -8 & -1 & 7 \end{bmatrix} \begin{bmatrix} 3 \\ -2 \\ 0 \\ -4 \end{bmatrix} = \begin{bmatrix} -7 \\ 9 \\ 0 \end{bmatrix}$$

équivaut à la relation vectorielle

$$3\begin{bmatrix} 1 \\ -3 \\ 4 \end{bmatrix} - 2\begin{bmatrix} 5 \\ 1 \\ -8 \end{bmatrix} + 0\begin{bmatrix} -2 \\ 9 \\ -1 \end{bmatrix} - 4\begin{bmatrix} 0 \\ -5 \\ 7 \end{bmatrix} = \begin{bmatrix} -7 \\ 9 \\ 0 \end{bmatrix}$$

qui est bien une expression de **b** comme combinaison linéaire des colonnes de A.

2. $$\mathbf{u} + \mathbf{v} = \begin{bmatrix} 4 \\ -1 \end{bmatrix} + \begin{bmatrix} -3 \\ 5 \end{bmatrix} = \begin{bmatrix} 1 \\ 4 \end{bmatrix}$$

$$A(\mathbf{u} + \mathbf{v}) = \begin{bmatrix} 2 & 5 \\ 3 & 1 \end{bmatrix}\begin{bmatrix} 1 \\ 4 \end{bmatrix} = \begin{bmatrix} 2 + 20 \\ 3 + 4 \end{bmatrix} = \begin{bmatrix} 22 \\ 7 \end{bmatrix}$$

$$A\mathbf{u} + A\mathbf{v} = \begin{bmatrix} 2 & 5 \\ 3 & 1 \end{bmatrix}\begin{bmatrix} 4 \\ -1 \end{bmatrix} + \begin{bmatrix} 2 & 5 \\ 3 & 1 \end{bmatrix}\begin{bmatrix} -3 \\ 5 \end{bmatrix}$$

$$= \begin{bmatrix} 3 \\ 11 \end{bmatrix} + \begin{bmatrix} 19 \\ -4 \end{bmatrix} = \begin{bmatrix} 22 \\ 7 \end{bmatrix}$$

Remarque : Il y a plusieurs réponses correctes à l'exercice d'entraînement 3. Pour construire des matrices vérifiant les critères donnés, il est souvent pratique d'utiliser des matrices simples comme celles qui sont déjà sous forme échelonnée.

3. Soit

$$A = \begin{bmatrix} 1 & 0 & 1 \\ 0 & 1 & 1 \\ 0 & 0 & 0 \end{bmatrix}, \mathbf{b} = \begin{bmatrix} 3 \\ 2 \\ 0 \end{bmatrix} \text{ et } \mathbf{c} = \begin{bmatrix} 3 \\ 2 \\ 1 \end{bmatrix}$$

On remarque que la forme échelonnée réduite de la matrice complète de l'équation $A\mathbf{x} = \mathbf{b}$ est

$$\begin{bmatrix} 1 & 0 & 1 & 3 \\ 0 & 1 & 1 & 2 \\ 0 & 0 & 0 & 0 \end{bmatrix}$$

qui correspond à un système compatible. Donc $A\mathbf{x} = \mathbf{b}$ admet au moins une solution. La forme échelonnée réduite de la matrice complète de l'équation $A\mathbf{x} = \mathbf{c}$ est

$$\begin{bmatrix} 1 & 0 & 1 & 3 \\ 0 & 1 & 1 & 2 \\ 0 & 0 & 0 & 1 \end{bmatrix}$$

qui correspond à un système incompatible. L'équation $A\mathbf{x} = \mathbf{c}$ n'a donc pas de solution.

1.5 ENSEMBLES DES SOLUTIONS DE SYSTÈMES LINÉAIRES

Les ensembles des solutions de systèmes linéaires constituent d'importants objets d'étude en algèbre linéaire. Ils apparaîtront plus loin dans différents contextes. On utilise dans cette section la notation vectorielle pour obtenir une description explicite ou géométrique de ces ensembles de solutions.

Systèmes linéaires homogènes

On dit qu'un système d'équations linéaires est **homogène** (ou **sans second membre**) si on peut l'écrire sous la forme $A\mathbf{x} = \mathbf{0}$, où A est une matrice $m \times n$ et $\mathbf{0}$ le vecteur nul de $\mathbb{R}^m$. Un tel système $A\mathbf{x} = \mathbf{0}$ a *toujours* au moins une solution, à savoir $\mathbf{x} = \mathbf{0}$ (le vecteur nul de $\mathbb{R}^n$). On appelle en général **solution triviale** cette solution nulle. Étant donné une équation $A\mathbf{x} = \mathbf{0}$, la question importante est de savoir s'il existe une solution **non triviale**, c'est-à-dire un vecteur non nul $\mathbf{x}$ vérifiant $A\mathbf{x} = \mathbf{0}$. La propriété ci-dessous résulte immédiatement du théorème d'existence et d'unicité (voir section 1.2, théorème 2).

> L'équation homogène $A\mathbf{x} = \mathbf{0}$ admet une solution non triviale si et seulement si elle possède au moins une inconnue non principale.

EXEMPLE 1   Étudier l'existence d'une solution non triviale au système homogène ci-dessous, puis décrire l'ensemble des solutions.

$$3x_1 + 5x_2 - 4x_3 = 0$$
$$-3x_1 - 2x_2 + 4x_3 = 0$$
$$6x_1 + x_2 - 8x_3 = 0$$

SOLUTION Soit A la matrice des coefficients du système. On réduit la matrice complète $[\,A \quad \mathbf{0}\,]$ à une forme échelonnée :

$$\begin{bmatrix} 3 & 5 & -4 & 0 \\ -3 & -2 & 4 & 0 \\ 6 & 1 & -8 & 0 \end{bmatrix} \sim \begin{bmatrix} 3 & 5 & -4 & 0 \\ 0 & 3 & 0 & 0 \\ 0 & -9 & 0 & 0 \end{bmatrix} \sim \begin{bmatrix} 3 & 5 & -4 & 0 \\ 0 & 3 & 0 & 0 \\ 0 & 0 & 0 & 0 \end{bmatrix}$$

Puisque x_3 est une inconnue non principale, $A\mathbf{x} = \mathbf{0}$ admet au moins une solution non triviale (autant que de choix de x_3). Afin de décrire l'ensemble des solutions, on poursuit la réduction de $[\,A \quad \mathbf{0}\,]$ jusqu'à la forme échelonnée *réduite* :

$$\begin{bmatrix} 1 & 0 & -\frac{4}{3} & 0 \\ 0 & 1 & 0 & 0 \\ 0 & 0 & 0 & 0 \end{bmatrix} \qquad \begin{aligned} x_1 \quad - \tfrac{4}{3}x_3 &= 0 \\ x_2 \quad\quad &= 0 \\ 0 &= 0 \end{aligned}$$

En exprimant les inconnues principales x_1 et x_2, on obtient $x_1 = \frac{4}{3}x_3$, $x_2 = 0$ et x_3 quelconque. Exprimée sous forme vectorielle, la solution générale de $A\mathbf{x} = \mathbf{0}$ est

$$\mathbf{x} = \begin{bmatrix} x_1 \\ x_2 \\ x_3 \end{bmatrix} = \begin{bmatrix} \frac{4}{3}x_3 \\ 0 \\ x_3 \end{bmatrix} = x_3 \begin{bmatrix} \frac{4}{3} \\ 0 \\ 1 \end{bmatrix} = x_3\mathbf{v}, \quad \text{où } \mathbf{v} = \begin{bmatrix} \frac{4}{3} \\ 0 \\ 1 \end{bmatrix}$$

Ici, x_3 est en facteur dans l'expression vectorielle de la solution générale. Cela montre que les solutions de $A\mathbf{x} = \mathbf{0}$ sont dans ce cas les vecteurs colinéaires à $\mathbf{v}$. La solution triviale correspond à $x_3 = 0$. Géométriquement, l'ensemble des solutions est une droite passant par le vecteur nul de $\mathbb{R}^3$ (voir figure 1). ■

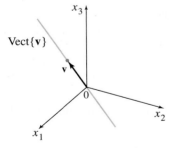

FIGURE 1

On remarque qu'il est tout à fait possible que certaines composantes d'une solution non triviale soient nulles ; l'important est qu'elles ne soient pas *toutes* nulles.

EXEMPLE 2   On peut considérer une équation linéaire unique comme un cas évident de système d'équations. Décrire les solutions du « système » homogène

$$10x_1 - 3x_2 - 2x_3 = 0 \tag{1}$$

SOLUTION La notation matricielle est ici superflue. On écrit l'inconnue principale x_1 en fonction des deux autres, qui sont secondaires. La solution générale s'exprime sous la forme $x_1 = 0, 3x_2 + 0, 2x_3$, avec x_2 et x_3 quelconques. Sous forme vectorielle, cette solution s'écrit

$$\mathbf{x} = \begin{bmatrix} x_1 \\ x_2 \\ x_3 \end{bmatrix} = \begin{bmatrix} 0,3\,x_2 + 0,2\,x_3 \\ x_2 \\ x_3 \end{bmatrix} = \begin{bmatrix} 0,3\,x_2 \\ x_2 \\ 0 \end{bmatrix} + \begin{bmatrix} 0,2\,x_3 \\ 0 \\ x_3 \end{bmatrix}$$

$$= x_2 \begin{bmatrix} 0,3 \\ 1 \\ 0 \end{bmatrix} + x_3 \begin{bmatrix} 0,2 \\ 0 \\ 1 \end{bmatrix} \quad \text{(avec } x_2 \text{ et } x_3 \text{ quelconques)} \qquad (2)$$

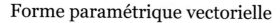

$\mathbf{u}$ $\mathbf{v}$

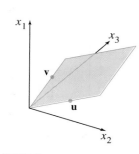

FIGURE 2

Ce calcul montre que les solutions de (1) sont les combinaisons linéaires de $\mathbf{u}$ et $\mathbf{v}$, comme indiqué en (2). Autrement dit, l'ensemble des solutions est $\text{Vect}\{\mathbf{u}, \mathbf{v}\}$. Et puisque $\mathbf{u}$ et $\mathbf{v}$ ne sont pas colinéaires, l'ensemble des solutions est un plan passant par l'origine (voir figure 2). ■

Les exemples 1 et 2, ainsi que les exercices illustrent le fait que l'ensemble des solutions d'une équation homogène $A\mathbf{x} = \mathbf{0}$ peut toujours s'exprimer explicitement sous la forme $\text{Vect}\{\mathbf{v}_1, \ldots, \mathbf{v}_p\}$ pour certains vecteurs $\mathbf{v}_1, \ldots, \mathbf{v}_p$. Si la seule solution est la solution nulle, alors l'ensemble des solutions est $\text{Vect}\{\mathbf{0}\}$. Si l'équation $A\mathbf{x} = \mathbf{0}$ a une seule inconnue non principale, alors l'ensemble des solutions est une droite passant par l'origine, comme dans la figure 1. Un plan passant par l'origine, comme dans la figure 2, permet de se faire une bonne image mentale de l'ensemble des solutions de $A\mathbf{x} = \mathbf{0}$ dans le cas où l'équation comporte au moins deux inconnues non principales. Mais on peut remarquer qu'une telle figure permet plus généralement de visualiser $\text{Vect}\{\mathbf{u}, \mathbf{v}\}$, même si $\mathbf{u}$ et $\mathbf{v}$ n'apparaissent pas comme des solutions de $A\mathbf{x} = \mathbf{0}$ (voir figure 11, section 1.3).

Forme paramétrique vectorielle

L'équation initiale (1) est une description *implicite* du plan de l'exemple 2. Résoudre cette équation revient à trouver une description *explicite* du plan, en tant que partie engendrée par $\mathbf{u}$ et $\mathbf{v}$. La relation (2) est appelée **représentation paramétrique vectorielle** du plan. On écrit parfois une telle relation sous la forme

$$\mathbf{x} = s\mathbf{u} + t\mathbf{v} \quad (s, t \text{ dans } \mathbb{R})$$

pour insister sur le fait que les paramètres varient dans $\mathbb{R}$ tout entier. Dans l'exemple 1, la relation $\mathbf{x} = x_3\mathbf{v}$ (avec x_3 quelconque) ou $\mathbf{x} = t\mathbf{v}$ (avec t dans $\mathbb{R}$) est une représentation paramétrique vectorielle d'une droite. À chaque fois que, comme dans les exemples 1 et 2, un ensemble de solutions est explicitement décrit au moyen de vecteurs, on dira que la solution est écrite sous **forme paramétrique vectorielle**.

Solutions des systèmes non homogènes

Quand un système linéaire admet des solutions, on peut exprimer la solution générale sous forme paramétrique vectorielle, comme un vecteur plus une combinaison linéaire arbitraire de vecteurs qui vérifient le système homogène associé.

EXEMPLE 3 Décrire toutes les solutions de $A\mathbf{x} = \mathbf{b}$, où

$$A = \begin{bmatrix} 3 & 5 & -4 \\ -3 & -2 & 4 \\ 6 & 1 & -8 \end{bmatrix} \quad \text{et} \quad \mathbf{b} = \begin{bmatrix} 7 \\ -1 \\ -4 \end{bmatrix}$$

SOLUTION On reconnaît en A la matrice des coefficients de l'exemple 1. Si l'on effectue des opérations élémentaires sur les lignes de $[\, A \quad \mathbf{b} \,]$, on obtient

$$\begin{bmatrix} 3 & 5 & -4 & 7 \\ -3 & -2 & 4 & -1 \\ 6 & 1 & -8 & -4 \end{bmatrix} \sim \begin{bmatrix} 1 & 0 & -\frac{4}{3} & -1 \\ 0 & 1 & 0 & 2 \\ 0 & 0 & 0 & 0 \end{bmatrix}, \qquad \begin{array}{rcrcl} x_1 & & -\frac{4}{3}x_3 & = & -1 \\ & x_2 & & = & 2 \\ & & 0 & = & 0 \end{array}$$

On a donc $x_1 = -1 + \frac{4}{3}x_3$, $x_2 = 2$ et x_3 quelconque. L'expression vectorielle de la solution générale de $A\mathbf{x} = \mathbf{b}$ est de la forme

$$\mathbf{x} = \begin{bmatrix} x_1 \\ x_2 \\ x_3 \end{bmatrix} = \begin{bmatrix} -1 + \frac{4}{3}x_3 \\ 2 \\ x_3 \end{bmatrix} = \begin{bmatrix} -1 \\ 2 \\ 0 \end{bmatrix} + \begin{bmatrix} \frac{4}{3}x_3 \\ 0 \\ x_3 \end{bmatrix} = \underset{\underset{\mathbf{p}}{\uparrow}}{\begin{bmatrix} -1 \\ 2 \\ 0 \end{bmatrix}} + x_3 \underset{\underset{\mathbf{v}}{\uparrow}}{\begin{bmatrix} \frac{4}{3} \\ 0 \\ 1 \end{bmatrix}}$$

La relation $\mathbf{x} = \mathbf{p} + x_3\mathbf{v}$ ou, en considérant t comme un paramètre,

$$\mathbf{x} = \mathbf{p} + t\mathbf{v} \quad (t \text{ dans } \mathbb{R}) \tag{3}$$

décrit l'ensemble des solutions de $A\mathbf{x} = \mathbf{b}$ sous forme paramétrique vectorielle. On rappelle que, dans l'exemple 1, on avait trouvé

$$\mathbf{x} = t\mathbf{v} \quad (t \text{ dans } \mathbb{R}) \tag{4}$$

[avec le même vecteur $\mathbf{v}$ qu'en (3)] comme représentation paramétrique vectorielle de l'ensemble des solutions de $A\mathbf{x} = \mathbf{0}$. On obtient donc les solutions de $A\mathbf{x} = \mathbf{b}$ en ajoutant le vecteur $\mathbf{p}$ aux solutions de $A\mathbf{x} = \mathbf{0}$. Le vecteur $\mathbf{p}$ n'est lui-même qu'une solution particulière de $A\mathbf{x} = \mathbf{b}$ [correspondant à $t = 0$ en (3)]. ∎

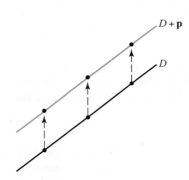

FIGURE 3

Ajouter $\mathbf{p}$ à $\mathbf{v}$ effectue sur $\mathbf{v}$ la translation de vecteur $\mathbf{p}$.

Pour décrire géométriquement l'ensemble des solutions de l'équation $A\mathbf{x} = \mathbf{b}$, on peut voir l'addition vectorielle comme une *translation*. Étant donné deux vecteurs $\mathbf{v}$ et $\mathbf{p}$ dans $\mathbb{R}^2$ ou $\mathbb{R}^3$, additionner $\mathbf{p}$ à $\mathbf{v}$ revient à *déplacer* $\mathbf{v}$ dans une direction parallèle à la droite joignant $\mathbf{p}$ à $\mathbf{0}$. On dit que $\mathbf{v}$ subit une *translation de vecteur* $\mathbf{p}$ (voir figure 3). Si l'on effectue sur chaque point d'une droite D de $\mathbb{R}^2$ ou $\mathbb{R}^3$ une translation de vecteur $\mathbf{p}$, on obtient une droite parallèle à D (voir figure 4).

Si D est la droite joignant $\mathbf{0}$ à $\mathbf{v}$, décrite par l'équation (4), alors, en ajoutant $\mathbf{p}$ à chaque point de D, on obtient la droite translatée décrite par l'équation (3). On remarque que $\mathbf{p}$ est sur cette droite. La relation (3) est appelée *représentation paramétrique vectorielle de la droite passant par* $\mathbf{p}$ *et dirigée par* $\mathbf{v}$. l'ensemble des solutions de l'équation $A\mathbf{x} = \mathbf{b}$ est donc la droite passant par $\mathbf{p}$ qui est parallèle à l'ensemble des solutions de l'équation $A\mathbf{x} = \mathbf{0}$. La figure 5 illustre cette situation.

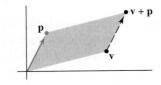

FIGURE 4

Translation d'une droite

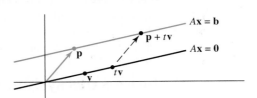

FIGURE 5 Les ensembles de solutions de $A\mathbf{x} = \mathbf{b}$ et $A\mathbf{x} = \mathbf{0}$ sont parallèles.

Le lien de parallélisme entre les ensembles de solutions de $A\mathbf{x} = \mathbf{b}$ et $A\mathbf{x} = \mathbf{0}$, illustré à la figure 5, se généralise à toute équation *compatible* $A\mathbf{x} = \mathbf{b}$, à ceci près que, s'il existe plusieurs inconnues non principales, l'ensemble des solutions sera plus grand qu'une droite. On précise le résultat général dans le théorème suivant. Sa démonstration fait l'objet de l'exercice 25.

THÉORÈME 6

Soit **b** un vecteur tel que l'équation $A\mathbf{x} = \mathbf{b}$ soit compatible, et **p** une solution. Alors l'ensemble des solutions de l'équation $A\mathbf{x} = \mathbf{b}$ est l'ensemble des vecteurs de la forme $\mathbf{w} = \mathbf{p} + \mathbf{v}_h$, où $\mathbf{v}_h$ est une solution quelconque de l'équation homogène $A\mathbf{x} = \mathbf{0}$.

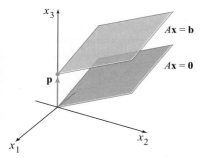

FIGURE 6

Les ensembles de solutions de $A\mathbf{x} = \mathbf{b}$ et $A\mathbf{x} = \mathbf{0}$ sont parallèles.

Le théorème 6 signifie que si l'équation $A\mathbf{x} = \mathbf{b}$ admet une solution, alors on obtient son ensemble de solutions en faisant subir à l'ensemble des solutions de $A\mathbf{x} = \mathbf{0}$ une translation de vecteur **p**, lequel peut être n'importe quelle solution particulière de $A\mathbf{x} = \mathbf{b}$. La figure 6 illustre le cas d'une équation comportant deux inconnues non principales. Même si $n > 3$, il est utile de se représenter mentalement l'ensemble des solutions d'un système compatible $A\mathbf{x} = \mathbf{b}$ (avec $\mathbf{b} \neq \mathbf{0}$), soit comme un point distinct du vecteur nul, soit comme une droite ou un plan ne passant pas par l'origine.

Attention : Le théorème 6 et la figure 6 ne s'appliquent qu'au cas d'une équation $A\mathbf{x} = \mathbf{b}$ admettant au moins une solution non nulle **p**. Si l'équation $A\mathbf{x} = \mathbf{b}$ n'a pas de solution, alors l'ensemble des solutions est vide.

L'algorithme suivant résume les calculs illustrés par les exemples 1, 2 et 3.

EXPRIMER L'ENSEMBLE DES SOLUTIONS (D'UN SYSTÈME COMPATIBLE) SOUS LA FORME PARAMÉTRIQUE VECTORIELLE

1. Déterminer la forme échelonnée réduite de la matrice complète.
2. Exprimer chaque inconnue principale en fonction des inconnues non principales qui apparaissent dans l'équation.
3. Écrire la solution générale **x** comme un vecteur, dont les composantes dépendent d'éventuelles inconnues non principales.
4. Décomposer **x** en une combinaison linéaire de vecteurs fixes (dont les composantes sont numériques) en utilisant les inconnues non principales comme paramètres.

EXERCICES D'ENTRAÎNEMENT

1. Chacune des équations suivantes définit un plan de $\mathbb{R}^3$. Les deux plans se coupent-ils ? Si oui, préciser leur intersection.

$$x_1 + 4x_2 - 5x_3 = 0$$
$$2x_1 - x_2 + 8x_3 = 9$$

2. Exprimer la solution générale de l'équation $10x_1 - 3x_2 - 2x_3 = 7$ sous forme paramétrique vectorielle, et comparer l'ensemble des solutions à l'ensemble obtenu dans l'exemple 2.

3. Démontrer la première partie du théorème 6. On suppose que **p** est solution de $A\mathbf{x} = \mathbf{b}$, c'est-à-dire que $A\mathbf{p} = \mathbf{b}$. Soit $\mathbf{v}_h$ une solution quelconque de l'équation homogène $A\mathbf{x} = \mathbf{0}$ et $\mathbf{w} = \mathbf{p} + \mathbf{v}_h$. Montrer que **w** est une solution de $A\mathbf{x} = \mathbf{b}$.

1.5 EXERCICES

Dans les exercices 1 à 4, étudier l'existence de solutions non triviales. On essaiera d'effectuer le moins d'opérations possible sur les lignes.

1. $\quad 2x_1 - 5x_2 + 8x_3 = 0$
$\quad -2x_1 - 7x_2 + x_3 = 0$
$\quad 4x_1 + 2x_2 + 7x_3 = 0$

2. $\quad x_1 - 3x_2 + 7x_3 = 0$
$\quad -2x_1 + x_2 - 4x_3 = 0$
$\quad x_1 + 2x_2 + 9x_3 = 0$

3. $-3x_1 + 5x_2 - 7x_3 = 0$
$\quad -6x_1 + 7x_2 + x_3 = 0$

4. $-5x_1 + 7x_2 + 9x_3 = 0$
$\quad x_1 - 2x_2 + 6x_3 = 0$

En suivant la méthode des exemples 1 et 2, exprimer sous la forme paramétrique vectorielle l'ensemble des solutions de systèmes homogènes proposés dans les exercices 5 et 6.

5. $\quad x_1 + 3x_2 + x_3 = 0$
$\quad -4x_1 - 9x_2 + 2x_3 = 0$
$\quad - 3x_2 - 6x_3 = 0$

6. $\quad x_1 + 3x_2 - 5x_3 = 0$
$\quad x_1 + 4x_2 - 8x_3 = 0$
$\quad -3x_1 - 7x_2 + 9x_3 = 0$

Dans les exercices 7 à 12, on considère une matrice A équivalente selon les lignes à la matrice proposée. Exprimer sous forme paramétrique vectorielle l'ensemble des solutions de l'équation $A\mathbf{x} = \mathbf{0}$.

7. $\begin{bmatrix} 1 & 3 & -3 & 7 \\ 0 & 1 & -4 & 5 \end{bmatrix}$

8. $\begin{bmatrix} 1 & -2 & -9 & 5 \\ 0 & 1 & 2 & -6 \end{bmatrix}$

9. $\begin{bmatrix} 3 & -9 & 6 \\ -1 & 3 & -2 \end{bmatrix}$

10. $\begin{bmatrix} 1 & 3 & 0 & -4 \\ 2 & 6 & 0 & -8 \end{bmatrix}$

11. $\begin{bmatrix} 1 & -4 & -2 & 0 & 3 & -5 \\ 0 & 0 & 1 & 0 & 0 & -1 \\ 0 & 0 & 0 & 0 & 1 & -4 \\ 0 & 0 & 0 & 0 & 0 & 0 \end{bmatrix}$

12. $\begin{bmatrix} 1 & 5 & 2 & -6 & 9 & 0 \\ 0 & 0 & 1 & -7 & 4 & -8 \\ 0 & 0 & 0 & 0 & 0 & 1 \\ 0 & 0 & 0 & 0 & 0 & 0 \end{bmatrix}$

13. On suppose que l'ensemble des solutions d'un certain système d'équations linéaires est décrit par les relations $x_1 = 5 + 4x_3$ et $x_2 = -2 - 7x_3$, x_3 pouvant prendre une valeur quelconque. À l'aide de vecteurs, interpréter cet ensemble comme une droite de $\mathbb{R}^3$.

14. On suppose que l'ensemble des solutions d'un certain système d'équations linéaires est décrit par les relations $x_1 = 3x_4$, $x_2 = 8 + x_4$, $x_3 = 2 - 5x_4$, x_4 pouvant prendre une valeur quelconque. À l'aide de vecteurs, interpréter cet ensemble comme une « droite » de $\mathbb{R}^4$.

15. En suivant la méthode de l'exemple 3, exprimer les solutions du système ci-dessous sous forme paramétrique vectorielle. Interpréter ensuite géométriquement l'ensemble des solu-

tions et comparer cet ensemble à celui obtenu à l'exercice 5.

$$x_1 + 3x_2 + x_3 = 1$$
$$-4x_1 - 9x_2 + 2x_3 = -1$$
$$- 3x_2 - 6x_3 = -3$$

16. De même que dans l'exercice 15, exprimer les solutions du système ci-dessous sous forme paramétrique vectorielle et interpréter géométriquement l'ensemble des solutions, en le comparant à celui obtenu à l'exercice 6.

$$x_1 + 3x_2 - 5x_3 = 4$$
$$x_1 + 4x_2 - 8x_3 = 7$$
$$-3x_1 - 7x_2 + 9x_3 = -6$$

17. Décrire géométriquement et comparer les ensembles de solutions des deux équations $x_1 + 9x_2 - 4x_3 = 0$ et $x_1 + 9x_2 - 4x_3 = -2$.

18. Décrire géométriquement et comparer les ensembles de solutions des deux équations $x_1 - 3x_2 + 5x_3 = 0$ et $x_1 - 3x_2 + 5x_3 = 4$.

Dans les exercices 19 et 20, déterminer une représentation paramétrique de la droite passant par $\mathbf{a}$ et dirigée par le vecteur $\mathbf{b}$.

19. $\mathbf{a} = \begin{bmatrix} -2 \\ 0 \end{bmatrix}$, $\mathbf{b} = \begin{bmatrix} -5 \\ 3 \end{bmatrix}$ $\quad$ **20.** $\mathbf{a} = \begin{bmatrix} 3 \\ -4 \end{bmatrix}$, $\mathbf{b} = \begin{bmatrix} -7 \\ 8 \end{bmatrix}$

Dans les exercices 21 et 22, déterminer une représentation paramétrique de la droite D passant par les points $\mathbf{p}$ et $\mathbf{q}$. [*Indication : D est dirigée par le vecteur* $\mathbf{q} - \mathbf{p}$; voir la figure suivante.]

21. $\mathbf{p} = \begin{bmatrix} 2 \\ -5 \end{bmatrix}$, $\mathbf{q} = \begin{bmatrix} -3 \\ 1 \end{bmatrix}$ $\quad$ **22.** $\mathbf{p} = \begin{bmatrix} -6 \\ 3 \end{bmatrix}$, $\mathbf{q} = \begin{bmatrix} 0 \\ -4 \end{bmatrix}$

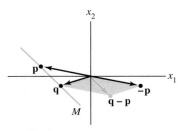

Droite passant par $\mathbf{p}$ et $\mathbf{q}$

Dans les exercices 23 et 24, dire si les affirmations proposées sont vraies ou fausses. Justifier chaque réponse.

23. a. Une équation homogène est toujours compatible.

b. L'équation $A\mathbf{x} = \mathbf{0}$ donne une description explicite de son ensemble de solutions.

c. L'équation homogène $A\mathbf{x} = \mathbf{0}$ admet la solution triviale si et seulement si elle possède au moins une inconnue non principale.

d. La relation $\mathbf{x} = \mathbf{p} + t\mathbf{v}$ définit une droite passant par $\mathbf{v}$ et dirigée par $\mathbf{p}$.

e. L'ensemble des solutions de $A\mathbf{x} = \mathbf{b}$ est l'ensemble des vecteurs de la forme $\mathbf{w} = \mathbf{p} + \mathbf{v}_h$, où $\mathbf{v}_h$ est une solution quelconque de l'équation $A\mathbf{x} = \mathbf{0}$.

24. a. Si $\mathbf{x}$ est une solution non triviale de l'équation $A\mathbf{x} = \mathbf{0}$, alors les composantes de $\mathbf{x}$ sont toutes non nulles.

b. L'équation $\mathbf{x} = x_2\mathbf{u} + x_3\mathbf{v}$, avec x_2 et x_3 quelconques (et $\mathbf{u}$ et $\mathbf{v}$ non colinéaires), décrit un plan passant par l'origine.

c. L'équation $A\mathbf{x} = \mathbf{b}$ est homogène si le vecteur nul est solution.

d. Ajouter $\mathbf{p}$ à un vecteur revient à déplacer ce vecteur dans une direction parallèle à $\mathbf{p}$.

e. Si l'équation $A\mathbf{x} = \mathbf{b}$ est compatible, alors on obtient l'ensemble des solutions de $A\mathbf{x} = \mathbf{b}$ en translatant l'ensemble des solutions de $A\mathbf{x} = \mathbf{0}$.

25. Démontrer la partie 2 du théorème 6. Soit $\mathbf{w}$ une solution quelconque de $A\mathbf{x} = \mathbf{b}$; on pose $\mathbf{v}_h = \mathbf{w} - \mathbf{p}$. Montrer que $\mathbf{v}_h$ est solution de $A\mathbf{x} = \mathbf{0}$. Cela montre que toute solution de $A\mathbf{x} = \mathbf{b}$ est de la forme $\mathbf{w} = \mathbf{p} + \mathbf{v}_h$, où $\mathbf{p}$ est une solution particulière de $A\mathbf{x} = \mathbf{b}$ et $\mathbf{v}_h$ une solution de $A\mathbf{x} = \mathbf{0}$.

26. On suppose que l'équation $A\mathbf{x} = \mathbf{b}$ a une solution. Expliquer pourquoi cette dernière est unique si et seulement si l'équation $A\mathbf{x} = \mathbf{0}$ admet la solution triviale comme seule solution.

27. Soit A la matrice 3×3 *nulle* (dont tous les éléments sont nuls). Décrire l'ensemble des solutions de l'équation $A\mathbf{x} = \mathbf{0}$.

28. Si $\mathbf{b} \neq \mathbf{0}$, l'ensemble des solutions de l'équation $A\mathbf{x} = \mathbf{b}$ peut-il être un plan passant par l'origine ? Expliquer.

Dans les exercices 29 à 31, déterminer si (a) l'équation $A\mathbf{x} = \mathbf{0}$ admet une solution non triviale et (b) si l'équation $A\mathbf{x} = \mathbf{b}$ a au moins une solution, quel que soit le vecteur $\mathbf{b}$ de taille convenable.

29. A est une matrice 3×3 possédant trois positions de pivot.

30. A est une matrice 3×3 possédant deux positions de pivot.

31. A est une matrice 3×2 possédant deux positions de pivot.

32. A est une matrice 2×4 possédant deux positions de pivot.

33. On considère la matrice $A = \begin{bmatrix} -2 & -6 \\ 7 & 21 \\ -3 & -9 \end{bmatrix}$. Trouver de tête (sans rien écrire) au moins une solution non triviale de l'équation $A\mathbf{x} = \mathbf{0}$. [*Indication :* On pourra voir l'équation $A\mathbf{x} = \mathbf{0}$ comme une équation vectorielle.]

34. On considère la matrice $A = \begin{bmatrix} 4 & -6 \\ -8 & 12 \\ 6 & -9 \end{bmatrix}$. Trouver de tête au moins une solution non triviale de l'équation $A\mathbf{x} = \mathbf{0}$.

35. Construire une matrice 3×3 non nulle A telle que le vecteur $\begin{bmatrix} 1 \\ 1 \\ 1 \end{bmatrix}$ soit solution de $A\mathbf{x} = \mathbf{0}$.

36. Construire une matrice 3×3 non nulle A telle que le vecteur $\begin{bmatrix} 1 \\ -2 \\ 1 \end{bmatrix}$ soit solution de $A\mathbf{x} = \mathbf{0}$.

37. Construire une matrice 2×2 A telle que l'ensemble des solutions de l'équation $A\mathbf{x} = \mathbf{0}$ soit la droite de $\mathbb{R}^2$ joignant $(4, 1)$ à l'origine. Trouver ensuite un vecteur $\mathbf{b}$ de $\mathbb{R}^2$ tel que l'ensemble des solutions de l'équation $A\mathbf{x} = \mathbf{b}$ *ne soit pas* une droite de $\mathbb{R}^2$ parallèle à l'ensemble des solutions de $A\mathbf{x} = \mathbf{0}$. Pourquoi cela ne contredit-il pas le théorème 6 ?

38. Soit A une matrice 3×3 et $\mathbf{y}$ un vecteur de $\mathbb{R}^3$ tel que l'équation $A\mathbf{x} = \mathbf{y}$ n'ait pas de solution. Existe-t-il un vecteur $\mathbf{z}$ de $\mathbb{R}^3$ tel que l'équation $A\mathbf{x} = \mathbf{z}$ ait une solution unique ? Justifier.

39. Soit A une matrice $m \times n$ et $\mathbf{u}$ un vecteur de $\mathbb{R}^n$ vérifiant l'équation $A\mathbf{x} = \mathbf{0}$. Montrer que pour tout scalaire c, le vecteur $c\mathbf{u}$ vérifie également $A\mathbf{x} = \mathbf{0}$ [autrement dit, montrer que $A(c\mathbf{u}) = \mathbf{0}$].

40. Soit A une matrice $m \times n$, et $\mathbf{v}$ et $\mathbf{w}$ deux vecteurs de $\mathbb{R}^n$ tels que $A\mathbf{v} = \mathbf{0}$ et $A\mathbf{w} = \mathbf{0}$. Expliquer pourquoi le vecteur $A(\mathbf{v} + \mathbf{w})$ est nul, puis expliquer pourquoi $A(c\mathbf{v} + d\mathbf{w}) = \mathbf{0}$ quels que soient les scalaires c et d.

SOLUTIONS DES EXERCICES D'ENTRAÎNEMENT

1. On applique la méthode du pivot à la matrice complète :

$$\begin{bmatrix} 1 & 4 & -5 & 0 \\ 2 & -1 & 8 & 9 \end{bmatrix} \sim \begin{bmatrix} 1 & 4 & -5 & 0 \\ 0 & -9 & 18 & 9 \end{bmatrix} \sim \begin{bmatrix} 1 & 0 & 3 & 4 \\ 0 & 1 & -2 & -1 \end{bmatrix}$$

$$\begin{aligned} x_1 \quad + 3x_3 &= 4 \\ x_2 - 2x_3 &= -1 \end{aligned}$$

On obtient donc $x_1 = 4 - 3x_3$ et $x_2 = -1 + 2x_3$, avec x_3 quelconque. La solution générale, exprimée sous forme paramétrique vectorielle, s'écrit

$$\begin{bmatrix} x_1 \\ x_2 \\ x_3 \end{bmatrix} = \begin{bmatrix} 4 - 3x_3 \\ -1 + 2x_3 \\ x_3 \end{bmatrix} = \begin{bmatrix} 4 \\ -1 \\ 0 \end{bmatrix} + x_3 \begin{bmatrix} -3 \\ 2 \\ 1 \end{bmatrix}$$

$$\qquad\qquad\qquad\qquad\quad \underset{\mathbf{p}}{\uparrow} \qquad\quad \underset{\mathbf{v}}{\uparrow}$$

Les deux plans se coupent et l'intersection est la droite passant par $\mathbf{p}$ et dirigée par $\mathbf{v}$.

2. La matrice complète $\begin{bmatrix} 10 & -3 & -2 & 7 \end{bmatrix}$ est équivalente selon les lignes à la matrice $\begin{bmatrix} 1 & -0,3 & -0,2 & 0,7 \end{bmatrix}$, et la solution générale est, avec x_2 et x_3 quelconques :

$$x_1 = 0,7 + 0,3x_2 + 0,2x_3$$

L'équation équivaut donc à

$$\mathbf{x} = \begin{bmatrix} x_1 \\ x_2 \\ x_3 \end{bmatrix} = \begin{bmatrix} 0,7 + 0,3x_2 + 0,2x_3 \\ x_2 \\ x_3 \end{bmatrix} = \begin{bmatrix} 0,7 \\ 0 \\ 0 \end{bmatrix} + x_2 \begin{bmatrix} 0,3 \\ 1 \\ 0 \end{bmatrix} + x_3 \begin{bmatrix} 0,2 \\ 0 \\ 1 \end{bmatrix}$$

$$\qquad\qquad\qquad\qquad\qquad\qquad\quad = \quad \mathbf{p} \quad + \quad x_2\mathbf{u} \quad + \quad x_3\mathbf{v}$$

L'ensemble des solutions de l'équation non homogène $A\mathbf{x} = \mathbf{b}$ est $\mathbf{p} + \text{Vect}\{\mathbf{u}, \mathbf{v}\}$, c'est-à-dire le plan passant par $\mathbf{p}$ et parallèle à l'ensemble des solutions de l'équation homogène de l'exemple 2.

3. En utilisant le théorème 5 de la section 1.4, on obtient

$$A(\mathbf{p} + \mathbf{v}_h) = A\mathbf{p} + A\mathbf{v}_h = \mathbf{b} + \mathbf{0} = \mathbf{b}$$

Donc $\mathbf{p} + \mathbf{v}_h$ est une solution de l'équation $A\mathbf{x} = \mathbf{b}$.

1.6 | APPLICATIONS DES SYSTÈMES LINÉAIRES

On pourrait s'attendre à ce que les problèmes réels faisant intervenir l'algèbre linéaire n'aient qu'une solution, ou n'en aient éventuellement aucune. Le but de cette section est de décrire des situations dans lesquelles des systèmes linéaires admettant plusieurs solutions apparaissent naturellement. Les applications traitées ici sont tirées de l'économie, de la chimie et de problèmes de flux réseau.

Un exemple de système homogène en économie

On connaît désormais le système de 500 équations à 500 inconnues dont il est question dans l'introduction de ce chapitre sous le nom de « modèle d'entrée-sortie » (« input-output ») ou de « production » de Leontief[12]. Nous étudierons ce modèle de façon plus détaillée dans la section 2.6, quand nous aurons progressé dans la théorie et que nous disposerons de meilleures notations. Nous allons nous contenter pour l'instant d'un « modèle d'échanges » simplifié, dû lui aussi à Leontief.

On suppose que l'économie d'un pays se divise en plusieurs secteurs tels que diverses industries manufacturières, les communications, les loisirs et les industries de service. On suppose que, pour chaque secteur, on connaît la production moyenne par an et la façon dont celle-ci se répartit, ou « s'échange », entre les autres secteurs de

---

[12] Voir Wassily W. Leontief, « Input–Output Economics », *Scientific American*, octobre 1951, p. 15 à 21.

l'économie. Appelons « prix de la production d'un secteur » la valeur totale, en dollars, de cette production. Leontief a montré le résultat suivant.

Il existe des **prix d'équilibre** pouvant être attribués à la production totale des différents secteurs de façon que le revenu de chaque secteur contrebalance exactement ses dépenses.

L'exemple suivant montre comment on peut déterminer ces prix d'équilibre.

EXEMPLE 1 On considère une économie constituée des secteurs du charbon, de l'énergie électrique et de l'acier. La production de chaque secteur est répartie parmi les divers secteurs, conformément au tableau 1. Dans chaque colonne de ce tableau, les chiffres donnent la proportion de la production totale d'un secteur donné.

On peut lire par exemple, dans la deuxième colonne du tableau 1, que la production électrique totale se répartit ainsi : 40 % pour le secteur du charbon, 50 % pour l'acier et les 10 % restants pour la production électrique (ces 10 % sont considérés par le secteur de l'électricité comme une dépense qu'il doit supporter pour fonctionner). Puisque toute la production est prise en compte, le total des valeurs de chaque colonne doit être égal à 1.

On note respectivement p_C, p_E et p_A les prix (c'est-à-dire les valeurs en dollars) de la production totale des secteurs du charbon, de l'électricité et de l'acier. Déterminer si possible les prix d'équilibre calculés de façon que les revenus de chaque secteur compensent exactement ses dépenses.

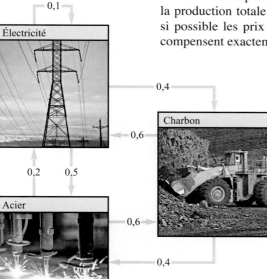

TABLEAU 1 Une économie simplifiée

Répartition de la production provenant des secteurs suivants			
Charbon	**Électricité**	**Acier**	**Acheté par**
0,0	0,4	0,6	Charbon
0,6	0,1	0,2	Électricité
0,4	0,5	0,2	Acier

SOLUTION Chaque secteur va examiner sa colonne dans le tableau pour savoir comment se répartit sa production, ainsi que sa ligne pour savoir ce qu'il a besoin de se procurer. On lit par exemple dans la première ligne du tableau 1 que l'industrie charbonnière reçoit (et paie) 40 % de la production électrique et 60 % de l'acier. Comme les valeurs respectives des productions totales de ces secteurs sont p_E et p_A, l'industrie charbonnière doit dépenser $0,4p_E$ dollars pour sa part de production électrique et $0,6p_A$ pour sa part d'acier. La dépense totale du secteur charbonnier est donc égale à $0,4p_E + 0,6p_A$. Par hypothèse, le revenu p_C de ce même secteur doit être égal à ses dépenses. On peut donc écrire

$$p_C = 0,4p_E + 0,6p_A \tag{1}$$

La deuxième ligne du tableau des échanges montre que le secteur de l'électricité dépense $0,6p_C$ pour le charbon, $0,1p_E$ pour l'électricité et $0,2p_A$ pour l'acier. L'hypothèse d'équilibre dépenses-recettes s'écrit donc

$$p_E = 0,6p_C + 0,1p_E + 0,2p_A \tag{2}$$

Enfin, la troisième ligne du tableau conduit à la relation

$$p_A = 0{,}4p_C + 0{,}5p_E + 0{,}2p_A \tag{3}$$

Pour résoudre le système constitué des équations (1), (2) et (3), on fait passer toutes les inconnues dans le premier membre et on simplifie [on écrit par exemple dans le premier membre de (2) $p_E - 0{,}1p_E = 0{,}9p_E$].

$$p_C - 0{,}4p_E - 0{,}6p_A = 0$$
$$-0{,}6p_C + 0{,}9p_E - 0{,}2p_A = 0$$
$$-0{,}4p_C - 0{,}5p_E + 0{,}8p_A = 0$$

On procède ensuite à la réduction à une forme échelonnée. Pour simplifier, on a arrondi les coefficients à deux chiffres après la virgule.

$$\begin{bmatrix} 1 & -0{,}4 & -0{,}6 & 0 \\ -0{,}6 & 0{,}9 & -0{,}2 & 0 \\ -0{,}4 & -0{,}5 & 0{,}8 & 0 \end{bmatrix} \sim \begin{bmatrix} 1 & -0{,}4 & -0{,}6 & 0 \\ 0 & 0{,}66 & -0{,}56 & 0 \\ 0 & -0{,}66 & 0{,}56 & 0 \end{bmatrix}$$

$$\sim \begin{bmatrix} 1 & -0{,}4 & -0{,}6 & 0 \\ 0 & 0{,}66 & -0{,}56 & 0 \\ 0 & 0 & 0 & 0 \end{bmatrix}$$

$$\sim \begin{bmatrix} 1 & -0{,}4 & -0{,}6 & 0 \\ 0 & 1 & -0{,}85 & 0 \\ 0 & 0 & 0 & 0 \end{bmatrix}$$

$$\sim \begin{bmatrix} 1 & 0 & -0{,}94 & 0 \\ 0 & 1 & -0{,}85 & 0 \\ 0 & 0 & 0 & 0 \end{bmatrix}$$

La solution générale est donc $p_C = 0{,}94p_A$, $p_E = 0{,}85p_A$ et p_A quelconque. Le vecteur d'équilibre de cette économie est de la forme

$$\mathbf{p} = \begin{bmatrix} p_C \\ p_E \\ p_A \end{bmatrix} = \begin{bmatrix} 0{,}94p_A \\ 0{,}85p_A \\ p_A \end{bmatrix} = p_A \begin{bmatrix} 0{,}94 \\ 0{,}85 \\ 1 \end{bmatrix}$$

De tout choix (positif) pour p_A résulte un choix de prix d'équilibre. Si l'on prend par exemple pour p_A la valeur 100 (ou 100 millions de dollars), alors $p_C = 94$ et $p_E = 85$. Les recettes et les dépenses de chaque secteur seront égales si la production de charbon est vendue 94 millions de dollars, la production d'électricité 85 millions et la production d'acier 100 millions. ∎

Équilibrage des équations chimiques

Une équation chimique décrit les quantités de substances consommées et produites lors d'une réaction chimique. Par exemple, quand on brûle du propane (C_3H_8), il se combine avec de l'oxygène (O_2) pour former du dioxyde de carbone (CO_2) et de l'eau (H_2O), selon une équation de la forme

$$(x_1)C_3H_8 + (x_2)O_2 \rightarrow (x_3)CO_2 + (x_4)H_2O \tag{4}$$

Pour équilibrer cette réaction, les chimistes cherchent des nombres entiers $x_1, \ldots, x_4$ de façon que le nombre total d'atomes de carbone (C), d'hydrogène (H) et d'oxygène (O) à gauche de l'équation corresponde exactement, pour chaque corps, au nombre d'atomes de la partie droite (selon le principe « rien ne se crée, rien ne se perd »).

Il existe une méthode systématique pour équilibrer une réaction chimique. Elle consiste à établir une équation vectorielle qui décrit le nombre d'atomes de chacune des espèces présentes dans la réaction. Comme l'équation (4) fait intervenir trois types d'atomes (carbone, hydrogène et oxygène), on construit pour chacun des réactifs de l'équation (4) un vecteur de $\mathbb{R}^3$ qui contient le nombre d'atomes par molécule ; on considère donc :

$$
C_3H_8 : \begin{bmatrix} 3 \\ 8 \\ 0 \end{bmatrix}, \quad O_2 : \begin{bmatrix} 0 \\ 0 \\ 2 \end{bmatrix}, \quad CO_2 : \begin{bmatrix} 1 \\ 0 \\ 2 \end{bmatrix}, \quad H_2O : \begin{bmatrix} 0 \\ 2 \\ 1 \end{bmatrix} \begin{array}{l} \leftarrow \text{Carbone} \\ \leftarrow \text{Hydrogène} \\ \leftarrow \text{Oxygène} \end{array}
$$

Pour que l'équation (4) soit équilibrée, les coefficients $x_1, \ldots, x_4$ doivent vérifier la relation

$$
x_1 \begin{bmatrix} 3 \\ 8 \\ 0 \end{bmatrix} + x_2 \begin{bmatrix} 0 \\ 0 \\ 2 \end{bmatrix} = x_3 \begin{bmatrix} 1 \\ 0 \\ 2 \end{bmatrix} + x_4 \begin{bmatrix} 0 \\ 2 \\ 1 \end{bmatrix}
$$

On passe tout dans le premier membre, en changeant de signe si nécessaire :

$$
x_1 \begin{bmatrix} 3 \\ 8 \\ 0 \end{bmatrix} + x_2 \begin{bmatrix} 0 \\ 0 \\ 2 \end{bmatrix} + x_3 \begin{bmatrix} -1 \\ 0 \\ -2 \end{bmatrix} + x_4 \begin{bmatrix} 0 \\ -2 \\ -1 \end{bmatrix} = \begin{bmatrix} 0 \\ 0 \\ 0 \end{bmatrix}
$$

La méthode du pivot conduit à la solution générale

$$
x_1 = \tfrac{1}{4}x_4, \quad x_2 = \tfrac{5}{4}x_4, \quad x_3 = \tfrac{3}{4}x_4 \text{ et } x_4 \text{ quelconque}
$$

Dans une équation chimique, les coefficients doivent être entiers ; on prend donc $x_4 = 4$ et l'on obtient dans ce cas $x_1 = 1$, $x_2 = 5$ et $x_3 = 3$. L'équation équilibrée est

$$
C_3H_8 + 5O_2 \rightarrow 3CO_2 + 4H_2O
$$

Cette équation resterait équilibrée si, par exemple, on doublait tous les coefficients. Mais pour diverses raisons, les chimistes préfèrent travailler avec des équations équilibrées dont les coefficients sont des nombres entiers aussi petits que possible.

Flux réseau

Des systèmes linéaires apparaissent naturellement quand des scientifiques, des ingénieurs ou des économistes étudient les flux de certaines quantités à travers un réseau. Les urbanistes et les régulateurs de circulation, par exemple, contrôlent la répartition de la circulation entre les rues d'une ville. Les ingénieurs électriciens calculent des flux de courant à travers les circuits électriques. Les économistes, quant à eux, analysent la distribution de produits du producteur au consommateur à travers un réseau de grossistes et de détaillants. Très souvent, le système d'équations ainsi obtenu comporte des centaines, voire des milliers, d'équations et d'inconnues.

Un *réseau* consiste en un ensemble de points appelés *jonctions*, ou *nœuds*, certains d'entre eux étant reliés par des segments ou des arcs appelés *liens*. On précise la direction du flux passant par chaque lien, et la valeur du flux est soit indiquée explicitement, soit représentée par une inconnue.

L'hypothèse de départ pour un réseau est que le flux total entrant dans ce dernier est égal au flux sortant et que, de même, à chaque nœud, le flux total entrant est égal au flux

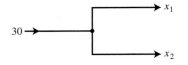

FIGURE 1
Une jonction, ou nœud

total sortant. La figure 1 montre par exemple un flux de 30 unités arrivant par un lien à un nœud, les flux sortant par les deux autres liens étant notés x_1 et x_2. L'hypothèse de conservation du flux à chaque nœud implique la relation $x_1 + x_2 = 30$. Plus généralement, on peut décrire le flux à chaque nœud au moyen d'une certaine équation linéaire. Le problème de l'analyse d'un réseau est de déterminer les flux traversant chaque lien, en connaissant une partie seulement de l'information (par exemple les flux entrant et sortant du réseau).

EXEMPLE 2 Le réseau de la figure 2 représente la circulation automobile moyenne (en véhicules par heure), en début d'après-midi, dans un certain nombre de rues à sens unique du centre-ville de Baltimore. Calculer la répartition, entre les liens, du flux de véhicules à travers le réseau.

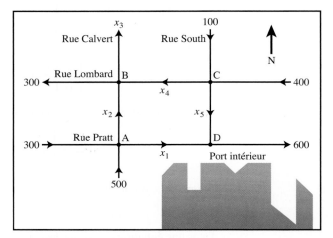

FIGURE 2 Quelques rues de Baltimore

SOLUTION On écrit les équations qui décrivent le flux, puis on détermine la solution générale du système. On note les intersections (nœuds) et les flux inconnus conformément à la figure 2. On écrit qu'à chaque intersection, le flux entrant est égal au flux sortant.

Intersection	Flux entrant		Flux sortant
A	$300 + 500$	$=$	$x_1 + x_2$
B	$x_2 + x_4$	$=$	$300 + x_3$
C	$100 + 400$	$=$	$x_4 + x_5$
D	$x_1 + x_5$	$=$	600

On écrit aussi que le flux total entrant dans le réseau $(500 + 300 + 100 + 400)$ est égal au flux sortant $(300 + x_3 + 600)$, ce qui se simplifie en $x_3 = 400$. En tenant compte de toutes ces relations, et après simplification, on obtient

$$\begin{aligned}
x_1 + x_2 \quad\quad\quad\quad\quad &= 800 \\
x_2 - x_3 + x_4 \quad\quad &= 300 \\
x_4 + x_5 &= 500 \\
x_1 \quad\quad\quad\quad\quad + x_5 &= 600 \\
x_3 \quad\quad\quad\quad &= 400
\end{aligned}$$

En appliquant la méthode du pivot à la matrice complète, on obtient

$$
\begin{aligned}
x_1 && + x_5 &= 600 \\
x_2 && - x_5 &= 200 \\
x_3 && &= 400 \\
x_4 &+ x_5 &= 500
\end{aligned}
$$

La répartition des flux à travers le réseau s'écrit donc

$$
\begin{cases}
x_1 = 600 - x_5 \\
x_2 = 200 + x_5 \\
x_3 = 400 \\
x_4 = 500 - x_5 \\
x_5 \text{ quelconque}
\end{cases}
$$

Une valeur négative du flux à travers un lien correspond à une direction inversée par rapport au schéma. Comme on a supposé ici que les rues étaient à sens unique, aucune inconnue ne peut avoir de valeur négative. Cela implique certaines limitations aux valeurs possibles pour les inconnues. On a nécessairement par exemple $x_5 \leq 500$ car x_4 ne peut être strictement négatif. D'autres contraintes sur les inconnues sont examinées dans l'exercice d'entraînement 2. ∎

EXERCICES D'ENTRAÎNEMENT

1. On considère une économie constituée de trois secteurs : agriculture, mines et produits manufacturés. L'agriculture vend 5 % de sa production aux mines, 30 % aux manufactures et conserve le reste. Les mines vendent 20 % de leur production à l'agriculture, 70 % aux manufactures et conservent le reste. Enfin, les manufactures vendent 20 % de leur production à l'agriculture, 30 % aux mines et conservent le reste. Construisez le tableau des échanges de cette économie, chaque colonne décrivant la répartition de la production d'un secteur parmi les trois secteurs.

2. On considère le flux réseau étudié dans l'exemple 2. Déterminer les intervalles de valeurs possibles pour x_1 et x_2. [*Indication :* On a montré dans l'exemple que l'on avait $x_5 \leq 500$. Qu'est-ce que cela implique pour x_1 et x_2 ? On utilisera aussi la condition $x_5 \geq 0$.]

1.6 EXERCICES

1. On considère une économie constituée uniquement de deux secteurs : les biens et les services. Chaque année, les biens vendent 80 % de leur production aux services et gardent le reste, tandis que les services vendent 70 % de leur production aux biens et gardent le reste. Déterminer les prix d'équilibre pour les productions annuelles de chacun des secteurs, de façon que, pour chacun d'eux, les recettes équilibrent les dépenses.

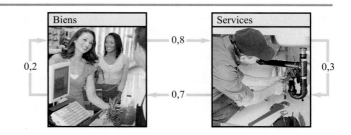

2. Déterminer un autre ensemble de prix d'équilibre pour l'économie décrite dans l'exemple 1. On suppose ensuite que cette économie utilise des yens japonais au lieu des dollars pour évaluer les productions des divers secteurs. Cela changerait-il d'une façon ou d'une autre le problème ? Justifier.

3. On considère une économie constituée de trois secteurs : énergie et carburants, produits manufacturés, services. Le secteur de l'énergie et des carburants vend 80 % de sa production au secteur manufacturier, 10 % aux services et conserve le reste. Le secteur manufacturier vend 10 % de sa production au secteur de l'énergie et des carburants, 80 % aux services et conserve le reste. Les services vendent 20 % au secteur de l'énergie et des carburants, 40 % au secteur manufacturier et conservent le reste.

a. Construire le tableau des échanges pour cette économie.

b. Écrire un système d'équations permettant de déterminer les prix auxquels les secteurs doivent vendre leurs produits pour que les recettes équilibrent les dépenses.

c. [**M**] Trouver un ensemble de prix d'équilibre, en supposant que les services vendent leur production 100 unités.

4. On considère une économie constituée de quatre secteurs : mines, bois de construction, énergie et transports. Les mines vendent 10 % de leur production au secteur du bois, 60 % à l'énergie et conservent le reste. Le secteur du bois de construction vend 15 % de sa production aux mines, 50 % à l'énergie, 20 % aux transports et conserve le reste. L'énergie vend 20 % de sa production aux mines, 15 % à l'industrie du bois, 20 % aux transports et conserve le reste. Les transports vendent 20 % de leur production aux mines, 10 % au bois, 50 % à l'énergie et conservent le reste.

a. Construire le tableau des échanges pour cette économie.

b. Trouver un ensemble de prix d'équilibre pour cette économie.

Équilibrer les équations chimiques des exercices 5 à 10 en utilisant la méthode des équations vectorielles exposée plus haut.

5. Le sulfure de bore réagit violemment avec l'eau pour produire de l'acide borique et du sulfure d'hydrogène (gaz à l'odeur d'œufs pourris). L'équation non équilibrée est

$$B_2S_3 + H_2O \rightarrow H_3BO_3 + H_2S$$

6. L'alumine et le carbone réagissent pour former de l'aluminium et du dioxyde de carbone :

$$Al_2O_3 + C \rightarrow Al + CO_2$$

[On construira pour chaque composé un vecteur dénombrant les atomes d'aluminium, d'oxygène et de carbone.]

7. L'Alka-Seltzer© est un médicament contenant du bicarbonate de sodium (NaHCO$_3$) et de l'acide citrique (H$_3$C$_6$H$_5$O$_7$). Quand on dissout un cachet dans l'eau, la réaction suivante produit du citrate de sodium, de l'eau et du gaz carbonique :

$$NaHCO_3 + H_3C_6H_5O_7 \rightarrow Na_3C_6H_5O_7 + H_2O + CO_2$$

8. Dans les pluies acides, le calcaire, CaCO$_3$, neutralise l'ion H$_3$O$^+$, selon l'équation non équilibrée

$$H_3O^+ + CaCO_3 \rightarrow H_2O + Ca^{2+} + CO_2$$

9. Équilibrer la réaction chimique suivante. Si le logiciel le permet, on effectuera les calculs en arithmétique exacte ou avec le type rationnel.

$$PbN_6 + CrMn_2O_8 \rightarrow Pb_3O_4 + Cr_2O_3 + MnO_2 + NO$$

10. [**M**] On utilise la réaction chimique suivante dans certains procédés industriels, comme la production d'arsine (AsH$_3$). Équilibrer cette réaction en effectuant les calculs en arithmétique exacte ou avec le type rationnel.

$$MnS + As_2Cr_{10}O_{35} + H_2SO_4$$
$$\rightarrow HMnO_4 + AsH_3 + CrS_3O_{12} + H_2O$$

11. Déterminer la répartition des flux dans le réseau de la figure ci-dessous. Les flux étant tous supposés positifs, quelle est la plus petite valeur possible pour x_3 ?

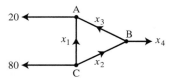

12. a. Déterminer la répartition des flux dans le réseau de la figure ci-dessous (les flux sont exprimés en voitures/minute).

b. Déterminer la répartition si l'on ferme la route dont le flux est x_4.

c. Quelle est la valeur minimale de x_1 si $x_4 = 0$?

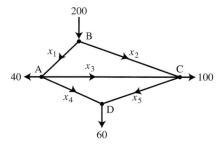

13. a. Déterminer la répartition des flux dans le réseau de la figure ci-dessous.

b. En supposant que les flux s'écoulent bien dans la direction indiquée, déterminer les flux minimaux dans les liens notés x_2, x_3, x_4 et x_5.

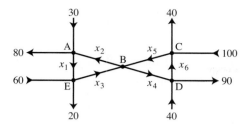

donne les flux du réseau. Déterminer la plus petite valeur possible pour x_6.

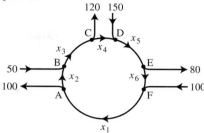

14. On considère le rond-point anglais schématisé sur la figure ci-dessous. On suppose que la circulation s'écoule selon les directions indiquées. Déterminer la solution générale qui

---

SOLUTIONS DES EXERCICES D'ENTRAÎNEMENT

1. On écrit les pourcentages sous forme décimale. Comme toute la production est prise en compte, la somme des éléments de chaque colonne doit être égale à 1. C'est cette remarque qui permet de remplir toutes les colonnes.

Répartition de la production provenant des secteurs suivants			
Agriculture	**Mines**	**Manufactures**	**Acheté par**
0,65	0,20	0,20	Agriculture
0,05	0,10	0,30	Mines
0,30	0,70	0,50	Manufactures

2. Comme $x_5 \leq 500$, les équations des intersections D et A impliquent que $x_1 \geq 100$ et $x_2 \leq 700$. La condition $x_5 \geq 0$ implique que $x_1 \leq 600$ et $x_2 \geq 200$. On a donc $100 \leq x_1 \leq 600$ et $200 \leq x_2 \leq 700$.

1.7 | INDÉPENDANCE LINÉAIRE

Toute équation matricielle, en particulier les équations homogènes introduites dans la section 1.5, peut être interprétée comme une équation vectorielle. De cette façon, on s'intéresse davantage aux vecteurs intervenant dans l'équation $A\mathbf{x} = \mathbf{0}$ qu'à ses solutions. Considérons par exemple l'équation

$$x_1 \begin{bmatrix} 1 \\ 2 \\ 3 \end{bmatrix} + x_2 \begin{bmatrix} 4 \\ 5 \\ 6 \end{bmatrix} + x_3 \begin{bmatrix} 2 \\ 1 \\ 0 \end{bmatrix} = \begin{bmatrix} 0 \\ 0 \\ 0 \end{bmatrix} \tag{1}$$

Elle admet évidemment la solution triviale caractérisée par $x_1 = x_2 = x_3 = 0$. Mais comme dans la section 1.5, la question essentielle est de savoir si cette solution est la *seule*.

DÉFINITION

On dit qu'une famille[13] $(\mathbf{v}_1, \ldots, \mathbf{v}_p)$ de vecteurs de $\mathbb{R}^n$ est **libre**, ou que ses vecteurs sont **linéairement indépendants**, si l'équation vectorielle

$$x_1\mathbf{v}_1 + x_2\mathbf{v}_2 + \cdots + x_p\mathbf{v}_p = \mathbf{0}$$

admet la solution triviale comme *unique* solution.

On dit que la famille $(\mathbf{v}_1, \ldots, \mathbf{v}_p)$ est **liée**, ou que ses vecteurs sont **linéairement dépendants**, s'il existe des coefficients $c_1, \ldots, c_p$, non tous nuls, tels que

$$c_1\mathbf{v}_1 + c_2\mathbf{v}_2 + \cdots + c_p\mathbf{v}_p = \mathbf{0} \tag{2}$$

Une relation du type (2), avec des coefficients non tous nuls, est appelée **relation de dépendance linéaire** entre les vecteurs $\mathbf{v}_1, \ldots, \mathbf{v}_p$. Des vecteurs sont linéairement dépendants si et seulement si ils ne sont pas linéairement indépendants.

EXEMPLE 1 On pose $\mathbf{v}_1 = \begin{bmatrix} 1 \\ 2 \\ 3 \end{bmatrix}$, $\mathbf{v}_2 = \begin{bmatrix} 4 \\ 5 \\ 6 \end{bmatrix}$ et $\mathbf{v}_3 = \begin{bmatrix} 2 \\ 1 \\ 0 \end{bmatrix}$.

a. Étudier l'indépendance linéaire de $\mathbf{v}_1$, $\mathbf{v}_2$ et $\mathbf{v}_3$.

b. Déterminer éventuellement une relation de dépendance linéaire entre $\mathbf{v}_1$, $\mathbf{v}_2$ et $\mathbf{v}_3$.

SOLUTION

a. Il s'agit de déterminer si l'équation (1) ci-dessus admet une solution non triviale. On montre par des opérations sur les lignes que

$$\begin{bmatrix} 1 & 4 & 2 & 0 \\ 2 & 5 & 1 & 0 \\ 3 & 6 & 0 & 0 \end{bmatrix} \sim \begin{bmatrix} 1 & 4 & 2 & 0 \\ 0 & -3 & -3 & 0 \\ 0 & 0 & 0 & 0 \end{bmatrix}$$

On obtient donc x_1 et x_2 comme inconnues principales et x_3 comme inconnue secondaire. À chaque valeur non nulle de x_3 correspond une solution non triviale de (1). Par conséquent, $\mathbf{v}_1$, $\mathbf{v}_2$ et $\mathbf{v}_3$ sont linéairement dépendants (ils ne sont donc pas linéairement indépendants).

b. Pour trouver une relation de dépendance linéaire entre $\mathbf{v}_1$, $\mathbf{v}_2$ et $\mathbf{v}_3$, on reprend la forme échelonnée réduite de la matrice complète du système et on obtient le nouveau système

$$\begin{bmatrix} 1 & 0 & -2 & 0 \\ 0 & 1 & 1 & 0 \\ 0 & 0 & 0 & 0 \end{bmatrix} \qquad \begin{aligned} x_1 \quad\;\; - 2x_3 &= 0 \\ x_2 + \;\; x_3 &= 0 \\ 0 &= 0 \end{aligned}$$

L'équation équivaut donc à $x_1 = 2x_3$, $x_2 = -x_3$ et x_3 quelconque. On choisit une valeur non nulle de x_3, par exemple $x_3 = 5$. On obtient $x_1 = 10$ et $x_2 = -5$. En remplaçant dans (1), on obtient

$$10\mathbf{v}_1 - 5\mathbf{v}_2 + 5\mathbf{v}_3 = \mathbf{0}$$

Cette relation est, parmi une infinité de possibilités, l'une des relations de dépendance linéaire entre $\mathbf{v}_1$, $\mathbf{v}_2$ et $\mathbf{v}_3$. ∎

---

[13] On distingue en principe l'*ensemble*, noté par des accolades, dont les éléments ne se répètent pas et dans lequel l'ordre d'énumération n'importe pas, de la *famille*, notée par des parenthèses, dont les éléments peuvent se répéter et dans laquelle l'ordre compte. (*NdT*)

Indépendance linéaire des colonnes d'une matrice

Au lieu d'une famille de vecteurs, on peut partir d'une matrice $A = [\, \mathbf{a}_1 \; \cdots \; \mathbf{a}_n \,]$. L'équation matricielle $A\mathbf{x} = \mathbf{0}$ s'écrit alors

$$x_1 \mathbf{a}_1 + x_2 \mathbf{a}_2 + \cdots + x_n \mathbf{a}_n = \mathbf{0}$$

À toute relation de dépendance linéaire entre les colonnes de A correspond donc une solution non triviale de $A\mathbf{x} = \mathbf{0}$. On en déduit le résultat suivant :

> Les colonnes d'une matrice A sont linéairement indépendantes si et seulement si l'équation $A\mathbf{x} = \mathbf{0}$ admet la solution triviale pour solution *unique*.　　　　(3)

EXEMPLE 2　Étudier l'indépendance linéaire des colonnes de la matrice A définie par $A = \begin{bmatrix} 0 & 1 & 4 \\ 1 & 2 & -1 \\ 5 & 8 & 0 \end{bmatrix}$

SOLUTION　On étudie l'équation $A\mathbf{x} = \mathbf{0}$ par la méthode du pivot :

$$\begin{bmatrix} 0 & 1 & 4 & 0 \\ 1 & 2 & -1 & 0 \\ 5 & 8 & 0 & 0 \end{bmatrix} \sim \begin{bmatrix} 1 & 2 & -1 & 0 \\ 0 & 1 & 4 & 0 \\ 0 & -2 & 5 & 0 \end{bmatrix} \sim \begin{bmatrix} 1 & 2 & -1 & 0 \\ 0 & 1 & 4 & 0 \\ 0 & 0 & 13 & 0 \end{bmatrix}$$

Il est alors clair que les trois variables sont principales. La seule solution de $A\mathbf{x} = \mathbf{0}$ est donc la solution triviale, et les colonnes de A sont linéairement indépendantes.　■

Familles d'un ou deux vecteurs

Une famille contenant un seul vecteur, que l'on notera $\mathbf{v}$, est libre si et seulement si $\mathbf{v}$ n'est pas le vecteur nul. En effet, si $\mathbf{v} \neq \mathbf{0}$, l'équation vectorielle $x_1 \mathbf{v} = \mathbf{0}$ admet la solution triviale comme seule solution. Le vecteur nul est linéairement dépendant car l'équation $x_1 \mathbf{0} = \mathbf{0}$ admet plusieurs solutions non nulles.

　　L'exemple suivant étudie les familles libres de deux vecteurs.

EXEMPLE 3　Étudier l'indépendance linéaire des vecteurs suivants :

a.　$\mathbf{v}_1 = \begin{bmatrix} 3 \\ 1 \end{bmatrix}, \mathbf{v}_2 = \begin{bmatrix} 6 \\ 2 \end{bmatrix}$　　　　b.　$\mathbf{v}_1 = \begin{bmatrix} 3 \\ 2 \end{bmatrix}, \mathbf{v}_2 = \begin{bmatrix} 6 \\ 2 \end{bmatrix}$

SOLUTION

a.　On remarque que $\mathbf{v}_2$ est colinéaire à $\mathbf{v}_1$. On a plus précisément $\mathbf{v}_2 = 2\mathbf{v}_1$, d'où la relation $-2\mathbf{v}_1 + \mathbf{v}_2 = \mathbf{0}$ qui montre que la famille $(\mathbf{v}_1, \mathbf{v}_2)$ est liée.

b.　Il est clair que $\mathbf{v}_1$ et $\mathbf{v}_2$ *ne sont pas* colinéaires. Peuvent-ils être linéairement dépendants ? Soit c et d deux scalaires tels que

$$c\mathbf{v}_1 + d\mathbf{v}_2 = \mathbf{0}$$

Si $c \neq 0$, alors on peut exprimer $\mathbf{v}_1$ en fonction de $\mathbf{v}_2$, sous la forme $\mathbf{v}_1 = (-d/c)\mathbf{v}_2$. Mais c'est impossible, puisque $\mathbf{v}_1$ *n'est pas* colinéaire à $\mathbf{v}_2$. Donc c est forcément nul. Par le même raisonnement, on voit que d est également nul. On conclut que $\mathbf{v}_1$ et $\mathbf{v}_2$ sont linéairement indépendants.　■

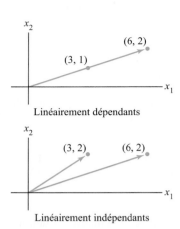

Linéairement dépendants

Linéairement indépendants

FIGURE 1

Les raisonnements de l'exemple 3 se généralisent et il est facile de dire *sans calculs* si deux vecteurs sont linéairement dépendants. Il est inutile dans ce cas d'effectuer des opérations sur les lignes. Il suffit de vérifier si les deux vecteurs sont colinéaires (attention, ce principe ne s'applique qu'au cas de *deux* vecteurs).

> Deux vecteurs sont linéairement dépendants si et seulement si ils sont colinéaires.

Géométriquement, cela signifie que deux vecteurs sont linéairement dépendants si et seulement si ils sont situés sur la même droite passant par l'origine. La figure 1 illustre les deux cas de l'exemple 3.

Familles d'au moins deux vecteurs

La démonstration du théorème suivant est analogue aux explications de l'exemple 3. Un raisonnement détaillé est proposé en fin de section.

THÉORÈME 7

Caractérisation d'une famille liée

Une famille $F = (\mathbf{v}_1, \ldots, \mathbf{v}_p)$ d'au moins deux vecteurs est liée si et seulement si au moins l'un de ses vecteurs est une combinaison linéaire des autres. Plus précisément, si F est une famille liée et si $\mathbf{v}_1 \neq \mathbf{0}$, alors il existe $j > 1$ tel que v_j soit une combinaison linéaire des vecteurs précédents $\mathbf{v}_1, \ldots, \mathbf{v}_{j-1}$.

Attention : Le théorème 7 *ne signifie pas* que *tous* les vecteurs d'une famille liée sont des combinaisons linéaires des précédents. Il est possible que l'un des vecteurs d'une famille liée ne soit pas une combinaison linéaire des autres (voir exercice d'entraînement 1c).

EXEMPLE 4 On pose $\mathbf{u} = \begin{bmatrix} 3 \\ 1 \\ 0 \end{bmatrix}$ et $\mathbf{v} = \begin{bmatrix} 1 \\ 6 \\ 0 \end{bmatrix}$. Déterminer la partie engendrée par $\mathbf{u}$ et $\mathbf{v}$, et montrer que $\mathbf{w}$ appartient à Vect $\{\mathbf{u}, \mathbf{v}\}$ si et seulement si $\mathbf{u}$, $\mathbf{v}$ et $\mathbf{w}$ sont linéairement dépendants.

SOLUTION Les vecteurs $\mathbf{u}$ et $\mathbf{v}$ sont linéairement indépendants, car ils ne sont pas colinéaires ; ils engendrent donc un plan de $\mathbb{R}^3$ (voir section 1.3). Si $\mathbf{w}$ est une combinaison linéaire de $\mathbf{u}$ et $\mathbf{v}$, alors, d'après le théorème 7, $\mathbf{u}$, $\mathbf{v}$ et $\mathbf{w}$ sont linéairement dépendants. Réciproquement, supposons $\mathbf{u}$, $\mathbf{v}$ et $\mathbf{w}$ linéairement dépendants. D'après le théorème 7, l'un au moins des vecteurs de $\{\mathbf{u}, \mathbf{v}, \mathbf{w}\}$ est une combinaison linéaire des précédents (car $\mathbf{u} \neq \mathbf{0}$). Ce vecteur ne peut être que $\mathbf{w}$, puisque $\mathbf{u}$ et $\mathbf{v}$ ne sont pas colinéaires. Donc $\mathbf{w}$ appartient à Vect $\{\mathbf{u}, \mathbf{v}\}$ (voir figure 2). ∎

L'exemple 4 se généralise à n'importe quelle famille $(\mathbf{u}, \mathbf{v}, \mathbf{w})$ de vecteurs de $\mathbb{R}^3$, où $\mathbf{u}$ et $\mathbf{v}$ sont linéairement indépendants. Dans ce cas, la famille $(\mathbf{u}, \mathbf{v}, \mathbf{w})$ est liée si et seulement si $\mathbf{w}$ appartient au plan engendré par $\mathbf{u}$ et $\mathbf{v}$.

Les deux théorèmes qui suivent décrivent des cas particuliers dans lesquels on est assuré qu'une famille de vecteurs est liée. Le théorème 8 sera même d'une très grande importance pour les chapitres ultérieurs.

Linéairement dépendants, **w** appartient à Vect{**u**, **v**}

Linéairement indépendants, **w** n'appartient pas à Vect{**u**, **v**}

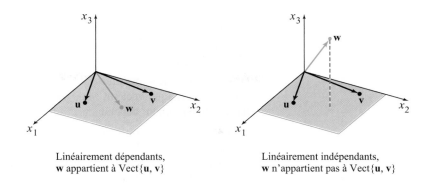

FIGURE 2 Dépendance linéaire dans $\mathbb{R}^3$

THÉORÈME 8

Une famille de vecteurs ayant strictement plus d'éléments que les vecteurs n'ont de composantes est nécessairement liée. Autrement dit, si $p > n$ et si $\mathbf{v}_1, \ldots, \mathbf{v}_p$ sont des vecteurs de $\mathbb{R}^n$, alors ils sont linéairement dépendants.

$$n\overset{\displaystyle p}{\begin{bmatrix} * & * & * & * & * \\ * & * & * & * & * \\ * & * & * & * & * \end{bmatrix}}$$

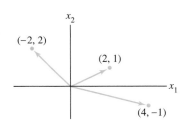

FIGURE 3
Si $p > n$, les colonnes sont linéairement dépendantes.

DÉMONSTRATION On pose $A = [\,\mathbf{v}_1 \quad \cdots \quad \mathbf{v}_p\,]$. Alors A est une matrice $n \times p$, et l'équation $A\mathbf{x} = \mathbf{0}$ correspond à un système de n équations à p inconnues. Si $p > n$, on compte plus d'inconnues que d'équations, donc le système possède forcément des inconnues non principales. Ainsi, l'équation $A\mathbf{x} = \mathbf{0}$ a au moins une solution non triviale, et les colonnes de A sont linéairement dépendantes (voir figure 3 pour une version matricielle de ce théorème). ■

Attention : Le théorème ne dit rien du cas où il y a *autant ou moins* de vecteurs que de composantes dans les vecteurs.

FIGURE 4
Une famille liée de $\mathbb{R}^2$

EXEMPLE 5 D'après le théorème 8, les vecteurs $\begin{bmatrix} 2 \\ 1 \end{bmatrix}, \begin{bmatrix} 4 \\ -1 \end{bmatrix}$ et $\begin{bmatrix} -2 \\ 2 \end{bmatrix}$ sont linéairement dépendants car ils sont au nombre de trois et n'ont que deux composantes. Cela n'empêche d'ailleurs pas qu'aucun d'entre eux n'est colinéaire à un autre (voir figure 4). ■

THÉORÈME 9

Une famille de vecteurs de $\mathbb{R}^n$ contenant le vecteur nul est nécessairement liée.

DÉMONSTRATION Quitte à renuméroter les vecteurs, on peut supposer que $\mathbf{v}_1 = \mathbf{0}$. La relation $1\mathbf{v}_1 + 0\mathbf{v}_2 + \cdots + 0\mathbf{v}_p = \mathbf{0}$ montre alors que F est liée. ■

EXEMPLE 6 Dire sans calculs si les vecteurs sont linéairement dépendants.

a. $\begin{bmatrix} 1 \\ 7 \\ 6 \end{bmatrix}, \begin{bmatrix} 2 \\ 0 \\ 9 \end{bmatrix}, \begin{bmatrix} 3 \\ 1 \\ 5 \end{bmatrix}, \begin{bmatrix} 4 \\ 1 \\ 8 \end{bmatrix}$ b. $\begin{bmatrix} 2 \\ 3 \\ 5 \end{bmatrix}, \begin{bmatrix} 0 \\ 0 \\ 0 \end{bmatrix}, \begin{bmatrix} 1 \\ 1 \\ 8 \end{bmatrix}$ c. $\begin{bmatrix} -2 \\ 4 \\ 6 \\ 10 \end{bmatrix}, \begin{bmatrix} 3 \\ -6 \\ -9 \\ 15 \end{bmatrix}$

SOLUTION

a. On a quatre vecteurs, comportant chacun trois composantes. D'après le théorème 8, ils sont linéairement dépendants.

b. Le théorème 8 ne s'applique pas ici, car il n'y a pas plus de vecteurs que de composantes dans chaque vecteur. Mais puisque le vecteur nul fait partie de ces vecteurs, ils sont linéairement dépendants d'après le théorème 9.

c. On compare les composantes des vecteurs. Il semble à première vue que le second soit égal à $-3/2$ fois le premier. Or cette relation est vérifiée pour les trois premières composantes, mais pas pour la quatrième. Donc les deux vecteurs ne sont pas colinéaires et ils sont linéairement indépendants. ∎

De façon générale, l'assimilation d'un concept essentiel, comme ici l'indépendance linéaire, nécessite une lecture complète et *répétée* de la section concernée. La démonstration suivante mérite par exemple d'être étudiée avec soin, car elle illustre la façon dont on peut *utiliser* la définition.

Démonstration du théorème 7 (caractérisation d'une famille liée)
Supposons qu'il existe j tel que $\mathbf{v}_j$ soit une combinaison linéaire des autres vecteurs de F ; si l'on retranche $\mathbf{v}_j$ de chaque côté, on obtient alors une relation de dépendance linéaire, le vecteur $\mathbf{v}_j$ étant affecté du coefficient -1 [si par exemple $\mathbf{v}_1 = c_2\mathbf{v}_2 + c_3\mathbf{v}_3$, alors $\mathbf{0} = (-1)\mathbf{v}_1 + c_2\mathbf{v}_2 + c_3\mathbf{v}_3 + 0\mathbf{v}_4 + \cdots + 0\mathbf{v}_p$]. Donc la famille F est liée.

Inversement, supposons F liée. Si $\mathbf{v}_1$ est nul, il est trivialement une combinaison linéaire des autres vecteurs de F. Sinon, $\mathbf{v}_1 \neq \mathbf{0}$ et il existe par hypothèse des coefficients $c_1, \ldots, c_p$, non tous nuls, tels que

$$c_1\mathbf{v}_1 + c_2\mathbf{v}_2 + \cdots + c_p\mathbf{v}_p = \mathbf{0}$$

Soit j le plus grand indice tel que $c_j \neq 0$. Si $j = 1$, alors $c_1\mathbf{v}_1 = \mathbf{0}$, ce qui est impossible car $\mathbf{v}_1 \neq \mathbf{0}$. Donc $j > 1$ et

$$c_1\mathbf{v}_1 + \cdots + c_j\mathbf{v}_j + 0\mathbf{v}_{j+1} + \cdots + 0\mathbf{v}_p = \mathbf{0}$$
$$c_j\mathbf{v}_j = -c_1\mathbf{v}_1 - \cdots - c_{j-1}\mathbf{v}_{j-1}$$
$$\mathbf{v}_j = \left(-\frac{c_1}{c_j}\right)\mathbf{v}_1 + \cdots + \left(-\frac{c_{j-1}}{c_j}\right)\mathbf{v}_{j-1} \quad \blacksquare$$

EXERCICES D'ENTRAÎNEMENT

1. On pose $\mathbf{u} = \begin{bmatrix} 3 \\ 2 \\ -4 \end{bmatrix}$, $\mathbf{v} = \begin{bmatrix} -6 \\ 1 \\ 7 \end{bmatrix}$, $\mathbf{w} = \begin{bmatrix} 0 \\ -5 \\ 2 \end{bmatrix}$ et $\mathbf{z} = \begin{bmatrix} 3 \\ 7 \\ -5 \end{bmatrix}$.

a. Les familles $(\mathbf{u}, \mathbf{v})$, $(\mathbf{u}, \mathbf{w})$, $(\mathbf{u}, \mathbf{z})$, $(\mathbf{v}, \mathbf{w})$, $(\mathbf{v}, \mathbf{z})$ et $(\mathbf{w}, \mathbf{z})$ sont-elles libres ? Pourquoi ?

b. La réponse à la question 1 implique-t-elle que la famille $(\mathbf{u}, \mathbf{v}, \mathbf{w}, \mathbf{z})$ soit libre ?

c. Pour étudier la dépendance linéaire de $\mathbf{u}$, $\mathbf{v}$, $\mathbf{w}$ et $\mathbf{z}$, est-il pertinent de vérifier si, par exemple, $\mathbf{w}$ est combinaison linéaire de $\mathbf{u}$, $\mathbf{v}$ et $\mathbf{z}$?

d. La famille $(\mathbf{u}, \mathbf{v}, \mathbf{w}, \mathbf{z})$ est-elle liée ?

2. Supposons que $(\mathbf{v}_1, \mathbf{v}_2, \mathbf{v}_3)$ soit une famille liée de vecteurs de $\mathbb{R}^n$ et $\mathbf{v}_4$, un vecteur de $\mathbb{R}^n$. Montrer que la famille $(\mathbf{v}_1, \mathbf{v}_2, \mathbf{v}_3, \mathbf{v}_4)$ est également liée.

1.7 EXERCICES

Dans les exercices 1 à 4, étudier l'indépendance linéaire des vecteurs. Justifier chaque réponse.

1. $\begin{bmatrix} 5 \\ 0 \\ 0 \end{bmatrix}, \begin{bmatrix} 7 \\ 2 \\ -6 \end{bmatrix}, \begin{bmatrix} 9 \\ 4 \\ -8 \end{bmatrix}$ **2.** $\begin{bmatrix} 0 \\ 0 \\ 2 \end{bmatrix}, \begin{bmatrix} 0 \\ 5 \\ -8 \end{bmatrix}, \begin{bmatrix} -3 \\ 4 \\ 1 \end{bmatrix}$

3. $\begin{bmatrix} 1 \\ -3 \end{bmatrix}, \begin{bmatrix} -3 \\ 9 \end{bmatrix}$ **4.** $\begin{bmatrix} -1 \\ 4 \end{bmatrix}, \begin{bmatrix} -2 \\ -8 \end{bmatrix}$

Dans les exercices 5 à 8, étudier l'indépendance linéaire des colonnes de la matrice. Justifier chaque réponse.

5. $\begin{bmatrix} 0 & -8 & 5 \\ 3 & -7 & 4 \\ -1 & 5 & -4 \\ 1 & -3 & 2 \end{bmatrix}$ **6.** $\begin{bmatrix} -4 & -3 & 0 \\ 0 & -1 & 4 \\ 1 & 0 & 3 \\ 5 & 4 & 6 \end{bmatrix}$

7. $\begin{bmatrix} 1 & 4 & -3 & 0 \\ -2 & -7 & 5 & 1 \\ -4 & -5 & 7 & 5 \end{bmatrix}$ **8.** $\begin{bmatrix} 1 & -3 & 3 & -2 \\ -3 & 7 & -1 & 2 \\ 0 & 1 & -4 & 3 \end{bmatrix}$

Dans les exercices 9 et 10, on demande (a) pour quelles valeurs de h le vecteur $\mathbf{v}_3$ appartient à Vect $\{\mathbf{v}_1, \mathbf{v}_2\}$ et (b) pour quelles valeurs de h la famille $(\mathbf{v}_1, \mathbf{v}_2, \mathbf{v}_3)$ est *liée*. Justifier chaque réponse.

9. $\mathbf{v}_1 = \begin{bmatrix} 1 \\ -3 \\ 2 \end{bmatrix}, \mathbf{v}_2 = \begin{bmatrix} -3 \\ 9 \\ -6 \end{bmatrix}, \mathbf{v}_3 = \begin{bmatrix} 5 \\ -7 \\ h \end{bmatrix}$

10. $\mathbf{v}_1 = \begin{bmatrix} 1 \\ -5 \\ -3 \end{bmatrix}, \mathbf{v}_2 = \begin{bmatrix} -2 \\ 10 \\ 6 \end{bmatrix}, \mathbf{v}_3 = \begin{bmatrix} 2 \\ -9 \\ h \end{bmatrix}$

Dans les exercices 11 à 14, pour quelle(s) valeur(s) de h les vecteurs sont-ils linéairement *dépendants* ? Justifier chaque réponse.

11. $\begin{bmatrix} 1 \\ -1 \\ 4 \end{bmatrix}, \begin{bmatrix} 3 \\ -5 \\ 7 \end{bmatrix}, \begin{bmatrix} -1 \\ 5 \\ h \end{bmatrix}$ **12.** $\begin{bmatrix} 2 \\ -4 \\ 1 \end{bmatrix}, \begin{bmatrix} -6 \\ 7 \\ -3 \end{bmatrix}, \begin{bmatrix} 8 \\ h \\ 4 \end{bmatrix}$

13. $\begin{bmatrix} 1 \\ 5 \\ -3 \end{bmatrix}, \begin{bmatrix} -2 \\ -9 \\ 6 \end{bmatrix}, \begin{bmatrix} 3 \\ h \\ -9 \end{bmatrix}$ **14.** $\begin{bmatrix} 1 \\ -1 \\ 3 \end{bmatrix}, \begin{bmatrix} -5 \\ 7 \\ 8 \end{bmatrix}, \begin{bmatrix} 1 \\ 1 \\ h \end{bmatrix}$

Dans les exercices 15 à 20, dire sans calculs si les vecteurs proposés sont linéairement *indépendants*. Justifier chaque réponse.

15. $\begin{bmatrix} 5 \\ 1 \end{bmatrix}, \begin{bmatrix} 2 \\ 8 \end{bmatrix}, \begin{bmatrix} 1 \\ 3 \end{bmatrix}, \begin{bmatrix} -1 \\ 7 \end{bmatrix}$ **16.** $\begin{bmatrix} 4 \\ -2 \\ 6 \end{bmatrix}, \begin{bmatrix} 6 \\ -3 \\ 9 \end{bmatrix}$

17. $\begin{bmatrix} 3 \\ 5 \\ -1 \end{bmatrix}, \begin{bmatrix} 0 \\ 0 \\ 0 \end{bmatrix}, \begin{bmatrix} -6 \\ 5 \\ 4 \end{bmatrix}$ **18.** $\begin{bmatrix} 4 \\ 4 \end{bmatrix}, \begin{bmatrix} -1 \\ 3 \end{bmatrix}, \begin{bmatrix} 2 \\ 5 \end{bmatrix}, \begin{bmatrix} 8 \\ 1 \end{bmatrix}$

19. $\begin{bmatrix} -8 \\ 12 \\ -4 \end{bmatrix}, \begin{bmatrix} 2 \\ -3 \\ -1 \end{bmatrix}$ **20.** $\begin{bmatrix} 1 \\ 4 \\ -7 \end{bmatrix}, \begin{bmatrix} -2 \\ 5 \\ 3 \end{bmatrix}, \begin{bmatrix} 0 \\ 0 \\ 0 \end{bmatrix}$

Dans les exercices 21 et 22, dire si les affirmations proposées sont vraies ou fausses. Après avoir examiné chaque énoncé avec soin, justifier chaque réponse.

21. a. Les colonnes de la matrice A sont linéairement indépendantes si le vecteur nul est solution de l'équation $A\mathbf{x} = \mathbf{0}$.

b. Si F est une famille liée, alors chacun de ses vecteurs est une combinaison linéaire des autres vecteurs de F.

c. Les colonnes de toute matrice 4×5 sont linéairement dépendantes.

d. Si $\mathbf{x}$ et $\mathbf{y}$ sont linéairement indépendants, et si $\mathbf{x}, \mathbf{y}$ et $\mathbf{z}$ sont linéairement dépendants, alors $\mathbf{z}$ appartient à Vect $\{\mathbf{x}, \mathbf{y}\}$.

22. a. Deux vecteurs sont linéairement dépendants si et seulement si ils sont situés sur la même droite passant par l'origine.

b. Une famille contenant moins de vecteurs que les vecteurs n'ont de composantes est forcément libre.

c. Si $\mathbf{u}$ et $\mathbf{v}$ sont linéairement indépendants et si $\mathbf{w}$ appartient à Vect $\{\mathbf{u}, \mathbf{v}\}$, alors $\mathbf{u}, \mathbf{v}$ et $\mathbf{w}$ sont linéairement dépendants.

d. Une famille liée de vecteurs de $\mathbb{R}^n$ comporte nécessairement plus de n vecteurs.

Dans les exercices 23 à 26, décrire les formes échelonnées possibles. On utilisera les notations de l'exemple 1 de la section 1.2.

23. A est une matrice 3×3 dont les colonnes sont linéairement indépendantes.

24. A est une matrice 2×2 dont les colonnes sont linéairement dépendantes.

25. A est une matrice 4×2 de la forme $A = [\mathbf{a}_1 \quad \mathbf{a}_2]$, et $\mathbf{a}_1$ et $\mathbf{a}_2$ ne sont pas colinéaires.

26. A est une matrice 4×3 de la forme $A = [\mathbf{a}_1 \quad \mathbf{a}_2 \quad \mathbf{a}_3]$ telle que $\mathbf{a}_1$ et $\mathbf{a}_2$ soient linéairement indépendants et $\mathbf{a}_3$ n'appartienne pas à Vect $\{\mathbf{a}_1, \mathbf{a}_2\}$.

27. Combien de colonnes pivots une matrice 7×5 admet-elle si ses colonnes sont linéairement indépendantes ? Pourquoi ?

28. Combien de colonnes pivots une matrice 5×7 admet-elle si ses colonnes engendrent $\mathbb{R}^5$? Pourquoi ?

29. Construire deux matrices A et B de type 3×2 de façon que l'équation $A\mathbf{x} = \mathbf{0}$ admette la solution triviale comme seule solution, mais que $B\mathbf{x} = \mathbf{0}$ ait une solution non triviale.

30. a. Compléter l'énoncé suivant : « Si A est une matrice $m \times n$, alors les colonnes de A sont linéairement indépendantes si et seulement si A possède _____ colonnes pivots. »

b. Justifier l'affirmation (a).

Les exercices 31 et 32 devront être traités *sans effectuer d'opérations sur les lignes*. [*Indication :* Interpréter l'équation $A\mathbf{x} = \mathbf{0}$ comme une équation vectorielle.]

31. On pose $A = \begin{bmatrix} 2 & 3 & 5 \\ -5 & 1 & -4 \\ -3 & -1 & -4 \\ 1 & 0 & 1 \end{bmatrix}$ et l'on remarque que la

troisième colonne est la somme des deux premières. En déduire une solution non triviale de l'équation $A\mathbf{x} = \mathbf{0}$.

32. On pose $A = \begin{bmatrix} 4 & 1 & 6 \\ -7 & 5 & 3 \\ 9 & -3 & 3 \end{bmatrix}$ et l'on remarque que la

troisième colonne est égale à la première moins trois fois la deuxième. En déduire une solution non triviale de $A\mathbf{x} = \mathbf{0}$.

Dans les exercices 33 à 38, chaque affirmation est soit vraie (dans tous les cas), soit fausse (pour au moins un exemple). Quand elle est fausse, construire un exemple particulier qui montre qu'elle n'est pas toujours vraie. Un tel exemple est appelé *contre-exemple* de l'affirmation. Quand une affirmation est vraie, donner une justification (un exemple particulier ne justifie en rien qu'une affirmation est toujours vraie; il faut fournir ici plus de travail que pour les exercices 21 et 22).

33. Si $\mathbf{v}_1, \ldots, \mathbf{v}_4$ sont des vecteurs de $\mathbb{R}^4$ et que $\mathbf{v}_3 = 2\mathbf{v}_1 + \mathbf{v}_2$, alors $\mathbf{v}_1, \mathbf{v}_2, \mathbf{v}_3$ et $\mathbf{v}_4$ sont linéairement dépendants.

34. Si $\mathbf{v}_1, \ldots, \mathbf{v}_4$ sont des vecteurs de $\mathbb{R}^4$ et si $\mathbf{v}_3 = \mathbf{0}$, alors $\mathbf{v}_1, \mathbf{v}_2, \mathbf{v}_3$ et $\mathbf{v}_4$ sont linéairement dépendants.

35. Si $\mathbf{v}_1$ et $\mathbf{v}_2$ sont des vecteurs de $\mathbb{R}^4$ et que $\mathbf{v}_2$ n'est pas colinéaire à $\mathbf{v}_1$, alors $\mathbf{v}_1$ et $\mathbf{v}_2$ sont linéairement indépendants.

36. Si $\mathbf{v}_1, \ldots, \mathbf{v}_4$ sont des vecteurs de $\mathbb{R}^4$ et que $\mathbf{v}_3$ *n'est pas* une combinaison linéaire de $\mathbf{v}_1, \mathbf{v}_2$ et $\mathbf{v}_4$, alors $\mathbf{v}_1, \mathbf{v}_2, \mathbf{v}_3$ et $\mathbf{v}_4$ sont linéairement indépendants.

37. Si $\mathbf{v}_1, \ldots, \mathbf{v}_4$ sont des vecteurs de $\mathbb{R}^4$ et que $(\mathbf{v}_1, \mathbf{v}_2, \mathbf{v}_3)$ est liée, alors $(\mathbf{v}_1, \mathbf{v}_2, \mathbf{v}_3, \mathbf{v}_4)$ est également liée.

38. Si $(\mathbf{v}_1, \ldots, \mathbf{v}_4)$ est une famille libre de vecteurs de $\mathbb{R}^4$, alors

$(\mathbf{v}_1, \mathbf{v}_2, \mathbf{v}_3)$ est également libre. [*Indication :* Penser à la relation $x_1\mathbf{v}_1 + x_2\mathbf{v}_2 + x_3\mathbf{v}_3 + 0 \cdot \mathbf{v}_4 = \mathbf{0}$.]

39. Soit A une matrice $m \times n$ telle que pour tout $\mathbf{b}$ dans $\mathbb{R}^m$, l'équation $A\mathbf{x} = \mathbf{b}$ a au plus une solution. En utilisant la définition de l'indépendance linéaire, montrer que les colonnes de A sont linéairement indépendantes.

40. Soit A une matrice $m \times n$ admettant n colonnes pivots. Montrer que, pour tout vecteur $\mathbf{b}$ de $\mathbb{R}^m$, l'équation $A\mathbf{x} = \mathbf{b}$ a au plus une solution. [*Indication :* On expliquera pourquoi l'équation $A\mathbf{x} = \mathbf{b}$ ne peut pas avoir une infinité de solutions.]

[M] Dans les exercices 41 et 42, écrire une matrice B constituée d'autant de colonnes de A que possible, de façon que l'équation $B\mathbf{x} = \mathbf{0}$ admette uniquement la solution triviale. Vérifier le résultat en résolvant $B\mathbf{x} = \mathbf{0}$.

41. $A = \begin{bmatrix} 8 & -3 & 0 & -7 & 2 \\ -9 & 4 & 5 & 11 & -7 \\ 6 & -2 & 2 & -4 & 4 \\ 5 & -1 & 7 & 0 & 10 \end{bmatrix}$

42. $A = \begin{bmatrix} 12 & 10 & -6 & -3 & 7 & 10 \\ -7 & -6 & 4 & 7 & -9 & 5 \\ 9 & 9 & -9 & -5 & 5 & -1 \\ -4 & -3 & 1 & 6 & -8 & 9 \\ 8 & 7 & -5 & -9 & 11 & -8 \end{bmatrix}$

43. **[M]** On considère les matrices A et B de l'exercice 41. Choisir une colonne $\mathbf{v}$ de A qui n'a pas été utilisée dans la construction de B et déterminer si $\mathbf{v}$ est dans la partie engendrée par les colonnes de B. On détaillera les calculs.

44. **[M]** Reprendre l'exercice 43 avec les matrices A et B de l'exercice 42, puis expliquer ce que l'on constate, en supposant que B a été construite conformément aux instructions des exercices 41 et 42.

SOLUTIONS DES EXERCICES D'ENTRAÎNEMENT

1. a. Oui. Les vecteurs ne sont colinéaires dans aucun des couples. Ils forment donc tous une famille libre.

   b. Non. Les propriétés constatées dans l'exercice d'entraînement 1 n'impliquent rien concernant l'indépendance linéaire de $\mathbf{u}, \mathbf{v}, \mathbf{w}$ et $\mathbf{z}$.

   c. Non. Pour étudier un problème d'indépendance linéaire, c'est en général une mauvaise idée que de vérifier si un vecteur fixé est une combinaison linéaire des autres. Il se peut très bien que le vecteur choisi ne soit pas une combinaison linéaire des autres, et que la famille soit malgré tout liée. Dans l'exemple proposé ici, $\mathbf{w}$ n'est pas une combinaison linéaire de $\mathbf{u}, \mathbf{v}$ et $\mathbf{z}$.

   d. Oui, d'après le théorème 8. On compte plus de vecteurs (quatre) que de composantes (trois) dans les vecteurs.

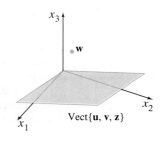

Vect$\{\mathbf{u}, \mathbf{v}, \mathbf{z}\}$

2. La famille $(\mathbf{v}_1, \mathbf{v}_2, \mathbf{v}_3)$ est liée, donc il existe des scalaires c_1, c_2, et c_3, non tous nuls, tels que

$$c_1\mathbf{v}_1 + c_2\mathbf{v}_2 + c_3\mathbf{v}_3 = \mathbf{0}$$

Ajoutons $0\,\mathbf{v}_4 = \mathbf{0}$ de chaque côté de l'égalité :

$$c_1\mathbf{v}_1 + c_2\mathbf{v}_2 + c_3\mathbf{v}_3 + 0\,\mathbf{v}_4 = \mathbf{0}$$

Comme c_1, c_2, c_3 et 0 ne sont pas tous nuls, alors la famille $(\mathbf{v}_1, \mathbf{v}_2, \mathbf{v}_3, \mathbf{v}_4)$ est liée.

1.8 | INTRODUCTION AUX APPLICATIONS LINÉAIRES

La différence entre une équation matricielle $A\mathbf{x} = \mathbf{b}$ et l'équation vectorielle associée $x_1\mathbf{a}_1 + \cdots + x_n\mathbf{a}_n = \mathbf{b}$ n'est après tout qu'une question de notation. Toutefois, une relation matricielle du type $A\mathbf{x} = \mathbf{b}$ peut apparaître en algèbre linéaire (et dans des applications comme l'infographie ou le traitement du signal) d'une façon qui n'est pas directement liée à des combinaisons linéaires de vecteurs. On peut en effet interpréter une matrice A comme un objet qui « agit » ou « opère » sur un vecteur $\mathbf{x}$ par multiplication, en produisant un nouveau vecteur $A\mathbf{x}$.

Par exemple, les relations

$$\underset{A}{\begin{bmatrix} 4 & -3 & 1 & 3 \\ 2 & 0 & 5 & 1 \end{bmatrix}} \underset{\mathbf{x}}{\begin{bmatrix} 1 \\ 1 \\ 1 \\ 1 \end{bmatrix}} = \underset{\mathbf{b}}{\begin{bmatrix} 5 \\ 8 \end{bmatrix}} \quad \text{et} \quad \underset{A}{\begin{bmatrix} 4 & -3 & 1 & 3 \\ 2 & 0 & 5 & 1 \end{bmatrix}} \underset{\mathbf{u}}{\begin{bmatrix} 1 \\ 4 \\ -1 \\ 3 \end{bmatrix}} = \underset{\mathbf{0}}{\begin{bmatrix} 0 \\ 0 \end{bmatrix}}$$

signifient que la multiplication par A transforme $\mathbf{x}$ en $\mathbf{b}$ et $\mathbf{u}$ en le vecteur nul (voir figure 1).

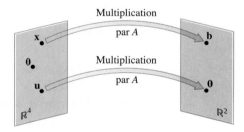

FIGURE 1 Transformation de vecteurs par multiplication par une matrice

De ce nouveau point de vue, résoudre l'équation $A\mathbf{x} = \mathbf{b}$ revient à chercher les vecteurs $\mathbf{x}$ de $\mathbb{R}^4$ qui sont transformés en un vecteur $\mathbf{b}$ de $\mathbb{R}^2$ par l'opération de multiplication par A.

La correspondance entre $\mathbf{x}$ et $A\mathbf{x}$ est une *fonction* d'un ensemble de vecteurs dans un autre. Ce concept généralise la notion usuelle de fonction en tant que règle de calcul transformant un réel en un autre.

Une **application** (ou **fonction**, ou **transformation**) T de $\mathbb{R}^n$ dans $\mathbb{R}^m$ est une règle qui associe à tout vecteur $\mathbf{x}$ de $\mathbb{R}^n$ un vecteur $T(\mathbf{x})$ de $\mathbb{R}^m$. L'ensemble $\mathbb{R}^n$ est l'**espace de départ** de T et $\mathbb{R}^m$ est l'**espace d'arrivée** de T. La notation $T : \mathbb{R}^n \to \mathbb{R}^m$ indique que l'application T va de $\mathbb{R}^n$ dans $\mathbb{R}^m$. Si $\mathbf{x}$ est dans $\mathbb{R}^n$, le vecteur $T(\mathbf{x})$, qui appartient à $\mathbb{R}^m$, est appelé **image** de $\mathbf{x}$ par T. L'ensemble de toutes les images $T(\mathbf{x})$ est également appelé **image** de T (voir figure 2).

Il est important de bien maîtriser la terminologie introduite ici. Cette approche dynamique de la multiplication d'une matrice par un vecteur constitue en effet le point de départ de plusieurs idées essentielles en algèbre linéaire et de la construction de

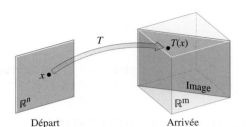

FIGURE 2 Espaces de départ et d'arrivée et image de $T : \mathbb{R}^n \to \mathbb{R}^m$

modèles mathématiques pour des systèmes physiques qui évoluent au cours du temps. De tels *systèmes dynamiques* seront étudiés dans les sections 1.10, 4.8 et 4.9, ainsi que dans tout le chapitre 5.

Transformations matricielles

On s'intéresse désormais dans cette section à des applications associées à une multiplication par une matrice. Pour tout $\mathbf{x}$ de $\mathbb{R}^n$, $T(\mathbf{x})$ est de la forme $A\mathbf{x}$, où A est une matrice $m \times n$. Pour simplifier, on notera parfois $\mathbf{x} \mapsto A\mathbf{x}$ cette *transformation matricielle*. On remarque que si A possède n colonnes, l'espace de départ de T est $\mathbb{R}^n$ et que si les colonnes de A ont m composantes, l'espace d'arrivée de T est $\mathbb{R}^m$. Comme les vecteurs $T(\mathbf{x})$ sont de la forme $A\mathbf{x}$, l'image de T est l'ensemble de toutes les combinaisons linéaires des colonnes de A.

EXEMPLE 1 On pose $A = \begin{bmatrix} 1 & -3 \\ 3 & 5 \\ -1 & 7 \end{bmatrix}$, $\mathbf{u} = \begin{bmatrix} 2 \\ -1 \end{bmatrix}$, $\mathbf{b} = \begin{bmatrix} 3 \\ 2 \\ -5 \end{bmatrix}$, $\mathbf{c} = \begin{bmatrix} 3 \\ 2 \\ 5 \end{bmatrix}$ et l'on définit l'application $T : \mathbb{R}^2 \to \mathbb{R}^3$ par $T(\mathbf{x}) = A\mathbf{x}$. On pose donc

$$T(\mathbf{x}) = A\mathbf{x} = \begin{bmatrix} 1 & -3 \\ 3 & 5 \\ -1 & 7 \end{bmatrix} \begin{bmatrix} x_1 \\ x_2 \end{bmatrix} = \begin{bmatrix} x_1 - 3x_2 \\ 3x_1 + 5x_2 \\ -x_1 + 7x_2 \end{bmatrix}$$

a. Déterminer $T(\mathbf{u})$, image de $\mathbf{u}$ par l'application T.

b. Déterminer un vecteur $\mathbf{x}$ de $\mathbb{R}^2$ dont l'image par T soit le vecteur $\mathbf{b}$.

c. Existe-t-il plusieurs vecteurs dont l'image par T soit égale à $\mathbf{b}$?

d. Le vecteur $\mathbf{c}$ est-il dans l'image de T ?

SOLUTION

a. On calcule

$$T(\mathbf{u}) = A\mathbf{u} = \begin{bmatrix} 1 & -3 \\ 3 & 5 \\ -1 & 7 \end{bmatrix} \begin{bmatrix} 2 \\ -1 \end{bmatrix} = \begin{bmatrix} 5 \\ 1 \\ -9 \end{bmatrix}$$

b. On résout l'équation $T(\mathbf{x}) = \mathbf{b}$ à l'inconnue $\mathbf{x}$, c'est-à-dire que l'on résout l'équation $A\mathbf{x} = \mathbf{b}$, ou encore le système

$$\begin{bmatrix} 1 & -3 \\ 3 & 5 \\ -1 & 7 \end{bmatrix} \begin{bmatrix} x_1 \\ x_2 \end{bmatrix} = \begin{bmatrix} 3 \\ 2 \\ -5 \end{bmatrix} \tag{1}$$

Selon la méthode décrite dans la section 1.4, on obtient par la méthode du pivot :

$$\begin{bmatrix} 1 & -3 & 3 \\ 3 & 5 & 2 \\ -1 & 7 & -5 \end{bmatrix} \sim \begin{bmatrix} 1 & -3 & 3 \\ 0 & 14 & -7 \\ 0 & 4 & -2 \end{bmatrix} \sim \begin{bmatrix} 1 & -3 & 3 \\ 0 & 1 & -0,5 \\ 0 & 0 & 0 \end{bmatrix} \sim \begin{bmatrix} 1 & 0 & 1,5 \\ 0 & 1 & -0,5 \\ 0 & 0 & 0 \end{bmatrix} \tag{2}$$

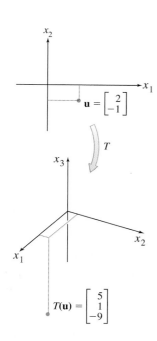

On obtient ainsi $x_1 = 1,5$, $x_2 = -0,5$, donc $\mathbf{x} = \begin{bmatrix} 1,5 \\ -0,5 \end{bmatrix}$. L'image de ce vecteur $\mathbf{x}$ par T est égale à $\mathbf{b}$.

c. Tout vecteur $\mathbf{x}$ dont l'image par T est égale à $\mathbf{b}$ doit vérifier l'équation (1). D'après (2), il est clair que l'équation (1) a une solution unique. Donc il existe un seul vecteur $\mathbf{x}$ dont l'image est $\mathbf{b}$.

d. Le vecteur $\mathbf{c}$ appartient à l'image de T s'il existe un vecteur $\mathbf{x}$ de $\mathbb{R}^2$ dont $\mathbf{c}$ est l'image, c'est-à-dire un vecteur $\mathbf{x}$ tel que $\mathbf{c} = T(\mathbf{x})$. Cela revient simplement à se demander si le système $A\mathbf{x} = \mathbf{c}$ est compatible. La méthode du pivot conduit à :

$$\begin{bmatrix} 1 & -3 & 3 \\ 3 & 5 & 2 \\ -1 & 7 & 5 \end{bmatrix} \sim \begin{bmatrix} 1 & -3 & 3 \\ 0 & 14 & -7 \\ 0 & 4 & 8 \end{bmatrix} \sim \begin{bmatrix} 1 & -3 & 3 \\ 0 & 1 & 2 \\ 0 & 14 & -7 \end{bmatrix} \sim \begin{bmatrix} 1 & -3 & 3 \\ 0 & 1 & 2 \\ 0 & 0 & -35 \end{bmatrix}$$

La troisième équation s'écrit $0 = -35$, d'où il résulte que le système est incompatible. Donc $\mathbf{c}$ *n'appartient pas* à l'image de T. ∎

La question (c) de l'exemple 1 est un problème d'*unicité* de la solution d'un système d'équations linéaires, reformulé ici dans le langage des transformations matricielles : Le vecteur $\mathbf{b}$ est-il l'image d'un *unique* vecteur $\mathbf{x}$ de $\mathbb{R}^n$? D'un autre côté, la question (d) est un problème d'*existence* : *Existe-t-il* un vecteur $\mathbf{x}$ dont l'image est $\mathbf{c}$?

Les deux transformations décrites plus loin s'interprètent facilement d'un point de vue géométrique. Elles renforcent l'approche dynamique d'une matrice, vue comme un objet qui transforme des vecteurs en d'autres vecteurs. On verra dans la section 2.7 d'autres exemples intéressants en relation avec l'infographie.

EXEMPLE 2 On pose $A = \begin{bmatrix} 1 & 0 & 0 \\ 0 & 1 & 0 \\ 0 & 0 & 0 \end{bmatrix}$. On dit que l'application $\mathbf{x} \mapsto A\mathbf{x}$ *projette* les points de $\mathbb{R}^3$ sur le plan $x_1 x_2$ car

$$\begin{bmatrix} x_1 \\ x_2 \\ x_3 \end{bmatrix} \mapsto \begin{bmatrix} 1 & 0 & 0 \\ 0 & 1 & 0 \\ 0 & 0 & 0 \end{bmatrix} \begin{bmatrix} x_1 \\ x_2 \\ x_3 \end{bmatrix} = \begin{bmatrix} x_1 \\ x_2 \\ 0 \end{bmatrix}.$$

(Voir figure 3.) ∎

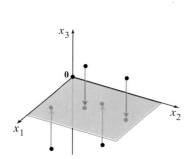

FIGURE 3
Projection

EXEMPLE 3 On pose $A = \begin{bmatrix} 1 & 3 \\ 0 & 1 \end{bmatrix}$. L'application $T : \mathbb{R}^2 \to \mathbb{R}^2$ définie par la relation $T(\mathbf{x}) = A\mathbf{x}$ est appelée **transvection**. On peut montrer que l'image par T d'un carré 2×2 est un parallélogramme (voir figure 4). L'idée est de montrer que T transforme des segments de droite en des segments de droite (c'est l'objet de l'exercice 27). Par exemple, l'image du point $\mathbf{u} = \begin{bmatrix} 0 \\ 2 \end{bmatrix}$ est le vecteur

$$T(\mathbf{u}) = \begin{bmatrix} 1 & 3 \\ 0 & 1 \end{bmatrix} \begin{bmatrix} 0 \\ 2 \end{bmatrix} = \begin{bmatrix} 6 \\ 2 \end{bmatrix} \quad \text{et l'image de} \quad \begin{bmatrix} 2 \\ 2 \end{bmatrix} \quad \text{est} \quad \begin{bmatrix} 1 & 3 \\ 0 & 1 \end{bmatrix} \begin{bmatrix} 2 \\ 2 \end{bmatrix} = \begin{bmatrix} 8 \\ 2 \end{bmatrix}.$$

La transformation T déforme le carré comme si le segment supérieur était poussé vers la droite pendant que la base restait fixe. Les transvections sont utilisées en physique, en géologie et en cristallographie. ∎

Applications linéaires

Si A est une matrice $m \times n$, alors, d'après le théorème 5 de la section 1.4, la transformation $\mathbf{x} \mapsto A\mathbf{x}$ possède les propriétés suivantes, pour tout $\mathbf{u}$ et tout $\mathbf{v}$ dans $\mathbb{R}^n$ et tout

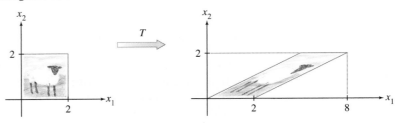

FIGURE 4 Transvection

scalaire c :

$$A(\mathbf{u} + \mathbf{v}) = A\mathbf{u} + A\mathbf{v} \quad \text{et} \quad A(c\mathbf{u}) = cA\mathbf{u}$$

Ces propriétés, transcrites en notation fonctionnelle, caractérisent l'une des classes de fonctions les plus importantes de l'algèbre linéaire.

DÉFINITION

> On dit qu'une **application** (ou transformation) T est **linéaire** si :
>
> (i) $T(\mathbf{u} + \mathbf{v}) = T(\mathbf{u}) + T(\mathbf{v})$ pour tout $\mathbf{u}$ et tout $\mathbf{v}$ dans l'espace de départ de T ;
>
> (ii) $T(c\mathbf{u}) = cT(\mathbf{u})$ pour tout scalaire c et tout vecteur $\mathbf{u}$ dans l'espace de départ de T.

Toute transformation matricielle est linéaire. On verra aux chapitres 4 et 5 des exemples importants de transformations linéaires qui ne sont pas des transformations matricielles.

Les applications linéaires *préservent les opérations d'addition vectorielle et de multiplication par un scalaire*. La propriété (i) exprime le fait qu'en ajoutant d'abord deux vecteurs $\mathbf{u}$ et $\mathbf{v}$ de $\mathbb{R}^n$, puis en appliquant T au résultat, on obtient le même résultat qu'en appliquant d'abord T à $\mathbf{u}$ et à $\mathbf{v}$ et en ajoutant ensuite $T(\mathbf{u})$ et $T(\mathbf{v})$ dans $\mathbb{R}^m$. De ces deux propriétés découlent facilement les résultats qui suivent.

> Soit T une application linéaire. Alors
>
> $$T(\mathbf{0}) = \mathbf{0} \tag{3}$$
>
> et
>
> $$T(c\mathbf{u} + d\mathbf{v}) = cT(\mathbf{u}) + dT(\mathbf{v}) \tag{4}$$
>
> quels que soient $\mathbf{u}$ et $\mathbf{v}$ dans l'espace de départ de T et les scalaires c et d.

La propriété (3) résulte de la condition (ii) de la définition, car $T(\mathbf{0}) = T(0\mathbf{u}) = 0T(\mathbf{u}) = \mathbf{0}$. La propriété (4) résulte à la fois de (i) et de (ii) :

$$T(c\mathbf{u} + d\mathbf{v}) = T(c\mathbf{u}) + T(d\mathbf{v}) = cT(\mathbf{u}) + dT(\mathbf{v})$$

Une remarque importante : *Toute transformation vérifiant la relation* (4) *quels que soient* $\mathbf{u}$, $\mathbf{v}$ *et* c, d *est linéaire*. Il suffit pour le voir de prendre $c = d = 1$ pour assurer la préservation de l'addition, puis $d = 0$ pour la préservation de la multiplication par un scalaire. En appliquant plusieurs fois (4), on obtient une généralisation très utile :

$$T(c_1\mathbf{v}_1 + \cdots + c_p\mathbf{v}_p) = c_1T(\mathbf{v}_1) + \cdots + c_pT(\mathbf{v}_p) \tag{5}$$

Les ingénieurs et les physiciens utilisent la relation (5) sous le nom de *principe de superposition*. On peut imaginer que $\mathbf{v}_1, \ldots, \mathbf{v}_p$ sont des signaux d'entrée dans un système et que $T(\mathbf{v}_1), \ldots, T(\mathbf{v}_p)$ sont les réponses du système à ces signaux. On dit que le système vérifie le principe de superposition si, à chaque fois qu'un signal peut s'exprimer comme une combinaison linéaire d'autres signaux, la réponse du système sera égale à la *même* combinaison linéaire des réponses à chacun de ces signaux. Cette idée sera reprise dans le chapitre 4.

EXEMPLE 4   Soit r un scalaire. On définit $T : \mathbb{R}^2 \to \mathbb{R}^2$ par $T(\mathbf{x}) = r\mathbf{x}$. On appelle cette application une **homothétie** ; on peut préciser que T est appelée **contraction** si $0 \le r \le 1$ et **dilatation** si $r > 1$. Montrer dans le cas où $r = 3$ que T est une application linéaire.

SOLUTION   Soit $\mathbf{u}$ et $\mathbf{v}$ deux vecteurs de $\mathbb{R}^2$ et c et d deux scalaires. Alors

$$
\begin{aligned}
T(c\mathbf{u} + d\mathbf{v}) &= 3(c\mathbf{u} + d\mathbf{v}) && \text{Définition de } T \\
&= 3c\mathbf{u} + 3d\mathbf{v} \\
&= c(3\mathbf{u}) + d(3\mathbf{v}) && \text{Calcul vectoriel} \\
&= cT(\mathbf{u}) + dT(\mathbf{v})
\end{aligned}
$$

Donc T vérifie la relation (4) et est bien une application linéaire (voir figure 5).   ■

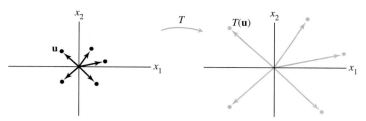

FIGURE 5 Homothétie

EXEMPLE 5   On considère l'application linéaire $T : \mathbb{R}^2 \to \mathbb{R}^2$ définie par

$$
T(\mathbf{x}) = \begin{bmatrix} 0 & -1 \\ 1 & 0 \end{bmatrix} \begin{bmatrix} x_1 \\ x_2 \end{bmatrix} = \begin{bmatrix} -x_2 \\ x_1 \end{bmatrix}
$$

Déterminer les images par T de $\mathbf{u} = \begin{bmatrix} 4 \\ 1 \end{bmatrix}$, $\mathbf{v} = \begin{bmatrix} 2 \\ 3 \end{bmatrix}$ et $\mathbf{u} + \mathbf{v} = \begin{bmatrix} 6 \\ 4 \end{bmatrix}$.

SOLUTION

$$
T(\mathbf{u}) = \begin{bmatrix} 0 & -1 \\ 1 & 0 \end{bmatrix} \begin{bmatrix} 4 \\ 1 \end{bmatrix} = \begin{bmatrix} -1 \\ 4 \end{bmatrix}, \qquad T(\mathbf{v}) = \begin{bmatrix} 0 & -1 \\ 1 & 0 \end{bmatrix} \begin{bmatrix} 2 \\ 3 \end{bmatrix} = \begin{bmatrix} -3 \\ 2 \end{bmatrix},
$$

$$
T(\mathbf{u} + \mathbf{v}) = \begin{bmatrix} 0 & -1 \\ 1 & 0 \end{bmatrix} \begin{bmatrix} 6 \\ 4 \end{bmatrix} = \begin{bmatrix} -4 \\ 6 \end{bmatrix}
$$

Bien entendu, $T(\mathbf{u} + \mathbf{v})$ est égal à $T(\mathbf{u}) + T(\mathbf{v})$. La figure 6 montre que T effectue une rotation de $\mathbf{u}$, $\mathbf{v}$ et $\mathbf{u} + \mathbf{v}$ dans le sens trigonométrique (sens inverse des aiguilles d'une montre), autour de l'origine et selon un angle de 90°. En fait, T transforme tout le parallélogramme défini par $\mathbf{u}$ et $\mathbf{v}$ en celui défini par $T(\mathbf{u})$ et $T(\mathbf{v})$ (voir exercice 28).   ■

Le dernier exemple n'est pas de nature géométrique ; il montre comment une application linéaire transforme un type de données en un autre.

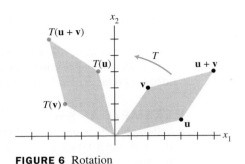

FIGURE 6 Rotation

EXEMPLE 6 Une entreprise fabrique deux produits B et C. En reprenant les données de l'exemple 7 de la section 1.3, on construit une matrice de « coûts unitaires » $U = [\begin{matrix} \mathbf{b} & \mathbf{c} \end{matrix}]$ dont les colonnes correspondent au « coût par dollar vendu » pour chacun des produits :

$$U = \begin{bmatrix} 0,45 & 0,40 \\ 0,25 & 0,30 \\ 0,15 & 0,15 \end{bmatrix} \begin{matrix} \text{Matériaux} \\ \text{Main-d'œuvre} \\ \text{Frais généraux} \end{matrix}$$

avec en-tête :
Produit
B   C

Soit $\mathbf{x} = (x_1, x_2)$ le vecteur de « production » correspondant à x_1 dollars du produit B et x_2 dollars du produit C. On définit $T : \mathbb{R}^2 \to \mathbb{R}^3$ par

$$T(\mathbf{x}) = U\mathbf{x} = x_1 \begin{bmatrix} 0,45 \\ 0,25 \\ 0,15 \end{bmatrix} + x_2 \begin{bmatrix} 0,40 \\ 0,30 \\ 0,15 \end{bmatrix} = \begin{bmatrix} \text{Coût total en matériaux} \\ \text{Coût total en main-d'œuvre} \\ \text{Coût total en frais généraux} \end{bmatrix}$$

L'application T transforme une liste de quantités produites (mesurées en dollars) en une liste de coûts totaux. La linéarité de cette application a deux conséquences :

1. Si l'on augmente la production d'un certain facteur, disons 4, passant de $\mathbf{x}$ à $4\mathbf{x}$, alors les coûts augmenteront du même facteur, passant de $T(\mathbf{x})$ à $4T(\mathbf{x})$.

2. Si $\mathbf{x}$ et $\mathbf{y}$ sont des vecteurs de production, alors le coût total associé à la production $\mathbf{x} + \mathbf{y}$ est la somme des vecteurs de coût $T(\mathbf{x})$ et $T(\mathbf{y})$. ∎

EXERCICES D'ENTRAÎNEMENT

1. Soit $T : \mathbb{R}^5 \to \mathbb{R}^2$, avec $T(\mathbf{x}) = A\mathbf{x}$ pour une certaine matrice A et pour tout vecteur $\mathbf{x}$ de $\mathbb{R}^5$. Combien A a-t-elle de lignes et de colonnes ?

2. On pose $A = \begin{bmatrix} 1 & 0 \\ 0 & -1 \end{bmatrix}$. Interpréter géométriquement l'application $\mathbf{x} \mapsto A\mathbf{x}$.

3. Le segment de droite joignant $\mathbf{0}$ à un vecteur $\mathbf{u}$ est l'ensemble des points de la forme $t\mathbf{u}$, avec $0 \le t \le 1$. Montrer qu'une application linéaire T transforme ce segment en un segment joignant $\mathbf{0}$ à $T(\mathbf{u})$.

1.8 EXERCICES

1. Soit $A = \begin{bmatrix} 2 & 0 \\ 0 & 2 \end{bmatrix}$ et $T : \mathbb{R}^2 \to \mathbb{R}^2$ définie par la relation $T(\mathbf{x}) = A\mathbf{x}$. Déterminer l'image par l'application T des vecteurs $\mathbf{u} = \begin{bmatrix} 1 \\ -3 \end{bmatrix}$ et $\mathbf{v} = \begin{bmatrix} a \\ b \end{bmatrix}$.

2. On pose $A = \begin{bmatrix} \frac{1}{3} & 0 & 0 \\ 0 & \frac{1}{3} & 0 \\ 0 & 0 & \frac{1}{3} \end{bmatrix}$, $\mathbf{u} = \begin{bmatrix} 3 \\ 6 \\ -9 \end{bmatrix}$ et $\mathbf{v} = \begin{bmatrix} a \\ b \\ c \end{bmatrix}$. Soit $T : \mathbb{R}^3 \to \mathbb{R}^3$ définie par $T(\mathbf{x}) = A\mathbf{x}$. Calculer $T(\mathbf{u})$ et $T(\mathbf{v})$.

Dans les exercices 3 à 6, on considère T définie par $T(\mathbf{x}) = A\mathbf{x}$. Déterminer un vecteur $\mathbf{x}$ dont l'image par T est égale à $\mathbf{b}$ et préciser si ce vecteur est unique.

3. $A = \begin{bmatrix} 1 & 0 & -2 \\ -2 & 1 & 6 \\ 3 & -2 & -5 \end{bmatrix}$, $\mathbf{b} = \begin{bmatrix} -1 \\ 7 \\ -3 \end{bmatrix}$

4. $A = \begin{bmatrix} 1 & -3 & 2 \\ 0 & 1 & -4 \\ 3 & -5 & -9 \end{bmatrix}$, $\mathbf{b} = \begin{bmatrix} 6 \\ -7 \\ -9 \end{bmatrix}$

5. $A = \begin{bmatrix} 1 & -5 & -7 \\ -3 & 7 & 5 \end{bmatrix}$, $\mathbf{b} = \begin{bmatrix} -2 \\ -2 \end{bmatrix}$

6. $A = \begin{bmatrix} 1 & -2 & 1 \\ 3 & -4 & 5 \\ 0 & 1 & 1 \\ -3 & 5 & -4 \end{bmatrix}$, $\mathbf{b} = \begin{bmatrix} 1 \\ 9 \\ 3 \\ -6 \end{bmatrix}$

7. Soit A une matrice 6×5. Quelles doivent être les valeurs de a et b pour que l'on puisse définir $T : \mathbb{R}^a \to \mathbb{R}^b$ par la relation $T(\mathbf{x}) = A\mathbf{x}$?

8. Combien de lignes et de colonnes une matrice A doit-elle avoir pour que l'on puisse définir une application de $\mathbb{R}^4$ dans $\mathbb{R}^5$ par la relation $T(\mathbf{x}) = A\mathbf{x}$?

Dans les exercices 9 et 10, déterminer tous les vecteurs $\mathbf{x}$ de $\mathbb{R}^4$ dont l'image par l'application $\mathbf{x} \mapsto A\mathbf{x}$ est égale au vecteur nul.

9. $A = \begin{bmatrix} 1 & -4 & 7 & -5 \\ 0 & 1 & -4 & 3 \\ 2 & -6 & 6 & -4 \end{bmatrix}$

10. $A = \begin{bmatrix} 1 & 3 & 9 & 2 \\ 1 & 0 & 3 & -4 \\ 0 & 1 & 2 & 3 \\ -2 & 3 & 0 & 5 \end{bmatrix}$

11. On pose $\mathbf{b} = \begin{bmatrix} -1 \\ 1 \\ 0 \end{bmatrix}$ et l'on considère la matrice A de l'exercice 9. Le vecteur $\mathbf{b}$ appartient-il à l'image de l'application $\mathbf{x} \mapsto A\mathbf{x}$? Pourquoi ?

12. On pose $\mathbf{b} = \begin{bmatrix} -1 \\ 3 \\ -1 \\ 4 \end{bmatrix}$ et l'on considère la matrice A de l'exercice 10. Le vecteur $\mathbf{b}$ appartient-il à l'image de l'application $\mathbf{x} \mapsto A\mathbf{x}$? Pourquoi ?

Dans les exercices 13 à 16, représenter dans un plan muni d'un repère orthonormé les vecteurs $\mathbf{u} = \begin{bmatrix} 5 \\ 2 \end{bmatrix}$ et $\mathbf{v} = \begin{bmatrix} -2 \\ 4 \end{bmatrix}$, ainsi que leurs images par l'application T. On fera un dessin, suffisamment grand, pour chaque exercice. Décrire géométriquement l'effet de l'application T sur un vecteur quelconque de $\mathbb{R}^2$.

13. $T(\mathbf{x}) = \begin{bmatrix} -1 & 0 \\ 0 & -1 \end{bmatrix} \begin{bmatrix} x_1 \\ x_2 \end{bmatrix}$

14. $T(\mathbf{x}) = \begin{bmatrix} 0,5 & 0 \\ 0 & 0,5 \end{bmatrix} \begin{bmatrix} x_1 \\ x_2 \end{bmatrix}$

15. $T(\mathbf{x}) = \begin{bmatrix} 0 & 0 \\ 0 & 1 \end{bmatrix} \begin{bmatrix} x_1 \\ x_2 \end{bmatrix}$

16. $T(\mathbf{x}) = \begin{bmatrix} 0 & 1 \\ 1 & 0 \end{bmatrix} \begin{bmatrix} x_1 \\ x_2 \end{bmatrix}$

17. Soit $T : \mathbb{R}^2 \to \mathbb{R}^2$ une application linéaire transformant $\mathbf{u} = \begin{bmatrix} 5 \\ 2 \end{bmatrix}$ en $\begin{bmatrix} 2 \\ 1 \end{bmatrix}$ et $\mathbf{v} = \begin{bmatrix} 1 \\ 3 \end{bmatrix}$ en $\begin{bmatrix} -1 \\ 3 \end{bmatrix}$. En utilisant la linéarité de T, déterminer les images par T des vecteurs $3\mathbf{u}$, $2\mathbf{v}$ et $3\mathbf{u} + 2\mathbf{v}$.

18. On a représenté dans la figure suivante les vecteurs $\mathbf{u}$, $\mathbf{v}$ et $\mathbf{w}$, ainsi que les images $T(\mathbf{u})$ et $T(\mathbf{v})$ par une certaine application linéaire $T : \mathbb{R}^2 \to \mathbb{R}^2$. Recopier soigneusement cette figure et dessiner le vecteur $T(\mathbf{w})$ aussi précisément que possible. [*Indication :* On exprimera d'abord $\mathbf{w}$ comme une combinaison linéaire de $\mathbf{u}$ et $\mathbf{v}$.]

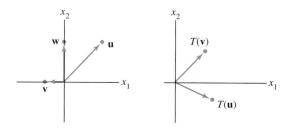

19. On pose $\mathbf{e}_1 = \begin{bmatrix} 1 \\ 0 \end{bmatrix}$, $\mathbf{e}_2 = \begin{bmatrix} 0 \\ 1 \end{bmatrix}$, $\mathbf{y}_1 = \begin{bmatrix} 2 \\ 5 \end{bmatrix}$ et $\mathbf{y}_2 = \begin{bmatrix} -1 \\ 6 \end{bmatrix}$, et l'on considère une application linéaire $T : \mathbb{R}^2 \to \mathbb{R}^2$ transformant $\mathbf{e}_1$ en $\mathbf{y}_1$ et $\mathbf{e}_2$ en $\mathbf{y}_2$. Déterminer les images de $\begin{bmatrix} 5 \\ -3 \end{bmatrix}$ et de $\begin{bmatrix} x_1 \\ x_2 \end{bmatrix}$.

20. On pose $\mathbf{x} = \begin{bmatrix} x_1 \\ x_2 \end{bmatrix}$, $\mathbf{v}_1 = \begin{bmatrix} -2 \\ 5 \end{bmatrix}$ et $\mathbf{v}_2 = \begin{bmatrix} 7 \\ -3 \end{bmatrix}$, et l'on considère une application linéaire $T : \mathbb{R}^2 \to \mathbb{R}^2$ transformant $\mathbf{x}$ en $x_1 \mathbf{v}_1 + x_2 \mathbf{v}_2$. Déterminer une matrice A telle que $T(\mathbf{x})$ soit égale à $A\mathbf{x}$ pour tout vecteur $\mathbf{x}$.

Dans les exercices 21 et 22, dire si les affirmations proposées sont vraies ou fausses. Justifier chaque réponse.

21. a. Une application linéaire est un type particulier de fonction.

b. Si A est une matrice 3×5 et T l'application définie par $T(\mathbf{x}) = A\mathbf{x}$, alors l'espace de départ de T est $\mathbb{R}^3$.

c. Si A est une matrice $m \times n$, alors l'image de l'application $\mathbf{x} \mapsto A\mathbf{x}$ est $\mathbb{R}^m$.

d. Toute application linéaire est une transformation matricielle.

e. Une application T est linéaire si et seulement si
$$T(c_1 \mathbf{v}_1 + c_2 \mathbf{v}_2) = c_1 T(\mathbf{v}_1) + c_2 T(\mathbf{v}_2)$$
quels que soient les vecteurs $\mathbf{v}_1$ et $\mathbf{v}_2$ de l'espace de départ de T et les scalaires c_1 et c_2.

22. a. Toute transformation matricielle est une application linéaire.

b. L'image de l'application $\mathbf{x} \mapsto A\mathbf{x}$ est l'ensemble de toutes les combinaisons linéaires des colonnes de A.

c. Si $T : \mathbb{R}^n \to \mathbb{R}^m$ est une application linéaire et si $\mathbf{c}$ est un vecteur de $\mathbb{R}^m$, alors la question « $\mathbf{c}$ appartient-il à l'image de T ? » est une question concernant l'unicité.

d. Une application linéaire préserve les opérations d'addition vectorielle et de multiplication par un scalaire.

e. Une application linéaire $T : \mathbb{R}^n \to \mathbb{R}^m$ transforme toujours l'origine de $\mathbb{R}^n$ en l'origine de $\mathbb{R}^m$.

23. Soit $T : \mathbb{R}^2 \to \mathbb{R}^2$ la symétrie orthogonale par rapport à l'axe des abscisses (voir l'exercice d'entraînement 2). Faire deux schémas analogues à ceux de la figure 6 qui illustrent les propriétés (i) et (ii) des applications linéaires.

24. On suppose que les vecteurs $\mathbf{v}_1, \dots, \mathbf{v}_p$ engendrent $\mathbb{R}^n$ et on considère une application linéaire $T : \mathbb{R}^n \to \mathbb{R}^n$. On suppose que pour tout $i = 1, \dots, p$, $T(\mathbf{v}_i) = \mathbf{0}$. Montrer que T est l'application nulle, c'est-à-dire que pour tout $\mathbf{x}$ de $\mathbb{R}^n$, $T(\mathbf{x}) = \mathbf{0}$.

25. Si $\mathbf{v} \neq \mathbf{0}$ et $\mathbf{p}$ sont des vecteurs de $\mathbb{R}^n$, alors la droite passant par $\mathbf{p}$ et dirigée par $\mathbf{v}$ admet pour représentation paramétrique la relation $\mathbf{x} = \mathbf{p} + t\mathbf{v}$. Montrer qu'une application linéaire $T : \mathbb{R}^n \to \mathbb{R}^n$ transforme une droite en une droite ou un point (une *droite dégénérée* dans ce dernier cas).

26. Soit $\mathbf{u}$ et $\mathbf{v}$ des vecteurs linéairement indépendants de $\mathbb{R}^3$, et P le plan contenant $\mathbf{u}$, $\mathbf{v}$ et $\mathbf{0}$. La relation $\mathbf{x} = s\mathbf{u} + t\mathbf{v}$ (avec s, t dans $\mathbb{R}$) constitue une représentation paramétrique de P. Montrer qu'une application linéaire $T : \mathbb{R}^3 \to \mathbb{R}^3$ transforme P en un plan passant par $\mathbf{0}$, en une droite passant par $\mathbf{0}$ ou simplement en l'origine de $\mathbb{R}^3$. Que doivent vérifier

les vecteurs $T(\mathbf{u})$ et $T(\mathbf{v})$ pour que l'image du plan P soit un plan ?

27. a. Montrer que l'on peut décrire la droite joignant les vecteurs $\mathbf{p}$ et $\mathbf{q}$ de $\mathbb{R}^n$ sous forme paramétrique, par la relation $\mathbf{x} = (1 - t)\mathbf{p} + t\mathbf{q}$ (on s'aidera de la figure accompagnant les exercices 21 et 22 de la section 1.5).

b. Le segment de droite joignant $\mathbf{p}$ et $\mathbf{q}$ est l'ensemble des points de la forme $(1 - t)\mathbf{p} + t\mathbf{q}$ pour $0 \leq t \leq 1$ (comme indiqué sur la figure). Montrer qu'une application linéaire T transforme ce segment en un segment ou un point.

$$(t = 1)\, \mathbf{q} \quad\quad (1 - t)\mathbf{p} + t\mathbf{q}$$
$$\mathbf{x}$$
$$(t = 0)\, \mathbf{p}$$

28. Soit $\mathbf{u}$ et $\mathbf{v}$ deux vecteurs de $\mathbb{R}^n$. On peut montrer que les points du parallélogramme (éventuellement aplati) P défini par $\mathbf{u}$ et $\mathbf{v}$ sont les points de la forme $a\mathbf{u} + b\mathbf{v}$, avec $0 \leq a \leq 1$ et $0 \leq b \leq 1$. Soit $T : \mathbb{R}^n \to \mathbb{R}^m$ une application linéaire. Justifier que l'image par T d'un point de P appartient au parallélogramme défini par $T(\mathbf{u})$ et $T(\mathbf{v})$.

29. On considère la fonction $f : \mathbb{R} \to \mathbb{R}$ définie par la relation $f(x) = mx + b$.

a. Montrer que si $b = 0$, alors f est une application linéaire.

b. Trouver une propriété des applications linéaires qui n'est pas vérifiée quand $b \neq 0$.

30. On appelle *application* (ou *transformation*) *affine* une application $T : \mathbb{R}^n \to \mathbb{R}^m$ de la forme $T(\mathbf{x}) = A\mathbf{x} + \mathbf{b}$, où A est une matrice $m \times n$ et $\mathbf{b}$ un vecteur de $\mathbb{R}^m$. Montrer que si $\mathbf{b} \neq \mathbf{0}$, T *n'est pas* linéaire (les transformations affines jouent un rôle important en infographie).

31. Soit $T : \mathbb{R}^n \to \mathbb{R}^m$ une application linéaire et $(\mathbf{v}_1, \mathbf{v}_2, \mathbf{v}_3)$ une famille liée de vecteurs de $\mathbb{R}^n$. Montrer que la famille $(T(\mathbf{v}_1), T(\mathbf{v}_2), T(\mathbf{v}_3))$ est liée.

Dans les exercices 32 à 36, on note les vecteurs colonnes en ligne, par exemple $\mathbf{x} = (x_1, x_2)$, et l'on note $T(\mathbf{x})$ sous la forme $T(x_1, x_2)$.

32. Montrer que l'application T définie par la relation $T(x_1, x_2) = (4x_1 - 2x_2, 3|x_2|)$ n'est pas linéaire.

33. Montrer que l'application T définie par la relation $T(x_1, x_2) = (2x_1 - 3x_2, x_1 + 4, 5x_2)$ n'est pas linéaire.

34. Soit $T : \mathbb{R}^n \to \mathbb{R}^m$ une application linéaire. On suppose que $(\mathbf{u}, \mathbf{v})$ est une famille libre, mais que $(T(\mathbf{u}), T(\mathbf{v}))$ est liée. Montrer que l'équation $T(\mathbf{x}) = \mathbf{0}$ admet une solution non triviale. [*Indication :* On utilisera le fait qu'il existe deux scalaires qui ne sont pas tous les deux nuls vérifiant la relation $c_1 T(\mathbf{u}) + c_2 T(\mathbf{v}) = \mathbf{0}$.]

35. Soit $T : \mathbb{R}^3 \to \mathbb{R}^3$ la réflexion par rapport au plan $x_3 = 0$, qui transforme le vecteur $\mathbf{x} = (x_1, x_2, x_3)$ en le vecteur $T(\mathbf{x}) = (x_1, x_2, -x_3)$. Montrer que T est une application linéaire [on pourra s'inspirer de l'exemple 4].

36. Soit $T : \mathbb{R}^3 \to \mathbb{R}^3$ la projection orthogonale sur le plan $x_2 = 0$, qui transforme le vecteur $\mathbf{x} = (x_1, x_2, x_3)$ en le vecteur $T(\mathbf{x}) = (x_1, 0, x_3)$. Montrer que T est une application linéaire.

[M] Dans les exercices 37 et 38, on donne une matrice, qui définit une application linéaire T. Trouver tous les vecteurs $\mathbf{x}$ tels que $T(\mathbf{x}) = \mathbf{0}$.

37. $\begin{bmatrix} 4 & -2 & 5 & -5 \\ -9 & 7 & -8 & 0 \\ -6 & 4 & 5 & 3 \\ 5 & -3 & 8 & -4 \end{bmatrix}$ **38.** $\begin{bmatrix} -9 & -4 & -9 & 4 \\ 5 & -8 & -7 & 6 \\ 7 & 11 & 16 & -9 \\ 9 & -7 & -4 & 5 \end{bmatrix}$

39. [M] Soit $\mathbf{b} = \begin{bmatrix} 7 \\ 5 \\ 9 \\ 7 \end{bmatrix}$ et A la matrice de l'exercice 37. Le vecteur $\mathbf{b}$ appartient-il à l'image de l'application $\mathbf{x} \mapsto A\mathbf{x}$? Si oui, trouver un vecteur $\mathbf{x}$ dont l'image par l'application est égale à $\mathbf{b}$.

40. [M] Soit $\mathbf{b} = \begin{bmatrix} -7 \\ -7 \\ 13 \\ -5 \end{bmatrix}$ et A la matrice de l'exercice 38. Le vecteur $\mathbf{b}$ appartient-il à l'image de l'application $\mathbf{x} \mapsto A\mathbf{x}$? Si oui, trouver un vecteur $\mathbf{x}$ dont l'image par l'application est égale à $\mathbf{b}$.

SOLUTIONS DES EXERCICES D'ENTRAÎNEMENT

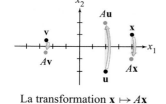

La transformation $\mathbf{x} \mapsto A\mathbf{x}$

1. La matrice A doit avoir cinq colonnes pour que $A\mathbf{x}$ ait un sens. Elle doit avoir deux lignes pour que les images par T appartiennent à $\mathbb{R}^2$.

2. On peut dessiner quelques points (vecteurs) sur du papier millimétré pour voir ce qui se passe. Par exemple, le point $(4, 1)$ est transformé en $(4, -1)$. L'application $\mathbf{x} \mapsto A\mathbf{x}$ est la réflexion par rapport à l'axe des x (ou des x_1).

3. Posons $\mathbf{x} = t\mathbf{u}$, avec $0 \leq t \leq 1$. Comme T est linéaire, on a $T(t\mathbf{u}) = t\,T(\mathbf{u})$, qui appartient bien au segment joignant $\mathbf{0}$ à $T(\mathbf{u})$.

1.9 | MATRICE D'UNE APPLICATION LINÉAIRE

Chaque fois qu'une application linéaire est définie géométriquement ou que son action est décrite par une phrase, on peut avoir besoin de travailler avec une « formule » donnant explicitement $T(\mathbf{x})$. On va montrer ici que toute application linéaire de $\mathbb{R}^n$ dans $\mathbb{R}^m$ est en fait une transformation matricielle du type $\mathbf{x} \mapsto A\mathbf{x}$ et que d'importantes propriétés de T sont intimement liées à des propriétés usuelles de A. Le point essentiel pour déterminer A consiste à remarquer que T est entièrement déterminée par son action sur les colonnes de la matrice unité I_n.

EXEMPLE 1 Les colonnes de $I_2 = \begin{bmatrix} 1 & 0 \\ 0 & 1 \end{bmatrix}$ sont $\mathbf{e}_1 = \begin{bmatrix} 1 \\ 0 \end{bmatrix}$ et $\mathbf{e}_2 = \begin{bmatrix} 0 \\ 1 \end{bmatrix}$. Considérons une application linéaire T de $\mathbb{R}^2$ dans $\mathbb{R}^3$ telle que

$$T(\mathbf{e}_1) = \begin{bmatrix} 5 \\ -7 \\ 2 \end{bmatrix} \quad \text{et} \quad T(\mathbf{e}_2) = \begin{bmatrix} -3 \\ 8 \\ 0 \end{bmatrix}$$

Sans utiliser d'information supplémentaire, écrire une formule calculant l'image d'un vecteur $\mathbf{x}$ de $\mathbb{R}^2$.

SOLUTION On écrit

$$\mathbf{x} = \begin{bmatrix} x_1 \\ x_2 \end{bmatrix} = x_1 \begin{bmatrix} 1 \\ 0 \end{bmatrix} + x_2 \begin{bmatrix} 0 \\ 1 \end{bmatrix} = x_1 \mathbf{e}_1 + x_2 \mathbf{e}_2 \tag{1}$$

Comme T est une application *linéaire*, on a

$$T(\mathbf{x}) = x_1 T(\mathbf{e}_1) + x_2 T(\mathbf{e}_2) \tag{2}$$

$$= x_1 \begin{bmatrix} 5 \\ -7 \\ 2 \end{bmatrix} + x_2 \begin{bmatrix} -3 \\ 8 \\ 0 \end{bmatrix} = \begin{bmatrix} 5x_1 - 3x_2 \\ -7x_1 + 8x_2 \\ 2x_1 + 0 \end{bmatrix} \quad \blacksquare$$

Le passage de (1) à (2) permet de comprendre pourquoi la connaissance de $T(\mathbf{e}_1)$ et $T(\mathbf{e}_2)$ suffit pour déterminer $T(\mathbf{x})$ pour tout vecteur $\mathbf{x}$. De plus, comme (2) exprime $T(\mathbf{x})$ comme combinaison linéaire de vecteurs, on peut mettre ces vecteurs dans les colonnes d'une matrice A et écrire (2) sous la forme

$$T(\mathbf{x}) = \begin{bmatrix} T(\mathbf{e}_1) & T(\mathbf{e}_2) \end{bmatrix} \begin{bmatrix} x_1 \\ x_2 \end{bmatrix} = A\mathbf{x}$$

THÉORÈME 10

Soit $T : \mathbb{R}^n \to \mathbb{R}^m$ une application linéaire. Alors il existe une unique matrice A telle que

$$T(\mathbf{x}) = A\mathbf{x} \quad \text{pour tout } \mathbf{x} \text{ de } \mathbb{R}^n$$

Plus précisément, A est la matrice $m \times n$ dont la j^e colonne est le vecteur $T(\mathbf{e}_j)$, où $\mathbf{e}_j$ est la j^e colonne de la matrice unité I_n :

$$A = \begin{bmatrix} T(\mathbf{e}_1) & \cdots & T(\mathbf{e}_n) \end{bmatrix} \tag{3}$$

DÉMONSTRATION On écrit $\mathbf{x} = I_n\mathbf{x} = \begin{bmatrix} \mathbf{e}_1 & \cdots & \mathbf{e}_n \end{bmatrix}\mathbf{x} = x_1\mathbf{e}_1 + \cdots + x_n\mathbf{e}_n$; il résulte de la linéarité de T que

$$T(\mathbf{x}) = T(x_1\mathbf{e}_1 + \cdots + x_n\mathbf{e}_n) = x_1 T(\mathbf{e}_1) + \cdots + x_n T(\mathbf{e}_n)$$

$$= \begin{bmatrix} T(\mathbf{e}_1) & \cdots & T(\mathbf{e}_n) \end{bmatrix} \begin{bmatrix} x_1 \\ \vdots \\ x_n \end{bmatrix} = A\mathbf{x}$$

L'unicité de A fait l'objet de l'exercice 33. $\blacksquare$

La matrice A définie par la relation (3) est appelée **matrice canoniquement associée à l'application linéaire** T.

On peut maintenant affirmer que toute application linéaire de $\mathbb{R}^n$ dans $\mathbb{R}^m$ peut être vue comme une transformation matricielle, et inversement. Le terme d'*application* ou de *transformation linéaire* souligne le caractère fonctionnel de ce concept, tandis que l'expression *transformation matricielle* décrit plutôt, comme dans les exemples 2 et 3, le calcul effectif des images.

EXEMPLE 2 Déterminer la matrice A canoniquement associée à l'homothétie T définie par $T(\mathbf{x}) = 3\mathbf{x}$ pour tout $\mathbf{x}$ de $\mathbb{R}^2$.

SOLUTION On écrit

$$T(\mathbf{e}_1) = 3\mathbf{e}_1 = \begin{bmatrix} 3 \\ 0 \end{bmatrix} \quad \text{et} \quad T(\mathbf{e}_2) = 3\mathbf{e}_2 = \begin{bmatrix} 0 \\ 3 \end{bmatrix}$$

$$A = \begin{bmatrix} 3 & 0 \\ 0 & 3 \end{bmatrix} \quad \blacksquare$$

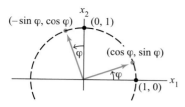

FIGURE 1

Rotation

EXEMPLE 3 Soit $T : \mathbb{R}^2 \to \mathbb{R}^2$ la rotation de $\mathbb{R}^2$, centrée à l'origine et d'angle φ, les angles positifs correspondant à une rotation dans le sens trigonométrique. On peut montrer géométriquement (voir figure 6, section 1.8) que cette transformation est linéaire. Déterminer la matrice A canoniquement associée à cette rotation.

SOLUTION L'image de $\begin{bmatrix} 1 \\ 0 \end{bmatrix}$ par la rotation est $\begin{bmatrix} \cos \varphi \\ \sin \varphi \end{bmatrix}$ et celle de $\begin{bmatrix} 0 \\ 1 \end{bmatrix}$ est $\begin{bmatrix} -\sin \varphi \\ \cos \varphi \end{bmatrix}$ (voir figure 1). D'après le théorème 10, il en résulte

$$A = \begin{bmatrix} \cos \varphi & -\sin \varphi \\ \sin \varphi & \cos \varphi \end{bmatrix}$$

L'exemple 5 de la section 1.8 est le cas particulier de cette transformation où $\varphi = \pi/2$. ∎

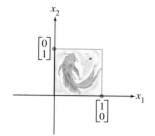

FIGURE 2

Carré unité

Description géométrique de certaines applications linéaires de $\mathbb{R}^2$

On a vu dans les exemples 2 et 3 deux cas d'applications linéaires définies géométriquement. Les tableaux 1 à 4 présentent d'autres descriptions géométriques d'applications linéaires usuelles du plan. Du fait de la linéarité de ces applications, celles-ci sont entièrement déterminées par leur action sur les colonnes de I_2. Plutôt que de représenter uniquement les images de $\mathbf{e}_1$ et $\mathbf{e}_2$, les tableaux montrent l'action des transformations sur le carré unité (voir figure 2).

On peut construire de nouvelles transformations à partir de celles qui sont présentées dans les tableaux 1 à 4 en les appliquant successivement. On peut par exemple effectuer d'abord une transvection horizontale, suivie d'une réflexion selon l'axe des x_2. On verra dans la section 2.1 qu'une telle *composition* d'applications linéaires est linéaire (voir également l'exercice 36).

TABLEAU 1 Dilatations

Transformation	Image du carré unité		Matrice associée
Dilatation horizontale	$0 < k < 1$	$k > 1$	$\begin{bmatrix} k & 0 \\ 0 & 1 \end{bmatrix}$
Dilatation verticale	$0 < k < 1$	$k > 1$	$\begin{bmatrix} 1 & 0 \\ 0 & k \end{bmatrix}$

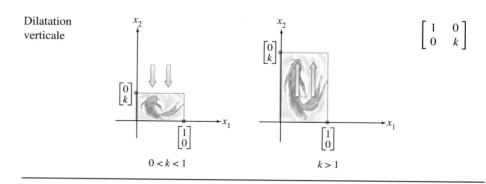

TABLEAU 2 Symétries

Transformation	Image du carré unité	Matrice associée
Réflexion par rapport à l'axe des x_1		$\begin{bmatrix} 1 & 0 \\ 0 & -1 \end{bmatrix}$
Réflexion par rapport à l'axe des x_2		$\begin{bmatrix} -1 & 0 \\ 0 & 1 \end{bmatrix}$
Réflexion par rapport à la droite $x_2 = x_1$		$\begin{bmatrix} 0 & 1 \\ 1 & 0 \end{bmatrix}$
Réflexion par rapport à la droite $x_2 = -x_1$		$\begin{bmatrix} 0 & -1 \\ -1 & 0 \end{bmatrix}$
Réflexion par rapport à l'origine		$\begin{bmatrix} -1 & 0 \\ 0 & -1 \end{bmatrix}$

TABLEAU 3 **Transvections**

Transformation	Image du carré unité	Matrice associée
Transvection horizontale	$k < 0$ $\qquad$ $k > 0$	$\begin{bmatrix} 1 & k \\ 0 & 1 \end{bmatrix}$
Transvection verticale	$k < 0$ $\qquad$ $k > 0$	$\begin{bmatrix} 1 & 0 \\ k & 1 \end{bmatrix}$

TABLEAU 4 **Projections**

Transformation	Image du carré unité	Matrice associée
Projection sur l'axe des x_1		$\begin{bmatrix} 1 & 0 \\ 0 & 0 \end{bmatrix}$
Projection sur l'axe des x_2		$\begin{bmatrix} 0 & 0 \\ 0 & 1 \end{bmatrix}$

Problèmes d'existence et d'unicité

Le concept d'application linéaire permet d'aborder sous un nouvel angle les questions d'existence et d'unicité déjà évoquées. Les deux définitions suivantes introduisent la terminologie concernant les applications.

DÉFINITION

On dit qu'une application $T : \mathbb{R}^n \to \mathbb{R}^m$ est **surjective** si tout vecteur de $\mathbb{R}^m$ est l'image *d'au moins un* vecteur de $\mathbb{R}^n$.

De façon équivalente, T est surjective si et seulement si l'image de T est l'espace $\mathbb{R}^m$ tout entier. On peut dire aussi que $T : \mathbb{R}^n \to \mathbb{R}^m$ est surjective si et seulement si, pour tout vecteur **b** de $\mathbb{R}^m$, l'équation $T(\mathbf{x}) = \mathbf{b}$ admet au moins une solution. La question « L'application T est-elle surjective ? » est une question d'existence. L'application T *n'est pas* surjective s'il existe un vecteur **b** de $\mathbb{R}^m$ pour lequel l'équation $T(\mathbf{x}) = \mathbf{b}$ n'a pas de solution (voir figure 3).

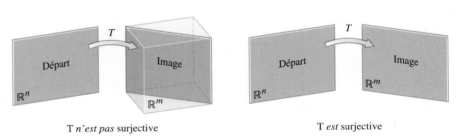

T *n'est pas* surjective   T *est* surjective

FIGURE 3 L'image de T est-elle égale à $\mathbb{R}^m$ tout entier ?

DÉFINITION

On dit qu'une application $T : \mathbb{R}^n \to \mathbb{R}^m$ est **injective** si tout vecteur de $\mathbb{R}^m$ est l'image *d'au plus un* vecteur de $\mathbb{R}^n$.

De façon équivalente, T est injective si et seulement si, pour tout vecteur **b** de $\mathbb{R}^m$, l'équation $T(\mathbf{x}) = \mathbf{b}$ n'a pas de solution ou a une solution unique. La question « L'application T est-elle injective ? » est une question d'unicité. L'application T *n'est pas* injective s'il existe un vecteur **b** de $\mathbb{R}^m$ qui est l'image d'au moins deux vecteurs de $\mathbb{R}^n$. S'il n'existe aucun vecteur **b** de ce type, alors T est injective (voir figure 4).

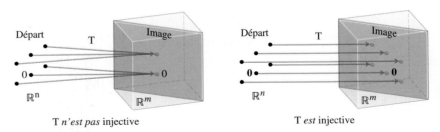

T *n'est pas* injective   T *est* injective

FIGURE 4 Tout vecteur **b** est-il image d'au plus un vecteur ?

Les projections présentées dans le tableau 4 ne sont *ni* injectives *ni* surjectives. Les applications présentées dans les tableaux 1, 2 et 3 sont injectives *et* surjectives. Les deux exemples ci-dessous présentent d'autres situations possibles.

L'exemple 4 et le théorème qui le suit établissent un lien entre les notions d'injectivité et de surjectivité et certains concepts importants étudiés auparavant dans ce chapitre.

EXEMPLE 4 Soit T l'application linéaire canoniquement associée à la matrice

$$A = \begin{bmatrix} 1 & -4 & 8 & 1 \\ 0 & 2 & -1 & 3 \\ 0 & 0 & 0 & 5 \end{bmatrix}$$

L'application T est-elle surjective ? Est-elle injective ?

SOLUTION Puisque A est déjà sous forme échelonnée, on voit immédiatement que chacune de ses lignes contient une position de pivot. D'après le théorème 4 de la section 1.4, il en résulte que, quel que soit $\mathbf{b}$ dans $\mathbb{R}^3$, l'équation $A\mathbf{x} = \mathbf{b}$ est compatible. Donc T est surjective. En revanche, comme l'équation $A\mathbf{x} = \mathbf{b}$ a une inconnue non principale (car on compte quatre inconnues dont seulement trois inconnues principales), tout vecteur $\mathbf{b}$ est l'image de plusieurs vecteurs $\mathbf{x}$. Donc T *n'est pas* injective. ■

THÉORÈME 11

> Soit $T : \mathbb{R}^n \to \mathbb{R}^m$ une application linéaire. Alors T est injective si et seulement si l'équation $T(\mathbf{x}) = \mathbf{0}$ admet la solution triviale pour unique solution.

Remarque : Pour prouver un théorème selon lequel « la propriété P est vraie si et seulement si la propriété Q est vraie », on doit démontrer deux implications : (1) si P est vraie alors Q est vraie et (2) si Q est vraie alors P est vraie. L'implication (2) peut se prouver en démontrant (2a) : si P est fausse, alors Q est fausse (ce qu'on appelle un *raisonnement par contraposée*). Dans la démonstration, on utilisera (1) et (2a) pour montrer que P et Q sont soit toutes les deux vraies, soit toutes les deux fausses.

DÉMONSTRATION Comme T est linéaire, on a $T(\mathbf{0}) = \mathbf{0}$. Si T est injective, alors l'équation $T(\mathbf{x}) = \mathbf{0}$ a au plus une solution; donc la seule solution est la solution triviale. Si, au contraire, T n'est pas injective, alors il existe un vecteur $\mathbf{b}$ qui est l'image d'au moins deux vecteurs distincts $\mathbf{u}$ et $\mathbf{v}$. On a donc $T(\mathbf{u}) = \mathbf{b}$ et $T(\mathbf{v}) = \mathbf{b}$. Mais comme T est linéaire, on peut écrire

$$T(\mathbf{u} - \mathbf{v}) = T(\mathbf{u}) - T(\mathbf{v}) = \mathbf{b} - \mathbf{b} = \mathbf{0}$$

Puisque $\mathbf{u} \neq \mathbf{v}$, le vecteur $\mathbf{u} - \mathbf{v}$ est non nul. Ainsi, l'équation $T(\mathbf{x}) = \mathbf{0}$ admet au moins deux solutions. Les deux propriétés sont donc soit vraies toutes les deux, soit fausses toutes les deux ; elles sont bien équivalentes. ■

THÉORÈME 12

> Soit $T : \mathbb{R}^n \to \mathbb{R}^m$ une application linéaire et A la matrice canoniquement associée à T. Alors :
>
> a. T est surjective si et seulement si les colonnes de A engendrent $\mathbb{R}^m$;
> b. T est injective si et seulement si les colonnes de A sont linéairement indépendantes.

Remarque : Pour prouver l'équivalence logique « P si et seulement si Q », on peut procéder comme suit. Par exemple, si les « équivalences » « P si et seulement si R » et « R si et seulement si Q » sont connues, on peut alors en déduire l'équivalence « P si et seulement si Q ». On utilisera cette stratégie dans la démonstration du théorème.

DÉMONSTRATION

a. D'après le théorème 4 de la section 1.4, les colonnes de A engendrent $\mathbb{R}^m$ si et seulement si, pour tout vecteur $\mathbf{b}$ de $\mathbb{R}^m$, l'équation $A\mathbf{x} = \mathbf{b}$ est compatible, autrement dit si et seulement si, pour tout vecteur $\mathbf{b}$, l'équation $T(\mathbf{x}) = \mathbf{b}$ admet au moins une solution. Cela équivaut bien à dire que T est surjective.

b. Les équations $T(\mathbf{x}) = \mathbf{0}$ et $A\mathbf{x} = \mathbf{0}$ sont, aux notations près, identiques. Donc, d'après le théorème 11, T est injective si et seulement si la seule solution de l'équation $A\mathbf{x} = \mathbf{0}$ est la solution triviale. Comme on l'a remarqué dans la propriété encadrée (3) de la section 1.7, cela équivaut à dire que les colonnes de A soient linéairement indépendantes. ∎

La propriété (a) du théorème 12 est équivalente à « T est surjective si et seulement si tout vecteur de $\mathbb{R}^m$ est une combinaison linéaire des colonnes de A » (voir théorème 4, section 1.4).

Dans l'exemple qui suit et dans certains des exercices, on note les vecteurs colonnes en ligne, par exemple $\mathbf{x} = (x_1, x_2)$, et $T(\mathbf{x})$ est noté $T(x_1, x_2)$ au lieu de $T((x_1, x_2))$, qui serait plus rigoureux.

EXEMPLE 5 On pose $T(x_1, x_2) = (3x_1 + x_2, 5x_1 + 7x_2, x_1 + 3x_2)$. Montrer que l'application T est linéaire et injective. Est-elle surjective ?

SOLUTION Si l'on écrit $\mathbf{x}$ et $T(\mathbf{x})$ comme des vecteurs colonnes, on peut tout simplement déterminer la matrice canoniquement associée à T en examinant l'application de la règle ligne-vecteur dans le calcul du produit $A\mathbf{x}$.

$$T(\mathbf{x}) = \begin{bmatrix} 3x_1 + x_2 \\ 5x_1 + 7x_2 \\ x_1 + 3x_2 \end{bmatrix} = \begin{bmatrix} ? & ? \\ ? & ? \\ ? & ? \end{bmatrix} \begin{bmatrix} x_1 \\ x_2 \end{bmatrix} = \begin{bmatrix} 3 & 1 \\ 5 & 7 \\ 1 & 3 \end{bmatrix} \begin{bmatrix} x_1 \\ x_2 \end{bmatrix} \tag{4}$$

Donc T est bien linéaire, et la matrice A qui lui est canoniquement associée est celle qui apparaît en (4). Les colonnes de A sont linéairement indépendantes car elles ne sont pas colinéaires. D'après le théorème 12(b), T est injective. Pour étudier la surjectivité de T, on considère la partie engendrée par les colonnes. La matrice A est de type 3×2, donc d'après le théorème 4, les colonnes de A engendrent $\mathbb{R}^3$ si et seulement si A a trois positions de pivot, ce qui est impossible car A n'a que deux colonnes. Ainsi, les colonnes de A n'engendrent pas $\mathbb{R}^3$, et l'application linéaire associée n'est pas surjective. ∎

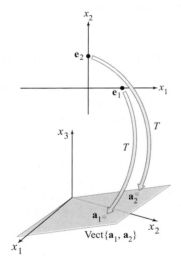

La transformation T n'est pas surjective.

EXERCICES D'ENTRAÎNEMENT

1. Soit $T : \mathbb{R}^2 \to \mathbb{R}^2$ l'application linéaire qui effectue d'abord la transvection horizontale transformant $\mathbf{e}_2$ en $\mathbf{e}_2 - 0{,}5\mathbf{e}_1$ (mais laisse $\mathbf{e}_1$ inchangé), puis la réflexion par rapport à l'axe des x_2. En admettant que T est linéaire, déterminer la matrice qui lui est canoniquement associée. [*Indication :* Déterminer les transformés de $\mathbf{e}_1$ et $\mathbf{e}_2$.]

2. On suppose que A est une matrice 7×5 possédant 5 pivots. Soit $T(\mathbf{x}) = A\mathbf{x}$ la transformation linéaire de $\mathbb{R}^5$ dans $\mathbb{R}^7$. L'application T est-elle injective ? T est-elle surjective ?

1.9 EXERCICES

Dans les exercices 1 à 10, on suppose que T est une application linéaire. Déterminer la matrice canoniquement associée à T.

1. $T : \mathbb{R}^2 \to \mathbb{R}^4$, $T(\mathbf{e}_1) = (3, 1, 3, 1)$ et $T(\mathbf{e}_2) = (-5, 2, 0, 0)$, avec $\mathbf{e}_1 = (1, 0)$ et $\mathbf{e}_2 = (0, 1)$.

2. $T : \mathbb{R}^3 \to \mathbb{R}^2$, $T(\mathbf{e}_1) = (1, 3)$, $T(\mathbf{e}_2) = (4, -7)$ et $T(\mathbf{e}_3) = (-5, 4)$, où $\mathbf{e}_1$, $\mathbf{e}_2$ et $\mathbf{e}_3$ sont les colonnes de la matrice unité 3×3.

3. $T : \mathbb{R}^2 \to \mathbb{R}^2$ est la rotation autour de l'origine d'angle $3\pi/2$ (dans le sens trigonométrique).

4. $T : \mathbb{R}^2 \to \mathbb{R}^2$ est la rotation autour de l'origine d'angle $-\pi/4$. [*Indication :* $T(\mathbf{e}_1) = (1/\sqrt{2}, -1/\sqrt{2})$]

5. $T : \mathbb{R}^2 \to \mathbb{R}^2$ est la transvection verticale qui transforme $\mathbf{e}_1$ en $\mathbf{e}_1 - 2\mathbf{e}_2$ et laisse $\mathbf{e}_2$ inchangé.

6. $T : \mathbb{R}^2 \to \mathbb{R}^2$ est la transvection horizontale qui laisse $\mathbf{e}_1$ inchangé et transforme $\mathbf{e}_2$ en $\mathbf{e}_2 + 3\mathbf{e}_1$.

7. $T : \mathbb{R}^2 \to \mathbb{R}^2$ effectue d'abord la rotation autour de l'origine d'angle $-3\pi/4$, puis la réflexion par rapport à l'axe horizontal des x_1. [*Indication :* $T(\mathbf{e}_1) = (-1/\sqrt{2}, 1/\sqrt{2})$]

8. $T : \mathbb{R}^2 \to \mathbb{R}^2$ effectue d'abord la réflexion par rapport à l'axe horizontal des x_1, puis la réflexion par rapport à la droite $x_2 = x_1$.

9. $T : \mathbb{R}^2 \to \mathbb{R}^2$ effectue d'abord la transvection horizontale qui transforme $\mathbf{e}_2$ en $\mathbf{e}_2 - 2\mathbf{e}_1$ (et laisse $\mathbf{e}_1$ inchangé), puis la réflexion par rapport à la droite $x_2 = -x_1$.

10. $T : \mathbb{R}^2 \to \mathbb{R}^2$ effectue d'abord la réflexion par rapport à l'axe vertical des x_2, puis la rotation d'angle $\pi/2$.

11. On considère l'application linéaire $T : \mathbb{R}^2 \to \mathbb{R}^2$ qui effectue d'abord la réflexion par rapport à l'axe des x_1, puis la réflexion par rapport à l'axe des x_2. Montrer que T est une rotation autour de l'origine. Quel est son angle ?

12. Montrer que l'application définie à l'exercice 8 est une rotation. Quelle est son angle ?

13. Soit $T : \mathbb{R}^2 \to \mathbb{R}^2$ l'application linéaire telle que $T(\mathbf{e}_1)$ et $T(\mathbf{e}_2)$ soient les vecteurs représentés sur la figure. Dessiner le vecteur $T(2, 1)$.

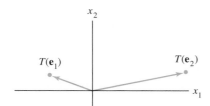

14. Soit $T : \mathbb{R}^2 \to \mathbb{R}^2$ l'application linéaire canoniquement associée à la matrice $A = [\,\mathbf{a}_1 \ \ \mathbf{a}_2\,]$, où $\mathbf{a}_1$ et $\mathbf{a}_2$ sont les vecteurs représentés sur la figure ci-dessous. Dessiner l'image du vecteur $\begin{bmatrix} 1 \\ -2 \end{bmatrix}$ par l'application T.

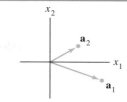

Dans les exercices 15 et 16, trouver les coefficients manquants dans les matrices, en supposant que les relations sont vérifiées quelles que soient les valeurs des variables.

15. $\begin{bmatrix} ? & ? & ? \\ ? & ? & ? \\ ? & ? & ? \end{bmatrix} \begin{bmatrix} x_1 \\ x_2 \\ x_3 \end{bmatrix} = \begin{bmatrix} 3x_1 - 2x_3 \\ 4x_1 \\ x_1 - x_2 + x_3 \end{bmatrix}$

16. $\begin{bmatrix} ? & ? \\ ? & ? \\ ? & ? \end{bmatrix} \begin{bmatrix} x_1 \\ x_2 \end{bmatrix} = \begin{bmatrix} x_1 - x_2 \\ -2x_1 + x_2 \\ x_1 \end{bmatrix}$

Dans les exercices 17 à 20, montrer que T est une application linéaire en déterminant une matrice qui corresponde au calcul. Attention, $x_1, x_2, \ldots$ ne désignent pas des vecteurs, mais des composantes de vecteurs.

17. $T(x_1, x_2, x_3, x_4) = (0, x_1 + x_2, x_2 + x_3, x_3 + x_4)$

18. $T(x_1, x_2) = (2x_2 - 3x_1, x_1 - 4x_2, 0, x_2)$

19. $T(x_1, x_2, x_3) = (x_1 - 5x_2 + 4x_3, x_2 - 6x_3)$

20. $T(x_1, x_2, x_3, x_4) = 2x_1 + 3x_3 - 4x_4$ $(T : \mathbb{R}^4 \to \mathbb{R})$

21. Soit $T : \mathbb{R}^2 \to \mathbb{R}^2$ l'application linéaire définie par la relation $T(x_1, x_2) = (x_1 + x_2, 4x_1 + 5x_2)$. Déterminer $\mathbf{x}$ tel que $T(\mathbf{x}) = (3, 8)$.

22. Soit $T : \mathbb{R}^2 \to \mathbb{R}^3$ l'application linéaire définie par la relation $T(x_1, x_2) = (x_1 - 2x_2, -x_1 + 3x_2, 3x_1 - 2x_2)$. Déterminer $\mathbf{x}$ tel que $T(\mathbf{x}) = (-1, 4, 9)$.

Dans les exercices 23 et 24, dire si les affirmations proposées sont vraies ou fausses. Justifier chaque réponse.

23. a. Une application linéaire $T : \mathbb{R}^n \to \mathbb{R}^m$ est entièrement déterminée par son action sur les colonnes de la matrice unité $n \times n$.

    b. Une rotation autour de l'origine est une application linéaire.

    c. Si l'on effectue deux transformations linéaires l'une après l'autre, le résultat final peut ne pas correspondre à une application linéaire.

    d. Une application $T : \mathbb{R}^n \to \mathbb{R}^m$ est surjective si tout vecteur $\mathbf{x}$ de $\mathbb{R}^n$ a une image dans $\mathbb{R}^m$.

    e. Si A est une matrice 3×2, alors l'application $\mathbf{x} \mapsto A\mathbf{x}$ ne peut pas être injective.

24. a. Toute application linéaire de $\mathbb{R}^n$ dans $\mathbb{R}^m$ se ramène à une transformation matricielle.

b. Les colonnes de la matrice canoniquement associée à une application linéaire T de $\mathbb{R}^n$ dans $\mathbb{R}^m$ sont les images par T des colonnes de la matrice unité $n \times n$.

c. La matrice canoniquement associée à une transformation linéaire $T : \mathbb{R}^2 \to \mathbb{R}^2$ qui effectue d'abord la réflexion par rapport à l'axe des x_1, puis la réflexion par rapport à l'axe des x_2 (ou bien par rapport à l'origine) est de la forme $\begin{bmatrix} a & 0 \\ 0 & d \end{bmatrix}$, où a et d valent ± 1.

d. Une application $T : \mathbb{R}^n \to \mathbb{R}^m$ est injective si tout vecteur de $\mathbb{R}^n$ est transformé par T en un unique vecteur de $\mathbb{R}^m$.

e. Si A est une matrice 4×3, alors l'application $\mathbf{x} \mapsto A\mathbf{x}$ ne peut pas être surjective.

Dans les exercices 25 à 28, préciser si l'application linéaire proposée est (a) injective ou (b) surjective. Justifier chaque réponse.

25. L'application de l'exercice 17

26. L'application de l'exercice 2

27. L'application de l'exercice 19

28. L'application de l'exercice 14

Dans les exercices 29 et 30, indiquer les formes échelonnées possibles de la matrice canoniquement associée à l'application linéaire T. On utilisera les notations de l'exemple 1 de la section 1.2.

29. $T : \mathbb{R}^3 \to \mathbb{R}^4$ est injective.

30. $T : \mathbb{R}^4 \to \mathbb{R}^3$ est surjective.

31. Soit $T : \mathbb{R}^n \to \mathbb{R}^m$ une application linéaire et A la matrice canoniquement associée à T. Compléter la phrase suivante pour en faire un énoncé vrai : « T est injective si et seulement si A a ____ colonnes pivots. » Justifier alors l'énoncé obtenu. [*Indication :* Chercher des idées dans les exercices de la section 1.7.]

32. Soit $T : \mathbb{R}^n \to \mathbb{R}^m$ une application linéaire et A la matrice canoniquement associée à T. Compléter la phrase suivante pour en faire un énoncé vrai : « T est surjective si et seulement si A a ____ colonnes pivots. » Trouver alors des théorèmes justifiant l'énoncé obtenu.

33. On veut montrer l'unicité de A dans le théorème 10. Soit $T : \mathbb{R}^n \to \mathbb{R}^m$ une application linéaire telle que $T(\mathbf{x}) = B\mathbf{x}$ pour une certaine matrice B de taille $m \times n$. Montrer que si A est la matrice canoniquement associée à T, alors $A = B$. [*Indication :* Montrer que A et B ont les mêmes colonnes.]

34. Pourquoi la question de la surjectivité est-elle une question d'existence ?

35. Si $T : \mathbb{R}^n \to \mathbb{R}^m$ est une application surjective de $\mathbb{R}^n$ dans $\mathbb{R}^m$, quelle relation y a-t-il entre m et n ? Même question si T est injective.

36. Soit $S : \mathbb{R}^p \to \mathbb{R}^n$ et $T : \mathbb{R}^n \to \mathbb{R}^m$ deux applications linéaires. Montrer que l'application $\mathbf{x} \mapsto T(S(\mathbf{x}))$ est une application linéaire (de $\mathbb{R}^p$ dans $\mathbb{R}^m$). [*Indication :* Calculer $T(S(c\mathbf{u} + d\mathbf{v}))$ pour des vecteurs $\mathbf{u}$ et $\mathbf{v}$ de $\mathbb{R}^p$ et des scalaires c et d. Justifier chaque étape du calcul et expliquer pourquoi ce calcul conduit bien à la conclusion voulue.]

[M] Dans les exercices 37 à 40, on considère l'application T canoniquement associée à la matrice proposée. Dans les exercices 37 et 38, étudier l'injectivité de T. Dans les exercices 39 et 40, étudier la surjectivité de T. Justifier les réponses.

37. $\begin{bmatrix} -5 & 10 & -5 & 4 \\ 8 & 3 & -4 & 7 \\ 4 & -9 & 5 & -3 \\ -3 & -2 & 5 & 4 \end{bmatrix}$ **38.** $\begin{bmatrix} 7 & 5 & 4 & -9 \\ 10 & 6 & 16 & -4 \\ 12 & 8 & 12 & 7 \\ -8 & -6 & -2 & 5 \end{bmatrix}$

39. $\begin{bmatrix} 4 & -7 & 3 & 7 & 5 \\ 6 & -8 & 5 & 12 & -8 \\ -7 & 10 & -8 & -9 & 14 \\ 3 & -5 & 4 & 2 & -6 \\ -5 & 6 & -6 & -7 & 3 \end{bmatrix}$

40. $\begin{bmatrix} 9 & 13 & 5 & 6 & -1 \\ 14 & 15 & -7 & -6 & 4 \\ -8 & -9 & 12 & -5 & -9 \\ -5 & -6 & -8 & 9 & 8 \\ 13 & 14 & 15 & 2 & 11 \end{bmatrix}$

SOLUTIONS DES EXERCICES D'ENTRAÎNEMENT

1. Examinons à la figure 5 ce qui se passe pour $\mathbf{e}_1$ et $\mathbf{e}_2$. Tout d'abord, $\mathbf{e}_1$ n'est pas modifié par la transvection, puis il est transformé en $-\mathbf{e}_1$ par la réflexion. Donc $T(\mathbf{e}_1) = -\mathbf{e}_1$. Ensuite, $\mathbf{e}_2$ est transformé en $\mathbf{e}_2 - 0{,}5\mathbf{e}_1$ par la transvection. Comme la réflexion par rapport à l'axe des x_2 change $\mathbf{e}_1$ en $-\mathbf{e}_1$ et laisse $\mathbf{e}_2$ inchangé, le vecteur $\mathbf{e}_2 - 0{,}5\mathbf{e}_1$ se transforme en $\mathbf{e}_2 + 0{,}5\mathbf{e}_1$.

Donc $T(\mathbf{e}_2) = \mathbf{e}_2 + 0{,}5\mathbf{e}_1$. La matrice canoniquement associée à T est donc

$$\begin{bmatrix} T(\mathbf{e}_1) & T(\mathbf{e}_2) \end{bmatrix} = \begin{bmatrix} -\mathbf{e}_1 & \mathbf{e}_2 + 0{,}5\mathbf{e}_1 \end{bmatrix} = \begin{bmatrix} -1 & 0{,}5 \\ 0 & 1 \end{bmatrix}$$

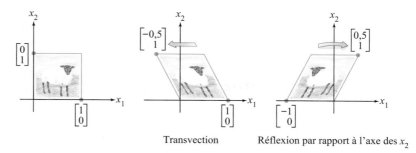

Transvection   Réflexion par rapport à l'axe des x_2

FIGURE 5 Composée de deux applications

2. A est la matrice canonique associée à la transformation T. Comme A a 5 colonnes et 5 pivots, il existe un pivot dans chaque colonne ; les colonnes de A sont donc linéairement indépendantes. Par le théorème 12, on déduit que T est injective. Comme A a 7 lignes et uniquement 5 pivots, il n'y a pas un pivot par ligne. Par conséquent, les colonnes de A n'engendrent pas $\mathbb{R}^7$. D'après le théorème 12, T n'est pas surjective.

1.10 APPLICATIONS EN ÉCONOMIE, EN SCIENCES ET EN INGÉNIERIE

Les modèles mathématiques présentés dans cette section sont tous *linéaires*, c'est-à-dire qu'ils décrivent un problème au moyen d'une équation linéaire, écrite en général sous forme matricielle ou vectorielle. Le premier modèle concerne un problème de nutrition, mais il est en fait représentatif d'une technique générale utilisée dans des questions de programmation linéaire. Le deuxième modèle vient d'un problème de génie électrique. Le troisième introduit le concept de *relation de récurrence linéaire*, un puissant outil mathématique permettant d'étudier des processus dynamiques dans une grande variété de domaines tels que les sciences de l'ingénieur, l'écologie, l'économie, les télécommunications ou le management. Les modèles linéaires sont importants car les phénomènes naturels sont souvent linéaires ou quasi linéaires, pour peu que les variables dont le phénomène dépend restent dans des limites raisonnables. De plus, les modèles linéaires sont bien plus adaptés aux calculs par ordinateur que des modèles non linéaires souvent très complexes.

Le lecteur est invité à prêter attention à la façon dont la linéarité du modèle traduit certaines propriétés du système modélisé.

Conception d'un régime amaigrissant

La formule nutritionnelle du régime de Cambridge, régime alimentaire qui eut son heure de gloire dans les années 1980, fut le résultat de plusieurs années de recherche. Une équipe de scientifiques, dirigée par le Dr Alan H. Howard, a mis au point ce régime à l'Université de Cambridge, après plus de huit ans d'essais cliniques sur des patients obèses[14]. Ce régime très pauvre en calories s'appuie sur un équilibre précis entre, d'une part, des glucides, des protéines de haute qualité et des lipides, et, d'autre part, des vitamines, des sels minéraux, des oligoéléments et divers ions. Des millions de personnes sont parvenues, grâce à ce régime, à une perte de poids importante et rapide.

---

[14] La première annonce de ce régime très efficace a été publiée dans l'*International Journal of Obesity*, **2**, 1978, p. 321 à 332.

Pour réaliser les quantités et proportions voulues de nutriments, le Dr Howard dut réunir une grande variété d'aliments pour composer le régime. Chaque aliment apportait plusieurs des ingrédients nécessaires, mais pas dans les bonnes proportions. Le lait écrémé, par exemple, était une source essentielle de protéines, mais contenait trop de calcium. On utilisa donc de la farine de soja pour une partie des protéines, parce que cette farine contient peu de calcium. Mais la farine de soja contenait proportionnellement trop de lipides, donc on ajouta du petit-lait qui contient moins de lipides pour une même quantité de calcium. Mais hélas, le petit-lait contient trop de glucides…

L'exemple qui suit illustre le problème sur une petite échelle. Le tableau 1 contient une liste de trois des ingrédients composant le régime, ainsi que les quantités de certains nutriments apportés par 100 g de chaque ingrédient[15].

TABLEAU 1

| Apport (en grammes) pour 100 g d'ingrédient | | | | Apport journalier (en grammes) |
Nutriment	Lait écrémé	Farine de soja	Petit-lait	selon le régime de Cambridge
Protéines	36	51	13	33
Glucides	52	34	74	45
Lipides	0	7	1,1	3

EXEMPLE 1 Trouver si possible les quantités journalières de lait écrémé, de farine de soja et de petit-lait permettant de réaliser les apports de protéines, de glucides et de lipides préconisés par le régime (tableau 1).

SOLUTION On note x_1, x_2 et x_3 les quantités respectives (l'unité étant la centaine de grammes) de chacun des aliments. On peut aborder le problème en écrivant les équations séparément pour chaque nutriment. Par exemple, le produit

$$\begin{Bmatrix} x_1 \text{ unités de} \\ \text{lait écrémé} \end{Bmatrix} \cdot \begin{Bmatrix} \text{protéines par unité} \\ \text{de lait écrémé} \end{Bmatrix}$$

donne la quantité de protéines apportée par x_1 unités de lait écrémé. Il faudrait ensuite ajouter des produits de ce type pour la farine de soja et le petit-lait, et écrire que la somme doit être égale à la quantité de protéine prescrite. Il faudrait ensuite effectuer ces calculs pour chaque nutriment.

Une méthode plus efficace et conceptuellement plus simple consiste à considérer un « vecteur nutriment » pour chaque aliment et à écrire une seule équation vectorielle. La quantité de nutriments apportée par x_1 unités de lait écrémé est égale au vecteur

$$\underset{\text{Scalaire}}{\begin{Bmatrix} x_1 \text{ unités de} \\ \text{lait écrémé} \end{Bmatrix}} \cdot \underset{\text{Vecteur}}{\begin{Bmatrix} \text{nutriments par unité} \\ \text{de lait écrémé} \end{Bmatrix}} = x_1 \mathbf{a}_1 \qquad (1)$$

où $\mathbf{a}_1$ représente la première colonne du tableau 1. On note de même $\mathbf{a}_2$ et $\mathbf{a}_3$ les vecteurs correspondant respectivement aux nutriments par unité de farine de soja et de petit-lait, et $\mathbf{b}$ le vecteur correspondant aux nutriments préconisés par le régime (dernière colonne du tableau). Alors $x_2\mathbf{a}_2$ et $x_3\mathbf{a}_3$ donnent les nutriments apportés respectivement par x_2 unités de farine de soja et x_3 unités de petit-lait. On obtient ainsi l'équation

$$x_1\mathbf{a}_1 + x_2\mathbf{a}_2 + x_3\mathbf{a}_3 = \mathbf{b} \qquad (2)$$

---

[15] Les ingrédients sont ceux utilisés dans le régime en 1984 ; les données sur les nutriments sont adaptées du *USDA Agricultural Handbooks*, n° 8-1 et 8-6, 1976.

La méthode du pivot appliquée à la matrice complète du système correspondant montre que

$$\begin{bmatrix} 36 & 51 & 13 & 33 \\ 52 & 34 & 74 & 45 \\ 0 & 7 & 1{,}1 & 3 \end{bmatrix} \sim \cdots \sim \begin{bmatrix} 1 & 0 & 0 & 0{,}277 \\ 0 & 1 & 0 & 0{,}392 \\ 0 & 0 & 1 & 0{,}233 \end{bmatrix}$$

On en conclut que l'application du régime nécessite, avec trois chiffres significatifs, 0,277 unité de lait écrémé, 0,392 unité de farine de soja et 0,233 unité de petit-lait afin d'obtenir les quantités nécessaires de protéines, de glucides et de lipides. ∎

Il est essentiel ici d'obtenir des valeurs de x_1, x_2 et x_3 positives ou nulles. La solution doit en effet être physiquement réalisable (Quel sens une quantité de $-0{,}233$ unité de petit-lait aurait-elle, par exemple ?). S'il existe beaucoup de préconisations sur les nutriments, il peut être nécessaire d'élargir la gamme d'aliments pour obtenir un système linéaire dont la solution est « positive ». Il faut donc tester en général de très nombreuses combinaisons d'ingrédients pour trouver un système d'équations ayant cette propriété. Dans les faits, le fabricant du régime de Cambridge était capable de produire des quantités très précises de 31 nutriments en n'utilisant que 33 ingrédients.

Si le problème de la conception d'un régime conduit à l'équation *linéaire* (2), c'est parce que les quantités de nutriments apportées par chaque ingrédient apparaissent, à l'instar de l'équation (1), comme le produit d'un scalaire par un vecteur. Cela revient à dire que les nutriments apportés par un ingrédient sont en quantité *proportionnelle* à la quantité d'ingrédients contenue dans la préparation. De plus, chaque nutriment dans la préparation est la *somme* des quantités contenues dans les différents ingrédients.

Ces problèmes de conception de régimes spécialisés, aussi bien pour l'alimentation humaine que pour l'alimentation animale, se rencontrent fréquemment. On les traite en général par des techniques de programmation linéaire. Notre méthode de construction d'équations vectorielles simplifie souvent la formulation de problèmes de ce type.

Équations linéaires et circuits électriques

Un courant électrique dans un circuit simple peut être décrit par un système d'équations linéaires. Un générateur tel qu'une pile force les électrons à se déplacer dans le circuit. Quand le courant traverse résistance (comme une ampoule ou un moteur), une partie de la tension électrique est « consommée ». D'après la loi d'Ohm, cette « chute de tension » à travers la résistance est donnée par la formule

$$V = RI$$

où la tension V est mesurée en *volts*, la résistance R en *ohms* (unité notée Ω) et l'intensité I en *ampères* (A).

On considère le circuit de la figure 1, constitué de trois boucles fermées (mailles). Les intensités passant dans les mailles 1, 2 et 3 sont notées respectivement I_1, I_2 et I_3. Pour chacun de ces *courants*, on a choisi un sens de parcours arbitraire. Une intensité négative signifiera que le sens réel de circulation du courant est le sens contraire à celui indiqué sur la figure. Si le sens indiqué part de la borne positive (symbolisée par la borne longue) de la pile (⊣⊢) pour arriver à la borne négative (la plus courte), alors la tension est positive ; elle est négative dans le cas contraire.

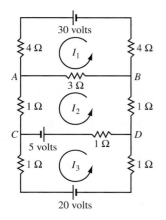

FIGURE 1

Le courant dans une maille est régi par la règle suivante.

LOI DE KIRCHHOFF (LOI DES MAILLES)

La somme algébrique des différences de potentiel RI le long d'une maille orientée est égale à la somme algébrique des tensions aux bornes des générateurs de cette maille orientée.

EXEMPLE 2 Déterminer les intensités dans les mailles du circuit de la figure 1.

SOLUTION Pour la maille 1, l'intensité I_1 traverse trois résistances et la somme des différences de potentiel RI est

$$4I_1 + 4I_1 + 3I_1 = (4 + 4 + 3)I_1 = 11I_1$$

Le courant de la maille 2 traverse aussi une partie de la maille 1, à travers la petite *branche* entre A et B. La différence de potentiel correspondante RI est à cet endroit de $3I_2$ volts. Toutefois, le sens du courant pour la branche AB dans la maille 1 est l'opposé de celui choisi pour la maille 2. Donc la somme algébrique de toutes les différences de potentiel RI de la maille 1 est $11I_1 - 3I_2$. Comme la tension dans la maille 1 est de $+30$ V, la loi de Kirchhoff indique que

$$11I_1 - 3I_2 = 30$$

On obtient de même, pour la maille 2,

$$-3I_1 + 6I_2 - I_3 = 5$$

Le terme $-3I_1$ est dû au passage du courant de la maille 1 à travers la branche AB (comptée négativement, car le sens choisi pour la maille 1 est à cet endroit opposé à celui de la maille 2). Le terme $6I_2$ correspond à la somme de toutes les résistances de la maille 2, multipliée par l'intensité dans cette maille. Le terme $-I_3 = -1 \cdot I_3$ vient du courant de la maille 3 passant dans la résistance de 1 Ω de la branche CD, dans le sens contraire au courant de la maille 2. L'équation pour la maille 3 est

$$-I_2 + 3I_3 = -25$$

On remarque que la pile de 5 V de la branche CD est comptée comme appartenant aux mailles 2 et 3, mais est de -5 V pour la maille 3 à cause du sens choisi pour le courant dans la maille 3. La pile de 20 V est comptée négativement pour la même raison.

On obtient les intensités dans chaque maille en résolvant le système

$$\begin{align} 11I_1 - 3I_2 \qquad\quad &= \quad 30 \\ -3I_1 + 6I_2 - \ I_3 &= \quad\ 5 \\ -\ I_2 + 3I_3 &= -25 \end{align} \tag{3}$$

Si l'on effectue les opérations adéquates sur les lignes de la matrice complète, on obtient $I_1 = 3$ A, $I_2 = 1$ A et $I_3 = -8$ A. La valeur négative de I_3 montre que le courant qui passe effectivement dans la maille 3 est de sens contraire à celui dessiné sur la figure 1. ∎

Il est utile d'interpréter le système (3) comme une équation vectorielle :

$$I_1 \begin{bmatrix} 11 \\ -3 \\ 0 \end{bmatrix} + I_2 \begin{bmatrix} -3 \\ 6 \\ -1 \end{bmatrix} + I_3 \begin{bmatrix} 0 \\ -1 \\ 3 \end{bmatrix} = \begin{bmatrix} 30 \\ 5 \\ -25 \end{bmatrix} \tag{4}$$

$$\underset{\mathbf{r}_1}{\uparrow} \qquad\qquad \underset{\mathbf{r}_2}{\uparrow} \qquad\qquad \underset{\mathbf{r}_3}{\uparrow} \qquad\qquad \underset{\mathbf{v}}{\uparrow}$$

La première composante de chaque vecteur est liée à la première maille ; de même pour les deuxième et troisième composantes. Le premier vecteur de résistance $\mathbf{r}_1$ est constitué des résistances des différentes mailles à travers lesquelles passe le courant I_1. Une résistance est comptée négativement si I_1 passe dans le sens contraire d'une autre maille. Le lecteur est invité à examiner attentivement la figure 1 et à regarder comment on calcule les composantes de $\mathbf{r}_1$, puis à procéder de même pour $\mathbf{r}_2$ et $\mathbf{r}_3$. La forme matricielle de l'équation (4),

$$R\mathbf{i} = \mathbf{v}, \quad \text{avec} \quad R = [\,\mathbf{r}_1 \quad \mathbf{r}_2 \quad \mathbf{r}_3\,] \quad \text{et} \quad \mathbf{i} = \begin{bmatrix} I_1 \\ I_2 \\ I_3 \end{bmatrix}$$

donne une version matricielle de la loi d'Ohm. Si toutes les mailles sont munies du même sens de parcours (par exemple le sens contraire des aiguilles d'une montre), alors tous les coefficients situés en dehors de la diagonale de R seront négatifs.

L'équation matricielle $R\mathbf{i} = \mathbf{v}$ permet de voir la linéarité du modèle au premier coup d'œil. Si par exemple le vecteur de tension est multiplié par deux, alors le vecteur d'intensité le sera aussi. Le *principe de superposition* s'applique également, c'est-à-dire que la solution de l'équation (4) est la somme des solutions des équations

$$R\mathbf{i} = \begin{bmatrix} 30 \\ 0 \\ 0 \end{bmatrix}, \qquad R\mathbf{i} = \begin{bmatrix} 0 \\ 5 \\ 0 \end{bmatrix} \quad \text{et} \quad R\mathbf{i} = \begin{bmatrix} 0 \\ 0 \\ -25 \end{bmatrix}$$

Chacune de ces équations correspond au circuit muni d'un seul générateur (les autres étant remplacés par un conducteur fermant la maille). Le modèle des circuits électriques est *linéaire* précisément parce que les lois d'Ohm et de Kirchhoff sont linéaires : la tension aux bornes d'une résistance est *proportionnelle* à l'intensité qui la traverse (Ohm) et la *somme* des tensions dans une maille est égale à la somme des tensions aux bornes des générateurs de cette maille (Kirchhoff).

On peut utiliser les intensités de maille dans un circuit pour déterminer l'intensité dans n'importe quelle branche du réseau. Si une branche n'est traversée que par le courant d'une seule maille, par exemple la partie du circuit qui va de B à D dans la figure 1, l'intensité dans cette branche est égale à celle parcourant la maille. Si une branche est traversée par le courant de plusieurs mailles, comme la branche allant de A vers B, l'intensité dans cette branche est la somme algébrique des intensités des mailles (*loi des nœuds de Kirchhoff*). L'intensité dans la branche AB est par exemple $I_1 - I_2 = 3 - 1 = 2$ A, dans le sens de I_1. L'intensité dans CD est $I_2 - I_3 = 9$ A.

Récurrences linéaires

La nécessité de modéliser mathématiquement des systèmes dynamiques qui évoluent au cours du temps apparaît dans beaucoup de domaines comme l'écologie, l'économie ou les sciences de l'ingénieur. On mesure à des intervalles de temps réguliers un certain nombre de données du système, obtenant ainsi une suite de vecteurs $\mathbf{x}_0, \mathbf{x}_1, \mathbf{x}_2, \ldots$ Les composantes de $\mathbf{x}_k$ fournissent des informations sur l'*état* du système au moment de la k^e mesure.

S'il existe une matrice A telle que $\mathbf{x}_1 = A\mathbf{x}_0, \mathbf{x}_2 = A\mathbf{x}_1$ et, plus généralement,

$$\mathbf{x}_{k+1} = A\mathbf{x}_k \quad \text{pour } k = 0, 1, 2, \ldots \tag{5}$$

alors (5) est appelée **relation de récurrence linéaire**. Une telle relation permet de calculer $\mathbf{x}_1$, $\mathbf{x}_2$ etc., pourvu que l'on connaisse $\mathbf{x}_0$. Les sections 4.8 et 4.9, ainsi que plusieurs sections du chapitre 5, permettront d'établir des formules explicites pour $\mathbf{x}_k$ et de décrire le comportement de $\mathbf{x}_k$ quand k tend vers l'infini. La situation décrite ci-dessous permet d'illustrer la façon dont de telles relations de récurrence peuvent apparaître.

L'un des sujets auxquels les démographes s'intéressent est celui des mouvements de populations ou de groupes d'une région à l'autre. Le modèle simplifié présenté ici étudie les changements de population d'une ville et de sa banlieue sur une période de plusieurs années.

On considère une année initiale (disons 2017 pour fixer les idées) et l'on note r_0 et s_0 les populations respectives de la ville et de sa banlieue cette année-là. Soit $\mathbf{x}_0$ le « vecteur de population »

$$\mathbf{x}_0 = \begin{bmatrix} r_0 \\ s_0 \end{bmatrix} \quad \text{Population de la ville, 2017} \\ \text{Population de la banlieue, 2017}$$

Pour les années 2018 et suivantes, on note les populations de la ville et de sa banlieue au moyen des vecteurs

$$\mathbf{x}_1 = \begin{bmatrix} r_1 \\ s_1 \end{bmatrix}, \qquad \mathbf{x}_2 = \begin{bmatrix} r_2 \\ s_2 \end{bmatrix}, \qquad \mathbf{x}_3 = \begin{bmatrix} r_3 \\ s_3 \end{bmatrix} \dots$$

On cherche à décrire mathématiquement les relations entre ces vecteurs.

On suppose que des études démographiques ont montré (voir figure 2) qu'environ 5 % de la population de la ville partait en banlieue (et 95 % restait dans la ville), tandis que 3 % de la population de la banlieue partait pour la ville (et 97 % restait en banlieue).

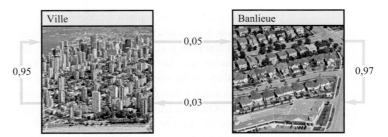

FIGURE 2 Pourcentage annuel de migrations entre une ville et sa banlieue

Au bout d'un an, les r_0 personnes qui habitaient initialement la ville se sont réparties entre ceux qui restaient en ville et ceux qui déménageaient en banlieue, selon le vecteur

$$\begin{bmatrix} 0{,}95 r_0 \\ 0{,}05 r_0 \end{bmatrix} = r_0 \begin{bmatrix} 0{,}95 \\ 0{,}05 \end{bmatrix} \quad \text{Restent en ville} \\ \text{Partent pour la banlieue} \tag{6}$$

Les s_0 personnes qui étaient en banlieue en 2017 se répartissent l'année suivante en

$$s_0 \begin{bmatrix} 0{,}03 \\ 0{,}97 \end{bmatrix} \quad \text{Partent pour la ville} \\ \text{Restent en banlieue} \tag{7}$$

Les vecteurs de (6) et (7) représentent la population totale de 2018[16]. On a donc

$$\begin{bmatrix} r_1 \\ s_1 \end{bmatrix} = r_0 \begin{bmatrix} 0{,}95 \\ 0{,}05 \end{bmatrix} + s_0 \begin{bmatrix} 0{,}03 \\ 0{,}97 \end{bmatrix} = \begin{bmatrix} 0{,}95 & 0{,}03 \\ 0{,}05 & 0{,}97 \end{bmatrix} \begin{bmatrix} r_0 \\ s_0 \end{bmatrix}$$

C'est-à-dire que

$$\mathbf{x}_1 = M \mathbf{x}_0 \tag{8}$$

---

[16] Pour simplifier, on néglige les autres facteurs qui pourraient influer sur la taille de la population, comme les naissances, les décès ou les migrations vers ou depuis l'agglomération.

où M est la **matrice de migration** correspondant au tableau :

$$
\begin{array}{cc}
\text{Depuis :} & \\
\text{Ville} \quad \text{Banlieue} & \text{Vers :} \\
\begin{bmatrix} 0,95 & 0,03 \\ 0,05 & 0,97 \end{bmatrix} & \begin{array}{l} \text{Ville} \\ \text{Banlieue} \end{array}
\end{array}
$$

La relation (8) décrit les changements de population entre 2017 et 2018. Si les pourcentages de migration restent constants, alors les changements entre 2018 et 2019 sont donnés par

$$\mathbf{x}_2 = M\mathbf{x}_1$$

et il en va de même entre 2019 et 2020, puis les années suivantes. De façon générale, on a

$$\mathbf{x}_{k+1} = M\mathbf{x}_k \quad \text{pour } k = 0, 1, 2, \ldots \tag{9}$$

La suite de vecteurs $\{\mathbf{x}_0, \mathbf{x}_1, \mathbf{x}_2, \ldots\}$ décrit la population de l'ensemble de l'agglomération sur une période de plusieurs années.

EXEMPLE 3 Calculer la population de l'agglomération décrite ci-dessus en 2018 et en 2019, en supposant que la population en 2017 était de 600 000 dans la ville et de 400 000 en banlieue.

SOLUTION La population initiale en 2017 est $\mathbf{x}_0 = \begin{bmatrix} 600\,000 \\ 400\,000 \end{bmatrix}$. Pour 2018, on a

$$\mathbf{x}_1 = \begin{bmatrix} 0,95 & 0,03 \\ 0,05 & 0,97 \end{bmatrix}\begin{bmatrix} 600\,000 \\ 400\,000 \end{bmatrix} = \begin{bmatrix} 582\,000 \\ 418\,000 \end{bmatrix}$$

et pour 2019,

$$\mathbf{x}_2 = M\mathbf{x}_1 = \begin{bmatrix} 0,95 & 0,03 \\ 0,05 & 0,97 \end{bmatrix}\begin{bmatrix} 582\,000 \\ 418\,000 \end{bmatrix} = \begin{bmatrix} 565\,440 \\ 434\,560 \end{bmatrix}$$ ∎

Le modèle de mouvement de population décrit par (9) est *linéaire*, parce que l'application $\mathbf{x}_k \mapsto \mathbf{x}_{k+1}$ est linéaire. Cette linéarité provient de deux facteurs : comme on le voit en (6) et en (7), le nombre de personnes qui déménagent d'une partie de l'agglomération à l'autre est *proportionnel* au nombre de personnes qui y résident, et l'effet cumulé de ces choix résulte de l'*addition* des mouvements de population provenant de chacune des régions.

EXERCICE D'ENTRAÎNEMENT

Déterminer une matrice A et des vecteurs $\mathbf{x}$ et $\mathbf{b}$ tels que le problème de l'exemple 1 se ramène à la résolution de l'équation $A\mathbf{x} = \mathbf{b}$.

1.10 EXERCICES

1. Les paquets de céréales pour petit déjeuner mentionnent en général le nombre de calories ainsi que les quantités de protéines, de glucides et de lipides contenues dans chaque portion. Ces informations sont données dans le tableau suivant pour deux types de céréales. On veut préparer un mélange des deux céréales de façon à avoir exactement 295 calories, 9 g de protéines, 48 g de glucides et 8 g de lipides.

Information nutritionnelle pour une portion		
Nutriment	Céréales A	Céréales B
Calories	110	130
Protéines (g)	4	3
Glucides (g)	20	18
Lipides (g)	2	5

a. Écrire une équation vectorielle correspondant à ce problème. On précisera la signification de chaque inconnue.

b. Écrire une équation matricielle équivalente, et indiquer si le mélange voulu est possible.

2. Une portion de céréales de marque A fournit 160 calories, 5 g de protéines, 6 g de fibres et 1 g de lipides. Une portion de marque C fournit 110 calories, 2 g de protéines, 0,1 g de fibres et 0,4 g de lipides.

a. Construire une matrice B et un vecteur $\mathbf{u}$ tels que $B\mathbf{u}$ donne les quantités de calories, de protéines, de fibres et de lipides contenues dans un mélange composé de trois portions de la marque A et deux portions de la marque C.

b. **[M]** On veut un bol de céréales contenant plus de fibres que C, mais moins de calories que A. Est-il possible de faire un mélange de ces deux céréales contenant 130 calories, 3,20 g de protéines, 2,46 g de fibres et 0,64 g de lipides ? Si oui, comment composer le mélange ?

3. Après avoir suivi des cours de diététique, une amatrice de plats préparés de macaronis au fromage décide d'augmenter la quantité de protéines et de fibres de son déjeuner favori en y ajoutant des brocolis et du poulet. Les informations nutritionnelles concernant les produits mentionnés dans cet exercice sont reproduites dans le tableau suivant.

Information nutritionnelle pour une portion

Nutriment	Macaronis au fromage	Brocolis	Poulet	Coquillettes
Calories	270	51	70	260
Protéines (g)	10	5,4	15	9
Fibres (g)	2	5,2	0	5

a. **[M]** Quelle proportion de chaque portion de macaronis, de brocolis et de poulet cette personne doit-elle utiliser pour limiter son déjeuner à 400 calories tout en absorbant 30 g de protéines et 10 g de fibres ?

b. **[M]** La personne estime finalement que la solution trouvée en (a) contient trop de brocolis et décide de remplacer les macaronis au fromage par un autre plat industriel composé de coquillettes au cheddar. Comment doit-elle, avec ces ingrédients, composer son repas pour réaliser les mêmes objectifs qu'en (a) ?

4. Le régime de Cambridge doit apporter, en plus des nutriments déjà énumérés dans le tableau 1 de l'exemple 1, 0,8 g de calcium. Les trois ingrédients du régime apportent chacun par unité (100 g) les quantités de calcium suivantes : 1,26 g vient du lait écrémé, 0,19 g de la farine de soja et 0,8 g du petit-lait. On utilise en plus de ces trois ingrédients une protéine de soja (qui a été isolée) qui apporte par unité : 80 g de protéines, 0 g de glucides, 3,4 g de lipides et 0,18 g de calcium.

a. Écrire une équation matricielle dont la solution détermine les quantités de lait écrémé, de farine de soja, de petit-lait et de protéines de soja nécessaires à l'obtention des quantités précises de protéines, de glucides, de lipides

et de calcium préconisées par le régime. On précisera la signification de chaque inconnue.

b. **[M]** Résoudre l'équation obtenue en (a) et commenter les résultats.

Dans les exercices 5 à 8, écrire une équation matricielle permettant le calcul des intensités de chaque maille. **[M]** Si MATLAB ou un autre logiciel permettant le calcul matriciel est disponible, calculer les intensités de chaque maille en résolvant le système.

5.

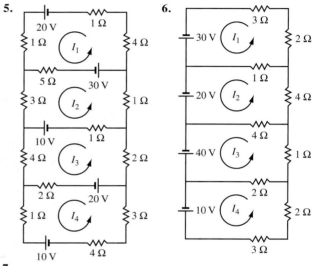

6.

7.

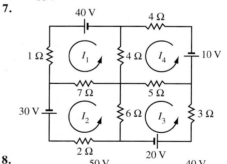

8.

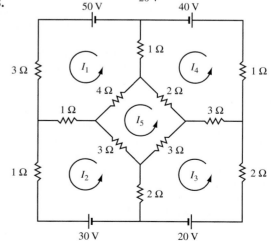

9. Dans une agglomération donnée, environ 7 % de la population de la ville déménage en banlieue chaque année, et environ 5 % de la population part de la banlieue pour la ville. En 2017, la ville comptait 800 000 habitants et la banlieue 500 000. Établir une relation de récurrence linéaire décrivant cette situation, en notant $\mathbf{x}_0$ la population initiale en 2017. Estimer la population dans la ville et dans la banlieue deux ans plus tard, en 2019 (on négligera les autres facteurs pouvant influer sur les variations de population).

10. Dans une agglomération donnée, environ 6 % de la population de la ville déménage en banlieue chaque année, et environ 4 % de la population part de la banlieue pour la ville. En 2017, la ville elle-même comptait 10 000 000 habitants et la banlieue 800 000. Établir une relation de récurrence linéaire décrivant cette situation, en notant $\mathbf{x}_0$ la population initiale en 2017. Estimer la population dans la ville et dans la banlieue deux ans plus tard, en 2019.

11. En 2012, la population de la Californie s'élevait à 38 041 430 habitants et la population des États-Unis, Californie *exclue*, à 275 872 610 habitants. On estime que pendant l'année, 748 252 personnes ont quitté la Californie pour d'autres régions des États-Unis, tandis que 493 641 sont arrivées en Californie depuis le reste des États-Unis[17].

    a. Écrire une matrice de migration décrivant cette situation ; les taux de départ ou d'arrivée concernant la Californie seront estimés avec cinq chiffres après la virgule. On détaillera la façon dont la matrice a été déterminée.

    b. **[M]** Estimer à partir des résultats précédents les populations respectives en Californie et dans le reste des États-Unis en 2022, en supposant que les taux de migration n'ont pas changé pendant ces dix années (ces calculs ne prennent pas en compte les naissances, les décès ou les mouvements de populations provenant ou à destination d'autres pays).

12. **[M]** Une agence de location de voitures dispose d'une flotte d'environ 500 véhicules, répartie dans la ville entre trois sites différents. Une voiture louée à un endroit peut être restituée dans n'importe lequel de ces sites. Les diverses proportions de voitures restituées sur chacun des sites figurent dans la matrice suivante. On suppose qu'un lundi, 295 voitures sont louées à l'aéroport, 55 au bureau de l'est de la ville et 150 à celui de l'ouest.

Quelle sera la répartition approximative des voitures le mercredi suivant ?

	Voitures louées à :		
Aéroport	Est	Ouest	Rendues à :
0,97	0,05	0,10	Aéroport
0,00	0,90	0,05	Est
0,03	0,05	0,85	Ouest

13. **[M]** Soit M et $\mathbf{x}_0$ définis dans l'exemple 3.

    a. Calculer les vecteurs de population $\mathbf{x}_k$ pour les valeurs $k = 1, \ldots, 20$. Commenter les résultats.

    b. Reprendre la question (a) avec une population initiale de 350 000 habitants dans la ville et 650 000 en banlieue. Qu'observe-t-on ?

14. **[M]** On souhaite étudier l'influence de changements de température aux bords d'une plaque en acier sur les températures en des points intérieurs de la plaque.

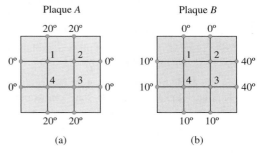

    a. Estimer les températures T_1, T_2, T_3 et T_4 aux quatre points intérieurs, dans chacun des deux cas de la figure. On suppose que la valeur de chaque T_k est approximativement égale à la moyenne des températures aux quatre points les plus proches. Dans les exercices 33 et 34 de la section 1.1, on avait trouvé comme valeurs (en degrés) $(20 ; 27,5 ; 30 ; 22,5)$. Quel lien existe-t-il entre ce résultat et celui que l'on obtient ici dans les cas (a) et (b) ?

    b. Estimer, sans aucun calcul, les températures intérieures si, dans (a), on multiplie par 3 toutes les températures aux bords. Vérifier cette conjecture.

    c. Formuler finalement une conjecture générale sur l'application qui, à la liste des huit températures aux bords, associe la liste des quatre températures intérieures.

---

[17] Les données sur les migrations proviennent du *Demographic Research Unit of the California State Department of Finance* (unité de recherches démographiques du ministère des Finances de Californie).

SOLUTION DE L'EXERCICE D'ENTRAÎNEMENT

$$A = \begin{bmatrix} 36 & 51 & 13 \\ 52 & 34 & 74 \\ 0 & 7 & 1,1 \end{bmatrix}, \quad \mathbf{x} = \begin{bmatrix} x_1 \\ x_2 \\ x_3 \end{bmatrix} \text{ et } \mathbf{b} = \begin{bmatrix} 33 \\ 45 \\ 3 \end{bmatrix}$$

CHAPITRE 1 EXERCICES SUPPLÉMENTAIRES

1. Dire si les affirmations proposées sont vraies ou fausses. Justifier chaque réponse : si l'énoncé est vrai, citer une propriété ou un théorème qui convienne; s'il est faux, expliquer pourquoi ou proposer un contre-exemple qui montre qu'il n'est pas vrai dans tous les cas.

a. Toute matrice est équivalente selon les lignes à une unique matrice échelonnée.

b. Tout système de n équations linéaires à n inconnues a au plus n solutions.

c. Si un système d'équations linéaires admet deux solutions distinctes, alors il admet une infinité de solutions.

d. Tout système linéaire n'ayant aucune inconnue non principale a une solution unique.

e. Si l'on transforme une matrice complète $[\,A \quad \mathbf{b}\,]$ en $[\,C \quad \mathbf{d}\,]$ par une suite d'opérations élémentaires sur les lignes, alors les équations $A\mathbf{x} = \mathbf{b}$ et $C\mathbf{x} = \mathbf{d}$ ont exactement le même ensemble de solutions.

f. Si le système $A\mathbf{x} = \mathbf{b}$ admet plusieurs solutions, alors il en est de même pour le système $A\mathbf{x} = \mathbf{0}$.

g. Si A est une matrice $m \times n$ et qu'il existe un vecteur $\mathbf{b}$ tel que l'équation $A\mathbf{x} = \mathbf{b}$ soit compatible, alors les colonnes de A engendrent $\mathbb{R}^m$.

h. Si l'on peut transformer la matrice complète $[\,A \quad \mathbf{b}\,]$ par une suite d'opérations élémentaires en une matrice échelonnée réduite, alors l'équation $A\mathbf{x} = \mathbf{b}$ est compatible.

i. Si les matrices A et B sont équivalentes selon les lignes, alors elles ont la même forme échelonnée réduite.

j. L'équation $A\mathbf{x} = \mathbf{0}$ admet la solution triviale si et seulement si il n'existe pas d'inconnue non principale.

k. Si A est une matrice $m \times n$ et que l'équation $A\mathbf{x} = \mathbf{b}$ est compatible quel que soit $\mathbf{b}$ dans $\mathbb{R}^m$, alors A possède m colonnes pivots.

l. Si A est une matrice $m \times n$ dont chaque ligne contient une position de pivot, alors quel que soit $\mathbf{b}$ dans $\mathbb{R}^m$, l'équation $A\mathbf{x} = \mathbf{b}$ admet une solution unique.

m. Si une matrice $n \times n$ admet n positions de pivot, alors la forme échelonnée réduite de A est la matrice unité $n \times n$.

n. Si A et B sont deux matrices 3×3 ayant chacune trois positions de pivot, alors on peut transformer A en B par une suite d'opérations élémentaires.

o. Soit A une matrice $m \times n$. Si l'équation $A\mathbf{x} = \mathbf{b}$ admet au moins deux solutions distinctes et que l'équation $A\mathbf{x} = \mathbf{c}$ est compatible, alors l'équation $A\mathbf{x} = \mathbf{c}$ admet plusieurs solutions.

p. Si A et B sont deux matrices $m \times n$ équivalentes selon les lignes et que les colonnes de A engendrent $\mathbb{R}^m$, alors il en est de même des colonnes de B.

q. Si les vecteurs d'une famille de trois vecteurs de $\mathbb{R}^3$ ne sont pas deux à deux colinéaires, alors cette famille est libre.

r. Si $\mathbf{u}$, $\mathbf{v}$ et $\mathbf{w}$ sont linéairement indépendants, alors ils n'appartiennent pas à $\mathbb{R}^2$.

s. Il est possible dans certains cas que quatre vecteurs engendrent $\mathbb{R}^5$.

t. Si $\mathbf{u}$ et $\mathbf{v}$ sont deux vecteurs de $\mathbb{R}^m$, alors $-\mathbf{u}$ appartient à $\mathrm{Vect}\{\mathbf{u}, \mathbf{v}\}$.

u. Si $\mathbf{u}$, $\mathbf{v}$ et $\mathbf{w}$ sont des vecteurs non nuls de $\mathbb{R}^2$, alors $\mathbf{w}$ est une combinaison linéaire de $\mathbf{u}$ et $\mathbf{v}$.

v. Si $\mathbf{w}$ est une combinaison linéaire de deux vecteurs $\mathbf{u}$ et $\mathbf{v}$ de $\mathbb{R}^n$, alors $\mathbf{u}$ est une combinaison linéaire de $\mathbf{v}$ et $\mathbf{w}$.

w. Soit $\mathbf{v}_1$, $\mathbf{v}_2$ et $\mathbf{v}_3$ des vecteurs de $\mathbb{R}^5$, tels que $\mathbf{v}_2$ ne soit pas colinéaire à $\mathbf{v}_1$, et $\mathbf{v}_3$ ne soit pas une combinaison linéaire de $\mathbf{v}_1$ et $\mathbf{v}_2$. Alors la famille $(\mathbf{v}_1, \mathbf{v}_2, \mathbf{v}_3)$ est libre.

x. Une application linéaire est une fonction.

y. Si A est une matrice 6×5, alors l'application linéaire $\mathbf{x} \mapsto A\mathbf{x}$ ne peut pas être surjective.

z. Si A est une matrice $m \times n$ admettant m colonnes pivots, alors l'application linéaire $\mathbf{x} \mapsto A\mathbf{x}$ est injective.

2. Soit a et b deux réels. Décrire les ensembles de solutions possibles pour l'équation (linéaire) $ax = b$ [discuter selon les valeurs de a et b].

3. Si a, b et c ne sont pas tous nuls, alors les solutions (x, y, z) d'une seule équation linéaire $ax + by + cz = d$ forment un plan de $\mathbb{R}^3$. Construire des systèmes de trois équations linéaires tels que les plans associés (a) se coupent sur une même droite, (b) se coupent en un point, (c) n'aient aucun point commun. La figure qui suit représente les différentes situations possibles.

(a) Trois plans se coupant selon une droite

(b) Trois plans se coupant en un point

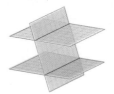

(c) Trois plans d'intersection vide

(c') Trois plans d'intersection vide

4. On considère un système de trois équations à trois inconnues dont la matrice des coefficients a une position de pivot dans chaque colonne. Justifier le fait que le système admet une solution unique.

5. Déterminer h et k de façon que l'ensemble des solutions du système (i) soit vide, (ii) contienne une solution unique, (iii) contienne une infinité de solutions.

a. $\quad x_1 + 3x_2 = k$
$\quad\quad 4x_1 + hx_2 = 8$

b. $\quad -2x_1 + hx_2 = \;\; 1$
$\quad\quad 6x_1 + kx_2 = -2$

6. On veut savoir si le système suivant est compatible :

$$4x_1 - 2x_2 + 7x_3 = -5$$
$$8x_1 - 3x_2 + 10x_3 = -3$$

a. En introduisant des vecteurs convenables, reformuler la question en termes de combinaisons linéaires, puis résoudre le problème.

b. En introduisant une matrice convenable, reformuler le problème en utilisant l'expression « colonnes de A ».

c. En définissant une application linéaire T à l'aide de la matrice introduite en (b), reformuler le problème en utilisant T.

7. On souhaite déterminer si le système suivant est compatible quelles que soient les valeurs de b_1, b_2 et b_3.

$$2x_1 - 4x_2 - 2x_3 = b_1$$
$$-5x_1 + \;\; x_2 + \;\; x_3 = b_2$$
$$7x_1 - 5x_2 - 3x_3 = b_3$$

a. En introduisant des vecteurs convenables, reformuler la question en utilisant Vect $\{\mathbf{v}_1, \mathbf{v}_2, \mathbf{v}_3\}$, puis résoudre le problème.

b. En introduisant une matrice convenable, reformuler le problème en utilisant l'expression « colonnes de A ».

c. En définissant une application linéaire T à l'aide de la matrice introduite en (b), reformuler le problème en utilisant T.

8. Avec les notations de l'exemple 1 de la section 1.2, décrire les formes échelonnées possibles pour A.

a. A est une matrice 2×3 dont les colonnes engendrent $\mathbb{R}^2$.

b. A est une matrice 3×3 dont les colonnes engendrent $\mathbb{R}^3$.

9. Exprimer le vecteur $\begin{bmatrix} 5 \\ 6 \end{bmatrix}$ comme une somme de deux vecteurs, l'un appartenant à la droite $\{(x, y) : y = 2x\}$ et l'autre à la droite $\{(x, y) : y = x/2\}$.

10. Soit $\mathbf{a}_1$, $\mathbf{a}_2$ et $\mathbf{b}$ les vecteurs de $\mathbb{R}^2$ représentés sur la figure. On pose $A = [\mathbf{a}_1 \quad \mathbf{a}_2]$. L'équation $A\mathbf{x} = \mathbf{b}$ admet-elle une solution ? Si oui, est-elle unique ? Expliquer.

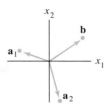

11. Construire une matrice A de type 2×3, non échelonnée, telle que l'ensemble des solutions de l'équation $A\mathbf{x} = \mathbf{0}$ soit une droite de $\mathbb{R}^3$.

12. Construire une matrice A de type 2×3, non échelonnée, telle que l'ensemble des solutions de l'équation $A\mathbf{x} = \mathbf{0}$ soit un plan de $\mathbb{R}^3$.

13. Écrire la forme échelonnée *réduite* d'une matrice A de type 3×3 dont les deux premières colonnes sont des colonnes pivots et telle que $A\begin{bmatrix} 3 \\ -2 \\ 1 \end{bmatrix} = \begin{bmatrix} 0 \\ 0 \\ 0 \end{bmatrix}$.

14. Déterminer la ou les valeurs de a telles que $\begin{bmatrix} 1 \\ a \end{bmatrix}$ et $\begin{bmatrix} a \\ a + 2 \end{bmatrix}$ soient linéairement indépendants.

15. On suppose dans (a) et (b) que les vecteurs sont linéairement indépendants. Que peut-on dire des réels $a, \ldots, f$? Justifier la réponse. [*Indication :* On utilisera un théorème du cours pour (b).]

a. $\begin{bmatrix} a \\ 0 \\ 0 \end{bmatrix}, \begin{bmatrix} b \\ c \\ 0 \end{bmatrix}, \begin{bmatrix} d \\ e \\ f \end{bmatrix}$
b. $\begin{bmatrix} a \\ 1 \\ 0 \\ 0 \end{bmatrix}, \begin{bmatrix} b \\ c \\ 1 \\ 0 \end{bmatrix}, \begin{bmatrix} d \\ e \\ f \\ 1 \end{bmatrix}$

16. À l'aide du théorème 7 de la section 1.7, justifier le fait que les colonnes de la matrice A sont linéairement indépendantes.

$$A = \begin{bmatrix} 1 & 0 & 0 & 0 \\ 2 & 5 & 0 & 0 \\ 3 & 6 & 8 & 0 \\ 4 & 7 & 9 & 10 \end{bmatrix}$$

17. Expliquer pourquoi si $(\mathbf{v}_1, \mathbf{v}_2, \mathbf{v}_3)$ est libre et que $\mathbf{v}_4$ *n'appartient pas* à Vect $\{\mathbf{v}_1, \mathbf{v}_2, \mathbf{v}_3\}$, alors la famille $(\mathbf{v}_1, \mathbf{v}_2, \mathbf{v}_3, \mathbf{v}_4)$ de vecteurs de $\mathbb{R}^5$ est nécessairement libre.

18. Soit $(\mathbf{v}_1, \mathbf{v}_2)$ une famille libre de vecteurs de $\mathbb{R}^n$. Montrer que $(\mathbf{v}_1, \mathbf{v}_1 + \mathbf{v}_2)$ est également libre.

19. Soit $\mathbf{v}_1, \mathbf{v}_2$ et $\mathbf{v}_3$ des points distincts situés sur une même droite de $\mathbb{R}^3$. La droite ne passe pas nécessairement par l'origine. Montrer que la famille $(\mathbf{v}_1, \mathbf{v}_2, \mathbf{v}_3)$ est liée.

20. Soit $T : \mathbb{R}^n \to \mathbb{R}^m$ une application linéaire. On suppose que $T(\mathbf{u}) = \mathbf{v}$. Montrer que $T(-\mathbf{u}) = -\mathbf{v}$.

21. Soit $T : \mathbb{R}^3 \to \mathbb{R}^3$ la réflexion par rapport au plan $x_2 = 0$, c'est-à-dire que $T(x_1, x_2, x_3) = (x_1, -x_2, x_3)$. Déterminer la matrice canoniquement associée à T.

22. Soit A une matrice 3×3 telle que $\mathbf{x} \mapsto A\mathbf{x}$ soit surjective. Expliquer pourquoi cette application est également injective.

23. Une *rotation de Givens* est une application linéaire de $\mathbb{R}^n$ dans $\mathbb{R}^n$, utilisée en informatique pour créer un zéro dans un vecteur (en général une colonne de matrice). La matrice canoniquement associée à une rotation de Givens de $\mathbb{R}^2$ est de la forme

$$\begin{bmatrix} a & -b \\ b & a \end{bmatrix}, \qquad a^2 + b^2 = 1$$

Déterminer a et b de façon que $\begin{bmatrix} 4 \\ 3 \end{bmatrix}$ soit transformé en $\begin{bmatrix} 5 \\ 0 \end{bmatrix}$.

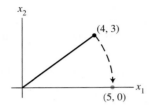

Rotation de Givens dans $\mathbb{R}^2$

24. L'équation suivante décrit une rotation de Givens de $\mathbb{R}^3$. Déterminer a et b.

$$\begin{bmatrix} a & 0 & -b \\ 0 & 1 & 0 \\ b & 0 & a \end{bmatrix} \begin{bmatrix} 2 \\ 3 \\ 4 \end{bmatrix} = \begin{bmatrix} 2\sqrt{5} \\ 3 \\ 0 \end{bmatrix}, \qquad a^2 + b^2 = 1$$

25. On s'intéresse à un projet de construction d'un grand immeuble selon des techniques modulaires. La disposition des appartements sur un étage donné est choisie parmi trois plans de base. La plan A est celui d'un étage de 18 appartements, composé de 3 trois-pièces, 7 deux-pièces et 8 studios (une pièce). Le plan B correspond à 4 trois-pièces, 4 deux-pièces et 8 studios. Le plan C comporte, quant à lui, 5 trois-pièces, 3 deux-pièces et 9 studios. On suppose que l'immeuble contient au total x_1 étages selon le plan A, x_2 selon le plan B et x_3 selon le plan C.

a. Quelle interprétation doit-on donner au vecteur $x_1 \begin{bmatrix} 3 \\ 7 \\ 8 \end{bmatrix}$?

b. Écrire formellement une combinaison linéaire exprimant le nombre total de trois-pièces, de deux-pièces et de studios.

c. **[M]** Est-il possible de concevoir l'immeuble pour qu'il soit constitué de 66 trois-pièces, 74 deux-pièces et 136 studios ? Si oui, existe-t-il plusieurs façons de le faire ? Justifier la réponse.

2 Calcul matriciel

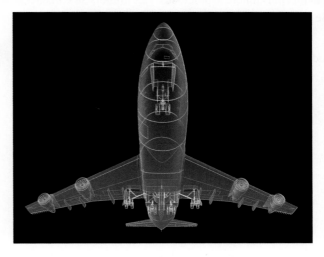

Modèles informatiques pour la conception d'avions

Pour concevoir leur nouvelle génération d'avions de ligne ou militaires, les ingénieurs de la division Phantom Works de Boeing utilisent des modélisations 3D ainsi que des techniques de mécanique des fluides numérique (MFN, ou CFD en anglais). En étudiant les écoulements d'air autour d'un avion virtuel, ils peuvent ainsi résoudre d'importants problèmes techniques avant même la construction d'un modèle physique. Cette méthode a considérablement réduit les coûts et le temps de mise au point, et l'algèbre linéaire y joue un rôle crucial.

Au départ, un avion virtuel est un « modèle en fil de fer » qui n'existe que dans la mémoire et sur les écrans d'un ordinateur (ci-dessus, un modèle de Boeing 777). Le modèle mathématique organise et influence chaque étape de la mise au point et de la fabrication de l'avion, aussi bien pour l'intérieur de l'appareil que pour l'extérieur. La technique de la MFN concerne la surface extérieure.

Bien que le revêtement extérieur d'un avion paraisse lisse, la géométrie de sa surface est compliquée. En plus des ailes et du fuselage, un avion est muni de nacelles, de stabilisateurs, de becs, de volets, d'ailerons, etc. La façon dont l'air s'écoule autour de ces structures conditionne les mouvements de l'avion dans le ciel. Les équations qui décrivent l'écoulement d'air sont compliquées, et elles doivent prendre en compte l'admission d'air dans le moteur, l'échappement, ainsi que le sillage des ailes. Pour

étudier cet écoulement, les ingénieurs ont besoin d'une description extrêmement fine de la surface de l'avion.

Un ordinateur crée un modèle de surface en superposant d'abord au modèle en fil de fer initial une grille tridimensionnelle de cellules. Ces dernières peuvent être soit complètement à l'intérieur de l'avion, soit complètement à l'extérieur, soit couper la surface extérieure. L'ordinateur sélectionne les cellules qui coupent la surface et les subdivise en ne gardant, parmi les cellules plus petites, que celles qui coupent encore la surface. Ce processus de subdivision est répété jusqu'à ce que la grille soit extrêmement fine. Typiquement, une grille peut contenir plus de 400 000 cellules.

La méthode pour déterminer l'écoulement d'air autour de l'avion nécessite la résolution répétée de systèmes linéaires d'équations du type $A\mathbf{x} = \mathbf{b}$, lesquels peuvent contenir plus de 2 millions d'équations et d'inconnues. Le vecteur $\mathbf{b}$, qui dépend des données de la grille et des solutions des équations précédentes, change à chaque fois. En utilisant les ordinateurs les plus rapides disponibles dans le commerce, l'équipe de la division Phantom Works peut passer de quelques heures à plusieurs jours à mettre en place et à résoudre chaque problème d'écoulement d'air. Après avoir analysé la solution, l'équipe effectue éventuellement de petits changements sur la surface de l'avion, puis réitère le processus. Des milliers de séquences de MFN peuvent ainsi être nécessaires.

Ce chapitre présente deux concepts importants qui aident à la résolution de ces énormes systèmes d'équations :

- *Matrice par blocs:* Le système d'équations fourni par la MFN correspond en général à une matrice « creuse » comportant beaucoup de coefficients nuls. En regroupant convenablement les variables, on peut obtenir une matrice avec beaucoup de blocs nuls. La section 2.4 présente ce type de matrice et décrit certaines de ses applications.

- *Factorisation matricielle:* Même avec des matrices par blocs, le système d'équations reste compliqué. Pour simplifier encore les calculs, le logiciel de MFN chez Boeing utilise ce que l'on appelle « une factorisation LU » de la matrice du système. La section 2.5 étudie la factorisation LU ainsi que d'autres factorisations utiles. Divers approfondissements concernant ces factorisations apparaîtront plus loin dans le livre.

Pour analyser la solution d'un système d'écoulement d'air, les ingénieurs aéronautiques cherchent à visualiser cet écoulement sur la surface de l'avion. Ils utilisent des

Les techniques modernes de mécanique des fluides numérique ont révolutionné la conception des ailes. L'avion à fuselage intégré devrait sortir des usines Boeing en 2020 au plus tard.

techniques d'infographie, et c'est l'algèbre linéaire qui fournit le moteur de calcul des représentations graphiques. Les données du modèle en fil de fer de la surface de l'avion sont stockées dans de nombreuses matrices. Une fois l'image affichée sur un écran d'ordinateur, les ingénieurs peuvent changer d'échelle, agrandir ou réduire certaines zones ou faire tourner l'image pour voir des parties cachées. Chacune de ces opérations est mise en œuvre par des multiplications matricielles appropriées. La section 2.7 explique les idées fondamentales à ce sujet.

La possibilité d'effectuer des opérations algébriques sur les matrices améliore grandement l'analyse et la résolution d'équations. De plus, les définitions et théorèmes de ce chapitre fournissent des outils essentiels pour traiter les nombreuses applications de l'algèbre linéaire dans lesquelles plus de deux matrices interviennent. Pour ce qui concerne les matrices carrées, le théorème de caractérisation des matrices inversibles de la section 2.3 relie entre elles la plupart des notions vues auparavant. Les sections 2.4 et 2.5 traitent des matrices par blocs et des factorisations matricielles, qui apparaissent dans la plupart des usages modernes de l'algèbre linéaire. Les sections 2.6 et 2.7 décrivent deux applications intéressantes du calcul matriciel, en économie et en infographie.

2.1 OPÉRATIONS MATRICIELLES

Si A est une matrice $m \times n$, c'est-à-dire une matrice à m lignes et n colonnes, alors le coefficient scalaire situé à la i^e ligne et à la j^e colonne de A, noté a_{ij}, est appelé coefficient (i, j) de A (voir figure 1). Par exemple, le coefficient $(3, 2)$ est le réel a_{32} situé en troisième ligne et deuxième colonne. Chaque colonne de A est une liste de m réels qui définit un vecteur de $\mathbb{R}^m$. On note souvent les colonnes $\mathbf{a}_1, \ldots, \mathbf{a}_n$, et l'on écrit la matrice A sous la forme

$$A = \begin{bmatrix} \mathbf{a}_1 & \mathbf{a}_2 & \cdots & \mathbf{a}_n \end{bmatrix}$$

On remarque que le réel a_{ij} est le i^e coefficient (en partant du haut) du j^e vecteur colonne $\mathbf{a}_j$.

$$\begin{array}{r} \\ \\ \text{Ligne } i \\ \\ \\ \end{array}
\begin{array}{c} \text{Colonne} \\ j \end{array}
\begin{bmatrix} a_{11} & \cdots & a_{1j} & \cdots & a_{1n} \\ \vdots & & \vdots & & \vdots \\ a_{i1} & \cdots & a_{ij} & \cdots & a_{in} \\ \vdots & & \vdots & & \vdots \\ a_{m1} & \cdots & a_{mj} & \cdots & a_{mn} \end{bmatrix} = A$$

$$\begin{array}{ccc} \uparrow & \uparrow & \uparrow \\ \mathbf{a}_1 & \mathbf{a}_j & \mathbf{a}_n \end{array}$$

FIGURE 1 Notation matricielle

On appelle **coefficients diagonaux** d'une matrice $m \times n$, $A = [\, a_{ij} \,]$, les coefficients $a_{11}, a_{22}, a_{33}, \ldots$; ils forment la **diagonale principale** de A. On appelle **matrice diagonale** une matrice carrée $n \times n$ dont les coefficients non diagonaux sont nuls. La matrice unité $n \times n$, I_n, en est un exemple. On appelle **matrice nulle**, et l'on note 0, la matrice $m \times n$ dont tous les coefficients sont nuls. Le contexte permet en général de connaître sa taille.

Somme et multiplication par un scalaire

L'arithmétique des vecteurs décrite auparavant s'étend de façon naturelle aux matrices. On dit que deux matrices sont *égales* si elles ont la même taille (c'est-à-dire le même nombre de lignes et de colonnes) et que les colonnes correspondantes sont égales, ce qui revient à dire que les coefficients correspondants sont égaux. Si A et B sont deux matrices $m \times n$, alors on appelle *somme* $A + B$ de ces matrices la matrice $m \times n$ dont les colonnes sont les sommes des colonnes correspondantes de A et B. Comme l'addition vectorielle des colonnes s'effectue composante par composante, les coefficients de $A + B$ sont les sommes des coefficients correspondants de A et B. La somme $A + B$ n'a de sens que si A et B ont la même taille.

EXEMPLE 1 On pose

$$A = \begin{bmatrix} 4 & 0 & 5 \\ -1 & 3 & 2 \end{bmatrix}, \quad B = \begin{bmatrix} 1 & 1 & 1 \\ 3 & 5 & 7 \end{bmatrix}, \quad C = \begin{bmatrix} 2 & -3 \\ 0 & 1 \end{bmatrix}$$

Alors

$$A + B = \begin{bmatrix} 5 & 1 & 6 \\ 2 & 8 & 9 \end{bmatrix}$$

Mais $A + C$ n'est pas définie, car A et C n'ont pas la même taille. ■

Si r est un scalaire et A une matrice, on définit le *produit rA* comme la matrice dont les colonnes sont obtenues en multipliant les colonnes correspondantes de A par r. Comme pour les vecteurs, $-A$ désigne la matrice $(-1)A$ et $A - B$ désigne $A + (-1)B$.

EXEMPLE 2   Si A et B sont les matrices de l'exemple 1, alors

$$2B = 2\begin{bmatrix} 1 & 1 & 1 \\ 3 & 5 & 7 \end{bmatrix} = \begin{bmatrix} 2 & 2 & 2 \\ 6 & 10 & 14 \end{bmatrix}$$

$$A - 2B = \begin{bmatrix} 4 & 0 & 5 \\ -1 & 3 & 2 \end{bmatrix} - \begin{bmatrix} 2 & 2 & 2 \\ 6 & 10 & 14 \end{bmatrix} = \begin{bmatrix} 2 & -2 & 3 \\ -7 & -7 & -12 \end{bmatrix} \qquad \blacksquare$$

Il était inutile ici de calculer $A - 2B$ sous la forme $A + (-1)2B$, car comme le montre le théorème ci-dessous, les règles usuelles de l'algèbre s'appliquent à la somme et au produit par un scalaire des matrices.

THÉORÈME 1

Soit A, B et C des matrices de même taille, et r et s des scalaires.

a. $A + B = B + A$

b. $(A + B) + C = A + (B + C)$

c. $A + 0 = A$

d. $r(A + B) = rA + rB$

e. $(r + s)A = rA + sA$

f. $r(sA) = (rs)A$

On vérifie chacune des égalités du théorème 1 en montrant que la matrice du premier membre a la même taille que celle du second membre, et que les colonnes correspondantes sont égales. La taille n'est pas un problème, dans la mesure où A, B et C ont la même taille. L'égalité des colonnes se déduit immédiatement de la propriété analogue des vecteurs. Par exemple, si l'on note respectivement $\mathbf{a}_j$, $\mathbf{b}_j$ et $\mathbf{c}_j$ les j^{es} colonnes de A, B et C, alors les j^{es} colonnes de $(A + B) + C$ et $A + (B + C)$ sont respectivement

$$(\mathbf{a}_j + \mathbf{b}_j) + \mathbf{c}_j \quad \text{et} \quad \mathbf{a}_j + (\mathbf{b}_j + \mathbf{c}_j)$$

On sait que ces deux vecteurs sont égaux pour tout j, donc la propriété (b) est vérifiée.

D'après cette propriété d'associativité de l'addition, on peut écrire la somme simplement sous la forme $A + B + C$, que l'on peut considérer aussi bien comme étant la matrice $(A + B) + C$ que la matrice $A + (B + C)$. La même remarque s'applique avec quatre matrices ou plus.

Multiplication matricielle

La multiplication par B transforme un vecteur $\mathbf{x}$ en un vecteur $B\mathbf{x}$. Si l'on multiplie à son tour ce vecteur par A, on obtient le vecteur $A(B\mathbf{x})$ (voir figure 2).

FIGURE 2 Multiplication par B puis par A

Ainsi, on obtient $A(B\mathbf{x})$ à partir de $\mathbf{x}$ par une *composition* d'applications, à savoir les applications linéaires étudiées dans la section 1.8. On cherche alors à représenter l'application composée sous la forme d'une multiplication par une seule matrice, que l'on notera AB (voir figure 3), de façon que

$$A(B\mathbf{x}) = (AB)\mathbf{x} \tag{1}$$

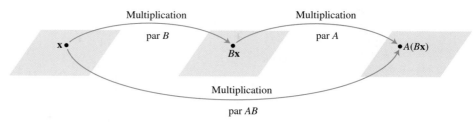

FIGURE 3 Multiplication par AB

Soit A une matrice $m \times n$, B une matrice $n \times p$ et $\mathbf{x}$ un vecteur de $\mathbb{R}^p$. On note $\mathbf{b}_1, \ldots, \mathbf{b}_p$ les colonnes de B et $x_1, \ldots, x_p$ les composantes de $\mathbf{x}$. Alors

$$B\mathbf{x} = x_1\mathbf{b}_1 + \cdots + x_p\mathbf{b}_p$$

Par linéarité de la multiplication par A, il en résulte

$$A(B\mathbf{x}) = A(x_1\mathbf{b}_1) + \cdots + A(x_p\mathbf{b}_p)$$
$$= x_1 A\mathbf{b}_1 + \cdots + x_p A\mathbf{b}_p$$

Le vecteur $A(B\mathbf{x})$ est donc une combinaison linéaire des vecteurs $A\mathbf{b}_1, \ldots, A\mathbf{b}_p$, dont les coefficients sont les composantes de $\mathbf{x}$. En notation matricielle, cette combinaison linéaire s'écrit

$$A(B\mathbf{x}) = [\, A\mathbf{b}_1 \quad A\mathbf{b}_2 \quad \cdots \quad A\mathbf{b}_p \,]\mathbf{x}$$

Ainsi, la multiplication par $[\, A\mathbf{b}_1 \quad A\mathbf{b}_2 \quad \cdots \quad A\mathbf{b}_p \,]$ transforme $\mathbf{x}$ en $A(B\mathbf{x})$. On a trouvé la matrice que l'on cherchait !

DÉFINITION

> Soit A une matrice $m \times n$ et B une matrice $n \times p$ dont on note les colonnes $\mathbf{b}_1, \ldots, \mathbf{b}_p$. On appelle produit de A et B, et l'on note AB, la matrice $m \times p$ dont les colonnes sont $A\mathbf{b}_1, \ldots, A\mathbf{b}_p$, c'est-à-dire
>
> $$AB = A[\, \mathbf{b}_1 \quad \mathbf{b}_2 \quad \cdots \quad \mathbf{b}_p \,] = [\, A\mathbf{b}_1 \quad A\mathbf{b}_2 \quad \cdots \quad A\mathbf{b}_p \,]$$

Cette définition assure que la relation (1) est vérifiée quel que soit $\mathbf{x}$ dans $\mathbb{R}^p$. Cette relation (1) montre que l'application composée représentée à la figure 3 est linéaire et canoniquement associée à la matrice AB. *La multiplication matricielle correspond à la composition d'applications*.

EXEMPLE 3 Calculer AB, où l'on a posé $A = \begin{bmatrix} 2 & 3 \\ 1 & -5 \end{bmatrix}$ et $B = \begin{bmatrix} 4 & 3 & 6 \\ 1 & -2 & 3 \end{bmatrix}$.

SOLUTION On écrit $B = [\,\mathbf{b}_1 \quad \mathbf{b}_2 \quad \mathbf{b}_3\,]$ et l'on calcule :

$$A\mathbf{b}_1 = \begin{bmatrix} 2 & 3 \\ 1 & -5 \end{bmatrix}\begin{bmatrix} 4 \\ 1 \end{bmatrix}, \quad A\mathbf{b}_2 = \begin{bmatrix} 2 & 3 \\ 1 & -5 \end{bmatrix}\begin{bmatrix} 3 \\ -2 \end{bmatrix}, \quad A\mathbf{b}_3 = \begin{bmatrix} 2 & 3 \\ 1 & -5 \end{bmatrix}\begin{bmatrix} 6 \\ 3 \end{bmatrix}$$

$$= \begin{bmatrix} 11 \\ -1 \end{bmatrix} \qquad\qquad = \begin{bmatrix} 0 \\ 13 \end{bmatrix} \qquad\qquad = \begin{bmatrix} 21 \\ -9 \end{bmatrix}$$

Donc

$$AB = A[\,\mathbf{b}_1 \quad \mathbf{b}_2 \quad \mathbf{b}_3\,] = \begin{bmatrix} 11 & 0 & 21 \\ -1 & 13 & -9 \end{bmatrix}$$

$$\underset{A\mathbf{b}_1 \quad A\mathbf{b}_2 \quad A\mathbf{b}_3}{\uparrow \qquad \uparrow \qquad \uparrow}$$

On remarque que puisque la première colonne de AB est $A\mathbf{b}_1$, elle est simplement la combinaison linéaire des colonnes de A dont les coefficients sont les composantes de $\mathbf{b}_1$. La même remarque s'applique aux autres colonnes de AB. ■

> Les colonnes de AB sont les combinaisons linéaires des colonnes de A dont les coefficients sont les composantes de la colonne correspondante de B.

Il est clair que, puisque les combinaisons linéaires telles que $A\mathbf{b}_1$ doivent être définies, le nombre de colonnes de A doit correspondre au nombre de lignes de B. De plus, la définition de AB montre que AB *a le même nombre de lignes que A et le même nombre de colonnes que B.*

EXEMPLE 4 Soit A une matrice 3×5 et B une matrice 5×2. Si ces produits ont un sens, quelles sont les tailles respectives des matrices AB et BA ?

SOLUTION Puisque A a 5 colonnes et B a 5 lignes, le produit AB est défini et est une matrice 3×2 :

Le produit BA *n'est pas* défini, car B a 2 colonnes, ce qui ne correspond pas aux 3 lignes de A. ■

La définition de AB est essentielle dans les applications théoriques et pratiques, mais si l'on veut calculer à la main chaque coefficient de AB sur de petites matrices, il est préférable d'utiliser la règle ci-dessous.

> ### RÈGLE LIGNE-COLONNE POUR LE CALCUL DE *AB*
>
> Si le produit AB a un sens, alors le coefficient en i^e ligne et j^e colonne de AB est la somme des produits des composantes correspondantes de la i^e ligne de A et de la j^e colonne de B. Si l'on note $(AB)_{ij}$ le coefficient (i, j) de AB et si A est une matrice $m \times n$, alors
>
> $$(AB)_{ij} = a_{i1}b_{1j} + a_{i2}b_{2j} + \cdots + a_{in}b_{nj}$$

Pour justifier cette règle, on pose $B = [\, \mathbf{b}_1 \ \cdots \ \mathbf{b}_p \,]$. La colonne j de AB est $A\mathbf{b}_j$ et l'on peut calculer $A\mathbf{b}_j$ par la règle ligne-vecteur établie à la section 1.4 pour un produit $A\mathbf{x}$. La i^e composante de $A\mathbf{b}_j$ est la somme des produits des composantes correspondantes de la ligne i de A et du vecteur $\mathbf{b}_j$, ce qui constitue précisément le calcul décrit dans la règle ci-dessus pour calculer le coefficient (i, j) de AB.

EXEMPLE 5 Calculer, à l'aide de la règle ligne-colonne, deux des coefficients de AB avec les matrices de l'exemple 3. On se convaincra, en examinant les nombres qui interviennent dans le calcul, que les deux méthodes pour obtenir AB conduisent bien au même résultat.

SOLUTION Pour déterminer le coefficient en ligne 1 et colonne 3 de AB, on considère la ligne 1 de A et la colonne 3 de B. On multiplie les composantes correspondantes entre elles et l'on ajoute ces produits, comme indiqué ci-dessous :

$$AB = \begin{bmatrix} 2 & 3 \\ 1 & -5 \end{bmatrix} \begin{bmatrix} 4 & 3 & 6 \\ 1 & -2 & 3 \end{bmatrix} = \begin{bmatrix} \square & \square & 2(6) + 3(3) \\ \square & \square & \square \end{bmatrix} = \begin{bmatrix} \square & \square & 21 \\ \square & \square & \square \end{bmatrix}$$

Pour le coefficient en ligne 2 et colonne 2 de AB, on utilise la ligne 2 de A et la colonne 2 de B :

$$\begin{bmatrix} 2 & 3 \\ 1 & -5 \end{bmatrix} \begin{bmatrix} 4 & 3 & 6 \\ 1 & -2 & 3 \end{bmatrix} = \begin{bmatrix} \square & \square & 21 \\ \square & 1(3) + -5(-2) & \square \end{bmatrix} = \begin{bmatrix} \square & \square & 21 \\ \square & 13 & \square \end{bmatrix} \ \blacksquare$$

EXEMPLE 6 Calculer les coefficients de la deuxième ligne de AB, où l'on a posé

$$A = \begin{bmatrix} 2 & -5 & 0 \\ -1 & 3 & -4 \\ 6 & -8 & -7 \\ -3 & 0 & 9 \end{bmatrix} \quad \text{et} \quad B = \begin{bmatrix} 4 & -6 \\ 7 & 1 \\ 3 & 2 \end{bmatrix}$$

SOLUTION D'après la règle ligne-colonne, les coefficients de la deuxième ligne de AB sont issus de la deuxième ligne de A (et des colonnes de B) :

$$\begin{bmatrix} 2 & -5 & 0 \\ -1 & 3 & -4 \\ 6 & -8 & -7 \\ -3 & 0 & 9 \end{bmatrix} \begin{bmatrix} 4 & -6 \\ 7 & 1 \\ 3 & 2 \end{bmatrix}$$

$$= \begin{bmatrix} \square & \square \\ -4 + 21 - 12 & 6 + 3 - 8 \\ \square & \square \\ \square & \square \end{bmatrix} = \begin{bmatrix} \square & \square \\ 5 & 1 \\ \square & \square \\ \square & \square \end{bmatrix} \ \blacksquare$$

On remarque que, puisque dans l'exemple 6 on ne demandait que la deuxième ligne de AB, on aurait pu se contenter d'écrire la deuxième ligne de A à gauche de B et de calculer

$$\begin{bmatrix} -1 & 3 & -4 \end{bmatrix} \begin{bmatrix} 4 & -6 \\ 7 & 1 \\ 3 & 2 \end{bmatrix} = \begin{bmatrix} 5 & 1 \end{bmatrix}$$

Cette observation concernant les lignes de AB est générale et se déduit immédiatement de la règle ligne-colonne. Si l'on note $\text{ligne}_i(A)$ la i^e ligne d'une matrice A, alors on peut écrire

$$\text{ligne}_i(AB) = \text{ligne}_i(A) \cdot B \tag{2}$$

Propriétés de la multiplication matricielle

Le théorème qui suit rassemble les propriétés usuelles de la multiplication matricielle. On rappelle que la notation I_m désigne la matrice unité $m \times m$ et que $I_m\mathbf{x} = \mathbf{x}$ pour tout $\mathbf{x}$ de $\mathbb{R}^m$.

THÉORÈME 2

Soit A une matrice $m \times n$, et B et C deux matrices telles que les sommes et les produits ci-dessous aient un sens.

a. $A(BC) = (AB)C$ (associativité de la multiplication)

b. $A(B + C) = AB + AC$ (distributivité à gauche)

c. $(B + C)A = BA + CA$ (distributivité à droite)

d. $r(AB) = (rA)B = A(rB)$
   pour tout scalaire r

e. $I_m A = A = A I_n$ (élément unité pour la multiplication)

DÉMONSTRATION Les propriétés (b) à (e) sont traitées dans les exercices. La propriété (a) se déduit du fait que la multiplication matricielle correspond à la composition d'applications linéaires (qui sont des fonctions), et l'on sait (ou l'on vérifie facilement) que la composition de fonctions est associative. Une autre démonstration de (a) est possible, à partir de la « définition par colonnes » du produit de deux matrices. On pose

$$C = \begin{bmatrix} \mathbf{c}_1 & \cdots & \mathbf{c}_p \end{bmatrix}$$

Par définition de la multiplication matricielle,

$$BC = \begin{bmatrix} B\mathbf{c}_1 & \cdots & B\mathbf{c}_p \end{bmatrix}$$
$$A(BC) = \begin{bmatrix} A(B\mathbf{c}_1) & \cdots & A(B\mathbf{c}_p) \end{bmatrix}$$

On rappelle que la définition de AB était destinée à vérifier la relation (1), c'est-à-dire $A(B\mathbf{x}) = (AB)\mathbf{x}$ quel que soit $\mathbf{x}$; il en résulte

$$A(BC) = \begin{bmatrix} (AB)\mathbf{c}_1 & \cdots & (AB)\mathbf{c}_p \end{bmatrix} = (AB)C \qquad \blacksquare$$

Les propriétés d'associativité et de distributivité des théorèmes 1 et 2 signifient essentiellement que l'on peut ajouter ou supprimer les parenthèses de la même façon qu'on le fait avec les règles algébriques usuelles sur les réels. En particulier, un produit de la forme ABC a un sens, et signifie indifféremment $A(BC)$ ou $(AB)C$[1]. On peut de même considérer indifféremment un produit de quatre matrices $ABCD$ comme valant $A(BCD)$ ou $(ABC)D$ ou $A(BC)D$, etc. Peu importe la façon dont on regroupe les matrices, du moment que l'*ordre* des matrices est conservé.

Il est essentiel de respecter l'ordre dans les produits car les matrices AB et BA sont en général distinctes. Cela ne doit pas surprendre, car les colonnes de AB sont des combinaisons linéaires des colonnes de A, alors que les colonnes de BA s'expriment en fonction des colonnes de B. Pour insister sur l'ordre des facteurs dans le produit AB, on dit que l'on *multiplie A à droite* par B ou que l'on *multiplie B à gauche* par A. Si $AB = BA$, on dit que A et B *commutent* entre elles.

EXEMPLE 7   On pose $A = \begin{bmatrix} 5 & 1 \\ 3 & -2 \end{bmatrix}$ et $B = \begin{bmatrix} 2 & 0 \\ 4 & 3 \end{bmatrix}$. Montrer que ces deux matrices ne commutent pas, c'est-à-dire que $AB \neq BA$.

SOLUTION

$$AB = \begin{bmatrix} 5 & 1 \\ 3 & -2 \end{bmatrix}\begin{bmatrix} 2 & 0 \\ 4 & 3 \end{bmatrix} = \begin{bmatrix} 14 & 3 \\ -2 & -6 \end{bmatrix}$$

$$BA = \begin{bmatrix} 2 & 0 \\ 4 & 3 \end{bmatrix}\begin{bmatrix} 5 & 1 \\ 3 & -2 \end{bmatrix} = \begin{bmatrix} 10 & 2 \\ 29 & -2 \end{bmatrix}$$
∎

Voici une liste de différences importantes entre l'algèbre des matrices et l'algèbre usuelle des réels. L'exemple 7 illustre la première d'entre elles. (Voir exercices 9 à 12 pour d'autres exemples.)

ATTENTION :

1. En général, $AB \neq BA$.

2. On *ne peut pas* simplifier un produit de matrices. Autrement dit, si $AB = AC$, alors il est en général *faux* que $B = C$ (voir exercice 10).

3. Si un produit AB est égal à la matrice nulle, on *ne peut pas* en général en déduire que $A = 0$ ou $B = 0$ (voir exercice 12).

Puissances de matrices

Soit A une matrice $n \times n$ et k un entier strictement positif. On note alors A^k le produit de k matrices égales à A :

$$A^k = \underbrace{A \cdots A}_{k}$$

Si k est non nul et si $\mathbf{x}$ est un vecteur de $\mathbb{R}^n$, alors on obtient $A^k\mathbf{x}$ en multipliant à gauche $\mathbf{x}$, k fois, par A. Si $k = 0$, alors on doit interpréter $A^0\mathbf{x}$ comme étant $\mathbf{x}$ lui-même. Donc A^0 désigne la matrice unité. Les puissances de matrices sont très utilisées aussi bien dans la théorie que dans les applications (voir sections 2.6 et 4.9, puis plus loin dans le texte).

---

[1] Si B est carrée et si C a moins de colonnes que A n'a de lignes, il est plus efficace de calculer $A(BC)$ que $(AB)C$.

Transposée d'une matrice

Si A est une matrice $m \times n$, on appelle **transposée** de A la matrice $n \times m$, notée A^T, dont les colonnes sont formées des lignes de A.

EXEMPLE 8 On pose

$$A = \begin{bmatrix} a & b \\ c & d \end{bmatrix}, \quad B = \begin{bmatrix} -5 & 2 \\ 1 & -3 \\ 0 & 4 \end{bmatrix}, \quad C = \begin{bmatrix} 1 & 1 & 1 & 1 \\ -3 & 5 & -2 & 7 \end{bmatrix}$$

Alors

$$A^T = \begin{bmatrix} a & c \\ b & d \end{bmatrix}, \quad B^T = \begin{bmatrix} -5 & 1 & 0 \\ 2 & -3 & 4 \end{bmatrix}, \quad C^T = \begin{bmatrix} 1 & -3 \\ 1 & 5 \\ 1 & -2 \\ 1 & 7 \end{bmatrix} \quad ■$$

THÉORÈME 3

Soit A et B deux matrices dont les tailles sont compatibles avec les sommes et les produits écrits ci-dessous. Alors :

a. $(A^T)^T = A$

b. $(A + B)^T = A^T + B^T$

c. Pour tout scalaire r, $(rA)^T = rA^T$

d. $(AB)^T = B^T A^T$

Les propriétés (a) à (c) sont claires et leurs démonstrations sont laissées au lecteur. La propriété (d) fait l'objet de l'exercice 33. En général, $(AB)^T$ n'est pas égal à $A^T B^T$, même si les tailles de A et B sont telles que le produit $A^T B^T$ a un sens.

La généralisation du théorème 3(d) à des produits de plus de deux facteurs peut se formuler en une phrase, comme ceci :

La transposée d'un produit de matrices est égal au produit de leurs transposées dans l'ordre *inverse*.

On trouvera en exercice des exemples numériques illustrant certaines propriétés de la transposition.

REMARQUES NUMÉRIQUES

1. La façon la plus rapide de calculer AB par ordinateur dépend de la méthode de stockage des matrices en mémoire. Les algorithmes d'usage courant les plus performants, tels que ceux de LAPACK, calculent AB par colonnes, en partant de la définition du produit donnée plus haut (il existe une version de LAPACK écrite en C++ qui calcule AB par lignes).

2. La définition de AB se prête particulièrement bien au calcul parallèle. On attribue individuellement ou par groupes les colonnes de B aux différents processeurs, qui calculent indépendamment, donc simultanément, les colonnes correspondantes de AB.

EXERCICES D'ENTRAÎNEMENT

1. Puisqu'un vecteur de $\mathbb{R}^n$ n'est rien d'autre qu'une matrice $n \times 1$, les propriétés de la transposition énoncées dans le théorème 3 s'appliquent également aux vecteurs. On pose

$$A = \begin{bmatrix} 1 & -3 \\ -2 & 4 \end{bmatrix} \quad \text{et} \quad \mathbf{x} = \begin{bmatrix} 5 \\ 3 \end{bmatrix}$$

Calculer $(A\mathbf{x})^T$, $\mathbf{x}^T A^T$, $\mathbf{x}\mathbf{x}^T$ et $\mathbf{x}^T\mathbf{x}$. Le produit $A^T\mathbf{x}^T$ est-il défini ?

2. Soit A une matrice 4×4 et $\mathbf{x}$ un vecteur de $\mathbb{R}^4$. Quelle est la méthode la plus rapide pour calculer $A^2\mathbf{x}$? On dénombrera les multiplications.

3. Soit A une matrice $m \times n$ dont les lignes sont identiques et B une matrice $n \times p$ dont les colonnes sont identiques. Que peut-on dire des coefficients de la matrice AB ?

2.1 EXERCICES

Dans les exercices 1 et 2, calculer les sommes et les produits de matrices indiqués, s'ils sont définis. Si une expression n'est pas définie, expliquer pourquoi. On pose

$$A = \begin{bmatrix} 2 & 0 & -1 \\ 4 & -5 & 2 \end{bmatrix}, \quad B = \begin{bmatrix} 7 & -5 & 1 \\ 1 & -4 & -3 \end{bmatrix},$$

$$C = \begin{bmatrix} 1 & 2 \\ -2 & 1 \end{bmatrix}, \quad D = \begin{bmatrix} 3 & 5 \\ -1 & 4 \end{bmatrix}, \quad E = \begin{bmatrix} -5 \\ 3 \end{bmatrix}$$

1. $-2A$, $B - 2A$, AC, CD

2. $A + 2B$, $3C - E$, CB, EB

Dans toute la suite de cette série d'exercices ainsi que dans les séries suivantes, on suppose que toutes les expressions matricielles ont un sens, c'est-à-dire que les tailles des matrices et des vecteurs qui interviennent sont celles qui conviennent.

3. On pose $A = \begin{bmatrix} 4 & -1 \\ 5 & -2 \end{bmatrix}$. Calculer $3I_2 - A$ et $(3I_2)A$.

4. Calculer $A - 5I_3$ et $(5I_3)A$, où

$$A = \begin{bmatrix} 9 & -1 & 3 \\ -8 & 7 & -6 \\ -4 & 1 & 8 \end{bmatrix}$$

Dans les exercices 5 et 6, calculer le produit AB de deux façons différentes : (a) en utilisant la définition, dans laquelle on calcule $A\mathbf{b}_1$ et $A\mathbf{b}_2$ séparément, (b) en utilisant la règle ligne-colonne.

5. $A = \begin{bmatrix} -1 & 2 \\ 5 & 4 \\ 2 & -3 \end{bmatrix}$, $B = \begin{bmatrix} 3 & -2 \\ -2 & 1 \end{bmatrix}$

6. $A = \begin{bmatrix} 4 & -2 \\ -3 & 0 \\ 3 & 5 \end{bmatrix}$, $B = \begin{bmatrix} 1 & 3 \\ 2 & -1 \end{bmatrix}$

7. Soit A une matrice 5×3 et B une matrice telle que le produit AB soit une matrice 5×7. Quelle est la taille de B ?

8. Combien la matrice B compte-t-elle de lignes si BC est une matrice 3×4 ?

9. Soit les matrices $A = \begin{bmatrix} 2 & 5 \\ -3 & 1 \end{bmatrix}$ et $B = \begin{bmatrix} 4 & -5 \\ 3 & k \end{bmatrix}$. Pour quelle(s) éventuelle(s) valeur(s) de k a-t-on $AB = BA$?

10. Soit les trois matrices $A = \begin{bmatrix} 2 & -3 \\ -4 & 6 \end{bmatrix}$, $B = \begin{bmatrix} 8 & 4 \\ 5 & 5 \end{bmatrix}$ et $C = \begin{bmatrix} 5 & -2 \\ 3 & 1 \end{bmatrix}$. Vérifier que $AB = AC$, bien que $B \neq C$.

11. On pose $A = \begin{bmatrix} 1 & 1 & 1 \\ 1 & 2 & 3 \\ 1 & 4 & 5 \end{bmatrix}$ et $D = \begin{bmatrix} 2 & 0 & 0 \\ 0 & 3 & 0 \\ 0 & 0 & 5 \end{bmatrix}$. Calculer AD et DA. Décrire la façon dont les colonnes ou les lignes de A sont modifiées quand on multiplie A par D à droite ou à gauche. Trouver une matrice B de type 3×3, distincte de la matrice unité et de la matrice nulle, telle que $AB = BA$.

12. On pose $A = \begin{bmatrix} 3 & -6 \\ -1 & 2 \end{bmatrix}$. Construire une matrice 2×2 B constituée de deux colonnes non nulles distinctes, telle que AB soit la matrice nulle.

13. Soit $\mathbf{r}_1, \ldots, \mathbf{r}_p$ des vecteurs de $\mathbb{R}^n$ et Q une matrice $m \times n$. Exprimer la matrice $[\, Q\mathbf{r}_1 \;\; \cdots \;\; Q\mathbf{r}_p \,]$ comme un *produit* de deux matrices, distinctes de la matrice unité.

14. Soit U la matrice des coûts, de type 3×2, décrite dans l'exemple 6 de la section 1.8. La première colonne de U donne les coûts de fabrication par dollar vendu du produit B et la seconde colonne donne les coûts par dollar vendu du produit C. Ces coûts se répartissent entre coûts en matériaux, coûts en main-d'œuvre et frais généraux. Soit $\mathbf{q}_1$ un vecteur de $\mathbb{R}^2$, qui donne la production (mesurée en dollars) des produits B et C durant le premier trimestre de l'année, et soit $\mathbf{q}_2$, $\mathbf{q}_3$ et $\mathbf{q}_4$ les vecteurs analogues, mesurant respectivement la production des produits B et C durant les deuxième, troisième et quatrième trimestres. Proposer une interprétation économique des données figurant dans la matrice UQ, où l'on a posé $Q = [\, \mathbf{q}_1 \;\; \mathbf{q}_2 \;\; \mathbf{q}_3 \;\; \mathbf{q}_4 \,]$.

Dans les exercices 15 et 16, on considère trois matrices A, B et C telles que les sommes et les produits indiqués aient bien un sens. Dire si les affirmations proposées sont vraies ou fausses. Justifier chaque réponse.

15. a. Si A et B sont deux matrices 2×2 dont on note respectivement $\mathbf{a}_1$, $\mathbf{a}_2$ et $\mathbf{b}_1$, $\mathbf{b}_2$ les colonnes, alors le produit AB vaut $AB = [\ \mathbf{a}_1\mathbf{b}_1 \quad \mathbf{a}_2\mathbf{b}_2\ ]$.

   b. Les colonnes de AB sont les combinaisons linéaires des colonnes de B dont les coefficients sont les composantes correspondantes des colonnes de A.

   c. $AB + AC = A(B + C)$

   d. $A^T + B^T = (A + B)^T$

   e. La transposée d'un produit de matrices est le produit, dans le même ordre, de leurs transposées.

16. a. La première ligne de AB s'obtient en multipliant à droite la première ligne de A par B.

   b. Si A et B sont des matrices 3×3 et si $B = [\ \mathbf{b}_1 \quad \mathbf{b}_2 \quad \mathbf{b}_3\ ]$, alors $AB = [\ A\mathbf{b}_1 + A\mathbf{b}_2 + A\mathbf{b}_3\ ]$.

   c. Si A est une matrice $n \times n$, alors $(A^2)^T = (A^T)^2$.

   d. $(ABC)^T = C^T A^T B^T$

   e. La transposée de la somme de deux matrices est égale à la somme de leurs transposées.

17. On pose $A = \begin{bmatrix} 1 & -2 \\ -2 & 5 \end{bmatrix}$ et l'on considère une matrice B telle que $AB = \begin{bmatrix} -1 & 2 & -1 \\ 6 & -9 & 3 \end{bmatrix}$. Déterminer la première et la deuxième colonne de B.

18. On suppose que les deux premières colonnes de B, $\mathbf{b}_1$ et $\mathbf{b}_2$, sont égales. Que peut-on dire des colonnes de AB ? Pourquoi ?

19. On suppose que la troisième colonne de B est la somme des deux premières colonnes. Que peut-on dire de la troisième colonne de AB ? Pourquoi ?

20. On suppose que la deuxième colonne de B est nulle. Que peut-on dire de la deuxième colonne de AB ?

21. On suppose que la dernière colonne de AB est nulle, mais que B ne contient aucune colonne nulle. Que peut-on dire des colonnes de A ?

22. Montrer que si les colonnes de B sont linéairement dépendantes, alors il en va de même des colonnes de AB.

23. On suppose que $CA = I_n$ (la matrice unité $n \times n$). Montrer que l'équation $A\mathbf{x} = \mathbf{0}$ a pour seule solution la solution triviale. Justifier le fait que A ne peut pas avoir plus de colonnes que de lignes.

24. On suppose que $AD = I_m$ (la matrice unité $m \times m$). Montrer que pour tout $\mathbf{b}$ de $\mathbb{R}^m$, l'équation $A\mathbf{x} = \mathbf{b}$ a au moins une solution. [*Indication:* Penser à la relation $AD\mathbf{b} = \mathbf{b}$.] Justifier le fait que A ne peut pas avoir plus de lignes que de colonnes.

25. On suppose que A est une matrice $m \times n$ et qu'il existe des matrices C et D de type $n \times m$ telles que $CA = I_n$ et $AD = I_m$. Montrer que $m = n$ et $C = D$. [*Indication:* Penser au produit CAD.]

26. On suppose que A est une matrice $3 \times n$ dont les colonnes engendrent $\mathbb{R}^3$. Montrer que l'on peut construire une matrice D de type $n \times 3$ telle que $AD = I_3$.

Dans les exercices 27 et 28, on considère les vecteurs de $\mathbb{R}^n$ comme des matrices $n \times 1$. Si $\mathbf{u}$ et $\mathbf{v}$ sont dans $\mathbb{R}^n$, le produit $\mathbf{u}^T\mathbf{v}$ est une matrice 1×1 ; ce produit est appelé *produit scalaire* de $\mathbf{u}$ et $\mathbf{v}$. On l'identifie en général à un nombre réel, et on n'écrit pas les crochets. Le produit $\mathbf{u}\mathbf{v}^T$ est une matrice $n \times n$, appelée *produit extérieur* de $\mathbf{u}$ et $\mathbf{v}$. Les produits $\mathbf{u}^T\mathbf{v}$ et $\mathbf{u}\mathbf{v}^T$ seront utilisés plus loin dans le livre.

27. On pose $\mathbf{u} = \begin{bmatrix} -2 \\ 3 \\ -4 \end{bmatrix}$ et $\mathbf{v} = \begin{bmatrix} a \\ b \\ c \end{bmatrix}$. Calculer $\mathbf{u}^T\mathbf{v}$, $\mathbf{v}^T\mathbf{u}$, $\mathbf{u}\mathbf{v}^T$ et $\mathbf{v}\mathbf{u}^T$.

28. Si $\mathbf{u}$ et $\mathbf{v}$ sont des vecteurs de $\mathbb{R}^n$, quelle relation existe-t-il entre $\mathbf{u}^T\mathbf{v}$ et $\mathbf{v}^T\mathbf{u}$? Quelle relation existe-t-il entre $\mathbf{u}\mathbf{v}^T$ et $\mathbf{v}\mathbf{u}^T$?

29. Montrer les propriétés (b) et (c) du théorème 2 en utilisant la règle ligne-colonne. On pourra écrire le coefficient (i, j) de la matrice $A(B + C)$ sous la forme
$$a_{i1}(b_{1j} + c_{1j}) + \cdots + a_{in}(b_{nj} + c_{nj})$$
ou
$$\sum_{k=1}^{n} a_{ik}(b_{kj} + c_{kj})$$

30. Montrer la propriété (d) du théorème 2. [*Indication:* Le coefficient (i, j) de $(rA)B$ est $(ra_{i1})b_{1j} + \cdots + (ra_{in})b_{nj}$.]

31. Montrer que si A est une matrice $m \times n$, alors $I_m A = A$. On suppose connu que $I_m\mathbf{x} = \mathbf{x}$ pour tout vecteur $\mathbf{x}$ de $\mathbb{R}^m$.

32. Montrer que si A est une matrice $m \times n$, alors $AI_n = A$. [*Indication:* On utilisera la définition (par les colonnes) du produit AI_n.]

33. Montrer la propriété (d) du théorème 3. [*Indication:* On considérera la j^e ligne de $(AB)^T$.]

34. Donner une formule pour $(AB\mathbf{x})^T$, où $\mathbf{x}$ est un vecteur et A et B deux matrices dont les tailles permettent le calcul.

35. [M] Après avoir lu la documentation du logiciel permettant le calcul matriciel, écrire un programme qui calcule les matrices suivantes (sans avoir à entrer au clavier les coefficients de la matrice).

   a. La matrice nulle 5×6.

   b. La matrice 5×3 dont tous les coefficients valent 1.

   c. La matrice unité 3×5.

   d. La matrice diagonale 6×6 de coefficients diagonaux 3, 5, 7 et 2.

Une bonne manière de tester de nouvelles idées ou de faire des conjectures sur le calcul matriciel consiste à effectuer les calculs avec des matrices choisies au hasard. La vérification d'une propriété sur quelques matrices ne prouve certes pas qu'elle est toujours vraie, mais cela la rend plus vraisemblable. De plus, si la propriété est en fait fausse, il peut être utile d'effectuer quelques calculs pour s'en rendre compte.

36. [**M**] Écrire les instructions permettant de créer une matrice 6×4 dont les coefficients sont aléatoires. À quel intervalle les coefficients appartiennent-ils ? Expliquer alors comment créer une matrice 3×3 dont les coefficients sont des entiers choisis aléatoirement entre -9 et 9. [*Indication :* Si x est un nombre aléatoire vérifiant $0 < x < 1$, alors $-9{,}5 < 19(x - 0{,}5) < 9{,}5$.]

37. [**M**] Construire une matrice 4×4 aléatoire A et tester l'égalité $(A + I)(A - I) = A^2 - I$. Le meilleur moyen pour effectuer ce test est de calculer $(A + I)(A - I) - (A^2 - I)$ et de vérifier que cette différence est la matrice nulle. Refaire ce test pour trois autres matrices aléatoires. Tester ensuite de la même façon l'égalité $(A + B)(A - B) = A^2 - B^2$ sur trois paires de matrices 4×4 aléatoires. Conclure.

38. [**M**] En utilisant au moins trois paires de matrices 4×4 aléatoires A et B, tester les égalités $(A + B)^T = A^T + B^T$ et $(AB)^T = B^T A^T$, ainsi que $(AB)^T = A^T B^T$ (voir exercice 37). Conclure. [*Remarque :* La plupart des logiciels utilisent la notation A' pour A^T.]

39. [**M**] On pose

$$S = \begin{bmatrix} 0 & 1 & 0 & 0 & 0 \\ 0 & 0 & 1 & 0 & 0 \\ 0 & 0 & 0 & 1 & 0 \\ 0 & 0 & 0 & 0 & 1 \\ 0 & 0 & 0 & 0 & 0 \end{bmatrix}$$

Calculer S^k pour $k = 2, \ldots, 6$.

40. [**M**] Décrire explicitement par des phrases ce qui se passe quand on calcule A^5, A^{10}, A^{20} et A^{30}.

$$A = \begin{bmatrix} 1/6 & 1/2 & 1/3 \\ 1/2 & 1/4 & 1/4 \\ 1/3 & 1/4 & 5/12 \end{bmatrix}$$

SOLUTIONS DES EXERCICES D'ENTRAÎNEMENT

1. $A\mathbf{x} = \begin{bmatrix} 1 & -3 \\ -2 & 4 \end{bmatrix} \begin{bmatrix} 5 \\ 3 \end{bmatrix} = \begin{bmatrix} -4 \\ 2 \end{bmatrix}$. Donc $(A\mathbf{x})^T = \begin{bmatrix} -4 & 2 \end{bmatrix}$.
De plus,

$$\mathbf{x}^T A^T = \begin{bmatrix} 5 & 3 \end{bmatrix} \begin{bmatrix} 1 & -2 \\ -3 & 4 \end{bmatrix} = \begin{bmatrix} -4 & 2 \end{bmatrix}$$

Les expressions $(A\mathbf{x})^T$ et $\mathbf{x}^T A^T$ sont égales, ce qui confirme le théorème 3(d). On écrit ensuite

$$\mathbf{x}\mathbf{x}^T = \begin{bmatrix} 5 \\ 3 \end{bmatrix} \begin{bmatrix} 5 & 3 \end{bmatrix} = \begin{bmatrix} 25 & 15 \\ 15 & 9 \end{bmatrix}$$

$$\mathbf{x}^T \mathbf{x} = \begin{bmatrix} 5 & 3 \end{bmatrix} \begin{bmatrix} 5 \\ 3 \end{bmatrix} = \begin{bmatrix} 25 + 9 \end{bmatrix} = 34$$

Pour une matrice 1×1 telle que $\mathbf{x}^T \mathbf{x}$, on n'écrit en général pas les crochets. Enfin, $A^T \mathbf{x}^T$ n'est pas définie, car $\mathbf{x}^T$ devrait pour cela avoir deux lignes pour correspondre aux deux colonnes de A^T.

2. La méthode la plus rapide pour calculer $A^2 \mathbf{x}$ consiste à calculer $A(A\mathbf{x})$. Le produit $A\mathbf{x}$ nécessite 16 multiplications, quatre pour chaque composante, et $A(A\mathbf{x})$ nécessite 16 nouvelles multiplications. En revanche, le calcul de A^2 nécessite 64 multiplications, quatre pour chacun des 16 coefficients de A^2. Il faut ensuite effectuer 16 multiplications supplémentaires pour $A^2 \mathbf{x}$. Cela fait un total de 80.

3. D'une part, d'après la définition du produit de matrices,

$$AB = [A\mathbf{b}_1 \quad A\mathbf{b}_2 \quad \cdots \quad A\mathbf{b}_n] = [A\mathbf{b}_1 \quad A\mathbf{b}_1 \quad \cdots \quad A\mathbf{b}_1]$$

Donc les colonnes de AB sont identiques. D'autre part, on rappelle que $\text{ligne}_i(AB) = \text{ligne}_i(A) \cdot B$. Comme toutes les lignes de A sont identiques, alors les lignes de AB sont identiques. De toutes ces informations sur les lignes et les colonnes, on déduit que tous les coefficients de AB sont les mêmes.

2.2 | INVERSE D'UNE MATRICE

Le calcul matriciel permet la manipulation d'équations matricielles et la création de diverses formules intéressantes à partir de règles de calcul analogues aux règles usuelles sur les nombres réels. Cette section a pour but d'étudier l'analogue matriciel de la notion d'inverse d'un réel non nul.

On rappelle que l'inverse d'un nombre tel que 5 est 1/5 ou 5^{-1}. Cet inverse vérifie les relations

$$5^{-1} \cdot 5 = 1 \quad \text{et} \quad 5 \cdot 5^{-1} = 1$$

Pour généraliser cette notion aux matrices, il faut que les *deux* relations soient vérifiées. En outre, la notation avec une barre de fraction est exclue, à cause de la non-commutativité de la multiplication matricielle. Pour finir, une telle généralisation n'est possible qu'avec des matrices carrées[2].

On dit qu'une **matrice** A de type $n \times n$ est **inversible** s'il existe une matrice C de type $n \times n$ telle que

$$CA = I \quad \text{et} \quad AC = I$$

où l'on a posé $I = I_n$, la matrice unité $n \times n$. Dans ce cas, la matrice C est appelée **inverse** de A. En fait, C est déterminée de façon unique par A. En effet, s'il existait une autre matrice B inverse de A, alors on aurait $B = BI = B(AC) = (BA)C = IC = C$. Cette inverse unique est notée A^{-1}. Cette matrice est donc caractérisée par les relations

$$A^{-1}A = I \quad \text{et} \quad AA^{-1} = I$$

Une **matrice** *non* inversible est parfois dite **singulière** ; on peut donc appeler **non singulière** une matrice inversible.

EXEMPLE 1 Si $A = \begin{bmatrix} 2 & 5 \\ -3 & -7 \end{bmatrix}$ et $C = \begin{bmatrix} -7 & -5 \\ 3 & 2 \end{bmatrix}$, alors

$$AC = \begin{bmatrix} 2 & 5 \\ -3 & -7 \end{bmatrix}\begin{bmatrix} -7 & -5 \\ 3 & 2 \end{bmatrix} = \begin{bmatrix} 1 & 0 \\ 0 & 1 \end{bmatrix} \quad \text{et}$$

$$CA = \begin{bmatrix} -7 & -5 \\ 3 & 2 \end{bmatrix}\begin{bmatrix} 2 & 5 \\ -3 & -7 \end{bmatrix} = \begin{bmatrix} 1 & 0 \\ 0 & 1 \end{bmatrix}$$

Donc $C = A^{-1}$. ∎

Il existe pour les matrices 2×2 une formule simple qui permet à la fois de savoir si une matrice est inversible et de calculer l'inverse.

THÉORÈME 4

Soit $A = \begin{bmatrix} a & b \\ c & d \end{bmatrix}$ une matrice 2×2. Si $ad - bc \neq 0$, alors A est inversible et

$$A^{-1} = \frac{1}{ad - bc}\begin{bmatrix} d & -b \\ -c & a \end{bmatrix}$$

Si $ad - bc = 0$, A n'est pas inversible.

---

[2] On pourrait considérer qu'une matrice A de type $m \times n$ est inversible s'il existe deux matrices C et D de type $n \times m$ telles que $CA = I_n$ et $AD = I_m$. Mais ces relations impliquent que A soit carrée et que $C = D$. Finalement, A est inversible au sens ci-dessus (voir exercices 23 à 25, section 2.1).

La démonstration du théorème 4 est simple, elle est proposée dans les exercices 25 et 26. Le nombre $ad - bc$ est appelé **déterminant** de A, et l'on note

$$\det A = ad - bc$$

Le théorème 4 signifie en particulier qu'une matrice A de type 2×2 est inversible si et seulement si $\det A \neq 0$.

EXEMPLE 2 Déterminer l'inverse de $A = \begin{bmatrix} 3 & 4 \\ 5 & 6 \end{bmatrix}$.

SOLUTION Comme $\det A = 3(6) - 4(5) = -2 \neq 0$, A est inversible et

$$A^{-1} = \frac{1}{-2} \begin{bmatrix} 6 & -4 \\ -5 & 3 \end{bmatrix} = \begin{bmatrix} 6/(-2) & -4/(-2) \\ -5/(-2) & 3/(-2) \end{bmatrix} = \begin{bmatrix} -3 & 2 \\ 5/2 & -3/2 \end{bmatrix} \qquad \blacksquare$$

La notion de matrice inversible est fondamentale en algèbre linéaire, principalement, comme dans le théorème qui suit, pour faire des calculs algébriques et pour établir des formules. Une matrice inverse permet dans certains cas d'approfondir des modélisations de situations physiques réelles. C'est ce que montre l'exemple 3 ci-dessous.

THÉORÈME 5

> Si A est une matrice $n \times n$ inversible, alors, pour tout vecteur $\mathbf{b}$ de $\mathbb{R}^n$, l'équation $A\mathbf{x} = \mathbf{b}$ admet pour unique solution le vecteur $\mathbf{x} = A^{-1}\mathbf{b}$.

DÉMONSTRATION Soit $\mathbf{b}$ un vecteur quelconque de $\mathbb{R}^n$. Il existe au moins une solution, car si l'on substitue le vecteur $A^{-1}\mathbf{b}$ à $\mathbf{x}$, alors on obtient bien $A\mathbf{x} = A(A^{-1}\mathbf{b})$ $= (AA^{-1})\mathbf{b} = I\mathbf{b} = \mathbf{b}$. Donc $A^{-1}\mathbf{b}$ est solution. Pour montrer l'unicité de la solution, on montre que si $\mathbf{u}$ est une solution quelconque, alors $\mathbf{u}$ est nécessairement égal à $A^{-1}\mathbf{b}$. C'est bien le cas car si $A\mathbf{u} = \mathbf{b}$, on peut multiplier par A^{-1} de chaque côté et l'on obtient

$$A^{-1}A\mathbf{u} = A^{-1}\mathbf{b}, \quad I\mathbf{u} = A^{-1}\mathbf{b}, \quad \text{puis} \quad \mathbf{u} = A^{-1}\mathbf{b} \qquad \blacksquare$$

EXEMPLE 3 On considère une poutre horizontale élastique, soutenue à chacune de ses extrémités et soumise, comme indiqué sur la figure 1, à des forces aux points 1, 2 et 3. Soit $\mathbf{f}$ le vecteur de $\mathbb{R}^3$ donnant les forces qui s'appliquent en ces trois points et $\mathbf{y}$ le vecteur de $\mathbb{R}^3$ donnant la flèche (c'est-à-dire le déplacement) de la poutre en ces points. En physique, la loi de Hooke montre que

$$\mathbf{y} = D\mathbf{f}$$

où D est la *matrice de souplesse*. Son inverse est appelée *matrice de rigidité*. Interpréter physiquement les colonnes de D et D^{-1}.

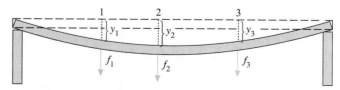

FIGURE 1 Flèche d'une poutre élastique

SOLUTION On écrit $I_3 = [\,\mathbf{e}_1 \quad \mathbf{e}_2 \quad \mathbf{e}_3\,]$ et l'on remarque que

$$D = DI_3 = [\,D\mathbf{e}_1 \quad D\mathbf{e}_2 \quad D\mathbf{e}_3\,]$$

Le vecteur $\mathbf{e}_1 = (1, 0, 0)$ s'interprète comme une force égale à l'unité, dirigée vers le bas, s'appliquant à la poutre au point 1 (les forces aux deux autres points étant nulles). Alors la première colonne de D, c'est-à-dire $D\mathbf{e}_1$, donne la flèche en chacun des trois points résultant de cette force d'une unité appliquée au point 1. Les deuxième et troisième colonnes de D s'interprètent de façon analogue.

Pour interpréter la matrice de rigidité D^{-1}, on remarque que la relation $\mathbf{f} = D^{-1}\mathbf{y}$ donne l'expression d'un vecteur $\mathbf{f}$ en fonction d'un vecteur de flèche donné $\mathbf{y}$. On écrit

$$D^{-1} = D^{-1}I_3 = [\,D^{-1}\mathbf{e}_1 \quad D^{-1}\mathbf{e}_2 \quad D^{-1}\mathbf{e}_3\,]$$

Le vecteur $\mathbf{e}_1$ s'interprète maintenant comme un vecteur de flèche. Alors $D^{-1}\mathbf{e}_1$ donne les forces permettant d'obtenir cette flèche. Autrement dit, la première colonne de D^{-1} donne les forces qu'il faut appliquer en chacun des trois points pour obtenir un déplacement d'une unité du point 1 et des déplacements nuls aux autres points. Les deuxième et troisième colonnes de D^{-1} donnent de même les forces à appliquer pour produire des flèches égales à une unité, respectivement aux points 2 et 3. Dans chaque colonne, il est nécessaire qu'une ou deux des forces soient négatives (dirigées vers le haut) pour que la flèche soit d'une unité au point voulu et nulle aux autres points. Si la souplesse est par exemple mesurée en centimètres de flèche par newton de charge, alors les coefficients de la matrice de rigidité s'exprimeront en newtons de charge par centimètre de flèche. ∎

On utilise rarement la formule du théorème 5 pour résoudre numériquement une équation du type $A\mathbf{x} = \mathbf{b}$, car l'application de la méthode du pivot de Gauss à la matrice $[\,A \quad \mathbf{b}\,]$ est presque toujours plus rapide (la méthode du pivot est également plus précise s'il faut effectuer des arrondis). L'une des exceptions possibles est le cas des systèmes 2×2. Dans ce cas, si l'on veut résoudre de tête l'équation $A\mathbf{x} = \mathbf{b}$, il est parfois plus simple, comme dans l'exemple ci-dessous, d'utiliser la formule qui donne A^{-1}.

EXEMPLE 4 À l'aide de l'inverse de la matrice A, calculée dans l'exemple 2, résoudre le système

$$3x_1 + 4x_2 = 3$$
$$5x_1 + 6x_2 = 7$$

SOLUTION Ce système est du type $A\mathbf{x} = \mathbf{b}$, donc

$$\mathbf{x} = A^{-1}\mathbf{b} = \begin{bmatrix} -3 & 2 \\ 5/2 & -3/2 \end{bmatrix} \begin{bmatrix} 3 \\ 7 \end{bmatrix} = \begin{bmatrix} 5 \\ -3 \end{bmatrix} \qquad \blacksquare$$

Le théorème qui suit énonce trois propriétés utiles des matrices inversibles.

THÉORÈME 6

a. Si A est une matrice inversible, alors A^{-1} est inversible et
$$(A^{-1})^{-1} = A$$

b. Si A et B sont deux matrices $n \times n$ inversibles, alors AB est inversible, et l'inverse de AB est le produit des inverses de A et B dans l'ordre inverse. Autrement dit,
$$(AB)^{-1} = B^{-1}A^{-1}$$

c. Si A est une matrice inversible, alors A^T l'est aussi, et l'inverse de A^T est la transposée de A^{-1}. Autrement dit,
$$(A^T)^{-1} = (A^{-1})^T$$

DÉMONSTRATION Pour vérifier la propriété (a), il suffit de trouver une matrice C telle que

$$A^{-1}C = I \quad \text{et} \quad CA^{-1} = I$$

Ces relations sont bien satisfaites si l'on remplace C par A. Ainsi, A^{-1} est bien inversible et A est son inverse. Ensuite, pour montrer la propriété (b), on calcule

$$(AB)(B^{-1}A^{-1}) = A(BB^{-1})A^{-1} = AIA^{-1} = AA^{-1} = I$$

On montre de même que $(B^{-1}A^{-1})(AB) = I$. Pour la propriété (c), on utilise le théorème 3(d) en le lisant de droite à gauche et l'on écrit $(A^{-1})^T A^T = (AA^{-1})^T = I^T = I$. De même, $A^T (A^{-1})^T = I^T = I$. Donc A^T est inversible et son inverse est $(A^{-1})^T$. ■

Remarque : La preuve de la propriété (b) illustre le rôle important que les définitions jouent dans les démonstrations. Le théorème affirme que $B^{-1}A^{-1}$ est l'inverse de AB. Pour établir ce résultat, il suffit de montrer que $B^{-1}A^{-1}$ correspond à la définition de l'inverse de AB. Dans ce cas, l'inverse de AB est une matrice qui, lorsqu'elle est multipliée à gauche (ou à droite) par AB, devient la matrice unité I. Ainsi, il faut montrer que $B^{-1}A^{-1}$ vérifie cette propriété.

La généralisation du théorème 6(b) qui suit nous sera nécessaire plus loin.

> Le produit de matrices $n \times n$ inversibles est inversible, et l'inverse est le produit des inverses avec un ordre de facteurs inversé.

Il existe un lien important entre les matrices inversibles et les opérations sur les lignes, qui conduit à une méthode de calcul de l'inverse. On verra qu'une matrice inversible A est équivalente selon les lignes à une matrice unité, et l'on pourra effectuer le calcul de A^{-1} en *examinant les opérations sur les lignes qui permettent de passer de A à I*.

Matrices élémentaires

On appelle **matrice élémentaire** une matrice obtenue à partir d'une matrice unité par une seule opération élémentaire sur les lignes. L'exemple qui suit présente les trois types de matrices élémentaires.

EXEMPLE 5 On pose

$$E_1 = \begin{bmatrix} 1 & 0 & 0 \\ 0 & 1 & 0 \\ -4 & 0 & 1 \end{bmatrix}, \quad E_2 = \begin{bmatrix} 0 & 1 & 0 \\ 1 & 0 & 0 \\ 0 & 0 & 1 \end{bmatrix}, \quad E_3 = \begin{bmatrix} 1 & 0 & 0 \\ 0 & 1 & 0 \\ 0 & 0 & 5 \end{bmatrix},$$

$$A = \begin{bmatrix} a & b & c \\ d & e & f \\ g & h & i \end{bmatrix}$$

Calculer E_1A, E_2A et E_3A, et décrire la façon dont on peut obtenir ces produits au moyen d'opérations élémentaires sur les lignes de A.

SOLUTION On vérifie que

$$E_1 A = \begin{bmatrix} a & b & c \\ d & e & f \\ g-4a & h-4b & i-4c \end{bmatrix}, \quad E_2 A = \begin{bmatrix} d & e & f \\ a & b & c \\ g & h & i \end{bmatrix},$$

$$E_3 A = \begin{bmatrix} a & b & c \\ d & e & f \\ 5g & 5h & 5i \end{bmatrix}$$

On obtient $E_1 A$ en ajoutant -4 fois la ligne 1 de A à la ligne 3 (il s'agit d'une opération de remplacement). On obtient $E_2 A$ en échangeant les lignes 1 et 2 de A, et $E_3 A$ en multipliant la ligne 3 de A par 5. ∎

Multiplier à gauche par la matrice E_1 de l'exemple 5 a le même effet sur n'importe quelle matrice $3 \times n$. Cela revient à ajouter -4 fois la ligne 1 à la ligne 3. En particulier, comme $E_1 \cdot I = E_1$, on voit que E_1 s'obtient *elle-même* par cette même opération sur les lignes de la matrice unité. L'exemple 5 illustre donc la propriété générale suivante des matrices élémentaires (voir exercices 27 et 28).

> La matrice obtenue par une opération élémentaire sur les lignes d'une matrice A de type $m \times n$ est de la forme EA, où E est la matrice $m \times m$ obtenue en effectuant la même opération sur les lignes de I_m.

Comme on l'a vu à la section 1.1, les opérations élémentaires sur les lignes sont réversibles. Les matrices élémentaires sont donc inversibles, car si E résulte d'une opération élémentaire sur les lignes de I, alors il existe une opération élémentaire de même type qui change de nouveau E en I. Il existe donc une matrice élémentaire F telle que $FE = I$. Puisque E et F correspondent à des opérations inverses l'une de l'autre, on a également $EF = I$.

> Toute matrice élémentaire E est inversible. L'inverse de E est la matrice élémentaire de même type qui transforme E en I.

EXEMPLE 6 Déterminer l'inverse de $E_1 = \begin{bmatrix} 1 & 0 & 0 \\ 0 & 1 & 0 \\ -4 & 0 & 1 \end{bmatrix}$.

SOLUTION Pour transformer E_1 en I, on ajoute $+4$ fois la ligne 1 à la ligne 3. La matrice élémentaire qui effectue cette opération est

$$E_1^{-1} = \begin{bmatrix} 1 & 0 & 0 \\ 0 & 1 & 0 \\ +4 & 0 & 1 \end{bmatrix}$$ ∎

Le théorème suivant présente la meilleure façon de « visualiser » ce qu'est une matrice inversible. On en déduit immédiatement une méthode pour déterminer l'inverse d'une matrice.

THÉORÈME 7

> Une matrice A de type $n \times n$ est inversible si et seulement si A est équivalente selon les lignes à I_n et, dans ce cas, toute suite d'opérations élémentaires sur les lignes qui transforme A en I_n transforme I_n en A^{-1}.

Remarque : La remarque faite juste avant la démonstration du théorème 11 du chapitre 1 indique que « P si et seulement si Q » est équivalent à deux implications : (1) « si P alors Q » et (2) « si Q alors P ». On dit que la deuxième implication est l'inverse de la première. Ce qui explique l'utilisation du mot *inversement* dans la deuxième partie de la démonstration du théorème.

DÉMONSTRATION   On suppose que A est inversible. D'après le théorème 5, l'équation $A\mathbf{x} = \mathbf{b}$ a une solution quel que soit le vecteur $\mathbf{b}$ dans $\mathbb{R}^n$. Il en résulte (théorème 4 de la section 1.4) que chaque ligne de A possède une position de pivot. Comme A est carrée, les n positions de pivot sont nécessairement sur la diagonale, ce qui implique que la forme échelonnée réduite de A est I_n. Autrement dit, $A \sim I_n$.

Inversement, supposons que $A \sim I_n$. Alors, comme chaque étape de la méthode du pivot correspond à une multiplication à gauche par une matrice élémentaire, il existe des matrices élémentaires $E_1, \ldots, E_p$ telles que

$$A \sim E_1 A \sim E_2(E_1 A) \sim \cdots \sim E_p(E_{p-1} \cdots E_1 A) = I_n$$

Donc

$$E_p \cdots E_1 A = I_n \tag{1}$$

Comme le produit de matrices inversibles $E_p \cdots E_1$ est inversible, on déduit de (1) que

$$(E_p \cdots E_1)^{-1}(E_p \cdots E_1)A = (E_p \cdots E_1)^{-1} I_n$$
$$A = (E_p \cdots E_1)^{-1}$$

Donc A est inversible, puisque c'est l'inverse d'une matrice inversible (théorème 6). De plus,

$$A^{-1} = \left[(E_p \cdots E_1)^{-1} \right]^{-1} = E_p \cdots E_1$$

Donc $A^{-1} = E_p \cdots E_1 \cdot I_n$, ce qui signifie que A^{-1} est la matrice qu'on obtient en appliquant successivement à I_n les opérations définies par $E_1, \ldots, E_p$. Cette suite d'opérations est exactement celle qui a permis en (1) de passer de A à I_n. ■

Algorithme de calcul de A^{-1}

Si l'on place A et I côte à côte pour former la matrice $[\, A \quad I \,]$, alors toute opération sur les lignes de cette matrice se répercute telle quelle sur les lignes de A et de I. D'après le théorème 7, soit il existe une suite d'opérations sur les lignes transformant A en I_n et I_n en A^{-1}, soit A est non inversible.

ALGORITHME DE CALCUL DE A^{-1}

Appliquer la méthode du pivot à la matrice $[\, A \quad I \,]$. Si A est équivalente selon les lignes à I, alors $[\, A \quad I \,]$ est équivalente selon les lignes à $[\, I \quad A^{-1} \,]$. Sinon, A n'a pas d'inverse.

EXEMPLE 7   Déterminer, si elle existe, l'inverse de $A = \begin{bmatrix} 0 & 1 & 2 \\ 1 & 0 & 3 \\ 4 & -3 & 8 \end{bmatrix}$.

SOLUTION

$$[A \quad I] = \begin{bmatrix} 0 & 1 & 2 & 1 & 0 & 0 \\ 1 & 0 & 3 & 0 & 1 & 0 \\ 4 & -3 & 8 & 0 & 0 & 1 \end{bmatrix} \sim \begin{bmatrix} 1 & 0 & 3 & 0 & 1 & 0 \\ 0 & 1 & 2 & 1 & 0 & 0 \\ 4 & -3 & 8 & 0 & 0 & 1 \end{bmatrix}$$

$$\sim \begin{bmatrix} 1 & 0 & 3 & 0 & 1 & 0 \\ 0 & 1 & 2 & 1 & 0 & 0 \\ 0 & -3 & -4 & 0 & -4 & 1 \end{bmatrix} \sim \begin{bmatrix} 1 & 0 & 3 & 0 & 1 & 0 \\ 0 & 1 & 2 & 1 & 0 & 0 \\ 0 & 0 & 2 & 3 & -4 & 1 \end{bmatrix}$$

$$\sim \begin{bmatrix} 1 & 0 & 3 & 0 & 1 & 0 \\ 0 & 1 & 2 & 1 & 0 & 0 \\ 0 & 0 & 1 & 3/2 & -2 & 1/2 \end{bmatrix}$$

$$\sim \begin{bmatrix} 1 & 0 & 0 & -9/2 & 7 & -3/2 \\ 0 & 1 & 0 & -2 & 4 & -1 \\ 0 & 0 & 1 & 3/2 & -2 & 1/2 \end{bmatrix}$$

D'après le théorème 7 et puisque $A \sim I$, A est inversible et

$$A^{-1} = \begin{bmatrix} -9/2 & 7 & -3/2 \\ -2 & 4 & -1 \\ 3/2 & -2 & 1/2 \end{bmatrix}$$

Il est recommandé de vérifier la valeur de l'inverse :

$$AA^{-1} = \begin{bmatrix} 0 & 1 & 2 \\ 1 & 0 & 3 \\ 4 & -3 & 8 \end{bmatrix} \begin{bmatrix} -9/2 & 7 & -3/2 \\ -2 & 4 & -1 \\ 3/2 & -2 & 1/2 \end{bmatrix} = \begin{bmatrix} 1 & 0 & 0 \\ 0 & 1 & 0 \\ 0 & 0 & 1 \end{bmatrix}$$

Comme on a montré que A était inversible, il est inutile de vérifier que $A^{-1}A = I$. ∎

Un autre point de vue sur l'inversion de matrice

Soit $\mathbf{e}_1, \ldots, \mathbf{e}_n$ les colonnes de I_n. On peut considérer l'application de la méthode du pivot transformant $[A \quad I]$ en $[I \quad A^{-1}]$ comme la résolution simultanée de n systèmes

$$A\mathbf{x} = \mathbf{e}_1, \quad A\mathbf{x} = \mathbf{e}_2, \quad \ldots, \quad A\mathbf{x} = \mathbf{e}_n \tag{2}$$

dans lesquels les « colonnes complétées » de ces systèmes ont toutes été placées à côté de A, formant ainsi la matrice $[A \quad \mathbf{e}_1 \quad \mathbf{e}_2 \quad \cdots \quad \mathbf{e}_n] = [A \quad I]$. La relation $AA^{-1} = I$ et la définition de la multiplication matricielle montrent que les colonnes de A^{-1} sont exactement les solutions des équations de (2). Cette remarque est utile dans la mesure où, dans certaines applications, on peut n'avoir besoin que d'une ou deux colonnes de A^{-1}. Dans ce cas, seule la résolution des systèmes correspondants est nécessaire.

┌─ REMARQUE NUMÉRIQUE ──────────────────────────────

En pratique, il est rare qu'il faille calculer A^{-1}, sauf si l'on a besoin explicitement des coefficients de A^{-1}. Le calcul pour obtenir à la fois A^{-1} et $A^{-1}\mathbf{b}$ nécessite environ trois fois plus d'opérations arithmétiques que la résolution de $A\mathbf{x} = \mathbf{b}$ par la méthode du pivot, cette dernière étant en outre souvent plus précise.

└──

EXERCICES D'ENTRAÎNEMENT

1. À l'aide des déterminants, indiquer lesquelles des matrices suivantes sont inversibles :

a. $\begin{bmatrix} 3 & -9 \\ 2 & 6 \end{bmatrix}$ b. $\begin{bmatrix} 4 & -9 \\ 0 & 5 \end{bmatrix}$ c. $\begin{bmatrix} 6 & -9 \\ -4 & 6 \end{bmatrix}$

2. Déterminer, si elle existe, l'inverse de la matrice $A = \begin{bmatrix} 1 & -2 & -1 \\ -1 & 5 & 6 \\ 5 & -4 & 5 \end{bmatrix}$.

3. Montrer que si A est une matrice inversible, alors $5A$ est inversible.

2.2 EXERCICES

Déterminer l'inverse des matrices des exercices 1 à 4.

1. $\begin{bmatrix} 8 & 6 \\ 5 & 4 \end{bmatrix}$
    2. $\begin{bmatrix} 3 & 2 \\ 7 & 4 \end{bmatrix}$

3. $\begin{bmatrix} 8 & 5 \\ -7 & -5 \end{bmatrix}$
    4. $\begin{bmatrix} 3 & -4 \\ 7 & -8 \end{bmatrix}$

5. En utilisant l'inverse calculée à l'exercice 1, résoudre le système

$8x_1 + 6x_2 = 2$
$5x_1 + 4x_2 = -1$

6. En utilisant l'inverse calculée à l'exercice 3, résoudre le système

$8x_1 + 5x_2 = -9$
$-7x_1 - 5x_2 = 11$

7. On considère $A = \begin{bmatrix} 1 & 2 \\ 5 & 12 \end{bmatrix}$, $\mathbf{b}_1 = \begin{bmatrix} -1 \\ 3 \end{bmatrix}$, $\mathbf{b}_2 = \begin{bmatrix} 1 \\ -5 \end{bmatrix}$,

$\mathbf{b}_3 = \begin{bmatrix} 2 \\ 6 \end{bmatrix}$ et $\mathbf{b}_4 = \begin{bmatrix} 3 \\ 5 \end{bmatrix}$.

a. Déterminer A^{-1} et en déduire la solution des quatre équations

$A\mathbf{x} = \mathbf{b}_1, \quad A\mathbf{x} = \mathbf{b}_2, \quad A\mathbf{x} = \mathbf{b}_3 \quad$ et $\quad A\mathbf{x} = \mathbf{b}_4$.

b. Comme la matrice des coefficients de chacun des quatre systèmes de la question (a) est la même, on peut les résoudre en utilisant la *même* suite d'opérations élémentaires sur les lignes. Résoudre ces équations en appliquant la méthode du pivot à la matrice complète $[A \quad \mathbf{b}_1 \quad \mathbf{b}_2 \quad \mathbf{b}_3 \quad \mathbf{b}_4]$.

8. Montrer par un calcul algébrique matriciel que si A est inversible et si D est une matrice telle que $AD = I$, alors $D = A^{-1}$.

Dans les exercices 9 et 10, dire si les affirmations proposées sont vraies ou fausses. Justifier chaque réponse.

9. a. Pour qu'une matrice B soit l'inverse de A, les deux relations $AB = I$ et $BA = I$ doivent être vérifiées.

b. Si A et B sont deux matrices $n \times n$ inversibles, alors l'inverse de AB est $A^{-1}B^{-1}$.

c. Soit $A = \begin{bmatrix} a & b \\ c & d \end{bmatrix}$. Si $ab - cd \neq 0$, alors A est inversible.

d. Si A est une matrice $n \times n$ inversible, alors l'équation $A\mathbf{x} = \mathbf{b}$ est compatible *quel que soit* le vecteur $\mathbf{b}$ de $\mathbb{R}^n$.

e. Toute matrice élémentaire est inversible.

10. a. Si A est inversible, alors les opérations élémentaires sur les lignes qui transforment A en la matrice unité I_n transforment aussi A^{-1} en I_n.

b. Si A est inversible, alors l'inverse de A^{-1} est la matrice A elle-même.

c. Un produit de matrices $n \times n$ inversibles est inversible et l'inverse du produit est le produit des inverses dans le même ordre.

d. Si A est une matrice $n \times n$ inversible et si l'équation $A\mathbf{x} = \mathbf{e}_j$ est compatible pour tout $j \in \{1, 2, \ldots, n\}$, alors A est inversible ($\mathbf{e}_1, \ldots, \mathbf{e}_n$ désignent les vecteurs colonnes de la matrice unité).

e. Si la méthode du pivot permet de transformer A en la matrice unité, alors A est nécessairement inversible.

11. Soit A une matrice $n \times n$ inversible, et B une matrice $n \times p$. Montrer que l'équation $AX = B$ admet pour unique solution la matrice $A^{-1}B$.

12. Soit A une matrice $n \times n$ et B une matrice $n \times p$. Expliquer pourquoi l'application de la méthode du pivot décrite ci-dessous permet de calculer $A^{-1}B$:

Si $[A \quad B] \sim \cdots \sim [I \quad X]$, alors $X = A^{-1}B$.

Si la matrice A est plus grande que 2×2, cette méthode de réduction de $[A \quad B]$ est beaucoup plus rapide que le calcul de A^{-1}, puis de $A^{-1}B$.

13. Soit B et C deux matrices $n \times p$ et A une matrice inversible telle que $AB = AC$. Montrer que $B = C$. Qu'en est-il si A n'est pas inversible ?

14. Soit B et C deux matrices $m \times n$ et D une matrice inversible telle que $(B - C)D = 0$. Montrer que $B = C$.

15. Soit A, B et C trois matrices $n \times n$ inversibles. Montrer que ABC est également inversible en déterminant une matrice D telle que $(ABC)D = I$ et $D(ABC) = I$.

16. Soit A et B deux matrices $n \times n$ telles que B et AB soient inversibles. Montrer que A est inversible. [*Indication :* Poser $C = AB$, et exprimer A.]

17. Soit A, B et C trois matrices carrées de même taille telles que B soit inversible. On suppose que $AB = BC$. Exprimer A.

18. Soit P une matrice inversible et A et B deux matrices telles que $A = PBP^{-1}$. Exprimer B en fonction de A.

19. Si A, B et C sont des matrices $n \times n$ inversibles, l'équation $C^{-1}(A + X)B^{-1} = I_n$ à l'inconnue X a-t-elle une solution ? Si oui, la déterminer.

20. Soit A, B et X des matrices $n \times n$ inversibles telles que A, X et $A - AX$ soient inversibles. On suppose que

$$(A - AX)^{-1} = X^{-1}B \qquad (3)$$

a. Montrer que B est inversible.

b. Résoudre l'équation (3) à l'inconnue X. Si une matrice doit être inversée, on justifiera son inversiblité.

21. Montrer que les colonnes d'une matrice $n \times n$ inversible sont linéairement indépendantes.

22. Montrer que les colonnes d'une matrice $n \times n$ inversible engendrent $\mathbb{R}^n$. [*Indication* : Revoir le théorème 4 de la section 1.4.]

23. Soit A une matrice $n \times n$ telle que l'équation $A\mathbf{x} = \mathbf{0}$ admette la solution triviale pour unique solution. Montrer que A possède n colonnes pivots et qu'elle est équivalente selon les lignes à I_n. On en déduit, d'après le théorème 7, que A est inversible (cet exercice ainsi que l'exercice 24 seront utilisés dans la section 2.3).

24. Soit A une matrice $n \times n$ telle que l'équation $A\mathbf{x} = \mathbf{b}$ ait une solution quel que soit le vecteur $\mathbf{b}$ de $\mathbb{R}^n$. Montrer que A est inversible. [*Indication : A* est-elle équivalente selon les lignes à I_n ?]

Les exercices 25 et 26 ont pour objectif de démontrer le théorème 4. On pose $A = \begin{bmatrix} a & b \\ c & d \end{bmatrix}$.

25. Montrer que si $ad - bc = 0$, alors l'équation $A\mathbf{x} = \mathbf{0}$ a plusieurs solutions. Pourquoi cela implique-t-il que A n'est pas inversible ? [*Indication :* On pourra d'abord considérer le cas $a = b = 0$, puis, si a et b ne sont pas tous les deux nuls, considérer le vecteur $\mathbf{x} = \begin{bmatrix} -b \\ a \end{bmatrix}$.]

26. Montrer que si $ad - bc \neq 0$, la formule donnant A^{-1} est correcte.

Les exercices 27 et 28 ont pour objectif de démontrer dans des cas particuliers les propriétés des matrices élémentaires énoncées dans l'encadré qui suit l'exemple 5. Ici, on considère une matrice A de type 3×3 et $I = I_3$ (une démonstration générale demanderait des notations un peu plus élaborées).

27. Soit A une matrice 3×3.

a. En appliquant la relation (2) de la section 2.1, montrer que pour $i = 1, 2, 3$, $\text{ligne}_i(A) = \text{ligne}_i(I) \cdot A$.

b. Montrer que la matrice obtenue en échangeant les lignes 1 et 2 de A est égale à EA, où E est la matrice élémentaire obtenue en échangeant les lignes 1 et 2 de I.

c. Montrer que la matrice obtenue en multipliant la ligne 3 de A par 5 est égale à EA, où E est la matrice élémentaire obtenue en multipliant la ligne 3 de I par 5.

28. On remplace la ligne 3 de A par $\text{ligne}_3(A) - 4 \cdot \text{ligne}_1(A)$. Montrer que l'on obtient la matrice EA, où E est la matrice obtenue en remplaçant, dans I, la ligne 3 par $\text{ligne}_3(I) - 4 \cdot \text{ligne}_1(I)$.

À l'aide de l'algorithme présenté dans cette section, déterminer, si elle existe, l'inverse des matrices des exercices 29 à 32.

29. $\begin{bmatrix} 1 & 2 \\ 4 & 7 \end{bmatrix}$ **30.** $\begin{bmatrix} 5 & 10 \\ 4 & 7 \end{bmatrix}$

31. $\begin{bmatrix} 1 & 0 & -2 \\ -3 & 1 & 4 \\ 2 & -3 & 4 \end{bmatrix}$ **32.** $\begin{bmatrix} 1 & -2 & 1 \\ 4 & -7 & 3 \\ -2 & 6 & -4 \end{bmatrix}$

33. À l'aide de l'algorithme présenté dans cette section, déterminer l'inverse de

$$\begin{bmatrix} 1 & 0 & 0 \\ 1 & 1 & 0 \\ 1 & 1 & 1 \end{bmatrix} \quad \text{et} \quad \begin{bmatrix} 1 & 0 & 0 & 0 \\ 1 & 1 & 0 & 0 \\ 1 & 1 & 1 & 0 \\ 1 & 1 & 1 & 1 \end{bmatrix}.$$

Soit A la matrice analogue dans le cas $n \times n$ et B son inverse. Essayer d'abord de deviner la forme de B, puis montrer que l'on a bien $AB = I$.

34. En appliquant une stratégie analogue à celle de l'exercice 33, essayer de deviner l'inverse B de

$$A = \begin{bmatrix} 1 & 0 & 0 & \cdots & 0 \\ 1 & 2 & 0 & & 0 \\ 1 & 2 & 3 & & 0 \\ \vdots & & & \ddots & \vdots \\ 1 & 2 & 3 & \cdots & n \end{bmatrix}$$

Puis montrer que $AB = I$.

35. On pose $A = \begin{bmatrix} -2 & -7 & -9 \\ 2 & 5 & 6 \\ 1 & 3 & 4 \end{bmatrix}$. Déterminer la troisième colonne de A^{-1} sans calculer les autres colonnes.

36. [M] Soit la matrice $A = \begin{bmatrix} -25 & -9 & -27 \\ 546 & 180 & 537 \\ 154 & 50 & 149 \end{bmatrix}$. Déterminer les deuxième et troisième colonnes de A^{-1} sans calculer la première.

37. On pose $A = \begin{bmatrix} 1 & 2 \\ 1 & 3 \\ 1 & 5 \end{bmatrix}$. Construire (par essais et erreurs) une matrice C de type 2×3 ne contenant que des 1, des -1 et des 0, et telle que $CA = I_2$. Calculer AC. On remarque que $AC \neq I_3$.

38. On pose $A = \begin{bmatrix} 1 & 1 & 1 & 0 \\ 0 & 1 & 1 & 1 \end{bmatrix}$. Construire une matrice D de type 4×2 ne contenant que des 1 et des 0, et telle que $AD = I_2$. Existe-t-il une matrice C de type 4×2 telle que $CA = I_4$? Pourquoi ?

39. Soit $D = \begin{bmatrix} 0{,}005 & 0{,}002 & 0{,}001 \\ 0{,}002 & 0{,}004 & 0{,}002 \\ 0{,}001 & 0{,}002 & 0{,}005 \end{bmatrix}$ une matrice de souplesse, la souplesse étant mesurée en centimètres par newton. On applique respectivement aux points 1, 2 et 3 de la poutre représentée à la figure 1 de l'exemple 3 des forces de 30, 50 et 20 N. Calculer les flèches correspondantes.

40. [M] Calculer la matrice de rigidité D^{-1} correspondant à la matrice D de l'exercice 39. Écrire les forces permettant d'obtenir une flèche de 0,04 cm au point 3, les déplacements aux autres points étant nuls.

41. [M] Soit $D = \begin{bmatrix} 0,0040 & 0,0030 & 0,0010 & 0,0005 \\ 0,0030 & 0,0050 & 0,0030 & 0,0010 \\ 0,0010 & 0,0030 & 0,0050 & 0,0030 \\ 0,0005 & 0,0010 & 0,0030 & 0,0040 \end{bmatrix}$
la matrice de souplesse d'une poutre élastique telle que celle de l'exemple 3, avec quatre points en lesquels on applique une force. L'unité est le centimètre par newton. On mesure des flèches aux quatre points de 0,08 cm, 0,12 cm, 0,16 cm

et 0,12 cm. Calculer les forces en ces quatre points.

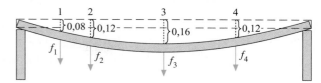

Flèche de la poutre élastique des exercices 41 et 42

42. [M] La matrice de souplesse étant la matrice D de l'exercice 41, calculer les forces produisant une flèche de 0,24 cm au deuxième point de la poutre et une flèche nulle aux trois autres points. Quel lien existe-t-il entre les valeurs trouvées et les coefficients de D^{-1} ? [*Indication :* Faire d'abord les calculs avec une flèche de 1 cm au deuxième point.]

| SOLUTIONS DES EXERCICES D'ENTRAÎNEMENT

1. a. $\det \begin{bmatrix} 3 & -9 \\ 2 & 6 \end{bmatrix} = 3 \cdot 6 - (-9) \cdot 2 = 18 + 18 = 36$. Le déterminant est non nul, ce qui montre que la matrice est inversible.

   b. $\det \begin{bmatrix} 4 & -9 \\ 0 & 5 \end{bmatrix} = 4 \cdot 5 - (-9) \cdot 0 = 20 \neq 0$. La matrice est inversible.

   c. $\det \begin{bmatrix} 6 & -9 \\ -4 & 6 \end{bmatrix} = 6 \cdot 6 - (-9)(-4) = 36 - 36 = 0$. La matrice n'est pas inversible.

2. On écrit
$$[\,A \quad I\,] \sim \begin{bmatrix} 1 & -2 & -1 & 1 & 0 & 0 \\ -1 & 5 & 6 & 0 & 1 & 0 \\ 5 & -4 & 5 & 0 & 0 & 1 \end{bmatrix}$$
soit
$$[\,A \quad I\,] \sim \begin{bmatrix} 1 & -2 & -1 & 1 & 0 & 0 \\ 0 & 3 & 5 & 1 & 1 & 0 \\ 0 & 6 & 10 & -5 & 0 & 1 \end{bmatrix}$$
$$\sim \begin{bmatrix} 1 & -2 & -1 & 1 & 0 & 0 \\ 0 & 3 & 5 & 1 & 1 & 0 \\ 0 & 0 & 0 & -7 & -2 & 1 \end{bmatrix}$$

Donc $[\,A \quad I\,]$ est équivalente selon les lignes à une matrice de la forme $[\,B \quad D\,]$, B étant carrée et ayant une ligne de 0. Aucune opération supplémentaire sur les lignes ne pourra transformer B en I, donc on s'arrête là. A n'admet pas d'inverse.

3. Comme A est une matrice inversible, il existe une matrice C telle que $AC = I = CA$. Le but est de trouver une matrice D telle que $(5A)D = I = D(5A)$. On pose $D = 1/5\,C$. En appliquant le théorème 2 de la section 2.1, on obtient $(5A)(1/5\,C) = (5)(1/5)(AC) = 1\,I = I$, et $(1/5\,C)(5A) = (1/5)(5)(CA) = 1\,I = I$. Ainsi, $1/5\,C$ est l'inverse de $5A$, ce qui prouve que $5A$ est inversible.

2.3 | CARACTÉRISATIONS DES MATRICES INVERSIBLES

Cette section reprend la plupart des concepts introduits dans le chapitre 1, en lien avec les systèmes de n équations linéaires à n inconnues et les matrices *carrées*. Le résultat principal est le théorème 8.

THÉORÈME 8

> ### Théorème de caractérisation des matrices inversibles
>
> Soit A une matrice carrée $n \times n$. Les propriétés suivantes sont équivalentes, c'est-à-dire que, pour une matrice donnée A, les propriétés sont soit toutes vraies, soit toutes fausses.
>
> a. A est inversible.
> b. A est équivalente selon les lignes à la matrice unité $n \times n$.
> c. A admet n positions de pivot.
> d. L'équation $A\mathbf{x} = \mathbf{0}$ admet la solution triviale pour unique solution.
> e. Les colonnes de A sont linéairement indépendantes.
> f. L'application linéaire $\mathbf{x} \mapsto A\mathbf{x}$ est injective.
> g. Pour tout vecteur $\mathbf{b}$ de $\mathbb{R}^n$, l'équation $A\mathbf{x} = \mathbf{b}$ admet au moins une solution.
> h. Les colonnes de A engendrent $\mathbb{R}^n$.
> i. L'application linéaire $\mathbf{x} \mapsto A\mathbf{x}$ est surjective.
> j. Il existe une matrice C de type $n \times n$ telle que $CA = I$.
> k. Il existe une matrice D de type $n \times n$ telle que $AD = I$.
> l. A^T est inversible.

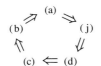

FIGURE 1

Introduisons d'abord quelques notations. Si une propriété (j) est vraie à chaque fois qu'une propriété (a) est vraie, on dit que (a) *implique* (j) et l'on écrit (a) ⇒ (j). La démonstration consiste à établir le « cercle » d'implications illustré à la figure 1. Si l'une quelconque de ces cinq propositions est vraie, les autres le sont aussi. On relie ensuite les propositions restantes du théorème à celles du cercle.

DÉMONSTRATION Si (a) est vraie, alors la matrice $C = A^{-1}$ répond aux conditions de (j), donc (a) ⇒ (j). Ensuite, (j) ⇒ (d) d'après l'exercice 23 de la section 2.1 (revoir cet exercice). On a également (d) ⇒ (c) d'après l'exercice 23 de la section 2.2. Si A est carrée et admet n positions de pivot, alors les pivots sont nécessairement sur la diagonale principale, auquel cas la forme échelonnée réduite de A est I_n. Donc (c) ⇒ (b). Enfin, (b) ⇒ (a) d'après le théorème 7 de la section 2.2, ce qui ferme le cercle de la figure 1.

```
      (k)
     ↗    ↘
(a)  ⇐   (g)

(g) ⇔ (h) ⇔ (i)

(d) ⇔ (e) ⇔ (f)

  (a) ⇔ (l)
```

On a ensuite (a) ⇒ (k) car (k) est vérifiée avec $D = A^{-1}$. L'exercice 26 de la section 2.1 montre l'implication (k) ⇒ (g) et l'exercice 24 de la section 2.2 montre l'implication (g) ⇒ (a). On a donc relié (k) et (g) au cercle. Puis (g), (h) et (i) sont équivalentes d'après le théorème 4 de la section 1.4 et le théorème 12(a) de la section 1.9. Donc (h) et (i) sont reliées au cercle par l'intermédiaire de (g).

Comme (d) est reliée au cercle, il en va de même de (e) et (f), car (d), (e) et (f) sont équivalentes (voir section 1.7 et théorème 12(b) de la section 1.9). Enfin, on a (a) ⇒ (l) d'après le théorème 6(c) de la section 2.2 et (l) ⇒ (a) d'après ce même théorème, en échangeant les rôles de A et A^T. Cela termine la démonstration. ∎

D'après le théorème 5 de la section 2.2, on aurait pu énoncer la propriété (g) du théorème 8 sous la forme : « Pour tout vecteur $\mathbf{b}$ de $\mathbb{R}^n$, l'équation $A\mathbf{x} = \mathbf{b}$ admet une solution *unique*. » Cette proposition implique clairement (b), donc également le fait que A est inversible.

La propriété qui suit résulte du théorème 8 et de l'exercice 8 de la section 2.2.

> Soit A et B deux matrices carrées. Si $AB = I$, alors A et B sont inversibles, avec $B = A^{-1}$ et $A = B^{-1}$.

Le théorème de caractérisation des matrices inversibles permet de partager l'ensemble des matrices $n \times n$ en deux classes disjointes : celle des matrices inversibles (non singulières) et celle des matrices non inversibles (singulières). Chacun des énoncés du théorème décrit une propriété des matrices $n \times n$ inversibles. La *négation* de l'un des énoncés du théorème décrit une propriété des matrices $n \times n$ singulières. Par exemple, une matrice $n \times n$ singulière *n'est pas* équivalente selon les lignes à I_n, *n'a pas n* positions de pivot et a des colonnes linéairement *dépendantes*. Les négations des autres énoncés sont étudiées en exercice.

EXEMPLE 1 À l'aide du théorème de caractérisation, étudier l'inversibilité de A :

$$A = \begin{bmatrix} 1 & 0 & -2 \\ 3 & 1 & -2 \\ -5 & -1 & 9 \end{bmatrix}$$

SOLUTION

$$A \sim \begin{bmatrix} 1 & 0 & -2 \\ 0 & 1 & 4 \\ 0 & -1 & -1 \end{bmatrix} \sim \begin{bmatrix} 1 & 0 & -2 \\ 0 & 1 & 4 \\ 0 & 0 & 3 \end{bmatrix}$$

Donc A admet trois positions de pivot. Par conséquent, d'après la proposition (c) du théorème de caractérisation des matrices inversibles, elle est inversible. ∎

La puissance du théorème de caractérisation des matrices inversibles réside dans les liens qu'il établit entre plusieurs concepts importants, comme l'indépendance linéaire des colonnes de A ou l'existence de solutions de la forme $A\mathbf{x} = \mathbf{b}$. Il convient cependant de souligner que ce théorème *ne s'applique qu'aux matrices carrées*. Si, par exemple, les colonnes d'une matrice 4×3 sont linéairement indépendantes, on ne peut pas utiliser le théorème de caractérisation des matrices inversibles pour déduire quoi que ce soit quant à l'existence ou non de solutions à l'équation $A\mathbf{x} = \mathbf{b}$.

Applications linéaires inversibles

On a vu à la section 2.1 que la multiplication de matrices correspondait à la composition d'applications linéaires. Si une matrice A est inversible, on peut interpréter la relation $A^{-1}A\mathbf{x} = \mathbf{x}$ comme une propriété des applications linéaires (voir figure 2).

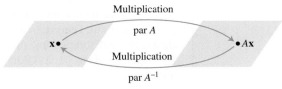

FIGURE 2 On retrouve $\mathbf{x}$ en transformant $A\mathbf{x}$ par A^{-1}.

On dit qu'une **application linéaire** $T : \mathbb{R}^n \to \mathbb{R}^n$ est **inversible** s'il existe une fonction $S : \mathbb{R}^n \to \mathbb{R}^n$ telle que

$$S(T(\mathbf{x})) = \mathbf{x} \quad \text{pour tout vecteur } \mathbf{x} \text{ de } \mathbb{R}^n \tag{1}$$

$$T(S(\mathbf{x})) = \mathbf{x} \quad \text{pour tout vecteur } \mathbf{x} \text{ de } \mathbb{R}^n \tag{2}$$

Le théorème qui suit montre que si une telle application S existe, elle est unique et nécessairement linéaire. L'application S est appelée **inverse** ou **réciproque** de T et notée T^{-1}.

THÉORÈME 9

Soit $T : \mathbb{R}^n \to \mathbb{R}^n$ une application linéaire et A la matrice canoniquement associée à T. Alors T est inversible si et seulement si A est une matrice inversible. Dans ce cas, l'application linéaire S définie par $S(\mathbf{x}) = A^{-1}\mathbf{x}$ est l'unique fonction vérifiant les relations (1) et (2).

Remarque : Voir la remarque présentée juste avant la démonstration du théorème 7.

DÉMONSTRATION On suppose T inversible. Alors d'après (2), T est surjective. En effet, si $\mathbf{b}$ est un vecteur de $\mathbb{R}^n$ et si l'on pose $\mathbf{x} = S(\mathbf{b})$, alors $T(\mathbf{x}) = T(S(\mathbf{b})) = \mathbf{b}$ et tout vecteur $\mathbf{b}$ est donc dans l'image de T. D'après la proposition (i) du théorème de caractérisation, il en résulte que A est inversible.

Inversement, on suppose A inversible et l'on définit S par $S(\mathbf{x}) = A^{-1}\mathbf{x}$. Alors, S est une application linéaire, qui vérifie de façon évidente (1) et (2). Par exemple,

$$S(T(\mathbf{x})) = S(A\mathbf{x}) = A^{-1}(A\mathbf{x}) = \mathbf{x}$$

Donc T est inversible. La démonstration de l'unicité de S fait l'objet de l'exercice 39. ∎

EXEMPLE 2 Que peut-on dire d'une application injective T de $\mathbb{R}^n$ dans $\mathbb{R}^n$?

SOLUTION D'après le théorème 12 de la section 1.9, les colonnes de la matrice A canoniquement associée à T sont linéairement indépendantes. Donc, d'après le théorème de caractérisation des matrices inversibles, A est inversible, donc T est surjective. De plus, d'après le théorème 9, T est inversible. ∎

REMARQUES NUMÉRIQUES

Dans la pratique, il arrive de rencontrer des matrices « presque singulières » ou *mal conditionnées* : des matrices inversibles qui deviennent singulières dès que l'on change, même très légèrement, la valeur de certains de leurs coefficients. Dans ce cas, la méthode du pivot peut, à cause d'erreurs d'arrondi, faire apparaître moins de n positions de pivot. Il est possible aussi que des erreurs d'arrondi fassent apparaître comme inversible une matrice qui est en réalité singulière.

Certains programmes matriciels calculent un nombre appelé **conditionnement** d'une matrice. Plus il est grand, plus la matrice est proche d'une matrice singulière. Pour une matrice unité, il vaut 1. Celui d'une matrice singulière est infini. Dans des cas extrêmes, un programme matriciel peut se révéler incapable de distinguer une matrice singulière d'une matrice mal conditionnée.

Les exercices 41 à 45 montrent que certains calculs matriciels peuvent aboutir à des erreurs non négligeables si le conditionnement est élevé.

| EXERCICES D'ENTRAÎNEMENT

1. Étudier l'inversibilité de $A = \begin{bmatrix} 2 & 3 & 4 \\ 2 & 3 & 4 \\ 2 & 3 & 4 \end{bmatrix}$.

2. Soit A une matrice $n \times n$ pour laquelle la proposition (g) du théorème de caractérisation des matrices inversibles *n'est pas* vérifiée. Que peut-on dire des équations de la forme $A\mathbf{x} = \mathbf{b}$?

3. Soit A et B deux matrices $n \times n$ telles que l'équation $AB\mathbf{x} = \mathbf{0}$ admette une solution non triviale. Que peut-on dire de la matrice AB ?

2.3 EXERCICES

Sauf mention contraire, toutes les matrices de ces exercices sont supposées être des matrices $n \times n$. Étudier avec un minimum de calculs l'inversibilité des matrices des exercices 1 à 10. Justifier les réponses.

1. $\begin{bmatrix} 5 & 7 \\ -3 & -6 \end{bmatrix}$
   2. $\begin{bmatrix} -4 & 6 \\ 6 & -9 \end{bmatrix}$

3. $\begin{bmatrix} 5 & 0 & 0 \\ -3 & -7 & 0 \\ 8 & 5 & -1 \end{bmatrix}$
   4. $\begin{bmatrix} -7 & 0 & 4 \\ 3 & 0 & -1 \\ 2 & 0 & 9 \end{bmatrix}$

5. $\begin{bmatrix} 0 & 3 & -5 \\ 1 & 0 & 2 \\ -4 & -9 & 7 \end{bmatrix}$
   6. $\begin{bmatrix} 1 & -5 & -4 \\ 0 & 3 & 4 \\ -3 & 6 & 0 \end{bmatrix}$

7. $\begin{bmatrix} -1 & -3 & 0 & 1 \\ 3 & 5 & 8 & -3 \\ -2 & -6 & 3 & 2 \\ 0 & -1 & 2 & 1 \end{bmatrix}$
   8. $\begin{bmatrix} 1 & 3 & 7 & 4 \\ 0 & 5 & 9 & 6 \\ 0 & 0 & 2 & 8 \\ 0 & 0 & 0 & 10 \end{bmatrix}$

9. [M] $\begin{bmatrix} 4 & 0 & -7 & -7 \\ -6 & 1 & 11 & 9 \\ 7 & -5 & 10 & 19 \\ -1 & 2 & 3 & -1 \end{bmatrix}$

10. [M] $\begin{bmatrix} 5 & 3 & 1 & 7 & 9 \\ 6 & 4 & 2 & 8 & -8 \\ 7 & 5 & 3 & 10 & 9 \\ 9 & 6 & 4 & -9 & -5 \\ 8 & 5 & 2 & 11 & 4 \end{bmatrix}$

Dans les exercices 11 et 12, les matrices sont supposées être des matrices $n \times n$. Chaque question de ces exercices consiste en une *implication* de la forme « si ⟨ proposition 1 ⟩, alors ⟨ proposition 2 ⟩ ». Déterminer dans chaque cas si l'implication est vraie, c'est-à-dire si la ⟨ proposition 2 ⟩ est vérifiée *à chaque fois* que la ⟨ proposition 1 ⟩ l'est. Une implication est fausse si l'on peut trouver un exemple pour lequel la ⟨ proposition 2 ⟩ est fausse, alors que la ⟨ proposition 1 ⟩ est vraie. Justifier chaque réponse.

11. a. Si l'équation $A\mathbf{x} = \mathbf{0}$ admet la solution triviale comme unique solution, alors A est équivalente selon les lignes à la matrice unité $n \times n$.

b. Si les colonnes de A engendrent $\mathbb{R}^n$, alors elles sont linéairement indépendantes.

c. Si A est une matrice $n \times n$, alors l'équation $A\mathbf{x} = \mathbf{b}$ a au moins une solution, quel que soit le vecteur $\mathbf{b}$ de $\mathbb{R}^n$.

d. Si l'équation $A\mathbf{x} = \mathbf{0}$ admet une solution non triviale, alors A a moins de n positions de pivot.

e. Si A^T n'est pas inversible, alors A n'est pas inversible.

12. a. S'il existe une matrice D de type $n \times n$ telle que $AD = I$, alors $DA = I$.

b. Si les colonnes de A sont linéairement indépendantes, alors elles engendrent $\mathbb{R}^n$.

c. Si l'équation $A\mathbf{x} = \mathbf{b}$ a au moins une solution, quel que soit le vecteur $\mathbf{b}$ de $\mathbb{R}^n$, alors la solution est unique pour tout $\mathbf{b}$.

d. Si l'application linéaire $\mathbf{x} \mapsto A\mathbf{x}$ va de $\mathbb{R}^n$ dans $\mathbb{R}^n$, alors A possède n positions de pivot.

e. S'il existe un vecteur $\mathbf{b}$ de $\mathbb{R}^n$ tel que l'équation $A\mathbf{x} = \mathbf{b}$ soit incompatible, alors la transformation $\mathbf{x} \mapsto A\mathbf{x}$ n'est pas injective.

13. On appelle **matrice triangulaire supérieure** toute matrice $m \times n$ dont les coefficients situés *au-dessous* de la diagonale principale sont nuls (comme dans l'exercice 8). À quelle condition une matrice carrée triangulaire supérieure est-elle inversible ? Justifier.

14. On appelle **matrice triangulaire inférieure** toute matrice $m \times n$ dont les coefficients situés *au-dessus* de la diagonale principale sont nuls (comme dans l'exercice 3). À quelle condition une matrice carrée triangulaire inférieure est-elle inversible ? Justifier.

15. Une matrice carrée dont deux des colonnes sont identiques peut-elle être inversible ? Pourquoi ?

16. Une matrice 5×5 peut-elle être inversible si ses colonnes n'engendrent pas $\mathbb{R}^5$? Pourquoi ?

17. Si une matrice $n \times n$ est inversible, alors les colonnes de A^{-1} sont linéairement indépendantes. Expliquer pourquoi.

18. Si A est une matrice 6×6 et que l'équation $A\mathbf{x} = \mathbf{b}$ est compatible pour tout vecteur $\mathbf{b}$ de $\mathbb{R}^6$, existe-t-il des vecteurs $\mathbf{b}$ tels que l'équation $A\mathbf{x} = \mathbf{b}$ ait plusieurs solutions ? Pourquoi ?

19. Si D est une matrice 7×7 dont les colonnes sont linéairement indépendantes, que peut-on dire des solutions de l'équation $D\mathbf{x} = \mathbf{b}$? Pourquoi ?

20. Si E et F sont deux matrices $n \times n$ telles que $EF = I$, alors E et F commutent. Expliquer pourquoi.

21. Si G est une matrice $n \times n$ et qu'il existe un vecteur $\mathbf{y}$ tel que l'équation $G\mathbf{x} = \mathbf{y}$ ait plusieurs solutions, les colonnes de G peuvent-elles engendrer $\mathbb{R}^n$? Pourquoi ?

22. Soit H une matrice $n \times n$. S'il existe un vecteur $\mathbf{y}$ de $\mathbb{R}^n$ tel que l'équation $H\mathbf{x} = \mathbf{y}$ soit incompatible, que peut-on dire de l'équation $H\mathbf{x} = \mathbf{0}$? Pourquoi ?

23. Si la méthode du pivot ne permet pas de transformer une matrice G de type $n \times n$ en I_n, que peut-on dire des colonnes de G ? Pourquoi ?

24. Si L est une matrice $n \times n$ et si l'équation $L\mathbf{x} = \mathbf{0}$ admet la solution triviale, les colonnes de L engendrent-elles $\mathbb{R}^n$? Pourquoi ?

25. Démontrer l'énoncé de l'encadré précédant l'exemple 1.

26. Expliquer pourquoi, si les colonnes d'une certaine matrice A de type $n \times n$ sont linéairement indépendantes, alors les colonnes de A^2 engendrent $\mathbb{R}^n$.

27. Soit A et B deux matrices $n \times n$. Montrer que si AB est inversible, alors A est inversible. On ne peut pas utiliser le théorème 6(b), car on ne suppose pas A et B inversibles. [***Indication :*** Il existe une matrice W telle que $ABW = I$. Pourquoi ?]

28. Soit A et B deux matrices $n \times n$. Montrer que si AB est inversible, alors B est inversible.

29. Si A est une matrice $n \times n$ et qu'il existe un vecteur $\mathbf{b}$ tel que l'équation $A\mathbf{x} = \mathbf{b}$ ait plusieurs solutions, alors l'application $\mathbf{x} \mapsto A\mathbf{x}$ n'est pas injective. Que peut-on dire d'autre sur cette application ? Justifier.

30. Soit A une matrice $n \times n$ telle que l'application $\mathbf{x} \mapsto A\mathbf{x}$ soit injective. Que peut-on dire d'autre sur cette application ? Justifier.

31. Soit A une matrice $n \times n$ telle que l'équation $A\mathbf{x} = \mathbf{b}$ ait au moins une solution quel que soit le vecteur $\mathbf{b}$ de $\mathbb{R}^n$. Sans utiliser le théorème 5 ou le théorème 8, expliquer pourquoi les équations $A\mathbf{x} = \mathbf{b}$ ont en fait une seule solution.

32. Soit A une matrice $n \times n$ telle que l'équation $A\mathbf{x} = \mathbf{0}$ admette la solution triviale comme unique solution. Expliquer directement, sans utiliser le théorème de caractérisation des matrices inversibles, pourquoi l'équation $A\mathbf{x} = \mathbf{b}$ admet une solution quel que soit le vecteur $\mathbf{b}$ de $\mathbb{R}^n$.

Dans les exercices 33 et 34, on considère une application linéaire T de $\mathbb{R}^2$ dans $\mathbb{R}^2$. Montrer que T est inversible et déterminer une expression de T^{-1}.

33. $T(x_1, x_2) = (-5x_1 + 9x_2, 4x_1 - 7x_2)$

34. $T(x_1, x_2) = (6x_1 - 8x_2, -5x_1 + 7x_2)$

35. Soit $T : \mathbb{R}^n \to \mathbb{R}^n$ une application linéaire inversible. Expliquer pourquoi T est à la fois injective et surjective, d'abord en utilisant les relations (1) et (2), puis par une autre méthode utilisant un ou plusieurs théorèmes du cours.

36. Soit T une application linéaire surjective de $\mathbb{R}^n$ dans $\mathbb{R}^n$. Montrer que T^{-1} existe et est elle aussi surjective de $\mathbb{R}^n$ dans $\mathbb{R}^n$. L'application T^{-1} est-elle injective ?

37. Soit T et U deux applications linéaires de $\mathbb{R}^n$ dans $\mathbb{R}^n$ telles que $T(U(\mathbf{x})) = \mathbf{x}$ pour tout vecteur $\mathbf{x}$ de $\mathbb{R}^n$. A-t-on $U(T(\mathbf{x})) = \mathbf{x}$ pour tout $\mathbf{x}$ de $\mathbb{R}^n$? Pourquoi ?

38. Soit $T : \mathbb{R}^n \to \mathbb{R}^n$ une application linéaire telle qu'il existe deux vecteurs distincts $\mathbf{u}$ et $\mathbf{v}$ de $\mathbb{R}^n$ vérifiant $T(\mathbf{u}) = T(\mathbf{v})$. Est-il possible que T soit surjective ? Pourquoi ?

39. Soit $T : \mathbb{R}^n \to \mathbb{R}^n$ une application linéaire inversible, et S et U deux fonctions de $\mathbb{R}^n$ dans $\mathbb{R}^n$ telles qu'on ait à la fois $S(T(\mathbf{x})) = \mathbf{x}$ et $U(T(\mathbf{x})) = \mathbf{x}$ pour tout vecteur $\mathbf{x}$ de $\mathbb{R}^n$. Montrer que, pour tout vecteur $\mathbf{v}$ de $\mathbb{R}^n$, $U(\mathbf{v}) = S(\mathbf{v})$. L'unicité de l'inverse de T, affirmée au théorème 9, en résulte. [***Indication :*** Étant donné un vecteur $\mathbf{v}$ de $\mathbb{R}^n$, il existe un certain $\mathbf{x}$ tel que $\mathbf{v} = T(\mathbf{x})$. Pourquoi ? Calculer alors $S(\mathbf{v})$ et $U(\mathbf{v})$.]

40. Soit T une application linéaire et S une fonction telle que les deux relations d'inversibilité (1) et (2) soient vérifiées. Montrer directement que S est linéaire. [***Indication :*** Étant donné $\mathbf{u}$ et $\mathbf{v}$ dans $\mathbb{R}^n$, on pose $\mathbf{x} = S(\mathbf{u})$ et $\mathbf{y} = S(\mathbf{v})$. On a alors $T(\mathbf{x}) = \mathbf{u}$, $T(\mathbf{y}) = \mathbf{v}$. Pourquoi ? On appliquera ensuite S des deux côtés de la relation $T(\mathbf{x}) + T(\mathbf{y}) = T(\mathbf{x} + \mathbf{y})$. On utilisera également la relation $T(c\mathbf{x}) = cT(\mathbf{x})$.]

41. [M] On suppose que des expériences ont abouti aux équations

$$\begin{aligned} 4{,}5x_1 + 3{,}1x_2 &= 19{,}249 \\ 1{,}6x_1 + 1{,}1x_2 &= 6{,}843 \end{aligned} \qquad (3)$$

a. Résoudre d'abord le système (3), puis le système (4) ci-dessous, dans lequel on a arrondi les coefficients à deux décimales. On donnera dans chaque cas des solutions ***exactes***.

$$\begin{aligned} 4{,}5x_1 + 3{,}1x_2 &= 19{,}25 \\ 1{,}6x_1 + 1{,}1x_2 &= 6{,}84 \end{aligned} \qquad (4)$$

b. Les coefficients du système (4) diffèrent de ceux du système (3) de moins de 0,05 %. Déterminer en pourcentage l'erreur commise en approchant les solutions de (3) par les solutions de (4).

c. À l'aide d'un logiciel adapté, déterminer le conditionnement de la matrice des coefficients du système (3).

Les exercices 42 à 44 illustrent l'utilisation de la notion de conditionnement d'une matrice A pour estimer la précision du calcul d'une solution de l'équation $A\mathbf{x} = \mathbf{b}$. Si les coefficients de A et $\mathbf{b}$ ont une précision de r chiffres significatifs et que le conditionnement de A est d'environ 10^k (où k est un entier naturel), alors la précision du calcul de la solution de $A\mathbf{x} = \mathbf{b}$ est en général de l'ordre d'au moins $r - k$ chiffres significatifs.

42. [**M**] On considère la matrice A de l'exercice 9. Déterminer le conditionnement de A. Construire un vecteur aléatoire $\mathbf{x}$ de $\mathbb{R}^4$ et calculer $\mathbf{b} = A\mathbf{x}$. À l'aide du logiciel, calculer la solution $\mathbf{x}_1$ de $A\mathbf{x} = \mathbf{b}$. Sur combien de décimales les valeurs de $\mathbf{x}$ et $\mathbf{x}_1$ coïncident-elles ? Chercher le nombre de décimales avec lesquelles le logiciel stocke les données et déterminer combien de décimales sont perdues si l'on remplace $\mathbf{x}$ par $\mathbf{x}_1$.

43. [**M**] Reprendre l'exercice 42 avec la matrice de l'exercice 10.

44. [**M**] En résolvant une équation du type $A\mathbf{x} = \mathbf{b}$ pour un vecteur $\mathbf{b}$ convenablement choisi, déterminer la dernière colonne de l'inverse de la *matrice de Hilbert d'ordre 5*.

$$A = \begin{bmatrix} 1 & 1/2 & 1/3 & 1/4 & 1/5 \\ 1/2 & 1/3 & 1/4 & 1/5 & 1/6 \\ 1/3 & 1/4 & 1/5 & 1/6 & 1/7 \\ 1/4 & 1/5 & 1/6 & 1/7 & 1/8 \\ 1/5 & 1/6 & 1/7 & 1/8 & 1/9 \end{bmatrix}$$

Combien de chiffres exacts peut-on prévoir pour chacune des composantes de $\mathbf{x}$? Expliquer. [*Remarque :* La solution exacte est $(630, -12\,600, 56\,700, -88\,200, 44\,100)$.]

45. [**M**] Certains logiciels matriciels comme MATLAB ont une instruction pour créer des matrices de Hilbert de différentes tailles. Si possible, calculer à l'aide d'une instruction d'inversion de matrice l'inverse d'une matrice de Hilbert A d'ordre 12 ou plus. Calculer AA^{-1}. Que constate-t-on ?

SOLUTIONS DES EXERCICES D'ENTRAÎNEMENT

1. Les colonnes de A sont clairement linéairement dépendantes, car les colonnes 2 et 3 sont colinéaires à la colonne 1. Donc, d'après le théorème de caractérisation des matrices inversibles, A n'est pas inversible.

2. Si la propriété (g) *n'est pas vérifiée*, alors il existe au moins un vecteur $\mathbf{b}$ de $\mathbb{R}^n$ tel que l'équation $A\mathbf{x} = \mathbf{b}$ soit incompatible.

3. On applique le théorème de caractérisation en remplaçant la matrice A par AB. La proposition (d) devient : L'équation $AB\mathbf{x} = \mathbf{0}$ admet la solution triviale pour unique solution. Cela n'est pas vérifié, donc AB n'est pas inversible.

2.4 | MATRICES PAR BLOCS

Un des points fondamentaux de ce travail sur les matrices consiste à pouvoir considérer une matrice A comme une liste de vecteurs colonnes plutôt que comme un simple tableau de nombres. Ce point de vue est tellement fécond qu'il conduit à considérer d'autres partages de A en *blocs*, délimités par des lignes horizontales et verticales, comme dans l'exemple 1 ci-dessous. On utilise des matrices par blocs dans la plupart des applications récentes de l'algèbre linéaire, car cette notation permet de faire apparaître des structures essentielles en analyse matricielle, comme l'illustre l'introduction de ce chapitre à propos de la conception d'avions. Cette section fournit l'occasion de revoir le calcul matriciel et le théorème de caractérisation des matrices inversibles.

EXEMPLE 1   On peut écrire la matrice

$$A = \begin{bmatrix} 3 & 0 & -1 & 5 & 9 & -2 \\ -5 & 2 & 4 & 0 & -3 & 1 \\ -8 & -6 & 3 & 1 & 7 & -4 \end{bmatrix}$$

comme une **matrice par blocs** 2×3

$$A = \begin{bmatrix} A_{11} & A_{12} & A_{13} \\ A_{21} & A_{22} & A_{23} \end{bmatrix}$$

dont les éléments sont les *blocs* (ou *sous-matrices*)

$$A_{11} = \begin{bmatrix} 3 & 0 & -1 \\ -5 & 2 & 4 \end{bmatrix}, \quad A_{12} = \begin{bmatrix} 5 & 9 \\ 0 & -3 \end{bmatrix}, \quad A_{13} = \begin{bmatrix} -2 \\ 1 \end{bmatrix}$$

$$A_{21} = \begin{bmatrix} -8 & -6 & 3 \end{bmatrix}, \quad A_{22} = \begin{bmatrix} 1 & 7 \end{bmatrix}, \quad A_{23} = \begin{bmatrix} -4 \end{bmatrix} \quad \blacksquare$$

EXEMPLE 2 Quand on utilise une matrice A dans un modèle mathématique d'un système physique tel qu'un réseau électrique, un système de transports ou une grande entreprise, il peut être naturel de considérer A sous la forme d'une matrice par blocs. Par exemple, si un circuit imprimé de micro-ordinateur se compose essentiellement de trois puces électroniques VLSI (*Very Large-Scale Integrated*, intégré à très grande échelle), alors la matrice modélisant ce circuit imprimé pourra avoir la forme générale

$$A = \begin{bmatrix} A_{11} & A_{12} & A_{13} \\ A_{21} & A_{22} & A_{23} \\ A_{31} & A_{32} & A_{33} \end{bmatrix}$$

Les sous-matrices de la « diagonale » de A, à savoir A_{11}, A_{22} et A_{33}, concernent les trois puces VLSI, tandis que les autres sous-matrices dépendent des interconnexions entre ces puces. $\quad \blacksquare$

Addition et multiplication par un scalaire

Si les matrices A et B ont la même taille et sont décomposées en blocs exactement de la même façon, alors il est naturel d'effectuer la même décomposition en blocs sur la matrice $A + B$. Dans ce cas, chaque bloc de $A + B$ est la somme (matricielle) des blocs correspondants de A et B. On multiplie de même, bloc par bloc, une matrice par un scalaire.

Produit par blocs

On peut multiplier des matrices par blocs en utilisant la règle habituelle ligne-colonne, comme si les blocs étaient des scalaires, à condition que, pour un produit AB, le partage des colonnes de A corresponde exactement à celui des lignes de B.

EXEMPLE 3 On pose

$$A = \left[\begin{array}{ccc|cc} 2 & -3 & 1 & 0 & -4 \\ 1 & 5 & -2 & 3 & -1 \\ \hline 0 & -4 & -2 & 7 & -1 \end{array}\right] = \begin{bmatrix} A_{11} & A_{12} \\ A_{21} & A_{22} \end{bmatrix}, \quad B = \left[\begin{array}{cc} 6 & 4 \\ -2 & 1 \\ -3 & 7 \\ \hline -1 & 3 \\ 5 & 2 \end{array}\right] = \begin{bmatrix} B_1 \\ B_2 \end{bmatrix}$$

Les 5 colonnes de A sont décomposées en un ensemble de trois colonnes, suivi d'un ensemble de deux colonnes. Les 5 lignes de B sont décomposées de la même façon : en un ensemble de trois lignes, suivi d'un ensemble de deux lignes. On dit que les décompositions en blocs de A et B sont **conformes pour la multiplication par blocs**. On peut montrer que le produit AB peut s'écrire

$$AB = \begin{bmatrix} A_{11} & A_{12} \\ A_{21} & A_{22} \end{bmatrix} \begin{bmatrix} B_1 \\ B_2 \end{bmatrix} = \begin{bmatrix} A_{11}B_1 + A_{12}B_2 \\ A_{21}B_1 + A_{22}B_2 \end{bmatrix} = \left[\begin{array}{cc} -5 & 4 \\ -6 & 2 \\ \hline 2 & 1 \end{array}\right]$$

Dans chaque petit produit de l'expression de AB, il est essentiel de bien écrire à gauche la sous-matrice provenant de A car la multiplication n'est pas commutative. Par exemple,

$$A_{11}B_1 = \begin{bmatrix} 2 & -3 & 1 \\ 1 & 5 & -2 \end{bmatrix} \begin{bmatrix} 6 & 4 \\ -2 & 1 \\ -3 & 7 \end{bmatrix} = \begin{bmatrix} 15 & 12 \\ 2 & -5 \end{bmatrix}$$

$$A_{12}B_2 = \begin{bmatrix} 0 & -4 \\ 3 & -1 \end{bmatrix} \begin{bmatrix} -1 & 3 \\ 5 & 2 \end{bmatrix} = \begin{bmatrix} -20 & -8 \\ -8 & 7 \end{bmatrix}$$

Le bloc supérieur de AB est donc

$$A_{11}B_1 + A_{12}B_2 = \begin{bmatrix} 15 & 12 \\ 2 & -5 \end{bmatrix} + \begin{bmatrix} -20 & -8 \\ -8 & 7 \end{bmatrix} = \begin{bmatrix} -5 & 4 \\ -6 & 2 \end{bmatrix} \qquad ■$$

Le produit par blocs constitue une expression très générale du produit de deux matrices. On a en fait déjà décrit chacune des situations suivantes comme des cas particuliers simples de décomposition en blocs : (1) la définition de $A\mathbf{x}$ par les colonnes de A, (2) la définition de AB par colonnes, (3) la règle ligne-colonne pour le calcul de AB et (4) les lignes de AB vues comme le produit des lignes de A par la matrice B. Le théorème 10 ci-dessous propose une cinquième approche du produit AB, qui utilise encore la décomposition en blocs.

Les calculs de l'exemple suivant sont destinés à préparer le terrain pour le théorème 10. On note ici $\text{col}_k(A)$ la k^e colonne de A et $\text{lgn}_k(B)$ la k^e ligne de B.

EXEMPLE 4 On considère les matrices $A = \begin{bmatrix} -3 & 1 & 2 \\ 1 & -4 & 5 \end{bmatrix}$ et $B = \begin{bmatrix} a & b \\ c & d \\ e & f \end{bmatrix}$.

Vérifier la relation

$$AB = \text{col}_1(A)\,\text{lgn}_1(B) + \text{col}_2(A)\,\text{lgn}_2(B) + \text{col}_3(A)\,\text{lgn}_3(B)$$

SOLUTION Chacun des termes précédents est un *produit extérieur* (voir exercices 27 et 28 de la section 2.1). D'après la règle ligne-colonne pour le produit de matrices, on a

$$\text{col}_1(A)\,\text{lgn}_1(B) = \begin{bmatrix} -3 \\ 1 \end{bmatrix} \begin{bmatrix} a & b \end{bmatrix} = \begin{bmatrix} -3a & -3b \\ a & b \end{bmatrix}$$

$$\text{col}_2(A)\,\text{lgn}_2(B) = \begin{bmatrix} 1 \\ -4 \end{bmatrix} \begin{bmatrix} c & d \end{bmatrix} = \begin{bmatrix} c & d \\ -4c & -4d \end{bmatrix}$$

$$\text{col}_3(A)\,\text{lgn}_3(B) = \begin{bmatrix} 2 \\ 5 \end{bmatrix} \begin{bmatrix} e & f \end{bmatrix} = \begin{bmatrix} 2e & 2f \\ 5e & 5f \end{bmatrix}$$

Par conséquent,

$$\sum_{k=1}^{3} \text{col}_k(A)\,\text{lgn}_k(B) = \begin{bmatrix} -3a + c + 2e & -3b + d + 2f \\ a - 4c + 5e & b - 4d + 5f \end{bmatrix}$$

Cette matrice est clairement la matrice AB. On remarque que le coefficient $(1, 1)$ de AB est la somme des coefficients $(1, 1)$ des trois produits extérieurs, que le coefficient $(1, 2)$ de AB est la somme des coefficients $(1, 2)$ des trois produits extérieurs, et ainsi de suite. ■

THÉORÈME 10

Développement colonne-ligne du produit AB

Soit A une matrice $m \times n$ et B une matrice $n \times p$. Alors

$$AB = [\, \text{col}_1(A) \quad \text{col}_2(A) \quad \cdots \quad \text{col}_n(A) \,] \begin{bmatrix} \text{lgn}_1(B) \\ \text{lgn}_2(B) \\ \vdots \\ \text{lgn}_n(B) \end{bmatrix} \tag{1}$$

$$= \text{col}_1(A)\, \text{lgn}_1(B) + \cdots + \text{col}_n(A)\, \text{lgn}_n(B)$$

DÉMONSTRATION Pour chaque indice de ligne i et chaque indice de colonne j, le coefficient (i, j) de $\text{col}_k(A)\, \text{lgn}_k(B)$ est le produit des coefficients a_{ik} de $\text{col}_k(A)$ et b_{kj} de $\text{lgn}_k(B)$. Le coefficient (i, j) de la somme figurant dans la relation (1) est donc

$$\underset{(k=1)}{a_{i1}b_{1j}} \quad + \quad \underset{(k=2)}{a_{i2}b_{2j}} \quad + \quad \cdots \quad + \quad \underset{(k=n)}{a_{in}b_{nj}}$$

D'après la règle ligne-colonne, cette expression est bien le coefficient (i, j) de la matrice AB. ∎

Inverses de matrices par blocs

L'exemple qui suit présente certains calculs faisant intervenir des inverses et des matrices par blocs.

EXEMPLE 5 On appelle matrice *triangulaire supérieure par blocs*, une matrice de la forme

$$A = \begin{bmatrix} A_{11} & A_{12} \\ 0 & A_{22} \end{bmatrix}$$

On suppose que A_{11} est de type $p \times p$, que A_{22} est de type $q \times q$ et que A est inversible. Donner une expression de A^{-1}.

SOLUTION On pose $B = A^{-1}$ et l'on décompose B en blocs de façon que

$$\begin{bmatrix} A_{11} & A_{12} \\ 0 & A_{22} \end{bmatrix} \begin{bmatrix} B_{11} & B_{12} \\ B_{21} & B_{22} \end{bmatrix} = \begin{bmatrix} I_p & 0 \\ 0 & I_q \end{bmatrix} \tag{2}$$

On déduit de cette relation quatre équations matricielles grâces auxquelles on détermine les blocs inconnus $B_{11}, \ldots, B_{22}$. On calcule les produits dans le premier membre de (2) et on les identifie aux blocs correspondants de la matrice unité figurant dans le second membre. On écrit donc

$$A_{11}B_{11} + A_{12}B_{21} = I_p \tag{3}$$

$$A_{11}B_{12} + A_{12}B_{22} = 0 \tag{4}$$

$$A_{22}B_{21} = 0 \tag{5}$$

$$A_{22}B_{22} = I_q \tag{6}$$

La relation (6) ne suffit pas à elle seule à affirmer que A_{22} est inversible. Mais comme A_{22} est carrée, la relation (6), conjuguée avec le théorème de caractérisation des matrices inversibles, montre que A_{22} est inversible et que $B_{22} = A_{22}^{-1}$. On multiplie ensuite à gauche les deux membres de (5) par A_{22}^{-1} et l'on obtient

$$B_{21} = A_{22}^{-1}0 = 0$$

La relation (3) devient alors

$$A_{11}B_{11} + 0 = I_p$$

Comme A_{11} est carrée, on en déduit qu'elle est inversible et que $B_{11} = A_{11}^{-1}$. En reportant finalement ces relations dans (4), on trouve

$$A_{11}B_{12} = -A_{12}B_{22} = -A_{12}A_{22}^{-1}, \quad \text{soit} \quad B_{12} = -A_{11}^{-1}A_{12}A_{22}^{-1}$$

d'où

$$A^{-1} = \begin{bmatrix} A_{11} & A_{12} \\ 0 & A_{22} \end{bmatrix}^{-1} = \begin{bmatrix} A_{11}^{-1} & -A_{11}^{-1}A_{12}A_{22}^{-1} \\ 0 & A_{22}^{-1} \end{bmatrix} \qquad \blacksquare$$

On appelle **matrice diagonale par blocs** une matrice par blocs dont les blocs situés en dehors de la diagonale principale (de blocs) sont nuls. Une telle matrice est inversible si et seulement si chaque bloc diagonal est inversible (voir exercices 13 et 14).

REMARQUES NUMÉRIQUES

1. Quand une matrice est trop grande pour rentrer dans la mémoire à accès rapide d'un ordinateur, le calcul par blocs permet de ne traiter qu'une ou deux sous-matrices à la fois. On connaît l'exemple d'une équipe de recherche en programmation linéaire qui a dû décomposer un problème en 837 lignes et 51 colonnes de blocs. La résolution a ensuite demandé environ 4 minutes de temps de calcul à un super-ordinateur Cray[3].

2. Pour certains ordinateurs ultrarapides, en particulier les ordinateurs à architecture vectorielle en pipeline, le calcul matriciel est plus efficace s'il est effectué par blocs[4].

3. Les logiciels professionnels à hautes performances en algèbre linéaire numérique, tels que LAPACK, font un usage intensif du calcul par blocs.

Les exercices qui suivent permettent de s'entraîner aux opérations sur les matrices et mettent en œuvre des calculs que l'on rencontre très fréquemment dans les applications.

EXERCICES D'ENTRAÎNEMENT

1. Montrer que $\begin{bmatrix} I & 0 \\ A & I \end{bmatrix}$ est inversible et déterminer son inverse.

2. Calculer X^TX, où X est décomposée en blocs sous la forme $\begin{bmatrix} X_1 & X_2 \end{bmatrix}$.

---

[3] Ce temps de calcul ne paraît pas très impressionnant, sauf si l'on sait que les 51 blocs de colonnes contenaient chacun 250 000 colonnes simples. Le problème initial se composait de 837 équations et de plus de 12 750 000 inconnues ! Parmi les plus de 10 milliards de coefficients, près de 100 millions étaient non nuls (voir Robert E. Bixby *et al.*, « Very Large-Scale Linear Programming : A Case Study in Combining Interior Point and Simplex Methods », *Operations Research*, 40(5), 1992, p. 885-897).

[4] On peut trouver une étude sur l'importance du calcul par blocs en informatique dans Gene H. Golub et Charles F. van Loan, *Matrix Computations*, 3e éd., Baltimore : Johns Hopkins University Press, 1996.

2.4 EXERCICES

Dans les exercices 1 à 9, on suppose que les décompositions sont conformes pour la multiplication par blocs. Calculer les produits indiqués dans les exercices 1 à 4.

1. $\begin{bmatrix} I & 0 \\ E & I \end{bmatrix}\begin{bmatrix} A & B \\ C & D \end{bmatrix}$

2. $\begin{bmatrix} E & 0 \\ 0 & F \end{bmatrix}\begin{bmatrix} A & B \\ C & D \end{bmatrix}$

3. $\begin{bmatrix} 0 & I \\ I & 0 \end{bmatrix}\begin{bmatrix} W & X \\ Y & Z \end{bmatrix}$

4. $\begin{bmatrix} I & 0 \\ -X & I \end{bmatrix}\begin{bmatrix} A & B \\ C & D \end{bmatrix}$

Dans les exercices 5 à 8, exprimer X, Y et Z en fonction de A, B et C et justifier les calculs. Il peut être nécessaire, dans certains cas, de faire des hypothèses sur la taille des matrices pour que les calculs aient un sens. [*Indication* : Calculer le produit dans le premier membre et identifier les blocs avec ceux du second membre.]

5. $\begin{bmatrix} A & B \\ C & 0 \end{bmatrix}\begin{bmatrix} I & 0 \\ X & Y \end{bmatrix} = \begin{bmatrix} 0 & I \\ Z & 0 \end{bmatrix}$

6. $\begin{bmatrix} X & 0 \\ Y & Z \end{bmatrix}\begin{bmatrix} A & 0 \\ B & C \end{bmatrix} = \begin{bmatrix} I & 0 \\ 0 & I \end{bmatrix}$

7. $\begin{bmatrix} X & 0 & 0 \\ Y & 0 & I \end{bmatrix}\begin{bmatrix} A & Z \\ 0 & 0 \\ B & I \end{bmatrix} = \begin{bmatrix} I & 0 \\ 0 & I \end{bmatrix}$

8. $\begin{bmatrix} A & B \\ 0 & I \end{bmatrix}\begin{bmatrix} X & Y & Z \\ 0 & 0 & I \end{bmatrix} = \begin{bmatrix} I & 0 & 0 \\ 0 & 0 & I \end{bmatrix}$

9. On suppose que A_{11} est une matrice inversible. Déterminer les matrices X et Y (en fonction des blocs de A) de façon que le produit ci-dessous ait la forme indiquée. Calculer également B_{22} (en fonction des blocs de A). [*Indication* : Calculer le produit dans le premier membre et identifier les blocs avec ceux du second membre.]

$$\begin{bmatrix} I & 0 & 0 \\ X & I & 0 \\ Y & 0 & I \end{bmatrix}\begin{bmatrix} A_{11} & A_{12} \\ A_{21} & A_{22} \\ A_{31} & A_{32} \end{bmatrix} = \begin{bmatrix} B_{11} & B_{12} \\ 0 & B_{22} \\ 0 & B_{32} \end{bmatrix}$$

10. L'inverse de $\begin{bmatrix} I & 0 & 0 \\ C & I & 0 \\ A & B & I \end{bmatrix}$ est $\begin{bmatrix} I & 0 & 0 \\ Z & I & 0 \\ X & Y & I \end{bmatrix}$.

Déterminer X, Y, et Z.

Dans les exercices 11 et 12, dire si chaque énoncé est vrai ou faux. Justifier chaque réponse.

11. a. Si $A = \begin{bmatrix} A_1 & A_2 \end{bmatrix}$ et $B = \begin{bmatrix} B_1 & B_2 \end{bmatrix}$, avec A_1 et A_2 respectivement de même taille que B_1 et B_2, alors $A + B = \begin{bmatrix} A_1 + B_1 & A_2 + B_2 \end{bmatrix}$.

b. Si $A = \begin{bmatrix} A_{11} & A_{12} \\ A_{21} & A_{22} \end{bmatrix}$ et $B = \begin{bmatrix} B_1 \\ B_2 \end{bmatrix}$, alors les décompositions de A et B sont conformes pour la multiplication par blocs.

12. a. Si A_1, A_2, B_1 et B_2 sont des matrices $n \times n$, $A = \begin{bmatrix} A_1 \\ A_2 \end{bmatrix}$ et $B = \begin{bmatrix} B_1 & B_2 \end{bmatrix}$, alors le produit BA est défini, mais pas le produit AB.

b. Si $A = \begin{bmatrix} P & Q \\ R & S \end{bmatrix}$, alors la transposée de A est

$$A^T = \begin{bmatrix} P^T & Q^T \\ R^T & S^T \end{bmatrix}$$

13. On pose $A = \begin{bmatrix} B & 0 \\ 0 & C \end{bmatrix}$, où B et C sont des matrices carrées. Montrer que A est inversible si et seulement si B et C sont inversibles.

14. Montrer que la matrice triangulaire supérieure par blocs A de l'exemple 5 est inversible si et seulement si A_{11} et A_{22} sont inversibles. [*Indication* : Si A_{11} et A_{22} sont inversibles, la formule donnée pour A^{-1} dans l'exemple 5 donne bien l'inverse de A.] Cette propriété importante de A constitue un élément essentiel d'un certain nombre d'algorithmes de calcul de valeurs propres d'une matrice. La notion de valeur propre est présentée dans le chapitre 5.

15. Soit $A = \begin{bmatrix} A_{11} & A_{12} \\ A_{21} & A_{22} \end{bmatrix}$. Si A_{11} est inversible, on appelle **complément de Schur** de A_{11} la matrice $S = A_{22} - A_{21}A_{11}^{-1}A_{12}$. De même, si A_{22} est inversible, on appelle complément de Schur de A_{22} la matrice $A_{11} - A_{12}A_{22}^{-1}A_{21}$. On suppose que A_{11} est inversible. Déterminer X et Y de façon que

$$\begin{bmatrix} A_{11} & A_{12} \\ A_{21} & A_{22} \end{bmatrix} = \begin{bmatrix} I & 0 \\ X & I \end{bmatrix}\begin{bmatrix} A_{11} & 0 \\ 0 & S \end{bmatrix}\begin{bmatrix} I & Y \\ 0 & I \end{bmatrix} \qquad (7)$$

16. On suppose que la matrice A du premier membre de (7) ainsi que A_{11} sont inversibles. Montrer que le complément de Schur S de A_{11} est inversible. [*Indication* : vérifier que les deux termes extrêmes du membre de droite de (7) sont toujours inversibles.] Si A et A_{11} sont toutes les deux inversibles, la relation (7) permet d'obtenir une expression de A^{-1}, en fonction de S^{-1}, de A_{11}^{-1} et des autres coefficients de A.

17. Quand on lance une sonde spatiale, il peut être nécessaire d'apporter des corrections pour que celle-ci suive précisément la trajectoire calculée. Les instruments de télémesure envoient un flux de vecteurs $\mathbf{x}_1, \ldots, \mathbf{x}_k$ qui donnent des informations à différents instants, comparant la position de la sonde avec la trajectoire prévue. Soit X_k la matrice $[\mathbf{x}_1 \cdots \mathbf{x}_k]$. Pour analyser les données, on est conduit à calculer la matrice $G_k = X_k X_k^T$. Quand $\mathbf{x}_{k+1}$ arrive, il faut calculer une nouvelle matrice G_{k+1}. Comme les vecteurs de données arrivent rapidement, les calculs peuvent devenir très lourds. C'est ici que le produit de matrices par blocs peut être très utile. Calculer le développement colonne-ligne de G_k et G_{k+1}, et décrire ce qu'il faut calculer pour former G_{k+1} en mettant à jour G_k.

18. On considère une matrice de données X de type $m \times n$ telle que $X^T X$ soit inversible et l'on pose $M = I_m - X(X^T X)^{-1} X^T$. On ajoute un vecteur colonne $\mathbf{x}_0$ aux données pour former la matrice $W = \begin{bmatrix} X & \mathbf{x}_0 \end{bmatrix}$. Calculer $W^T W$. Le coefficient $(1,1)$ est $X^T X$. Montrer que le complément de Schur (exercice 15) de $X^T X$ est de la forme $\mathbf{x}_0^T M \mathbf{x}_0$. On peut montrer que le réel $(\mathbf{x}_0^T M \mathbf{x}_0)^{-1}$ n'est autre que le coefficient $(2,2)$ de $(W^T W)^{-1}$. Moyennant des hypothèses convenables, ce coefficient a une interprétation utile en statistiques.

La sonde Galileo fut lancée le 18 octobre 1989 et est arrivée dans la région de Jupiter au début décembre 1995.

Dans l'étude du contrôle de certains systèmes physiques, on trouve un certain système d'équations différentielles qui se ramène par transformation de Laplace au système d'équations linéaires

$$\begin{bmatrix} A - sI_n & B \\ C & I_m \end{bmatrix} \begin{bmatrix} \mathbf{x} \\ \mathbf{u} \end{bmatrix} = \begin{bmatrix} \mathbf{0} \\ \mathbf{y} \end{bmatrix} \tag{8}$$

où A est une matrice $n \times n$, B une matrice $n \times m$, C une matrice $m \times n$ et s une variable. Le vecteur $\mathbf{u}$ de $\mathbb{R}^m$ est l'« entrée » du système, le vecteur $\mathbf{y}$ de $\mathbb{R}^m$ la « sortie » et le vecteur $\mathbf{x}$ de $\mathbb{R}^n$ le « vecteur d'état » (en fait, les vecteurs $\mathbf{x}$, $\mathbf{u}$ et $\mathbf{y}$ dépendent de s, mais cela n'influe pas sur les calculs des exercices 19 et 20).

19. On suppose que $A - sI_n$ est inversible et l'on considère (8) comme un système de deux équations matricielles. Résoudre la première équation à l'inconnue $\mathbf{x}$ et remplacer $\mathbf{x}$ dans la seconde par la valeur ainsi trouvée. On obtient une relation du type $W(s)\mathbf{u} = \mathbf{y}$, où $W(s)$ est une matrice dépendant de s. Cette matrice $W(s)$ est appelée *fonction de transfert* du système car elle transforme l'entrée $\mathbf{u}$ en la sortie $\mathbf{y}$. Calculer $W(s)$ et expliciter le lien avec la *matrice du système* du premier membre de (8) (voir exercice 15).

20. On suppose qu'il existe au moins un s tel que la fonction de transfert $W(s)$ de l'exercice 19 soit inversible. On peut montrer que la fonction de transfert inverse $W(s)^{-1}$, qui transforme les sorties en entrées, est le complément de Schur de $A - BC - sI_n$ dans la matrice ci-dessous. Déterminer ce

complément de Schur (voir exercice 15).

$$\begin{bmatrix} A - BC - sI_n & B \\ -C & I_m \end{bmatrix}$$

21. a. On pose $A = \begin{bmatrix} 1 & 0 \\ 3 & -1 \end{bmatrix}$. Vérifier que $A^2 = I$.

b. On pose

$$M = \begin{bmatrix} 1 & 0 & 0 & 0 \\ 3 & -1 & 0 & 0 \\ 1 & 0 & -1 & 0 \\ 0 & 1 & -3 & 1 \end{bmatrix}$$

En utilisant des produits par blocs, montrer que $M^2 = I$.

22. Généraliser l'idée de l'exercice 21 en construisant une matrice 6×6 de la forme $M = \begin{bmatrix} A & 0 & 0 \\ 0 & B & 0 \\ C & 0 & D \end{bmatrix}$, de façon que $M^2 = I$. La matrice C devra être une matrice 2×2 non nulle. Vérifier ensuite le résultat.

23. À l'aide d'un produit de matrices par blocs, montrer par récurrence que le produit de deux matrices triangulaires inférieures est une matrice triangulaire inférieure. [*Indication:* On peut mettre une matrice $(k+1) \times (k+1)$ triangulaire inférieure sous la forme suivante, où a est un scalaire, $\mathbf{v}$ un vecteur de $\mathbb{R}^k$ et A une matrice $k \times k$ triangulaire inférieure.]

$$A_1 = \begin{bmatrix} a & \mathbf{0}^T \\ \mathbf{v} & A \end{bmatrix}$$

24. À l'aide d'une décomposition en blocs, montrer par récurrence que, pour $n = 2, 3, \ldots$, la matrice A ci-dessous, de type $n \times n$, est inversible et que son inverse est B.

$$A = \begin{bmatrix} 1 & 0 & 0 & \cdots & 0 \\ 1 & 1 & 0 & & 0 \\ 1 & 1 & 1 & & 0 \\ \vdots & & & \ddots & \\ 1 & 1 & 1 & \cdots & 1 \end{bmatrix},$$

$$B = \begin{bmatrix} 1 & 0 & 0 & \cdots & 0 \\ -1 & 1 & 0 & & 0 \\ 0 & -1 & 1 & & 0 \\ \vdots & & \ddots & \ddots & \\ 0 & & \cdots & -1 & 1 \end{bmatrix}$$

Pour la récurrence, si l'on suppose que A et B sont des matrices $(k+1) \times (k+1)$, on décomposera A et B d'une façon analogue à celle proposée dans l'exercice 23.

25. Sans utiliser la méthode du pivot, déterminer l'inverse de la matrice

$$A = \begin{bmatrix} 1 & 2 & 0 & 0 & 0 \\ 3 & 5 & 0 & 0 & 0 \\ 0 & 0 & 2 & 0 & 0 \\ 0 & 0 & 0 & 7 & 8 \\ 0 & 0 & 0 & 5 & 6 \end{bmatrix}$$

26. [M] Pour les calculs par blocs, on peut avoir besoin de rentrer des sous-matrices de grandes matrices ou d'y accéder.

Chercher les fonctions ou les instructions permettant au logiciel matriciel d'effectuer les tâches suivantes. On suppose que A est une matrice 20×30.

a. Afficher la sous-matrice de A constituée des lignes 15 à 20 et des colonnes 5 à 10.

b. Insérer dans A une matrice 5×10 commençant à la ligne 10 et à la colonne 20.

c. Créer une matrice 50×50 de la forme $C = \begin{bmatrix} A & 0 \\ 0 & A^T \end{bmatrix}$

[*Remarque* : Il n'est pas forcément nécessaire d'expliciter les blocs nuls de C.]

27. [**M**] On suppose que des restrictions de taille ou de mémoire empêchent le logiciel de travailler avec des matrices de plus de 32 lignes et 32 colonnes et qu'un projet nécessite de traiter deux matrices 50×50, notées A et B. Chercher les instructions ou les opérations matricielles permettant d'effectuer les tâches suivantes.

a. Calculer $A + B$.

b. Calculer AB.

c. Résoudre $A\mathbf{x} = \mathbf{b}$ pour un certain vecteur $\mathbf{b}$ de $\mathbb{R}^{50}$, en supposant que l'on peut écrire A sous la forme d'une matrice par blocs $[A_{ij}]$ de type 2×2, où A_{11} est une matrice 20×20 inversible, A_{22} une matrice 30×30 inversible et A_{12} une matrice nulle. [*Indication* : Ramener l'équation à des systèmes plus petits qui peuvent se résoudre sans utiliser d'inverse de matrice.]

SOLUTIONS DES EXERCICES D'ENTRAÎNEMENT

1. Si $\begin{bmatrix} I & 0 \\ A & I \end{bmatrix}$ est inversible, son inverse est de la forme $\begin{bmatrix} W & X \\ Y & Z \end{bmatrix}$. On vérifie que

$$\begin{bmatrix} I & 0 \\ A & I \end{bmatrix} \begin{bmatrix} W & X \\ Y & Z \end{bmatrix} = \begin{bmatrix} W & X \\ AW + Y & AX + Z \end{bmatrix}$$

Donc W, X, Y et Z doivent vérifier $W = I, X = 0, AW + Y = 0$ et $AX + Z = I$. Il en résulte que $Y = -A$ et $Z = I$. Donc

$$\begin{bmatrix} I & 0 \\ A & I \end{bmatrix} \begin{bmatrix} I & 0 \\ -A & I \end{bmatrix} = \begin{bmatrix} I & 0 \\ 0 & I \end{bmatrix}$$

Le produit dans l'autre sens est aussi égal à la matrice unité, donc la matrice par blocs est inversible et son inverse est $\begin{bmatrix} I & 0 \\ -A & I \end{bmatrix}$ (on pouvait également faire appel au théorème de caractérisation des matrices inversibles).

2. $X^T X = \begin{bmatrix} X_1^T \\ X_2^T \end{bmatrix} \begin{bmatrix} X_1 & X_2 \end{bmatrix} = \begin{bmatrix} X_1^T X_1 & X_1^T X_2 \\ X_2^T X_1 & X_2^T X_2 \end{bmatrix}$. Les décompositions de X^T et X sont forcément conformes pour le produit par blocs, car les colonnes de X^T sont les lignes de X. Plusieurs algorithmes de calcul matriciel utilisent cette décomposition de $X^T X$.

2.5 | FACTORISATIONS MATRICIELLES

On appelle *factorisation* (ou *décomposition*) d'une matrice A une relation qui exprime A comme le produit de deux matrices ou plus. Alors que le produit matriciel correspond à une *synthèse* de données (combinant les effets de deux applications linéaires ou plus en une seule matrice), la factorisation matricielle est une *analyse* de données. Dans le langage informatique, exprimer A comme un produit revient à effectuer un *pré-traitement* des données contenues dans A, consistant à scinder les données en deux parties ou plus dont les structures, d'une certaine façon, sont plus utilisables et éventuellement plus faciles à traiter par le calcul. À plusieurs endroits clés dans cet ouvrage, on sera amené à utiliser des factorisations de matrices, puis d'applications linéaires. On s'intéresse essentiellement, dans cette section, à une factorisation qui est au cœur de plusieurs programmes informatiques importants très largement utilisés dans des applications telles que le problème d'écoulement d'air présenté en introduction de ce chapitre. Plusieurs autres factorisations, qui seront étudiées plus tard, sont présentées en exercice.

Factorisation LU

L'introduction de la factorisation (ou décomposition) LU décrite ci-dessous est motivée par la situation, usuelle dans les problèmes de l'industrie ou du monde des affaires, dans laquelle on veut résoudre une suite de systèmes linéaires ayant tous la même matrice de coefficients :

$$A\mathbf{x} = \mathbf{b}_1, \quad A\mathbf{x} = \mathbf{b}_2, \quad \ldots, \quad A\mathbf{x} = \mathbf{b}_p \tag{1}$$

(Voir par exemple l'exercice 32, ainsi que la section 5.8 où l'on utilise la méthode de la puissance inverse itérée pour estimer les valeurs propres d'une matrice en résolvant en une seule fois des suites d'équations comme celle présentée en (1).)

Quand A est inversible, on pourrait calculer d'abord A^{-1}, puis $A^{-1}\mathbf{b}_1$, $A^{-1}\mathbf{b}_2$, etc. Il est cependant plus efficace de résoudre la première équation de la suite (1) par la méthode du pivot et d'obtenir, dans le même temps, une factorisation LU de A. On résout ensuite les équations de (1) restantes en utilisant la factorisation LU.

On suppose, dans un premier temps, que A est une matrice $m \times n$ que l'on peut transformer par la méthode du pivot en une forme échelonnée, *sans utiliser d'échanges de lignes* (le cas général sera traité plus loin). On peut alors écrire A sous la forme[5] $A = LU$, où L est une matrice triangulaire inférieure $m \times m$ avec des 1 sur la diagonale et U une forme échelonnée $m \times n$ de A (voir par exemple figure 1). On appelle ce type de factorisation une **factorisation LU** ou **décomposition LU** de A. La matrice L est inversible et dite triangulaire inférieure *unipotente*.

$$A = \begin{bmatrix} 1 & 0 & 0 & 0 \\ * & 1 & 0 & 0 \\ * & * & 1 & 0 \\ * & * & * & 1 \end{bmatrix} \begin{bmatrix} \blacksquare & * & * & * & * \\ 0 & \blacksquare & * & * & * \\ 0 & 0 & 0 & \blacksquare & * \\ 0 & 0 & 0 & 0 & 0 \end{bmatrix}$$
$$\qquad\qquad L \qquad\qquad\qquad\qquad U$$

FIGURE 1 Factorisation LU

Avant d'étudier la façon de construire L et U, il convient d'examiner pourquoi ces matrices sont si utiles. Si $A = LU$, l'équation $A\mathbf{x} = \mathbf{b}$ peut s'écrire $L(U\mathbf{x}) = \mathbf{b}$. Si l'on pose $\mathbf{y} = U\mathbf{x}$, on peut déterminer $\mathbf{x}$ en résolvant le système de *deux* équations

$$\boxed{\begin{aligned} L\mathbf{y} &= \mathbf{b} \\ U\mathbf{x} &= \mathbf{y} \end{aligned}} \tag{2}$$

On résout d'abord $L\mathbf{y} = \mathbf{b}$ à l'inconnue $\mathbf{y}$, puis on résout $U\mathbf{x} = \mathbf{y}$ à l'inconnue $\mathbf{x}$ (voir figure 2). Chacune des équations se résout facilement, car L et U sont triangulaires.

---

[5] Les notations L et U sont assez universelles et proviennent respectivement des termes anglais *lower* (inférieur) et *upper* (supérieur). (*NdT*)

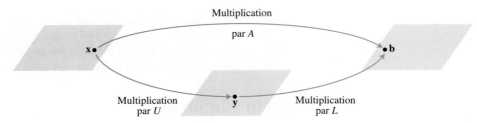

FIGURE 2 Factorisation de l'application $\mathbf{x} \mapsto A\mathbf{x}$

EXEMPLE 1 On peut vérifier que

$$A = \begin{bmatrix} 3 & -7 & -2 & 2 \\ -3 & 5 & 1 & 0 \\ 6 & -4 & 0 & -5 \\ -9 & 5 & -5 & 12 \end{bmatrix} = \begin{bmatrix} 1 & 0 & 0 & 0 \\ -1 & 1 & 0 & 0 \\ 2 & -5 & 1 & 0 \\ -3 & 8 & 3 & 1 \end{bmatrix} \begin{bmatrix} 3 & -7 & -2 & 2 \\ 0 & -2 & -1 & 2 \\ 0 & 0 & -1 & 1 \\ 0 & 0 & 0 & -1 \end{bmatrix} = LU$$

En utilisant cette factorisation LU de A, résoudre l'équation $A\mathbf{x} = \mathbf{b}$, où l'on a posé $\mathbf{b} = \begin{bmatrix} -9 \\ 5 \\ 7 \\ 11 \end{bmatrix}$.

SOLUTION La résolution de l'équation $L\mathbf{y} = \mathbf{b}$ ne nécessite que 6 multiplications et 6 additions, car il n'y a de calculs que dans la colonne 5 (on sait d'avance que les opérations sur les lignes découlant de la méthode feront automatiquement apparaître des 0 au-dessous des pivots).

$$\begin{bmatrix} L & \mathbf{b} \end{bmatrix} = \begin{bmatrix} 1 & 0 & 0 & 0 & -9 \\ -1 & 1 & 0 & 0 & 5 \\ 2 & -5 & 1 & 0 & 7 \\ -3 & 8 & 3 & 1 & 11 \end{bmatrix} \sim \begin{bmatrix} 1 & 0 & 0 & 0 & -9 \\ 0 & 1 & 0 & 0 & -4 \\ 0 & 0 & 1 & 0 & 5 \\ 0 & 0 & 0 & 1 & 1 \end{bmatrix} = \begin{bmatrix} I & \mathbf{y} \end{bmatrix}$$

Ensuite, pour $U\mathbf{x} = \mathbf{y}$, la phase de remontée de la méthode du pivot nécessite 4 divisions, 6 multiplications et 6 additions. Par exemple, pour faire apparaître des 0 dans la colonne 4 de $\begin{bmatrix} U & \mathbf{y} \end{bmatrix}$, il faut une division dans la ligne 4 et 3 couples multiplication-addition pour ajouter des multiples de la ligne 4 aux lignes situées au-dessus.

$$\begin{bmatrix} U & \mathbf{y} \end{bmatrix} = \begin{bmatrix} 3 & -7 & -2 & 2 & -9 \\ 0 & -2 & -1 & 2 & -4 \\ 0 & 0 & -1 & 1 & 5 \\ 0 & 0 & 0 & -1 & 1 \end{bmatrix} \sim \begin{bmatrix} 1 & 0 & 0 & 0 & 3 \\ 0 & 1 & 0 & 0 & 4 \\ 0 & 0 & 1 & 0 & -6 \\ 0 & 0 & 0 & 1 & -1 \end{bmatrix}, \quad \mathbf{x} = \begin{bmatrix} 3 \\ 4 \\ -6 \\ -1 \end{bmatrix}$$

Si l'on ne tient pas compte des calculs requis pour obtenir L et U, il faut donc 28 opérations arithmétiques, ou « flops », pour déterminer $\mathbf{x}$, tandis que l'application de la méthode du pivot pour transformer $\begin{bmatrix} A & \mathbf{b} \end{bmatrix}$ en $\begin{bmatrix} I & \mathbf{x} \end{bmatrix}$ nécessite 62 opérations. ■

L'efficacité algorithmique de la factorisation LU repose sur la connaissance préalable de L et de U. L'algorithme qui suit montre qu'en déterminant une forme échelonnée U de A, on détermine du même coup la factorisation LU, car on obtient alors L pratiquement sans travail supplémentaire. Une fois la réduction initiale effectuée, on dispose des matrices L et U pour résoudre d'autres systèmes dont la matrice est A.

Algorithme de factorisation LU

On suppose que l'on peut réduire A à une forme échelonnée uniquement par des opérations de remplacement, qui consistent à additionner un multiple d'une ligne à une autre ligne située *au-dessous d'elle*. Dans ce cas, il existe des matrices élémentaires triangulaires inférieures et unipotentes $E_1, \ldots, E_p$ telles que

$$E_p \cdots E_1 A = U \qquad (3)$$

d'où

$$A = (E_p \cdots E_1)^{-1} U = LU$$

en posant

$$L = (E_p \cdots E_1)^{-1} \qquad (4)$$

On peut montrer qu'un produit de matrices triangulaires inférieures unipotentes, ou que l'inverse de ce type de matrices, est également une matrice triangulaire inférieure unipotente (voir par exemple exercice 19). Donc L est triangulaire inférieure unipotente.

On remarque que les opérations sur les lignes de la relation (3), qui transforment la matrice A en la matrice U, transforment aussi la matrice L de la relation (4) en I car $E_p \cdots E_1 L = (E_p \cdots E_1)(E_p \cdots E_1)^{-1} = I$. Cette remarque constitue le point de départ de la *construction* de L.

ALGORITHME DE FACTORISATION LU

1. On transforme si possible A en U par une suite d'opérations de remplacement de lignes.

2. On place les coefficients dans L de façon que la *même suite d'opérations sur les lignes* transforme L en I.

L'étape 1 n'est pas toujours réalisable, mais quand elle l'est, le raisonnement précédent montre qu'il existe une factorisation LU. L'exemple 2 montre comment réaliser l'étape 2. Par construction, L vérifie bien

$$(E_p \cdots E_1)L = I$$

$E_1, \ldots, E_p$ étant les mêmes que ceux de la relation (3). Donc, d'après le théorème de caractérisation des matrices inversibles, L est inversible, et $(E_p \cdots E_1) = L^{-1}$. D'après (3), $L^{-1}A = U$, soit $A = LU$. L'étape 2 produit donc bien une matrice L triangulaire inférieure unipotente.

EXEMPLE 2   Déterminer une factorisation LU de

$$A = \begin{bmatrix} 2 & 4 & -1 & 5 & -2 \\ -4 & -5 & 3 & -8 & 1 \\ 2 & -5 & -4 & 1 & 8 \\ -6 & 0 & 7 & -3 & 1 \end{bmatrix}$$

SOLUTION Puisque A a quatre lignes, L doit être une matrice 4×4. La première colonne de L est égale à la première colonne de A divisée par le coefficient du haut, qui est le pivot :

$$L = \begin{bmatrix} 1 & 0 & 0 & 0 \\ -2 & 1 & 0 & 0 \\ 1 & & 1 & 0 \\ -3 & & & 1 \end{bmatrix}$$

On compare les premières colonnes de A et de L. *Les opérations sur les lignes qui font apparaître des* 0 *dans la première colonne de* A *font également apparaître des* 0 *dans la première colonne de* L. Pour que cette correspondance avec les opérations sur les lignes de A s'applique également aux autres colonnes de L, on examine en détail la façon dont on applique la méthode du pivot à A pour obtenir la forme échelonnée U. En pratique, on *encadre les coefficients* utilisés dans chaque matrice pour déterminer la suite d'opérations qui transforment A en U [voir coefficients encadrés dans la relation (5)].

$$A = \begin{bmatrix} 2 & 4 & -1 & 5 & -2 \\ -4 & -5 & 3 & -8 & 1 \\ 2 & -5 & -4 & 1 & 8 \\ -6 & 0 & 7 & -3 & 1 \end{bmatrix} \sim \begin{bmatrix} 2 & 4 & -1 & 5 & -2 \\ 0 & 3 & 1 & 2 & -3 \\ 0 & -9 & -3 & -4 & 10 \\ 0 & 12 & 4 & 12 & -5 \end{bmatrix} = A_1 \qquad (5)$$

$$\sim A_2 = \begin{bmatrix} 2 & 4 & -1 & 5 & -2 \\ 0 & 3 & 1 & 2 & -3 \\ 0 & 0 & 0 & 2 & 1 \\ 0 & 0 & 0 & 4 & 7 \end{bmatrix} \sim \begin{bmatrix} 2 & 4 & -1 & 5 & -2 \\ 0 & 3 & 1 & 2 & -3 \\ 0 & 0 & 0 & 2 & 1 \\ 0 & 0 & 0 & 0 & 5 \end{bmatrix} = U$$

Les coefficients encadrés ci-dessus déterminent les opérations sur les lignes qui transforment A en U. Pour chaque colonne pivot, on divise les coefficients par le pivot et l'on place le résultat dans L :

$$\begin{bmatrix} 2 \\ -4 \\ 2 \\ -6 \end{bmatrix} \begin{bmatrix} 3 \\ -9 \\ 12 \end{bmatrix} \begin{bmatrix} 2 \\ 4 \end{bmatrix} \begin{bmatrix} 5 \end{bmatrix}$$

$$\begin{array}{cccc} \div 2 & \div 3 & \div 2 & \div 5 \\ \downarrow & \downarrow & \downarrow & \downarrow \end{array}$$

$$\begin{bmatrix} 1 \\ -2 & 1 \\ 1 & -3 & 1 \\ -3 & 4 & 2 & 1 \end{bmatrix}, \quad \text{soit} \quad L = \begin{bmatrix} 1 & 0 & 0 & 0 \\ -2 & 1 & 0 & 0 \\ 1 & -3 & 1 & 0 \\ -3 & 4 & 2 & 1 \end{bmatrix}$$

Un calcul simple montre que l'on a bien $LU = A$. ∎

Dans la pratique, on recourt presque toujours à des échanges de lignes car on utilise une stratégie de pivot partiel pour améliorer la précision (on rappelle que cette stratégie consiste à choisir, parmi tous les pivots possibles, un coefficient de la colonne qui a la plus grande valeur absolue). Pour tenir compte d'éventuels échanges de lignes, on peut facilement modifier la factorisation LU précédente en calculant une matrice L *triangulaire inférieure permutée*, au sens où un réarrangement (appelé permutation) des lignes de L donne une matrice triangulaire inférieure (unipotente). On obtient une *factorisation LU permutée* qui permet de résoudre l'équation $A\mathbf{x} = \mathbf{b}$ de la même façon qu'auparavant, à ceci près que, pour transformer $[\, L \quad \mathbf{b} \,]$ en $[\, I \quad \mathbf{y} \,]$, il faut suivre l'ordre des pivots de L de gauche à droite, en commençant par celui de la première colonne. Quand on parle de « factorisation LU », on inclut en général la possibilité que L puisse être une matrice triangulaire inférieure permutée.

REMARQUES NUMÉRIQUES

Le décompte d'opérations suivant s'applique à une matrice $n \times n$ dense A (c'est-à-dire dont la plupart des coefficients sont non nuls) pour n relativement grand, typiquement[6] $n \geq 30$.

1. Le calcul de la factorisation LU de A prend environ $2n^3/3$ flops (à peu près autant que pour appliquer la méthode du pivot à $[\, A \quad \mathbf{b}\,]$), tandis que le calcul de A^{-1} nécessite environ $2n^3$ flops.

2. Résoudre $L\mathbf{y} = \mathbf{b}$ et $U\mathbf{x} = \mathbf{y}$ nécessite environ $2n^2$ flops, car tout système triangulaire $n \times n$ se résout en environ n^2 flops.

3. La multiplication de $\mathbf{b}$ par A^{-1} nécessite aussi environ $2n^2$ flops, mais le résultat peut être moins précis que celui obtenu à partir de L et U (à cause des erreurs d'arrondi pouvant survenir lors des calculs de A^{-1} et $A^{-1}\mathbf{b}$).

4. Si A est creuse (comportant beaucoup de 0), alors L et U pourront, elles aussi, être creuses, alors que A^{-1} a plus de chances d'être dense. Dans ce cas, la résolution de $A\mathbf{x} = \mathbf{b}$ par une factorisation LU est *beaucoup* plus rapide que l'utilisation de A^{-1} (voir exercice 31).

Exemple de factorisation matricielle en génie électrique

La factorisation de matrices est étroitement liée au problème de la construction d'un réseau électrique jouissant de propriétés particulières. La présentation suivante se contente de proposer un aperçu sur les relations entre factorisation et conception de circuits.

On suppose que le rectangle de la figure 3 représente un certain type de circuit électrique, disposant d'une entrée et d'une sortie. La tension et l'intensité d'entrée définissent un vecteur $\begin{bmatrix} v_1 \\ i_1 \end{bmatrix}$ (la tension v est mesurée en volts et l'intensité i en ampères), et la tension et l'intensité en sortie définissent un vecteur $\begin{bmatrix} v_2 \\ i_2 \end{bmatrix}$. La transformation $\begin{bmatrix} v_1 \\ i_1 \end{bmatrix} \mapsto \begin{bmatrix} v_2 \\ i_2 \end{bmatrix}$ est très souvent linéaire, c'est-à-dire qu'il existe une matrice A, appelée *matrice de transfert*, telle que

$$\begin{bmatrix} v_2 \\ i_2 \end{bmatrix} = A \begin{bmatrix} v_1 \\ i_1 \end{bmatrix}$$

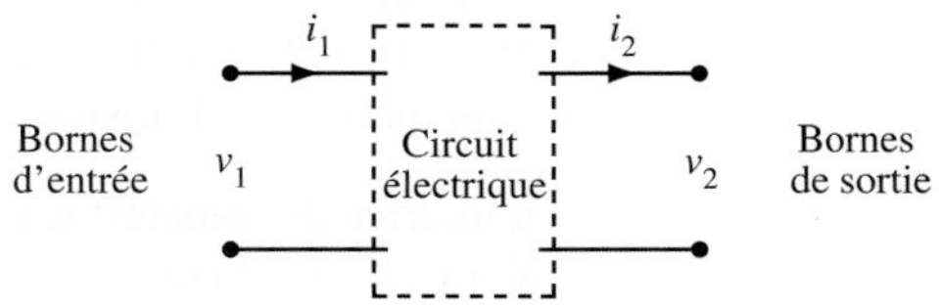

FIGURE 3 Circuit muni de bornes d'entrée et de sortie

La figure 4 montre un *réseau en échelle*, où deux circuits (il peut y en avoir plus) sont reliés en série, de façon que la sortie d'un circuit devienne l'entrée du circuit suivant. Le circuit de gauche est un *circuit en série*, de résistance R_1 (mesurée en ohms).

---

[6] Voir section 3.8 dans Ben Noble et James W. Daniel, *Applied Linear Algebra*, 3ᵉ éd., Englewood Cliffs, NJ : Prentice-Hall, 1988. On rappelle qu'un *flop* désigne ici $+$, $-$, $\times$ ou $\div$.

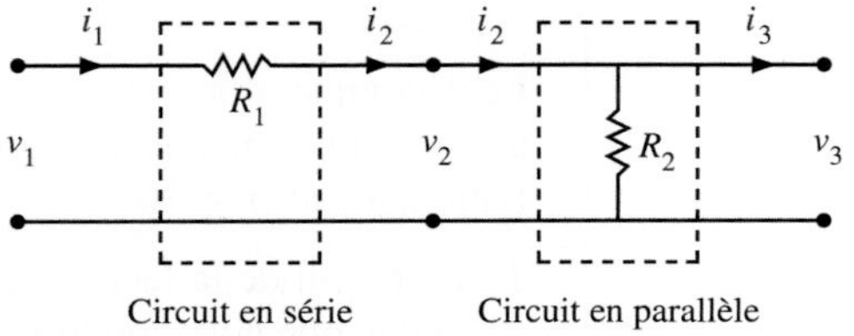

FIGURE 4 Réseau en échelle

Le circuit de droite dans la figure 4 est un *circuit en parallèle*, de résistance R_2. En appliquant les lois d'Ohm et de Kirchhoff, on peut montrer que les matrices de transfert des circuits en série et en parallèle sont respectivement

$$\begin{bmatrix} 1 & -R_1 \\ 0 & 1 \end{bmatrix} \qquad \text{et} \qquad \begin{bmatrix} 1 & 0 \\ -1/R_2 & 1 \end{bmatrix}$$

Matrice de transfert du circuit en série   Matrice de transfert du circuit en parallèle

EXEMPLE 3

a. Calculer la matrice de transfert du réseau en échelle de la figure 4.

b. Construire un réseau en échelle dont la matrice de transfert est $\begin{bmatrix} 1 & -8 \\ -0{,}5 & 5 \end{bmatrix}$.

SOLUTION

a. Soit A_1 et A_2 les matrices de transfert respectivement des circuits en série et en parallèle. Un vecteur d'entrée $\mathbf{x}$ est d'abord transformé en $A_1\mathbf{x}$, puis en $A_2(A_1\mathbf{x})$. La liaison en série des circuits correspond à la composition d'applications linéaires, et la matrice de transfert du réseau en échelle est (noter l'ordre des facteurs)

$$A_2 A_1 = \begin{bmatrix} 1 & 0 \\ -1/R_2 & 1 \end{bmatrix} \begin{bmatrix} 1 & -R_1 \\ 0 & 1 \end{bmatrix} = \begin{bmatrix} 1 & -R_1 \\ -1/R_2 & 1 + R_1/R_2 \end{bmatrix} \qquad (6)$$

b. Pour factoriser la matrice $\begin{bmatrix} 1 & -8 \\ -0{,}5 & 5 \end{bmatrix}$ en produit de matrices comme dans l'équation (6), on cherche R_1 et R_2, comme dans la figure 4, qui vérifient

$$\begin{bmatrix} 1 & -R_1 \\ -1/R_2 & 1 + R_1/R_2 \end{bmatrix} = \begin{bmatrix} 1 & -8 \\ -0{,}5 & 5 \end{bmatrix}$$

On déduit du coefficient $(1, 2)$ que $R_1 = 8 \ \Omega$, et du coefficient $(2, 1)$ que $1/R_2 = 0{,}5 \ \Omega$, soit $R_2 = 1/0{,}5 = 2 \ \Omega$. Avec ces valeurs, le réseau de la figure 4 a bien la matrice de transfert voulue. ∎

La matrice de transfert d'un réseau résume le comportement en entrée et en sortie (les spécifications) du réseau, sans donner de détails sur l'intérieur du circuit. Pour construire physiquement un réseau possédant des propriétés spécifiques, un ingénieur étudie d'abord si un tel circuit peut être construit (ou *réalisé*). Il essaie ensuite de factoriser la matrice de transfert en un produit de matrices correspondant à des circuits plus petits, éventuellement déjà fabriqués et prêts à être assemblés. Dans le cas usuel du courant alternatif, les coefficients de la matrice de transfert sont en général des fonctions rationnelles à valeurs complexes (voir les exercices 19 et 20 de la section 2.4 et l'exemple 2 de la section 3.3). L'un des problèmes usuels consiste à trouver une *réalisation minimale* qui utilise le nombre de composants électriques le plus petit possible.

EXERCICE D'ENTRAÎNEMENT

Déterminer une factorisation LU de $A = \begin{bmatrix} 2 & -4 & -2 & 3 \\ 6 & -9 & -5 & 8 \\ 2 & -7 & -3 & 9 \\ 4 & -2 & -2 & -1 \\ -6 & 3 & 3 & 4 \end{bmatrix}$.

Remarque : On s'apercevra que A n'a que trois colonnes pivots, donc la méthode de l'exemple 2 ne fournit que les trois premières colonnes de L. Les deux dernières colonnes de L sont celles de I_5.

2.5 EXERCICES

Dans les exercices 1 à 6, résoudre, à l'aide de la factorisation LU donnée pour A, l'équation $A\mathbf{x} = \mathbf{b}$. Dans les exercices 1 et 2, résoudre également l'équation $A\mathbf{x} = \mathbf{b}$ par la méthode habituelle du pivot.

1. $A = \begin{bmatrix} 3 & -7 & -2 \\ -3 & 5 & 1 \\ 6 & -4 & 0 \end{bmatrix}$, $\mathbf{b} = \begin{bmatrix} -7 \\ 5 \\ 2 \end{bmatrix}$

$A = \begin{bmatrix} 1 & 0 & 0 \\ -1 & 1 & 0 \\ 2 & -5 & 1 \end{bmatrix} \begin{bmatrix} 3 & -7 & -2 \\ 0 & -2 & -1 \\ 0 & 0 & -1 \end{bmatrix}$

2. $A = \begin{bmatrix} 4 & 3 & -5 \\ -4 & -5 & 7 \\ 8 & 6 & -8 \end{bmatrix}$, $\mathbf{b} = \begin{bmatrix} 2 \\ -4 \\ 6 \end{bmatrix}$

$A = \begin{bmatrix} 1 & 0 & 0 \\ -1 & 1 & 0 \\ 2 & 0 & 1 \end{bmatrix} \begin{bmatrix} 4 & 3 & -5 \\ 0 & -2 & 2 \\ 0 & 0 & 2 \end{bmatrix}$

3. $A = \begin{bmatrix} 2 & -1 & 2 \\ -6 & 0 & -2 \\ 8 & -1 & 5 \end{bmatrix}$, $\mathbf{b} = \begin{bmatrix} 1 \\ 0 \\ 4 \end{bmatrix}$

$A = \begin{bmatrix} 1 & 0 & 0 \\ -3 & 1 & 0 \\ 4 & -1 & 1 \end{bmatrix} \begin{bmatrix} 2 & -1 & 2 \\ 0 & -3 & 4 \\ 0 & 0 & 1 \end{bmatrix}$

4. $A = \begin{bmatrix} 2 & -2 & 4 \\ 1 & -3 & 1 \\ 3 & 7 & 5 \end{bmatrix}$, $\mathbf{b} = \begin{bmatrix} 0 \\ -5 \\ 7 \end{bmatrix}$

$A = \begin{bmatrix} 1 & 0 & 0 \\ 1/2 & 1 & 0 \\ 3/2 & -5 & 1 \end{bmatrix} \begin{bmatrix} 2 & -2 & 4 \\ 0 & -2 & -1 \\ 0 & 0 & -6 \end{bmatrix}$

5. $A = \begin{bmatrix} 1 & -2 & -4 & -3 \\ 2 & -7 & -7 & -6 \\ -1 & 2 & 6 & 4 \\ -4 & -1 & 9 & 8 \end{bmatrix}$, $\mathbf{b} = \begin{bmatrix} 1 \\ 7 \\ 0 \\ 3 \end{bmatrix}$

$A = \begin{bmatrix} 1 & 0 & 0 & 0 \\ 2 & 1 & 0 & 0 \\ -1 & 0 & 1 & 0 \\ -4 & 3 & -5 & 1 \end{bmatrix} \begin{bmatrix} 1 & -2 & -4 & -3 \\ 0 & -3 & 1 & 0 \\ 0 & 0 & 2 & 1 \\ 0 & 0 & 0 & 1 \end{bmatrix}$

6. $A = \begin{bmatrix} 1 & 3 & 4 & 0 \\ -3 & -6 & -7 & 2 \\ 3 & 3 & 0 & -4 \\ -5 & -3 & 2 & 9 \end{bmatrix}$, $\mathbf{b} = \begin{bmatrix} 1 \\ -2 \\ -1 \\ 2 \end{bmatrix}$

$A = \begin{bmatrix} 1 & 0 & 0 & 0 \\ -3 & 1 & 0 & 0 \\ 3 & -2 & 1 & 0 \\ -5 & 4 & -1 & 1 \end{bmatrix} \begin{bmatrix} 1 & 3 & 4 & 0 \\ 0 & 3 & 5 & 2 \\ 0 & 0 & -2 & 0 \\ 0 & 0 & 0 & 1 \end{bmatrix}$

Déterminer une factorisation LU des matrices des exercices 7 à 16 (avec L triangulaire inférieure unipotente). Il faut noter que MATLAB calcule en général une factorisation LU permutée car, pour des raisons de précision numérique, il met en œuvre une stratégie de pivot partiel.

7. $\begin{bmatrix} 2 & 5 \\ -3 & -4 \end{bmatrix}$

8. $\begin{bmatrix} 6 & 9 \\ 4 & 5 \end{bmatrix}$

9. $\begin{bmatrix} 3 & -1 & 2 \\ -3 & -2 & 10 \\ 9 & -5 & 6 \end{bmatrix}$

10. $\begin{bmatrix} -5 & 3 & 4 \\ 10 & -8 & -9 \\ 15 & 1 & 2 \end{bmatrix}$

11. $\begin{bmatrix} 3 & -6 & 3 \\ 6 & -7 & 2 \\ -1 & 7 & 0 \end{bmatrix}$

12. $\begin{bmatrix} 2 & -4 & 2 \\ 1 & 5 & -4 \\ -6 & -2 & 4 \end{bmatrix}$

13. $\begin{bmatrix} 1 & 3 & -5 & -3 \\ -1 & -5 & 8 & 4 \\ 4 & 2 & -5 & -7 \\ -2 & -4 & 7 & 5 \end{bmatrix}$

14. $\begin{bmatrix} 1 & 4 & -1 & 5 \\ 3 & 7 & -2 & 9 \\ -2 & -3 & 1 & -4 \\ -1 & 6 & -1 & 7 \end{bmatrix}$

15. $\begin{bmatrix} 2 & -4 & 4 & -2 \\ 6 & -9 & 7 & -3 \\ -1 & -4 & 8 & 0 \end{bmatrix}$

16. $\begin{bmatrix} 2 & -6 & 6 \\ -4 & 5 & -7 \\ 3 & 5 & -1 \\ -6 & 4 & -8 \\ 8 & -3 & 9 \end{bmatrix}$

17. Si A est inversible, MATLAB détermine A^{-1} en trouvant une factorisation $A = LU$ (où L est une matrice triangulaire inférieure éventuellement permutée), en inversant L et U, puis en calculant $U^{-1}L^{-1}$. Calculer par cette méthode l'inverse de la matrice A de l'exercice 2 (on appliquera à L et U l'algorithme vu à la section 2.2).

18. Reprendre l'exercice 17, avec la matrice A de l'exercice 3.

19. Soit A une matrice $n \times n$ triangulaire inférieure dont les éléments diagonaux sont non nuls. Montrer que A est inversible et que A^{-1} est triangulaire inférieure. [*Indication :* Justifier le fait que A puisse être transformée en I en utilisant uniquement des remplacements de lignes et des multiplications par un scalaire (où sont les pivots ?). Justifier aussi le fait que les opérations sur les lignes qui transforment A en I transforment I en une matrice triangulaire inférieure.]

20. Soit $A = LU$ une factorisation LU. Montrer que l'on peut transformer A en une matrice échelonnée U uniquement à l'aide d'opérations de remplacement de lignes (ce résultat constitue la réciproque de ce qui a été établi dans le cours).

21. Soit A une matrice de la forme $A = BC$, où B est une matrice inversible. Montrer que toute suite d'opérations sur les lignes qui transforme B en I transforme également A en C. La réciproque est fausse, puisque l'on peut toujours factoriser la matrice nulle sous la forme $0 = B \cdot 0$.

Les exercices 22 à 26 donnent un aperçu d'autres factorisations très répandues, dont certaines seront détaillées ultérieurement.

22. (*Factorisation LU réduite*) On considère la matrice A définie dans l'exercice d'entraînement. Déterminer une matrice B de type 5×3 et une matrice C de type 3×4 telles que $A = BC$. Généraliser l'idée au cas où A est une matrice $m \times n$, $A = LU$, et U n'a que trois lignes non nulles.

23. (*Factorisation par le rang*) On considère une matrice A de type $m \times n$ admettant une factorisation de la forme $A = CD$, où C est une matrice $m \times 4$ et D une matrice $4 \times n$.

    a. Montrer que A est la somme de quatre produits extérieurs (voir section 2.4).

    b. On suppose que $m = 400$ et $n = 100$. Expliquer pourquoi un programmeur préférera stocker les données contenues dans A sous la forme de deux matrices C et D.

24. (*Factorisation QR*) On suppose que $A = QR$, où Q et R sont deux matrices $n \times n$, R est inversible et triangulaire supérieure et Q vérifie la relation $Q^T Q = I$. Montrer que, pour tout $\mathbf{b}$ de $\mathbb{R}^n$, l'équation $A\mathbf{x} = \mathbf{b}$ admet une solution unique. Quels calculs doit-on effectuer avec Q et R pour obtenir la solution ?

25. (*Décomposition en valeurs singulières*) On suppose que $A = UDV^T$, où U et V sont des matrices $n \times n$ vérifiant $U^T U = I$ et $V^T V = I$, et D est une matrice diagonale dont les coefficients diagonaux $\sigma_1, \ldots, \sigma_n$ sont strictement positifs. Montrer que A est inversible et donner une expression de A^{-1}.

26. (*Décomposition spectrale*) On considère une matrice A de type 3×3 admettant une factorisation de la forme $A = PDP^{-1}$, où P est une matrice 3×3 inversible et D la matrice diagonale

$$D = \begin{bmatrix} 1 & 0 & 0 \\ 0 & 1/2 & 0 \\ 0 & 0 & 1/3 \end{bmatrix}$$

Expliquer l'utilité de cette factorisation pour calculer des puissances de A d'exposant élevé. Trouver des expressions simples de A^2, A^3 et A^k (k entier strictement positif) en fonction de P et des coefficients de D.

27. Construire deux réseaux en échelle différents dont le courant en sortie fait 9 volts et 4 ampères, et le courant en entrée, 12 volts et 6 ampères.

28. Montrer que si trois circuits en parallèle (de résistances R_1, R_2 et R_3) sont reliés entre eux en série, le réseau résultant possède la même matrice de transfert qu'un seul circuit en parallèle. Exprimer la résistance de ce circuit.

29. a. Déterminer la matrice de transfert du réseau représenté ci-dessous.

    b. On pose $A = \begin{bmatrix} 4/3 & -12 \\ -1/4 & 3 \end{bmatrix}$. En déterminant une factorisation convenable de A, construire un réseau en échelle dont la matrice de transfert est A.

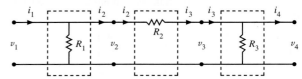

30. Déterminer une autre factorisation de la matrice de transfert de la matrice A de l'exercice 29, et construire ainsi un autre réseau en échelle dont la matrice de transfert est A.

31. [**M**] On considère la plaque chauffée représentée ci-dessous (voir exercice 33, section 1.1). La solution, pour cette plaque, au problème du flux de chaleur à l'état stationnaire est approchée par la solution de l'équation $A\mathbf{x} = \mathbf{b}$, où $\mathbf{b} = (5, 15, 0, 10, 0, 10, 20, 30)$ et

$$A = \begin{bmatrix} 4 & -1 & -1 & & & & & \\ -1 & 4 & 0 & -1 & & & & \\ -1 & 0 & 4 & -1 & -1 & & & \\ & -1 & -1 & 4 & 0 & -1 & & \\ & & -1 & 0 & 4 & -1 & -1 & \\ & & & -1 & -1 & 4 & 0 & -1 \\ & & & & -1 & 0 & 4 & -1 \\ & & & & & -1 & -1 & 4 \end{bmatrix}$$

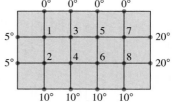

Les coefficients non écrits dans A sont nuls. Les coefficients non nuls de A sont répartis de part et d'autre de la diagonale principale. On rencontre de telles *matrices bandes* dans diverses applications. Elles sont souvent de très grande taille (avec des milliers de lignes et de colonnes, mais des bandes relativement étroites).

    a. En utilisant la méthode de l'exemple 2, construire une factorisation LU de A. On remarque que les deux facteurs sont des matrices bandes (avec deux diagonales non nulles au-dessus ou au-dessous de la diagonale principale). Calculer $LU - A$ à titre de vérification.

b. À l'aide de cette factorisation LU, résoudre l'équation $A\mathbf{x} = \mathbf{b}$.

c. Déterminer A^{-1}. On remarque que A^{-1} est une matrice dense et n'a pas de structure en bandes. Si A est de grande taille, le stockage de L et U prend beaucoup moins d'espace que celui de A^{-1}. Voilà une autre raison de préférer la factorisation LU de A à A^{-1}.

32. **[M]** On peut utiliser la matrice A écrite ci-dessous pour estimer la conduction de chaleur en état non stationnaire dans une tige quand la température aux points $p_1, \ldots, p_4$ de la tige évolue avec le temps[7].

$$\begin{array}{cc} \Delta x & \Delta x \\ \end{array}$$
$$p_1 \quad p_2 \quad p_3 \quad p_4 \quad p_5$$

_____

[7] Voir Biswa N. Datta, *Numerical Linear Algebra and Applications*, Pacific Grove, CA : Brooks/Cole, 1994, p. 200-201.

La constante C dans la matrice dépend de la nature physique de la tige, de la distance Δx entre les points et de l'intervalle de temps Δt entre deux mesures de température successives. On considère, pour $k = 0, 1, 2, \ldots$, le vecteur $\mathbf{t}_k$ de $\mathbb{R}^4$ qui contient les températures au temps $k\Delta t$. Si les deux extrémités de la tige sont maintenues à la température de $0°$, alors le vecteur de température vérifie la relation $A\mathbf{t}_{k+1} = \mathbf{t}_k \ (k = 0, 1, \ldots)$, avec

$$A = \begin{bmatrix} (1+2C) & -C & & \\ -C & (1+2C) & -C & \\ & -C & (1+2C) & -C \\ & & -C & (1+2C) \end{bmatrix}$$

a. Déterminer la factorisation LU de A dans le cas où $C = 1$. Une matrice de ce type, avec trois diagonales non nulles, est dite *tridiagonale*. Les facteurs L et U sont des matrices *bidiagonales*.

b. On suppose que $C = 1$ et $\mathbf{t}_0 = (10, 15, 15, 10)^T$. En utilisant la factorisation LU de A, déterminer les distributions de température $\mathbf{t}_1, \mathbf{t}_2, \mathbf{t}_3$ et $\mathbf{t}_4$.

SOLUTION DE L'EXERCICE D'ENTRAÎNEMENT

$$A = \begin{bmatrix} 2 & -4 & -2 & 3 \\ 6 & -9 & -5 & 8 \\ 2 & -7 & -3 & 9 \\ 4 & -2 & -2 & -1 \\ -6 & 3 & 3 & 4 \end{bmatrix} \sim \begin{bmatrix} 2 & -4 & -2 & 3 \\ 0 & 3 & 1 & -1 \\ 0 & -3 & -1 & 6 \\ 0 & 6 & 2 & -7 \\ 0 & -9 & -3 & 13 \end{bmatrix}$$

$$\sim \begin{bmatrix} 2 & -4 & -2 & 3 \\ 0 & 3 & 1 & -1 \\ 0 & 0 & 0 & 5 \\ 0 & 0 & 0 & -5 \\ 0 & 0 & 0 & 10 \end{bmatrix} \sim \begin{bmatrix} 2 & -4 & -2 & 3 \\ 0 & 3 & 1 & -1 \\ 0 & 0 & 0 & 5 \\ 0 & 0 & 0 & 0 \\ 0 & 0 & 0 & 0 \end{bmatrix} = U$$

On divise les coefficients des colonnes encadrées par le pivot situé en haut. Les colonnes obtenues forment les trois premières colonnes de la moitié inférieure de L. Cela suffit à faire en sorte que la transformation de L en I corresponde à la transformation de A en U. On termine en complétant L par les colonnes de I_5 pour la rendre triangulaire inférieure unipotente.

$$
\begin{bmatrix} 2 \\ 6 \\ 2 \\ 4 \\ -6 \end{bmatrix} \begin{bmatrix} 3 \\ -3 \\ 6 \\ -9 \end{bmatrix} \begin{bmatrix} 5 \\ -5 \\ 10 \end{bmatrix}
$$

$$
\div 2 \quad \div 3 \quad \div 5
$$

$$
\begin{bmatrix} 1 & & \\ 3 & 1 & \\ 1 & -1 & 1 & \cdots \\ 2 & 2 & -1 \\ -3 & -3 & 2 \end{bmatrix}, \quad L = \begin{bmatrix} 1 & 0 & 0 & 0 & 0 \\ 3 & 1 & 0 & 0 & 0 \\ 1 & -1 & 1 & 0 & 0 \\ 2 & 2 & -1 & 1 & 0 \\ -3 & -3 & 2 & 0 & 1 \end{bmatrix}
$$

2.6 | LE MODÈLE D'ENTRÉE-SORTIE DE LEONTIEF

Comme nous l'avons mentionné au début du chapitre 1, l'algèbre linéaire a joué un rôle essentiel dans les travaux qui valurent à Wassily Leontief le prix Nobel. Le modèle économique décrit dans cette section constitue le point de départ de modèles plus élaborés utilisés partout dans le monde. On suppose que l'économie d'un pays se divise en n secteurs produisant des biens ou des services, et l'on note $\mathbf{x}$ le vecteur de $\mathbb{R}^n$ dit **vecteur de production** représentant la production annuelle (les « sorties ») de chacun des secteurs. On suppose également qu'une autre partie de l'économie (le *secteur ouvert*) ne produit ni biens ni services, mais se contente de les consommer. On note alors $\mathbf{d}$ le **vecteur de demande finale** représentant la valeur des biens et des services demandés aux différents secteurs par cette partie non productive de l'économie. Ce vecteur $\mathbf{d}$ peut représenter la demande des consommateurs, les commandes publiques, les excédents de production, les exportations ou d'autres types de demande extérieure.

Alors que les divers secteurs produisent des biens et des services pour satisfaire la demande des consommateurs, les producteurs eux-mêmes engendrent une **demande intermédiaire** de biens (les « entrées ») dont ils ont besoin pour leur propre production. Les rapports entre les différents secteurs sont très complexes, et le lien entre demande finale et production est difficile à appréhender. Leontief s'est demandé s'il existait un niveau de production $\mathbf{x}$ tel que la quantité produite (ou « fournie ») compense exactement la demande totale, de façon que

$$
\left\{ \begin{array}{c} \text{quantité} \\ \text{produite} \\ \mathbf{x} \end{array} \right\} = \left\{ \begin{array}{c} \text{demande} \\ \text{intermédiaire} \end{array} \right\} + \left\{ \begin{array}{c} \text{demande} \\ \text{finale} \\ \mathbf{d} \end{array} \right\} \tag{1}
$$

L'hypothèse de départ du modèle d'entrée-sortie de Leontief est qu'il existe pour chaque secteur un **vecteur de consommation unitaire** de $\mathbb{R}^n$ représentant pour le secteur les entrées *par unité de sortie*. L'unité de mesure des entrées et des sorties est monétaire (millions de dollars ou d'euros), plutôt que physique (tonnes, boisseaux, etc.). Les prix des biens et des services sont maintenus constants.

On peut considérer, à titre d'exemple simple, une économie composée de trois secteurs : produits manufacturés, agriculture et services, avec des vecteurs de consommation unitaire $\mathbf{c}_1$, $\mathbf{c}_2$ et $\mathbf{c}_3$, comme indiqué dans le tableau qui suit.

	Consommation en entrée par unité de sortie		
Acheté aux secteurs :	**Produits manufacturés**	**Agriculture**	**Services**
Produits manufacturés	0,50	0,40	0,20
Agriculture	0,20	0,30	0,10
Services	0,10	0,10	0,30
	↑	↑	↑
	c_1	c_2	c_3

EXEMPLE 1   Quelles quantités le secteur manufacturier consommera-t-il s'il décide de produire 100 unités ?

SOLUTION   On calcule

$$100c_1 = 100 \begin{bmatrix} 0,50 \\ 0,20 \\ 0,10 \end{bmatrix} = \begin{bmatrix} 50 \\ 20 \\ 10 \end{bmatrix}$$

Pour produire 100 unités, le secteur manufacturier commandera (c'est-à-dire « demandera ») et consommera 50 unités provenant du secteur manufacturier lui-même, 20 unités provenant de l'agriculture et 10 unités provenant des services.   ∎

Si le secteur manufacturier décide de produire x_1 unités en sortie, alors le vecteur $x_1 c_1$ représente la *demande intermédiaire* de ce secteur, puisque les quantités composant le vecteur $x_1 c_1$ seront consommées durant le processus de production des x_1 unités. De même, si l'on note x_2 et x_3 les productions prévues respectivement par les secteurs de l'agriculture et des services, $x_2 c_2$ et $x_3 c_3$ représentent la demande intermédiaire correspondant à chacun de ces secteurs. La demande intermédiaire totale de l'ensemble des trois secteurs est donnée par

$$\{\text{demande intermédiaire}\} = x_1 c_1 + x_2 c_2 + x_3 c_3$$
$$= C\mathbf{x} \tag{2}$$

où C est la **matrice de consommation** $[\, c_1 \quad c_2 \quad c_3 \,]$, soit

$$C = \begin{bmatrix} 0,50 & 0,40 & 0,20 \\ 0,20 & 0,30 & 0,10 \\ 0,10 & 0,10 & 0,30 \end{bmatrix} \tag{3}$$

Les équations (1) et (2) constituent le modèle de Leontief.

MODÈLE D'ENTRÉE-SORTIE DE LEONTIEF OU ÉQUATION DE PRODUCTION

$$\mathbf{x} \quad = \quad C\mathbf{x} \quad + \quad \mathbf{d} \tag{4}$$

Quantité	Demande	Demande
produite	intermédiaire	finale

On peut aussi écrire l'équation (4) sous la forme $I\mathbf{x} - C\mathbf{x} = \mathbf{d}$, ou

$$(I - C)\mathbf{x} = \mathbf{d} \tag{5}$$

EXEMPLE 2 On considère l'économie dont la matrice de consommation est donnée par (3). On suppose que la demande finale est de 50 unités pour les produits manufacturés, 30 unités pour l'agriculture et 20 unités pour les services. Déterminer le niveau de production **x** qui satisfasse cette demande.

SOLUTION La matrice des coefficients de l'équation (5) est

$$
I - C = \begin{bmatrix} 1 & 0 & 0 \\ 0 & 1 & 0 \\ 0 & 0 & 1 \end{bmatrix} - \begin{bmatrix} 0,5 & 0,4 & 0,2 \\ 0,2 & 0,3 & 0,1 \\ 0,1 & 0,1 & 0,3 \end{bmatrix} = \begin{bmatrix} 0,5 & -0,4 & -0,2 \\ -0,2 & 0,7 & -0,1 \\ -0,1 & -0,1 & 0,7 \end{bmatrix}
$$

Pour résoudre (5), on applique la méthode du pivot à la matrice complète :

$$
\begin{bmatrix} 0,5 & -0,4 & -0,2 & 50 \\ -0,2 & 0,7 & -0,1 & 30 \\ -0,1 & -0,1 & 0,7 & 20 \end{bmatrix}
$$

$$
\sim \begin{bmatrix} 5 & -4 & -2 & 500 \\ -2 & 7 & -1 & 300 \\ -1 & -1 & 7 & 200 \end{bmatrix}
$$

$$
\cdots \sim \begin{bmatrix} 1 & 0 & 0 & 226 \\ 0 & 1 & 0 & 119 \\ 0 & 0 & 1 & 78 \end{bmatrix}
$$

On a arrondi la dernière colonne à l'entier le plus proche. Le secteur manufacturier doit produire environ 226 unités, l'agriculture 119 et les services seulement 78. ∎

Si la matrice $I - C$ est inversible, on peut appliquer le théorème 5 de la section 2.2 en remplaçant A par $(I - C)$. L'équation $(I - C)\mathbf{x} = \mathbf{d}$ donne $\mathbf{x} = (I - C)^{-1}\mathbf{d}$. Le théorème ci-dessous montre que, dans la plupart des situations pratiques, $I - C$ *est* inversible et le vecteur de production **x** est économiquement réalisable, c'est-à-dire que les composantes de **x** sont positives ou nulles.

Dans le théorème, le terme **somme de colonne** désigne la somme des coefficients d'une colonne de matrice. Normalement, les sommes de colonnes d'une matrice de consommation doivent être strictement inférieures à 1, car la production d'une unité par un secteur est supposée consommer des produits pour une valeur inférieure à cette unité.

THÉORÈME 11

Soit C la matrice de consommation d'une économie et **d** la demande finale. Si les coefficients de C et **d** sont positifs ou nuls et si toutes les sommes de colonnes sont strictement inférieures à 1, alors $(I - C)^{-1}$ existe. Les composantes du vecteur de production

$$
\mathbf{x} = (I - C)^{-1}\mathbf{d}
$$

sont positives ou nulles et ce vecteur est l'unique solution de l'équation

$$
\mathbf{x} = C\mathbf{x} + \mathbf{d}
$$

Les remarques qui suivent proposent des pistes pour comprendre ce théorème et introduisent une nouvelle méthode de calcul de $(I - C)^{-1}$.

Une expression de $(I - C)^{-1}$

On peut imaginer que la demande représentée par le vecteur **d** soit soumise aux diverses industries en début d'année et que ces dernières répondent en ajustant leur niveau de production à la valeur **x** = **d**, qui correspond exactement à la demande. Les industries se préparent donc à produire **d**, et elles envoient leur commande de matières premières et autres biens ou services. Cela crée une demande intermédiaire en entrée de C**d**.

Pour satisfaire la demande supplémentaire C**d**, les industries auront besoin d'entrées supplémentaires $C(C$**d**$) = C^2$**d**, ce qui crée bien sûr une deuxième vague de demandes intermédiaires. Au moment où les industries décident de produire encore plus pour satisfaire cette nouvelle demande, cela crée une troisième vague de demande égale à $C(C^2$**d**$) = C^3$**d**, et ainsi de suite.

Théoriquement, ce processus pourrait continuer indéfiniment, mais en réalité, il ne s'inscrit pas dans une séquence d'événements aussi rigide. On peut schématiser cette situation théorique comme ceci :

	Demande à satisfaire	Entrées nécessaires pour satisfaire cette demande
Demande finale	**d**	C**d**
Demande intermédiaire		
1re vague	C**d**	$C(C$**d**$) = C^2$**d**
2e vague	C^2**d**	$C(C^2$**d**$) = C^3$**d**
3e vague	C^3**d**	$C(C^3$**d**$) = C^4$**d**
⋮	⋮	⋮

Le niveau de production **x** qui satisfait toute cette demande est

$$\mathbf{x} = \mathbf{d} + C\mathbf{d} + C^2\mathbf{d} + C^3\mathbf{d} + \cdots$$
$$= (I + C + C^2 + C^3 + \cdots)\mathbf{d} \tag{6}$$

Pour donner un sens à la relation (6), on considère l'identité algébrique suivante :

$$(I - C)(I + C + C^2 + \cdots + C^m) = I - C^{m+1} \tag{7}$$

On peut montrer que si les sommes de colonnes de C sont toutes strictement inférieures à 1, alors $I - C$ est inversible, C^m s'approche de la matrice nulle quand m devient arbitrairement grand et $I - C^{m+1} \to I$ (ce résultat est analogue à celui qui affirme que si t est un nombre positif strictement inférieur à 1, alors $t^m \to 0$ si m tend vers l'infini). En utilisant la relation (7), on en déduit ce qui suit :

$$(I - C)^{-1} \approx I + C + C^2 + C^3 + \cdots + C^m \tag{8}$$

si les sommes de colonnes de C sont strictement plus petites que 1.

L'approximation (8) signifie que l'on peut rendre le second membre aussi proche que voulu de $(I - C)^{-1}$ en prenant m suffisamment grand.

Dans les modèles réels d'entrée-sortie, les puissances de la matrice de consommation tendent assez rapidement vers la matrice nulle. La relation (8) constitue donc un réel moyen de calcul effectif de $(I - C)^{-1}$. De même, quel que soit **d**, les vecteurs C^m**d** s'approchent rapidement du vecteur nul et (6) constitue un moyen effectif de résoudre l'équation $(I - C)$**x** = **d**. Si les coefficients de C et **d** sont positifs ou nuls, la relation (6) montre qu'alors les coefficients de **x** sont également positifs ou nuls.

Importance économique des coefficients de $(I - C)^{-1}$

Les coefficients de $(I - C)^{-1}$ sont significatifs car on peut les utiliser pour prédire les variations de la production **x** en fonction de la demande finale **d**. En fait, les coefficients de la colonne j de $(I - C)^{-1}$ représentent l'*augmentation* de la production des divers secteurs permettant de satisfaire l'*augmentation d'une unité* de la demande finale pour la production du secteur j (voir exercice 8).

REMARQUE NUMÉRIQUE

Dans toutes les applications pratiques (et pas seulement en économie), on peut toujours écrire une équation du type $A\mathbf{x} = \mathbf{b}$ sous la forme $(I - C)\mathbf{x} = \mathbf{b}$, en posant $C = I - A$. Si le système est de grande dimension et *creux* (la plupart des coefficients sont nuls), il se peut que les sommes de colonnes des valeurs absolues des coefficients de C soient strictement inférieures à 1. Dans ce cas, $C^m \to 0$. Si C^m s'approche de la matrice nulle suffisamment rapidement, les relations (6) et (8) fournissent des formules effectives pour résoudre $A\mathbf{x} = \mathbf{b}$ et trouver A^{-1}.

PROBLÈME D'ENTRAÎNEMENT

On considère une économie constituée de deux secteurs : les biens et les services. Une sortie d'une unité de biens nécessite 0,2 unité de biens et 0,5 unité de services en entrée. Une sortie d'une unité de services nécessite 0,4 unité de biens et 0,3 unité de services en entrée. La demande finale est de 20 unités de biens et de 30 unités de services. Mettre en place le modèle d'entrée-sortie de Leontief pour cette situation.

2.6 EXERCICES

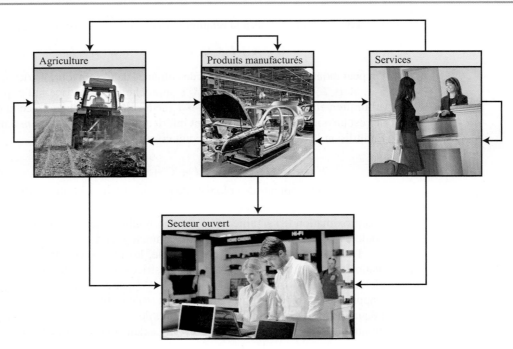

Les exercices 1 à 4 traitent d'une économie divisée en trois secteurs : produits manufacturés, agriculture et services. Pour une sortie d'une unité, le secteur manufacturier a besoin de 0,10 unité provenant des autres entreprises du secteur, de 0,30 unité de l'agriculture et de 0,30 unité des services. Pour une sortie d'une unité, l'agriculture utilise 0,20 unité de ses propres sorties, 0,60 unité du secteur manufacturier et 0,10 unité des services. Pour chaque unité de sortie, les services consomment 0,10 unité de services, 0,60 unité de produits manufacturés et aucun produit de l'agriculture.

1. Écrire la matrice de consommation de cette économie et calculer la demande intermédiaire créée si l'agriculture prévoit une production de 100 unités.

2. Sans inverser de matrices, déterminer les niveaux de production nécessaires pour satisfaire une demande finale de 20 unités de produits agricoles, cette demande étant nulle pour les autres secteurs.

3. Sans inverser de matrices, déterminer les niveaux de production nécessaires pour satisfaire une demande finale de 20 unités de produits manufacturés, cette demande étant nulle pour les autres secteurs.

4. Déterminer les niveaux de production nécessaires pour satisfaire une demande finale de 20 unités de produits manufacturés, 20 unités de produits agricoles et 0 unité de services.

5. On considère un modèle de production représenté par une équation de la forme $\mathbf{x} = C\mathbf{x} + \mathbf{d}$, correspondant à une économie à deux secteurs, avec $C = \begin{bmatrix} 0,0 & 0,5 \\ 0,6 & 0,2 \end{bmatrix}$ et $\mathbf{d} = \begin{bmatrix} 50 \\ 30 \end{bmatrix}$.

   À l'aide d'une inversion de matrice, déterminer le niveau de production nécessaire pour satisfaire la demande finale.

6. Reprendre l'exercice 5 avec pour données $C = \begin{bmatrix} 0,1 & 0,6 \\ 0,5 & 0,2 \end{bmatrix}$ et $\mathbf{d} = \begin{bmatrix} 18 \\ 11 \end{bmatrix}$.

7. On considère C et $\mathbf{d}$ définis à l'exercice 5.
   a. Déterminer le niveau de production nécessaire pour satisfaire une demande finale pour une unité de sortie du secteur 1.
   b. À l'aide d'une inversion de matrice, déterminer le niveau de production nécessaire pour satisfaire une demande finale de $\begin{bmatrix} 51 \\ 30 \end{bmatrix}$.
   c. En écrivant $\begin{bmatrix} 51 \\ 30 \end{bmatrix} = \begin{bmatrix} 50 \\ 30 \end{bmatrix} + \begin{bmatrix} 1 \\ 0 \end{bmatrix}$, établir un lien entre les questions (a) et (b) et l'exercice 5.

8. Soit C une matrice de consommation $n \times n$ dont les sommes de colonnes sont strictement inférieures à 1. Soit $\mathbf{x}$ un vecteur de production répondant à la demande finale $\mathbf{d}$, et $\Delta\mathbf{x}$ un vecteur de production répondant à une autre demande finale $\Delta\mathbf{d}$.
   a. Montrer que si la demande finale passe de $\mathbf{d}$ à $\mathbf{d} + \Delta\mathbf{d}$, alors le niveau de production devient $\mathbf{x} + \Delta\mathbf{x}$. Le vecteur $\Delta\mathbf{x}$ correspond donc à l'*évolution* de la production répondant à l'*évolution* $\Delta\mathbf{d}$ de la demande.
   b. On suppose que $\Delta\mathbf{d}$ est le vecteur de $\mathbb{R}^n$ dont toutes les composantes sont nulles, sauf la première qui vaut 1. Justifier le fait que la production correspondante $\Delta\mathbf{x}$ est la première colonne de $(I - C)^{-1}$. On a montré que la première colonne de $(I - C)^{-1}$ correspondait à la quantité dont chaque secteur devait augmenter sa production pour satisfaire à l'augmentation d'une unité de la demande finale pour la production du secteur 1.

9. Résoudre l'équation de production de Leontief pour une économie à trois secteurs telle que
$$C = \begin{bmatrix} 0,2 & 0,2 & 0,0 \\ 0,3 & 0,1 & 0,3 \\ 0,1 & 0,0 & 0,2 \end{bmatrix} \quad \text{et} \quad \mathbf{d} = \begin{bmatrix} 40 \\ 60 \\ 80 \end{bmatrix}$$

10. La matrice de consommation C correspondant à l'économie américaine en 1972 est telle que *tous les coefficients* de la matrice $(I - C)^{-1}$ sont non nuls (et positifs)[8]. Que peut-on en déduire sur l'effet qu'aurait l'augmentation de la demande pour la production d'un seul des secteurs de l'économie ?

11. L'équation de production de Leontief, $\mathbf{x} = C\mathbf{x} + \mathbf{d}$, est souvent accompagnée de l'équation duale, dite *équation des prix*,
$$\mathbf{p} = C^T\mathbf{p} + \mathbf{v}$$
où $\mathbf{p}$ est un *vecteur de prix* dont les composantes sont les prix unitaires de la production (sortie) de chaque secteur, et $\mathbf{v}$ un *vecteur de valeur ajoutée* dont les composantes sont les valeurs ajoutées par unité produite (la valeur ajoutée comprend les salaires, les bénéfices, l'amortissement, etc.). On démontre en économie que l'on peut exprimer le produit intérieur brut (PIB) de deux façons différentes :
   {produit intérieur brut} $= \mathbf{p}^T\mathbf{d} = \mathbf{v}^T\mathbf{x}$
   Vérifier la seconde égalité. [*Indication :* Calculer $\mathbf{p}^T\mathbf{x}$ de deux façons.]

12. Soit C une matrice de consommation telle que $C^m \to 0$ quand $m \to \infty$ et, pour $m = 1, 2, \ldots$, soit $D_m = I + C + \cdots + C^m$. Déterminer une relation de récurrence linéaire entre D_m et D_{m+1} et en déduire une procédure itérative du calcul approché de $(I - C)^{-1}$ indiqué dans la relation (8).

13. [**M**] La matrice de consommation C ci-dessous est fondée sur les données d'entrée-sortie correspondant à l'économie américaine de 1958, les données de 81 secteurs étant regroupées en sept secteurs plus larges : (1) productions non métalliques à usage personnel et domestique, (2) produits

---

8 Wassily W. Leontief, « The World Economy of the Year 2000 », *Scientific American*, septembre 1980, p. 206 à 231.

finis métalliques (par exemple véhicules à moteur), (3) produits de base métalliques et mines, (4) produits de base non métalliques et agriculture, (5) énergie, (6) services, (7) loisirs et productions diverses[9]. Déterminer les niveaux de production correspondant à la demande finale **d** (l'unité est le million de dollars).

$$\begin{bmatrix} 0,1588 & 0,0064 & 0,0025 & 0,0304 & 0,0014 & 0,0083 & 0,1594 \\ 0,0057 & 0,2645 & 0,0436 & 0,0099 & 0,0083 & 0,0201 & 0,3413 \\ 0,0264 & 0,1506 & 0,3557 & 0,0139 & 0,0142 & 0,0070 & 0,0236 \\ 0,3299 & 0,0565 & 0,0495 & 0,3636 & 0,0204 & 0,0483 & 0,0649 \\ 0,0089 & 0,0081 & 0,0333 & 0,0295 & 0,3412 & 0,0237 & 0,0020 \\ 0,1190 & 0,0901 & 0,0996 & 0,1260 & 0,1722 & 0,2368 & 0,3369 \\ 0,0063 & 0,0126 & 0,0196 & 0,0098 & 0,0064 & 0,0132 & 0,0012 \end{bmatrix}$$

d = (74 000, 56 000, 10 500, 25 000, 17 500, 196 000, 5 000)

14. **[M]** Le vecteur de demande de l'exercice 13 est raisonnable pour des données de 1958, mais l'exposé de Leontief dans l'article cité utilisait un vecteur de données plus proche des données de 1964 :

d = (99 640, 75 548, 14 444, 33 501, 23 527, 263 985, 6 526)

Déterminer le vecteur de production correspondant à cette demande.

15. **[M]** Résoudre l'exercice 13 en utilisant la relation (6). On posera $\mathbf{x}^{(0)} = \mathbf{d}$ et, pour $k = 1, 2, \ldots$, on calculera $\mathbf{x}^{(k)} = \mathbf{d} + C\mathbf{x}^{(k-1)}$. Combien faut-il d'étapes pour obtenir la solution de l'exercice 13 avec quatre chiffres significatifs ?

---

[9] Wassily W. Leontief, « The Structure of the U.S. Economy », *Scientific American*, avril 1965, p. 30 à 32.

SOLUTION DE L'EXERCICE D'ENTRAÎNEMENT

Les données fournies sont les suivantes :

	Entrées par unité de sortie		
Acheté aux secteurs :	**Biens**	**Services**	**Demande externe**
Biens	0,2	0,4	20
Services	0,5	0,3	30

Le modèle d'entrée-sortie de Leontief est $\mathbf{x} = C\mathbf{x} + \mathbf{d}$, avec

$$C = \begin{bmatrix} 0,2 & 0,4 \\ 0,5 & 0,3 \end{bmatrix} \quad \text{et} \quad \mathbf{d} = \begin{bmatrix} 20 \\ 30 \end{bmatrix}$$

2.7 | APPLICATIONS À L'INFOGRAPHIE

L'infographie consiste à afficher des images fixes ou animées sur un écran d'ordinateur. On l'utilise dans des domaines très variés et de plus en plus nombreux. La conception assistée par ordinateur (CAO) fait par exemple partie intégrante de nombreux processus d'ingénierie, comme le processus de conception d'avions décrit dans l'introduction du chapitre. C'est dans l'industrie des loisirs que l'on trouve l'utilisation la plus spectaculaire de l'infographie, depuis les effets spéciaux de *Matrix* jusqu'à la PlayStation 4 ou la Xbox.

La plupart des logiciels interactifs destinés au monde des affaires et de l'industrie utilisent l'infographie pour l'affichage, mais aussi pour d'autres fonctions telles que la représentation graphique de données, la microédition ou la création de diaporamas à usage commercial ou éducatif. Par conséquent, toute personne étudiant un langage de programmation doit inévitablement passer un certain temps à en apprendre les fonctions graphiques, au moins en deux dimensions (2D).

Cette section présente quelques concepts mathématiques fondamentaux pour manipuler et afficher des images informatiques telles que le modèle en fil de fer d'un avion. Une telle image est constituée d'un certain nombre de points, de portions de droites ou de courbes qui les relient, et d'informations sur le remplissage des domaines fermés

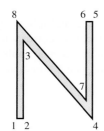

FIGURE 1
Un *N* ordinaire

délimités par les droites et les courbes. On approche souvent les lignes courbes par de petits segments, et une figure est alors définie mathématiquement par une liste de points.

Parmi les symboles graphiques en 2D les plus simples figurent les lettres, utilisées pour afficher des textes à l'écran. Certaines lettres sont stockées sous forme d'objets de type fil de fer ; d'autres, qui présentent des parties incurvées, sont stockées avec des formules mathématiques supplémentaires décrivant les courbes.

EXEMPLE 1 Le *N* majuscule de la figure 1 est défini par huit points, ou *sommets*. On peut stocker les coordonnées de ces points dans une matrice de données *D*.

$$
\begin{array}{c}
\text{Sommet :} \\
\begin{array}{cccccccc}
1 & 2 & 3 & 4 & 5 & 6 & 7 & 8
\end{array} \\
\begin{array}{l}
\text{abscisse} \\
\text{ordonnée}
\end{array}
\begin{bmatrix}
0 & 0{,}5 & 0{,}5 & 6 & 6 & 5{,}5 & 5{,}5 & 0 \\
0 & 0 & 6{,}42 & 0 & 8 & 8 & 1{,}58 & 8
\end{bmatrix} = D
\end{array}
$$

En plus de la matrice *D*, il faut préciser quels sommets sont reliés entre eux, mais ce point sera laissé de côté. ∎

Si l'on décrit les objets graphiques sous forme d'ensembles de segments de droite, c'est principalement parce que les transformations usuelles de l'infographie envoient les segments de droite sur des segments de droite (voir par exemple exercice 27, section 1.8). Une fois que l'on a transformé les sommets décrivant l'objet, on peut relier leurs images avec les segments de droite qui conviennent et produire ainsi l'image complète de l'objet initial.

EXEMPLE 2 On pose $A = \begin{bmatrix} 1 & 0{,}25 \\ 0 & 1 \end{bmatrix}$. Décrire l'effet de la transvection $\mathbf{x} \mapsto A\mathbf{x}$ sur la lettre *N* de l'exemple 1.

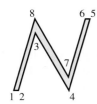

FIGURE 2
Un *N* incliné

SOLUTION D'après la définition de la multiplication matricielle, les colonnes du produit *AD* correspondent aux images des sommets de la lettre *N*.

$$
AD = \begin{bmatrix}
1 & 2 & 3 & 4 & 5 & 6 & 7 & 8 \\
0 & 0{,}5 & 2{,}105 & 6 & 8 & 7{,}5 & 5{,}895 & 2 \\
0 & 0 & 6{,}420 & 0 & 8 & 8 & 1{,}580 & 8
\end{bmatrix}
$$

Les sommets transformés sont marqués à la figure 2, ainsi que les segments correspondant à ceux de la figure d'origine. ∎

Le *N* en italique de la figure 2 semble un peu trop large. Pour compenser, on réduit la largeur au moyen d'une dilatation qui agit sur les abscisses.

EXEMPLE 3 Calculer la matrice de la transformation qui effectue d'abord la transvection de l'exemple 2, puis multiplie les abscisses par un facteur 0,75.

SOLUTION La matrice qui effectue la multiplication de l'abscisse d'un point par 0,75 est

$$
S = \begin{bmatrix} 0{,}75 & 0 \\ 0 & 1 \end{bmatrix}
$$

La matrice de la transformation composée est donc

$$
SA = \begin{bmatrix} 0{,}75 & 0 \\ 0 & 1 \end{bmatrix} \begin{bmatrix} 1 & 0{,}25 \\ 0 & 1 \end{bmatrix}
$$

$$
= \begin{bmatrix} 0{,}75 & 0{,}1875 \\ 0 & 1 \end{bmatrix}
$$

FIGURE 3
Transformation composée sur *N*

Le résultat de cette composition de transformations est représenté à la figure 3. ∎

Les mathématiques de l'infographie sont intimement liées à la multiplication matricielle. Malheureusement, la translation d'un objet sur un écran ne correspond pas directement à une multiplication matricielle, car la translation n'est pas une application linéaire. La manière habituelle de contourner cette difficulté consiste à faire appel à ce que l'on appelle les *coordonnées homogènes*.

Coordonnées homogènes

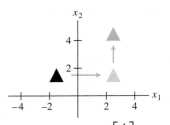

Translation de vecteur $\begin{bmatrix} 4 \\ 3 \end{bmatrix}$

Tout point (x, y) de $\mathbb{R}^2$ peut être identifié au point $(x, y, 1)$ du plan de $\mathbb{R}^3$ situé une unité au-dessus du plan xy. On dit que le point (x, y) admet le triplet $(x, y, 1)$ pour *coordonnées homogènes*. Le point $(0, 0)$, par exemple, admet $(0, 0, 1)$ pour coordonnées homogènes. On ne peut pas ajouter ou multiplier par un scalaire des coordonnées homogènes, mais on peut les transformer en les multipliant par des matrices 3×3.

EXEMPLE 4 Une translation de la forme $(x, y) \mapsto (x + h, y + k)$ s'écrit en coordonnées homogènes $(x, y, 1) \mapsto (x + h, y + k, 1)$. On peut calculer cette transformation au moyen d'une multiplication matricielle

$$\begin{bmatrix} 1 & 0 & h \\ 0 & 1 & k \\ 0 & 0 & 1 \end{bmatrix} \begin{bmatrix} x \\ y \\ 1 \end{bmatrix} = \begin{bmatrix} x + h \\ y + k \\ 1 \end{bmatrix} \qquad \blacksquare$$

EXEMPLE 5 Toute application linéaire de $\mathbb{R}^2$ est représentée en coordonnées homogènes par une matrice par blocs de la forme $\begin{bmatrix} A & 0 \\ 0 & 1 \end{bmatrix}$, où A est une matrice 2×2. Voici quelques exemples typiques :

$$\begin{bmatrix} \cos \varphi & -\sin \varphi & 0 \\ \sin \varphi & \cos \varphi & 0 \\ 0 & 0 & 1 \end{bmatrix}, \qquad \begin{bmatrix} 0 & 1 & 0 \\ 1 & 0 & 0 \\ 0 & 0 & 1 \end{bmatrix}, \qquad \begin{bmatrix} s & 0 & 0 \\ 0 & t & 0 \\ 0 & 0 & 1 \end{bmatrix}$$

Rotation dans le sens trigonométrique autour de l'origine, d'angle φ Réflexion par rapport à $y = x$ Multiplication de x par s et de y par t $\blacksquare$

Applications composées

Il faut en général plusieurs transformations élémentaires pour représenter le mouvement d'une figure sur un écran d'ordinateur. Quand on utilise des coordonnées homogènes, la composition de ces applications correspond à une multiplication matricielle.

EXEMPLE 6 Déterminer la matrice 3×3 qui correspond à l'application composée consistant à : réduire la figure d'un facteur $0,3$, puis effectuer une rotation de $90°$ autour de l'origine, et terminer par une translation qui ajoute le vecteur $(-0,5 \ ; \ 2)$ à chaque point de la figure.

SOLUTION Puisque $\varphi = \pi/2$, on a $\sin \varphi = 1$ et $\cos \varphi = 0$. D'après les exemples 4 et 5, on peut écrire

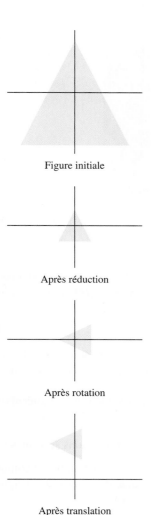

Figure initiale

Après réduction

Après rotation

Après translation

$$\begin{bmatrix} x \\ y \\ 1 \end{bmatrix} \xrightarrow{\text{Réduction}} \begin{bmatrix} 0,3 & 0 & 0 \\ 0 & 0,3 & 0 \\ 0 & 0 & 1 \end{bmatrix} \begin{bmatrix} x \\ y \\ 1 \end{bmatrix}$$

$$\xrightarrow{\text{Rotation}} \begin{bmatrix} 0 & -1 & 0 \\ 1 & 0 & 0 \\ 0 & 0 & 1 \end{bmatrix} \begin{bmatrix} 0,3 & 0 & 0 \\ 0 & 0,3 & 0 \\ 0 & 0 & 1 \end{bmatrix} \begin{bmatrix} x \\ y \\ 1 \end{bmatrix}$$

$$\xrightarrow{\text{Translation}} \begin{bmatrix} 1 & 0 & -0,5 \\ 0 & 1 & 2 \\ 0 & 0 & 1 \end{bmatrix} \begin{bmatrix} 0 & -1 & 0 \\ 1 & 0 & 0 \\ 0 & 0 & 1 \end{bmatrix} \begin{bmatrix} 0,3 & 0 & 0 \\ 0 & 0,3 & 0 \\ 0 & 0 & 1 \end{bmatrix} \begin{bmatrix} x \\ y \\ 1 \end{bmatrix}$$

La matrice de l'application composée est

$$\begin{bmatrix} 1 & 0 & -0,5 \\ 0 & 1 & 2 \\ 0 & 0 & 1 \end{bmatrix} \begin{bmatrix} 0 & -1 & 0 \\ 1 & 0 & 0 \\ 0 & 0 & 1 \end{bmatrix} \begin{bmatrix} 0,3 & 0 & 0 \\ 0 & 0,3 & 0 \\ 0 & 0 & 1 \end{bmatrix}$$

$$= \begin{bmatrix} 0 & -1 & -0,5 \\ 1 & 0 & 2 \\ 0 & 0 & 1 \end{bmatrix} \begin{bmatrix} 0,3 & 0 & 0 \\ 0 & 0,3 & 0 \\ 0 & 0 & 1 \end{bmatrix} = \begin{bmatrix} 0 & -0,3 & -0,5 \\ 0,3 & 0 & 2 \\ 0 & 0 & 1 \end{bmatrix} \blacksquare$$

Infographie 3D

L'un des domaines d'application les plus récents et les plus passionnants de l'infographie est celui de la modélisation moléculaire. Grâce aux images en trois dimensions (3D), un biologiste peut examiner la molécule virtuelle d'une protéine et chercher des sites actifs pouvant accepter la molécule d'un médicament. Le biologiste peut faire tourner ou déplacer un médicament expérimental et essayer de l'attacher à la protéine. Cette capacité à *visualiser* de possibles réactions chimiques est essentielle à la recherche pharmaceutique moderne, en particulier dans la lutte contre cancer. En fait, les progrès dans la conception de nouveaux médicaments dépendent dans une certaine mesure des progrès liés à la capacité de l'infographie à construire des simulations réalistes des molécules et de leurs interactions[10].

La recherche actuelle en modélisation moléculaire s'intéresse particulièrement au domaine de la *réalité virtuelle*, un environnement dans lequel un chercheur peut voir et *sentir* la molécule de médicament se glisser à l'intérieur de la protéine. Dans la figure 4, c'est un bras mécanique à retour de force qui fournit cette information tactile. On utilise aussi en réalité virtuelle un dispositif constitué d'un casque et d'un gant qui détectent les mouvements de la tête, de la main et des doigts. Le casque renferme deux minuscules écrans d'ordinateur, un pour chaque œil. Pouvoir améliorer le réalisme de cet environnement constitue un vrai défi pour les ingénieurs, les scientifiques et les mathématiciens. Les mathématiques que nous allons examiner ici entrouvrent à peine la porte sur ce domaine de recherche tout à fait passionnant.

---

[10] Robert Pool, « Computing in Science », *Science*, **256**, 3 avril 1992, p. 45.

FIGURE 4 Modélisation moléculaire en réalité virtuelle

Coordonnées homogènes en 3D

Par analogie avec le cas de la 2D, on dit que $(x, y, z, 1)$ sont des coordonnées homogènes du point (x, y, z) de $\mathbb{R}^3$. Plus généralement, (X, Y, Z, H) sont des **coordonnées homogènes** de (x, y, z) si $H \neq 0$ et

$$x = \frac{X}{H}, \qquad y = \frac{Y}{H} \quad \text{et} \quad z = \frac{Z}{H} \tag{1}$$

Tout quadruplet non nul colinéaire à $(x, y, z, 1)$ est un système de coordonnées homogènes de (x, y, z). Par exemple, $(10, -6, 14, 2)$ et $(-15, 9, -21, -3)$ sont tous les deux des coordonnées homogènes de $(5, -3, 7)$.

L'exemple qui suit illustre les transformations utilisées en modélisation moléculaire pour déplacer un médicament à l'intérieur de la molécule d'une protéine.

EXEMPLE 7 Écrire les matrices 4×4 associées aux transformations suivantes :

a. Rotation autour de l'axe des y d'un angle de 30° (par convention, l'angle est compté positivement s'il est vu dans le sens trigonométrique quand on regarde l'origine depuis la partie positive de l'axe de rotation, ici l'axe des y).

b. Translation de vecteur $\mathbf{p} = (-6, 4, 5)$.

SOLUTION

a. On construit d'abord la matrice 3×3 de la rotation. Le vecteur $\mathbf{e}_1$ pivote vers le bas en direction de la partie négative de l'axe des z, en s'arrêtant à $(\cos 30°, 0, -\sin 30°)$, soit $(\sqrt{3}/2, 0, -1/2)$.

Le vecteur $\mathbf{e}_2$, situé sur l'axe des y, ne bouge pas, mais $\mathbf{e}_3$, situé sur l'axe des z, pivote vers le bas en direction de la partie positive de l'axe des x, en s'arrêtant à $(\sin 30°, 0, \cos 30°) = (1/2, 0, \sqrt{3}/2)$ (voir figure 5). D'après la section 1.9, la matrice canoniquement associée à cette rotation est

$$\begin{bmatrix} \sqrt{3}/2 & 0 & 1/2 \\ 0 & 1 & 0 \\ -1/2 & 0 & \sqrt{3}/2 \end{bmatrix}$$

Donc la matrice de la rotation en coordonnées homogènes est

$$A = \begin{bmatrix} \sqrt{3}/2 & 0 & 1/2 & 0 \\ 0 & 1 & 0 & 0 \\ -1/2 & 0 & \sqrt{3}/2 & 0 \\ 0 & 0 & 0 & 1 \end{bmatrix}$$

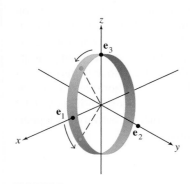

FIGURE 5

b. On veut que le point $(x, y, z, 1)$ soit transformé en $(x - 6, y + 4, z + 5, 1)$, ce qui correspond à la matrice

$$\begin{bmatrix} 1 & 0 & 0 & -6 \\ 0 & 1 & 0 & 4 \\ 0 & 0 & 1 & 5 \\ 0 & 0 & 0 & 1 \end{bmatrix}$$

■

Projection centrale

On représente un objet à trois dimensions sur un écran à deux dimensions en projetant l'objet sur un *plan de projection* (on ne tient pas compte d'autres étapes importantes, telles que la sélection d'une portion du plan de projection correspondant aux dimensions de l'écran). On suppose, pour simplifier, que le plan xy représente l'écran de l'ordinateur et l'on imagine que l'œil d'un observateur est situé sur la partie positive de l'axe des z, au point $(0, 0, d)$. Une *projection centrale* (ou *perspective*) est une application qui envoie un point (x, y, z) sur un point $(x^*, y^*, 0)$ tel que les deux points et la position de l'œil, appelée *centre de projection*, soient alignés [voir figure 6(a)].

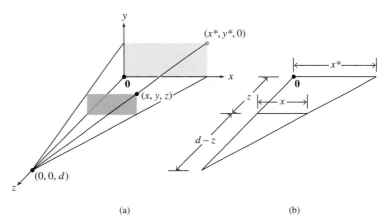

FIGURE 6 Projection centrale de (x, y, z) sur $(x^*, y^*, 0)$

On a redessiné en (b) le triangle du plan xz de la figure 6(a) pour indiquer les longueurs des segments. Les résultats sur les triangles semblables montrent que

$$\frac{x^*}{d} = \frac{x}{d - z}, \quad \text{soit} \quad x^* = \frac{dx}{d - z} = \frac{x}{1 - z/d}$$

De même,

$$y^* = \frac{y}{1 - z/d}$$

On peut représenter cette projection centrale en coordonnées homogènes par une matrice P. On veut que $(x, y, z, 1)$ se transforme en $\left(\dfrac{x}{1 - z/d}, \dfrac{y}{1 - z/d}, 0, 1 \right)$. En multipliant tout par $1 - z/d$, on voit que $(x, y, 0, 1 - z/d)$ est également un système de coordonnées homogènes de l'image. On peut maintenant facilement écrire P. On obtient

$$P \begin{bmatrix} x \\ y \\ z \\ 1 \end{bmatrix} = \begin{bmatrix} 1 & 0 & 0 & 0 \\ 0 & 1 & 0 & 0 \\ 0 & 0 & 0 & 0 \\ 0 & 0 & -1/d & 1 \end{bmatrix} \begin{bmatrix} x \\ y \\ z \\ 1 \end{bmatrix} = \begin{bmatrix} x \\ y \\ 0 \\ 1 - z/d \end{bmatrix}$$

EXEMPLE 8 Soit S le pavé défini par les sommets $(3, 1, 5)$, $(5, 1, 5)$, $(5, 0, 5)$, $(3, 0, 5)$, $(3, 1, 4)$, $(5, 1, 4)$, $(5, 0, 4)$ et $(3, 0, 4)$. Déterminer l'image de S par la projection centrale de centre $(0, 0, 10)$.

SOLUTION Soit P la matrice de la projection et D la matrice des coordonnées homogènes des sommets de S. La matrice des coordonnées homogènes des sommets de l'image de S est

$$
PD = \begin{bmatrix} 1 & 0 & 0 & 0 \\ 0 & 1 & 0 & 0 \\ 0 & 0 & 0 & 0 \\ 0 & 0 & -1/10 & 1 \end{bmatrix} \overset{\scriptstyle \begin{matrix} 1 & 2 & 3 & 4 & 5 & 6 & 7 & 8 \end{matrix}}{\begin{bmatrix} 3 & 5 & 5 & 3 & 3 & 5 & 5 & 3 \\ 1 & 1 & 0 & 0 & 1 & 1 & 0 & 0 \\ 5 & 5 & 5 & 5 & 4 & 4 & 4 & 4 \\ 1 & 1 & 1 & 1 & 1 & 1 & 1 & 1 \end{bmatrix}}
$$

(au-dessus de la matrice D : Sommet :)

$$
= \begin{bmatrix} 3 & 5 & 5 & 3 & 3 & 5 & 5 & 3 \\ 1 & 1 & 0 & 0 & 1 & 1 & 0 & 0 \\ 0 & 0 & 0 & 0 & 0 & 0 & 0 & 0 \\ 0{,}5 & 0{,}5 & 0{,}5 & 0{,}5 & 0{,}6 & 0{,}6 & 0{,}6 & 0{,}6 \end{bmatrix}
$$

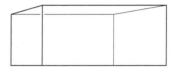

Image de S par la perspective

Pour obtenir les coordonnées dans $\mathbb{R}^3$, on utilise les relations (1) apparaissant juste avant l'exemple 7, et l'on divise les trois premières composantes de chaque colonne par la composante correspondante dans la quatrième ligne :

Sommet :

$$
\overset{\scriptstyle \begin{matrix} 1 & 2 & 3 & 4 & 5 & 6 & 7 & 8 \end{matrix}}{\begin{bmatrix} 6 & 10 & 10 & 6 & 5 & 8{,}3 & 8{,}3 & 5 \\ 2 & 2 & 0 & 0 & 1{,}7 & 1{,}7 & 0 & 0 \\ 0 & 0 & 0 & 0 & 0 & 0 & 0 & 0 \end{bmatrix}}
$$

∎

REMARQUE NUMÉRIQUE

La représentation du mouvement continu d'un objet 3D nécessite des calculs intensifs sur des matrices 4×4, surtout si l'on veut un *rendu* réaliste des surfaces, avec la texture et l'éclairage appropriés. Les circuits des cartes graphiques à hautes performances comportent des opérations sur les matrices 4×4 et des algorithmes graphiques directement câblés. Ces cartes peuvent effectuer les milliards de multiplications matricielles par seconde qui sont nécessaires à l'animation réaliste des programmes de jeux en 3D[11].

Pour aller plus loin

James D. Foley, Andries van Dam, Steven K. Feiner et John F. Hughes, *Computer Graphics : Principles and Practice*, 3e éd., Boston, MA : Addison-Wesley, 2002, chapitres 5 et 6.

---

[11] Voir Jan Ozer, « High-Performance Graphics Boards », *PC Magazine*, **19**, 1er septembre 2000, p. 187 à 200. Également, « The Ultimate Upgrade Guide : Moving On Up », *PC Magazine*, **21**, 29 janvier 2002, p. 82 à 91.

EXERCICE D'ENTRAÎNEMENT

Pour effectuer la rotation d'une figure autour d'un point **p** de $\mathbb{R}^2$, on fait d'abord la translation de vecteur $-\mathbf{p}$, puis la rotation autour de l'origine, puis une nouvelle translation, de vecteur **p** (voir figure 7). En utilisant les coordonnées homogènes, construire la matrice 3×3 de la rotation de $-30°$ autour du point $(-2, 6)$.

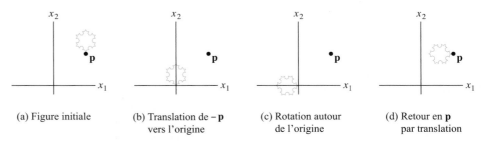

(a) Figure initiale

(b) Translation de $-\mathbf{p}$ vers l'origine

(c) Rotation autour de l'origine

(d) Retour en **p** par translation

FIGURE 7 Rotation d'une figure autour du point **p**

2.7 EXERCICES

1. Déterminer la matrice 3×3 ayant le même effet sur les coordonnées homogènes d'un point de $\mathbb{R}^2$ que la matrice de transvection A de l'exemple 2.

2. En utilisant une multiplication matricielle, déterminer l'image, par la réflexion d'axe Oy, du triangle dont les coordonnées des sommets sont les colonnes de la matrice $D = \begin{bmatrix} 5 & 2 & 4 \\ 0 & 2 & 3 \end{bmatrix}$. Représenter sur un dessin à la fois le triangle et son image.

Dans les exercices 3 à 8, déterminer les matrices 3×3 effectuant en coordonnées homogènes les transformations 2D composées indiquées.

3. Translation de vecteur $(3, 1)$, puis rotation de $45°$ autour de l'origine.

4. Translation de vecteur $(-2, 3)$, puis multiplication de l'abscisse par 0,8 et de l'ordonnée par 1,2.

5. Réflexion par rapport à l'axe des x, puis rotation de $30°$ autour de l'origine.

6. Rotation d'angle $30°$ autour de l'origine, puis réflexion par rapport à l'axe des x.

7. Rotation d'angle $60°$ autour du point $(6, 8)$.

8. Rotation d'angle $45°$ autour du point $(3, 7)$.

9. On considère une matrice 2×200, notée D, contenant les coordonnées de 200 points. Calculer le nombre de multiplications de réels à effectuer pour transformer ces points par les applications associées à deux matrices 2×2 A et B. On étudiera les deux possibilités $A(BD)$ et $(AB)D$. Que conclure de ces résultats pour les calculs en infographie ?

10. On considère les transformations géométriques 2D suivantes : une homothétie H (dans laquelle les deux coordonnées sont multipliées par un même facteur), une rotation R et une translation T. Les transformations H et R *commutentelles* ? Autrement dit, a-t-on $D(R(\mathbf{x})) = R(D(\mathbf{x}))$ pour tout **x** de $\mathbb{R}^2$? Les transformations D et T commutent-elles ? Les transformations R et T commutent-elles ?

11. La rotation d'un objet sur un écran d'ordinateur est parfois réalisée en composant deux transformations constituées d'une transvection suivie d'une dilatation, ce qui peut accélérer les calculs qui déterminent la façon dont apparaît l'image sur l'écran en termes de pixels (l'écran est composé de lignes et de colonnes de petits points appelés *pixels*). La première transformation A_1 effectue d'abord une transvection verticale, puis comprime les colonnes de pixels ; la seconde, A_2, effectue d'abord une transvection horizontale, puis étire les lignes de pixels. On pose

$$A_1 = \begin{bmatrix} 1 & 0 & 0 \\ \sin \varphi & \cos \varphi & 0 \\ 0 & 0 & 1 \end{bmatrix}$$

$$A_2 = \begin{bmatrix} 1/\cos \varphi & -\tan \varphi & 0 \\ 0 & 1 & 0 \\ 0 & 0 & 1 \end{bmatrix}$$

Montrer que la composée de ces deux applications est une rotation de $\mathbb{R}^2$.

12. Il faut en général quatre multiplications pour effectuer une rotation de $\mathbb{R}^2$. Calculer le produit des trois matrices ci-dessous et en déduire qu'une matrice de rotation se décompose en produit de trois matrices de transvection (chacune des transvections nécessite une multiplication).

$$\begin{bmatrix} 1 & -\tan\varphi/2 & 0 \\ 0 & 1 & 0 \\ 0 & 0 & 1 \end{bmatrix} \begin{bmatrix} 1 & 0 & 0 \\ \sin\varphi & 1 & 0 \\ 0 & 0 & 1 \end{bmatrix}$$
$$\begin{bmatrix} 1 & -\tan\varphi/2 & 0 \\ 0 & 1 & 0 \\ 0 & 0 & 1 \end{bmatrix}$$

13. En infographie 2D, les transformations usuelles en coordonnées homogènes correspondent à des matrices 3×3 de la forme $\begin{bmatrix} A & \mathbf{p} \\ \mathbf{0}^T & 1 \end{bmatrix}$, où A est une matrice 2×2 et $\mathbf{p}$ un vecteur de $\mathbb{R}^2$. Montrer qu'une telle transformation revient à une transformation linéaire suivie d'une translation. [*Indication :* Déterminer une factorisation matricielle convenable en utilisant des opérations par blocs.]

14. Montrer que la transformation de l'exercice 7 équivaut à une rotation autour de l'origine suivie d'une translation. Déterminer le vecteur de cette translation.

15. Quel est le vecteur de $\mathbb{R}^3$ admettant pour coordonnées homogènes $\left(\frac{1}{2}, -\frac{1}{4}, -\frac{1}{8}, \frac{1}{24}\right)$?

16. Les quadruplets $(1, -2, -3, 4)$ et $(10, -20, -30, 40)$ sont-ils les coordonnées homogènes du même point de $\mathbb{R}^3$? Pourquoi ?

17. Écrire la matrice 4×4 correspondant à la rotation de $\mathbb{R}^3$ d'angle $60°$ autour de l'axe des x (voir figure).

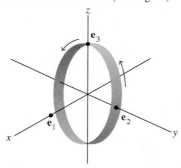

18. Écrire la matrice 4×4 correspondant à la rotation de $\mathbb{R}^3$ d'angle $-30°$ autour de l'axe des z, suivie de la translation de vecteur $\mathbf{p} = (5, -2, 1)$.

19. Soit S le triangle de sommets $(4,2\,;\,1,2\,;\,4)$, $(6,4,2)$ et $(2,2,6)$. Déterminer l'image de S par la projection centrale de centre $(0,0,10)$.

20. Soit S le triangle de sommets $(9,3,-5)$, $(12,8,2)$ et $(1,8\,;\,2,7\,;\,1)$. Déterminer l'image de S par la projection centrale de centre $(0,0,10)$.

Les exercices 21 et 22 concernent la façon dont est gérée la couleur en infographie. Une couleur sur un écran d'ordinateur est codée par trois nombres (R, V, B) donnant les niveaux d'énergie qu'un canon à électrons doit transmettre à des points électroluminescents rouges, verts ou bleus situés sur l'écran (un quatrième nombre précise la luminance, ou intensité, de la couleur).

21. [M] Les couleurs qu'un observateur voit réellement sur l'écran dépendent du type et de la quantité de matière luminescente présente sur l'écran. Chaque fabricant doit ainsi effectuer des conversions entre les données (R, V, B) et une norme internationale CIE pour les couleurs, qui utilise trois couleurs primaires notées X, Y et Z. Voici typiquement une conversion pour une matière luminescente à courte persistance :

$$\begin{bmatrix} 0,61 & 0,29 & 0,150 \\ 0,35 & 0,59 & 0,063 \\ 0,04 & 0,12 & 0,787 \end{bmatrix} \begin{bmatrix} R \\ V \\ B \end{bmatrix} = \begin{bmatrix} X \\ Y \\ Z \end{bmatrix}$$

Un programme informatique envoie un flux de données (X, Y, Z) selon la norme CIE. Déterminer la relation qui convertit ces données en données (R, V, B) utilisables par le canon à électrons de l'écran.

22. [M] Le signal envoyé par un réémetteur de télévision décrit chaque couleur sous la forme d'un vecteur (Y, I, Q). Si l'écran est en noir et blanc, seule la coordonnée Y est utilisée (cela fournit une meilleure image monochrome que la norme CIE). La correspondance entre YIQ et le système usuel RVB est donnée par

$$\begin{bmatrix} Y \\ I \\ Q \end{bmatrix} = \begin{bmatrix} 0,299 & 0,587 & 0,114 \\ 0,596 & -0,275 & -0,321 \\ 0,212 & -0,528 & 0,311 \end{bmatrix} \begin{bmatrix} R \\ V \\ B \end{bmatrix}$$

(Un fabricant d'écrans modifierait cette matrice pour obtenir une correspondance avec ses écrans RVB.) Déterminer la relation qui convertit les données YIQ transmises par le réémetteur en données RVB utilisables par le téléviseur.

SOLUTION DE L'EXERCICE D'ENTRAÎNEMENT

On écrit de droite à gauche les matrices correspondant à ces trois applications. On prend
$\mathbf{p} = (-2, 6)$, et l'on sait que $\cos(-30°) = \sqrt{3}/2$ et $\sin(-30°) = -1/2$. On obtient

$$
\underset{\substack{\text{Translation} \\ \text{de vecteur } p}}{\begin{bmatrix} 1 & 0 & -2 \\ 0 & 1 & 6 \\ 0 & 0 & 1 \end{bmatrix}}
\underset{\substack{\text{Rotation autour de} \\ \text{l'origine}}}{\begin{bmatrix} \sqrt{3}/2 & 1/2 & 0 \\ -1/2 & \sqrt{3}/2 & 0 \\ 0 & 0 & 1 \end{bmatrix}}
\underset{\substack{\text{Translation} \\ \text{de vecteur } -p}}{\begin{bmatrix} 1 & 0 & 2 \\ 0 & 1 & -6 \\ 0 & 0 & 1 \end{bmatrix}}
$$

$$
= \begin{bmatrix} \sqrt{3}/2 & 1/2 & \sqrt{3} - 5 \\ -1/2 & \sqrt{3}/2 & -3\sqrt{3} + 5 \\ 0 & 0 & 1 \end{bmatrix}
$$

2.8 | SOUS-ESPACES VECTORIELS DE $\mathbb{R}^n$

On s'intéresse dans cette section à un type de sous-ensembles de $\mathbb{R}^n$ très importants
appelés *sous-espaces vectoriels*. Ces sous-espaces apparaissent souvent en lien avec
une matrice A, et ils donnent des renseignements utiles sur l'équation $A\mathbf{x} = \mathbf{b}$. Nous
utiliserons les notions et la terminologie de cette section dans toute la suite de ce livre[12].

DÉFINITION

> On appelle **sous-espace vectoriel** ou simplement **sous-espace** de $\mathbb{R}^n$ une partie H
> de $\mathbb{R}^n$ possédant les trois propriétés suivantes :
>
> a. Le vecteur nul appartient à H.
> b. Pour tous vecteurs $\mathbf{u}$ et $\mathbf{v}$ de H, la somme $\mathbf{u} + \mathbf{v}$ appartient à H.
> c. Pour tout vecteur $\mathbf{u}$ de H et tout scalaire c, le vecteur $c\mathbf{u}$ appartient à H.

Autrement dit, un sous-espace vectoriel est un ensemble *stable* par addition et multiplication par un scalaire. Comme on le verra dans les quelques exemples qui suivent,
la plupart des ensembles de vecteurs examinés dans le chapitre 1 sont des sous-espaces
vectoriels. Par exemple, la manière usuelle de visualiser un sous-espace tel que celui de
l'exemple 1 est d'imaginer un plan passant par l'origine (voir figure 1).

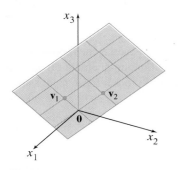

FIGURE 1
Vect $\{\mathbf{v}_1, \mathbf{v}_2\}$ vu comme un plan
passant par l'origine

EXEMPLE 1 Si $\mathbf{v}_1$ et $\mathbf{v}_2$ sont des vecteurs de $\mathbb{R}^n$ et si l'on pose $H = \text{Vect}\{\mathbf{v}_1, \mathbf{v}_2\}$,
alors H est un sous-espace vectoriel de $\mathbb{R}^n$. Pour vérifier cette propriété, on remarque
que le vecteur nul est dans H (puisque $0\mathbf{v}_1 + 0\mathbf{v}_2$ est une combinaison linéaire de $\mathbf{v}_1$
et $\mathbf{v}_2$). Si l'on prend maintenant deux vecteurs arbitraires de H, soit

$$\mathbf{u} = s_1\mathbf{v}_1 + s_2\mathbf{v}_2 \quad \text{et} \quad \mathbf{v} = t_1\mathbf{v}_1 + t_2\mathbf{v}_2$$

alors

$$\mathbf{u} + \mathbf{v} = (s_1 + t_1)\mathbf{v}_1 + (s_2 + t_2)\mathbf{v}_2$$

---

[12] On a placé ici les sections 2.8 et 2.9 pour permettre au lecteur de reporter à plus tard l'étude de tout ou
partie des deux chapitres suivants et de passer, s'il le souhaite, directement au chapitre 5. Il est *inutile*
d'étudier ces deux sections si l'on a l'intention de travailler sur le chapitre 4 avant de commencer le
chapitre 5.

ce qui montre que $\mathbf{u} + \mathbf{v}$ est une combinaison linéaire de $\mathbf{v}_1$ et $\mathbf{v}_2$, donc qu'il est dans H. De plus, pour tout scalaire c, le vecteur $c\mathbf{u}$ appartient à H car

$$c\mathbf{u} = c(s_1\mathbf{v}_1 + s_2\mathbf{v}_2) = (cs_1)\mathbf{v}_1 + (cs_2)\mathbf{v}_2 \qquad \blacksquare$$

Si $\mathbf{v}_1$ est un vecteur non nul et que $\mathbf{v}_2$ est colinéaire à $\mathbf{v}_1$, alors $\mathbf{v}_1$ et $\mathbf{v}_2$ engendrent seulement une *droite* passant par l'origine. Il s'agit donc là d'un autre exemple de sous-espace vectoriel. Une telle droite est appelée **droite vectorielle** engendrée par $\mathbf{v}_1$.

Si, en revanche, $\mathbf{v}_1$ et $\mathbf{v}_2$ ne sont pas colinéaires, H est un plan passant par l'origine, appelé **plan vectoriel** engendré par $\mathbf{v}_1$ et $\mathbf{v}_2$.

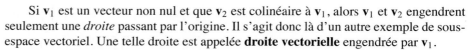

$\mathbf{v}_1 \neq \mathbf{0}, \mathbf{v}_2 = k\mathbf{v}_1$

EXEMPLE 2 Une droite D *ne passant pas* par l'origine *n'est pas* un sous-espace vectoriel car elle ne contient pas l'origine, comme c'est exigé par la définition. La figure 2 montre aussi que D n'est stable ni par addition ni par multiplication par un scalaire. $\qquad \blacksquare$

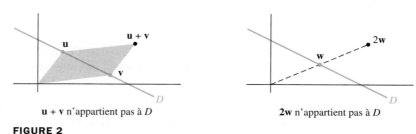

$\mathbf{u} + \mathbf{v}$ n'appartient pas à D $\qquad\qquad$ $2\mathbf{w}$ n'appartient pas à D

FIGURE 2

EXEMPLE 3 Si $\mathbf{v}_1, \ldots, \mathbf{v}_p$ sont des vecteurs de $\mathbb{R}^n$, l'ensemble des combinaisons linéaires de $\mathbf{v}_1, \ldots, \mathbf{v}_p$ est un sous-espace de $\mathbb{R}^n$. On vérifie cette propriété de la même manière qu'à l'exemple 1. L'ensemble $\mathrm{Vect}\{\mathbf{v}_1, \ldots, \mathbf{v}_p\}$ sera désormais appelé **sous-espace (vectoriel)** engendré par $\mathbf{v}_1, \ldots, \mathbf{v}_p$. $\qquad \blacksquare$

On remarque que $\mathbb{R}^n$ est un sous-espace vectoriel de lui-même car il possède les trois propriétés exigées par la définition. L'ensemble constitué uniquement du vecteur nul de $\mathbb{R}^n$ constitue un autre cas particulier de sous-espace vectoriel. Il est appelé **sous-espace nul**.

Image et noyau d'une matrice

Les sous-espaces de $\mathbb{R}^n$ se rencontrent en général aussi bien dans les applications que dans la théorie, sous deux formes possibles dans lesquelles ils sont liés à une matrice : une image ou un noyau[13].

DÉFINITION

On appelle **image** d'une matrice A l'ensemble Im A des combinaisons linéaires des colonnes de A.

---

[13] Le vocabulaire introduit ici est emprunté à celui des applications linéaires. Il n'existe pas en français de terminologie sur ce sujet qui soit propre aux matrices. (*NdT*)

Si $A = [\,\mathbf{a}_1\ \ \cdots\ \ \mathbf{a}_n\,]$ (les colonnes appartenant à $\mathbb{R}^m$), alors Im A est égal au sous-espace Vect$\{\mathbf{a}_1, \ldots, \mathbf{a}_n\}$. L'exemple 4 montre que *l'image d'une matrice $m \times n$ est un sous-espace vectoriel de $\mathbb{R}^m$*. On remarque que Im A n'est égal à $\mathbb{R}^m$ que si les colonnes de A engendrent $\mathbb{R}^m$. Sinon, Im A n'est qu'une partie de $\mathbb{R}^m$.

EXEMPLE 4   Soit $A = \begin{bmatrix} 1 & -3 & -4 \\ -4 & 6 & -2 \\ -3 & 7 & 6 \end{bmatrix}$ et $\mathbf{b} = \begin{bmatrix} 3 \\ 3 \\ -4 \end{bmatrix}$. Le vecteur $\mathbf{b}$ appartient-il à l'image de A ?

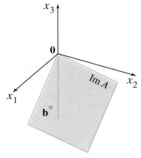

SOLUTION   Le vecteur $\mathbf{b}$ est une combinaison linéaire des colonnes de A si et seulement si l'on peut trouver un certain vecteur $\mathbf{x}$ tel que $\mathbf{b}$ s'écrive sous la forme $A\mathbf{x}$, c'est-à-dire si et seulement si l'équation $A\mathbf{x} = \mathbf{b}$ admet une solution. En appliquant la méthode du pivot à la matrice complète $[\,A\ \ \mathbf{b}\,]$, on obtient

$$\begin{bmatrix} 1 & -3 & -4 & 3 \\ -4 & 6 & -2 & 3 \\ -3 & 7 & 6 & -4 \end{bmatrix} \sim \begin{bmatrix} 1 & -3 & -4 & 3 \\ 0 & -6 & -18 & 15 \\ 0 & -2 & -6 & 5 \end{bmatrix} \sim \begin{bmatrix} 1 & -3 & -4 & 3 \\ 0 & -6 & -18 & 15 \\ 0 & 0 & 0 & 0 \end{bmatrix}$$

Le système $A\mathbf{x} = \mathbf{b}$ est donc compatible et $\mathbf{b}$ appartient à Im A.   ∎

La solution de l'exemple 4 illustre le fait que si l'on écrit un système d'équations linéaires sous la forme $A\mathbf{x} = \mathbf{b}$, l'image de A est l'ensemble des vecteurs $\mathbf{b}$ tels que le système ait une solution.

DÉFINITION

> On appelle **noyau** d'une matrice A l'ensemble Ker A des solutions de l'équation homogène $A\mathbf{x} = \mathbf{0}$.

Si A a n colonnes, les solutions de $A\mathbf{x} = \mathbf{0}$ appartiennent à $\mathbb{R}^n$, et le noyau de A est un sous-ensemble de $\mathbb{R}^n$. En fait, Ker A a les propriétés d'un *sous-espace vectoriel* de $\mathbb{R}^n$.

THÉORÈME 12

> Le noyau d'une matrice $m \times n$ est un sous-espace vectoriel de $\mathbb{R}^n$. De façon équivalente, l'ensemble des solutions d'un système $A\mathbf{x} = \mathbf{0}$ de m équations linéaires homogènes à n inconnues est un sous-espace vectoriel de $\mathbb{R}^n$.

DÉMONSTRATION   Le vecteur nul appartient à Ker A (car $A\mathbf{0} = \mathbf{0}$). Pour montrer que Ker A vérifie les deux autres propriétés exigées pour être un sous-espace, on prend deux vecteurs quelconques $\mathbf{u}$ et $\mathbf{v}$ de Ker A, c'est-à-dire que l'on suppose que $A\mathbf{u} = \mathbf{0}$ et $A\mathbf{v} = \mathbf{0}$. Alors, d'après une propriété de la multiplication matricielle, on a

$$A(\mathbf{u} + \mathbf{v}) = A\mathbf{u} + A\mathbf{v} = \mathbf{0} + \mathbf{0} = \mathbf{0}$$

Donc $\mathbf{u} + \mathbf{v}$ vérifie l'équation $A\mathbf{x} = \mathbf{0}$, et $\mathbf{u} + \mathbf{v}$ appartient bien à Ker A. De plus, pour tout scalaire c, $A(c\mathbf{u}) = c(A\mathbf{u}) = c(\mathbf{0}) = \mathbf{0}$, ce qui montre que $c\mathbf{u}$ appartient à Ker A.   ∎

Pour savoir si un vecteur donné $\mathbf{v}$ est dans Ker A, il suffit de calculer $A\mathbf{v}$ pour voir s'il est nul. Comme Ker A est décrit par une condition devant être vérifiée par chacun de ses vecteurs, on dit que le noyau est défini de façon *implicite*. L'image est au contraire définie de façon *explicite*, car on peut construire les vecteurs de Im A (par combinaison linéaire) à partir des colonnes de A. Pour décrire Ker A de façon explicite, il faut résoudre l'équation $A\mathbf{x} = \mathbf{0}$ et écrire la solution sous forme paramétrique vectorielle (voir exemple 6 plus loin)[14].

Bases d'un sous-espace vectoriel

Un sous-espace vectoriel contient normalement une infinité de vecteurs, et certains problèmes sont plus faciles à traiter si l'on travaille avec un petit ensemble fini de vecteurs qui engendrent le sous-espace. Plus cet ensemble est petit, mieux c'est. On peut montrer que l'ensemble générateur le plus petit possible constitue nécessairement une famille libre.

DÉFINITION

On appelle **base** d'un sous-espace vectoriel H de $\mathbb{R}^n$ une famille libre de vecteurs de H qui engendrent H.

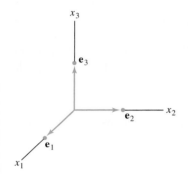

FIGURE 3
Base canonique de $\mathbb{R}^3$

EXEMPLE 5 Les colonnes d'une matrice inversible $n \times n$ forment une base de $\mathbb{R}^n$ tout entier car, d'après le théorème de caractérisation des matrices inversibles, elles sont linéairement indépendantes et engendrent $\mathbb{R}^n$. On peut en particulier appliquer cela à la matrice unité $n \times n$. On note $\mathbf{e}_1, \dots, \mathbf{e}_n$ ses colonnes :

$$\mathbf{e}_1 = \begin{bmatrix} 1 \\ 0 \\ \vdots \\ 0 \end{bmatrix}, \quad \mathbf{e}_2 = \begin{bmatrix} 0 \\ 1 \\ \vdots \\ 0 \end{bmatrix}, \quad \dots, \quad \mathbf{e}_n = \begin{bmatrix} 0 \\ \vdots \\ 0 \\ 1 \end{bmatrix}$$

La famille $(\mathbf{e}_1, \dots, \mathbf{e}_n)$ est appelée **base canonique** de $\mathbb{R}^n$ (voir figure 3). ∎

L'exemple qui suit illustre le fait que l'écriture usuelle de l'ensemble des solutions de $A\mathbf{x} = \mathbf{0}$ sous forme paramétrique vectorielle permet la détermination effective d'une base de Ker A. Nous utiliserons cela tout au long du chapitre 5.

EXEMPLE 6 Déterminer une base du noyau de la matrice

$$A = \begin{bmatrix} -3 & 6 & -1 & 1 & -7 \\ 1 & -2 & 2 & 3 & -1 \\ 2 & -4 & 5 & 8 & -4 \end{bmatrix}$$

SOLUTION On écrit d'abord la solution générale de $A\mathbf{x} = \mathbf{0}$ sous forme paramétrique vectorielle :

$$\begin{bmatrix} A & \mathbf{0} \end{bmatrix} \sim \begin{bmatrix} 1 & -2 & 0 & -1 & 3 & 0 \\ 0 & 0 & 1 & 2 & -2 & 0 \\ 0 & 0 & 0 & 0 & 0 & 0 \end{bmatrix}, \qquad \begin{aligned} x_1 - 2x_2 \quad - x_4 + 3x_5 &= 0 \\ x_3 + 2x_4 - 2x_5 &= 0 \\ 0 &= 0 \end{aligned}$$

La solution générale s'écrit $x_1 = 2x_2 + x_4 - 3x_5$, $x_3 = -2x_4 + 2x_5$, avec x_2, x_4 et x_5 quelconques.

---

[14] Les différences entre Ker A et Im A seront étudiées plus loin, dans la section 4.2.

$$
\begin{bmatrix} x_1 \\ x_2 \\ x_3 \\ x_4 \\ x_5 \end{bmatrix} = \begin{bmatrix} 2x_2 + x_4 - 3x_5 \\ x_2 \\ -2x_4 + 2x_5 \\ x_4 \\ x_5 \end{bmatrix} = x_2 \begin{bmatrix} 2 \\ 1 \\ 0 \\ 0 \\ 0 \end{bmatrix} + x_4 \begin{bmatrix} 1 \\ 0 \\ -2 \\ 1 \\ 0 \end{bmatrix} + x_5 \begin{bmatrix} -3 \\ 0 \\ 2 \\ 0 \\ 1 \end{bmatrix}
$$
$$
\underset{\mathbf{u}}{\uparrow} \qquad \underset{\mathbf{v}}{\uparrow} \qquad \underset{\mathbf{w}}{\uparrow}
$$
$$
= x_2\mathbf{u} + x_4\mathbf{v} + x_5\mathbf{w} \tag{1}
$$

La relation (1) montre que Ker A est exactement l'ensemble des combinaisons linéaires de $\mathbf{u}$, $\mathbf{v}$ et $\mathbf{w}$. Autrement dit, $\{\mathbf{u}, \mathbf{v}, \mathbf{w}\}$ engendre Ker A. Mais cette construction de $\mathbf{u}$, $\mathbf{v}$ et $\mathbf{w}$ les rend automatiquement linéairement indépendants, car la relation (1) montre que $\mathbf{0} = x_2\mathbf{u} + x_4\mathbf{v} + x_5\mathbf{w}$ seulement si les coefficients x_2, x_4 et x_5 sont tous nuls (il suffit d'examiner les composantes 2, 4 et 5 du vecteur $x_2\mathbf{u} + x_4\mathbf{v} + x_5\mathbf{w}$). La famille $(\mathbf{u}, \mathbf{v}, \mathbf{w})$ est donc une *base* de Ker A. ∎

La détermination d'une base de l'image d'une matrice est en fait plus facile que la détermination du noyau. La méthode nécessite toutefois quelques explications. On va commencer par un cas simple.

EXEMPLE 7   Déterminer une base de l'image de la matrice

$$
B = \begin{bmatrix} 1 & 0 & -3 & 5 & 0 \\ 0 & 1 & 2 & -1 & 0 \\ 0 & 0 & 0 & 0 & 1 \\ 0 & 0 & 0 & 0 & 0 \end{bmatrix}
$$

SOLUTION   On note $\mathbf{b}_1, \ldots, \mathbf{b}_5$ les colonnes de B et l'on remarque que l'on a les relations $\mathbf{b}_3 = -3\mathbf{b}_1 + 2\mathbf{b}_2$ et $\mathbf{b}_4 = 5\mathbf{b}_1 - \mathbf{b}_2$. Le fait que $\mathbf{b}_3$ et $\mathbf{b}_4$ soient des combinaisons linéaires des colonnes pivots signifie que toute combinaison linéaire de $\mathbf{b}_1, \ldots, \mathbf{b}_5$ est en réalité une combinaison linéaire des seuls vecteurs $\mathbf{b}_1$, $\mathbf{b}_2$ et $\mathbf{b}_5$. Plus précisément, si $\mathbf{v}$ est un vecteur quelconque de Im B, de la forme

$$
\mathbf{v} = c_1\mathbf{b}_1 + c_2\mathbf{b}_2 + c_3\mathbf{b}_3 + c_4\mathbf{b}_4 + c_5\mathbf{b}_5
$$

alors, en remplaçant $\mathbf{b}_3$ et $\mathbf{b}_4$, on peut écrire $\mathbf{v}$ sous la forme

$$
\mathbf{v} = c_1\mathbf{b}_1 + c_2\mathbf{b}_2 + c_3(-3\mathbf{b}_1 + 2\mathbf{b}_2) + c_4(5\mathbf{b}_1 - \mathbf{b}_2) + c_5\mathbf{b}_5
$$

qui est bien une combinaison linéaire de $\mathbf{b}_1$, $\mathbf{b}_2$ et $\mathbf{b}_5$. Donc $\{\mathbf{b}_1, \mathbf{b}_2, \mathbf{b}_5\}$ engendre Im B. De plus, $\mathbf{b}_1$, $\mathbf{b}_2$ et $\mathbf{b}_5$ sont linéairement indépendants car ce sont des colonnes de la matrice unité. Les colonnes pivots de B forment donc une base de Im B. ∎

La matrice B de l'exemple 7 est sous forme échelonnée réduite. Pour traiter le cas général d'une matrice A, on rappelle qu'une relation de dépendance linéaire entre les colonnes de A peut toujours s'exprimer sous la forme $A\mathbf{x} = \mathbf{0}$, pour un certain vecteur $\mathbf{x}$ (si certaines des colonnes de A n'interviennent pas dans une relation de dépendance linéaire donnée, alors les composantes correspondantes de $\mathbf{x}$ seront nulles). Si l'on réduit A à une forme échelonnée B, on modifie complètement les colonnes, mais les équations $A\mathbf{x} = \mathbf{0}$ et $B\mathbf{x} = \mathbf{0}$ ont néanmoins exactement le même ensemble de solutions. Cela signifie que les colonnes de A ont *exactement les mêmes relations de dépendance linéaire* que les colonnes de B.

EXEMPLE 8 On peut vérifier que la matrice

$$A = [\mathbf{a}_1 \quad \mathbf{a}_2 \quad \cdots \quad \mathbf{a}_5] = \begin{bmatrix} 1 & 3 & 3 & 2 & -9 \\ -2 & -2 & 2 & -8 & 2 \\ 2 & 3 & 0 & 7 & 1 \\ 3 & 4 & -1 & 11 & -8 \end{bmatrix}$$

est équivalente selon les lignes à la matrice B de l'exemple 7. En déduire une base de Im A.

SOLUTION D'après l'exemple 7, les colonnes pivots de A sont les colonnes 1, 2 et 5. De plus, $\mathbf{b}_3 = -3\mathbf{b}_1 + 2\mathbf{b}_2$ et $\mathbf{b}_4 = 5\mathbf{b}_1 - \mathbf{b}_2$. Comme les opérations sur les lignes ne modifient pas les relations de dépendance linéaire entre les colonnes de la matrice, on doit avoir

$$\mathbf{a}_3 = -3\mathbf{a}_1 + 2\mathbf{a}_2 \quad \text{et} \quad \mathbf{a}_4 = 5\mathbf{a}_1 - \mathbf{a}_2$$

Vérifier que c'est bien le cas. Par le même raisonnement que dans l'exemple 7, on en déduit que $\mathbf{a}_3$ et $\mathbf{a}_4$ ne sont pas nécessaires pour engendrer l'image de A. De plus, $(\mathbf{a}_1, \mathbf{a}_2, \mathbf{a}_5)$ est nécessairement libre, puisque toute relation de dépendance linéaire entre les vecteurs $\mathbf{a}_1$, $\mathbf{a}_2$ et $\mathbf{a}_5$ impliquerait la même relation entre $\mathbf{b}_1$, $\mathbf{b}_2$ et $\mathbf{b}_5$. Comme la famille $(\mathbf{b}_1, \mathbf{b}_2, \mathbf{b}_5)$ est libre, $(\mathbf{a}_1, \mathbf{a}_2, \mathbf{a}_5)$ est également libre, et c'est donc une base de Im A. ∎

En adaptant le raisonnement de l'exemple 8, on obtient le théorème ci-dessous.

THÉORÈME 13 Les colonnes pivots de A forment une base de l'image de A.

Attention : Ce sont les *colonnes pivots de A elle-même* qu'il faut utiliser pour former une base de Im A. Les colonnes d'une forme échelonnée B n'appartiennent pas en général à l'image de A (dans les exemples 7 et 8, par exemple, les colonnes de B ont toutes une dernière composante nulle et ne peuvent pas engendrer les colonnes de A).

EXERCICES D'ENTRAÎNEMENT

1. On pose $A = \begin{bmatrix} 1 & -1 & 5 \\ 2 & 0 & 7 \\ -3 & -5 & -3 \end{bmatrix}$ et $\mathbf{u} = \begin{bmatrix} -7 \\ 3 \\ 2 \end{bmatrix}$. Le vecteur $\mathbf{u}$ appartient-il à Ker A ? Appartient-il à Im A ? Justifier chaque réponse.

2. Étant donné $A = \begin{bmatrix} 0 & 1 & 0 \\ 0 & 0 & 1 \\ 0 & 0 & 0 \end{bmatrix}$, trouver un vecteur de Ker A et un vecteur de Im A.

3. Soit A une matrice $n \times n$ inversible. Que peut-on dire de Im A ? De Ker A ?

2.8 EXERCICES

On a représenté dans les exercices 1 à 4 des parties de $\mathbb{R}^2$. On suppose que les frontières sont incluses dans l'ensemble. Donner dans chaque cas une raison pour laquelle H *n'est pas* un sous-espace vectoriel de $\mathbb{R}^2$ (on pourra par exemple trouver deux vecteurs de H dont la somme *n'appartient pas* à H, ou trouver un vecteur de H et un vecteur qui lui est colinéaire n'appartenant pas à H ; faire un dessin).

1.

2.

3.

4.

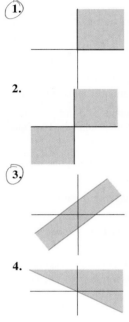

5. On pose $\mathbf{v}_1 = \begin{bmatrix} 2 \\ 3 \\ -5 \end{bmatrix}$, $\mathbf{v}_2 = \begin{bmatrix} -4 \\ -5 \\ 8 \end{bmatrix}$ et $\mathbf{w} = \begin{bmatrix} 8 \\ 2 \\ -9 \end{bmatrix}$. Le vecteur $\mathbf{w}$ appartient-il au sous-espace de $\mathbb{R}^3$ engendré par $\mathbf{v}_1$ et $\mathbf{v}_2$?

6. On pose $\mathbf{v}_1 = \begin{bmatrix} 1 \\ -2 \\ 4 \\ 3 \end{bmatrix}$, $\mathbf{v}_2 = \begin{bmatrix} 4 \\ -7 \\ 9 \\ 7 \end{bmatrix}$, $\mathbf{v}_3 = \begin{bmatrix} 5 \\ -8 \\ 6 \\ 5 \end{bmatrix}$

et $\mathbf{u} = \begin{bmatrix} -4 \\ 10 \\ -7 \\ -5 \end{bmatrix}$. Le vecteur $\mathbf{u}$ appartient-il au sous-espace de $\mathbb{R}^4$ engendré par $\mathbf{v}_1$, $\mathbf{v}_2$ et $\mathbf{v}_3$?

7. On pose

$\mathbf{v}_1 = \begin{bmatrix} 2 \\ -8 \\ 6 \end{bmatrix}$, $\mathbf{v}_2 = \begin{bmatrix} -3 \\ 8 \\ -7 \end{bmatrix}$, $\mathbf{v}_3 = \begin{bmatrix} -4 \\ 6 \\ -7 \end{bmatrix}$,

$\mathbf{p} = \begin{bmatrix} 6 \\ -10 \\ 11 \end{bmatrix}$ et $A = \begin{bmatrix} \mathbf{v}_1 & \mathbf{v}_2 & \mathbf{v}_3 \end{bmatrix}$.

a. Combien y a-t-il de vecteurs dans $\{\mathbf{v}_1, \mathbf{v}_2, \mathbf{v}_3\}$?

b. Combien y a-t-il de vecteurs dans $\operatorname{Im} A$?

c. Le vecteur $\mathbf{p}$ appartient-il à $\operatorname{Im} A$? Pourquoi ?

8. On pose $\mathbf{v}_1 = \begin{bmatrix} -3 \\ 0 \\ 6 \end{bmatrix}$, $\mathbf{v}_2 = \begin{bmatrix} -2 \\ 2 \\ 3 \end{bmatrix}$, $\mathbf{v}_3 = \begin{bmatrix} 0 \\ -6 \\ 3 \end{bmatrix}$ et

$\mathbf{p} = \begin{bmatrix} 1 \\ 14 \\ -9 \end{bmatrix}$. Préciser si $\mathbf{p}$ appartient à $\operatorname{Im} A$, où l'on a posé $A = \begin{bmatrix} \mathbf{v}_1 & \mathbf{v}_2 & \mathbf{v}_3 \end{bmatrix}$.

9. A et $\mathbf{p}$ étant définis à l'exercice 7, préciser si $\mathbf{p}$ appartient à $\operatorname{Ker} A$.

10. En posant $\mathbf{u} = \begin{bmatrix} -2 \\ 3 \\ 1 \end{bmatrix}$ et en prenant pour A la matrice définie

à l'exercice 8, préciser si $\mathbf{u}$ appartient à $\operatorname{Ker} A$.

Dans les exercices 11 et 12, déterminer les entiers p et q tels que $\operatorname{Ker} A$ soit un sous-espace de $\mathbb{R}^p$ et $\operatorname{Im} A$ un sous-espace de $\mathbb{R}^q$.

11. $A = \begin{bmatrix} 3 & 2 & 1 & -5 \\ -9 & -4 & 1 & 7 \\ 9 & 2 & -5 & 1 \end{bmatrix}$

12. $A = \begin{bmatrix} 1 & 2 & 3 \\ 4 & 5 & 7 \\ -5 & -1 & 0 \\ 2 & 7 & 11 \end{bmatrix}$

13. En prenant pour A la matrice de l'exercice 11, déterminer un vecteur non nul de $\operatorname{Ker} A$ et un vecteur non nul de $\operatorname{Im} A$.

14. En prenant pour A la matrice de l'exercice 12, déterminer un vecteur non nul de $\operatorname{Ker} A$ et un vecteur non nul de $\operatorname{Im} A$.

Déterminer lesquelles des familles des exercices 15 à 20 sont des bases de $\mathbb{R}^2$ ou $\mathbb{R}^3$. Justifier chaque réponse.

15. $\begin{bmatrix} 5 \\ -2 \end{bmatrix}$, $\begin{bmatrix} 10 \\ -3 \end{bmatrix}$ **16.** $\begin{bmatrix} -4 \\ 6 \end{bmatrix}$, $\begin{bmatrix} 2 \\ -3 \end{bmatrix}$

17. $\begin{bmatrix} 0 \\ 1 \\ -2 \end{bmatrix}$, $\begin{bmatrix} 5 \\ -7 \\ 4 \end{bmatrix}$, $\begin{bmatrix} 6 \\ 3 \\ 5 \end{bmatrix}$ **18.** $\begin{bmatrix} 1 \\ 1 \\ -2 \end{bmatrix}$, $\begin{bmatrix} -5 \\ -1 \\ 2 \end{bmatrix}$, $\begin{bmatrix} 7 \\ 0 \\ -5 \end{bmatrix}$

19. $\begin{bmatrix} 3 \\ -8 \\ 1 \end{bmatrix}$, $\begin{bmatrix} 6 \\ 2 \\ -5 \end{bmatrix}$

20. $\begin{bmatrix} 1 \\ -6 \\ -7 \end{bmatrix}$, $\begin{bmatrix} 3 \\ -4 \\ 7 \end{bmatrix}$, $\begin{bmatrix} -2 \\ 7 \\ 5 \end{bmatrix}$, $\begin{bmatrix} 0 \\ 8 \\ 9 \end{bmatrix}$

Dans les exercices 21 et 22, dire si les affirmations proposées sont vraies ou fausses. Justifier chaque réponse.

21. a. On appelle sous-espace vectoriel de $\mathbb{R}^n$ toute partie H vérifiant ce qui suit : (i) le vecteur nul appartient à H; (ii) $\mathbf{u}$, $\mathbf{v}$ et $\mathbf{u} + \mathbf{v}$ appartiennent à H; (iii) c est un scalaire et $c\mathbf{u}$ appartient à H.

b. Si $\mathbf{v}_1, \dots, \mathbf{v}_p$ sont des vecteurs de $\mathbb{R}^n$, alors le sous-espace Vect $\{\mathbf{v}_1, \dots, \mathbf{v}_p\}$ est égal à l'image de la matrice $\begin{bmatrix} \mathbf{v}_1 & \cdots & \mathbf{v}_p \end{bmatrix}$.

c. L'ensemble des solutions d'un système de m équations homogènes à n inconnues est un sous-espace vectoriel de $\mathbb{R}^m$.

d. Les colonnes d'une matrice $n \times n$ inversible forment une base de $\mathbb{R}^n$.

e. Les opérations élémentaires sur les lignes ne modifient pas les relations de dépendance linéaire entre les colonnes d'une matrice.

22. a. Une partie H de $\mathbb{R}^n$ est un sous-espace vectoriel si le vecteur nul appartient à H.

b. Si B est une forme échelonnée d'une certaine matrice A, alors les colonnes pivots de B forment une base de Im A.

c. Étant donné des vecteurs $\mathbf{v}_1, \dots, \mathbf{v}_p$ de $\mathbb{R}^n$, l'ensemble des combinaisons linéaires de ces vecteurs est un sous-espace vectoriel de $\mathbb{R}^n$.

d. Soit H un sous-espace vectoriel de $\mathbb{R}^n$. Si $\mathbf{x}$ appartient à H et si $\mathbf{y}$ appartient à $\mathbb{R}^n$, alors $\mathbf{x} + \mathbf{y}$ appartient à H.

e. L'image de A est l'ensemble des solutions de l'équation $A\mathbf{x} = \mathbf{b}$.

Dans les exercices 23 à 26, on a indiqué une matrice A et une forme échelonnée de A. Déterminer une base de Im A et une base de Ker A.

23. $A = \begin{bmatrix} 4 & 5 & 9 & -2 \\ 6 & 5 & 1 & 12 \\ 3 & 4 & 8 & -3 \end{bmatrix} \sim \begin{bmatrix} 1 & 2 & 6 & -5 \\ 0 & 1 & 5 & -6 \\ 0 & 0 & 0 & 0 \end{bmatrix}$

24. $A = \begin{bmatrix} -3 & 9 & -2 & -7 \\ 2 & -6 & 4 & 8 \\ 3 & -9 & -2 & 2 \end{bmatrix} \sim \begin{bmatrix} 1 & -3 & 6 & 9 \\ 0 & 0 & 4 & 5 \\ 0 & 0 & 0 & 0 \end{bmatrix}$

25. $A = \begin{bmatrix} 1 & 4 & 8 & -3 & -7 \\ -1 & 2 & 7 & 3 & 4 \\ -2 & 2 & 9 & 5 & 5 \\ 3 & 6 & 9 & -5 & -2 \end{bmatrix}$

$\sim \begin{bmatrix} 1 & 4 & 8 & 0 & 5 \\ 0 & 2 & 5 & 0 & -1 \\ 0 & 0 & 0 & 1 & 4 \\ 0 & 0 & 0 & 0 & 0 \end{bmatrix}$

26. $A = \begin{bmatrix} 3 & -1 & 7 & 3 & 9 \\ -2 & 2 & -2 & 7 & 5 \\ -5 & 9 & 3 & 3 & 4 \\ -2 & 6 & 6 & 3 & 7 \end{bmatrix}$

$\sim \begin{bmatrix} 3 & -1 & 7 & 0 & 6 \\ 0 & 2 & 4 & 0 & 3 \\ 0 & 0 & 0 & 1 & 1 \\ 0 & 0 & 0 & 0 & 0 \end{bmatrix}$

27. Construire une matrice A de type 3×3 et un vecteur non nul $\mathbf{b}$ tels que ce dernier appartienne à Im A mais ne soit égal à aucune colonne de A.

28. Construire une matrice non nulle A de type 3×3 et un vecteur $\mathbf{b}$ tels que ce dernier *n'appartienne pas* à Im A.

29. Construire une matrice non nulle A de type 3×3 et un vecteur non nul $\mathbf{b}$ tels que ce dernier appartienne à Ker A.

30. On suppose que les colonnes d'une matrice $A = [\mathbf{a}_1 \cdots \mathbf{a}_p]$ sont linéairement indépendantes. Expliquer pourquoi $(\mathbf{a}_1, \dots, \mathbf{a}_p)$ est une base de Im A.

Dans les exercices 31 à 36, donner, en la justifiant, une réponse aussi complète que possible.

31. Soit F une matrice 5×5 dont l'image n'est pas égale à $\mathbb{R}^5$. Que peut-on dire de Ker F ?

32. Soit R une matrice 6×6 telle que Ker R *ne soit pas* le sous-espace nul. Que peut-on dire de Im R ?

33. Soit Q une matrice 4×4 telle que Im $Q = \mathbb{R}^4$. Que peut-on dire des solutions des équations de la forme $Q\mathbf{x} = \mathbf{b}$, où $\mathbf{b}$ est un vecteur de $\mathbb{R}^4$?

34. Soit P une matrice 5×5 telle que Ker P soit réduit au sous-espace nul. Que peut-on dire des solutions de l'équation $P\mathbf{x} = \mathbf{b}$, où $\mathbf{b}$ est un vecteur de $\mathbb{R}^5$?

35. Que peut-on dire de Ker B si B est une matrice 5×4 dont les colonnes sont linéairement indépendantes ?

36. Soit A une matrice $m \times n$ dont les colonnes forment une base de $\mathbb{R}^m$. De quel type la matrice A est-elle ?

[M] Dans les exercices 37 et 38, construire, en justifiant, des bases du noyau et de l'image de la matrice A proposée.

37. $A = \begin{bmatrix} 3 & -5 & 0 & -1 & 3 \\ -7 & 9 & -4 & 9 & -11 \\ -5 & 7 & -2 & 5 & -7 \\ 3 & -7 & -3 & 4 & 0 \end{bmatrix}$

38. $A = \begin{bmatrix} 5 & 2 & 0 & -8 & -8 \\ 4 & 1 & 2 & -8 & -9 \\ 5 & 1 & 3 & 5 & 19 \\ -8 & -5 & 6 & 8 & 5 \end{bmatrix}$

| SOLUTIONS DES EXERCICES D'ENTRAÎNEMENT

1. Pour savoir si **u** appartient à Ker A, il suffit de calculer

$$A\mathbf{u} = \begin{bmatrix} 1 & -1 & 5 \\ 2 & 0 & 7 \\ -3 & -5 & -3 \end{bmatrix} \begin{bmatrix} -7 \\ 3 \\ 2 \end{bmatrix} = \begin{bmatrix} 0 \\ 0 \\ 0 \end{bmatrix}$$

Le résultat montre que **u** appartient à Ker A. Pour savoir si **u** appartient à Im A, il faut un peu plus de travail. On applique la méthode du pivot à la matrice complète $[A \quad \mathbf{u}]$ pour déterminer si l'équation $A\mathbf{x} = \mathbf{u}$ est compatible :

$$\begin{bmatrix} 1 & -1 & 5 & -7 \\ 2 & 0 & 7 & 3 \\ -3 & -5 & -3 & 2 \end{bmatrix} \sim \begin{bmatrix} 1 & -1 & 5 & -7 \\ 0 & 2 & -3 & 17 \\ 0 & -8 & 12 & -19 \end{bmatrix} \sim \begin{bmatrix} 1 & -1 & 5 & -7 \\ 0 & 2 & -3 & 17 \\ 0 & 0 & 0 & 49 \end{bmatrix}$$

L'équation $A\mathbf{x} = \mathbf{u}$ n'a pas de solution, donc **u** n'appartient pas à Im A.

2. Contrairement à l'exercice d'entraînement n° 1, trouver un vecteur non nul de Ker A demande plus de travail que simplement tester si un vecteur donné appartient à Ker A. Mais comme A est ici déjà sous forme échelonnée réduite, on voit immédiatement que l'équation $A\mathbf{x} = \mathbf{0}$, avec $\mathbf{x} = (x_1, x_2, x_3)$, équivaut à $x_2 = 0$, $x_3 = 0$ et x_1 quelconque. Ainsi, une base de Ker A est $\mathbf{v} = (1, 0, 0)$. Exhiber simplement un vecteur non nul de Im A est évident, puisque chacune des colonnes de A appartient à Im A. Dans ce cas particulier, on trouve un vecteur non nul **v** à la fois dans Ker A *et* dans Im A. Il est toutefois fréquent que, pour une matrice $n \times n$, le vecteur nul soit le seul vecteur de $\mathbb{R}^n$ qui appartienne à la fois à Ker A et à Im A.

3. Si A est inversible, alors, d'après le théorème de caractérisation des matrices inversibles, les colonnes de A engendrent $\mathbb{R}^n$. Par définition, les colonnes d'une matrice engendrent son image, donc ici Im A est $\mathbb{R}^n$ tout entier. En écriture symbolique, on a Im $A = \mathbb{R}^n$. De plus, comme A est inversible, l'équation $A\mathbf{x} = \mathbf{0}$ admet pour unique solution la solution triviale. Cela signifie que Ker A est réduit au vecteur nul. En écriture symbolique, on a Ker $A = \{\mathbf{0}\}$.

2.9 | DIMENSION ET RANG

On se propose ici d'approfondir les notions de sous-espaces vectoriels et de bases, en commençant par le concept de système de coordonnées. La définition et l'exemple ci-dessous permettent d'introduire de façon assez naturelle (au moins pour les sous-espaces de $\mathbb{R}^3$) un nouveau terme, celui de *dimension*.

Systèmes de coordonnées

Si l'on travaille en général avec une base d'un sous-espace H plutôt qu'avec une simple famille génératrice, c'est parce que tout vecteur de H peut s'écrire d'une et une seule façon comme combinaison linéaire des vecteurs de base. Pour comprendre pourquoi, on considère une base $\mathcal{B} = (\mathbf{b}_1, \ldots, \mathbf{b}_p)$ de H et l'on suppose qu'un vecteur **x** de H puisse être engendré de deux façons différentes, soit

$$\mathbf{x} = c_1 \mathbf{b}_1 + \cdots + c_p \mathbf{b}_p \quad \text{et} \quad \mathbf{x} = d_1 \mathbf{b}_1 + \cdots + d_p \mathbf{b}_p \tag{1}$$

On obtient alors en retranchant

$$\mathbf{0} = \mathbf{x} - \mathbf{x} = (c_1 - d_1)\mathbf{b}_1 + \cdots + (c_p - d_p)\mathbf{b}_p \tag{2}$$

Puisque $\mathcal{B}$ est une famille libre, les coefficients en (2) sont nécessairement tous nuls. Par conséquent, $c_j = d_j$ pour $1 \leq j \leq p$, ce qui montre que les deux représentations en (1) sont en fait les mêmes.

DÉFINITION

Soit $\mathcal{B} = (\mathbf{b}_1, \ldots, \mathbf{b}_p)$ une base d'un sous-espace vectoriel H. Soit $\mathbf{x}$ un vecteur de H. On appelle **composantes de x dans la base** $\mathcal{B}$ les coefficients $c_1, \ldots, c_p$ tels que $\mathbf{x} = c_1\mathbf{b}_1 + \cdots + c_p\mathbf{b}_p$, et **colonne** (ou **vecteur**) **de composantes de x dans la base** $\mathcal{B}$[15] le vecteur de $\mathbb{R}^p$

$$[\mathbf{x}]_{\mathcal{B}} = \begin{bmatrix} c_1 \\ \vdots \\ c_p \end{bmatrix}$$

EXEMPLE 1 On pose $\mathbf{v}_1 = \begin{bmatrix} 3 \\ 6 \\ 2 \end{bmatrix}$, $\mathbf{v}_2 = \begin{bmatrix} -1 \\ 0 \\ 1 \end{bmatrix}$, $\mathbf{x} = \begin{bmatrix} 3 \\ 12 \\ 7 \end{bmatrix}$ et $\mathcal{B} = (\mathbf{v}_1, \mathbf{v}_2)$. La famille $\mathcal{B}$ est une base de $H = \text{Vect}\{\mathbf{v}_1, \mathbf{v}_2\}$ car $\mathbf{v}_1$ et $\mathbf{v}_2$ sont linéairement indépendants. Déterminer si $\mathbf{x}$ appartient à H et, dans ce cas, trouver la colonne de composantes de $\mathbf{x}$ dans la base $\mathcal{B}$.

SOLUTION Le vecteur $\mathbf{x}$ appartient à H si et seulement si l'équation vectorielle

$$c_1 \begin{bmatrix} 3 \\ 6 \\ 2 \end{bmatrix} + c_2 \begin{bmatrix} -1 \\ 0 \\ 1 \end{bmatrix} = \begin{bmatrix} 3 \\ 12 \\ 7 \end{bmatrix}$$

est compatible.

S'ils existent, les scalaires c_1 et c_2 sont les composantes de $\mathbf{x}$ dans la base $\mathcal{B}$. On obtient par des opérations sur les lignes

$$\begin{bmatrix} 3 & -1 & 3 \\ 6 & 0 & 12 \\ 2 & 1 & 7 \end{bmatrix} \sim \begin{bmatrix} 1 & 0 & 2 \\ 0 & 1 & 3 \\ 0 & 0 & 0 \end{bmatrix}$$

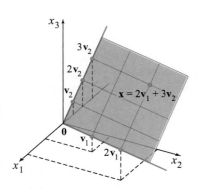

FIGURE 1

Système de coordonnées dans un plan H de $\mathbb{R}^3$

d'où $c_1 = 2$ et $c_2 = 3$, soit $[\mathbf{x}]_{\mathcal{B}} = \begin{bmatrix} 2 \\ 3 \end{bmatrix}$. La base $\mathcal{B}$ détermine un « système de coordonnées » dans H, que le quadrillage de la figure 1 permet de visualiser. $\blacksquare$

Il faut noter que, bien que les points de H appartiennent aussi à $\mathbb{R}^3$, ils sont entièrement déterminés par leur colonne de composantes qui, elle, appartient à $\mathbb{R}^2$. Le quadrillage du plan de la figure 1 fait « ressembler » H à $\mathbb{R}^2$. L'application $\mathbf{x} \mapsto [\mathbf{x}]_{\mathcal{B}}$ est une bijection entre H et $\mathbb{R}^2$ qui préserve les combinaisons linéaires. Une telle bijection est appelée *isomorphisme* et l'on dit que H est *isomorphe* à $\mathbb{R}^2$.

De façon générale, si $\mathcal{B} = (\mathbf{b}_1, \ldots, \mathbf{b}_p)$ est une base de H, l'application $\mathbf{x} \mapsto [\mathbf{x}]_{\mathcal{B}}$ est une bijection, dont l'existence a pour conséquence que H se comporte comme $\mathbb{R}^p$ et lui ressemble (bien que les vecteurs de H puissent eux-mêmes avoir plus de p composantes). On trouvera plus de détails à ce sujet à la section 4.4.

---

[15] Il est important que les vecteurs de $\mathcal{B}$ soient ordonnés, car $[\mathbf{x}]_{\mathcal{B}}$ dépend de l'ordre des vecteurs de $\mathcal{B}$.

Dimension d'un sous-espace vectoriel

On peut montrer que si un sous-espace vectoriel H admet une base de p vecteurs, alors toutes les bases de H comportent exactement p vecteurs (voir exercices 27 et 28). La définition qui suit a donc un sens.

DÉFINITION

> On appelle **dimension** d'un sous-espace vectoriel non nul H, et l'on note « dim H », le nombre de vecteurs d'une base quelconque de H. On définit la dimension du sous-espace nul $\{\mathbf{0}\}$ comme étant égale à zéro[16].

L'espace $\mathbb{R}^n$ a pour dimension n. Toute base de $\mathbb{R}^n$ comporte n vecteurs. Un plan vectoriel de $\mathbb{R}^3$ est de dimension 2 et une droite vectorielle de dimension 1.

EXEMPLE 2 On rappelle qu'à l'exemple 6 de la section 2.8, on avait trouvé pour le noyau de A une base de trois vecteurs. La dimension de Ker A est donc dans ce cas égale à 3. On remarque qu'à chaque vecteur de base correspond une inconnue non principale de l'équation $A\mathbf{x} = \mathbf{0}$. Cette construction produit toujours une base de cette façon. Il suffit donc, pour déterminer la dimension de Ker A, d'identifier et de compter le nombre d'inconnues non principales dans l'équation $A\mathbf{x} = \mathbf{0}$. ∎

DÉFINITION

> On appelle **rang** d'une matrice A, et l'on note « rang A », la dimension de l'image de A.

Comme les colonnes pivots de A forment une base de Im A, le rang de A est tout simplement le nombre de colonnes pivots de A.

EXEMPLE 3 Déterminer le rang de la matrice

$$A = \begin{bmatrix} 2 & 5 & -3 & -4 & 8 \\ 4 & 7 & -4 & -3 & 9 \\ 6 & 9 & -5 & 2 & 4 \\ 0 & -9 & 6 & 5 & -6 \end{bmatrix}$$

SOLUTION La méthode du pivot donne

$$A \sim \begin{bmatrix} 2 & 5 & -3 & -4 & 8 \\ 0 & -3 & 2 & 5 & -7 \\ 0 & -6 & 4 & 14 & -20 \\ 0 & -9 & 6 & 5 & -6 \end{bmatrix} \sim \cdots \sim \begin{bmatrix} 2 & 5 & -3 & -4 & 8 \\ 0 & -3 & 2 & 5 & -7 \\ 0 & 0 & 0 & 4 & -6 \\ 0 & 0 & 0 & 0 & 0 \end{bmatrix}$$

Colonnes pivots

La matrice A a trois colonnes pivots, donc rang $A = 3$. ∎

La réduction à une forme échelonnée effectuée dans l'exemple 3 fait apparaître trois inconnues non principales dans l'équation $A\mathbf{x} = \mathbf{0}$, car deux des cinq colonnes de A *ne sont pas* des colonnes pivots (les colonnes qui ne sont pas des colonnes pivots correspondent aux inconnues non principales de l'équation $A\mathbf{x} = \mathbf{0}$). En ajoutant le nombre de colonnes pivots et le nombre de colonnes non pivots, on obtient évidemment le nombre total de colonnes ; l'importante relation entre les dimensions de Im A et de Ker A énoncée ci-dessous en résulte (pour des précisions supplémentaires, voir le théorème du rang dans la section 4.6).

---

[16] Le sous-espace nul *n'a pas* de base, car le vecteur nul à lui tout seul constitue une famille liée.

THÉORÈME 14

Théorème du rang

Toute matrice A à n colonnes vérifie la relation rang $A + \dim \operatorname{Ker} A = n$.

Le théorème qui suit est important pour les applications et nous l'utiliserons dans les chapitres 5 et 6. Ce théorème (démontré dans la section 4.5) est vraisemblable si l'on garde à l'esprit le fait qu'un sous-espace de dimension p est isomorphe à $\mathbb{R}^p$. Le théorème de caractérisation des matrices inversibles montre que p vecteurs de $\mathbb{R}^p$ sont linéairement indépendants si et seulement si ils engendrent $\mathbb{R}^p$.

THÉORÈME 15

Théorème de caractérisation des bases

Soit H un sous-espace vectoriel de $\mathbb{R}^n$, de dimension p. Toute famille libre de vecteurs de H comportant exactement p éléments est une base de H. De même, toute famille de vecteurs de H comportant exactement p éléments et engendrant H est une base de H.

Rang et théorème de caractérisation des matrices inversibles

En appliquant aux matrices les différents concepts relatifs aux espaces vectoriels, on obtient de nouvelles caractérisations des matrices inversibles. Elles sont présentées ci-dessous de façon à faire suite aux énoncés du théorème 8 de la section 2.3.

THÉORÈME

Théorème de caractérisation des matrices inversibles (suite)

Soit A une matrice $n \times n$. Les propriétés suivantes sont équivalentes au fait que A soit inversible.

m. Les colonnes de A forment une base de $\mathbb{R}^n$.

n. $\operatorname{Im} A = \mathbb{R}^n$

o. $\dim \operatorname{Im} A = n$

p. rang $A = n$

q. $\operatorname{Ker} A = \{\mathbf{0}\}$

r. $\dim \operatorname{Ker} A = 0$

DÉMONSTRATION La propriété (m) est logiquement équivalente aux énoncés (e) et (h) qui concernent respectivement l'indépendance linéaire et le fait d'engendrer $\mathbb{R}^n$. Les cinq autres propriétés sont reliées à celles du premier théorème par la chaîne d'implications ci-dessous, qui sont quasiment évidentes :

$$(g) \Rightarrow (n) \Rightarrow (o) \Rightarrow (p) \Rightarrow (r) \Rightarrow (q) \Rightarrow (d)$$

La propriété (g), qui énonce que l'équation $A\mathbf{x} = \mathbf{b}$ a au moins une solution pour tout vecteur $\mathbf{b}$ de $\mathbb{R}^n$, implique la propriété (n) car $\operatorname{Im} A$ est justement l'ensemble des vecteurs $\mathbf{b}$ tels que l'équation $A\mathbf{x} = \mathbf{b}$ soit compatible. Les implications (n) $\Rightarrow$ (o) $\Rightarrow$ (p) résultent de la définition de la *dimension* et du *rang*. Si le rang de A est n, nombre de colonnes de A, alors, d'après le théorème du rang, $\dim \operatorname{Ker} A = 0$, d'où $\operatorname{Ker} A = \{\mathbf{0}\}$. On en déduit (p) $\Rightarrow$ (r) $\Rightarrow$ (q). Enfin, la propriété (q) implique que l'équation $A\mathbf{x} = \mathbf{0}$ admet pour unique solution la solution triviale, ce qui est exactement la propriété (d).

Comme on sait déjà que (d) et (g) sont équivalentes au fait que A soit inversible, la démonstration est terminée. ∎

REMARQUES NUMÉRIQUES

Beaucoup d'algorithmes présentés ici sont utiles pour comprendre les concepts et effectuer des calculs simples à la main. Cependant, ces algorithmes ne sont en général pas adaptés aux calculs à grande échelle sur des problèmes réels.

La détermination du rang en est un bon exemple. Il peut paraître simple de réduire la matrice à une forme échelonnée et de compter les pivots. Mais à moins d'effectuer les calculs en arithmétique exacte sur une matrice dont les coefficients sont définis précisément, les opérations sur les lignes peuvent provoquer une modification apparente du rang. Si, par exemple, le réel x dans la matrice $\begin{bmatrix} 5 & 7 \\ 5 & x \end{bmatrix}$ n'est pas représenté exactement en mémoire par la valeur 7, alors le rang pourra valoir 1 ou 2, selon que l'ordinateur considérera la valeur $x - 7$ comme étant nulle ou non.

Dans la pratique, on détermine souvent le rang effectif de A à partir de la décomposition en valeurs singulières de A, présentée dans la section 7.4.

EXERCICES D'ENTRAÎNEMENT

1. Déterminer la dimension du sous-espace H de $\mathbb{R}^3$ engendré par les vecteurs $\mathbf{v}_1$, $\mathbf{v}_2$ et $\mathbf{v}_3$ (on déterminera auparavant une base de H).
$$\mathbf{v}_1 = \begin{bmatrix} 2 \\ -8 \\ 6 \end{bmatrix}, \quad \mathbf{v}_2 = \begin{bmatrix} 3 \\ -7 \\ -1 \end{bmatrix} \quad \text{et} \quad \mathbf{v}_3 = \begin{bmatrix} -1 \\ 6 \\ -7 \end{bmatrix}$$

2. On considère la base de $\mathbb{R}^2$
$$\mathcal{B} = \left(\begin{bmatrix} 1 \\ 0{,}2 \end{bmatrix}, \begin{bmatrix} 0{,}2 \\ 1 \end{bmatrix} \right)$$
Déterminer le vecteur $\mathbf{x}$ tel que $[\,\mathbf{x}\,]_{\mathcal{B}} = \begin{bmatrix} 3 \\ 2 \end{bmatrix}$.

3. L'ensemble $\mathbb{R}^3$ peut-il contenir un sous-espace de dimension 4 ? Pourquoi ?

2.9 EXERCICES

Dans les exercices 1 et 2, écrire le vecteur $\mathbf{x}$ défini par la colonne de composantes $[\mathbf{x}]_{\mathcal{B}}$ et la base $\mathcal{B}$ proposées. Illustrer la réponse par une figure, comme dans la solution à l'exercice d'entraînement 2.

1. $\mathcal{B} = \left\{ \begin{bmatrix} 1 \\ 1 \end{bmatrix}, \begin{bmatrix} 2 \\ -1 \end{bmatrix} \right\}, [\mathbf{x}]_{\mathcal{B}} = \begin{bmatrix} 3 \\ 2 \end{bmatrix}$

2. $\mathcal{B} = \left\{ \begin{bmatrix} -2 \\ 1 \end{bmatrix}, \begin{bmatrix} 3 \\ 1 \end{bmatrix} \right\}, [\mathbf{x}]_{\mathcal{B}} = \begin{bmatrix} -1 \\ 3 \end{bmatrix}$

Dans les exercices 3 à 6, le vecteur $\mathbf{x}$ appartient au sous-espace H de base $\mathcal{B} = (\mathbf{b}_1, \mathbf{b}_2)$. Déterminer la colonne de composantes de $\mathbf{x}$ dans la base $\mathcal{B}$.

3. $\mathbf{b}_1 = \begin{bmatrix} 1 \\ -4 \end{bmatrix}, \mathbf{b}_2 = \begin{bmatrix} -2 \\ 7 \end{bmatrix}, \mathbf{x} = \begin{bmatrix} -3 \\ 7 \end{bmatrix}$

4. $\mathbf{b}_1 = \begin{bmatrix} 1 \\ -3 \end{bmatrix}, \mathbf{b}_2 = \begin{bmatrix} -3 \\ 5 \end{bmatrix}, \mathbf{x} = \begin{bmatrix} -7 \\ 5 \end{bmatrix}$

5. $\mathbf{b}_1 = \begin{bmatrix} 1 \\ 5 \\ -3 \end{bmatrix}, \mathbf{b}_2 = \begin{bmatrix} -3 \\ -7 \\ 5 \end{bmatrix}, \mathbf{x} = \begin{bmatrix} 4 \\ 10 \\ -7 \end{bmatrix}$

6. $\mathbf{b}_1 = \begin{bmatrix} -3 \\ 1 \\ -4 \end{bmatrix}, \mathbf{b}_2 = \begin{bmatrix} 7 \\ 5 \\ -6 \end{bmatrix}, \mathbf{x} = \begin{bmatrix} 11 \\ 0 \\ 7 \end{bmatrix}$

7. On pose $\mathbf{b}_1 = \begin{bmatrix} 3 \\ 0 \end{bmatrix}, \mathbf{b}_2 = \begin{bmatrix} -1 \\ 2 \end{bmatrix}, \mathbf{w} = \begin{bmatrix} 7 \\ -2 \end{bmatrix}, \mathbf{x} = \begin{bmatrix} 4 \\ 1 \end{bmatrix}$

et $\mathcal{B} = (\mathbf{b}_1, \mathbf{b}_2)$. Estimer $[\mathbf{w}]_\mathcal{B}$ et $[\mathbf{x}]_\mathcal{B}$ à l'aide de la figure. Confirmer l'estimation de $[\mathbf{x}]_\mathcal{B}$ en calculant $\mathbf{x}$ au moyen de cette estimation et de $(\mathbf{b}_1, \mathbf{b}_2)$.

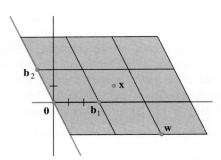

8. On pose $\mathbf{b}_1 = \begin{bmatrix} 0 \\ 2 \end{bmatrix}$, $\mathbf{b}_2 = \begin{bmatrix} 2 \\ 1 \end{bmatrix}$, $\mathbf{x} = \begin{bmatrix} -2 \\ 3 \end{bmatrix}$, $\mathbf{y} = \begin{bmatrix} 2 \\ 4 \end{bmatrix}$,

$\mathbf{z} = \begin{bmatrix} -1 \\ -2,5 \end{bmatrix}$ et $\mathcal{B} = (\mathbf{b}_1, \mathbf{b}_2)$. Estimer $[\mathbf{x}]_\mathcal{B}$, $[\mathbf{y}]_\mathcal{B}$ et $[\mathbf{z}]_\mathcal{B}$ à l'aide de la figure. Confirmer les estimations de $[\mathbf{y}]_\mathcal{B}$ et $[\mathbf{z}]_\mathcal{B}$ en calculant $\mathbf{y}$ et $\mathbf{z}$ au moyen de ces estimations et de $(\mathbf{b}_1, \mathbf{b}_2)$.

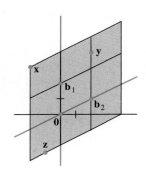

Dans les exercices 9 à 12, on a indiqué une matrice A et une forme échelonnée de A. Trouver des bases de Im A et Ker A, puis écrire la dimension de ces sous-espaces.

9. $A = \begin{bmatrix} 1 & -3 & 2 & -4 \\ -3 & 9 & -1 & 5 \\ 2 & -6 & 4 & -3 \\ -4 & 12 & 2 & 7 \end{bmatrix} \sim \begin{bmatrix} 1 & -3 & 2 & -4 \\ 0 & 0 & 5 & -7 \\ 0 & 0 & 0 & 5 \\ 0 & 0 & 0 & 0 \end{bmatrix}$

10. $A = \begin{bmatrix} 1 & -2 & 9 & 5 & 4 \\ 1 & -1 & 6 & 5 & -3 \\ -2 & 0 & -6 & 1 & -2 \\ 4 & 1 & 9 & 1 & -9 \end{bmatrix}$

$\sim \begin{bmatrix} 1 & -2 & 9 & 5 & 4 \\ 0 & 1 & -3 & 0 & -7 \\ 0 & 0 & 0 & 1 & -2 \\ 0 & 0 & 0 & 0 & 0 \end{bmatrix}$

11. $A = \begin{bmatrix} 1 & 2 & -5 & 0 & -1 \\ 2 & 5 & -8 & 4 & 3 \\ -3 & -9 & 9 & -7 & -2 \\ 3 & 10 & -7 & 11 & 7 \end{bmatrix}$

$\sim \begin{bmatrix} 1 & 2 & -5 & 0 & -1 \\ 0 & 1 & 2 & 4 & 5 \\ 0 & 0 & 0 & 1 & 2 \\ 0 & 0 & 0 & 0 & 0 \end{bmatrix}$

12. $A = \begin{bmatrix} 1 & 2 & -4 & 3 & 3 \\ 5 & 10 & -9 & -7 & 8 \\ 4 & 8 & -9 & -2 & 7 \\ -2 & -4 & 5 & 0 & -6 \end{bmatrix}$

$\sim \begin{bmatrix} 1 & 2 & -4 & 3 & 3 \\ 0 & 0 & 1 & -2 & 0 \\ 0 & 0 & 0 & 0 & -5 \\ 0 & 0 & 0 & 0 & 0 \end{bmatrix}$

Dans les exercices 13 et 14, trouver une base du sous-espace engendré par les vecteurs indiqués. Quelle est la dimension de ce sous-espace ?

13. $\begin{bmatrix} 1 \\ -3 \\ 2 \\ -4 \end{bmatrix}, \begin{bmatrix} -3 \\ 9 \\ -6 \\ 12 \end{bmatrix}, \begin{bmatrix} 2 \\ -1 \\ 4 \\ 2 \end{bmatrix}, \begin{bmatrix} -4 \\ 5 \\ -3 \\ 7 \end{bmatrix}$

14. $\begin{bmatrix} 1 \\ -1 \\ -2 \\ 5 \end{bmatrix}, \begin{bmatrix} 2 \\ -3 \\ -1 \\ 6 \end{bmatrix}, \begin{bmatrix} 0 \\ 2 \\ -6 \\ 8 \end{bmatrix}, \begin{bmatrix} -1 \\ 4 \\ -7 \\ 7 \end{bmatrix}, \begin{bmatrix} 3 \\ -8 \\ 9 \\ -5 \end{bmatrix}$

15. Soit A une matrice 3×5 admettant trois colonnes pivots. A-t-on Im $A = \mathbb{R}^3$? A-t-on Ker $A = \mathbb{R}^2$? Expliquer.

16. Soit A une matrice 4×7 admettant trois colonnes pivots. A-t-on Im $A = \mathbb{R}^3$? Quelle est la dimension de Ker A ? Expliquer.

Dans les exercices 17 et 18, dire si les énoncés sont vrais ou faux. Justifier chaque réponse. Ici, A désigne une matrice $m \times n$.

17. a. Si $\mathcal{B} = (\mathbf{v}_1, \ldots, \mathbf{v}_p)$ est une base du sous-espace vectoriel H et si $\mathbf{x} = c_1 \mathbf{v}_1 + \cdots + c_p \mathbf{v}_p$, alors $c_1, \ldots, c_p$ sont les composantes de $\mathbf{x}$ dans la base $\mathcal{B}$.

 b. Toute droite de $\mathbb{R}^n$ est un sous-espace de $\mathbb{R}^n$ de dimension 1.

 c. La dimension de Im A est égale au nombre de colonnes pivots de A.

 d. La somme des dimensions de Im A et Ker A est égale au nombre de colonnes de A.

 e. Si une famille de p vecteurs engendre un sous-espace vectoriel H de $\mathbb{R}^n$ de dimension p, alors cette famille est une base de H.

18. a. Si $\mathcal{B}$ est une base du sous-espace H, alors tout vecteur de H s'écrit d'une façon et d'une seule comme combinaison linéaire des vecteurs de $\mathcal{B}$.

b. La dimension de Ker A est égale au nombre d'inconnues de l'équation $A\mathbf{x} = \mathbf{0}$.

c. La dimension de l'image de A est égale à rang A.

d. Si $\mathcal{B} = \{\mathbf{v}_1, \ldots, \mathbf{v}_p\}$ est une base du sous-espace vectoriel H de $\mathbb{R}^n$, alors l'existence de la bijection $\mathbf{x} \mapsto [\mathbf{x}]_{\mathcal{B}}$ a pour conséquence que H se comporte de la même façon que $\mathbb{R}^p$.

e. Si H est un sous-espace vectoriel de $\mathbb{R}^n$ de dimension p, alors toute famille libre de p vecteurs de H est une base de H.

Dans les exercices 19 à 24, justifier chaque réponse ou chaque construction.

19. Si le sous-espace des solutions de $A\mathbf{x} = \mathbf{0}$ admet une base constituée de trois vecteurs et si A est une matrice 5×7, quel est le rang de A ?

20. Quel est le rang d'une matrice 4×5 dont le noyau est de dimension trois ?

21. Si A est une matrice 7×6 de rang 4, quelle est la dimension de l'espace des solutions de $A\mathbf{x} = \mathbf{0}$?

22. Montrer qu'une famille $(\mathbf{v}_1, \ldots, \mathbf{v}_5)$ de vecteurs de $\mathbb{R}^n$ telle que $\dim \mathrm{Vect}\{\mathbf{v}_1, \ldots, \mathbf{v}_5\} = 4$ est liée.

23. Construire, si possible, une matrice A de type 3×4 telle que $\dim \mathrm{Ker}\, A = 2$ et $\dim \mathrm{Im}\, A = 2$.

24. Construire une matrice 4×3 de rang 1.

25. Soit A une matrice $n \times p$ dont l'image est de dimension p. Justifier le fait que les colonnes de A sont linéairement indépendantes.

26. On suppose que les colonnes 1, 3, 5 et 6 d'une matrice A sont linéairement indépendantes (sans être nécessairement des colonnes pivots) et que A est de rang 4. Justifier le fait que les quatre colonnes indiquées forment nécessairement une base de l'image de A.

27. On suppose que $\mathbf{b}_1, \ldots, \mathbf{b}_p$ engendrent un certain sous-espace vectoriel W et l'on considère une partie $\{\mathbf{a}_1, \ldots, \mathbf{a}_q\}$ de W contenant strictement plus de p vecteurs. Compléter les détails du raisonnement ci-dessous pour montrer que $\mathbf{a}_1, \ldots, \mathbf{a}_q$ sont linéairement dépendants. On pose d'abord $B = [\, \mathbf{b}_1 \ \cdots \ \mathbf{b}_p \,]$ et $A = [\, \mathbf{a}_1 \ \cdots \ \mathbf{a}_q \,]$.

a. Justifier le fait que pour chaque vecteur $\mathbf{a}_j$, il existe un vecteur $\mathbf{c}_j$ de $\mathbb{R}^p$ tel que $\mathbf{a}_j = B\mathbf{c}_j$.

b. On pose $C = [\, \mathbf{c}_1 \ \cdots \ \mathbf{c}_q \,]$. Montrer qu'il existe un vecteur non nul $\mathbf{u}$ tel que $C\mathbf{u} = \mathbf{0}$.

c. En utilisant les matrices B et C, montrer que $A\mathbf{u} = \mathbf{0}$, ce qui montre que les colonnes de A sont linéairement dépendantes.

28. En utilisant l'exercice 27, montrer que si $\mathcal{A}$ et $\mathcal{B}$ sont des bases d'un sous-espace vectoriel W de $\mathbb{R}^n$, alors $\mathcal{A}$ ne peut pas contenir strictement plus de vecteurs que $\mathcal{B}$ et que, inversement, $\mathcal{B}$ ne peut pas contenir strictement plus de vecteurs que $\mathcal{A}$.

29. [M] On pose $H = \mathrm{Vect}\{\mathbf{v}_1, \mathbf{v}_2\}$ et $\mathcal{B} = (\mathbf{v}_1, \mathbf{v}_2)$. Montrer que $\mathbf{x}$ appartient à H et déterminer la colonne de composantes de $\mathbf{x}$ dans la base $\mathcal{B}$, avec

$$\mathbf{v}_1 = \begin{bmatrix} 11 \\ -5 \\ 10 \\ 7 \end{bmatrix}, \mathbf{v}_2 = \begin{bmatrix} 14 \\ -8 \\ 13 \\ 10 \end{bmatrix}, \mathbf{x} = \begin{bmatrix} 19 \\ -13 \\ 18 \\ 15 \end{bmatrix}$$

30. [M] On pose $H = \mathrm{Vect}\{\mathbf{v}_1, \mathbf{v}_2, \mathbf{v}_3\}$ et $\mathcal{B} = (\mathbf{v}_1, \mathbf{v}_2, \mathbf{v}_3)$. Montrer que $\mathcal{B}$ est une base de H et que $\mathbf{x}$ appartient à H, et déterminer la colonne de composantes de $\mathbf{x}$ dans la base $\mathcal{B}$, avec

$$\mathbf{v}_1 = \begin{bmatrix} -6 \\ 4 \\ -9 \\ 4 \end{bmatrix}, \mathbf{v}_2 = \begin{bmatrix} 8 \\ -3 \\ 7 \\ -3 \end{bmatrix}, \mathbf{v}_3 = \begin{bmatrix} -9 \\ 5 \\ -8 \\ 3 \end{bmatrix}, \mathbf{x} = \begin{bmatrix} 4 \\ 7 \\ -8 \\ 3 \end{bmatrix}$$

SOLUTIONS DES EXERCICES D'ENTRAÎNEMENT

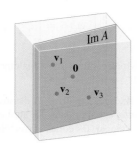

1. On pose $A = [\mathbf{v}_1 \quad \mathbf{v}_2 \quad \mathbf{v}_3]$. L'espace engendré par $\mathbf{v}_1, \mathbf{v}_2$ et $\mathbf{v}_3$ est donc égal à l'image de A. On obtient une base de cet espace en prenant les colonnes pivots de A.

$$A = \begin{bmatrix} 2 & 3 & -1 \\ -8 & -7 & 6 \\ 6 & -1 & -7 \end{bmatrix} \sim \begin{bmatrix} 2 & 3 & -1 \\ 0 & 5 & 2 \\ 0 & -10 & -4 \end{bmatrix} \sim \begin{bmatrix} 2 & 3 & -1 \\ 0 & 5 & 2 \\ 0 & 0 & 0 \end{bmatrix}$$

Les colonnes pivots de A sont les deux premières, et elles forment une base de H. Donc $\dim H = 2$.

2. On a $[\mathbf{x}]_{\mathcal{B}} = \begin{bmatrix} 3 \\ 2 \end{bmatrix}$, donc on construit $\mathbf{x}$ comme une combinaison linéaire des vecteurs de base affectés des coefficients 3 et 2 :

$$\mathbf{x} = 3\mathbf{b}_1 + 2\mathbf{b}_2 = 3\begin{bmatrix} 1 \\ 0{,}2 \end{bmatrix} + 2\begin{bmatrix} 0{,}2 \\ 1 \end{bmatrix} = \begin{bmatrix} 3{,}4 \\ 2{,}6 \end{bmatrix}$$

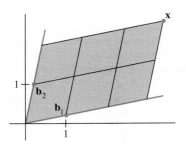

La base $(\mathbf{b}_1, \mathbf{b}_2)$ définit un *système de coordonnées* de $\mathbb{R}^2$, illustré par le quadrillage de la figure. On voit que $\mathbf{x}$ correspond à 3 unités dans la direction de $\mathbf{b}_1$ et 2 unités dans la direction de $\mathbf{b}_2$.

3. Un sous-espace de dimension 4 contiendrait une base constituée de quatre vecteurs linéairement indépendants. Cela est impossible dans $\mathbb{R}^3$. Comme une famille libre de vecteurs de $\mathbb{R}^3$ ne peut pas avoir plus de trois vecteurs, la dimension d'un sous-espace de $\mathbb{R}^3$ est toujours inférieure ou égale à 3. L'espace $\mathbb{R}^3$ lui-même est le seul sous-espace de $\mathbb{R}^3$ de dimension 3. Les autres sous-espaces de $\mathbb{R}^3$ sont de dimension 2, 1 ou 0.

CHAPITRE 2 EXERCICES SUPPLÉMENTAIRES

1. On suppose que les matrices mentionnées ci-dessous sont de taille appropriée. Dire si les énoncés sont vrais ou faux. Justifier chaque réponse.

   a. Si A et B sont des matrices $m \times n$, alors les deux matrices AB^T et $A^T B$ sont définies.

   b. Si $AB = C$ et que C a deux colonnes, alors A a deux colonnes.

   c. Multiplier à gauche une matrice B par une matrice diagonale A à coefficients diagonaux non nuls revient à multiplier chaque ligne de B par un scalaire.

   d. Si $BC = BD$, alors $C = D$.

   e. Si $AC = 0$, alors $A = 0$ ou $C = 0$.

   f. Si A et B sont deux matrices de type $n \times n$, alors $(A + B)(A - B) = A^2 - B^2$.

   g. Une matrice élémentaire $n \times n$ a soit n coefficients non nuls, soit $n + 1$.

   h. La transposée d'une matrice élémentaire est une matrice élémentaire.

   i. Une matrice élémentaire est nécessairement carrée.

   j. Toute matrice carrée est un produit de matrices élémentaires.

   k. Si A est une matrice 3×3 admettant trois positions de pivot, alors il existe des matrices élémentaires $E_1, \ldots, E_p$ telles que $E_p \cdots E_1 A = I$.

   l. Si $AB = I$, alors A est inversible.

   m. Si A et B sont carrées inversibles, alors AB est inversible et $(AB)^{-1} = A^{-1} B^{-1}$.

   n. Si $AB = BA$ et si A est inversible, alors $A^{-1} B = BA^{-1}$.

   o. Si A est inversible et si $r \neq 0$, alors $(rA)^{-1} = rA^{-1}$.

   p. Si A est une matrice 3×3 et si l'équation $A\mathbf{x} = \begin{bmatrix} 1 \\ 0 \\ 0 \end{bmatrix}$ admet une solution unique, alors A est inversible.

2. Déterminer la matrice C dont l'inverse est la matrice $C^{-1} = \begin{bmatrix} 4 & 5 \\ 6 & 7 \end{bmatrix}$.

3. On pose $A = \begin{bmatrix} 0 & 0 & 0 \\ 1 & 0 & 0 \\ 0 & 1 & 0 \end{bmatrix}$. Montrer que $A^3 = 0$. Déterminer $(I - A)(I + A + A^2)$ en effectuant un calcul algébrique sur les matrices.

4. On suppose qu'il existe $n > 1$ tel que $A^n = 0$. Déterminer l'inverse de $I - A$.

5. Soit une matrice $n \times n$ vérifiant la relation $A^2 - 2A + I = 0$. Montrer que $A^3 = 3A - 2I$ et que $A^4 = 4A - 3I$.

6. On pose $A = \begin{bmatrix} 1 & 0 \\ 0 & -1 \end{bmatrix}$ et $B = \begin{bmatrix} 0 & 1 \\ 1 & 0 \end{bmatrix}$. Il s'agit des *matrices de spin de Pauli*, utilisées en mécanique quantique dans l'étude du spin d'un électron. Montrer que $A^2 = I$, $B^2 = I$ et $AB = -BA$. On dit de deux matrices vérifiant $AB = -BA$ qu'elles *anticommutent*.

7. On pose $A = \begin{bmatrix} 1 & 3 & 8 \\ 2 & 4 & 11 \\ 1 & 2 & 5 \end{bmatrix}$ et $B = \begin{bmatrix} -3 & 5 \\ 1 & 5 \\ 3 & 4 \end{bmatrix}$. Calculer $A^{-1} B$ sans calculer A^{-1}. [*Indication* : $A^{-1} B$ est solution de l'équation $AX = B$.]

8. Déterminer une matrice A telle que l'application $\mathbf{x} \mapsto A\mathbf{x}$ transforme respectivement $\begin{bmatrix} 1 \\ 3 \end{bmatrix}$ et $\begin{bmatrix} 2 \\ 7 \end{bmatrix}$ en $\begin{bmatrix} 1 \\ 1 \end{bmatrix}$ et $\begin{bmatrix} 3 \\ 1 \end{bmatrix}$. [*Indication* : Écrire une équation portant sur A, puis la résoudre.]

9. On suppose que $AB = \begin{bmatrix} 5 & 4 \\ -2 & 3 \end{bmatrix}$ et $B = \begin{bmatrix} 7 & 3 \\ 2 & 1 \end{bmatrix}$. Déterminer A.

10. Soit A une matrice inversible. Montrer que $A^T A$ est également inversible, puis montrer que $A^{-1} = (A^T A)^{-1} A^T$.

11. Soit $x_1, \ldots, x_n$ des nombres fixés. La matrice ci-dessous, appelée *matrice de Vandermonde*, apparaît dans des applications telles que le traitement du signal, les codes correcteurs d'erreurs ou l'interpolation polynomiale.

$$V = \begin{bmatrix} 1 & x_1 & x_1^2 & \cdots & x_1^{n-1} \\ 1 & x_2 & x_2^2 & \cdots & x_2^{n-1} \\ \vdots & \vdots & \vdots & & \vdots \\ 1 & x_n & x_n^2 & \cdots & x_n^{n-1} \end{bmatrix}$$

On considère un vecteur $\mathbf{y} = (y_1, \ldots, y_n)$ de $\mathbb{R}^n$, on suppose qu'un vecteur $\mathbf{c} = (c_0, \ldots, c_{n-1})$ de $\mathbb{R}^n$ vérifie $V\mathbf{c} = \mathbf{y}$ et l'on définit le polynôme p par

$$p(t) = c_0 + c_1 t + c_2 t^2 + \cdots + c_{n-1} t^{n-1}.$$

a. Montrer que $p(x_1) = y_1, \ldots, p(x_n) = y_n$. Le polynôme p est appelé *polynôme d'interpolation aux points* $(x_1, y_1), \ldots, (x_n, y_n)$, car le graphe de p passe par ces points.

b. On suppose que les nombres $x_1, \ldots, x_n$ sont distincts. Montrer que les colonnes de V sont linéairement indépendantes. [*Indication :* Combien de zéros un polynôme de degré $n - 1$ peut-il admettre ?]

c. Montrer le résultat suivant : « Si $x_1, \ldots, x_n$ sont des nombres distincts et si $y_1, \ldots, y_n$ sont des nombres arbitraires, alors il existe un polynôme d'interpolation aux points $(x_1, y_1), \ldots, (x_n, y_n)$ de degré $\leq n - 1$. »

12. On suppose que $A = LU$, où L est une matrice triangulaire inférieure inversible et U une matrice triangulaire supérieure. Justifier le fait que la première colonne de A est colinéaire à la première colonne de L. Que peut-on dire de la deuxième colonne de A par rapport aux colonnes de L ?

13. Soit $\mathbf{u}$ un vecteur de $\mathbb{R}^n$ tel que $\mathbf{u}^T\mathbf{u} = 1$, $P = \mathbf{u}\mathbf{u}^T$ (un produit extérieur) et $Q = I - 2P$. Justifier les propositions (a), (b) et (c).

a. $P^2 = P$ b. $P^T = P$ c. $Q^2 = I$

L'application $\mathbf{x} \mapsto P\mathbf{x}$ est appelée *projection* et l'application $\mathbf{x} \mapsto Q\mathbf{x}$ *réflexion de Householder*. On utilise ce type de réflexion dans des programmes informatiques, pour créer plusieurs 0 dans un vecteur (en général une colonne de matrice).

14. On pose $\mathbf{u} = \begin{bmatrix} 0 \\ 0 \\ 1 \end{bmatrix}$ et $\mathbf{x} = \begin{bmatrix} 1 \\ 5 \\ 3 \end{bmatrix}$. Déterminer les matrices P et Q définies à l'exercice 13, puis calculer $P\mathbf{x}$ et $Q\mathbf{x}$.

La figure de la page suivante montre que $Q\mathbf{x}$ est le symétrique de $\mathbf{x}$ par rapport au plan $x_1 x_2$.

15. On suppose que $C = E_3 E_2 E_1 B$, où E_1, E_2 et E_3 sont des matrices élémentaires. Justifier le fait que C est équivalente selon les lignes à B.

16. Soit A une matrice singulière (non inversible) $n \times n$. Expliquer comment on peut construire une matrice $n \times n$ non nulle B telle que $AB = 0$.

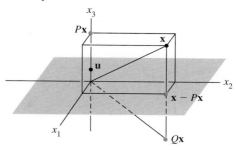

Réflexion de Householder par rapport au plan $x_3 = 0$

17. Soit A une matrice 6×4 et B une matrice 4×6. Montrer que la matrice AB (qui est une matrice 6×6) ne peut pas être inversible.

18. On suppose que A est une matrice 5×3 et qu'il existe une matrice C de type 3×5 telle que $CA = I_3$. On suppose, de plus, qu'il existe un certain vecteur $\mathbf{b}$ de $\mathbb{R}^5$ tel que l'équation $A\mathbf{x} = \mathbf{b}$ a au moins une solution. Montrer que cette solution est unique.

19. [M] On peut étudier certains systèmes dynamiques en considérant les puissances successives d'une matrice telles que celles écrites ci-dessous. Examiner le comportement de A^k et B^k quand k tend vers l'infini (on pourra par exemple faire des essais pour $k = 2, \ldots, 16$). Essayer d'identifier une propriété particulière des matrices A et B. Explorer le comportement de puissances de matrices ayant cette propriété, avec un exposant élevé, et formuler une conjecture sur ces matrices.

$$A = \begin{bmatrix} 0{,}4 & 0{,}2 & 0{,}3 \\ 0{,}3 & 0{,}6 & 0{,}3 \\ 0{,}3 & 0{,}2 & 0{,}4 \end{bmatrix}, B = \begin{bmatrix} 0 & 0{,}2 & 0{,}3 \\ 0{,}1 & 0{,}6 & 0{,}3 \\ 0{,}9 & 0{,}2 & 0{,}4 \end{bmatrix}$$

20. [M] Soit A_n une matrice $n \times n$ avec des 0 sur la diagonale et des 1 ailleurs. Calculer A_n^{-1} pour $n = 4, 5$ et 6, et formuler une conjecture sur la forme générale de A_n^{-1} pour de plus grandes valeurs de n.

3 Déterminants

Chemins aléatoires et distorsion

Dans son autobiographie *Vous voulez rire, Monsieur Feynman !*, le prix Nobel de physique Richard Feynman raconte les observations qu'il a effectuées sur les fourmis dans son appartement de l'Université de Princeton. Il a étudié leur comportement en leur fabriquant des vaisseaux en papier pour les mener à du sucre suspendu à une ficelle qu'elles ne pouvaient pas trouver par hasard. Quand une fourmi s'avançait sur un de ces vaisseaux, Feynman la transportait jusqu'à la nourriture, puis la ramenait. Après que les fourmis eurent appris à se servir du vaisseau, il modifia le lieu du retour. Elles se mirent rapidement à confondre le point de départ et le point de retour, montrant ainsi que leur « apprentissage » consistait à créer et à suivre des chemins. Feynman confirma sa conjecture en disposant des vitres sur le sol. Une fois que les fourmis avaient mis en place leurs chemins sur les vitres, il réarrangeait ces dernières. Les fourmis continuaient à suivre les chemins ainsi déplacés, et Feynman pouvait les diriger où bon lui semblait.

Supposons que Feynman ait décidé de continuer ses observations en utilisant un globe de fil de fer sur lequel une fourmi aurait dû obligatoirement suivre un fil et choisir de tourner à gauche ou à droite à chaque intersection. Si l'on place des fourmis et un nombre égal de doses de nourriture sur le globe, quelle est la probabilité que chaque fourmi trouve sa propre nourriture, plutôt que de trouver et suivre le chemin d'une autre fourmi jusqu'à une ressource qu'elle devrait alors partager ?

Afin d'enregistrer les chemins effectivement suivis par les fourmis[1] et de pouvoir communiquer les résultats à d'autres, il est commode d'utiliser des cartes planes du globe. Il existe de nombreuses façons de dresser de telles cartes. Le moyen le plus simple est d'utiliser la latitude et la longitude sur le globe comme abscisse et ordonnée sur la carte. Le résultat ne peut pas être une représentation fidèle du globe, et il en va de même quel que soit le type de carte utilisé. Les objets situés près de l'« équateur » seront presque identiques sur le globe et sur la carte, mais les régions proches des « pôles » du globe seront distordues. La représentation des régions polaires sera beaucoup plus grande que celle des régions équatoriales de même taille. Pour correspondre à la taille de son environnement sur la carte, la représentation d'une fourmi près d'un des pôles devra être plus grande que si elle se trouvait près de l'équateur. De combien devra-t-elle être agrandie ?

De façon assez inattendue, le plus commode pour répondre aussi bien au problème des chemins et des fourmis qu'à celui de la distorsion des aires du globe est d'utiliser la notion de déterminant, qui constitue le sujet de

---

[1] La solution au problème des chemins et des fourmis est traitée dans un article de juin 2005 du *Mathematical Monthly*, écrit par Arthur Benjamin et Naomi Cameron.

ce chapitre. En fait, le déterminant a des usages si nombreux qu'un recensement des applications connues au début des années 1900 remplissait un traité entier en quatre volumes de Thomas Muir. Du fait d'une évolution des centres d'intérêt ainsi que de la croissance vertigineuse de la taille des matrices utilisées dans les applications récentes, beaucoup d'usages importants à l'époque ne sont plus aussi cruciaux de nos jours. Le déterminant joue toutefois encore un rôle important.

Après avoir introduit la notion de déterminant dans la section 3.1, ce chapitre présente deux idées importantes. La section 3.2 aborde un critère d'inversibilité d'une matrice carrée qui joue un rôle central dans le chapitre 5. La section 3.3 montre que le déterminant permet de mesurer comment l'action d'une application linéaire modifie l'aire d'une figure. Si on l'applique localement, la technique permet de répondre à la question du facteur d'agrandissement près des pôles. Cette idée joue un rôle essentiel pour les fonctions de plusieurs variables, sous la forme du jacobien.

3.1 | INTRODUCTION AUX DÉTERMINANTS

On a vu à la section 2.2 qu'une matrice 2×2 était inversible si et seulement si son déterminant était non nul. Pour étendre cette propriété importante à des matrices plus grandes, il faut une définition du déterminant d'une matrice $n \times n$. On peut faire apparaître la définition pour une matrice 3×3 en observant ce qui se passe quand on applique la méthode du pivot à une matrice inversible 3×3.

Soit $A = [a_{ij}]$ une telle matrice, avec $a_{11} \neq 0$. Si l'on multiplie les deuxième et troisième lignes de A par a_{11}, puis que l'on retranche des multiples appropriés de la première ligne aux deux autres, on se rend compte que A est équivalente selon les lignes aux deux matrices

$$\begin{bmatrix} a_{11} & a_{12} & a_{13} \\ a_{11}a_{21} & a_{11}a_{22} & a_{11}a_{23} \\ a_{11}a_{31} & a_{11}a_{32} & a_{11}a_{33} \end{bmatrix} \sim \begin{bmatrix} a_{11} & a_{12} & a_{13} \\ 0 & a_{11}a_{22} - a_{12}a_{21} & a_{11}a_{23} - a_{13}a_{21} \\ 0 & a_{11}a_{32} - a_{12}a_{31} & a_{11}a_{33} - a_{13}a_{31} \end{bmatrix} \quad (1)$$

Comme A est inversible, l'un au moins des deux coefficients $(2, 2)$ et $(3, 2)$ de la seconde matrice de (1) est non nul. Supposons que c'est le coefficient $(2, 2)$ (sinon, on retrouve ce cas en échangeant les deux lignes). On multiplie la ligne 3 par $a_{11}a_{22} - a_{12}a_{21}$, puis l'on ajoute $-(a_{11}a_{32} - a_{12}a_{31})$ fois la ligne 2 à cette nouvelle ligne 3. On obtient ainsi l'équivalence

$$A \sim \begin{bmatrix} a_{11} & a_{12} & a_{13} \\ 0 & a_{11}a_{22} - a_{12}a_{21} & a_{11}a_{23} - a_{13}a_{21} \\ 0 & 0 & a_{11}\Delta \end{bmatrix}$$

avec

$$\Delta = a_{11}a_{22}a_{33} + a_{12}a_{23}a_{31} + a_{13}a_{21}a_{32} - a_{11}a_{23}a_{32} - a_{12}a_{21}a_{33} - a_{13}a_{22}a_{31} \quad (2)$$

Comme A est inversible, Δ est nécessairement non nul. On verra à la section 3.2 que la réciproque est vraie. L'expression Δ qui apparaît en (2) est appelée **déterminant** de la matrice A de type 3×3.

On rappelle que le déterminant d'une matrice 2×2, $A = [a_{ij}]$, est le nombre

$$\det A = a_{11}a_{22} - a_{12}a_{21}$$

Pour une matrice 1×1, $A = [a_{11}]$, on définit $\det A = a_{11}$. Pour généraliser la définition du déterminant à des matrices plus grandes, on fait apparaître des déterminants 2×2 dans l'expression Δ du déterminant 3×3 introduite ci-dessus. En regroupant les termes de Δ sous la forme

$$(a_{11}a_{22}a_{33} - a_{11}a_{23}a_{32}) - (a_{12}a_{21}a_{33} - a_{12}a_{23}a_{31}) + (a_{13}a_{21}a_{32} - a_{13}a_{22}a_{31})$$

on obtient

$$\Delta = a_{11} \cdot \det \begin{bmatrix} a_{22} & a_{23} \\ a_{32} & a_{33} \end{bmatrix} - a_{12} \cdot \det \begin{bmatrix} a_{21} & a_{23} \\ a_{31} & a_{33} \end{bmatrix} + a_{13} \cdot \det \begin{bmatrix} a_{21} & a_{22} \\ a_{31} & a_{32} \end{bmatrix}$$

On peut alléger l'écriture sous la forme

$$\Delta = a_{11} \cdot \det A_{11} - a_{12} \cdot \det A_{12} + a_{13} \cdot \det A_{13} \tag{3}$$

où A_{11}, A_{12} et A_{13} sont les matrices obtenues à partir de A en supprimant dans A la première ligne et l'une des trois colonnes. Pour une matrice carrée A quelconque, notons A_{ij} la sous-matrice de A obtenue en supprimant sa i^e ligne et sa j^e colonne. Par exemple, si

$$A = \begin{bmatrix} 1 & -2 & 5 & 0 \\ 2 & 0 & 4 & -1 \\ 3 & 1 & 0 & 7 \\ 0 & 4 & -2 & 0 \end{bmatrix}$$

alors on obtient A_{32} en rayant la ligne 3 et la colonne 2,

$$\begin{bmatrix} 1 & -2 & 5 & 0 \\ 2 & 0 & 4 & -1 \\ 3 & 1 & 0 & 7 \\ 0 & 4 & -2 & 0 \end{bmatrix}$$

ce qui donne

$$A_{32} = \begin{bmatrix} 1 & 5 & 0 \\ 2 & 4 & -1 \\ 0 & -2 & 0 \end{bmatrix}$$

On peut maintenant donner une définition *récursive* du déterminant. Si $n = 3$, on définit $\det A$ comme dans la relation (3) ci-dessus, en utilisant les déterminants des sous-matrices A_{1j}, de type 2×2. Si $n = 4$, on définit $\det A$ à l'aide des déterminants des sous-matrices A_{1j} de type 3×3. Plus généralement, un déterminant $n \times n$ est défini à l'aide des déterminants de sous-matrices $(n-1) \times (n-1)$.

DÉFINITION

> Si $n \geq 2$, on appelle **déterminant** d'une matrice $A = [a_{ij}]$ de type $n \times n$ la somme de n termes de la forme $\pm a_{1j} \det A_{1j}$, où les signes plus et moins alternent et où les coefficients $a_{11}, a_{12}, \ldots, a_{1n}$ sont ceux de la première ligne de A. Formellement, on écrit
>
> $$\det A = a_{11} \det A_{11} - a_{12} \det A_{12} + \cdots + (-1)^{1+n} a_{1n} \det A_{1n}$$
>
> $$= \sum_{j=1}^{n} (-1)^{1+j} a_{1j} \det A_{1j}$$

EXEMPLE 1 Calculer le déterminant de

$$A = \begin{bmatrix} 1 & 5 & 0 \\ 2 & 4 & -1 \\ 0 & -2 & 0 \end{bmatrix}$$

SOLUTION On écrit $\det A = a_{11} \det A_{11} - a_{12} \det A_{12} + a_{13} \det A_{13}$, soit

$$\det A = 1 \cdot \det \begin{bmatrix} 4 & -1 \\ -2 & 0 \end{bmatrix} - 5 \cdot \det \begin{bmatrix} 2 & -1 \\ 0 & 0 \end{bmatrix} + 0 \cdot \det \begin{bmatrix} 2 & 4 \\ 0 & -2 \end{bmatrix}$$

$$= 1(0 - 2) - 5(0 - 0) + 0(-4 - 0) = -2 \qquad \blacksquare$$

On note aussi usuellement le déterminant d'une matrice en remplaçant les crochets par une paire de barres verticales. On peut ainsi écrire le calcul de l'exemple 1 sous la forme

$$\det A = 1 \begin{vmatrix} 4 & -1 \\ -2 & 0 \end{vmatrix} - 5 \begin{vmatrix} 2 & -1 \\ 0 & 0 \end{vmatrix} + 0 \begin{vmatrix} 2 & 4 \\ 0 & -2 \end{vmatrix} = \cdots = -2$$

Pour énoncer le théorème ci-dessous, il est commode d'écrire la définition de $\det A$ sous une forme légèrement différente. En écrivant $A = [a_{ij}]$, on appelle **cofacteur (i, j)** de A le nombre C_{ij} défini par

$$C_{ij} = (-1)^{i+j} \det A_{ij} \qquad (4)$$

On a ainsi

$$\det A = a_{11}C_{11} + a_{12}C_{12} + \cdots + a_{1n}C_{1n}$$

Cette formule est appelée **développement suivant la première ligne** du déterminant de A. Le théorème suivant est fondamental, mais on l'admettra afin d'éviter une longue digression.

THÉORÈME 1

Le déterminant d'une matrice A de type $n \times n$ peut être calculé par développement suivant n'importe quelle ligne ou colonne. Le développement suivant la i^e ligne s'écrit à l'aide des cofacteurs définis en (4)

$$\det A = a_{i1}C_{i1} + a_{i2}C_{i2} + \cdots + a_{in}C_{in}$$

Le développement suivant la j^e colonne est

$$\det A = a_{1j}C_{1j} + a_{2j}C_{2j} + \cdots + a_{nj}C_{nj}$$

Le signe plus ou moins dans le cofacteur (i, j) dépend de la position de a_{ij} dans la matrice, et absolument pas du signe de a_{ij} lui-même. Le facteur $(-1)^{i+j}$ correspond à une disposition des signes en damier :

$$\begin{bmatrix} + & - & + & \cdots \\ - & + & - & \\ + & - & + & \\ \vdots & & & \ddots \end{bmatrix}$$

EXEMPLE 2 On pose

$$A = \begin{bmatrix} 1 & 5 & 0 \\ 2 & 4 & -1 \\ 0 & -2 & 0 \end{bmatrix}$$

Calculer $\det A$ par développement suivant la troisième ligne.

SOLUTION On calcule

$$\det A = a_{31}C_{31} + a_{32}C_{32} + a_{33}C_{33}$$

$$= (-1)^{3+1}a_{31}\det A_{31} + (-1)^{3+2}a_{32}\det A_{32} + (-1)^{3+3}a_{33}\det A_{33}$$

$$= 0\begin{vmatrix} 5 & 0 \\ 4 & -1 \end{vmatrix} - (-2)\begin{vmatrix} 1 & 0 \\ 2 & -1 \end{vmatrix} + 0\begin{vmatrix} 1 & 5 \\ 2 & 4 \end{vmatrix}$$

$$= 0 + 2(-1) + 0 = -2 \qquad \blacksquare$$

Le théorème 1 est particulièrement utile pour le calcul du déterminant d'une matrice contenant beaucoup de 0. Si, par exemple, une ligne est principalement constituée de 0, un grand nombre de termes du développement suivant cette ligne seront nuls, et il est inutile de calculer les cofacteurs correspondants. Il en va de même si une colonne contient beaucoup de 0.

EXEMPLE 3 Calculer $\det A$, où

$$A = \begin{bmatrix} 3 & -7 & 8 & 9 & -6 \\ 0 & 2 & -5 & 7 & 3 \\ 0 & 0 & 1 & 5 & 0 \\ 0 & 0 & 2 & 4 & -1 \\ 0 & 0 & 0 & -2 & 0 \end{bmatrix}$$

SOLUTION Dans le développement suivant la première colonne de A, tous les termes sont nuls, sauf le premier. Donc

$$\det A = 3 \cdot \begin{vmatrix} 2 & -5 & 7 & 3 \\ 0 & 1 & 5 & 0 \\ 0 & 2 & 4 & -1 \\ 0 & 0 & -2 & 0 \end{vmatrix} - 0 \cdot C_{21} + 0 \cdot C_{31} - 0 \cdot C_{41} + 0 \cdot C_{51}$$

Les termes nuls des développements suivant une rangée (ligne ou colonne) seront désormais omis. On développe ensuite ce déterminant 4×4 suivant la première colonne pour tirer parti des 0 qui s'y trouvent. On a

$$\det A = 3 \cdot 2 \cdot \begin{vmatrix} 1 & 5 & 0 \\ 2 & 4 & -1 \\ 0 & -2 & 0 \end{vmatrix}$$

On avait calculé ce déterminant 3×3 à l'exemple 1 et trouvé qu'il valait -2. Donc $\det A = 3 \cdot 2 \cdot (-2) = -12$. $\qquad \blacksquare$

La matrice de l'exemple 3 est presque triangulaire. Il est facile d'adapter la méthode de cet exemple pour démontrer le théorème qui suit.

THÉORÈME 2 Si A est une matrice triangulaire, alors $\det A$ est le produit des coefficients diagonaux de A.

La méthode de l'exemple 3 consistant à rechercher des 0 fonctionne particulièrement bien pour une ligne ou une colonne constituée entièrement de 0. Dans ce cas, le développement suivant une telle rangée est une somme de 0 ! Le déterminant est donc nul. Mais la plupart des développements suivant une rangée ne sont hélas pas si rapides à calculer.

┌─ REMARQUE NUMÉRIQUE ─────────────────────────────

De nos jours, on doit considérer une matrice 25×25 comme petite. Il serait toutefois impossible de calculer un déterminant 25×25 par développement suivant une rangée. De façon générale, un tel développement nécessite $n!$ multiplications et l'entier $25!$ est de l'ordre de $1,5 \times 10^{25}$.

Un ordinateur effectuant mille milliards d'opérations par seconde mettrait $500\,000$ ans à calculer un déterminant 25×25 de cette manière. Il existe heureusement des méthodes plus rapides, comme nous allons bientôt le voir.

└──

Les exercices 19 à 38 permettent d'explorer d'importantes propriétés des déterminants, essentiellement dans le cas de matrices 2×2. Nous utiliserons les résultats des exercices 33 à 36 dans la section suivante, pour les étendre au cas de matrices $n \times n$.

EXERCICE D'ENTRAÎNEMENT

Calculer $\begin{vmatrix} 5 & -7 & 2 & 2 \\ 0 & 3 & 0 & -4 \\ -5 & -8 & 0 & 3 \\ 0 & 5 & 0 & -6 \end{vmatrix}$.

3.1 EXERCICES

Calculer les déterminants des exercices 1 à 8 par développement suivant la première ligne. Dans les exercices 1 à 4, calculer également le déterminant par développement suivant la deuxième colonne.

1. $\begin{vmatrix} 3 & 0 & 4 \\ 2 & 3 & 2 \\ 0 & 5 & -1 \end{vmatrix}$
2. $\begin{vmatrix} 0 & 4 & 1 \\ 5 & -3 & 0 \\ 2 & 3 & 1 \end{vmatrix}$

3. $\begin{vmatrix} 2 & -2 & 3 \\ 3 & 1 & 2 \\ 1 & 3 & -1 \end{vmatrix}$
4. $\begin{vmatrix} 1 & 2 & 4 \\ 3 & 1 & 1 \\ 2 & 4 & 2 \end{vmatrix}$

5. $\begin{vmatrix} 2 & 3 & -3 \\ 4 & 0 & 3 \\ 6 & 1 & 5 \end{vmatrix}$
6. $\begin{vmatrix} 5 & -2 & 2 \\ 0 & 3 & -3 \\ 2 & -4 & 7 \end{vmatrix}$

7. $\begin{vmatrix} 4 & 3 & 0 \\ 6 & 5 & 2 \\ 9 & 7 & 3 \end{vmatrix}$
8. $\begin{vmatrix} 4 & 1 & 2 \\ 4 & 0 & 3 \\ 3 & -2 & 5 \end{vmatrix}$

Calculer les déterminants des exercices 9 à 14 par développement suivant une rangée. On choisira à chaque étape une ligne ou une colonne qui donne lieu au minimum de calculs possible.

9. $\begin{vmatrix} 4 & 0 & 0 & 5 \\ 1 & 7 & 2 & -5 \\ 3 & 0 & 0 & 0 \\ 8 & 3 & 1 & 7 \end{vmatrix}$
10. $\begin{vmatrix} 1 & -2 & 5 & 2 \\ 0 & 0 & 3 & 0 \\ 2 & -4 & -3 & 5 \\ 2 & 0 & 3 & 5 \end{vmatrix}$

11. $\begin{vmatrix} 3 & 5 & -6 & 4 \\ 0 & -2 & 3 & -3 \\ 0 & 0 & 1 & 5 \\ 0 & 0 & 0 & 3 \end{vmatrix}$
12. $\begin{vmatrix} 3 & 0 & 0 & 0 \\ 7 & -2 & 0 & 0 \\ 2 & 6 & 3 & 0 \\ 3 & -8 & 4 & -3 \end{vmatrix}$

13. $\begin{vmatrix} 4 & 0 & -7 & 3 & -5 \\ 0 & 0 & 2 & 0 & 0 \\ 7 & 3 & -6 & 4 & -8 \\ 5 & 0 & 5 & 2 & -3 \\ 0 & 0 & 9 & -1 & 2 \end{vmatrix}$

14. $\begin{vmatrix} 6 & 3 & 2 & 4 & 0 \\ 9 & 0 & -4 & 1 & 0 \\ 8 & -5 & 6 & 7 & 1 \\ 2 & 0 & 0 & 0 & 0 \\ 4 & 2 & 3 & 2 & 0 \end{vmatrix}$

Le dispositif suivant[2] constitue un moyen mnémotechnique pour le calcul d'un déterminant 3×3. On recopie les deux premières colonnes à droite de la matrice et l'on calcule le déterminant en multipliant les coefficients de six diagonales puis en ajoutant les diagonales qui descendent et en retranchant celles qui montent.

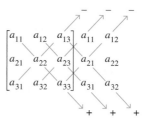

Calculer par cette méthode les déterminants des exercices 15 à 18. *Attention : Il n'existe aucune généralisation raisonnable de cette astuce aux matrices de taille 4×4 ou plus.*

──────────

[2] Connu sous le nom de *règle de Sarrus*. (NdT)

15. $\begin{vmatrix} 1 & 0 & 4 \\ 2 & 3 & 2 \\ 0 & 5 & -2 \end{vmatrix}$ **16.** $\begin{vmatrix} 0 & 3 & 1 \\ 4 & -5 & 0 \\ 3 & 4 & 1 \end{vmatrix}$

17. $\begin{vmatrix} 2 & -3 & 3 \\ 3 & 2 & 2 \\ 1 & 3 & -1 \end{vmatrix}$ **18.** $\begin{vmatrix} 1 & 3 & 4 \\ 2 & 3 & 1 \\ 3 & 3 & 2 \end{vmatrix}$

Dans les exercices 19 à 24, on explore les effets d'une opération élémentaire sur les lignes. Préciser dans chaque cas quelle opération élémentaire on a effectuée et décrire son effet sur le déterminant.

19. $\begin{bmatrix} a & b \\ c & d \end{bmatrix}, \begin{bmatrix} c & d \\ a & b \end{bmatrix}$

20. $\begin{bmatrix} a & b \\ c & d \end{bmatrix}, \begin{bmatrix} a+kc & b+kd \\ c & d \end{bmatrix}$

21. $\begin{bmatrix} 3 & 2 \\ 5 & 4 \end{bmatrix}, \begin{bmatrix} 3 & 2 \\ 5+3k & 4+2k \end{bmatrix}$

22. $\begin{bmatrix} a & b \\ c & d \end{bmatrix}, \begin{bmatrix} a & b \\ kc & kd \end{bmatrix}$

23. $\begin{bmatrix} 1 & 0 & 1 \\ -3 & 4 & -4 \\ 2 & -3 & 1 \end{bmatrix}, \begin{bmatrix} k & 0 & k \\ -3 & 4 & -4 \\ 2 & -3 & 1 \end{bmatrix}$

24. $\begin{bmatrix} a & b & c \\ 3 & 2 & 1 \\ 4 & 5 & 6 \end{bmatrix}, \begin{bmatrix} 3 & 2 & 1 \\ a & b & c \\ 4 & 5 & 6 \end{bmatrix}$

Calculer les déterminants des matrices élémentaires proposées dans les exercices 25 à 30 (voir section 2.2).

25. $\begin{bmatrix} 1 & 0 & 0 \\ 0 & 1 & 0 \\ 0 & k & 1 \end{bmatrix}$ **26.** $\begin{bmatrix} 0 & 0 & 1 \\ 0 & 1 & 0 \\ 1 & 0 & 0 \end{bmatrix}$

27. $\begin{bmatrix} 1 & 0 & 0 \\ 0 & 1 & 0 \\ k & 0 & 1 \end{bmatrix}$ **28.** $\begin{bmatrix} k & 0 & 0 \\ 0 & 1 & 0 \\ 0 & 0 & 1 \end{bmatrix}$

29. $\begin{bmatrix} 1 & 0 & 0 \\ 0 & k & 0 \\ 0 & 0 & 1 \end{bmatrix}$ **30.** $\begin{bmatrix} 0 & 1 & 0 \\ 1 & 0 & 0 \\ 0 & 0 & 1 \end{bmatrix}$

Répondre aux questions des exercices 31 et 32 en utilisant les exercices 25 à 28. Justifier les réponses.

31. Quel est le déterminant d'une matrice élémentaire correspondant à une opération de remplacement (ajout à une ligne d'un multiple d'une autre) ?

32. Quel est le déterminant d'une matrice élémentaire correspondant à la multiplication d'une ligne par k ?

Dans chacun des exercices 33 à 36, vérifier la relation $\det EA = (\det E)(\det A)$, où E est la matrice élémentaire proposée et $A = \begin{bmatrix} a & b \\ c & d \end{bmatrix}$.

33. $\begin{bmatrix} 1 & k \\ 0 & 1 \end{bmatrix}$ **34.** $\begin{bmatrix} 1 & 0 \\ k & 1 \end{bmatrix}$

35. $\begin{bmatrix} 0 & 1 \\ 1 & 0 \end{bmatrix}$ **36.** $\begin{bmatrix} 1 & 0 \\ 0 & k \end{bmatrix}$

37. On pose $A = \begin{bmatrix} 3 & 1 \\ 4 & 2 \end{bmatrix}$. Écrire la matrice $5A$. A-t-on $\det 5A = 5 \det A$?

38. On pose $A = \begin{bmatrix} a & b \\ c & d \end{bmatrix}$. Soit k un scalaire. Exprimer $\det kA$ en fonction de k et de $\det A$.

Dans les exercices 39 et 40, A désigne une matrice $n \times n$. Dire si les affirmations proposées sont vraies ou fausses. Justifier chaque réponse.

39. a. Un déterminant $n \times n$ est défini à l'aide des déterminants de sous-matrices $(n-1) \times (n-1)$.

   b. Le cofacteur (i, j) d'une matrice A est la matrice A_{ij} obtenue en supprimant dans A la i^e ligne et la j^e colonne.

40. a. Le développement suivant une colonne de $\det A$ est l'opposé de son développement suivant une ligne.

   b. Le déterminant d'une matrice triangulaire est la somme de ses coefficients diagonaux.

41. On pose $\mathbf{u} = \begin{bmatrix} 3 \\ 0 \end{bmatrix}$ et $\mathbf{v} = \begin{bmatrix} 1 \\ 2 \end{bmatrix}$. Calculer l'aire du parallélogramme défini par $\mathbf{u}$, $\mathbf{v}$, $\mathbf{u} + \mathbf{v}$ et $\mathbf{0}$, puis calculer le déterminant de $[\,\mathbf{u}\quad\mathbf{v}\,]$. Comparer les deux résultats. Refaire les calculs en remplaçant la première composante de $\mathbf{v}$ par un réel arbitraire x. Faire un dessin et expliquer les résultats obtenus.

42. On pose $u = \begin{bmatrix} a \\ b \end{bmatrix}$ et $\mathbf{v} = \begin{bmatrix} c \\ 0 \end{bmatrix}$. On suppose, pour simplifier, que a, b et c sont strictement positifs. Calculer l'aire du parallélogramme défini par $\mathbf{u}$, $\mathbf{v}$, $\mathbf{u} + \mathbf{v}$, et $\mathbf{0}$, et calculer le déterminant des matrices $[\,\mathbf{u}\quad\mathbf{v}\,]$ et $[\,\mathbf{v}\quad\mathbf{u}\,]$. Faire un dessin et expliquer les résultats obtenus.

43. [M] Construire une matrice 4×4 aléatoire A dont les coefficients sont des entiers compris entre -9 et 9. Quel lien existe-t-il entre $\det A^{-1}$ et $\det A$? Recommencer avec deux autres matrices aléatoires $n \times n$ pour $n = 4$, 5 et 6, et énoncer une conjecture. *Remarque* : Au cas très improbable où l'une de ces matrices aléatoires serait de déterminant nul, la réduire par la méthode du pivot et interpréter le résultat obtenu.

44. [M] La relation $\det AB = (\det A)(\det B)$ est-elle vérifiée ? On fera des essais avec trois paires de matrices aléatoires, puis on proposera une conjecture.

45. [M] La relation $\det(A + B) = \det A + \det B$ est-elle vraie ? Pour se faire une idée, on produira deux matrices 5×5 aléatoires A et B, et l'on calculera $\det(A + B) - \det A - \det B$ (voir exercice 37, section 2.1). On fera, comme dans l'exercice 44, des essais avec quatre paires de matrices aléatoires. Énoncer une conjecture.

46. [**M**] Construire une matrice 4×4 aléatoire A dont les coefficients sont des entiers compris entre -9 et 9, puis comparer $\det A$, $\det A^T$, $\det(-A)$, $\det(2A)$ et $\det(10A)$. Recommencer avec deux autres matrices 4×4 aléatoires à coefficients entiers et énoncer des conjectures sur les liens entre ces détermi-nants (voir exercice 36, section 2.1). Tester ensuite ces conjectures avec plusieurs matrices aléatoires 5×5 et 6×6 à coefficients entiers. Modifier éventuellement les conjectures et faire un bilan des résultats obtenus.

SOLUTION DE L'EXERCICE D'ENTRAÎNEMENT

On profite de la présence de 0. En commençant par développer suivant la troisième colonne, on obtient un déterminant 3×3, que l'on peut calculer par développement suivant sa première colonne :

$$\begin{vmatrix} 5 & -7 & 2 & 2 \\ 0 & 3 & 0 & -4 \\ -5 & -8 & 0 & 3 \\ 0 & 5 & 0 & -6 \end{vmatrix} = (-1)^{1+3} 2 \begin{vmatrix} 0 & 3 & -4 \\ -5 & -8 & 3 \\ 0 & 5 & -6 \end{vmatrix}$$

$$= 2 \cdot (-1)^{2+1} (-5) \begin{vmatrix} 3 & -4 \\ 5 & -6 \end{vmatrix} = 20$$

Le signe $(-1)^{2+1}$ dans l'avant-dernière expression provient de la position $(2, 1)$ du coefficient -5 dans le déterminant 3×3.

3.2 | PROPRIÉTÉS DES DÉTERMINANTS

Le secret des déterminants réside dans la façon dont les opérations sur les lignes les modifient. Le théorème qui suit généralise les résultats des exercices 19 à 24 de la section 3.1. Sa démonstration est proposée en fin de section.

THÉORÈME 3

Opérations sur les lignes

Soit A une matrice carrée.

a. Si l'on ajoute à une ligne de A un multiple d'une autre ligne, alors la matrice B obtenue vérifie $\det B = \det A$.

b. Si l'on échange deux lignes de A, alors la matrice B obtenue vérifie $\det B = -\det A$.

c. Si l'on multiplie une ligne de A par k, alors la matrice B obtenue vérifie $\det B = k \cdot \det A$.

Les exemples qui suivent montrent comment on utilise le théorème 3 pour calculer efficacement des déterminants.

EXEMPLE 1 On pose $A = \begin{bmatrix} 1 & -4 & 2 \\ -2 & 8 & -9 \\ -1 & 7 & 0 \end{bmatrix}$. Calculer $\det A$.

SOLUTION La méthode consiste à réduire A par la méthode du pivot, puis à utiliser le fait que le déterminant d'une matrice triangulaire est égal au produit de ses éléments diagonaux. Les deux premiers remplacements de ligne ne changent pas le déterminant :

$$\det A = \begin{vmatrix} 1 & -4 & 2 \\ -2 & 8 & -9 \\ -1 & 7 & 0 \end{vmatrix} = \begin{vmatrix} 1 & -4 & 2 \\ 0 & 0 & -5 \\ -1 & 7 & 0 \end{vmatrix} = \begin{vmatrix} 1 & -4 & 2 \\ 0 & 0 & -5 \\ 0 & 3 & 2 \end{vmatrix}$$

L'échange des lignes 2 et 3 change le déterminant en son opposé, donc

$$\det A = - \begin{vmatrix} 1 & -4 & 2 \\ 0 & 3 & 2 \\ 0 & 0 & -5 \end{vmatrix} = -(1)(3)(-5) = 15 \qquad \blacksquare$$

Dans les calculs effectués à la main, on utilise fréquemment le théorème 3(c) en mettant en évidence *un facteur commun dans une ligne*. Par exemple,

$$\begin{vmatrix} * & * & * \\ 5k & -2k & 3k \\ * & * & * \end{vmatrix} = k \begin{vmatrix} * & * & * \\ 5 & -2 & 3 \\ * & * & * \end{vmatrix}$$

(les étoiles correspondent à des coefficients inchangés). On utilise cette opération dans l'exemple suivant.

EXEMPLE 2   On pose $A = \begin{bmatrix} 2 & -8 & 6 & 8 \\ 3 & -9 & 5 & 10 \\ -3 & 0 & 1 & -2 \\ 1 & -4 & 0 & 6 \end{bmatrix}$. Calculer $\det A$.

SOLUTION Pour simplifier les calculs, on souhaite obtenir un 1 en haut à gauche. On pourrait échanger les lignes 1 à 4, mais ici on va plutôt mettre 2 en facteur dans la première ligne, puis procéder par des opérations de remplacement pour faire apparaître des 0 dans la première colonne :

$$\det A = 2 \begin{vmatrix} 1 & -4 & 3 & 4 \\ 3 & -9 & 5 & 10 \\ -3 & 0 & 1 & -2 \\ 1 & -4 & 0 & 6 \end{vmatrix} = 2 \begin{vmatrix} 1 & -4 & 3 & 4 \\ 0 & 3 & -4 & -2 \\ 0 & -12 & 10 & 10 \\ 0 & 0 & -3 & 2 \end{vmatrix}$$

On peut ensuite soit mettre 2 en facteur dans la troisième ligne, soit utiliser le 3 de la deuxième colonne comme pivot. On choisit cette dernière opération, donc on ajoute 4 fois la deuxième ligne à la troisième :

$$\det A = 2 \begin{vmatrix} 1 & -4 & 3 & 4 \\ 0 & 3 & -4 & -2 \\ 0 & 0 & -6 & 2 \\ 0 & 0 & -3 & 2 \end{vmatrix}$$

En ajoutant finalement $-1/2$ fois la ligne 3 à la ligne 4 et en calculant le déterminant « triangulaire » ainsi obtenu, on trouve

$$\det A = 2 \begin{vmatrix} 1 & -4 & 3 & 4 \\ 0 & 3 & -4 & -2 \\ 0 & 0 & -6 & 2 \\ 0 & 0 & 0 & 1 \end{vmatrix} = 2 \cdot (1)(3)(-6)(1) = -36 \qquad \blacksquare$$

On considère une matrice carrée A et l'on suppose qu'elle a été réduite à une forme échelonnée U par des opérations de remplacement et d'échange de lignes (cela est toujours possible, voir l'algorithme du pivot à la section 1.2). Si l'on a effectué r échanges, alors, d'après le théorème 3, on a

$$\det A = (-1)^r \det U$$

Puisque U est échelonnée , elle est triangulaire et $\det U$ est ainsi le produit des coefficients diagonaux $u_{11}, \ldots, u_{nn}$. Si A est inversible, les coefficients u_{ii} sont tous

$$U = \begin{bmatrix} \blacksquare & * & * & * \\ 0 & \blacksquare & * & * \\ 0 & 0 & \blacksquare & * \\ 0 & 0 & 0 & \blacksquare \end{bmatrix}$$
$$\det U \neq 0$$

$$U = \begin{bmatrix} \blacksquare & * & * & * \\ 0 & \blacksquare & * & * \\ 0 & 0 & 0 & \blacksquare \\ 0 & 0 & 0 & 0 \end{bmatrix}$$
$$\det U = 0$$

FIGURE 1

Quelques formes échelonnées typiques de matrices carrées

des pivots (car $A \sim I_n$ et on n'a pas divisé par les u_{ii} pour avoir des 1). Sinon, u_{nn} au moins est nul et le produit $u_{11} \cdots u_{nn}$ est nul (voir figure 1). On en déduit

$$\det A = \begin{cases} (-1)^r \cdot \begin{pmatrix} \text{produit des} \\ \text{pivots de } U \end{pmatrix} & \text{si } A \text{ est inversible} \\ 0 & \text{si } A \text{ n'est pas inversible} \end{cases} \tag{1}$$

Il est intéressant de remarquer que bien que la forme échelonnée U décrite ci-dessus ne soit pas unique (car on n'est pas allés jusqu'à la forme réduite) et que les pivots ne le soient pas non plus, le *produit* des pivots, lui, est unique au signe près.

La formule (1) ne donne pas seulement une interprétation concrète de $\det A$; elle démontre aussi le théorème 4, principal résultat de cette section.

THÉORÈME 4 Une matrice carrée A est inversible si et seulement si $\det A \neq 0$.

Le théorème 4 permet donc d'ajouter la propriété « $\det A \neq 0$ » au théorème de caractérisation des matrices inversibles. On en déduit un corollaire utile : $\det A = 0$ si et seulement si les colonnes de A sont linéairement dépendantes. On peut également affirmer que $\det A = 0$ si et seulement si les *lignes* de A sont linéairement dépendantes. En effet, les lignes de A sont les colonnes de A^T et si ces dernières sont linéairement dépendantes, alors A^T est singulière. Et d'après le théorème de caractérisation des matrices inversibles, si A^T est singulière, il en va de même de A. Dans la pratique, la dépendance linéaire est évidente si deux lignes ou deux colonnes sont égales ou si l'une des colonnes ou des lignes est nulle.

EXEMPLE 3 On pose $A = \begin{bmatrix} 3 & -1 & 2 & -5 \\ 0 & 5 & -3 & -6 \\ -6 & 7 & -7 & 4 \\ -5 & -8 & 0 & 9 \end{bmatrix}$. Calculer $\det A$.

SOLUTION En ajoutant 2 fois la ligne 1 à la ligne 3, on obtient

$$\det A = \det \begin{bmatrix} 3 & -1 & 2 & -5 \\ 0 & 5 & -3 & -6 \\ 0 & 5 & -3 & -6 \\ -5 & -8 & 0 & 9 \end{bmatrix} = 0$$

car les deuxième et troisième lignes de cette matrice sont égales. ∎

─ REMARQUES NUMÉRIQUES ─

1. La plupart des logiciels qui permettent de calculer $\det A$ pour une matrice A quelconque utilisent la méthode donnée par la formule (1) ci-dessus.

2. On peut montrer que le calcul d'un déterminant $n \times n$ au moyen d'opérations sur les lignes nécessite environ $2n^3/3$ opérations arithmétiques. N'importe quel micro-ordinateur récent est capable de calculer un déterminant 25×25 en une fraction de seconde, puisqu'il ne faut que 10 000 opérations environ.

Les ordinateurs ont aussi souvent à traiter de grandes matrices creuses ; on utilise dans ce cas des algorithmes spécifiques qui tirent parti de la présence de nombreux 0. Bien entendu, l'existence de beaucoup de 0 permet également des calculs à la main plus rapides. Les calculs de l'exemple qui suit associent la puissance des opérations sur les lignes à la méthode de la section 3.1 qui consiste à utiliser des coefficients nuls dans les développements suivant une rangée.

EXEMPLE 4   On pose $A = \begin{bmatrix} 0 & 1 & 2 & -1 \\ 2 & 5 & -7 & 3 \\ 0 & 3 & 6 & 2 \\ -2 & -5 & 4 & -2 \end{bmatrix}$. Calculer $\det A$.

SOLUTION Une bonne façon de commencer consiste à utiliser le 2 de la colonne 1 comme pivot, ce qui permet d'éliminer le -2 situé en dessous. On développe ensuite par rapport à la première colonne, réduisant ainsi la taille du déterminant, puis on effectue une nouvelle élimination. On écrit donc

$$\det A = \begin{vmatrix} 0 & 1 & 2 & -1 \\ 2 & 5 & -7 & 3 \\ 0 & 3 & 6 & 2 \\ 0 & 0 & -3 & 1 \end{vmatrix} = -2 \begin{vmatrix} 1 & 2 & -1 \\ 3 & 6 & 2 \\ 0 & -3 & 1 \end{vmatrix} = -2 \begin{vmatrix} 1 & 2 & -1 \\ 0 & 0 & 5 \\ 0 & -3 & 1 \end{vmatrix}$$

En échangeant les lignes 2 et 3, on obtiendrait un déterminant triangulaire. Mais on peut également développer suivant la première colonne :

$$\det A = (-2)(1) \begin{vmatrix} 0 & 5 \\ -3 & 1 \end{vmatrix} = -2 \cdot (15) = -30 \qquad \blacksquare$$

Opérations sur les colonnes

On peut effectuer des opérations sur les colonnes d'une matrice analogues à celles qui ont été vues pour les lignes. Le théorème ci-dessous montre que les opérations sur les colonnes produisent le même effet sur les déterminants que les opérations sur les lignes.

THÉORÈME 5   Si A est une matrice $n \times n$, alors $\det A^T = \det A$.

Remarque : La démonstration du théorème utilise le principe de récurrence. Soit $P(n)$ une proposition qui est vraie ou fausse pour chaque nombre naturel n. Alors $P(n)$ est vraie pour tout $n \geq 1$, à condition que $P(1)$ soit vraie. Pour chaque nombre k naturel, si $P(k)$ est vraie, alors $P(k + 1)$ est vraie.

DÉMONSTRATION Le résultat est évident pour $n = 1$. On suppose le théorème vérifié pour les déterminants $k \times k$ et l'on pose $n = k + 1$. Alors le cofacteur de a_{1j} dans A est égal à celui de a_{j1} dans A^T, car ces cofacteurs ne font intervenir que des déterminants $k \times k$. Par conséquent, le développement suivant la première *ligne* de $\det A$ est égal au développement suivant la première *colonne* de $\det A^T$. Donc A et A^T ont le même déterminant. Ainsi, le théorème est vrai pour $n = 1$, et s'il est vrai pour une certaine valeur de n, alors il l'est pour $n + 1$. D'après le principe de récurrence, il est vrai pour tout $n \geq 1$. $\qquad \blacksquare$

Grâce au théorème 5, on peut remplacer le mot *ligne* par le mot *colonne* dans chaque proposition du théorème 3. Il suffit en effet d'appliquer le théorème 3 initial à A^T.

Effectuer une opération sur les lignes de A^T revient à effectuer cette même opération sur les colonnes de A.

Les opérations sur les colonnes sont utiles à la fois sur le plan théorique et pour les calculs à la main. Pour simplifier l'exposé, on n'effectuera cependant ici que des opérations sur les lignes pour les calculs numériques.

Déterminants et produits matriciels

La démonstration de l'important théorème qui suit figure en fin de section. Les exercices en proposent diverses applications.

THÉORÈME 6

Multiplicativité des déterminants

Soit A et B deux matrices $n \times n$. Alors $\det AB = (\det A)(\det B)$.

EXEMPLE 5 Vérifier le théorème 6 pour $A = \begin{bmatrix} 6 & 1 \\ 3 & 2 \end{bmatrix}$ et $B = \begin{bmatrix} 4 & 3 \\ 1 & 2 \end{bmatrix}$.

SOLUTION

$$AB = \begin{bmatrix} 6 & 1 \\ 3 & 2 \end{bmatrix}\begin{bmatrix} 4 & 3 \\ 1 & 2 \end{bmatrix} = \begin{bmatrix} 25 & 20 \\ 14 & 13 \end{bmatrix}$$

et

$$\det AB = 25 \cdot 13 - 20 \cdot 14 = 325 - 280 = 45$$

Comme $\det A = 9$ et $\det B = 5$, alors

$$(\det A)(\det B) = 9 \cdot 5 = 45 = \det AB \qquad \blacksquare$$

Attention : Une erreur fréquente consiste à croire que ce théorème 6 aurait un analogue concernant les *sommes* de matrices. Or, en général, le déterminant $\det(A + B)$ *n'est pas* égal à $\det A + \det B$.

Une propriété de linéarité de l'application déterminant

Si A est une matrice $n \times n$, on peut considérer $\det A$ comme une fonction des n vecteurs colonnes de A. On va montrer que si l'on fixe toutes les colonnes sauf une, $\det A$ est une *fonction linéaire* de cette dernière variable (vectorielle).

On fait varier la j^e colonne de A et l'on écrit

$$A = \begin{bmatrix} \mathbf{a}_1 & \cdots & \mathbf{a}_{j-1} & \mathbf{x} & \mathbf{a}_{j+1} & \cdots & \mathbf{a}_n \end{bmatrix}$$

On définit l'application T de $\mathbb{R}^n$ dans $\mathbb{R}$ par

$$T(\mathbf{x}) = \det \begin{bmatrix} \mathbf{a}_1 & \cdots & \mathbf{a}_{j-1} & \mathbf{x} & \mathbf{a}_{j+1} & \cdots & \mathbf{a}_n \end{bmatrix}$$

Alors,

$$T(c\mathbf{x}) = cT(\mathbf{x}) \quad \text{pour tout scalaire } c \text{ et tout vecteur } \mathbf{x} \text{ de } \mathbb{R}^n \tag{2}$$

$$T(\mathbf{u} + \mathbf{v}) = T(\mathbf{u}) + T(\mathbf{v}) \quad \text{pour tout } \mathbf{u} \text{ et tout } \mathbf{v} \text{ de } \mathbb{R}^n \tag{3}$$

La propriété (2) n'est autre que le théorème 3(c) appliqué aux colonnes de A. La propriété (3) se déduit du développement de $\det A$ suivant la j^e colonne (voir exercice 43). Cette propriété de (multi-)linéarité du déterminant entraîne beaucoup de conséquences importantes qui sont développées dans des cours plus approfondis.

Démonstration des théorèmes 3 et 6

Le théorème 3 se démontre plus facilement lorsqu'on l'énonce à l'aide des matrices élémentaires étudiées dans la section 2.2. Une matrice élémentaire E est appelée *(matrice de) remplacement de ligne* si elle se déduit de la matrice unité I par ajout à une ligne d'un multiple scalaire d'une autre ligne, *échange* si elle se déduit de I par échange de deux lignes et *dilatation de rapport r* si elle se déduit de I par multiplication d'une ligne par un scalaire non nul r. On peut donc reformuler comme suit le théorème 3 avec cette terminologie :

Si A est une matrice $n \times n$ et E une matrice élémentaire $n \times n$, alors

$$\det EA = (\det E)(\det A)$$

avec

$$\det E = \begin{cases} 1 & \text{si } E \text{ est un remplacement de ligne} \\ -1 & \text{si } E \text{ est un échange} \\ r & \text{si } E \text{ est une dilatation de rapport } r \end{cases}$$

DÉMONSTRATION DU THÉORÈME 3 On effectue la démonstration par récurrence sur la taille de A. Le cas d'une matrice 2×2 a été traité dans les exercices 33 à 36 de la section 3.1. On suppose le théorème vérifié pour les déterminants des matrices $k \times k$, avec $k \geq 2$, on pose $n = k + 1$ et l'on considère une matrice A de type $n \times n$. La multiplication à gauche de A par E agit sur une ou deux lignes de A. On peut donc développer $\det EA$ suivant une ligne qui n'est pas affectée par cette multiplication. Notons-la i. Soit A_{ij} (respectivement B_{ij}) la matrice obtenue à partir de A (respectivement EA) en supprimant la ligne i et la colonne j. Les lignes de B_{ij} se déduisent des lignes de A_{ij} par le même type d'opération élémentaire que celle correspondant à la multiplication de A par E. Comme ces sous-matrices sont de type $k \times k$, on en déduit par hypothèse de récurrence que

$$\det B_{ij} = \alpha \cdot \det A_{ij}$$

avec $\alpha = 1, -1$ ou r selon la nature de E. On obtient alors par développement suivant la i^e ligne

$$\begin{aligned} \det EA &= a_{i1}(-1)^{i+1} \det B_{i1} + \cdots + a_{in}(-1)^{i+n} \det B_{in} \\ &= \alpha a_{i1}(-1)^{i+1} \det A_{i1} + \cdots + \alpha a_{in}(-1)^{i+n} \det A_{in} \\ &= \alpha \cdot \det A \end{aligned}$$

En prenant en particulier $A = I_n$, on voit que $\det E = 1, -1$ ou r selon la nature de E. Ainsi, le théorème est vrai pour $n = 2$, et s'il est vrai pour une certaine valeur de n, alors il l'est pour $n + 1$. D'après le principe de récurrence, il est vrai pour tout $n \geq 2$. Le théorème est par ailleurs trivialement vérifié pour $n = 1$. ∎

DÉMONSTRATION DU THÉORÈME 6 Si A n'est pas inversible, alors, d'après l'exercice 27 de la section 2.3, AB ne l'est pas non plus. Dans ce cas, $\det AB = (\det A)(\det B)$, car d'après le théorème 4, les deux membres de l'égalité sont nuls. Si A est inversible, alors, d'après le théorème de caractérisation des matrices inversibles, A est équivalente selon les lignes à la matrice unité I_n. Il existe donc des matrices élémentaires $E_1, \ldots, E_p$ telles que

$$A = E_p E_{p-1} \cdots E_1 \cdot I_n = E_p E_{p-1} \cdots E_1$$

Pour simplifier, on note $|A|$ le déterminant de A. Alors, en appliquant successivement le théorème 3 tel qu'il a été reformulé ci-dessus, on obtient

$$|AB| = |E_p \cdots E_1 B| = |E_p||E_{p-1} \cdots E_1 B| = \cdots$$
$$= |E_p| \cdots |E_1||B| = \cdots = |E_p \cdots E_1||B|$$
$$= |A||B| \quad \blacksquare$$

EXERCICES D'ENTRAÎNEMENT

1. Calculer $\begin{vmatrix} 1 & -3 & 1 & -2 \\ 2 & -5 & -1 & -2 \\ 0 & -4 & 5 & 1 \\ -3 & 10 & -6 & 8 \end{vmatrix}$ en aussi peu d'étapes que possible.

2. À l'aide d'un déterminant, étudier l'indépendance linéaire des vecteurs $\mathbf{v}_1$, $\mathbf{v}_2$ et $\mathbf{v}_3$ définis par

$$\mathbf{v}_1 = \begin{bmatrix} 5 \\ -7 \\ 9 \end{bmatrix}, \qquad \mathbf{v}_2 = \begin{bmatrix} -3 \\ 3 \\ -5 \end{bmatrix} \quad \text{et} \quad \mathbf{v}_3 = \begin{bmatrix} 2 \\ -7 \\ 5 \end{bmatrix}$$

3. Soit A une matrice $n \times n$ telle que $A^2 = I$. Montrer que $\det A = \pm 1$.

3.2 EXERCICES

Chacune des relations des exercices 1 à 4 illustre une propriété des déterminants. Énoncer cette propriété.

1. $\begin{vmatrix} 0 & 5 & -2 \\ 1 & -3 & 6 \\ 4 & -1 & 8 \end{vmatrix} = - \begin{vmatrix} 1 & -3 & 6 \\ 0 & 5 & -2 \\ 4 & -1 & 8 \end{vmatrix}$

2. $\begin{vmatrix} 1 & 2 & 2 \\ 0 & 3 & -4 \\ 3 & 7 & 4 \end{vmatrix} = \begin{vmatrix} 1 & 2 & 2 \\ 0 & 3 & -4 \\ 0 & 1 & -2 \end{vmatrix}$

3. $\begin{vmatrix} 3 & -6 & 9 \\ 3 & 5 & -5 \\ 1 & 3 & 3 \end{vmatrix} = 3 \begin{vmatrix} 1 & -2 & 3 \\ 3 & 5 & -5 \\ 1 & 3 & 3 \end{vmatrix}$

4. $\begin{vmatrix} 1 & 3 & -4 \\ 2 & 0 & -3 \\ 3 & -5 & 2 \end{vmatrix} = \begin{vmatrix} 1 & 3 & -4 \\ 0 & -6 & 5 \\ 3 & -5 & 2 \end{vmatrix}$

Calculer par la méthode du pivot les déterminants des exercices 5 à 10.

5. $\begin{vmatrix} 1 & 5 & -4 \\ -1 & -4 & 5 \\ -2 & -8 & 7 \end{vmatrix}$

6. $\begin{vmatrix} 3 & 3 & -3 \\ 3 & 4 & -4 \\ 2 & -3 & -5 \end{vmatrix}$

7. $\begin{vmatrix} 1 & 3 & 0 & 2 \\ -2 & -5 & 7 & 4 \\ 3 & 5 & 2 & 1 \\ 1 & -1 & 2 & -3 \end{vmatrix}$

8. $\begin{vmatrix} 1 & 3 & 2 & -4 \\ 0 & 1 & 2 & -5 \\ 2 & 7 & 6 & -3 \\ -3 & -10 & -7 & 2 \end{vmatrix}$

9. $\begin{vmatrix} 1 & -1 & -3 & 0 \\ 0 & 1 & 5 & 4 \\ -1 & 0 & 5 & 3 \\ 3 & -3 & -2 & 3 \end{vmatrix}$

10. $\begin{vmatrix} 1 & 3 & -1 & 0 & -2 \\ 0 & 2 & -4 & -2 & -6 \\ -2 & -6 & 2 & 3 & 10 \\ 1 & 5 & -6 & 2 & -3 \\ 0 & 2 & -4 & 5 & 9 \end{vmatrix}$

Calculer les déterminants des exercices 11 à 14 en combinant les opérations sur les lignes et les développements suivant une ligne.

11. $\begin{vmatrix} 3 & 4 & -3 & -1 \\ 3 & 0 & 1 & -3 \\ -6 & 0 & -4 & 3 \\ 6 & 8 & -4 & -1 \end{vmatrix}$

12. $\begin{vmatrix} -1 & 2 & 3 & 0 \\ 3 & 4 & 3 & 0 \\ 11 & 4 & 6 & 6 \\ 4 & 2 & 4 & 3 \end{vmatrix}$

13. $\begin{vmatrix} 2 & 5 & 4 & 1 \\ 4 & 7 & 6 & 2 \\ 6 & -2 & -4 & 0 \\ -6 & 7 & 7 & 0 \end{vmatrix}$

14. $\begin{vmatrix} 1 & 5 & 4 & 1 \\ 0 & -2 & -4 & 0 \\ 3 & 5 & 4 & 1 \\ -6 & 5 & 5 & 0 \end{vmatrix}$

Donner la valeur des déterminants dans les exercices 15 à 20 si on suppose que

$$\begin{vmatrix} a & b & c \\ d & e & f \\ g & h & i \end{vmatrix} = 7$$

15. $\begin{vmatrix} a & b & c \\ d & e & f \\ 3g & 3h & 3i \end{vmatrix}$ **16.** $\begin{vmatrix} a & b & c \\ 5d & 5e & 5f \\ g & h & i \end{vmatrix}$

17. $\begin{vmatrix} a+d & b+e & c+f \\ d & e & f \\ g & h & i \end{vmatrix}$ **18.** $\begin{vmatrix} d & e & f \\ a & b & c \\ g & h & i \end{vmatrix}$

19. $\begin{vmatrix} a & b & c \\ 2d+a & 2e+b & 2f+c \\ g & h & i \end{vmatrix}$

20. $\begin{vmatrix} a & b & c \\ d+3g & e+3h & f+3i \\ g & h & i \end{vmatrix}$

Dans les exercices 21 à 23, étudier l'inversibilité de la matrice proposée à l'aide de déterminants.

21. $\begin{bmatrix} 2 & 6 & 0 \\ 1 & 3 & 2 \\ 3 & 9 & 2 \end{bmatrix}$ **22.** $\begin{bmatrix} 5 & 1 & -1 \\ 1 & -3 & -2 \\ 0 & 5 & 3 \end{bmatrix}$

23. $\begin{bmatrix} 2 & 0 & 0 & 6 \\ 1 & -7 & -5 & 0 \\ 3 & 8 & 6 & 0 \\ 0 & 7 & 5 & 4 \end{bmatrix}$

Dans les exercices 24 à 26, étudier l'indépendance linéaire des vecteurs proposés à l'aide de déterminants.

24. $\begin{bmatrix} 4 \\ 6 \\ 2 \end{bmatrix}, \begin{bmatrix} -7 \\ 0 \\ 7 \end{bmatrix}, \begin{bmatrix} -3 \\ -5 \\ -2 \end{bmatrix}$

25. $\begin{bmatrix} 7 \\ -4 \\ -6 \end{bmatrix}, \begin{bmatrix} -8 \\ 5 \\ 7 \end{bmatrix}, \begin{bmatrix} 7 \\ 0 \\ -5 \end{bmatrix}$

26. $\begin{bmatrix} 3 \\ 5 \\ -6 \\ 4 \end{bmatrix}, \begin{bmatrix} 2 \\ -6 \\ 0 \\ 7 \end{bmatrix}, \begin{bmatrix} -2 \\ -1 \\ 3 \\ 0 \end{bmatrix}, \begin{bmatrix} 0 \\ 0 \\ 0 \\ -2 \end{bmatrix}$

Dans les exercices 27 et 28, A et B sont des matrices $n \times n$. Dire si les énoncés proposés sont vrais ou faux. Justifier chaque réponse.

27. a. Une opération élémentaire de remplacement de ligne ne change pas le déterminant d'une matrice.

b. Le déterminant de A est le produit des pivots d'une forme échelonnée quelconque U de A, multiplié par $(-1)^r$, où r est le nombre d'échanges effectués pendant la réduction de A à U.

c. Si les colonnes de A sont linéairement dépendantes, alors $\det A = 0$.

d. $\det(A + B) = \det A + \det B$.

28. a. Si l'on effectue successivement trois échanges de lignes, alors le nouveau déterminant est égal à l'ancien.

b. Le déterminant de A est le produit des coefficients diagonaux de A.

c. Si $\det A$ est nul, alors soit deux lignes ou deux colonnes sont égales, soit l'une des lignes ou l'une des colonnes est nulle.

d. $\det A^T = (-1) \det A$.

29. On pose $B = \begin{bmatrix} 1 & 0 & 1 \\ 1 & 1 & 2 \\ 1 & 2 & 1 \end{bmatrix}$. Calculer $\det B^4$.

30. À l'aide du théorème 3 (mais pas du théorème 4), montrer que si deux lignes d'une matrice A sont égales, alors $\det A = 0$. Il en va de même avec les colonnes. Pourquoi ?

Dans les exercices 31 à 36, citer le théorème utilisé.

31. Montrer que si A est inversible, alors $\det A^{-1} = \dfrac{1}{\det A}$.

32. Soit A une matrice carrée telle que $\det A^3 = 0$. Justifier le fait que A n'est pas inversible.

33. Soit A et B deux matrices carrées. Montrer que, bien que AB et BA ne soient pas toujours égales, on a toujours $\det AB = \det BA$.

34. Soit A et P deux matrices carrées, avec P inversible. Montrer que $\det(PAP^{-1}) = \det A$.

35. Soit U une matrice carrée telle que $U^T U = I$. Montrer que $\det U = \pm 1$.

36. Établir une formule permettant de calculer $\det(rA)$ si A est une matrice $n \times n$.

Sans utiliser le théorème 6, vérifier que l'on a bien la relation $\det AB = (\det A)(\det B)$ pour les matrices des exercices 37 et 38.

37. $A = \begin{bmatrix} 3 & 0 \\ 6 & 1 \end{bmatrix}, B = \begin{bmatrix} 2 & 0 \\ 5 & 4 \end{bmatrix}$

38. $A = \begin{bmatrix} 3 & 6 \\ -1 & -2 \end{bmatrix}, B = \begin{bmatrix} 4 & 3 \\ -1 & -3 \end{bmatrix}$

39. Soit A et B deux matrices 3×3 telles que $\det A = -3$ et $\det B = 4$. En utilisant les propriétés des déterminants (celles du cours comme celles des exercices ci-dessus), calculer :

a. $\det AB$ b. $\det 5A$ c. $\det B^T$

d. $\det A^{-1}$ e. $\det A^3$

40. Soit A et B deux matrices 4×4 telles que $\det A = -3$ et $\det B = -1$. Calculer :

a. $\det AB$ b. $\det B^5$ c. $\det 2A$

d. $\det A^T BA$ e. $\det B^{-1}AB$

41. Vérifier la relation $\det A = \det B + \det C$, avec
$A = \begin{bmatrix} a+e & b+f \\ c & d \end{bmatrix}$, $B = \begin{bmatrix} a & b \\ c & d \end{bmatrix}$, $C = \begin{bmatrix} e & f \\ c & d \end{bmatrix}$

42. On pose $A = \begin{bmatrix} 1 & 0 \\ 0 & 1 \end{bmatrix}$ et $B = \begin{bmatrix} a & b \\ c & d \end{bmatrix}$. Montrer que $\det(A + B) = \det A + \det B$ si et seulement si $a + d = 0$.

43. Montrer que $\det A = \det B + \det C$, avec

$$A = \begin{bmatrix} a_{11} & a_{12} & u_1 + v_1 \\ a_{21} & a_{22} & u_2 + v_2 \\ a_{31} & a_{32} & u_3 + v_3 \end{bmatrix},$$

$$B = \begin{bmatrix} a_{11} & a_{12} & u_1 \\ a_{21} & a_{22} & u_2 \\ a_{31} & a_{32} & u_3 \end{bmatrix}, \quad C = \begin{bmatrix} a_{11} & a_{12} & v_1 \\ a_{21} & a_{22} & v_2 \\ a_{31} & a_{32} & v_3 \end{bmatrix}$$

On remarque toutefois que A *n'est pas* égale à $B + C$.

44. La multiplication à droite par une matrice élémentaire E a le même effet sur les *colonnes* de A que la multiplication à gauche sur les *lignes*. En utilisant les théorèmes 5 et 3 (mais sans utiliser le théorème 6) et la remarque évidente selon laquelle E^T est aussi une matrice élémentaire, montrer que

$$\det AE = (\det E)(\det A)$$

45. [M] Calculer $\det A^T A$ et $\det A A^T$ pour différentes matrices aléatoires 4×5, puis 5×6. Que peut-on dire de $A^T A$ et $A A^T$ si A a plus de colonnes que de lignes ?

46. [M] On se demande si, quand $\det A$ est proche de 0, la matrice A est presque singulière. On teste cette propriété avec la matrice 4×4 A presque singulière de l'exercice 9 de la section 2.3 :

$$A = \begin{bmatrix} 4 & 0 & -7 & -7 \\ -6 & 1 & 11 & 9 \\ 7 & -5 & 10 & 19 \\ -1 & 2 & 3 & -1 \end{bmatrix}$$

Calculer les déterminants de A, $10A$ et $0{,}1A$. Calculer le conditionnement de ces matrices. Répéter ces calculs avec A comme matrice unité 4×4. Que constate-t-on ?

SOLUTIONS DES EXERCICES D'ENTRAÎNEMENT

1. On fait apparaître des 0 dans la première colonne par des opérations sur les lignes, puis on obtient une ligne de 0.

$$\begin{vmatrix} 1 & -3 & 1 & -2 \\ 2 & -5 & -1 & -2 \\ 0 & -4 & 5 & 1 \\ -3 & 10 & -6 & 8 \end{vmatrix} = \begin{vmatrix} 1 & -3 & 1 & -2 \\ 0 & 1 & -3 & 2 \\ 0 & -4 & 5 & 1 \\ 0 & 1 & -3 & 2 \end{vmatrix} = \begin{vmatrix} 1 & -3 & 1 & -2 \\ 0 & 1 & -3 & 2 \\ 0 & -4 & 5 & 1 \\ 0 & 0 & 0 & 0 \end{vmatrix} = 0$$

2. $\det \begin{bmatrix} \mathbf{v}_1 & \mathbf{v}_2 & \mathbf{v}_3 \end{bmatrix} = \begin{vmatrix} 5 & -3 & 2 \\ -7 & 3 & -7 \\ 9 & -5 & 5 \end{vmatrix} = \begin{vmatrix} 5 & -3 & 2 \\ -2 & 0 & -5 \\ 9 & -5 & 5 \end{vmatrix}$ Ajout de la ligne 1 à la ligne 2

$$= -(-3) \begin{vmatrix} -2 & -5 \\ 9 & 5 \end{vmatrix} - (-5) \begin{vmatrix} 5 & 2 \\ -2 & -5 \end{vmatrix}$$ Développement suivant la colonne 2

$$= 3 \cdot (35) + 5 \cdot (-21) = 0$$

D'après le théorème 4, la matrice $\begin{bmatrix} \mathbf{v}_1 & \mathbf{v}_2 & \mathbf{v}_3 \end{bmatrix}$ n'est pas inversible. Donc, d'après le théorème de caractérisation des matrices inversibles, les colonnes sont linéairement dépendantes.

3. Rappelons que $\det I = 1$. D'après le théorème 6, $\det (AA) = (\det A) (\det A)$. En combinant ces deux remarques, on obtient

$$1 = \det I = \det A^2 = \det (AA) = (\det A)(\det A) = (\det A)^2$$

En appliquant la racine carrée des deux côtés, on établit que $\det A = \pm 1$.

3.3 | FORMULES DE CRAMER, VOLUMES, APPLICATIONS LINÉAIRES

Dans cette section, on applique la théorie des sections précédentes pour obtenir des formules théoriques importantes, ainsi qu'une interprétation géométrique du déterminant.

Formules de Cramer

Les formules de Cramer sont utilisées dans divers calculs théoriques. Elles peuvent servir, par exemple, à étudier la façon dont les solutions de $A\mathbf{x} = \mathbf{b}$ varient en fonction des coefficients de **b**. Toutefois, elles sont inefficaces pour les calculs à la main, sauf pour des matrices 2×2 ou éventuellement 3×3.

Si A est une matrice $n \times n$ et **b** un vecteur de $\mathbb{R}^n$, on note $A_i(\mathbf{b})$ la matrice obtenue en remplaçant dans A la colonne i par le vecteur **b**.

$$A_i(\mathbf{b}) = [\mathbf{a}_1 \quad \cdots \quad \mathbf{b} \quad \cdots \quad \mathbf{a}_n]$$
$$\uparrow$$
$$\text{col } i$$

THÉORÈME 7

Formules de Cramer

Soit A une matrice $n \times n$ inversible. Pour tout vecteur **b** de $\mathbb{R}^n$, les composantes de l'unique solution **x** de $A\mathbf{x} = \mathbf{b}$ sont données par

$$x_i = \frac{\det A_i(\mathbf{b})}{\det A}, \qquad i = 1, 2, \ldots, n \tag{1}$$

DÉMONSTRATION   Soit $\mathbf{a}_1, \ldots, \mathbf{a}_n$ les colonnes de A et $\mathbf{e}_1, \ldots, \mathbf{e}_n$ celles de I, matrice unité $n \times n$. Si $A\mathbf{x} = \mathbf{b}$, alors, par définition de la multiplication matricielle,

$$A \cdot I_i(\mathbf{x}) = A\begin{bmatrix} \mathbf{e}_1 & \cdots & \mathbf{x} & \cdots & \mathbf{e}_n \end{bmatrix} = \begin{bmatrix} A\mathbf{e}_1 & \cdots & A\mathbf{x} & \cdots & A\mathbf{e}_n \end{bmatrix}$$
$$= \begin{bmatrix} \mathbf{a}_1 & \cdots & \mathbf{b} & \cdots & \mathbf{a}_n \end{bmatrix} = A_i(\mathbf{b})$$

Par multiplicativité des déterminants,

$$(\det A)(\det I_i(\mathbf{x})) = \det A_i(\mathbf{b})$$

Le second déterminant du premier membre est égal à x_i (il suffit de le développer par rapport à la i^e ligne). On a donc $(\det A) \cdot x_i = \det A_i(\mathbf{b})$, ce qui démontre (1), car A est inversible donc $\det A \neq 0$. ∎

EXEMPLE 1   Résoudre le système suivant à l'aide des formules de Cramer.

$$3x_1 - 2x_2 = 6$$
$$-5x_1 + 4x_2 = 8$$

SOLUTION   On écrit le système sous la forme $A\mathbf{x} = \mathbf{b}$. Avec les notations introduites ci-dessus, on a

$$A = \begin{bmatrix} 3 & -2 \\ -5 & 4 \end{bmatrix}, \qquad A_1(\mathbf{b}) = \begin{bmatrix} 6 & -2 \\ 8 & 4 \end{bmatrix} \quad \text{et} \quad A_2(\mathbf{b}) = \begin{bmatrix} 3 & 6 \\ -5 & 8 \end{bmatrix}$$

Comme $\det A = 2$, le système admet une solution unique. D'après les formules de Cramer,

$$x_1 = \frac{\det A_1(\mathbf{b})}{\det A} = \frac{24 + 16}{2} = 20$$

$$x_2 = \frac{\det A_2(\mathbf{b})}{\det A} = \frac{24 + 30}{2} = 27$$

Application aux sciences de l'ingénieur

Nombre de problèmes d'ingénieurs, particulièrement en génie électrique et en théorie du contrôle, peuvent être analysés au moyen de *transformées de Laplace*. Ce concept permet de convertir certains systèmes d'équations différentielles en systèmes d'équations algébriques linéaires dont les coefficients dépendent d'un paramètre. L'exemple qui suit montre le type de système algébrique qui peut ainsi apparaître.

EXEMPLE 2   On considère le système suivant, dans lequel s est un paramètre indéterminé. Déterminer les valeurs de s pour lesquelles le système a une solution unique et écrire alors la solution au moyen des formules de Cramer.

$$3sx_1 - 2x_2 = 4$$
$$-6x_1 + sx_2 = 1$$

SOLUTION   On envisage le système sous la forme $A\mathbf{x} = \mathbf{b}$. Alors

$$A = \begin{bmatrix} 3s & -2 \\ -6 & s \end{bmatrix}, \quad A_1(\mathbf{b}) = \begin{bmatrix} 4 & -2 \\ 1 & s \end{bmatrix}, \quad A_2(\mathbf{b}) = \begin{bmatrix} 3s & 4 \\ -6 & 1 \end{bmatrix}$$

Comme

$$\det A = 3s^2 - 12 = 3(s + 2)(s - 2)$$

le système a une solution unique si et seulement si $s \neq \pm 2$. Pour un tel s, la solution est (x_1, x_2), avec

$$x_1 = \frac{\det A_1(\mathbf{b})}{\det A} = \frac{4s + 2}{3(s + 2)(s - 2)}$$

$$x_2 = \frac{\det A_2(\mathbf{b})}{\det A} = \frac{3s + 24}{3(s + 2)(s - 2)} = \frac{s + 8}{(s + 2)(s - 2)} \qquad\blacksquare$$

Une formule pour A^{-1}

On déduit facilement des formules de Cramer une expression générale de l'inverse d'une matrice $n \times n$. Si A est une matrice de ce type, la j^{e} colonne de A^{-1} est un vecteur $\mathbf{x}$ vérifiant

$$A\mathbf{x} = \mathbf{e}_j$$

où $\mathbf{e}_j$ est la j^{e} colonne de la matrice unité et où la i^{e} composante de $\mathbf{x}$ est le coefficient (i, j) de A^{-1}. D'après les formules de Cramer,

$$\{\text{coeff. } (i, j) \text{ de } A^{-1}\} = x_i = \frac{\det A_i(\mathbf{e}_j)}{\det A} \qquad (2)$$

On rappelle que l'on avait noté A_{ji} la sous-matrice de A obtenue par la suppression de la ligne j et de la colonne i. En développant suivant la colonne i de $A_i(\mathbf{e}_j)$, on obtient

$$\det A_i(\mathbf{e}_j) = (-1)^{i+j} \det A_{ji} = C_{ji} \qquad (3)$$

où C_{ji} est un cofacteur de A. D'après (2), le coefficient (i, j) de A^{-1} est égal au cofacteur C_{ji} divisé par $\det A$. (On remarque que les indices dans C_{ji} sont inversés par rapport à (i, j).) Par conséquent,

$$A^{-1} = \frac{1}{\det A} \begin{bmatrix} C_{11} & C_{21} & \cdots & C_{n1} \\ C_{12} & C_{22} & \cdots & C_{n2} \\ \vdots & \vdots & & \vdots \\ C_{1n} & C_{2n} & \cdots & C_{nn} \end{bmatrix} \qquad (4)$$

La transposée de la matrice des cofacteurs C_{ij} qui figure en (4) est appelée matrice **adjointe** de A et est notée adj A. Le théorème qui suit est une simple reformulation de (4).

THÉORÈME 8

Formule d'inversion de matrices

Soit A une matrice inversible $n \times n$. Alors

$$A^{-1} = \frac{1}{\det A} \operatorname{adj} A$$

EXEMPLE 3 Calculer l'inverse de la matrice $A = \begin{bmatrix} 2 & 1 & 3 \\ 1 & -1 & 1 \\ 1 & 4 & -2 \end{bmatrix}$.

SOLUTION Les neuf cofacteurs sont

$$C_{11} = + \begin{vmatrix} -1 & 1 \\ 4 & -2 \end{vmatrix} = -2, \quad C_{12} = - \begin{vmatrix} 1 & 1 \\ 1 & -2 \end{vmatrix} = 3, \quad C_{13} = + \begin{vmatrix} 1 & -1 \\ 1 & 4 \end{vmatrix} = 5$$

$$C_{21} = - \begin{vmatrix} 1 & 3 \\ 4 & -2 \end{vmatrix} = 14, \quad C_{22} = + \begin{vmatrix} 2 & 3 \\ 1 & -2 \end{vmatrix} = -7, \quad C_{23} = - \begin{vmatrix} 2 & 1 \\ 1 & 4 \end{vmatrix} = -7$$

$$C_{31} = + \begin{vmatrix} 1 & 3 \\ -1 & 1 \end{vmatrix} = 4, \quad C_{32} = - \begin{vmatrix} 2 & 3 \\ 1 & 1 \end{vmatrix} = 1, \quad C_{33} = + \begin{vmatrix} 2 & 1 \\ 1 & -1 \end{vmatrix} = -3$$

La formule donne l'inverse en fonction de la *transposée* de la matrice des cofacteurs (on met par exemple C_{12} en position $(2, 1)$). On écrit donc

$$\operatorname{adj} A = \begin{bmatrix} -2 & 14 & 4 \\ 3 & -7 & 1 \\ 5 & -7 & -3 \end{bmatrix}$$

On pourrait ensuite calculer directement $\det A$. Mais on peut aussi effectuer le calcul ci-dessous, qui permet de vérifier les calculs *et* d'obtenir $\det A$:

$$(\operatorname{adj} A) \cdot A = \begin{bmatrix} -2 & 14 & 4 \\ 3 & -7 & 1 \\ 5 & -7 & -3 \end{bmatrix} \begin{bmatrix} 2 & 1 & 3 \\ 1 & -1 & 1 \\ 1 & 4 & -2 \end{bmatrix} = \begin{bmatrix} 14 & 0 & 0 \\ 0 & 14 & 0 \\ 0 & 0 & 14 \end{bmatrix} = 14I$$

Comme $(\operatorname{adj} A) \cdot A = 14I$, on obtient, d'après le théorème 8, $\det A = 14$ et

$$A^{-1} = \frac{1}{14} \begin{bmatrix} -2 & 14 & 4 \\ 3 & -7 & 1 \\ 5 & -7 & -3 \end{bmatrix} = \begin{bmatrix} -1/7 & 1 & 2/7 \\ 3/14 & -1/2 & 1/14 \\ 5/14 & -1/2 & -3/14 \end{bmatrix} \quad \blacksquare$$

─── REMARQUES NUMÉRIQUES ───

Le théorème 8 s'utilise essentiellement dans des calculs théoriques. La formule qui donne A^{-1} permet d'obtenir certaines propriétés de l'inverse sans avoir à la calculer explicitement. Mais, exception faite de quelques cas particuliers, l'algorithme de la section 2.2 fournit, si c'est vraiment nécessaire, un bien meilleur moyen de calcul de A^{-1}.

Les formules de Cramer constituent elles aussi un outil théorique. On peut les utiliser pour étudier la sensibilité de la solution de $A\mathbf{x} = \mathbf{b}$ à des modifications des coefficients de $\mathbf{b}$ ou de A (dans le cas, par exemple, d'erreurs expérimentales au moment de l'acquisition de ces coefficients). Si A est une matrice 3×3 à coefficients *complexes*, on utilise parfois les formules de Cramer dans des calculs à la main, dans la mesure où l'application de la méthode du pivot à la matrice $[\, A \quad \mathbf{b} \,]$ peut se révéler assez pénible s'il faut faire les calculs avec des complexes, alors que les déterminants se calculent quant à eux relativement facilement. Pour des matrices $n \times n$ plus grandes, qu'elles soient réelles ou complexes, il n'y a aucun espoir que les formules de Cramer puissent s'utiliser efficacement. Le calcul *d'un seul* déterminant demande à peu près autant de travail que la résolution de tout le système $A\mathbf{x} = \mathbf{b}$ par la méthode du pivot.

Interprétation en termes d'aires ou de volumes

Dans l'application qui suit, on se propose de vérifier l'interprétation géométrique des déterminants décrite dans l'introduction du chapitre. Bien qu'aucune présentation générale des notions de longueur et de distance ne soit proposée avant le chapitre 6, on supposera ici que les notions euclidiennes usuelles de longueur, d'aire et de volume sont claires dans le cas de $\mathbb{R}^2$ et $\mathbb{R}^3$.

THÉORÈME 9

> Si A est une matrice 2×2, l'aire du parallélogramme défini par les colonnes de A est égale à $|\det A|$. Si A est une matrice 3×3, le volume du parallélépipède défini par les colonnes de A est égal à $|\det A|$.

DÉMONSTRATION Le résultat est évident pour une matrice 2×2 diagonale (voir figure 1) :

$$\left| \det \begin{bmatrix} a & 0 \\ 0 & d \end{bmatrix} \right| = |ad| = \left\{ \begin{array}{l} \text{aire du} \\ \text{rectangle} \end{array} \right\}$$

Il suffit alors de montrer que l'on peut transformer une matrice 2×2, ici $A = [\, \mathbf{a}_1 \quad \mathbf{a}_2 \,]$, en une matrice diagonale d'une façon qui ne change ni l'aire du parallélogramme associé ni $|\det A|$. On a vu dans la section 3.2 que la valeur absolue du déterminant ne changeait pas quand on échangeait deux colonnes ou que l'on ajoutait à une colonne un multiple d'une autre. Par ailleurs, on voit facilement que l'on peut transformer A en une matrice diagonale par de telles opérations. L'échange de colonnes ne modifie pas le parallélogramme. Il reste donc à démontrer l'observation géométrique élémentaire ci-dessous, qui s'applique aussi bien dans $\mathbb{R}^2$ que dans $\mathbb{R}^3$:

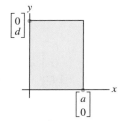

FIGURE 1
Aire $= |ad|$

> Soit $\mathbf{a}_1$ et $\mathbf{a}_2$ deux vecteurs non nuls. Pour tout scalaire c, l'aire du parallélogramme défini par $\mathbf{a}_1$ et $\mathbf{a}_2$ est égale à celle du parallélogramme défini par $\mathbf{a}_1$ et $\mathbf{a}_2 + c\mathbf{a}_1$.

Pour démontrer cette propriété, on peut supposer que $\mathbf{a}_2$ n'est pas colinéaire à $\mathbf{a}_1$, car sinon les deux parallélogrammes seraient aplatis et leur aire serait nulle. Si D est la droite joignant $\mathbf{0}$ à $\mathbf{a}_1$, alors $\mathbf{a}_2 + D$ est la droite qui passe par $\mathbf{a}_2$ et qui est parallèle à D, et $\mathbf{a}_2 + c\mathbf{a}_1$ appartient à cette droite (voir figure 2). Les points $\mathbf{a}_2$ et $\mathbf{a}_2 + c\mathbf{a}_1$ sont à la même distance de D. Les deux parallélogrammes de la figure 2 sont donc de même aire, car ils ont pour base commune le segment joignant $\mathbf{0}$ à $\mathbf{a}_1$. La propriété est démontrée dans $\mathbb{R}^2$.

La démonstration dans $\mathbb{R}^3$ est analogue. Le résultat est évident pour une matrice diagonale 3×3 (voir figure 3). Par ailleurs, toute matrice 3×3 peut être transformée

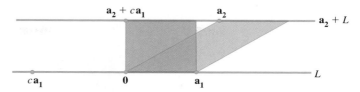

FIGURE 2 Deux parallélogrammes de même aire

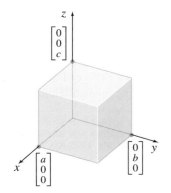

FIGURE 3
Volume $= |abc|$

par des opérations sur les colonnes en une matrice diagonale, sans que la valeur absolue de son déterminant change (cela revient à effectuer des opérations sur les lignes de sa transposée). Il suffit donc de montrer que ces opérations ne modifient pas le volume du parallélépipède défini par les colonnes de la matrice.

La figure 4 représente un parallélépipède sous la forme d'un pavé en couleur avec deux faces inclinées. Son volume est égal à l'aire de la base dans le plan $\text{Vect}\{\mathbf{a}_1, \mathbf{a}_3\}$ multipliée par la hauteur de $\mathbf{a}_2$ au-dessus du plan $\text{Vect}\{\mathbf{a}_1, \mathbf{a}_3\}$. Les vecteurs de la forme $\mathbf{a}_2 + c\mathbf{a}_1$ ont la même hauteur, car $\mathbf{a}_2 + c\mathbf{a}_1$ appartient au plan $\mathbf{a}_2 + \text{Vect}\{\mathbf{a}_1, \mathbf{a}_3\}$ qui est parallèle à $\text{Vect}\{\mathbf{a}_1, \mathbf{a}_3\}$. Le volume du parallélépipède est donc inchangé si l'on change $[\,\mathbf{a}_1 \quad \mathbf{a}_2 \quad \mathbf{a}_3\,]$ en $[\,\mathbf{a}_1 \quad \mathbf{a}_2 + c\mathbf{a}_1 \quad \mathbf{a}_3\,]$. Par conséquent, une opération de remplacement de colonne ne modifie pas le volume du parallélépipède. Puisque les échanges de colonnes ne modifient pas le volume, la démonstration est terminée. ∎

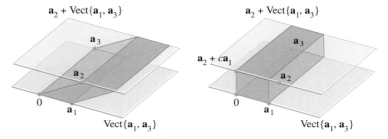

FIGURE 4 Deux parallélépipèdes de même volume

EXEMPLE 4 Calculer l'aire du parallélogramme défini par les points $(-2, -2)$, $(0, 3)$, $(4, -1)$ et $(6, 4)$ (voir figure 5(a)).

SOLUTION On commence par amener par translation l'un des sommets du parallélogramme à l'origine. On retranche par exemple le sommet $(-2, -2)$ de chacun des quatre sommets. Le nouveau parallélogramme a la même aire et ses sommets sont $(0, 0)$, $(2, 5)$, $(6, 1)$ et $(8, 6)$ (voir figure 5(b)). Ce parallélogramme est déterminé par les colonnes de

$$A = \begin{bmatrix} 2 & 6 \\ 5 & 1 \end{bmatrix}$$

Or $|\det A| = |-28|$, donc l'aire du parallélogramme est égale à 28. ∎

Applications linéaires

Les déterminants interviennent dans une importante propriété géométrique des applications linéaires dans le plan ou dans $\mathbb{R}^3$. Soit T une application linéaire et S une partie de l'espace de départ de T. On note $T(S)$ l'ensemble des images des points de S.

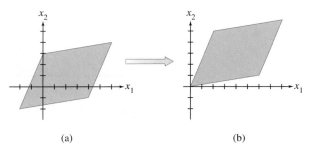

FIGURE 5 La translation d'un parallélogramme ne modifie pas son aire.

On s'intéresse à la comparaison entre l'aire (ou le volume) de $T(S)$ et l'aire (ou le volume) de l'ensemble initial S. Si S est une région délimitée par un parallélogramme, on l'appellera par commodité également parallélogramme.

THÉORÈME 10

Soit $T : \mathbb{R}^2 \to \mathbb{R}^2$ une application linéaire correspondant à une matrice 2×2 notée A. Si S est un parallélogramme de $\mathbb{R}^2$, alors

$$\{\text{aire de } T(S)\} = |\det A| \cdot \{\text{aire de } S\} \tag{5}$$

Si T est associée à une matrice 3×3, soit A, et si S est un parallélépipède $\mathbb{R}^3$, alors

$$\{\text{volume de } T(S)\} = |\det A| \cdot \{\text{volume de } S\} \tag{6}$$

DÉMONSTRATION On se place dans le cas 2×2, avec $A = [\, \mathbf{a}_1 \quad \mathbf{a}_2 \,]$. Un parallélogramme de $\mathbb{R}^2$ ayant un sommet à l'origine et étant défini par les vecteurs $\mathbf{b}_1$ et $\mathbf{b}_2$ est de la forme

$$S = \{s_1\mathbf{b}_1 + s_2\mathbf{b}_2 : 0 \le s_1 \le 1,\ 0 \le s_2 \le 1\}$$

L'image de S par T est constituée des points de la forme

$$T(s_1\mathbf{b}_1 + s_2\mathbf{b}_2) = s_1 T(\mathbf{b}_1) + s_2 T(\mathbf{b}_2)$$
$$= s_1 A\mathbf{b}_1 + s_2 A\mathbf{b}_2$$

avec $0 \le s_1 \le 1, 0 \le s_2 \le 1$. Il en résulte que $T(S)$ est le parallélogramme défini par $[\, A\mathbf{b}_1 \quad A\mathbf{b}_2 \,]$. On peut écrire cette matrice sous la forme AB, où $B = [\, \mathbf{b}_1 \quad \mathbf{b}_2 \,]$. D'après le théorème 9 et la propriété de multiplicativité des déterminants,

$$\{\text{aire de } T(S)\} = |\det AB| = |\det A| \cdot |\det B|$$
$$= |\det A| \cdot \{\text{aire de } S\} \tag{7}$$

Un parallélogramme quelconque est de la forme $\mathbf{p} + S$, où $\mathbf{p}$ est un certain vecteur et où S est, comme ci-dessus, un parallélogramme ayant un sommet à l'origine. On voit facilement que T transforme $\mathbf{p} + S$ en $T(\mathbf{p}) + T(S)$ (voir exercice 26). Comme l'aire d'un ensemble est invariante par translation, il en résulte que

$$\{\text{aire de } T(\mathbf{p} + S)\} = \{\text{aire de } T(\mathbf{p}) + T(S)\}$$
$$= \{\text{aire de } T(S)\} \qquad \text{Translation}$$
$$= |\det A| \cdot \{\text{aire de } S\} \qquad \text{D'après (7)}$$
$$= |\det A| \cdot \{\text{aire de } \mathbf{p} + S\} \qquad \text{Translation}$$

Donc l'égalité (5) est vérifiée pour tout parallélogramme de $\mathbb{R}^2$. La démonstration de (6) dans le cas 3×3 est analogue. ∎

Si l'on tente de généraliser le théorème 10 à une région quelconque de $\mathbb{R}^2$ ou de $\mathbb{R}^3$ qui n'est pas délimitée par des portions de droites ou de plans, on se trouve confronté au problème de la définition précise de son aire ou de son volume, et à celui de la façon de la (ou le) calculer. Cette question relève du calcul intégral, et l'on se contente ici d'en esquisser les grandes lignes dans le cas de $\mathbb{R}^2$. Si R est une région du plan d'aire finie, alors on peut approximer son aire par un quadrillage de petits carrés situés à l'intérieur. Il suffit de prendre des carrés suffisamment petits pour approximer l'aire de R d'aussi près que l'on veut, en faisant la somme des aires des petits carrés (voir figure 6).

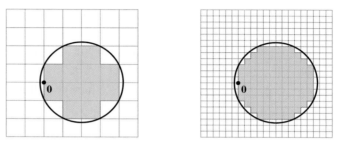

FIGURE 6 Approximation d'une région du plan par une réunion de petits carrés. L'approximation est d'autant meilleure que le quadrillage est fin.

Si T est une application linéaire associée à la matrice A de type 2×2, alors on peut approximer l'image par T d'une région du plan R par les images des petits carrés intérieurs à R. D'après la démonstration du théorème 10, ces images sont des parallélogrammes dont l'aire est le produit de $|\det A|$ par l'aire du carré. Si l'on note R' la réunion des carrés intérieurs à R, alors l'aire de $T(R')$ est égale au produit de $|\det A|$ par l'aire de R' (voir figure 7). De plus, l'aire de $T(R')$ a une valeur proche de celle de l'aire $T(R)$. On peut justifier la généralisation ci-dessous du théorème 10 par un argument de passage à la limite.

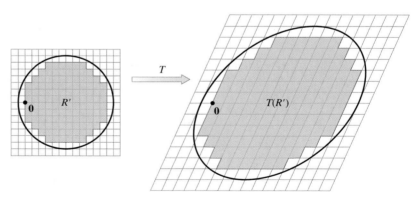

FIGURE 7 Approximation de $T(R)$ par une réunion de parallélogrammes

Les conclusions du théorème 10 restent valables pour toute région S de $\mathbb{R}^2$ d'aire finie ou toute région S de $\mathbb{R}^3$ de volume fini.

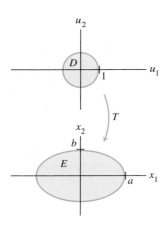

EXEMPLE 5 Soit a et b deux réels strictement positifs. Déterminer l'aire de la région E délimitée par l'ellipse d'équation

$$\frac{x_1^2}{a^2} + \frac{x_2^2}{b^2} = 1$$

SOLUTION On peut affirmer que E est l'image du disque unité D par l'application linéaire T définie par la matrice $A = \begin{bmatrix} a & 0 \\ 0 & b \end{bmatrix}$, car si $\mathbf{u} = \begin{bmatrix} u_1 \\ u_2 \end{bmatrix}$, $\mathbf{x} = \begin{bmatrix} x_1 \\ x_2 \end{bmatrix}$ et $\mathbf{x} = A\mathbf{u}$, alors

$$u_1 = \frac{x_1}{a} \quad \text{et} \quad u_2 = \frac{x_2}{b}$$

Il en résulte que $\mathbf{u}$ est dans le disque unité, c'est-à-dire $u_1^2 + u_2^2 \leq 1$, si et seulement si $\mathbf{x}$ est dans E, c'est-à-dire $(x_1/a)^2 + (x_2/b)^2 \leq 1$. D'après la généralisation du théorème 10,

$$\{\text{aire de l'ellipse}\} = \{\text{aire de } T(D)\}$$
$$= |\det A| \cdot \{\text{aire de } D\}$$
$$= ab \cdot \pi(1)^2 = \pi ab \qquad \blacksquare$$

EXERCICE D'ENTRAÎNEMENT

Soit S le parallélogramme défini par les vecteurs $\mathbf{b}_1 = \begin{bmatrix} 1 \\ 3 \end{bmatrix}$ et $\mathbf{b}_2 = \begin{bmatrix} 5 \\ 1 \end{bmatrix}$, et A la matrice $\begin{bmatrix} 1 & 0{,}1 \\ 0 & 2 \end{bmatrix}$. Calculer l'aire de l'image de S par l'application $\mathbf{x} \mapsto A\mathbf{x}$.

3.3 EXERCICES

Résoudre les systèmes des exercices 1 à 6 avec les formules de Cramer.

1. $5x_1 + 7x_2 = 3$
$\quad 2x_1 + 4x_2 = 1$

2. $4x_1 + \ x_2 = 6$
$\quad 3x_1 + 2x_2 = 7$

3. $3x_1 - 2x_2 = \ 3$
$\quad -4x_1 + 6x_2 = -5$

4. $-5x_1 + 2x_2 = \ 9$
$\quad 3x_1 - \ x_2 = -4$

5. $\ x_1 + x_2 \qquad = 3$
$\quad -3x_1 \qquad + 2x_3 = 0$
$\qquad \ x_2 - 2x_3 = 2$

6. $x_1 + 3x_2 + \ x_3 = 4$
$\quad -x_1 + \qquad 2x_3 = 2$
$\quad 3x_1 + \ x_2 \qquad = 2$

Dans les exercices 7 à 10, déterminer les valeurs du paramètre s pour lesquelles le système a une solution unique, puis écrire cette dernière.

7. $6sx_1 + \ 4x_2 = \ 5$
$\quad 9x_1 + 2sx_2 = -2$

8. $3sx_1 + \ 5x_2 = 3$
$\quad 12x_1 + 5sx_2 = 2$

9. $sx_1 + 2sx_2 = -1$
$\quad 3x_1 + 6sx_2 = \ 4$

10. $sx_1 - \ 2x_2 = 1$
$\quad 4sx_1 + 4sx_2 = 2$

Dans les exercices 11 à 16, calculer la matrice des cofacteurs de la matrice proposée, puis calculer l'inverse de cette dernière en utilisant le théorème 8.

11. $\begin{bmatrix} 0 & -2 & -1 \\ 5 & 0 & 0 \\ -1 & 1 & 1 \end{bmatrix}$

12. $\begin{bmatrix} 1 & 1 & 3 \\ -2 & 2 & 1 \\ 0 & 1 & 1 \end{bmatrix}$

13. $\begin{bmatrix} 3 & 5 & 4 \\ 1 & 0 & 1 \\ 2 & 1 & 1 \end{bmatrix}$

14. $\begin{bmatrix} 1 & -1 & 2 \\ 0 & 2 & 1 \\ 2 & 0 & 4 \end{bmatrix}$

15. $\begin{bmatrix} 5 & 0 & 0 \\ -1 & 1 & 0 \\ -2 & 3 & -1 \end{bmatrix}$

16. $\begin{bmatrix} 1 & 2 & 4 \\ 0 & -3 & 1 \\ 0 & 0 & -2 \end{bmatrix}$

17. Montrer que si A est une matrice 2×2, alors la formule donnée pour A^{-1} par le théorème 8 est la même que celle qui figure dans le théorème 4 de la section 2.2.

18. On suppose que les coefficients de A sont des entiers et que $\det A = 1$. Expliquer pourquoi les coefficients de A^{-1} sont des entiers.

Dans les exercices 19 à 22, déterminer l'aire du parallélogramme dont les sommets sont les points proposés.

19. $(0, 0), (5, 2), (6, 4), (11, 6)$

20. $(0,0), (-2,4), (4,-5), (2,-1)$

21. $(-2,0), (0,3), (1,3), (-1,0)$

22. $(0,-2), (5,-2), (-3,1), (2,1)$

23. Déterminer le volume du parallélépipède dont l'un des sommets est situé à l'origine et dont les sommets adjacents sont situés aux points $(1,0,-3)$, $(1,2,4)$ et $(5,1,0)$.

24. Déterminer le volume du parallélépipède dont l'un des sommets est situé à l'origine et dont les sommets adjacents sont situés aux points $(1,3,0)$, $(-2,0,2)$ et $(-1,3,-1)$.

25. Sans faire appel au théorème 4 de la section 3.2, mais en utilisant la notion de volume, expliquer pourquoi le déterminant d'une matrice A de type 3×3 est nul si et seulement si A n'est pas inversible. (*Indication :* Penser aux colonnes de A.)

26. Soit $T : \mathbb{R}^m \to \mathbb{R}^n$ une application linéaire, $\mathbf{p}$ un vecteur de $\mathbb{R}^m$ et S une partie de $\mathbb{R}^m$. Montrer que l'image de $\mathbf{p} + S$ par T est le translaté $T(\mathbf{p}) + T(S)$ dans $\mathbb{R}^n$.

27. Soit S le parallélogramme défini par les deux vecteurs $\mathbf{b}_1 = \begin{bmatrix} -2 \\ 3 \end{bmatrix}$ et $\mathbf{b}_2 = \begin{bmatrix} -2 \\ 5 \end{bmatrix}$, et soit A la matrice $\begin{bmatrix} 6 & -3 \\ -3 & 2 \end{bmatrix}$. Calculer l'aire de l'image de S par l'application $\mathbf{x} \mapsto A\mathbf{x}$.

28. Reprendre l'exercice 27 avec $\mathbf{b}_1 = \begin{bmatrix} 4 \\ -7 \end{bmatrix}$, $\mathbf{b}_2 = \begin{bmatrix} 0 \\ 1 \end{bmatrix}$ et $A = \begin{bmatrix} 5 & 2 \\ 1 & 1 \end{bmatrix}$.

29. Établir une formule donnant l'aire du triangle de $\mathbb{R}^2$ de sommets $\mathbf{0}$, $\mathbf{v}_1$ et $\mathbf{v}_2$.

30. Soit R le triangle de sommets (x_1, y_1), (x_2, y_2) et (x_3, y_3). Montrer que

$$\{\text{aire du triangle}\} = \frac{1}{2} \det \begin{bmatrix} x_1 & y_1 & 1 \\ x_2 & y_2 & 1 \\ x_3 & y_3 & 1 \end{bmatrix}$$

[*Indication :* Déplacer R sur l'origine par translation, en retranchant l'un des sommets, puis utiliser l'exercice 29.]

31. Soit $T : \mathbb{R}^3 \to \mathbb{R}^3$ l'application linéaire définie par la matrice $A = \begin{bmatrix} a & 0 & 0 \\ 0 & b & 0 \\ 0 & 0 & c \end{bmatrix}$, où a, b et c sont des réels strictement

positifs. On note S la boule unité, c'est-à-dire la région de $\mathbb{R}^3$ délimitée par la sphère d'équation $x_1^2 + x_2^2 + x_3^2 = 1$.

a. Montrer que $T(S)$ est délimitée par l'ellipsoïde d'équation $\dfrac{x_1^2}{a^2} + \dfrac{x_2^2}{b^2} + \dfrac{x_3^2}{c^2} = 1$.

b. En utilisant le fait que le volume de la boule unité est égal à $4\pi/3$, déterminer le volume de la région délimitée par l'ellipsoïde défini dans la question (a).

32. Soit S le tétraèdre de $\mathbb{R}^3$ dont les sommets correspondent aux vecteurs $\mathbf{0}$, $\mathbf{e}_1$, $\mathbf{e}_2$ et $\mathbf{e}_3$, et soit S' le tétraèdre dont les sommets correspondent aux vecteurs $\mathbf{0}$, $\mathbf{v}_1$, $\mathbf{v}_2$ et $\mathbf{v}_3$ (voir figure).

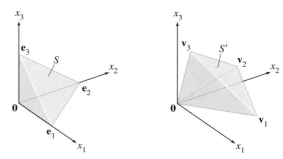

a. Définir une application linéaire qui transforme S en S'.

b. Exprimer le volume du tétraèdre S' en utilisant la relation

$$\{\text{volume de } S\} = (1/3)\{\text{aire de la base}\} \cdot \{\text{hauteur}\}.$$

33. [M] On veut tester la formule d'inversion du théorème 8 sur une matrice 4×4 aléatoire A. À l'aide du logiciel matriciel, calculer les cofacteurs des sous-matrices 3×3, construire la matrice des cofacteurs et poser $B = (\text{adj } A)/(\det A)$. Calculer ensuite $B - \text{inv}(A)$, où $\text{inv}(A)$ désigne l'inverse de A telle que la calcule le logiciel. Utiliser l'arithmétique en virgule flottante avec le plus grand nombre possible de décimales. Que constate-t-on ?

34. [M] Tester les formules de Cramer sur une matrice 4×4 aléatoire A et un vecteur 4×1 aléatoire $\mathbf{b}$. On calculera chaque composante de la solution de $A\mathbf{x} = \mathbf{b}$, que l'on comparera aux composantes de $A^{-1}\mathbf{b}$. Écrire un programme qui calcule la deuxième composante de $\mathbf{x}$ en utilisant les formules de Cramer.

35. [M] Si la version de MATLAB utilisée comporte la commande `flops`, s'en servir pour compter le nombre d'opérations arithmétiques nécessaires au calcul de A^{-1} pour une matrice 30×30 aléatoire. Comparer ce nombre avec le nombre de flops nécessaires au calcul de $(\text{adj } A)/(\det A)$.

SOLUTION DE L'EXERCICE D'ENTRAÎNEMENT

L'aire de S est égale à $\left| \det \begin{bmatrix} 1 & 5 \\ 3 & 1 \end{bmatrix} \right| = 14$ et le déterminant de A est $\det A = 2$.

D'après le théorème 10, l'aire de l'image de S par l'application $\mathbf{x} \mapsto A\mathbf{x}$ est

$$|\det A| \cdot \{\text{aire de } S\} = 2 \cdot 14 = 28$$

CHAPITRE 3 EXERCICES SUPPLÉMENTAIRES

1. Dire si les énoncés suivants sont vrais ou faux. Justifier chaque réponse. On suppose ici que toutes les matrices sont carrées.

   a. Si A est une matrice 2×2 de déterminant nul, alors l'une des colonnes de A est colinéaire à l'autre.

   b. Si A est une matrice 3×3 dont deux des colonnes sont égales, alors $\det A = 0$.

   c. Si A est une matrice 3×3, alors $\det 5A = 5 \det A$.

   d. Si A et B sont des matrices $n \times n$, avec $\det A = 2$ et $\det B = 3$, alors $\det(A + B) = 5$.

   e. Si A est une matrice $n \times n$ telle que $\det A = 2$, alors $\det A^3 = 6$.

   f. Si B est obtenue par l'échange de deux lignes de A, alors $\det B = \det A$.

   g. Si B est obtenue par la multiplication par 5 de la ligne 3 de A, alors $\det B = 5 \cdot \det A$.

   h. Si B est obtenue par l'ajout à une ligne de A d'une combinaison linéaire des autres lignes, alors $\det B = \det A$.

   i. $\det A^T = -\det A$.

   j. $\det(-A) = -\det A$.

   k. $\det A^T A \geq 0$.

   l. Tout système de n équations linéaires à n inconnues peut être résolu par les formules de Cramer.

   m. Si $\mathbf{u}$ et $\mathbf{v}$ sont deux vecteurs de $\mathbb{R}^2$ et que l'on a $\det [\, \mathbf{u} \quad \mathbf{v} \,] = 10$, alors l'aire du triangle du plan de sommets $\mathbf{0}$, $\mathbf{u}$ et $\mathbf{v}$ est égale à 10.

   n. Si $A^3 = 0$, alors $\det A = 0$.

   o. Si A est inversible, alors $\det A^{-1} = \det A$.

   p. Si A est inversible, alors $(\det A)(\det A^{-1}) = 1$.

À l'aide d'opérations sur les lignes, montrer que les déterminants des exercices 2 à 4 sont tous nuls.

2. $\begin{vmatrix} 12 & 13 & 14 \\ 15 & 16 & 17 \\ 18 & 19 & 20 \end{vmatrix}$ **3.** $\begin{vmatrix} 1 & a & b+c \\ 1 & b & a+c \\ 1 & c & a+b \end{vmatrix}$

4. $\begin{vmatrix} a & b & c \\ a+x & b+x & c+x \\ a+y & b+y & c+y \end{vmatrix}$

Calculer les déterminants des exercices 5 et 6.

5. $\begin{vmatrix} 9 & 1 & 9 & 9 & 9 \\ 9 & 0 & 9 & 9 & 2 \\ 4 & 0 & 0 & 5 & 0 \\ 9 & 0 & 3 & 9 & 0 \\ 6 & 0 & 0 & 7 & 0 \end{vmatrix}$

6. $\begin{vmatrix} 4 & 8 & 8 & 8 & 5 \\ 0 & 1 & 0 & 0 & 0 \\ 6 & 8 & 8 & 8 & 7 \\ 0 & 8 & 8 & 3 & 0 \\ 0 & 8 & 2 & 0 & 0 \end{vmatrix}$

7. Montrer que l'équation de la droite de $\mathbb{R}^2$ passant par les points distincts (x_1, y_1) et (x_2, y_2) peut s'écrire sous la forme

$$\det \begin{bmatrix} 1 & x & y \\ 1 & x_1 & y_1 \\ 1 & x_2 & y_2 \end{bmatrix} = 0$$

8. Trouver, comme dans l'exercice 7, une équation sous forme de déterminant 3×3 pour décrire la droite passant par (x_1, y_1) et de pente m.

On considère dans les exercices 9 et 10 les déterminants des *matrices de Vandermonde* ci-dessous.

$$T = \begin{bmatrix} 1 & a & a^2 \\ 1 & b & b^2 \\ 1 & c & c^2 \end{bmatrix}, \quad V(t) = \begin{bmatrix} 1 & t & t^2 & t^3 \\ 1 & x_1 & x_1^2 & x_1^3 \\ 1 & x_2 & x_2^2 & x_2^3 \\ 1 & x_3 & x_3^2 & x_3^3 \end{bmatrix}$$

9. À l'aide d'opérations sur les lignes, montrer que

$$\det T = (b-a)(c-a)(c-b)$$

10. On pose $f(t) = \det V$ et l'on suppose que x_1, x_2 et x_3 sont tous distincts. Justifier le fait que $f(t)$ est un polynôme dont le degré ne dépasse pas 3, montrer que le coefficient de t^3 est non nul et déterminer trois points du graphe de f.

11. Déterminer l'aire du parallélogramme défini par les points $(1, 4)$, $(-1, 5)$, $(3, 9)$ et $(5, 8)$. Comment justifier le fait que le quadrilatère défini par ces quatre points est bien un parallélogramme ?

12. À l'aide de la notion d'aire d'un parallélogramme, proposer un énoncé concernant les matrices 2×2 qui soit vrai si et seulement si ce type de matrice est inversible.

13. Montrer que si A est inversible, alors adj A est inversible et

$$(\text{adj } A)^{-1} = \frac{1}{\det A} A.$$

[*Indication :* Étant donné deux matrices B et C, que doit-on calculer pour montrer que C est l'inverse de B ?]

14. Soit A, B, C, D et I des matrices $n \times n$ (I est la matrice unité). Justifier les relations suivantes en utilisant la définition ou les propriétés du déterminant. Le résultat de la question (c) est utile dans les applications des valeurs propres (chapitre 5).

   a. $\det \begin{bmatrix} A & 0 \\ 0 & I \end{bmatrix} = \det A$ b. $\det \begin{bmatrix} I & 0 \\ C & D \end{bmatrix} = \det D$

   c. $\det \begin{bmatrix} A & 0 \\ C & D \end{bmatrix} = (\det A)(\det D) = \det \begin{bmatrix} A & B \\ 0 & D \end{bmatrix}$

15. Soit A, B, C et D des matrices $n \times n$ avec A inversible.

a. Déterminer les matrices X et Y permettant d'écrire la factorisation LU par blocs

$$\begin{bmatrix} A & B \\ C & D \end{bmatrix} = \begin{bmatrix} I & 0 \\ X & I \end{bmatrix}\begin{bmatrix} A & B \\ 0 & Y \end{bmatrix}$$

puis montrer que

$$\det\begin{bmatrix} A & B \\ C & D \end{bmatrix} = (\det A)\cdot\det(D - CA^{-1}B)$$

b. Montrer que si $AC = CA$, alors

$$\det\begin{bmatrix} A & B \\ C & D \end{bmatrix} = \det(AD - CB)$$

16. Soit J la matrice $n \times n$ constituée uniquement de 1. On considère la matrice $A = (a - b)I + bJ$, c'est-à-dire que l'on pose

$$A = \begin{bmatrix} a & b & b & \cdots & b \\ b & a & b & \cdots & b \\ b & b & a & \cdots & b \\ \vdots & \vdots & \vdots & \ddots & \vdots \\ b & b & b & \cdots & a \end{bmatrix}$$

En utilisant la démarche proposée ci-dessous, montrer que $\det A = (a - b)^{n-1}[a + (n - 1)b]$.

a. Retrancher la ligne 2 de la ligne 1, la ligne 3 de la ligne 2, et ainsi de suite, et expliquer pourquoi cela ne change pas le déterminant de la matrice.

b. En partant de la matrice obtenue à la question (a), ajouter la colonne 1 à la colonne 2, puis cette nouvelle colonne 2 à la colonne 3, et ainsi de suite, et expliquer pourquoi cela ne change pas le déterminant.

c. Calculer le déterminant de la matrice obtenue à la question (b).

17. Soit A la matrice initiale de l'exercice 16. On pose également

$$B = \begin{bmatrix} a - b & b & b & \cdots & b \\ 0 & a & b & \cdots & b \\ 0 & b & a & \cdots & b \\ \vdots & \vdots & \vdots & \ddots & \vdots \\ 0 & b & b & \cdots & a \end{bmatrix} \text{ et}$$

$$C = \begin{bmatrix} b & b & b & \cdots & b \\ b & a & b & \cdots & b \\ b & b & a & \cdots & b \\ \vdots & \vdots & \vdots & \ddots & \vdots \\ b & b & b & \cdots & a \end{bmatrix}$$

On remarque que A, B et C sont quasiment identiques, à cela près que la première colonne de A est égale à la somme des premières colonnes de B et C. D'après une *propriété de linéarité* de la fonction déterminant, vue à la section 3.2, on peut affirmer que $\det A = \det B + \det C$. Utiliser cette relation pour démontrer la formule de l'exercice 16 avec un raisonnement par récurrence portant sur la taille de A.

18. [M] En appliquant l'exercice 16, calculer le déterminant des matrices qui suivent et vérifier les résultats à l'aide d'un logiciel de calcul matriciel.

$$\begin{bmatrix} 3 & 8 & 8 & 8 \\ 8 & 3 & 8 & 8 \\ 8 & 8 & 3 & 8 \\ 8 & 8 & 8 & 3 \end{bmatrix} \qquad \begin{bmatrix} 8 & 3 & 3 & 3 & 3 \\ 3 & 8 & 3 & 3 & 3 \\ 3 & 3 & 8 & 3 & 3 \\ 3 & 3 & 3 & 8 & 3 \\ 3 & 3 & 3 & 3 & 8 \end{bmatrix}$$

19. [M] Au moyen d'un logiciel, calculer les déterminants des matrices ci-dessous.

$$\begin{bmatrix} 1 & 1 & 1 \\ 1 & 2 & 2 \\ 1 & 2 & 3 \end{bmatrix} \qquad \begin{bmatrix} 1 & 1 & 1 & 1 \\ 1 & 2 & 2 & 2 \\ 1 & 2 & 3 & 3 \\ 1 & 2 & 3 & 4 \end{bmatrix}$$

$$\begin{bmatrix} 1 & 1 & 1 & 1 & 1 \\ 1 & 2 & 2 & 2 & 2 \\ 1 & 2 & 3 & 3 & 3 \\ 1 & 2 & 3 & 4 & 4 \\ 1 & 2 & 3 & 4 & 5 \end{bmatrix}$$

À partir de ces calculs, proposer une conjecture sur la valeur du déterminant de la matrice ci-dessous, et confirmer cette conjecture en calculant le déterminant à l'aide d'opérations sur les lignes.

$$\begin{bmatrix} 1 & 1 & 1 & \cdots & 1 \\ 1 & 2 & 2 & \cdots & 2 \\ 1 & 2 & 3 & \cdots & 3 \\ \vdots & \vdots & \vdots & \ddots & \vdots \\ 1 & 2 & 3 & \cdots & n \end{bmatrix}$$

20. [M] Utiliser la même démarche qu'à l'exercice 19 pour émettre une conjecture sur la valeur du déterminant de la matrice

$$\begin{bmatrix} 1 & 1 & 1 & \cdots & 1 \\ 1 & 3 & 3 & \cdots & 3 \\ 1 & 3 & 6 & \cdots & 6 \\ \vdots & \vdots & \vdots & \ddots & \vdots \\ 1 & 3 & 6 & \cdots & 3(n - 1) \end{bmatrix}$$

Justifier cette conjecture. [*Indication :* Utiliser l'exercice 14(c) ainsi que le résultat de l'exercice 19.]

4

Espaces vectoriels

EXEMPLE INTRODUCTIF

Navette spatiale et systèmes de contrôle

En avril 1981, par une fraîche matinée de printemps, la navette *Columbia*, haute comme douze étages, éleva majestueusement ses 70 tonnes au-dessus de l'aire de lancement. Produit de dix ans de recherche et de développement intensifs, la première navette spatiale américaine fut un triomphe pour les ingénieurs qui en avaient conçu les systèmes de contrôle. De nombreuses spécialités avaient pris part au projet : aéronautique, chimie, génie électrique, hydraulique, mécanique, etc.

Les systèmes de contrôle jouent un rôle essentiel dans le vol d'une navette spatiale. Il s'agit d'un engin instable et, pendant son vol atmosphérique, il nécessite un contrôle informatique permanent. Le système de contrôle

de vol envoie un flot de commandes aux gouvernes aérodynamiques et à 44 petits propulseurs. La figure 1 montre un système typique en boucle fermée qui contrôle l'assiette de la navette pendant le vol (l'assiette est l'angle d'élévation du nez de l'appareil). Les symboles de jonction ($\otimes$) montrent les points où les signaux de divers capteurs s'ajoutent à ceux de l'ordinateur passant dans la partie supérieure de la figure.

Mathématiquement, les signaux d'entrée et de sortie d'un système de contrôle sont des fonctions. Dans les applications, il est important que de telles fonctions puissent être ajoutées, comme dans la figure 1, ou multipliées par un scalaire. Ces deux opérations sur

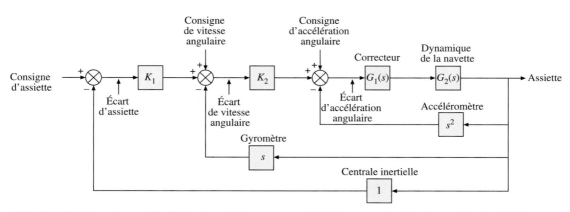

FIGURE 1 Système de contrôle de l'assiette de la navette spatiale (*Source :* adapté de *Space Shuttle GN&C Operations Manual*, Rockwell International, ©1988)

les fonctions ont des propriétés algébriques qui sont parfaitement analogues à celles des opérations d'addition de vecteurs dans $\mathbb{R}^n$ et de multiplication d'un vecteur par un scalaire, comme nous le verrons dans les sections 4.1 et 4.8. Pour cette raison, on appelle *espace vectoriel* l'ensemble de toutes les entrées (fonctions) possibles. Les fondements mathématiques de l'ingénierie des systèmes reposent sur des espaces vectoriels de fonctions. Le chapitre 4 étend la théorie des vecteurs de $\mathbb{R}^n$ pour inclure de telles fonctions. On verra plus loin comment d'autres espaces vectoriels apparaissent en sciences de l'ingénieur, en physique ou en statistiques.

Les graines mathématiques semées dans les chapitres 1 et 2 ont donné des plantes qui commencent à fleurir dans ce chapitre. La beauté et la puissance de l'algèbre linéaire apparaissent plus nettement si l'on considère $\mathbb{R}^n$ comme l'un des nombreux espaces vectoriels que l'on peut rencontrer dans les applications. En réalité, l'étude des espaces vectoriels n'est pas très différente de celle de $\mathbb{R}^n$ lui-même, car on peut utiliser sa connaissance géométrique de $\mathbb{R}^2$ et $\mathbb{R}^3$ pour visualiser de nombreux concepts généraux.

On commence avec les définitions fondamentales de la section 4.1, puis on développe progressivement le cadre général des espaces vectoriels tout au long du chapitre. L'un des objectifs des sections 4.3 à 4.5 est de montrer la grande similitude entre $\mathbb{R}^n$ et les autres espaces vectoriels. La section 4.6 sur le rang est l'un des points culminants du chapitre ; on y utilise la terminologie des espaces vectoriels pour relier entre elles des propriétés importantes des matrices rectangulaires. Dans la section 4.8, on applique la théorie du chapitre aux signaux discrets et aux récurrences linéaires utilisés dans les systèmes de contrôle numériques comme ceux de la navette spatiale. Les chaînes de Markov de la section 4.9 apportent un changement de rythme par rapport aux sections plus théoriques du chapitre et constituent de bons exemples pour les notions qui seront introduites au chapitre 5.

4.1 | ESPACES VECTORIELS, SOUS-ESPACES VECTORIELS

La théorie des chapitres 1 et 2 reposait essentiellement sur certaines propriétés algébriques simples et évidentes de $\mathbb{R}^n$, énumérées dans la section 1.3. De fait, beaucoup d'autres systèmes mathématiques possèdent ces mêmes propriétés. Les propriétés les plus utiles sont énumérées dans la définition ci-dessous.

DÉFINITION

On appelle **espace vectoriel** tout ensemble non vide V constitué d'objets appelés *vecteurs*, sur lequel sont définies deux opérations appelées *addition* et *multiplication par un scalaire* (nombre réel). Ces opérations vérifient les dix axiomes (ou règles) énumérés ci-dessous, quels que soient les vecteurs $\mathbf{u}$, $\mathbf{v}$ et $\mathbf{w}$ de V et les scalaires c et d [1].

1. La somme de $\mathbf{u}$ et $\mathbf{v}$, notée $\mathbf{u} + \mathbf{v}$, est dans V.
2. $\mathbf{u} + \mathbf{v} = \mathbf{v} + \mathbf{u}$.
3. $(\mathbf{u} + \mathbf{v}) + \mathbf{w} = \mathbf{u} + (\mathbf{v} + \mathbf{w})$.

---

[1] Techniquement, V est un *espace vectoriel réel*. Toute la théorie de ce chapitre est également valable pour des *espaces vectoriels complexes* dans lesquels les scalaires sont des complexes. Ce point sera brièvement examiné au chapitre 5. D'ici là, tous les scalaires sont supposés réels.

4. Il existe un vecteur de V dit **vecteur nul** ou **zéro**, noté **0**, tel que $\mathbf{u} + \mathbf{0} = \mathbf{u}$.

5. Pour tout vecteur $\mathbf{u}$ de V, il existe un vecteur $-\mathbf{u}$ de V tel que $\mathbf{u} + (-\mathbf{u}) = \mathbf{0}$.

6. Le produit du vecteur $\mathbf{u}$ par le scalaire c, noté $c\mathbf{u}$, est dans V.

7. $c(\mathbf{u} + \mathbf{v}) = c\mathbf{u} + c\mathbf{v}$.

8. $(c + d)\mathbf{u} = c\mathbf{u} + d\mathbf{u}$.

9. $c(d\mathbf{u}) = (cd)\mathbf{u}$.

10. $1\mathbf{u} = \mathbf{u}$.

À l'aide de ces seuls axiomes, on peut montrer que le vecteur nul de l'axiome 4 est unique et que, pour chaque $\mathbf{u}$ fixé dans V, le vecteur $-\mathbf{u}$ de l'axiome 5, appelé *opposé* de $\mathbf{u}$, est unique (voir exercices 25 et 26). Les démonstrations des propriétés suivantes, qui sont faciles, sont également traitées dans les exercices.

Pour tout vecteur $\mathbf{u}$ de V et tout scalaire c,

$$0\mathbf{u} = \mathbf{0} \tag{1}$$
$$c\mathbf{0} = \mathbf{0} \tag{2}$$
$$-\mathbf{u} = (-1)\mathbf{u} \tag{3}$$

EXEMPLE 1 Les espaces $\mathbb{R}^n$, avec $n \geq 1$, constituent des exemples fondamentaux d'espaces vectoriels. L'intuition géométrique développée dans $\mathbb{R}^3$ est très précieuse pour comprendre et visualiser beaucoup de concepts de ce chapitre. ∎

EXEMPLE 2 Soit V l'ensemble des flèches (segments de droites orientés) de l'espace à trois dimensions, deux flèches étant considérées comme égales si elles ont la même longueur et pointent dans la même direction. On définit l'addition par la règle du parallélogramme (voir section 1.3) et, pour chaque vecteur $\mathbf{v}$ de V, on définit $c\mathbf{v}$ comme étant la flèche dont la longueur est $|c|$ fois la longueur de $\mathbf{v}$ et qui pointe dans la même direction que $\mathbf{v}$ si $c \geq 0$ ou dans la direction opposée si $c < 0$ (voir figure 1). Montrer que V est un espace vectoriel. Ce dernier est un modèle usuel de beaucoup de problèmes physiques faisant intervenir divers types de forces.

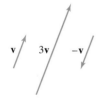

FIGURE 1

SOLUTION La définition de V est purement géométrique, puisqu'elle n'utilise que les concepts de longueur et de direction. Aucun système de coordonnées n'est utilisé. Une flèche de longueur nulle est réduite à un point et représente le vecteur nul. L'opposé de $\mathbf{v}$ est $(-1)\mathbf{v}$. Les axiomes 1, 4, 5, 6 et 10 sont alors évidents. Le reste peut se vérifier géométriquement (voir par exemple figures 2 et 3). ∎

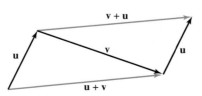

FIGURE 2 $\mathbf{u} + \mathbf{v} = \mathbf{v} + \mathbf{u}$

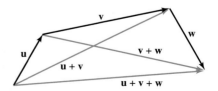

FIGURE 3 $(\mathbf{u} + \mathbf{v}) + \mathbf{w} = \mathbf{u} + (\mathbf{v} + \mathbf{w})$

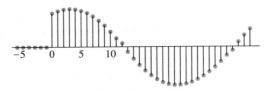

FIGURE 4 Signal à temps discret

EXEMPLE 3 Soit $\mathbb{S}$ l'espace des suites réelles doublement infinies (écrites en général en ligne plutôt qu'en colonne) :

$$(y_k) = (\ldots, y_{-2}, y_{-1}, y_0, y_1, y_2, \ldots)$$

Si (z_k) est un autre élément de $\mathbb{S}$, alors on définit la somme $(y_k) + (z_k)$ comme la suite $(y_k + z_k)$ formée en additionnant les termes correspondants de (y_k) et (z_k). Le produit par un scalaire $c\,(y_k)$ est défini comme étant la suite $(c\,y_k)$. On vérifie les axiomes d'espace vectoriel de la même façon que pour $\mathbb{R}^n$.

Les éléments de $\mathbb{S}$ sont utilisés en sciences de l'ingénieur, par exemple quand un signal est mesuré (ou échantillonné) en temps discret. Ce signal peut être électrique, mécanique, optique, etc. Les principaux systèmes de contrôle de la navette spatiale mentionnés en introduction du chapitre utilisent des signaux à temps discret (ou numérisés). Par commodité, on appellera $\mathbb{S}$ l'espace des **signaux** (à temps discret). Un signal peut être visualisé au moyen d'un graphique, comme dans la figure 4. ∎

EXEMPLE 4 Pour $n \geq 0$, l'ensemble $\mathbb{P}_n$ des polynômes de degré inférieur ou égal à n est constitué des polynômes de la forme

$$\mathbf{p}(t) = a_0 + a_1 t + a_2 t^2 + \cdots + a_n t^n \tag{4}$$

où les coefficients $a_0, \ldots, a_n$ ainsi que la variable t sont des réels. On appelle *degré* de $\mathbf{p}$ le plus grand exposant de t dans (4) dont le coefficient est non nul. Si $\mathbf{p}(t) = a_0 \neq 0$, ce degré est nul. Si tous les coefficients sont nuls, $\mathbf{p}$ est appelé *polynôme nul*. Le polynôme nul appartient bien à $\mathbb{P}_n$ bien que, pour des raisons techniques, son degré ne soit pas défini.

Si $\mathbf{p}$ est le polynôme défini par (4) et si $\mathbf{q}(t) = b_0 + b_1 t + \cdots + b_n t^n$, alors on définit la somme $\mathbf{p} + \mathbf{q}$ par

$$\begin{aligned} (\mathbf{p} + \mathbf{q})(t) &= \mathbf{p}(t) + \mathbf{q}(t) \\ &= (a_0 + b_0) + (a_1 + b_1)t + \cdots + (a_n + b_n)t^n \end{aligned}$$

Le produit par un scalaire $c\mathbf{p}$ est le polynôme défini par

$$(c\mathbf{p})(t) = c\mathbf{p}(t) = ca_0 + (ca_1)t + \cdots + (ca_n)t^n$$

Ces définitions vérifient les axiomes 1 et 6 car $\mathbf{p} + \mathbf{q}$ et $c\mathbf{p}$ sont des polynômes de degré inférieur ou égal à n. Les axiomes 2, 3 et 7 à 10 résultent des propriétés des nombres réels. Le polynôme nul a clairement la propriété du vecteur nul de l'axiome 4. Enfin, $(-1)\mathbf{p}$ agit bien comme opposé de $\mathbf{p}$, donc l'axiome 5 est également vérifié. Ainsi, $\mathbb{P}_n$ est un espace vectoriel.

Les espaces vectoriels $\mathbb{P}_n$, où n prend différentes valeurs, sont utilisés par exemple en analyse tendancielle de données, technique présentée dans la section 6.8. ∎

EXEMPLE 5 Soit V l'ensemble des fonctions à valeurs réelles définies sur un certain ensemble $\mathbb{D}$ (typiquement, $\mathbb{D}$ est l'ensemble des réels ou un intervalle de la droite réelle). On définit l'addition de fonctions de la manière usuelle : $\mathbf{f} + \mathbf{g}$ est la fonction dont la valeur en un point t de $\mathbb{D}$ est $\mathbf{f}(t) + \mathbf{g}(t)$. De même, pour un scalaire c et une fonction $\mathbf{f}$ de V, le produit $c\mathbf{f}$ est la fonction dont la valeur en t est $c\mathbf{f}(t)$. Si par exemple $\mathbb{D} = \mathbb{R}$, $\mathbf{f}(t) = 1 + \sin 2t$ et $\mathbf{g}(t) = 2 + 0{,}5t$, alors

$$(\mathbf{f} + \mathbf{g})(t) = 3 + \sin 2t + 0{,}5t \quad \text{et} \quad (2\mathbf{g})(t) = 4 + t$$

Deux fonctions de V sont égales si et seulement si leurs valeurs sont égales en tout point t de $\mathbb{D}$. Par conséquent, le vecteur nul de V est la fonction identiquement nulle, telle que $\mathbf{f}(t) = 0$ pour tout t, et l'opposé de $\mathbf{f}$ est $(-1)\mathbf{f}$. Les axiomes 1 et 6 sont clairement vérifiés et les autres axiomes résultent des propriétés des réels ; ainsi, V est un espace vectoriel. ■

FIGURE 5

Somme de deux vecteurs
(fonctions)

Il est important de considérer chaque fonction appartenant à l'espace vectoriel V de l'exemple 5 comme un objet en lui-même, c'est-à-dire comme un « point » ou un vecteur donné appartenant à cet espace vectoriel. La somme de deux vecteurs $\mathbf{f}$ et $\mathbf{g}$ (que ce soit des fonctions de V ou des éléments de *n'importe quel* espace vectoriel) peut être vue comme dans la figure 5, ce qui permet de transposer à un espace vectoriel quelconque l'intuition géométrique développée en travaillant dans l'espace vectoriel $\mathbb{R}^n$.

Sous-espaces vectoriels

Dans beaucoup de situations, les espaces vectoriels rencontrés sont en fait des sous-ensembles d'espaces vectoriels plus larges. Dans ce cas, seuls trois des axiomes d'espace vectoriel sont à contrôler ; le reste est automatiquement vérifié.

DÉFINITION

On appelle **sous-espace vectoriel** ou, en abrégé, **sous-espace** d'un espace vectoriel V toute partie H de V possédant les trois propriétés suivantes :

a. Le vecteur nul[2] de V appartient à H.

b. H est stable par addition vectorielle, c'est-à-dire que pour tous vecteurs $\mathbf{u}$ et $\mathbf{v}$ de H, la somme $\mathbf{u} + \mathbf{v}$ appartient à H.

c. H est stable par multiplication par un scalaire, c'est-à-dire que pour tout vecteur $\mathbf{u}$ de H et tout scalaire c, le vecteur $c\mathbf{u}$ appartient à H.

Les propriétés (a), (b) et (c) suffisent à assurer que, muni des opérations d'espace vectoriel déjà définies dans V, un sous-espace H de V est lui-même un *espace vectoriel*. Pour le vérifier, on remarque que les propriétés (a), (b) et (c) sont les axiomes 1, 4 et 6. Les axiomes 2, 3 et 7 à 10 sont automatiquement vérifiés dans H car ils s'appliquent à tous les éléments de V, y compris ceux de H. L'axiome 5 est également vérifié dans H, car si $\mathbf{u}$ est un vecteur de H, alors $(-1)\mathbf{u}$ est dans H d'après la propriété (c) et, d'après la relation (3) de la page 207, on sait que $(-1)\mathbf{u}$ est égal au vecteur $-\mathbf{u}$ de l'axiome 5.

Ainsi, tout sous-espace vectoriel est un espace vectoriel. Inversement, tout espace vectoriel est un sous-espace vectoriel (de lui-même et éventuellement d'autres espaces

---

[2] Certains auteurs remplacent la propriété (a) de cette définition par l'hypothèse que H est non vide. On peut alors déduire (a) de (c) et du fait que $0\mathbf{u} = \mathbf{0}$. Mais la meilleure façon de s'assurer qu'une partie de V est un sous-espace vectoriel est d'y chercher d'abord le vecteur nul. Si $\mathbf{0}$ est dans H, alors il faut vérifier les propriétés (b) et (c). Si $\mathbf{0}$ *n'est pas* dans H, alors H ne peut pas être un sous-espace et il n'est pas nécessaire de vérifier les autres propriétés.

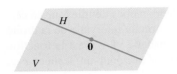

FIGURE 6
Sous-espace vectoriel de V

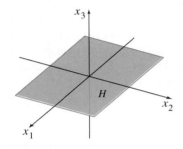

FIGURE 7
Le plan $x_1 x_2$ vu comme un
sous-espace vectoriel de $\mathbb{R}^3$

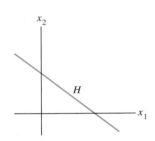

FIGURE 8
Exemple de droite qui n'est pas un
espace vectoriel

plus grands). On utilise le terme de *sous-espace (vectoriel)* quand on est en présence d'au moins deux espaces vectoriels, l'un étant inclus dans l'autre, et la locution *sous-espace vectoriel de V* pour identifier V comme le plus grand des deux espaces (voir figure 6).

EXEMPLE 6 L'ensemble constitué uniquement du vecteur nul de V est un sous-espace de V appelé **sous-espace nul** et noté $\{\mathbf{0}\}$. ∎

EXEMPLE 7 Soit $\mathbb{P}$ l'ensemble de tous les polynômes à coefficients réels, les opérations dans $\mathbb{P}$ étant définies de la même façon que pour les fonctions. L'ensemble $\mathbb{P}$ est alors un sous-espace de l'espace vectoriel des fonctions à valeurs réelles définies sur $\mathbb{R}$. De plus, pour chaque $n \geq 0$, $\mathbb{P}_n$ est un sous-espace vectoriel de $\mathbb{P}$, car $\mathbb{P}_n$ est une partie de $\mathbb{P}$ contenant le polynôme nul, la somme de deux polynômes de $\mathbb{P}_n$ appartient à $\mathbb{P}_n$ et le produit d'un polynôme de $\mathbb{P}_n$ par un scalaire appartient à $\mathbb{P}_n$. ∎

EXEMPLE 8 L'espace vectoriel $\mathbb{R}^2$ *n'est pas* un sous-espace vectoriel de $\mathbb{R}^3$, car ce n'est même pas un sous-ensemble de $\mathbb{R}^3$ (les vecteurs de $\mathbb{R}^3$ ont trois composantes, alors que ceux de $\mathbb{R}^2$ n'en ont que deux). L'ensemble

$$H = \left\{ \begin{bmatrix} s \\ t \\ 0 \end{bmatrix} : s \text{ et } t \text{ réels} \right\}$$

est une partie de $\mathbb{R}^3$ qui « ressemble » à $\mathbb{R}^2$ et « se comporte » comme lui, mais qui est en toute rigueur distincte de $\mathbb{R}^2$ (voir figure 7). Montrer que H est un sous-espace de $\mathbb{R}^3$.

SOLUTION Le vecteur nul appartient à H. De plus, H est stable par addition vectorielle et multiplication par un scalaire, car en appliquant ces opérations à des vecteurs de H, on obtient un vecteur dont la troisième composante est toujours nulle (et qui appartient donc à H). Ainsi, H est bien un sous-espace vectoriel de $\mathbb{R}^3$. ∎

EXEMPLE 9 Un plan de $\mathbb{R}^3$ *ne passant pas* par l'origine n'est pas un sous-espace de $\mathbb{R}^3$, car ce plan ne contient pas le vecteur nul de $\mathbb{R}^3$. De même, une droite de $\mathbb{R}^2$ *ne passant pas* par l'origine, comme dans la figure 8, *n'est pas* un sous-espace de $\mathbb{R}^2$. ∎

Sous-espace engendré par une partie de V

L'exemple qui suit illustre l'un des moyens les plus fréquents de fabriquer un sous-espace vectoriel. Comme dans le chapitre 1, le terme de **combinaison linéaire** désigne une somme de produits de vecteurs par des scalaires et la notation $\text{Vect}\{\mathbf{v}_1, \ldots, \mathbf{v}_p\}$ renvoie à l'ensemble de tous les vecteurs qui s'écrivent comme des combinaisons linéaires de $\mathbf{v}_1, \ldots, \mathbf{v}_p$.

EXEMPLE 10 Étant donné deux vecteurs $\mathbf{v}_1$ et $\mathbf{v}_2$ d'un espace vectoriel V, on pose $H = \text{Vect}\{\mathbf{v}_1, \mathbf{v}_2\}$. Montrer que H est un sous-espace vectoriel de V.

SOLUTION Le vecteur nul appartient à H car $\mathbf{0} = 0\mathbf{v}_1 + 0\mathbf{v}_2$. Pour montrer que H est stable par addition vectorielle, on prend deux vecteurs arbitraires de H

$$\mathbf{u} = s_1\mathbf{v}_1 + s_2\mathbf{v}_2 \quad \text{et} \quad \mathbf{w} = t_1\mathbf{v}_1 + t_2\mathbf{v}_2$$

D'après les axiomes d'espace vectoriel 2, 3 et 8, on a

$$\begin{aligned} \mathbf{u} + \mathbf{w} &= (s_1\mathbf{v}_1 + s_2\mathbf{v}_2) + (t_1\mathbf{v}_1 + t_2\mathbf{v}_2) \\ &= (s_1 + t_1)\mathbf{v}_1 + (s_2 + t_2)\mathbf{v}_2 \end{aligned}$$

Donc $\mathbf{u} + \mathbf{w}$ est dans H. De plus, si c est un scalaire quelconque, alors, d'après les axiomes 7 et 9,

$$c\mathbf{u} = c(s_1\mathbf{v}_1 + s_2\mathbf{v}_2) = (cs_1)\mathbf{v}_1 + (cs_2)\mathbf{v}_2$$

ce qui montre que $c\mathbf{u}$ appartient à H. Donc H est stable par multiplication par un scalaire. Ainsi, H est bien un sous-espace vectoriel de V. ∎

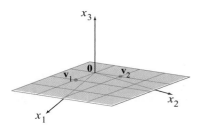

FIGURE 9
Exemple de sous-espace vectoriel

On verra à la section 4.5 que tout sous-espace vectoriel non nul de $\mathbb{R}^3$, autre que $\mathbb{R}^3$ lui-même, est soit de la forme Vect $\{\mathbf{v}_1, \mathbf{v}_2\}$ où $\mathbf{v}_1$ et $\mathbf{v}_2$ sont deux vecteurs linéairement indépendants, soit de la forme Vect $\{\mathbf{v}\}$ où $\mathbf{v}$ est un vecteur non nul. Dans le premier cas, le sous-espace est un plan passant par l'origine ; dans le second cas, c'est une droite passant par l'origine (voir figure 9). Il est utile de bien avoir en tête ces représentations géométriques, même pour des espaces vectoriels abstraits.

Le raisonnement de l'exemple 10 se généralise sans difficulté et conduit au théorème qui suit.

THÉORÈME 1

Si $\mathbf{v}_1, \ldots, \mathbf{v}_p$ sont des vecteurs d'un espace vectoriel V, alors Vect $\{\mathbf{v}_1, \ldots, \mathbf{v}_p\}$ est un sous-espace vectoriel de V.

L'ensemble Vect $\{\mathbf{v}_1, \ldots, \mathbf{v}_p\}$ est appelé **sous-espace (vectoriel) engendré par** l'ensemble $\{\mathbf{v}_1, \ldots, \mathbf{v}_p\}$. Étant donné un sous-espace vectoriel H de V, on appelle **partie génératrice** (respectivement **famille génératrice**) de H une partie $\{\mathbf{v}_1, \ldots, \mathbf{v}_p\}$ (respectivement une famille $(\mathbf{v}_1, \ldots, \mathbf{v}_p)$) de H telle que $H = $ Vect $\{\mathbf{v}_1, \ldots, \mathbf{v}_p\}$.

L'exemple suivant montre comment on utilise le théorème 1.

EXEMPLE 11   Soit H l'ensemble des vecteurs de la forme $(a - 3b, b - a, a, b)$, où a et b sont des scalaires arbitraires. Autrement dit, on pose

$$H = \{(a - 3b, b - a, a, b) : a \text{ et } b \text{ dans } \mathbb{R}\}$$

Montrer que H est un sous-espace vectoriel de $\mathbb{R}^4$.

SOLUTION On écrit les vecteurs de H en colonne. Alors les vecteurs de H sont les vecteurs de la forme

$$\begin{bmatrix} a - 3b \\ b - a \\ a \\ b \end{bmatrix} = a \underbrace{\begin{bmatrix} 1 \\ -1 \\ 1 \\ 0 \end{bmatrix}}_{\mathbf{v}_1} + b \underbrace{\begin{bmatrix} -3 \\ 1 \\ 0 \\ 1 \end{bmatrix}}_{\mathbf{v}_2}$$

Cette expression montre que $H = $ Vect $\{\mathbf{v}_1, \mathbf{v}_2\}$, où $\mathbf{v}_1$ et $\mathbf{v}_2$ sont les vecteurs précisés ci-dessus. Donc, d'après le théorème 1, H est bien un sous-espace vectoriel de $\mathbb{R}^4$. ∎

L'exemple 11 illustre une technique très utile, consistant à exprimer un sous-espace vectoriel H comme l'ensemble des combinaisons linéaires d'un petit nombre de vecteurs. Si $H = $ Vect $\{\mathbf{v}_1, \ldots, \mathbf{v}_p\}$, on peut voir les vecteurs $\mathbf{v}_1, \ldots, \mathbf{v}_p$ de la partie génératrice comme des sortes de « poignées » permettant de saisir le sous-espace H. Les calculs sur l'infinité de vecteurs de H se réduisent souvent à des opérations sur le nombre fini de vecteurs de la partie génératrice.

EXEMPLE 12 On pose

$$\mathbf{v}_1 = \begin{bmatrix} 1 \\ -1 \\ -2 \end{bmatrix}, \qquad \mathbf{v}_2 = \begin{bmatrix} 5 \\ -4 \\ -7 \end{bmatrix}, \qquad \mathbf{v}_3 = \begin{bmatrix} -3 \\ 1 \\ 0 \end{bmatrix} \quad \text{et} \quad \mathbf{y} = \begin{bmatrix} -4 \\ 3 \\ h \end{bmatrix}$$

Pour quelle(s) valeur(s) de h le vecteur $\mathbf{y}$ appartient-il au sous-espace de $\mathbb{R}^3$ engendré par $\mathbf{v}_1$, $\mathbf{v}_2$ et $\mathbf{v}_3$?

SOLUTION Cette question est celle du problème d'entraînement n° 2 de la section 1.3, écrite ici en termes de *sous-espace vectoriel* plutôt que sous la forme Vect $\{\mathbf{v}_1, \mathbf{v}_2, \mathbf{v}_3\}$. La solution proposée montre que $\mathbf{y}$ appartient à Vect $\{\mathbf{v}_1, \mathbf{v}_2, \mathbf{v}_3\}$ si et seulement si $h = 5$. Il est conseillé de revoir maintenant cette solution, ainsi que les exercices 11 à 16 et 19 à 21 de la section 1.3. ∎

Bien que beaucoup d'espaces vectoriels étudiés dans ce chapitre soient des sous-espaces de $\mathbb{R}^n$, il est important de bien avoir en tête le fait que la théorie abstraite s'applique de façon générale à tout type d'espace vectoriel. Les espaces de fonctions sont utilisés dans de nombreux domaines et nous les étudierons ultérieurement dans cet ouvrage, de façon plus approfondie.

EXERCICES D'ENTRAÎNEMENT

1. Montrer que l'ensemble H des points de $\mathbb{R}^2$ de la forme $(3s, 2 + 5s)$ n'est pas un espace vectoriel, en montrant qu'il n'est pas stable par multiplication par un scalaire (on cherchera un vecteur particulier $\mathbf{u}$ de H et un scalaire c tel que $c\mathbf{u}$ n'appartienne pas à H).

2. Soit $\mathbf{v}_1, \ldots, \mathbf{v}_p$ des vecteurs de l'espace vectoriel V. On pose $W = \text{Vect}\,\{\mathbf{v}_1, \ldots, \mathbf{v}_p\}$. Montrer que pour $1 \leq k \leq p$, $\mathbf{v}_k$ appartient à W. [*Indication :* Écrire d'abord une relation montrant que $\mathbf{v}_1$ appartient à W, puis modifier les notations pour établir le cas général.]

3. Soit A une matrice $n \times n$. A est symétrique si $A^T = A$. On considère S, l'ensemble de toutes les matrices symétriques 3×3. Montrer que S est un sous-espace vectoriel de $M_{3\times 3}$, l'espace vectoriel des matrices 3×3.

4.1 EXERCICES

1. Soit V le premier quadrant du plan xy, défini par

$$V = \left\{ \begin{bmatrix} x \\ y \end{bmatrix} : x \geq 0, y \geq 0 \right\}.$$

a. Si $\mathbf{u}$ et $\mathbf{v}$ appartiennent à V, le vecteur $\mathbf{u} + \mathbf{v}$ appartient-il à V ? Pourquoi ?

b. Trouver un vecteur particulier $\mathbf{u}$ de V et un scalaire particulier c tel que $c\mathbf{u}$ *n'appartienne pas* à V (ce qui suffit à montrer que V n'est pas un espace vectoriel).

2. Soit W la réunion du premier et du troisième quadrants du plan xy, c'est-à-dire $W = \left\{ \begin{bmatrix} x \\ y \end{bmatrix} : xy \geq 0 \right\}$.

a. Si $\mathbf{u}$ appartient à W et si c est un scalaire quelconque, le vecteur $c\mathbf{u}$ appartient-il à W ? Pourquoi ?

b. Trouver des vecteurs particuliers $\mathbf{u}$ et $\mathbf{v}$ de W tels que $\mathbf{u} + \mathbf{v}$ n'appartienne pas à W (ce qui suffit à montrer que W n'est pas un espace vectoriel).

3. Soit H l'ensemble des points du plan xy situés à l'intérieur du cercle unité ou sur ce cercle, c'est-à-dire $H = \left\{ \begin{bmatrix} x \\ y \end{bmatrix} : x^2 + y^2 \leq 1 \right\}$. Trouver un exemple – deux vecteurs ou un vecteur et un scalaire – qui montre que H n'est pas un sous-espace de $\mathbb{R}^2$.

4. Construire une figure illustrant le fait qu'une droite de $\mathbb{R}^2$ *ne passant pas* par l'origine n'est pas stable par addition vectorielle.

Dans les exercices 5 à 8, déterminer si, pour un certain n, l'ensemble indiqué est un sous-espace vectoriel de $\mathbb{P}_n$. Justifier.

5. L'ensemble des polynômes de la forme $\mathbf{p}(t) = at^2$, où a est un réel.

6. L'ensemble des polynômes de la forme $\mathbf{p}(t) = a + t^2$, où a est un réel.

7. L'ensemble des polynômes de degré inférieur ou égal à 3, à coefficients entiers.

8. L'ensemble des polynômes $\mathbf{p}$ de $\mathbb{P}_n$ tels que $\mathbf{p}(0) = 0$.

9. Soit H l'ensemble des vecteurs de la forme $\begin{bmatrix} s \\ 3s \\ 2s \end{bmatrix}$. Déterminer un vecteur $\mathbf{v}$ de $\mathbb{R}^3$ tel que $H = \text{Vect}\{\mathbf{v}\}$. En quoi cela montre-t-il que H est un sous-espace vectoriel de $\mathbb{R}^3$?

10. Soit H l'ensemble des vecteurs de la forme $\begin{bmatrix} 2t \\ 0 \\ -t \end{bmatrix}$, où t est un réel quelconque. Montrer par la même méthode que dans l'exercice 9 que H est un sous-espace vectoriel de $\mathbb{R}^3$.

11. Soit W l'ensemble des vecteurs de la forme $\begin{bmatrix} 5b + 2c \\ b \\ c \end{bmatrix}$, où b et c sont des réels arbitraires. Déterminer des vecteurs $\mathbf{u}$ et $\mathbf{v}$ tels que $W = \text{Vect}\{\mathbf{u}, \mathbf{v}\}$. En quoi cela montre-t-il que W est un sous-espace vectoriel de $\mathbb{R}^3$?

12. Soit W l'ensemble des vecteurs de la forme $\begin{bmatrix} s + 3t \\ s - t \\ 2s - t \\ 4t \end{bmatrix}$. Montrer par la même méthode que dans l'exercice 11 que W est un sous-espace vectoriel de $\mathbb{R}^4$.

13. On considère les vecteurs $\mathbf{v}_1 = \begin{bmatrix} 1 \\ 0 \\ -1 \end{bmatrix}$, $\mathbf{v}_2 = \begin{bmatrix} 2 \\ 1 \\ 3 \end{bmatrix}$, $\mathbf{v}_3 = \begin{bmatrix} 4 \\ 2 \\ 6 \end{bmatrix}$ et $\mathbf{w} = \begin{bmatrix} 3 \\ 1 \\ 2 \end{bmatrix}$.

a. Le vecteur $\mathbf{w}$ appartient-il à $\{\mathbf{v}_1, \mathbf{v}_2, \mathbf{v}_3\}$? Combien de vecteurs l'ensemble $\{\mathbf{v}_1, \mathbf{v}_2, \mathbf{v}_3\}$ contient-il ?

b. Combien de vecteurs l'ensemble $\text{Vect}\{\mathbf{v}_1, \mathbf{v}_2, \mathbf{v}_3\}$ contient-il ?

c. Le vecteur $\mathbf{w}$ appartient-il à l'espace engendré par $\{\mathbf{v}_1, \mathbf{v}_2, \mathbf{v}_3\}$? Pourquoi ?

14. Soit $\mathbf{v}_1$, $\mathbf{v}_2$ et $\mathbf{v}_3$ les vecteurs définis dans l'exercice 13 et $\mathbf{w} = \begin{bmatrix} 8 \\ 4 \\ 7 \end{bmatrix}$. Le vecteur $\mathbf{w}$ appartient-il au sous-espace engendré par $\{\mathbf{v}_1, \mathbf{v}_2, \mathbf{v}_3\}$? Pourquoi ?

Dans les exercices 15 à 18, a, b et c sont des réels arbitraires et l'on considère l'ensemble W des vecteurs de la forme indiquée. Dans chaque cas, déterminer une partie génératrice de W ou montrer à l'aide d'un contre-exemple que W *n'est pas* un espace vectoriel.

15. $\begin{bmatrix} 3a + b \\ 4 \\ a - 5b \end{bmatrix}$

16. $\begin{bmatrix} -a + 1 \\ a - 6b \\ 2b + a \end{bmatrix}$

17. $\begin{bmatrix} a - b \\ b - c \\ c - a \\ b \end{bmatrix}$

18. $\begin{bmatrix} 4a + 3b \\ 0 \\ a + b + c \\ c - 2a \end{bmatrix}$

19. On place une masse m à l'extrémité d'un ressort. On déplace cette masse vers le bas, puis on la lâche. Le système masse-ressort commence à osciller. Le déplacement y de la masse par rapport à la position de repos est donné par une fonction du temps de la forme

$$y(t) = c_1 \cos \omega t + c_2 \sin \omega t \tag{5}$$

ω étant une constante dépendant du ressort et de la masse (voir figure ci-dessous). Montrer que l'ensemble des fonctions du type donné en (5) (ω étant fixé, c_1 et c_2 étant des réels arbitraires) est un espace vectoriel.

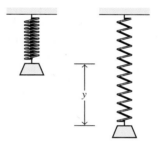

20. On note $C([a, b])$ l'ensemble des fonctions continues à valeurs réelles définies sur un segment $[a, b]$ de $\mathbb{R}$. Cet ensemble est un sous-espace vectoriel de l'espace de toutes les fonctions définies sur $[a, b]$.

a. Quelles sont les propriétés qu'il faudrait établir pour montrer que $C[a, b]$ est bien, comme affirmé, un espace vectoriel (ces propriétés sont en général montrées dans le cours d'analyse) ?

b. Montrer que $\{\mathbf{f} \in C[a, b] : \mathbf{f}(a) = \mathbf{f}(b)\}$ est un sous-espace vectoriel de $C[a, b]$.

Si m et n sont des entiers fixés strictement positifs, l'ensemble $M_{m \times n}$ des matrices $m \times n$, muni des opérations usuelles d'addition matricielle et de produit par un scalaire réel, est un espace vectoriel.

21. L'ensemble H des matrices de la forme $\begin{bmatrix} a & b \\ 0 & d \end{bmatrix}$ est-il un sous-espace vectoriel de $M_{2 \times 2}$?

22. Soit F une matrice fixée 3×2 et H l'ensemble des matrices A de type $M_{2 \times 4}$ telles que $FA = 0$ (matrice nulle de $M_{3 \times 4}$). L'ensemble H est-il un sous-espace vectoriel de l'espace $M_{2 \times 4}$?

Dans les exercices 23 et 24, dire si les énoncés proposés sont vrais ou faux. Justifier chaque réponse.

23. a. Soit $\mathbf{f}$ une fonction de l'espace vectoriel V des fonctions à valeurs réelles définies sur $\mathbb{R}$. S'il existe un réel t tel que $\mathbf{f}(t) = 0$, alors $\mathbf{f}$ est le vecteur nul de V.

b. Un vecteur est une flèche dans un espace à trois dimensions.

c. Une partie d'un espace vectoriel V est un sous-espace de V si elle contient le vecteur nul.

d. Un sous-espace vectoriel est aussi un espace vectoriel.

e. Les principaux systèmes de contrôle de la navette spatiale dont il est question dans l'introduction de ce chapitre utilisent des signaux analogiques.

24. a. On appelle vecteur un élément quelconque d'un espace vectoriel.

b. Si $\mathbf{u}$ est un vecteur d'un espace vecoriel V, alors $(-1)\mathbf{u}$ est l'opposé de $\mathbf{u}$.

c. Un espace vectoriel est aussi un sous-espace vectoriel.

d. $\mathbb{R}^2$ est un sous-espace vectoriel de $\mathbb{R}^3$.

e. Une partie H d'un espace vectoriel V est un sous-espace de V si les conditions suivantes sont vérifiées : (i) le vecteur nul de V appartient à H ; (ii) $\mathbf{u}$, $\mathbf{v}$ et $\mathbf{u} + \mathbf{v}$ appartiennent à H ; (iii) c est un scalaire et $c\mathbf{u}$ appartient à H.

Les exercices 25 à 29 montrent comment on peut démontrer, avec les axiomes d'espace vectoriel, les propriétés élémentaires énoncées après la définition. Compléter les phrases avec le numéro d'axiome qui convient. On remarque que, d'après l'axiome 2, les axiomes 4 et 5 impliquent respectivement que $\mathbf{0} + \mathbf{u} = \mathbf{u}$ et $-\mathbf{u} + \mathbf{u} = \mathbf{0}$ pour tout vecteur $\mathbf{u}$.

25. Compléter le raisonnement suivant pour montrer que le vecteur nul est unique. On considère un vecteur $\mathbf{w}$ de V tel que $\mathbf{u} + \mathbf{w} = \mathbf{w} + \mathbf{u} = \mathbf{u}$ pour tout vecteur $\mathbf{u}$ de V. En particulier, $\mathbf{0} + \mathbf{w} = \mathbf{0}$. Mais d'après l'axiome _____, $\mathbf{0} + \mathbf{w} = \mathbf{w}$. Par conséquent, $\mathbf{w} = \mathbf{0} + \mathbf{w} = \mathbf{0}$.

26. Compléter le raisonnement suivant pour montrer que $-\mathbf{u}$ est l'*unique vecteur* de V tel que $\mathbf{u} + (-\mathbf{u}) = \mathbf{0}$. On considère un vecteur $\mathbf{w}$ tel que $\mathbf{u} + \mathbf{w} = \mathbf{0}$. En ajoutant $-\mathbf{u}$ des deux côtés, on obtient

$(-\mathbf{u}) + [\mathbf{u} + \mathbf{w}] = (-\mathbf{u}) + \mathbf{0}$

$[(-\mathbf{u}) + \mathbf{u}] + \mathbf{w} = (-\mathbf{u}) + \mathbf{0}$ d'après l'axiome _____ (a)

$\mathbf{0} + \mathbf{w} = (-\mathbf{u}) + \mathbf{0}$ d'après l'axiome _____ (b)

$\mathbf{w} = -\mathbf{u}$ d'après l'axiome _____ (c)

27. Compléter le raisonnement suivant par les numéros d'axiomes manquants, pour montrer que $0\mathbf{u} = \mathbf{0}$ pour tout vecteur $\mathbf{u}$ de V.

$0\mathbf{u} = (0 + 0)\mathbf{u} = 0\mathbf{u} + 0\mathbf{u}$ d'après l'axiome _____ (a)

En ajoutant l'opposé de $0\mathbf{u}$ des deux côtés,

$0\mathbf{u} + (-0\mathbf{u}) = [0\mathbf{u} + 0\mathbf{u}] + (-0\mathbf{u})$

$0\mathbf{u} + (-0\mathbf{u}) = 0\mathbf{u} + [0\mathbf{u} + (-0\mathbf{u})]$ d'après l'axiome _____ (b)

$\mathbf{0} = 0\mathbf{u} + \mathbf{0}$ d'après l'axiome _____ (c)

$\mathbf{0} = 0\mathbf{u}$ d'après l'axiome _____ (d)

28. Compléter le raisonnement suivant par les numéros d'axiomes manquants, pour montrer que $c\mathbf{0} = \mathbf{0}$ pour tout scalaire c.

$c\mathbf{0} = c(\mathbf{0} + \mathbf{0})$ d'après l'axiome _____ (a)

$= c\mathbf{0} + c\mathbf{0}$ d'après l'axiome _____ (b)

En ajoutant l'opposé de $c\mathbf{0}$ des deux côtés,

$c\mathbf{0} + (-c\mathbf{0}) = [c\mathbf{0} + c\mathbf{0}] + (-c\mathbf{0})$

$c\mathbf{0} + (-c\mathbf{0}) = c\mathbf{0} + [c\mathbf{0} + (-c\mathbf{0})]$ d'après l'axiome _____ (c)

$\mathbf{0} = c\mathbf{0} + \mathbf{0}$ d'après l'axiome _____ (d)

$\mathbf{0} = c\mathbf{0}$ d'après l'axiome _____ (e)

29. Montrer que $(-1)\mathbf{u} = -\mathbf{u}$.
[*Indication :* Montrer que $\mathbf{u} + (-1)\mathbf{u} = \mathbf{0}$ et utiliser certains axiomes ainsi que les résultats des exercices 27 et 26.]

30. On suppose que pour un certain scalaire non nul c, $c\mathbf{u} = \mathbf{0}$. Montrer que $\mathbf{u} = \mathbf{0}$ en précisant les axiomes ou propriétés utilisés.

31. Soit $\mathbf{u}$ et $\mathbf{v}$ deux vecteurs d'un espace vectoriel V, et H un sous-espace vectoriel de V contenant $\mathbf{u}$ et $\mathbf{v}$. Montrer que H contient Vect $\{\mathbf{u}, \mathbf{v}\}$. Ce résultat montre que Vect $\{\mathbf{u}, \mathbf{v}\}$ est le plus petit sous-espace de V contenant les deux vecteurs $\mathbf{u}$ et $\mathbf{v}$.

32. Soit H et K deux sous-espaces d'un espace vectoriel V. On appelle **intersection** de H et K, et l'on note $H \cap K$, l'ensemble des vecteurs $\mathbf{v}$ de V appartenant à la fois à H et à K. Montrer que $H \cap K$ est un sous-espace vectoriel de V (voir figure). Donner un exemple, dans $\mathbb{R}^2$, d'une réunion de deux sous-espaces vectoriels qui n'est pas un sous-espace vectoriel.

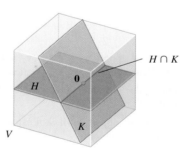

33. Étant donné deux sous-espaces H et K d'un espace vectoriel V, on appelle **somme** de H et K, et l'on note $H + K$, l'ensemble des vecteurs de V qui s'écrivent comme la somme de deux vecteurs, l'un appartenant à H et l'autre à K ; autrement dit,

$$H + K = \{\mathbf{w} : \mathbf{w} = \mathbf{u} + \mathbf{v} \text{ pour un certain } \mathbf{u} \text{ de } H$$
$$\text{et un certain } \mathbf{v} \text{ de } K\}$$

a. Montrer que $H + K$ est un sous-espace vectoriel de V.

b. Montrer que H et K sont des sous-espaces vectoriels de $H + K$.

34. Soit $\mathbf{u}_1, \ldots, \mathbf{u}_p$ et $\mathbf{v}_1, \ldots, \mathbf{v}_q$ des vecteurs d'un espace vectoriel V. On pose

$$H = \text{Vect}\{\mathbf{u}_1, \ldots, \mathbf{u}_p\} \text{ et } K = \text{Vect}\{\mathbf{v}_1, \ldots, \mathbf{v}_q\}.$$

Montrer que $H + K = \text{Vect}\{\mathbf{u}_1, \ldots, \mathbf{u}_p, \mathbf{v}_1, \ldots, \mathbf{v}_q\}$.

35. [M] On pose

$$\mathbf{w} = \begin{bmatrix} 9 \\ -4 \\ -4 \\ 7 \end{bmatrix}, \mathbf{v}_1 = \begin{bmatrix} 8 \\ -4 \\ -3 \\ 9 \end{bmatrix}, \mathbf{v}_2 = \begin{bmatrix} -4 \\ 3 \\ -2 \\ -8 \end{bmatrix} \text{ et } \mathbf{v}_3 = \begin{bmatrix} -7 \\ 6 \\ -5 \\ -18 \end{bmatrix}$$

Montrer que $\mathbf{w}$ appartient au sous-espace vectoriel de $\mathbb{R}^4$ engendré par $\mathbf{v}_1, \mathbf{v}_2, \mathbf{v}_3$.

36. [M] On pose

$$\mathbf{y} = \begin{bmatrix} -4 \\ -8 \\ 6 \\ -5 \end{bmatrix} \text{ et } A = \begin{bmatrix} 3 & -5 & -9 \\ 8 & 7 & -6 \\ -5 & -8 & 3 \\ 2 & -2 & -9 \end{bmatrix}$$

Le vecteur $\mathbf{y}$ appartient-il au sous-espace vectoriel de $\mathbb{R}^4$ engendré par les colonnes de A ?

37. [M] L'espace vectoriel $H = \text{Vect}\{1, \cos^2 t, \cos^4 t, \cos^6 t\}$ contient au moins deux fonctions intéressantes qui seront utilisées dans un exercice ultérieur :

$$\mathbf{f}(t) = 1 - 8\cos^2 t + 8\cos^4 t$$

$$\mathbf{g}(t) = -1 + 18\cos^2 t - 48\cos^4 t + 32\cos^6 t$$

Étudier le graphe de $\mathbf{f}$ sur l'intervalle $[0, 2\pi]$ et trouver une formule simplifiée pour $\mathbf{f}(t)$. Faire une vérification en traçant le graphe de la différence entre $1 + \mathbf{f}(t)$ et la formule trouvée pour $\mathbf{f}(t)$ (on devrait normalement voir la fonction constante égale à 1). Réitérer cette démarche pour $\mathbf{g}$.

38. [M] Reprendre l'exercice 37 avec les fonctions
$$\mathbf{f}(t) = 3\sin t - 4\sin^3 t$$
$$\mathbf{g}(t) = 1 - 8\sin^2 t + 8\sin^4 t$$
$$\mathbf{h}(t) = 5\sin t - 20\sin^3 t + 16\sin^5 t$$
de l'espace vectoriel $\text{Vect}\{1, \sin t, \sin^2 t, \ldots, \sin^5 t\}$.

SOLUTIONS DES EXERCICES D'ENTRAÎNEMENT

1. On prend un vecteur $\mathbf{u}$ de H, par exemple $\mathbf{u} = \begin{bmatrix} 3 \\ 7 \end{bmatrix}$, et un scalaire $c \neq 1$, par exemple $c = 2$. On a $c\mathbf{u} = \begin{bmatrix} 6 \\ 14 \end{bmatrix}$. Si ce vecteur était dans H, alors il existerait un réel s tel que

$$\begin{bmatrix} 3s \\ 2 + 5s \end{bmatrix} = \begin{bmatrix} 6 \\ 14 \end{bmatrix}$$

et l'on aboutirait à $s = 2$ et $s = 12/5$, ce qui est impossible. Donc $2\mathbf{u}$ n'appartient pas à H et H n'est pas un espace vectoriel.

2. $\mathbf{v}_1 = 1\mathbf{v}_1 + 0\mathbf{v}_2 + \cdots + 0\mathbf{v}_p$. Cette relation exprime $\mathbf{v}_1$ comme combinaison linéaire de $\mathbf{v}_1, \ldots, \mathbf{v}_p$, donc $\mathbf{v}_1$ appartient à W. Plus généralement, $\mathbf{v}_k$ appartient à W car

$$\mathbf{v}_k = 0\mathbf{v}_1 + \cdots + 0\mathbf{v}_{k-1} + 1\mathbf{v}_k + 0\mathbf{v}_{k+1} + \cdots + 0\mathbf{v}_p$$

3. Le sous-ensemble S est un sous-espace vectoriel de $M_{3 \times 3}$. En effet :

a. On rappelle que $\mathbf{0}$ dans $M_{3 \times 3}$ est une matrice nulle 3×3. Comme $\mathbf{0}^T = \mathbf{0}$, la matrice $\mathbf{0}$ est symétrique. Par conséquent, $\mathbf{0}$ est dans S.

b. Soit A et B dans S. A et B sont des matrices 3×3 symétriques, donc $A^T = A$ et $B^T = B$. D'après les propriétés de la transposition, on obtient $(A + B)^T = A^T + B^T = A + B$. Donc $A + B$ est symétrique, et $A + B$ est dans S.

c. Soit A dans S et c un scalaire. Comme A est symétrique, d'après les propriétés des matrices symétriques, $(cA)^T = c(A^T) = cA$. Donc cA est aussi symétrique. On déduit alors que cA est dans S.

4.2 | NOYAU, IMAGE ET APPLICATIONS LINÉAIRES

Quand on utilise l'algèbre linéaire, on rencontre en général des sous-espaces vectoriels de $\mathbb{R}^n$ se présentant sous deux formes : (1) l'ensemble des solutions d'un système d'équations linéaires homogènes ; (2) l'ensemble des combinaisons linéaires de certains vecteurs particuliers. On se propose, dans cette section, d'explorer les similitudes et les différences entre ces deux descriptions des sous-espaces vectoriels, et d'utiliser ainsi le concept de sous-espace vectoriel. On va d'ailleurs vite s'apercevoir que l'on travaille en réalité avec des sous-espaces vectoriels depuis la section 1.3. La principale nouveauté ici est la terminologie. La section se conclut par une présentation des notions de noyau et d'image d'une application linéaire.

Noyau d'une matrice

On considère le système homogène suivant :

$$\begin{aligned} x_1 - 3x_2 - 2x_3 &= 0 \\ -5x_1 + 9x_2 + x_3 &= 0 \end{aligned} \tag{1}$$

Il s'écrit matriciellement sous la forme $A\mathbf{x} = \mathbf{0}$, où

$$A = \begin{bmatrix} 1 & -3 & -2 \\ -5 & 9 & 1 \end{bmatrix} \tag{2}$$

On rappelle que l'ensemble des vecteurs $\mathbf{x}$ vérifiant (1) est appelé **ensemble des solutions** du système (1). Il est souvent commode de relier directement cet ensemble à la matrice A et à l'équation $A\mathbf{x} = \mathbf{0}$. On appelle[3] **noyau** de la matrice A l'ensemble des vecteurs $\mathbf{x}$ vérifiant l'équation $A\mathbf{x} = \mathbf{0}$.

DÉFINITION

On appelle **noyau** d'une matrice A de type $m \times n$, et l'on note Ker A, l'ensemble des solutions de l'équation homogène $A\mathbf{x} = \mathbf{0}$. En notation ensembliste, on écrit

$$\text{Ker } A = \{\mathbf{x} : \mathbf{x} \in \mathbb{R}^n \text{ et } A\mathbf{x} = \mathbf{0}\}$$

On peut avoir une vision plus dynamique de cette notion en remarquant que Ker A est l'ensemble des vecteurs de $\mathbb{R}^n$ transformés en le vecteur nul de $\mathbb{R}^m$ par l'application linéaire $\mathbf{x} \mapsto A\mathbf{x}$ (voir figure 1).

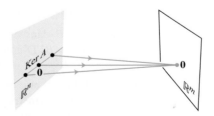

FIGURE 1

---

[3] Voir note 14 p. 162. (*NdT*)

EXEMPLE 1 Soit A la matrice définie dans la relation (2) plus haut. Le vecteur $\mathbf{u} = \begin{bmatrix} 5 \\ 3 \\ -2 \end{bmatrix}$ appartient-il au noyau de A ?

SOLUTION Il suffit de calculer

$$A\mathbf{u} = \begin{bmatrix} 1 & -3 & -2 \\ -5 & 9 & 1 \end{bmatrix} \begin{bmatrix} 5 \\ 3 \\ -2 \end{bmatrix} = \begin{bmatrix} 5 - 9 + 4 \\ -25 + 27 - 2 \end{bmatrix} = \begin{bmatrix} 0 \\ 0 \end{bmatrix}$$

Donc $\mathbf{u}$ appartient à Ker A. ∎

THÉORÈME 2

> Le noyau d'une matrice A de type $m \times n$ est un sous-espace vectoriel de $\mathbb{R}^n$. De façon équivalente, l'ensemble des solutions d'un système $A\mathbf{x} = \mathbf{0}$ de m équations linéaires à n inconnues est un sous-espace vectoriel de $\mathbb{R}^n$.

DÉMONSTRATION Il est clair que Ker A est inclus dans $\mathbb{R}^n$, car A possède n colonnes. Il faut montrer que Ker A vérifie les trois propriétés caractérisant les sous-espaces vectoriels. Le vecteur nul appartient évidemment à Ker A. Soit maintenant $\mathbf{u}$ et $\mathbf{v}$ deux vecteurs quelconques de Ker A. Alors

$$A\mathbf{u} = \mathbf{0} \quad \text{et} \quad A\mathbf{v} = \mathbf{0}$$

Pour montrer que $\mathbf{u} + \mathbf{v}$ appartient à Ker A, il faut montrer que $A(\mathbf{u} + \mathbf{v}) = \mathbf{0}$. D'après une propriété de la multiplication matricielle, on a

$$A(\mathbf{u} + \mathbf{v}) = A\mathbf{u} + A\mathbf{v} = \mathbf{0} + \mathbf{0} = \mathbf{0}$$

Donc $\mathbf{u} + \mathbf{v}$ est dans Ker A et Ker A est bien stable par addition vectorielle. Enfin, si c est un scalaire quelconque,

$$A(c\mathbf{u}) = c(A\mathbf{u}) = c(\mathbf{0}) = \mathbf{0}$$

ce qui montre que $c\mathbf{u}$ appartient Ker A. Par conséquent, Ker A est un sous-espace vectoriel de $\mathbb{R}^n$. ∎

EXEMPLE 2 Soit H l'ensemble des vecteurs de $\mathbb{R}^4$ dont les composantes a, b, c, d vérifient les relations $a - 2b + 5c = d$ et $c - a = b$. Montrer que H est un sous-espace vectoriel de $\mathbb{R}^4$.

SOLUTION En réarrangeant les relations qui caractérisent H, on voit que H est l'ensemble des solutions du système d'équations linéaires homogènes

$$\begin{aligned} a - 2b + 5c - d &= 0 \\ -a - b + c \phantom{{}- d} &= 0 \end{aligned}$$

D'après le théorème 2, H est un sous-espace vectoriel de $\mathbb{R}^4$. ∎

Il est essentiel que les équations linéaires définissant l'ensemble H soient homogènes, sinon l'ensemble des solutions n'est certainement *pas* un sous-espace vectoriel (car le vecteur nul n'est pas solution d'un système non homogène). D'ailleurs, l'ensemble des solutions peut dans certains cas être vide.

Description explicite de Ker A

Il n'existe pas de relation évidente entre les vecteurs de Ker A et les coefficients de A. On dit que Ker A est défini *implicitement*, car il est caractérisé par une condition relative aux vecteurs qu'il faut vérifier. La définition ne donne aucune liste ou description des éléments de Ker A. Cependant, *résoudre* l'équation $A\mathbf{x} = \mathbf{0}$ revient à produire une description *explicite* de Ker A. L'exemple qui suit permet de réviser la méthode étudiée à la section 1.5.

EXEMPLE 3 Déterminer une partie génératrice du noyau de la matrice

$$A = \begin{bmatrix} -3 & 6 & -1 & 1 & -7 \\ 1 & -2 & 2 & 3 & -1 \\ 2 & -4 & 5 & 8 & -4 \end{bmatrix}$$

SOLUTION Il faut d'abord déterminer la solution générale de l'équation $A\mathbf{x} = \mathbf{0}$ en fonction des inconnues secondaires. En appliquant la méthode du pivot à la matrice complète $[\,A \quad \mathbf{0}\,]$ jusqu'à obtenir la forme échelonnée *réduite*, on peut écrire les inconnues principales en fonction des inconnues secondaires :

$$\begin{bmatrix} 1 & -2 & 0 & -1 & 3 & 0 \\ 0 & 0 & 1 & 2 & -2 & 0 \\ 0 & 0 & 0 & 0 & 0 & 0 \end{bmatrix}, \qquad \begin{aligned} x_1 - 2x_2 \quad - \ x_4 + 3x_5 &= 0 \\ x_3 + 2x_4 - 2x_5 &= 0 \\ 0 &= 0 \end{aligned}$$

La solution générale s'écrit $x_1 = 2x_2 + x_4 - 3x_5$, $x_3 = -2x_4 + 2x_5$, avec x_2, x_4 et x_5 quelconques. On écrit alors le vecteur donnant la solution générale comme une combinaison linéaire *dont les coefficients sont les inconnues non principales*. On obtient

$$\begin{bmatrix} x_1 \\ x_2 \\ x_3 \\ x_4 \\ x_5 \end{bmatrix} = \begin{bmatrix} 2x_2 + x_4 - 3x_5 \\ x_2 \\ -2x_4 + 2x_5 \\ x_4 \\ x_5 \end{bmatrix} = x_2 \begin{bmatrix} 2 \\ 1 \\ 0 \\ 0 \\ 0 \end{bmatrix} + x_4 \underset{\mathbf{v}}{\begin{bmatrix} 1 \\ 0 \\ -2 \\ 1 \\ 0 \end{bmatrix}} + x_5 \underset{\mathbf{w}}{\begin{bmatrix} -3 \\ 0 \\ 2 \\ 0 \\ 1 \end{bmatrix}}$$

$$= x_2 \mathbf{u} + x_4 \mathbf{v} + x_5 \mathbf{w} \qquad\qquad (3)$$

Les vecteurs de Ker A sont les combinaisons linéaires de $\mathbf{u}$, $\mathbf{v}$ et $\mathbf{w}$. Donc $\{\mathbf{u}, \mathbf{v}, \mathbf{w}\}$ est une partie génératrice de Ker A. ∎

La solution de l'exemple 3 appelle deux remarques qui s'appliquent à tous les problèmes de ce type dans lesquels Ker A contient des vecteurs non nuls. On utilisera ces considérations ultérieurement.

1. Les parties génératrices qu'on obtient à l'aide de la méthode de l'exemple 3 sont automatiquement libres, car les coefficients des vecteurs engendrant le noyau sont les inconnues non principales. Il suffit par exemple de regarder les deuxième, quatrième et cinquième composantes du vecteur solution de (3) pour remarquer que le vecteur $x_2\mathbf{u} + x_4\mathbf{v} + x_5\mathbf{w}$ ne peut être égal à $\mathbf{0}$ que si les coefficients x_2, x_4 et x_5 sont tous nuls.

2. Si Ker A contient des vecteurs non nuls, le nombre de vecteurs de la partie génératrice de Ker A ainsi trouvée est égal au nombre d'inconnues non principales de l'équation $A\mathbf{x} = \mathbf{0}$.

Image d'une matrice

Un autre sous-espace important associé à une matrice est l'espace engendré par ses colonnes, ou image. Contrairement au noyau, l'image est définie explicitement au moyen de combinaisons linéaires.

DÉFINITION

> On appelle **espace engendré par les colonnes** ou **image** d'une matrice A de type $m \times n$, et l'on note Im A, l'ensemble des combinaisons linéaires de A. Si $A = [\mathbf{a}_1 \ \cdots \ \mathbf{a}_n]$, alors
>
> $$\text{Im } A = \text{Vect}\{\mathbf{a}_1, \ldots, \mathbf{a}_n\}$$

D'après le théorème 1, Vect $\{\mathbf{a}_1, \ldots, \mathbf{a}_n\}$ est un sous-espace vectoriel. Le théorème suivant résulte alors de la définition de Im A et du fait que les colonnes de A sont des vecteurs de $\mathbb{R}^m$.

THÉORÈME 3

> L'image d'une matrice $m \times n$ est un sous-espace vectoriel de $\mathbb{R}^m$.

On remarque que les vecteurs de Im A sont ceux qui peuvent s'écrire $A\mathbf{x}$ pour un certain $\mathbf{x}$, car la notation $A\mathbf{x}$ désigne une combinaison linéaire des colonnes de A. Autrement dit,

$$\boxed{\text{Im } A = \{\mathbf{b} : \mathbf{b} = A\mathbf{x} \text{ pour un certain } \mathbf{x} \text{ de } \mathbb{R}^n\}}$$

La notation $A\mathbf{x}$ pour les vecteurs de Im A montre également que Im A est l'image de l'application linéaire $\mathbf{x} \mapsto A\mathbf{x}$. Ce point sera repris en fin de section.

EXEMPLE 4   Déterminer une matrice A telle que $W = \text{Im } A$.

$$W = \left\{ \begin{bmatrix} 6a - b \\ a + b \\ -7a \end{bmatrix} : a, b \text{ réels} \right\}$$

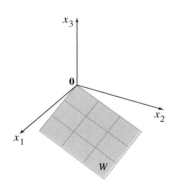

SOLUTION On écrit d'abord W comme un ensemble de combinaisons linéaires.

$$W = \left\{ a \begin{bmatrix} 6 \\ 1 \\ -7 \end{bmatrix} + b \begin{bmatrix} -1 \\ 1 \\ 0 \end{bmatrix} : a, b \text{ réels} \right\} = \text{Vect} \left\{ \begin{bmatrix} 6 \\ 1 \\ -7 \end{bmatrix}, \begin{bmatrix} -1 \\ 1 \\ 0 \end{bmatrix} \right\}$$

On construit ensuite la matrice dont les colonnes sont les deux vecteurs de cet ensemble, soit $A = \begin{bmatrix} 6 & -1 \\ 1 & 1 \\ -7 & 0 \end{bmatrix}$. On obtient alors $W = \text{Im } A$, ce qui était demandé. ■

En énonçant le théorème 4 de la section 1.4, on a vu que les colonnes de A engendraient $\mathbb{R}^m$ si et seulement si l'équation $A\mathbf{x} = \mathbf{b}$ admettait une solution quel que soit $\mathbf{b}$. Ce résultat peut être reformulé ainsi :

> L'image d'une matrice A de type $m \times n$ est égale à $\mathbb{R}^m$ tout entier si et seulement si l'équation $A\mathbf{x} = \mathbf{b}$ admet une solution quel que soit le vecteur $\mathbf{b}$ de $\mathbb{R}^m$.

Différences entre Ker A et Im A

Il est naturel de s'interroger sur les liens entre le noyau et l'image d'une matrice. En fait, comme l'illustrent les exemples 5 à 7, ces deux sous-espaces sont assez dissemblables. Une relation assez surprenante entre le noyau et l'image apparaîtra néanmoins dans la section 4.6, mais il faut auparavant avancer dans la théorie.

EXEMPLE 5   On pose

$$A = \begin{bmatrix} 2 & 4 & -2 & 1 \\ -2 & -5 & 7 & 3 \\ 3 & 7 & -8 & 6 \end{bmatrix}$$

a. Pour quelle valeur de k l'image de A est-elle un sous-espace de $\mathbb{R}^k$?

b. Pour quelle valeur de k le noyau de A est-il un sous-espace de $\mathbb{R}^k$?

SOLUTION

a. Les colonnes de A ont trois composantes, donc Im A est un sous-espace de $\mathbb{R}^k$ pour $k = 3$.

b. Pour que l'expression $A\mathbf{x}$ ait un sens, $\mathbf{x}$ doit avoir quatre composantes, donc Ker A est un sous-espace de $\mathbb{R}^k$ pour $k = 4$. ∎

Si une matrice n'est pas carrée, comme c'est le cas dans l'exemple 5, les vecteurs de Ker A et Im A appartiennent à des « univers » totalement différents. Par exemple, aucune combinaison linéaire de vecteurs de $\mathbb{R}^3$ ne peut produire un vecteur de $\mathbb{R}^4$. Si A est carrée, Ker A et Im A ont au moins en commun le vecteur nul et il peut arriver dans certains cas que des vecteurs non nuls appartiennent à la fois à Ker A et à Im A.

EXEMPLE 6   La matrice A étant celle de l'exemple 5, déterminer un vecteur non nul de Im A ainsi qu'un vecteur non nul de Ker A.

SOLUTION Il est facile de trouver un vecteur de Im A. Toute colonne de A convient, par exemple $\begin{bmatrix} 2 \\ -2 \\ 3 \end{bmatrix}$. Pour trouver un vecteur non nul de Ker A, on applique la méthode du pivot à la matrice complète $[\,A \quad \mathbf{0}\,]$ et l'on obtient

$$[\,A \quad \mathbf{0}\,] \sim \begin{bmatrix} 1 & 0 & 9 & 0 & 0 \\ 0 & 1 & -5 & 0 & 0 \\ 0 & 0 & 0 & 1 & 0 \end{bmatrix}$$

Donc $\mathbf{x}$ vérifie $A\mathbf{x} = \mathbf{0}$ si et seulement si $x_1 = -9x_3$, $x_2 = 5x_3$, $x_4 = 0$ et x_3 est quelconque. Il suffit de prendre une valeur non nulle pour x_3, par exemple $x_3 = 1$, pour obtenir un vecteur non nul de Ker A, en l'occurrence $\mathbf{x} = (-9, 5, 1, 0)$. ∎

EXEMPLE 7   On considère toujours la matrice A de l'exemple 5, et les vecteurs

$$\mathbf{u} = \begin{bmatrix} 3 \\ -2 \\ -1 \\ 0 \end{bmatrix} \text{ et } \mathbf{v} = \begin{bmatrix} 3 \\ -1 \\ 3 \end{bmatrix}.$$

a. Le vecteur $\mathbf{u}$ appartient-il à Ker A ? Est-il envisageable que $\mathbf{u}$ appartienne à Im A ?

b. Le vecteur $\mathbf{v}$ appartient-il à Im A ? Est-il envisageable que $\mathbf{v}$ appartienne à Ker A ?

SOLUTION

a. Ici, il n'est pas nécessaire de décrire explicitement Ker A. Il suffit de calculer le produit $A\mathbf{u}$.

$$A\mathbf{u} = \begin{bmatrix} 2 & 4 & -2 & 1 \\ -2 & -5 & 7 & 3 \\ 3 & 7 & -8 & 6 \end{bmatrix} \begin{bmatrix} 3 \\ -2 \\ -1 \\ 0 \end{bmatrix} = \begin{bmatrix} 0 \\ -3 \\ 3 \end{bmatrix} \neq \begin{bmatrix} 0 \\ 0 \\ 0 \end{bmatrix}$$

Il est donc clair que $\mathbf{u}$ *n'est pas* solution de $A\mathbf{x} = \mathbf{0}$, donc que $\mathbf{u}$ n'appartient pas à Ker A. De plus, avec quatre composantes, il est clairement impossible que $\mathbf{u}$ appartienne à Im A, car Im A est un sous-espace de $\mathbb{R}^3$.

b. La méthode du pivot appliquée à $[\,A \quad \mathbf{v}\,]$ donne

$$[\,A \quad \mathbf{v}\,] = \begin{bmatrix} 2 & 4 & -2 & 1 & 3 \\ -2 & -5 & 7 & 3 & -1 \\ 3 & 7 & -8 & 6 & 3 \end{bmatrix} \sim \begin{bmatrix} 2 & 4 & -2 & 1 & 3 \\ 0 & 1 & -5 & -4 & -2 \\ 0 & 0 & 0 & 17 & 1 \end{bmatrix}$$

Il est clair à ce stade que l'équation $A\mathbf{x} = \mathbf{v}$ est compatible, donc que $\mathbf{v}$ appartient à Im A. Avec trois composantes, il est impossible que $\mathbf{v}$ appartienne à Ker A, car Ker A est un sous-espace de $\mathbb{R}^4$.   ■

Le tableau suivant résume les propriétés de Ker A et Im A établies jusqu'ici. Le point 8 est une reformulation des théorèmes 11 et 12(a) de la section 1.9.

Différences entre Ker *A* et Im *A* pour une matrice *A* de type *m* x *n*

Ker A	Im A
1. Ker A est un sous-espace vectoriel de $\mathbb{R}^n$.	**1.** Im A est un sous-espace vectoriel de $\mathbb{R}^m$.
2. Ker A est défini implicitement, c'est-à-dire que l'on ne fait que donner une condition ($A\mathbf{x} = \mathbf{0}$) que les vecteurs de Ker A doivent vérifier.	**2.** Im A est défini explicitement, c'est-à-dire que l'on dit comment on peut construire des vecteurs de Im A.
3. Trouver des vecteurs de Ker A prend du temps. Il faut appliquer la méthode du pivot à $[\,A \quad \mathbf{0}\,]$.	**3.** Il est facile de trouver des vecteurs de Im A. Les colonnes de A apparaissent clairement ; les autres vecteurs en découlent.
4. Il n'existe aucune relation simple entre Ker A et les coefficients de A.	**4.** Il existe une relation simple entre Im A et les coefficients de A, puisque chaque colonne de A appartient à Im A.
5. Un vecteur $\mathbf{v}$ de Ker A est caractérisé par la relation $A\mathbf{v} = \mathbf{0}$.	**5.** Un vecteur $\mathbf{v}$ de Im A est caractérisé par la propriété de compatibilité de l'équation $A\mathbf{x} = \mathbf{v}$.
6. Étant donné un vecteur $\mathbf{v}$, il est facile de déterminer si $\mathbf{v}$ appartient à Ker A. Il suffit de calculer $A\mathbf{v}$.	**6.** Étant donné un vecteur $\mathbf{v}$, déterminer si $\mathbf{v}$ appartient à Im A peut prendre du temps. Il faut appliquer la méthode du pivot à $[\,A \quad \mathbf{v}\,]$.
7. Ker $A = \{\mathbf{0}\}$ si et seulement si l'équation $A\mathbf{x} = \mathbf{0}$ admet pour seule solution la solution triviale.	**7.** Im $A = \mathbb{R}^m$ si et seulement si l'équation $A\mathbf{x} = \mathbf{b}$ admet une solution pour tout vecteur $\mathbf{b}$ de $\mathbb{R}^m$.
8. Ker $A = \{\mathbf{0}\}$ si et seulement si l'application linéaire $\mathbf{x} \mapsto A\mathbf{x}$ est injective.	**8.** Im $A = \mathbb{R}^m$ si et seulement si l'application linéaire $\mathbf{x} \mapsto A\mathbf{x}$ est surjective.

Noyau et image d'une application linéaire

On décrit souvent les sous-espaces d'espaces vectoriels autres que $\mathbb{R}^n$ en termes d'applications linéaires plutôt qu'en termes de matrices. Pour préciser cela, on généralise la définition donnée à la section 1.8.

DÉFINITION

> On appelle **application linéaire** T d'un espace vectoriel V dans un espace vectoriel W un procédé qui, à tout vecteur $\mathbf{x}$ de V, associe un unique vecteur $T(\mathbf{x})$ de W, de façon que :
>
> (i) $T(\mathbf{u} + \mathbf{v}) = T(\mathbf{u}) + T(\mathbf{v})$ pour tout $\mathbf{u}$ et tout $\mathbf{v}$ dans V
>
> (ii) $T(c\mathbf{u}) = cT(\mathbf{u})$ pour tout $\mathbf{u}$ dans V et tout scalaire c

On appelle **noyau** d'une telle application T l'ensemble des vecteurs $\mathbf{u}$ de V tels que $T(\mathbf{u}) = \mathbf{0}$ (vecteur nul de W). On appelle **image** de T l'ensemble des vecteurs de W de la forme $T(\mathbf{x})$, avec $\mathbf{x}$ dans V. Si T apparaît sous la forme d'une application matricielle, du type $T(\mathbf{x}) = A\mathbf{x}$ où A est une matrice, alors le noyau et l'image de T sont tout simplement le noyau et l'image de A tels qu'ils ont été définis plus haut.

On montre sans difficulté que le noyau de T est un sous-espace vectoriel de V. La démonstration est analogue à celle du théorème 2. De même, l'image de T est un sous-espace vectoriel de W (voir figure 2 et exercice 30).

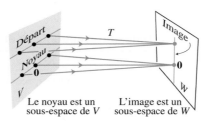

Le noyau est un sous-espace de V L'image est un sous-espace de W

FIGURE 2 Sous-espaces associés à une application linéaire

En pratique, de nombreux sous-espaces vectoriels apparaissent sous la forme du noyau ou de l'image d'une certaine application linéaire. Par exemple, l'ensemble des solutions d'une équation différentielle linéaire homogène n'est autre que le noyau d'une application linéaire. Cette dernière est construite à l'aide de la dérivée ou des dérivées successives d'une fonction. Une explication détaillée de ce type de situation nous conduirait un peu trop loin. Nous allons nous contenter de deux exemples. Le premier précise simplement pourquoi l'opération de dérivation est linéaire.

EXEMPLE 8 (Utilise le cours d'analyse) Soit V l'espace vectoriel des fonctions f à valeurs réelles, définies sur un intervalle $[a, b]$, dérivables et à dérivée continue sur $[a, b]$. Soit W l'espace vectoriel $C[a, b]$ des fonctions continues sur $[a, b]$. Soit $D : V \to W$ l'application qui, à f dans V, associe sa dérivée f'. On démontre en analyse les deux relations

$$D(f + g) = D(f) + D(g) \quad \text{et} \quad D(cf) = cD(f)$$

Autrement dit, D est une application linéaire. On peut montrer que le noyau de D est l'ensemble des fonctions constantes sur $[a, b]$ et que l'image de D est l'ensemble W des fonctions continues sur $[a, b]$. ∎

EXEMPLE 9 (Utilise le cours d'analyse) Soit ω une constante. L'équation différentielle

$$y'' + \omega^2 y = 0 \tag{4}$$

apparaît dans l'étude de nombreux systèmes physiques, tels que les oscillations d'une masse suspendue à un ressort, le mouvement d'un pendule ou la tension dans un circuit RLC (résistance, inductance, condensateur). L'ensemble des solutions de l'équation (4) est exactement le noyau de l'application linéaire qui, à une fonction $y = f(t)$, associe la fonction $f''(t) + \omega^2 f(t)$. La recherche d'une description explicite de cet espace vectoriel est traitée dans les cours sur les équations différentielles. On montre que l'ensemble des solutions est exactement l'espace vectoriel décrit dans l'exercice 19 de la section 4.1. ∎

EXERCICES D'ENTRAÎNEMENT

1. On pose $W = \left\{ \begin{bmatrix} a \\ b \\ c \end{bmatrix} : a - 3b - c = 0 \right\}$. Montrer de deux façons différentes que W est un sous-espace vectoriel de $\mathbb{R}^3$ (utiliser deux théorèmes différents).

2. On pose $A = \begin{bmatrix} 7 & -3 & 5 \\ -4 & 1 & -5 \\ -5 & 2 & -4 \end{bmatrix}$, $\mathbf{v} = \begin{bmatrix} 2 \\ 1 \\ -1 \end{bmatrix}$ et $\mathbf{w} = \begin{bmatrix} 7 \\ 6 \\ -3 \end{bmatrix}$. On suppose que les deux équations $A\mathbf{x} = \mathbf{v}$ et $A\mathbf{x} = \mathbf{w}$ sont compatibles. Que peut-on dire de l'équation $A\mathbf{x} = \mathbf{v} + \mathbf{w}$?

3. Soit A une matrice $n \times n$. Si $\operatorname{Im} A = \operatorname{Ker} A$, montrer que $\operatorname{Ker} A^2 = \mathbb{R}^n$.

4.2 EXERCICES

1. On pose $\mathbf{w} = \begin{bmatrix} 1 \\ 3 \\ -4 \end{bmatrix}$ et

$A = \begin{bmatrix} 3 & -5 & -3 \\ 6 & -2 & 0 \\ -8 & 4 & 1 \end{bmatrix}$.

Le vecteur $\mathbf{w}$ appartient-il à $\operatorname{Ker} A$?

2. On pose $\mathbf{w} = \begin{bmatrix} 5 \\ -3 \\ 2 \end{bmatrix}$ et

$A = \begin{bmatrix} 5 & 21 & 19 \\ 13 & 23 & 2 \\ 8 & 14 & 1 \end{bmatrix}$.

Le vecteur $\mathbf{w}$ appartient-il à $\operatorname{Ker} A$?

Dans les exercices 3 à 6, décrire explicitement l'espace $\operatorname{Ker} A$, en donnant une liste de vecteurs engendrant le noyau.

3. $A = \begin{bmatrix} 1 & 3 & 5 & 0 \\ 0 & 1 & 4 & -2 \end{bmatrix}$

4. $A = \begin{bmatrix} 1 & -6 & 4 & 0 \\ 0 & 0 & 2 & 0 \end{bmatrix}$

5. $A = \begin{bmatrix} 1 & -2 & 0 & 4 & 0 \\ 0 & 0 & 1 & -9 & 0 \\ 0 & 0 & 0 & 0 & 1 \end{bmatrix}$

6. $A = \begin{bmatrix} 1 & 5 & -4 & -3 & 1 \\ 0 & 1 & -2 & 1 & 0 \\ 0 & 0 & 0 & 0 & 0 \end{bmatrix}$

Dans les exercices 7 à 14, prouver, à l'aide d'un théorème convenable, que l'ensemble proposé est un sous-espace vectoriel ou trouver un contre-exemple pour montrer qu'il n'en est pas un.

7. $\left\{ \begin{bmatrix} a \\ b \\ c \end{bmatrix} : a + b + c = 2 \right\}$ **8.** $\left\{ \begin{bmatrix} r \\ s \\ t \end{bmatrix} : 5r - 1 = s + 2t \right\}$

9. $\left\{ \begin{bmatrix} a \\ b \\ c \\ d \end{bmatrix} : \begin{aligned} a - 2b &= 4c \\ 2a &= c + 3d \end{aligned} \right\}$ **10.** $\left\{ \begin{bmatrix} a \\ b \\ c \\ d \end{bmatrix} : \begin{aligned} a + 3b &= c \\ b + c + a &= d \end{aligned} \right\}$

11. $\left\{ \begin{bmatrix} b - 2d \\ 5 + d \\ b + 3d \\ d \end{bmatrix} : b, d \text{ réels} \right\}$ **12.** $\left\{ \begin{bmatrix} b - 5d \\ 2b \\ 2d + 1 \\ d \end{bmatrix} : b, d \text{ réels} \right\}$

13. $\left\{ \begin{bmatrix} c - 6d \\ d \\ c \end{bmatrix} : c, d \text{ réels} \right\}$ **14.** $\left\{ \begin{bmatrix} -a + 2b \\ a - 2b \\ 3a - 6b \end{bmatrix} : a, b \text{ réels} \right\}$

Dans les exercices 15 et 16, déterminer une matrice A telle que l'ensemble proposé soit égal à Im A.

15. $\left\{ \begin{bmatrix} 2s + 3t \\ r + s - 2t \\ 4r + s \\ 3r - s - t \end{bmatrix} : r, s, t \text{ réels} \right\}$

16. $\left\{ \begin{bmatrix} b - c \\ 2b + c + d \\ 5c - 4d \\ d \end{bmatrix} : b, c, d \text{ réels} \right\}$

Pour les matrices des exercices 17 à 20 : (a) trouver la valeur de k telle que Ker A soit un sous-espace vectoriel de $\mathbb{R}^k$; (b) trouver la valeur de k telle que Im A soit un sous-espace vectoriel de $\mathbb{R}^k$.

17. $A = \begin{bmatrix} 2 & -6 \\ -1 & 3 \\ -4 & 12 \\ 3 & -9 \end{bmatrix}$ **18.** $A = \begin{bmatrix} 7 & -2 & 0 \\ -2 & 0 & -5 \\ 0 & -5 & 7 \\ -5 & 7 & -2 \end{bmatrix}$

19. $A = \begin{bmatrix} 4 & 5 & -2 & 6 & 0 \\ 1 & 1 & 0 & 1 & 0 \end{bmatrix}$

20. $A = \begin{bmatrix} 1 & -3 & 9 & 0 & -5 \end{bmatrix}$

21. On considère la matrice A de l'exercice 17. Déterminer un vecteur non nul de Ker A, ainsi qu'un vecteur non nul de Im A.

22. On considère la matrice A de l'exercice 3. Déterminer un vecteur non nul de Ker A, ainsi qu'un vecteur non nul de Im A.

23. On pose $A = \begin{bmatrix} -6 & 12 \\ -3 & 6 \end{bmatrix}$ et $\mathbf{w} = \begin{bmatrix} 2 \\ 1 \end{bmatrix}$. Le vecteur $\mathbf{w}$ appartient-il à Im A ? à Ker A ?

24. On pose $A = \begin{bmatrix} -8 & -2 & -9 \\ 6 & 4 & 8 \\ 4 & 0 & 4 \end{bmatrix}$ et $\mathbf{w} = \begin{bmatrix} 2 \\ 1 \\ -2 \end{bmatrix}$. Le vecteur $\mathbf{w}$ appartient-il à Im A ? à Ker A ?

Dans les exercices 25 et 26, A désigne une matrice $m \times n$. Dire si les énoncés proposés sont vrais ou faux. Justifier chaque réponse.

25. a. Le noyau de A est l'ensemble des solutions de l'équation $A\mathbf{x} = \mathbf{0}$.

b. Le noyau d'une matrice $m \times n$ est inclus dans $\mathbb{R}^m$.

c. L'espace engendré par les colonnes de A est l'image de l'application $\mathbf{x} \mapsto A\mathbf{x}$.

d. Si l'équation $A\mathbf{x} = \mathbf{b}$ est compatible, alors Im A est égal à $\mathbb{R}^m$.

e. Le noyau d'une application linéaire est un espace vectoriel.

f. Im A est l'ensemble des vecteurs pouvant s'écrire sous la forme $A\mathbf{x}$ pour un certain $\mathbf{x}$.

26. a. Le noyau d'une matrice est un espace vectoriel.

b. L'image d'une matrice $m \times n$ est incluse dans $\mathbb{R}^m$.

c. Im A est l'ensemble des solutions de l'équation $A\mathbf{x} = \mathbf{b}$.

d. Ker A est le noyau de l'application $\mathbf{x} \mapsto A\mathbf{x}$.

e. L'image d'une application linéaire est un espace vectoriel.

f. L'ensemble des solutions d'une équation différentielle linéaire homogène est égal au noyau d'une certaine application linéaire.

27. On peut montrer que le triplet défini par $x_1 = 3$, $x_2 = 2$ et $x_3 = -1$ est une solution du système ci-dessous. Expliquer à l'aide de ce résultat et de la théorie développée dans cette section pourquoi le triplet défini par $x_1 = 30$, $x_2 = 20$ et $x_3 = -10$ est aussi une solution (on remarquera une relation simple entre ces deux solutions, mais on n'effectuera aucun calcul).

$$x_1 - 3x_2 - 3x_3 = 0$$
$$-2x_1 + 4x_2 + 2x_3 = 0$$
$$-x_1 + 5x_2 + 7x_3 = 0$$

28. On considère les deux systèmes linéaires suivants :

$$\begin{array}{ll} 5x_1 + x_2 - 3x_3 = 0 & \quad 5x_1 + x_2 - 3x_3 = 0 \\ -9x_1 + 2x_2 + 5x_3 = 1 & \quad -9x_1 + 2x_2 + 5x_3 = 5 \\ 4x_1 + x_2 - 6x_3 = 9 & \quad 4x_1 + x_2 - 6x_3 = 45 \end{array}$$

On peut montrer que le premier système admet une solution. Expliquer, à l'aide de ce résultat et de la théorie développée dans cette section, mais sans effectuer d'opérations sur les lignes, pourquoi le second système admet également une solution.

29. Démontrer le théorème 3 de la façon suivante : Étant donné une matrice A de type $m \times n$, tout élément de Im A est de la forme $A\mathbf{x}$ pour un certain $\mathbf{x}$ de $\mathbb{R}^n$. On se donne alors deux vecteurs quelconques de Im A, que l'on peut donc écrire respectivement $A\mathbf{x}$ et $A\mathbf{w}$.

a. Justifier le fait que le vecteur nul appartient à Im A.

b. Montrer que le vecteur $A\mathbf{x} + A\mathbf{w}$ appartient à Im A.

c. Étant donné un scalaire c, montrer que $c(A\mathbf{x})$ appartient à Im A.

30. Montrer que pour toute application linéaire $T : V \to W$ d'un espace vectoriel V dans un autre espace vectoriel W, l'image de T est un sous-espace vectoriel de W. [*Indication* : Deux éléments quelconques de l'image peuvent s'écrire sous la forme $T(\mathbf{x})$ et $T(\mathbf{w})$, $\mathbf{x}$ et $\mathbf{w}$ appartenant à V.]

31. On considère l'application $T : \mathbb{P}_2 \to \mathbb{R}^2$ définie par la relation $T(\mathbf{p}) = \begin{bmatrix} \mathbf{p}(0) \\ \mathbf{p}(1) \end{bmatrix}$. Par exemple, si $\mathbf{p}(t) = 3 + 5t + 7t^2$, alors $T(\mathbf{p}) = \begin{bmatrix} 3 \\ 15 \end{bmatrix}$.

a. Montrer que T est une application linéaire. [*Indication :* Étant donné deux polynômes arbitraires **p** et **q** dans $\mathbb{P}_2$, calculer $T(\mathbf{p} + \mathbf{q})$ et $T(c\mathbf{p})$.]

b. Déterminer un polynôme **p** de $\mathbb{P}_2$ qui engendre le noyau de T et préciser l'image de T.

32. On considère l'application linéaire $T : \mathbb{P}_2 \to \mathbb{R}^2$ définie par $T(\mathbf{p}) = \begin{bmatrix} \mathbf{p}(0) \\ \mathbf{p}(0) \end{bmatrix}$. Déterminer deux polynômes $\mathbf{p}_1$ et $\mathbf{p}_2$ de $\mathbb{P}_2$ qui engendrent le noyau de T et préciser l'image de T.

33. Soit $M_{2\times2}$ l'espace vectoriel des matrices 2×2. On considère l'application $T : M_{2\times2} \to M_{2\times2}$ définie par $T(A) = A + A^T$, avec $A = \begin{bmatrix} a & b \\ c & d \end{bmatrix}$.

a. Montrer que T est une application linéaire.

b. Soit B un élément de $M_{2\times2}$ tel que $B^T = B$. Déterminer une matrice A de $M_{2\times2}$ telle que $T(A) = B$.

c. Montrer que l'image de T est l'ensemble des matrices B de $M_{2\times2}$ telles que $B^T = B$.

d. Préciser le noyau de T.

34. (*Utilise le cours d'analyse*) On reprend les notations de l'exercice 20 de la section 4.1. On définit l'application $T : C[0,1] \to C[0,1]$ de la façon suivante : pour chaque **f** de $C[0,1]$, $T(\mathbf{f})$ est la primitive **F** de **f** telle que $\mathbf{F}(0) = 0$. Montrer que T est une application linéaire et déterminer le noyau de T.

35. Soit V et W deux espaces vectoriels et $T : V \to W$ une application linéaire. Étant donné un sous-espace vectoriel U de V, on note $T(U)$ l'ensemble des images de la forme $T(\mathbf{x})$, où **x** est un vecteur de U. Montrer que $T(U)$ est un sous-espace vectoriel de W.

36. On définit $T : V \to W$ comme dans l'exercice 35, et l'on considère un sous-espace Z de W. Soit U l'ensemble des vecteurs **x** de V tels que $T(\mathbf{x})$ appartient à Z. Montrer que U est un sous-espace vectoriel de V.

37. [M] On pose

$$\mathbf{w} = \begin{bmatrix} 1 \\ 1 \\ -1 \\ -3 \end{bmatrix} \quad \text{et} \quad A = \begin{bmatrix} 7 & 6 & -4 & 1 \\ -5 & -1 & 0 & -2 \\ 9 & -11 & 7 & -3 \\ 19 & -9 & 7 & 1 \end{bmatrix}$$

Le vecteur **w** est-il dans l'image de A ? dans son noyau ? dans les deux à la fois ?

38. [M] On pose

$$\mathbf{w} = \begin{bmatrix} 1 \\ 2 \\ 1 \\ 0 \end{bmatrix} \quad \text{et} \quad A = \begin{bmatrix} -8 & 5 & -2 & 0 \\ -5 & 2 & 1 & -2 \\ 10 & -8 & 6 & -3 \\ 3 & -2 & 1 & 0 \end{bmatrix}$$

Le vecteur **w** est-il dans l'image de A ? dans son noyau ? dans les deux à la fois ?

39. [M] On pose

$$A = \begin{bmatrix} 5 & 1 & 2 & 2 & 0 \\ 3 & 3 & 2 & -1 & -12 \\ 8 & 4 & 4 & -5 & 12 \\ 2 & 1 & 1 & 0 & -2 \end{bmatrix} \quad \text{et} \quad B = [\, \mathbf{a}_1 \quad \mathbf{a}_2 \quad \mathbf{a}_4 \,]$$

où l'on a noté $\mathbf{a}_1, \ldots, \mathbf{a}_5$ les colonnes de A.

a. Justifier le fait que $\mathbf{a}_3$ et $\mathbf{a}_5$ appartiennent à l'image de B.

b. Trouver des vecteurs qui engendrent Ker A.

c. On considère l'application $T : \mathbb{R}^5 \to \mathbb{R}^4$ définie par $T(\mathbf{x}) = A\mathbf{x}$. Justifier le fait que T n'est ni injective, ni surjective.

40. [M] On pose

$$\mathbf{v}_1 = \begin{bmatrix} 5 \\ 3 \\ 8 \end{bmatrix}, \mathbf{v}_2 = \begin{bmatrix} 1 \\ 3 \\ 4 \end{bmatrix}, \mathbf{v}_3 = \begin{bmatrix} 2 \\ -1 \\ 5 \end{bmatrix}, \mathbf{v}_4 = \begin{bmatrix} 0 \\ -12 \\ -28 \end{bmatrix}$$

$H = \text{Vect}\{\mathbf{v}_1, \mathbf{v}_2\}$ et $K = \text{Vect}\{\mathbf{v}_3, \mathbf{v}_4\}$. H et K sont donc des sous-espaces vectoriels de $\mathbb{R}^3$. Plus précisément, H et K sont des plans de $\mathbb{R}^3$ qui passent par l'origine et qui se coupent selon une droite passant par **0**. Déterminer un vecteur non nul **w** engendrant cette droite. [*Indication :* **w** doit s'écrire à la fois sous la forme $c_1\mathbf{v}_1 + c_2\mathbf{v}_2$ et sous la forme $c_3\mathbf{v}_3 + c_4\mathbf{v}_4$. Pour construire **w**, résoudre l'équation $c_1\mathbf{v}_1 + c_2\mathbf{v}_2 = c_3\mathbf{v}_3 + c_4\mathbf{v}_4$ aux inconnues c_j.]

SOLUTIONS DES EXERCICES D'ENTRAÎNEMENT

1. *Première méthode :* W est un sous-espace vectoriel de $\mathbb{R}^3$ d'après le théorème 2, car W est l'ensemble des solutions d'un système d'équations linéaires homogènes (ici, le système n'a qu'une équation). De façon équivalente, W est le noyau de la matrice $A = [\,1 \quad -3 \quad -1\,]$, de type 1×3.

Seconde méthode : On résout l'équation $a - 3b - c = 0$ en exprimant l'inconnue principale a en fonction des inconnues non principales b et c. Les solutions sont les vecteurs de la forme $\begin{bmatrix} 3b + c \\ b \\ c \end{bmatrix}$, où b et c sont des scalaires arbitraires.

On peut écrire

$$\begin{bmatrix} 3b + c \\ b \\ c \end{bmatrix} = b \begin{bmatrix} 3 \\ 1 \\ 0 \end{bmatrix} + c \begin{bmatrix} 1 \\ 0 \\ 1 \end{bmatrix}$$

$$\underset{\mathbf{v}_1}{\uparrow} \qquad \underset{\mathbf{v}_2}{\uparrow}$$

Il en résulte que $W = \text{Vect}\{\mathbf{v}_1, \mathbf{v}_2\}$. Donc, d'après le théorème 1, W est un sous-espace vectoriel de $\mathbb{R}^3$. On aurait aussi pu résoudre l'équation $a - 3b - c = 0$ à l'inconnue b ou à l'inconnue c ; on aurait ainsi obtenu d'autres descriptions de W comme ensemble des combinaisons linéaires de deux vecteurs.

2. Les deux vecteurs $\mathbf{v}$ et $\mathbf{w}$ appartiennent à Im A. Comme Im A est un espace vectoriel, $\mathbf{v} + \mathbf{w}$ appartient forcément à Im A. Donc l'équation $A\mathbf{x} = \mathbf{v} + \mathbf{w}$ est compatible.

3. Soit $\mathbf{x}$ un vecteur de $\mathbb{R}^n$. Le vecteur $A\mathbf{x}$ est une combinaison linéaire des colonnes de A, donc $A\mathbf{x}$ est dans Im A. Comme Im $A = $ Ker A, le vecteur $A\mathbf{x}$ est aussi dans Ker A. Donc $A^2\mathbf{x} = A(A\mathbf{x}) = \mathbf{0}$, ce qui implique que tout vecteur de $\mathbb{R}^n$ est dans Ker A^2.

4.3 | FAMILLES LIBRES, BASES

Dans cette section, on se propose de déterminer et d'étudier les parties qui engendrent aussi « efficacement » que possible un espace vectoriel V ou un sous-espace H. L'idée centrale est celle d'indépendance linéaire, que l'on définit comme dans $\mathbb{R}^n$.

Une **famille** $(\mathbf{v}_1, \ldots, \mathbf{v}_p)$ de vecteurs de V est dite **libre** et ses **vecteurs** sont dits **linéairement indépendants** si l'équation vectorielle

$$c_1\mathbf{v}_1 + c_2\mathbf{v}_2 + \cdots + c_p\mathbf{v}_p = \mathbf{0} \tag{1}$$

admet la solution triviale $c_1 = 0, \ldots, c_p = 0$ comme *seule* solution[4].

La **famille** $(\mathbf{v}_1, \ldots, \mathbf{v}_p)$ est dite **liée** et ses **vecteurs** sont dits **linéairement dépendants** si l'équation (1) admet une solution non triviale, c'est-à-dire s'il existe des coefficients $c_1, \ldots, c_p$, *non tous nuls*, vérifiant (1). Dans ce cas, la relation (1) est appelée **relation de dépendance linéaire** entre $\mathbf{v}_1, \ldots, \mathbf{v}_p$.

Comme dans $\mathbb{R}^n$, une famille composée d'un seul vecteur $\mathbf{v}$ est libre si et seulement si $\mathbf{v} \neq \mathbf{0}$. De plus, une famille composée de deux vecteurs est liée si et seulement si l'un des vecteurs est colinéaire à l'autre. Et toute famille contenant le vecteur nul est liée. Le théorème qui suit se démontre de la même manière que le théorème 7 de la section 1.7.

THÉORÈME 4

Une famille $(\mathbf{v}_1, \ldots, \mathbf{v}_p)$ d'au moins deux vecteurs, avec $\mathbf{v}_1 \neq \mathbf{0}$, est liée si et seulement si il existe $j > 1$ tel que $\mathbf{v}_j$ soit une combinaison linéaire des vecteurs précédents, soit $\mathbf{v}_1, \ldots, \mathbf{v}_{j-1}$.

La principale différence entre l'indépendance linéaire dans $\mathbb{R}^n$ et l'indépendance linéaire dans un espace vectoriel plus général est que si les vecteurs ne sont pas des n-uplets, on ne peut en général pas écrire l'équation homogène (1) comme un système de n équations linéaires. Autrement dit, on ne peut pas considérer les vecteurs comme les colonnes d'une matrice A permettant d'obtenir une équation du type $A\mathbf{x} = \mathbf{0}$. Au lieu de cela, on utilise la définition de l'indépendance linéaire ou le théorème 4.

---

[4] Par commodité, on note ici les scalaires de (1) $c_1, \ldots, c_p$ plutôt que $x_1, \ldots, x_p$ comme dans le chapitre 1.

EXEMPLE 1   On considère les trois polynômes définis par les égalités $\mathbf{p}_1(t) = 1$, $\mathbf{p}_2(t) = t$ et $\mathbf{p}_3(t) = 4 - t$. Ils sont linéairement dépendants dans $\mathbb{P}$, car $\mathbf{p}_3 = 4\mathbf{p}_1 - \mathbf{p}_2$. ∎

EXEMPLE 2   La famille $(\sin t, \cos t)$ est libre dans l'espace $C[0, 1]$ des fonctions continues sur $[0, 1]$. En effet, $\sin t$ et $\cos t$, *en tant que vecteurs* de $C[0, 1]$, ne sont pas colinéaires. Autrement dit, il n'existe aucun scalaire c tel que, pour tout t dans $[0, 1]$, $\cos t = c \cdot \sin t$ (il suffit de regarder les graphes de $\sin t$ et $\cos t$). En revanche, d'après l'identité $\sin 2t = 2 \sin t \cos t$, vérifiée pour tout t, la famille $(\sin t \cos t, \sin 2t)$ est liée. ∎

DÉFINITION

> Soit H un sous-espace vectoriel d'un espace vectoriel V. On dit qu'une famille $\mathcal{B} = (\mathbf{b}_1, \dots, \mathbf{b}_p)$ de vecteurs de V est une **base** de H si
>
> (i) $\mathcal{B}$ est une famille libre
>
> (ii) le sous-espace engendré par $\mathcal{B}$ est H, autrement dit
>
> $$H = \text{Vect}\{\mathbf{b}_1, \dots, \mathbf{b}_p\}$$

Cette définition s'applique au cas où $H = V$, puisqu'un espace vectoriel est un sous-espace vectoriel de lui-même. Une base de V est donc une famille libre qui engendre V. Il faut noter que si $H \neq V$, la condition (ii) comprend le fait que chacun des vecteurs $\mathbf{b}_1, \dots, \mathbf{b}_p$ doit appartenir à H car, comme on l'a vu dans la section 4.1, le sous-espace $\text{Vect}\{\mathbf{b}_1, \dots, \mathbf{b}_p\}$ contient $\mathbf{b}_1, \dots, \mathbf{b}_p$.

EXEMPLE 3   Soit $A = [\,\mathbf{a}_1 \;\; \cdots \;\; \mathbf{a}_n\,]$ une matrice inversible $n \times n$. Les colonnes de A forment une base de $\mathbb{R}^n$ car, d'après le théorème de caractérisation des matrices inversibles, elles sont linéairement indépendantes et engendrent $\mathbb{R}^n$. ∎

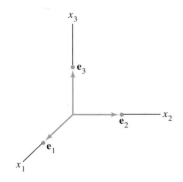

FIGURE 1
Base canonique de $\mathbb{R}^3$

EXEMPLE 4   Soit $\mathbf{e}_1, \dots, \mathbf{e}_n$ les colonnes de I_n, la matrice unité $n \times n$, c'est-à-dire

$$\mathbf{e}_1 = \begin{bmatrix} 1 \\ 0 \\ \vdots \\ 0 \end{bmatrix}, \quad \mathbf{e}_2 = \begin{bmatrix} 0 \\ 1 \\ \vdots \\ 0 \end{bmatrix}, \quad \dots, \quad \mathbf{e}_n = \begin{bmatrix} 0 \\ \vdots \\ 0 \\ 1 \end{bmatrix}$$

La famille $(\mathbf{e}_1, \dots, \mathbf{e}_n)$ est appelée **base canonique** de $\mathbb{R}^n$ (voir figure 1). ∎

EXEMPLE 5   On pose $\mathbf{v}_1 = \begin{bmatrix} 3 \\ 0 \\ -6 \end{bmatrix}$, $\mathbf{v}_2 = \begin{bmatrix} -4 \\ 1 \\ 7 \end{bmatrix}$ et $\mathbf{v}_3 = \begin{bmatrix} -2 \\ 1 \\ 5 \end{bmatrix}$. La famille de vecteurs $(\mathbf{v}_1, \mathbf{v}_2, \mathbf{v}_3)$ est-elle une base de $\mathbb{R}^3$?

SOLUTION   Comme on a ici exactement trois vecteurs de $\mathbb{R}^3$, on doit montrer, par l'une des nombreuses méthodes disponibles, que la matrice $A = [\,\mathbf{v}_1 \;\; \mathbf{v}_2 \;\; \mathbf{v}_3\,]$ est inversible. Il suffit par exemple de deux opérations de remplacement de lignes pour s'apercevoir que A admet trois positions de pivot. Donc A est inversible et, comme dans l'exemple 3, les colonnes de A forment une base de $\mathbb{R}^3$. ∎

EXEMPLE 6   On pose $F = (1, t, t^2, \dots, t^n)$. Montrer que F est une base de $\mathbb{P}_n$. Cette base est appelée **base canonique** de $\mathbb{P}_n$.

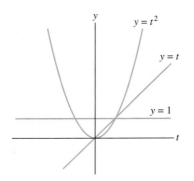

FIGURE 2
Base canonique de $\mathbb{P}_2$

SOLUTION Il est clair que F engendre $\mathbb{P}_n$. Pour montrer que F est libre, on considère des réels $c_0, \ldots, c_n$ tels que

$$c_0 \cdot 1 + c_1 t + c_2 t^2 + \cdots + c_n t^n = \mathbf{0}(t) \tag{2}$$

Cette égalité signifie que le polynôme du premier membre prend les mêmes valeurs que le polynôme nul du second membre. Par un théorème fondamental de l'algèbre, on sait que le polynôme nul est le seul polynôme de $\mathbb{P}_n$ admettant plus de n zéros. Cela signifie que la relation (2) ne peut être vérifiée quel que soit t que si $c_0 = \cdots = c_n = 0$. On a montré que F était libre, et cette famille constitue bien une base de $\mathbb{P}_n$ (voir figure 2). ■

La meilleure façon de traiter les problèmes d'indépendance linéaire et de famille génératrice dans $\mathbb{P}_n$ est d'utiliser une technique présentée dans la section 4.4.

Théorème de la base extraite

On va voir qu'une base est une famille génératrice « efficace » ne contenant aucun vecteur superflu. En fait, on peut construire une base en supprimant d'une famille génératrice les vecteurs qui ne sont pas nécessaires.

EXEMPLE 7 On pose

$$\mathbf{v}_1 = \begin{bmatrix} 0 \\ 2 \\ -1 \end{bmatrix}, \quad \mathbf{v}_2 = \begin{bmatrix} 2 \\ 2 \\ 0 \end{bmatrix}, \quad \mathbf{v}_3 = \begin{bmatrix} 6 \\ 16 \\ -5 \end{bmatrix} \quad \text{et} \quad H = \text{Vect}\{\mathbf{v}_1, \mathbf{v}_2, \mathbf{v}_3\}$$

En remarquant que $\mathbf{v}_3 = 5\mathbf{v}_1 + 3\mathbf{v}_2$, montrer que $\text{Vect}\{\mathbf{v}_1, \mathbf{v}_2, \mathbf{v}_3\} = \text{Vect}\{\mathbf{v}_1, \mathbf{v}_2\}$, puis trouver une base de H.

SOLUTION Les vecteurs de $\text{Vect}\{\mathbf{v}_1, \mathbf{v}_2\}$ appartiennent tous à H car

$$c_1\mathbf{v}_1 + c_2\mathbf{v}_2 = c_1\mathbf{v}_1 + c_2\mathbf{v}_2 + 0\mathbf{v}_3$$

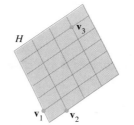

Soit maintenant $\mathbf{x} = c_1\mathbf{v}_1 + c_2\mathbf{v}_2 + c_3\mathbf{v}_3$ un vecteur de H. On peut substituer à $\mathbf{v}_3$ sa valeur $5\mathbf{v}_1 + 3\mathbf{v}_2$. On obtient

$$\begin{aligned} \mathbf{x} &= c_1\mathbf{v}_1 + c_2\mathbf{v}_2 + c_3(5\mathbf{v}_1 + 3\mathbf{v}_2) \\ &= (c_1 + 5c_3)\mathbf{v}_1 + (c_2 + 3c_3)\mathbf{v}_2 \end{aligned}$$

Donc $\mathbf{x}$ appartient à $\text{Vect}\{\mathbf{v}_1, \mathbf{v}_2\}$. On a ainsi montré que tout vecteur de H appartenait à $\text{Vect}\{\mathbf{v}_1, \mathbf{v}_2\}$. Donc, en fait, H et $\text{Vect}\{\mathbf{v}_1, \mathbf{v}_2\}$ coïncident. Il s'ensuit que $(\mathbf{v}_1, \mathbf{v}_2)$ est une base de H, puisque c'est clairement une famille libre. ■

Le théorème qui suit généralise l'exemple 7.

THÉORÈME 5

Théorème de la base extraite

Soit $F = (\mathbf{v}_1, \ldots, \mathbf{v}_p)$ une famille de vecteurs de V et $H = \text{Vect}\{\mathbf{v}_1, \ldots, \mathbf{v}_p\}$.

a. Si l'un des vecteurs de F (disons $\mathbf{v}_k$) est une combinaison linéaire des autres vecteurs de F, alors la famille obtenue en supprimant dans F le vecteur $\mathbf{v}_k$ engendre toujours H.

b. Si $H \neq \{\mathbf{0}\}$, alors il existe une sous-famille de F qui est une base de H. Autrement dit, on peut extraire de la famille F une base de H.

DÉMONSTRATION

a. Quitte à réarranger les vecteurs de F, on peut supposer que $\mathbf{v}_p$ est une combinaison linéaire de $\mathbf{v}_1, \ldots, \mathbf{v}_{p-1}$, soit

$$\mathbf{v}_p = a_1 \mathbf{v}_1 + \cdots + a_{p-1} \mathbf{v}_{p-1} \tag{3}$$

Pour tout vecteur $\mathbf{x}$ de H, il existe des scalaires $c_1, \ldots, c_p$ tels que

$$\mathbf{x} = c_1 \mathbf{v}_1 + \cdots + c_{p-1} \mathbf{v}_{p-1} + c_p \mathbf{v}_p \tag{4}$$

En remplaçant $\mathbf{v}_p$, dans la relation (4), par son expression donnée en (3), on voit facilement que $\mathbf{x}$ est une combinaison linéaire de $\mathbf{v}_1, \ldots, \mathbf{v}_{p-1}$. Comme $\mathbf{x}$ désignait un élément quelconque de H, il en résulte bien que $\{\mathbf{v}_1, \ldots, \mathbf{v}_{p-1}\}$ engendre H.

b. Si la famille initiale F est libre, alors c'est déjà une base de H. Sinon, l'un des vecteurs de F est une combinaison linéaire des autres et, d'après le point (a), on peut le supprimer. Tant qu'il existe au moins deux vecteurs dans la famille génératrice, ce procédé peut être réitéré jusqu'à ce que la famille soit libre et constitue ainsi une base de H. S'il ne reste à la fin qu'un seul vecteur, celui-ci est forcément non nul (donc constitue une famille libre) car $H \neq \{\mathbf{0}\}$. ∎

Bases de Ker A et Im A

Soit A une matrice. On sait déjà trouver des vecteurs qui engendrent le noyau de A. Les remarques de la section 4.2 ont fait apparaître que la méthode indiquée produisait toujours des vecteurs linéairement indépendants si Ker A contenait des vecteurs non nuls. La méthode produit donc dans ce cas une *base* de Ker A.

Les deux exemples qui suivent décrivent un algorithme simple permettant de déterminer une base de l'image.

EXEMPLE 8 Déterminer une base de Im B, où

$$B = \begin{bmatrix} \mathbf{b}_1 & \mathbf{b}_2 & \cdots & \mathbf{b}_5 \end{bmatrix} = \begin{bmatrix} 1 & 4 & 0 & 2 & 0 \\ 0 & 0 & 1 & -1 & 0 \\ 0 & 0 & 0 & 0 & 1 \\ 0 & 0 & 0 & 0 & 0 \end{bmatrix}$$

SOLUTION Chaque colonne non pivot de B est une combinaison linéaire des colonnes pivots. Plus précisément, $\mathbf{b}_2 = 4\mathbf{b}_1$ et $\mathbf{b}_4 = 2\mathbf{b}_1 - \mathbf{b}_3$. D'après le théorème de la base extraite, on peut supprimer $\mathbf{b}_2$ et $\mathbf{b}_4$, et la famille $(\mathbf{b}_1, \mathbf{b}_3, \mathbf{b}_5)$ engendre encore Im B. Soit

$$F = (\mathbf{b}_1, \mathbf{b}_3, \mathbf{b}_5) = \left(\begin{bmatrix} 1 \\ 0 \\ 0 \\ 0 \end{bmatrix}, \begin{bmatrix} 0 \\ 1 \\ 0 \\ 0 \end{bmatrix}, \begin{bmatrix} 0 \\ 0 \\ 1 \\ 0 \end{bmatrix} \right)$$

Comme $\mathbf{b}_1 \neq 0$ et comme aucun vecteur de F n'est une combinaison linéaire de ceux qui le précèdent, F est libre (théorème 4). Donc F est une base de Im B. ∎

Qu'en est-il si une matrice A *n'est pas* sous forme échelonnée réduite ? On rappelle qu'une relation de dépendance linéaire entre les colonnes de A peut s'écrire sous la forme $A\mathbf{x} = \mathbf{0}$, $\mathbf{x}$ étant la colonne des coefficients de la combinaison linéaire (si certaines colonnes n'apparaissent pas dans une relation de dépendance donnée, on les affecte de coefficients nuls). Si l'on transforme par la méthode du pivot une matrice A en une matrice B, les colonnes de B sont en général complètement différentes de celles de A. Cependant, les équations $A\mathbf{x} = \mathbf{0}$ et $B\mathbf{x} = \mathbf{0}$ ont exactement le même ensemble de solutions. Si $A = [\,\mathbf{a}_1 \;\; \cdots \;\; \mathbf{a}_n\,]$ et $B = [\,\mathbf{b}_1 \;\; \cdots \;\; \mathbf{b}_n\,]$, alors les équations vectorielles

$$x_1\mathbf{a}_1 + \cdots + x_n\mathbf{a}_n = \mathbf{0} \quad \text{et} \quad x_1\mathbf{b}_1 + \cdots + x_n\mathbf{b}_n = \mathbf{0}$$

ont également le même ensemble de solutions. Autrement dit, les colonnes de A ont *exactement les mêmes relations de dépendance linéaire* que celles de B.

EXEMPLE 9 On peut montrer que la matrice

$$A = \begin{bmatrix} \mathbf{a}_1 & \mathbf{a}_2 & \cdots & \mathbf{a}_5 \end{bmatrix} = \begin{bmatrix} 1 & 4 & 0 & 2 & -1 \\ 3 & 12 & 1 & 5 & 5 \\ 2 & 8 & 1 & 3 & 2 \\ 5 & 20 & 2 & 8 & 8 \end{bmatrix}$$

est équivalente selon les lignes à la matrice B de l'exemple 8. En déduire une base de Im A.

SOLUTION On a vu dans l'exemple 8 que

$$\mathbf{b}_2 = 4\mathbf{b}_1 \quad \text{et} \quad \mathbf{b}_4 = 2\mathbf{b}_1 - \mathbf{b}_3$$

On a donc nécessairement

$$\mathbf{a}_2 = 4\mathbf{a}_1 \quad \text{et} \quad \mathbf{a}_4 = 2\mathbf{a}_1 - \mathbf{a}_3$$

Vérifier que c'est bien le cas ! On peut donc supprimer les vecteurs $\mathbf{a}_2$ et $\mathbf{a}_4$ pour obtenir une famille génératrice minimale de Im A. En fait, $\mathbf{a}_1$, $\mathbf{a}_3$ et $\mathbf{a}_5$ sont nécessairement linéairement indépendants car une relation de dépendance linéaire entre eux impliquerait la même relation entre $\mathbf{b}_1$, $\mathbf{b}_3$ et $\mathbf{b}_5$. Mais on sait que $\mathbf{b}_1$, $\mathbf{b}_3$ et $\mathbf{b}_5$ sont linéairement indépendants. Donc $(\mathbf{a}_1, \mathbf{a}_3, \mathbf{a}_5)$ est une base de Im A. Les colonnes constituant cette base sont les colonnes pivots de A. ∎

Les exemples 8 et 9 illustrent le résultat important suivant.

THÉORÈME 6 | Les colonnes pivots d'une matrice forment une base de son image.

DÉMONSTRATION La démonstration du cas général s'appuie sur les mêmes arguments que ceux qui ont été développés plus haut. Soit B la forme échelonnée réduite de A. La famille des colonnes pivots de B est libre car aucun de ses vecteurs n'est une combinaison linéaire de ceux qui le précèdent. Comme A est équivalente selon les lignes à B, les colonnes pivots de A sont elles aussi linéairement indépendantes. En effet, toute relation de dépendance linéaire entre les colonnes de A correspond à une relation de dépendance linéaire entre les colonnes de B. Pour cette même raison, toute colonne non pivot de A est une combinaison linéaire des colonnes pivots de A. D'après le théorème de la base extraite, on peut donc supprimer les colonnes non pivots de A d'une famille génératrice de Im A. Il reste les colonnes pivots de A, qui forment une base de Im A. ∎

Attention : Les colonnes pivots de A sont évidentes si l'on a seulement réduit A à une forme *échelonnée*. Il faut toutefois faire attention à bien constituer la base de Im A avec les *colonnes pivots de A elle-même*. Les opérations sur les lignes modifient la plupart du temps l'image d'une matrice. Les colonnes d'une forme échelonnée B de A n'appartiennent en général pas à l'image de A. Ainsi, les colonnes de la matrice B de l'exemple 8 ont toutes une dernière composante nulle, et elles ne peuvent donc engendrer l'image de la matrice A de l'exemple 9.

Deux façons de voir la notion de base

Quand on applique le théorème de la base extraite, il faut arrêter la suppression de vecteurs dans la famille génératrice au moment où l'on arrive à une famille libre. Si l'on supprime ensuite encore un vecteur, il ne sera pas une combinaison linéaire des vecteurs restants et cette famille plus petite n'engendrera donc pas V. Une base est donc la famille génératrice la plus petite possible.

Mais une base est aussi la famille libre la plus grande possible. Si F est une base de V et si l'on augmente F en ajoutant un vecteur $\mathbf{w}$ de V, alors la nouvelle famille n'est sûrement pas libre puisque, comme F engendre V, $\mathbf{w}$ est une combinaison linéaire des vecteurs de F.

EXEMPLE 10 Les trois familles suivantes montrent qu'on peut étendre une famille libre de $\mathbb{R}^3$ pour obtenir une base et qu'une extension supplémentaire détruit l'indépendance linéaire des vecteurs. On peut, de même, réduire une famille génératrice pour obtenir une base, mais supprimer la propriété génératrice de la famille par une réduction supplémentaire.

$$\left(\begin{bmatrix}1\\0\\0\end{bmatrix},\begin{bmatrix}2\\3\\0\end{bmatrix}\right) \quad \left(\begin{bmatrix}1\\0\\0\end{bmatrix},\begin{bmatrix}2\\3\\0\end{bmatrix},\begin{bmatrix}4\\5\\6\end{bmatrix}\right) \quad \left(\begin{bmatrix}1\\0\\0\end{bmatrix},\begin{bmatrix}2\\3\\0\end{bmatrix},\begin{bmatrix}4\\5\\6\end{bmatrix},\begin{bmatrix}7\\8\\9\end{bmatrix}\right)$$

Libre mais n'engendre pas $\mathbb{R}^3$ Base de $\mathbb{R}^3$ Engendre $\mathbb{R}^3$ mais liée ∎

EXERCICES D'ENTRAÎNEMENT

1. On pose $\mathbf{v}_1 = \begin{bmatrix}1\\-2\\3\end{bmatrix}$ et $\mathbf{v}_2 = \begin{bmatrix}-2\\7\\-9\end{bmatrix}$. La famille $(\mathbf{v}_1, \mathbf{v}_2)$ est-elle une base de $\mathbb{R}^3$? une base de $\mathbb{R}^2$?

2. On pose $\mathbf{v}_1 = \begin{bmatrix}1\\-3\\4\end{bmatrix}, \mathbf{v}_2 = \begin{bmatrix}6\\2\\-1\end{bmatrix}, \mathbf{v}_3 = \begin{bmatrix}2\\-2\\3\end{bmatrix}$ et $\mathbf{v}_4 = \begin{bmatrix}-4\\-8\\9\end{bmatrix}$. Déterminer une base du sous-espace W engendré par $\{\mathbf{v}_1, \mathbf{v}_2, \mathbf{v}_3, \mathbf{v}_4\}$.

3. On pose $\mathbf{v}_1 = \begin{bmatrix}1\\0\\0\end{bmatrix}, \mathbf{v}_2 = \begin{bmatrix}0\\1\\0\end{bmatrix}$ et $H = \left\{\begin{bmatrix}s\\s\\0\end{bmatrix} : s \text{ réel}\right\}$. Il est clair que tout vecteur de H est une combinaison linéaire de $\mathbf{v}_1$ et $\mathbf{v}_2$ car

$$\begin{bmatrix}s\\s\\0\end{bmatrix} = s\begin{bmatrix}1\\0\\0\end{bmatrix} + s\begin{bmatrix}0\\1\\0\end{bmatrix}$$

La famille $(\mathbf{v}_1, \mathbf{v}_2)$ est-elle une base de H ?

4. Soit V et W deux espaces vectoriels, $T : V \to W$ et $U : V \to W$ deux applications linéaires et $\{\mathbf{v}_1, ..., \mathbf{v}_p\}$ une base de V. Montrer que si $T(\mathbf{v}_j) = U(\mathbf{v}_j)$ pour toute valeur de j située entre 1 et p, alors $T(\mathbf{x}) = U(\mathbf{x})$ pour chaque vecteur $\mathbf{x}$ de V.

4.3 EXERCICES

Dans les exercices 1 à 8, déterminer si la famille de vecteurs proposée est une base de $\mathbb{R}^3$. Parmi les familles qui *ne sont pas* des bases, préciser lesquelles sont libres et lesquelles engendrent $\mathbb{R}^3$. Justifier les réponses.

1. $\begin{bmatrix} 1 \\ 0 \\ 0 \end{bmatrix}, \begin{bmatrix} 1 \\ 1 \\ 0 \end{bmatrix}, \begin{bmatrix} 1 \\ 1 \\ 1 \end{bmatrix}$
   2. $\begin{bmatrix} 1 \\ 0 \\ 1 \end{bmatrix}, \begin{bmatrix} 0 \\ 0 \\ 0 \end{bmatrix}, \begin{bmatrix} 0 \\ 1 \\ 0 \end{bmatrix}$

3. $\begin{bmatrix} 1 \\ 0 \\ -2 \end{bmatrix}, \begin{bmatrix} 3 \\ 2 \\ -4 \end{bmatrix}, \begin{bmatrix} -3 \\ -5 \\ 1 \end{bmatrix}$
   4. $\begin{bmatrix} 2 \\ -2 \\ 1 \end{bmatrix}, \begin{bmatrix} 1 \\ -3 \\ 2 \end{bmatrix}, \begin{bmatrix} -7 \\ 5 \\ 4 \end{bmatrix}$

5. $\begin{bmatrix} 1 \\ -3 \\ 0 \end{bmatrix}, \begin{bmatrix} -2 \\ 9 \\ 0 \end{bmatrix}, \begin{bmatrix} 0 \\ 0 \\ 0 \end{bmatrix}, \begin{bmatrix} 0 \\ -3 \\ 5 \end{bmatrix}$
   6. $\begin{bmatrix} 1 \\ 2 \\ -3 \end{bmatrix}, \begin{bmatrix} -4 \\ -5 \\ 6 \end{bmatrix}$

7. $\begin{bmatrix} -2 \\ 3 \\ 0 \end{bmatrix}, \begin{bmatrix} 6 \\ -1 \\ 5 \end{bmatrix}$
   8. $\begin{bmatrix} 1 \\ -4 \\ 3 \end{bmatrix}, \begin{bmatrix} 0 \\ 3 \\ -1 \end{bmatrix}, \begin{bmatrix} 3 \\ -5 \\ 4 \end{bmatrix}, \begin{bmatrix} 0 \\ 2 \\ -2 \end{bmatrix}$

Déterminer une base du noyau des matrices proposées dans les exercices 9 et 10. On pourra relire les remarques qui suivent l'exemple 3 de la section 4.2.

9. $\begin{bmatrix} 1 & 0 & -3 & 2 \\ 0 & 1 & -5 & 4 \\ 3 & -2 & 1 & -2 \end{bmatrix}$
   10. $\begin{bmatrix} 1 & 0 & -5 & 1 & 4 \\ -2 & 1 & 6 & -2 & -2 \\ 0 & 2 & -8 & 1 & 9 \end{bmatrix}$

11. Déterminer une base du plan de $\mathbb{R}^3$ d'équation $x + 2y + z = 0$. [*Indication :* On peut considérer cette équation comme un « système » d'équations homogènes.]

12. Déterminer une base de la droite de $\mathbb{R}^2$ d'équation $y = 5x$.

On admet, dans les exercices 13 et 14, que A est équivalente selon les lignes à B. Déterminer des bases de Ker A et Im A.

13. $A = \begin{bmatrix} -2 & 4 & -2 & -4 \\ 2 & -6 & -3 & 1 \\ -3 & 8 & 2 & -3 \end{bmatrix}$, $B = \begin{bmatrix} 1 & 0 & 6 & 5 \\ 0 & 2 & 5 & 3 \\ 0 & 0 & 0 & 0 \end{bmatrix}$

14. $A = \begin{bmatrix} 1 & 2 & -5 & 11 & -3 \\ 2 & 4 & -5 & 15 & 2 \\ 1 & 2 & 0 & 4 & 5 \\ 3 & 6 & -5 & 19 & -2 \end{bmatrix}$,

$B = \begin{bmatrix} 1 & 2 & 0 & 4 & 5 \\ 0 & 0 & 5 & -7 & 8 \\ 0 & 0 & 0 & 0 & -9 \\ 0 & 0 & 0 & 0 & 0 \end{bmatrix}$

Dans les exercices 15 à 18, déterminer une base de l'espace engendré par les vecteurs proposés.

15. $\begin{bmatrix} 1 \\ 0 \\ -3 \\ 2 \end{bmatrix}, \begin{bmatrix} 0 \\ 1 \\ 2 \\ -3 \end{bmatrix}, \begin{bmatrix} -3 \\ -4 \\ 1 \\ 6 \end{bmatrix}, \begin{bmatrix} 1 \\ -3 \\ -8 \\ 7 \end{bmatrix}, \begin{bmatrix} 2 \\ 1 \\ -6 \\ 9 \end{bmatrix}$

16. $\begin{bmatrix} 1 \\ 0 \\ 0 \\ 1 \end{bmatrix}, \begin{bmatrix} -2 \\ 1 \\ -1 \\ 1 \end{bmatrix}, \begin{bmatrix} 6 \\ -1 \\ 2 \\ -1 \end{bmatrix}, \begin{bmatrix} 5 \\ -3 \\ 3 \\ -4 \end{bmatrix}, \begin{bmatrix} 0 \\ 3 \\ -1 \\ 1 \end{bmatrix}$

17. [M] $\begin{bmatrix} 8 \\ 9 \\ -3 \\ -6 \\ 0 \end{bmatrix}, \begin{bmatrix} 4 \\ 5 \\ 1 \\ -4 \\ 4 \end{bmatrix}, \begin{bmatrix} -1 \\ -4 \\ -9 \\ 6 \\ -7 \end{bmatrix}, \begin{bmatrix} 6 \\ 8 \\ 4 \\ -7 \\ 10 \end{bmatrix}, \begin{bmatrix} -1 \\ 4 \\ 11 \\ -8 \\ -7 \end{bmatrix}$

18. [M] $\begin{bmatrix} -8 \\ 7 \\ 6 \\ 5 \\ -7 \end{bmatrix}, \begin{bmatrix} 8 \\ -7 \\ -9 \\ -5 \\ 7 \end{bmatrix}, \begin{bmatrix} -8 \\ 7 \\ 4 \\ 5 \\ -7 \end{bmatrix}, \begin{bmatrix} 1 \\ 4 \\ 9 \\ 6 \\ -7 \end{bmatrix}, \begin{bmatrix} -9 \\ 3 \\ -4 \\ -1 \\ 0 \end{bmatrix}$

19. On considère les vecteurs $\mathbf{v}_1 = \begin{bmatrix} 4 \\ -3 \\ 7 \end{bmatrix}$, $\mathbf{v}_2 = \begin{bmatrix} 1 \\ 9 \\ -2 \end{bmatrix}$

et $\mathbf{v}_3 = \begin{bmatrix} 7 \\ 11 \\ 6 \end{bmatrix}$, et l'on pose $H = \text{Vect}\{\mathbf{v}_1, \mathbf{v}_2, \mathbf{v}_3\}$. On peut vérifier que $4\mathbf{v}_1 + 5\mathbf{v}_2 - 3\mathbf{v}_3 = \mathbf{0}$. Déterminer une base de H en utilisant cette relation. Plusieurs réponses sont possibles.

20. On pose $\mathbf{v}_1 = \begin{bmatrix} 7 \\ 4 \\ -9 \\ -5 \end{bmatrix}$, $\mathbf{v}_2 = \begin{bmatrix} 4 \\ -7 \\ 2 \\ 5 \end{bmatrix}$, $\mathbf{v}_3 = \begin{bmatrix} 1 \\ -5 \\ 3 \\ 4 \end{bmatrix}$. On peut vérifier que $\mathbf{v}_1 - 3\mathbf{v}_2 + 5\mathbf{v}_3 = \mathbf{0}$. Déterminer une base de $H = \text{Vect}\{\mathbf{v}_1, \mathbf{v}_2, \mathbf{v}_3\}$ en utilisant cette relation.

Dans les exercices 21 et 22, dire si les énoncés proposés sont vrais ou faux. Justifier chaque réponse.

21. a. Toute famille constituée d'un seul vecteur est liée.

  b. Si H est l'espace vectoriel engendré par $\{\mathbf{b}_1, \dots, \mathbf{b}_p\}$, alors $\{\mathbf{b}_1, \dots, \mathbf{b}_p\}$ est une base de H.

  c. Les colonnes d'une matrice $n \times n$ inversible forment une base de $\mathbb{R}^n$.

  d. Une base est une famille génératrice aussi grande que possible.

  e. Dans certains cas, des opérations élémentaires sur les lignes d'une matrice peuvent modifier les relations de dépendance linéaire entre les colonnes.

22. a. Toute famille libre de vecteurs d'un sous-espace vectoriel H est une base de H.

  b. Si une famille finie F de vecteurs non nuls engendre un espace vectoriel V, alors on peut extraire de F une base de V.

  c. Une base est une famille libre aussi grande que possible.

  d. Il peut arriver que la méthode usuelle décrite à la section 4.2 pour déterminer une famille génératrice de Ker A ne permette pas d'obtenir une base de Ker A.

e. Si B est une forme échelonnée d'une certaine matrice A, alors les colonnes pivots de B forment une base de Im A.

23. Soit $(\mathbf{v}_1, \ldots, \mathbf{v}_4)$ une famille de vecteurs engendrant $\mathbb{R}^4$. Justifier le fait que $(\mathbf{v}_1, \ldots, \mathbf{v}_4)$ est une base de $\mathbb{R}^4$.

24. Soit $\mathcal{B} = (\mathbf{v}_1, \ldots, \mathbf{v}_n)$ une famille libre de $\mathbb{R}^n$. Justifier le fait que $\mathcal{B}$ est une base de $\mathbb{R}^n$.

25. On pose $\mathbf{v}_1 = \begin{bmatrix} 1 \\ 0 \\ 1 \end{bmatrix}$, $\mathbf{v}_2 = \begin{bmatrix} 0 \\ 1 \\ 1 \end{bmatrix}$ et $\mathbf{v}_3 = \begin{bmatrix} 0 \\ 1 \\ 0 \end{bmatrix}$. Soit H l'ensemble des vecteurs de $\mathbb{R}^3$ dont les deuxième et troisième composantes sont égales. Comme pour tous les réels s et t,

$$\begin{bmatrix} s \\ t \\ t \end{bmatrix} = s \begin{bmatrix} 1 \\ 0 \\ 1 \end{bmatrix} + (t - s) \begin{bmatrix} 0 \\ 1 \\ 1 \end{bmatrix} + s \begin{bmatrix} 0 \\ 1 \\ 0 \end{bmatrix}$$

tout vecteur de H s'écrit de façon unique comme combinaison linéaire de $\mathbf{v}_1, \mathbf{v}_2$ et $\mathbf{v}_3$. La famille $(\mathbf{v}_1, \mathbf{v}_2, \mathbf{v}_3)$ est-elle une base de H ? Pourquoi ?

26. On se place dans l'espace vectoriel des fonctions réelles de variable réelle. Déterminer une base du sous-espace engendré par $\{\sin t, \sin 2t, \sin t \cos t\}$.

27. Soit V l'espace vectoriel des fonctions décrivant les oscillations d'une masse suspendue à un ressort (voir exercice 19, section 4.1). Déterminer une base de V.

28. (*Circuit RLC*) On considère le circuit représenté ci-dessous, composé d'une résistance (R, mesurée en ohms), d'une bobine (d'inductance L, mesurée en henrys), d'un condensateur (de capacité C, mesurée en farads), ainsi que d'un générateur. On pose $b = R/(2L)$ et l'on suppose que R, L et C ont été fixés de façon que b soit égal à $1/\sqrt{LC}$ (c'est par exemple ce que l'on fait quand on utilise ce circuit comme voltmètre). Soit $v(t)$ la tension (en volts) à l'instant t, mesurée aux bornes du condensateur. On peut montrer que v appartient au noyau H de l'application linéaire qui, à v, associe la fonction $Lv'' + Rv' + (1/C)v$ et que H est constitué des fonctions du type $v(t) = e^{-bt}(c_1 + c_2 t)$. Déterminer une base de H.

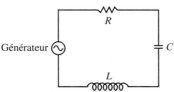

Dans les exercices 29 et 30, on montre que toute base de $\mathbb{R}^n$ contient exactement n vecteurs.

29. Soit $F = (\mathbf{v}_1, \ldots, \mathbf{v}_k)$ une famille de k vecteurs de $\mathbb{R}^n$, avec $k < n$. Montrer, à l'aide d'un théorème de la section 1.4, que F n'est pas une base de $\mathbb{R}^n$.

30. Soit $F = (\mathbf{v}_1, \ldots, \mathbf{v}_k)$ un ensemble de k vecteurs de $\mathbb{R}^n$, avec $k > n$. Montrer, à l'aide d'un théorème du chapitre 1, que F n'est pas une base de $\mathbb{R}^n$.

Les exercices 31 et 32 permettent, d'une part, d'établir un lien important entre indépendance linéaire et applications linéaires et,

d'autre part, de s'entraîner à utiliser la définition de la dépendance linéaire. On considère deux espaces vectoriels V et W, une application linéaire T de V dans W et une famille $(\mathbf{v}_1, \ldots, \mathbf{v}_p)$ de vecteurs de V.

31. Montrer que si $(\mathbf{v}_1, \ldots, \mathbf{v}_p)$ est liée dans V, alors la famille des images $(T(\mathbf{v}_1), \ldots, T(\mathbf{v}_p))$ est liée dans W. Cela montre qu'une famille de vecteurs de V transformée par une application linéaire en une famille *libre* de vecteurs de W est également libre (elle ne peut être liée).

32. On suppose que T est injective, c'est-à-dire que la relation $T(\mathbf{u}) = T(\mathbf{v})$ implique $\mathbf{u} = \mathbf{v}$. Montrer que si la famille des images $(T(\mathbf{v}_1), \ldots, T(\mathbf{v}_p))$ est liée, alors $(\mathbf{v}_1, \ldots, \mathbf{v}_p)$ est liée. Cela montre qu'*une application linéaire injective transforme une famille libre en une famille libre* (car dans ce cas, la famille des images ne peut être liée).

33. Les deux polynômes définis, l'un, par $\mathbf{p}_1(t) = 1 + t^2$ et, l'autre, par $\mathbf{p}_2(t) = 1 - t^2$ sont-ils linéairement indépendants ? Pourquoi ?

34. On considère les polynômes définis pour tout t par les relations $\mathbf{p}_1(t) = 1 + t$, $\mathbf{p}_2(t) = 1 - t$ et $\mathbf{p}_3(t) = 2$. Écrire sans calculs une relation de dépendance linéaire entre $\mathbf{p}_1, \mathbf{p}_2$ et $\mathbf{p}_3$, puis déterminer une base de Vect $\{\mathbf{p}_1, \mathbf{p}_2, \mathbf{p}_3\}$.

35. Soit V un espace vectoriel contenant une famille libre $(\mathbf{u}_1, \mathbf{u}_2, \mathbf{u}_3, \mathbf{u}_4)$. Expliquer comment construire une famille $(\mathbf{v}_1, \mathbf{v}_2, \mathbf{v}_3, \mathbf{v}_4)$ de vecteurs de V telle que $(\mathbf{v}_1, \mathbf{v}_3)$ soit une base de Vect $\{\mathbf{v}_1, \mathbf{v}_2, \mathbf{v}_3, \mathbf{v}_4\}$.

36. [M] On considère les vecteurs

$$\mathbf{u}_1 = \begin{bmatrix} 1 \\ 2 \\ 0 \\ -1 \end{bmatrix}, \quad \mathbf{u}_2 = \begin{bmatrix} 0 \\ 2 \\ -1 \\ 1 \end{bmatrix}, \quad \mathbf{u}_3 = \begin{bmatrix} 3 \\ 4 \\ 1 \\ -4 \end{bmatrix},$$

$$\mathbf{v}_1 = \begin{bmatrix} -2 \\ -2 \\ -1 \\ 3 \end{bmatrix}, \quad \mathbf{v}_2 = \begin{bmatrix} 2 \\ 3 \\ 2 \\ -6 \end{bmatrix} \quad \text{et} \quad \mathbf{v}_3 = \begin{bmatrix} -1 \\ 4 \\ 6 \\ -2 \end{bmatrix}$$

et l'on pose $H = \text{Vect}\{\mathbf{u}_1, \mathbf{u}_2, \mathbf{u}_3\}$ et $K = \text{Vect}\{\mathbf{v}_1, \mathbf{v}_2, \mathbf{v}_3\}$. Déterminer une base des sous-espaces H, K et $H + K$ (voir exercices 33 et 34, section 4.1).

37. [M] On veut montrer que les fonctions qui à t associent respectivement t, $\sin t$, $\cos 2t$ et $\sin t \cos t$ sont des vecteurs linéairement indépendants de l'espace des fonctions définies sur $\mathbb{R}$. On suppose que

$$c_1 \cdot t + c_2 \cdot \sin t + c_3 \cdot \cos 2t + c_4 \cdot \sin t \cos t = 0 \quad (5)$$

La relation (5) doit être vérifiée quel que soit le réel t. Choisir alors des valeurs particulières de t (par exemple $t = 0$, $t = 0,1$, $t = 0,2$) jusqu'à obtenir suffisamment d'équations pour en déduire que les c_j sont nécessairement tous nuls.

38. [M] Montrer, par la même méthode que dans l'exercice 37, que les fonctions qui à t associent respectivement $1, \cos t, \cos^2 t, \ldots, \cos^6 t$ sont linéairement indépendantes dans l'espace des fonctions définies sur $\mathbb{R}$ (ce résultat sera utilisé dans l'exercice 34 de la section 4.5).

| SOLUTIONS DES EXERCICES D'ENTRAÎNEMENT

1. Soit $A = [\,\mathbf{v}_1 \quad \mathbf{v}_2\,]$. La méthode du pivot conduit à

$$A = \begin{bmatrix} 1 & -2 \\ -2 & 7 \\ 3 & -9 \end{bmatrix} \sim \begin{bmatrix} 1 & -2 \\ 0 & 3 \\ 0 & 0 \end{bmatrix}$$

Les lignes de A ne contiennent pas toutes une position de pivot. Donc, d'après le théorème 4 de la section 1.4, les colonnes de A n'engendrent pas $\mathbb{R}^3$. Par conséquent, $(\mathbf{v}_1, \mathbf{v}_2)$ n'est pas une base de $\mathbb{R}^3$. Puisque $\mathbf{v}_1$ et $\mathbf{v}_2$ n'appartiennent pas à $\mathbb{R}^2$, il n'est pas question qu'ils engendrent $\mathbb{R}^2$. Toutefois, puisqu'ils sont clairement linéairement indépendants, ils forment une base d'un sous-espace vectoriel de $\mathbb{R}^3$, à savoir $\mathrm{Vect}\,\{\mathbf{v}_1, \mathbf{v}_2\}$.

2. On construit une matrice A dont l'image est l'espace engendré par $\{\mathbf{v}_1, \mathbf{v}_2, \mathbf{v}_3, \mathbf{v}_4\}$, puis on la réduit à une forme échelonnée pour trouver ses colonnes pivots.

$$A = \begin{bmatrix} 1 & 6 & 2 & -4 \\ -3 & 2 & -2 & -8 \\ 4 & -1 & 3 & 9 \end{bmatrix} \sim \begin{bmatrix} 1 & 6 & 2 & -4 \\ 0 & 20 & 4 & -20 \\ 0 & -25 & -5 & 25 \end{bmatrix} \sim \begin{bmatrix} 1 & 6 & 2 & -4 \\ 0 & 5 & 1 & -5 \\ 0 & 0 & 0 & 0 \end{bmatrix}$$

Les colonnes pivots de A sont les deux premières, qui forment ainsi une base de $\mathrm{Im}\,A = W$. Donc $(\mathbf{v}_1, \mathbf{v}_2)$ est une base de W. On remarque qu'il n'est pas nécessaire d'aller jusqu'à la forme échelonnée réduite pour repérer les colonnes pivots de A.

3. Ni $\mathbf{v}_1$ ni $\mathbf{v}_2$ ne sont des vecteurs de H, donc $(\mathbf{v}_1, \mathbf{v}_2)$ ne peut être une base de H. En fait, $(\mathbf{v}_1, \mathbf{v}_2)$ est une base du *plan* constitué des vecteurs de la forme $(c_1, c_2, 0)$, alors que H n'est qu'une *droite*.

4. Comme $(\mathbf{v}_1, \ldots, \mathbf{v}_p)$ est une base de V, pour chaque vecteur $\mathbf{x}$ dans V, il existe des scalaires $c_1, \ldots, c_p$ tels que $\mathbf{x} = c_1\mathbf{v}_1 + \cdots + c_p\mathbf{v}_p$. Comme T et U sont des applications linéaires, alors

$$\begin{aligned} T(\mathbf{x}) &= T(c_1\mathbf{v}_1 + \cdots + c_p\mathbf{v}_p) \\ &= c_1 T(\mathbf{v}_1) + \cdots + c_p T(\mathbf{v}_p) \\ &= c_1 U(\mathbf{v}_1) + \cdots + c_p U(\mathbf{v}_p) \\ &= U(c_1\mathbf{v}_1 + \cdots + c_p\mathbf{v}_p) \\ &= U(\mathbf{x}) \end{aligned}$$

4.4 | SYSTÈMES DE COORDONNÉES

Une des raisons qui poussent à rechercher une base $\mathcal{B}$ d'un espace vectoriel V est que cela permet de définir un « système de coordonnées » dans V. On va montrer dans cette section que si $\mathcal{B}$ contient n vecteurs, alors ce système de coordonnées permet à V de se comporter comme $\mathbb{R}^n$. Si V est déjà lui-même égal à $\mathbb{R}^n$, alors $\mathcal{B}$ définit un système de coordonnées permettant de « voir » V sous un autre angle.

L'existence de systèmes de coordonnées repose sur le résultat fondamental suivant.

THÉORÈME 7

Théorème de représentation d'un vecteur

Soit $\mathcal{B} = (\mathbf{b}_1, \ldots, \mathbf{b}_n)$ une base d'un espace vectoriel V. Alors, pour tout vecteur $\mathbf{x}$ de V, il existe une famille unique $(c_1, \ldots, c_n)$ de scalaires tels que

$$\mathbf{x} = c_1\mathbf{b}_1 + \cdots + c_n\mathbf{b}_n \tag{1}$$

DÉMONSTRATION Comme $\mathcal{B}$ engendre V, il existe des scalaires vérifiant la relation (1). Supposons qu'il existe également des scalaires $d_1, \ldots, d_n$ tels que

$$\mathbf{x} = d_1\mathbf{b}_1 + \cdots + d_n\mathbf{b}_n$$

En soustrayant la deuxième relation à la première, on obtient

$$\mathbf{0} = \mathbf{x} - \mathbf{x} = (c_1 - d_1)\mathbf{b}_1 + \cdots + (c_n - d_n)\mathbf{b}_n \tag{2}$$

Comme $\mathcal{B}$ est libre, les coefficients de la relation (2) sont tous nuls. Autrement dit, $c_j = d_j$ pour $1 \le j \le n$. ■

DÉFINITION

> Soit $\mathcal{B} = (\mathbf{b}_1, \ldots, \mathbf{b}_n)$ une base d'un espace vectoriel V et $\mathbf{x}$ un vecteur de V. On appelle **composantes** ou **coordonnées de x dans la base $\mathcal{B}$** les coefficients $c_1, \ldots, c_n$ tels que $\mathbf{x} = c_1\mathbf{b}_1 + \cdots + c_n\mathbf{b}_n$.

Si $c_1, \ldots, c_n$ sont les composantes du vecteur $\mathbf{x}$ dans $\mathcal{B}$, alors le vecteur de $\mathbb{R}^n$

$$[\mathbf{x}]_{\mathcal{B}} = \begin{bmatrix} c_1 \\ \vdots \\ c_n \end{bmatrix}$$

est appelé **vecteur** ou **colonne de composantes de x (dans la base $\mathcal{B}$)**. L'application $\mathbf{x} \mapsto [\mathbf{x}]_{\mathcal{B}}$ est appelée **application coordonnées (définie par $\mathcal{B}$)**[5].

EXEMPLE 1 On considère la base $\mathcal{B} = (\mathbf{b}_1, \mathbf{b}_2)$ de $\mathbb{R}^2$, où l'on a posé $\mathbf{b}_1 = \begin{bmatrix} 1 \\ 0 \end{bmatrix}$ et $\mathbf{b}_2 = \begin{bmatrix} 1 \\ 2 \end{bmatrix}$. Soit $\mathbf{x}$ le vecteur de $\mathbb{R}^2$ dont le vecteur de composantes est donné par $[\mathbf{x}]_{\mathcal{B}} = \begin{bmatrix} -2 \\ 3 \end{bmatrix}$. Déterminer le vecteur $\mathbf{x}$.

SOLUTION Les composantes de $\mathbf{x}$ dans la base $\mathcal{B}$ permettent de construire $\mathbf{x}$ à partir des vecteurs de $\mathcal{B}$ en écrivant

$$\mathbf{x} = (-2)\mathbf{b}_1 + 3\mathbf{b}_2 = (-2)\begin{bmatrix} 1 \\ 0 \end{bmatrix} + 3\begin{bmatrix} 1 \\ 2 \end{bmatrix} = \begin{bmatrix} 1 \\ 6 \end{bmatrix}$$ ■

EXEMPLE 2 Les composantes du vecteur $\mathbf{x} = \begin{bmatrix} 1 \\ 6 \end{bmatrix}$ correspondent en fait à ses composantes dans la *base canonique* $\mathcal{E} = (\mathbf{e}_1, \mathbf{e}_2)$. En effet,

$$\begin{bmatrix} 1 \\ 6 \end{bmatrix} = 1 \cdot \begin{bmatrix} 1 \\ 0 \end{bmatrix} + 6 \cdot \begin{bmatrix} 0 \\ 1 \end{bmatrix} = 1 \cdot \mathbf{e}_1 + 6 \cdot \mathbf{e}_2$$

Si $\mathcal{E} = (\mathbf{e}_1, \mathbf{e}_2)$ est la base canonique de $\mathbb{R}^2$, alors $[\mathbf{x}]_{\mathcal{E}} = \mathbf{x}$. ■

---

[5] Le concept d'application coordonnées suppose que la base $\mathcal{B}$ soit une famille indexée de vecteurs, dans laquelle l'ordre d'énumération des vecteurs compte. Cette propriété permet de définir $[\mathbf{x}]_{\mathcal{B}}$ sans ambiguïté.

Interprétation graphique des coordonnées

Un système de coordonnées sur un ensemble consiste en une application injective des points de cet ensemble dans $\mathbb{R}^n$. Le papier millimétré usuel, par exemple, correspond à un système de coordonnées du plan muni de deux axes perpendiculaires et d'une unité de mesure sur chaque axe. On a représenté dans la figure 1 la base canonique $(\mathbf{e}_1, \mathbf{e}_2)$, les vecteurs $\mathbf{b}_1(= \mathbf{e}_1)$ et $\mathbf{b}_2$ de l'exemple 1, ainsi que le vecteur $\mathbf{x} = \begin{bmatrix} 1 \\ 6 \end{bmatrix}$. Les coordonnées 1 et 6 situent le point (ou le vecteur) $\mathbf{x}$ par rapport à la base canonique : 1 unité dans la direction de $\mathbf{e}_1$ et 6 unités dans celle de $\mathbf{e}_2$.

La figure 2 représente les vecteurs $\mathbf{b}_1$, $\mathbf{b}_2$ et $\mathbf{x}$ de la figure 1 (géométriquement, les trois vecteurs sont alignés verticalement). Mais on a effacé le quadrillage usuel et on l'a remplacé par un quadrillage spécialement adapté à la base $\mathcal{B}$ de l'exemple 1. La colonne de composantes $[\mathbf{x}]_\mathcal{B} = \begin{bmatrix} -2 \\ 3 \end{bmatrix}$ situe $\mathbf{x}$ dans ce nouveau système de coordonnées : -2 unités dans la direction de $\mathbf{b}_1$ et 3 unités dans la direction de $\mathbf{b}_2$.

(a) Monoclinique simple

(b) Cubique centré

(c) Orthorhombique à faces centrées

FIGURE 3

Exemples de mailles élémentaires

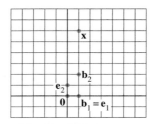

FIGURE 1 Papier millimétré usuel

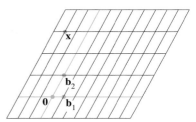

FIGURE 2 Papier quadrillé selon $\mathcal{B}$

EXEMPLE 3 En cristallographie, la description d'un réseau cristallin est facilitée par le choix d'une base $(\mathbf{u}, \mathbf{v}, \mathbf{w})$ de $\mathbb{R}^3$ correspondant à trois arêtes adjacentes d'une « maille élémentaire » du cristal. Le réseau complet est alors constitué d'un empilement de mailles identiques. Il existe 14 types de bases pour les mailles élémentaires[6] ; trois d'entre eux ont été représentés dans la figure 3.

Les coordonnées des atomes composant le cristal sont exprimées dans la base du réseau. Par exemple, les coordonnées

$$\begin{bmatrix} 1/2 \\ 1/2 \\ 1 \end{bmatrix}$$

identifient l'atome situé au centre de la face supérieure de la maille de la figure 3(c). ∎

Composantes dans $\mathbb{R}^n$

Si l'on fixe une base $\mathcal{B}$ de $\mathbb{R}^n$, il est facile de trouver, comme dans l'exemple suivant, les composantes d'un vecteur $\mathbf{x}$ dans la base $\mathcal{B}$.

EXEMPLE 4 On pose $\mathbf{b}_1 = \begin{bmatrix} 2 \\ 1 \end{bmatrix}$, $\mathbf{b}_2 = \begin{bmatrix} -1 \\ 1 \end{bmatrix}$, $\mathbf{x} = \begin{bmatrix} 4 \\ 5 \end{bmatrix}$ et $\mathcal{B} = (\mathbf{b}_1, \mathbf{b}_2)$. Déterminer les composantes de $\mathbf{x}$ dans la base $\mathcal{B}$.

---

[6] Voir Donald R. Askeland, *The Science and Engineering of Materials*, Boston : Prindle, Weber & Schmidt, 4e éd., ©2002, p. 36.

SOLUTION Les composantes c_1 et c_2 de **x** dans la base $\mathcal{B}$ vérifient

$$c_1 \begin{bmatrix} 2 \\ 1 \end{bmatrix} + c_2 \begin{bmatrix} -1 \\ 1 \end{bmatrix} = \begin{bmatrix} 4 \\ 5 \end{bmatrix}$$
$$\quad \mathbf{b}_1 \qquad\quad \mathbf{b}_2 \qquad\quad \mathbf{x}$$

soit

$$\begin{bmatrix} 2 & -1 \\ 1 & 1 \end{bmatrix} \begin{bmatrix} c_1 \\ c_2 \end{bmatrix} = \begin{bmatrix} 4 \\ 5 \end{bmatrix} \qquad (3)$$
$$\;\; \mathbf{b}_1 \;\; \mathbf{b}_2 \qquad\qquad \mathbf{x}$$

On peut résoudre cette équation par la méthode du pivot ou en inversant la matrice du premier membre. En tout cas, on trouve $c_1 = 3$ et $c_2 = 2$. On a donc $\mathbf{x} = 3\mathbf{b}_1 + 2\mathbf{b}_2$, d'où

$$[\,\mathbf{x}\,]_{\mathcal{B}} = \begin{bmatrix} c_1 \\ c_2 \end{bmatrix} = \begin{bmatrix} 3 \\ 2 \end{bmatrix} \qquad \blacksquare$$

(Voir figure 4.)

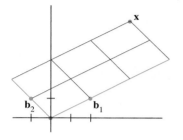

FIGURE 4
Le vecteur des composantes de **x** dans la base $\mathcal{B}$ est $(3, 2)$.

La matrice apparaissant en (3) transforme la colonne de composantes d'un vecteur **x** dans la base $\mathcal{B}$ en sa colonne de composantes dans la base canonique. On peut effectuer le même type de changement de système de coordonnées dans $\mathbb{R}^n$ pour une base $\mathcal{B} = (\mathbf{b}_1, \ldots, \mathbf{b}_n)$. On pose

$$P_{\mathcal{B}} = [\,\mathbf{b}_1 \quad \mathbf{b}_2 \quad \cdots \quad \mathbf{b}_n\,]$$

La relation vectorielle

$$\mathbf{x} = c_1\mathbf{b}_1 + c_2\mathbf{b}_2 + \cdots + c_n\mathbf{b}_n$$

est alors équivalente à

$$\boxed{\mathbf{x} = P_{\mathcal{B}}[\,\mathbf{x}\,]_{\mathcal{B}}} \qquad (4)$$

La matrice $P_{\mathcal{B}}$ est appelée **matrice de changement de base** ou **matrice de passage** de la base $\mathcal{B}$ à la base canonique de $\mathbb{R}^n$. En multipliant à gauche la colonne de composantes $[\,\mathbf{x}\,]_{\mathcal{B}}$ par $P_{\mathcal{B}}$, on obtient le vecteur **x**. La formule de changement de base (4) est essentielle et nous l'utiliserons à plusieurs reprises dans les chapitres 5 et 7.

Comme les colonnes de $P_{\mathcal{B}}$ forment une base de $\mathbb{R}^n$, il résulte du théorème de caractérisation des matrices inversibles que $P_{\mathcal{B}}$ est inversible. En multipliant à gauche par $P_{\mathcal{B}}^{-1}$, on transforme **x** en sa colonne de composantes dans la base $\mathcal{B}$:

$$P_{\mathcal{B}}^{-1}\mathbf{x} = [\,\mathbf{x}\,]_{\mathcal{B}}$$

L'application $\mathbf{x} \mapsto [\,\mathbf{x}\,]_{\mathcal{B}}$, qui correspond à la matrice $P_{\mathcal{B}}^{-1}$, est l'application coordonnées définie plus haut. Comme $P_{\mathcal{B}}^{-1}$ est inversible, il résulte là encore du théorème de caractérisation des matrices inversibles que cette application est une application linéaire bijective (à la fois injective et surjective) de $\mathbb{R}^n$ dans $\mathbb{R}^n$ (voir aussi théorème 12, section 1.9). On verra plus loin que cette propriété de l'application coordonnées est vérifiée pour tout espace vectoriel admettant une base.

Application coordonnées

À chaque choix d'une base $\mathcal{B} = (\mathbf{b}_1, \ldots, \mathbf{b}_n)$ d'un espace vectoriel V correspond un système de coordonnées dans V. L'application coordonnées $\mathbf{x} \mapsto [\mathbf{x}]_{\mathcal{B}}$ établit un lien entre l'espace V, dont on ne sait éventuellement pas grand-chose, et l'espace $\mathbb{R}^n$, qui est bien connu (voir figure 5). On peut alors appeler les points de V par leur nouveau « nom ».

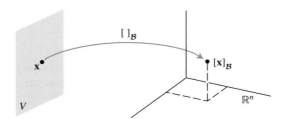

FIGURE 5 L'application coordonnées de V dans $\mathbb{R}^n$

THÉORÈME 8

Soit $\mathcal{B}$ une base d'un espace vectoriel V. L'application coordonnées $\mathbf{x} \mapsto [\mathbf{x}]_{\mathcal{B}}$ est une application linéaire bijective (à la fois injective et surjective) de V dans $\mathbb{R}^n$.

DÉMONSTRATION Soit $\mathbf{u}$ et $\mathbf{v}$ deux vecteurs quelconques de V, de la forme

$$\mathbf{u} = c_1 \mathbf{b}_1 + \cdots + c_n \mathbf{b}_n$$
$$\mathbf{w} = d_1 \mathbf{b}_1 + \cdots + d_n \mathbf{b}_n$$

Alors, d'après les propriétés des opérations vectorielles

$$\mathbf{u} + \mathbf{w} = (c_1 + d_1)\mathbf{b}_1 + \cdots + (c_n + d_n)\mathbf{b}_n$$

Il en résulte

$$[\mathbf{u} + \mathbf{w}]_{\mathcal{B}} = \begin{bmatrix} c_1 + d_1 \\ \vdots \\ c_n + d_n \end{bmatrix} = \begin{bmatrix} c_1 \\ \vdots \\ c_n \end{bmatrix} + \begin{bmatrix} d_1 \\ \vdots \\ d_n \end{bmatrix} = [\mathbf{u}]_{\mathcal{B}} + [\mathbf{w}]_{\mathcal{B}}$$

Donc l'application coordonnées est stable par addition. Soit r un scalaire quelconque. Alors

$$r\mathbf{u} = r(c_1 \mathbf{b}_1 + \cdots + c_n \mathbf{b}_n) = (rc_1)\mathbf{b}_1 + \cdots + (rc_n)\mathbf{b}_n$$

Donc

$$[r\mathbf{u}]_{\mathcal{B}} = \begin{bmatrix} rc_1 \\ \vdots \\ rc_n \end{bmatrix} = r \begin{bmatrix} c_1 \\ \vdots \\ c_n \end{bmatrix} = r[\mathbf{u}]_{\mathcal{B}}$$

Donc l'application coordonnées est également stable par multiplication par un scalaire. La démonstration de la bijectivité fait l'objet des exercices 23 et 24. ∎

Comme à la section 1.8, la linéarité de l'application coordonnées implique sa stabilité par combinaison linéaire. Donc si $\mathbf{u}_1, \ldots, \mathbf{u}_p$ sont des vecteurs de V et $c_1, \ldots, c_p$ des scalaires, alors

$$[c_1 \mathbf{u}_1 + \cdots + c_p \mathbf{u}_p]_{\mathcal{B}} = c_1 [\mathbf{u}_1]_{\mathcal{B}} + \cdots + c_p [\mathbf{u}_p]_{\mathcal{B}} \tag{5}$$

En clair, la relation (5) signifie que la colonne des composantes, dans la base $\mathcal{B}$, d'une combinaison linéaire de $\mathbf{u}_1, \ldots, \mathbf{u}_p$ est la combinaison linéaire des colonnes de composantes des vecteurs, avec les *mêmes* coefficients.

L'application coordonnées du théorème 8 est un exemple important d'*isomorphisme* de V dans $\mathbb{R}^n$. De façon générale, une application linéaire bijective d'un espace vectoriel V dans un espace vectoriel W est appelée **isomorphisme** de V dans W (ce mot vient du grec *isos* signifiant « égal » et *morphê* signifiant « forme » ou « structure »). Dans ce cas, les notations et la terminologie concernant V et W peuvent être différentes, mais les deux ensembles sont indiscernables en tant qu'espaces vectoriels. *Toute relation vectorielle dans V peut être traduite fidèlement dans W et réciproquement*. En particulier, un espace vectoriel comportant une base de n vecteurs est assimilable à $\mathbb{R}^n$ (voir exercices 25 et 26).

EXEMPLE 5 Soit $\mathcal{B}$ la base canonique de l'espace de polynômes $\mathbb{P}_3$, c'est-à-dire $\mathcal{B} = \{1, t, t^2, t^3\}$. Les éléments de $\mathbb{P}_3$ s'écrivent sous la forme

$$\mathbf{p}(t) = a_0 + a_1 t + a_2 t^2 + a_3 t^3$$

Ici, $\mathbf{p}$ apparaît directement sous la forme d'une combinaison linéaire des vecteurs de la base canonique. On en déduit

$$[\mathbf{p}]_{\mathcal{B}} = \begin{bmatrix} a_0 \\ a_1 \\ a_2 \\ a_3 \end{bmatrix}$$

L'application coordonnées $\mathbf{p} \mapsto [\mathbf{p}]_{\mathcal{B}}$ est ainsi un isomorphisme de $\mathbb{P}_3$ dans $\mathbb{R}^4$. Toutes les opérations vectorielles dans $\mathbb{P}_3$ correspondent à des opérations identiques dans $\mathbb{R}^4$. ∎

On peut imaginer $\mathbb{P}_3$ et $\mathbb{R}^4$ comme des affichages sur les écrans de deux ordinateurs reliés entre eux par l'application coordonnées. Toute opération vectorielle dans $\mathbb{P}_3$, sur l'un des écrans, se répercute exactement en l'opération vectorielle correspondante dans $\mathbb{R}^4$, sur l'autre écran. Les vecteurs de l'écran de $\mathbb{P}_3$ ont peut-être une allure différente de ceux de l'écran de $\mathbb{R}^4$, mais en tant que vecteurs, ils « agissent » exactement de la même façon (voir figure 6).

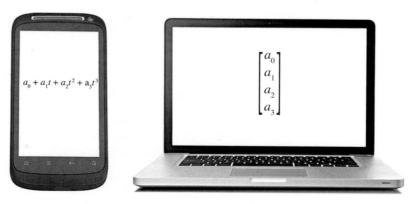

FIGURE 6 Isomorphisme entre les espaces $\mathbb{P}_3$ et $\mathbb{R}^4$

EXEMPLE 6 Vérifier à l'aide des composantes que $1 + 2t^2, 4 + t + 5t^2$ et $3 + 2t$ sont linéairement dépendants dans $\mathbb{P}_2$.

SOLUTION En transformant les polynômes par l'application coordonnées déterminée dans l'exemple 5, on obtient respectivement les vecteurs $(1, 0, 2), (4, 1, 5)$ et $(3, 2, 0)$. En écrivant ces composantes en *colonnes*, on obtient une matrice A. On peut alors étudier leur indépendance linéaire en appliquant la méthode du pivot à la matrice complète du système $A\mathbf{x} = \mathbf{0}$:

$$\begin{bmatrix} 1 & 4 & 3 & 0 \\ 0 & 1 & 2 & 0 \\ 2 & 5 & 0 & 0 \end{bmatrix} \sim \begin{bmatrix} 1 & 4 & 3 & 0 \\ 0 & 1 & 2 & 0 \\ 0 & 0 & 0 & 0 \end{bmatrix}$$

Les colonnes de A sont linéairement dépendantes, donc les polynômes correspondants sont linéairement dépendants. On vérifie d'ailleurs facilement que la colonne 3 de A est égale à 2 fois la colonne 2 moins 5 fois la colonne 1. Cela correspond à la relation polynomiale

$$3 + 2t = 2(4 + t + 5t^2) - 5(1 + 2t^2) \qquad \blacksquare$$

Le dernier exemple illustre le fait qu'un plan de $\mathbb{R}^3$ est isomorphe à $\mathbb{R}^2$.

EXEMPLE 7 Soit

$$\mathbf{v}_1 = \begin{bmatrix} 3 \\ 6 \\ 2 \end{bmatrix}, \quad \mathbf{v}_2 = \begin{bmatrix} -1 \\ 0 \\ 1 \end{bmatrix}, \quad \mathbf{x} = \begin{bmatrix} 3 \\ 12 \\ 7 \end{bmatrix}$$

et $\mathcal{B} = (\mathbf{v}_1, \mathbf{v}_2)$. Il est clair que $\mathcal{B}$ est une base de $H = \text{Vect}\{\mathbf{v}_1, \mathbf{v}_2\}$. Préciser si $\mathbf{x}$ appartient à H et, si c'est le cas, déterminer les composantes de $\mathbf{x}$ dans la base $\mathcal{B}$.

SOLUTION Le vecteur $\mathbf{x}$ appartient à H si et seulement si l'équation vectorielle

$$c_1 \begin{bmatrix} 3 \\ 6 \\ 2 \end{bmatrix} + c_2 \begin{bmatrix} -1 \\ 0 \\ 1 \end{bmatrix} = \begin{bmatrix} 3 \\ 12 \\ 7 \end{bmatrix}$$

est compatible.

Les scalaires c_1 et c_2, s'ils existent, sont les composantes de $\mathbf{x}$ dans la base $\mathcal{B}$. En appliquant la méthode du pivot, on obtient

$$\begin{bmatrix} 3 & -1 & 3 \\ 6 & 0 & 12 \\ 2 & 1 & 7 \end{bmatrix} \sim \begin{bmatrix} 1 & 0 & 2 \\ 0 & 1 & 3 \\ 0 & 0 & 0 \end{bmatrix}$$

L'équation équivaut à $c_1 = 2$ et $c_2 = 3$, donc $\mathbf{x}$ appartient à H et $[\mathbf{x}]_{\mathcal{B}} = \begin{bmatrix} 2 \\ 3 \end{bmatrix}$. Le système de coordonnées dans H défini par la base $\mathcal{B}$ est représenté dans la figure 7. $\blacksquare$

Si l'on avait choisi une autre base pour H, le système de coordonnées associé aurait-il aussi montré que H était isomorphe à $\mathbb{R}^2$? Intuitivement, on sent bien que oui. Cela sera démontré dans la section suivante.

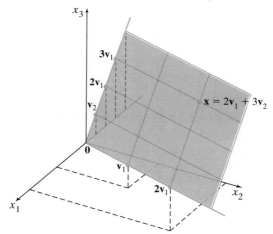

FIGURE 7 Système de coordonnées dans un plan H de $\mathbb{R}^3$

EXERCICES D'ENTRAÎNEMENT

1. On pose $\mathbf{b}_1 = \begin{bmatrix} 1 \\ 0 \\ 0 \end{bmatrix}$, $\mathbf{b}_2 = \begin{bmatrix} -3 \\ 4 \\ 0 \end{bmatrix}$, $\mathbf{b}_3 = \begin{bmatrix} 3 \\ -6 \\ 3 \end{bmatrix}$ et $\mathbf{x} = \begin{bmatrix} -8 \\ 2 \\ 3 \end{bmatrix}$.

    a. Montrer que la famille $\mathcal{B} = (\mathbf{b}_1, \ \mathbf{b}_2, \ \mathbf{b}_3)$ est une base de $\mathbb{R}^3$.

    b. Déterminer la matrice de passage de la base $\mathcal{B}$ à la base canonique.

    c. Écrire la relation qui exprime un vecteur $\mathbf{x}$ de $\mathbb{R}^3$ en fonction de $[\, \mathbf{x} \,]_{\mathcal{B}}$.

    d. Déterminer $[\, \mathbf{x} \,]_{\mathcal{B}}$ pour le vecteur $\mathbf{x}$ ci-dessus.

2. On admet que $\mathcal{B} = (1 + t, 1 + t^2, t + t^2)$ est une base de $\mathbb{P}_2$. Déterminer les composantes de $\mathbf{p}(t) = 6 + 3t - t^2$ dans la base $\mathcal{B}$.

4.4 EXERCICES

Dans les exercices 1 à 4, écrire le vecteur $\mathbf{x}$ correspondant à la colonne de composantes $[\, \mathbf{x} \,]_{\mathcal{B}}$ dans la base $\mathcal{B}$.

1. $\mathcal{B} = \left\{ \begin{bmatrix} 3 \\ -5 \end{bmatrix}, \begin{bmatrix} -4 \\ 6 \end{bmatrix} \right\}$, $[\, \mathbf{x} \,]_{\mathcal{B}} = \begin{bmatrix} 5 \\ 3 \end{bmatrix}$

2. $\mathcal{B} = \left\{ \begin{bmatrix} 4 \\ 5 \end{bmatrix}, \begin{bmatrix} 6 \\ 7 \end{bmatrix} \right\}$, $[\, \mathbf{x} \,]_{\mathcal{B}} = \begin{bmatrix} 8 \\ -5 \end{bmatrix}$

3. $\mathcal{B} = \left\{ \begin{bmatrix} 1 \\ -4 \\ 3 \end{bmatrix}, \begin{bmatrix} 5 \\ 2 \\ -2 \end{bmatrix}, \begin{bmatrix} 4 \\ -7 \\ 0 \end{bmatrix} \right\}$, $[\, \mathbf{x} \,]_{\mathcal{B}} = \begin{bmatrix} 3 \\ 0 \\ -1 \end{bmatrix}$

4. $\mathcal{B} = \left\{ \begin{bmatrix} -1 \\ 2 \\ 0 \end{bmatrix}, \begin{bmatrix} 3 \\ -5 \\ 2 \end{bmatrix}, \begin{bmatrix} 4 \\ -7 \\ 3 \end{bmatrix} \right\}$, $[\, \mathbf{x} \,]_{\mathcal{B}} = \begin{bmatrix} -4 \\ 8 \\ -7 \end{bmatrix}$

Dans les exercices 5 à 8, déterminer la colonne de composantes $[\, \mathbf{x} \,]_{\mathcal{B}}$ du vecteur $\mathbf{x}$ dans la base $\mathcal{B} = (\mathbf{b}_1, \ldots, \mathbf{b}_n)$.

5. $\mathbf{b}_1 = \begin{bmatrix} 1 \\ -3 \end{bmatrix}$, $\mathbf{b}_2 = \begin{bmatrix} 2 \\ -5 \end{bmatrix}$, $\mathbf{x} = \begin{bmatrix} -2 \\ 1 \end{bmatrix}$

6. $\mathbf{b}_1 = \begin{bmatrix} 1 \\ -2 \end{bmatrix}$, $\mathbf{b}_2 = \begin{bmatrix} 5 \\ -6 \end{bmatrix}$, $\mathbf{x} = \begin{bmatrix} 4 \\ 0 \end{bmatrix}$

7. $\mathbf{b}_1 = \begin{bmatrix} 1 \\ -1 \\ -3 \end{bmatrix}$, $\mathbf{b}_2 = \begin{bmatrix} -3 \\ 4 \\ 9 \end{bmatrix}$, $\mathbf{b}_3 = \begin{bmatrix} 2 \\ -2 \\ 4 \end{bmatrix}$, $\mathbf{x} = \begin{bmatrix} 8 \\ -9 \\ 6 \end{bmatrix}$

8. $\mathbf{b}_1 = \begin{bmatrix} 1 \\ 0 \\ 3 \end{bmatrix}$, $\mathbf{b}_2 = \begin{bmatrix} 2 \\ 1 \\ 8 \end{bmatrix}$, $\mathbf{b}_3 = \begin{bmatrix} 1 \\ -1 \\ 2 \end{bmatrix}$, $\mathbf{x} = \begin{bmatrix} 3 \\ -5 \\ 4 \end{bmatrix}$

Dans les exercices 9 et 10, écrire la matrice de changement de base de la base $\mathcal{B}$ à la base canonique de $\mathbb{R}^n$.

9. $\mathcal{B} = \left\{ \begin{bmatrix} 2 \\ -9 \end{bmatrix}, \begin{bmatrix} 1 \\ 8 \end{bmatrix} \right\}$

10. $\mathcal{B} = \left\{ \begin{bmatrix} 3 \\ -1 \\ 4 \end{bmatrix}, \begin{bmatrix} 2 \\ 0 \\ -5 \end{bmatrix}, \begin{bmatrix} 8 \\ -2 \\ 7 \end{bmatrix} \right\}$

Dans les exercices 11 et 12, on donne un vecteur $\mathbf{x}$ et une base $\mathcal{B}$. Déterminer la colonne de composantes $[\, \mathbf{x} \,]_{\mathcal{B}}$ en utilisant une inversion de matrices.

11. $\mathcal{B} = \left\{ \begin{bmatrix} 3 \\ -5 \end{bmatrix}, \begin{bmatrix} -4 \\ 6 \end{bmatrix} \right\}, \mathbf{x} = \begin{bmatrix} 2 \\ -6 \end{bmatrix}$

12. $\mathcal{B} = \left\{ \begin{bmatrix} 4 \\ 5 \end{bmatrix}, \begin{bmatrix} 6 \\ 7 \end{bmatrix} \right\}, \mathbf{x} = \begin{bmatrix} 2 \\ 0 \end{bmatrix}$

13. On admet que la famille $\mathcal{B} = (1 + t^2, t + t^2, 1 + 2t + t^2)$ est une base de $\mathbb{P}_2$. Déterminer les composantes, dans la base $\mathcal{B}$, du polynôme $\mathbf{p}(t) = 1 + 4t + 7t^2$.

14. On admet que la famille $\mathcal{B} = (1 - t^2, t - t^2, 2 - 2t + t^2)$ est une base de $\mathbb{P}_2$. Déterminer les composantes, dans la base $\mathcal{B}$, du polynôme $\mathbf{p}(t) = 3 + t - 6t^2$.

Dans les exercices 15 et 16, dire si les énoncés proposés sont vrais ou faux. Justifier chaque réponse. Sauf mention contraire, V désigne un espace vectoriel et $\mathcal{B}$ une base de V.

15. a. Si $\mathbf{x}$ est un vecteur de V et si $\mathcal{B}$ contient n vecteurs, alors la colonne de composantes de $\mathbf{x}$ dans $\mathcal{B}$ appartient à $\mathbb{R}^n$.

b. Si $P_{\mathcal{B}}$ est la matrice de passage de la base $\mathcal{B}$ à la base canonique, alors pour tout $\mathbf{x}$ dans V, $[\mathbf{x}]_{\mathcal{B}} = P_{\mathcal{B}}\mathbf{x}$.

c. Les espaces vectoriels $\mathbb{P}_3$ et $\mathbb{R}^3$ sont isomorphes.

16. a. Si $\mathcal{B}$ est la base canonique de $\mathbb{R}^n$, alors la colonne des composantes, dans la base $\mathcal{B}$, d'un vecteur $\mathbf{x}$ de $\mathbb{R}^n$ n'est autre que le vecteur $\mathbf{x}$ lui-même.

b. La bijection $[\mathbf{x}]_{\mathcal{B}} \mapsto \mathbf{x}$ est appelée application coordonnées.

c. Un plan de $\mathbb{R}^3$ est dans certains cas isomorphe à $\mathbb{R}^2$.

17. On peut montrer que les vecteurs $\mathbf{v}_1 = \begin{bmatrix} 1 \\ -3 \end{bmatrix}, \mathbf{v}_2 = \begin{bmatrix} 2 \\ -8 \end{bmatrix}$ et $\mathbf{v}_3 = \begin{bmatrix} -3 \\ 7 \end{bmatrix}$ engendrent $\mathbb{R}^2$, mais n'en forment pas une base. Écrire de deux façons différentes le vecteur $\begin{bmatrix} 1 \\ 1 \end{bmatrix}$ comme combinaison linéaire de $\mathbf{v}_1, \mathbf{v}_2$ et $\mathbf{v}_3$.

18. Soit $\mathcal{B} = (\mathbf{b}_1, \ldots, \mathbf{b}_n)$ une base d'un espace vectoriel V. Expliquer pourquoi les colonnes de composantes, dans la base $\mathcal{B}$, des vecteurs $\mathbf{b}_1, \ldots, \mathbf{b}_n$ sont les colonnes $\mathbf{e}_1, \ldots, \mathbf{e}_n$ de la matrice unité $n \times n$.

19. Soit F une famille finie de vecteurs de V telle que tout vecteur $\mathbf{x}$ de V s'écrit de façon unique comme combinaison linéaire des vecteurs de F. Montrer que F est une base de V.

20. Soit $(\mathbf{v}_1, \ldots, \mathbf{v}_4)$ une famille liée engendrant un espace vectoriel V. Montrer que tout vecteur $\mathbf{w}$ de V s'exprime de plusieurs façons différentes comme combinaison linéaire de $\mathbf{v}_1, \ldots, \mathbf{v}_4$. [*Indication :* Soit $\mathbf{w} = k_1\mathbf{v}_1 + \cdots + k_4\mathbf{v}_4$ un vecteur arbitraire de V. Déterminer une autre écriture de $\mathbf{w}$ comme combinaison linéaire de $\mathbf{v}_1, \ldots, \mathbf{v}_4$, en utilisant la dépendance linéaire de ces derniers.]

21. On considère la base $\mathcal{B} = \left(\begin{bmatrix} 1 \\ -4 \end{bmatrix}, \begin{bmatrix} -2 \\ 9 \end{bmatrix} \right)$ de $\mathbb{R}^2$. Comme l'application coordonnées correspondant à $\mathcal{B}$ est une application linéaire de $\mathbb{R}^2$ dans $\mathbb{R}^2$, elle correspond à une certaine

matrice A de type 2×2. Déterminer cette matrice. [*Indication :* La multiplication par A doit transformer un vecteur $\mathbf{x}$ en sa colonne de composantes $[\mathbf{x}]_{\mathcal{B}}$.]

22. Soit $\mathcal{B} = (\mathbf{b}_1, \ldots, \mathbf{b}_n)$ une base de $\mathbb{R}^n$. Écrire la matrice $n \times n$ correspondant à l'application coordonnées $\mathbf{x} \mapsto [\mathbf{x}]_{\mathcal{B}}$ (voir exercice 21).

Dans les exercices 23 à 26, on considère un espace vectoriel V, une base $\mathcal{B} = (\mathbf{b}_1, \ldots, \mathbf{b}_n)$ et l'application coordonnées $\mathbf{x} \mapsto [\mathbf{x}]_{\mathcal{B}}$ de V dans $\mathbb{R}^n$.

23. Montrer que l'application coordonnées est injective. [*Indication :* Considérer deux vecteurs $\mathbf{u}$ et $\mathbf{v}$ de V tels que $[\mathbf{u}]_{\mathcal{B}} = [\mathbf{w}]_{\mathcal{B}}$ et montrer que $\mathbf{u} = \mathbf{w}$.]

24. Montrer que l'application coordonnées est surjective. Autrement dit, étant donné un vecteur $\mathbf{y}$ de $\mathbb{R}^n$ de composantes $y_1, \ldots, y_n$, déterminer un vecteur $\mathbf{u}$ de V tel que $[\mathbf{u}]_{\mathcal{B}} = \mathbf{y}$.

25. Montrer qu'une famille $(\mathbf{u}_1, \ldots, \mathbf{u}_p)$ de vecteurs de V est libre si et seulement si la famille $([\mathbf{u}_1]_{\mathcal{B}}, \ldots, [\mathbf{u}_p]_{\mathcal{B}})$ de leurs colonnes de composantes est libre dans $\mathbb{R}^n$. [*Indication :* Il résulte de l'injectivité de l'application coordonnées que les deux équations ci-dessous ont les mêmes solutions $c_1, \ldots, c_p$.]

$$c_1\mathbf{u}_1 + \cdots + c_p\mathbf{u}_p = \mathbf{0} \qquad \text{Vecteur nul de } V$$
$$[c_1\mathbf{u}_1 + \cdots + c_p\mathbf{u}_p]_{\mathcal{B}} = [\mathbf{0}]_{\mathcal{B}} \qquad \text{Vecteur nul de } \mathbb{R}^n$$

26. Étant donné des vecteurs $\mathbf{u}_1, \ldots, \mathbf{u}_p$ et $\mathbf{w}$ de V, montrer que $\mathbf{w}$ est une combinaison linéaire de $\mathbf{u}_1, \ldots, \mathbf{u}_p$ si et seulement si $[\mathbf{w}]_{\mathcal{B}}$ est une combinaison linéaire des colonnes de composantes $[\mathbf{u}_1]_{\mathcal{B}}, \ldots, [\mathbf{u}_p]_{\mathcal{B}}$.

Dans les exercices 27 à 30, étudier l'indépendance linéaire des polynômes proposés en utilisant les composantes. On expliquera la démarche suivie.

27. $1 + 2t^3, 2 + t - 3t^2, -t + 2t^2 - t^3$

28. $1 - 2t^2 - t^3, t + 2t^3, 1 + t - 2t^2$

29. $(1 - t)^2, t - 2t^2 + t^3, (1 - t)^3$

30. $(2 - t)^3, (3 - t)^2, 1 + 6t - 5t^2 + t^3$

31. En utilisant les colonnes de composantes, étudier si les familles de polynômes suivantes engendrent $\mathbb{P}_2$. Justifier.

a. $1 - 3t + 5t^2, -3 + 5t - 7t^2, -4 + 5t - 6t^2, 1 - t^2$

b. $5t + t^2, 1 - 8t - 2t^2, -3 + 4t + 2t^2, 2 - 3t$

32. On considère les polynômes $\mathbf{p}_1(t) = 1 + t^2$, $\mathbf{p}_2(t) = t - 3t^2$ et $\mathbf{p}_3(t) = 1 + t - 3t^2$.

a. Montrer, à l'aide de leurs composantes, que ces trois polynômes forment une base $\mathbb{P}_2$.

b. On considère la base $\mathcal{B} = (\mathbf{p}_1, \mathbf{p}_2, \mathbf{p}_3)$ de $\mathbb{P}_2$. Déterminer $\mathbf{q} \in \mathbb{P}_2$, sachant que $[\mathbf{q}]_{\mathcal{B}} = \begin{bmatrix} -1 \\ 1 \\ 2 \end{bmatrix}$.

Dans les exercices 33 et 34, préciser si la famille de polynômes proposée est une base de $\mathbb{P}_3$. Justifier.

33. [M] $3 + 7t$, $5 + t - 2t^3$, $t - 2t^2$, $1 + 16t - 6t^2 + 2t^3$

34. [M] $5 - 3t + 4t^2 + 2t^3$, $9 + t + 8t^2 - 6t^3$, $6 - 2t + 5t^2$, t^3

35. [M] On pose

$$\mathbf{v}_1 = \begin{bmatrix} 11 \\ -5 \\ 10 \\ 7 \end{bmatrix}, \mathbf{v}_2 = \begin{bmatrix} 14 \\ -8 \\ 13 \\ 10 \end{bmatrix}, \mathbf{x} = \begin{bmatrix} 19 \\ -13 \\ 18 \\ 15 \end{bmatrix},$$

$H = \text{Vect}\{\mathbf{v}_1, \mathbf{v}_2\}$ et $\mathcal{B} = (\mathbf{v}_1, \mathbf{v}_2)$. Montrer que $\mathbf{x}$ appartient à H et déterminer les composantes de $\mathbf{x}$ dans la base $\mathcal{B}$.

36. [M] On pose

$$\mathbf{v}_1 = \begin{bmatrix} -6 \\ 4 \\ -9 \\ 4 \end{bmatrix}, \mathbf{v}_2 = \begin{bmatrix} 8 \\ -3 \\ 7 \\ -3 \end{bmatrix}, \mathbf{v}_3 = \begin{bmatrix} -9 \\ 5 \\ -8 \\ 3 \end{bmatrix}, \mathbf{x} = \begin{bmatrix} 4 \\ 7 \\ -8 \\ 3 \end{bmatrix},$$

$H = \text{Vect}\{\mathbf{v}_1, \mathbf{v}_2, \mathbf{v}_3\}$ et $\mathcal{B} = (\mathbf{v}_1, \mathbf{v}_2, \mathbf{v}_3)$. Montrer que $\mathcal{B}$ est une base de H et que $\mathbf{x}$ appartient à H, puis déterminer les composantes de $\mathbf{x}$ dans la base $\mathcal{B}$.

[M] Dans les exercices 37 et 38, on considère le réseau cristallin du titane, qui a la structure hexagonale représentée dans la partie gauche de la figure. Les vecteurs $\begin{bmatrix} 2,6 \\ -1,5 \\ 0 \end{bmatrix}$, $\begin{bmatrix} 0 \\ 3 \\ 0 \end{bmatrix}$ et $\begin{bmatrix} 0 \\ 0 \\ 4,8 \end{bmatrix}$

de $\mathbb{R}^3$ forment une base de la maille élémentaire représentée dans la partie droite. L'unité ici est l'angström (1 Å = 10^{-8} cm). Dans certains alliages de titane, des atomes supplémentaires peuvent occuper, dans la maille, les sites *octaédriques* ou *tétraédriques* (ainsi nommés en raison des figures géométriques formées par les atomes à ces emplacements).

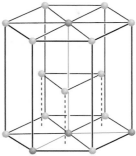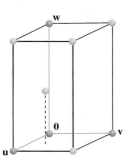

Réseau cristallin hexagonal compact et sa maille élémentaire

37. L'un des sites octaédriques est $\begin{bmatrix} 1/2 \\ 1/4 \\ 1/6 \end{bmatrix}$, les composantes étant exprimées dans la base du réseau. Déterminer les coordonnées de ce site dans la base canonique de $\mathbb{R}^3$.

38. L'un des sites tétraédriques est $\begin{bmatrix} 1/2 \\ 1/2 \\ 1/3 \end{bmatrix}$. Déterminer les coordonnées de ce site dans la base canonique de $\mathbb{R}^3$.

SOLUTIONS DES EXERCICES D'ENTRAÎNEMENT

1. a. On montre facilement que la matrice $P_{\mathcal{B}} = [\,\mathbf{b}_1 \quad \mathbf{b}_2 \quad \mathbf{b}_3\,]$ est équivalente selon les lignes à la matrice unité. D'après le théorème de caractérisation des matrices inversibles, $P_{\mathcal{B}}$ est inversible et ses colonnes forment une base de $\mathbb{R}^3$.

b. D'après la partie (a), la matrice de passage est $P_{\mathcal{B}} = \begin{bmatrix} 1 & -3 & 3 \\ 0 & 4 & -6 \\ 0 & 0 & 3 \end{bmatrix}$.

c. $\mathbf{x} = P_{\mathcal{B}}[\,\mathbf{x}\,]_{\mathcal{B}}$

d. Plutôt que de calculer $P_{\mathcal{B}}^{-1}$, le plus simple, pour résoudre l'équation trouvée en (c), est peut-être de réduire une matrice complète par la méthode du pivot :

$$\underbrace{\begin{bmatrix} 1 & -3 & 3 & -8 \\ 0 & 4 & -6 & 2 \\ 0 & 0 & 3 & 3 \end{bmatrix}}_{P_{\mathcal{B}} \qquad \mathbf{x}} \sim \underbrace{\begin{bmatrix} 1 & 0 & 0 & -5 \\ 0 & 1 & 0 & 2 \\ 0 & 0 & 1 & 1 \end{bmatrix}}_{I \qquad [\,\mathbf{x}\,]_{\mathcal{B}}}$$

d'où

$$[\,\mathbf{x}_{\mathcal{B}}\,] = \begin{bmatrix} -5 \\ 2 \\ 1 \end{bmatrix}$$

2. Les composantes de $\mathbf{p}(t) = 6 + 3t - t^2$ dans $\mathcal{B}$ sont les solutions de

$$c_1(1 + t) + c_2(1 + t^2) + c_3(t + t^2) = 6 + 3t - t^2$$

En identifiant les coefficients des monômes de même degré, on obtient

$$
\begin{aligned}
c_1 + c_2 \qquad &= \quad 6 \\
c_1 \qquad + c_3 &= \quad 3 \\
c_2 + c_3 &= -1
\end{aligned}
$$

En résolvant, on trouve $c_1 = 5$, $c_2 = 1$ et $c_3 = -2$, ce que l'on peut noter sous la forme

$$[\mathbf{p}]_{\mathcal{B}} = \begin{bmatrix} 5 \\ 1 \\ -2 \end{bmatrix}$$

4.5 | DIMENSION D'UN ESPACE VECTORIEL

Le théorème 8 de la section 4.4 implique qu'un espace vectoriel V admettant une base $\mathcal{B}$ constituée de n vecteurs est isomorphe à $\mathbb{R}^n$. On montre dans cette section que ce nombre n est une caractéristique intrinsèque (appelée dimension) de l'espace V qui ne dépend pas du choix d'une base particulière. L'étude de la dimension permet d'approfondir la notion de base.

Le premier théorème généralise une propriété bien connue de l'espace vectoriel $\mathbb{R}^n$.

THÉORÈME 9

Si un espace vectoriel V admet une base $\mathcal{B} = (\mathbf{b}_1, \dots, \mathbf{b}_n)$, alors toute famille de vecteurs de V contenant strictement plus de n vecteurs est nécessairement liée.

DÉMONSTRATION Soit $(\mathbf{u}_1, \dots, \mathbf{u}_p)$ une famille de vecteurs de V comportant strictement plus de n vecteurs. Comme on compte plus de vecteurs (p) que de composantes (n) dans chaque vecteur, les colonnes de composantes $[\mathbf{u}_1]_{\mathcal{B}}, \dots, [\mathbf{u}_p]_{\mathcal{B}}$ sont linéairement dépendantes dans $\mathbb{R}^n$. Il existe donc des scalaires $c_1, \dots, c_p$, non tous nuls, tels que

$$c_1[\mathbf{u}_1]_{\mathcal{B}} + \dots + c_p[\mathbf{u}_p]_{\mathcal{B}} = \begin{bmatrix} 0 \\ \vdots \\ 0 \end{bmatrix} \qquad \text{Vecteur nul de } \mathbb{R}^n$$

L'application coordonnées est linéaire, donc

$$[c_1\mathbf{u}_1 + \dots + c_p\mathbf{u}_p]_{\mathcal{B}} = \begin{bmatrix} 0 \\ \vdots \\ 0 \end{bmatrix}$$

Le vecteur nul du membre de droite correspond aux n coefficients permettant d'exprimer le vecteur $c_1\mathbf{u}_1 + \dots + c_p\mathbf{u}_p$ dans la base $\mathcal{B}$. Autrement dit, $c_1\mathbf{u}_1 + \dots + c_p\mathbf{u}_p = 0 \cdot \mathbf{b}_1 + \dots + 0 \cdot \mathbf{b}_n = \mathbf{0}$. Comme les c_i ne sont pas tous nuls, les vecteurs $\mathbf{u}_1, \dots, \mathbf{u}_p$ sont linéairement dépendants[7]. ∎

---

[7] Le théorème 9 s'applique également aux familles infinies de vecteurs de V. On dit d'une famille infinie qu'elle est liée (ou que ses vecteurs sont linéairement dépendants) si elle admet une sous-famille finie liée ; on dit sinon qu'elle est libre. Si F est une famille infinie de vecteurs de V, on considère une sous-famille $(\mathbf{u}_1, \dots, \mathbf{u}_p)$ de F, avec $p > n$. Le raisonnement ci-dessus montre que cette famille est liée ; il en va donc de même de F.

Le théorème 9 implique que dans un espace vectoriel V admettant une base de la forme $\mathcal{B} = (\mathbf{b}_1, \ldots, \mathbf{b}_n)$, une famille libre de vecteurs de V contient au plus n vecteurs.

THÉORÈME 10

> Si un espace vectoriel V admet une base de n vecteurs, alors toutes les bases de V comportent exactement n vecteurs.

DÉMONSTRATION Soit $\mathcal{B}_1$ une base de n vecteurs et $\mathcal{B}_2$ une autre base (de V). D'après le théorème 9, comme $\mathcal{B}_1$ est une base et que $\mathcal{B}_2$ est une famille libre, $\mathcal{B}_2$ contient au maximum n vecteurs. De même, comme $\mathcal{B}_2$ est une base et que $\mathcal{B}_1$ est libre, $\mathcal{B}_2$ contient au minimum n vecteurs. Donc $\mathcal{B}_2$ contient exactement n vecteurs. ∎

Si un espace vectoriel autre que l'espace nul V est engendré par une famille finie F, alors, d'après le théorème de la base extraite, S contient une base de V. Dans ce cas, la théorème 10 assure que la définition qui suit a bien un sens.

DÉFINITION

> Soit V un espace vectoriel non nul. S'il existe une famille finie qui engendre V, on dit que V est de **dimension finie**. On appelle alors **dimension** de V, et l'on note $\dim V$, le nombre de vecteurs d'une base de V. On définit la dimension de l'espace nul $\{\mathbf{0}\}$ comme étant égale à zéro. S'il n'existe aucune famille finie engendrant V, on dit que V est de **dimension infinie**.

EXEMPLE 1   La base canonique de $\mathbb{R}^n$ contient n vecteurs, donc $\dim \mathbb{R}^n = n$. La base canonique polynomiale $\{1, t, t^2\}$ montre que $\dim \mathbb{P}_2 = 3$. Plus généralement, on a $\dim \mathbb{P}_n = n + 1$. L'espace $\mathbb{P}$ de tous les polynômes est de dimension infinie (voir exercice 27). ∎

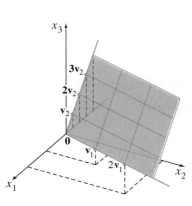

EXEMPLE 2   On pose $\mathbf{v}_1 = \begin{bmatrix} 3 \\ 6 \\ 2 \end{bmatrix}$, $\mathbf{v}_2 = \begin{bmatrix} -1 \\ 0 \\ 1 \end{bmatrix}$ et $H = \mathrm{Vect}\,\{\mathbf{v}_1, \mathbf{v}_2\}$. Le plan H est le plan étudié dans l'exemple 7 de la section 4.4. Comme $\mathbf{v}_1$ et $\mathbf{v}_2$ ne sont pas colinéaires, ils sont linéairement indépendants, donc $(\mathbf{v}_1, \mathbf{v}_2)$ est une base de H. Il en résulte que $\dim H = 2$. ∎

EXEMPLE 3   Déterminer la dimension du sous-espace vectoriel

$$H = \left\{ \begin{bmatrix} a - 3b + 6c \\ 5a + 4d \\ b - 2c - d \\ 5d \end{bmatrix} : a, b, c, d \text{ réels} \right\}$$

SOLUTION On voit facilement que H est l'ensemble des combinaisons linéaires des vecteurs

$$\mathbf{v}_1 = \begin{bmatrix} 1 \\ 5 \\ 0 \\ 0 \end{bmatrix}, \quad \mathbf{v}_2 = \begin{bmatrix} -3 \\ 0 \\ 1 \\ 0 \end{bmatrix}, \quad \mathbf{v}_3 = \begin{bmatrix} 6 \\ 0 \\ -2 \\ 0 \end{bmatrix} \quad \text{et} \quad \mathbf{v}_4 = \begin{bmatrix} 0 \\ 4 \\ -1 \\ 5 \end{bmatrix}$$

Il est clair que $\mathbf{v}_1 \neq \mathbf{0}$ et que $\mathbf{v}_2$ n'est pas colinéaire à $\mathbf{v}_1$. En revanche, $\mathbf{v}_3$ est colinéaire à $\mathbf{v}_2$. D'après le théorème de la base extraite, la famille obtenue en supprimant $\mathbf{v}_3$ engendre toujours H. Enfin, $\mathbf{v}_4$ n'est pas une combinaison linéaire de $\mathbf{v}_1$ et $\mathbf{v}_2$. Donc, d'après le théorème 4 de la section 4.3, $(\mathbf{v}_1, \mathbf{v}_2, \mathbf{v}_4)$ est libre et est par conséquent une base de H. Donc $\dim H = 3$. ∎

EXEMPLE 4 On peut classer les sous-espaces vectoriels de $\mathbb{R}^3$ selon leur dimension (voir figure 1).

Sous-espaces de dimension 0. Le sous-espace nul et lui seul.

Sous-espaces de dimension 1. Tous les sous-espaces engendrés par un seul vecteur. Ces sous-espaces sont des droites passant par l'origine, appelées **droites vectorielles**.

Sous-espaces de dimension 2. Tous les sous-espaces engendrés par deux vecteurs linéairement indépendants. Ces sous-espaces sont des plans passant par l'origine, appelés **plans vectoriels**.

Sous-espaces de dimension 3. L'espace $\mathbb{R}^3$ et lui seul. D'après le théorème de caractérisation des matrices inversibles, toute famille de trois vecteurs linéairement indépendants engendre $\mathbb{R}^3$ tout entier.

Plus généralement, dans tout espace vectoriel, on appelle droite vectorielle un sous-espace vectoriel de dimension 1 et plan vectoriel un sous-espace vectoriel de dimension 2. ■

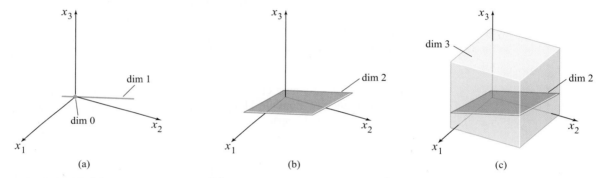

FIGURE 1 Modèles de sous-espaces de $\mathbb{R}^3$

Sous-espaces d'un espace vectoriel de dimension finie

Le théorème ci-dessous est le pendant naturel du théorème de la base extraite.

THÉORÈME 11

Théorème de la base incomplète

Soit H un sous-espace vectoriel d'un espace V de dimension finie. Toute famille libre de vecteurs de H peut être complétée de manière à former une base de H. De plus, H est de dimension finie et

$$\dim H \leq \dim V$$

DÉMONSTRATION Si $H = \{\mathbf{0}\}$, on a bien $\dim H = 0 \leq \dim V$. Sinon, on considère une famille libre $F = (\mathbf{u}_1, \ldots, \mathbf{u}_k)$ de vecteurs de H. Si F engendre H, alors F est une base de H. Sinon, il existe un vecteur $\mathbf{u}_{k+1}$ de H n'appartenant pas à Vect F. Mais alors, d'après le théorème 4, $(\mathbf{u}_1, \ldots, \mathbf{u}_k, \mathbf{u}_{k+1})$ est libre, car aucun vecteur n'est une combinaison linéaire des vecteurs qui le précèdent.

Tant que les familles ainsi construites n'engendrent pas H, on peut continuer ce processus de complétion de F formant une famille libre de H plus grande. Mais, d'après le théorème 9, aucune famille libre ne peut contenir plus de vecteurs que la dimension de V. On obtiendra donc forcément, à un certain moment, une surfamille de F engendrant H, et cette famille sera une base de H. De plus, on a bien dim $H \leq$ dim V. ■

Quand on connaît la dimension d'un espace vectoriel, le théorème suivant facilite la recherche d'une base. Ce théorème signifie que si une famille possède le bon nombre d'éléments, il suffit alors de montrer soit qu'elle est libre, soit qu'elle engendre l'espace. Ce théorème est d'une importance cruciale et connaît de très nombreuses applications (par exemple, dans les équations différentielles ou les récurrences linéaires), dans la mesure où l'indépendance linéaire est bien plus facile à vérifier que le caractère générateur.

THÉORÈME 12

Caractérisation des bases

Soit V un espace vectoriel de dimension finie p, $p \geq 1$. Toute famille libre contenant exactement p éléments de V est automatiquement une base de V. Toute famille contenant exactement p éléments qui engendre V est automatiquement une base de V.

DÉMONSTRATION D'après le théorème de la base incomplète, une famille libre F de p éléments peut être complétée de manière à former une base de V. Mais comme V est de dimension p, cette base contient exactement p éléments. Donc F était déjà une base de V. On suppose maintenant que F contient p éléments et engendre V. Comme V n'est pas réduit au vecteur nul, le théorème de la base extraite permet d'affirmer qu'il existe une base F' de V extraite de F. Comme dim $V = p$, F' contient exactement p vecteurs. Donc $F = F'$. ■

Dimension de Ker A et Im A

On sait que les colonnes pivots d'une matrice A forment une base de Im A. Il suffit donc de connaître celles-ci pour connaître la dimension de Im A. Il peut sembler plus difficile de calculer la dimension de Ker A, car la recherche d'une base est en général plus délicate pour Ker A que pour Im A. Mais il existe un raccourci !

Soit A une matrice $m \times n$ telle que l'équation $A\mathbf{x} = \mathbf{0}$ possède k inconnues non principales. On a vu, à la section 4.2, que la méthode usuelle pour déterminer une famille génératrice de Ker A fournit exactement k vecteurs linéairement indépendants $\mathbf{u}_1, \ldots, \mathbf{u}_k$ (un pour chaque inconnue non principale). On obtient donc une base $(\mathbf{u}_1, \ldots, \mathbf{u}_k)$ de Ker A, dont la taille est déterminée par le nombre d'inconnues non principales. Résumons ces résultats pour pouvoir les utiliser plus tard.

La dimension de Ker A est égale au nombre d'inconnues non principales de l'équation $A\mathbf{x} = \mathbf{0}$ et la dimension de Im A est égale au nombre de colonnes pivots de A.

EXEMPLE 5 Déterminer la dimension du noyau et de l'image de

$$A = \begin{bmatrix} -3 & 6 & -1 & 1 & -7 \\ 1 & -2 & 2 & 3 & -1 \\ 2 & -4 & 5 & 8 & -4 \end{bmatrix}$$

SOLUTION L'application de la méthode du pivot à la matrice $[\,A \quad \mathbf{0}\,]$ conduit à la forme échelonnée

$$\begin{bmatrix} 1 & -2 & 2 & 3 & -1 & 0 \\ 0 & 0 & 1 & 2 & -2 & 0 \\ 0 & 0 & 0 & 0 & 0 & 0 \end{bmatrix}$$

On obtient trois inconnues non principales, x_2, x_4 et x_5. Donc Ker A est de dimension 3. De plus, A a deux colonnes pivots, donc dim Im $A = 2$. ∎

EXERCICES D'ENTRAÎNEMENT

1. Dire si les énoncés suivants sont vrais ou faux et justifier les réponses. Ici, V est un espace vectoriel non nul de dimension finie.

   a. Si dim $V = p$ et si F est une famille liée de vecteurs de V, alors F contient strictement plus de p vecteurs.

   b. Si F est une famille génératrice de V et si T est une famille de vecteurs de V contenant strictement plus de vecteurs que F, alors T est liée.

2. Soit H et K deux sous-espaces vectoriels d'un espace vectoriel V. Dans l'exercice 32 de la section 4.1, on a montré que $H \cap K$ est aussi un sous-espace vectoriel de V. Prouver que dim $(H \cap K) \le$ dim H.

4.5 EXERCICES

Pour chacun des sous-espaces vectoriels proposés dans les exercices 1 à 8 : (a) déterminer une base ; (b) donner la dimension.

1. $\left\{ \begin{bmatrix} s - 2t \\ s + t \\ 3t \end{bmatrix} : s, t \in \mathbb{R} \right\}$ 2. $\left\{ \begin{bmatrix} 4s \\ -3s \\ -t \end{bmatrix} : s, t \in \mathbb{R} \right\}$

3. $\left\{ \begin{bmatrix} 2c \\ a - b \\ b - 3c \\ a + 2b \end{bmatrix} : a, b, c \in \mathbb{R} \right\}$ 4. $\left\{ \begin{bmatrix} a + b \\ 2a \\ 3a - b \\ -b \end{bmatrix} : a, b \in \mathbb{R} \right\}$

5. $\left\{ \begin{bmatrix} a - 4b - 2c \\ 2a + 5b - 4c \\ -a + 2c \\ -3a + 7b + 6c \end{bmatrix} : a, b, c \in \mathbb{R} \right\}$

6. $\left\{ \begin{bmatrix} 3a + 6b - c \\ 6a - 2b - 2c \\ -9a + 5b + 3c \\ -3a + b + c \end{bmatrix} : a, b, c \in \mathbb{R} \right\}$

7. $\{(a, b, c) : a - 3b + c = 0, b - 2c = 0, 2b - c = 0\}$

8. $\{(a, b, c, d) : a - 3b + c = 0\}$

9. Déterminer la dimension du sous-espace de $\mathbb{R}^3$ constitué des vecteurs dont les première et troisième composantes sont égales.

10. Déterminer la dimension du sous-espace H de $\mathbb{R}^2$ engendré par $\begin{bmatrix} 2 \\ -5 \end{bmatrix}$, $\begin{bmatrix} -4 \\ 10 \end{bmatrix}$, $\begin{bmatrix} -3 \\ 6 \end{bmatrix}$.

Dans les exercices 11 et 12, déterminer la dimension du sous-espace vectoriel engendré par les vecteurs indiqués.

11. $\begin{bmatrix} 1 \\ 0 \\ 2 \end{bmatrix}$, $\begin{bmatrix} 3 \\ 1 \\ 1 \end{bmatrix}$, $\begin{bmatrix} 9 \\ 4 \\ -2 \end{bmatrix}$, $\begin{bmatrix} -7 \\ -3 \\ 1 \end{bmatrix}$

12. $\begin{bmatrix} 1 \\ -2 \\ 0 \end{bmatrix}$, $\begin{bmatrix} -3 \\ 4 \\ 1 \end{bmatrix}$, $\begin{bmatrix} -8 \\ 6 \\ 5 \end{bmatrix}$, $\begin{bmatrix} -3 \\ 0 \\ 7 \end{bmatrix}$

Déterminer la dimension de Ker A et de Im A pour les matrices proposées dans les exercices 13 à 18.

13. $A = \begin{bmatrix} 1 & -6 & 9 & 0 & -2 \\ 0 & 1 & 2 & -4 & 5 \\ 0 & 0 & 0 & 5 & 1 \\ 0 & 0 & 0 & 0 & 0 \end{bmatrix}$

14. $A = \begin{bmatrix} 1 & 3 & -4 & 2 & -1 & 6 \\ 0 & 0 & 1 & -3 & 7 & 0 \\ 0 & 0 & 0 & 1 & 4 & -3 \\ 0 & 0 & 0 & 0 & 0 & 0 \end{bmatrix}$

15. $A = \begin{bmatrix} 1 & 0 & 9 & 5 \\ 0 & 0 & 1 & -4 \end{bmatrix}$

16. $A = \begin{bmatrix} 3 & 4 \\ -6 & 10 \end{bmatrix}$

17. $A = \begin{bmatrix} 1 & -1 & 0 \\ 0 & 4 & 7 \\ 0 & 0 & 5 \end{bmatrix}$ 18. $A = \begin{bmatrix} 1 & 4 & -1 \\ 0 & 7 & 0 \\ 0 & 0 & 0 \end{bmatrix}$

Dans les exercices 19 et 20, V désigne un espace vectoriel. Dire de chaque énoncé s'il est vrai ou faux. Justifier les réponses.

19. a. La dimension de l'image d'une matrice est égale au nombre de colonnes pivots de la matrice.

b. Tout plan de $\mathbb{R}^3$ est un sous-espace vectoriel de $\mathbb{R}^3$ de dimension 2.

c. L'espace $\mathbb{P}_4$ est de dimension 4.

d. Si dim $V = n$ et si F est une famille libre de vecteurs de V, alors F est une base de V.

e. Si $(\mathbf{v}_1, \ldots, \mathbf{v}_p)$ est une famille génératrice d'un espace vectoriel V de dimension finie et si T est une famille contenant strictement plus de p vecteurs de V, alors T est liée.

20. a. $\mathbb{R}^2$ est un sous-espace vectoriel de $\mathbb{R}^3$ de dimension 2.

b. Si A est une matrice, la dimension de Ker A est égale au nombre d'inconnues dans l'équation $A\mathbf{x} = \mathbf{0}$.

c. Si une famille infinie engendre un espace vectoriel, alors ce dernier est de dimension infinie.

d. Si dim $V = n$ et si F engendre V, alors F est une base de V.

e. Le seul sous-espace vectoriel de $\mathbb{R}^3$ de dimension 3 est $\mathbb{R}^3$ lui-même.

21. Les quatre premiers polynômes d'Hermite sont par définition les polynômes 1, $2t$, $-2 + 4t^2$ et $-12t + 8t^3$. Ces polynômes apparaissent naturellement dans l'étude de certaines équations différentielles importantes en physique théorique[8]. Montrer que les quatre premiers polynômes d'Hermite forment une base de $\mathbb{P}_3$.

22. Les quatre premiers polynômes de Laguerre sont par définition les polynômes 1, $1 - t$, $2 - 4t + t^2$ et $6 - 18t + 9t^2 - t^3$. Montrer qu'ils forment une base de $\mathbb{P}_3$.

23. Soit $\mathcal{B}$ la base de $\mathbb{P}_3$ constituée des polynômes d'Hermite définis dans l'exercice 21 et $\mathbf{p}$ le polynôme défini par $\mathbf{p}(t) = 7 - 12t - 8t^2 + 12t^3$. Déterminer les composantes de $\mathbf{p}$ dans la base $\mathcal{B}$.

24. Soit $\mathcal{B}$ la base de $\mathbb{P}_2$ constituée des trois premiers polynômes de Laguerre définis dans l'exercice 22 et $\mathbf{p}$ le polynôme défini par $\mathbf{p}(t) = 7 - 8t + 3t^2$. Déterminer les composantes de $\mathbf{p}$ dans la base $\mathcal{B}$.

25. Soit F une famille de vecteurs d'un espace vectoriel V de dimension finie n contenant strictement moins de n vecteurs. Montrer que F n'engendre pas V.

26. Soit H un sous-espace de dimension n d'un espace vectoriel V de dimension n. Montrer que $H = V$.

27. Justifier le fait que l'espace $\mathbb{P}$ des polynômes est de dimension infinie.

28. Montrer que l'espace $C(\mathbb{R})$ des fonctions continues définies dans $\mathbb{R}$ est de dimension infinie.

Dans les exercices 29 et 30, on considère un espace vectoriel non nul V de dimension finie. Les vecteurs indiqués appartiennent à V.

[8] Voir A. E. Taylor et David C. Lay, *Introduction to Functional Analysis*, 2ᵉ éd., New York : John Wiley & Sons, 1980, p. 92 et 93. D'autres familles de polynômes y sont également présentées.

Dire de chaque énoncé s'il est vrai ou faux. Justifier les réponses (ces énoncés sont plus difficiles que ceux des exercices 19 et 20).

29. a. S'il existe une famille $(\mathbf{v}_1, \ldots, \mathbf{v}_p)$ qui engendre V, alors dim $V \leq p$.

b. S'il existe une famille libre $(\mathbf{v}_1, \ldots, \mathbf{v}_p)$ de vecteurs de V, alors dim $V \geq p$.

c. Si dim $V = p$, alors il existe une famille génératrice de $p + 1$ vecteurs de V.

30. a. S'il existe une famille liée $(\mathbf{v}_1, \ldots, \mathbf{v}_p)$ de vecteurs de V, alors dim $V \leq p$.

b. Si aucune famille de p vecteurs de V n'engendre V, alors dim $V > p$.

c. Si $p \geq 2$ et si dim $V = p$, alors toute famille de $p - 1$ vecteurs non nuls est libre.

Dans les exercices 31 et 32, on considère des espaces vectoriels V et W de dimension finie ainsi qu'une application linéaire $T : V \rightarrow W$.

31. Soit H un sous-espace vectoriel non nul de V et $T(H)$ l'ensemble des images des vecteurs de H. On a vu dans l'exercice 35 de la section 4.2 que $T(H)$ était un sous-espace vectoriel de W. Montrer que dim $T(H) \leq$ dim H.

32. Soit H un sous-espace vectoriel non nul de V. On suppose que T est injective. Montrer que dim $T(H) =$ dim H. Si, de plus, T est surjective, il en résulte que dim $V =$ dim W. Des espaces vectoriels de dimension finie qui sont isomorphes ont la même dimension.

33. [M] D'après le théorème de la base incomplète, une famille libre $(\mathbf{v}_1, \ldots, \mathbf{v}_k)$ de vecteurs de $\mathbb{R}^n$ peut toujours être complétée de manière à former une base de $\mathbb{R}^n$. Un des moyens d'y parvenir est de construire la matrice $A = [\,\mathbf{v}_1 \ \cdots \ \mathbf{v}_k \ \mathbf{e}_1 \ \cdots \ \mathbf{e}_n\,]$, où $\mathbf{e}_1, \ldots, \mathbf{e}_n$ sont les colonnes de la matrice unité. Les colonnes pivots de A forment alors une base de $\mathbb{R}^n$.

a. Utiliser la méthode décrite ci-dessus pour compléter la famille suivante de façon à obtenir une base de $\mathbb{R}^5$:

$$\mathbf{v}_1 = \begin{bmatrix} -9 \\ -7 \\ 8 \\ -5 \\ 7 \end{bmatrix}, \quad \mathbf{v}_2 = \begin{bmatrix} 9 \\ 4 \\ 1 \\ 6 \\ -7 \end{bmatrix}, \quad \mathbf{v}_3 = \begin{bmatrix} 6 \\ 7 \\ -8 \\ 5 \\ -7 \end{bmatrix}$$

b. Justifier le fait que la méthode conduit bien dans tous les cas au résultat attendu : Pourquoi les vecteurs $\mathbf{v}_1, \ldots, \mathbf{v}_k$ appartiennent-ils bien à la base de Im A ainsi construite ? Pourquoi a-t-on Im $A = \mathbb{R}^n$?

34. [M] On définit les familles $\mathcal{B} = (1, \cos t, \cos^2 t, \ldots, \cos^6 t)$ et $\mathcal{C} = (1, \cos t, \cos 2t, \ldots, \cos 6t)$. On admet les relations trigonométriques suivantes (voir exercice 37, section 4.1) :

$$\cos 2t = -1 + 2\cos^2 t$$
$$\cos 3t = -3\cos t + 4\cos^3 t$$
$$\cos 4t = 1 - 8\cos^2 t + 8\cos^4 t$$

$$\cos 5t = 5\cos t - 20\cos^3 t + 16\cos^5 t$$
$$\cos 6t = -1 + 18\cos^2 t - 48\cos^4 t + 32\cos^6 t$$

Soit H le sous-espace vectoriel de fonctions engendré par les éléments de $\mathcal{B}$. Alors, d'après l'exercice 38 de la section 4.3,

$\mathcal{B}$ est une base de H.

a. Écrire les composantes des vecteurs de $\mathcal{C}$ dans la base $\mathcal{B}$ et en déduire que $\mathcal{C}$ est libre.

b. Justifier le fait que $\mathcal{C}$ est une base de H.

SOLUTIONS DES EXERCICES D'ENTRAÎNEMENT

1. a. Faux. Considérer la famille $(\mathbf{0})$.

   b. Vrai. D'après le théorème de la base extraite, F contient une base de V. Soit F' cette base. Alors T contient strictement plus de vecteurs que S'. D'après le théorème 9, T est liée.

2. Soit $\{\mathbf{v}_1, \ldots, \mathbf{v}_p\}$ une base de $H \cap K$. Donc $\{\mathbf{v}_1, \ldots, \mathbf{v}_p\}$ est un sous-ensemble de vecteurs de H linéairement indépendants. D'après le théorème 11, la famille $\{\mathbf{v}_1, \ldots, \mathbf{v}_p\}$ peut être complétée de manière à former une base de H. Comme la dimension d'un sous-espace vectoriel est égale au nombre de vecteurs de sa base, on déduit alors que $\dim(H \cap K) = p \leq \dim H$.

4.6 | RANG

On se propose dans cette section d'examiner, en s'aidant des notions relatives aux espaces vectoriels, la structure interne d'une matrice et de faire apparaître des liens cachés d'une grande importance entre ses lignes et ses colonnes.

Imaginons, par exemple, que l'on range 2 000 nombres aléatoires dans une matrice A de type 40×50 et qu'ensuite on détermine à la fois le nombre maximal de colonnes de A et le nombre maximal de colonnes de A^T (c'est-à-dire de lignes de A) linéairement indépendantes. Le fait qu'il s'agisse du même nombre constitue une propriété remarquable des matrices. On verra que ce nombre est ce que l'on appelle le *rang* de la matrice. Pour expliquer cette propriété, on commence par s'intéresser à l'espace engendré par les lignes de A.

Espace engendré par les lignes

Si A est une matrice $m \times n$, les lignes de A comportent n composantes et peuvent donc être identifiées à un vecteur de $\mathbb{R}^n$. On note Lgn A l'espace vectoriel engendré par ces lignes, c'est-à-dire l'ensemble de leurs combinaisons linéaires. Comme les lignes comportent n composantes, Lgn A est un sous-espace vectoriel de $\mathbb{R}^n$. On peut remarquer que, comme les lignes de A s'identifient aux colonnes de A^T, on pourrait noter cet espace Im A^T au lieu de Lgn A.

EXEMPLE 1 Soit

$$A = \begin{bmatrix} -2 & -5 & 8 & 0 & -17 \\ 1 & 3 & -5 & 1 & 5 \\ 3 & 11 & -19 & 7 & 1 \\ 1 & 7 & -13 & 5 & -3 \end{bmatrix} \quad \text{et} \quad \begin{array}{l} \mathbf{l}_1 = (-2, -5, 8, 0, -17) \\ \mathbf{l}_2 = (1, 3, -5, 1, 5) \\ \mathbf{l}_3 = (3, 11, -19, 7, 1) \\ \mathbf{l}_4 = (1, 7, -13, 5, -3) \end{array}$$

On a Lgn $A = \text{Vect}\{\mathbf{l}_1, \mathbf{l}_2, \mathbf{l}_3, \mathbf{l}_4\}$. Il est naturel d'écrire les vecteurs lignes horizontalement, mais il n'y a aucun problème à les écrire en colonnes si cela se révèle plus commode. ∎

Si l'on connaissait des relations de dépendance linéaire entre les lignes de la matrice A de l'exemple 1, on pourrait utiliser le théorème de la base extraite pour réduire cette famille à une base. Malheureusement, les opérations élémentaires sur les lignes de A ne peuvent fournir un tel renseignement, car ces opérations modifient les relations de dépendance entre les lignes. Mais, comme le montre le théorème suivant, la réduction de A par des opérations sur les lignes est quand même très utile.

THÉORÈME 13

Si A et B sont deux matrices équivalentes selon les lignes, alors leurs lignes engendrent le même espace. Si B est échelonnée, alors les lignes non nulles de B forment une base de cet espace.

DÉMONSTRATION Si B est issu de A par une suite d'opérations élémentaires sur les lignes, alors les lignes de B sont des combinaisons linéaires des lignes de A. Il en résulte que toute combinaison linéaire des lignes de B est forcément une combinaison linéaire des lignes de A. L'espace engendré par les lignes de B est donc inclus dans l'espace engendré par les lignes de A. Comme les opérations élémentaires sur les lignes sont réversibles, on obtient l'inclusion inverse en échangeant les rôles de A et B. Les lignes des deux matrices engendrent bien le même sous-espace. Si B est échelonnée, ses lignes non nulles sont linéairement indépendantes, car aucune ligne non nulle n'est une combinaison linéaire des lignes situées au-dessous d'elle (on applique ensuite le théorème 4 aux lignes non nulles de B prises dans l'ordre inverse, en commençant par la dernière). Par conséquent, les lignes non nulles forment bien une base de l'espace engendré par les lignes de B (donc de A, puisque c'est le même espace). ∎

Le principal résultat de cette section concerne les trois espaces Lgn A, Im A et Ker A. L'exemple qui suit prépare le terrain pour ce résultat et montre comment une *même* suite d'opérations élémentaires sur les lignes de A permet d'obtenir une base de chacun de ces *trois* espaces.

EXEMPLE 2   On considère la matrice A ci-dessous. Déterminer une base de l'espace engendré par ses lignes, de l'espace engendré par ses colonnes (c'est-à-dire de son image) et de son noyau.

$$A = \begin{bmatrix} -2 & -5 & 8 & 0 & -17 \\ 1 & 3 & -5 & 1 & 5 \\ 3 & 11 & -19 & 7 & 1 \\ 1 & 7 & -13 & 5 & -3 \end{bmatrix}$$

SOLUTION Afin d'obtenir une base de l'espace engendré par les lignes et une base de l'espace engendré par les colonnes, on réduit A à une forme échelonnée par la méthode du pivot :

$$A \sim B = \begin{bmatrix} 1 & 3 & -5 & 1 & 5 \\ 0 & 1 & -2 & 2 & -7 \\ 0 & 0 & 0 & -4 & 20 \\ 0 & 0 & 0 & 0 & 0 \end{bmatrix}$$

D'après le théorème 13, les trois premières lignes de B forment une base de l'espace engendré par les lignes de A (ou, ce qui revient au même, par les lignes de B). Donc

Base de Lgn A : $\big((1, 3, -5, 1, 5), (0, 1, -2, 2, -7), (0, 0, 0, -4, 20)\big)$

Pour l'espace engendré par les colonnes (l'image) de A, on remarque que les colonnes pivots de B sont les colonnes 1, 2 et 4. Par conséquent, les colonnes 1, 2 et 4 de A (et non pas de B) forment une base de Im A :

$$\text{Base de Im } A : \left(\begin{bmatrix} -2 \\ 1 \\ 3 \\ 1 \end{bmatrix}, \begin{bmatrix} -5 \\ 3 \\ 11 \\ 7 \end{bmatrix}, \begin{bmatrix} 0 \\ 1 \\ 7 \\ 5 \end{bmatrix} \right)$$

On peut remarquer que toute forme échelonnée de A, d'une part, fournit une base de Lgn A (on prend les lignes non nulles) et, d'autre part, permet de repérer les colonnes pivots de A, et d'obtenir ainsi une base de Im A. En revanche, pour Ker A, il faut aller jusqu'à la *forme échelonnée réduite*. En continuant les opérations sur les lignes, on obtient

$$A \sim B \sim C = \begin{bmatrix} 1 & 0 & 1 & 0 & 1 \\ 0 & 1 & -2 & 0 & 3 \\ 0 & 0 & 0 & 1 & -5 \\ 0 & 0 & 0 & 0 & 0 \end{bmatrix}$$

L'équation $A\mathbf{x} = \mathbf{0}$ équivaut à $C\mathbf{x} = \mathbf{0}$, soit

$$\begin{aligned} x_1 + \quad\quad x_3 \quad\quad + \ x_5 &= 0 \\ x_2 - 2x_3 \quad\quad + 3x_5 &= 0 \\ x_4 - 5x_5 &= 0 \end{aligned}$$

Donc le noyau est caractérisé par $x_1 = -x_3 - x_5$, $x_2 = 2x_3 - 3x_5$, $x_4 = 5x_5$, avec x_3 et x_5 quelconques. Les calculs habituels (présentés dans la section 4.2) donnent

$$\text{Base de Ker } A : \left(\begin{bmatrix} -1 \\ 2 \\ 1 \\ 0 \\ 0 \end{bmatrix}, \begin{bmatrix} -1 \\ -3 \\ 0 \\ 5 \\ 1 \end{bmatrix} \right)$$

On remarque que, contrairement à la base de Im A, les bases de Lgn A et Ker A n'ont pas de lien direct avec les coefficients de A elle-même[9]. ■

Attention : Bien que, dans l'exemple 2, les trois premières lignes de B soient linéairement indépendantes, il n'en résulte pas que les trois premières lignes de A le soient également (et de fait, la troisième ligne de A est égale à 2 fois la première plus 7 fois la deuxième). Les opérations sur les lignes peuvent modifier les relations de dépendance linéaire entre les *lignes* d'une matrice.

Théorème du rang

Le théorème qui suit établit des relations fondamentales entre les dimensions de Im A, Lgn A et Ker A.

DÉFINITION

On appelle **rang** d'une matrice la dimension de son image, c'est-à-dire de l'espace vectoriel engendré par ses colonnes.

_____

[9] Il est possible de trouver une base de Lgn A formée uniquement de lignes de A. On écrit d'abord A^T, puis on applique la méthode du pivot à A^T jusqu'à pouvoir en déterminer les colonnes pivots. Ces colonnes pivots de A^T sont des lignes de A, et elles forment une base de l'espace engendré par les lignes de A.

Puisque Lgn A est égal à Im A^T, la dimension de l'espace engendré par les lignes de A est égale au rang de A^T.

Le lecteur attentif aura peut-être déjà deviné par lui-même tout ou partie du théorème qui suit en travaillant sur les exercices de la section 4.5 ou en examinant l'exemple 2 précédent.

THÉORÈME 14

> **Théorème du rang**
>
> Soit A une matrice $m \times n$. Les espaces engendrés, d'une part, par les colonnes de A et, d'autre part, par les lignes de A ont la même dimension. Cette dimension commune, le rang de A, est égale au nombre de positions de pivot de A et vérifie la relation
>
> $$\text{rang } A + \dim \text{Ker } A = n$$

DÉMONSTRATION D'après le théorème 6 de la section 4.3, le rang de A est égal au nombre de colonnes pivots de A. De façon équivalente, le rang de A est égal au nombre de positions de pivot de n'importe quelle forme échelonnée B de A. De plus, à chaque pivot de B correspond une ligne non nulle de B, et les lignes en question forment une base de l'espace engendré par les lignes de B, donc de A. Il en résulte que le rang de A est aussi égal à la dimension de l'espace engendré par ses lignes.

On a vu à la section 4.5 que la dimension de Ker A était égale au nombre d'inconnues non principales de l'équation $A\mathbf{x} = \mathbf{0}$. Autrement dit, la dimension de Ker A est égale au nombre de colonnes de A qui *ne sont pas* des colonnes pivots (les colonnes de A en elles-mêmes n'ont pas de lien direct avec Ker A, mais leur *nombre* en a un). Et l'on a, bien entendu,

$$\left\{ \begin{array}{c} \text{nombre de} \\ \text{colonnes pivots} \end{array} \right\} + \left\{ \begin{array}{c} \text{nombre de} \\ \text{colonnes non pivots} \end{array} \right\} = \left\{ \begin{array}{c} \text{nombre de} \\ \text{colonnes} \end{array} \right\}$$

Le théorème est ainsi démontré. ∎

Les idées qui se trouvent derrière le théorème 14 apparaissent clairement dans les calculs de l'exemple 2. Les trois positions de pivot de la forme échelonnée B déterminent les inconnues principales et permettent de repérer les vecteurs de base de Im A ainsi que ceux de Lgn A.

EXEMPLE 3

a. Que vaut le rang d'une matrice 7×9 dont le noyau est de dimension 2 ?

b. Une matrice 6×9 peut-elle avoir un noyau de dimension 2 ?

SOLUTION

a. La matrice A comporte 9 colonnes, donc (rang A) + 2 = 9, d'où rang A = 7.

b. Non. Si le noyau d'une matrice B de type 6×9 était de dimension 2, cette matrice devrait, d'après le théorème du rang, être de rang 7. Mais les colonnes de B sont des vecteurs de $\mathbb{R}^6$, donc la dimension de Im B, c'est-à-dire le rang de B, ne peut dépasser 6. ∎

L'exemple qui suit permet de visualiser assez simplement les sous-espaces étudiés jusque-là. On verra au chapitre 6 que Lgn A et Ker A n'ont en commun que le vecteur nul et sont en fait « perpendiculaires » entre eux. Il en va de même de Lgn $A^T (= \text{Im } A)$ et Ker A^T. La figure 1 illustrant l'exemple 4 permet de se faire une bonne représentation mentale du cas général (l'intérêt d'étudier A^T conjointement avec A est expliqué dans l'exercice 29).

EXEMPLE 4 On pose $A = \begin{bmatrix} 3 & 0 & -1 \\ 3 & 0 & -1 \\ 4 & 0 & 5 \end{bmatrix}$. On vérifie facilement que Ker A est

l'axe des x_2, Lgn A le plan $x_1 x_3$, Im A le plan d'équation $x_1 - x_2 = 0$ et Ker A^T la droite vectorielle engendrée par $(1, -1, 0)$. La figure 1 montre Ker A et Lgn A dans l'espace de départ de l'application $\mathbf{x} \mapsto A\mathbf{x}$. L'image Im A de cette application apparaît conjointement avec Ker A^T dans une autre représentation de $\mathbb{R}^3$, vu comme espace d'arrivée. ∎

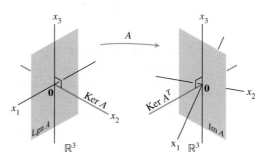

FIGURE 1 Sous-espaces associés à une matrice A

Application aux systèmes d'équations

Le théorème du rang est un puissant outil d'analyse des systèmes d'équations linéaires. L'exemple qui suit simule la façon dont on pourrait présenter une situation réelle sans faire mention de matrices, de sous-espaces ou de dimension.

EXEMPLE 5 Un scientifique a trouvé deux solutions d'un système linéaire homogène de 40 équations à 42 inconnues. Ces deux solutions ne sont pas colinéaires et les autres solutions peuvent toutes s'écrire en ajoutant des vecteurs colinéaires à ces deux mêmes solutions. Le scientifique peut-il être *certain* qu'un système non homogène associé à celui-ci (c'est-à-dire ayant les mêmes coefficients) admet au moins une solution ?

SOLUTION Oui. Si A est la matrice 40×42 du système, les informations fournies expriment le fait que les deux solutions sont linéairement indépendantes et engendrent le sous-espace Ker A. Donc dim Ker $A = 2$. Il résulte alors du théorème du rang que dim Im $A = 42 - 2 = 40$. Comme $\mathbb{R}^{40}$ est le seul sous-espace de $\mathbb{R}^{40}$ de dimension 40, Im A est nécessairement $\mathbb{R}^{40}$ tout entier. Cela signifie que toute équation non homogène de type $A\mathbf{x} = \mathbf{b}$ admet au moins une solution. ∎

Rang et théorème de caractérisation des matrices inversibles

En appliquant aux matrices les différents concepts relatifs aux espaces vectoriels, on obtient de nouvelles caractérisations des matrices inversibles. Ces nouvelles caractérisations, énumérées ci-dessous, font suite à celles du théorème initial de caractérisation des matrices inversibles de la section 2.3.

THÉORÈME

Théorème de caractérisation des matrices inversibles (suite)

Soit A une matrice $n \times n$. Les propriétés suivantes sont équivalentes au fait que A soit inversible.

m. Les colonnes de A forment une base de $\mathbb{R}^n$.

n. Im $A = \mathbb{R}^n$

o. dim Im $A = n$

p. rang $A = n$

q. Ker $A = \{\mathbf{0}\}$

r. dim Ker $A = 0$

DÉMONSTRATION La propriété (m) est logiquement équivalente aux énoncés (e) et (h) qui concernent l'indépendance linéaire et l'engendrement de $\mathbb{R}^n$. Les cinq autres propriétés sont liées à celles du premier théorème par la chaîne d'implications suivante, qui sont quasi évidentes :

$$(\text{g}) \Rightarrow (\text{n}) \Rightarrow (\text{o}) \Rightarrow (\text{p}) \Rightarrow (\text{r}) \Rightarrow (\text{q}) \Rightarrow (\text{d})$$

La propriété (g), qui énonce que l'équation $A\mathbf{x} = \mathbf{b}$ a au moins une solution pour tout vecteur $\mathbf{b}$ de $\mathbb{R}^n$, implique la propriété (n) car Im A est justement l'ensemble des vecteurs $\mathbf{b}$ tels que l'équation $A\mathbf{x} = \mathbf{b}$ soit compatible. Les implications (n) $\Rightarrow$ (o) $\Rightarrow$ (p) résultent des définitions de la *dimension* et du *rang*. Si le rang de A est n, nombre de colonnes de A, alors, d'après le théorème du rang, dim Ker $A = 0$, d'où Ker $A = \{\mathbf{0}\}$. On en déduit (p) $\Rightarrow$ (r) $\Rightarrow$ (q). Enfin, la propriété (q) implique que l'équation $A\mathbf{x} = \mathbf{0}$ admet pour seule solution la solution triviale, ce qui est exactement la propriété (d). Comme on sait déjà que (d) et (g) sont équivalentes au fait que A soit inversible, la démonstration est terminée.   ■

On aurait pu ajouter à ces énoncés des propriétés analogues concernant l'espace engendré par les lignes de A, mais cela n'est pas vraiment nécessaire puisque cet espace n'est autre que l'image de A^T. On rappelle que la propriété (l) du théorème de caractérisation précise que A est inversible si et seulement si A^T est inversible. Par conséquent, tous les énoncés du théorème s'appliquent également à A^T. Ajouter les énoncés relatifs aux lignes aurait doublé la longueur du théorème et conduit à une liste de 30 propositions !

┌─ REMARQUE NUMÉRIQUE ─────────

Un grand nombre d'algorithmes présentés ici sont utiles pour comprendre les concepts et effectuer des calculs simples à la main. Cependant, ces algorithmes ne sont en général pas adaptés aux calculs à grande échelle qu'exigent les problèmes réels.

La détermination du rang en est un bon exemple. Il peut paraître simple de réduire la matrice à une forme échelonnée et de compter les pivots. Mais à moins d'effectuer les calculs en arithmétique exacte sur une matrice dont les coefficients sont définis précisément, les opérations sur les lignes peuvent provoquer une modification apparente du rang. Si par exemple le réel x de la matrice $\begin{bmatrix} 5 & 7 \\ 5 & x \end{bmatrix}$ n'est pas représenté exactement dans la mémoire de l'ordinateur par la valeur 7, alors le rang pourra valoir 1 ou 2, selon que l'ordinateur considérera la valeur $x - 7$ comme étant nulle ou non.

Dans la pratique, on détermine souvent le rang effectif de A à partir de la décomposition en valeurs singulières de A, présentée dans la section 7.4. Cette décomposition permet aussi, avec beaucoup moins de risques d'erreurs, de déterminer des bases de Im A, Lgn A, Ker A et Ker A^T.

EXERCICES D'ENTRAÎNEMENT

La méthode du pivot permet de montrer que les deux matrices ci-dessous sont équivalentes selon les lignes.

$$A = \begin{bmatrix} 2 & -1 & 1 & -6 & 8 \\ 1 & -2 & -4 & 3 & -2 \\ -7 & 8 & 10 & 3 & -10 \\ 4 & -5 & -7 & 0 & 4 \end{bmatrix}, \quad B = \begin{bmatrix} 1 & -2 & -4 & 3 & -2 \\ 0 & 3 & 9 & -12 & 12 \\ 0 & 0 & 0 & 0 & 0 \\ 0 & 0 & 0 & 0 & 0 \end{bmatrix}$$

1. Déterminer rang A et dim Ker A.

2. Déterminer une base de Im A de Lgn A.

3. Que reste-t-il à faire pour déterminer une base de Ker A ?

4. Combien une forme échelonnée en ligne de A^T compte-t-elle de colonnes pivots ?

4.6 EXERCICES

Dans les exercices 1 à 4, on admet que la matrice A est équivalente selon les lignes à B. Préciser sans calculs les valeurs de rang A et de dim Ker A, puis déterminer une base de Im A, Lgn A et Ker A.

1. $A = \begin{bmatrix} 1 & -4 & 9 & -7 \\ -1 & 2 & -4 & 1 \\ 5 & -6 & 10 & 7 \end{bmatrix},$

$B = \begin{bmatrix} 1 & 0 & -1 & 5 \\ 0 & -2 & 5 & -6 \\ 0 & 0 & 0 & 0 \end{bmatrix}$

2. $A = \begin{bmatrix} 1 & -3 & 4 & -1 & 9 \\ -2 & 6 & -6 & -1 & -10 \\ -3 & 9 & -6 & -6 & -3 \\ 3 & -9 & 4 & 9 & 0 \end{bmatrix},$

$B = \begin{bmatrix} 1 & -3 & 0 & 5 & -7 \\ 0 & 0 & 2 & -3 & 8 \\ 0 & 0 & 0 & 0 & 5 \\ 0 & 0 & 0 & 0 & 0 \end{bmatrix}$

3. $A = \begin{bmatrix} 2 & -3 & 6 & 2 & 5 \\ -2 & 3 & -3 & -3 & -4 \\ 4 & -6 & 9 & 5 & 9 \\ -2 & 3 & 3 & -4 & 1 \end{bmatrix},$

$B = \begin{bmatrix} 2 & -3 & 6 & 2 & 5 \\ 0 & 0 & 3 & -1 & 1 \\ 0 & 0 & 0 & 1 & 3 \\ 0 & 0 & 0 & 0 & 0 \end{bmatrix}$

4. $A = \begin{bmatrix} 1 & 1 & -3 & 7 & 9 & -9 \\ 1 & 2 & -4 & 10 & 13 & -12 \\ 1 & -1 & -1 & 1 & 1 & -3 \\ 1 & -3 & 1 & -5 & -7 & 3 \\ 1 & -2 & 0 & 0 & -5 & -4 \end{bmatrix},$

$B = \begin{bmatrix} 1 & 1 & -3 & 7 & 9 & -9 \\ 0 & 1 & -1 & 3 & 4 & -3 \\ 0 & 0 & 0 & 1 & -1 & -2 \\ 0 & 0 & 0 & 0 & 0 & 0 \\ 0 & 0 & 0 & 0 & 0 & 0 \end{bmatrix}$

5. Si A est une matrice 3×8 de rang 3, déterminer dim Ker A, dim Lgn A et rang A^T.

6. Si A est une matrice 6×3 de rang 3, déterminer dim Ker A, dim Lgn A et rang A^T.

7. Soit A une matrice 4×7 admettant quatre colonnes pivots. A-t-on Im $A = \mathbb{R}^4$? Ker $A = \mathbb{R}^3$? Justifier.

8. Soit A une matrice 5×6 admettant quatre colonnes pivots. Que vaut dim Ker A ? A-t-on Im $A = \mathbb{R}^4$? Pourquoi ?

9. Soit A une matrice 5×6 dont le noyau est de dimension 4. Quelle est la dimension de l'image de A ? A-t-on Im $A = \mathbb{R}^4$? Pourquoi ?

10. Soit A une matrice 7×6 dont le noyau est de dimension 5. Quelle est la dimension de l'image de A ? A-t-on Im $A = \mathbb{R}^3$?

11. Soit A une matrice 8×5 dont le noyau est de dimension 2. Quelle est la dimension de l'espace engendré par les lignes de A ?

12. Soit A une matrice 5×6 dont le noyau est de dimension 4. Quelle est la dimension de l'espace engendré par les lignes de A ?

13. Si A est une matrice 7×5, quelle est la valeur maximale possible du rang de A ? Même question si A est une matrice 5×7. Expliquer.

14. Si A est une matrice 4×3, de quelle dimension l'espace engendré par les lignes de A peut-il être au maximum ? Même question si A est une matrice 3×4. Expliquer.

15. Si A est une matrice 6×8, quelle est la valeur minimale possible de dim Ker A ?

16. Si A est une matrice 6×4, quelle est la valeur minimale possible de dim Ker A ?

Dans les exercices 17 et 18, A désigne une matrice $m \times n$. Dire de chaque énoncé s'il est vrai ou faux. Justifier les réponses.

17. a. L'espace engendré par les lignes de A est égal à l'espace engendré par les colonnes de A^T.

  b. Si B est une forme échelonnée de A et si B possède exactement trois lignes non nulles, alors les trois premières lignes de A forment une base de Lgn A.

  c. Les espaces engendrés par les colonnes et par les lignes de A ont la même dimension, même si A n'est pas carrée.

  d. La somme des dimensions du noyau de A et de l'espace engendré par des lignes de A est égale au nombre de lignes de A.

  e. Lors d'un calcul informatique, des opérations élémentaires sur les lignes peuvent modifier le rang apparent d'une matrice.

18. a. Si B est une forme échelonnée de A, alors les colonnes pivots de B forment une base de l'image de A.

  b. Les opérations élémentaires sur les lignes conservent les relations de dépendance linéaire entre les lignes de A.

  c. La dimension du noyau de A est égale au nombre de colonnes de A qui *ne sont pas* des colonnes pivots.

  d. L'espace engendré par les lignes de A^T est égal à l'espace engendré par les colonnes de A.

  e. Si A et B sont deux matrices équivalentes selon les lignes, alors les espaces engendrés par leurs lignes sont les mêmes.

19. On considère un système linéaire de cinq équations à six inconnues et l'on suppose que ses solutions sont toutes colinéaires à un même vecteur non nul. Un système non homogène associé aura-t-il une solution quel que soit le choix des constantes pour le second membre ? Expliquer.

20. On considère un système linéaire non homogène de six équations à huit inconnues. On suppose qu'il admet des solutions, avec deux inconnues non principales. Est-il possible de modifier certaines valeurs du second membre pour que le système devienne incompatible ? Expliquer.

21. On considère un système linéaire non homogène de neuf équations à dix inconnues. On suppose qu'il admet une solution quel que soit le second membre. Peut-on trouver deux solutions du système homogène associé qui *ne soient pas* colinéaires ? Justifier.

22. Est-il possible que les solutions d'un système linéaire homogène de dix équations à douze inconnues soient toutes colinéaires à un même vecteur non nul ? Justifier.

23. On considère un système linéaire homogène de douze équations à huit inconnues. On suppose qu'il existe deux solutions fixées non colinéaires telles que toutes les solutions soient des combinaisons linéaires de ces deux-là. Pourrait-on obtenir le même ensemble de solutions avec un système comportant moins de douze équations ? Si oui, combien ? Justifier.

24. Un système linéaire non homogène de sept équations à six inconnues peut-il, si l'on choisit convenablement le second membre, admettre une solution unique ? Un tel système peut-t-il admettre une solution unique quel que soit le second membre ? Expliquer.

25. Un scientifique résout un système linéaire non homogène de dix équations à douze inconnues et détermine que trois des inconnues sont non principales. Le scientifique peut-il être certain que le système aura encore une solution si l'on modifie les seconds membres de ses équations ? Justifier.

26. En statistiques, on a souvent besoin que les matrices soient de *rang maximal*, c'est-à-dire que leur rang soit aussi grand que possible. Expliquer pourquoi une matrice $m \times n$ comportant plus de lignes que de colonnes est de rang maximal si et seulement si ses colonnes sont linéairement indépendantes.

Dans les exercices 27 à 29, on considère une matrice $m \times n$ notée A ainsi que ce que l'on appelle parfois les *sous-espaces fondamentaux* associés à A.

27. Parmi les sous-espaces vectoriels Lgn A, Im A, Ker A, Lgn A^T, Im A^T et Ker A^T, lesquels sont inclus dans $\mathbb{R}^m$ et lesquels sont inclus dans $\mathbb{R}^n$? Dans le cas général, combien cette liste comporte-t-elle de sous-espaces distincts ?

28. Justifier les égalités suivantes :

  a. $\dim \text{Lgn } A + \dim \text{Ker } A = n$ Nombre de colonnes de A

  b. $\dim \text{Im } A + \dim \text{Ker } A^T = m$ Nombre de lignes de A

29. En utilisant l'exercice 28, montrer que l'équation $A\mathbf{x} = \mathbf{b}$ admet au moins une solution, quel que soit $\mathbf{b}$ dans $\mathbb{R}^m$, si et seulement si l'équation $A^T\mathbf{x} = \mathbf{0}$ admet comme seule solution la solution triviale.

30. Soit A une matrice $m \times n$ et $\mathbf{b}$ un vecteur de $\mathbb{R}^m$. À quelle condition relative aux deux nombres rang $[\begin{matrix} A & \mathbf{b} \end{matrix}]$ et rang A l'équation $A\mathbf{x} = \mathbf{b}$ est-elle compatible ?

Les matrices de rang 1 jouent un rôle important dans certains algorithmes en informatique ainsi que dans plusieurs théories, comme la décomposition en valeurs singulières décrite dans le chapitre 7. On peut montrer qu'une matrice A de type $m \times n$ est de rang 1 si et seulement si c'est un produit extérieur, c'est-à-dire si l'on peut écrire A sous la forme $A = \mathbf{u}\mathbf{v}^T$, $\mathbf{u}$ étant un vecteur de $\mathbb{R}^m$ et $\mathbf{v}$ un vecteur de $\mathbb{R}^n$. Les exercices 31 à 33 permettent de comprendre d'où vient ce résultat.

31. On pose $\mathbf{u} = \begin{bmatrix} 2 \\ -3 \\ 5 \end{bmatrix}$ et $\mathbf{v} = \begin{bmatrix} a \\ b \\ c \end{bmatrix}$. Vérifier que rang $\mathbf{u}\mathbf{v}^T \le 1$.

32. On pose $\mathbf{u} = \begin{bmatrix} 1 \\ 2 \end{bmatrix}$. Déterminer un vecteur $\mathbf{v}$ de $\mathbb{R}^3$ tel que $\begin{bmatrix} 1 & -3 & 4 \\ 2 & -6 & 8 \end{bmatrix} = \mathbf{u}\mathbf{v}^T$.

33. Soit A une matrice 2×3 quelconque telle que rang $A = 1$ et $\mathbf{u}$ la première colonne de A. On suppose que $\mathbf{u} \ne \mathbf{0}$. Justifier l'existence d'un vecteur $\mathbf{v}$ de $\mathbb{R}^3$ tel que $A = \mathbf{u}\mathbf{v}^T$. Que faut-il changer dans cette construction si la première colonne de A est nulle ?

34. Soit A une matrice $m \times n$ de rang $r > 0$ et U une forme échelonnée de A. Justifier l'existence d'une matrice inversible E telle que $A = EU$ et en déduire une écriture de A comme somme de r matrices de rang 1. [*Indication :* Utiliser le théorème 10 de la section 2.4.]

35. [**M**] On pose $A = \begin{bmatrix} 7 & -9 & -4 & 5 & 3 & -3 & -7 \\ -4 & 6 & 7 & -2 & -6 & -5 & 5 \\ 5 & -7 & -6 & 5 & -6 & 2 & 8 \\ -3 & 5 & 8 & -1 & -7 & -4 & 8 \\ 6 & -8 & -5 & 4 & 4 & 9 & 3 \end{bmatrix}$

a. Construire deux matrices C et N dont les colonnes forment des bases de Im A et Ker A respectivement, puis construire une matrice L dont les *lignes* forment une base de Lgn A.

b. Construire une matrice M dont les colonnes forment une base de Ker A^T, former les matrices $S = [\, L^T \quad N \,]$ et $T = [\, C \quad M \,]$, et expliquer pourquoi S et T sont forcément carrées. Vérifier que les deux matrices S et T sont inversibles.

36. [**M**] Reprendre l'exercice 35 avec une matrice 6×7 aléatoire A à coefficients entiers dont le rang est au plus 4. On peut par exemple fabriquer A en créant une matrice 6×4 aléatoire J à coefficients entiers et une matrice 4×7 aléatoire K à coefficients entiers, et en posant $A = JK$ (voir l'exercice supplémentaire 12 en fin de chapitre).

37. [**M**] Soit A la matrice de l'exercice 35. Construire une matrice C dont les colonnes sont les colonnes pivots de A et une matrice L dont les lignes sont les lignes non nulles de la forme échelonnée réduite de A. Calculer CL et commenter le résultat obtenu.

38. [**M**] Reprendre l'exercice 37 avec trois matrices aléatoires 5×7 à coefficients entiers A de rangs respectifs 5, 4 et 3. Proposer une conjecture sur une relation entre CL et A pour une matrice quelconque A. Démontrer cette conjecture.

SOLUTIONS DES EXERCICES D'ENTRAÎNEMENT

1. A a 2 colonnes pivots, donc rang $A = 2$. Comme A a 5 colonnes en tout, on en déduit que dim Ker $A = 5 - 2 = 3$.

2. Les colonnes pivots de A sont les deux premières. Donc une base de Im A est

$$(\mathbf{a}_1, \mathbf{a}_2) = \left(\begin{bmatrix} 2 \\ 1 \\ -7 \\ 4 \end{bmatrix}, \begin{bmatrix} -1 \\ -2 \\ 8 \\ -5 \end{bmatrix} \right)$$

On sait que les lignes non nulles de B forment une base de Lgn A, soit ici

$$((1, -2, -4, 3, -2), (0, 3, 9, -12, 12))$$

Il se trouve que, dans ce cas particulier, tout couple de lignes de A est une base de l'espace engendré par les lignes, car cet espace est de dimension 2 et car les lignes de A ne sont pas colinéaires entre elles. Mais en général, pour avoir une base de Lgn A, il faut prendre les lignes non nulles de la forme échelonnée de A et non pas les lignes de A elles-mêmes.

3. Pour avoir une base de Ker A, il faut ensuite effectuer des opérations sur les lignes de B afin d'obtenir la forme échelonnée réduite de A.

4. Le théorème du rang permet d'affirmer que rang $A^T = $ rang A, car Im $A^T = $ Lgn A. Donc A^T possède deux positions de pivot.

4.7 | CHANGEMENTS DE BASE

Si l'on choisit une base $\mathcal{B}$ d'un espace vectoriel V de dimension n, l'application coordonnées de V dans $\mathbb{R}^n$ qui en résulte fournit un système de coordonnées dans V. Tout vecteur $\mathbf{x}$ de V est déterminé de façon unique[10] par la colonne $[\mathbf{x}]_{\mathcal{B}}$ de ses composantes dans $\mathcal{B}$.

Dans certaines situations, il se peut qu'un problème soit décrit initialement dans une base $\mathcal{B}$, mais qu'il soit plus facile de le traiter en passant de la base $\mathcal{B}$ à une nouvelle base $\mathcal{C}$ (on verra des exemples dans les chapitres 5 et 7). À chaque vecteur sont alors associées de nouvelles composantes dans la base $\mathcal{C}$. Dans cette section, on étudie, pour un vecteur $\mathbf{x}$ de V donné, le lien entre $[\mathbf{x}]_{\mathcal{C}}$ et $[\mathbf{x}]_{\mathcal{B}}$.

Pour visualiser le problème, considérons les deux systèmes de coordonnées de la figure 1. Dans la figure 1(a), $\mathbf{x} = 3\mathbf{b}_1 + \mathbf{b}_2$, tandis que dans la figure 1(b), le même vecteur $\mathbf{x}$ apparaît comme étant $\mathbf{x} = 6\mathbf{c}_1 + 4\mathbf{c}_2$. Autrement dit,

$$[\mathbf{x}]_{\mathcal{B}} = \begin{bmatrix} 3 \\ 1 \end{bmatrix} \quad \text{et} \quad [\mathbf{x}]_{\mathcal{C}} = \begin{bmatrix} 6 \\ 4 \end{bmatrix}$$

Le problème est de déterminer le lien entre les deux colonnes de composantes. On montre dans l'exemple 1 comment procéder, à condition de savoir comment $\mathbf{b}_1$ et $\mathbf{b}_2$ sont construits à partir de $\mathbf{c}_1$ et $\mathbf{c}_2$.

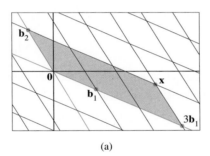
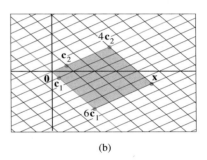

(a)   (b)

FIGURE 1 Deux systèmes de coordonnées dans le même espace vectoriel

EXEMPLE 1   On considère deux bases $\mathcal{B} = (\mathbf{b}_1, \mathbf{b}_2)$ et $\mathcal{C} = (\mathbf{c}_1, \mathbf{c}_2)$ d'un espace vectoriel V, telles que

$$\mathbf{b}_1 = 4\mathbf{c}_1 + \mathbf{c}_2 \quad \text{et} \quad \mathbf{b}_2 = -6\mathbf{c}_1 + \mathbf{c}_2 \tag{1}$$

On considère le vecteur

$$\mathbf{x} = 3\mathbf{b}_1 + \mathbf{b}_2 \tag{2}$$

On a donc $[\mathbf{x}]_{\mathcal{B}} = \begin{bmatrix} 3 \\ 1 \end{bmatrix}$. Déterminer $[\mathbf{x}]_{\mathcal{C}}$.

SOLUTION On compose les deux membres de la relation (2) par l'application coordonnées définie par $\mathcal{C}$. Cette application étant linéaire, on obtient

$$[\mathbf{x}]_{\mathcal{C}} = [3\mathbf{b}_1 + \mathbf{b}_2]_{\mathcal{C}}$$
$$= 3[\mathbf{b}_1]_{\mathcal{C}} + [\mathbf{b}_2]_{\mathcal{C}}$$

---

[10] On peut imaginer $[\mathbf{x}]_{\mathcal{B}}$ comme une sorte de « signature » de $\mathbf{x}$ qui donne la liste des coefficients permettant de construire $\mathbf{x}$ comme une combinaison linéaire des vecteurs de $\mathcal{B}$.

On peut écrire cette relation vectorielle sous forme matricielle, en considérant les vecteurs de la combinaison linéaire comme les colonnes d'une matrice :

$$[\,\mathbf{x}\,]_{\mathcal{C}} = \big[\,[\,\mathbf{b}_1\,]_{\mathcal{C}} \quad [\,\mathbf{b}_2\,]_{\mathcal{C}}\,\big] \begin{bmatrix} 3 \\ 1 \end{bmatrix} \tag{3}$$

Une fois que l'on connaît les colonnes de la matrice, cette formule donne le vecteur colonne $[\,\mathbf{x}\,]_{\mathcal{C}}$. D'après la relation (1),

$$[\,\mathbf{b}_1\,]_{\mathcal{C}} = \begin{bmatrix} 4 \\ 1 \end{bmatrix} \quad \text{et} \quad [\,\mathbf{b}_2\,]_{\mathcal{C}} = \begin{bmatrix} -6 \\ 1 \end{bmatrix}$$

La solution est alors donnée par la relation (3) :

$$[\,\mathbf{x}\,]_{\mathcal{C}} = \begin{bmatrix} 4 & -6 \\ 1 & 1 \end{bmatrix} \begin{bmatrix} 3 \\ 1 \end{bmatrix} = \begin{bmatrix} 6 \\ 4 \end{bmatrix}$$

Les composantes de $\mathbf{x}$ dans la base $\mathcal{C}$ correspondent à celles qui sont représentées dans la figure 1. ∎

Le raisonnement utilisé pour établir la formule (3) se généralise et conduit à la formule ci-dessous (voir exercices 15 et 16).

THÉORÈME 15

Soit $\mathcal{B} = (\mathbf{b}_1, \ldots, \mathbf{b}_n)$ et $\mathcal{C} = (\mathbf{c}_1, \ldots, \mathbf{c}_n)$ deux bases d'un espace vectoriel V. Alors il existe une matrice unique $\underset{\mathcal{C} \leftarrow \mathcal{B}}{P}$ de type $n \times n$ telle que pour tout vecteur $\mathbf{x}$ de V

$$[\,\mathbf{x}\,]_{\mathcal{C}} = \underset{\mathcal{C} \leftarrow \mathcal{B}}{P}[\,\mathbf{x}\,]_{\mathcal{B}} \tag{4}$$

Les colonnes de $\underset{\mathcal{C} \leftarrow \mathcal{B}}{P}$ sont les colonnes de composantes, dans la base $\mathcal{C}$, des vecteurs de la base $\mathcal{B}$. Autrement dit,

$$\underset{\mathcal{C} \leftarrow \mathcal{B}}{P} = \big[\, [\mathbf{b}_1]_{\mathcal{C}} \quad [\mathbf{b}_2]_{\mathcal{C}} \quad \cdots \quad [\mathbf{b}_n]_{\mathcal{C}} \,\big] \tag{5}$$

La matrice $\underset{\mathcal{C} \leftarrow \mathcal{B}}{P}$ apparaissant dans le théorème 15 est appelée **matrice de changement de base** ou **matrice de passage de $\mathcal{B}$ à $\mathcal{C}$**. La multiplication par $\underset{\mathcal{C} \leftarrow \mathcal{B}}{P}$ transforme[11] les composantes dans la base $\mathcal{B}$ en composantes dans la base $\mathcal{C}$. La figure 2 illustre la formule de changement de base (4).

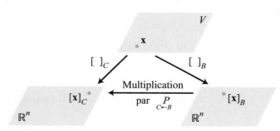

FIGURE 2 Deux systèmes de coordonnées dans V

---

[11] Pour se rappeler comment construire cette matrice, on peut remarquer que $\underset{\mathcal{C} \leftarrow \mathcal{B}}{P}[\,\mathbf{x}\,]_{\mathcal{B}}$ est une combinaison linéaire des colonnes de $\underset{\mathcal{C} \leftarrow \mathcal{B}}{P}$. Ce produit d'une matrice par un vecteur doit être un vecteur de composantes dans $\mathcal{C}$, donc les colonnes dans $\underset{\mathcal{C} \leftarrow \mathcal{B}}{P}$ doivent également être des vecteurs de composantes dans $\mathcal{C}$.

Les colonnes de $_{C\leftarrow B}P$ sont linéairement indépendantes car ce sont les colonnes de composantes de la famille libre $\mathcal{B}$ (voir exercice 25, section 4.4). Puisque $_{C\leftarrow B}P$ est carrée, d'après le théorème de caractérisation des matrices inversibles, elle est inversible. En multipliant à gauche les deux membres de l'égalité (4) par $(_{C\leftarrow B}P)^{-1}$, on obtient

$$(_{C\leftarrow B}P)^{-1}[\mathbf{x}]_C = [\mathbf{x}]_B$$

Donc $(_{C\leftarrow B}P)^{-1}$ est la matrice qui transforme les composantes dans la base $\mathcal{C}$ en composantes dans la base $\mathcal{B}$, c'est-à-dire que

$$(_{C\leftarrow B}P)^{-1} = {}_{B\leftarrow C}P \qquad (6)$$

Changement de base dans $\mathbb{R}^n$

Si l'on pose $\mathcal{B} = (\mathbf{b}_1, \ldots, \mathbf{b}_n)$ et si l'on note $\mathcal{E}$ la *base canonique* $(\mathbf{e}_1, \ldots, \mathbf{e}_n)$ de $\mathbb{R}^n$, alors $[\mathbf{b}_1]_{\mathcal{E}} = \mathbf{b}_1$; de même pour les autres vecteurs de $\mathcal{B}$. Dans ce cas, $_{\mathcal{E}\leftarrow B}P$ est exactement la matrice de changement de base $P_{\mathcal{B}}$ introduite à la section 4.4, à savoir

$$P_{\mathcal{B}} = [\,\mathbf{b}_1 \quad \mathbf{b}_2 \quad \cdots \quad \mathbf{b}_n\,]$$

Pour effectuer un changement de base entre deux bases autres que la base canonique de $\mathbb{R}^n$, on recourt au théorème 15. Celui-ci montre que pour résoudre le problème du changement de base, il faut écrire les composantes de l'ancienne base dans la nouvelle base.

EXEMPLE 2   On pose $\mathbf{b}_1 = \begin{bmatrix} -9 \\ 1 \end{bmatrix}$, $\mathbf{b}_2 = \begin{bmatrix} -5 \\ -1 \end{bmatrix}$, $\mathbf{c}_1 = \begin{bmatrix} 1 \\ -4 \end{bmatrix}$ et $\mathbf{c}_2 = \begin{bmatrix} 3 \\ -5 \end{bmatrix}$. On considère les bases de $\mathbb{R}^2$ définies par $\mathcal{B} = (\mathbf{b}_1, \mathbf{b}_2)$ et $\mathcal{C} = (\mathbf{c}_1, \mathbf{c}_2)$. Déterminer la matrice de passage de $\mathcal{B}$ à $\mathcal{C}$.

SOLUTION La matrice $_{C\leftarrow B}P$ contient les composantes de $\mathbf{b}_1$ et $\mathbf{b}_2$ dans la base $\mathcal{C}$. On pose $[\,\mathbf{b}_1\,]_C = \begin{bmatrix} x_1 \\ x_2 \end{bmatrix}$ et $[\,\mathbf{b}_2\,]_C = \begin{bmatrix} y_1 \\ y_2 \end{bmatrix}$. Alors, par définition,

$$\begin{bmatrix} \mathbf{c}_1 & \mathbf{c}_2 \end{bmatrix} \begin{bmatrix} x_1 \\ x_2 \end{bmatrix} = \mathbf{b}_1 \quad \text{et} \quad \begin{bmatrix} \mathbf{c}_1 & \mathbf{c}_2 \end{bmatrix} \begin{bmatrix} y_1 \\ y_2 \end{bmatrix} = \mathbf{b}_2$$

Afin de résoudre les deux systèmes simultanément, on complète la matrice des coefficients du système par $\mathbf{b}_1$ *et* $\mathbf{b}_2$ et l'on applique la méthode du pivot :

$$\begin{bmatrix} \mathbf{c}_1 & \mathbf{c}_2 & \vdots & \mathbf{b}_1 & \mathbf{b}_2 \end{bmatrix} = \begin{bmatrix} 1 & 3 & \vdots & -9 & -5 \\ -4 & -5 & \vdots & 1 & -1 \end{bmatrix} \sim \begin{bmatrix} 1 & 0 & \vdots & 6 & 4 \\ 0 & 1 & \vdots & -5 & -3 \end{bmatrix} \qquad (7)$$

On obtient

$$[\,\mathbf{b}_1\,]_C = \begin{bmatrix} 6 \\ -5 \end{bmatrix} \quad \text{et} \quad [\,\mathbf{b}_2\,]_C = \begin{bmatrix} 4 \\ -3 \end{bmatrix}$$

La matrice de passage recherchée est donc

$$_{C\leftarrow B}P = \begin{bmatrix} [\,\mathbf{b}_1\,]_C & [\,\mathbf{b}_2\,]_C \end{bmatrix} = \begin{bmatrix} 6 & 4 \\ -5 & -3 \end{bmatrix} \qquad \blacksquare$$

On peut remarquer que la matrice $_{\mathcal{C}\leftarrow\mathcal{B}}^{\quad P}$ de l'exemple 2 est déjà présente dans la relation (7). Cela n'est pas surprenant, dans la mesure où la première colonne de $_{\mathcal{C}\leftarrow\mathcal{B}}^{\quad P}$ résulte de la réduction, par la méthode du pivot, de $[\,\mathbf{c}_1 \quad \mathbf{c}_2 \mid \mathbf{b}_1\,]$ à $[\,I \mid [\,\mathbf{b}_1\,]_{\mathcal{C}}\,]$. On peut faire la même remarque pour la seconde colonne de $_{\mathcal{C}\leftarrow\mathcal{B}}^{\quad P}$, donc

$$\left[\,\mathbf{c}_1 \quad \mathbf{c}_2 \mid \mathbf{b}_1 \quad \mathbf{b}_2\,\right] \sim \left[\,I \mid \,_{\mathcal{C}\leftarrow\mathcal{B}}^{\quad P}\,\right]$$

Cette même méthode s'applique à la recherche de la matrice de n'importe quel changement de base de $\mathbb{R}^n$.

EXEMPLE 3 On pose $\mathbf{b}_1 = \begin{bmatrix} 1 \\ -3 \end{bmatrix}, \mathbf{b}_2 = \begin{bmatrix} -2 \\ 4 \end{bmatrix}, \mathbf{c}_1 = \begin{bmatrix} -7 \\ 9 \end{bmatrix}$ et $\mathbf{c}_2 = \begin{bmatrix} -5 \\ 7 \end{bmatrix}$.
On considère les bases de $\mathbb{R}^2$ définies par $\mathcal{B} = (\mathbf{b}_1, \mathbf{b}_2)$ et $\mathcal{C} = (\mathbf{c}_1, \mathbf{c}_2)$.

a. Déterminer la matrice de passage de $\mathcal{C}$ à $\mathcal{B}$.

b. Déterminer la matrice de passage de $\mathcal{B}$ à $\mathcal{C}$.

SOLUTION

a. On demande ici $_{\mathcal{B}\leftarrow\mathcal{C}}^{\quad P}$ et non $_{\mathcal{C}\leftarrow\mathcal{B}}^{\quad P}$. On calcule

$$\left[\,\mathbf{b}_1 \quad \mathbf{b}_2 \mid \mathbf{c}_1 \quad \mathbf{c}_2\,\right] = \begin{bmatrix} 1 & -2 & -7 & -5 \\ -3 & 4 & 9 & 7 \end{bmatrix} \sim \begin{bmatrix} 1 & 0 & 5 & 3 \\ 0 & 1 & 6 & 4 \end{bmatrix}$$

d'où

$$_{\mathcal{B}\leftarrow\mathcal{C}}^{\quad P} = \begin{bmatrix} 5 & 3 \\ 6 & 4 \end{bmatrix}$$

b. D'après la question (a) et la propriété (6) vue précédemment (où les rôles de $\mathcal{B}$ et $\mathcal{C}$ sont échangés),

$$_{\mathcal{C}\leftarrow\mathcal{B}}^{\quad P} = \left(_{\mathcal{B}\leftarrow\mathcal{C}}^{\quad P}\right)^{-1} = \frac{1}{2}\begin{bmatrix} 4 & -3 \\ -6 & 5 \end{bmatrix} = \begin{bmatrix} 2 & -3/2 \\ -3 & 5/2 \end{bmatrix} \qquad \blacksquare$$

On peut aussi déterminer la matrice de passage $_{\mathcal{C}\leftarrow\mathcal{B}}^{\quad P}$ en faisant intervenir les matrices de passage $P_{\mathcal{B}}$ et $P_{\mathcal{C}}$, qui transforment respectivement les composantes des bases $\mathcal{B}$ et $\mathcal{C}$ en composantes dans la base canonique. On a vu que pour tout vecteur $\mathbf{x}$ de $\mathbb{R}^n$,

$$P_{\mathcal{B}}[\mathbf{x}]_{\mathcal{B}} = \mathbf{x} \quad \text{et} \quad P_{\mathcal{C}}[\mathbf{x}]_{\mathcal{C}} = \mathbf{x}, \quad \text{d'où} \quad [\mathbf{x}]_{\mathcal{C}} = P_{\mathcal{C}}^{-1}\mathbf{x}$$

Donc

$$[\mathbf{x}]_{\mathcal{C}} = P_{\mathcal{C}}^{-1}\mathbf{x} = P_{\mathcal{C}}^{-1}P_{\mathcal{B}}[\mathbf{x}]_{\mathcal{B}}$$

Dans $\mathbb{R}^n$, on peut ainsi exprimer la matrice de passage $_{\mathcal{C}\leftarrow\mathcal{B}}^{\quad P}$ sous la forme $P_{\mathcal{C}}^{-1}P_{\mathcal{B}}$. Cela dit, pour les matrices de taille supérieure à 2×2, il est plus efficace d'utiliser un algorithme du type de celui de l'exemple 3 que de calculer $P_{\mathcal{C}}^{-1}$ puis $P_{\mathcal{C}}^{-1}P_{\mathcal{B}}$ (voir exercice 12, section 2.2).

EXERCICES D'ENTRAÎNEMENT

1. Soit $\mathcal{F} = (\mathbf{f}_1, \mathbf{f}_2)$ et $\mathcal{G} = (\mathbf{g}_1, \mathbf{g}_2)$ deux bases d'un espace vectoriel V, et P la matrice dont les colonnes sont $[\,\mathbf{f}_1\,]_{\mathcal{G}}$ et $[\,\mathbf{f}_2\,]_{\mathcal{G}}$. Laquelle des relations suivantes est vérifiée par P quel que soit le vecteur $\mathbf{v}$ de V ?

(i) $[\,\mathbf{v}\,]_{\mathcal{F}} = P[\,\mathbf{v}\,]_{\mathcal{G}}$ (ii) $[\,\mathbf{v}\,]_{\mathcal{G}} = P[\,\mathbf{v}\,]_{\mathcal{F}}$

2. Soit $\mathcal{B}$ et $\mathcal{C}$ les deux bases définies à l'exemple 1. À l'aide des résultats obtenus dans cet exemple, écrire la matrice de passage de $\mathcal{C}$ à $\mathcal{B}$.

4.7 EXERCICES

1. Soit $\mathcal{B} = (\mathbf{b}_1, \mathbf{b}_2)$ et $\mathcal{C} = (\mathbf{c}_1, \mathbf{c}_2)$ deux bases d'un espace vectoriel V, telles que $\mathbf{b}_1 = 6\mathbf{c}_1 - 2\mathbf{c}_2$ et $\mathbf{b}_2 = 9\mathbf{c}_1 - 4\mathbf{c}_2$.

   a. Déterminer la matrice de passage de $\mathcal{B}$ à $\mathcal{C}$.

   b. En déduire $[\mathbf{x}]_\mathcal{C}$, où $\mathbf{x}$ est défini par $\mathbf{x} = -3\mathbf{b}_1 + 2\mathbf{b}_2$.

2. Soit $\mathcal{B} = (\mathbf{b}_1, \mathbf{b}_2)$ et $\mathcal{C} = (\mathbf{c}_1, \mathbf{c}_2)$ deux bases d'un espace vectoriel V, telles que $\mathbf{b}_1 = -\mathbf{c}_1 + 4\mathbf{c}_2$ et $\mathbf{b}_2 = 5\mathbf{c}_1 - 3\mathbf{c}_2$.

   a. Déterminer la matrice de passage de $\mathcal{B}$ à $\mathcal{C}$.

   b. En déduire $[\mathbf{x}]_\mathcal{C}$, où $\mathbf{x}$ est défini par $\mathbf{x} = 5\mathbf{b}_1 + 3\mathbf{b}_2$.

3. Soit $\mathcal{U} = (\mathbf{u}_1, \mathbf{u}_2)$ et $\mathcal{W} = (\mathbf{w}_1, \mathbf{w}_2)$ deux bases d'un espace vectoriel V, et P la matrice dont les colonnes sont $[\mathbf{u}_1]_\mathcal{W}$ et $[\mathbf{u}_2]_\mathcal{W}$. Laquelle des relations suivantes est vérifiée par P quel que soit le vecteur $\mathbf{x}$ de V ?

   (i) $[\mathbf{x}]_\mathcal{U} = P[\mathbf{x}]_\mathcal{W}$ (ii) $[\mathbf{x}]_\mathcal{W} = P[\mathbf{x}]_\mathcal{U}$

4. Soit $\mathcal{A} = (\mathbf{a}_1, \mathbf{a}_2, \mathbf{a}_3)$ et $\mathcal{D} = (\mathbf{d}_1, \mathbf{d}_2, \mathbf{d}_3)$ deux bases d'un espace vectoriel V, et $P = [\, [\mathbf{d}_1]_\mathcal{A} \quad [\mathbf{d}_2]_\mathcal{A} \quad [\mathbf{d}_3]_\mathcal{A} \,]$. Laquelle des relations suivantes est vérifiée par P quel que soit le vecteur $\mathbf{x}$ de V ?

   (i) $[\mathbf{x}]_\mathcal{A} = P[\mathbf{x}]_\mathcal{D}$ (ii) $[\mathbf{x}]_\mathcal{D} = P[\mathbf{x}]_\mathcal{A}$

5. On considère deux bases $\mathcal{A} = (\mathbf{a}_1, \mathbf{a}_2, \mathbf{a}_3)$ et $\mathcal{B} = (\mathbf{b}_1, \mathbf{b}_2, \mathbf{b}_3)$ d'un espace vectoriel V, telles que $\mathbf{a}_1 = 4\mathbf{b}_1 - \mathbf{b}_2$, $\mathbf{a}_2 = -\mathbf{b}_1 + \mathbf{b}_2 + \mathbf{b}_3$ et $\mathbf{a}_3 = \mathbf{b}_2 - 2\mathbf{b}_3$.

   a. Déterminer la matrice de changement de base de $\mathcal{A}$ à $\mathcal{B}$.

   b. Déterminer $[\mathbf{x}]_\mathcal{B}$ pour le vecteur $\mathbf{x} = 3\mathbf{a}_1 + 4\mathbf{a}_2 + \mathbf{a}_3$.

6. On considère deux bases $\mathcal{D} = (\mathbf{d}_1, \mathbf{d}_2, \mathbf{d}_3)$ et $\mathcal{F} = (\mathbf{f}_1, \mathbf{f}_2, \mathbf{f}_3)$ d'un espace vectoriel V, telles que $\mathbf{f}_1 = 2\mathbf{d}_1 - \mathbf{d}_2 + \mathbf{d}_3$, $\mathbf{f}_2 = 3\mathbf{d}_2 + \mathbf{d}_3$ et $\mathbf{f}_3 = -3\mathbf{d}_1 + 2\mathbf{d}_3$.

   a. Déterminer la matrice de passage de $\mathcal{F}$ à $\mathcal{D}$.

   b. Déterminer $[\mathbf{x}]_\mathcal{D}$ pour $\mathbf{x} = \mathbf{f}_1 - 2\mathbf{f}_2 + 2\mathbf{f}_3$.

Dans les exercices 7 à 10, on considère deux bases $\mathcal{B} = (\mathbf{b}_1, \mathbf{b}_2)$ et $\mathcal{C} = (\mathbf{c}_1, \mathbf{c}_2)$ de $\mathbb{R}^2$. Déterminer pour chaque exercice la matrice de passage de $\mathcal{B}$ à $\mathcal{C}$ et la matrice de passage de $\mathcal{C}$ à $\mathcal{B}$.

7. $\mathbf{b}_1 = \begin{bmatrix} 7 \\ 5 \end{bmatrix}, \mathbf{b}_2 = \begin{bmatrix} -3 \\ -1 \end{bmatrix}, \mathbf{c}_1 = \begin{bmatrix} 1 \\ -5 \end{bmatrix}, \mathbf{c}_2 = \begin{bmatrix} -2 \\ 2 \end{bmatrix}$

8. $\mathbf{b}_1 = \begin{bmatrix} -1 \\ 8 \end{bmatrix}, \mathbf{b}_2 = \begin{bmatrix} 1 \\ -5 \end{bmatrix}, \mathbf{c}_1 = \begin{bmatrix} 1 \\ 4 \end{bmatrix}, \mathbf{c}_2 = \begin{bmatrix} 1 \\ 1 \end{bmatrix}$

9. $\mathbf{b}_1 = \begin{bmatrix} -6 \\ -1 \end{bmatrix}, \mathbf{b}_2 = \begin{bmatrix} 2 \\ 0 \end{bmatrix}, \mathbf{c}_1 = \begin{bmatrix} 2 \\ -1 \end{bmatrix}, \mathbf{c}_2 = \begin{bmatrix} 6 \\ -2 \end{bmatrix}$

10. $\mathbf{b}_1 = \begin{bmatrix} 7 \\ -2 \end{bmatrix}, \mathbf{b}_2 = \begin{bmatrix} 2 \\ -1 \end{bmatrix}, \mathbf{c}_1 = \begin{bmatrix} 4 \\ 1 \end{bmatrix}, \mathbf{c}_2 = \begin{bmatrix} 5 \\ 2 \end{bmatrix}$

Dans les exercices 11 et 12, $\mathcal{B}$ et $\mathcal{C}$ désignent des bases d'un espace vectoriel V. Dire si chaque énoncé est vrai ou faux. Justifier les réponses.

11. a. Les colonnes de la matrice de passage $\underset{\mathcal{C}\leftarrow\mathcal{B}}{P}$ sont les composantes, dans la base $\mathcal{B}$, des vecteurs de $\mathcal{C}$.

   b. On considère $V = \mathbb{R}^n$ et $\mathcal{C}$ la *base canonique* de V. Alors $\underset{\mathcal{C}\leftarrow\mathcal{B}}{P}$ est égale à la matrice de passage $P_\mathcal{B}$ introduite à la section 4.4.

12. a. Les colonnes de $\underset{\mathcal{C}\leftarrow\mathcal{B}}{P}$ sont linéairement indépendantes.

   b. On pose $V = \mathbb{R}^2$, $\mathcal{B} = (\mathbf{b}_1, \mathbf{b}_2)$ et $\mathcal{C} = (\mathbf{c}_1, \mathbf{c}_2)$. En réduisant, par la méthode du pivot, la matrice $[\, \mathbf{c}_1 \quad \mathbf{c}_2 \quad \mathbf{b}_1 \quad \mathbf{b}_2 \,]$ à la matrice $[\, I \quad P \,]$, on obtient une matrice P vérifiant $[\mathbf{x}]_\mathcal{B} = P[\mathbf{x}]_\mathcal{C}$ pour tout vecteur $\mathbf{x}$ de V.

13. Dans $\mathbb{P}_2$, déterminer la matrice de passage de la base $\mathcal{B} = (1 - 2t + t^2, 3 - 5t + 4t^2, 2t + 3t^2)$ à la base canonique $\mathcal{C} = (1, t, t^2)$, puis calculer les coordonnées, dans la base $\mathcal{B}$, du polynôme $-1 + 2t$.

14. Dans $\mathbb{P}_2$, déterminer la matrice de passage de la base $\mathcal{B} = (1 - 3t^2, 2 + t - 5t^2, 1 + 2t)$ à la base canonique. En déduire une expression de t^2 comme combinaison linéaire des vecteurs de $\mathcal{B}$.

On se propose, dans les exercices 15 et 16, de démontrer le théorème 15. Compléter les raisonnements aux endroits indiqués.

15. Soit $\mathbf{v}$ un vecteur de V. Comme (a) _____, il existe des scalaires $x_1, \ldots, x_n$ tels que

$$\mathbf{v} = x_1\mathbf{b}_1 + x_2\mathbf{b}_2 + \cdots + x_n\mathbf{b}_n$$

En composant cette égalité par l'application coordonnées associée à la base $\mathcal{C}$, on obtient

$$[\mathbf{v}]_\mathcal{C} = x_1[\mathbf{b}_1]_\mathcal{C} + x_2[\mathbf{b}_2]_\mathcal{C} + \cdots + x_n[\mathbf{b}_n]_\mathcal{C}$$

car (b) _____. Par définition du (c) _____, cette relation s'écrit

$$[\mathbf{v}]_\mathcal{C} = \begin{bmatrix} [\mathbf{b}_1]_\mathcal{C} & [\mathbf{b}_2]_\mathcal{C} & \cdots & [\mathbf{b}_n]_\mathcal{C} \end{bmatrix} \begin{bmatrix} x_1 \\ \vdots \\ x_n \end{bmatrix} \qquad (8)$$

La matrice $\underset{\mathcal{C}\leftarrow\mathcal{B}}{P}$ définie par la relation (5) vérifie donc bien $[\mathbf{v}]_\mathcal{C} = \underset{\mathcal{C}\leftarrow\mathcal{B}}{P}[\mathbf{v}]_\mathcal{B}$ pour tout vecteur $\mathbf{v}$ de V, car le vecteur colonne du second membre de la relation (8) est (d) _____.

16. Soit Q une matrice telle que :

$$[\mathbf{v}]_\mathcal{C} = Q[\mathbf{v}]_\mathcal{B} \quad \text{quel que soit } \mathbf{v} \text{ dans } V \qquad (9)$$

On pose $\mathbf{v} = \mathbf{b}_1$ en (9). Il en résulte que $[\mathbf{b}_1]_\mathcal{C}$ est la première colonne de Q car (a) _____. De même, pour $k = 2, \ldots, n$, la k^e colonne de Q est (b) _____ car (c) _____. On a montré que la matrice $_C\overset{P}{\leftarrow}_B$ définie par la relation (5) dans le théorème 15 était la seule matrice vérifiant la condition (4).

17. **[M]** On note $\mathbf{x}_k$ la fonction $t \mapsto \cos^k t$ et $\mathbf{y}_k$ la fonction $t \mapsto \cos kt$, et l'on pose $\mathcal{B} = (\mathbf{x}_0, \ldots, \mathbf{x}_6)$ et $C = (\mathbf{y}_0, \ldots, \mathbf{y}_6)$. On a vu, dans l'exercice 34 de la section 4.5, que $\mathcal{B}$ et C étaient des bases de l'espace vectoriel $H = \text{Vect}(\mathbf{x}_0, \ldots, \mathbf{x}_6)$.

   a. Écrire la matrice $P = \begin{bmatrix} [\mathbf{y}_0]_{\mathcal{B}} & \cdots & [\mathbf{y}_6]_{\mathcal{B}} \end{bmatrix}$ et calculer P^{-1}.

   b. Justifier le fait que les colonnes de P^{-1} soient les colonnes de composantes de $\mathbf{x}_0, \ldots, \mathbf{x}_6$ dans la base C. En utilisant ces colonnes de composantes, en déduire des identités trigonométriques exprimant les puissances de $\cos t$ à l'aide des fonctions de C.

18. **[M]** (*Utilise le cours d'analyse*)[12] On sait d'après le cours d'analyse que le calcul d'intégrales du type

$$\int (5\cos^3 t - 6\cos^4 t + 5\cos^5 t - 12\cos^6 t)\, dt \qquad (10)$$

est assez pénible (la méthode habituelle consiste à effectuer plusieurs intégrations par parties et à utiliser la formule de

---

[12] Les exercices 17 et 18, ainsi que cinq autres exercices des sections précédentes en lien avec ceux-là, sont inspirés d'une communication de Jack W. Rogers, Jr., de l'Université d'Auburn, effectuée lors d'une réunion de l'International Linear Algebra Society en août 1995. Voir « Applications of Linear Algebra in Calculus », *American Mathematical Monthly*, **104** (1), 1997.

l'angle moitié). Transformer l'intégrale (10) en utilisant soit la matrice P, soit la matrice P^{-1} de l'exercice 17, puis la calculer.

19. **[M]** On pose

$$P = \begin{bmatrix} 1 & 2 & -1 \\ -3 & -5 & 0 \\ 4 & 6 & 1 \end{bmatrix},$$

$$\mathbf{v}_1 = \begin{bmatrix} -2 \\ 2 \\ 3 \end{bmatrix}, \quad \mathbf{v}_2 = \begin{bmatrix} -8 \\ 5 \\ 2 \end{bmatrix} \text{ et } \mathbf{v}_3 = \begin{bmatrix} -7 \\ 2 \\ 6 \end{bmatrix}$$

   a. Déterminer une base $(\mathbf{u}_1, \mathbf{u}_2, \mathbf{u}_3)$ de $\mathbb{R}^3$ de façon que P soit la matrice de passage de la base $(\mathbf{u}_1, \mathbf{u}_2, \mathbf{u}_3)$ à la base $(\mathbf{v}_1, \mathbf{v}_2, \mathbf{v}_3)$. [*Indication :* Que représentent les colonnes de $_C\overset{P}{\leftarrow}_B$?]

   b. Déterminer une base $(\mathbf{w}_1, \mathbf{w}_2, \mathbf{w}_3)$ de $\mathbb{R}^3$ telle que P soit la matrice de passage de $(\mathbf{v}_1, \mathbf{v}_2, \mathbf{v}_3)$ à $(\mathbf{w}_1, \mathbf{w}_2, \mathbf{w}_3)$.

20. Soit $\mathcal{B} = (\mathbf{b}_1, \mathbf{b}_2)$, $C = (\mathbf{c}_1, \mathbf{c}_2)$ et $\mathcal{D} = (\mathbf{d}_1, \mathbf{d}_2)$ des bases d'un espace vectoriel de dimension 2.

   a. Écrire, en la justifiant, une relation entre les matrices $_C\overset{P}{\leftarrow}_B$, $_\mathcal{D}\overset{P}{\leftarrow}_C$ et $_\mathcal{D}\overset{P}{\leftarrow}_B$.

   b. **[M]** Utiliser un logiciel de calcul pour trouver la relation ou pour la vérifier. On travaillera avec trois bases explicites de $\mathbb{R}^2$ (voir exercices 7 à 10).

SOLUTIONS DES EXERCICES D'ENTRAÎNEMENT

1. Puisque les colonnes de P représentent des composantes dans la base $\mathcal{G}$, un vecteur de la forme $P\mathbf{x}$ représente forcément des composantes dans cette même base. Donc P vérifie la relation (ii).

2. Les colonnes de composantes déterminées dans l'exemple 1 montrent que

$$_C\overset{P}{\leftarrow}_B = \begin{bmatrix} [\mathbf{b}_1]_C & [\mathbf{b}_2]_C \end{bmatrix} = \begin{bmatrix} 4 & -6 \\ 1 & 1 \end{bmatrix}$$

Par conséquent

$$_B\overset{P}{\leftarrow}_C = (_C\overset{P}{\leftarrow}_B)^{-1} = \frac{1}{10}\begin{bmatrix} 1 & 6 \\ -1 & 4 \end{bmatrix} = \begin{bmatrix} 0,1 & 0,6 \\ -0,1 & 0,4 \end{bmatrix}$$

4.8 | APPLICATION AUX RELATIONS DE RÉCURRENCE

Les scientifiques et les ingénieurs disposent maintenant facilement d'ordinateurs performants, et les données à traiter pour résoudre un problème se présentent de plus en plus sous forme discrète, ou numérique, plutôt que continue. Ce type de données est souvent analysé au moyen de récurrences linéaires. Même dans le cas où l'on utilise une équation différentielle ou une équation aux dérivées partielles pour modéliser un phénomène continu, on lui associe souvent une relation de récurrence linéaire permettant d'obtenir une solution numérique.

On se propose dans cette section de mettre en lumière certaines propriétés fondamentales des relations de récurrence linéaire qui se comprennent très bien en utilisant l'algèbre linéaire.

Signaux à temps discret

L'espace vectoriel $\mathbb{S}$ des signaux à temps discret a été introduit à la section 4.1. On appelle **signal** de l'espace $\mathbb{S}$ une fonction définie seulement sur les entiers et on le visualise sous la forme d'une suite du type (y_k). On a représenté dans la figure 1 trois exemples de signaux, de termes généraux respectifs $(0{,}7)^k$, 1^k et $(-1)^k$.

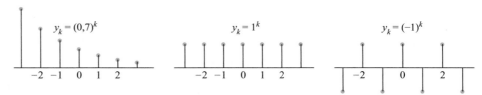

FIGURE 1 Trois signaux de l'espace $\mathbb{S}$

Des signaux numériques apparaissent de façon évidente en génie électrique ou en automatique, mais on produit aussi des suites discrètes de données en biologie, en physique, en économie, en démographie et dans beaucoup d'autres domaines où un phénomène est mesuré, ou *échantillonné*, à des intervalles de temps discrets. Si un phénomène débute à un instant précis, il est souvent commode d'écrire le signal sous la forme $(y_0, y_1, y_2, \ldots)$. Les termes y_k pour $k < 0$ sont alors soit fixés égaux à zéro, soit ignorés.

EXEMPLE 1 Les sons cristallins produits par un lecteur de disques compacts proviennent de morceaux de musique échantillonnés à la cadence de 44 100 fois par seconde (voir figure 2). À chaque mesure, l'amplitude du signal musical est enregistrée sous la forme d'un nombre y_k. La musique d'origine comporte beaucoup de sons différents à des fréquences très variées. La suite (y_k) contient cependant suffisamment d'information pour reproduire toutes les fréquences allant jusqu'à 20 000 cycles par seconde, laquelle dépasse ce qu'une oreille humaine peut percevoir. ■

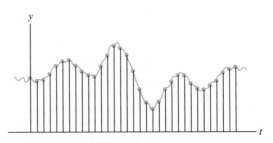

FIGURE 2 Données échantillonnées à partir d'un signal musical

Indépendance linéaire dans l'espace $\mathbb{S}$ des signaux

Pour simplifier les notations, on considère un ensemble de seulement trois signaux de $\mathbb{S}$, (u_k), (v_k) et (w_k). Ils sont linéairement indépendants si et seulement si l'équation

$$c_1 u_k + c_2 v_k + c_3 w_k = 0 \quad \text{pour tout } k \tag{1}$$

implique $c_1 = c_2 = c_3 = 0$. La locution « pour tout k » signifie « pour tout entier positif, négatif ou nul ». On pourrait aussi considérer des signaux démarrant par exemple à l'instant $k = 0$, auquel cas « pour tout k » signifierait « pour tout entier $k \geq 0$ ».

Supposons que c_1, c_2, c_3 vérifient la relation (1). Alors celle-ci est vérifiée pour toute suite de trois entiers consécutifs, soit k, $k + 1$ et $k + 2$. Donc la relation (1) implique que

$$c_1 u_{k+1} + c_2 v_{k+1} + c_3 w_{k+1} = 0 \quad \text{pour tout } k$$

et

$$c_1 u_{k+2} + c_2 v_{k+2} + c_3 w_{k+2} = 0 \quad \text{pour tout } k$$

Par conséquent c_1, c_2, c_3 vérifient

$$\begin{bmatrix} u_k & v_k & w_k \\ u_{k+1} & v_{k+1} & w_{k+1} \\ u_{k+2} & v_{k+2} & w_{k+2} \end{bmatrix} \begin{bmatrix} c_1 \\ c_2 \\ c_3 \end{bmatrix} = \begin{bmatrix} 0 \\ 0 \\ 0 \end{bmatrix} \quad \text{pour tout } k \tag{2}$$

La matrice des coefficients de ce système est appelée *matrice de Casorati* du signal et son déterminant est appelé le *casoratien* de (u_k), (v_k) et (w_k). S'il existe au moins une valeur de k pour laquelle la matrice de Casorati est inversible, alors la relation (2) implique que $c_1 = c_2 = c_3 = 0$, ce qui montre que les trois signaux sont linéairement indépendants.

EXEMPLE 2 Montrer que les signaux de termes généraux respectifs 1^k, $(-2)^k$ et 3^k sont linéairement indépendants.

SOLUTION La matrice de Casorati est

$$\begin{bmatrix} 1^k & (-2)^k & 3^k \\ 1^{k+1} & (-2)^{k+1} & 3^{k+1} \\ 1^{k+2} & (-2)^{k+2} & 3^{k+2} \end{bmatrix}$$

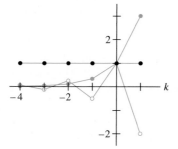

Signaux 1^k, $(-2)^k$ et 3^k

Il est assez rapide de montrer, par des opérations sur les lignes, que cette matrice est toujours inversible. Il est toutefois plus facile de substituer une valeur fixée à k, par exemple $k = 0$, et d'appliquer la méthode du pivot à la matrice numérique obtenue.

$$\begin{bmatrix} 1 & 1 & 1 \\ 1 & -2 & 3 \\ 1 & 4 & 9 \end{bmatrix} \sim \begin{bmatrix} 1 & 1 & 1 \\ 0 & -3 & 2 \\ 0 & 3 & 8 \end{bmatrix} \sim \begin{bmatrix} 1 & 1 & 1 \\ 0 & -3 & 2 \\ 0 & 0 & 10 \end{bmatrix}$$

La matrice de Casorati est inversible pour $k = 0$. Donc les signaux de termes généraux 1^k, $(-2)^k$ et 3^k sont linéairement indépendants. ∎

Si une matrice de Casorati n'est pas inversible, les signaux correspondants peuvent être linéairement indépendants ou non (voir exercice 33). On peut toutefois montrer que si les signaux vérifient tous la *même* relation de récurrence linéaire homogène (voir ci-dessous), alors soit la matrice de Casorati est inversible pour tout k et les signaux sont linéairement indépendants, soit elle n'est inversible pour aucune valeur de k et les signaux sont linéairement dépendants.

Récurrences linéaires

Étant donné des scalaires $a_0, \ldots, a_n$, avec a_0 et a_n non nuls, et un signal (z_k), la relation

$$a_0 y_{k+n} + a_1 y_{k+n-1} + \cdots + a_{n-1} y_{k+1} + a_n y_k = z_k \quad \text{pour tout } k \qquad (3)$$

est appelée **relation de récurrence linéaire d'ordre n**. Pour simplifier, a_0 est souvent choisi égal à 1. Si (z_k) est la suite nulle, la relation est dite **homogène** ou **sans second membre** ; sinon, elle est dite **non homogène** ou **avec second membre**.

EXEMPLE 3 En traitement numérique du signal, la relation (3) décrit un **filtre linéaire** et $a_0, \ldots, a_n$ sont les *coefficients du filtre*. Si l'on considère (y_k) comme un signal d'entrée et (z_k) comme un signal de sortie, alors les solutions de l'équation homogène associée sont les signaux *arrêtés* par le filtre et transformés en le signal nul. On va appliquer le filtre

$$0{,}35 y_{k+2} + 0{,}5 y_{k+1} + 0{,}35 y_k = z_k$$

à deux signaux différents. Le coefficient 0,35 correspond ici à une valeur approchée de $\sqrt{2}/4$. On va d'abord considérer le signal obtenu, comme indiqué à la figure 3(a), en échantillonnant le signal continu $y = \cos(\pi t/4)$ aux valeurs entières de t. On obtient le signal discret

$$(y_k) = (\ldots, \cos(0), \cos(\pi/4), \cos(2\pi/4), \cos(3\pi/4), \ldots)$$

Pour simplifier, on remplace $\pm\sqrt{2}/2$ par $\pm 0{,}7$ et l'on obtient[13]

$$(y_k) = (\ldots;\ 1;\ 0{,}7;\ 0;\ -0{,}7;\ -1;\ -0{,}7;\ 0;\ 0{,}7;\ 1;\ 0{,}7;\ 0;\ldots)$$
$$\underset{k=0}{\uparrow}$$

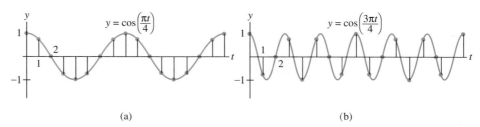

(a)   (b)

FIGURE 3 Signaux discrets de différentes fréquences

Le tableau 1 montre le calcul du signal de sortie (z_k). L'expression $0{,}35(0{,}7)$ est une valeur approchée de $(\sqrt{2}/4)(\sqrt{2}/2) = 0{,}25$. On obtient en sortie le signal (y_k) décalé d'un cran.

On reprend le calcul avec un autre signal d'entrée représenté à la figure 3(b), ayant une fréquence plus élevée, défini par $y = \cos(3\pi t/4)$. En échantillonnant avec la même fréquence que ci-dessus, on obtient en entrée la suite

$$(w_k) = (\ldots;\ 1;\ -0{,}7;\ 0;\ 0{,}7;\ -1;\ 0{,}7;\ 0;\ -0{,}7;\ 1;\ -0{,}7;\ 0;\ldots)$$
$$\underset{k=0}{\uparrow}$$

Si l'on alimente le filtre avec le signal (w_k), la sortie est nulle. Le filtre, appelé *filtre passe-bas*, laisse passer (y_k), mais arrête le signal de plus haute fréquence (w_k). ∎

---

[13] Les virgules de séparation ont été remplacées par des points-virgules (voir note 8 p. 26). (*NdT*)

TABLEAU 1 **Calcul de la sortie d'un filtre**

k	y_k	y_{k+1}	y_{k+2}	$0,35y_k$	$+ 0,5y_{k+1}$	$+ 0,35y_{k+2}$	$=$	z_k
0	1	0,7	0	$0,35(1)$	$+ 0,5(0,7)$	$+ 0,35(0)$	$=$	0,7
1	0,7	0	$-0,7$	$0,35(0,7)$	$+ 0,5(0)$	$+ 0,35(-0,7)$	$=$	0
2	0	$-0,7$	-1	$0,35(0)$	$+ 0,5(-0,7)$	$+ 0,35(-1)$	$=$	$-0,7$
3	$-0,7$	-1	$-0,7$	$0,35(-0,7)$	$+ 0,5(-1)$	$+ 0,35(-0,7)$	$=$	-1
4	-1	$-0,7$	0	$0,35(-1)$	$+ 0,5(-0,7)$	$+ 0,35(0)$	$=$	$-0,7$
5	$-0,7$	0	0,7	$0,35(-0,7)$	$+ 0,5(0)$	$+ 0,35(0,7)$	$=$	0
$\vdots$	$\vdots$							$\vdots$

Dans beaucoup d'applications, on fixe une suite (z_k) pour le second membre de la relation (3). Une suite (y_k) vérifiant la relation (3) est alors appelée *solution* de la relation de récurrence. L'exemple qui suit montre comment déterminer des solutions d'une relation de récurrence homogène.

EXEMPLE 4 On cherche souvent les solutions d'une relation de récurrence linéaire homogène sous la forme $y_k = r^k$, où r est un certain paramètre. Déterminer des solutions de

$$y_{k+3} - 2y_{k+2} - 5y_{k+1} + 6y_k = 0 \quad \text{pour tout } k \tag{4}$$

SOLUTION On remplace y_k par r^k dans la relation et l'on factorise le membre de gauche :

$$r^{k+3} - 2r^{k+2} - 5r^{k+1} + 6r^k = 0 \tag{5}$$

$$r^k(r^3 - 2r^2 - 5r + 6) = 0$$

$$r^k(r - 1)(r + 2)(r - 3) = 0 \tag{6}$$

Puisque la relation (5) est équivalente à la relation (6), r^k vérifie la relation de récurrence (4) si et seulement si r vérifie (6). Donc les suites de termes généraux 1^k, $(-2)^k$ et 3^k sont toutes solution de (4). On peut par exemple vérifier que la suite de terme général 3^k est solution de (4) en calculant

$$3^{k+3} - 2 \cdot 3^{k+2} - 5 \cdot 3^{k+1} + 6 \cdot 3^k$$

$$= 3^k(27 - 18 - 15 + 6) = 0 \quad \text{pour tout } k \qquad \blacksquare$$

De façon générale, un signal non nul de terme général r^k vérifie la relation de récurrence linéaire homogène

$$y_{k+n} + a_1 y_{k+n-1} + \cdots + a_{n-1} y_{k+1} + a_n y_k = 0 \quad \text{pour tout } k$$

si et seulement si r est racine de l'**équation caractéristique**

$$r^n + a_1 r^{n-1} + \cdots + a_{n-1} r + a_n = 0$$

On n'abordera pas le cas où l'équation caractéristique admet des racines multiples. Si elle a des racines *complexes*, alors la relation de récurrence admet des solutions de la forme $s^k \cos k\omega$ et $s^k \sin k\omega$, où s et ω sont des constantes réelles. C'est par exemple le cas dans l'exemple 3.

Ensemble des solutions de la relation de récurrence linéaire

On se donne des coefficients $a_1, \ldots, a_n$ et l'on considère l'application $T : \mathbb{S} \to \mathbb{S}$ qui transforme un signal (y_k) en un signal (w_k) défini par

$$w_k = y_{k+n} + a_1 y_{k+n-1} + \cdots + a_{n-1} y_{k+1} + a_n y_k$$

On vérifie immédiatement que l'application T est *linéaire*. Il en résulte que l'ensemble des solutions de la relation de récurrence homogène

$$y_{k+n} + a_1 y_{k+n-1} + \cdots + a_{n-1} y_{k+1} + a_n y_k = 0 \quad \text{pour tout } k$$

est le noyau de T (c'est l'ensemble des signaux transformés par T en signal nul), donc qu'il s'agit d'un *sous-espace vectoriel* de $\mathbb{S}$. Toute combinaison linéaire de solutions est encore une solution.

Le théorème qui suit, très simple mais fondamental, va permettre d'en savoir plus sur l'ensemble des solutions des relations de récurrence linéaire.

THÉORÈME 16

Si $a_n \neq 0$ et si l'on fixe (z_k), la relation de récurrence

$$y_{k+n} + a_1 y_{k+n-1} + \cdots + a_{n-1} y_{k+1} + a_n y_k = z_k \quad \text{pour tout } k \qquad (7)$$

admet une solution unique dont les termes $y_0, \ldots, y_{n-1}$ sont fixés.

DÉMONSTRATION Si $y_0, \ldots, y_{n-1}$ sont fixés, on *définit* y_n par la relation (7) :

$$y_n = z_0 - [a_1 y_{n-1} + \cdots + a_{n-1} y_1 + a_n y_0]$$

On connaît maintenant $y_1, \ldots, y_n$ et l'on définit y_{n+1} par la relation (7). Plus généralement, la relation de récurrence

$$y_{n+k} = z_k - [a_1 y_{k+n-1} + \cdots + a_n y_k] \qquad (8)$$

permet de définir y_{n+k} pour $k \geq 0$. Pour définir y_k quand $k < 0$, on utilise la relation de récurrence

$$y_k = \frac{1}{a_n} z_k - \frac{1}{a_n} [y_{k+n} + a_1 y_{k+n-1} + \cdots + a_{n-1} y_{k+1}] \qquad (9)$$

On obtient ainsi un signal vérifiant (7). Inversement, un signal vérifiant (7) pour tout k vérifie clairement (8) et (9), et la solution de (7) est par conséquent unique. ∎

THÉORÈME 17

L'ensemble H des solutions de la relation de récurrence linéaire homogène d'ordre n

$$y_{k+n} + a_1 y_{k+n-1} + \cdots + a_{n-1} y_{k+1} + a_n y_k = 0 \quad \text{pour tout } k \qquad (10)$$

est un espace vectoriel de dimension n.

DÉMONSTRATION Comme on l'a remarqué plus haut, H est un sous-espace vectoriel de $\mathbb{S}$ car c'est le noyau d'une application linéaire. Si (y_k) appartient à H, on note $F(y_k)$ le vecteur $(y_0, y_1, \ldots, y_{n-1})$ de $\mathbb{R}^n$. On vérifie facilement que $F : H \to \mathbb{R}^n$ est linéaire. Étant donné un vecteur $(y_0, y_1, \ldots, y_{n-1})$ de $\mathbb{R}^n$, le théorème 10 signifie qu'il existe un signal unique (y_k) de H tel que $F(y_k) = (y_0, y_1, \ldots, y_{n-1})$. Autrement dit, F est une bijection linéaire de H dans $\mathbb{R}^n$, c'est-à-dire un isomorphisme. Donc $\dim H = \dim \mathbb{R}^n = n$ (voir exercice 32, section 4.5). ∎

EXEMPLE 5 Déterminer une base de l'ensemble des solutions de la relation de récurrence

$$y_{k+3} - 2y_{k+2} - 5y_{k+1} + 6y_k = 0 \quad \text{pour tout } k$$

SOLUTION On commence maintenant à tirer tout le bénéfice du travail effectué sur l'algèbre linéaire ! On a vu aux exemples 2 et 4 que les suites de termes généraux respectifs 1^k, $(-2)^k$ et 3^k sont des solutions linéairement indépendantes. Il est souvent difficile de vérifier qu'une famille de signaux *engendre* l'espace des solutions. Mais ici, ce n'est pas un problème, grâce à deux théorèmes essentiels : le théorème 17, qui montre que l'espace des solutions est exactement de dimension 3, et le théorème de caractérisation des bases de la section 4.5, qui stipule qu'une famille libre de n vecteurs d'un espace de dimension n est automatiquement une base. Ainsi, les suites de termes généraux 1^k, $(-2)^k$ et 3^k forment une base de l'espace des solutions. ∎

La méthode classique pour décrire la « solution générale » de la relation de récurrence linéaire (10) consiste à fournir une base du sous-espace des solutions. Une telle base est souvent appelée **système fondamental de solutions** de (10). En pratique, si l'on arrive à déterminer n signaux linéairement indépendants qui vérifient (10), ils engendreront automatiquement, comme expliqué dans l'exemple 5, l'espace des solutions de dimension n.

Relations de récurrence non homogènes

La solution générale de la relation de récurrence linéaire non homogène

$$y_{k+n} + a_1 y_{k+n-1} + \cdots + a_{n-1} y_{k+1} + a_n y_k = z_k \quad \text{pour tout } k \tag{11}$$

s'exprime comme la somme d'une solution particulière de (11) et d'une combinaison linéaire arbitraire des signaux d'un système fondamental de solutions de la relation de récurrence homogène associée (10). Ce résultat est analogue à celui de la section 1.5, qui indique que les ensembles de solutions des équations $A\mathbf{x} = \mathbf{b}$ et $A\mathbf{x} = \mathbf{0}$ sont parallèles. Les deux résultats s'expliquent de la même façon : l'application $\mathbf{x} \mapsto A\mathbf{x}$ et l'application qui transforme le signal (y_k) en signal (z_k) dans (11) sont toutes les deux linéaires (voir exercice 35).

EXEMPLE 6 Montrer que le signal défini par $y_k = k^2$ vérifie la relation de récurrence linéaire

$$y_{k+2} - 4y_{k+1} + 3y_k = -4k \quad \text{pour tout } k \tag{12}$$

puis décrire l'ensemble des solutions de cette équation.

SOLUTION On remplace y_k par k^2 dans le premier membre de la relation (12) :

$$(k + 2)^2 - 4(k + 1)^2 + 3k^2$$
$$= (k^2 + 4k + 4) - 4(k^2 + 2k + 1) + 3k^2$$
$$= -4k$$

Donc k^2 est bien solution de (12). Il faut maintenant résoudre l'équation homogène

$$y_{k+2} - 4y_{k+1} + 3y_k = 0 \tag{13}$$

L'équation caractéristique est

$$r^2 - 4r + 3 = (r - 1)(r - 3) = 0$$

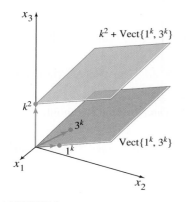

FIGURE 4

Ensemble des solutions des relations de récurrence (12) et (13)

Les racines sont $r = 1$ et 3. Donc les deux suites de termes généraux 1^k et 3^k sont toutes les deux solutions de la relation de récurrence homogène. Elles ne sont clairement pas colinéaires, donc ce sont des signaux linéairement indépendants. D'après le théorème 17, l'espace des solutions est de dimension 2, donc les deux signaux de termes généraux respectifs 3^k et 1^k forment une base de l'ensemble des solutions de l'équation (13). En translatant cet ensemble d'une solution particulière de l'équation non homogène (12), on obtient la solution générale de (12) :

$$k^2 + c_1 1^k + c_2 3^k, \quad \text{soit} \quad k^2 + c_1 + c_2 3^k$$

Sur la figure 4, on peut visualiser géométriquement ces deux ensembles de solutions. Chaque point sur cette figure correspond à un signal donné de $\mathbb{S}$. ∎

Réduction à un système d'ordre 1

Toute relation de récurrence linéaire d'ordre n peut être remplacée par un système équivalent de relations de récurrence linéaires d'ordre 1 de la forme

$$\mathbf{x}_{k+1} = A\mathbf{x}_k \quad \text{pour tout } k$$

où les $\mathbf{x}_k$ sont des vecteurs de $\mathbb{R}^n$ et où A est une matrice $n \times n$.

On a déjà étudié un exemple simple d'une telle relation de récurrence linéaire (vectorielle) à la section 1.10. D'autres exemples sont proposés aux sections 4.9 et 5.6.

EXEMPLE 7 Écrire la relation de récurrence suivante sous la forme d'un système d'ordre 1 :

$$y_{k+3} - 2y_{k+2} - 5y_{k+1} + 6y_k = 0 \quad \text{pour tout } k$$

SOLUTION Pour tout entier k, on pose

$$\mathbf{x}_k = \begin{bmatrix} y_k \\ y_{k+1} \\ y_{k+2} \end{bmatrix}$$

La relation de récurrence peut s'écrire $y_{k+3} = -6y_k + 5y_{k+1} + 2y_{k+2}$, d'où

$$\mathbf{x}_{k+1} = \begin{bmatrix} y_{k+1} \\ y_{k+2} \\ y_{k+3} \end{bmatrix} = \begin{bmatrix} 0 & + & y_{k+1} + 0 \\ 0 & + 0 & + y_{k+2} \\ -6y_k & + 5y_{k+1} & + 2y_{k+2} \end{bmatrix} = \begin{bmatrix} 0 & 1 & 0 \\ 0 & 0 & 1 \\ -6 & 5 & 2 \end{bmatrix} \begin{bmatrix} y_k \\ y_{k+1} \\ y_{k+2} \end{bmatrix}$$

Autrement dit

$$\mathbf{x}_{k+1} = A\mathbf{x}_k \quad \text{pour tout } k, \quad \text{avec} \quad A = \begin{bmatrix} 0 & 1 & 0 \\ 0 & 0 & 1 \\ -6 & 5 & 2 \end{bmatrix}$$ ∎

Plus généralement, on peut toujours réécrire la relation de récurrence linéaire

$$y_{k+n} + a_1 y_{k+n-1} + \cdots + a_{n-1} y_{k+1} + a_n y_k = 0 \quad \text{pour tout } k$$

sous la forme $\mathbf{x}_{k+1} = A\mathbf{x}_k$ pour tout k, avec

$$\mathbf{x}_k = \begin{bmatrix} y_k \\ y_{k+1} \\ \vdots \\ y_{k+n-1} \end{bmatrix} \quad \text{et} \quad A = \begin{bmatrix} 0 & 1 & 0 & \cdots & 0 \\ 0 & 0 & 1 & & 0 \\ \vdots & & & \ddots & \vdots \\ 0 & 0 & 0 & & 1 \\ -a_n & -a_{n-1} & -a_{n-2} & \cdots & -a_1 \end{bmatrix}$$

Pour aller plus loin

R. W. Hamming, *Digital Filters*, 3e éd., Englewood Cliffs, NJ : Prentice-Hall, 1989, p. 1-37.

W. G. Kelly et A. C. Peterson, *Difference Equations*, 2e éd., San Diego : Harcourt-Academic Press, 2001.

R. E. Mickens, *Difference Equations*, 2e éd., New York : Van Nostrand Reinhold, 1990, p. 88-141.

A. V. Oppenheim et A. S. Willsky, *Signals and Systems*, 2e éd., Upper Saddle River, NJ : Prentice-Hall, 1997, p. 1-14, p. 21-30, p. 38-43.

EXERCICE D'ENTRAÎNEMENT

On peut montrer que les signaux de termes généraux respectifs 2^k, $3^k \sin \frac{k\pi}{2}$ et $3^k \cos \frac{k\pi}{2}$ sont des solutions de

$$y_{k+3} - 2y_{k+2} + 9y_{k+1} - 18y_k = 0$$

Montrer que ces signaux forment une base de l'espace des solutions de cette relation de récurrence linéaire.

4.8 EXERCICES

Vérifier que les signaux des exercices 1 et 2 sont des solutions de la relation de récurrence linéaire indiquée.

1. $2^k, (-4)^k$; $y_{k+2} + 2y_{k+1} - 8y_k = 0$

2. $3^k, (-3)^k$; $y_{k+2} - 9y_k = 0$

Montrer que les signaux des exercices 3 à 6 forment une base de l'espace des solutions de la relation de récurrence linéaire indiquée.

3. Les signaux et la relation de l'exercice 1.

4. Les signaux et la relation de l'exercice 2.

5. $(-3)^k, k(-3)^k$; $y_{k+2} + 6y_{k+1} + 9y_k = 0$

6. $5^k \cos \frac{k\pi}{2}, 5^k \sin \frac{k\pi}{2}$; $y_{k+2} + 25y_k = 0$

Dans les exercices 7 à 12, on admet que les signaux indiqués sont des solutions de la relation de récurrence indiquée. Ces signaux forment-ils une base de l'espace des solutions de cette relation ? Justifier en précisant les théorèmes utilisés.

7. $1^k, 2^k, (-2)^k$; $y_{k+3} - y_{k+2} - 4y_{k+1} + 4y_k = 0$

8. $2^k, 4^k, (-5)^k$; $y_{k+3} - y_{k+2} - 22y_{k+1} + 40y_k = 0$

9. $1^k, 3^k \cos \frac{k\pi}{2}, 3^k \sin \frac{k\pi}{2}$; $y_{k+3} - y_{k+2} + 9y_{k+1} - 9y_k = 0$

10. $(-1)^k, k(-1)^k, 5^k$; $y_{k+3} - 3y_{k+2} - 9y_{k+1} - 5y_k = 0$

11. $(-1)^k, 3^k$; $y_{k+3} + y_{k+2} - 9y_{k+1} - 9y_k = 0$

12. $1^k, (-1)^k$; $y_{k+4} - 2y_{k+2} + y_k = 0$

Dans les exercices 13 à 16, déterminer une base de l'espace des solutions de la relation de récurrence linéaire indiquée. Démontrer que les solutions trouvées engendrent l'espace des solutions.

13. $y_{k+2} - y_{k+1} + \frac{2}{9}y_k = 0$ **14.** $y_{k+2} - 7y_{k+1} + 12y_k = 0$

15. $y_{k+2} - 25y_k = 0$ **16.** $16y_{k+2} + 8y_{k+1} - 3y_k = 0$

Dans les exercices 17 et 18, on s'intéresse à un modèle simple d'économie nationale décrit par la relation de récurrence

$$Y_{k+2} - a(1+b)Y_{k+1} + abY_k = 1 \qquad (14)$$

Ici, Y_k désigne le revenu national total pendant l'année k, a est une constante inférieure à 1 appelée *propension marginale à consommer* et b une *constante d'ajustement* positive qui décrit la façon dont le taux annuel d'investissement privé dépend des dépenses des consommateurs[14].

17. Déterminer la solution générale de la relation de récurrence (14) dans le cas où $a = 0{,}9$ et $b = \frac{4}{9}$. Quel est le comportement de Y_k quand k tend vers l'infini ? [*Indication :* On cherchera une solution particulière sous la forme $Y_k = T$, où T est une constante ; T est appelée niveau d'équilibre du revenu national.]

18. Déterminer la solution générale de la relation (14) dans le cas où $a = 0{,}9$ et $b = 0{,}5$.

On considère une poutre légère en porte-à-faux, soutenue en N points espacés les uns des autres de 10 cm, et à l'extrémité de laquelle on place, comme indiqué sur la figure, un poids de 500 N à 10 cm du premier appui. Soit y_k le moment fléchissant au k^e appui. On a donc $y_1 = 5\,000$ N·cm. On suppose que la poutre

---

[14] Voir par exemple James T. Sandefur, *Discrete Dynamical Systems*, Oxford : Clarendon Press, 1990, p. 267-276. On attribue l'introduction de ce *modèle accélérateur-multiplicateur* à l'économiste P. A. Samuelson.

est fixée de façon rigide au N^e appui et que le moment fléchissant en ce point est nul. Entre les deux extrémités, les moments vérifient la *formule des trois moments*

$$y_{k+2} + 4y_{k+1} + y_k = 0 \quad \text{pour } k = 1, 2, \ldots, N - 2 \qquad (15)$$

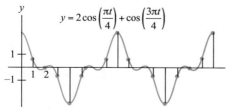

Moments fléchissants d'une poutre en porte-à-faux

19. Déterminer la solution générale de la relation de récurrence (15). Justifier.

20. Déterminer la solution particulière de la relation (15) vérifiant les *conditions aux limites* $y_1 = 5\,000$ et $y_N = 0$ (le résultat dépend de N).

21. Quand on définit un signal à partir de mesures portant sur un certain phénomène (réaction chimique, flux de chaleur à travers un tube, bras mobile d'un robot, etc.), celui-ci contient en général un *bruit* aléatoire dû aux erreurs de mesure. L'une des méthodes habituelles pour effectuer un prétraitement des données afin de réduire ce bruit consiste à lisser ces dernières ou à les filtrer. La *moyenne glissante* est un filtre simple qui remplace chaque y_k par sa moyenne avec les deux valeurs adjacentes :

$$\tfrac{1}{3}y_{k+1} + \tfrac{1}{3}y_k + \tfrac{1}{3}y_{k-1} = z_k \quad \text{pour } k = 1, 2, \ldots$$

Considérons un signal y_k, dont les valeurs pour les entiers $k = 0, \ldots, 14$ sont

9, 5, 7, 3, 2, 4, 6, 5, 7, 6, 8, 10, 9, 5, 7

Calculer $z_1, \ldots, z_{13}$ en utilisant le filtre. Tracer un graphique en lignes brisées en superposant le signal d'origine et le signal lissé.

22. Soit (y_k) la suite obtenue, comme indiqué dans la figure, par échantillonnage du signal continu $2\cos\frac{\pi t}{4} + \cos\frac{3\pi t}{4}$ aux instants $t = 0, 1, 2, \ldots$ Les valeurs de y_k (séparées ici par des points-virgules), qui commencent à $k = 0$, sont

3 ; 0,7 ; 0 ; $-0{,}7$; -3 ; $-0{,}7$; 0 ; 0,7 ; 3 ; 0,7 ; 0 ; $\ldots$

La valeur 0,7 est mise ici pour $\sqrt{2}/2$.

a. Calculer le signal de sortie (z_k) obtenu en appliquant le filtre de l'exemple 3 au signal d'entrée (y_k).

b. Constater et expliquer une relation entre la sortie obtenue à la question (a) et le résultat des calculs de l'exemple 3.

$$y = 2\cos\left(\frac{\pi t}{4}\right) + \cos\left(\frac{3\pi t}{4}\right)$$

Échantillonnage du signal continu
$2\cos\frac{\pi t}{4} + \cos\frac{3\pi t}{4}$

Dans les exercices 23 et 24, on considère une relation de récurrence de la forme $y_{k+1} - ay_k = b$, a et b étant des constantes appropriées.

23. Une personne emprunte 10 000 $ au taux d'intérêt mensuel de 1 % ; les mensualités de remboursement sont de 450 $. L'emprunt a lieu au mois $k = 0$ et la première échéance est remboursée un mois plus tard à $k = 1$. Pour $k = 0, 1, 2, \ldots$, on note y_k le solde du prêt à rembourser immédiatement après le paiement de la k^e mensualité. On a ainsi

$$y_1 \;=\; \underset{\substack{\text{Nouveau}\\\text{solde}}}{} 10\,000 + \underset{\substack{\text{Solde}\\\text{dû}}}{} (0{,}01)10\,000 - \underset{\substack{\text{Intérêt}\\\text{ajouté}}}{} 450 \underset{\text{Paiement}}{}$$

a. Établir une relation de récurrence linéaire vérifiée par la suite (y_k).

b. **[M]** Créer un tableau indiquant k et le solde y_k au mois k. Préciser le programme ou la séquence de touches utilisée pour créer ce tableau.

c. **[M]** À quelle valeur de k le dernier paiement a-t-il lieu ? Quel sera le montant de ce dernier remboursement ? Combien l'emprunteur aura-t-il versé au total ?

24. À l'instant $k = 0$, un épargnant verse 1 000 $ sur un livret rapportant 6 % d'intérêts annuels ; les intérêts sont composés et calculés chaque mois (le taux mensuel est de 0,005). L'épargnant effectue ensuite chaque mois un versement de 200 $ sur le livret. Pour $k = 0, 1, 2, \ldots$, on note y_k la somme présente sur le compte à l'instant k, immédiatement après le versement mensuel.

a. Établir une relation de récurrence vérifiée par (y_k).

b. **[M]** Créer un tableau indiquant, pour k compris entre 0 et 60, la valeur de k ainsi que la somme totale présente sur le compte le mois k. Préciser le programme ou la séquence de touches utilisé pour créer ce tableau.

c. **[M]** Quelle somme sera présente sur le compte au bout de deux ans (soit 24 mois) ? quatre ans ? cinq ans ? Après ces cinq ans, quelle sera la part des intérêts dans la somme totale ?

Montrer, dans les exercices 25 à 28, que le signal indiqué est une solution de la relation de récurrence, puis déterminer la solution générale de cette relation.

25. $y_k = k^2$; $y_{k+2} + 3y_{k+1} - 4y_k = 7 + 10k$

26. $y_k = 1 + k$; $y_{k+2} - 8y_{k+1} + 15y_k = 2 + 8k$

27. $y_k = 2 - 2k$; $y_{k+2} - \frac{9}{2}y_{k+1} + 2y_k = 2 + 3k$

28. $y_k = 2k - 4$; $y_{k+2} + \frac{3}{2}y_{k+1} - y_k = 1 + 3k$

Mettre les relations de récurrence linéaires des exercices 29 et 30 sous la forme d'un système d'ordre 1 du type $\mathbf{x}_{k+1} = A\mathbf{x}_k$, pour tout k.

29. $y_{k+4} - 6y_{k+3} + 8y_{k+2} + 6y_{k+1} - 9y_k = 0$

30. $y_{k+3} - \frac{3}{4}y_{k+2} + \frac{1}{16}y_k = 0$

31. La relation de récurrence suivante est-elle d'ordre 3 ?

$$y_{k+3} + 5y_{k+2} + 6y_{k+1} = 0$$

32. Quel est l'ordre de la relation de récurrence suivante ?

$$y_{k+3} + a_1 y_{k+2} + a_2 y_{k+1} + a_3 y_k = 0$$

33. On pose $y_k = k^2$ et $z_k = 2k|k|$. Les signaux (y_k) et (z_k) sont-ils linéairement indépendants ? On considérera la matrice de Casorati $C(k)$ pour $k = 0$, $k = -1$ et $k = -2$, et l'on interprétera les résultats obtenus.

34. On considère des fonctions f, g et h définies sur $\mathbb{R}$ et linéairement indépendantes, et l'on construit trois signaux en échantillonnant les fonctions aux valeurs entières de la variable :

$$u_k = f(k), \qquad v_k = g(k), \qquad w_k = h(k)$$

Les signaux obtenus sont-ils nécessairement linéairement indépendants dans $\mathbb{S}$? Justifier.

35. Soit a et b deux réels non nuls. Montrer que l'application T définie par $T(y_k) = (w_k)$, où

$$w_k = y_{k+2} + ay_{k+1} + by_k$$

est une application linéaire de $\mathbb{S}$ dans $\mathbb{S}$.

36. Soit V un espace vectoriel et $T : V \to V$ une application linéaire. Étant donné un vecteur $\mathbf{z}$ de V, on suppose qu'il existe un vecteur $\mathbf{x}_p$ de V vérifiant $T(\mathbf{x}_p) = \mathbf{z}$ et l'on considère un vecteur quelconque $\mathbf{u}$ appartenant au noyau de T. Montrer que $\mathbf{u} + \mathbf{x}_p$ est une solution de l'équation non homogène $T(\mathbf{x}) = \mathbf{z}$.

37. Soit $\mathbb{S}_0$ l'espace vectoriel des suites de la forme $(y_0, y_1, y_2, \ldots)$. On considère les deux applications linéaires T et D de $\mathbb{S}_0$ dans $\mathbb{S}_0$ définies par

$$T(y_0, y_1, y_2, \ldots) = (y_1, y_2, y_3, \ldots)$$
$$D(y_0, y_1, y_2, \ldots) = (0, y_0, y_1, y_2, \ldots)$$

Montrer que $TD = I$ (l'identité sur $\mathbb{S}_0$), mais que $DT \neq I$.

SOLUTION DE L'EXERCICE D'ENTRAÎNEMENT

On considère la matrice de Casorati

$$C(k) = \begin{bmatrix} 2^k & 3^k \sin \frac{k\pi}{2} & 3^k \cos \frac{k\pi}{2} \\ 2^{k+1} & 3^{k+1} \sin \frac{(k+1)\pi}{2} & 3^{k+1} \cos \frac{(k+1)\pi}{2} \\ 2^{k+2} & 3^{k+2} \sin \frac{(k+2)\pi}{2} & 3^{k+2} \cos \frac{(k+2)\pi}{2} \end{bmatrix}$$

On pose $k = 0$ et l'on vérifie qu'il y a trois positions de pivot, donc que la matrice est inversible :

$$C(0) = \begin{bmatrix} 1 & 0 & 1 \\ 2 & 3 & 0 \\ 4 & 0 & -9 \end{bmatrix} \sim \begin{bmatrix} 1 & 0 & 1 \\ 0 & 3 & -2 \\ 0 & 0 & -13 \end{bmatrix}$$

La matrice de Casorati est inversible pour $k = 0$, donc les signaux sont linéairement indépendants. Comme il y a trois signaux et que l'espace H des solutions de la relation de récurrence linéaire est de dimension 3 (théorème 17), ces signaux forment, d'après le théorème de caractérisation des bases, une base de H.

4.9 | APPLICATION AUX CHAÎNES DE MARKOV

Les chaînes de Markov décrites dans cette section sont utilisées comme modèle mathématique dans une grande variété de situations en biologie, finance, chimie, sciences de l'ingénieur, physique ou autres. Dans chaque cas, ce modèle sert à décrire une expérience ou une mesure effectuée de nombreuses fois dans les mêmes conditions, qui est telle que les résultats possibles de chaque réalisation de l'expérience sont connus à l'avance, le résultat d'une réalisation ne dépendant que du résultat de la réalisation qui précède.

Si l'on mesure par exemple la population d'une ville chaque année, alors on peut indiquer au moyen du vecteur

$$\mathbf{x}_0 = \begin{bmatrix} 0,60 \\ 0,40 \end{bmatrix} \tag{1}$$

que 60 % de la population habite en ville et 40 % en banlieue. Les nombres décimaux apparaissant dans $\mathbf{x}_0$ ont pour somme 1 car celle-ci représente la population totale. Il est plus commode de manipuler ici des pourcentages que des chiffres de population.

On appelle **vecteur de probabilité** tout vecteur dont les composantes sont positives ou nulles et ont pour somme 1. On appelle **matrice stochastique** toute matrice carrée dont les colonnes sont des vecteurs de probabilité. On appelle enfin **chaîne de Markov** une suite $\mathbf{x}_0, \mathbf{x}_1, \mathbf{x}_2, \ldots$ de vecteurs de probabilité telle qu'il existe une matrice stochastique P vérifiant

$$\mathbf{x}_1 = P\mathbf{x}_0, \quad \mathbf{x}_2 = P\mathbf{x}_1, \quad \mathbf{x}_3 = P\mathbf{x}_2, \quad \ldots$$

Une chaîne de Markov est donc décrite par une relation de récurrence linéaire d'ordre 1 de la forme

$$\mathbf{x}_{k+1} = P\mathbf{x}_k \quad \text{pour } k = 0, 1, 2, \ldots$$

Si l'on décrit un système ou une expérience par une chaîne de Markov de vecteurs de $\mathbb{R}^n$, les composantes de $\mathbf{x}_k$ donnent les probabilités respectives que le système soit dans l'un des n états possibles, ou que le résultat de l'expérience soit l'un des n résultats possibles. Pour cette raison, le vecteur $\mathbf{x}_k$ est souvent appelé **vecteur d'état**.

EXEMPLE 1 On a examiné, à la section 1.10, un modèle de déplacement de population entre une ville et sa banlieue (voir figure 1). Les migrations annuelles entre ces deux parties de l'agglomération étaient régies par une *matrice de migration M* :

$$M = \begin{bmatrix} 0{,}95 & 0{,}03 \\ 0{,}05 & 0{,}97 \end{bmatrix}$$

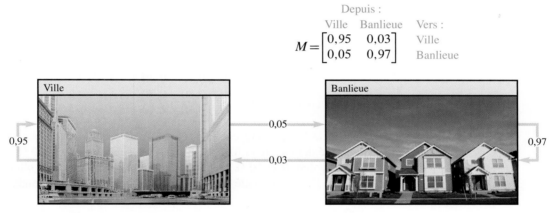

FIGURE 1 Pourcentages annuels de migration entre une ville et sa banlieue

Cela signifie que, chaque année, 5 % de la population de la ville déménage en banlieue et 3 % de celle de la banlieue déménage en ville. Les colonnes de M sont des vecteurs de probabilité, donc M est une matrice stochastique. On suppose qu'en 2017, la ville comptait 600 000 habitants et la banlieue 400 000. La distribution initiale de population est donc donnée par le vecteur $\mathbf{x}_0$ de la relation (1) précédente. Quelle est cette distribution en 2018 ? en 2019 ?

SOLUTION On a vu dans l'exemple 3 de la section 1.10 qu'au bout d'un an, le vecteur de population passait de $\begin{bmatrix} 600\,000 \\ 400\,000 \end{bmatrix}$ à

$$\begin{bmatrix} 0{,}95 & 0{,}03 \\ 0{,}05 & 0{,}97 \end{bmatrix} \begin{bmatrix} 600\,000 \\ 400\,000 \end{bmatrix} = \begin{bmatrix} 582\,000 \\ 418\,000 \end{bmatrix}$$

Si l'on divise les deux membres de l'égalité par la population totale de 1 million, on obtient, en utilisant le fait que $kM\mathbf{x} = M(k\mathbf{x})$,

$$\begin{bmatrix} 0{,}95 & 0{,}03 \\ 0{,}05 & 0{,}97 \end{bmatrix} \begin{bmatrix} 0{,}600 \\ 0{,}400 \end{bmatrix} = \begin{bmatrix} 0{,}582 \\ 0{,}418 \end{bmatrix}$$

Le vecteur $\mathbf{x}_1 = \begin{bmatrix} 0{,}582 \\ 0{,}418 \end{bmatrix}$ donne la distribution de la population en 2018 : 58,2 % de la population vivait en ville et 41,8 % en banlieue. De même, la population en 2019 est décrite par le vecteur $\mathbf{x}_2$ vérifiant

$$\mathbf{x}_2 = M\mathbf{x}_1 = \begin{bmatrix} 0{,}95 & 0{,}03 \\ 0{,}05 & 0{,}97 \end{bmatrix} \begin{bmatrix} 0{,}582 \\ 0{,}418 \end{bmatrix} = \begin{bmatrix} 0{,}565 \\ 0{,}435 \end{bmatrix} \qquad \blacksquare$$

EXEMPLE 2 On suppose que les résultats des élections au Congrès américain sont décrits, pour une certaine circonscription, par un vecteur $\mathbf{x}$ de $\mathbb{R}^3$:

$$\mathbf{x} = \begin{bmatrix} \text{\% de votes démocrates (D)} \\ \text{\% de votes républicains (R)} \\ \text{\% de votes libertariens (L)} \end{bmatrix}$$

On suppose que l'on enregistre le résultat des élections au Congrès tous les deux ans dans un vecteur de ce type, et que le résultat d'une élection ne dépend que de celui de l'élection précédente. On peut alors représenter la suite de vecteurs décrivant les votes tous les deux ans par une chaîne de Markov.

Prenons par exemple, pour cette chaîne de Markov, la matrice

$$
\begin{array}{cccc}
 & \text{De :} & & \\
 & \text{D} \quad \text{R} \quad \text{L} & & \text{À :} \\
P = & \begin{bmatrix} 0{,}70 & 0{,}10 & 0{,}30 \\ 0{,}20 & 0{,}80 & 0{,}30 \\ 0{,}10 & 0{,}10 & 0{,}40 \end{bmatrix} & & \begin{array}{c} \text{D} \\ \text{R} \\ \text{L} \end{array}
\end{array}
$$

Les composantes de la première colonne, étiquetée D, décrivent ce que votent les électeurs ayant voté démocrate la fois précédente. On suppose ici que 70 % votent de nouveau D, 20 % votent R et 10 % votent L. Les autres colonnes de P s'interprètent de la même façon. On a représenté à la figure 2 un diagramme correspondant à cette matrice.

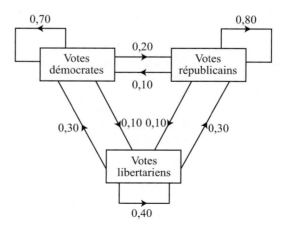

FIGURE 2 Modification des votes d'une élection à l'autre

Si les pourcentages de « transition » restent constants au fil des ans d'une élection à l'autre, alors la suite des vecteurs qui donnent les résultats des élections forme une chaîne de Markov. On suppose que le résultat d'une élection est donné par

$$\mathbf{x}_0 = \begin{bmatrix} 0{,}55 \\ 0{,}40 \\ 0{,}05 \end{bmatrix}$$

Déterminer le résultat probable de l'élection suivante, ainsi que celui de l'élection qui viendra encore après.

SOLUTION Le résultat de l'élection suivante est décrit par le vecteur d'état $\mathbf{x}_1$ et celui de l'élection qui viendra encore après par le vecteur $\mathbf{x}_2$. Ces vecteurs vérifient

$$\mathbf{x}_1 = P\mathbf{x}_0 = \begin{bmatrix} 0{,}70 & 0{,}10 & 0{,}30 \\ 0{,}20 & 0{,}80 & 0{,}30 \\ 0{,}10 & 0{,}10 & 0{,}40 \end{bmatrix} \begin{bmatrix} 0{,}55 \\ 0{,}40 \\ 0{,}05 \end{bmatrix} = \begin{bmatrix} 0{,}440 \\ 0{,}445 \\ 0{,}115 \end{bmatrix} \quad \begin{array}{l} 44\ \%\ \text{voteront D.} \\ 44{,}5\ \%\ \text{voteront R.} \\ 11{,}5\ \%\ \text{voteront L.} \end{array}$$

$$\mathbf{x}_2 = P\mathbf{x}_1 = \begin{bmatrix} 0{,}70 & 0{,}10 & 0{,}30 \\ 0{,}20 & 0{,}80 & 0{,}30 \\ 0{,}10 & 0{,}10 & 0{,}40 \end{bmatrix} \begin{bmatrix} 0{,}440 \\ 0{,}445 \\ 0{,}115 \end{bmatrix} = \begin{bmatrix} 0{,}3870 \\ 0{,}4785 \\ 0{,}1345 \end{bmatrix} \quad \begin{array}{l} 38{,}7\ \%\ \text{voteront D.} \\ 47{,}8\ \%\ \text{voteront R.} \\ 13{,}5\ \%\ \text{voteront L.} \end{array}$$

Afin de comprendre pourquoi $\mathbf{x}_1$ donne bien le résultat de l'élection suivante, on suppose que 1 000 personnes on voté à la « première » élection, dont 550 ont voté D, 400 ont voté R et 50 ont voté L (ce qui correspond aux pourcentages indiqués par $\mathbf{x}_0$). Lors de l'élection suivante, 70 % des 550 voteront à nouveau D, 10 % des 400 passeront de R à D et 30 % des 50 passeront de L à D. Le total des suffrages en faveur de D sera donc de

$$0{,}70(550) + 0{,}10(400) + 0{,}30(50) = 385 + 40 + 15 = 440 \tag{2}$$

Le candidat D obtiendra donc 44 % des voix à la prochaine élection. Le calcul en (2) est essentiellement le même que celui effectué pour écrire la première composante de $\mathbf{x}_1$. On peut effectuer des calculs analogues pour les autres composantes de $\mathbf{x}_1$, puis pour celles de $\mathbf{x}_2$, et ainsi de suite. ∎

Prédire l'avenir à long terme

L'aspect le plus intéressant des chaînes de Markov est l'étude de leur comportement à long terme. Ainsi, que peut-on dire des votes après plusieurs élections dans l'exemple 2, en supposant que la matrice stochastique indiquée décrit bien à chaque fois les pourcentages de transition d'une élection à l'autre ? De même, que devient à la longue la population de l'exemple 1 ? Avant de répondre à ces questions, on va examiner un exemple numérique.

EXEMPLE 3 On pose $P = \begin{bmatrix} 0{,}5 & 0{,}2 & 0{,}3 \\ 0{,}3 & 0{,}8 & 0{,}3 \\ 0{,}2 & 0 & 0{,}4 \end{bmatrix}$ et $\mathbf{x}_0 = \begin{bmatrix} 1 \\ 0 \\ 0 \end{bmatrix}$. On considère un système dont l'état est décrit par la chaîne de Markov $\mathbf{x}_{k+1} = P\mathbf{x}_k$, pour $k = 0, 1, \ldots$ Que devient le système au cours du temps ? Calculer les vecteurs d'état $\mathbf{x}_1, \ldots, \mathbf{x}_{15}$ pour se faire une idée.

SOLUTION

$$\mathbf{x}_1 = P\mathbf{x}_0 = \begin{bmatrix} 0,5 & 0,2 & 0,3 \\ 0,3 & 0,8 & 0,3 \\ 0,2 & 0 & 0,4 \end{bmatrix} \begin{bmatrix} 1 \\ 0 \\ 0 \end{bmatrix} = \begin{bmatrix} 0,5 \\ 0,3 \\ 0,2 \end{bmatrix}$$

$$\mathbf{x}_2 = P\mathbf{x}_1 = \begin{bmatrix} 0,5 & 0,2 & 0,3 \\ 0,3 & 0,8 & 0,3 \\ 0,2 & 0 & 0,4 \end{bmatrix} \begin{bmatrix} 0,5 \\ 0,3 \\ 0,2 \end{bmatrix} = \begin{bmatrix} 0,37 \\ 0,45 \\ 0,18 \end{bmatrix}$$

$$\mathbf{x}_3 = P\mathbf{x}_2 = \begin{bmatrix} 0,5 & 0,2 & 0,3 \\ 0,3 & 0,8 & 0,3 \\ 0,2 & 0 & 0,4 \end{bmatrix} \begin{bmatrix} 0,37 \\ 0,45 \\ 0,18 \end{bmatrix} = \begin{bmatrix} 0,329 \\ 0,525 \\ 0,146 \end{bmatrix}$$

Les résultats des calculs suivants, arrondis à quatre ou cinq décimales, sont indiqués ci-dessous.

$$\mathbf{x}_4 = \begin{bmatrix} 0,3133 \\ 0,5625 \\ 0,1242 \end{bmatrix}, \quad \mathbf{x}_5 = \begin{bmatrix} 0,3064 \\ 0,5813 \\ 0,1123 \end{bmatrix}, \quad \mathbf{x}_6 = \begin{bmatrix} 0,3032 \\ 0,5906 \\ 0,1062 \end{bmatrix}, \quad \mathbf{x}_7 = \begin{bmatrix} 0,3016 \\ 0,5953 \\ 0,1031 \end{bmatrix}$$

$$\mathbf{x}_8 = \begin{bmatrix} 0,3008 \\ 0,5977 \\ 0,1016 \end{bmatrix}, \quad \mathbf{x}_9 = \begin{bmatrix} 0,3004 \\ 0,5988 \\ 0,1008 \end{bmatrix}, \quad \mathbf{x}_{10} = \begin{bmatrix} 0,3002 \\ 0,5994 \\ 0,1004 \end{bmatrix}, \quad \mathbf{x}_{11} = \begin{bmatrix} 0,3001 \\ 0,5997 \\ 0,1002 \end{bmatrix}$$

$$\mathbf{x}_{12} = \begin{bmatrix} 0,30005 \\ 0,59985 \\ 0,10010 \end{bmatrix}, \quad \mathbf{x}_{13} = \begin{bmatrix} 0,30002 \\ 0,59993 \\ 0,10005 \end{bmatrix}, \quad \mathbf{x}_{14} = \begin{bmatrix} 0,30001 \\ 0,59996 \\ 0,10002 \end{bmatrix}, \quad \mathbf{x}_{15} = \begin{bmatrix} 0,30001 \\ 0,59998 \\ 0,10001 \end{bmatrix}$$

Ces vecteurs semblent se rapprocher du vecteur $\mathbf{q} = \begin{bmatrix} 0,3 \\ 0,6 \\ 0,1 \end{bmatrix}$. Les probabilités ne changent pratiquement plus d'une étape à l'autre. On remarque maintenant que le calcul suivant est exact (sans aucun arrondi) :

$$P\mathbf{q} = \begin{bmatrix} 0,5 & 0,2 & 0,3 \\ 0,3 & 0,8 & 0,3 \\ 0,2 & 0 & 0,4 \end{bmatrix} \begin{bmatrix} 0,3 \\ 0,6 \\ 0,1 \end{bmatrix} = \begin{bmatrix} 0,15 + 0,12 + 0,03 \\ 0,09 + 0,48 + 0,03 \\ 0,06 + 0 + 0,04 \end{bmatrix} = \begin{bmatrix} 0,30 \\ 0,60 \\ 0,10 \end{bmatrix} = \mathbf{q}$$

Quand le système est dans l'état $\mathbf{q}$, il n'évolue plus d'une mesure à l'autre.   ∎

État stationnaire

Si P est une matrice stochastique, on appelle **vecteur d'état stationnaire** (ou **vecteur d'équilibre**) de P tout vecteur de probabilité $\mathbf{q}$ tel que

$$P\mathbf{q} = \mathbf{q}$$

On peut montrer que toute matrice stochastique admet un vecteur d'état stationnaire. Dans l'exemple 3, $\mathbf{q}$ est un vecteur d'état stationnaire de P.

EXEMPLE 4   Le vecteur de probabilité $\mathbf{q} = \begin{bmatrix} 0,375 \\ 0,625 \end{bmatrix}$ est un vecteur d'état stationnaire de la matrice de migration M de l'exemple 1, car

$$M\mathbf{q} = \begin{bmatrix} 0,95 & 0,03 \\ 0,05 & 0,97 \end{bmatrix} \begin{bmatrix} 0,375 \\ 0,625 \end{bmatrix} = \begin{bmatrix} 0,35625 + 0,01875 \\ 0,01875 + 0,60625 \end{bmatrix} = \begin{bmatrix} 0,375 \\ 0,625 \end{bmatrix} = \mathbf{q}   ∎$$

Si dans l'exemple 1 la population totale de l'agglomération était de 1 million, alors le vecteur **q** de l'exemple 4 correspondrait à une population de 375 000 habitants dans la ville et de 625 000 dans la banlieue. Après un an, la migration *hors de* la ville serait de $(0,05)(375\,000) = 18\,750$ personnes et la migration *vers* la ville depuis la banlieue serait de $(0,03)(625\,000) = 18\,750$ personnes. La population de la ville serait donc inchangée. De même, la population de la banlieue resterait stable.

L'exemple qui suit montre comment *rechercher* un vecteur d'état stationnaire.

EXEMPLE 5 Soit $P = \begin{bmatrix} 0,6 & 0,3 \\ 0,4 & 0,7 \end{bmatrix}$. Déterminer un vecteur d'état stationnaire de P.

SOLUTION On résout d'abord l'équation $P\mathbf{x} = \mathbf{x}$.

$$P\mathbf{x} - \mathbf{x} = \mathbf{0}$$
$$P\mathbf{x} - I\mathbf{x} = \mathbf{0} \qquad \text{On sait que } I\mathbf{x} = \mathbf{x} \text{ (section 1.4)}.$$
$$(P - I)\mathbf{x} = \mathbf{0}$$

Pour la matrice P ci-dessus,

$$P - I = \begin{bmatrix} 0,6 & 0,3 \\ 0,4 & 0,7 \end{bmatrix} - \begin{bmatrix} 1 & 0 \\ 0 & 1 \end{bmatrix} = \begin{bmatrix} -0,4 & 0,3 \\ 0,4 & -0,3 \end{bmatrix}$$

On trouve les solutions de l'équation $(P - I)\mathbf{x} = \mathbf{0}$ en appliquant la méthode du pivot à la matrice complète du système.

$$\begin{bmatrix} -0,4 & 0,3 & 0 \\ 0,4 & -0,3 & 0 \end{bmatrix} \sim \begin{bmatrix} -0,4 & 0,3 & 0 \\ 0 & 0 & 0 \end{bmatrix} \sim \begin{bmatrix} 1 & -3/4 & 0 \\ 0 & 0 & 0 \end{bmatrix}$$

On obtient $x_1 = \frac{3}{4}x_2$ avec x_2 quelconque. La solution générale est $x_2 \begin{bmatrix} 3/4 \\ 1 \end{bmatrix}$.

Il faut maintenant choisir une base simple de l'espace des solutions. Le choix le plus immédiat est $\begin{bmatrix} 3/4 \\ 1 \end{bmatrix}$. Mais il est préférable d'éviter les fractions en prenant $\mathbf{w} = \begin{bmatrix} 3 \\ 4 \end{bmatrix}$ (ce qui correspond à $x_2 = 4$).

Il reste à trouver un vecteur de probabilité dans l'ensemble des solutions de $P\mathbf{x} = \mathbf{x}$, ce qui est facile puisque toute solution est colinéaire au vecteur **w** ci-dessus. On divise **w** par la somme de ses coefficients et l'on obtient

$$\mathbf{q} = \begin{bmatrix} 3/7 \\ 4/7 \end{bmatrix}$$

À titre de vérification, on calcule

$$P\mathbf{q} = \begin{bmatrix} 6/10 & 3/10 \\ 4/10 & 7/10 \end{bmatrix}\begin{bmatrix} 3/7 \\ 4/7 \end{bmatrix} = \begin{bmatrix} 18/70 + 12/70 \\ 12/70 + 28/70 \end{bmatrix} = \begin{bmatrix} 30/70 \\ 40/70 \end{bmatrix} = \mathbf{q} \qquad \blacksquare$$

Le théorème qui suit montre que ce que l'on a constaté dans l'exemple 3 est en fait une propriété générale de beaucoup de matrices stochastiques. On dit qu'une **matrice stochastique** est **régulière** s'il existe une puissance P^k de cette matrice dont les coefficients sont tous strictement positifs. Si P désigne la matrice de l'exemple 3, alors

$$P^2 = \begin{bmatrix} 0,37 & 0,26 & 0,33 \\ 0,45 & 0,70 & 0,45 \\ 0,18 & 0,04 & 0,22 \end{bmatrix}$$

Les coefficients de P^2 sont strictement positifs, donc P est une matrice stochastique régulière.

On dit aussi qu'une suite de vecteurs $(\mathbf{x}_k)_{k=1,2,\ldots}$ **converge** vers un vecteur $\mathbf{q}$ quand $k \to \infty$ si les composantes de $\mathbf{x}_k$ peuvent être rendues aussi proches que voulu des composantes correspondantes de $\mathbf{q}$, à condition que k soit suffisamment grand.

THÉORÈME 18

> Si P est une matrice stochastique régulière $n \times n$, alors elle admet un unique vecteur d'état stationnaire $\mathbf{q}$. De plus, quel que soit l'état initial $\mathbf{x}_0$, la chaîne de Markov (x_k) définie par $\mathbf{x}_{k+1} = P\mathbf{x}_k$ pour $k = 0, 1, 2, \ldots$ converge vers $\mathbf{q}$ quand $k \to \infty$.

La démonstration de ce théorème figure dans tous les ouvrages classiques sur les chaînes de Markov. Le plus remarquable dans ce théorème est que l'état initial n'a aucune influence sur le comportement à long terme de la chaîne de Markov. On justifiera ce résultat à la section 5.2 dans le cas de certaines des matrices étudiées ici.

EXEMPLE 6 En supposant, dans l'exemple 2, que les résultats de l'élection forment une chaîne de Markov, à quel score peut-on s'attendre dans de nombreuses années pour le candidat républicain ?

SOLUTION Pour faire les calculs à la main, ce serait une *très mauvaise idée* que de choisir un vecteur initial $\mathbf{x}_0$, puis de calculer $\mathbf{x}_1, \ldots, \mathbf{x}_k$ pour une grande valeur de k. On n'a aucun moyen de savoir combien de vecteurs il faut calculer pour avoir une bonne approximation des valeurs limites des coefficients de $\mathbf{x}_k$.

La bonne approche consiste à calculer le vecteur d'état stationnaire et à appliquer le théorème 18. Si l'on considère la matrice P de l'exemple 2, on forme $P - I$ en retranchant 1 à chaque élément diagonal de P, puis on applique la méthode du pivot.

$$[\,(P - I) \quad \mathbf{0}\,] = \begin{bmatrix} -0{,}3 & 0{,}1 & 03 & 0 \\ 0{,}2 & -0{,}2 & 0{,}3 & 0 \\ 0{,}1 & 0{,}1 & -0{,}6 & 0 \end{bmatrix}$$

On a vu dans les calculs précédents qu'il était plus facile de multiplier[15] chaque ligne par 10.

$$\begin{bmatrix} -3 & 1 & 3 & 0 \\ 2 & -2 & 3 & 0 \\ 1 & 1 & -6 & 0 \end{bmatrix} \sim \begin{bmatrix} 1 & 0 & -9/4 & 0 \\ 0 & 1 & -15/4 & 0 \\ 0 & 0 & 0 & 0 \end{bmatrix}$$

La solution générale de $(P - I)\mathbf{x} = \mathbf{0}$ est $x_1 = \frac{9}{4}x_3$, $x_2 = \frac{15}{4}x_3$, avec x_3 quelconque. En prenant $x_3 = 4$, on obtient une base de l'espace des solutions à coefficients entiers, d'où l'on tire facilement le vecteur d'état stationnaire dont la somme des composantes vaut 1 :

$$\mathbf{w} = \begin{bmatrix} 9 \\ 15 \\ 4 \end{bmatrix}, \quad \text{puis} \quad \mathbf{q} = \begin{bmatrix} 9/28 \\ 15/28 \\ 4/28 \end{bmatrix} \approx \begin{bmatrix} 0{,}32 \\ 0{,}54 \\ 0{,}14 \end{bmatrix}$$

Les composantes de $\mathbf{q}$ représentent la distribution des votes à prévoir dans de nombreuses années (en supposant que les modifications d'une élection à l'autre restent correctement décrites par la matrice stochastique P). Ainsi, le candidat républicain devrait recueillir au bout du compte 54 % des suffrages. ■

---

[15] *Attention :* C'est la matrice complète de l'équation $(P - I)\mathbf{x} = \mathbf{0}$ qu'il faut multiplier par 10, et pas seulement P.

REMARQUE NUMÉRIQUE

Le lecteur aura peut-être remarqué que si $\mathbf{x}_{k+1} = P\mathbf{x}_k$ pour $k = 0, 1, \ldots$, alors

$$\mathbf{x}_2 = P\mathbf{x}_1 = P(P\mathbf{x}_0) = P^2\mathbf{x}_0$$

et que, plus généralement,

$$\mathbf{x}_k = P^k\mathbf{x}_0 \quad \text{pour } k = 0, 1, \ldots$$

Calculer un vecteur spécifique comme $\mathbf{x}_3$ en calculant $\mathbf{x}_1, \mathbf{x}_2$ et $\mathbf{x}_3$ nécessite moins d'opérations arithmétiques que de calculer P^3, puis $P^3\mathbf{x}_0$. Toutefois, pour de petites valeurs de la taille de P (typiquement jusqu'à 30×30), le temps machine de calcul est négligeable quelle que soit la méthode utilisée, et l'on pourra préférer écrire une commande calculant $P^3\mathbf{x}_0$, tout simplement parce que l'on aura moins de texte à taper au clavier.

EXERCICES D'ENTRAÎNEMENT

1. On suppose que les résidents d'une agglomération urbaine déménagent selon les probabilités de la matrice de migration M de l'exemple 1, et l'on choisit un résident « au hasard ». On peut alors interpréter le vecteur d'état pour une certaine année comme donnant les probabilités que ce résident habite en ville ou en banlieue cette année-là.

   a. On suppose que le résident sélectionné habite au départ en ville, de sorte que $\mathbf{x}_0 = \begin{bmatrix} 1 \\ 0 \end{bmatrix}$. Quelle est la probabilité qu'il habite en banlieue l'année suivante ?

   b. Quelle est la probabilité qu'il habite en banlieue deux ans plus tard ?

2. On pose $P = \begin{bmatrix} 0{,}6 & 0{,}2 \\ 0{,}4 & 0{,}8 \end{bmatrix}$ et $\mathbf{q} = \begin{bmatrix} 0{,}3 \\ 0{,}7 \end{bmatrix}$. Le vecteur $\mathbf{q}$ décrit-il l'état stationnaire de P ?

3. Dans l'exemple 1, quel sera, après de nombreuses années, le pourcentage de la population habitant en banlieue ?

4.9 EXERCICES

1. Un petit village isolé reçoit deux stations de radio : l'une diffuse des informations et l'autre de la musique. Parmi les auditeurs de la station d'informations, 70 % resteront à l'écoute après la pause publicitaire qui a lieu toutes les demi-heures, tandis que 30 % passeront sur la station musicale. Parmi les auditeurs de la station musicale, 60 % passeront sur la station d'informations au moment de la pause et 40 % continueront à écouter de la musique. On suppose qu'à 8 h 15, tout le monde écoute les informations.

   a. Déterminer la matrice stochastique décrivant les changements de station des auditeurs à chaque pause publicitaire. Étiqueter les lignes et les colonnes.

   b. Écrire le vecteur d'état initial.

   c. Quel pourcentage d'auditeurs écoutent la station de musique à 9 h 25 (après les pauses de 8 h 30 et de 9 h) ?

2. On considère un animal de laboratoire pouvant choisir chaque jour entre trois nourritures différentes. Les données recueillies ont montré que s'il choisissait l'une des nourritures, il faisait le même choix la fois suivante selon une probabilité de 60 % et prenait une des autres nourritures selon des probabilités égales de 20 %.

   a. Quelle matrice stochastique décrit cette situation ?

   b. Si l'animal choisit la nourriture n° 1 au départ, quelle est la probabilité qu'il choisisse la nourriture n° 2 deux « repas » plus tard ?

3. Chaque jour, des étudiants peuvent être malades ou bien portants. Parmi ceux qui sont bien portants un certain jour, 95 % iront toujours bien le lendemain. Parmi ceux qui sont malades, 55 % seront encore malades le lendemain.

a. Quelle matrice stochastique décrit cette situation ?

b. On suppose qu'un certain lundi, 20 % des étudiants sont malades. Quel sera le pourcentage (ou la fraction) probable d'étudiants malades le mardi ? le mercredi ?

c. Si un étudiant est malade, quelle est la probabilité qu'il aille bien deux jours plus tard ?

4. On s'intéresse à une petite ville où le temps un jour donné peut être beau, moyen ou mauvais. S'il fait beau un jour, il y a 60 % de chances qu'il fasse beau le lendemain, 30 % de chances que le temps soit moyen et 10 % de chances (ou plutôt de risques) qu'il fasse mauvais. Si le temps est moyen, il y a 40 % de chances qu'il fasse beau le lendemain et 30 % de chances que le temps reste moyen. Enfin, s'il fait mauvais, il y a 40 % de chances qu'il fasse beau le lendemain et 50 % de chances que le temps soit moyen.

a. Quelle matrice stochastique décrit cette situation ?

b. Si un jour donné il y a 50 % de chances qu'il fasse beau et 50 % de chances que le temps soit moyen, quels sont les risques de mauvais temps le lendemain ?

c. On suppose que les prévisions météorologiques donnent pour lundi un temps moyen avec une probabilité de 40 % et mauvais avec une probabilité de 40 %. Quelles sont les chances de beau temps pour mercredi ?

Dans les exercices 5 à 8, déterminer le vecteur d'état stationnaire.

5. $\begin{bmatrix} 0,1 & 0,6 \\ 0,9 & 0,4 \end{bmatrix}$ **6.** $\begin{bmatrix} 0,8 & 0,5 \\ 0,2 & 0,5 \end{bmatrix}$

7. $\begin{bmatrix} 0,7 & 0,1 & 0,1 \\ 0,2 & 0,8 & 0,2 \\ 0,1 & 0,1 & 0,7 \end{bmatrix}$ **8.** $\begin{bmatrix} 0,7 & 0,2 & 0,2 \\ 0,0 & 0,2 & 0,4 \\ 0,3 & 0,6 & 0,4 \end{bmatrix}$

9. La matrice $P = \begin{bmatrix} 0,2 & 1 \\ 0,8 & 0 \end{bmatrix}$ est-elle stochastique régulière ?

10. La matrice $P = \begin{bmatrix} 1 & 0,2 \\ 0 & 0,8 \end{bmatrix}$ est-elle stochastique régulière ?

11. On reprend la situation de l'exercice 1.

a. Déterminer le vecteur d'état stationnaire de la chaîne de Markov.

b. Quelle sera, en fin de journée, la proportion d'auditeurs à l'écoute de la station d'informations ?

12. On reprend la situation de l'exercice 2. Quelle sera, après un grand nombre de repas, la nourriture préférée de l'animal ?

13. On reprend la situation de l'exercice 3.

a. Déterminer le vecteur d'état stationnaire de la chaîne de Markov.

b. Quelle est la probabilité qu'au bout d'un grand nombre de jours, un étudiant donné soit malade ? Son état de santé initial influe-t-il sur ce résultat ?

14. On reprend la situation de l'exercice 4. Quelle est à long terme la probabilité qu'il fasse beau un jour donné dans cette ville ?

15. [M] Les données publiées par l'unité de recherches démographiques du ministère des Finances de Californie ont permis d'établir la matrice de migration indiquée ci-dessous, qui décrit les mouvements de population à l'intérieur des États-Unis durant l'année 1989. Cette année-là, la Californie représentait 11,7 % de la population américaine globale. Quelle serait à long terme la part de la population américaine vivant en Californie si les probabilités de migration restaient constantes au cours du temps ?

Depuis :

Calif.	Autres	Vers :
0,9871	0,0027	Californie
0,0129	0,9973	Autres États

16. [M] Une agence de location de la ville de Detroit possède une flotte de 2 000 voitures. Le schéma des locations et des retours correspond aux proportions données dans le tableau ci-dessous. Pour un jour moyen, quel est le nombre approximatif de voitures louées ou restant à louer à l'agence du centre-ville ?

Locations à :

Aéroport urbain	Centre-ville	Aéroport métropol.	Retours à :
0,90	0,01	0,09	Aéroport urbain
0,01	0,90	0,01	Centre-ville
0,09	0,09	0,90	Aéroport métropolitain

17. Soit P une matrice stochastique $n \times n$. Le raisonnement suivant montre que l'équation $P\mathbf{x} = \mathbf{x}$ admet une solution non triviale (en fait, on peut affirmer que, plus précisément, il existe une solution stationnaire à coefficients positifs ; ce résultat est démontré dans des ouvrages plus approfondis sur le sujet). En précisant le théorème utilisé, justifier chacune des affirmations suivantes :

a. Si l'on ajoute à la dernière ligne de $P - I$ la somme de toutes les autres, on obtient une ligne de zéros.

b. Les lignes de $P - I$ sont linéairement dépendantes.

c. La dimension de l'espace engendré par les lignes de $P - I$ est strictement inférieure à n.

d. Le noyau de $P - I$ n'est pas réduit à $\{0\}$.

18. Démontrer que toute matrice stochastique 2×2 admet au moins un vecteur d'état stationnaire. Toute matrice de ce type peut s'écrire sous la forme $P = \begin{bmatrix} 1 - \alpha & \beta \\ \alpha & 1 - \beta \end{bmatrix}$, où α et β sont des constantes comprises entre 0 et 1 (si $\alpha = \beta = 0$, on peut trouver deux vecteurs d'état stationnaire linéairement indépendants ; sinon, il n'en existe qu'un).

19. Soit S la matrice-ligne $1 \times n$ ne comportant que des 1 :

$$S = [\,1 \quad 1 \quad \cdots \quad 1\,]$$

  a. Montrer qu'un vecteur $\mathbf{x}$ de $\mathbb{R}^n$ est un vecteur de probabilité si et seulement si ses composantes sont positives et $S\mathbf{x} = 1$ (une matrice 1×1 telle que le produit $S\mathbf{x}$ s'écrit en général sans les crochets et est assimilée à un scalaire).

  b. Soit P une matrice stochastique de type $n \times n$. Montrer que $SP = S$.

  c. Soit P une matrice stochastique de type $n \times n$ et $\mathbf{x}$ un vecteur de probabilité. Montrer que $P\mathbf{x}$ est aussi un vecteur de probabilité.

20. En utilisant l'exercice 19, montrer que si P est une matrice stochastique $n \times n$, alors il en est de même de P^2.

21. [M] On étudie les puissances d'une matrice stochastique régulière.

  a. On considère la matrice

$$P = \begin{bmatrix} 0{,}3355 & 0{,}3682 & 0{,}3067 & 0{,}0389 \\ 0{,}2663 & 0{,}2723 & 0{,}3277 & 0{,}5451 \\ 0{,}1935 & 0{,}1502 & 0{,}1589 & 0{,}2395 \\ 0{,}2047 & 0{,}2093 & 0{,}2067 & 0{,}1765 \end{bmatrix}$$

Calculer P^k pour $k = 2, 3, 4$ et 5. On affichera les résultats avec quatre décimales. Que deviennent les colonnes de P^k quand k augmente ? Calculer le vecteur d'état stationnaire de P.

  b. On pose

$$Q = \begin{bmatrix} 0{,}97 & 0{,}05 & 0{,}10 \\ 0 & 0{,}90 & 0{,}05 \\ 0{,}03 & 0{,}05 & 0{,}85 \end{bmatrix}$$

Calculer Q^k pour $k = 10, 20, \ldots, 80$ (il faudrait aller au moins jusqu'à $k = 116$ pour observer une stabilité de Q^k à la précision de quatre décimales). Calculer le vecteur d'état stationnaire de Q. Proposer une conjecture concernant les matrices stochastiques régulières.

  c. Expliquer à l'aide du théorème 18 ce que l'on observe en (a) et (b).

22. [M] Comparer deux méthodes visant à déterminer le vecteur d'état stationnaire $\mathbf{q}$ d'une matrice stochastique régulière P : (1) calcul de $\mathbf{q}$ comme dans l'exemple 5 ; (2) calcul de P^k pour une valeur élevée de k et utilisation de l'une des colonnes de P^k comme approximation de $\mathbf{q}$.

On expérimentera ces méthodes avec des matrices stochastiques aléatoires aussi grandes que le logiciel le permet et l'on choisira par exemple $k = 100$ ou une autre valeur élevée. Pour chaque méthode, on retiendra le temps passé à saisir le programme au clavier et à l'exécuter (certaines versions de MATLAB disposent de commandes `flops` et `tic` …`toc` qui comptent le nombre d'opérations effectuées et mesurent le temps machine). Comparer les avantages et les inconvénients des deux méthodes.

SOLUTIONS DES EXERCICES D'ENTRAÎNEMENT

1. a. Comme 5 % des résidents de la ville déménagent pour la banlieue en un an, la probabilité d'avoir choisi une telle personne est de 5 %. Puisque l'on n'a aucun renseignement supplémentaire, on dira qu'il y a 5 % de chances que cette personne parte en banlieue. Ce résultat se lit dans la seconde composante du vecteur d'état $\mathbf{x}_1$, avec

$$\mathbf{x}_1 = M\mathbf{x}_0 = \begin{bmatrix} 0{,}95 & 0{,}03 \\ 0{,}05 & 0{,}97 \end{bmatrix} \begin{bmatrix} 1 \\ 0 \end{bmatrix} = \begin{bmatrix} 0{,}95 \\ 0{,}05 \end{bmatrix}$$

  b. La probabilité que cette personne habite en banlieue au bout de deux ans est de 9,6 % car

$$\mathbf{x}_2 = M\mathbf{x}_1 = \begin{bmatrix} 0{,}95 & 0{,}03 \\ 0{,}05 & 0{,}97 \end{bmatrix} \begin{bmatrix} 0{,}95 \\ 0{,}05 \end{bmatrix} = \begin{bmatrix} 0{,}904 \\ 0{,}096 \end{bmatrix}$$

2. Le vecteur d'état stationnaire vérifie $P\mathbf{x} = \mathbf{x}$. Or

$$P\mathbf{q} = \begin{bmatrix} 0{,}6 & 0{,}2 \\ 0{,}4 & 0{,}8 \end{bmatrix} \begin{bmatrix} 0{,}3 \\ 0{,}7 \end{bmatrix} = \begin{bmatrix} 0{,}32 \\ 0{,}68 \end{bmatrix} \neq \mathbf{q}$$

donc $\mathbf{q}$ *n'est pas* le vecteur d'état stationnaire de P.

3. La matrice M de l'exemple 1 est une matrice stochastique régulière car ses coefficients sont tous strictement positifs. On peut donc utiliser le théorème 18. Le vecteur d'état stationnaire a déjà été calculé à l'exemple 4. Donc la suite $\mathbf{x}_k$ des vecteurs de distribution de la population converge vers

$$\mathbf{q} = \begin{bmatrix} 0{,}375 \\ 0{,}625 \end{bmatrix}$$

Au bout d'un certain temps, 62,5 % de la population vivra en banlieue.

CHAPITRE 4 EXERCICES SUPPLÉMENTAIRES

1. Dire de chaque énoncé s'il est vrai ou faux. Justifier les réponses : si l'énoncé est vrai, citer la propriété ou le théorème utilisé ; s'il est faux, expliquer pourquoi ou donner un contre-exemple montrant pourquoi il n'est pas vérifié dans tous les cas. Dans les questions (a) à (f), $\mathbf{v}_1, \ldots, \mathbf{v}_p$ désignent des vecteurs non nuls d'un espace vectoriel V non nul de dimension finie et l'on pose $F = (\mathbf{v}_1, \ldots, \mathbf{v}_p)$.

a. L'ensemble des combinaisons linéaires de $\mathbf{v}_1, \ldots, \mathbf{v}_p$ est un espace vectoriel.

b. Si $(\mathbf{v}_1, \ldots, \mathbf{v}_{p-1})$ engendre V, alors F engendre V.

c. Si $(\mathbf{v}_1, \ldots, \mathbf{v}_{p-1})$ est libre, alors il en va de même de F.

d. Si F est libre, alors c'est une base de V.

e. Si $\operatorname{Vect} F = V$, alors on peut extraire de F une base de V.

f. Si $\dim V = p$ et $\operatorname{Vect} F = V$, alors F est forcément libre.

g. Un plan de $\mathbb{R}^3$ est un sous-espace vectoriel de dimension 2.

h. Les colonnes non pivots d'une matrice sont toujours linéairement dépendantes.

i. Les opérations élémentaires sur les lignes d'une matrice A peuvent modifier les relations de dépendance linéaire entre les lignes de la matrice.

j. Les opérations élémentaires sur les lignes d'une matrice peuvent modifier le noyau de la matrice.

k. Le rang d'une matrice est égal au nombre de lignes non nulles de cette matrice.

l. Si A est une matrice $m \times n$ équivalente selon les lignes à une matrice échelonnée U et si U a k lignes non nulles, alors l'espace des solutions de l'équation $A\mathbf{x} = \mathbf{0}$ est de dimension $m - k$.

m. Si B se déduit de A par une suite d'opérations élémentaires sur les lignes, alors rang B = rang A.

n. Les lignes non nulles d'une matrice A forment une base de $\operatorname{Lgn} A$.

o. Si deux matrices A et B ont la même forme échelonnée réduite, alors $\operatorname{Lgn} A = \operatorname{Lgn} B$.

p. Si H est un sous-espace vectoriel de $\mathbb{R}^3$, alors il existe une matrice A de type 3×3 telle que $H = \operatorname{Im} A$.

q. Si A est une matrice $m \times n$ et si rang $A = m$, alors l'application linéaire $\mathbf{x} \mapsto A\mathbf{x}$ est injective.

r. Si A est une matrice $m \times n$ et si l'application linéaire $\mathbf{x} \mapsto A\mathbf{x}$ est surjective, alors rang $A = m$.

s. Une matrice de passage est toujours inversible.

t. Si $\mathcal{B} = (\mathbf{b}_1, \ldots, \mathbf{b}_n)$ et $\mathcal{C} = (\mathbf{c}_1, \ldots, \mathbf{c}_n)$ sont des bases d'un espace vectoriel V, alors la j^{e} colonne de la matrice de passage $\underset{C \leftarrow \mathcal{B}}{P}$ est égale à la colonne de composantes $[\mathbf{c}_j]_{\mathcal{B}}$.

2. Déterminer une base de l'ensemble des vecteurs du type

$$\begin{bmatrix} a - 2b + 5c \\ 2a + 5b - 8c \\ -a - 4b + 7c \\ 3a + b + c \end{bmatrix} \quad \text{(attention, il y a un petit piège).}$$

3. On considère $\mathbf{u}_1 = \begin{bmatrix} -2 \\ 4 \\ -6 \end{bmatrix}$, $\mathbf{u}_2 = \begin{bmatrix} 1 \\ 2 \\ -5 \end{bmatrix}$, $\mathbf{b} = \begin{bmatrix} b_1 \\ b_2 \\ b_3 \end{bmatrix}$ et $W = \operatorname{Vect}\{\mathbf{u}_1, \mathbf{u}_2\}$. Décrire W de façon *implicite*, c'est-à-dire trouver un système d'une ou plusieurs équations linéaires homogènes caractérisant les éléments de W. [*Indication* : À quelle condition $\mathbf{b}$ appartient-il à W ?]

4. Expliquer l'erreur que comporte le raisonnement suivant : On pose $\mathbf{f}(t) = 3 + t$ et $\mathbf{g}(t) = 3t + t^2$ et l'on remarque que $\mathbf{g}(t) = t\mathbf{f}(t)$; il en résulte que $(\mathbf{f}, \mathbf{g})$ est liée car $\mathbf{g}$ est colinéaire à $\mathbf{f}$.

5. On considère les polynômes définis par les relations $\mathbf{p}_1(t) = 1 + t$, $\mathbf{p}_2(t) = 1 - t$, $\mathbf{p}_3(t) = 4$, $\mathbf{p}_4(t) = t + t^2$ et $\mathbf{p}_5(t) = 1 + 2t + t^2$. Soit H le sous-espace vectoriel de $\mathbb{P}_5$ engendré par $S = \{\mathbf{p}_1, \mathbf{p}_2, \mathbf{p}_3, \mathbf{p}_4, \mathbf{p}_5\}$. En utilisant la même méthode que celle qui a servi dans la démonstration du théorème de la base extraite (voir section 4.3), construire une base de H (on expliquera comment choisir des éléments convenables de S).

6. On considère des polynômes fixés $\mathbf{p}_1$, $\mathbf{p}_2$, $\mathbf{p}_3$, $\mathbf{p}_4$, et l'on suppose qu'ils engendrent un sous-espace vectoriel H de $\mathbb{P}_5$ de dimension 2. Expliquer comment on peut, à partir de ces quatre polynômes et presque sans calculs, déterminer une base de H.

7. Que doit-on supposer à propos d'un système linéaire homogène de 18 équations linéaires à 20 inconnues pour être sûr que tous les systèmes non homogènes associés ont au moins une solution ? Justifier.

8. Soit H un sous-espace vectoriel de dimension n d'un espace vectoriel V lui aussi de dimension n. Justifier le fait que $H = V$.

9. Soit $T : \mathbb{R}^n \to \mathbb{R}^m$ une application linéaire.

  a. Quelle est la dimension de l'image de T si T est injective ? Expliquer.

  b. Quelle est la dimension du noyau de T (voir section 4.2) si T est surjective ? Expliquer.

10. Soit L une famille libre maximale de vecteurs d'un espace vectoriel V, ce qui signifie que si l'on adjoint à L un vecteur qui n'en fait pas déjà partie, la famille obtenue est liée. Montrer que S est une base de V. [*Indication :* Que signifierait que L soit libre sans être une base de V ?]

11. Soit G une famille génératrice minimale d'un espace vectoriel V, ce qui signifie que si l'on supprime un vecteur de G, la famille obtenue n'est plus une famille génératrice. Montrer que S est une base de V.

Les exercices 12 à 17 développent des propriétés du rang utiles dans certaines applications. La matrice A est ici une matrice $m \times n$.

12. On montre dans les questions (a) et (b) que le rang de AB ne peut dépasser ni celui de A, ni celui de B (plus généralement, le rang d'un produit de matrices ne peut dépasser celui d'aucun des facteurs du produit).

  a. Montrer que si B est une matrice $n \times p$, alors rang $AB \le$ rang A. [*Indication :* Justifier le fait que tout vecteur de l'image de AB appartient à l'image de A.]

  b. Montrer que si B est une matrice $n \times p$, alors rang $AB \le$ rang B. [*Indication :* Utiliser la question (a) pour étudier rang$(AB)^T$.]

13. Montrer que si P est une matrice $m \times m$ inversible, alors rang $PA =$ rang A. [*Indication :* Appliquer l'exercice 12 à PA et $P^{-1}(PA)$.]

14. Montrer que si Q est inversible, alors rang $AQ =$ rang A. [*Indication :* Utiliser l'exercice 13 pour étudier rang$(AQ)^T$.]

15. Soit A une matrice $m \times n$ et B une matrice $n \times p$ telles que $AB = 0$. Montrer que rang A + rang $B \le n$. [*Indication :* L'un des quatre sous-espaces Ker A, Im A, Ker B et Im B est inclus dans l'un des trois autres.]

16. Soit A une matrice $m \times n$ de rang r. On appelle *factorisation par le rang* de A une relation de la forme $A = CR$, où C est une matrice $m \times r$ de rang r et R une matrice $r \times n$ de rang r. Une telle factorisation existe toujours (voir exercice 38, section 4.6). Étant donné deux matrices A et B de type $m \times n$, montrer, à l'aide d'une telle factorisation de A et de B, que

rang$(A + B) \le$ rang A + rang B.

[*Indication :* On écrira $A + B$ comme un produit par blocs de deux matrices.]

17. On appelle **sous-matrice** d'une matrice A une matrice obtenue en supprimant (ou pas) des lignes ou des colonnes de A. On peut montrer que A est de rang r si et seulement

si A contient une sous-matrice inversible $r \times r$ et si aucune sous-matrice carrée plus grande n'est inversible. Démontrer partiellement ce résultat en justifiant : (a) le fait qu'une matrice A de type $m \times n$ de rang r contient une sous-matrice A_1 de type $m \times r$ et de rang r ; (b) le fait que A_1 contient une sous-matrice A_2 inversible $r \times r$.

La notion de rang joue un rôle important en automatique, comme dans l'exemple de la navette spatiale présenté en introduction de ce chapitre. La *représentation d'état* d'un système de contrôle comporte une relation de récurrence linéaire de la forme

$$\mathbf{x}_{k+1} = A\mathbf{x}_k + B\mathbf{u}_k \quad \text{pour } k = 0, 1, \dots \tag{1}$$

où A est une matrice $n \times n$, B une matrice $n \times m$, $(\mathbf{x}_k)$ une suite de « vecteurs d'état » de $\mathbb{R}^n$ décrivant, à des intervalles de temps discrets, l'état du système et $(\mathbf{u}_k)$ une séquence de *commandes* ou d'*entrées*. On dit que le couple (A, B) est *commandable* si

$$\text{rang} \begin{bmatrix} B & AB & A^2B & \cdots & A^{n-1}B \end{bmatrix} = n \tag{2}$$

La matrice figurant en (2) est appelée *matrice de commandabilité* (ou de *contrôlabilité*) du système. Si (A, B) est commandable, alors le système peut être commandé, ou piloté, à partir de l'état $\mathbf{0}$ jusqu'à n'importe quel état spécifié $\mathbf{v}$ (dans $\mathbb{R}^n$) en un maximum de n étapes, en choisissant simplement une séquence convenable de commandes dans $\mathbb{R}^m$. L'exercice 18 illustre cette propriété pour $n = 4$ et $m = 2$.

18. Soit A une matrice 4×4 et B une matrice 4×2 ; $\mathbf{u}_0, \dots, \mathbf{u}_3$ représentent une séquence de vecteurs d'entrée de $\mathbb{R}^2$.

  a. En prenant $\mathbf{x}_0 = \mathbf{0}$, calculer $\mathbf{x}_1, \dots, \mathbf{x}_4$ à partir de la relation (1) et écrire $\mathbf{x}_4$ à l'aide de la matrice de commandabilité M figurant dans la relation (2) (*Remarque :* M est construite comme une matrice par blocs ; sa taille totale est 4×8).

  b. On suppose que (A, B) est commandable et l'on se donne un vecteur $\mathbf{v}$ quelconque de $\mathbb{R}^4$. Justifier l'existence d'une séquence de commandes $\mathbf{u}_0, \dots, \mathbf{u}_3$ de vecteurs de $\mathbb{R}^2$ telle que $\mathbf{x}_4 = \mathbf{v}$.

Étudier la commandabilité des couples de matrices des exercices 19 à 22.

19. $A = \begin{bmatrix} 0,9 & 1 & 0 \\ 0 & -0,9 & 0 \\ 0 & 0 & 0,5 \end{bmatrix}$, $B = \begin{bmatrix} 0 \\ 1 \\ 1 \end{bmatrix}$

20. $A = \begin{bmatrix} 0,8 & 0,3 & 0 \\ 0,2 & 0,5 & 1 \\ 0 & 0 & -0,5 \end{bmatrix}$, $B = \begin{bmatrix} 1 \\ 1 \\ 0 \end{bmatrix}$

21. [M] $A = \begin{bmatrix} 0 & 1 & 0 & 0 \\ 0 & 0 & 1 & 0 \\ 0 & 0 & 0 & 1 \\ -2 & -4,2 & -4,8 & -3,6 \end{bmatrix}$, $B = \begin{bmatrix} 1 \\ 0 \\ 0 \\ -1 \end{bmatrix}$

22. [M] $A = \begin{bmatrix} 0 & 1 & 0 & 0 \\ 0 & 0 & 1 & 0 \\ 0 & 0 & 0 & 1 \\ -1 & -13 & -12,2 & -1,5 \end{bmatrix}$, $B = \begin{bmatrix} 1 \\ 0 \\ 0 \\ -1 \end{bmatrix}$

5 Valeurs propres, vecteurs propres

EXEMPLE INTRODUCTIF

Systèmes dynamiques et chouette tachetée

En 1990, la chouette tachetée du Nord (espèce endémique américaine) fut au centre d'une controverse nationale au sujet de l'utilisation des magnifiques forêts situées dans la région du Pacifique Nord-Ouest. L'habitat préféré de cet animal est localisé dans les forêts anciennes (contenant des arbres de plus de 200 ans). Les écologistes convainquirent le gouvernement fédéral que si les abattages d'arbres devaient continuer dans ces zones, la chouette serait rapidement menacée d'extinction. Les professionnels du bois, qui prédisaient la perte de 30 000 à 100 000 emplois si les restrictions gouvernementales en matière d'abattage étaient appliquées, soutenaient que la chouette ne pouvait être considérée comme une espèce menacée et citaient un grand nombre de publications scientifiques à l'appui de leur thèse.

Pris entre les feux de deux groupes de pression, les spécialistes en écologie mathématique intensifièrent leurs recherches pour comprendre la dynamique des populations de chouettes tachetées. Le cycle de vie d'une chouette tachetée se divise naturellement en trois stades : les stades juvénile (jusqu'à un an), pré-adulte (de un à deux ans) et adulte (au-delà de deux ans). Les chouettes s'accouplent pour la vie à l'âge pré-adulte ou adulte, commencent à se reproduire une fois adultes et peuvent vivre jusqu'à 20 ans. Chaque couple a besoin d'environ 1 000 hectares de territoire. Un des moments critiques du cycle de vie de la chouette est celui où elle quitte le nid. Pour survivre et devenir pré-adulte, un jeune doit trouver un nouveau territoire (et en général un ou une partenaire).

La première étape de l'étude de la dynamique d'une population consiste à la modéliser à des intervalles d'un an, pour des années $k = 0, 1, 2, \ldots$ On suppose en général que, pour chacun des stades de développement, le nombre de mâles est égal à celui des femelles, et l'on compte seulement ces dernières. La population de l'année k peut être décrite par un vecteur $\mathbf{x}_k = (j_k, p_k, a_k)$, où j_k, p_k et a_k sont respectivement les nombres de femelles jeunes, pré-adultes et adultes.

En utilisant des données réelles issues d'études démographiques, R. Lamberson et ses collaborateurs établirent le modèle matriciel suivant[1] :

$$\begin{bmatrix} j_{k+1} \\ p_{k+1} \\ a_{k+1} \end{bmatrix} = \begin{bmatrix} 0 & 0 & 0{,}33 \\ 0{,}18 & 0 & 0 \\ 0 & 0{,}71 & 0{,}94 \end{bmatrix} \begin{bmatrix} j_k \\ p_k \\ a_k \end{bmatrix}$$

Ici, le nombre de nouvelles femelles juvéniles de l'année $k + 1$ est 0,33 fois celui des femelles adultes de l'année k (calcul correspondant au taux moyen de naissances par couple de chouettes). De même, 18 % des jeunes survivent et deviennent des pré-adultes et, enfin, 71 % des pré-adultes et 94 % des adultes survivent et comptent parmi les adultes de l'année suivante.

Ce modèle matriciel se présente sous la forme d'une récurrence linéaire $\mathbf{x}_{k+1} = A\mathbf{x}_k$. Une telle équation est

---

[1] « The Great Spotted Owl War », *Reader's Digest*, novembre 1992, p. 91 à 95.

souvent appelée **système dynamique** (ou plus précisément ici **système dynamique linéaire discret**) car elle décrit les modifications d'un système au cours du temps.

Parmi les coefficients de la matrice de Lamberson, le plus sensible à la quantité de forêts anciennes disponibles est le taux de survie des jeunes de 18 %. En fait, normalement, 60 % des jeunes survivent et quittent le nid, mais dans la région californienne de Willow Creek étudiée par Lamberson et ses collègues, seuls 30 % des jeunes ayant quitté le nid parvenaient à trouver un nouveau territoire. Les autres mouraient pendant leurs recherches.

L'une des raisons principales de l'échec des chouettes à trouver un lieu de nidification est la fragmentation croissante des parcelles d'exploitation de forêts anciennes, due aux coupes rases pratiquées dans des zones dispersées. Quand une chouette quitte le couvert protecteur de la forêt et traverse une zone de coupes rases, le risque d'attaque par un prédateur augmente considérablement. On verra dans la section 5.6 que le modèle décrit ci-dessus prédit la disparition finale de la chouette tachetée. Cependant, si 50 % des jeunes qui survivent et quittent le nid trouvent également un nouveau territoire, alors la population de chouettes pourra prospérer.

L'objectif de ce chapitre est de disséquer l'action d'une application linéaire $\mathbf{x} \mapsto A\mathbf{x}$ en composants plus petits, faciles à étudier. Mis à part une brève digression à la section 5.4, on suppose, dans ce chapitre, que toutes les matrices sont carrées. Ici, on applique la théorie principalement aux systèmes dynamiques discrets, tels que celui qui apparaît dans la question des chouettes tachetées présentée ci-dessus. Cependant, les concepts fondamentaux de ce chapitre (valeur propre, vecteur propre) sont extrêmement importants aussi bien en mathématiques pures qu'en mathématiques appliquées, et ils apparaissent dans des contextes bien plus généraux que ceux qui sont exposés ici. On utilise aussi les valeurs propres pour étudier des équations différentielles ou des systèmes dynamiques *continus*. Les ingénieurs de conception les utilisent pour analyser leurs systèmes, et elles apparaissent naturellement dans de nombreux domaines tels que la physique et la chimie.

5.1 | VECTEURS PROPRES, VALEURS PROPRES

A priori, une application linéaire $\mathbf{x} \mapsto A\mathbf{x}$ peut envoyer les vecteurs un peu n'importe où. Il est toutefois fréquent que l'on puisse associer à A des vecteurs particuliers sur lesquels l'action de l'application est assez simple.

EXEMPLE 1 On pose $A = \begin{bmatrix} 3 & -2 \\ 1 & 0 \end{bmatrix}$, $\mathbf{u} = \begin{bmatrix} -1 \\ 1 \end{bmatrix}$ et $\mathbf{v} = \begin{bmatrix} 2 \\ 1 \end{bmatrix}$. Les produits des vecteurs $\mathbf{u}$ et $\mathbf{v}$ par A sont représentés à la figure 1. On voit que $A\mathbf{v}$ est tout simplement égal au vecteur $2\mathbf{v}$. Par conséquent, le seul effet de A sur $\mathbf{v}$ est de « l'étirer » (ou de le « dilater »). ■

Le lecteur qui a étudié la section 4.9 dispose d'un autre exemple de cette situation : On rappelle que si A est une matrice stochastique, alors le vecteur d'état stationnaire $\mathbf{q}$ de A vérifie l'équation $A\mathbf{x} = \mathbf{x}$. Autrement dit, on a $A\mathbf{q} = 1 \cdot \mathbf{q}$.

L'objet de cette section est l'étude d'équations telles que

$$A\mathbf{x} = 2\mathbf{x} \quad \text{ou} \quad A\mathbf{x} = -4\mathbf{x}$$

consistant à rechercher des vecteurs transformés par A en des vecteurs qui leur sont colinéaires.

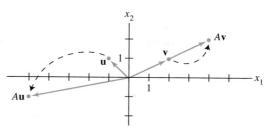

FIGURE 1 Effets de la multiplication par A

DÉFINITION

Soit A une matrice $n \times n$. On appelle **vecteur propre** de A tout vecteur non nul $\mathbf{x}$ tel que $A\mathbf{x} = \lambda\mathbf{x}$ pour un certain scalaire λ. Un scalaire λ est appelé **valeur propre** de A si l'équation $A\mathbf{x} = \lambda\mathbf{x}$ admet au moins une solution non triviale $\mathbf{x}$; un tel vecteur $\mathbf{x}$ est appelé **vecteur propre**[2] **associé à λ**.

Il est facile de vérifier si un vecteur donné est un vecteur propre d'une matrice. Il est également facile de savoir si un scalaire donné est une valeur propre.

EXEMPLE 2 On pose $A = \begin{bmatrix} 1 & 6 \\ 5 & 2 \end{bmatrix}$, $\mathbf{u} = \begin{bmatrix} 6 \\ -5 \end{bmatrix}$ et $\mathbf{v} = \begin{bmatrix} 3 \\ -2 \end{bmatrix}$. Les vecteurs $\mathbf{u}$ et $\mathbf{v}$ sont-ils des vecteurs propres de A ?

SOLUTION

$$A\mathbf{u} = \begin{bmatrix} 1 & 6 \\ 5 & 2 \end{bmatrix}\begin{bmatrix} 6 \\ -5 \end{bmatrix} = \begin{bmatrix} -24 \\ 20 \end{bmatrix} = -4\begin{bmatrix} 6 \\ -5 \end{bmatrix} = -4\mathbf{u}$$

$$A\mathbf{v} = \begin{bmatrix} 1 & 6 \\ 5 & 2 \end{bmatrix}\begin{bmatrix} 3 \\ -2 \end{bmatrix} = \begin{bmatrix} -9 \\ 11 \end{bmatrix} \neq \lambda\begin{bmatrix} 3 \\ -2 \end{bmatrix}$$

Donc $\mathbf{u}$ est un vecteur propre associé à la valeur propre (-4), mais $\mathbf{v}$ n'est pas un vecteur propre de A car $A\mathbf{v}$ n'est pas colinéaire à $\mathbf{v}$. ∎

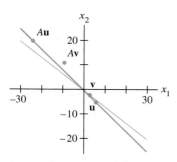

$A\mathbf{u} = -4\mathbf{u}$, mais $A\mathbf{v} \neq \lambda\mathbf{v}$

EXEMPLE 3 Montrer que 7 est une valeur propre de la matrice A de l'exemple 2 et déterminer les vecteurs propres associés.

SOLUTION Le scalaire 7 est une valeur propre de A si et seulement si l'équation

$$A\mathbf{x} = 7\mathbf{x} \tag{1}$$

admet une solution non triviale. Mais la relation (1) équivaut à $A\mathbf{x} - 7\mathbf{x} = \mathbf{0}$, soit

$$(A - 7I)\mathbf{x} = \mathbf{0} \tag{2}$$

Pour résoudre cette équation homogène, on forme la matrice

$$A - 7I = \begin{bmatrix} 1 & 6 \\ 5 & 2 \end{bmatrix} - \begin{bmatrix} 7 & 0 \\ 0 & 7 \end{bmatrix} = \begin{bmatrix} -6 & 6 \\ 5 & -5 \end{bmatrix}$$

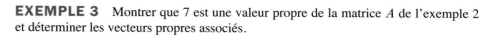

[2] Il faut remarquer que, par définition, un vecteur propre doit être *non nul* ; en revanche, une valeur propre peut très bien être nulle. Le cas où 0 est une valeur propre est examiné à la suite de l'exemple 5.

Les colonnes de $A - 7I$ sont clairement linéairement dépendantes, donc la relation (2) admet des solutions non triviales. Ainsi, 7 *est* une valeur propre de A. Pour déterminer les vecteurs propres associés, on effectue des opérations sur les lignes et l'on obtient

$$\begin{bmatrix} -6 & 6 & 0 \\ 5 & -5 & 0 \end{bmatrix} \sim \begin{bmatrix} 1 & -1 & 0 \\ 0 & 0 & 0 \end{bmatrix}$$

La solution générale est de la forme $x_2 \begin{bmatrix} 1 \\ 1 \end{bmatrix}$. Tout vecteur de cette forme tel que $x_2 \neq 0$ est un vecteur propre associé à la valeur propre $\lambda = 7$. ∎

Attention : On a utilisé la méthode du pivot pour déterminer des *vecteurs* propres, mais cela ne permet pas de trouver des *valeurs* propres. Une forme échelonnée d'une matrice A ne permet *pas* en général de faire apparaître ses valeurs propres.

L'équivalence entre les relations (1) et (2) reste évidemment vérifiée quelle que soit la valeur λ remplaçant $\lambda = 7$. Par conséquent, si A est une matrice $n \times n$, λ est une valeur propre de A si et seulement si l'équation

$$(A - \lambda I)\mathbf{x} = \mathbf{0} \tag{3}$$

admet une solution non triviale. L'ensemble de *toutes* les solutions de (3) est tout simplement le noyau de la matrice $A - \lambda I$. Cet ensemble est donc un *sous-espace vectoriel* de $\mathbb{R}^n$; on l'appelle **sous-espace propre** de A associé à la valeur propre λ. Le sous-espace propre est constitué du vecteur nul et des vecteurs propres associés à λ.

L'exemple 3 montre que si l'on considère la matrice A de l'exemple 2, son sous-espace propre associé à la valeur propre 7 est l'ensemble de *tous* les vecteurs colinéaires à $(1, 1)$, c'est-à-dire la droite vectorielle engendrée par $(1, 1)$. À l'aide de l'exemple 2, on peut vérifier que le sous-espace propre associé à la valeur propre -4 est la droite engendrée par le vecteur $(6, -5)$. Ces deux sous-espaces propres sont représentés à la figure 2. Sont également indiqués les vecteurs $(1, 1)$ et $(3/2, -5/4)$, ainsi que l'effet géométrique de l'application $\mathbf{x} \mapsto A\mathbf{x}$ sur chacun des sous-espaces propres.

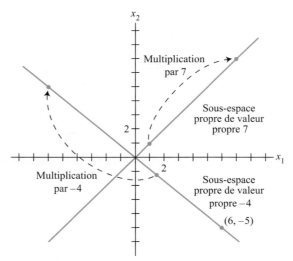

FIGURE 2 Sous-espaces propres associés aux valeurs propres -4 et 7

EXEMPLE 4 On pose $A = \begin{bmatrix} 4 & -1 & 6 \\ 2 & 1 & 6 \\ 2 & -1 & 8 \end{bmatrix}$. On vérifie que 2 est une valeur propre de A. Déterminer une base du sous-espace propre associé.

SOLUTION On écrit

$$A - 2I = \begin{bmatrix} 4 & -1 & 6 \\ 2 & 1 & 6 \\ 2 & -1 & 8 \end{bmatrix} - \begin{bmatrix} 2 & 0 & 0 \\ 0 & 2 & 0 \\ 0 & 0 & 2 \end{bmatrix} = \begin{bmatrix} 2 & -1 & 6 \\ 2 & -1 & 6 \\ 2 & -1 & 6 \end{bmatrix}$$

et on applique la méthode du pivot à la matrice complète du système $(A - 2I)\mathbf{x} = \mathbf{0}$:

$$\begin{bmatrix} 2 & -1 & 6 & 0 \\ 2 & -1 & 6 & 0 \\ 2 & -1 & 6 & 0 \end{bmatrix} \sim \begin{bmatrix} 2 & -1 & 6 & 0 \\ 0 & 0 & 0 & 0 \\ 0 & 0 & 0 & 0 \end{bmatrix}$$

À ce stade, il est clair que 2 est bien une valeur propre de A, car l'équation $(A - 2I)\mathbf{x} = \mathbf{0}$ admet des inconnues non principales. La solution générale est

$$\begin{bmatrix} x_1 \\ x_2 \\ x_3 \end{bmatrix} = x_2 \begin{bmatrix} 1/2 \\ 1 \\ 0 \end{bmatrix} + x_3 \begin{bmatrix} -3 \\ 0 \\ 1 \end{bmatrix}, \quad x_2 \text{ et } x_3 \text{ quelconques}$$

Le sous-espace propre, représenté à la figure 3, est un sous-espace de $\mathbb{R}^3$ de dimension 2. Une base en est

$$\left(\begin{bmatrix} 1 \\ 2 \\ 0 \end{bmatrix}, \begin{bmatrix} -3 \\ 0 \\ 1 \end{bmatrix} \right) \qquad\qquad\qquad \blacksquare$$

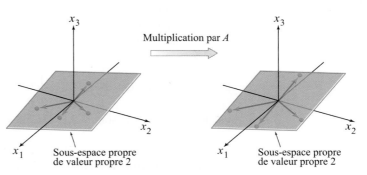

FIGURE 3 L'action de A sur le sous-espace propre est celle d'une homothétie.

REMARQUE NUMÉRIQUE

La méthode présentée dans l'exemple 4 est une bonne méthode pour calculer à la main les vecteurs propres dans le cas simple où l'on connaît une valeur propre. On peut aussi utiliser un logiciel matriciel et la méthode du pivot pour trouver le sous-espace propre associé à une certaine valeur propre fixée. Dans la plupart des cas, cela donnera de bons résultats, mais la méthode n'est pas totalement fiable.

> Il peut arriver que des erreurs d'arrondis conduisent à une forme échelonnée dont le nombre de colonnes pivots est incorrect. Les meilleurs logiciels calculent simultanément des valeurs approchées des valeurs et vecteurs propres, et ce, à n'importe quel degré de précision voulu, à condition que la matrice ne soit pas trop grande. La taille des matrices pouvant être traitées augmente d'année en année au fur et à mesure de l'accroissement de la puissance de calcul et de la qualité des logiciels.

Le théorème ci-après décrit un cas particulier dans lequel on connaît exactement toutes les valeurs propres. Le calcul des valeurs propres est également traité à la section 5.2.

THÉORÈME 1 Les valeurs propres d'une matrice triangulaire sont les coefficients de sa diagonale principale.

DÉMONSTRATION Pour simplifier, on se place dans le cas d'une matrice 3×3. Si A est triangulaire supérieure, alors $A - \lambda I$ est de la forme

$$A - \lambda I = \begin{bmatrix} a_{11} & a_{12} & a_{13} \\ 0 & a_{22} & a_{23} \\ 0 & 0 & a_{33} \end{bmatrix} - \begin{bmatrix} \lambda & 0 & 0 \\ 0 & \lambda & 0 \\ 0 & 0 & \lambda \end{bmatrix}$$

$$= \begin{bmatrix} a_{11} - \lambda & a_{12} & a_{13} \\ 0 & a_{22} - \lambda & a_{23} \\ 0 & 0 & a_{33} - \lambda \end{bmatrix}$$

Le scalaire λ est une valeur propre de A si et seulement si l'équation $(A - \lambda I)\mathbf{x} = \mathbf{0}$ admet une solution non triviale, c'est-à-dire si et seulement si cette équation possède des inconnues non principales. On voit facilement que, du fait de la présence de coefficients nuls dans $A - \lambda I$, l'équation $(A - \lambda I)\mathbf{x} = \mathbf{0}$ admet des inconnues non principales si et seulement si l'un au moins des coefficients diagonaux de $A - \lambda I$ est nul. Cela se produit si et seulement si λ est égal à l'un des coefficients a_{11}, a_{22} ou a_{33}. L'exercice 28 traite du cas d'une matrice triangulaire inférieure. ∎

EXEMPLE 5 On pose $A = \begin{bmatrix} 3 & 6 & -8 \\ 0 & 0 & 6 \\ 0 & 0 & 2 \end{bmatrix}$ et $B = \begin{bmatrix} 4 & 0 & 0 \\ -2 & 1 & 0 \\ 5 & 3 & 4 \end{bmatrix}$. Les valeurs propres de A sont $3, 0$ et 2. Celles de B sont 4 et 1. ∎

Que signifie pour une matrice A d'admettre, comme dans l'exemple 5, la valeur propre 0 ? Cela équivaut à dire que l'équation

$$A\mathbf{x} = 0\mathbf{x} \tag{4}$$

admet une solution non triviale. Mais (4) équivaut à $A\mathbf{x} = \mathbf{0}$, qui admet une solution non triviale si et seulement si A n'est pas inversible. Donc 0 *est une valeur propre de A si et seulement si A n'est pas inversible*. Cette propriété sera ajoutée au théorème de caractérisation des matrices inversibles à la section 5.2.

Le théorème qui suit sera utilisé plus loin. Sa démonstration met en œuvre un type de calcul très courant sur les vecteurs propres. Une façon de démontrer la proposition « si P alors Q » est de montrer que P et la négation de Q mènent à une contradiction, ce qu'on appelle un « raisonnement par l'absurde ». On utilise ce raisonnement pour démontrer le théorème suivant.

THÉORÈME 2

> Soit A une matrice $n \times n$ et $\mathbf{v}_1, \ldots, \mathbf{v}_r$ des vecteurs propres de A associés à des valeurs propres distinctes $\lambda_1, \ldots, \lambda_r$. Ces vecteurs propres sont linéairement indépendants.

DÉMONSTRATION On suppose que la famille de vecteurs $(\mathbf{v}_1, \ldots, \mathbf{v}_r)$ est liée. Comme $\mathbf{v}_1$ est non nul, il résulte du théorème 7 de la section 1.7 que l'un au moins de ces vecteurs est une combinaison linéaire de ceux qui le précèdent. Soit p le plus petit indice tel que $\mathbf{v}_{p+1}$ soit une combinaison linéaire des vecteurs précédents (lesquels sont alors nécessairement linéairement indépendants). Il existe donc des scalaires $c_1, \ldots, c_p$ tels que

$$c_1\mathbf{v}_1 + \cdots + c_p\mathbf{v}_p = \mathbf{v}_{p+1} \tag{5}$$

En multipliant à gauche les deux membres de la relation (5) par A et en utilisant le fait que pour tout k, $A\mathbf{v}_k = \lambda_k\mathbf{v}_k$, on obtient

$$c_1 A\mathbf{v}_1 + \cdots + c_p A\mathbf{v}_p = A\mathbf{v}_{p+1}$$
$$c_1 \lambda_1\mathbf{v}_1 + \cdots + c_p \lambda_p\mathbf{v}_p = \lambda_{p+1}\mathbf{v}_{p+1} \tag{6}$$

En multipliant les deux membres de la relation (5) par λ_{p+1} et en retranchant le résultat à la relation (6), on a

$$c_1(\lambda_1 - \lambda_{p+1})\mathbf{v}_1 + \cdots + c_p(\lambda_p - \lambda_{p+1})\mathbf{v}_p = \mathbf{0} \tag{7}$$

Comme les vecteurs $\mathbf{v}_1, \ldots, \mathbf{v}_p$ sont linéairement indépendants, les coefficients de la relation (7) sont tous nuls. Mais les valeurs propres étant distinctes, aucun des facteurs $\lambda_i - \lambda_{p+1}$ n'est nul. Il en résulte que $c_i = 0$ pour $i = 1, \ldots, p$. En reportant dans la relation (5), on obtient $\mathbf{v}_{p+1} = \mathbf{0}$, ce qui est impossible. C'est donc que les vecteurs $\mathbf{v}_1, \ldots, \mathbf{v}_r$ ne peuvent être linéairement dépendants, et qu'ils forment bien une famille libre. ∎

Vecteurs propres et récurrences linéaires

On conclut cette section en montrant la construction de solutions de la relation de récurrence linéaire du premier ordre présentée en introduction. Cette relation est de la forme :

$$\mathbf{x}_{k+1} = A\mathbf{x}_k \quad (k = 0, 1, 2, \ldots) \tag{8}$$

Si A est une matrice $n \times n$, la relation (8) définit une suite $(\mathbf{x}_k)$ de vecteurs de $\mathbb{R}^n$ de manière *récursive*. On appelle **solution** de (8) toute formule décrivant explicitement les $\mathbf{x}_k$ et ne dépendant ni de A, ni des termes antérieurs de la suite autres que $\mathbf{x}_0$.

Le plus simple pour construire une solution de la relation (8) est de choisir un vecteur propre $\mathbf{x}_0$, associé à la valeur propre λ, et de considérer la suite

$$\mathbf{x}_k = \lambda^k \mathbf{x}_0 \quad (k = 1, 2, \ldots) \tag{9}$$

Cette suite est une solution car

$$A\mathbf{x}_k = A(\lambda^k \mathbf{x}_0) = \lambda^k(A\mathbf{x}_0) = \lambda^k(\lambda\mathbf{x}_0) = \lambda^{k+1}\mathbf{x}_0 = \mathbf{x}_{k+1}$$

Toute combinaison linéaire de solutions de la forme (9) est également une solution (voir à ce sujet l'exercice 33).

1. Le scalaire 5 est-il une valeur propre de la matrice $A = \begin{bmatrix} 6 & -3 & 1 \\ 3 & 0 & 5 \\ 2 & 2 & 6 \end{bmatrix}$?

2. Si $\mathbf{x}$ est un vecteur propre de A associé à la valeur propre λ, que vaut $A^3\mathbf{x}$?

3. On considère deux vecteurs propres $\mathbf{b}_1$ et $\mathbf{b}_2$ associés aux valeurs propres respectives distinctes λ_1 et λ_2, ainsi que deux vecteurs propres linéairement indépendants $\mathbf{b}_3$ et $\mathbf{b}_4$ associés à une troisième valeur propre λ_3, distincte des deux autres. La famille $(\mathbf{b}_1, \mathbf{b}_2, \mathbf{b}_3, \mathbf{b}_4)$ est-elle toujours libre ? [*Indication :* On pourra considérer une relation du type $c_1\mathbf{b}_1 + c_2\mathbf{b}_2 + (c_3\mathbf{b}_3 + c_4\mathbf{b}_4) = \mathbf{0}$.]

4. Si A est une matrice $n \times n$ et λ une valeur propre de A, montrer que 2λ est une valeur propre de $2A$.

5.1 EXERCICES

1. Le scalaire $\lambda = 2$ est-il une valeur propre de $\begin{bmatrix} 3 & 2 \\ 3 & 8 \end{bmatrix}$? Pourquoi ?

2. Le scalaire $\lambda = -2$ est-il une valeur propre de $\begin{bmatrix} 7 & 3 \\ 3 & -1 \end{bmatrix}$? Pourquoi ?

3. Le vecteur $\begin{bmatrix} 1 \\ 4 \end{bmatrix}$ est-il un vecteur propre de $\begin{bmatrix} -3 & 1 \\ -3 & 8 \end{bmatrix}$? Si oui, déterminer la valeur propre associée.

4. Le vecteur $\begin{bmatrix} -1 + \sqrt{2} \\ 1 \end{bmatrix}$ est-il un vecteur propre de $\begin{bmatrix} 2 & 1 \\ 1 & 4 \end{bmatrix}$? Si oui, déterminer la valeur propre associée.

5. Le vecteur $\begin{bmatrix} 4 \\ -3 \\ 1 \end{bmatrix}$ est-il un vecteur propre de la matrice $\begin{bmatrix} 3 & 7 & 9 \\ -4 & -5 & 1 \\ 2 & 4 & 4 \end{bmatrix}$? Si oui, déterminer la valeur propre associée.

6. Le vecteur $\begin{bmatrix} 1 \\ -2 \\ 1 \end{bmatrix}$ est-il un vecteur propre de la matrice $\begin{bmatrix} 3 & 6 & 7 \\ 3 & 3 & 7 \\ 5 & 6 & 5 \end{bmatrix}$? Si oui, déterminer la valeur propre associée.

7. Le scalaire $\lambda = 4$ est-il une valeur propre de la matrice $\begin{bmatrix} 3 & 0 & -1 \\ 2 & 3 & 1 \\ -3 & 4 & 5 \end{bmatrix}$? Si oui, déterminer un vecteur propre associé.

8. Le scalaire $\lambda = 3$ est-il une valeur propre de la matrice $\begin{bmatrix} 1 & 2 & 2 \\ 3 & -2 & 1 \\ 0 & 1 & 1 \end{bmatrix}$? Si oui, déterminer un vecteur propre associée.

Dans les exercices 9 à 16, déterminer, pour chacune des valeurs propres indiquées, une base du sous-espace propre associé.

9. $A = \begin{bmatrix} 5 & 0 \\ 2 & 1 \end{bmatrix}, \lambda = 1, 5$

10. $A = \begin{bmatrix} 10 & -9 \\ 4 & -2 \end{bmatrix}, \lambda = 4$

11. $A = \begin{bmatrix} 4 & -2 \\ -3 & 9 \end{bmatrix}, \lambda = 10$

12. $A = \begin{bmatrix} 7 & 4 \\ -3 & -1 \end{bmatrix}, \lambda = 1, 5$

13. $A = \begin{bmatrix} 4 & 0 & 1 \\ -2 & 1 & 0 \\ -2 & 0 & 1 \end{bmatrix}, \lambda = 1, 2, 3$

14. $A = \begin{bmatrix} 1 & 0 & -1 \\ 1 & -3 & 0 \\ 4 & -13 & 1 \end{bmatrix}, \lambda = -2$

15. $A = \begin{bmatrix} 4 & 2 & 3 \\ -1 & 1 & -3 \\ 2 & 4 & 9 \end{bmatrix}, \lambda = 3$

16. $A = \begin{bmatrix} 3 & 0 & 2 & 0 \\ 1 & 3 & 1 & 0 \\ 0 & 1 & 1 & 0 \\ 0 & 0 & 0 & 4 \end{bmatrix}, \lambda = 4$

Déterminer les valeurs propres des matrices indiquées dans les exercices 17 et 18.

17. $\begin{bmatrix} 0 & 0 & 0 \\ 0 & 2 & 5 \\ 0 & 0 & -1 \end{bmatrix}$

18. $\begin{bmatrix} 4 & 0 & 0 \\ 0 & 0 & 0 \\ 1 & 0 & -3 \end{bmatrix}$

19. On considère la matrice $A = \begin{bmatrix} 1 & 2 & 3 \\ 1 & 2 & 3 \\ 1 & 2 & 3 \end{bmatrix}$. Trouver sans calculs une de ses valeurs propres. Justifier.

20. Trouver sans calculs une valeur propre ainsi que deux vecteurs propres linéairement indépendants de la matrice $A = \begin{bmatrix} 5 & 5 & 5 \\ 5 & 5 & 5 \\ 5 & 5 & 5 \end{bmatrix}$. Justifier.

Dans les exercices 21 et 22, A désigne une matrice $n \times n$. Dire de chaque énoncé s'il est vrai ou faux. Justifier.

21. a. S'il existe un vecteur $\mathbf{x}$ tel que $A\mathbf{x} = \lambda\mathbf{x}$, alors λ est une valeur propre de A.

 b. Une matrice A est non inversible si et seulement si 0 est une valeur propre de A.

 c. Le nombre c est une valeur propre de A si et seulement si l'équation $(A - cI)\mathbf{x} = \mathbf{0}$ admet une solution non triviale.

 d. Il peut être difficile de trouver un vecteur propre de A, mais il est en revanche facile de vérifier qu'un vecteur donné est bien un vecteur propre de A.

 e. Pour trouver les valeurs propres de A, il suffit de réduire A à une forme échelonnée.

22. a. S'il existe un scalaire λ tel que $A\mathbf{x} = \lambda\mathbf{x}$, alors $\mathbf{x}$ est un vecteur propre de A.

 b. Deux vecteurs propres $\mathbf{v}_1$ et $\mathbf{v}_2$ linéairement indépendants sont associés à des valeurs propres distinctes.

 c. Un vecteur d'état stationnaire d'une matrice stochastique en est un vecteur propre.

 d. Les valeurs propres d'une matrice sont situées sur sa diagonale principale.

 e. Tout sous-espace propre de A est le noyau d'une certaine matrice.

23. Expliquer pourquoi une matrice 2×2 admet au plus deux valeurs propres distinctes. Expliquer pourquoi une matrice $n \times n$ admet au plus n valeurs propres distinctes.

24. Donner un exemple de matrice 2×2 n'admettant qu'une valeur propre.

25. Soit A une matrice inversible et λ une valeur propre de A. Montrer que λ^{-1} est une valeur propre de A^{-1}. [*Indication :* Considérer un vecteur $\mathbf{x}$ non nul tel que $A\mathbf{x} = \lambda\mathbf{x}$.]

26. Montrer que si A^2 est la matrice nulle, alors la seule valeur propre de A est 0.

27. Montrer que λ est une valeur propre de A si et seulement si λ est une valeur propre de A^T. [*Indication :* Quelle relation existe-t-il entre $A - \lambda I$ et $A^T - \lambda I$?]

28. À l'aide de l'exercice 27, compléter la démonstration du théorème 1 en abordant le cas où la matrice A est triangulaire inférieure.

29. Soit A une matrice $n \times n$ telle que la somme des termes de chaque ligne soit toujours égale au même nombre s. Montrer que s est une valeur propre de A. [*Indication :* Trouver un vecteur propre.]

30. Soit A une matrice $n \times n$ telle que la somme des termes de chaque colonne soit toujours égale au même nombre s. Montrer que s est une valeur propre de A. [*Indication :* Utiliser les exercices 27 et 29.]

Dans les exercices 31 et 32, on considère la matrice A canoniquement associée à l'application linéaire T. Sans expliciter A, en déterminer une valeur propre et décrire le sous-espace propre associé.

31. T est la réflexion de $\mathbb{R}^2$ par rapport à une droite vectorielle.

32. T est une rotation de $\mathbb{R}^3$ autour d'un axe passant par l'origine.

33. Soit $\mathbf{u}$ et $\mathbf{v}$ deux vecteurs propres d'une matrice A, respectivement associés aux valeurs propres λ et μ, et c_1 et c_2 deux scalaires. On pose

$$\mathbf{x}_k = c_1\lambda^k\mathbf{u} + c_2\mu^k\mathbf{v} \quad (k = 0, 1, 2, \ldots)$$

 a. Quelle est, par définition, l'expression de $\mathbf{x}_{k+1}$?

 b. Calculer $A\mathbf{x}_k$ à partir de la définition de $\mathbf{x}_k$ et montrer que $A\mathbf{x}_k = \mathbf{x}_{k+1}$. Ce calcul montre que la suite $(\mathbf{x}_k)$ définie ci-dessus vérifie la relation de récurrence linéaire $\mathbf{x}_{k+1} = A\mathbf{x}_k$ $(k = 0, 1, 2, \ldots)$.

34. Comment pourrait-on, dans certains cas, construire une solution de la récurrence linéaire $\mathbf{x}_{k+1} = A\mathbf{x}_k$ $(k = 0, 1, 2, \ldots)$ si l'on se donne un vecteur initial $\mathbf{x}_0$ qui n'est pas un vecteur propre de A ? [*Indication :* Quelle relation pourrait éventuellement exister entre $\mathbf{x}_0$ et les vecteurs propres de A ?]

35. On considère les vecteurs $\mathbf{u}$ et $\mathbf{v}$ indiqués sur la figure, et l'on suppose que $\mathbf{u}$ et $\mathbf{v}$ sont des vecteurs propres d'une matrice A de type 2×2, associés respectivement aux valeurs propres 2 et 3. Soit $T : \mathbb{R}^2 \to \mathbb{R}^2$ l'application linéaire définie pour tout vecteur $\mathbf{x}$ de $\mathbb{R}^2$ par $T(\mathbf{x}) = A\mathbf{x}$. On pose $\mathbf{w} = \mathbf{u} + \mathbf{v}$. Recopier la figure et représenter avec soin, dans le même système d'axes, les vecteurs $T(\mathbf{u})$, $T(\mathbf{v})$ et $T(\mathbf{w})$.

36. Reprendre l'exercice 35 en supposant cette fois que $\mathbf{u}$ et $\mathbf{v}$ sont des vecteurs propres de A associés aux valeurs propres respectives -1 et 3.

[M] Dans les exercices 37 à 40, déterminer, à l'aide d'un programme matriciel, les valeurs propres (en anglais, *eigenvalues*) de la matrice proposée. Utiliser ensuite une fonction de réduction par la méthode du pivot pour trouver, comme dans l'exemple 4, une base de chaque sous-espace propre.

37. $\begin{bmatrix} 8 & -10 & -5 \\ 2 & 17 & 2 \\ -9 & -18 & 4 \end{bmatrix}$

39. $\begin{bmatrix} 4 & -9 & -7 & 8 & 2 \\ -7 & -9 & 0 & 7 & 14 \\ 5 & 10 & 5 & -5 & -10 \\ -2 & 3 & 7 & 0 & 4 \\ -3 & -13 & -7 & 10 & 11 \end{bmatrix}$

38. $\begin{bmatrix} 9 & -4 & -2 & -4 \\ -56 & 32 & -28 & 44 \\ -14 & -14 & 6 & -14 \\ 42 & -33 & 21 & -45 \end{bmatrix}$

40. $\begin{bmatrix} -4 & -4 & 20 & -8 & -1 \\ 14 & 12 & 46 & 18 & 2 \\ 6 & 4 & -18 & 8 & 1 \\ 11 & 7 & -37 & 17 & 2 \\ 18 & 12 & -60 & 24 & 5 \end{bmatrix}$

SOLUTIONS DES EXERCICES D'ENTRAÎNEMENT

1. Le nombre 5 est une valeur propre de A si et seulement si l'équation $(A - 5I)\mathbf{x} = \mathbf{0}$ admet au moins une solution non triviale. On écrit

$$A - 5I = \begin{bmatrix} 6 & -3 & 1 \\ 3 & 0 & 5 \\ 2 & 2 & 6 \end{bmatrix} - \begin{bmatrix} 5 & 0 & 0 \\ 0 & 5 & 0 \\ 0 & 0 & 5 \end{bmatrix} = \begin{bmatrix} 1 & -3 & 1 \\ 3 & -5 & 5 \\ 2 & 2 & 1 \end{bmatrix}$$

Puis on applique la méthode du pivot :

$$\begin{bmatrix} 1 & -3 & 1 & 0 \\ 3 & -5 & 5 & 0 \\ 2 & 2 & 1 & 0 \end{bmatrix} \sim \begin{bmatrix} 1 & -3 & 1 & 0 \\ 0 & 4 & 2 & 0 \\ 0 & 8 & -1 & 0 \end{bmatrix} \sim \begin{bmatrix} 1 & -3 & 1 & 0 \\ 0 & 4 & 2 & 0 \\ 0 & 0 & -5 & 0 \end{bmatrix}$$

Il est clair, à ce stade, que ce système homogène n'admet pas d'inconnues secondaires. La matrice $A - 5I$ est donc inversible, ce qui signifie que 5 *n'est pas* une valeur propre de A.

2. Si $\mathbf{x}$ est un vecteur propre de A associé à la valeur propre λ, alors $A\mathbf{x} = \lambda\mathbf{x}$, d'où

$$A^2\mathbf{x} = A(\lambda\mathbf{x}) = \lambda A\mathbf{x} = \lambda^2\mathbf{x}$$

En réitérant, on obtient $A^3\mathbf{x} = A(A^2\mathbf{x}) = A(\lambda^2\mathbf{x}) = \lambda^2 A\mathbf{x} = \lambda^3\mathbf{x}$. On montre sans difficulté, par récurrence, que, plus généralement, $A^k\mathbf{x} = \lambda^k\mathbf{x}$ pour tout entier strictement positif k.

3. Oui. On suppose que $c_1\mathbf{b}_1 + c_2\mathbf{b}_2 + c_3\mathbf{b}_3 + c_4\mathbf{b}_4 = \mathbf{0}$. Toute combinaison linéaire de vecteurs propres associés à une même valeur propre appartient au sous-espace propre associé à la valeur propre en question. Donc $c_3\mathbf{b}_3 + c_4\mathbf{b}_4$ est soit nul, soit vecteur propre de valeur propre λ_3. S'il était vecteur propre alors, d'après le théorème 2, $\mathbf{b}_1$, $\mathbf{b}_2$ et $c_3\mathbf{b}_3 + c_4\mathbf{b}_4$ seraient linéairement indépendants, ce qui est impossible puisque

$$c_1\mathbf{b}_1 + c_2\mathbf{b}_2 + 1 \cdot (c_3\mathbf{b}_3 + c_4\mathbf{b}_4) = \mathbf{0}$$

Donc $c_3\mathbf{b}_3 + c_4\mathbf{b}_4 = 0$, ce qui implique que c_3 et c_4 sont nuls car $\mathbf{b}_3$ et $\mathbf{b}_4$ sont linéairement indépendants. Cela implique aussi, d'après la relation précédente et l'indépendance linéaire de $\mathbf{b}_2$ et $\mathbf{b}_3$, que $c_1 = c_2 = 0$. Donc tous les coefficients de la relation initiale sont nuls, et les vecteurs $\mathbf{b}_1$, $\mathbf{b}_2$, $\mathbf{b}_3$ et $\mathbf{b}_4$ sont bien linéairement indépendants.

4. Comme λ est une valeur propre de A, il existe un vecteur non nul $\mathbf{x}$ dans $\mathbb{R}^n$ tel que $A\mathbf{x} = \lambda\mathbf{x}$. En multipliant les deux côtés de l'équation par 2, on obtient $2(A\mathbf{x}) = 2(\lambda\mathbf{x})$. Donc $(2A)\mathbf{x} = (2\lambda)\mathbf{x}$, ce qui implique que 2λ est une valeur propre de $2A$.

5.2 | ÉQUATION ET POLYNÔME CARACTÉRISTIQUES

À toute matrice carrée A, on associe une équation particulière, appelée équation caractéristique de A, qui contient beaucoup de renseignements sur les valeurs propres. On va commencer par un exemple simple pour arriver, par la suite, au cas général.

EXEMPLE 1   Déterminer les valeurs propres de la matrice $A = \begin{bmatrix} 2 & 3 \\ 3 & -6 \end{bmatrix}$.

SOLUTION Il s'agit de trouver les scalaires λ tels que l'équation matricielle

$$(A - \lambda I)\mathbf{x} = \mathbf{0}$$

admette au moins une solution non triviale. D'après le théorème de caractérisation des matrices inversibles de la section 2.3, cela revient à trouver les valeurs de λ telles que la matrice

$$A - \lambda I = \begin{bmatrix} 2 & 3 \\ 3 & -6 \end{bmatrix} - \begin{bmatrix} \lambda & 0 \\ 0 & \lambda \end{bmatrix} = \begin{bmatrix} 2 - \lambda & 3 \\ 3 & -6 - \lambda \end{bmatrix}$$

ne soit pas inversible.

D'après le théorème 4 de la section 2.2, c'est le cas si et seulement si le déterminant de cette matrice est nul. Les valeurs propres de A sont donc les solutions de l'équation

$$\det(A - \lambda I) = \det \begin{bmatrix} 2 - \lambda & 3 \\ 3 & -6 - \lambda \end{bmatrix} = 0$$

En rappelant que

$$\det \begin{bmatrix} a & b \\ c & d \end{bmatrix} = ad - bc$$

on obtient

$$\begin{aligned} \det(A - \lambda I) &= (2 - \lambda)(-6 - \lambda) - (3)(3) \\ &= -12 + 6\lambda - 2\lambda + \lambda^2 - 9 \\ &= \lambda^2 + 4\lambda - 21 \\ &= (\lambda - 3)(\lambda + 7) \end{aligned}$$

On a $\det(A - \lambda I) = 0$ si et seulement si $\lambda = 3$ ou $\lambda = -7$. Les valeurs propres de A sont donc 3 et -7.   ∎

Le déterminant de l'exemple 1 a permis de transformer l'équation matricielle $(A - \lambda I)\mathbf{x} = \mathbf{0}$, qui fait intervenir *deux* inconnues (λ et $\mathbf{x}$), en l'équation scalaire $\lambda^2 + 4\lambda - 21 = 0$, qui ne contient qu'une inconnue. Cette idée se généralise aux matrices $n \times n$. Rappelons auparavant les propriétés des déterminants nécessaires à l'étude des valeurs propres.

Déterminants

Soit A une matrice $n \times n$, U une forme échelonnée obtenue en effectuant sur A uniquement des opérations de remplacement ou d'échange de lignes (à l'exclusion de la multiplication par un scalaire), et r le nombre d'échanges effectués. Alors le **déterminant** de A, noté $\det A$, est égal à $(-1)^r$ fois le produit des coefficients diagonaux $u_{11}, \ldots, u_{nn}$ de U. Si A est inversible, alors $u_{11}, \ldots, u_{nn}$ sont tous des *pivots* (car $A \sim I_n$ et les u_{ii} n'ont pas été ramenés à 1 par multiplication). Sinon, u_{nn} est nul, donc le produit $u_{11} \cdots u_{nn}$ l'est également. On a donc[3]

$$\det A = \begin{cases} (-1)^r \cdot \begin{pmatrix} \text{produit des} \\ \text{pivots de } U \end{pmatrix}, & \text{si } A \text{ est inversible} \\ 0, & \text{sinon} \end{cases} \tag{1}$$

EXEMPLE 2 Calculer le déterminant de la matrice $A = \begin{bmatrix} 1 & 5 & 0 \\ 2 & 4 & -1 \\ 0 & -2 & 0 \end{bmatrix}$.

SOLUTION La suite d'opérations sur les lignes indiquée ci-dessous comporte un et un seul échange :

$$A \sim \begin{bmatrix} 1 & 5 & 0 \\ 0 & -6 & -1 \\ 0 & -2 & 0 \end{bmatrix} \sim \begin{bmatrix} 1 & 5 & 0 \\ 0 & -2 & 0 \\ 0 & -6 & -1 \end{bmatrix} \sim \begin{bmatrix} 1 & 5 & 0 \\ 0 & -2 & 0 \\ 0 & 0 & -1 \end{bmatrix} = U_1$$

Le déterminant $\det A$ est donc égal à $(-1)^1(1)(-2)(-1) = -2$. Voici une autre réduction, ne comportant aucun échange et conduisant à une forme échelonnée différente (la dernière étape consiste à ajouter $-1/3$ fois la ligne 2 à la ligne 3) :

$$A \sim \begin{bmatrix} 1 & 5 & 0 \\ 0 & -6 & -1 \\ 0 & -2 & 0 \end{bmatrix} \sim \begin{bmatrix} 1 & 5 & 0 \\ 0 & -6 & -1 \\ 0 & 0 & 1/3 \end{bmatrix} = U_2$$

On obtient cette fois $\det A = (-1)^0(1)(-6)(1/3) = -2$, ce qui est bien le même résultat qu'avec la première méthode. ∎

La formule (1) montre que la matrice A est inversible si et seulement si $\det A$ est non nul. On peut ajouter cette propriété, ainsi que celle énoncée à la section 5.1, au théorème de caractérisation des matrices inversibles.

THÉORÈME

> **Théorème de caractérisation des matrices inversibles (suite)**
>
> Soit A une matrice $n \times n$. Alors A est inversible si et seulement si :
>
> s. La matrice A *n'admet pas* 0 comme valeur propre.
>
> t. Le déterminant de A est *non nul*.

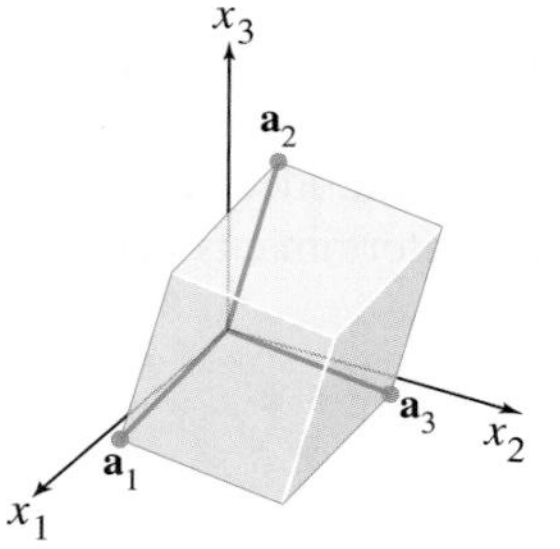

FIGURE 1

Si A est une matrice 3×3, il se trouve que $|\det A|$ est égal, comme indiqué à la figure 1, au *volume* du parallélépipède défini par les colonnes $\mathbf{a}_1$, $\mathbf{a}_2$ et $\mathbf{a}_3$ de A (voir section 3.3 pour les détails). Ce volume est *non nul* si et seulement si les vecteurs $\mathbf{a}_1$, $\mathbf{a}_2$ et $\mathbf{a}_3$ sont linéairement indépendants, ce qui correspond au cas où A est inversible (si les vecteurs sont non nuls et linéairement dépendants, alors ils sont coplanaires ou colinéaires).

On a extrait ci-après des sections 3.1 et 3.2 les propriétés utiles pour la suite. Le point (a) figure à cet endroit à titre de référence.

---

[3] La formule (1) a été établie à la section 3.2. Le lecteur qui n'aurait pas étudié le chapitre 3 peut considérer cette formule comme une définition de $\det A$. Il faut toutefois noter que cette définition repose alors sur la propriété remarquable et n'allant pas de soi selon laquelle toutes les formes échelonnées U obtenues à partir de A sans opération de multiplication de ligne conduisent à la même valeur de $\det A$.

THÉORÈME 3

Propriétés des déterminants

Soit A et B deux matrices $n \times n$.

a. A est inversible si et seulement si $\det A \neq 0$.

b. $\det AB = (\det A)(\det B)$.

c. $\det A^T = \det A$.

d. Si A est triangulaire, alors $\det A$ est le produit des éléments diagonaux de A.

e. Une opération de remplacement de ligne dans A (ajout à une ligne d'un multiple d'une autre) ne change pas le déterminant. Une opération d'échange de lignes transforme le déterminant en son opposé. La multiplication d'une ligne par un scalaire multiplie le déterminant par ce même scalaire.

Équation et polynôme caractéristiques

La propriété (a) du théorème 3 fournit un critère de *non*-inversibilité d'une matrice de la forme $A - \lambda I$. L'équation scalaire $\det(A - \lambda I) = 0$ est appelée **équation caractéristique** de A. Le raisonnement de l'exemple 1 se généralise sans difficulté, ce qui permet d'énoncer la propriété qui suit.

Soit A une matrice $n \times n$. Le scalaire λ est une valeur propre de A si et seulement si il vérifie l'équation caractéristique

$$\det(A - \lambda I) = 0$$

EXEMPLE 3   Déterminer l'équation caractéristique de la matrice

$$A = \begin{bmatrix} 5 & -2 & 6 & -1 \\ 0 & 3 & -8 & 0 \\ 0 & 0 & 5 & 4 \\ 0 & 0 & 0 & 1 \end{bmatrix}$$

SOLUTION On écrit $A - \lambda I$ et on utilise la propriété (d) du théorème 3 :

$$\det(A - \lambda I) = \det \begin{bmatrix} 5-\lambda & -2 & 6 & -1 \\ 0 & 3-\lambda & -8 & 0 \\ 0 & 0 & 5-\lambda & 4 \\ 0 & 0 & 0 & 1-\lambda \end{bmatrix}$$

$$= (5-\lambda)(3-\lambda)(5-\lambda)(1-\lambda)$$

L'équation caractéristique est

$$(5-\lambda)^2(3-\lambda)(1-\lambda) = 0$$

soit

$$(\lambda-5)^2(\lambda-3)(\lambda-1) = 0$$

On peut (si l'on y tient) développer ce produit, pour obtenir

$$\lambda^4 - 14\lambda^3 + 68\lambda^2 - 130\lambda + 75 = 0 \qquad \blacksquare$$

On constate dans les exemples 1 et 3 que $\det(A - \lambda I)$ est un polynôme en λ. On peut montrer que, pour toute matrice A de type $n \times n$, l'expression $\det(A - \lambda I)$ est un polynôme de degré n appelé **polynôme caractéristique** de A.

On dit que la valeur propre 5 dans l'exemple 3 est de *multiplicité* 2 (ou que c'est une valeur propre *double*), car le facteur $(\lambda - 5)$ apparaît deux fois dans le polynôme caractéristique. De façon générale, on appelle **multiplicité (algébrique)** ou **ordre de multiplicité** d'une valeur propre λ sa multiplicité en tant que racine du polynôme caractéristique.

EXEMPLE 4 On considère une matrice 6×6 dont le polynôme caractéristique est $\lambda^6 - 4\lambda^5 - 12\lambda^4$. Déterminer ses valeurs propres ainsi que leur multiplicité.

SOLUTION Le polynôme se factorise en

$$\lambda^6 - 4\lambda^5 - 12\lambda^4 = \lambda^4(\lambda^2 - 4\lambda - 12) = \lambda^4(\lambda - 6)(\lambda + 2)$$

Les valeurs propres sont 0 (de multiplicité 4, ou quadruple), 6 (de multiplicité 1, ou simple) et -2 (de multiplicité 1, ou simple). ∎

On peut aussi énumérer les valeurs propres, dans l'exemple 4, sous la forme $0, 0, 0, 0, 6$ et -2, en répétant chaque valeur propre le nombre de fois qui correspond à son ordre de multiplicité.

Puisque le polynôme caractéristique d'une matrice $n \times n$ est de degré n, il possède, en comptant les ordres de multiplicité et à condition d'accepter les racines complexes, exactement n racines. On étudiera ces racines complexes, appelées *valeurs propres complexes*, à la section 5.5. D'ici là, on ne considérera que des valeurs propres réelles et les scalaires restent cantonnés au domaine réel.

Le polynôme caractéristique revêt une grande importance théorique. Mais dans la pratique, dès que la taille de la matrice dépasse 2×2 et qu'elle n'est pas triangulaire ou n'a pas d'autres propriétés particulières, le calcul des valeurs propres nécessite un outil informatique. Le calcul du polynôme caractéristique d'une matrice 3×3 se fait très facilement à la main, mais, à moins de choisir soigneusement une matrice très simple, sa factorisation peut être très ardue, voire impossible (voir les remarques numériques en fin de section).

Matrices semblables

Le théorème qui suit illustre l'un des usages du polynôme caractéristique et constitue le point de départ de plusieurs méthodes itératives permettant de trouver une *approximation* des valeurs propres. Si A et B sont des matrices $n \times n$, on dit que A est *semblable à* B s'il existe une matrice inversible P telle que $P^{-1}AP = B$ ou, de façon équivalente, telle que $A = PBP^{-1}$. En posant $Q = P^{-1}$, on obtient $Q^{-1}BQ = A$. Donc B est également semblable à A et l'on dit simplement que les **matrices** A et B *sont* **semblables**. La relation entre A et $P^{-1}AP$ est appelée **relation de similitude**.

THÉORÈME 4 Deux matrices semblables ont le même polynôme caractéristique, donc elles ont les mêmes valeurs propres (avec le même ordre de multiplicité).

DÉMONSTRATION Si $B = P^{-1}AP$, alors

$$B - \lambda I = P^{-1}AP - \lambda P^{-1}P = P^{-1}(AP - \lambda P) = P^{-1}(A - \lambda I)P$$

D'après la multiplicativité des déterminants (proposition (b) du théorème 3), on peut écrire

$$\det(B - \lambda I) = \det[P^{-1}(A - \lambda I)P]$$
$$= \det(P^{-1}) \cdot \det(A - \lambda I) \cdot \det(P) \tag{2}$$

Mais comme $\det(P^{-1}) \cdot \det(P) = \det(P^{-1}P) = \det I = 1$, il résulte de (2) que $\det(B - \lambda I) = \det(A - \lambda I)$. ∎

ATTENTION :

1. Les matrices

$$\begin{bmatrix} 2 & 1 \\ 0 & 2 \end{bmatrix} \text{ et } \begin{bmatrix} 2 & 0 \\ 0 & 2 \end{bmatrix}$$

   ne sont pas semblables, bien qu'elles aient les mêmes valeurs propres.

2. La relation de similitude est distincte de la notion d'équivalence selon les lignes (si A est équivalente selon les lignes à B, alors il existe une matrice inversible E telle que $B = EA$). En général, les opérations élémentaires sur les lignes modifient les valeurs propres.

Application aux systèmes dynamiques

Ce sont les valeurs et les vecteurs propres qui détiennent la clé de l'évolution d'un système dynamique discret tel que celui qui est présenté en introduction de ce chapitre.

EXEMPLE 5 On pose $A = \begin{bmatrix} 0{,}95 & 0{,}03 \\ 0{,}05 & 0{,}97 \end{bmatrix}$. Analyser le comportement à long terme du système dynamique défini par $\mathbf{x}_{k+1} = A\mathbf{x}_k$ ($k = 0, 1, 2, \ldots$) et $\mathbf{x}_0 = \begin{bmatrix} 0{,}6 \\ 0{,}4 \end{bmatrix}$.

SOLUTION La première étape consiste à déterminer les valeurs propres de A, ainsi qu'une base de chaque sous-espace propre. Le polynôme caractéristique de A est

$$\det \begin{bmatrix} 0{,}95 - \lambda & 0{,}03 \\ 0{,}05 & 0{,}97 - \lambda \end{bmatrix} = (0{,}95 - \lambda)(0{,}97 - \lambda) - (0{,}03)(0{,}05)$$
$$= \lambda^2 - 1{,}92\lambda + 0{,}92$$

Les racines sont

$$\lambda = \frac{1{,}92 \pm \sqrt{(1{,}92)^2 - 4(0{,}92)}}{2} = \frac{1{,}92 \pm \sqrt{0{,}0064}}{2}$$
$$= \frac{1{,}92 \pm 0{,}08}{2} = 1 \quad \text{ou} \quad 0{,}92$$

On vérifie facilement que les vecteurs propres associés aux valeurs propres $\lambda = 1$ et $\lambda = 0{,}92$ sont respectivement les vecteurs colinéaires à

$$\mathbf{v}_1 = \begin{bmatrix} 3 \\ 5 \end{bmatrix} \quad \text{et à} \quad \mathbf{v}_2 = \begin{bmatrix} 1 \\ -1 \end{bmatrix}$$

On écrit ensuite le vecteur initial $\mathbf{x}_0$ en fonction de $\mathbf{v}_1$ et $\mathbf{v}_2$. Une telle écriture existe bien car $(\mathbf{v}_1, \mathbf{v}_2)$ est clairement une base de $\mathbb{R}^2$ (expliquer pourquoi). Il existe donc deux scalaires c_1 et c_2 tels que

$$\mathbf{x}_0 = c_1\mathbf{v}_1 + c_2\mathbf{v}_2 = \begin{bmatrix} \mathbf{v}_1 & \mathbf{v}_2 \end{bmatrix} \begin{bmatrix} c_1 \\ c_2 \end{bmatrix} \tag{3}$$

Plus précisément,

$$\begin{bmatrix} c_1 \\ c_2 \end{bmatrix} = [\, \mathbf{v}_1 \quad \mathbf{v}_2 \,]^{-1} \mathbf{x}_0 = \begin{bmatrix} 3 & 1 \\ 5 & -1 \end{bmatrix}^{-1} \begin{bmatrix} 0,60 \\ 0,40 \end{bmatrix}$$
$$= \frac{1}{-8} \begin{bmatrix} -1 & -1 \\ -5 & 3 \end{bmatrix} \begin{bmatrix} 0,60 \\ 0,40 \end{bmatrix} = \begin{bmatrix} 0,125 \\ 0,225 \end{bmatrix} \tag{4}$$

Puisque les vecteurs $\mathbf{v}_1$ et $\mathbf{v}_2$ en (3) sont des vecteurs propres de A, vérifiant $A\mathbf{v}_1 = \mathbf{v}_1$ et $A\mathbf{v}_2 = 0,92\,\mathbf{v}_2$, on peut facilement calculer $\mathbf{x}_k$:

$$\begin{aligned} \mathbf{x}_1 = A\mathbf{x}_0 &= c_1 A\mathbf{v}_1 + c_2 A\mathbf{v}_2 && \text{Linéarité } \mathbf{x} \mapsto A\mathbf{x} \\ &= c_1 \mathbf{v}_1 + c_2 (0,92)\mathbf{v}_2 && \mathbf{v}_1 \text{ et } \mathbf{v}_2 \text{ vecteurs propres} \\ \mathbf{x}_2 = A\mathbf{x}_1 &= c_1 A\mathbf{v}_1 + c_2 (0,92) A\mathbf{v}_2 \\ &= c_1 \mathbf{v}_1 + c_2 (0,92)^2 \mathbf{v}_2 \end{aligned}$$

et ainsi de suite. De façon générale, on a

$$\mathbf{x}_k = c_1 \mathbf{v}_1 + c_2 (0,92)^k \mathbf{v}_2 \quad (k = 0, 1, 2, \ldots)$$

En reportant les valeurs de c_1 et c_2 trouvées en (4), on obtient

$$\mathbf{x}_k = 0,125 \begin{bmatrix} 3 \\ 5 \end{bmatrix} + 0,225(0,92)^k \begin{bmatrix} 1 \\ -1 \end{bmatrix} \quad (k = 0, 1, 2, \ldots) \tag{5}$$

On obtient ici une écriture explicite de la solution de la relation de récurrence linéaire $\mathbf{x}_{k+1} = A\mathbf{x}_k$. Quand k tend vers l'infini, $(0,92)^k$ tend vers 0 et $\mathbf{x}_k$ tend vers le vecteur $\begin{bmatrix} 0,375 \\ 0,625 \end{bmatrix} = 0,125\mathbf{v}_1$. ∎

Les calculs de l'exemple 5 peuvent s'appliquer à l'une des chaînes de Markov étudiées à la section 4.9. Le lecteur qui a étudié cette section aura reconnu, dans la matrice A de l'exemple 5, la matrice de migration M de la section 4.9. Le vecteur $\mathbf{x}_0$ représente la distribution initiale de la population entre la ville et la banlieue, et le vecteur $\mathbf{x}_k$ représente la distribution de la population au bout de k années.

Le théorème 18 de la section 4.9 affirme que pour une matrice telle que la matrice A, la suite $(\mathbf{x}_k)$ tend vers un vecteur d'état stationnaire. On vient de voir, au moins dans le cas de cette matrice de migration, *pourquoi* les $\mathbf{x}_k$ se comportaient ainsi. Le vecteur d'état stationnaire est $0,125\mathbf{v}_1$, qui est colinéaire au vecteur propre $\mathbf{v}_1$, et la formule (5) donnant explicitement $\mathbf{x}_k$ permet de comprendre exactement pourquoi $\mathbf{x}_k$ tend vers $0,125\mathbf{v}_1$.

REMARQUES NUMÉRIQUES

1. Des logiciels tels que Mathematica ou Maple peuvent calculer formellement le polynôme caractéristique d'une matrice carrée, à condition que celle-ci ne soit pas trop grande. Mais si $n \geq 5$, il n'existe aucune formule ni aucun algorithme permettant de résoudre en toute généralité et de façon exacte l'équation caractéristique d'une matrice $n \times n$.

2. Les méthodes numériques les plus efficaces pour calculer des valeurs propres se passent totalement du polynôme caractéristique. En réalité, pour trouver le polynôme caractéristique d'une matrice, MATLAB calcule d'abord ses valeurs propres $\lambda_1, \ldots, \lambda_n$, puis développe le produit $(\lambda - \lambda_1)(\lambda - \lambda_2) \cdots (\lambda - \lambda_n)$.

3. Un certain nombre d'algorithmes usuels d'estimation des valeurs propres s'appuient sur le théorème 4. L'un des plus efficaces, *l'algorithme* QR, est étudié en exercice. Une autre technique connue, appelée *méthode de Jacobi*, s'applique au cas où $A = A^T$; elle consiste à calculer une suite de matrices de la forme

$$A_1 = A \quad \text{et} \quad A_{k+1} = P_k^{-1} A_k P_k \quad (k = 1, 2, \ldots)$$

Chacun des termes de cette suite est une matrice semblable à A, et possède donc les mêmes valeurs propres que A. Les coefficients non diagonaux de A_{k+1} tendent vers 0 quand k tend vers l'infini, tandis que les coefficients diagonaux tendent vers les valeurs propres de A.

4. D'autres méthodes d'estimation des valeurs propres sont présentées à la section 5.8.

EXERCICE D'ENTRAÎNEMENT

Déterminer le polynôme caractéristique ainsi que les valeurs propres de la matrice $A = \begin{bmatrix} 1 & -4 \\ 4 & 2 \end{bmatrix}$.

5.2 EXERCICES

Dans les exercices 1 à 8, déterminer le polynôme caractéristique et les valeurs propres réelles de la matrice proposée.

1. $\begin{bmatrix} 2 & 7 \\ 7 & 2 \end{bmatrix}$ 2. $\begin{bmatrix} 5 & 3 \\ 3 & 5 \end{bmatrix}$

3. $\begin{bmatrix} 3 & -2 \\ 1 & -1 \end{bmatrix}$ 4. $\begin{bmatrix} 5 & -3 \\ -4 & 3 \end{bmatrix}$

5. $\begin{bmatrix} 2 & 1 \\ -1 & 4 \end{bmatrix}$ 6. $\begin{bmatrix} 3 & -4 \\ 4 & 8 \end{bmatrix}$

7. $\begin{bmatrix} 5 & 3 \\ -4 & 4 \end{bmatrix}$ 8. $\begin{bmatrix} 7 & -2 \\ 2 & 3 \end{bmatrix}$

Les exercices 9 à 14 utilisent des techniques vues à la section 3.1. On demande de déterminer le polynôme caractéristique de chacune des matrices. On utilisera pour cela soit un développement selon une rangée, soit la règle de Sarrus expliquée immédiatement avant les exercices 15 à 18 de la section 3.1. [*Remarque :* Du fait de la présence de la variable λ, il est assez malcommode de calculer le polynôme caractéristique d'une matrice 3×3 par la méthode du pivot.]

9. $\begin{bmatrix} 1 & 0 & -1 \\ 2 & 3 & -1 \\ 0 & 6 & 0 \end{bmatrix}$ 10. $\begin{bmatrix} 0 & 3 & 1 \\ 3 & 0 & 2 \\ 1 & 2 & 0 \end{bmatrix}$

11. $\begin{bmatrix} 4 & 0 & 0 \\ 5 & 3 & 2 \\ -2 & 0 & 2 \end{bmatrix}$ 12. $\begin{bmatrix} -1 & 0 & 1 \\ -3 & 4 & 1 \\ 0 & 0 & 2 \end{bmatrix}$

13. $\begin{bmatrix} 6 & -2 & 0 \\ -2 & 9 & 0 \\ 5 & 8 & 3 \end{bmatrix}$ 14. $\begin{bmatrix} 5 & -2 & 3 \\ 0 & 1 & 0 \\ 6 & 7 & -2 \end{bmatrix}$

Dans les exercices 15 à 17, donner la liste des valeurs propres, en les répétant le nombre de fois correspondant à leur ordre de multiplicité.

15. $\begin{bmatrix} 4 & -7 & 0 & 2 \\ 0 & 3 & -4 & 6 \\ 0 & 0 & 3 & -8 \\ 0 & 0 & 0 & 1 \end{bmatrix}$ 16. $\begin{bmatrix} 5 & 0 & 0 & 0 \\ 8 & -4 & 0 & 0 \\ 0 & 7 & 1 & 0 \\ 1 & -5 & 2 & 1 \end{bmatrix}$

17. $\begin{bmatrix} 3 & 0 & 0 & 0 & 0 \\ -5 & 1 & 0 & 0 & 0 \\ 3 & 8 & 0 & 0 & 0 \\ 0 & -7 & 2 & 1 & 0 \\ -4 & 1 & 9 & -2 & 3 \end{bmatrix}$

18. On peut montrer que l'ordre de multiplicité d'une valeur propre λ est toujours supérieur ou égal à la dimension du sous-espace propre associé. Déterminer la valeur de h dans la matrice A ci-dessous de façon que le sous-espace propre associé à la valeur propre $\lambda = 4$ soit de dimension 2 :

$$A = \begin{bmatrix} 5 & -2 & 6 & -1 \\ 0 & 3 & h & 0 \\ 0 & 0 & 5 & 4 \\ 0 & 0 & 0 & 1 \end{bmatrix}$$

19. Soit A une matrice $n \times n$. On suppose que A admet n valeurs propres réelles $\lambda_1, \ldots, \lambda_n$, comptées autant de fois que l'indique leur ordre de multiplicité. On a ainsi

$$\det(A - \lambda I) = (\lambda_1 - \lambda)(\lambda_2 - \lambda) \cdots (\lambda_n - \lambda)$$

Justifier le fait que $\det A$ est égal au produit des n valeurs propres de A (ce résultat reste valable quelle que soit la matrice carrée, à condition de compter aussi les éventuelles valeurs propres complexes).

20. Montrer, à l'aide d'une propriété connue des déterminants, que A et A^T ont le même polynôme caractéristique.

Dans les exercices 21 et 22, A et B désignent des matrices $n \times n$. Préciser si les énoncés sont vrais ou faux. Justifier chaque réponse.

21. a. Le déterminant d'une matrice est égal au produit de ses éléments diagonaux.

   b. Une opération élémentaire sur les lignes de A ne change pas le déterminant.

   c. $(\det A)(\det B) = \det AB$.

   d. Si $\lambda + 5$ est en facteur dans le polynôme caractéristique de A, alors 5 est une valeur propre de A.

22. a. Si A est une matrice 3×3 dont on note les vecteurs colonnes $\mathbf{a}_1$, $\mathbf{a}_2$ et $\mathbf{a}_3$, alors $\det A$ est égal au volume du parallélépipède déterminé par les vecteurs $\mathbf{a}_1$, $\mathbf{a}_2$ et $\mathbf{a}_3$.

   b. $\det A^T = (-1) \det A$.

   c. L'ordre de multiplicité d'une racine r du polynôme caractéristique de A est appelé « multiplicité algébrique » de la valeur propre r.

   d. Une opération de remplacement de ligne dans A (ajout à une ligne d'une ligne colinéaire à une autre) ne modifie pas les valeurs propres.

L'algorithme QR est une méthode très utilisée pour estimer des valeurs propres d'une matrice A. Sous certaines conditions, cet algorithme produit une suite de matrices semblables à A, qui finissent par devenir presque triangulaires supérieures et dont les coefficients diagonaux approchent les valeurs propres de A. L'idée est de factoriser A (ou une matrice semblable à A) sous une forme $A = Q_1 R_1$, où Q_1 est une matrice inversible vérifiant $Q_1^T = Q_1^{-1}$ et où R_1 est une matrice triangulaire supérieure. On échange alors l'ordre des facteurs, pour former la matrice $A_1 = R_1 Q_1$, laquelle se factorise elle-même sous la forme $A_1 = Q_2 R_2$; on forme $A_2 = R_2 Q_2$ et l'on réitère le procédé. Le

fait que A, A_1, ... soient semblables est la conséquence du résultat plus général énoncé dans l'exercice 23.

23. Montrer que si $A = QR$ avec Q inversible, alors A est semblable à $A_1 = RQ$.

24. Montrer que si A et B sont semblables, alors $\det A = \det B$.

25. On pose $A = \begin{bmatrix} 0,6 & 0,3 \\ 0,4 & 0,7 \end{bmatrix}$, $\mathbf{v}_1 = \begin{bmatrix} 3/7 \\ 4/7 \end{bmatrix}$ et $\mathbf{x}_0 = \begin{bmatrix} 0,5 \\ 0,5 \end{bmatrix}$. [*Remarque :* A est la matrice stochastique étudiée à l'exemple 5 de la section 4.9.]

   a. Déterminer une base de $\mathbb{R}^2$ constituée de $\mathbf{v}_1$ et d'un autre vecteur propre $\mathbf{v}_2$ de A.

   b. Vérifier que l'on peut écrire le vecteur $\mathbf{x}_0$ sous la forme $\mathbf{x}_0 = \mathbf{v}_1 + c\mathbf{v}_2$.

   c. Pour $k = 1, 2, \ldots$, on pose $\mathbf{x}_k = A^k \mathbf{x}_0$. Calculer $\mathbf{x}_1$ et $\mathbf{x}_2$, puis exprimer $\mathbf{x}_k$ en fonction de k. Montrer que $\mathbf{x}_k$ tend vers $\mathbf{v}_1$ quand k tend vers l'infini.

26. Soit $A = \begin{bmatrix} a & b \\ c & d \end{bmatrix}$. Montrer, à l'aide de la formule (1) (mentionnée juste avant l'exemple 2), que $\det A = ad - bc$. On considérera deux cas : $a \neq 0$ et $a = 0$.

27. On considère la matrice $A = \begin{bmatrix} 0,5 & 0,2 & 0,3 \\ 0,3 & 0,8 & 0,3 \\ 0,2 & 0,0 & 0,4 \end{bmatrix}$, ainsi que les vecteurs $\mathbf{v}_1 = \begin{bmatrix} 0,3 \\ 0,6 \\ 0,1 \end{bmatrix}$, $\mathbf{v}_2 = \begin{bmatrix} 1 \\ -3 \\ 2 \end{bmatrix}$, $\mathbf{v}_3 = \begin{bmatrix} -1 \\ 0 \\ 1 \end{bmatrix}$ et $\mathbf{w} = \begin{bmatrix} 1 \\ 1 \\ 1 \end{bmatrix}$.

   a. Montrer que $\mathbf{v}_1$, $\mathbf{v}_2$ et $\mathbf{v}_3$ sont des vecteurs propres de A. [*Remarque :* A est la matrice stochastique étudiée à l'exemple 3 de la section 4.9.]

   b. Soit $\mathbf{x}_0$ un vecteur quelconque de $\mathbb{R}^3$, dont les composantes sont positives ou nulles et ont pour somme 1 (ce que l'on a appelé à la section 4.9 un *vecteur de probabilité*). Justifier l'existence de constantes c_1, c_2 et c_3 telles que $\mathbf{x}_0 = c_1 \mathbf{v}_1 + c_2 \mathbf{v}_2 + c_3 \mathbf{v}_3$. En calculant $\mathbf{w}^T \mathbf{x}_0$, montrer que $c_1 = 1$.

   c. Pour $k = 1, 2, \ldots$, on pose $\mathbf{x}_k = A^k \mathbf{x}_0$, le vecteur $\mathbf{x}_0$ vérifiant les conditions de la question (b). Montrer que $\mathbf{x}_k$ tend vers $\mathbf{v}_1$ si k tend vers l'infini.

28. [M] Construire une matrice aléatoire A, de type 4×4 et à coefficients entiers, et vérifier que A et A^T ont le même polynôme caractéristique (mêmes valeurs propres avec mêmes ordres de multiplicité). Les matrices A et A^T ont-elles les mêmes vecteurs propres ? Reprendre cette étude avec des matrices 5×5. Effectuer un compte-rendu de ce qui a été observé.

29. [M] Construire une matrice aléatoire A, de type 4×4 et à coefficients entiers.

a. Réduire A, par la méthode du pivot, à une forme échelonnée U, sans utiliser l'opération de multiplication d'une ligne par un scalaire. Calculer alors $\det A$ en utilisant la formule (1) mentionnée juste avant l'exemple 2 (il est très peu probable que le tirage aléatoire produise une matrice singulière ; si cela devait arriver, on recommencera avec une nouvelle matrice).

b. Calculer (avec une précision maximale) les valeurs propres de A, ainsi que le produit de ces valeurs propres.

c. Écrire la matrice A, ainsi que les pivots de U et les valeurs propres de A, avec une précision de quatre décimales.

Calculer $\det A$ à l'aide de l'instruction appropriée du logiciel et comparer le résultat avec les produits calculés aux questions (a) et (b).

30. [M] On considère la matrice $A = \begin{bmatrix} -6 & 28 & 21 \\ 4 & -15 & -12 \\ -8 & a & 25 \end{bmatrix}$.
En prenant les valeurs de a successivement dans l'ensemble $\{32 \,; 31{,}9 \,; 31{,}8 \,; 32{,}1 \,; 32{,}2\}$, calculer le polynôme caractéristique et les valeurs propres de A. Représenter, si possible sur un même graphique, chacune des fonctions polynomiales obtenues sur l'intervalle $[0, 3]$. Décrire les évolutions des valeurs propres en fonction de a que l'on observe sur le graphique.

SOLUTION DE L'EXERCICE D'ENTRAÎNEMENT

Le polynôme caractéristique est

$$\det(A - \lambda I) = \det \begin{bmatrix} 1 - \lambda & -4 \\ 4 & 2 - \lambda \end{bmatrix}$$
$$= (1 - \lambda)(2 - \lambda) - (-4)(4) = \lambda^2 - 3\lambda + 18$$

Le discriminant est $(-3)^2 - 4(18) = -63$. Le polynôme caractéristique n'a pas de racines réelles, donc A n'a pas de valeurs propres réelles. Si l'on fait agir A sur l'espace vectoriel $\mathbb{R}^2$, il n'existe aucun réel λ et aucun vecteur non nul $\mathbf{v}$ de $\mathbb{R}^2$ tels que $A\mathbf{v} = \lambda\mathbf{v}$.

La matrice A admet toutefois les deux valeurs propres complexes

$$\lambda = \frac{3 \pm i\sqrt{63}}{2}$$

5.3 DIAGONALISATION

Dans beaucoup de cas, on peut faire apparaître de façon très claire la structure des valeurs et vecteurs propres d'une matrice A en effectuant une factorisation de la forme $A = PDP^{-1}$, où D est une matrice diagonale. Cette factorisation va nous permettre, dans cette section, de calculer facilement et rapidement A^k pour de grandes valeurs de k. Cette idée est fondamentale dans beaucoup d'applications de l'algèbre linéaire. Ultérieurement, dans les sections 5.6 et 5.7, nous utiliserons cette factorisation pour analyser (et *découpler*) des systèmes dynamiques.

L'exemple suivant montre que les puissances d'une matrice diagonale se calculent facilement.

EXEMPLE 1 On considère la matrice $D = \begin{bmatrix} 5 & 0 \\ 0 & 3 \end{bmatrix}$. Alors

$$D^2 = \begin{bmatrix} 5 & 0 \\ 0 & 3 \end{bmatrix}\begin{bmatrix} 5 & 0 \\ 0 & 3 \end{bmatrix} = \begin{bmatrix} 5^2 & 0 \\ 0 & 3^2 \end{bmatrix}$$

et

$$D^3 = DD^2 = \begin{bmatrix} 5 & 0 \\ 0 & 3 \end{bmatrix}\begin{bmatrix} 5^2 & 0 \\ 0 & 3^2 \end{bmatrix} = \begin{bmatrix} 5^3 & 0 \\ 0 & 3^3 \end{bmatrix}$$

De façon générale, on voit facilement que

$$D^k = \begin{bmatrix} 5^k & 0 \\ 0 & 3^k \end{bmatrix} \quad \text{pour } k \geq 1 \qquad \blacksquare$$

S'il existe une certaine matrice inversible P et une matrice diagonale D telles que $A = PDP^{-1}$, alors A^k se calcule également facilement, comme le montre l'exemple suivant.

EXEMPLE 2 On pose $A = \begin{bmatrix} 7 & 2 \\ -4 & 1 \end{bmatrix}$. Trouver une expression explicite de A^k, en admettant que $A = PDP^{-1}$, avec

$$P = \begin{bmatrix} 1 & 1 \\ -1 & -2 \end{bmatrix} \quad \text{et} \quad D = \begin{bmatrix} 5 & 0 \\ 0 & 3 \end{bmatrix}$$

SOLUTION D'après la formule usuelle d'inversion des matrices 2×2, on obtient

$$P^{-1} = \begin{bmatrix} 2 & 1 \\ -1 & -1 \end{bmatrix}$$

Par associativité de la multiplication matricielle, on a donc

$$A^2 = (PDP^{-1})(PDP^{-1}) = PD \underbrace{(P^{-1}P)}_{I} DP^{-1} = PDDP^{-1}$$

$$= PD^2 P^{-1} = \begin{bmatrix} 1 & 1 \\ -1 & -2 \end{bmatrix} \begin{bmatrix} 5^2 & 0 \\ 0 & 3^2 \end{bmatrix} \begin{bmatrix} 2 & 1 \\ -1 & -1 \end{bmatrix}$$

De même,

$$A^3 = (PDP^{-1})A^2 = (PDP^{-1})PD^2 P^{-1} = PDD^2 P^{-1} = PD^3 P^{-1}$$

Plus généralement, pour $k \geq 1$,

$$A^k = PD^k P^{-1} = \begin{bmatrix} 1 & 1 \\ -1 & -2 \end{bmatrix} \begin{bmatrix} 5^k & 0 \\ 0 & 3^k \end{bmatrix} \begin{bmatrix} 2 & 1 \\ -1 & -1 \end{bmatrix}$$

$$= \begin{bmatrix} 2 \cdot 5^k - 3^k & 5^k - 3^k \\ 2 \cdot 3^k - 2 \cdot 5^k & 2 \cdot 3^k - 5^k \end{bmatrix} \qquad \blacksquare$$

On dit qu'une matrice carrée A est **diagonalisable** si elle est semblable à une matrice diagonale, c'est-à-dire s'il existe une matrice inversible P et une matrice diagonale D telles que $A = PDP^{-1}$. Le théorème qui suit donne une caractérisation des matrices diagonalisables et permet de construire une factorisation adaptée.

THÉORÈME 5

Théorème de diagonalisation

Soit A une matrice $n \times n$. Alors A est diagonalisable si et seulement si elle admet n vecteurs propres linéairement indépendants.

Plus précisément, on a $A = PDP^{-1}$, où D est une matrice diagonale, si et seulement si les colonnes de P sont n vecteurs propres linéairement indépendants de A. Dans ce cas, les coefficients diagonaux de D sont les valeurs propres de A associées respectivement aux colonnes de P.

En d'autre termes, A est diagonalisable si et seulement si elle admet suffisamment de vecteurs propres pour former une base de $\mathbb{R}^n$. Une telle base est appelée **base de vecteurs propres** de $\mathbb{R}^n$.

DÉMONSTRATION On remarque d'abord que si P est une matrice quelconque $n \times n$ de colonnes $\mathbf{v}_1, \ldots, \mathbf{v}_n$ et si D est une matrice diagonale de coefficients diagonaux $\lambda_1, \ldots, \lambda_n$, alors d'une part

$$AP = A[\,\mathbf{v}_1 \quad \mathbf{v}_2 \quad \cdots \quad \mathbf{v}_n\,] = [\,A\mathbf{v}_1 \quad A\mathbf{v}_2 \quad \cdots \quad A\mathbf{v}_n\,] \tag{1}$$

et d'autre part

$$PD = P \begin{bmatrix} \lambda_1 & 0 & \cdots & 0 \\ 0 & \lambda_2 & \cdots & 0 \\ \vdots & \vdots & & \vdots \\ 0 & 0 & \cdots & \lambda_n \end{bmatrix} = [\,\lambda_1\mathbf{v}_1 \quad \lambda_2\mathbf{v}_2 \quad \cdots \quad \lambda_n\mathbf{v}_n\,] \tag{2}$$

Supposons maintenant que A soit diagonalisable, avec $A = PDP^{-1}$. En multipliant cette relation à droite par P, on obtient $AP = PD$. On déduit alors des relations (1) et (2) que

$$[\,A\mathbf{v}_1 \quad A\mathbf{v}_2 \quad \cdots \quad A\mathbf{v}_n\,] = [\,\lambda_1\mathbf{v}_1 \quad \lambda_2\mathbf{v}_2 \quad \cdots \quad \lambda_n\mathbf{v}_n\,] \tag{3}$$

En identifiant les colonnes, on trouve

$$A\mathbf{v}_1 = \lambda_1\mathbf{v}_1, \quad A\mathbf{v}_2 = \lambda_2\mathbf{v}_2, \quad \ldots, \quad A\mathbf{v}_n. = \lambda_n\mathbf{v}_n \tag{4}$$

Puisque P est inversible, ses colonnes $\mathbf{v}_1, \ldots, \mathbf{v}_n$ sont linéairement indépendantes. Et comme ces colonnes ne sont pas nulles, les relations (4) montrent que $\lambda_1, \ldots, \lambda_n$ sont des valeurs propres, associées respectivement aux vecteurs propres $\mathbf{v}_1, \ldots, \mathbf{v}_n$. On a ainsi montré le « seulement si » des deux premières affirmations du théorème, ainsi que la troisième affirmation.

Pour finir, on se donne n vecteurs propres $\mathbf{v}_1, \ldots, \mathbf{v}_n$ et l'on construit la matrice P dont les colonnes sont égales à ces vecteurs et la matrice diagonale D correspondant aux valeurs propres associées $\lambda_1, \ldots, \lambda_n$. Alors la relation (3) est vérifiée et, d'après (1) et (2), il en résulte que $AP = PD$. Cette relation est vérifiée quels que soient les vecteurs propres choisis. Mais si, de plus, ces vecteurs propres sont linéairement indépendants, alors P est inversible (théorème de caractérisation des matrices inversibles) et la relation $AP = PD$ implique $A = PDP^{-1}$. ■

EXEMPLE 3 Diagonaliser si possible la matrice

$$A = \begin{bmatrix} 1 & 3 & 3 \\ -3 & -5 & -3 \\ 3 & 3 & 1 \end{bmatrix}$$

c'est-à-dire trouver une matrice inversible P et une matrice diagonale D telles que $A = PDP^{-1}$.

SOLUTION La mise en œuvre du théorème 5 s'effectue en quatre étapes.

*Étape 1. **Trouver les valeurs propres de A.*** On a indiqué à la section 5.2 que, dès que la matrice était d'une taille supérieure à 2×2, cette étape était plutôt du ressort d'un calcul informatique. Pour éviter de se disperser dans des considérations inutiles, on donnera par la suite toutes les indications nécessaires à ce calcul. Dans le cas présent, on s'aperçoit que le polynôme caractéristique se factorise facilement :

$$\det(A - \lambda I) = -\lambda^3 - 3\lambda^2 + 4$$
$$= -(\lambda - 1)(\lambda + 2)^2$$

Les valeurs propres sont donc $\lambda = 1$ et $\lambda = -2$.

*Étape 2. **Trouver trois vecteurs propres de A linéairement indépendants.*** Ici, il faut *trois* vecteurs car A est une matrice 3×3. Cette étape est cruciale. Si elle échoue, il résulte du théorème 5 que A ne peut pas être diagonalisée. La méthode décrite dans la section 5.1 permet d'obtenir une base de chacun des sous-espaces propres :

$$\text{Base pour } \lambda = 1 : \quad \mathbf{v}_1 = \begin{bmatrix} 1 \\ -1 \\ 1 \end{bmatrix}$$

$$\text{Base pour } \lambda = -2 : \quad \mathbf{v}_2 = \begin{bmatrix} -1 \\ 1 \\ 0 \end{bmatrix} \text{ et } \mathbf{v}_3 = \begin{bmatrix} -1 \\ 0 \\ 1 \end{bmatrix}$$

On peut vérifier que la famille de vecteurs $(\mathbf{v}_1, \mathbf{v}_2, \mathbf{v}_3)$ est libre.

*Étape 3. **Construire P à partir des vecteurs de l'étape 2.*** L'ordre des vecteurs n'a pas d'importance. En prenant par exemple l'ordre issu de l'étape 2, on forme la matrice

$$P = \begin{bmatrix} \mathbf{v}_1 & \mathbf{v}_2 & \mathbf{v}_3 \end{bmatrix} = \begin{bmatrix} 1 & -1 & -1 \\ -1 & 1 & 0 \\ 1 & 0 & 1 \end{bmatrix}$$

*Étape 4. **Construire D à partir des valeurs propres associées.*** Pour cette étape, il est essentiel que l'ordre des valeurs propres corresponde à l'ordre choisi pour les colonnes de P. On écrit ici deux fois la valeur $\lambda = -2$, une fois pour chacun des vecteurs propres associés à $\lambda = -2$:

$$D = \begin{bmatrix} 1 & 0 & 0 \\ 0 & -2 & 0 \\ 0 & 0 & -2 \end{bmatrix}$$

Il n'est pas inutile de vérifier que P et D correspondent bien au résultat attendu. Pour éviter de calculer P^{-1}, il suffit de vérifier que $AP = PD$, ce qui, dans le cas où P est inversible, équivaut à $A = PDP^{-1}$ (mais il faut vérifier que P est bien inversible). On calcule

$$AP = \begin{bmatrix} 1 & 3 & 3 \\ -3 & -5 & -3 \\ 3 & 3 & 1 \end{bmatrix} \begin{bmatrix} 1 & -1 & -1 \\ -1 & 1 & 0 \\ 1 & 0 & 1 \end{bmatrix} = \begin{bmatrix} 1 & 2 & 2 \\ -1 & -2 & 0 \\ 1 & 0 & -2 \end{bmatrix}$$

$$PD = \begin{bmatrix} 1 & -1 & -1 \\ -1 & 1 & 0 \\ 1 & 0 & 1 \end{bmatrix} \begin{bmatrix} 1 & 0 & 0 \\ 0 & -2 & 0 \\ 0 & 0 & -2 \end{bmatrix} = \begin{bmatrix} 1 & 2 & 2 \\ -1 & -2 & 0 \\ 1 & 0 & -2 \end{bmatrix} \qquad \blacksquare$$

EXEMPLE 4 Diagonaliser si possible la matrice suivante.

$$A = \begin{bmatrix} 2 & 4 & 3 \\ -4 & -6 & -3 \\ 3 & 3 & 1 \end{bmatrix}$$

SOLUTION On obtient en fait le même polynôme caractéristique que dans l'exemple 3 :

$$\det(A - \lambda I) = -\lambda^3 - 3\lambda^2 + 4 = -(\lambda - 1)(\lambda + 2)^2$$

Les valeurs propres sont de nouveau $\lambda = 1$ et $\lambda = -2$. On vérifie cependant que tous les sous-espaces propres sont de dimension 1 :

$$\text{Base pour } \lambda = 1 : \qquad \mathbf{v}_1 = \begin{bmatrix} 1 \\ -1 \\ 1 \end{bmatrix}$$

$$\text{Base pour } \lambda = -2 : \qquad \mathbf{v}_2 = \begin{bmatrix} -1 \\ 1 \\ 0 \end{bmatrix}$$

Il n'existe pas d'autres valeurs propres et les vecteurs propres de A sont tous colinéaires soit à $\mathbf{v}_1$, soit à $\mathbf{v}_2$. Il est par conséquent impossible de construire une base de $\mathbb{R}^3$ formée de vecteurs propres de A. D'après le théorème 5, A *n'est pas* diagonalisable. ∎

Le théorème qui suit donne une condition *suffisante* pour qu'une matrice soit diagonalisable.

THÉORÈME 6   Toute matrice $n \times n$ admettant n valeurs propres distinctes est diagonalisable.

DÉMONSTRATION Soit $\mathbf{v}_1, \ldots, \mathbf{v}_n$ des vecteurs propres associés aux n valeurs propres distinctes d'une matrice A. D'après le théorème 2 de la section 5.1, $\mathbf{v}_1, \ldots, \mathbf{v}_n$ sont linéairement indépendants. Donc, d'après le théorème 5, A est diagonalisable. ∎

Cette condition suffisante n'est pas *nécessaire*. La matrice 3×3 de l'exemple 3 est diagonalisable bien qu'elle n'admette que deux valeurs propres distinctes.

EXEMPLE 5   La matrice suivante est-elle diagonalisable ?

$$A = \begin{bmatrix} 5 & -8 & 1 \\ 0 & 0 & 7 \\ 0 & 0 & -2 \end{bmatrix}$$

SOLUTION La réponse est évidente ! Puisque la matrice est triangulaire, les valeurs propres sont clairement 5, 0 et -2. La matrice A est donc une matrice 3×3 admettant trois valeurs propres distinctes ; elle est par conséquent diagonalisable. ∎

Cas de valeurs propres multiples

Si une matrice A de type $n \times n$ admet n valeurs propres distinctes, associées aux vecteurs propres respectifs $\mathbf{v}_1, \ldots, \mathbf{v}_n$, et si l'on pose $P = [\, \mathbf{v}_1 \;\; \cdots \;\; \mathbf{v}_n \,]$, alors, d'après le théorème 2, les colonnes de P sont linéairement indépendantes, donc la matrice P est automatiquement inversible. Si A est diagonalisable, mais qu'elle admet moins de n valeurs propres, le théorème suivant montre que l'on peut encore construire P de façon qu'elle soit automatiquement inversible[4].

---

[4] La démonstration du théorème 7 est un peu longue, mais ne présente pas de difficultés. Voir par exemple S. Friedberg, A. Insel et L. Spence, *Linear Algebra*, 4e éd., Englewood Cliffs, NJ : Prentice-Hall, 2002, section 5.2.

THÉORÈME 7

Soit A une matrice $n \times n$ et $\lambda_1, \ldots, \lambda_p$ ses valeurs propres distinctes.

a. Pour $1 \leq k \leq p$, la dimension du sous-espace propre associé à λ_k est inférieure ou égale à la multiplicité de la valeur propre λ_k.

b. La matrice A est diagonalisable si et seulement si la somme des dimensions des sous-espaces propres est égale à n, ce qui équivaut à dire que :
(*i*) le polynôme caractéristique se factorise en facteurs du premier degré
et
(*ii*) pour chaque λ_k, la dimension du sous-espace propre associé est égal à l'ordre de multiplicité.

c. Si A est diagonalisable et si pour chaque k $\mathcal{B}_k$ est une base du sous-espace propre associé à la valeur propre λ_k, alors la famille obtenue en réunissant les vecteurs des bases $\mathcal{B}_1, \ldots, \mathcal{B}_p$ est une base de $\mathbb{R}^n$ constituée de vecteurs propres de A.

EXEMPLE 6 Diagonaliser si possible la matrice suivante.

$$A = \begin{bmatrix} 5 & 0 & 0 & 0 \\ 0 & 5 & 0 & 0 \\ 1 & 4 & -3 & 0 \\ -1 & -2 & 0 & -3 \end{bmatrix}$$

SOLUTION Puisque A est triangulaire, les valeurs propres sont 5 et -3, chacune de multiplicité 2. On trouve une base de chaque sous-espace propre par la méthode de la section 5.1.

$$\text{Base pour } \lambda = 5: \quad \mathbf{v}_1 = \begin{bmatrix} -8 \\ 4 \\ 1 \\ 0 \end{bmatrix} \quad \text{et} \quad \mathbf{v}_2 = \begin{bmatrix} -16 \\ 4 \\ 0 \\ 1 \end{bmatrix}$$

$$\text{Base pour } \lambda = -3: \quad \mathbf{v}_3 = \begin{bmatrix} 0 \\ 0 \\ 1 \\ 0 \end{bmatrix} \quad \text{et} \quad \mathbf{v}_4 = \begin{bmatrix} 0 \\ 0 \\ 0 \\ 1 \end{bmatrix}$$

D'après le théorème 7, les vecteurs $\mathbf{v}_1, \ldots, \mathbf{v}_4$ sont linéairement indépendants. Donc la matrice $P = [\mathbf{v}_1 \ \cdots \ \mathbf{v}_4]$ est inversible et $A = PDP^{-1}$, avec

$$P = \begin{bmatrix} -8 & -16 & 0 & 0 \\ 4 & 4 & 0 & 0 \\ 1 & 0 & 1 & 0 \\ 0 & 1 & 0 & 1 \end{bmatrix} \quad \text{et} \quad D = \begin{bmatrix} 5 & 0 & 0 & 0 \\ 0 & 5 & 0 & 0 \\ 0 & 0 & -3 & 0 \\ 0 & 0 & 0 & -3 \end{bmatrix} \quad \blacksquare$$

EXERCICES D'ENTRAÎNEMENT

1. On pose $A = \begin{bmatrix} 4 & -3 \\ 2 & -1 \end{bmatrix}$. Calculer A^8.

2. On pose $A = \begin{bmatrix} -3 & 12 \\ -2 & 7 \end{bmatrix}$, $\mathbf{v}_1 = \begin{bmatrix} 3 \\ 1 \end{bmatrix}$ et $\mathbf{v}_2 = \begin{bmatrix} 2 \\ 1 \end{bmatrix}$. On précise que $\mathbf{v}_1$ et $\mathbf{v}_2$ sont des vecteurs propres de A. Diagonaliser A en utilisant ce renseignement.

3. Soit A une matrice 4×4 de valeurs propres 5, 3 et -2. On sait que le sous-espace propre associé à la valeur propre $\lambda = 3$ est de dimension 2. Peut-on dire si A est diagonalisable ?

5.3 EXERCICES

Dans les exercices 1 et 2, on pose $A = PDP^{-1}$. Calculer A^4.

1. $P = \begin{bmatrix} 5 & 7 \\ 2 & 3 \end{bmatrix}, D = \begin{bmatrix} 2 & 0 \\ 0 & 1 \end{bmatrix}$

2. $P = \begin{bmatrix} 2 & -3 \\ -3 & 5 \end{bmatrix}, D = \begin{bmatrix} 1 & 0 \\ 0 & 1/2 \end{bmatrix}$

On a indiqué dans les exercices 3 et 4 une factorisation $A = PDP^{-1}$. En déduire une expression de A^k, où k représente un entier strictement positif quelconque.

3. $\begin{bmatrix} a & 0 \\ 3(a-b) & b \end{bmatrix} = \begin{bmatrix} 1 & 0 \\ 3 & 1 \end{bmatrix} \begin{bmatrix} a & 0 \\ 0 & b \end{bmatrix} \begin{bmatrix} 1 & 0 \\ -3 & 1 \end{bmatrix}$

4. $\begin{bmatrix} -2 & 12 \\ -1 & 5 \end{bmatrix} = \begin{bmatrix} 3 & 4 \\ 1 & 1 \end{bmatrix} \begin{bmatrix} 2 & 0 \\ 0 & 1 \end{bmatrix} \begin{bmatrix} -1 & 4 \\ 1 & -3 \end{bmatrix}$

Dans les exercices 5 et 6, on a factorisé la matrice A sous la forme PDP^{-1}. En utilisant le théorème 5 de diagonalisation, écrire les valeurs propres de A et une base de chaque sous-espace propre.

5. $\begin{bmatrix} 2 & 2 & 1 \\ 1 & 3 & 1 \\ 1 & 2 & 2 \end{bmatrix} =$

$\begin{bmatrix} 1 & 1 & 2 \\ 1 & 0 & -1 \\ 1 & -1 & 0 \end{bmatrix} \begin{bmatrix} 5 & 0 & 0 \\ 0 & 1 & 0 \\ 0 & 0 & 1 \end{bmatrix} \begin{bmatrix} 1/4 & 1/2 & 1/4 \\ 1/4 & 1/2 & -3/4 \\ 1/4 & -1/2 & 1/4 \end{bmatrix}$

6. $\begin{bmatrix} 4 & 0 & -2 \\ 2 & 5 & 4 \\ 0 & 0 & 5 \end{bmatrix} =$

$\begin{bmatrix} -2 & 0 & -1 \\ 0 & 1 & 2 \\ 1 & 0 & 0 \end{bmatrix} \begin{bmatrix} 5 & 0 & 0 \\ 0 & 5 & 0 \\ 0 & 0 & 4 \end{bmatrix} \begin{bmatrix} 0 & 0 & 1 \\ 2 & 1 & 4 \\ -1 & 0 & -2 \end{bmatrix}$

Diagonaliser si possible les matrices des exercices 7 à 20. Pour les exercices 11 à 16, les valeurs propres réelles sont les suivantes : (11) $\lambda = 1, 2, 3$; (12) $\lambda = 2, 8$; (13) $\lambda = 5, 1$; (14) $\lambda = 5, 4$; (15) $\lambda = 3, 1$; (16) $\lambda = 2, 1$. Pour l'exercice 18, une valeur propre est $\lambda = 5$ et un vecteur propre est $(-2, 1, 2)$.

7. $\begin{bmatrix} 1 & 0 \\ 6 & -1 \end{bmatrix}$

8. $\begin{bmatrix} 5 & 1 \\ 0 & 5 \end{bmatrix}$

9. $\begin{bmatrix} 3 & -1 \\ 1 & 5 \end{bmatrix}$

10. $\begin{bmatrix} 2 & 3 \\ 4 & 1 \end{bmatrix}$

11. $\begin{bmatrix} -1 & 4 & -2 \\ -3 & 4 & 0 \\ -3 & 1 & 3 \end{bmatrix}$

12. $\begin{bmatrix} 4 & 2 & 2 \\ 2 & 4 & 2 \\ 2 & 2 & 4 \end{bmatrix}$

13. $\begin{bmatrix} 2 & 2 & -1 \\ 1 & 3 & -1 \\ -1 & -2 & 2 \end{bmatrix}$

14. $\begin{bmatrix} 4 & 0 & -2 \\ 2 & 5 & 4 \\ 0 & 0 & 5 \end{bmatrix}$

15. $\begin{bmatrix} 7 & 4 & 16 \\ 2 & 5 & 8 \\ -2 & -2 & -5 \end{bmatrix}$

16. $\begin{bmatrix} 0 & -4 & -6 \\ -1 & 0 & -3 \\ 1 & 2 & 5 \end{bmatrix}$

17. $\begin{bmatrix} 4 & 0 & 0 \\ 1 & 4 & 0 \\ 0 & 0 & 5 \end{bmatrix}$

18. $\begin{bmatrix} -7 & -16 & 4 \\ 6 & 13 & -2 \\ 12 & 16 & 1 \end{bmatrix}$

19. $\begin{bmatrix} 5 & -3 & 0 & 9 \\ 0 & 3 & 1 & -2 \\ 0 & 0 & 2 & 0 \\ 0 & 0 & 0 & 2 \end{bmatrix}$

20. $\begin{bmatrix} 4 & 0 & 0 & 0 \\ 0 & 4 & 0 & 0 \\ 0 & 0 & 2 & 0 \\ 1 & 0 & 0 & 2 \end{bmatrix}$

Dans les exercices 21 et 22, A, B, P et D désignent des matrices $n \times n$. Dire de chaque énoncé s'il est vrai ou faux. Justifier les réponses. Pour faire ces exercices, il faut d'abord avoir soigneusement étudié les théorèmes 5 et 6, ainsi que les exemples de cette section.

21. a. A est diagonalisable s'il existe une matrice D et une matrice inversible P telles que $A = PDP^{-1}$.

b. Si $\mathbb{R}^n$ admet une base de vecteurs propres de A, alors A est diagonalisable.

c. A est diagonalisable si et seulement si A admet n valeurs propres, en comptant les ordres de multiplicité.

d. Si A est diagonalisable, alors A est inversible.

22. a. A est diagonalisable si A possède n vecteurs propres.

b. Si A est diagonalisable, alors A admet n valeurs propres distinctes.

c. Si $AP = PD$, D étant une matrice diagonale, alors les colonnes de P sont des vecteurs propres de A.

d. Si A est inversible, alors A est diagonalisable.

23. On suppose que A est une matrice 5×5 admettant deux valeurs propres. L'un des sous-espaces propres est de dimension 3 et l'autre de dimension 2. La matrice A est-elle diagonalisable ? Pourquoi ?

24. On suppose que A est une matrice 3×3 admettant deux valeurs propres. Les deux sous-espaces propres sont de dimension 1. La matrice A est-elle diagonalisable ? Pourquoi ?

25. On suppose que A est une matrice 4×4 admettant trois valeurs propres. L'un des sous-espaces propres est de dimension 1 et un autre est de dimension 2. Est-il possible que A *ne soit pas* diagonalisable ? Justifier.

26. On suppose que A est une matrice 7×7 admettant trois valeurs propres. L'un des sous-espaces propres est de dimension 2 et un autre de dimension 3. Est-il possible que A *ne soit pas* diagonalisable ? Justifier.

27. Montrer que si A est à la fois diagonalisable et inversible, alors il en va de même de A^{-1}.

28. Montrer que si A possède n vecteurs propres linéairement indépendants, alors il en va de même de A^T. [*Indication :* Utiliser le théorème de diagonalisation.]

29. Une factorisation du type $A = PDP^{-1}$ n'est pas unique. On démontre cela pour la matrice A de l'exemple 2. En choisissant $D_1 = \begin{bmatrix} 3 & 0 \\ 0 & 5 \end{bmatrix}$, trouver, en utilisant les résultats de l'exemple 2, une matrice P_1 telle que $A = P_1 D_1 P_1^{-1}$.

30. On considère les matrices A et D de l'exemple 2. Déterminer une matrice inversible P_2, distincte de la matrice P de l'exemple, telle que $A = P_2 D P_2^{-1}$.

31. Construire une matrice 2×2 non nulle inversible, mais non diagonalisable.

32. Construire une matrice 2×2 non diagonale, diagonalisable mais non inversible.

[M] Diagonaliser les matrices des exercices 33 à 36. On utilisera la fonction de calcul des valeurs propres (en anglais, *eigenvalues*) du logiciel et l'on calculera une base des sous-espaces propres par la méthode de la section 5.1.

33. $\begin{bmatrix} -6 & 4 & 0 & 9 \\ -3 & 0 & 1 & 6 \\ -1 & -2 & 1 & 0 \\ -4 & 4 & 0 & 7 \end{bmatrix}$ **34.** $\begin{bmatrix} 0 & 13 & 8 & 4 \\ 4 & 9 & 8 & 4 \\ 8 & 6 & 12 & 8 \\ 0 & 5 & 0 & -4 \end{bmatrix}$

35. $\begin{bmatrix} 11 & -6 & 4 & -10 & -4 \\ -3 & 5 & -2 & 4 & 1 \\ -8 & 12 & -3 & 12 & 4 \\ 1 & 6 & -2 & 3 & -1 \\ 8 & -18 & 8 & -14 & -1 \end{bmatrix}$

36. $\begin{bmatrix} 4 & 4 & 2 & 3 & -2 \\ 0 & 1 & -2 & -2 & 2 \\ 6 & 12 & 11 & 2 & -4 \\ 9 & 20 & 10 & 10 & -6 \\ 15 & 28 & 14 & 5 & -3 \end{bmatrix}$

SOLUTIONS DES EXERCICES D'ENTRAÎNEMENT

1. $\det(A - \lambda I) = \lambda^2 - 3\lambda + 2 = (\lambda - 2)(\lambda - 1)$. Les valeurs propres sont 2 et 1, et les vecteurs $\mathbf{v}_1 = \begin{bmatrix} 3 \\ 2 \end{bmatrix}$ et $\mathbf{v}_2 = \begin{bmatrix} 1 \\ 1 \end{bmatrix}$ sont des vecteurs propres associés. On forme les matrices

$$P = \begin{bmatrix} 3 & 1 \\ 2 & 1 \end{bmatrix}, \qquad D = \begin{bmatrix} 2 & 0 \\ 0 & 1 \end{bmatrix} \quad \text{et} \quad P^{-1} = \begin{bmatrix} 1 & -1 \\ -2 & 3 \end{bmatrix}$$

On a $A = PDP^{-1}$, donc

$$A^8 = PD^8P^{-1} = \begin{bmatrix} 3 & 1 \\ 2 & 1 \end{bmatrix} \begin{bmatrix} 2^8 & 0 \\ 0 & 1^8 \end{bmatrix} \begin{bmatrix} 1 & -1 \\ -2 & 3 \end{bmatrix}$$

$$= \begin{bmatrix} 3 & 1 \\ 2 & 1 \end{bmatrix} \begin{bmatrix} 256 & 0 \\ 0 & 1 \end{bmatrix} \begin{bmatrix} 1 & -1 \\ -2 & 3 \end{bmatrix}$$

$$= \begin{bmatrix} 766 & -765 \\ 510 & -509 \end{bmatrix}$$

2. On calcule :

$$A\mathbf{v}_1 = \begin{bmatrix} -3 & 12 \\ -2 & 7 \end{bmatrix} \begin{bmatrix} 3 \\ 1 \end{bmatrix} = \begin{bmatrix} 3 \\ 1 \end{bmatrix} = 1 \cdot \mathbf{v}_1$$

$$A\mathbf{v}_2 = \begin{bmatrix} -3 & 12 \\ -2 & 7 \end{bmatrix} \begin{bmatrix} 2 \\ 1 \end{bmatrix} = \begin{bmatrix} 6 \\ 3 \end{bmatrix} = 3 \cdot \mathbf{v}_2$$

Donc $\mathbf{v}_1$ et $\mathbf{v}_2$ sont des vecteurs propres, associés respectivement aux valeurs propres 1 et 3. Il en résulte que

$$A = PDP^{-1}, \quad \text{avec} \quad P = \begin{bmatrix} 3 & 2 \\ 1 & 1 \end{bmatrix} \quad \text{et} \quad D = \begin{bmatrix} 1 & 0 \\ 0 & 3 \end{bmatrix}$$

3. Oui, A est diagonalisable. Il existe, par hypothèse, une base $(\mathbf{v}_1, \mathbf{v}_2)$ du sous-espace propre associé à la valeur propre $\lambda = 3$. Il existe, en outre, au moins un vecteur propre pour la valeur propre $\lambda = 5$ et un pour $\lambda = -2$. On les note $\mathbf{v}_3$ et $\mathbf{v}_4$. Alors, d'après le théorème 2 et l'exercice d'entraînement 3 de la section 5.1, la famille de vecteurs $(\mathbf{v}_1, \mathbf{v}_2, \mathbf{v}_3, \mathbf{v}_4)$ est libre. Il ne peut y avoir d'autres vecteurs propres linéairement indépendants de $\mathbf{v}_1$, $\mathbf{v}_2$, $\mathbf{v}_3$ et $\mathbf{v}_4$, car tous ces vecteurs sont dans $\mathbb{R}^4$. Donc les sous-espaces propres associés aux valeurs propres respectives $\lambda = 5$ et $\lambda = -2$ sont de dimension 1. Donc, d'après la propriété (b) du théorème 7, A est diagonalisable.

5.4 | VECTEURS PROPRES ET APPLICATIONS LINÉAIRES

L'objectif de cette section est d'interpréter la factorisation $A = PDP^{-1}$ en termes d'application linéaire. On verra que l'application $\mathbf{x} \mapsto A\mathbf{x}$ est essentiellement la même que l'application $\mathbf{u} \mapsto D\mathbf{u}$, observée depuis un point de vue différent. Cette interprétation peut se généraliser à A et à D, même si D n'est pas une matrice diagonale.

On a vu à la section 1.9 que toute application linéaire T de $\mathbb{R}^n$ dans $\mathbb{R}^m$ se ramène à la multiplication à gauche par une certaine matrice A, appelée *matrice canoniquement associée* à T. On va donner maintenant le même type de représentation à n'importe quelle application linéaire entre deux espaces de dimension finie.

Matrice d'une application linéaire

Soit V et W deux espaces vectoriels de dimensions finies respectives n et m, et T une application linéaire quelconque de V dans W. Pour associer une matrice à T, on choisit des bases respectives $\mathcal{B}$ et $\mathcal{C}$ de V et W.

Étant donné un vecteur $\mathbf{x}$ de V, la colonne $[\mathbf{x}]_{\mathcal{B}}$ de ses composantes dans la base $\mathcal{B}$ est un vecteur de $\mathbb{R}^n$; de même, la colonne $[T(\mathbf{x})]_{\mathcal{C}}$ des composantes de son image dans la base $\mathcal{C}$ est un vecteur de $\mathbb{R}^m$. Cette situation est schématisée à la figure 1.

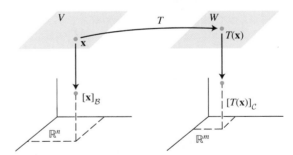

FIGURE 1 Application linéaire de V dans W

La relation entre $[\mathbf{x}]_{\mathcal{B}}$ et $[T(\mathbf{x})]_{\mathcal{C}}$ est facile à établir. La base $\mathcal{B}$ de V s'écrit $(\mathbf{b}_1, \ldots, \mathbf{b}_n)$. Si $\mathbf{x} = r_1\mathbf{b}_1 + \cdots + r_n\mathbf{b}_n$, alors

$$[\mathbf{x}]_{\mathcal{B}} = \begin{bmatrix} r_1 \\ \vdots \\ r_n \end{bmatrix}$$

et

$$T(\mathbf{x}) = T(r_1\mathbf{b}_1 + \cdots + r_n\mathbf{b}_n) = r_1 T(\mathbf{b}_1) + \cdots + r_n T(\mathbf{b}_n) \tag{1}$$

car T est linéaire. Mais, d'après le théorème 8 de la section 4.4, l'application coordonnées de W dans $\mathbb{R}^m$ est linéaire, donc la relation (1) implique

$$[T(\mathbf{x})]_{\mathcal{C}} = r_1 [T(\mathbf{b}_1)]_{\mathcal{C}} + \cdots + r_n [T(\mathbf{b}_n)]_{\mathcal{C}} \tag{2}$$

Comme les colonnes de composantes dans la base $\mathcal{C}$ sont des vecteurs de $\mathbb{R}^m$, on peut écrire la relation (2) sous la forme matricielle

$$[T(\mathbf{x})]_\mathcal{C} = M[\mathbf{x}]_\mathcal{B} \tag{3}$$

en posant

$$M = \left[\, [T(\mathbf{b}_1)]_\mathcal{C} \quad [T(\mathbf{b}_2)]_\mathcal{C} \quad \cdots \quad [T(\mathbf{b}_n)]_\mathcal{C} \,\right] \tag{4}$$

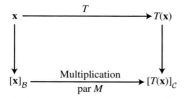

FIGURE 2

La matrice M constitue une représentation matricielle de T, appelée **matrice de T dans les bases $\mathcal{B}$ et $\mathcal{C}$** (voir figure 2).

La relation (3) signifie que, du point de vue des colonnes de composantes, l'action de T sur $\mathbf{x}$ se ramène à une multiplication à gauche par M.

EXEMPLE 1 Supposons que $\mathcal{B} = (\mathbf{b}_1, \mathbf{b}_2)$ soit une base de V et $\mathcal{C} = (\mathbf{c}_1, \mathbf{c}_2, \mathbf{c}_3)$ une base de W. Soit $T : V \to W$ une application linéaire telle que

$$T(\mathbf{b}_1) = 3\mathbf{c}_1 - 2\mathbf{c}_2 + 5\mathbf{c}_3 \quad \text{et} \quad T(\mathbf{b}_2) = 4\mathbf{c}_1 + 7\mathbf{c}_2 - \mathbf{c}_3$$

Déterminer la matrice M de T dans les bases $\mathcal{B}$ et $\mathcal{C}$.

SOLUTION Les composantes dans la base $\mathcal{C}$ des *images* de $\mathbf{b}_1$ et $\mathbf{b}_2$ sont

$$[T(\mathbf{b}_1)]_\mathcal{C} = \begin{bmatrix} 3 \\ -2 \\ 5 \end{bmatrix} \quad \text{et} \quad [T(\mathbf{b}_2)]_\mathcal{C} = \begin{bmatrix} 4 \\ 7 \\ -1 \end{bmatrix}$$

Donc

$$M = \begin{bmatrix} 3 & 4 \\ -2 & 7 \\ 5 & -1 \end{bmatrix} \quad\blacksquare$$

Si $\mathcal{B}$ et $\mathcal{C}$ sont des bases du même espace vectoriel V et si T est l'identité définie par $T(\mathbf{x}) = \mathbf{x}$ pour tout $\mathbf{x}$ de V, alors la matrice M définie en (4) est simplement une matrice de passage (voir section 4.7).

Endomorphismes de V

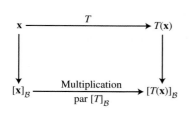

FIGURE 3

Dans le cas fréquent où les deux espaces V et W sont les mêmes, on dit que T (application linéaire de V dans V) est un **endomorphisme** de V. Si, de plus, on choisit la même base pour $\mathcal{C}$ et pour $\mathcal{B}$, alors la matrice M définie en (4) est appelée **matrice de T dans la base $\mathcal{B}$** (ou **matrice de l'endomorphisme de T dans la base $\mathcal{B}$**) et est notée $[T]_\mathcal{B}$ (voir figure 3).

La matrice dans la base $\mathcal{B}$ d'un endomorphisme T de V vérifie la relation

$$[T(\mathbf{x})]_\mathcal{B} = [T]_\mathcal{B}[\mathbf{x}]_\mathcal{B} \quad \text{quel que soit } \mathbf{x} \text{ dans } V \tag{5}$$

EXEMPLE 2 L'application $T : \mathbb{P}_2 \to \mathbb{P}_2$ définie par

$$T(a_0 + a_1 t + a_2 t^2) = a_1 + 2a_2 t$$

est linéaire (il s'agit de l'opérateur de dérivation, défini dans le cours d'Analyse).

a. Déterminer la matrice de T dans la base $\mathcal{B} = (1, t, t^2)$.

b. Vérifier que, pour tout polynôme $\mathbf{p}$ de $\mathbb{P}_2$, $[\,T(\mathbf{p})\,]_{\mathcal{B}} = [\,T\,]_{\mathcal{B}}[\,\mathbf{p}\,]_{\mathcal{B}}$.

SOLUTION

a. On calcule les images des vecteurs de base :

$$T(1) = 0 \qquad \text{Polynôme nul}$$
$$T(t) = 1 \qquad \text{Polynôme constant égal à 1}$$
$$T(t^2) = 2t$$

On écrit ensuite les composantes de $T(1)$, $T(t)$ et $T(t^2)$ dans la base $\mathcal{B}$ (ici, elles sont évidentes) et on les range de façon à former la matrice de T dans la base $\mathcal{B}$:

$$[\,T(1)\,]_{\mathcal{B}} = \begin{bmatrix} 0 \\ 0 \\ 0 \end{bmatrix}, \quad [\,T(t)\,]_{\mathcal{B}} = \begin{bmatrix} 1 \\ 0 \\ 0 \end{bmatrix}, \quad [\,T(t^2)\,]_{\mathcal{B}} = \begin{bmatrix} 0 \\ 2 \\ 0 \end{bmatrix}$$

$$[\,T\,]_{\mathcal{B}} = \begin{bmatrix} 0 & 1 & 0 \\ 0 & 0 & 2 \\ 0 & 0 & 0 \end{bmatrix}$$

b. Si $\mathbf{p}$ est un polynôme quelconque défini par $\mathbf{p}(t) = a_0 + a_1 t + a_2 t^2$, alors

$$[\,T(\mathbf{p})\,]_{\mathcal{B}} = [\,a_1 + 2a_2 t\,]_{\mathcal{B}} = \begin{bmatrix} a_1 \\ 2a_2 \\ 0 \end{bmatrix}$$

$$= \begin{bmatrix} 0 & 1 & 0 \\ 0 & 0 & 2 \\ 0 & 0 & 0 \end{bmatrix} \begin{bmatrix} a_0 \\ a_1 \\ a_2 \end{bmatrix} = [\,T\,]_{\mathcal{B}}[\,\mathbf{p}\,]_{\mathcal{B}}$$

(Voir figure 4.) ∎

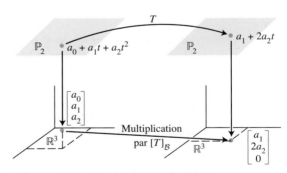

FIGURE 4 Représentation matricielle d'un endomorphisme

Endomorphismes de $\mathbb{R}^n$

Dans la pratique, un endomorphisme T de $\mathbb{R}^n$ se présente en général, de prime abord, sous la forme d'une transformation matricielle du type $\mathbf{x} \mapsto A\mathbf{x}$. Si A est diagonalisable, alors il existe une base $\mathcal{B}$ de $\mathbb{R}^n$ constituée de vecteurs propres de A. Le théorème 8 ci-dessous montre que, dans ce cas, la matrice de T dans la base $\mathcal{B}$ est diagonale. Diagonaliser A revient à chercher une représentation de l'application $\mathbf{x} \mapsto A\mathbf{x}$ sous la forme d'une matrice diagonale.

THÉORÈME 8

Représentation par une matrice diagonale

On suppose que $A = PDP^{-1}$, où D est une matrice diagonale $n \times n$. Si $\mathcal{B}$ est la base de $\mathbb{R}^n$ formée des colonnes de P, alors D est la matrice de l'application $\mathbf{x} \mapsto A\mathbf{x}$ dans la base $\mathcal{B}$.

DÉMONSTRATION On note $\mathbf{b}_1, \ldots, \mathbf{b}_n$ les colonnes de P. On a donc $\mathcal{B} = (\mathbf{b}_1, \ldots, \mathbf{b}_n)$ et $P = [\mathbf{b}_1 \ \cdots \ \mathbf{b}_n]$. Ici, P n'est autre que la matrice de passage $P_\mathcal{B}$ introduite à la section 4.4, qui vérifie

$$P[\mathbf{x}]_\mathcal{B} = \mathbf{x}, \quad \text{soit} \quad [\mathbf{x}]_\mathcal{B} = P^{-1}\mathbf{x}$$

Si $\mathbf{x}$ est un vecteur de $\mathbb{R}^n$, on pose $T(\mathbf{x}) = A\mathbf{x}$. Alors

$$\begin{aligned}
[T]_\mathcal{B} &= \big[[T(\mathbf{b}_1)]_\mathcal{B} \ \cdots \ [T(\mathbf{b}_n)]_\mathcal{B}\big] && \text{Par définition de } [T]_\mathcal{B} \\
&= \big[[A\mathbf{b}_1]_\mathcal{B} \ \cdots \ [A\mathbf{b}_n]_\mathcal{B}\big] && \text{Car } T(\mathbf{x}) = A\mathbf{x} \\
&= [P^{-1}A\mathbf{b}_1 \ \cdots \ P^{-1}A\mathbf{b}_n] && \text{Changement de base} \\
&= P^{-1}A[\mathbf{b}_1 \ \cdots \ \mathbf{b}_n] && \text{Multiplication matricielle} \\
&= P^{-1}AP && (6)
\end{aligned}$$

Comme $A = PDP^{-1}$, on a bien $[T]_\mathcal{B} = P^{-1}AP = D$. ∎

EXEMPLE 3 On considère l'application $T : \mathbb{R}^2 \to \mathbb{R}^2$ définie par $T(\mathbf{x}) = A\mathbf{x}$, avec $A = \begin{bmatrix} 7 & 2 \\ -4 & 1 \end{bmatrix}$. Trouver une base $\mathcal{B}$ de $\mathbb{R}^2$ telle que la matrice de T dans la base $\mathcal{B}$ soit diagonale.

SOLUTION On a vu dans l'exemple 2 de la section 5.3 que $A = PDP^{-1}$, avec

$$P = \begin{bmatrix} 1 & 1 \\ -1 & -2 \end{bmatrix} \quad \text{et} \quad D = \begin{bmatrix} 5 & 0 \\ 0 & 3 \end{bmatrix}$$

Les colonnes $\mathbf{b}_1$ et $\mathbf{b}_2$ de P sont des vecteurs propres de A. D'après le théorème 8, D est la matrice de T dans la base $\mathcal{B} = (\mathbf{b}_1, \mathbf{b}_2)$. Les applications $\mathbf{x} \mapsto A\mathbf{x}$ et $\mathbf{u} \mapsto D\mathbf{u}$ décrivent le même endomorphisme dans deux bases différentes. ∎

Deux matrices représentant le même endomorphisme sont semblables

Dans la démonstration du théorème 8, on n'a pas utilisé le fait que D était diagonale. Par conséquent, si A est semblable à une matrice C, avec $A = PCP^{-1}$, alors C est la matrice de l'application $\mathbf{x} \mapsto A\mathbf{x}$ dans la base $\mathcal{B}$ constituée des colonnes de P. La factorisation $A = PCP^{-1}$ est représentée à la figure 5.

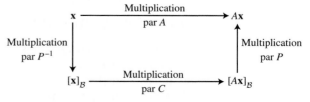

FIGURE 5 Deux matrices représentant le même endomorphisme sont semblables : $A = PCP^{-1}$

Inversement, si $T : \mathbb{R}^n \to \mathbb{R}^n$ est l'endomorphisme défini par $T(\mathbf{x}) = A\mathbf{x}$ et si $\mathcal{B}$ est une base quelconque de $\mathbb{R}^n$, alors la matrice de T dans la base $\mathcal{B}$ est semblable à A. Plus précisément, les calculs effectués dans la démonstration du théorème 8 montrent que si P est la matrice dont les colonnes sont les vecteurs de $\mathcal{B}$, alors $[T]_{\mathcal{B}} = P^{-1}AP$. Ainsi, l'ensemble des matrices semblables à une matrice carrée A coïncide avec l'ensemble des matrices représentant l'application $\mathbf{x} \mapsto A\mathbf{x}$.

EXEMPLE 4   On pose $A = \begin{bmatrix} 4 & -9 \\ 4 & -8 \end{bmatrix}$, $\mathbf{b}_1 = \begin{bmatrix} 3 \\ 2 \end{bmatrix}$ et $\mathbf{b}_2 = \begin{bmatrix} 2 \\ 1 \end{bmatrix}$. Le polynôme caractéristique de A est $(\lambda + 2)^2$, mais le sous-espace propre associé à la valeur propre -2 n'est que de dimension 1 ; donc A n'est pas diagonalisable. Toutefois, la base $\mathcal{B} = (\mathbf{b}_1, \mathbf{b}_2)$ est telle que la matrice de l'application $\mathbf{x} \mapsto A\mathbf{x}$ dans la base $\mathcal{B}$ est une matrice triangulaire, appelée *matrice réduite de Jordan*[5] de A. Déterminer cette matrice.

SOLUTION Si l'on pose $P = [\,\mathbf{b}_1 \quad \mathbf{b}_2\,]$, alors la matrice dans la base $\mathcal{B}$ est $P^{-1}AP$. On calcule

$$AP = \begin{bmatrix} 4 & -9 \\ 4 & -8 \end{bmatrix} \begin{bmatrix} 3 & 2 \\ 2 & 1 \end{bmatrix} = \begin{bmatrix} -6 & -1 \\ -4 & 0 \end{bmatrix}$$

$$P^{-1}AP = \begin{bmatrix} -1 & 2 \\ 2 & -3 \end{bmatrix} \begin{bmatrix} -6 & -1 \\ -4 & 0 \end{bmatrix} = \begin{bmatrix} -2 & 1 \\ 0 & -2 \end{bmatrix}$$

On remarque que l'unique valeur propre de A est sur la diagonale. ∎

REMARQUE NUMÉRIQUE

Pour calculer efficacement la matrice dans la base $\mathcal{B}$, c'est-à-dire $P^{-1}AP$, on calcule AP, puis on applique la méthode du pivot à la matrice augmentée $[\,P \quad AP\,]$ pour la transformer en $[\,I \quad P^{-1}AP\,]$. Il est inutile de calculer à part P^{-1} (voir exercice 12, section 2.2).

EXERCICES D'ENTRAÎNEMENT

1. Soit T l'endomorphisme de $\mathbb{P}_2$ dont la matrice dans la base $\mathcal{B} = (1, t, t^2)$ est

$$[\,T\,]_{\mathcal{B}} = \begin{bmatrix} 3 & 4 & 0 \\ 0 & 5 & -1 \\ 1 & -2 & 7 \end{bmatrix}$$

Exprimer $T(a_0 + a_1 t + a_2 t^2)$.

2. Soit A, B et C trois matrices $n \times n$. On a vu que si A était semblable à B, alors B était semblable à A. Montrer également les deux propriétés (a) et (b) ci-dessous.

a. A est semblable à A.

b. Si A est semblable à B et si B est semblable à C, alors A est semblable à C.

Ces trois propriétés signifient que la relation « être semblable à » est ce que l'on appelle une *relation d'équivalence*. L'équivalence de deux matrices selon les lignes est un autre exemple de relation d'équivalence.

---

[5] Toute matrice A est semblable à une matrice de Jordan. La base dans laquelle on obtient une matrice réduite de Jordan est constituée, d'une part, de vecteurs propres et, d'autre part, de ce que l'on peut appeler des « vecteurs propres généralisés » de A. Voir le chapitre 9 dans *Applied Linear Algebra*, 3ᵉ éd., Englewood Cliffs, NJ : Prentice-Hall, 1988, par B. Noble et J. W. Daniel.

5.4 EXERCICES

1. Soit V et W deux espaces vectoriels admettant respectivement des bases $\mathcal{B} = (\mathbf{b}_1, \mathbf{b}_2, \mathbf{b}_3)$ et $\mathcal{D} = (\mathbf{d}_1, \mathbf{d}_2)$. Soit $T : V \to W$ une application linéaire telle que

$$T(\mathbf{b}_1) = 3\mathbf{d}_1 - 5\mathbf{d}_2, \quad T(\mathbf{b}_2) = -\mathbf{d}_1 + 6\mathbf{d}_2, \quad T(\mathbf{b}_3) = 4\mathbf{d}_2$$

Écrire la matrice de T dans les bases $\mathcal{B}$ et $\mathcal{D}$.

2. Soit V et W deux espaces vectoriels admettant respectivement des bases $\mathcal{D} = (\mathbf{d}_1, \mathbf{d}_2)$ et $\mathcal{B} = (\mathbf{b}_1, \mathbf{b}_2)$. Soit $T : V \to W$ une application linéaire telle que

$$T(\mathbf{d}_1) = 2\mathbf{b}_1 - 3\mathbf{b}_2, \qquad T(\mathbf{d}_2) = -4\mathbf{b}_1 + 5\mathbf{b}_2$$

Écrire la matrice de T dans les bases $\mathcal{D}$ et $\mathcal{B}$.

3. On note $\mathcal{E} = (\mathbf{e}_1, \mathbf{e}_2, \mathbf{e}_3)$ la base canonique de $\mathbb{R}^3$. On considère une base $\mathcal{B} = (\mathbf{b}_1, \mathbf{b}_2, \mathbf{b}_3)$ d'un espace vectoriel V, ainsi qu'une application linéaire $T : \mathbb{R}^3 \to V$ telle que

$$T(x_1, x_2, x_3) = (x_3 - x_2)\mathbf{b}_1 - (x_1 + x_3)\mathbf{b}_2 + (x_1 - x_2)\mathbf{b}_3$$

a. Calculer $T(\mathbf{e}_1)$, $T(\mathbf{e}_2)$ et $T(\mathbf{e}_3)$.

b. Calculer $[T(\mathbf{e}_1)]_{\mathcal{B}}$, $[T(\mathbf{e}_2)]_{\mathcal{B}}$ et $[T(\mathbf{e}_3)]_{\mathcal{B}}$.

c. Déterminer la matrice de T dans les bases $\mathcal{E}$ et $\mathcal{B}$.

4. Soit $\mathcal{B} = (\mathbf{b}_1, \mathbf{b}_2, \mathbf{b}_3)$ une base d'un espace vectoriel V et $T : V \to \mathbb{R}^2$ une application linéaire telle que

$$T(x_1\mathbf{b}_1 + x_2\mathbf{b}_2 + x_3\mathbf{b}_3) = \begin{bmatrix} 2x_1 - 4x_2 + 5x_3 \\ -x_2 + 3x_3 \end{bmatrix}$$

Déterminer la matrice de T obtenue en munissant V de la base $\mathcal{B}$ et $\mathbb{R}^2$ de sa base canonique.

5. Soit $T : \mathbb{P}_2 \to \mathbb{P}_3$ l'application qui transforme un polynôme $\mathbf{p}$ en le polynôme défini par $(t + 5)\mathbf{p}(t)$.

a. Déterminer l'image du polynôme $\mathbf{p}$ défini par $\mathbf{p}(t) = 2 - t + t^2$.

b. Montrer que l'application T est linéaire.

c. Déterminer la matrice de T dans les bases $(1, t, t^2)$ et $(1, t, t^2, t^3)$.

6. Soit $T : \mathbb{P}_2 \to \mathbb{P}_4$ l'application qui transforme un polynôme $\mathbf{p}(t)$ en le polynôme défini par $\mathbf{p}(t) + t^2\mathbf{p}(t)$.

a. Déterminer l'image du polynôme $\mathbf{p}(t) = 2 - t + t^2$.

b. Montrer que l'application T est linéaire.

c. Déterminer la matrice de T dans les bases $(1, t, t^2)$ et $(1, t, t^2, t^3, t^4)$.

7. On admet que l'application $T : \mathbb{P}_2 \to \mathbb{P}_2$ définie par

$$T(a_0 + a_1 t + a_2 t^2) = 3a_0 + (5a_0 - 2a_1)t + (4a_1 + a_2)t^2$$

est linéaire. Déterminer la matrice de T dans la base $\mathcal{B} = (1, t, t^2)$.

8. Soit $\mathcal{B} = (\mathbf{b}_1, \mathbf{b}_2, \mathbf{b}_3)$ une base d'un espace vectoriel V, et T l'endomorphisme de V dont la matrice dans la base $\mathcal{B}$

est

$$[T]_{\mathcal{B}} = \begin{bmatrix} 0 & -6 & 1 \\ 0 & 5 & -1 \\ 1 & -2 & 7 \end{bmatrix}$$

Déterminer $T(3\mathbf{b}_1 - 4\mathbf{b}_2)$.

9. On définit l'application $T : \mathbb{P}_2 \to \mathbb{R}^3$ par $T(\mathbf{p}) = \begin{bmatrix} \mathbf{p}(-1) \\ \mathbf{p}(0) \\ \mathbf{p}(1) \end{bmatrix}$.

a. Déterminer l'image par T du polynôme $\mathbf{p}$ défini par $\mathbf{p}(t) = 5 + 3t$.

b. Montrer que l'application T est linéaire.

c. Déterminer la matrice de T obtenue en munissant $\mathbb{P}_2$ de la base $(1, t, t^2)$ et $\mathbb{R}^3$ de sa base canonique.

10. On définit l'application $T : \mathbb{P}_3 \to \mathbb{R}^4$ par $T(\mathbf{p}) = \begin{bmatrix} \mathbf{p}(-3) \\ \mathbf{p}(-1) \\ \mathbf{p}(1) \\ \mathbf{p}(3) \end{bmatrix}$.

a. Montrer que l'application T est linéaire.

b. Déterminer la matrice de T obtenue en munissant $\mathbb{P}_3$ de la base $(1, t, t^2, t^3)$ et $\mathbb{R}^4$ de sa base canonique.

Dans les exercices 11 et 12, déterminer la matrice de l'application $\mathbf{x} \mapsto A\mathbf{x}$ dans la base $\mathcal{B} = (\mathbf{b}_1, \mathbf{b}_2)$.

11. $A = \begin{bmatrix} 3 & 4 \\ -1 & -1 \end{bmatrix}$, $\mathbf{b}_1 = \begin{bmatrix} 2 \\ -1 \end{bmatrix}$, $\mathbf{b}_2 = \begin{bmatrix} 1 \\ 2 \end{bmatrix}$

12. $A = \begin{bmatrix} -1 & 4 \\ -2 & 3 \end{bmatrix}$, $\mathbf{b}_1 = \begin{bmatrix} 3 \\ 2 \end{bmatrix}$, $\mathbf{b}_2 = \begin{bmatrix} -1 \\ 1 \end{bmatrix}$

Dans les exercices 13 à 16, on considère l'application $T : \mathbb{R}^2 \to \mathbb{R}^2$ définie par $T(\mathbf{x}) = A\mathbf{x}$. Déterminer une base $\mathcal{B}$ de $\mathbb{R}^2$ telle que la matrice $[T]_{\mathcal{B}}$ soit diagonale.

13. $A = \begin{bmatrix} 0 & 1 \\ -3 & 4 \end{bmatrix}$ 14. $A = \begin{bmatrix} 5 & -3 \\ -7 & 1 \end{bmatrix}$

15. $A = \begin{bmatrix} 4 & -2 \\ -1 & 3 \end{bmatrix}$ 16. $A = \begin{bmatrix} 2 & -6 \\ -1 & 3 \end{bmatrix}$

17. On pose $A = \begin{bmatrix} 1 & 1 \\ -1 & 3 \end{bmatrix}$ et $\mathcal{B} = (\mathbf{b}_1, \mathbf{b}_2)$, avec $\mathbf{b}_1 = \begin{bmatrix} 1 \\ 1 \end{bmatrix}$ et $\mathbf{b}_2 = \begin{bmatrix} 5 \\ 4 \end{bmatrix}$. On considère l'application $T : \mathbb{R}^2 \to \mathbb{R}^2$ définie par $T(\mathbf{x}) = A\mathbf{x}$.

a. Vérifier que $\mathbf{b}_1$ est un vecteur propre de A, mais que A n'est pas diagonalisable.

b. Déterminer la matrice de T dans la base $\mathcal{B}$.

18. On considère l'application $T : \mathbb{R}^3 \to \mathbb{R}^3$ définie par $T(\mathbf{x}) = A\mathbf{x}$, où A est une matrice 3×3 de valeurs propres 5, 5 et -2. Existe-t-il une base $\mathcal{B}$ de $\mathbb{R}^3$ dans laquelle la matrice de T soit diagonale ? Expliquer.

Démontrer les propriétés énoncées dans les exercices 19 à 24. Toutes les matrices sont supposées carrées.

19. Si A est inversible et semblable à B, alors B est inversible et A^{-1} est semblable à B^{-1}. [*Indication :* Par définition, il existe une matrice inversible P telle que $P^{-1}AP = B$. Justifier le fait que B est inversible, puis déterminer une matrice inversible Q telle que $Q^{-1}A^{-1}Q = B^{-1}$.]

20. Si A est semblable à B, alors A^2 est semblable à B^2.

21. Si B et C sont semblables à A, alors B est semblable à C.

22. Si A est diagonalisable et si B est semblable à A, alors B est elle aussi diagonalisable.

23. Si $B = P^{-1}AP$ et si $\mathbf{x}$ est un vecteur propre de A, associé à la valeur propre λ, alors $P^{-1}\mathbf{x}$ est un vecteur propre de B, associé à la valeur propre λ.

24. Si A et B sont semblables, alors elles ont le même rang. [*Indication :* Utiliser les exercices supplémentaires 13 et 14 du chapitre 4.]

25. On appelle *trace* d'une matrice carrée A, et l'on note tr A, la somme des éléments diagonaux de A. On peut montrer que si F et G sont deux matrices $n \times n$ quelconques, alors $\text{tr}(FG) = \text{tr}(GF)$. En déduire que si A et B sont semblables, alors tr A = tr B.

26. On peut montrer que la trace d'une matrice carrée A est égale à la somme des valeurs propres de A. Montrer cette propriété dans le cas où A est diagonalisable.

27. On désigne par V l'espace vectoriel $\mathbb{R}^n$, muni d'une base $\mathcal{B} = (\mathbf{b}_1, \ldots, \mathbf{b}_n)$, et par W ce même $\mathbb{R}^n$, muni de sa base canonique notée ici $\mathcal{E}$; on considère l'application identité $I : \mathbb{R}^n \to \mathbb{R}^n$ définie par $I(\mathbf{x}) = \mathbf{x}$. Déterminer la matrice de I dans les bases $\mathcal{B}$ et $\mathcal{E}$. Comment a-t-on appelé cette matrice dans la section 4.4 ?

28. Soit V un espace vectoriel muni d'une base $\mathcal{B} = (\mathbf{b}_1, \ldots, \mathbf{b}_n)$ et W ce même espace vectoriel V muni d'une base $\mathcal{C} = (\mathbf{c}_1, \ldots, \mathbf{c}_n)$; soit I l'application identité $I : V \to W$. Déterminer la matrice de I dans les bases $\mathcal{B}$ et $\mathcal{C}$. Comment a-t-on appelé cette matrice à la section 4.7 ?

29. Soit V un espace vectoriel muni d'une base $\mathcal{B} = (\mathbf{b}_1, \ldots, \mathbf{b}_n)$. Quelle est la matrice dans la base $\mathcal{B}$ de l'identité $I : V \to V$?

[M] Dans les exercices 30 et 31, déterminer la matrice dans la base $\mathcal{B} = (\mathbf{b}_1, \mathbf{b}_2, \mathbf{b}_3)$ de l'application $\mathbf{x} \mapsto A\mathbf{x}$.

30. $A = \begin{bmatrix} -14 & 4 & -14 \\ -33 & 9 & -31 \\ 11 & -4 & 11 \end{bmatrix}$,

$\mathbf{b}_1 = \begin{bmatrix} -1 \\ -2 \\ 1 \end{bmatrix}, \mathbf{b}_2 = \begin{bmatrix} -1 \\ -1 \\ 1 \end{bmatrix}, \mathbf{b}_3 = \begin{bmatrix} -1 \\ -2 \\ 0 \end{bmatrix}$

31. $A = \begin{bmatrix} -7 & -48 & -16 \\ 1 & 14 & 6 \\ -3 & -45 & -19 \end{bmatrix}$,

$\mathbf{b}_1 = \begin{bmatrix} -3 \\ 1 \\ -3 \end{bmatrix}, \mathbf{b}_2 = \begin{bmatrix} -2 \\ 1 \\ -3 \end{bmatrix}, \mathbf{b}_3 = \begin{bmatrix} 3 \\ -1 \\ 0 \end{bmatrix}$

32. [M] Soit T l'endomorphisme de $\mathbb{R}^4$ canoniquement associé à la matrice suivante. Déterminer une base de $\mathbb{R}^4$ dans laquelle la matrice de T soit diagonale.

$A = \begin{bmatrix} 15 & -66 & -44 & -33 \\ 0 & 13 & 21 & -15 \\ 1 & -15 & -21 & 12 \\ 2 & -18 & -22 & 8 \end{bmatrix}$

SOLUTIONS DES EXERCICES D'ENTRAÎNEMENT

1. On pose $\mathbf{p}(t) = a_0 + a_1 t + a_2 t^2$ et on calcule

$$[T(\mathbf{p})]_{\mathcal{B}} = [T]_{\mathcal{B}}[\mathbf{p}]_{\mathcal{B}} = \begin{bmatrix} 3 & 4 & 0 \\ 0 & 5 & -1 \\ 1 & -2 & 7 \end{bmatrix} \begin{bmatrix} a_0 \\ a_1 \\ a_2 \end{bmatrix} = \begin{bmatrix} 3a_0 + 4a_1 \\ 5a_1 - a_2 \\ a_0 - 2a_1 + 7a_2 \end{bmatrix}$$

Il en résulte que $T(\mathbf{p}) = (3a_0 + 4a_1) + (5a_1 - a_2)t + (a_0 - 2a_1 + 7a_2)t^2$.

2. a. $A = (I)^{-1}AI$, donc A est semblable à A.

b. Par hypothèse, il existe deux matrices inversibles P et Q telles que $B = P^{-1}AP$ et $C = Q^{-1}BQ$. En remplaçant et en utilisant la propriété donnant l'inverse d'un produit de matrices, on obtient

$$C = Q^{-1}BQ = Q^{-1}(P^{-1}AP)Q = (PQ)^{-1}A(PQ)$$

Cette relation montre bien que A est semblable à C.

5.5 | VALEURS PROPRES COMPLEXES

Le polynôme caractéristique d'une matrice $n \times n$ étant de degré n, il admet exactement n racines, en comptant les multiplicités, *à condition d'inclure les racines complexes*. On montre dans cette section que, dans le cas où le polynôme caractéristique d'une matrice réelle A admet des racines complexes, la connaissance de ces dernières permet d'obtenir des informations essentielles sur A. L'idée est de faire agir A sur l'espace $\mathbb{C}^n$ des n-uplets de nombres complexes[6].

En s'intéressant à $\mathbb{C}^n$, on ne cherche pas ici à « généraliser » les résultats des chapitres précédents, même si cela ouvrirait par ailleurs l'accès à de nouvelles applications pertinentes de l'algèbre linéaire[7]. On veut plutôt utiliser les valeurs propres complexes pour découvrir des informations « cachées » sur certaines matrices à coefficients réels qui apparaissent dans des situations pratiques très variées. Parmi celles-ci, on trouve de nombreux systèmes dynamiques réels dans lesquels interviennent des mouvements périodiques, des vibrations ou certains types de rotation dans l'espace.

La théorie des valeurs et vecteurs propres déjà développée pour $\mathbb{R}^n$ s'applique aussi bien à $\mathbb{C}^n$. Par conséquent, un scalaire complexe λ vérifie $\det(A - \lambda I) = 0$ si et seulement si il existe un vecteur non nul $\mathbf{x}$ de $\mathbb{C}^n$ tel que $A\mathbf{x} = \lambda\mathbf{x}$. Un tel scalaire λ est appelé **valeur propre** (**complexe**) de A et $\mathbf{x}$ est appelé **vecteur propre** (**complexe**) associé à la valeur propre λ.

EXEMPLE 1 On pose $A = \begin{bmatrix} 0 & -1 \\ 1 & 0 \end{bmatrix}$. L'endomorphisme $\mathbf{x} \mapsto A\mathbf{x}$ de $\mathbb{R}^2$ est la rotation d'un quart de tour dans le sens trigonométrique. L'action de A sur un vecteur est périodique, puisqu'après quatre quarts de tour, ce vecteur est ramené à sa position d'origine. Il est clair qu'aucun vecteur non nul n'est transformé en un vecteur qui lui est colinéaire. Par conséquent, A n'admet aucun vecteur propre dans $\mathbb{R}^2$, donc aucune valeur propre réelle. En fait, l'équation caractéristique de A est

$$\lambda^2 + 1 = 0$$

Les seules racines de cette équation sont complexes : $\lambda = i$ et $\lambda = -i$. Et si l'on accepte que A puisse agir dans $\mathbb{C}^2$, alors

$$\begin{bmatrix} 0 & -1 \\ 1 & 0 \end{bmatrix}\begin{bmatrix} 1 \\ -i \end{bmatrix} = \begin{bmatrix} i \\ 1 \end{bmatrix} = i\begin{bmatrix} 1 \\ -i \end{bmatrix}$$

$$\begin{bmatrix} 0 & -1 \\ 1 & 0 \end{bmatrix}\begin{bmatrix} 1 \\ i \end{bmatrix} = \begin{bmatrix} -i \\ 1 \end{bmatrix} = -i\begin{bmatrix} 1 \\ i \end{bmatrix}$$

Donc i et $-i$ sont des valeurs propres, et $\begin{bmatrix} 1 \\ -i \end{bmatrix}$ et $\begin{bmatrix} 1 \\ i \end{bmatrix}$ sont des vecteurs propres associés (l'exemple 2 explique comment on peut *trouver* les vecteurs propres complexes). ∎

La matrice de l'exemple qui suit servira de fil conducteur dans toute cette section.

---

[6] L'annexe B propose une brève présentation des nombres complexes. Les règles du calcul matriciel et les concepts relatifs aux espaces vectoriels réels se transmettent au cas de coefficients ou de scalaires complexes. On a en particulier $A(c\mathbf{x} + d\mathbf{y}) = cA\mathbf{x} + dA\mathbf{y}$, quels que soient la matrice A de type $m \times n$ à coefficients complexes, les vecteurs $\mathbf{x}, \mathbf{y}$ de $\mathbb{C}^n$ et les scalaires c, d de $\mathbb{C}$.

[7] Ces sujets, particulièrement importants en génie électrique, sont traités dans beaucoup d'autres ouvrages d'algèbre linéaire.

EXEMPLE 2   On pose $A = \begin{bmatrix} 0,5 & -0,6 \\ 0,75 & 1,1 \end{bmatrix}$. Déterminer les valeurs propres de A, ainsi qu'une base de chaque sous-espace propre.

SOLUTION   Le polynôme caractéristique de A est

$$
\det \begin{bmatrix} 0,5 - \lambda & -0,6 \\ 0,75 & 1,1 - \lambda \end{bmatrix} = (0,5 - \lambda)(1,1 - \lambda) - (-0,6)(0,75)
$$
$$
= \lambda^2 - 1,6\lambda + 1
$$

Le discriminant est négatif et l'on obtient $\lambda = \frac{1}{2}[1,6 \pm i\sqrt{4 - 1,6^2}] = 0,8 \pm 0,6i$. Pour la valeur $\lambda = 0,8 - 0,6i$, on construit la matrice

$$
A - (0,8 - 0,6i)I = \begin{bmatrix} 0,5 & -0,6 \\ 0,75 & 1,1 \end{bmatrix} - \begin{bmatrix} 0,8 - 0,6i & 0 \\ 0 & 0,8 - 0,6i \end{bmatrix}
$$
$$
= \begin{bmatrix} -0,3 + 0,6i & -0,6 \\ 0,75 & 0,3 + 0,6i \end{bmatrix} \tag{1}
$$

L'application de la méthode du pivot à la matrice complète habituelle est particulièrement pénible ici, du fait des calculs en nombres complexes. On simplifie cependant considérablement le problème en faisant la remarque suivante : Comme $0,8 - 0,6i$ est une valeur propre, le système

$$
\begin{aligned}
(-0,3 + 0,6i)x_1 - &\quad 0,6x_2 = 0 \\
0,75x_1 + (0,3 + 0,6i)x_2 &= 0
\end{aligned} \tag{2}
$$

admet une solution non triviale (x_1 et x_2 sont *a priori* des complexes). Donc *les deux équations du système (2) donnent la même relation entre x_1 et x_2 et l'on peut utiliser n'importe laquelle des deux pour exprimer l'une des inconnues en fonction de l'autre*[8].

On utilise par exemple la seconde équation de (2) et l'on obtient

$$
0,75x_1 = (-0,3 - 0,6i)x_2
$$
$$
x_1 = (-0,4 - 0,8i)x_2
$$

En choisissant $x_2 = 5$ pour éliminer les décimales, on obtient $x_1 = -2 - 4i$. Une base du sous-espace propre associé à la valeur propre $\lambda = 0,8 - 0,6i$ est

$$
\mathbf{v}_1 = \begin{bmatrix} -2 - 4i \\ 5 \end{bmatrix}
$$

Un calcul analogue pour $\lambda = 0,8 + 0,6i$ conduit au vecteur

$$
\mathbf{v}_2 = \begin{bmatrix} -2 + 4i \\ 5 \end{bmatrix}
$$

À titre de vérification, on peut calculer

$$
A\mathbf{v}_2 = \begin{bmatrix} 0,5 & -0,6 \\ 0,75 & 1,1 \end{bmatrix} \begin{bmatrix} -2 + 4i \\ 5 \end{bmatrix} = \begin{bmatrix} -4 + 2i \\ 4 + 3i \end{bmatrix} = (0,8 + 0,6i)\mathbf{v}_2 \quad \blacksquare
$$

De façon inattendue, la matrice A de l'exemple 2 correspond à une transformation $\mathbf{x} \mapsto A\mathbf{x}$ qui est essentiellement une rotation. Cette propriété devient évidente si l'on dessine certains points associés à cette transformation.

---

[8] Une autre façon de le voir est de remarquer que la matrice obtenue en (1) est non inversible, donc que ses lignes sont linéairement dépendantes (en tant que vecteurs de $\mathbb{C}^2$) et que, par conséquent, chaque ligne est un multiple (complexe) de l'autre.

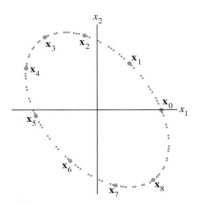

FIGURE 1

Itérés d'un point $\mathbf{x}_0$ sous l'action d'une matrice admettant des valeurs propres complexes

EXEMPLE 3 Une des manières de visualiser l'action, sur les points du plan, de la matrice A de l'exemple 2 est de partir d'un point arbitraire (disons $\mathbf{x}_0 = (2,0)$ pour fixer les idées) et de dessiner les images de ce point par des multiplications successives par A. Autrement dit, on trace les points

$$\mathbf{x}_1 = A\mathbf{x}_0 = \begin{bmatrix} 0{,}5 & -0{,}6 \\ 0{,}75 & 1{,}1 \end{bmatrix}\begin{bmatrix} 2 \\ 0 \end{bmatrix} = \begin{bmatrix} 1{,}0 \\ 1{,}5 \end{bmatrix}$$

$$\mathbf{x}_2 = A\mathbf{x}_1 = \begin{bmatrix} 0{,}5 & -0{,}6 \\ 0{,}75 & 1{,}1 \end{bmatrix}\begin{bmatrix} 1{,}0 \\ 1{,}5 \end{bmatrix} = \begin{bmatrix} -0{,}4 \\ 2{,}4 \end{bmatrix}$$

$$\mathbf{x}_3 = A\mathbf{x}_2, \ldots$$

On a dessiné $\mathbf{x}_0, \ldots, \mathbf{x}_8$ à la figure 1 sous forme de points épais. Les points plus petits représentent $\mathbf{x}_9, \ldots, \mathbf{x}_{100}$. On voit cette suite de points se répartir selon une orbite elliptique. ∎

Bien entendu, la figure 1 n'explique pas *pourquoi* on voit apparaître une rotation. Le secret de cette dernière se cache dans les parties réelle et imaginaire d'un vecteur propre complexe.

Parties réelle et imaginaire d'un vecteur

On appelle « conjugué d'un vecteur complexe $\mathbf{x}$ de $\mathbb{C}^n$ » le vecteur $\overline{\mathbf{x}}$ de $\mathbb{C}^n$ dont les composantes sont les conjugués des composantes de $\mathbf{x}$. On appelle de même *partie réelle* et *partie imaginaire* d'un vecteur complexe $\mathbf{x}$ les vecteurs $\operatorname{Re}\mathbf{x}$ et $\operatorname{Im}\mathbf{x}$ de $\mathbb{R}^n$ formés respectivement des parties réelle et imaginaire des composantes de $\mathbf{x}$.

EXEMPLE 4 Si $\mathbf{x} = \begin{bmatrix} 3 - i \\ i \\ 2 + 5i \end{bmatrix} = \begin{bmatrix} 3 \\ 0 \\ 2 \end{bmatrix} + i\begin{bmatrix} -1 \\ 1 \\ 5 \end{bmatrix}$, alors

$$\operatorname{Re}\mathbf{x} = \begin{bmatrix} 3 \\ 0 \\ 2 \end{bmatrix}, \quad \operatorname{Im}\mathbf{x} = \begin{bmatrix} -1 \\ 1 \\ 5 \end{bmatrix} \quad \text{et} \quad \overline{\mathbf{x}} = \begin{bmatrix} 3 \\ 0 \\ 2 \end{bmatrix} - i\begin{bmatrix} -1 \\ 1 \\ 5 \end{bmatrix} = \begin{bmatrix} 3 + i \\ -i \\ 2 - 5i \end{bmatrix}$$ ∎

Si B est une matrice $m \times n$ comportant éventuellement des coefficients complexes, on note alors $\overline{B}$ la matrice dont les coefficients sont les conjugués des coefficients de B. Les propriétés de la conjugaison complexe se transmettent au calcul matriciel :

$$\overline{r\mathbf{x}} = \overline{r}\,\overline{\mathbf{x}}, \quad \overline{B\mathbf{x}} = \overline{B}\,\overline{\mathbf{x}}, \quad \overline{BC} = \overline{B}\,\overline{C} \quad \text{et} \quad \overline{rB} = \overline{r}\,\overline{B}$$

Valeurs et vecteurs propres d'une matrice réelle opérant dans $\mathbb{C}^n$

Soit A une matrice $n \times n$ à coefficients réels. On a alors $\overline{A\mathbf{x}} = \overline{A}\,\overline{\mathbf{x}} = A\overline{\mathbf{x}}$. Si λ est une valeur propre de A associée à un vecteur propre $\mathbf{x}$ de $\mathbb{C}^n$, alors

$$A\overline{\mathbf{x}} = \overline{A\mathbf{x}} = \overline{\lambda\mathbf{x}} = \overline{\lambda}\,\overline{\mathbf{x}}$$

Donc $\overline{\lambda}$ est également une valeur propre de A, associée au vecteur propre $\overline{\mathbf{x}}$. Cela montre que *si la matrice A est réelle, ses valeurs propres complexes sont deux à deux conjuguées* (dans tout le livre, on désignera par *valeur propre complexe* une valeur propre complexe *non réelle*, c'est-à-dire de la forme $\lambda = a + bi$, avec $b \neq 0$).

EXEMPLE 5 Les valeurs propres de la matrice réelle de l'exemple 2, à savoir $0,8 - 0,6i$ et $0,8 + 0,6i$, sont complexes conjuguées. Les vecteurs propres associés déterminés dans l'exemple sont également conjugués :

$$\mathbf{v}_1 = \begin{bmatrix} -2 - 4i \\ 5 \end{bmatrix} \quad \text{et} \quad \mathbf{v}_2 = \begin{bmatrix} -2 + 4i \\ 5 \end{bmatrix} = \bar{\mathbf{v}}_1 \qquad \blacksquare$$

L'exemple suivant fournit un élément de base qui permettra de construire tous les cas de matrices 2×2 admettant des valeurs propres complexes.

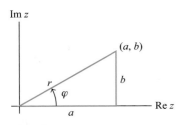

FIGURE 2

EXEMPLE 6 On pose $C = \begin{bmatrix} a & -b \\ b & a \end{bmatrix}$, où a et b sont des réels non tous les deux nuls. Les valeurs propres de C sont $\lambda = a \pm bi$ (voir exercice d'entraînement en fin de section). De plus, si l'on pose $r = |\lambda| = \sqrt{a^2 + b^2}$, alors

$$C = r \begin{bmatrix} a/r & -b/r \\ b/r & a/r \end{bmatrix} = \begin{bmatrix} r & 0 \\ 0 & r \end{bmatrix} \begin{bmatrix} \cos \varphi & -\sin \varphi \\ \sin \varphi & \cos \varphi \end{bmatrix}$$

où φ est l'angle entre le demi-axe des x positifs et le rayon vecteur joignant le point $(0, 0)$ au point (a, b) (voir figure 2 ainsi qu'annexe B). L'angle φ est appelé *argument* du complexe $\lambda = a + bi$. Ainsi, l'application $\mathbf{x} \mapsto C\mathbf{x}$ peut être vue comme la composée de la rotation d'angle φ et de l'homothétie de rapport $|\lambda|$ (voir figure 3). $\blacksquare$

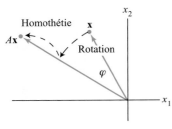

FIGURE 3
Rotation suivie d'une homothétie

Tout est prêt maintenant pour découvrir la rotation cachée dans toute matrice réelle possédant des valeurs propres complexes.

EXEMPLE 7 Soit $A = \begin{bmatrix} 0,5 & -0,6 \\ 0,75 & 1,1 \end{bmatrix}$, $\lambda = 0,8 - 0,6i$ et $\mathbf{v}_1 = \begin{bmatrix} -2 - 4i \\ 5 \end{bmatrix}$, les éléments introduits dans l'exemple 2. On considère également la matrice 2×2 réelle P

$$P = \begin{bmatrix} \operatorname{Re} \mathbf{v}_1 & \operatorname{Im} \mathbf{v}_1 \end{bmatrix} = \begin{bmatrix} -2 & -4 \\ 5 & 0 \end{bmatrix}$$

et l'on pose

$$C = P^{-1}AP = \frac{1}{20} \begin{bmatrix} 0 & 4 \\ -5 & -2 \end{bmatrix} \begin{bmatrix} 0,5 & -0,6 \\ 0,75 & 1,1 \end{bmatrix} \begin{bmatrix} -2 & -4 \\ 5 & 0 \end{bmatrix} = \begin{bmatrix} 0,8 & -0,6 \\ 0,6 & 0,8 \end{bmatrix}$$

D'après l'exemple 6, C est une rotation car $|\lambda|^2 = (0,8)^2 + (0,6)^2 = 1$. De la relation $C = P^{-1}AP$, on déduit que

$$A = PCP^{-1} = P \begin{bmatrix} 0,8 & -0,6 \\ 0,6 & 0,8 \end{bmatrix} P^{-1}$$

Voilà donc la rotation tapie au « cœur » de A ! La matrice P définit un changement de variable du type $\mathbf{x} = P\mathbf{u}$. L'action de A se ramène à un changement de variable de $\mathbf{x}$ à $\mathbf{u}$, suivi d'une rotation, puis d'un retour à la variable initiale (voir figure 4). Si la rotation conduit, comme à la figure 1, à une ellipse et non à un cercle, c'est parce que le système de coordonnées défini par les colonnes de P n'est pas orthonormé et ne correspond pas à des unités de longueur égales sur chacun des axes. $\blacksquare$

Le théorème qui suit montre que les calculs de l'exemple 7 se généralisent à n'importe quelle matrice réelle 2×2 admettant une valeur propre complexe λ. On ne donnera pas ici de démonstration détaillée, mais la raison de fond est que si une telle matrice A est à coefficients réels, alors, d'une part, $A(\operatorname{Re} \mathbf{x}) = \operatorname{Re} A\mathbf{x}$ et $A(\operatorname{Im} \mathbf{x}) = \operatorname{Im} A\mathbf{x}$ et, d'autre part, si $\mathbf{x}$ est un vecteur propre associé à une valeur propre complexe, alors $\operatorname{Re} \mathbf{x}$ et $\operatorname{Im} \mathbf{x}$ sont linéairement indépendants dans $\mathbb{R}^2$ (voir exercices 25 et 26).

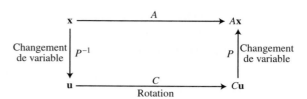

FIGURE 4 Rotation due à la présence d'une valeur propre complexe

THÉORÈME 9

Soit A une matrice réelle 2×2 admettant une valeur propre complexe $\lambda = a - bi$ ($b \neq 0$) et soit $\mathbf{v}$ un vecteur propre de $\mathbb{C}^2$ associé à la valeur propre λ. Alors

$$A = PCP^{-1}, \quad \text{avec} \quad P = [\,\mathrm{Re}\,\mathbf{v} \quad \mathrm{Im}\,\mathbf{v}\,] \quad \text{et} \quad C = \begin{bmatrix} a & -b \\ b & a \end{bmatrix}$$

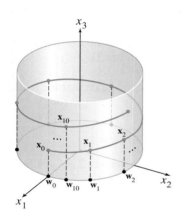

FIGURE 5

Images itérées de deux points sous l'action d'une matrice 3×3 admettant une valeur propre complexe

Le phénomène qui apparaît à l'exemple 7 se produit également en dimension supérieure. Si A est par exemple une matrice 3×3 admettant une valeur propre complexe, alors il existe un plan de $\mathbb{R}^3$ dans lequel A induit une rotation (suivie éventuellement d'une homothétie). Tout vecteur de ce plan subit une rotation à l'intérieur de ce même plan. On dit que ce plan est **stable** par A.

EXEMPLE 8 La matrice $A = \begin{bmatrix} 0,8 & -0,6 & 0 \\ 0,6 & 0,8 & 0 \\ 0 & 0 & 1,07 \end{bmatrix}$ admet $0,8 \pm 0,6i$ et $1,07$ pour valeurs propres. Tout vecteur $\mathbf{w}_0$ du plan x_1x_2 (la troisième composante étant nulle) subit, sous l'action de A, une rotation à l'intérieur de ce plan. La composante x_3 d'un vecteur $\mathbf{x}_0$ situé hors du plan est multipliée par $1,07$. Les itérés des vecteurs $\mathbf{w}_0 = (2, 0, 0)$ et $\mathbf{x}_0 = (2, 0, 1)$ par la multiplication par A sont représentés à la figure 5. ∎

EXERCICE D'ENTRAÎNEMENT

Soit a et b deux réels. Montrer que les valeurs propres de la matrice $A = \begin{bmatrix} a & -b \\ b & a \end{bmatrix}$ sont $a \pm bi$, associées aux vecteurs propres $\begin{bmatrix} 1 \\ -i \end{bmatrix}$ et $\begin{bmatrix} 1 \\ i \end{bmatrix}$.

5.5 EXERCICES

On fait opérer chacune des matrices des exercices 1 à 6 sur $\mathbb{C}^2$. Déterminer les valeurs propres et une base, dans $\mathbb{C}^2$, de chaque sous-espace propre.

1. $\begin{bmatrix} 1 & -2 \\ 1 & 3 \end{bmatrix}$

2. $\begin{bmatrix} 5 & -5 \\ 1 & 1 \end{bmatrix}$

3. $\begin{bmatrix} 1 & 5 \\ -2 & 3 \end{bmatrix}$

4. $\begin{bmatrix} 5 & -2 \\ 1 & 3 \end{bmatrix}$

5. $\begin{bmatrix} 0 & 1 \\ -8 & 4 \end{bmatrix}$

6. $\begin{bmatrix} 4 & 3 \\ -3 & 4 \end{bmatrix}$

Dans les exercices 7 à 12, énumérer les valeurs propres de A en utilisant l'exemple 6. Chacune des transformations $\mathbf{x} \mapsto A\mathbf{x}$ est la composée d'une rotation et d'une homothétie. Préciser l'angle φ de la rotation (avec $-\pi < \varphi \leq \pi$), ainsi que le rapport r de l'homothétie.

7. $\begin{bmatrix} \sqrt{3} & -1 \\ 1 & \sqrt{3} \end{bmatrix}$

8. $\begin{bmatrix} \sqrt{3} & 3 \\ -3 & \sqrt{3} \end{bmatrix}$

9. $\begin{bmatrix} -\sqrt{3}/2 & 1/2 \\ -1/2 & -\sqrt{3}/2 \end{bmatrix}$

10. $\begin{bmatrix} -5 & -5 \\ 5 & -5 \end{bmatrix}$

11. $\begin{bmatrix} 0{,}1 & 0{,}1 \\ -0{,}1 & 0{,}1 \end{bmatrix}$ **12.** $\begin{bmatrix} 0 & 0{,}3 \\ -0{,}3 & 0 \end{bmatrix}$

Dans les exercices 13 à 20, déterminer une matrice inversible P et une matrice C de la forme $\begin{bmatrix} a & -b \\ b & a \end{bmatrix}$, de façon que la matrice proposée soit de la forme $A = PCP^{-1}$.

13. $\begin{bmatrix} 1 & -2 \\ 1 & 3 \end{bmatrix}$ **14.** $\begin{bmatrix} 5 & -5 \\ 1 & 1 \end{bmatrix}$

15. $\begin{bmatrix} 1 & 5 \\ -2 & 3 \end{bmatrix}$ **16.** $\begin{bmatrix} 5 & -2 \\ 1 & 3 \end{bmatrix}$

17. $\begin{bmatrix} 1 & -0{,}8 \\ 4 & -2{,}2 \end{bmatrix}$ **18.** $\begin{bmatrix} 1 & -1 \\ 0{,}4 & 0{,}6 \end{bmatrix}$

19. $\begin{bmatrix} 1{,}52 & -0{,}7 \\ 0{,}56 & 0{,}4 \end{bmatrix}$ **20.** $\begin{bmatrix} -1{,}64 & -2{,}4 \\ 1{,}92 & 2{,}2 \end{bmatrix}$

21. Dans l'exemple 2, exprimer x_2 en fonction de x_1 à l'aide de la première équation du système (2). En déduire que le vecteur $\mathbf{y} = \begin{bmatrix} 2 \\ -1 + 2i \end{bmatrix}$ est un vecteur propre de la matrice A. Montrer que ce vecteur $\mathbf{y}$ est colinéaire (dans $\mathbb{C}^2$) au vecteur $\mathbf{v}_1$ introduit dans l'exemple 2.

22. Soit A une matrice $n \times n$ complexe (ou réelle) et $\mathbf{x}$ un vecteur propre de A dans $\mathbb{C}^n$, associé à la valeur propre $\lambda \in \mathbb{C}$. Montrer que, pour tout scalaire complexe non nul μ, le vecteur $\mu\mathbf{x}$ est un vecteur propre de A.

Dans le chapitre 7, on s'intéressera aux matrices réelles A vérifiant la relation $A^T = A$. On se propose, dans les exercices 23 et 24, de montrer que les valeurs propres de telles matrices sont toutes réelles.

23. Soit A une matrice réelle $n \times n$ telle que $A^T = A$, $\mathbf{x}$ un vecteur quelconque de $\mathbb{C}^n$ et $q = \overline{\mathbf{x}}^T A\mathbf{x}$. On montre ci-après que q est réel en établissant la relation $\overline{q} = q$. Justifier chacune des étapes.

$$\overline{q} = \overline{\overline{\mathbf{x}}^T A\mathbf{x}} = \mathbf{x}^T \overline{A\mathbf{x}} = \mathbf{x}^T A\overline{\mathbf{x}} = (\mathbf{x}^T A\overline{\mathbf{x}})^T = \overline{\mathbf{x}}^T A^T \mathbf{x} = q$$
$$\quad\ \ \text{(a)}\qquad\ \text{(b)}\qquad\ \text{(c)}\qquad\quad\text{(d)}\qquad\ \text{(e)}$$

24. Soit A une matrice réelle $n \times n$ telle que $A^T = A$. Montrer que si un vecteur non nul $\mathbf{x}$ de $\mathbb{C}^n$ vérifie la relation $A\mathbf{x} = \lambda\mathbf{x}$, alors λ est réel et la partie réelle de $\mathbf{x}$ est un vecteur propre de A. [*Indication* : Calculer $\overline{\mathbf{x}}^T A\mathbf{x}$ et utiliser l'exercice 23, puis examiner les parties réelle et imaginaire de $A\mathbf{x}$.]

25. Soit A une matrice réelle $n \times n$ et $\mathbf{x}$ un vecteur de $\mathbb{C}^n$. Montrer que $\mathrm{Re}(A\mathbf{x}) = A(\mathrm{Re}\,\mathbf{x})$ et $\mathrm{Im}(A\mathbf{x}) = A(\mathrm{Im}\,\mathbf{x})$.

26. Soit A une matrice réelle 2×2 admettant une valeur propre complexe $\lambda = a - bi$ ($b \neq 0$) et $\mathbf{v}$ un vecteur propre dans $\mathbb{C}^2$ associé à λ.

a. Montrer les deux relations $A(\mathrm{Re}\,\mathbf{v}) = a\,\mathrm{Re}\,\mathbf{v} + b\,\mathrm{Im}\,\mathbf{v}$ et $A(\mathrm{Im}\,\mathbf{v}) = -b\,\mathrm{Re}\,\mathbf{v} + a\,\mathrm{Im}\,\mathbf{v}$. [*Indication* : Écrire $\mathbf{v} = \mathrm{Re}\,\mathbf{v} + i\,\mathrm{Im}\,\mathbf{v}$ et calculer $A\mathbf{v}$.]

b. Vérifier que si P et C sont les matrices définies dans le théorème 9, alors $AP = PC$.

[M] Dans les exercices 27 et 28, factoriser la matrice A proposée sous la forme $A = PCP^{-1}$, où C est une matrice diagonale par blocs, les blocs étant des matrices 2×2 de la forme indiquée dans l'exemple 6 (pour chaque couple de valeurs propres conjuguées, utiliser les parties réelle et imaginaire de l'un des vecteurs propres de $\mathbb{C}^4$ pour créer deux colonnes de P).

27. $\begin{bmatrix} 0{,}7 & 1{,}1 & 2{,}0 & 1{,}7 \\ -2{,}0 & -4{,}0 & -8{,}6 & -7{,}4 \\ 0 & -0{,}5 & -1{,}0 & -1{,}0 \\ 1{,}0 & 2{,}8 & 6{,}0 & 5{,}3 \end{bmatrix}$

28. $\begin{bmatrix} -1{,}4 & -2{,}0 & -2{,}0 & -2{,}0 \\ -1{,}3 & -0{,}8 & -0{,}1 & -0{,}6 \\ 0{,}3 & -1{,}9 & -1{,}6 & -1{,}4 \\ 2{,}0 & 3{,}3 & 2{,}3 & 2{,}6 \end{bmatrix}$

SOLUTION DE L'EXERCICE D'ENTRAÎNEMENT

Rappelons qu'il est facile de vérifier si un vecteur donné est un vecteur propre. Il est inutile ici de calculer le polynôme caractéristique. On calcule simplement

$$A\mathbf{x} = \begin{bmatrix} a & -b \\ b & a \end{bmatrix}\begin{bmatrix} 1 \\ -i \end{bmatrix} = \begin{bmatrix} a + bi \\ b - ai \end{bmatrix} = (a + bi)\begin{bmatrix} 1 \\ -i \end{bmatrix}$$

Ainsi, $\begin{bmatrix} 1 \\ -i \end{bmatrix}$ est bien un vecteur propre de A, associé à la valeur propre $\lambda = a + bi$.

Les résultats de cette section permettent d'affirmer (par conjugaison) que $\begin{bmatrix} 1 \\ i \end{bmatrix}$ est un vecteur propre associé à la valeur propre $\overline{\lambda} = a - bi$.

5.6 | SYSTÈMES DYNAMIQUES DISCRETS

Les valeurs propres et les vecteurs propres constituent la notion centrale permettant de comprendre le comportement à long terme, ou *l'évolution*, d'un système dynamique décrit par une relation de récurrence linéaire du type $\mathbf{x}_{k+1} = A\mathbf{x}_k$. On a déjà utilisé une telle relation à la section 1.10 pour modéliser des mouvements de population, à la section 4.9 pour étudier diverses chaînes de Markov, et dans l'introduction de ce chapitre au sujet de la chouette tachetée. Les vecteurs $\mathbf{x}_k$ décrivent le système au fur et à mesure que le temps (noté k) passe. Ainsi, dans l'exemple de la chouette tachetée, $\mathbf{x}_k$ donne la population à l'instant k de chacune des trois classes d'âge.

On s'est ici essentiellement intéressé à des questions d'équilibre écologique car ce type de situation est plus facile à formuler et à expliquer que, par exemple, des problèmes de physique ou de sciences de l'ingénieur. Mais en fait, on rencontre des systèmes dynamiques dans de nombreux domaines scientifiques. Les cours de licence en automatique, par exemple, étudient les systèmes dynamiques sous plusieurs aspects. La technique moderne des *représentations d'état* présentée dans ce type de cursus fait un usage massif de l'algèbre linéaire. Le *régime permanent* d'un système est l'équivalent, pour les ingénieurs, de ce que l'on appelle ici le « comportement à long terme » du système dynamique[9] $\mathbf{x}_{k+1} = A\mathbf{x}_k$.

Jusqu'à l'exemple 6, on suppose la matrice A diagonalisable, admettant donc n vecteurs propres linéairement indépendants $\mathbf{v}_1, \ldots, \mathbf{v}_n$ associés respectivement aux valeurs propres $\lambda_1, \ldots, \lambda_n$. On suppose, par commodité, que les vecteurs sont ordonnés de telle sorte que $|\lambda_1| \geq |\lambda_2| \geq \cdots \geq |\lambda_n|$. Puisque $(\mathbf{v}_1, \ldots, \mathbf{v}_n)$ est une base de $\mathbb{R}^n$, tout vecteur initial $\mathbf{x}_0$ s'écrit de façon unique sous la forme

$$\mathbf{x}_0 = c_1 \mathbf{v}_1 + \cdots + c_n \mathbf{v}_n \tag{1}$$

C'est cette *décomposition dans une base de vecteurs propres* de $\mathbf{x}_0$ qui détermine le comportement de la suite $(\mathbf{x}_k)$. Le calcul ci-après généralise celui qui a été effectué pour un cas simple dans l'exemple 5 de la section 5.2. Puisque les $\mathbf{v}_i$ sont des vecteurs propres, on a

$$\begin{aligned} \mathbf{x}_1 = A\mathbf{x}_0 &= c_1 A\mathbf{v}_1 + \cdots + c_n A\mathbf{v}_n \\ &= c_1 \lambda_1 \mathbf{v}_1 + \cdots + c_n \lambda_n \mathbf{v}_n \end{aligned}$$

Plus généralement,

$$\mathbf{x}_k = c_1 (\lambda_1)^k \mathbf{v}_1 + \cdots + c_n (\lambda_n)^k \mathbf{v}_n \qquad (k = 0, 1, 2, \ldots) \tag{2}$$

Les exemples qui suivent illustrent différentes possibilités sur ce qui peut se passer dans la relation (2) quand k tend vers l'infini.

Un système proie-prédateur

Au cœur des forêts de séquoias de Californie, le rat des bois à pattes sombres (*Neotoma fuscipes*) peut constituer jusqu'à 80 % du régime alimentaire de la chouette tachetée, laquelle se trouve être le principal prédateur de ce rat. L'exemple 1 présente une modélisation par un système dynamique linéaire du système physique chouettes-rats (il faut reconnaître que ce modèle est irréaliste sous bien des aspects, mais il peut constituer

---

[9] Voir G. F. Franklin, J. D. Powell et A. Emami-Naeimi, *Feedback Control of Dynamic Systems*, 5e éd., Upper Saddle River, NJ : Prentice-Hall, 2006. Ce cours de niveau baccalauréat propose une présentation très agréable des modèles dynamiques (chapitre 2). Le concept de représentation d'état (*state space design*) est traité dans les chapitres 7 et 8.

un point de départ pour l'étude de modèles non linéaires plus élaborés utilisés par les écologues).

EXEMPLE 1   On représente les populations de chouettes et de rats des bois à l'instant k par le vecteur $\mathbf{x}_k = \begin{bmatrix} C_k \\ R_k \end{bmatrix}$, k désignant le temps en mois, C_k le nombre de chouettes dans la région étudiée et R_k le nombre (mesuré en milliers) de rats. On suppose que

$$\begin{aligned} C_{k+1} &= (0{,}5)C_k + (0{,}4)R_k \\ R_{k+1} &= -p \cdot C_k + (1{,}1)R_k \end{aligned} \tag{3}$$

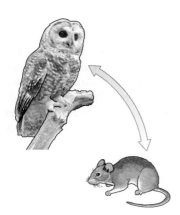

où p est un paramètre strictement positif à préciser. Le terme $(0{,}5)C_k$ de la première relation signifie qu'en l'absence de rats des bois comme nourriture, seule la moitié des chouettes survivraient chaque mois, tandis que le terme $(1{,}1)R_k$ de la seconde relation signifie qu'en l'absence de chouettes comme prédateurs, la population de rats croîtrait de 10 % par mois. Si les rats abondent, le terme $(0{,}4)R_k$ aura tendance à faire augmenter la population de chouettes, alors que le terme négatif $-p \cdot C_k$ mesure les morts de rats dues à la prédation par les chouettes (autrement dit, chaque chouette mange en moyenne $1000p$ rats par mois). Déterminer l'évolution de ce système pour une valeur du paramètre de prédation p de 0,104.

SOLUTION   Si $p = 0{,}104$, on trouve comme valeurs propres de la matrice A du système (3) les réels $\lambda_1 = 1{,}02$ et $\lambda_2 = 0{,}58$. Des vecteurs propres associés sont

$$\mathbf{v}_1 = \begin{bmatrix} 10 \\ 13 \end{bmatrix} \quad \text{et} \quad \mathbf{v}_2 = \begin{bmatrix} 5 \\ 1 \end{bmatrix}$$

La valeur initiale $\mathbf{x}_0$ peut se décomposer sous la forme $\mathbf{x}_0 = c_1\mathbf{v}_1 + c_2\mathbf{v}_2$. Alors, pour $k \geq 0$,

$$\begin{aligned} \mathbf{x}_k &= c_1(1{,}02)^k\mathbf{v}_1 + c_2(0{,}58)^k\mathbf{v}_2 \\ &= c_1(1{,}02)^k\begin{bmatrix} 10 \\ 13 \end{bmatrix} + c_2(0{,}58)^k\begin{bmatrix} 5 \\ 1 \end{bmatrix} \end{aligned}$$

Si k tend vers l'infini, la valeur $(0{,}58)^k$ devient rapidement proche de 0. On suppose $c_1 > 0$. Alors, pour k assez grand, $\mathbf{x}_k$ vaut approximativement $c_1(1{,}02)^k\mathbf{v}_1$, ce que l'on écrit

$$\mathbf{x}_k \approx c_1(1{,}02)^k\begin{bmatrix} 10 \\ 13 \end{bmatrix} \tag{4}$$

La précision de l'approximation (4) s'accroît avec k ; ainsi, pour de grandes valeurs de k,

$$\mathbf{x}_{k+1} \approx c_1(1{,}02)^{k+1}\begin{bmatrix} 10 \\ 13 \end{bmatrix} = (1{,}02)c_1(1{,}02)^k\begin{bmatrix} 10 \\ 13 \end{bmatrix} \approx 1{,}02\mathbf{x}_k \tag{5}$$

L'approximation (5) signifie qu'au bout du compte, les deux composantes de $\mathbf{x}_k$ (à savoir le nombre de chouettes et le nombre de rats) croissent chaque mois d'un facteur d'à peu près 1,02, ce qui correspond à une croissance mensuelle de 2 %. D'après (4), le vecteur $\mathbf{x}_k$ est presque colinéaire à $(10, 13)$, ce qui signifie que les composantes de $\mathbf{x}_k$ restent à peu près dans un rapport constant de 10 à 13. On compte donc environ 10 chouettes pour 13 rats.   ■

L'exemple 1 illustre deux propriétés générales concernant les systèmes dynamiques $\mathbf{x}_{k+1} = A\mathbf{x}_k$ dans le cas où A est une matrice $n \times n$ dont les valeurs propres vérifient les conditions $|\lambda_1| \geq 1$ et $1 > |\lambda_j|$ pour $j = 2, \ldots, n$. Si $\mathbf{v}_1$ est un vecteur propre associé à λ_1 et si $\mathbf{x}_0$ vérifie la relation (1) avec $c_1 \neq 0$, alors, pour k suffisamment grand, on a

$$\mathbf{x}_{k+1} \approx \lambda_1 \mathbf{x}_k \tag{6}$$

et

$$\mathbf{x}_k \approx c_1 (\lambda_1)^k \mathbf{v}_1 \tag{7}$$

Il suffit de prendre k suffisamment grand pour que les approximations (6) et (7) soient aussi précises que voulu. La relation (6) signifie qu'au bout du compte, les composantes de $\mathbf{x}_k$ croissent à chaque fois environ d'un facteur λ_1, c'est-à-dire que λ_1 représente le taux de croissance final du système. De plus, d'après (7), le rapport entre deux composantes de $\mathbf{x}_k$ (pour k assez grand) est sensiblement le même que le rapport entre les composantes correspondantes de $\mathbf{v}_1$. Le cas $\lambda_1 = 1$ est illustré dans l'exemple 5 de la section 5.2.

Interprétation graphique des solutions

Dans le cas où A est une matrice 2×2, on peut compléter les calculs par une description géométrique de l'évolution du système. La relation $\mathbf{x}_{k+1} = A\mathbf{x}_k$ peut être vue comme la description du comportement d'un point initial $\mathbf{x}_0$ de $\mathbb{R}^2$ auquel on applique de façon répétée la transformation $\mathbf{x} \mapsto A\mathbf{x}$. La représentation graphique des points $\mathbf{x}_0, \mathbf{x}_1, \ldots$ est appelée **trajectoire** du système dynamique.

EXEMPLE 2 Représenter graphiquement différentes trajectoires du système dynamique $\mathbf{x}_{k+1} = A\mathbf{x}_k$, où l'on a posé

$$A = \begin{bmatrix} 0,80 & 0 \\ 0 & 0,64 \end{bmatrix}$$

SOLUTION Les valeurs propres de A sont $0,8$ et $0,64$, associées respectivement aux vecteurs propres $\mathbf{v}_1 = \begin{bmatrix} 1 \\ 0 \end{bmatrix}$ et $\mathbf{v}_2 = \begin{bmatrix} 0 \\ 1 \end{bmatrix}$. Si $\mathbf{x}_0 = c_1 \mathbf{v}_1 + c_2 \mathbf{v}_2$, alors

$$\mathbf{x}_k = c_1 (0,8)^k \begin{bmatrix} 1 \\ 0 \end{bmatrix} + c_2 (0,64)^k \begin{bmatrix} 0 \\ 1 \end{bmatrix}$$

Bien entendu, $\mathbf{x}_k$ tend vers $\mathbf{0}$ car les suites de termes généraux respectifs $(0,8)^k$ et $(0,64)^k$ tendent toutes les deux vers 0 quand k tend vers l'infini. Mais il est également intéressant d'examiner la *façon* dont $\mathbf{x}_k$ se rapproche de $\mathbf{0}$. La figure 1 montre les premiers termes de différentes trajectoires partant de points situés au bord du carré de sommets $(\pm 3, \pm 3)$. Les points ont été reliés entre eux par de petites courbes pour faciliter la lecture de ces trajectoires. ∎

Dans l'exemple 2, l'origine est appelée **attracteur** ou **point attractif** du système dynamique car toutes les trajectoires tendent vers $\mathbf{0}$. Ce cas se présente si les deux valeurs propres sont, en valeur absolue, strictement plus petites que 1. La direction d'attraction maximale est la droite vectorielle engendrée par le vecteur propre $\mathbf{v}_2$ associé à la plus petite des valeurs propres en valeur absolue.

Dans l'exemple qui suit, les deux valeurs propres de A sont strictement plus grandes que 1 en valeur absolue, et l'on dit que $\mathbf{0}$ est un **point répulsif** du système

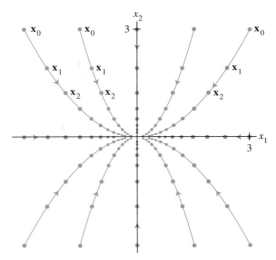

FIGURE 1 L'origine est un point attractif.

dynamique. Toutes les solutions de la relation de récurrence $\mathbf{x}_{k+1} = A\mathbf{x}_k$, à l'exception de la constante nulle, sont non bornées et tendent à s'éloigner de l'origine[10].

EXEMPLE 3 Représenter graphiquement différentes solutions représentatives de la relation de récurrence $\mathbf{x}_{k+1} = A\mathbf{x}_k$, où l'on a posé

$$A = \begin{bmatrix} 1{,}44 & 0 \\ 0 & 1{,}2 \end{bmatrix}$$

SOLUTION Les valeurs propres de A sont 1,44 et 1,2. Si l'on pose $\mathbf{x}_0 = \begin{bmatrix} c_1 \\ c_2 \end{bmatrix}$, alors

$$\mathbf{x}_k = c_1 (1{,}44)^k \begin{bmatrix} 1 \\ 0 \end{bmatrix} + c_2 (1{,}2)^k \begin{bmatrix} 0 \\ 1 \end{bmatrix}$$

Les deux termes tendent vers l'infini, mais le premier croît plus vite. Donc la direction dans laquelle l'éloignement est le plus rapide est la droite vectorielle engendrée par le vecteur propre associé à la plus grande valeur propre en valeur absolue. La figure 2 montre différentes trajectoires partant de points assez proches de **0**. ∎

Dans l'exemple suivant, **0** est appelé **point selle** car l'origine attire les solutions dans certaines directions et les repousse dans d'autres. Ce cas se présente quand l'une des valeurs propres est strictement plus grande que 1 en valeur absolue et l'autre, strictement plus petite. La direction d'attraction aximale est celle du vecteur propre associé à la plus petite valeur propre en valeur absolue. La direction de répulsion maximale est celle du vecteur propre associé à la plus grande valeur propre en valeur absolue.

---

[10] Dans le cas des systèmes dynamiques *linéaires*, l'origine est le seul point attractif ou répulsif possible. Mais dans un système dynamique plus général, où l'application $\mathbf{x}_k \mapsto \mathbf{x}_{k+1}$ n'est pas linéaire, il peut exister plusieurs points attractifs ou répulsifs. Dans un tel système, le caractère attractif ou répulsif d'un point dépend des valeurs propres d'une matrice particulière (à coefficients variables) appelée *matrice jacobienne* du système.

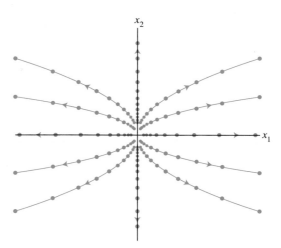

FIGURE 2 L'origine est un point répulsif.

EXEMPLE 4 Représenter graphiquement différentes solutions représentatives de la relation de récurrence $\mathbf{y}_{k+1} = D\mathbf{y}_k$, où l'on a posé

$$D = \begin{bmatrix} 2{,}0 & 0 \\ 0 & 0{,}5 \end{bmatrix}$$

(On a noté ici D et $\mathbf{y}$ au lieu de A et $\mathbf{x}$ car cet exemple sera réutilisé ultérieurement.) Montrer que si le point initial n'est pas situé sur l'axe des ordonnées, la solution $(\mathbf{y}_k)$ n'est pas bornée.

SOLUTION Les valeurs propres de D sont 2 et 0,5. Si l'on pose $\mathbf{y}_0 = \begin{bmatrix} c_1 \\ c_2 \end{bmatrix}$, alors

$$\mathbf{y}_k = c_1 2^k \begin{bmatrix} 1 \\ 0 \end{bmatrix} + c_2 (0{,}5)^k \begin{bmatrix} 0 \\ 1 \end{bmatrix} \tag{8}$$

Si le point $\mathbf{y}_0$ est sur l'axe des ordonnées, alors $c_1 = 0$ et $\mathbf{y}_k \to \mathbf{0}$ quand $k \to \infty$. En revanche, si $\mathbf{y}_0$ n'est pas sur l'axe des ordonnées, alors le premier terme de la somme en (8) tend vers l'infini, donc $(\mathbf{y}_k)$ n'est pas bornée. La figure 3 montre dix trajectoires qui commencent sur l'axe des ordonnées ou à proximité de celui-ci. ■

Changement de variable

Dans les trois exemples précédents, les matrices proposées étaient diagonales. Pour le cas non diagonal, revenons un instant à une matrice A de type $n \times n$ telle qu'il existe une base $(\mathbf{v}_1, \ldots, \mathbf{v}_n)$ de $\mathbb{R}^n$ constituée de vecteurs propres de A. On pose $P = [\,\mathbf{v}_1 \ \cdots \ \mathbf{v}_n\,]$ et on considère la matrice diagonale D dont les éléments diagonaux sont les valeurs propres associées. Étant donné une suite $(\mathbf{x}_k)$ vérifiant la relation $\mathbf{x}_{k+1} = A\mathbf{x}_k$, on définit une nouvelle suite $(\mathbf{y}_k)$ par

$$\mathbf{y}_k = P^{-1}\mathbf{x}_k \quad \text{ou, de façon équivalente,} \quad \mathbf{x}_k = P\mathbf{y}_k$$

En reportant dans la relation $\mathbf{x}_{k+1} = A\mathbf{x}_k$ et en utilisant le fait que $A = PDP^{-1}$, on trouve que

$$P\mathbf{y}_{k+1} = AP\mathbf{y}_k = (PDP^{-1})P\mathbf{y}_k = PD\mathbf{y}_k$$

En multipliant les deux côtés par P^{-1}, on obtient

$$\mathbf{y}_{k+1} = D\mathbf{y}_k$$

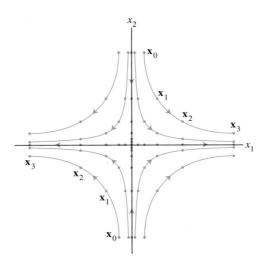

FIGURE 3 L'origine est un point selle.

Si l'on écrit $\mathbf{y}(k)$ au lieu de $\mathbf{y}_k$ et si l'on note $y_1(k), \ldots, y_n(k)$ les composantes de $\mathbf{y}(k)$, alors

$$\begin{bmatrix} y_1(k+1) \\ y_2(k+1) \\ \vdots \\ y_n(k+1) \end{bmatrix} = \begin{bmatrix} \lambda_1 & 0 & \cdots & 0 \\ 0 & \lambda_2 & & \vdots \\ \vdots & & \ddots & 0 \\ 0 & \cdots & 0 & \lambda_n \end{bmatrix} \begin{bmatrix} y_1(k) \\ y_2(k) \\ \vdots \\ y_n(k) \end{bmatrix}$$

Le changement de variable de $\mathbf{x}_k$ à $\mathbf{y}_k$ a eu pour effet de *découpler* le système de relations de récurrence linéaires. Le comportement de $y_1(k)$, par exemple, ne dépend pas de celui des autres composantes $y_2(k), \ldots, y_n(k)$ car, pour tout k, on a simplement $y_1(k+1) = \lambda_1 \cdot y_1(k)$.

La relation $\mathbf{x}_k = P\mathbf{y}_k$ signifie que $\mathbf{y}_k$ n'est autre que le vecteur des composantes de $\mathbf{x}_k$ dans la base de vecteurs propres $(\mathbf{v}_1, \ldots, \mathbf{v}_n)$. On peut ainsi découpler le système $\mathbf{x}_{k+1} = A\mathbf{x}_k$ en effectuant les calculs dans le nouveau système de coordonnées défini par les vecteurs propres. Si $n = 2$, cela revient à utiliser du papier millimétré et à tracer des axes orientés selon les deux vecteurs propres.

EXEMPLE 5   On pose

$$A = \begin{bmatrix} 1{,}25 & 0{,}75 \\ -0{,}75 & 1{,}25 \end{bmatrix}$$

Montrer que l'origine est un point selle pour les solutions de la récurrence linéaire $\mathbf{x}_{k+1} = A\mathbf{x}_k$. Déterminer les directions d'attraction et de répulsion maximales.

SOLUTION Par les techniques habituelles, on trouve que A admet pour valeurs propres 2 et 0,5, associées respectivement aux vecteurs propres $\mathbf{v}_1 = \begin{bmatrix} 1 \\ -1 \end{bmatrix}$ et $\mathbf{v}_2 = \begin{bmatrix} 1 \\ 1 \end{bmatrix}$. Puisque $|2| > 1$ et $|0{,}5| < 1$, l'origine est un point selle du système dynamique. Si $\mathbf{x}_0 = c_1\mathbf{v}_1 + c_2\mathbf{v}_2$, alors

$$\mathbf{x}_k = c_1 2^k \mathbf{v}_1 + c_2 (0{,}5)^k \mathbf{v}_2 \tag{9}$$

Cette relation a exactement la même allure que la relation (8) de l'exemple 4 ; il suffit simplement de remplacer les vecteurs de la base canonique par $\mathbf{v}_1$ et $\mathbf{v}_2$.

On peut dessiner sur du papier millimétré les axes passant par $\mathbf{0}$ et dirigés selon $\mathbf{v}_1$ et $\mathbf{v}_2$ (voir figure 4). Un mouvement le long de ces axes correspond au mouvement selon les axes usuels de la figure 3. À la figure 4, la direction de *répulsion* maximale est la droite vectorielle engendrée par le vecteur propre $\mathbf{v}_1$ associé à la valeur propre supérieure, en valeur absolue, à 1. Si $\mathbf{x}_0$ est sur cette droite, le coefficient c_2 de la relation (9) est nul et $\mathbf{x}_k$ s'éloigne rapidement de $\mathbf{0}$. La direction d'*attraction* maximale est celle du vecteur propre $\mathbf{v}_2$ associé à la valeur propre inférieure, en valeur absolue, à 1.

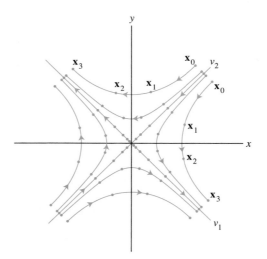

FIGURE 4 L'origine est un point selle.

On a représenté un certain nombre de trajectoires sur la figure 4. Si l'on regarde ce graphique selon les axes propres, on obtient un dessin qui a essentiellement la « même allure » que celui de la figure 3. ∎

Valeurs propres complexes

Une matrice réelle 2×2 admettant des valeurs propres complexes n'est pas diagonalisable (en tant qu'endomorphisme de $\mathbb{R}^2$), mais il est néanmoins facile de décrire le système dynamique $\mathbf{x}_{k+1} = A\mathbf{x}_k$. On a vu, à l'exemple 3 de la section 5.5, le cas où les valeurs propres étaient de module 1. Les itérés d'un point $\mathbf{x}_0$ tournaient autour de l'origine selon une trajectoire elliptique.

Si A admet deux valeurs propres complexes de module strictement supérieur à 1, alors $\mathbf{0}$ est un point répulsif et les itérés de $\mathbf{x}_0$ tournent en spirale autour de l'origine en s'en éloignant. Si le module des valeurs propres est strictement inférieur à 1, alors l'origine est un attracteur et les itérés de $\mathbf{x}_0$ tournent en spirale autour de l'origine en s'en rapprochant, comme l'illustre l'exemple qui suit.

EXEMPLE 6 On vérifie que les valeurs propres de la matrice

$$A = \begin{bmatrix} 0{,}8 & 0{,}5 \\ -0{,}1 & 1{,}0 \end{bmatrix}$$

sont $0{,}9 \pm 0{,}2i$, associés aux vecteurs propres $\begin{bmatrix} 1 \mp 2i \\ 1 \end{bmatrix}$. La figure 5 montre trois trajectoires différentes du système $\mathbf{x}_{k+1} = A\mathbf{x}_k$, correspondant aux vecteurs initiaux $\begin{bmatrix} 0 \\ 2{,}5 \end{bmatrix}$, $\begin{bmatrix} 3 \\ 0 \end{bmatrix}$ et $\begin{bmatrix} 0 \\ -2{,}5 \end{bmatrix}$. ∎

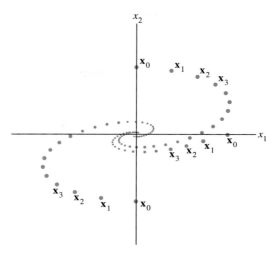

FIGURE 5 Rotation associée à des valeurs propres complexes

Survie de la chouette tachetée

On a vu, en introduction à ce chapitre, que l'on pouvait modéliser la population de chouettes tachetées dans la région californienne de Willow Creek par le système dynamique $\mathbf{x}_{k+1} = A\mathbf{x}_k$, où les composantes du vecteur $\mathbf{x}_k = (j_k, p_k, a_k)$ correspondaient respectivement (à l'instant k) au nombre de femelles aux stades juvénile, pré-adulte et adulte et où A était la matrice de transition des stades de vie

$$A = \begin{bmatrix} 0 & 0 & 0,33 \\ 0,18 & 0 & 0 \\ 0 & 0,71 & 0,94 \end{bmatrix} \qquad (10)$$

On montre avec MATLAB que les valeurs propres de A sont approximativement $\lambda_1 = 0,98$, $\lambda_2 = -0,02 + 0,21i$ et $\lambda_3 = -0,02 - 0,21i$. On remarque que les trois valeurs propres sont de module strictement inférieur à 1, puisque $|\lambda_2|^2 = |\lambda_3|^2 = (-0,02)^2 + (0,21)^2 = 0,0445$.

Pour l'instant, faisons opérer A sur l'espace vectoriel complexe $\mathbb{C}^3$. Comme A admet trois valeurs propres distinctes, on peut former une base de $\mathbb{C}^3$ composée de trois vecteurs propres associés à chacune des trois valeurs propres. On note $\mathbf{v}_1$, $\mathbf{v}_2$ et $\mathbf{v}_3$ de tels vecteurs propres. La solution générale de la relation de récurrence $\mathbf{x}_{k+1} = A\mathbf{x}_k$ est donc de la forme (en utilisant des vecteurs de $\mathbb{C}^3$)

$$\mathbf{x}_k = c_1(\lambda_1)^k\mathbf{v}_1 + c_2(\lambda_2)^k\mathbf{v}_2 + c_3(\lambda_3)^k\mathbf{v}_3 \qquad (11)$$

Si le vecteur initial $\mathbf{x}_0$ est réel, alors $\mathbf{x}_1 = A\mathbf{x}_0$ est réel car A est réelle. De même, la relation $\mathbf{x}_{k+1} = A\mathbf{x}_k$ montre que les $\mathbf{x}_k$ du premier membre de (11) sont tous réels, bien qu'ils soient exprimés comme la somme de vecteurs complexes. En tout cas, comme les valeurs propres sont toutes de module strictement inférieur à 1, tous les termes du second membre de (11) tendent vers 0. Ainsi, la suite de vecteurs réels $(\mathbf{x}_k)$ tend vers le vecteur nul. Ce modèle prédit donc malheureusement la disparition à terme des chouettes tachetées.

Subsiste-t-il un espoir pour cette espèce ? Il a été dit dans l'exemple introductif que le coefficient de 18 % dans la matrice A de (10) provenait du fait que, bien que 60 % de la population de jeunes chouettes vivent assez longtemps pour quitter le nid et partir à la recherche de nouveaux territoires, seuls 30 % de ces jeunes survivaient à cette phase de recherche et trouvaient effectivement un lieu d'installation. La survie au cours de cette recherche dépend fortement du nombre de zones de coupes rases dans la forêt, qui rendent cette recherche plus difficile et plus dangereuse.

Certaines populations de chouettes vivent dans des zones où l'on ne pratique pas, ou peu, de coupes rases. Il se peut que dans ces endroits, un plus grand pourcentage de jeunes chouettes parviennent à survivre et à trouver un nouveau territoire. Le problème des chouettes tachetées est bien entendu plus complexe que ce qui est décrit ici, mais le dernier exemple va permettre de conclure cette histoire sur un *happy end*.

EXEMPLE 7 On suppose que le taux de survie lors de la phase de recherche d'un territoire par les jeunes chouettes est de 50 % ; le coefficient $(2, 1)$ de la matrice A définie en (10) est donc de 0,3 au lieu de 0,18. Quel sort le modèle prédit-il à cette population de chouettes tachetées ?

SOLUTION Le calcul des valeurs propres de A donne cette fois des valeurs proches de $\lambda_1 = 1,01$, $\lambda_2 = -0,03 + 0,26i$ et $\lambda_3 = -0,03 - 0,26i$. Le vecteur $\mathbf{v}_1 = (10, 3, 31)$ est (calcul approché) un vecteur propre de valeur propre λ_1. Notons $\mathbf{v}_2$ et $\mathbf{v}_3$ des vecteurs propres (complexes) de valeurs propres respectives λ_2 et λ_3. La relation (11) devient alors

$$\mathbf{x}_k = c_1(1,01)^k \mathbf{v}_1 + c_2(-0,03 + 0,26i)^k \mathbf{v}_2 + c_3(-0,03 - 0,26i)^k \mathbf{v}_3$$

Quand k tend vers l'infini, les deuxième et troisième vecteurs de cette somme tendent vers 0. Donc $\mathbf{x}_k$ se rapproche de plus en plus du vecteur (réel) $c_1(1,01)^k \mathbf{v}_1$. On peut appliquer les approximations indiquées juste après l'exemple 1, en (6) et (7). On peut montrer, de plus, que si les composantes du vecteur $\mathbf{x}_0$ sont positives, alors le coefficient c_1 de la décomposition initiale de $\mathbf{x}_0$ est strictement positif. La population de chouettes va donc augmenter doucement, avec un taux de croissance à long terme de 1,01. Le vecteur propre $\mathbf{v}_1$ décrit la distribution à l'équilibre selon les stades de la vie : pour 31 adultes, on comptera environ 10 jeunes et 3 pré-adultes. ∎

Pour aller plus loin

G. F. Franklin, J. D. Powell et M. L. Workman, *Digital Control of Dynamic Systems*, 3e éd., Reading, MA : Addison-Wesley, 1998.

James T. Sandefur, *Discrete Dynamical Systems—Theory and Applications*, Oxford : Oxford University Press, 1990.

Philip Tuchinsky, *Management of a Buffalo Herd*, UMAP Module 207, Lexington, MA : COMAP, 1980.

EXERCICES D'ENTRAÎNEMENT

---

1. La matrice A suivante admet 1, $\frac{2}{3}$ et $\frac{1}{3}$ pour valeurs propres, associées respectivement aux vecteurs propres $\mathbf{v}_1$, $\mathbf{v}_2$ et $\mathbf{v}_3$:

$$A = \frac{1}{9}\begin{bmatrix} 7 & -2 & 0 \\ -2 & 6 & 2 \\ 0 & 2 & 5 \end{bmatrix}, \quad \mathbf{v}_1 = \begin{bmatrix} -2 \\ 2 \\ 1 \end{bmatrix}, \quad \mathbf{v}_2 = \begin{bmatrix} 2 \\ 1 \\ 2 \end{bmatrix}, \quad \mathbf{v}_3 = \begin{bmatrix} 1 \\ 2 \\ -2 \end{bmatrix}$$

Déterminer la solution générale de la relation de récurrence $\mathbf{x}_{k+1} = A\mathbf{x}_k$ en prenant $\mathbf{x}_0 = \begin{bmatrix} 1 \\ 11 \\ -2 \end{bmatrix}$.

2. Quel est le comportement de la suite $(\mathbf{x}_k)$ de l'exercice d'entraînement 1 si k tend vers l'infini ?

5.6 EXERCICES

1. Soit A une matrice 2×2 admettant 3 et $\frac{1}{3}$ pour valeurs propres, respectivement associées aux vecteurs propres $\mathbf{v}_1 = \begin{bmatrix} 1 \\ 1 \end{bmatrix}$ et $\mathbf{v}_2 = \begin{bmatrix} -1 \\ 1 \end{bmatrix}$. Soit $(\mathbf{x}_k)$ la solution de la relation de récurrence linéaire $\mathbf{x}_{k+1} = A\mathbf{x}_k$ telle que $\mathbf{x}_0 = \begin{bmatrix} 9 \\ 1 \end{bmatrix}$.

  a. Calculer $\mathbf{x}_1 = A\mathbf{x}_0$. [*Remarque :* Il n'est pas nécessaire de connaître la matrice A elle-même.]

  b. Exprimer $\mathbf{x}_k$ en fonction de k et des vecteurs propres $\mathbf{v}_1$ et $\mathbf{v}_2$.

2. Soit A une matrice 3×3 admettant 3, $\frac{4}{5}$ et $\frac{3}{5}$ pour valeurs propres, associées respectivement aux vecteurs propres $\begin{bmatrix} 1 \\ 0 \\ -3 \end{bmatrix}$, $\begin{bmatrix} 2 \\ 1 \\ -5 \end{bmatrix}$ et $\begin{bmatrix} -3 \\ -3 \\ 7 \end{bmatrix}$. On pose $\mathbf{x}_0 = \begin{bmatrix} -2 \\ -5 \\ 3 \end{bmatrix}$. Expliciter la solution de la récurrence linéaire $\mathbf{x}_{k+1} = A\mathbf{x}_k$ correspondant à la valeur de $\mathbf{x}_0$ indiquée, et décrire son comportement quand k tend vers l'infini.

Dans les exercices 3 à 6, on suppose que l'on a choisi le vecteur initial $\mathbf{x}_0$ de façon que sa décomposition dans la base de vecteurs propres soit telle que le coefficient c_1 défini par la relation (1) soit toujours strictement positif[11].

3. Déterminer l'évolution du système dynamique de l'exemple 1 dans le cas où le paramètre de prédation p de la relation (3) vaut $0{,}2$ (on donnera une expression explicite de $\mathbf{x}_k$). La population de chouettes est-elle prospère ou déclinante ? Même question pour la population de rats des bois.

4. Déterminer l'évolution du système dynamique de l'exemple 1 dans le cas où le paramètre de prédation p vaut $0{,}125$ (expliciter $\mathbf{x}_k$). Que deviennent au cours du temps les effectifs des populations de chouettes et de rats des bois ? Le système tend ici vers ce que l'on appelle parfois un « équilibre instable ». Que peut-il arriver au système si l'on modifie légèrement un des paramètres du modèle (tel que le taux de fécondité ou le taux de prédation) ?

5. Dans les forêts primaires de sapins de Douglas, le mets favori de la chouette tachetée est l'écureuil volant. On suppose que la matrice du système proie-prédateur pour ces deux espèces

est $A = \begin{bmatrix} 0{,}4 & 0{,}3 \\ -p & 1{,}2 \end{bmatrix}$. Montrer que si le paramètre de prédation p est de $0{,}325$, les deux populations croissent. Estimer le taux de croissance à long terme et les proportions respectives, à l'équilibre, de chouettes et d'écureuils volants.

6. Montrer que si, dans l'exercice 5, le taux de prédation p est de $0{,}5$, les populations de chouettes et d'écureuils finiront toutes les deux par disparaître. Déterminer une valeur de p telle que ces deux mêmes populations tendent vers des niveaux constants. Quelles sont, dans ce cas, les proportions respectives de chaque population ?

7. Soit A une matrice vérifiant les conditions de l'exercice 1.

  a. L'origine est-elle un attracteur, un point répulsif ou un point selle du système dynamique $\mathbf{x}_{k+1} = A\mathbf{x}_k$?

  b. Déterminer les directions d'attraction ou de répulsion maximales de ce système dynamique.

  c. Décrire ce système graphiquement, en indiquant les directions d'attraction ou de répulsion maximales. On fera également figurer l'allure de quelques trajectoires représentatives (sans calculer explicitement les points).

8. Déterminer la nature de l'origine (attracteur, point répulsif ou point selle) pour le système dynamique $\mathbf{x}_{k+1} = A\mathbf{x}_k$ dans le cas où A répond aux conditions de l'exercice 2. Déterminer les directions d'attraction et de répulsion maximales.

Dans les exercices 9 à 14, classifier l'origine en tant qu'attracteur, point répulsif ou point selle du système dynamique $\mathbf{x}_{k+1} = A\mathbf{x}_k$. Déterminer les directions d'attraction ou de répulsion maximales.

9. $A = \begin{bmatrix} 1{,}7 & -0{,}3 \\ -1{,}2 & 0{,}8 \end{bmatrix}$ **10.** $A = \begin{bmatrix} 0{,}3 & 0{,}4 \\ -0{,}3 & 1{,}1 \end{bmatrix}$

11. $A = \begin{bmatrix} 0{,}4 & 0{,}5 \\ -0{,}4 & 1{,}3 \end{bmatrix}$ **12.** $A = \begin{bmatrix} 0{,}5 & 0{,}6 \\ -0{,}3 & 1{,}4 \end{bmatrix}$

13. $A = \begin{bmatrix} 0{,}8 & 0{,}3 \\ -0{,}4 & 1{,}5 \end{bmatrix}$ **14.** $A = \begin{bmatrix} 1{,}7 & 0{,}6 \\ -0{,}4 & 0{,}7 \end{bmatrix}$

15. On considère la matrice $A = \begin{bmatrix} 0{,}4 & 0 & 0{,}2 \\ 0{,}3 & 0{,}8 & 0{,}3 \\ 0{,}3 & 0{,}2 & 0{,}5 \end{bmatrix}$. Le vecteur $\mathbf{v}_1 = \begin{bmatrix} 0{,}1 \\ 0{,}6 \\ 0{,}3 \end{bmatrix}$ est un vecteur propre de A et les scalaires $0{,}5$ et $0{,}2$ sont par ailleurs des valeurs propres. Construire la solution correspondant au système dynamique $\mathbf{x}_{k+1} = A\mathbf{x}_k$ et à la condition initiale $\mathbf{x}_0 = (0\,;0{,}3\,;0{,}7)$. Quel est le comportement de $\mathbf{x}_k$ si k tend vers l'infini ?

---

[11] L'une des limitations du modèle de l'exemple 1 est qu'il existe toujours des vecteurs de population initiale $\mathbf{x}_0$, de composantes positives, tels que le coefficient c_1 soit strictement négatif. L'approximation (7) reste valable, mais les composantes de $\mathbf{x}_k$ finissent par devenir négatives.

16. **[M]** Expliciter la solution générale du système dynamique $\mathbf{x}_{k+1} = A\mathbf{x}_k$ dans la cas où A est la matrice stochastique du modèle de location de voitures décrit dans l'exercice 16 de la section 4.9.

17. On s'intéresse à une espèce animale pour laquelle on distingue deux stades de développement : juvénile (jusqu'à l'âge d'un an) et adulte. On suppose que les femelles adultes donnent naissance chaque année en moyenne à 1,6 jeune femelle. Chaque année, 30 % des jeunes survivent et deviennent adultes, et 80 % des adultes survivent. Pour $k \geq 0$, on pose $\mathbf{x}_k = (j_k, a_k)$; les composantes de $\mathbf{x}_k$ représentent les nombres respectifs de femelles jeunes et adultes pour l'année k.

    a. Construire la matrice A telle que pour tout $k \geq 0$, $\mathbf{x}_{k+1} = A\mathbf{x}_k$.

    b. Montrer que la population augmente chaque année, calculer son taux de croissance à l'équilibre et donner, toujours à l'équilibre, les proportions respectives de jeunes et d'adultes.

    c. **[M]** On suppose que l'on a une population initiale de 15 jeunes et 10 adultes. On demande de produire quatre graphiques représentant (pour chaque année) les modifications de population sur huit ans : (a) le nombre de jeunes, (b) le nombre d'adultes, (c) la population totale et (d) le rapport entre le nombre de jeunes et le nombre d'adultes. À quel moment le rapport en (d) semble-t-il se stabiliser ? Détailler le programme ou la suite de touches utilisées pour produire les graphes demandés en (c) et (d).

18. Le modèle matriciel utilisé pour les chouettes tachetées peut s'appliquer par exemple aux troupeaux de bisons d'Amérique du Nord. Parmi les femelles, on distingue les jeunes (âgées de moins d'un an), les pré-adultes (de un à deux ans) et les adultes. On suppose que chaque année naissent en moyenne, pour 100 adultes femelles, 42 jeunes femelles (seules les adultes sont en âge de procréer). Environ 60 % des jeunes survivent chaque année, ainsi que 75 % des pré-adultes et 95 % des adultes. Pour $k \geq 0$, on pose $\mathbf{x}_k = (j_k, p_k, a_k)$; les composantes de $\mathbf{x}_k$ représentent, pour l'année k, le nombre de femelles à chacun des stades de la vie.

    a. Construire la matrice A associée au troupeau de bisons, de façon que pour tout $k \geq 0$, $\mathbf{x}_{k+1} = A\mathbf{x}_k$.

    b. **[M]** Montrer que les effectifs du troupeau de bisons croissent, déterminer le taux de croissance annuel que l'on peut prévoir après de nombreuses années, et préciser alors le nombre de jeunes et de pré-adultes pour 100 adultes.

SOLUTIONS DES EXERCICES D'ENTRAÎNEMENT

1. La première chose à faire est d'écrire $\mathbf{x}_0$ comme une combinaison linéaire de $\mathbf{v}_1$, $\mathbf{v}_2$ et $\mathbf{v}_3$. On applique la méthode du pivot à $[\,\mathbf{v}_1 \quad \mathbf{v}_2 \quad \mathbf{v}_3 \quad \mathbf{x}_0\,]$ et on obtient $c_1 = 2$, $c_2 = 1$ et $c_3 = 3$. On écrit donc

$$\mathbf{x}_0 = 2\mathbf{v}_1 + 1\mathbf{v}_2 + 3\mathbf{v}_3$$

Puisque les valeurs propres sont 1, $\frac{2}{3}$ et $\frac{1}{3}$, la solution générale est

$$\mathbf{x}_k = 2 \cdot 1^k \mathbf{v}_1 + 1 \cdot \left(\frac{2}{3}\right)^k \mathbf{v}_2 + 3 \cdot \left(\frac{1}{3}\right)^k \mathbf{v}_3$$

$$= 2\begin{bmatrix} -2 \\ 2 \\ 1 \end{bmatrix} + \left(\frac{2}{3}\right)^k \begin{bmatrix} 2 \\ 1 \\ 2 \end{bmatrix} + 3 \cdot \left(\frac{1}{3}\right)^k \begin{bmatrix} 1 \\ 2 \\ -2 \end{bmatrix} \qquad (12)$$

2. Quand k tend vers l'infini, les deuxième et troisième termes de (12) tendent vers le vecteur nul et

$$\mathbf{x}_k = 2\mathbf{v}_1 + \left(\frac{2}{3}\right)^k \mathbf{v}_2 + 3\left(\frac{1}{3}\right)^k \mathbf{v}_3 \rightarrow 2\mathbf{v}_1 = \begin{bmatrix} -4 \\ 4 \\ 2 \end{bmatrix}$$

5.7 | APPLICATIONS AUX ÉQUATIONS DIFFÉRENTIELLES

L'objectif de cette section est de décrire l'analogue continu des systèmes dynamiques discrets étudiés à la section 5.6. Dans beaucoup d'applications, on rencontre des quantités variant continûment avec le temps et reliées entre elles par un système d'équations différentielles du type

$$
\begin{aligned}
x_1' &= a_{11}x_1 + \cdots + a_{1n}x_n \\
x_2' &= a_{21}x_1 + \cdots + a_{2n}x_n \\
&\ \ \vdots \\
x_n' &= a_{n1}x_1 + \cdots + a_{nn}x_n
\end{aligned}
$$

Ici, $x_1, \ldots, x_n$ désignent des fonctions dérivables de t, les dérivées étant notées $x_1', \ldots, x_n'$, et les a_{ij} désignent des constantes. La caractéristique essentielle d'un tel système est qu'il est *linéaire*. Pour le voir, on écrit le système sous la forme d'une équation différentielle matricielle

$$
\mathbf{x}'(t) = A\mathbf{x}(t) \tag{1}
$$

où l'on a posé

$$
\mathbf{x}(t) = \begin{bmatrix} x_1(t) \\ \vdots \\ x_n(t) \end{bmatrix}, \quad \mathbf{x}'(t) = \begin{bmatrix} x_1'(t) \\ \vdots \\ x_n'(t) \end{bmatrix} \quad \text{et} \quad A = \begin{bmatrix} a_{11} & \cdots & a_{1n} \\ \vdots & & \vdots \\ a_{n1} & \cdots & a_{nn} \end{bmatrix}
$$

On appelle **solution** de l'équation (1) toute fonction à valeurs vectorielles vérifiant (1) sur un certain intervalle de $\mathbb{R}$ (par exemple pour $t \geq 0$).

L'équation (1) est *linéaire* car la dérivation et la multiplication d'un vecteur par une matrice sont des applications linéaires. Par conséquent, si $\mathbf{u}$ et $\mathbf{v}$ sont deux solutions de l'équation $\mathbf{x}' = A\mathbf{x}$, alors $c\mathbf{u} + d\mathbf{v}$ est également une solution car

$$
\begin{aligned}
(c\mathbf{u} + d\mathbf{v})' &= c\mathbf{u}' + d\mathbf{v}' \\
&= cA\mathbf{u} + dA\mathbf{v} = A(c\mathbf{u} + d\mathbf{v})
\end{aligned}
$$

(Les ingénieurs appellent cette propriété *principe de superposition* des solutions.) De plus, la fonction identiquement nulle est une solution (triviale) de (1). Dans la terminologie du chapitre 4, l'ensemble des solutions de (1) est donc un *sous-espace vectoriel* de l'ensemble des fonctions continues dont les valeurs sont dans $\mathbb{R}^n$.

On démontre en analyse que l'équation (1) admet toujours ce que l'on appelle un **système fondamental de solutions**. Si A est de type $n \times n$, alors ce système fondamental est constitué de n fonctions linéairement indépendantes, et toute solution de (1) se décompose de façon unique comme une combinaison linéaire de ces n fonctions. Autrement dit, un système fondamental de solutions est une *base* de l'espace des solutions de (1). Cet espace vectoriel est donc de dimension finie n. Si l'on fixe un vecteur $\mathbf{x}_0$ de $\mathbb{R}^n$, on appelle **problème à valeur initiale** (au point 0) la recherche de la fonction (unique) $\mathbf{x}$ telle que $\mathbf{x}' = A\mathbf{x}$ et $\mathbf{x}(0) = \mathbf{x}_0$.

Si la matrice A est diagonale, la résolution de l'équation (1) se ramène à un problème d'analyse élémentaire. Soit par exemple le système

$$
\begin{bmatrix} x_1'(t) \\ x_2'(t) \end{bmatrix} = \begin{bmatrix} 3 & 0 \\ 0 & -5 \end{bmatrix} \begin{bmatrix} x_1(t) \\ x_2(t) \end{bmatrix} \tag{2}
$$

soit

$$\begin{array}{rcl} x_1'(t) & = & 3x_1(t) \\ x_2'(t) & = & -5x_2(t) \end{array} \qquad (3)$$

Le système (2) est dit *découplé* car la dérivée de chaque fonction ne dépend que de cette fonction elle-même et non pas d'une combinaison ou d'un « couplage » entre $x_1(t)$ et $x_2(t)$. D'après le cours d'analyse, on sait que les solutions de (3) sont données par $x_1(t) = c_1 e^{3t}$ et $x_2(t) = c_2 e^{-5t}$, c_1 et c_2 étant des constantes arbitraires. On peut donc écrire les solutions de (2) sous la forme

$$\begin{bmatrix} x_1(t) \\ x_2(t) \end{bmatrix} = \begin{bmatrix} c_1 e^{3t} \\ c_2 e^{-5t} \end{bmatrix} = c_1 \begin{bmatrix} 1 \\ 0 \end{bmatrix} e^{3t} + c_2 \begin{bmatrix} 0 \\ 1 \end{bmatrix} e^{-5t}$$

Cet exemple suggère qu'en ce qui concerne l'équation générale $\mathbf{x}' = A\mathbf{x}$, les solutions pourraient être des combinaisons linéaires de fonctions de la forme

$$\mathbf{x}(t) = \mathbf{v} e^{\lambda t} \qquad (4)$$

pour un certain scalaire λ et un certain vecteur non nul $\mathbf{v}$ (si $\mathbf{v} = \mathbf{0}$, la fonction $\mathbf{x}(t)$ est identiquement nulle et vérifie évidemment $\mathbf{x}' = A\mathbf{x}$). On remarque que

$$\mathbf{x}'(t) = \lambda \mathbf{v} e^{\lambda t} \qquad \text{D'après le cours d'analyse, car } \mathbf{v} \text{ est un vecteur constant}$$

$$A\mathbf{x}(t) = A\mathbf{v} e^{\lambda t} \qquad \text{En multipliant les deux membres de la relation (4) par } A$$

Comme $e^{\lambda t}$ n'est jamais nul, $\mathbf{x}'(t)$ est donc égal à $A\mathbf{x}(t)$ si et seulement si $\lambda \mathbf{v} = A\mathbf{v}$, c'est-à-dire si et seulement si λ est une valeur propre de A associée au vecteur propre $\mathbf{v}$. Donc tout couple propre (constitué d'une valeur propre et d'un vecteur propre associé) fournit une solution, ayant la forme donnée en (4), de l'équation $\mathbf{x}' = A\mathbf{x}$. Ces solutions sont parfois appelées *fonctions propres* de l'équation différentielle. C'est à partir de ces fonctions propres que l'on peut résoudre les systèmes d'équations différentielles.

EXEMPLE 1   Le circuit électrique représenté à la figure 1 est décrit par le système différentiel

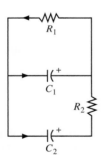

FIGURE 1

$$\begin{bmatrix} x_1'(t) \\ x_2'(t) \end{bmatrix} = \begin{bmatrix} -(1/R_1 + 1/R_2)/C_1 & 1/(R_2 C_1) \\ 1/(R_2 C_2) & -1/(R_2 C_2) \end{bmatrix} \begin{bmatrix} x_1(t) \\ x_2(t) \end{bmatrix}$$

où $x_1(t)$ et $x_2(t)$ désignent les tensions aux bornes des condensateurs à l'instant t. On suppose que les résistances R_1 et R_2 sont respectivement de 1 et 2 ohms, que la capacité C_1 du premier condensateur est de 1 farad et que la capacité C_2 du second est de 0,5 farad. On suppose enfin que la tension initiale est de 5 volts aux bornes du premier condensateur et de 4 volts aux bornes du second. Exprimer $x_1(t)$ et $x_2(t)$ en fonction du temps.

SOLUTION   On note A la matrice indiquée ci-dessus et l'on pose $\mathbf{x}(t) = \begin{bmatrix} x_1(t) \\ x_2(t) \end{bmatrix}$.

Les données fournies correspondent à $A = \begin{bmatrix} -1,5 & 0,5 \\ 1 & -1 \end{bmatrix}$ et $\mathbf{x}(0) = \begin{bmatrix} 5 \\ 4 \end{bmatrix}$. Les valeurs propres de A sont $\lambda_1 = -0,5$ et $\lambda_2 = -2$, associées aux vecteurs propres

$$\mathbf{v}_1 = \begin{bmatrix} 1 \\ 2 \end{bmatrix} \quad \text{et} \quad \mathbf{v}_2 = \begin{bmatrix} -1 \\ 1 \end{bmatrix}$$

Les deux fonctions propres $\mathbf{x}_1(t) = \mathbf{v}_1 e^{\lambda_1 t}$ et $\mathbf{x}_2(t) = \mathbf{v}_2 e^{\lambda_2 t}$ sont des solutions de $\mathbf{x}' = A\mathbf{x}$ et il en va de même de toute combinaison linéaire de $\mathbf{x}_1$ et $\mathbf{x}_2$. On pose

$$\mathbf{x}(t) = c_1 \mathbf{v}_1 e^{\lambda_1 t} + c_2 \mathbf{v}_2 e^{\lambda_2 t} = c_1 \begin{bmatrix} 1 \\ 2 \end{bmatrix} e^{-0,5t} + c_2 \begin{bmatrix} -1 \\ 1 \end{bmatrix} e^{-2t}$$

et l'on remarque que $\mathbf{x}(0) = c_1\mathbf{v}_1 + c_2\mathbf{v}_2$. Or il est clair que $\mathbf{v}_1$ et $\mathbf{v}_2$ sont linéairement indépendants, donc qu'ils engendrent $\mathbb{R}^2$. Par conséquent, on peut déterminer c_1 et c_2 de façon que $\mathbf{x}(0)$ soit égal à $\mathbf{x}_0$. De fait, la relation

$$c_1 \underset{\mathbf{v}_1}{\begin{bmatrix} 1 \\ 2 \end{bmatrix}} + c_2 \underset{\mathbf{v}_2}{\begin{bmatrix} -1 \\ 1 \end{bmatrix}} = \underset{\mathbf{x}_0}{\begin{bmatrix} 5 \\ 4 \end{bmatrix}}$$

donne facilement $c_1 = 3$ et $c_2 = -2$. La solution recherchée de l'équation différentielle $\mathbf{x}' = A\mathbf{x}$ est donc

$$\mathbf{x}(t) = 3\begin{bmatrix} 1 \\ 2 \end{bmatrix} e^{-0,5t} - 2\begin{bmatrix} -1 \\ 1 \end{bmatrix} e^{-2t}$$

soit

$$\begin{bmatrix} x_1(t) \\ x_2(t) \end{bmatrix} = \begin{bmatrix} 3e^{-0,5t} + 2e^{-2t} \\ 6e^{-0,5t} - 2e^{-2t} \end{bmatrix}$$

On a représenté à la figure 2 le graphe (ou la *trajectoire*) de $\mathbf{x}(t)$ pour $t \geq 0$, ainsi que les trajectoires correspondant à d'autres conditions initiales. Les trajectoires des deux fonctions propres $\mathbf{x}_1$ et $\mathbf{x}_2$ sont incluses dans les sous-espaces propres de A.

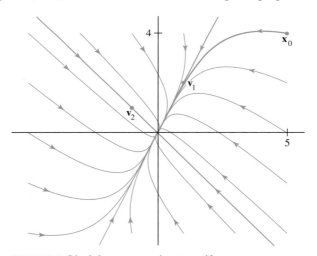

FIGURE 2 L'origine est un point attractif.

Les fonctions $\mathbf{x}_1$ et $\mathbf{x}_2$ décroissent toutes les deux vers 0 quand t tend vers l'infini, mais $\mathbf{x}_2$ décroît plus vite car l'exposant est plus petit (plus grand en valeur absolue). Les composantes du vecteur propre associé $\mathbf{v}_2$ montrent que la rapidité de la décroissance vers 0 de la tension aux bornes des condensateurs sera maximale si les tensions initiales sont égales en valeur absolue et de signes contraires. ∎

Dans le cas de la figure 2, on dit que l'origine est un **attracteur**, ou un **point attractif**, ou un **puits** du système dynamique car toutes les trajectoires sont attirées vers l'origine. La direction dans laquelle l'attraction est maximale est celle de la trajectoire de la fonction propre $\mathbf{x}_2$ (c'est-à-dire la droite vectorielle engendrée par $\mathbf{v}_2$) associée à la plus petite des deux valeurs propres (négatives) $\lambda = -2$. Les trajectoires ne partant pas d'un point de cette droite se rapprochent asymptotiquement de la droite vectorielle engendrée par $\mathbf{v}_1$ car leur composante sur $\mathbf{v}_2$ décroît très rapidement.

Si, dans l'exemple 1, les valeurs propres avaient été strictement positives au lieu d'être négatives, les trajectoires auraient eu la même allure, mais le point se serait *éloigné* de l'origine. Dans un tel cas, l'origine est appelée **point répulsif**, ou **source**, du système dynamique, et la direction de répulsion maximale est la droite contenant la trajectoire de la fonction propre associée à la plus grande valeur propre.

EXEMPLE 2   On considère une particule en mouvement dans un champ de forces plan et l'on suppose que le vecteur $\mathbf{x}$ représentant sa position vérifie $\mathbf{x}' = A\mathbf{x}$ et $\mathbf{x}(0) = \mathbf{x}_0$, avec

$$A = \begin{bmatrix} 4 & -5 \\ -2 & 1 \end{bmatrix} \quad \text{et} \quad \mathbf{x}_0 = \begin{bmatrix} 2,9 \\ 2,6 \end{bmatrix}$$

Résoudre ce problème de Cauchy pour $t \geq 0$ et dessiner les trajectoires.

SOLUTION On trouve pour A les valeurs propres $\lambda_1 = 6$ et $\lambda_2 = -1$, associées respectivement aux vecteurs propres $\mathbf{v}_1 = (-5, 2)$ et $\mathbf{v}_2 = (1, 1)$. Quelles que soient les constantes c_1 et c_2, la fonction

$$\mathbf{x}(t) = c_1\mathbf{v}_1 e^{\lambda_1 t} + c_2\mathbf{v}_2 e^{\lambda_2 t} = c_1 \begin{bmatrix} -5 \\ 2 \end{bmatrix} e^{6t} + c_2 \begin{bmatrix} 1 \\ 1 \end{bmatrix} e^{-t}$$

est une solution de $\mathbf{x}' = A\mathbf{x}$. On veut que c_1 et c_2 soient telles que $\mathbf{x}(0) = \mathbf{x}_0$, c'est-à-dire que

$$c_1 \begin{bmatrix} -5 \\ 2 \end{bmatrix} + c_2 \begin{bmatrix} 1 \\ 1 \end{bmatrix} = \begin{bmatrix} 2,9 \\ 2,6 \end{bmatrix} \quad \text{soit} \quad \begin{bmatrix} -5 & 1 \\ 2 & 1 \end{bmatrix} \begin{bmatrix} c_1 \\ c_2 \end{bmatrix} = \begin{bmatrix} 2,9 \\ 2,6 \end{bmatrix}$$

Après calcul, on trouve $c_1 = -\frac{3}{70}$ et $c_2 = \frac{188}{70}$, donc la fonction recherchée est

$$\mathbf{x}(t) = \frac{-3}{70} \begin{bmatrix} -5 \\ 2 \end{bmatrix} e^{6t} + \frac{188}{70} \begin{bmatrix} 1 \\ 1 \end{bmatrix} e^{-t}$$

Les trajectoires de $\mathbf{x}$ et de quelques autres solutions sont représentées à la figure 3.   ■

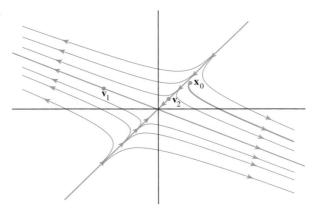

FIGURE 3 L'origine est un point selle.

Dans un cas comme celui de la figure 3, on dit que l'origine est un **point selle** du système dynamique, car certaines trajectoires commencent par s'approcher de l'origine, puis changent de direction pour s'en éloigner. On rencontre un point selle quand A admet des valeurs propres de signes contraires. La direction de répulsion maximale est celle de la droite vectorielle engendrée par un vecteur propre $\mathbf{v}_1$ associé à la valeur propre positive. La direction d'attraction maximale est celle de la droite vectorielle engendrée par un vecteur propre $\mathbf{v}_2$ associé à la valeur propre négative.

Découplage d'un système dynamique

Le raisonnement qui suit montre que la méthode des exemples 1 et 2 permet d'obtenir un système fondamental de solutions pour n'importe quel système dynamique du type $\mathbf{x}' = A\mathbf{x}$, à condition que A soit une matrice de type $n \times n$, admettant n vecteurs propres linéairement indépendants, c'est-à-dire que A soit diagonalisable. Les fonctions propres de A sont dans ce cas

$$\mathbf{v}_1 e^{\lambda_1 t}, \quad \ldots, \mathbf{v}_n e^{\lambda_n t}$$

où $\mathbf{v}_1, \ldots, \mathbf{v}_n$ sont des vecteurs propres de A linéairement indépendants. On pose $P = [\, \mathbf{v}_1 \;\cdots\; \mathbf{v}_n \,]$, et l'on introduit la matrice diagonale D dont les coefficients diagonaux sont $\lambda_1, \ldots, \lambda_n$, de façon que $A = PDP^{-1}$. On effectue ensuite un *changement de variable*, en définissant une nouvelle fonction $\mathbf{y}$ par

$$\mathbf{y}(t) = P^{-1}\mathbf{x}(t) \quad \text{ou, ce qui revient au même,} \quad \mathbf{x}(t) = P\mathbf{y}(t)$$

La relation $\mathbf{x}(t) = P\mathbf{y}(t)$ signifie que $\mathbf{y}(t)$ n'est autre que la colonne des composantes de $\mathbf{x}(t)$ dans la base de vecteurs propres. Le remplacement de $\mathbf{x}$ par $P\mathbf{y}$ dans l'équation $\mathbf{x}' = A\mathbf{x}$ conduit à

$$\frac{d}{dt}(P\mathbf{y}) = A(P\mathbf{y}) = (PDP^{-1})P\mathbf{y} = PD\mathbf{y} \tag{5}$$

Comme P est une matrice constante, le premier membre de la relation (5) est égal à $P\mathbf{y}'$. En multipliant tout par P^{-1} dans (5), on obtient $\mathbf{y}' = D\mathbf{y}$, soit

$$\begin{bmatrix} y_1'(t) \\ y_2'(t) \\ \vdots \\ y_n'(t) \end{bmatrix} = \begin{bmatrix} \lambda_1 & 0 & \cdots & 0 \\ 0 & \lambda_2 & & \vdots \\ \vdots & & \ddots & 0 \\ 0 & \cdots & 0 & \lambda_n \end{bmatrix} \begin{bmatrix} y_1(t) \\ y_2(t) \\ \vdots \\ y_n(t) \end{bmatrix}$$

La dérivée de chaque fonction scalaire y_k ne dépendant que de y_k, on se rend compte que le changement de variable de $\mathbf{x}$ à $\mathbf{y}$ a permis de *découpler* le système différentiel (revoir le changement de variable analogue à la section 5.6). L'équation $y_1' = \lambda_1 y_1$ se résout en $y_1(t) = c_1 e^{\lambda_1 t}$. Les fonctions $y_2, \ldots, y_n$ se calculent de la même façon, et l'on obtient

$$\mathbf{y}(t) = \begin{bmatrix} c_1 e^{\lambda_1 t} \\ \vdots \\ c_n e^{\lambda_n t} \end{bmatrix}, \quad \text{avec} \quad \begin{bmatrix} c_1 \\ \vdots \\ c_n \end{bmatrix} = \mathbf{y}(0) = P^{-1}\mathbf{x}(0) = P^{-1}\mathbf{x}_0$$

On obtient alors la solution générale $\mathbf{x}$ du système initial en calculant

$$\mathbf{x}(t) = P\mathbf{y}(t) = [\, \mathbf{v}_1 \;\cdots\; \mathbf{v}_n \,]\,\mathbf{y}(t)$$
$$= c_1\mathbf{v}_1 e^{\lambda_1 t} + \cdots + c_n\mathbf{v}_n e^{\lambda_n t}$$

On a ainsi une décomposition selon les fonctions propres, analogue à celle de l'exemple 1.

Valeurs propres complexes

Dans l'exemple suivant, A est une matrice réelle admettant deux valeurs propres complexes λ et $\overline{\lambda}$, associées respectivement aux vecteurs propres $\mathbf{v}$ et $\overline{\mathbf{v}}$ (on a vu à la section 5.5 que les valeurs propres et les vecteurs propres associés d'une matrice réelle étaient deux à deux conjugués). Donc les deux fonctions

$$\mathbf{x}_1(t) = \mathbf{v}e^{\lambda t} \quad \text{et} \quad \mathbf{x}_2(t) = \overline{\mathbf{v}}e^{\overline{\lambda} t} \tag{6}$$

sont des solutions du système différentiel $\mathbf{x}' = A\mathbf{x}$.

On peut montrer, au moyen d'un développement en série entière de la fonction exponentielle, que $\mathbf{x}_2(t) = \overline{\mathbf{x}_1(t)}$. Bien qu'il puisse être très commode, en particulier en génie électrique, de travailler sur les fonctions propres complexes $\mathbf{x}_1$ et $\mathbf{x}_2$, il existe quand même beaucoup de situations où les fonctions réelles sont plus adaptées. Il se trouve heureusement que les parties réelle et imaginaire de $\mathbf{x}_1$ sont des solutions (réelles) de $\mathbf{x}' = A\mathbf{x}$; ce sont en effet des combinaisons linéaires des solutions données en (6) :

$$\text{Re}(\mathbf{v}e^{\lambda t}) = \frac{1}{2}[\mathbf{x}_1(t) + \overline{\mathbf{x}_1(t)}], \qquad \text{Im}(\mathbf{v}e^{\lambda t}) = \frac{1}{2i}[\mathbf{x}_1(t) - \overline{\mathbf{x}_1(t)}]$$

Pour bien comprendre la nature de $\text{Re}(\mathbf{v}e^{\lambda t})$, on rappelle qu'il résulte du cours d'analyse que l'exponentielle de tout nombre x s'écrit sous la forme de la somme d'une série entière :

$$e^x = 1 + x + \frac{1}{2!}x^2 + \cdots + \frac{1}{n!}x^n + \cdots$$

On peut en particulier, pour λ complexe, définir $e^{\lambda t}$ à l'aide de cette série :

$$e^{\lambda t} = 1 + (\lambda t) + \frac{1}{2!}(\lambda t)^2 + \cdots + \frac{1}{n!}(\lambda t)^n + \cdots$$

En écrivant $\lambda = a + bi$ (avec a et b réels) et en utilisant les développements en série entière des fonctions sinus et cosinus, on peut montrer que

$$e^{(a+bi)t} = e^{at} \cdot e^{ibt} = e^{at}(\cos bt + i \sin bt) \tag{7}$$

On a donc

$$\begin{aligned}
\mathbf{v}e^{\lambda t} &= (\text{Re}\,\mathbf{v} + i\,\text{Im}\,\mathbf{v}) \cdot e^{at}(\cos bt + i \sin bt) \\
&= [\,(\text{Re}\,\mathbf{v})\cos bt - (\text{Im}\,\mathbf{v})\sin bt\,]e^{at} \\
&\quad + i[\,(\text{Re}\,\mathbf{v})\sin bt + (\text{Im}\,\mathbf{v})\cos bt\,]e^{at}
\end{aligned}$$

On obtient ainsi deux solutions réelles de l'équation $\mathbf{x}' = A\mathbf{x}$:

$$\mathbf{y}_1(t) = \text{Re}\,\mathbf{x}_1(t) = [\,(\text{Re}\,\mathbf{v})\cos bt - (\text{Im}\,\mathbf{v})\sin bt\,]e^{at}$$
$$\mathbf{y}_2(t) = \text{Im}\,\mathbf{x}_1(t) = [\,(\text{Re}\,\mathbf{v})\sin bt + (\text{Im}\,\mathbf{v})\cos bt\,]e^{at}$$

On peut montrer que $\mathbf{y}_1$ et $\mathbf{y}_2$ sont des fonctions linéairement indépendantes (à condition que $b \neq 0$)[12].

---

[12] Comme $\mathbf{x}_2(t)$ est le conjugué de $\mathbf{x}_1(t)$, les parties réelle et imaginaire de $\mathbf{x}_2(t)$ sont respectivement $\mathbf{y}_1(t)$ et $-\mathbf{y}_2(t)$. Pour construire deux solutions réelles linéairement indépendantes de $\mathbf{x}' = A\mathbf{x}$, on peut donc utiliser soit $\mathbf{x}_1(t)$, soit $\mathbf{x}_2(t)$, mais pas les deux.

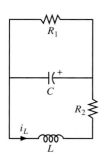

FIGURE 4

EXEMPLE 3 Le circuit électrique représenté à la figure 4 est décrit par le système différentiel

$$\begin{bmatrix} i'_L \\ v'_C \end{bmatrix} = \begin{bmatrix} -R_2/L & -1/L \\ 1/C & -1/(R_1 C) \end{bmatrix} \begin{bmatrix} i_L \\ v_C \end{bmatrix}$$

où i_L est l'intensité du courant passant par la bobine d'inductance L et v_C, la tension aux bornes du condensateur de capacité C. On suppose que R_1 est égal à 5 ohms, R_2 à 0,8 ohm, C à 0,1 farad et L à 0,4 henry. Exprimer i_L et v_C en fonction du temps, en supposant que l'intensité initiale à travers la bobine est de 3 ampères et que la tension initiale aux bornes du condensateur est de 3 volts.

SOLUTION Les données fournies correspondent à $A = \begin{bmatrix} -2 & -2,5 \\ 10 & -2 \end{bmatrix}$ et $\mathbf{x}_0 = \begin{bmatrix} 3 \\ 3 \end{bmatrix}$.
En appliquant la méthode de la section 5.5, on obtient la valeur propre $\lambda = -2 + 5i$ associée au vecteur propre $\mathbf{v}_1 = \begin{bmatrix} i \\ 2 \end{bmatrix}$. Les solutions complexes du système $\mathbf{x}' = A\mathbf{x}$ sont les combinaisons linéaires à coefficients complexes de

$$\mathbf{x}_1(t) = \begin{bmatrix} i \\ 2 \end{bmatrix} e^{(-2+5i)t} \quad \text{et} \quad \mathbf{x}_2(t) = \begin{bmatrix} -i \\ 2 \end{bmatrix} e^{(-2-5i)t}$$

ce qui, d'après la relation (7), s'écrit

$$\mathbf{x}_1(t) = \begin{bmatrix} i \\ 2 \end{bmatrix} e^{-2t}(\cos 5t + i \sin 5t)$$

On obtient donc des solutions réelles $\mathbf{x}_1$ en prenant les parties réelle et imaginaire :

$$\mathbf{y}_1(t) = \begin{bmatrix} -\sin 5t \\ 2\cos 5t \end{bmatrix} e^{-2t} \quad \text{et} \quad \mathbf{y}_2(t) = \begin{bmatrix} \cos 5t \\ 2\sin 5t \end{bmatrix} e^{-2t}$$

Comme $\mathbf{y}_1$ et $\mathbf{y}_2$ sont des fonctions linéairement indépendantes, elles forment une base de l'espace vectoriel réel des solutions réelles de $\mathbf{x}' = A\mathbf{x}$. La solution générale est donc

$$\mathbf{x}(t) = c_1 \begin{bmatrix} -\sin 5t \\ 2\cos 5t \end{bmatrix} e^{-2t} + c_2 \begin{bmatrix} \cos 5t \\ 2\sin 5t \end{bmatrix} e^{-2t}$$

La condition $\mathbf{x}(0) = \begin{bmatrix} 3 \\ 3 \end{bmatrix}$ s'écrit alors $c_1 \begin{bmatrix} 0 \\ 2 \end{bmatrix} + c_2 \begin{bmatrix} 1 \\ 0 \end{bmatrix} = \begin{bmatrix} 3 \\ 3 \end{bmatrix}$, soit $c_1 = 1,5$ et $c_2 = 3$. Finalement,

$$\mathbf{x}(t) = 1,5 \begin{bmatrix} -\sin 5t \\ 2\cos 5t \end{bmatrix} e^{-2t} + 3 \begin{bmatrix} \cos 5t \\ 2\sin 5t \end{bmatrix} e^{-2t}$$

soit

$$\begin{bmatrix} i_L(t) \\ v_C(t) \end{bmatrix} = \begin{bmatrix} -1,5\sin 5t + 3\cos 5t \\ 3\cos 5t + 6\sin 5t \end{bmatrix} e^{-2t}$$

(Voir figure 5.) ∎

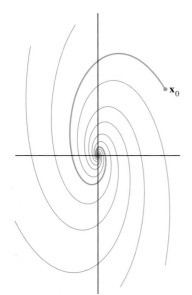

FIGURE 5
L'origine est un point spirale.

Dans le cas de la figure 5, l'origine est appelée **point spirale** du système dynamique. La rotation est due aux fonctions sinus et cosinus qui proviennent des valeurs propres complexes. La trajectoire est parcourue vers l'intérieur de la spirale car e^{-2t} tend vers 0. Rappelons que -2 était, dans l'exemple 3, la partie réelle de la valeur propre. Si A admet une valeur propre complexe de partie réelle positive, les spirales sont parcourues vers l'extérieur. Si la partie réelle de la valeur propre est nulle, les trajectoires forment des ellipses autour de l'origine.

| **EXERCICES D'ENTRAÎNEMENT** |

Soit A une matrice réelle 3×3 dont les valeurs propres sont égales à $-0,5$, à $0,2 + 0,3i$ et à $0,2 - 0,3i$, associées respectivement aux vecteurs propres

$$\mathbf{v}_1 = \begin{bmatrix} 1 \\ -2 \\ 1 \end{bmatrix}, \quad \mathbf{v}_2 = \begin{bmatrix} 1 + 2i \\ 4i \\ 2 \end{bmatrix} \quad \text{et} \quad \mathbf{v}_3 = \begin{bmatrix} 1 - 2i \\ -4i \\ 2 \end{bmatrix}$$

1. La matrice A est-elle, en tant que matrice complexe, diagonalisable sous la forme $A = PDP^{-1}$?

2. Exprimer la solution générale de l'équation différentielle $\mathbf{x}' = A\mathbf{x}$, d'abord à l'aide des fonctions propres complexes, puis sous forme réelle.

3. Décrire la forme des trajectoires.

5.7 EXERCICES

1. Le vecteur $\mathbf{x}$ décrivant la position d'une particule en mouvement dans un champ de forces plan vérifie la relation $\mathbf{x}' = A\mathbf{x}$. On suppose que la matrice A de type 2×2 admet pour valeurs propres 4 et 2, associées respectivement aux vecteurs propres $\mathbf{v}_1 = \begin{bmatrix} -3 \\ 1 \end{bmatrix}$ et $\mathbf{v}_2 = \begin{bmatrix} -1 \\ 1 \end{bmatrix}$. Déterminer la position de la particule à l'instant t, en supposant la condition initiale $\mathbf{x}(0) = \begin{bmatrix} -6 \\ 1 \end{bmatrix}$.

2. Soit A une matrice 2×2 dont les valeurs propres sont -3 et -1, associées respectivement aux vecteurs propres $\mathbf{v}_1 = \begin{bmatrix} -1 \\ 1 \end{bmatrix}$ et $\mathbf{v}_2 = \begin{bmatrix} 1 \\ 1 \end{bmatrix}$. Soit $\mathbf{x}(t)$ la position d'une particule à l'instant t. Déterminer la solution du problème de Cauchy $\mathbf{x}' = A\mathbf{x}, \mathbf{x}(0) = \begin{bmatrix} 2 \\ 3 \end{bmatrix}$.

Dans les exercices 3 à 6, résoudre le problème de Cauchy $\mathbf{x}'(t) = A\mathbf{x}(t)$ pour $t \geq 0$, avec la condition initiale $\mathbf{x}(0) = (3, 2)$. Préciser si l'origine est un point attractif, un point répulsif ou un point selle du système dynamique décrit par l'équation $\mathbf{x}' = A\mathbf{x}$. Déterminer les directions d'attraction ou de répulsion maximales. Dans le cas d'un point selle, représenter graphiquement quelques trajectoires typiques.

3. $A = \begin{bmatrix} 2 & 3 \\ -1 & -2 \end{bmatrix}$ **4.** $A = \begin{bmatrix} -2 & -5 \\ 1 & 4 \end{bmatrix}$

5. $A = \begin{bmatrix} 7 & -1 \\ 3 & 3 \end{bmatrix}$ **6.** $A = \begin{bmatrix} 1 & -2 \\ 3 & -4 \end{bmatrix}$

Dans les exercices 7 et 8, effectuer le changement de variable permettant de découpler l'équation $\mathbf{x}' = A\mathbf{x}$. En partant de la relation $\mathbf{x}(t) = P\mathbf{y}(t)$, détailler les calculs qui conduisent au système découplé $\mathbf{y}' = D\mathbf{y}$, en précisant P et D.

7. $A = \begin{bmatrix} 7 & -1 \\ 3 & 3 \end{bmatrix}$ **8.** $A = \begin{bmatrix} 1 & -2 \\ 3 & -4 \end{bmatrix}$

Dans les exercices 9 à 18, déterminer la solution générale de l'équation $\mathbf{x}' = A\mathbf{x}$, d'abord à l'aide des fonctions propres complexes, puis sous forme réelle. Décrire l'allure générale des trajectoires.

9. $A = \begin{bmatrix} -3 & 2 \\ -1 & -1 \end{bmatrix}$ **10.** $A = \begin{bmatrix} 3 & 1 \\ -2 & 1 \end{bmatrix}$

11. $A = \begin{bmatrix} -3 & -9 \\ 2 & 3 \end{bmatrix}$ **12.** $A = \begin{bmatrix} -7 & 10 \\ -4 & 5 \end{bmatrix}$

13. $A = \begin{bmatrix} 4 & -3 \\ 6 & -2 \end{bmatrix}$ **14.** $A = \begin{bmatrix} -2 & 1 \\ -8 & 2 \end{bmatrix}$

15. [M] $A = \begin{bmatrix} -8 & -12 & -6 \\ 2 & 1 & 2 \\ 7 & 12 & 5 \end{bmatrix}$

16. [M] $A = \begin{bmatrix} -6 & -11 & 16 \\ 2 & 5 & -4 \\ -4 & -5 & 10 \end{bmatrix}$

17. [M] $A = \begin{bmatrix} 30 & 64 & 23 \\ -11 & -23 & -9 \\ 6 & 15 & 4 \end{bmatrix}$

18. [M] $A = \begin{bmatrix} 53 & -30 & -2 \\ 90 & -52 & -3 \\ 20 & -10 & 2 \end{bmatrix}$

19. [M] On considère le circuit de l'exemple 1, en supposant que $R_1 = 1/5$ ohm, $R_2 = 1/3$ ohm, $C_1 = 4$ farads, $C_2 = 3$ farads et que la tension initiale aux bornes de chaque condensateur est de 4 volts. Exprimer les tensions v_1 et v_2 en fonction du temps t.

20. [M] On considère le circuit de l'exemple 1, en supposant que $R_1 = 1/15$ ohm, $R_2 = 1/3$ ohm, $C_1 = 9$ farads, $C_2 = 2$ farads et que la tension initiale aux bornes de chaque condensateur est de 3 volts. Exprimer les tensions v_1 et v_2 en fonction du temps t.

21. [M] On considère le circuit de l'exemple 3, en supposant que $R_1 = 1$ ohm, $R_2 = 0,125$ ohm, $C = 0,2$ farad,

$L = 0,125$ henry, que l'intensité i_L initiale est de 0 ampère et que la tension v_C initiale est de 15 volts. Exprimer i_L et v_C en fonction du temps.

22. [M] Le circuit électrique représenté ci-dessous est décrit par le système différentiel

$$\begin{bmatrix} i'_L \\ v'_C \end{bmatrix} = \begin{bmatrix} 0 & 1/L \\ -1/C & -1/(RC) \end{bmatrix} \begin{bmatrix} i_L \\ v_C \end{bmatrix}$$

où i_L est l'intensité du courant traversant la bobine d'inductance L et où v_C est la tension aux bornes du condensateur de capacité C. Exprimer i_L et v_C en fonction du

temps, en supposant que $R = 0,5$ ohm, $C = 2,5$ farads, $L = 0,5$ henry, que l'intensité initiale est de 0 ampère et que la tension initiale est de 12 volts.

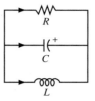

SOLUTIONS DES EXERCICES D'ENTRAÎNEMENT

1. Oui, cette matrice 3×3 est diagonalisable, car elle admet trois valeurs propres distinctes. Le théorème 2 de la section 5.1 et le théorème 5 de la section 5.3 s'appliquent au cas où les scalaires sont des complexes (la démonstration est essentiellement la même que dans le cas réel).

2. La solution générale est de la forme

$$\mathbf{x}(t) = c_1 \begin{bmatrix} 1 \\ -2 \\ 1 \end{bmatrix} e^{-0,5t} + c_2 \begin{bmatrix} 1+2i \\ 4i \\ 2 \end{bmatrix} e^{(0,2+0,3i)t} + c_3 \begin{bmatrix} 1-2i \\ -4i \\ 2 \end{bmatrix} e^{(0,2-0,3i)t}$$

Les scalaires c_1, c_2 et c_3 sont des complexes quelconques. Le premier terme de la somme est réel. Les parties réelle et imaginaire du deuxième terme

$$\begin{bmatrix} 1+2i \\ 4i \\ 2 \end{bmatrix} e^{0,2t}(\cos 0,3t + i \sin 0,3t)$$

fournissent deux autres solutions réelles.

La solution générale est donc de la forme

$$c_1 \begin{bmatrix} 1 \\ -2 \\ 1 \end{bmatrix} e^{-0,5t} + c_2 \begin{bmatrix} \cos 0,3t - 2\sin 0,3t \\ -4\sin 0,3t \\ 2\cos 0,3t \end{bmatrix} e^{0,2t} + c_3 \begin{bmatrix} \sin 0,3t + 2\cos 0,3t \\ 4\cos 0,3t \\ 2\sin 0,3t \end{bmatrix} e^{0,2t}$$

où c_1, c_2 et c_3 sont cette fois des *réels*.

3. Du fait de la présence du facteur négatif dans la première exponentielle, les solutions telles que $c_2 = c_3 = 0$ tendent vers l'origine quand t tend vers l'infini. Les autres solutions sont non bornées et tournent en spirale en s'éloignant de l'origine.

Attention à ne pas confondre ce problème avec l'un de ceux posés à la section 5.6. La condition pour que **0** soit un point attractif était alors qu'une valeur propre soit strictement inférieure à 1 en module, afin que $|\lambda|^k$ tende vers 0. Ici, c'est $e^{\lambda t}$ qui doit tendre vers 0, ce qui a lieu quand la valeur propre est de partie réelle strictement négative.

5.8 | MÉTHODES ITÉRATIVES D'APPROXIMATION DES VALEURS PROPRES

Dans les applications scientifiques, il est rare que l'on puisse connaître les valeurs propres de façon exacte. Mais, fort heureusement, il suffit en général d'en connaître une bonne approximation numérique. Pour certaines applications, on peut même se contenter d'une approximation grossière de la plus grande valeur propre. Le premier des algorithmes décrits ci-après traite efficacement ce problème. Il permet aussi d'établir les principes d'une méthode plus élaborée permettant d'obtenir rapidement une estimation des autres valeurs propres.

Méthode de la puissance itérée

La méthode de la puissance itérée s'applique au cas d'une matrice $n \times n$ admettant une **valeur propre strictement dominante** λ_1, ce qui signifie que λ_1 doit être strictement plus grande en valeur absolue que les autres valeurs propres. Dans ce cas, la méthode produit une suite de scalaires qui converge vers λ_1 et une suite de vecteurs qui converge vers un vecteur propre associé. La méthode repose sur une décomposition en somme de vecteurs propres telle qu'elle a été présentée au début de la section 5.6.

Supposons, pour simplifier, que A est diagonalisable, et soit $(\mathbf{v}_1, \ldots, \mathbf{v}_n)$ une base de $\mathbb{R}^n$ constituée de vecteurs propres de A, ordonnés de façon que les valeurs propres associées $\lambda_1, \ldots, \lambda_n$ décroissent en valeur absolue, la valeur propre strictement dominante étant en premier. On suppose donc

$$|\lambda_1| > |\lambda_2| \geq |\lambda_3| \geq \cdots \geq |\lambda_n| \tag{1}$$

↑— Inégalité stricte

Comme on l'a vu dans la relation (2) de la section 5.6, si l'on écrit un vecteur $\mathbf{x}$ de $\mathbb{R}^n$ sous la forme $\mathbf{x} = c_1 \mathbf{v}_1 + \cdots + c_n \mathbf{v}_n$, alors

$$A^k \mathbf{x} = c_1 (\lambda_1)^k \mathbf{v}_1 + c_2 (\lambda_2)^k \mathbf{v}_2 + \cdots + c_n (\lambda_n)^k \mathbf{v}_n \quad (k = 1, 2, \ldots)$$

On suppose $c_1 \neq 0$. En divisant par $(\lambda_1)^k$, on obtient

$$\frac{1}{(\lambda_1)^k} A^k \mathbf{x} = c_1 \mathbf{v}_1 + c_2 \left(\frac{\lambda_2}{\lambda_1}\right)^k \mathbf{v}_2 + \cdots + c_n \left(\frac{\lambda_n}{\lambda_1}\right)^k \mathbf{v}_n \quad (k = 1, 2, \ldots) \tag{2}$$

D'après l'inégalité (1), les fractions $\lambda_2/\lambda_1, \ldots, \lambda_n/\lambda_1$ sont strictement inférieures à 1 en valeur absolue, donc leurs puissances tendent vers 0. Ainsi,

$$(\lambda_1)^{-k} A^k \mathbf{x} \to c_1 \mathbf{v}_1 \quad \text{si } k \text{ tend vers l'infini} \tag{3}$$

Donc pour k assez grand, la *direction* de $A^k \mathbf{x}$ est proche de celle du vecteur propre $c_1 \mathbf{v}_1$. Puisque l'on ne change pas la direction d'un vecteur en le multipliant par un scalaire strictement positif, le vecteur $A^k \mathbf{x}$ a une direction proche de celle de $\mathbf{v}_1$ ou de $-\mathbf{v}_1$, à condition que $c_1 \neq 0$.

EXEMPLE 1 On pose $A = \begin{bmatrix} 1,8 & 0,8 \\ 0,2 & 1,2 \end{bmatrix}$, $\mathbf{v}_1 = \begin{bmatrix} 4 \\ 1 \end{bmatrix}$ et $\mathbf{x} = \begin{bmatrix} -0,5 \\ 1 \end{bmatrix}$. Les valeurs propres de A sont 2 et 1, et le sous-espace propre associé à la valeur propre $\lambda_1 = 2$ est la droite vectorielle engendrée par $\mathbf{v}_1$. Calculer, pour $k = 0, \ldots, 8$, le vecteur $A^k \mathbf{x}$ et représenter graphiquement la droite vectorielle engendrée par $A^k \mathbf{x}$. Que constate-t-on au fur et à mesure que k augmente ?

SOLUTION   Les trois premiers calculs donnent

$$A\mathbf{x} = \begin{bmatrix} 1,8 & 0,8 \\ 0,2 & 1,2 \end{bmatrix}\begin{bmatrix} -0,5 \\ 1 \end{bmatrix} = \begin{bmatrix} -0,1 \\ 1,1 \end{bmatrix}$$

$$A^2\mathbf{x} = A(A\mathbf{x}) = \begin{bmatrix} 1,8 & 0,8 \\ 0,2 & 1,2 \end{bmatrix}\begin{bmatrix} -0,1 \\ 1,1 \end{bmatrix} = \begin{bmatrix} 0,7 \\ 1,3 \end{bmatrix}$$

$$A^3\mathbf{x} = A(A^2\mathbf{x}) = \begin{bmatrix} 1,8 & 0,8 \\ 0,2 & 1,2 \end{bmatrix}\begin{bmatrix} 0,7 \\ 1,3 \end{bmatrix} = \begin{bmatrix} 2,3 \\ 1,7 \end{bmatrix}$$

Les résultats des calculs suivants apparaissent dans le tableau 1.

TABLEAU 1   Itérés d'un vecteur

k	0	1	2	3	4	5	6	7	8
$A^k\mathbf{x}$	$\begin{bmatrix} -0,5 \\ 1 \end{bmatrix}$	$\begin{bmatrix} -0,1 \\ 1,1 \end{bmatrix}$	$\begin{bmatrix} 0,7 \\ 1,3 \end{bmatrix}$	$\begin{bmatrix} 2,3 \\ 1,7 \end{bmatrix}$	$\begin{bmatrix} 5,5 \\ 2,5 \end{bmatrix}$	$\begin{bmatrix} 11,9 \\ 4,1 \end{bmatrix}$	$\begin{bmatrix} 24,7 \\ 7,3 \end{bmatrix}$	$\begin{bmatrix} 50,3 \\ 13,7 \end{bmatrix}$	$\begin{bmatrix} 101,5 \\ 26,5 \end{bmatrix}$

Les vecteurs $\mathbf{x}, A\mathbf{x}, \ldots, A^4\mathbf{x}$ sont représentés à la figure 1. Les autres vecteurs sont trop grands pour être dessinés, mais on a représenté les droites correspondant à leur direction. De toute façon, c'est à ces directions que l'on s'intéresse et non aux vecteurs eux-mêmes. Ces droites semblent se rapprocher de la droite engendrée par $\mathbf{v}_1$. Plus précisément, l'angle entre la droite engendrée par $A^k\mathbf{x}$ et la droite engendrée par $\mathbf{v}_1$ (le sous-espace propre) tend vers 0 quand k tend vers l'infini.   ■

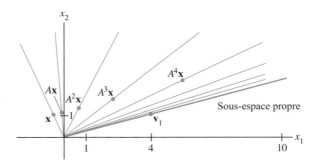

FIGURE 1   Directions des vecteurs $\mathbf{x}, A\mathbf{x}, A^2\mathbf{x}, \ldots, A^7\mathbf{x}$

La division par $(\lambda_1)^k$ que l'on a effectuée en (2) est une normalisation destinée à obtenir une suite convergeant vers $c_1\mathbf{v}_1$. Ici, on ne peut pas normaliser $A^k\mathbf{x}$ de cette façon car la valeur propre λ_1 n'est pas connue. Mais on peut le faire en s'arrangeant pour que la plus grande composante de $A^k\mathbf{x}$ soit égale à 1. On voit alors que la suite $(\mathbf{x}_k)$ ainsi obtenue converge vers un vecteur colinéaire à $\mathbf{v}_1$ dont la plus grande composante vaut 1. La figure 2 montre la suite de vecteurs de l'exemple 1 normalisée de cette façon. La suite $(\mathbf{x}_k)$ permet également d'estimer la valeur propre λ_1. Si $\mathbf{x}_k$ est proche d'un vecteur propre associé à la valeur propre λ_1, alors le vecteur $A\mathbf{x}_k$ est proche de $\lambda_1\mathbf{x}_k$, chaque composante de $A\mathbf{x}_k$ valant approximativement λ_1 fois la composante correspondante de $\mathbf{x}_k$. Comme la composante maximale de $\mathbf{x}_k$ vaut 1, celle de $A\mathbf{x}_k$ est proche de λ_1. (Ce raisonnement est esquissé dans les grandes lignes ; on n'a pas indiqué ici la démonstration détaillée.)

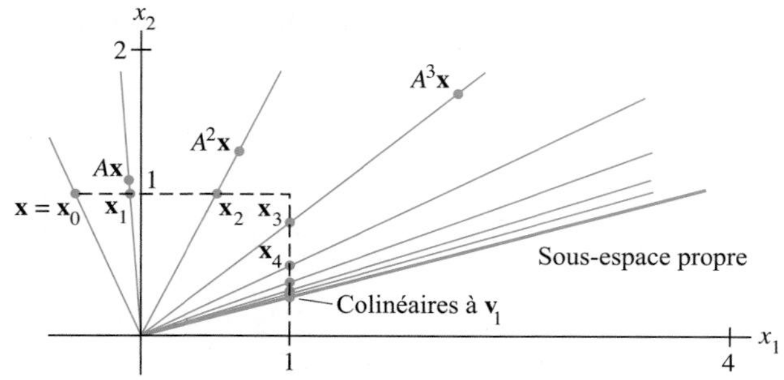

FIGURE 2 Normalisation des vecteurs $\mathbf{x}$, $A\mathbf{x}$, $A^2\mathbf{x}$, ..., $A^7\mathbf{x}$

MÉTHODE DE LA PUISSANCE ITÉRÉE POUR ESTIMER UNE VALEUR PROPRE STRICTEMENT DOMINANTE

1. On choisit un vecteur initial $\mathbf{x}_0$ dont la plus grande composante vaut 1.

2. Pour $k = 0, 1, \ldots$

    a. On calcule $A\mathbf{x}_k$;

    b. On considère une composante μ_k de $A\mathbf{x}_k$ maximale en valeur absolue ;

    c. On calcule $\mathbf{x}_{k+1} = (1/\mu_k)A\mathbf{x}_k$.

3. Pour presque tout choix de $\mathbf{x}_0$, la suite (μ_k) converge vers la valeur propre dominante et la suite $(\mathbf{x}_k)$ converge vers un vecteur propre associé.

EXEMPLE 2 Appliquer la méthode de la puissance itérée à la matrice $A = \begin{bmatrix} 6 & 5 \\ 1 & 2 \end{bmatrix}$ en partant du vecteur $\mathbf{x}_0 = \begin{bmatrix} 0 \\ 1 \end{bmatrix}$ et en s'arrêtant à $k = 5$. En déduire une estimation de la valeur propre dominante de A et d'un vecteur propre associé.

SOLUTION Les calculs de cet exemple et du suivant sont effectués avec MATLAB. Ce logiciel calcule avec 16 chiffres significatifs même si, ici, seuls quelques chiffres sont indiqués. On commence par calculer $A\mathbf{x}_0$ et par repérer la composante maximale μ_0 de $A\mathbf{x}_0$:

$$A\mathbf{x}_0 = \begin{bmatrix} 6 & 5 \\ 1 & 2 \end{bmatrix}\begin{bmatrix} 0 \\ 1 \end{bmatrix} = \begin{bmatrix} 5 \\ 2 \end{bmatrix}, \quad \mu_0 = 5$$

On divise $A\mathbf{x}_0$ par μ_0, on obtient un vecteur $\mathbf{x}_1$, on calcule $A\mathbf{x}_1$ et l'on repère la composante maximale de $A\mathbf{x}_1$:

$$\mathbf{x}_1 = \frac{1}{\mu_0}A\mathbf{x}_0 = \frac{1}{5}\begin{bmatrix} 5 \\ 2 \end{bmatrix} = \begin{bmatrix} 1 \\ 0,4 \end{bmatrix}$$

$$A\mathbf{x}_1 = \begin{bmatrix} 6 & 5 \\ 1 & 2 \end{bmatrix}\begin{bmatrix} 1 \\ 0,4 \end{bmatrix} = \begin{bmatrix} 8 \\ 1,8 \end{bmatrix}, \quad \mu_1 = 8$$

On divise $A\mathbf{x}_1$ par μ_1, on obtient un vecteur $\mathbf{x}_2$, on calcule $A\mathbf{x}_2$ et l'on repère la composante maximale de $A\mathbf{x}_2$:

$$\mathbf{x}_2 = \frac{1}{\mu_1}A\mathbf{x}_1 = \frac{1}{8}\begin{bmatrix} 8 \\ 1,8 \end{bmatrix} = \begin{bmatrix} 1 \\ 0,225 \end{bmatrix}$$

$$A\mathbf{x}_2 = \begin{bmatrix} 6 & 5 \\ 1 & 2 \end{bmatrix}\begin{bmatrix} 1 \\ 0,225 \end{bmatrix} = \begin{bmatrix} 7,125 \\ 1,450 \end{bmatrix}, \quad \mu_2 = 7,125$$

On divise $A\mathbf{x}_2$ par μ_2, on obtient $\mathbf{x}_3$ et ainsi de suite... Les résultats des cinq premières itérations obtenus avec MATLAB sont résumés dans le tableau 2.

TABLEAU 2   Méthode de la puissance itérée pour l'exemple 2

k	0	1	2	3	4	5
$\mathbf{x}_k$	$\begin{bmatrix} 0 \\ 1 \end{bmatrix}$	$\begin{bmatrix} 1 \\ 0,4 \end{bmatrix}$	$\begin{bmatrix} 1 \\ 0,225 \end{bmatrix}$	$\begin{bmatrix} 1 \\ 0,2035 \end{bmatrix}$	$\begin{bmatrix} 1 \\ 0,2005 \end{bmatrix}$	$\begin{bmatrix} 1 \\ 0,20007 \end{bmatrix}$
$A\mathbf{x}_k$	$\begin{bmatrix} 5 \\ 2 \end{bmatrix}$	$\begin{bmatrix} 8 \\ 1,8 \end{bmatrix}$	$\begin{bmatrix} 7,125 \\ 1,450 \end{bmatrix}$	$\begin{bmatrix} 7,0175 \\ 1,4070 \end{bmatrix}$	$\begin{bmatrix} 7,0025 \\ 1,4010 \end{bmatrix}$	$\begin{bmatrix} 7,00036 \\ 1,40014 \end{bmatrix}$
μ_k	5	8	7,125	7,0175	7,0025	7,00036

Les résultats apparaissant dans le tableau 2 semblent indiquer que les valeurs de la suite $(\mathbf{x}_k)$ se rapprochent de $(1; 0,2)$ et que (μ_k) se rapproche de 7. S'il en est vraiment ainsi, alors $(1; 0,2)$ est un vecteur propre et 7 est la valeur propre dominante. La vérification est facile. Il suffit de calculer

$$A\begin{bmatrix} 1 \\ 0,2 \end{bmatrix} = \begin{bmatrix} 6 & 5 \\ 1 & 2 \end{bmatrix}\begin{bmatrix} 1 \\ 0,2 \end{bmatrix} = \begin{bmatrix} 7 \\ 1,4 \end{bmatrix} = 7\begin{bmatrix} 1 \\ 0,2 \end{bmatrix} \qquad \blacksquare$$

On voit, dans l'exemple 2, que la convergence de la suite (μ_k) vers $\lambda_1 = 7$ est assez rapide. Cela est dû au fait que l'autre valeur propre de A est beaucoup plus petite (on a en fait $\lambda_2 = 1$). De façon générale, la rapidité de la convergence dépend du rapport $|\lambda_2/\lambda_1|$. En effet, dans la relation (2), c'est le terme $c_2(\lambda_2/\lambda_1)^k \mathbf{v}_2$ qui constitue la principale source d'erreur si l'on remplace le vecteur $A^k\mathbf{x}$ convenablement normalisé par le vecteur $c_1\mathbf{v}_1$ (les autres fractions λ_j/λ_1 ont toutes les chances d'être plus petites). Si $|\lambda_2/\lambda_1|$ est proche de 1, alors la convergence des suites (μ_k) et $(\mathbf{x}_k)$ est en général très lente et il peut être préférable de faire appel à d'autres méthodes d'approximation.

Avec la méthode de la puissance itérée, il existe un faible risque que le vecteur $\mathbf{x}$ choisi au départ n'ait pas de composante selon $\mathbf{v}_1$ (cas où $c_1 = 0$). Mais en raison des erreurs d'arrondis, il y a toutes les chances qu'apparaisse en cours de calcul un $\mathbf{x}_k$ avec une composante, même petite, selon $\mathbf{v}_1$. À partir de là, les vecteurs $\mathbf{x}_k$ vont commencer à converger vers un vecteur colinéaire à $\mathbf{v}_1$.

Méthode de la puissance inverse

Cette méthode permet d'obtenir une approximation de *n'importe quelle* valeur propre, à condition de disposer d'une bonne estimation initiale α de cette valeur propre λ. Dans ce cas, on pose $B = (A - \alpha I)^{-1}$ et l'on applique la méthode de la puissance itérée à B. On peut montrer que si $\lambda_1, \ldots, \lambda_n$ sont les valeurs propres de A, alors les valeurs propres de B sont

$$\frac{1}{\lambda_1 - \alpha}, \quad \frac{1}{\lambda_2 - \alpha}, \quad \ldots, \quad \frac{1}{\lambda_n - \alpha}$$

et les vecteurs propres associés sont les mêmes que ceux de A (voir exercices 15 et 16).

Supposons par exemple que α soit plus proche de λ_2 que des autres valeurs propres de A. Alors $1/(\lambda_2 - \alpha)$ est une valeur propre strictement dominante de B. Si α est très proche de λ_2, alors $1/(\lambda_2 - \alpha)$ est *beaucoup* plus grande que les autres valeurs propres de B, et la méthode de la puissance inverse conduit rapidement, en partant d'à peu près n'importe quel vecteur initial $\mathbf{x}_0$, à une bonne approximation de λ_2. L'algorithme est décrit en détail ci-dessous.

MÉTHODE DE LA PUISSANCE INVERSE POUR ESTIMER UNE VALEUR PROPRE λ DE A

1. On choisit une estimation initiale α suffisamment proche de λ.

2. On choisit un vecteur initial $\mathbf{x}_0$ de composante maximale 1.

3. Pour $k = 0, 1, \ldots$
   a. On résout l'équation $(A - \alpha I)\mathbf{y}_k = \mathbf{x}_k$ à l'inconnue $\mathbf{y}_k$;
   b. On considère une composante μ_k de $\mathbf{y}_k$ maximale en valeur absolue ;
   c. On calcule $\nu_k = \alpha + (1/\mu_k)$;
   d. On calcule $\mathbf{x}_{k+1} = (1/\mu_k)\mathbf{y}_k$.

4. Pour presque tout choix de $\mathbf{x}_0$, la suite (ν_k) converge vers la valeur propre λ de A et la suite $(\mathbf{x}_k)$ converge vers un vecteur propre associé.

On remarque que la matrice B (ou plus exactement la matrice $(A - \alpha I)^{-1}$) n'apparaît pas explicitement dans le calcul. Pour obtenir à chaque étape le vecteur suivant de la suite, il est préférable de *résoudre* l'équation $(A - \alpha I)\mathbf{y}_k = \mathbf{x}_k$ à l'inconnue $\mathbf{y}_k$ (puis de normaliser $\mathbf{y}_k$ pour obtenir $\mathbf{x}_{k+1}$), plutôt que de calculer $(A - \alpha I)^{-1}\mathbf{x}_k$. Puisqu'il faut résoudre cette équation en $\mathbf{y}_k$ pour chaque k, une factorisation LU de $A - \alpha I$ permet d'accélérer le processus.

EXEMPLE 3 Dans certaines applications, il n'est pas rare que, d'une part, on ait pu déterminer à la main des estimations grossières des valeurs propres de A et que, d'autre part, on ait besoin de la plus petite valeur propre. On suppose que l'on a estimé à 21, à 3,3 et à 1,9 les valeurs propres de la matrice A suivante. Déterminer la plus petite valeur propre avec une précision de six décimales.

$$A = \begin{bmatrix} 10 & -8 & -4 \\ -8 & 13 & 4 \\ -4 & 5 & 4 \end{bmatrix}$$

SOLUTION Les deux plus petites valeurs propres semblent proches l'une de l'autre, donc on applique la méthode de la puissance inverse à $A - 1{,}9I$. On a indiqué dans le tableau 3 les calculs effectués avec MATLAB. Ici, $\mathbf{x}_0$ a été choisi arbitrairement, $\mathbf{y}_k$ est égal à $(A - 1{,}9I)^{-1}\mathbf{x}_k$, μ_k est la composante maximale de $\mathbf{y}_k$, ν_k est égal à $1{,}9 + 1/\mu_k$ et $\mathbf{x}_{k+1}$ est égal à $(1/\mu_k)\mathbf{y}_k$. On se rend compte que l'estimation initiale de la valeur propre était assez bonne et que la suite des puissances inverses converge rapidement. La plus petite valeur propre vaut exactement 2. ∎

TABLEAU 3   Méthode de la puissance inverse

k	0	1	2	3	4
$\mathbf{x}_k$	$\begin{bmatrix} 1 \\ 1 \\ 1 \end{bmatrix}$	$\begin{bmatrix} 0{,}5736 \\ 0{,}0646 \\ 1 \end{bmatrix}$	$\begin{bmatrix} 0{,}5054 \\ 0{,}0045 \\ 1 \end{bmatrix}$	$\begin{bmatrix} 0{,}5004 \\ 0{,}0003 \\ 1 \end{bmatrix}$	$\begin{bmatrix} 0{,}50003 \\ 0{,}00002 \\ 1 \end{bmatrix}$
$\mathbf{y}_k$	$\begin{bmatrix} 4{,}45 \\ 0{,}50 \\ 7{,}76 \end{bmatrix}$	$\begin{bmatrix} 5{,}0131 \\ 0{,}0442 \\ 9{,}9197 \end{bmatrix}$	$\begin{bmatrix} 5{,}0012 \\ 0{,}0031 \\ 9{,}9949 \end{bmatrix}$	$\begin{bmatrix} 5{,}0001 \\ 0{,}0002 \\ 9{,}9996 \end{bmatrix}$	$\begin{bmatrix} 5{,}000006 \\ 0{,}000015 \\ 9{,}999975 \end{bmatrix}$
μ_k	7,76	9,9197	9,9949	9,9996	9,999975
ν_k	2,03	2,0008	2,00005	2,000004	2,0000002

Si l'on ne dispose d'aucune estimation de la plus petite valeur propre, on peut se contenter de prendre $\alpha = 0$ pour la méthode de la puissance inverse. Ce choix α donne en général des résultats satisfaisants, à condition que la plus petite valeur propre soit beaucoup plus proche de 0 que les autres.

Les deux algorithmes présentés dans cette section sont des outils pratiques, permettant de traiter beaucoup de situations simples. Ils constituent une bonne introduction au problème de l'estimation des valeurs propres. Il existe toutefois un algorithme plus robuste et largement utilisé, l'algorithme QR. Il est par exemple au cœur de la commande `eig(A)` de MATLAB, qui calcule rapidement les valeurs propres et les vecteurs propres de A. On en a donné une brève description dans les exercices de la section 5.2. On trouvera une présentation détaillée de cette technique dans la plupart des ouvrages modernes d'analyse numérique.

EXERCICE D'ENTRAÎNEMENT

Comment peut-on savoir si un vecteur donné **x** constitue une bonne approximation d'un vecteur propre de A ? Si c'est le cas, comment peut-on estimer la valeur propre associée ? Essayer avec

$$A = \begin{bmatrix} 5 & 8 & 4 \\ 8 & 3 & -1 \\ 4 & -1 & 2 \end{bmatrix} \quad \text{et} \quad \mathbf{x} = \begin{bmatrix} 1{,}0 \\ -4{,}3 \\ 8{,}1 \end{bmatrix}$$

5.8 EXERCICES

Dans les exercices 1 à 4, on a indiqué une matrice A, ainsi qu'une suite $(\mathbf{x}_k)$ issue de la méthode de la puissance itérée. Utiliser ces données pour estimer la plus grande valeur propre de A, ainsi qu'un vecteur propre associé.

1. $A = \begin{bmatrix} 4 & 3 \\ 1 & 2 \end{bmatrix}$;

$\begin{bmatrix} 1 \\ 0 \end{bmatrix}, \begin{bmatrix} 1 \\ 0{,}25 \end{bmatrix}, \begin{bmatrix} 1 \\ 0{,}3158 \end{bmatrix}, \begin{bmatrix} 1 \\ 0{,}3298 \end{bmatrix}, \begin{bmatrix} 1 \\ 0{,}3326 \end{bmatrix}$

2. $A = \begin{bmatrix} 1{,}8 & -0{,}8 \\ -3{,}2 & 4{,}2 \end{bmatrix}$;

$\begin{bmatrix} 1 \\ 0 \end{bmatrix}, \begin{bmatrix} -0{,}5625 \\ 1 \end{bmatrix}, \begin{bmatrix} -0{,}3021 \\ 1 \end{bmatrix}, \begin{bmatrix} -0{,}2601 \\ 1 \end{bmatrix}, \begin{bmatrix} -0{,}2520 \\ 1 \end{bmatrix}$

3. $A = \begin{bmatrix} 0{,}5 & 0{,}2 \\ 0{,}4 & 0{,}7 \end{bmatrix}$;

$\begin{bmatrix} 1 \\ 0 \end{bmatrix}, \begin{bmatrix} 1 \\ 0{,}8 \end{bmatrix}, \begin{bmatrix} 0{,}6875 \\ 1 \end{bmatrix}, \begin{bmatrix} 0{,}5577 \\ 1 \end{bmatrix}, \begin{bmatrix} 0{,}5188 \\ 1 \end{bmatrix}$

4. $A = \begin{bmatrix} 4{,}1 & -6 \\ 3 & -4{,}4 \end{bmatrix}$;

$\begin{bmatrix} 1 \\ 1 \end{bmatrix}, \begin{bmatrix} 1 \\ 0{,}7368 \end{bmatrix}, \begin{bmatrix} 1 \\ 0{,}7541 \end{bmatrix}, \begin{bmatrix} 1 \\ 0{,}7490 \end{bmatrix}, \begin{bmatrix} 1 \\ 0{,}7502 \end{bmatrix}$

5. On considère la matrice $A = \begin{bmatrix} 15 & 16 \\ -20 & -21 \end{bmatrix}$ et le vecteur $x = \begin{bmatrix} 1 \\ 1 \end{bmatrix}$. Les vecteurs $\mathbf{x}, \ldots, A^5\mathbf{x}$ sont $\begin{bmatrix} 1 \\ 1 \end{bmatrix}$,

$\begin{bmatrix} 31 \\ -41 \end{bmatrix}, \begin{bmatrix} -191 \\ 241 \end{bmatrix}, \begin{bmatrix} 991 \\ -1\,241 \end{bmatrix}, \begin{bmatrix} -4\,991 \\ 6\,241 \end{bmatrix}, \begin{bmatrix} 24\,991 \\ -31\,241 \end{bmatrix}.$

Déterminer un vecteur dont la seconde composante est égale à 1 et qui soit proche d'un vecteur propre de A. On écrira les composantes avec quatre décimales. Vérifier l'estimation et donner une approximation de la valeur propre dominante de A.

6. On pose $A = \begin{bmatrix} -2 & -3 \\ 6 & 7 \end{bmatrix}$. Reprendre l'exercice 5 en utilisant la suite ci-après pour $\mathbf{x}, A\mathbf{x}, \ldots, A^5\mathbf{x}$.

$\begin{bmatrix} 1 \\ 1 \end{bmatrix}, \begin{bmatrix} -5 \\ 13 \end{bmatrix}, \begin{bmatrix} -29 \\ 61 \end{bmatrix}, \begin{bmatrix} -125 \\ 253 \end{bmatrix}, \begin{bmatrix} -509 \\ 1\,021 \end{bmatrix}, \begin{bmatrix} -2\,045 \\ 4\,093 \end{bmatrix}$

[M] Les exercices 7 à 12 nécessitent l'utilisation de MATLAB ou d'un autre outil informatique adapté. Dans les exercices 7 et 8, appliquer la méthode de la puissance itérée en partant du vecteur $\mathbf{x}_0$ indiqué. Écrire les vecteurs $\mathbf{x}_k$ et les scalaires $\{\mu_k\}$ pour $k = 1, \ldots, 5$. Dans les exercices 9 et 10, donner μ_5 et μ_6.

7. $A = \begin{bmatrix} 6 & 7 \\ 8 & 5 \end{bmatrix}, \mathbf{x}_0 = \begin{bmatrix} 1 \\ 0 \end{bmatrix}$

8. $A = \begin{bmatrix} 2 & 1 \\ 4 & 5 \end{bmatrix}, \mathbf{x}_0 = \begin{bmatrix} 1 \\ 0 \end{bmatrix}$

9. $A = \begin{bmatrix} 8 & 0 & 12 \\ 1 & -2 & 1 \\ 0 & 3 & 0 \end{bmatrix}, \mathbf{x}_0 = \begin{bmatrix} 1 \\ 0 \\ 0 \end{bmatrix}$

10. $A = \begin{bmatrix} 1 & 2 & -2 \\ 1 & 1 & 9 \\ 0 & 1 & 9 \end{bmatrix}$, $\mathbf{x}_0 = \begin{bmatrix} 1 \\ 0 \\ 0 \end{bmatrix}$

Il existe une autre manière d'estimer une valeur propre dans le cas où l'on connaît une approximation d'un vecteur propre. On remarque que si $A\mathbf{x} = \lambda\mathbf{x}$ et si $\mathbf{x}$ est non nul, alors $\mathbf{x}^T A\mathbf{x} = \mathbf{x}^T(\lambda\mathbf{x}) = \lambda(\mathbf{x}^T\mathbf{x})$, et le **quotient de Rayleigh**

$$R(\mathbf{x}) = \frac{\mathbf{x}^T A\mathbf{x}}{\mathbf{x}^T\mathbf{x}}$$

est égal à λ. Si $\mathbf{x}$ est proche d'un vecteur propre associé à la valeur propre λ, alors ce quotient est proche de λ. Si A est une matrice symétrique ($A^T = A$), le quotient de Rayleigh $R(\mathbf{x}_k) = (\mathbf{x}_k^T A\mathbf{x}_k)/(\mathbf{x}_k^T\mathbf{x}_k)$ approche la valeur propre dominante avec environ deux fois plus de décimales exactes que le coefficient μ_k de la méthode de la puissance itérée. Vérifier cette amélioration de la précision dans les exercices 11 et 12 en calculant μ_k et $R(\mathbf{x}_k)$ pour $k = 1, \ldots, 4$.

11. $A = \begin{bmatrix} 5 & 2 \\ 2 & 2 \end{bmatrix}$, $\mathbf{x}_0 = \begin{bmatrix} 1 \\ 0 \end{bmatrix}$

12. $A = \begin{bmatrix} -3 & 2 \\ 2 & 0 \end{bmatrix}$, $\mathbf{x}_0 = \begin{bmatrix} 1 \\ 0 \end{bmatrix}$

Dans les exercices 13 et 14, on considère une matrice 3×3, notée A, dont les valeurs propres sont estimées à 4, -4 et 3.

13. Si l'on sait que les valeurs propres proches de 4 et de -4 ont des valeurs absolues distinctes, la méthode de la puissance itérée fonctionnera-t-elle ? Faut-il s'attendre à ce qu'elle soit efficace ?

14. On suppose que les valeurs propres proches de 4 et de -4 ont exactement la même valeur absolue. Expliquer comment on peut obtenir une suite qui converge vers la valeur propre 4.

15. On suppose que l'on a $A\mathbf{x} = \lambda\mathbf{x}$ avec $\mathbf{x} \neq \mathbf{0}$. Soit α un scalaire qui n'est pas une valeur propre de A ; on pose $B = (A - \alpha I)^{-1}$. En retranchant $\alpha\mathbf{x}$ de chaque côté de l'égalité $A\mathbf{x} = \lambda\mathbf{x}$ et en utilisant les règles du calcul matriciel, montrer que $1/(\lambda - \alpha)$ est une valeur propre de B, associée au vecteur propre $\mathbf{x}$.

16. Soit μ une valeur propre de la matrice B de l'exercice 15 et $\mathbf{x}$ un vecteur propre associé ; on a donc $(A - \alpha I)^{-1}\mathbf{x} = \mu\mathbf{x}$. En utilisant cette relation, déterminer une valeur propre de A en fonction de μ et α. [*Remarque : B* est inversible donc $\mu \neq 0$.]

17. [**M**] On considère la matrice A de l'exemple 3. En utilisant la méthode de la puissance inverse, déterminer avec une précision de quatre chiffres après la virgule la valeur propre de A qui se situe entre les deux autres. On partira du vecteur $\mathbf{x}_0 = (1, 0, 0)$.

18. [**M**] On considère la matrice A de l'exercice 9. En utilisant la méthode de la puissance inverse avec $\mathbf{x}_0 = (1, 0, 0)$, estimer avec une précision de quatre chiffres après la virgule la valeur propre de A la plus proche de $\alpha = -1,4$.

[**M**] Dans les exercices 19 et 20, estimer (a) la plus grande valeur propre et (b) la valeur propre la plus proche de 0. Dans chaque cas, on partira du vecteur $\mathbf{x}_0 = (1, 0, 0, 0)$ et l'on effectuera les calculs approchés jusqu'à ce que la suite semble fournir une précision de quatre décimales. On indiquera également le vecteur propre approché obtenu.

19. $A = \begin{bmatrix} 10 & 7 & 8 & 7 \\ 7 & 5 & 6 & 5 \\ 8 & 6 & 10 & 9 \\ 7 & 5 & 9 & 10 \end{bmatrix}$

20. $A = \begin{bmatrix} 1 & 2 & 3 & 2 \\ 2 & 12 & 13 & 11 \\ -2 & 3 & 0 & 2 \\ 4 & 5 & 7 & 2 \end{bmatrix}$

21. Une erreur fréquente consiste à croire que si A admet une valeur propre strictement dominante, alors, pour k assez grand, le vecteur $A^k\mathbf{x}$ est à peu près égal à un vecteur propre de A. Étudier, pour les trois matrices ci-dessous, le comportement de $A^k\mathbf{x}$ pour $\mathbf{x} = (0{,}5 ; 0{,}5)$ et essayer de tirer des conclusions générales (pour une matrice 2×2) à partir de ces observations.

a. $A = \begin{bmatrix} 0{,}8 & 0 \\ 0 & 0{,}2 \end{bmatrix}$ b. $A = \begin{bmatrix} 1 & 0 \\ 0 & 0{,}8 \end{bmatrix}$

c. $A = \begin{bmatrix} 8 & 0 \\ 0 & 2 \end{bmatrix}$

SOLUTION DE L'EXERCICE D'ENTRAÎNEMENT

Pour les valeurs indiquées de A et de $\mathbf{x}$, on obtient

$$A\mathbf{x} = \begin{bmatrix} 5 & 8 & 4 \\ 8 & 3 & -1 \\ 4 & -1 & 2 \end{bmatrix} \begin{bmatrix} 1{,}00 \\ -4{,}30 \\ 8{,}10 \end{bmatrix} = \begin{bmatrix} 3{,}00 \\ -13{,}00 \\ 24{,}50 \end{bmatrix}$$

Dire que le vecteur $A\mathbf{x}$ est presque colinéaire à $\mathbf{x}$ revient à dire que les rapports entre leurs composantes sont à peu près les mêmes. On calcule donc

$$\{\text{comp. de } A\mathbf{x}\} \div \{\text{comp. de } \mathbf{x}\} = \{\text{quotient}\}$$

$3{,}00$	$1{,}00$	$3{,}000$
$-13{,}00$	$-4{,}30$	$3{,}023$
$24{,}50$	$8{,}10$	$3{,}025$

Chaque composante de $A\mathbf{x}$ est à peu près égale à trois fois la composante correspondante de $\mathbf{x}$, donc $\mathbf{x}$ est presque un vecteur propre. Chacun des quotients ci-dessus peut constituer une estimation de la valeur propre (avec une précision de cinq chiffres après la virgule, la valeur propre vaut 3,02409).

CHAPITRE 5 EXERCICES SUPPLÉMENTAIRES

Dans tous ces exercices supplémentaires, A et B désignent des matrices carrées de taille adaptée.

1. Dire de chaque énoncé s'il est vrai ou faux. Justifier les réponses.

a. Si A est inversible et admet 1 pour valeur propre, alors 1 est également une valeur propre de A^{-1}.

b. Si A est équivalente selon les lignes à la matrice unité, alors A est diagonalisable.

c. Si A contient une ligne ou une colonne de 0, alors 0 est une valeur propre de A.

d. Toute valeur propre de A est une valeur propre de A^2.

e. Tout vecteur propre de A est un vecteur propre de A^2.

f. Tout vecteur propre d'une matrice inversible A est un vecteur propre de A^{-1}.

g. Une valeur propre est nécessairement non nulle.

h. Un vecteur propre est nécessairement non nul.

i. Deux vecteurs propres associés à la même valeur propre sont toujours linéairement dépendants.

j. Deux matrices semblables ont toujours exactement les mêmes valeurs propres.

k. Deux matrices semblables ont toujours exactement les mêmes vecteurs propres.

l. La somme de deux vecteurs propres de A est un vecteur propre de A.

m. Les valeurs propres d'une matrice triangulaire supérieure sont exactement ses coefficients diagonaux non nuls.

n. Les matrices A et A^T ont les mêmes valeurs propres, compte tenu de leurs ordres de multiplicité.

o. Une matrice 5×5 admettant strictement moins de cinq valeurs propres distinctes est non diagonalisable.

p. Il existe une matrice 2×2 n'admettant aucun vecteur propre dans $\mathbb{R}^2$.

q. Si A est diagonalisable, alors les colonnes de A sont linéairement indépendantes.

r. Un vecteur non nul ne peut pas être un vecteur propre de A associé à deux valeurs propres distinctes.

s. Une matrice (carrée) A est inversible si et seulement si il existe un système de coordonnées dans lequel l'application $\mathbf{x} \mapsto A\mathbf{x}$ est représentée par une matrice diagonale.

t. Si tous les vecteurs de la base canonique de $\mathbb{R}^n$ sont des vecteurs propres de A, alors A est diagonale.

u. Une matrice semblable à une matrice diagonalisable est elle-même diagonalisable.

v. Si A et B sont des matrices $n \times n$ inversibles, alors AB est semblable à BA.

w. Une matrice $n \times n$ admettant n vecteurs propres linéairement indépendants est inversible.

x. Si A est une matrice $n \times n$ diagonalisable, alors tout vecteur de $\mathbb{R}^n$ s'écrit comme une combinaison linéaire de vecteurs propres de A.

2. Montrer que si $\mathbf{x}$ est un vecteur propre du produit matriciel AB et si $B\mathbf{x} \neq \mathbf{0}$, alors $B\mathbf{x}$ est un vecteur propre de BA.

3. Soit $\mathbf{x}$ un vecteur propre de A associé à une valeur propre λ.

a. Montrer que $\mathbf{x}$ est un vecteur propre de $5I - A$. À quelle valeur propre est-il associé ?

b. Montrer que $\mathbf{x}$ est un vecteur propre de $5I - 3A + A^2$. À quelle valeur propre est-il associé ?

4. Montrer par récurrence que si λ est une valeur propre d'une matrice carrée A, associée au vecteur propre $\mathbf{x}$, alors, pour tout entier naturel non nul m, λ^m est une valeur propre de A^m associée au vecteur propre $\mathbf{x}$.

5. On considère $p(t) = c_0 + c_1 t + c_2 t^2 + \cdots + c_n t^n$, et l'on définit $p(A)$ comme étant la matrice obtenue en remplaçant chaque puissance de t dans $p(t)$ par la puissance correspondante de A (avec la convention $A^0 = I$). Autrement dit,

$$p(A) = c_0 I + c_1 A + c_2 A^2 + \cdots + c_n A^n$$

Montrer que si λ est une valeur propre de A, alors $p(\lambda)$ est une valeur propre de $p(A)$.

6. On suppose que $A = PDP^{-1}$, où P est une matrice 2×2 inversible et $D = \begin{bmatrix} 2 & 0 \\ 0 & 7 \end{bmatrix}$.

a. On pose $B = 5I - 3A + A^2$. En écrivant une factorisation convenable de B, montrer que B est diagonalisable.

b. On considère $p(t)$ et $p(A)$ comme dans l'exercice 5. Montrer que $p(A)$ est diagonalisable.

7. On suppose que A est diagonalisable et l'on note p le polynôme caractéristique de A. On définit $p(A)$ comme dans l'exercice 5. Montrer que $p(A)$ est égal à la matrice nulle. Ce résultat, en fait vérifié pour *toute* matrice carrée, est connu sous le nom de *théorème de Cayley-Hamilton*.

8. a. Soit A une matrice $n \times n$ diagonalisable. Montrer que si λ est une valeur propre de multiplicité n, alors $A = \lambda I$.

b. En utilisant la question (a), montrer que la matrice $A = \begin{bmatrix} 3 & 1 \\ 0 & 3 \end{bmatrix}$ n'est pas diagonalisable.

9. Montrer que si les valeurs propres de A sont strictement plus petites que 1 en valeur absolue, alors $I - A$ est inversible. [*Indication* : Que pourrait-on dire si $I - A$ n'était pas inversible ?]

10. Montrer que si A est une matrice diagonalisable dont toutes les valeurs propres sont strictement inférieures à 1 en valeur absolue, alors A^k tend vers la matrice nulle quand k tend vers l'infini. [*Indication* : Considérer $A^k\mathbf{x}$, où $\mathbf{x}$ est une des colonnes de I.]

11. Soit $\mathbf{u}$ un vecteur propre de A associé à la valeur propre λ et soit H la droite vectorielle de $\mathbb{R}^n$ engendrée par $\mathbf{u}$.

    a. Justifier le fait que H est stable par A, au sens où, quel que soit le vecteur $\mathbf{x}$ de H, $A\mathbf{x}$ appartient à H.

    b. Soit K une droite vectorielle de $\mathbb{R}^n$ stable par A. Justifier le fait que K contient un vecteur propre de A.

12. On pose $G = \begin{bmatrix} A & X \\ 0 & B \end{bmatrix}$. En utilisant la formule (1) de la section 5.2 (qui donne une expression du déterminant), justifier la relation $\det G = (\det A)(\det B)$. En déduire que le polynôme caractéristique de G est égal au produit des polynômes caractéristiques de A et de B.

En utilisant l'exercice 12, déterminer les valeurs propres des matrices des exercices 13 et 14.

13. $A = \begin{bmatrix} 3 & -2 & 8 \\ 0 & 5 & -2 \\ 0 & -4 & 3 \end{bmatrix}$

14. $A = \begin{bmatrix} 1 & 5 & -6 & -7 \\ 2 & 4 & 5 & 2 \\ 0 & 0 & -7 & -4 \\ 0 & 0 & 3 & 1 \end{bmatrix}$

15. Soit J la matrice $n \times n$ constituée uniquement de 1 ; on considère la matrice $A = (a - b)I + bJ$, c'est-à-dire

$$A = \begin{bmatrix} a & b & b & \cdots & b \\ b & a & b & \cdots & b \\ b & b & a & \cdots & b \\ \vdots & \vdots & \vdots & \ddots & \vdots \\ b & b & b & \cdots & a \end{bmatrix}$$

En utilisant les résultats de l'exercice supplémentaire 16 du chapitre 3, montrer que les valeurs propres de A sont $a - b$ et $a + (n - 1)b$. Quels sont leurs ordres de multiplicité respectifs ?

16. En appliquant l'exercice 15, déterminer les valeurs propres des matrices $\begin{bmatrix} 1 & 2 & 2 \\ 2 & 1 & 2 \\ 2 & 2 & 1 \end{bmatrix}$ et $\begin{bmatrix} 7 & 3 & 3 & 3 & 3 \\ 3 & 7 & 3 & 3 & 3 \\ 3 & 3 & 7 & 3 & 3 \\ 3 & 3 & 3 & 7 & 3 \\ 3 & 3 & 3 & 3 & 7 \end{bmatrix}$.

17. On pose $A = \begin{bmatrix} a_{11} & a_{12} \\ a_{21} & a_{22} \end{bmatrix}$. Dans l'exercice 25 de la section 5.4, on a défini tr A (la trace de A) comme étant la somme des éléments diagonaux de A. Montrer que le polynôme caractéristique de A est $\lambda^2 - (\text{tr } A)\lambda + \det A$. En déduire qu'une matrice A de type 2×2 admet deux valeurs propres réelles si et seulement si $\det A \le \left(\dfrac{\text{tr } A}{2} \right)^2$.

18. On pose $A = \begin{bmatrix} 0,4 & -0,3 \\ 0,4 & 1,2 \end{bmatrix}$. Montrer que A^k tend vers la matrice $\begin{bmatrix} -0,5 & -0,75 \\ 1,0 & 1,50 \end{bmatrix}$ quand k tend vers l'infini.

Dans les exercices 19 à 23, on considère le polynôme p défini par

$$p(t) = a_0 + a_1 t + \cdots + a_{n-1}t^{n-1} + t^n$$

et la matrice $n \times n$

$$C_p = \begin{bmatrix} 0 & 1 & 0 & \cdots & 0 \\ 0 & 0 & 1 & & 0 \\ \vdots & & & & \vdots \\ 0 & 0 & 0 & & 1 \\ -a_0 & -a_1 & -a_2 & \cdots & -a_{n-1} \end{bmatrix}$$

appelée **matrice compagnon** de p.

19. Écrire la matrice compagnon C_p du polynôme p défini par $p(t) = 6 - 5t + t^2$, puis déterminer son polynôme caractéristique.

20. Soit $p(t) = (t - 2)(t - 3)(t - 4) = -24 + 26t - 9t^2 + t^3$. Écrire la matrice compagnon de p, puis déterminer son polynôme caractéristique à l'aide des techniques décrites dans le chapitre 3.

21. Montrer par récurrence que pour tout $n \ge 2$,

    $$\det(C_p - \lambda I) = (-1)^n(a_0 + a_1\lambda + \cdots + a_{n-1}\lambda^{n-1} + \lambda^n)$$
    $$= (-1)^n p(\lambda)$$

    [*Indication* : En le développant par rapport à la première colonne, montrer que $\det(C_p - \lambda I)$ est de la forme $(-\lambda)B + (-1)^n a_0$, où B est un certain polynôme à déterminer d'après l'hypothèse de récurrence.]

22. Soit p défini par $p(t) = a_0 + a_1 t + a_2 t^2 + t^3$ et λ une racine de p.

    a. Écrire la matrice compagnon de p.

    b. Expliquer pourquoi $\lambda^3 = -a_0 - a_1\lambda - a_2\lambda^2$ et montrer que $(1, \lambda, \lambda^2)$ est un vecteur propre de la matrice compagnon de p.

23. On reprend le polynôme p de l'exercice 22 et l'on suppose qu'il admet des racines distinctes λ_1, λ_2 et λ_3. Soit V la matrice de Vandermonde

    $$V = \begin{bmatrix} 1 & 1 & 1 \\ \lambda_1 & \lambda_2 & \lambda_3 \\ \lambda_1^2 & \lambda_2^2 & \lambda_3^2 \end{bmatrix}$$

(La transposée de V a été étudiée dans l'exercice supplémentaire 11 du chapitre 2.) En utilisant l'exercice 22 et un théorème de ce chapitre, montrer que V est inversible (on ne demande pas de calculer V^{-1}), puis justifier le fait que la matrice $V^{-1}C_pV$ est diagonale.

24. **[M]** La commande MATLAB `roots(p)` calcule les racines d'une équation polynomiale $p(t) = 0$. Après avoir lu la documentation de MATLAB, expliquer l'idée essentielle de l'algorithme sur lequel s'appuie la commande `roots`.

25. **[M]** On veut diagonaliser si possible la matrice
$$A = \begin{bmatrix} -3 & -2 & 0 \\ 14 & 7 & -1 \\ -6 & -3 & 1 \end{bmatrix}$$

à l'aide d'un logiciel approprié. Utiliser la commande de calcul des valeurs propres (en anglais, *eigenvalue*) pour déterminer une matrice diagonale D. Si le logiciel dispose d'une commande calculant les vecteurs propres (*eigenvectors*), construire au moyen de cette commande une matrice inversible P. Calculer ensuite $AP - PD$ ainsi que PDP^{-1}. Commenter les résultats.

26. **[M]** Reprendre l'exercice 25 avec la matrice
$$A = \begin{bmatrix} -8 & 5 & -2 & 0 \\ -5 & 2 & 1 & -2 \\ 10 & -8 & 6 & -3 \\ 3 & -2 & 1 & 0 \end{bmatrix}$$

6

Orthogonalité et méthode des moindres carrés

EXEMPLE INTRODUCTIF

Système géodésique nord-américain et navigation GPS

Imaginons le démarrage d'un projet gigantesque, dont la durée de mise en place serait estimée à dix ans et qui nécessiterait les efforts de dizaines de personnes pour construire et résoudre un système linéaire de 1 800 000 équations à 900 000 inconnues. C'est exactement ce qu'a réalisé aux États-Unis le *National Geodetic Survey* (relevé géodésique national) en 1974, quand il entreprit de mettre à jour le *North American Datum* (NAD, système géodésique nord-américain), un réseau de 260 000 points de référence très précisément localisés sur le territoire et couvrant l'ensemble du continent nord-américain, ainsi que le Groenland, Hawaii, les îles Vierges, Porto Rico et diverses autres îles des Caraïbes.

Les coordonnées enregistrées dans le NAD doivent être déterminées selon une précision de quelques centimètres, car elles constituent la base de tous les relevés, cartes, limites de propriété... Elles sont utilisées aussi pour décider de l'emplacement de projets de travaux publics tels que des autoroutes ou des réseaux d'utilité publique. Or, depuis la révision précédente de 1927, les données avaient été complétées par plus de 200 000 nouveaux points et, du fait de l'imprécision des mesures et des déplacements de l'écorce terrestre, les erreurs s'étaient petit à petit accumulées au fil des ans. La collecte de données pour la révision du NAD fut achevée en 1983.

Le système d'équations du NAD admettait non pas une solution au sens usuel, mais une *solution au sens des moindres carrés*, qui attribuait des coordonnées aux points de référence de façon qu'elles correspondent au mieux aux 1,8 million d'observations. La solution au sens des moindres carrés fut calculée en 1986 par la résolution d'un système dit d'*équations normales*, qui comporte 928 735 équations et 928 735 inconnues[1].

Plus récemment, la connaissance de points de référence au sol est devenue également cruciale pour déterminer avec précision l'emplacement des satellites du système GPS (*Global Positioning System, système de positionnement mondial*). Un satellite GPS calcule sa position par rapport au terrain en mesurant le temps de parcours d'un signal émis depuis des transmetteurs au sol. Pour ce faire, les satellites utilisent des horloges atomiques très précises synchronisées avec des stations au sol (dont les emplacements sont connus très précisément par le NAD).

Le GPS est utilisé, d'une part, pour déterminer l'emplacement de nouveaux points de référence au sol et, d'autre part, pour trouver la position d'un utilisateur au sol par rapport à des cartes préétablies.

---

[1] On trouvera une présentation mathématique de la stratégie de résolution (ainsi que des détails sur tout le projet NAD) dans *North American Datum of 1983*, Charles R. Schwarz (dir.), National Geodetic Survey, National Oceanic and Atmospheric Administration (NOAA) Professional Paper NOS 2, 1989.

Quand le conducteur d'une voiture (ou un alpiniste) allume son récepteur GPS, l'appareil mesure les temps relatifs d'arrivée des signaux émis par au moins trois satellites. Cette information, couplée avec les données sur la position des satellites, est utilisée pour ajuster l'horloge du récepteur GPS et déterminer sa localisation approximative sur le terrain. Avec un quatrième satellite, le récepteur GPS peut même déterminer approximativement son altitude.

On résout les deux problèmes du NAD et du GPS en trouvant un vecteur qui « vérifie approximativement » un système d'équations incompatible. Les cinq premières sections de ce chapitre fournissent les idées qui permettent d'expliquer précisément cette apparente contradiction.

Un système d'équations incompatible n'ayant par définition pas de solution, on cherche à calculer une solution approchée. Il faut pour cela définir clairement une notion de proximité ou de voisinage. On introduit à la section 6.1 les notions de distance et d'orthogonalité dans un espace vectoriel. Les sections 6.2 et 6.3 montrent comment l'orthogonalité permet de déterminer quel point d'un sous-espace vectoriel W est le plus proche d'un point $\mathbf{y}$ n'appartenant pas à W. En prenant comme sous-espace W l'espace engendré par les colonnes d'une matrice, on décrit dans la section 6.5 une méthode pour calculer une solution approchée (dite « au sens des moindres carrés ») pour des systèmes incompatibles, tels que celui résultant des relevés du NAD.

La section 6.4 donne une autre occasion de voir les projections orthogonales à l'œuvre et permet de définir une factorisation matricielle d'usage très courant en algèbre linéaire numérique. Pour conclure, on examine dans les dernières sections quelques-unes des nombreuses applications de la méthode des moindres carrés, y compris dans des espaces vectoriels autres que $\mathbb{R}^n$.

6.1 | PRODUIT SCALAIRE, LONGUEUR, ORTHOGONALITÉ

On définit ici dans $\mathbb{R}^n$ les notions, déjà bien connues dans $\mathbb{R}^2$ et $\mathbb{R}^3$, de longueur, de distance et de perpendicularité. Ces concepts fournissent de puissants outils géométriques utilisables dans de nombreuses applications telles que la méthode des moindres carrés mentionnée précédemment. Les trois notions sont définies à partir du produit scalaire de deux vecteurs.

Produit scalaire

On considère deux vecteurs $\mathbf{u}$ et $\mathbf{v}$ de $\mathbb{R}^n$, vus ici comme des matrices $n \times 1$. La transposée $\mathbf{u}^T$ est donc une matrice $1 \times n$ et le produit matriciel $\mathbf{u}^T\mathbf{v}$ est une matrice 1×1 que l'on écrit sans crochets et que l'on assimile à un réel (un scalaire). Le nombre $\mathbf{u}^T\mathbf{v}$ est alors appelé **produit scalaire** de $\mathbf{u}$ et $\mathbf{v}$ et est souvent noté $\mathbf{u} \cdot \mathbf{v}$. Ce produit scalaire a déjà été mentionné dans les exercices de la section 2.1. Si

$$\mathbf{u} = \begin{bmatrix} u_1 \\ u_2 \\ \vdots \\ u_n \end{bmatrix} \quad \text{et} \quad \mathbf{v} = \begin{bmatrix} v_1 \\ v_2 \\ \vdots \\ v_n \end{bmatrix}$$

alors le produit scalaire de **u** et **v** est égal à

$$
\begin{bmatrix} u_1 & u_2 & \cdots & u_n \end{bmatrix}
\begin{bmatrix} v_1 \\ v_2 \\ \vdots \\ v_n \end{bmatrix}
= u_1 v_1 + u_2 v_2 + \cdots + u_n v_n
$$

EXEMPLE 1 Calculer $\mathbf{u}\cdot\mathbf{v}$ et $\mathbf{v}\cdot\mathbf{u}$ pour les vecteurs $\mathbf{u} = \begin{bmatrix} 2 \\ -5 \\ -1 \end{bmatrix}$ et $\mathbf{v} = \begin{bmatrix} 3 \\ 2 \\ -3 \end{bmatrix}$.

SOLUTION

$$
\mathbf{u}\cdot\mathbf{v} = \mathbf{u}^T\mathbf{v} = \begin{bmatrix} 2 & -5 & -1 \end{bmatrix} \begin{bmatrix} 3 \\ 2 \\ -3 \end{bmatrix} = (2)(3) + (-5)(2) + (-1)(-3) = -1
$$

$$
\mathbf{v}\cdot\mathbf{u} = \mathbf{v}^T\mathbf{u} = \begin{bmatrix} 3 & 2 & -3 \end{bmatrix} \begin{bmatrix} 2 \\ -5 \\ -1 \end{bmatrix} = (3)(2) + (2)(-5) + (-3)(-1) = -1 \qquad \blacksquare
$$

Les calculs de l'exemple 1 montrent très clairement que $\mathbf{u}\cdot\mathbf{v} = \mathbf{v}\cdot\mathbf{u}$. Cette propriété de commutativité (ou de symétrie) du produit scalaire est générale. Les relations suivantes se déduisent facilement des propriétés de la transposition vues à la section 2.1 (voir exercices 21 et 22 en fin de section).

THÉORÈME 1

Soit **u**, **v** et **w** des vecteurs de $\mathbb{R}^n$ et c un scalaire. Alors

a. $\mathbf{u}\cdot\mathbf{v} = \mathbf{v}\cdot\mathbf{u}$

b. $(\mathbf{u} + \mathbf{v})\cdot\mathbf{w} = \mathbf{u}\cdot\mathbf{w} + \mathbf{v}\cdot\mathbf{w}$

c. $(c\mathbf{u})\cdot\mathbf{v} = c(\mathbf{u}\cdot\mathbf{v}) = \mathbf{u}\cdot(c\mathbf{v})$

d. $\mathbf{u}\cdot\mathbf{u} \geq 0$ et $\mathbf{u}\cdot\mathbf{u} = 0$ si et seulement si $\mathbf{u} = \mathbf{0}$

En combinant plusieurs fois les propriétés (b) et (c), on obtient la relation

$$
(c_1\mathbf{u}_1 + \cdots + c_p\mathbf{u}_p)\cdot\mathbf{w} = c_1(\mathbf{u}_1\cdot\mathbf{w}) + \cdots + c_p(\mathbf{u}_p\cdot\mathbf{w})
$$

Longueur d'un vecteur

Soit **v** un vecteur de $\mathbb{R}^n$ et $v_1, \ldots, v_n$ ses composantes. Puisque $\mathbf{v}\cdot\mathbf{v}$ est positif ou nul, sa racine carrée est définie.

DÉFINITION

On appelle **longueur** (ou **norme**) de **v** le scalaire positif ou nul $\|\mathbf{v}\|$ défini par

$$
\|\mathbf{v}\| = \sqrt{\mathbf{v}\cdot\mathbf{v}} = \sqrt{v_1^2 + v_2^2 + \cdots + v_n^2}, \quad \text{soit} \quad \|\mathbf{v}\|^2 = \mathbf{v}\cdot\mathbf{v}
$$

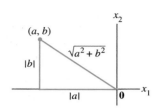

FIGURE 1

Interprétation de $\|\mathbf{v}\|$ comme une longueur

Supposons que $\mathbf{v}$ soit dans $\mathbb{R}^2$, avec $\mathbf{v} = \begin{bmatrix} a \\ b \end{bmatrix}$. Si l'on identifie comme d'habitude $\mathbf{v}$ à un point du plan, alors $\|\mathbf{v}\|$ coïncide avec la définition usuelle de la longueur du segment joignant l'origine à $\mathbf{v}$. Cela résulte de l'application du théorème de Pythagore à un triangle comme celui de la figure 1.

On montre par un calcul analogue effectué sur la diagonale d'un pavé que la définition de la longueur d'un vecteur $\mathbf{v}$ de $\mathbb{R}^3$ coïncide avec la notion usuelle de longueur.

Pour tout scalaire c, la longueur de $c\mathbf{v}$ est égale à $|c|$ fois celle de $\mathbf{v}$. Autrement dit,

$$\|c\mathbf{v}\| = |c|\,\|\mathbf{v}\|$$

(Il suffit pour le voir de calculer $\|c\mathbf{v}\|^2 = (c\mathbf{v})\cdot(c\mathbf{v}) = c^2\mathbf{v}\cdot\mathbf{v} = c^2\|\mathbf{v}\|^2$ et de prendre la racine carrée.)

Un vecteur de longueur 1 est appelé **vecteur unitaire**. Si l'on *divise* un vecteur non nul $\mathbf{v}$ par sa longueur (c'est-à-dire qu'on le multiplie par $1/\|\mathbf{v}\|$), on obtient un vecteur unitaire $\mathbf{u}$ car la longueur de $\mathbf{u}$ est égale à $(1/\|\mathbf{v}\|)\|\mathbf{v}\|$. On dit parfois qu'en calculant $\mathbf{u}$ on a **normé** $\mathbf{v}$ et l'on dit que $\mathbf{u}$ est *de même direction* que $\mathbf{v}$.

Dans les exemples qui suivent, on a noté à plusieurs reprises les vecteurs (colonnes) en ligne afin d'économiser de la place.

EXEMPLE 2   On pose $\mathbf{v} = (1, -2, 2, 0)$. Déterminer un vecteur unitaire $\mathbf{u}$ de même direction que $\mathbf{v}$.

SOLUTION On calcule d'abord la longueur de $\mathbf{v}$:

$$\|\mathbf{v}\|^2 = \mathbf{v}\cdot\mathbf{v} = (1)^2 + (-2)^2 + (2)^2 + (0)^2 = 9$$
$$\|\mathbf{v}\| = \sqrt{9} = 3$$

On multiplie ensuite $\mathbf{v}$ par $1/\|\mathbf{v}\|$ et l'on obtient

$$\mathbf{u} = \frac{1}{\|\mathbf{v}\|}\mathbf{v} = \frac{1}{3}\mathbf{v} = \frac{1}{3}\begin{bmatrix} 1 \\ -2 \\ 2 \\ 0 \end{bmatrix} = \begin{bmatrix} 1/3 \\ -2/3 \\ 2/3 \\ 0 \end{bmatrix}$$

Il suffit pour vérifier que $\|\mathbf{u}\| = 1$ de montrer que $\|\mathbf{u}\|^2 = 1$.

$$\|\mathbf{u}\|^2 = \mathbf{u}\cdot\mathbf{u} = \left(\tfrac{1}{3}\right)^2 + \left(-\tfrac{2}{3}\right)^2 + \left(\tfrac{2}{3}\right)^2 + (0)^2$$
$$= \tfrac{1}{9} + \tfrac{4}{9} + \tfrac{4}{9} + 0 = 1 \qquad \blacksquare$$

EXEMPLE 3   Soit W la droite vectorielle de $\mathbb{R}^2$ engendrée par $\mathbf{x} = (\tfrac{2}{3}, 1)$. Déterminer un vecteur unitaire $\mathbf{z}$ engendrant W.

SOLUTION Comme indiqué à la figure 2(a), W est constitué des vecteurs colinéaires à $\mathbf{x}$. Tous les vecteurs non nuls de W engendrent W. Pour simplifier, on élimine les dénominateurs dans $\mathbf{x}$, c'est-à-dire que l'on multiplie ce dernier par 3, obtenant ainsi

$$\mathbf{y} = \begin{bmatrix} 2 \\ 3 \end{bmatrix}$$

Puis on calcule $\|\mathbf{y}\|^2 = 2^2 + 3^2 = 13$, $\|\mathbf{y}\| = \sqrt{13}$ et l'on norme $\mathbf{y}$:

$$\mathbf{z} = \frac{1}{\sqrt{13}}\begin{bmatrix} 2 \\ 3 \end{bmatrix} = \begin{bmatrix} 2/\sqrt{13} \\ 3/\sqrt{13} \end{bmatrix}$$

(Voir figure 2(b).) Un autre vecteur unitaire de W est $(-2/\sqrt{13}, -3/\sqrt{13})$. $\qquad \blacksquare$

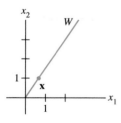

(a)

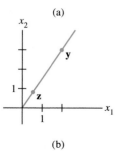

(b)

FIGURE 2

On norme un vecteur pour obtenir un vecteur unitaire.

Distance dans $\mathbb{R}^n$

Il est temps maintenant de définir en quel sens un vecteur peut être proche d'un autre. On rappelle que si a et b sont deux réels, la distance entre a et b sur la droite numérique est le réel $|a - b|$. La figure 3 illustre deux exemples. Cette définition de la distance dans $\mathbb{R}$ se généralise directement dans $\mathbb{R}^n$.

$$|2 - 8| = |-6| = 6 \quad \text{or} \quad |8 - 2| = |6| = 6 \qquad\qquad |(-3) - 4| = |-7| = 7 \quad \text{or} \quad |4 - (-3)| = |7| = 7$$

FIGURE 3 Distances dans $\mathbb{R}$

DÉFINITION

Soit $\mathbf{u}$ et $\mathbf{v}$ deux vecteurs de $\mathbb{R}^n$. On appelle **distance entre $\mathbf{u}$ et $\mathbf{v}$**, et l'on note $\mathrm{dist}(\mathbf{u}, \mathbf{v})$, la longueur du vecteur $\mathbf{u} - \mathbf{v}$, c'est-à-dire le réel

$$\mathrm{dist}(\mathbf{u}, \mathbf{v}) = \|\mathbf{u} - \mathbf{v}\|$$

Comme le montrent les deux exemples suivants, cette définition de la distance coïncide dans $\mathbb{R}^2$ et $\mathbb{R}^3$ avec la notion usuelle de distance euclidienne entre deux points.

EXEMPLE 4 Calculer la distance entre les vecteurs $\mathbf{u} = (7, 1)$ et $\mathbf{v} = (3, 2)$.

SOLUTION On calcule

$$\mathbf{u} - \mathbf{v} = \begin{bmatrix} 7 \\ 1 \end{bmatrix} - \begin{bmatrix} 3 \\ 2 \end{bmatrix} = \begin{bmatrix} 4 \\ -1 \end{bmatrix}$$

$$\|\mathbf{u} - \mathbf{v}\| = \sqrt{4^2 + (-1)^2} = \sqrt{17}$$

Les vecteurs $\mathbf{u}$, $\mathbf{v}$ et $\mathbf{u} - \mathbf{v}$ sont représentés à la figure 4. Si l'on ajoute le vecteur $\mathbf{v}$ au vecteur $\mathbf{u} - \mathbf{v}$, on obtient $\mathbf{u}$. En examinant le parallélogramme de la figure 4, on remarque que la distance de $\mathbf{u}$ à $\mathbf{v}$ est égale à la distance de $\mathbf{u} - \mathbf{v}$ à $\mathbf{0}$. ∎

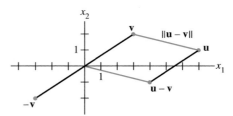

FIGURE 4 La distance entre $\mathbf{u}$ et $\mathbf{v}$ est égale à la longueur de $\mathbf{u} - \mathbf{v}$.

EXEMPLE 5 Si $\mathbf{u} = (u_1, u_2, u_3)$ et $\mathbf{v} = (v_1, v_2, v_3)$, alors

$$\mathrm{dist}(\mathbf{u}, \mathbf{v}) = \|\mathbf{u} - \mathbf{v}\| = \sqrt{(\mathbf{u} - \mathbf{v}) \cdot (\mathbf{u} - \mathbf{v})}$$

$$= \sqrt{(u_1 - v_1)^2 + (u_2 - v_2)^2 + (u_3 - v_3)^2}$$
∎

Vecteurs orthogonaux

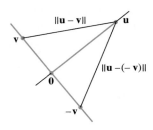

FIGURE 5

Le reste de ce chapitre repose sur la généralisation à $\mathbb{R}^n$ de la notion, bien connue en géométrie euclidienne usuelle, de droites perpendiculaires.

Considérons deux droites vectorielles de $\mathbb{R}^2$ ou $\mathbb{R}^3$ engendrées respectivement par les vecteurs $\mathbf{u}$ et $\mathbf{v}$. Les deux droites représentées à la figure 5 sont géométriquement perpendiculaires si et seulement si la distance de $\mathbf{u}$ à $\mathbf{v}$ est égale à la distance de $\mathbf{u}$ à $-\mathbf{v}$, ce qui équivaut à dire que les carrés des distances sont égaux. On écrit alors

$$
\begin{aligned}
\left[\, \mathrm{dist}(\mathbf{u}, -\mathbf{v})\,\right]^2 &= \|\mathbf{u} - (-\mathbf{v})\|^2 = \|\mathbf{u} + \mathbf{v}\|^2 \\
&= (\mathbf{u} + \mathbf{v})\cdot(\mathbf{u} + \mathbf{v}) \\
&= \mathbf{u}\cdot(\mathbf{u} + \mathbf{v}) + \mathbf{v}\cdot(\mathbf{u} + \mathbf{v}) &&\text{Théorème 1(b)} \\
&= \mathbf{u}\cdot\mathbf{u} + \mathbf{u}\cdot\mathbf{v} + \mathbf{v}\cdot\mathbf{u} + \mathbf{v}\cdot\mathbf{v} &&\text{Théorème 1(a), (b)} \\
&= \|\mathbf{u}\|^2 + \|\mathbf{v}\|^2 + 2\mathbf{u}\cdot\mathbf{v} &&\text{Théorème 1(a)} \quad (1)
\end{aligned}
$$

En échangeant les rôles de $\mathbf{v}$ et $-\mathbf{v}$, on obtient

$$
\begin{aligned}
[\mathrm{dist}(\mathbf{u}, \mathbf{v})]^2 &= \|\mathbf{u}\|^2 + \|-\mathbf{v}\|^2 + 2\mathbf{u}\cdot(-\mathbf{v}) \\
&= \|\mathbf{u}\|^2 + \|\mathbf{v}\|^2 - 2\mathbf{u}\cdot\mathbf{v}
\end{aligned}
$$

Les deux carrés des distances sont égaux si et seulement si $2\mathbf{u}\cdot\mathbf{v} = -2\mathbf{u}\cdot\mathbf{v}$, soit $\mathbf{u}\cdot\mathbf{v} = 0$.

Ce calcul montre que si l'on identifie des vecteurs $\mathbf{u}$ et $\mathbf{v}$ à des points d'un plan ou d'un espace, les droites passant par chacun de ces points et par l'origine sont perpendiculaires si et seulement si $\mathbf{u}\cdot\mathbf{v} = 0$. La définition qui suit généralise donc à $\mathbb{R}^n$ cette notion de perpendicularité (ou, comme on dit plus souvent en algèbre linéaire, d'*orthogonalité*).

DÉFINITION

> On dit que deux vecteurs $\mathbf{u}$ et $\mathbf{v}$ de $\mathbb{R}^n$ sont **orthogonaux** (entre eux) si $\mathbf{u}\cdot\mathbf{v} = 0$.

On remarque que, puisque pour tout vecteur $\mathbf{v}$, $\mathbf{0}^T\mathbf{v} = 0$, le vecteur nul est orthogonal à tous les vecteurs de $\mathbb{R}^n$.

Le théorème suivant énonce une propriété importante des vecteurs orthogonaux. Sa démonstration est une conséquence immédiate de la relation (1) précédente et de la définition de l'orthogonalité. Le triangle rectangle apparaissant à la figure 6 permet de visualiser les longueurs qui interviennent dans ce théorème.

THÉORÈME 2

> **Théorème de Pythagore**
>
> Deux vecteurs $\mathbf{u}$ et $\mathbf{v}$ de $\mathbb{R}^n$ sont orthogonaux si et seulement si
>
> $$\|\mathbf{u} + \mathbf{v}\|^2 = \|\mathbf{u}\|^2 + \|\mathbf{v}\|^2$$

Orthogonal d'un sous-espace vectoriel

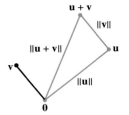

FIGURE 6

Afin de pouvoir s'entraîner à manipuler les produits scalaires, on introduit ici un concept qui sera surtout utile dans la section 6.3 et à d'autres endroits du chapitre. Si un vecteur $\mathbf{z}$ est orthogonal à tous les vecteurs d'un sous-espace vectoriel W de $\mathbb{R}^n$, on dit que $\mathbf{z}$ est **orthogonal à** W. L'ensemble des vecteurs $\mathbf{z}$ orthogonaux à W est appelé **orthogonal** de W et noté $W^{\perp}$ (lire « W orthogonal »).

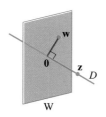

FIGURE 7

Droite et plan vectoriels
mutuellement orthogonaux

EXEMPLE 6 Soit W un plan vectoriel de $\mathbb{R}^3$ et D une droite vectorielle perpendiculaire à W. Si $\mathbf{z}$ et $\mathbf{w}$ sont des vecteurs non nuls respectifs de D et W, alors la droite vectorielle engendrée par $\mathbf{z}$ est perpendiculaire à la droite vectorielle engendrée par $\mathbf{w}$; autrement dit, $\mathbf{z} \cdot \mathbf{w} = 0$ (voir figure 7). Donc tous les vecteurs de D sont orthogonaux à tous ceux de W. Plus précisément, D est constituée de *tous* les vecteurs orthogonaux aux vecteurs de W, et W de tous les vecteurs orthogonaux aux vecteurs de D. Autrement dit,

$$D = W^\perp \quad \text{et} \quad W = D^\perp \qquad \blacksquare$$

On considère un sous-espace vectoriel W de $\mathbb{R}^n$. Les deux propriétés suivantes de $W^\perp$ seront utilisées plus loin dans ce chapitre. Les démonstrations sont traitées dans les exercices 29 et 30. Les exercices 27 à 31 proposent un bon entraînement à l'utilisation des propriétés du produit scalaire.

1. Un vecteur de $\mathbb{R}^n$ appartient à $W^\perp$ si et seulement si il est orthogonal à tous les vecteurs d'une famille génératrice de W.

2. $W^\perp$ est un sous-espace vectoriel de $\mathbb{R}^n$.

Le théorème suivant, associé à l'exercice 31, permet de vérifier les affirmations de la section 4.6 concernant les sous-espaces représentés à la figure 8 (voir également exercice 28, section 4.6).

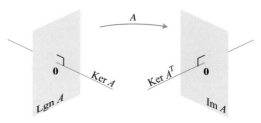

FIGURE 8 Sous-espaces fondamentaux associés à une matrice A de type $m \times n$

Remarque : Une façon de prouver que deux ensembles, par exemple E et F, sont égaux est de montrer la « double inclusion » suivante : E est un sous-ensemble de F et F, un sous-ensemble de E. Dans le théorème 3, on doit montrer que $\text{Ker } A = (\text{Lgn } A)^\perp$. Cela revient à montrer que $\text{Ker } A \subset (\text{Lgn } A)^\perp$ et que $(\text{Lgn } A)^\perp \subset \text{Ker } A$.

THÉORÈME 3

Soit A une matrice $m \times n$. L'orthogonal de l'espace vectoriel engendré par les lignes de A est égal au noyau de A, et l'orthogonal de l'espace engendré par les colonnes (l'image) de A est égal au noyau de A^T :

$$(\text{Lgn } A)^\perp = \text{Ker } A \quad \text{et} \quad (\text{Im } A)^\perp = \text{Ker } A^T$$

DÉMONSTRATION La règle ligne-colonne pour le calcul de $A\mathbf{x}$ montre que si $\mathbf{x}$ appartient à $\text{Ker } A$, alors $\mathbf{x}$ est orthogonal à chaque ligne de A (en considérant les lignes comme des vecteurs de $\mathbb{R}^n$). Donc $\mathbf{x}$ est bien orthogonal à l'espace $\text{Lgn } A$ engendré par les lignes de A. Inversement, si $\mathbf{x}$ est orthogonal à $\text{Lgn } A$, alors $\mathbf{x}$ est orthogonal à chaque ligne de A, donc $A\mathbf{x} = \mathbf{0}$. On a montré la première partie du théorème. Comme cette propriété est vraie pour toute matrice, elle l'est pour A^T. Cela signifie que l'orthogonal de l'espace engendré par les lignes de A^T est égal au noyau de A^T. Comme Lgn $A^T = \text{Im } A$, la seconde partie du théorème est démontrée. ∎

Angles dans $\mathbb{R}^2$ et $\mathbb{R}^3$ (complément)

Si $\mathbf{u}$ et $\mathbf{v}$ sont des vecteurs non nuls de $\mathbb{R}^2$ ou de $\mathbb{R}^3$, il existe une jolie relation entre leur produit scalaire et l'angle θ entre les deux segments joignant l'origine aux points identifiés à $\mathbf{u}$ et $\mathbf{v}$. La formule est

$$\mathbf{u} \cdot \mathbf{v} = \|\mathbf{u}\|\, \|\mathbf{v}\| \cos \theta \tag{2}$$

Pour montrer cette formule dans le cas de vecteurs de $\mathbb{R}^2$, on considère le triangle représenté à la figure 9, dont les côtés ont pour longueurs $\|\mathbf{u}\|$, $\|\mathbf{v}\|$ et $\|\mathbf{u} - \mathbf{v}\|$. D'après la loi des cosinus (théorème de Pythagore généralisé),

$$\|\mathbf{u} - \mathbf{v}\|^2 = \|\mathbf{u}\|^2 + \|\mathbf{v}\|^2 - 2\|\mathbf{u}\|\,\|\mathbf{v}\| \cos \theta$$

que l'on réécrit

$$
\begin{aligned}
\|\mathbf{u}\|\,\|\mathbf{v}\| \cos \theta &= \frac{1}{2}\left[\|\mathbf{u}\|^2 + \|\mathbf{v}\|^2 - \|\mathbf{u} - \mathbf{v}\|^2\right] \\
&= \frac{1}{2}\left[u_1^2 + u_2^2 + v_1^2 + v_2^2 - (u_1 - v_1)^2 - (u_2 - v_2)^2\right] \\
&= u_1 v_1 + u_2 v_2 \\
&= \mathbf{u} \cdot \mathbf{v}
\end{aligned}
$$

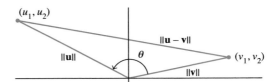

FIGURE 9 Angle entre deux vecteurs

La vérification dans $\mathbb{R}^3$ est analogue. Si $n > 3$, on peut utiliser la formule (2) pour *définir* l'angle entre deux vecteurs de $\mathbb{R}^n$. En statistiques, par exemple, la valeur de $\cos \theta$ définie par la relation (2) pour deux vecteurs appropriés $\mathbf{u}$ et $\mathbf{v}$ est ce que l'on appelle un *coefficient de corrélation linéaire*.

EXERCICES D'ENTRAÎNEMENT

1. On pose $\mathbf{a} = \begin{bmatrix} -2 \\ 1 \end{bmatrix}$ et $\mathbf{b} = \begin{bmatrix} -3 \\ 1 \end{bmatrix}$. Calculer $\dfrac{\mathbf{a} \cdot \mathbf{b}}{\mathbf{a} \cdot \mathbf{a}}$ et $\left(\dfrac{\mathbf{a} \cdot \mathbf{b}}{\mathbf{a} \cdot \mathbf{a}}\right) \mathbf{a}$.

2. On pose $\mathbf{c} = \begin{bmatrix} 4/3 \\ -1 \\ 2/3 \end{bmatrix}$ et $\mathbf{d} = \begin{bmatrix} 5 \\ 6 \\ -1 \end{bmatrix}$.

   a. Déterminer un vecteur unitaire $\mathbf{u}$ de même direction que $\mathbf{c}$.

   b. Montrer que $\mathbf{d}$ est orthogonal à $\mathbf{c}$.

   c. À l'aide des questions a et b, justifier l'orthogonalité des vecteurs $\mathbf{d}$ et $\mathbf{u}$.

3. Soit W un sous-espace de $\mathbb{R}^n$. L'exercice 30 montre que $W^\perp$ est aussi un sous-espace vectoriel de $\mathbb{R}^n$. Montrer que $\dim W + \dim W^\perp = n$.

6.1 EXERCICES

Calculer les expressions indiquées dans les exercices 1 à 8 en utilisant les vecteurs

$$\mathbf{u} = \begin{bmatrix} -1 \\ 2 \end{bmatrix}, \quad \mathbf{v} = \begin{bmatrix} 4 \\ 6 \end{bmatrix}, \quad \mathbf{w} = \begin{bmatrix} 3 \\ -1 \\ -5 \end{bmatrix}, \quad \mathbf{x} = \begin{bmatrix} 6 \\ -2 \\ 3 \end{bmatrix}$$

1. $\mathbf{u}\cdot\mathbf{u}$, $\mathbf{v}\cdot\mathbf{u}$ et $\dfrac{\mathbf{v}\cdot\mathbf{u}}{\mathbf{u}\cdot\mathbf{u}}$

2. $\mathbf{w}\cdot\mathbf{w}$, $\mathbf{x}\cdot\mathbf{w}$ et $\dfrac{\mathbf{x}\cdot\mathbf{w}}{\mathbf{w}\cdot\mathbf{w}}$

3. $\dfrac{1}{\mathbf{w}\cdot\mathbf{w}}\mathbf{w}$

4. $\dfrac{1}{\mathbf{u}\cdot\mathbf{u}}\mathbf{u}$

5. $\left(\dfrac{\mathbf{u}\cdot\mathbf{v}}{\mathbf{v}\cdot\mathbf{v}}\right)\mathbf{v}$

6. $\left(\dfrac{\mathbf{x}\cdot\mathbf{w}}{\mathbf{x}\cdot\mathbf{x}}\right)\mathbf{x}$

7. $\|\mathbf{w}\|$

8. $\|\mathbf{x}\|$

Dans les exercices 9 à 12, déterminer un vecteur unitaire de même direction que le vecteur proposé.

9. $\begin{bmatrix} -30 \\ 40 \end{bmatrix}$

10. $\begin{bmatrix} -6 \\ 4 \\ -3 \end{bmatrix}$

11. $\begin{bmatrix} 7/4 \\ 1/2 \\ 1 \end{bmatrix}$

12. $\begin{bmatrix} 8/3 \\ 2 \end{bmatrix}$

13. Calculer la distance entre $\mathbf{x} = \begin{bmatrix} 10 \\ -3 \end{bmatrix}$ et $\mathbf{y} = \begin{bmatrix} -1 \\ -5 \end{bmatrix}$.

14. Calculer la distance entre $\mathbf{u} = \begin{bmatrix} 0 \\ -5 \\ 2 \end{bmatrix}$ et $\mathbf{z} = \begin{bmatrix} -4 \\ -1 \\ 8 \end{bmatrix}$.

Parmi les couples de vecteurs des exercices 15 à 18, déterminer lesquels sont orthogonaux.

15. $\mathbf{a} = \begin{bmatrix} 8 \\ -5 \end{bmatrix}$, $\mathbf{b} = \begin{bmatrix} -2 \\ -3 \end{bmatrix}$

16. $\mathbf{u} = \begin{bmatrix} 12 \\ 3 \\ -5 \end{bmatrix}$, $\mathbf{v} = \begin{bmatrix} 2 \\ -3 \\ 3 \end{bmatrix}$

17. $\mathbf{u} = \begin{bmatrix} 3 \\ 2 \\ -5 \\ 0 \end{bmatrix}$, $\mathbf{v} = \begin{bmatrix} -4 \\ 1 \\ -2 \\ 6 \end{bmatrix}$

18. $\mathbf{y} = \begin{bmatrix} -3 \\ 7 \\ 4 \\ 0 \end{bmatrix}$, $\mathbf{z} = \begin{bmatrix} 1 \\ -8 \\ 15 \\ -7 \end{bmatrix}$

Dans les exercices 19 et 20, tous les vecteurs appartiennent à $\mathbb{R}^n$. Dire des énoncés s'ils sont vrais ou faux. Justifier chaque réponse.

19. a. $\mathbf{v}\cdot\mathbf{v} = \|\mathbf{v}\|^2$.

   b. Pour tout scalaire c, $\mathbf{u}\cdot(c\mathbf{v}) = c(\mathbf{u}\cdot\mathbf{v})$.

   c. Si la distance de $\mathbf{u}$ à $\mathbf{v}$ est égale à la distance de $\mathbf{u}$ à $-\mathbf{v}$, alors $\mathbf{u}$ et $\mathbf{v}$ sont orthogonaux.

   d. Si A est une matrice carrée, les vecteurs de Im A sont orthogonaux à ceux de Ker A.

   e. Si des vecteurs $\mathbf{v}_1, \ldots, \mathbf{v}_p$ engendrent un sous-espace vectoriel W et si pour $j = 1, \ldots, p$, $\mathbf{x}$ est orthogonal à chaque $\mathbf{v}_j$, alors $\mathbf{x}$ appartient à $W^\perp$.

20. a. $\mathbf{u}\cdot\mathbf{v} - \mathbf{v}\cdot\mathbf{u} = 0$.

   b. Pour tout scalaire c, $\|c\mathbf{v}\| = c\|\mathbf{v}\|$.

   c. Si $\mathbf{x}$ est orthogonal à tout vecteur d'un sous-espace vectoriel W, alors $\mathbf{x}$ appartient à $W^\perp$.

   d. Si $\|\mathbf{u}\|^2 + \|\mathbf{v}\|^2 = \|\mathbf{u} + \mathbf{v}\|^2$, alors $\mathbf{u}$ et $\mathbf{v}$ sont orthogonaux.

   e. Pour toute matrice A de type $m \times n$, les vecteurs du noyau de A sont orthogonaux à ceux de l'espace engendré par les lignes de A.

21. À l'aide de la définition du produit scalaire par les transposées et en précisant quels résultats du chapitre 2 sont utilisés, démontrer les propriétés (b) et (c) du théorème 1.

22. On pose $\mathbf{u} = (u_1, u_2, u_3)$. Expliquer pourquoi $\mathbf{u}\cdot\mathbf{u} \geq 0$. À quelle condition a-t-on $\mathbf{u}\cdot\mathbf{u} = 0$?

23. On pose $\mathbf{u} = \begin{bmatrix} 2 \\ -5 \\ -1 \end{bmatrix}$ et $\mathbf{v} = \begin{bmatrix} -7 \\ -4 \\ 6 \end{bmatrix}$. Sans utiliser le théorème de Pythagore, calculer et comparer $\mathbf{u}\cdot\mathbf{v}$, $\|\mathbf{u}\|^2$, $\|\mathbf{v}\|^2$ et $\|\mathbf{u} + \mathbf{v}\|^2$.

24. Démontrer *l'identité du parallélogramme* : Si $\mathbf{u}$ et $\mathbf{v}$ sont deux vecteurs de $\mathbb{R}^n$,

$$\|\mathbf{u} + \mathbf{v}\|^2 + \|\mathbf{u} - \mathbf{v}\|^2 = 2\|\mathbf{u}\|^2 + 2\|\mathbf{v}\|^2$$

25. Soit $\mathbf{v} = \begin{bmatrix} a \\ b \end{bmatrix}$. Décrire l'ensemble H des vecteurs $\begin{bmatrix} x \\ y \end{bmatrix}$ orthogonaux à $\mathbf{v}$. [*Indication :* Distinguer les cas $\mathbf{v} = \mathbf{0}$ et $\mathbf{v} \neq \mathbf{0}$.]

26. On pose $\mathbf{u} = \begin{bmatrix} 5 \\ -6 \\ 7 \end{bmatrix}$ et on considère l'ensemble W des vecteurs $\mathbf{x}$ de $\mathbb{R}^3$ tels que $\mathbf{u}\cdot\mathbf{x} = 0$. Quel théorème du chapitre 4 peut-on utiliser pour justifier le fait que W est un sous-espace vectoriel de $\mathbb{R}^3$? Décrire W géométriquement.

27. Soit $\mathbf{y}$ un vecteur orthogonal à deux vecteurs $\mathbf{u}$ et $\mathbf{v}$. Montrer que $\mathbf{y}$ est orthogonal au vecteur $\mathbf{u} + \mathbf{v}$.

28. Soit $\mathbf{y}$ un vecteur orthogonal à deux vecteurs $\mathbf{u}$ et $\mathbf{v}$. Montrer que $\mathbf{y}$ est orthogonal à tous les vecteurs $\mathbf{w}$ de Vect $\{\mathbf{u}, \mathbf{v}\}$. [*Indication :* Les vecteurs de Vect $\{\mathbf{u}, \mathbf{v}\}$ sont les vecteurs de la forme $\mathbf{w} = c_1\mathbf{u} + c_2\mathbf{v}$; montrer que $\mathbf{y}$ est orthogonal à un vecteur $\mathbf{w}$ de ce type.]

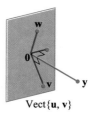

Vect$\{\mathbf{u}, \mathbf{v}\}$

29. On pose $W = \text{Vect}\,\{\mathbf{v}_1, \ldots, \mathbf{v}_p\}$. Montrer qu'un vecteur orthogonal à tous les $\mathbf{v}_j$, pour $1 \leq j \leq p$, est orthogonal à tous les vecteurs de W.

30. Soit W un sous-espace vectoriel de $\mathbb{R}^n$ et $W^\perp$ l'ensemble des vecteurs orthogonaux à W. Montrer en suivant les étapes indiquées ci-dessous que $W^\perp$ est un sous-espace vectoriel de $\mathbb{R}^n$.

  a. On prend un vecteur $\mathbf{z}$ de $W^\perp$ et l'on considère un vecteur quelconque $\mathbf{u}$ de W. Alors $\mathbf{z}\cdot\mathbf{u} = 0$. Montrer que pour tout scalaire c, $c\mathbf{z}$ est orthogonal à $\mathbf{u}$ (puisque $\mathbf{u}$ est un vecteur quelconque de W, cela montre que $c\mathbf{z}$ appartient à $W^\perp$).

  b. On prend deux vecteurs $\mathbf{z}_1$ et $\mathbf{z}_2$ de $W^\perp$ et l'on considère un vecteur quelconque $\mathbf{u}$ de W. Montrer que $\mathbf{z}_1 + \mathbf{z}_2$ est orthogonal à $\mathbf{u}$. Que peut-on en conclure quant à $\mathbf{z}_1 + \mathbf{z}_2$? Pourquoi ?

  c. Conclure.

31. Montrer que si un vecteur $\mathbf{x}$ appartient à la fois à W et à $W^\perp$, alors $\mathbf{x} = \mathbf{0}$.

32. [M] Construire deux vecteurs aléatoires $\mathbf{u}$ et $\mathbf{v}$ de $\mathbb{R}^4$ et poser

$$A = \begin{bmatrix} 0{,}5 & 0{,}5 & 0{,}5 & 0{,}5 \\ 0{,}5 & 0{,}5 & -0{,}5 & -0{,}5 \\ 0{,}5 & -0{,}5 & 0{,}5 & -0{,}5 \\ 0{,}5 & -0{,}5 & -0{,}5 & 0{,}5 \end{bmatrix}$$

  a. On note $\mathbf{a}_1, \dots, \mathbf{a}_4$ les colonnes de A. Calculer la longueur de chacun des vecteurs colonnes, ainsi que $\mathbf{a}_1\cdot\mathbf{a}_2, \mathbf{a}_1\cdot\mathbf{a}_3, \mathbf{a}_1\cdot\mathbf{a}_4, \mathbf{a}_2\cdot\mathbf{a}_3, \mathbf{a}_2\cdot\mathbf{a}_4$ et $\mathbf{a}_3\cdot\mathbf{a}_4$.

  b. Calculer et comparer les longueurs de $\mathbf{u}$, $A\mathbf{u}$, $\mathbf{v}$ et $A\mathbf{v}$.

  c. En utilisant la relation (2) de cette section (page 364), calculer le cosinus de l'angle entre $\mathbf{u}$ et $\mathbf{v}$, puis comparer sa valeur à celle du cosinus de l'angle entre $A\mathbf{u}$ et $A\mathbf{v}$.

  d. Reprendre les questions (b) et (c) avec deux autres couples de vecteurs. Quelle conjecture quant à l'effet de A sur les vecteurs peut-on formuler ?

33. [M] Construire des vecteurs aléatoires $\mathbf{x}$, $\mathbf{y}$ et $\mathbf{v}$ de $\mathbb{R}^4$ à coefficients entiers (avec $\mathbf{v} \neq \mathbf{0}$) et calculer les quantités

$$\left(\frac{\mathbf{x}\cdot\mathbf{v}}{\mathbf{v}\cdot\mathbf{v}}\right)\mathbf{v}, \left(\frac{\mathbf{y}\cdot\mathbf{v}}{\mathbf{v}\cdot\mathbf{v}}\right)\mathbf{v}, \frac{(\mathbf{x}+\mathbf{y})\cdot\mathbf{v}}{\mathbf{v}\cdot\mathbf{v}}\mathbf{v}, \frac{(10\mathbf{x})\cdot\mathbf{v}}{\mathbf{v}\cdot\mathbf{v}}\mathbf{v}$$

Reprendre les calculs avec d'autres vecteurs aléatoires $\mathbf{x}$ et $\mathbf{y}$. Quelle conjecture sur l'application $\mathbf{x} \mapsto T(\mathbf{x}) = \left(\frac{\mathbf{x}\cdot\mathbf{v}}{\mathbf{v}\cdot\mathbf{v}}\right)\mathbf{v}$ peut-on formuler (pour $\mathbf{v} \neq \mathbf{0}$) ? Vérifier algébriquement cette conjecture.

34. [M] On pose $A = \begin{bmatrix} -6 & 3 & -27 & -33 & -13 \\ 6 & -5 & 25 & 28 & 14 \\ 8 & -6 & 34 & 38 & 18 \\ 12 & -10 & 50 & 41 & 23 \\ 14 & -21 & 49 & 29 & 33 \end{bmatrix}$.

Construire une matrice N dont les colonnes forment une base de Ker A, ainsi qu'une matrice R dont les *lignes* forment une base de Lgn A (pour les détails, voir section 4.6). Effectuer les calculs appropriés sur N et R afin d'illustrer un résultat du théorème 3.

SOLUTIONS DES EXERCICES D'ENTRAÎNEMENT

1. $\mathbf{a}\cdot\mathbf{b} = 7, \mathbf{a}\cdot\mathbf{a} = 5$. Ainsi, $\dfrac{\mathbf{a}\cdot\mathbf{b}}{\mathbf{a}\cdot\mathbf{a}} = \dfrac{7}{5}$ et $\left(\dfrac{\mathbf{a}\cdot\mathbf{b}}{\mathbf{a}\cdot\mathbf{a}}\right)\mathbf{a} = \dfrac{7}{5}\mathbf{a} = \begin{bmatrix} -14/5 \\ 7/5 \end{bmatrix}$.

2. a. On multiplie $\mathbf{c}$ par 3 et l'on obtient $\mathbf{y} = \begin{bmatrix} 4 \\ -3 \\ 2 \end{bmatrix}$. On calcule ensuite $\|\mathbf{y}\|^2 = 29$, soit $\|\mathbf{y}\| = \sqrt{29}$. Le vecteur unitaire dans la direction de $\mathbf{c}$ (ou de $\mathbf{y}$) est

$$\mathbf{u} = \frac{1}{\|\mathbf{y}\|}\mathbf{y} = \begin{bmatrix} 4/\sqrt{29} \\ -3/\sqrt{29} \\ 2/\sqrt{29} \end{bmatrix}$$

  b. $\mathbf{d}$ est orthogonal à $\mathbf{c}$ car

$$\mathbf{d}\cdot\mathbf{c} = \begin{bmatrix} 5 \\ 6 \\ -1 \end{bmatrix}\cdot\begin{bmatrix} 4/3 \\ -1 \\ 2/3 \end{bmatrix} = \frac{20}{3} - 6 - \frac{2}{3} = 0$$

  c. $\mathbf{d}$ est orthogonal à $\mathbf{u}$ car $\mathbf{u}$ est de la forme $k\mathbf{c}$ pour un certain k et
$$\mathbf{d}\cdot\mathbf{u} = \mathbf{d}\cdot(k\mathbf{c}) = k(\mathbf{d}\cdot\mathbf{c}) = k(0) = 0$$

3. Si $W \neq \{\mathbf{0}\}$, on considère $(\mathbf{b}_1, \dots, \mathbf{b}_p)$ une base de W, où $1 \leq p \leq n$. Soit A une matrice $p \times n$ dont les lignes sont $\mathbf{b}_1^T, \dots, \mathbf{b}_p^T$. Donc W est l'espace ligne de A. Le théorème 3 implique que $W^\perp = (\text{Lgn } A)^\perp = \text{Ker } A$, donc $\dim W^\perp = \dim \text{Ker } A$. D'où $\dim W + \dim W^\perp = \dim \text{Lgn } A + \dim \text{Ker } A = \text{rang } A + \dim \text{Ker } A = n$, d'après le théorème du rang. Si $W = \{\mathbf{0}\}$, alors $W^\perp = \mathbb{R}^n$. Ainsi le résultat est vérifié.

6.2 | FAMILLES ORTHOGONALES

On dit qu'une famille $(\mathbf{u}_1, \ldots, \mathbf{u}_p)$ de vecteurs de $\mathbb{R}^n$ est une **famille orthogonale** si deux vecteurs distincts quelconques de cette famille sont orthogonaux, c'est-à-dire si $\mathbf{u}_i \cdot \mathbf{u}_j = 0$ dès que $i \neq j$.

EXEMPLE 1 On pose

$$\mathbf{u}_1 = \begin{bmatrix} 3 \\ 1 \\ 1 \end{bmatrix}, \quad \mathbf{u}_2 = \begin{bmatrix} -1 \\ 2 \\ 1 \end{bmatrix} \quad \text{et} \quad \mathbf{u}_3 = \begin{bmatrix} -1/2 \\ -2 \\ 7/2 \end{bmatrix}$$

Montrer que $(\mathbf{u}_1, \mathbf{u}_2, \mathbf{u}_3)$ est une famille orthogonale.

SOLUTION On considère les trois paires de vecteurs distincts de cette famille, à savoir $\{\mathbf{u}_1, \mathbf{u}_2\}$, $\{\mathbf{u}_1, \mathbf{u}_3\}$ et $\{\mathbf{u}_2, \mathbf{u}_3\}$.

$$\mathbf{u}_1 \cdot \mathbf{u}_2 = 3(-1) + 1(2) + 1(1) = 0$$
$$\mathbf{u}_1 \cdot \mathbf{u}_3 = 3\left(-\tfrac{1}{2}\right) + 1(-2) + 1\left(\tfrac{7}{2}\right) = 0$$
$$\mathbf{u}_2 \cdot \mathbf{u}_3 = -1\left(-\tfrac{1}{2}\right) + 2(-2) + 1\left(\tfrac{7}{2}\right) = 0$$

Pour chaque paire, les deux vecteurs sont orthogonaux, donc $(\mathbf{u}_1, \mathbf{u}_2, \mathbf{u}_3)$ est une famille orthogonale (voir figure 1). Les trois segments sont deux à deux perpendiculaires. ∎

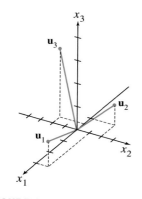

FIGURE 1

THÉORÈME 4

> Toute famille orthogonale de vecteurs non nuls de $\mathbb{R}^n$ est libre, donc est une base de l'espace qu'elle engendre.

DÉMONSTRATION Soit $F = (u_1, \ldots, u_p)$ une telle famille. Soit $c_1, \ldots, c_p$ des scalaires tels que $\mathbf{0} = c_1 \mathbf{u}_1 + \cdots + c_p \mathbf{u}_p$. Alors

$$\begin{aligned} 0 = \mathbf{0} \cdot \mathbf{u}_1 &= (c_1 \mathbf{u}_1 + c_2 \mathbf{u}_2 + \cdots + c_p \mathbf{u}_p) \cdot \mathbf{u}_1 \\ &= (c_1 \mathbf{u}_1) \cdot \mathbf{u}_1 + (c_2 \mathbf{u}_2) \cdot \mathbf{u}_1 + \cdots + (c_p \mathbf{u}_p) \cdot \mathbf{u}_1 \\ &= c_1 (\mathbf{u}_1 \cdot \mathbf{u}_1) + c_2 (\mathbf{u}_2 \cdot \mathbf{u}_1) + \cdots + c_p (\mathbf{u}_p \cdot \mathbf{u}_1) \\ &= c_1 (\mathbf{u}_1 \cdot \mathbf{u}_1) \end{aligned}$$

car $\mathbf{u}_1$ est orthogonal à $\mathbf{u}_2, \ldots, \mathbf{u}_p$. Comme $\mathbf{u}_1$ est non nul, $\mathbf{u}_1 \cdot \mathbf{u}_1$ est non nul, donc $c_1 = 0$. De même, $c_2, \ldots, c_p$ sont nécessairement nuls. La famille F est bien libre. ∎

DÉFINITION

> On appelle **base orthogonale** d'un sous-espace W de $\mathbb{R}^n$ toute base de W qui est en même temps une famille orthogonale.

Le théorème qui suit explique pourquoi il est plus agréable de travailler avec des bases orthogonales. Les coefficients d'une combinaison linéaire se calculent dans ce cas facilement.

THÉORÈME 5

Soit $(\mathbf{u}_1, \ldots, \mathbf{u}_p)$ une base orthogonale d'un sous-espace vectoriel W de $\mathbb{R}^n$. Pour tout $\mathbf{y}$ de W, les coefficients de la combinaison linéaire

$$\mathbf{y} = c_1\mathbf{u}_1 + \cdots + c_p\mathbf{u}_p$$

sont donnés par la relation

$$c_j = \frac{\mathbf{y} \cdot \mathbf{u}_j}{\mathbf{u}_j \cdot \mathbf{u}_j} \qquad (j = 1, \ldots, p)$$

DÉMONSTRATION Comme dans la démonstration précédente, l'orthogonalité de la famille $(\mathbf{u}_1, \ldots, \mathbf{u}_p)$ montre que

$$\mathbf{y} \cdot \mathbf{u}_1 = (c_1\mathbf{u}_1 + c_2\mathbf{u}_2 + \cdots + c_p\mathbf{u}_p) \cdot \mathbf{u}_1 = c_1(\mathbf{u}_1 \cdot \mathbf{u}_1)$$

Puisque $\mathbf{u}_1 \cdot \mathbf{u}_1 \neq 0$, la relation précédente permet d'exprimer c_1. Pour $j = 2, \ldots, p$, on obtient c_j de la même manière en calculant $\mathbf{y} \cdot \mathbf{u}_j$. ∎

EXEMPLE 2 La famille $F = (\mathbf{u}_1, \mathbf{u}_2, \mathbf{u}_3)$ de l'exemple 1 est une base orthogonale de $\mathbb{R}^3$. Exprimer le vecteur $\mathbf{y} = \begin{bmatrix} 6 \\ 1 \\ -8 \end{bmatrix}$ comme combinaison linéaire des vecteurs de F.

SOLUTION On calcule

$$\mathbf{y} \cdot \mathbf{u}_1 = 11, \qquad \mathbf{y} \cdot \mathbf{u}_2 = -12, \qquad \mathbf{y} \cdot \mathbf{u}_3 = -33$$
$$\mathbf{u}_1 \cdot \mathbf{u}_1 = 11, \qquad \mathbf{u}_2 \cdot \mathbf{u}_2 = 6, \qquad \mathbf{u}_3 \cdot \mathbf{u}_3 = 33/2$$

D'après le théorème 5,

$$\mathbf{y} = \frac{\mathbf{y} \cdot \mathbf{u}_1}{\mathbf{u}_1 \cdot \mathbf{u}_1}\mathbf{u}_1 + \frac{\mathbf{y} \cdot \mathbf{u}_2}{\mathbf{u}_2 \cdot \mathbf{u}_2}\mathbf{u}_2 + \frac{\mathbf{y} \cdot \mathbf{u}_3}{\mathbf{u}_3 \cdot \mathbf{u}_3}\mathbf{u}_3$$
$$= \frac{11}{11}\mathbf{u}_1 + \frac{-12}{6}\mathbf{u}_2 + \frac{-33}{33/2}\mathbf{u}_3$$
$$= \mathbf{u}_1 - 2\mathbf{u}_2 - 2\mathbf{u}_3$$

∎

On remarque que le calcul des composantes de $\mathbf{y}$ dans une base orthogonale est extrêmement simple. Si la base n'était pas orthogonale, il serait nécessaire, comme dans le chapitre 1, de résoudre un système d'équations linéaires pour trouver les coefficients.

On va maintenant s'intéresser à une construction qui représente une étape essentielle de l'étude de l'orthogonalité et qui permettra d'interpréter géométriquement le théorème 5.

Une projection orthogonale

Étant donné un vecteur non nul $\mathbf{u}$ de $\mathbb{R}^n$, on s'intéresse au problème de la décomposition d'un vecteur $\mathbf{y}$ de $\mathbb{R}^n$ en somme de deux vecteurs, l'un colinéaire et l'autre orthogonal à $\mathbf{u}$. On souhaite donc écrire une relation de la forme

$$\mathbf{y} = \hat{\mathbf{y}} + \mathbf{z} \tag{1}$$

où $\hat{\mathbf{y}} = \alpha\mathbf{u}$ pour un certain scalaire α et où $\mathbf{z}$ est un certain vecteur orthogonal à $\mathbf{u}$ (voir figure 2). Étant donné un scalaire α, on pose $\mathbf{z} = \mathbf{y} - \alpha\mathbf{u}$; la relation (1) est ainsi vérifiée. Alors $\mathbf{y} - \hat{\mathbf{y}}$ est orthogonal à $\mathbf{u}$ si et seulement si

$$0 = (\mathbf{y} - \alpha\mathbf{u}) \cdot \mathbf{u} = \mathbf{y} \cdot \mathbf{u} - (\alpha\mathbf{u}) \cdot \mathbf{u} = \mathbf{y} \cdot \mathbf{u} - \alpha(\mathbf{u} \cdot \mathbf{u})$$

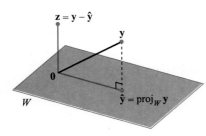

FIGURE 2

Détermination de α de façon que $\mathbf{y} - \hat{\mathbf{y}}$ soit orthogonal à $\mathbf{u}$

Par conséquent, la relation (1) est vérifiée avec **z** orthogonal à **u** si et seulement si $\alpha = \dfrac{\mathbf{y} \cdot \mathbf{u}}{\mathbf{u} \cdot \mathbf{u}}$, soit $\hat{\mathbf{y}} = \dfrac{\mathbf{y} \cdot \mathbf{u}}{\mathbf{u} \cdot \mathbf{u}}\mathbf{u}$. Ce vecteur $\hat{\mathbf{y}}$ est appelé **projeté** (ou **projection**[2]) **orthogonal(e) de y sur u** et le vecteur **z** est appelé **composante de y orthogonale à u**.

Si c est un scalaire non nul et si l'on remplace **u** par $c\mathbf{u}$ dans la définition de $\hat{\mathbf{y}}$, alors le projeté orthogonal de **y** sur $c\mathbf{u}$ est exactement le même que celui de **y** sur **u** (voir exercice 31). Ce projeté est donc déterminé par la *droite vectorielle* D engendrée par **u**. On note parfois $\text{proj}_D \mathbf{y}$ le vecteur $\hat{\mathbf{y}}$ et on l'appelle **projeté orthogonal de u sur** D. On a donc

$$\boxed{\hat{\mathbf{y}} = \text{proj}_D \mathbf{y} = \frac{\mathbf{y} \cdot \mathbf{u}}{\mathbf{u} \cdot \mathbf{u}}\mathbf{u}} \tag{2}$$

EXEMPLE 3 On pose $\mathbf{y} = \begin{bmatrix} 7 \\ 6 \end{bmatrix}$ et $\mathbf{u} = \begin{bmatrix} 4 \\ 2 \end{bmatrix}$. Déterminer le projeté orthogonal de **y** sur **u**, puis écrire **y** comme la somme de deux vecteurs, l'un appartenant à Vect $\{\mathbf{u}\}$ et l'autre orthogonal à **u**.

SOLUTION On calcule

$$\mathbf{y} \cdot \mathbf{u} = \begin{bmatrix} 7 \\ 6 \end{bmatrix} \cdot \begin{bmatrix} 4 \\ 2 \end{bmatrix} = 40$$

$$\mathbf{u} \cdot \mathbf{u} = \begin{bmatrix} 4 \\ 2 \end{bmatrix} \cdot \begin{bmatrix} 4 \\ 2 \end{bmatrix} = 20$$

Le projeté orthogonal de **y** sur **u** est

$$\hat{\mathbf{y}} = \frac{\mathbf{y} \cdot \mathbf{u}}{\mathbf{u} \cdot \mathbf{u}}\mathbf{u} = \frac{40}{20}\mathbf{u} = 2\begin{bmatrix} 4 \\ 2 \end{bmatrix} = \begin{bmatrix} 8 \\ 4 \end{bmatrix}$$

et la composante de **y** orthogonale à **u** est

$$\mathbf{y} - \hat{\mathbf{y}} = \begin{bmatrix} 7 \\ 6 \end{bmatrix} - \begin{bmatrix} 8 \\ 4 \end{bmatrix} = \begin{bmatrix} -1 \\ 2 \end{bmatrix}$$

La somme de ces deux vecteurs est égale à **y**, c'est-à-dire que

$$\begin{bmatrix} 7 \\ 6 \end{bmatrix} = \begin{bmatrix} 8 \\ 4 \end{bmatrix} + \begin{bmatrix} -1 \\ 2 \end{bmatrix}$$
$$\uparrow \qquad \uparrow \qquad \uparrow$$
$$\mathbf{y} \qquad \hat{\mathbf{y}} \qquad (\mathbf{y} - \hat{\mathbf{y}})$$

Cette décomposition de **y** est illustrée à la figure 3.

Remarque : Si l'on n'a pas fait d'erreur dans les calculs, la famille $(\hat{\mathbf{y}}, \mathbf{y} - \hat{\mathbf{y}})$ doit être orthogonale. À titre de vérification, on peut calculer

$$\hat{\mathbf{y}} \cdot (\mathbf{y} - \hat{\mathbf{y}}) = \begin{bmatrix} 8 \\ 4 \end{bmatrix} \cdot \begin{bmatrix} -1 \\ 2 \end{bmatrix} = -8 + 8 = 0 \qquad \blacksquare$$

Par construction de $\hat{\mathbf{y}}$, le segment qui, dans la figure 3, joint **y** à $\hat{\mathbf{y}}$ est perpendiculaire à D. Il en résulte que le point du plan s'identifiant à $\hat{\mathbf{y}}$ est le point de D le plus proche de **y** (on peut démontrer cette propriété géométriquement ; on l'admet pour l'instant dans $\mathbb{R}^2$ et on la démontrera dans $\mathbb{R}^n$ à la section 6.3).

―――――――――

[2] En principe, le terme *projeté* désigne le vecteur $\hat{\mathbf{y}}$ et c'est *l'application* (linéaire, voir exercice 33) qui à **y** associe $\hat{\mathbf{y}}$ que l'on appelle *projection*. *(NdT)*

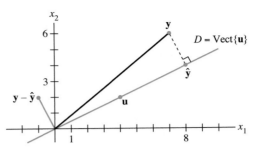

FIGURE 3 Projeté orthogonal de **y** sur une droite vectorielle D

EXEMPLE 4 Déterminer la distance du point **y** à D dans la figure 3.

SOLUTION La distance de **y** à D est la longueur du segment (perpendiculaire à D) joignant **y** au projeté orthogonal **ŷ**. Cette longueur est égale à celle du vecteur **y** − **ŷ**. La distance est donc

$$\|\mathbf{y} - \hat{\mathbf{y}}\| = \sqrt{(-1)^2 + 2^2} = \sqrt{5}$$ ∎

Interprétation géométrique du théorème 5

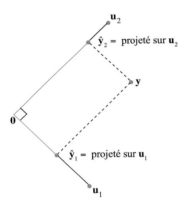

FIGURE 4

Décomposition d'un vecteur en somme de deux projetés

L'expression de **ŷ** donnée en (2) a la même forme que chacun des termes apparaissant dans le théorème 5. Celui-ci revient donc à décomposer **y** en somme de projetés orthogonaux sur des droites vectorielles.

Il est facile de visualiser le cas où $W = \mathbb{R}^2 = \text{Vect}\{\mathbf{u}_1, \mathbf{u}_2\}$, avec $\mathbf{u}_1$ et $\mathbf{u}_2$ orthogonaux. Tout vecteur **y** de $\mathbb{R}^2$ peut s'écrire sous la forme

$$\mathbf{y} = \frac{\mathbf{y} \cdot \mathbf{u}_1}{\mathbf{u}_1 \cdot \mathbf{u}_1} \mathbf{u}_1 + \frac{\mathbf{y} \cdot \mathbf{u}_2}{\mathbf{u}_2 \cdot \mathbf{u}_2} \mathbf{u}_2 \tag{3}$$

Le premier terme de la relation (3) est le projeté orthogonal de **y** sur la droite vectorielle engendrée par $\mathbf{u}_1$, et le second terme est celui de **y** sur la droite vectorielle engendrée par $\mathbf{u}_2$. La relation (3) est donc une expression de **y** comme somme de ses projetés sur les axes (orthogonaux) définis par $\mathbf{u}_1$ et $\mathbf{u}_2$ (voir figure 4).

Le théorème 5 consiste à décomposer un vecteur **y** appartenant à $\text{Vect}\{\mathbf{u}_1, \ldots, \mathbf{u}_p\}$ en somme de p projetés orthogonaux sur des droites vectorielles deux à deux orthogonales.

Décomposition d'une force en composantes

On rencontre en physique des décompositions du type de celle de la figure 4 quand, par exemple, on applique une force à un objet. En choisissant un système de coordonnées adéquat, on peut représenter une force par un vecteur **y** de $\mathbb{R}^2$ ou de $\mathbb{R}^3$. Souvent, on associe au problème une direction privilégiée, représentée par un autre vecteur **u**. Par exemple, si, comme dans la figure 5, l'objet se déplace le long d'une ligne droite quand on lui applique la force, on peut choisir un vecteur **u** pointant dans la direction du mouvement. L'une des étapes fondamentales quand on résout ce problème est de décomposer la force en une composante dans la direction de **u** et une autre dans la direction orthogonale à **u**. On aura alors à effectuer des calculs analogues à ceux de l'exemple 3.

FIGURE 5

Familles orthonormées

On dit qu'une famille $(\mathbf{u}_1, \ldots, \mathbf{u}_p)$ est **orthonormée** ou **orthonormale** si c'est une famille orthogonale de vecteurs unitaires. Si W est le sous-espace vectoriel engendré par une telle famille, alors $(\mathbf{u}_1, \ldots, \mathbf{u}_p)$ est une **base orthonormée** ou **orthonormale** de W. En effet, d'après le théorème 4, cette famille est automatiquement libre.

L'exemple le plus simple de base orthonormée est la base canonique $(\mathbf{e}_1, \ldots, \mathbf{e}_n)$ de $\mathbb{R}^n$. Toute sous-famille non vide de $(\mathbf{e}_1, \ldots, \mathbf{e}_n)$ est également orthonormée. Voici maintenant un exemple plus compliqué.

EXEMPLE 5   On pose

$$\mathbf{v}_1 = \begin{bmatrix} 3/\sqrt{11} \\ 1/\sqrt{11} \\ 1/\sqrt{11} \end{bmatrix}, \quad \mathbf{v}_2 = \begin{bmatrix} -1/\sqrt{6} \\ 2/\sqrt{6} \\ 1/\sqrt{6} \end{bmatrix} \quad \text{et} \quad \mathbf{v}_3 = \begin{bmatrix} -1/\sqrt{66} \\ -4/\sqrt{66} \\ 7/\sqrt{66} \end{bmatrix}$$

Montrer que $(\mathbf{v}_1, \mathbf{v}_2, \mathbf{v}_3)$ est une base orthonormée de $\mathbb{R}^3$.

SOLUTION   On calcule

$$\mathbf{v}_1 \cdot \mathbf{v}_2 = -3/\sqrt{66} + 2/\sqrt{66} + 1/\sqrt{66} = 0$$
$$\mathbf{v}_1 \cdot \mathbf{v}_3 = -3/\sqrt{726} - 4/\sqrt{726} + 7/\sqrt{726} = 0$$
$$\mathbf{v}_2 \cdot \mathbf{v}_3 = 1/\sqrt{396} - 8/\sqrt{396} + 7/\sqrt{396} = 0$$

La famille $(\mathbf{v}_1, \mathbf{v}_2, \mathbf{v}_3)$ est donc orthogonale. De plus

$$\mathbf{v}_1 \cdot \mathbf{v}_1 = 9/11 + 1/11 + 1/11 = 1$$
$$\mathbf{v}_2 \cdot \mathbf{v}_2 = 1/6 + 4/6 + 1/6 = 1$$
$$\mathbf{v}_3 \cdot \mathbf{v}_3 = 1/66 + 16/66 + 49/66 = 1$$

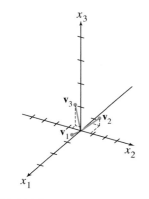

FIGURE 6

ce qui montre que les vecteurs $\mathbf{v}_1$, $\mathbf{v}_2$ et $\mathbf{v}_3$ sont unitaires. Donc la famille $(\mathbf{v}_1, \mathbf{v}_2, \mathbf{v}_3)$ est orthonormée. Puisque c'est une famille libre, c'est une base de $\mathbb{R}^3$ (voir figure 6).   ∎

Si l'on *norme* les vecteurs d'une famille orthogonale, les nouveaux vecteurs seront toujours orthogonaux et seront, de plus, unitaires. On obtient donc une famille orthonormée (voir exercice 32). On vérifie facilement que les vecteurs de la figure 6 (voir exemple 5) sont tout simplement les vecteurs unitaires de même direction que ceux de la figure 1 (voir exemple 1).

Les matrices dont les colonnes forment une base orthonormée jouent un rôle important dans certaines applications et dans certains algorithmes de calcul matriciel. Leurs principales propriétés sont énoncées dans les théorèmes 6 et 7.

THÉORÈME 6

Les colonnes d'une matrice U de type $m \times n$ sont orthonormées si et seulement si $U^T U = I$.

DÉMONSTRATION Pour simplifier les notations, on suppose que U n'a que trois colonnes, chacune d'entre elles étant un vecteur de $\mathbb{R}^m$. La démonstration du cas général est essentiellement la même. Soit $U = [\, \mathbf{u}_1 \quad \mathbf{u}_2 \quad \mathbf{u}_3 \,]$. On calcule

$$U^T U = \begin{bmatrix} \mathbf{u}_1^T \\ \mathbf{u}_2^T \\ \mathbf{u}_3^T \end{bmatrix} [\, \mathbf{u}_1 \quad \mathbf{u}_2 \quad \mathbf{u}_3 \,] = \begin{bmatrix} \mathbf{u}_1^T \mathbf{u}_1 & \mathbf{u}_1^T \mathbf{u}_2 & \mathbf{u}_1^T \mathbf{u}_3 \\ \mathbf{u}_2^T \mathbf{u}_1 & \mathbf{u}_2^T \mathbf{u}_2 & \mathbf{u}_2^T \mathbf{u}_3 \\ \mathbf{u}_3^T \mathbf{u}_1 & \mathbf{u}_3^T \mathbf{u}_2 & \mathbf{u}_3^T \mathbf{u}_3 \end{bmatrix} \tag{4}$$

Le coefficients de la matrice de droite sont des produits scalaires écrits en notation matricielle. Les colonnes de U sont deux à deux orthogonales si et seulement si

$$\mathbf{u}_1^T \mathbf{u}_2 = \mathbf{u}_2^T \mathbf{u}_1 = 0, \quad \mathbf{u}_1^T \mathbf{u}_3 = \mathbf{u}_3^T \mathbf{u}_1 = 0 \quad \text{et} \quad \mathbf{u}_2^T \mathbf{u}_3 = \mathbf{u}_3^T \mathbf{u}_2 = 0 \tag{5}$$

Les colonnes de U sont unitaires si et seulement si

$$\mathbf{u}_1^T \mathbf{u}_1 = 1, \quad \mathbf{u}_2^T \mathbf{u}_2 = 1 \quad \text{et} \quad \mathbf{u}_3^T \mathbf{u}_3 = 1 \tag{6}$$

Le théorème se déduit alors immédiatement des relations (4), (5) et (6). ∎

THÉORÈME 7

Soit U une matrice $m \times n$ dont les colonnes sont orthonormées, et $\mathbf{x}$ et $\mathbf{y}$ deux vecteurs de $\mathbb{R}^n$. Alors

a. $\|U\mathbf{x}\| = \|\mathbf{x}\|$
b. $(U\mathbf{x}) \cdot (U\mathbf{y}) = \mathbf{x} \cdot \mathbf{y}$
c. $(U\mathbf{x}) \cdot (U\mathbf{y}) = 0$ si et seulement si $\mathbf{x} \cdot \mathbf{y} = 0$

Les propriétés (a) et (c) signifient que l'application linéaire $\mathbf{x} \mapsto U\mathbf{x}$ conserve les longueurs et l'orthogonalité. Elles sont essentielles pour de nombreux algorithmes. La démonstration du théorème 7 fait l'objet de l'exercice 25.

EXEMPLE 6 On pose $U = \begin{bmatrix} 1/\sqrt{2} & 2/3 \\ 1/\sqrt{2} & -2/3 \\ 0 & 1/3 \end{bmatrix}$ et $\mathbf{x} = \begin{bmatrix} \sqrt{2} \\ 3 \end{bmatrix}$. On remarque que les colonnes de U sont orthonormées, ce qui revient à dire que

$$U^T U = \begin{bmatrix} 1/\sqrt{2} & 1/\sqrt{2} & 0 \\ 2/3 & -2/3 & 1/3 \end{bmatrix} \begin{bmatrix} 1/\sqrt{2} & 2/3 \\ 1/\sqrt{2} & -2/3 \\ 0 & 1/3 \end{bmatrix} = \begin{bmatrix} 1 & 0 \\ 0 & 1 \end{bmatrix}$$

Vérifier que $\|U\mathbf{x}\| = \|\mathbf{x}\|$.

SOLUTION

$$U\mathbf{x} = \begin{bmatrix} 1/\sqrt{2} & 2/3 \\ 1/\sqrt{2} & -2/3 \\ 0 & 1/3 \end{bmatrix} \begin{bmatrix} \sqrt{2} \\ 3 \end{bmatrix} = \begin{bmatrix} 3 \\ -1 \\ 1 \end{bmatrix}$$

$$\|U\mathbf{x}\| = \sqrt{9 + 1 + 1} = \sqrt{11}$$

$$\|\mathbf{x}\| = \sqrt{2 + 9} = \sqrt{11}$$

∎

Les théorèmes 6 et 7 sont particulièrement intéressants quand on les applique à des matrices *carrées*. On appelle **matrice orthogonale** toute matrice carrée inversible U telle que $U^{-1} = U^T$. D'après le théorème 6, les colonnes d'une telle matrice sont orthonormées[3]. On vérifie facilement que toute matrice *carrée* dont les colonnes sont orthonormées est une matrice orthogonale. De façon étonnante, les *lignes* d'une telle matrice sont également orthonormées (voir exercices 27 et 28). On utilisera beaucoup les matrices orthogonales dans le chapitre 7.

EXEMPLE 7 La matrice

$$U = \begin{bmatrix} 3/\sqrt{11} & -1/\sqrt{6} & -1/\sqrt{66} \\ 1/\sqrt{11} & 2/\sqrt{6} & -4/\sqrt{66} \\ 1/\sqrt{11} & 1/\sqrt{6} & 7/\sqrt{66} \end{bmatrix}$$

est une matrice orthogonale car elle est carrée et, d'après l'exemple 5, ses colonnes sont orthonormées. On vérifie que les lignes sont également orthonormées. ■

EXERCICES D'ENTRAÎNEMENT

1. On pose $\mathbf{u}_1 = \begin{bmatrix} -1/\sqrt{5} \\ 2/\sqrt{5} \end{bmatrix}$ et $\mathbf{u}_2 = \begin{bmatrix} 2/\sqrt{5} \\ 1/\sqrt{5} \end{bmatrix}$. Montrer que $(\mathbf{u}_1, \mathbf{u}_2)$ est une base orthonormée de $\mathbb{R}^2$.

2. On considère $\mathbf{y}$ et D définis comme dans l'exemple 3 et la figure 3. Calculer le projeté orthogonal $\hat{\mathbf{y}}$ de $\mathbf{y}$ sur D en utilisant le vecteur $\mathbf{u} = \begin{bmatrix} 2 \\ 1 \end{bmatrix}$ à la place du vecteur $\mathbf{u}$ de l'exemple 3.

3. On considère U et $\mathbf{x}$ définis comme dans l'exemple 6 et l'on pose $\mathbf{y} = \begin{bmatrix} -3\sqrt{2} \\ 6 \end{bmatrix}$. Vérifier que $U\mathbf{x} \cdot U\mathbf{y} = \mathbf{x} \cdot \mathbf{y}$.

4. Soit U une matrice $n \times n$ dont les colonnes sont orthonormées. Montrer que det $U = \pm 1$.

6.2 EXERCICES

Déterminer si les familles de vecteurs des exercices 1 à 6 sont orthogonales ou non.

1. $\begin{bmatrix} -1 \\ 4 \\ -3 \end{bmatrix}, \begin{bmatrix} 5 \\ 2 \\ 1 \end{bmatrix}, \begin{bmatrix} 3 \\ -4 \\ -7 \end{bmatrix}$ 2. $\begin{bmatrix} 1 \\ -2 \\ 1 \end{bmatrix}, \begin{bmatrix} 0 \\ 1 \\ 2 \end{bmatrix}, \begin{bmatrix} -5 \\ -2 \\ 1 \end{bmatrix}$

3. $\begin{bmatrix} 2 \\ -7 \\ -1 \end{bmatrix}, \begin{bmatrix} -6 \\ -3 \\ 9 \end{bmatrix}, \begin{bmatrix} 3 \\ 1 \\ -1 \end{bmatrix}$ 4. $\begin{bmatrix} 2 \\ -5 \\ -3 \end{bmatrix}, \begin{bmatrix} 0 \\ 0 \\ 0 \end{bmatrix}, \begin{bmatrix} 4 \\ -2 \\ 6 \end{bmatrix}$

5. $\begin{bmatrix} 3 \\ -2 \\ 1 \\ 3 \end{bmatrix}, \begin{bmatrix} -1 \\ 3 \\ -3 \\ 4 \end{bmatrix}, \begin{bmatrix} 3 \\ 8 \\ 7 \\ 0 \end{bmatrix}$ 6. $\begin{bmatrix} 5 \\ -4 \\ 0 \\ 3 \end{bmatrix}, \begin{bmatrix} -4 \\ 1 \\ -3 \\ 8 \end{bmatrix}, \begin{bmatrix} 3 \\ 3 \\ 5 \\ -1 \end{bmatrix}$

Dans les exercices 7 à 10, montrer que $(\mathbf{u}_1, \mathbf{u}_2)$ (respectivement $(\mathbf{u}_1, \mathbf{u}_2, \mathbf{u}_3)$) est une base orthogonale de l'espace $\mathbb{R}^2$ (respectivement $\mathbb{R}^3$). Exprimer ensuite $\mathbf{x}$ comme combinaison linéaire des $\mathbf{u}_i$.

7. $\mathbf{u}_1 = \begin{bmatrix} 2 \\ -3 \end{bmatrix}, \mathbf{u}_2 = \begin{bmatrix} 6 \\ 4 \end{bmatrix}$ et $\mathbf{x} = \begin{bmatrix} 9 \\ -7 \end{bmatrix}$

8. $\mathbf{u}_1 = \begin{bmatrix} 3 \\ 1 \end{bmatrix}, \mathbf{u}_2 = \begin{bmatrix} -2 \\ 6 \end{bmatrix}$ et $\mathbf{x} = \begin{bmatrix} -6 \\ 3 \end{bmatrix}$

9. $\mathbf{u}_1 = \begin{bmatrix} 1 \\ 0 \\ 1 \end{bmatrix}, \mathbf{u}_2 = \begin{bmatrix} -1 \\ 4 \\ 1 \end{bmatrix}, \mathbf{u}_3 = \begin{bmatrix} 2 \\ 1 \\ -2 \end{bmatrix}$ et $\mathbf{x} = \begin{bmatrix} 8 \\ -4 \\ -3 \end{bmatrix}$

---

[3] Il vaudrait mieux appeler de telles matrices *matrices orthonormées* ou *orthonormales* ; on trouve parfois cette terminologie dans les ouvrages de statistiques. Toutefois, en algèbre linéaire, c'est bien l'expression *matrice orthogonale* qui est consacrée par l'usage.

10. $\mathbf{u}_1 = \begin{bmatrix} 3 \\ -3 \\ 0 \end{bmatrix}$, $\mathbf{u}_2 = \begin{bmatrix} 2 \\ 2 \\ -1 \end{bmatrix}$, $\mathbf{u}_3 = \begin{bmatrix} 1 \\ 1 \\ 4 \end{bmatrix}$ et $\mathbf{x} = \begin{bmatrix} 5 \\ -3 \\ 1 \end{bmatrix}$

11. Calculer le projeté orthogonal de $\begin{bmatrix} 1 \\ 7 \end{bmatrix}$ sur la droite vectorielle engendrée par le vecteur $\begin{bmatrix} -4 \\ 2 \end{bmatrix}$.

12. Calculer le projeté orthogonal de $\begin{bmatrix} 1 \\ -1 \end{bmatrix}$ sur la droite vectorielle engendrée par le vecteur $\begin{bmatrix} -1 \\ 3 \end{bmatrix}$.

13. On pose $\mathbf{y} = \begin{bmatrix} 2 \\ 3 \end{bmatrix}$ et $\mathbf{u} = \begin{bmatrix} 4 \\ -7 \end{bmatrix}$. Écrire $\mathbf{y}$ comme la somme de deux vecteurs orthogonaux, l'un appartenant à Vect $\{\mathbf{u}\}$ et l'autre orthogonal à $\mathbf{u}$.

14. On pose $\mathbf{y} = \begin{bmatrix} 2 \\ 6 \end{bmatrix}$ et $\mathbf{u} = \begin{bmatrix} 7 \\ 1 \end{bmatrix}$. Écrire $\mathbf{y}$ comme la somme de deux vecteurs orthogonaux, l'un appartenant à Vect $\{\mathbf{u}\}$ et l'autre orthogonal à $\mathbf{u}$.

15. On pose $\mathbf{y} = \begin{bmatrix} 3 \\ 1 \end{bmatrix}$ et $\mathbf{u} = \begin{bmatrix} 8 \\ 6 \end{bmatrix}$. Calculer la distance de $\mathbf{y}$ à la droite vectorielle engendrée par $\mathbf{u}$.

16. On pose $\mathbf{y} = \begin{bmatrix} -3 \\ 9 \end{bmatrix}$ et $\mathbf{u} = \begin{bmatrix} 1 \\ 2 \end{bmatrix}$. Calculer la distance de $\mathbf{y}$ à la droite vectorielle engendrée par $\mathbf{u}$.

Déterminer si les familles de vecteurs des exercices 17 à 22 sont orthonormées ou non. Dans le cas d'une famille qui ne serait qu'orthogonale, normer les vecteurs pour obtenir une famille orthonormée.

17. $\begin{bmatrix} 1/3 \\ 1/3 \\ 1/3 \end{bmatrix}$, $\begin{bmatrix} -1/2 \\ 0 \\ 1/2 \end{bmatrix}$ **18.** $\begin{bmatrix} 0 \\ 1 \\ 0 \end{bmatrix}$, $\begin{bmatrix} 0 \\ -1 \\ 0 \end{bmatrix}$

19. $\begin{bmatrix} -0,6 \\ 0,8 \end{bmatrix}$, $\begin{bmatrix} 0,8 \\ 0,6 \end{bmatrix}$ **20.** $\begin{bmatrix} -2/3 \\ 1/3 \\ 2/3 \end{bmatrix}$, $\begin{bmatrix} 1/3 \\ 2/3 \\ 0 \end{bmatrix}$

21. $\begin{bmatrix} 1/\sqrt{10} \\ 3/\sqrt{20} \\ 3/\sqrt{20} \end{bmatrix}$, $\begin{bmatrix} 3/\sqrt{10} \\ -1/\sqrt{20} \\ -1/\sqrt{20} \end{bmatrix}$, $\begin{bmatrix} 0 \\ -1/\sqrt{2} \\ 1/\sqrt{2} \end{bmatrix}$

22. $\begin{bmatrix} 1/\sqrt{18} \\ 4/\sqrt{18} \\ 1/\sqrt{18} \end{bmatrix}$, $\begin{bmatrix} 1/\sqrt{2} \\ 0 \\ -1/\sqrt{2} \end{bmatrix}$, $\begin{bmatrix} -2/3 \\ 1/3 \\ -2/3 \end{bmatrix}$

Dans les exercices 23 et 24, les vecteurs appartiennent à $\mathbb{R}^n$. Dire de chaque énoncé s'il est vrai ou faux. Justifier les réponses.

23. a. Une famille libre de vecteurs de $\mathbb{R}^n$ n'est pas nécessairement orthogonale.

    b. Si $\mathbf{y}$ est une combinaison linéaire de vecteurs non nuls d'une famille orthogonale, alors il est possible de déterminer les coefficients de cette combinaison linéaire sans effectuer d'opérations sur les lignes d'une matrice.

    c. Si l'on norme les vecteurs d'une famille orthogonale, alors il se peut que l'on obtienne des vecteurs qui ne sont plus orthogonaux entre eux.

    d. Une matrice dont les colonnes sont orthonormées est une matrice orthogonale.

    e. Si D est une droite vectorielle et si l'on note $\hat{\mathbf{y}}$ le projeté orthogonal du vecteur $\mathbf{y}$ sur D, alors la distance de $\mathbf{y}$ à D est donnée par $\|\hat{\mathbf{y}}\|$.

24. a. Une famille orthogonale de vecteurs de $\mathbb{R}^n$ n'est pas forcément libre.

    b. Toute famille $(\mathbf{u}_1, \ldots, \mathbf{u}_p)$ telle que $\mathbf{u}_i \cdot \mathbf{u}_j = 0$ si $i \neq j$ est une famille orthonormée.

    c. Soit A une matrice $m \times n$ dont les colonnes sont orthonormées. Alors l'application $\mathbf{x} \mapsto A\mathbf{x}$ conserve les longueurs.

    d. Si c est un scalaire non nul, le projeté orthogonal de $\mathbf{y}$ sur $\mathbf{v}$ est égal à celui de $\mathbf{y}$ sur $c\mathbf{v}$.

    e. Toute matrice orthogonale est inversible.

25. Démontrer le théorème 7. [*Indication :* Pour (a), on peut calculer $\|U\mathbf{x}\|^2$ ou bien démontrer d'abord (b).]

26. Soit W un sous-espace vectoriel de $\mathbb{R}^n$ engendré par n vecteurs non nuls deux à deux orthogonaux. Justifier le fait que $W = \mathbb{R}^n$.

27. Soit U une matrice carrée dont les colonnes sont orthonormées. Justifier, en précisant les théorèmes utilisés, le fait que U est inversible.

28. Soit U une matrice orthogonale $n \times n$. Montrer que les lignes de U forment une base orthonormée de $\mathbb{R}^n$.

29. Soit U et V deux matrices orthogonales $n \times n$. Justifier le fait que UV est également orthogonale [autrement dit, expliquer pourquoi UV est inversible et admet $(UV)^T$ pour inverse].

30. Soit U une matrice orthogonale. On construit une matrice V en échangeant des colonnes de U. Expliquer pourquoi V est, elle aussi, orthogonale.

31. Montrer que le projeté orthogonal d'un vecteur $\mathbf{y}$ sur une droite vectorielle D de $\mathbb{R}^2$ ne dépend pas du choix du vecteur non nul $\mathbf{u}$ de D qui apparaît dans la formule donnant $\hat{\mathbf{y}}$. Pour cela, considérer les vecteurs $\mathbf{y}$ et $\mathbf{u}$, et calculer $\hat{\mathbf{y}}$ en utilisant la formule (2) de cette section. Remplacer ensuite $\mathbf{u}$ dans cette formule par $c\mathbf{u}$, où c est un scalaire non nul quelconque. Montrer que l'on obtient le même vecteur $\hat{\mathbf{y}}$.

32. Soit $(\mathbf{v}_1, \mathbf{v}_2)$ une famille orthogonale de vecteurs non nuls, et c_1 et c_2 deux scalaires non nuls. Montrer que $(c_1\mathbf{v}_1, c_2\mathbf{v}_2)$ est également une famille orthogonale. Cela prouve qu'en normant les vecteurs d'une famille orthogonale, on obtient encore une famille orthogonale. En effet, la définition de l'orthogonalité d'une famille de vecteurs se ramène à celle de deux vecteurs.

33. Soit $\mathbf{u} \neq \mathbf{0}$ un vecteur de $\mathbb{R}^n$ et $D = \text{Vect} \{\mathbf{u}\}$. Montrer que l'application $\mathbf{x} \mapsto \text{proj}_D \mathbf{x}$ est linéaire.

34. Soit $\mathbf{u} \neq \mathbf{0}$ un vecteur de $\mathbb{R}^n$ et $D = \text{Vect}\{\mathbf{u}\}$. Si $\mathbf{y}$ est un vecteur de $\mathbb{R}^n$, on appelle **symétrique de $\mathbf{y}$ par rapport à D** le point $\text{sym}_D \mathbf{y}$ défini par

$$\text{sym}_D \mathbf{y} = 2 \cdot \text{proj}_D \mathbf{y} - \mathbf{y}$$

(Voir la figure ; elle montre que $\text{sym}_D \mathbf{y}$ est la somme de $\hat{\mathbf{y}} = \text{proj}_D \mathbf{y}$ et de $\hat{\mathbf{y}} - \mathbf{y}$.) Montrer que l'application $\mathbf{y} \mapsto \text{sym}_D \mathbf{y}$ est linéaire.

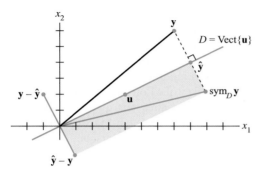

Symétrique de $\mathbf{y}$ par rapport à une droite vectorielle

35. [M] Montrer, au moyen d'un calcul matriciel approprié, que les colonnes de la matrice A sont orthogonales. Préciser le calcul utilisé.

$$A = \begin{bmatrix} -6 & -3 & 6 & 1 \\ -1 & 2 & 1 & -6 \\ 3 & 6 & 3 & -2 \\ 6 & -3 & 6 & -1 \\ 2 & -1 & 2 & 3 \\ -3 & 6 & 3 & 2 \\ -2 & -1 & 2 & -3 \\ 1 & 2 & 1 & 6 \end{bmatrix}$$

36. [M] Soit U la matrice obtenue en normant les colonnes de la matrice A de l'exercice 35.

a. Calculer $U^T U$ et $U U^T$. En quoi ces deux matrices diffèrent-elles ?

b. Produire un vecteur aléatoire $\mathbf{y}$ de $\mathbb{R}^8$ et calculer $\mathbf{p} = U U^T \mathbf{y}$ et $\mathbf{z} = \mathbf{y} - \mathbf{p}$. Justifier le fait que $\mathbf{p}$ appartient à $\text{Im } A$. Vérifier que $\mathbf{z}$ est orthogonal à $\mathbf{p}$.

c. Vérifier que $\mathbf{z}$ est orthogonal à toutes les colonnes de U.

d. On a donc $\mathbf{y} = \mathbf{p} + \mathbf{z}$, où $\mathbf{p}$ est dans $\text{Im } A$. Justifier le fait que $\mathbf{z}$ appartient à $(\text{Im } A)^\perp$ (la signification de cette décomposition de $\mathbf{y}$ est donnée à la section suivante).

SOLUTIONS DES EXERCICES D'ENTRAÎNEMENT

1. Les vecteurs sont orthogonaux car

$$\mathbf{u}_1 \cdot \mathbf{u}_2 = -2/5 + 2/5 = 0$$

Ce sont des vecteurs unitaires car

$$\|\mathbf{u}_1\|^2 = (-1/\sqrt{5})^2 + (2/\sqrt{5})^2 = 1/5 + 4/5 = 1$$
$$\|\mathbf{u}_2\|^2 = (2/\sqrt{5})^2 + (1/\sqrt{5})^2 = 4/5 + 1/5 = 1$$

Il en résulte en particulier que la famille $(\mathbf{u}_1, \mathbf{u}_2)$ est libre. C'est donc une base de $\mathbb{R}^2$ puisqu'elle est constituée de deux vecteurs.

2. Avec $\mathbf{y} = \begin{bmatrix} 7 \\ 6 \end{bmatrix}$ et $\mathbf{u} = \begin{bmatrix} 2 \\ 1 \end{bmatrix}$, on a

$$\hat{\mathbf{y}} = \frac{\mathbf{y} \cdot \mathbf{u}}{\mathbf{u} \cdot \mathbf{u}} \mathbf{u} = \frac{20}{5} \begin{bmatrix} 2 \\ 1 \end{bmatrix} = 4 \begin{bmatrix} 2 \\ 1 \end{bmatrix} = \begin{bmatrix} 8 \\ 4 \end{bmatrix}$$

On obtient le même vecteur $\hat{\mathbf{y}}$ que dans l'exemple 3. On constate dans cet exemple que le projeté orthogonal ne dépend pas du choix de $\mathbf{u}$ sur la droite vectorielle (voir exercice 31).

3. $U\mathbf{y} = \begin{bmatrix} 1/\sqrt{2} & 2/3 \\ 1/\sqrt{2} & -2/3 \\ 0 & 1/3 \end{bmatrix} \begin{bmatrix} -3\sqrt{2} \\ 6 \end{bmatrix} = \begin{bmatrix} 1 \\ -7 \\ 2 \end{bmatrix}$

De plus, d'après l'exemple 6, $\mathbf{x} = \begin{bmatrix} \sqrt{2} \\ 3 \end{bmatrix}$ et $U\mathbf{x} = \begin{bmatrix} 3 \\ -1 \\ 1 \end{bmatrix}$. Donc

$$U\mathbf{x} \cdot U\mathbf{y} = 3 + 7 + 2 = 12 \quad \text{et} \quad \mathbf{x} \cdot \mathbf{y} = -6 + 18 = 12$$

4. Comme U est une matrice $n \times n$ dont les colonnes sont orthonormées, d'après le théorème 6, $U^T U = I$. Calculons le déterminant de la matrice gauche de cette équation. En appliquant les théorèmes 5 et 6 de la section 3.2, on obtient

$$\det U^T U = (\det U^T)(\det U) = (\det U)(\det U) = (\det U)^2$$

Rappelons que $\det I = 1$. Donc $(\det U)^2 = 1$, d'où $\det U = \pm 1$.

6.3 | PROJECTIONS ORTHOGONALES

La notion de projeté orthogonal d'un point de $\mathbb{R}^2$ sur une droite vectorielle se généralise dans $\mathbb{R}^n$. Si l'on considère un vecteur **y** et un sous-espace vectoriel W de $\mathbb{R}^n$, il existe un vecteur $\hat{\mathbf{y}}$ de W tel que (1) $\hat{\mathbf{y}}$ soit l'unique vecteur de W pour lequel $\mathbf{y} - \hat{\mathbf{y}}$ est orthogonal à W et (2) $\hat{\mathbf{y}}$ soit l'unique vecteur de W qui minimise la distance par rapport à **y** (voir figure 1). C'est grâce à ces deux propriétés de $\hat{\mathbf{y}}$ que l'on pourra déterminer une solution, au sens des moindres carrés, de systèmes linéaires tels que ceux mentionnés dans l'exemple introductif de ce chapitre. L'histoire complète est racontée à la section 6.5.

Pour préparer le premier théorème, on remarque que lorsque l'on écrit un vecteur **y** comme une combinaison linéaire de vecteurs $\mathbf{u}_1, \ldots, \mathbf{u}_n$ de $\mathbb{R}^n$, on peut regrouper les termes de la somme en deux parties, en écrivant **y** sous la forme

$$\mathbf{y} = \mathbf{z}_1 + \mathbf{z}_2$$

le vecteur $\mathbf{z}_1$ étant une combinaison linéaire de certains des $\mathbf{u}_i$ et $\mathbf{z}_2$ étant une combinaison linéaire des $\mathbf{u}_i$ restants. Cette idée est particulièrement intéressante quand $(\mathbf{u}_1, \ldots, \mathbf{u}_n)$ est une base orthogonale. On rappelle (voir section 6.1) que $W^\perp$ désigne l'ensemble des vecteurs orthogonaux à un sous-espace vectoriel W.

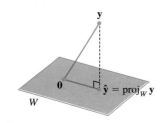

FIGURE 1

EXEMPLE 1 Soit $(\mathbf{u}_1, \ldots, \mathbf{u}_5)$ une base orthogonale de $\mathbb{R}^5$ et soit

$$\mathbf{y} = c_1 \mathbf{u}_1 + \cdots + c_5 \mathbf{u}_5$$

On considère le sous-espace vectoriel $W = \text{Vect}\{\mathbf{u}_1, \mathbf{u}_2\}$. Écrire **y** comme la somme d'un vecteur $\mathbf{z}_1$ de W et d'un vecteur $\mathbf{z}_2$ de $W^\perp$.

SOLUTION On écrit

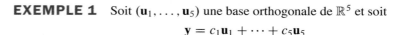

$$\mathbf{y} = \underbrace{c_1 \mathbf{u}_1 + c_2 \mathbf{u}_2}_{\mathbf{z}_1} + \underbrace{c_3 \mathbf{u}_3 + c_4 \mathbf{u}_4 + c_5 \mathbf{u}_5}_{\mathbf{z}_2}$$

On a donc décomposé **y** comme la somme d'un vecteur $\mathbf{z}_1 = c_1 \mathbf{u}_1 + c_2 \mathbf{u}_2$ appartenant à $\text{Vect}\{\mathbf{u}_1, \mathbf{u}_2\}$ et d'un vecteur $\mathbf{z}_2 = c_3 \mathbf{u}_3 + c_4 \mathbf{u}_4 + c_5 \mathbf{u}_5$ appartenant à $\text{Vect}\{\mathbf{u}_3, \mathbf{u}_4, \mathbf{u}_5\}$. Pour montrer que $\mathbf{z}_2$ appartient à $W^\perp$, il suffit de montrer que $\mathbf{z}_2$ est orthogonal aux vecteurs de la base $(\mathbf{u}_1, \mathbf{u}_2)$ de W (voir section 6.1). En utilisant les propriétés du produit scalaire, on calcule

$$\begin{aligned} \mathbf{z}_2 \cdot \mathbf{u}_1 &= (c_3 \mathbf{u}_3 + c_4 \mathbf{u}_4 + c_5 \mathbf{u}_5) \cdot \mathbf{u}_1 \\ &= c_3 \mathbf{u}_3 \cdot \mathbf{u}_1 + c_4 \mathbf{u}_4 \cdot \mathbf{u}_1 + c_5 \mathbf{u}_5 \cdot \mathbf{u}_1 \\ &= 0 \end{aligned}$$

car $\mathbf{u}_1$ est orthogonal à $\mathbf{u}_3$, $\mathbf{u}_4$ et $\mathbf{u}_5$. On montre de même que $\mathbf{z}_2 \cdot \mathbf{u}_2 = 0$. Donc $\mathbf{z}_2$ appartient à $W^\perp$. ∎

Le théorème qui suit montre que l'on peut déterminer la décomposition $\mathbf{y} = \mathbf{z}_1 + \mathbf{z}_2$ de l'exemple 1 sans avoir de base orthogonale de $\mathbb{R}^n$. Il suffit de disposer d'une base orthogonale de W.

THÉORÈME 8

Théorème de projection orthogonale

Soit W un sous-espace vectoriel de $\mathbb{R}^n$. Tout vecteur $\mathbf{y}$ de $\mathbb{R}^n$ s'écrit de façon unique sous la forme

$$\mathbf{y} = \hat{\mathbf{y}} + \mathbf{z} \tag{1}$$

où $\hat{\mathbf{y}}$ appartient à W et $\mathbf{z}$ à $W^{\perp}$. De façon plus précise, si $(\mathbf{u}_1, \ldots, \mathbf{u}_p)$ est une base orthogonale quelconque de W, alors

$$\hat{\mathbf{y}} = \frac{\mathbf{y} \cdot \mathbf{u}_1}{\mathbf{u}_1 \cdot \mathbf{u}_1} \mathbf{u}_1 + \cdots + \frac{\mathbf{y} \cdot \mathbf{u}_p}{\mathbf{u}_p \cdot \mathbf{u}_p} \mathbf{u}_p \tag{2}$$

et $\mathbf{z} = \mathbf{y} - \hat{\mathbf{y}}$.

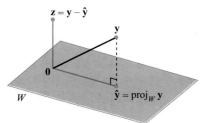

FIGURE 2

Projection orthogonale de $\mathbf{y}$ sur W

Le vecteur $\hat{\mathbf{y}}$ défini par la relation (1) est appelé **projeté** (ou **projection**[4]) **orthogonal(e) de $\mathbf{y}$ sur W** et souvent noté $\text{proj}_W \, \mathbf{y}$ (voir figure 2). Si W est de dimension 1, la formule donnée pour $\hat{\mathbf{y}}$ correspond à celle de la section 6.2.

DÉMONSTRATION Soit $(\mathbf{u}_1, \ldots, \mathbf{u}_p)$ une base orthogonale[5] quelconque de W. On définit le vecteur $\hat{\mathbf{y}}$ par la relation (2). Le vecteur $\hat{\mathbf{y}}$ appartient à W car il est une combinaison linéaire des vecteurs de base $\mathbf{u}_1, \ldots, \mathbf{u}_p$. On pose $\mathbf{z} = \mathbf{y} - \hat{\mathbf{y}}$. Puisque $\mathbf{u}_1$ est orthogonal à $\mathbf{u}_2, \ldots, \mathbf{u}_p$, il résulte de la relation (2) que

$$\mathbf{z} \cdot \mathbf{u}_1 = (\mathbf{y} - \hat{\mathbf{y}}) \cdot \mathbf{u}_1 = \mathbf{y} \cdot \mathbf{u}_1 - \left(\frac{\mathbf{y} \cdot \mathbf{u}_1}{\mathbf{u}_1 \cdot \mathbf{u}_1} \right) \mathbf{u}_1 \cdot \mathbf{u}_1 - 0 - \cdots - 0$$
$$= \mathbf{y} \cdot \mathbf{u}_1 - \mathbf{y} \cdot \mathbf{u}_1 = 0$$

Donc $\mathbf{z}$ est orthogonal à $\mathbf{u}_1$. De même, $\mathbf{z}$ est orthogonal à chaque vecteur $\mathbf{u}_j$ de la base de W. Il en résulte que $\mathbf{z}$ est orthogonal à tout vecteur de W, c'est-à-dire que $\mathbf{z}$ appartient à $W^{\perp}$.

Pour montrer que la décomposition (1) est unique, on suppose que $\mathbf{y}$ admet une autre décomposition de la forme $\mathbf{y} = \hat{\mathbf{y}}_1 + \mathbf{z}_1$, avec $\hat{\mathbf{y}}_1$ dans W et $\mathbf{z}_1$ dans $W^{\perp}$. On a donc $\hat{\mathbf{y}} + \mathbf{z} = \hat{\mathbf{y}}_1 + \mathbf{z}_1$ (puisque ces deux expressions sont égales à $\mathbf{y}$), soit

$$\hat{\mathbf{y}} - \hat{\mathbf{y}}_1 = \mathbf{z}_1 - \mathbf{z}$$

Cette égalité montre que le vecteur $\mathbf{v} = \hat{\mathbf{y}} - \hat{\mathbf{y}}_1$ est à la fois dans W et dans $W^{\perp}$ (car $\mathbf{z}_1$ et $\mathbf{z}$ appartiennent à $W^{\perp}$, et $W^{\perp}$ est un sous-espace vectoriel). Donc $\mathbf{v} \cdot \mathbf{v} = 0$, ce qui montre que $\mathbf{v} = \mathbf{0}$. On a donc bien $\hat{\mathbf{y}} = \hat{\mathbf{y}}_1$, puis $\mathbf{z}_1 = \mathbf{z}$. ∎

L'unicité de la décomposition (1) montre que le projeté orthogonal $\hat{\mathbf{y}}$ ne dépend que de W et non de la base orthogonale choisie pour écrire la relation (2).

EXEMPLE 2 On pose $\mathbf{u}_1 = \begin{bmatrix} 2 \\ 5 \\ -1 \end{bmatrix}$, $\mathbf{u}_2 = \begin{bmatrix} -2 \\ 1 \\ 1 \end{bmatrix}$ et $\mathbf{y} = \begin{bmatrix} 1 \\ 2 \\ 3 \end{bmatrix}$. On remarque que la famille $(\mathbf{u}_1, \mathbf{u}_2)$ est une base orthogonale de $W = \text{Vect}\{\mathbf{u}_1, \mathbf{u}_2\}$. Exprimer $\mathbf{y}$ comme la somme d'un vecteur de W et d'un vecteur orthogonal à W.

---

[4] Voir note 2 p. 369. *(NdT)*

[5] On peut supposer que W n'est pas le sous-espace nul, car sinon $W^{\perp} = \mathbb{R}^n$ et la relation (1) s'écrit tout simplement $\mathbf{y} = \mathbf{0} + \mathbf{y}$. On verra à la section suivante que tout sous-espace vectoriel non nul de $\mathbb{R}^n$ admet une base orthogonale.

SOLUTION Le projeté orthogonal de $\mathbf{y}$ sur W est

$$\hat{\mathbf{y}} = \frac{\mathbf{y} \cdot \mathbf{u}_1}{\mathbf{u}_1 \cdot \mathbf{u}_1} \mathbf{u}_1 + \frac{\mathbf{y} \cdot \mathbf{u}_2}{\mathbf{u}_2 \cdot \mathbf{u}_2} \mathbf{u}_2$$

$$= \frac{9}{30} \begin{bmatrix} 2 \\ 5 \\ -1 \end{bmatrix} + \frac{3}{6} \begin{bmatrix} -2 \\ 1 \\ 1 \end{bmatrix} = \frac{9}{30} \begin{bmatrix} 2 \\ 5 \\ -1 \end{bmatrix} + \frac{15}{30} \begin{bmatrix} -2 \\ 1 \\ 1 \end{bmatrix} = \begin{bmatrix} -2/5 \\ 2 \\ 1/5 \end{bmatrix}$$

De plus,

$$\mathbf{y} - \hat{\mathbf{y}} = \begin{bmatrix} 1 \\ 2 \\ 3 \end{bmatrix} - \begin{bmatrix} -2/5 \\ 2 \\ 1/5 \end{bmatrix} = \begin{bmatrix} 7/5 \\ 0 \\ 14/5 \end{bmatrix}$$

Le théorème 8 assure que $\mathbf{y} - \hat{\mathbf{y}}$ appartient à $W^\perp$. Il est cependant recommandé de vérifier ses calculs en contrôlant que $\mathbf{y} - \hat{\mathbf{y}}$ est bien orthogonal à $\mathbf{u}_1$ et à $\mathbf{u}_2$, donc à W tout entier. La décomposition demandée pour $\mathbf{y}$ est

$$\mathbf{y} = \begin{bmatrix} 1 \\ 2 \\ 3 \end{bmatrix} = \begin{bmatrix} -2/5 \\ 2 \\ 1/5 \end{bmatrix} + \begin{bmatrix} 7/5 \\ 0 \\ 14/5 \end{bmatrix}$$ ∎

Interprétation géométrique de la projection orthogonale

Si W est une droite vectorielle, la formule (2) donnant $\text{proj}_W \mathbf{y}$ ne comporte qu'un seul terme. Donc si dim $W > 1$, chaque terme de (2) est lui-même le projeté orthogonal de $\mathbf{y}$ sur la droite vectorielle engendrée par l'un des vecteurs $\mathbf{u}_i$ de la base de W. La figure 3 illustre cette situation dans le cas où W est un plan vectoriel de $\mathbb{R}^3$, engendré par $\mathbf{u}_1$ et $\mathbf{u}_2$. Ici $\hat{\mathbf{y}}_1$ et $\hat{\mathbf{y}}_2$ désignent les projetés de $\mathbf{y}$ sur les droites engendrées respectivement par $\mathbf{u}_1$ et $\mathbf{u}_2$. Le projeté orthogonal $\hat{\mathbf{y}}$ de $\mathbf{y}$ sur W est la somme des projetés de $\mathbf{y}$ sur deux droites vectorielles orthogonales entre elles. Le vecteur $\hat{\mathbf{y}}$ de la figure 3 correspond au vecteur $\mathbf{y}$ de la figure 4 de la section 6.2 car c'est maintenant $\hat{\mathbf{y}}$ qui appartient à W.

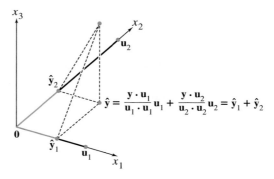

FIGURE 3 Le projeté orthogonal de $\mathbf{y}$ est la somme de ses projetés sur des droites vectorielles orthogonales entre elles.

Propriétés des projections orthogonales

Soit $(\mathbf{u}_1, \ldots, \mathbf{u}_p)$ une base orthogonale de W. Si $\mathbf{y}$ est déjà dans W, la formule qui donne $\text{proj}_W \mathbf{y}$ correspond exactement à la représentation de $\mathbf{y}$ donnée par le théorème 5 à la section 6.2. Dans ce cas, $\text{proj}_W \mathbf{y}$ est égal à $\mathbf{y}$.

> Si **y** appartient à $W = \text{Vect}\{\mathbf{u}_1, \ldots, \mathbf{u}_p\}$, alors $\text{proj}_W\,\mathbf{y} = \mathbf{y}$.

Cette propriété se déduit également du théorème suivant.

THÉORÈME 9

> **Théorème de meilleure approximation (quadratique)**
>
> Soit W un sous-espace vectoriel de $\mathbb{R}^n$, **y** un vecteur quelconque de $\mathbb{R}^n$ et $\hat{\mathbf{y}}$ le projeté orthogonal de **y** sur W. Alors $\hat{\mathbf{y}}$ est le point de W le plus proche de **y**, au sens où
>
> $$\|\mathbf{y} - \hat{\mathbf{y}}\| < \|\mathbf{y} - \mathbf{v}\| \qquad (3)$$
>
> quel que soit le vecteur **v** de W distinct de $\hat{\mathbf{y}}$.

Le vecteur $\hat{\mathbf{y}}$ défini dans le théorème 9 est appelé **meilleure approximation (quadratique) de y par un élément de** W. On verra plus loin des problèmes dans lesquels un vecteur **y** doit être remplacé, ou *approché*, par un vecteur **v** d'un certain sous-espace vectoriel fixé W. On peut considérer la distance de **y** à **v**, égale à $\|\mathbf{y} - \mathbf{v}\|$, comme l'« erreur » commise en remplaçant **y** par **v**. Le théorème 9 signifie que cette erreur est minimale quand $\mathbf{v} = \hat{\mathbf{y}}$.

L'inégalité (3) permet de retrouver le fait que le vecteur $\hat{\mathbf{y}}$ ne dépend pas de la base orthogonale choisie pour le calculer. Si l'on prend une autre base orthogonale de W pour construire une projection orthogonale sur W, alors le projeté de **y** ainsi obtenu est aussi le point de W le plus proche de **y**, c'est donc $\hat{\mathbf{y}}$.

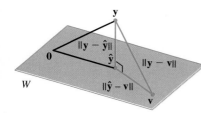

FIGURE 4

Le projeté orthogonal de **y** sur W est le point de W le plus proche de **y**.

DÉMONSTRATION Soit **v** un vecteur de W distinct de $\hat{\mathbf{y}}$ (voir figure 4). Alors $\hat{\mathbf{y}} - \mathbf{v}$ appartient à W. D'après le théorème de projection orthogonale, $\mathbf{y} - \hat{\mathbf{y}}$ est orthogonal à W. En particulier, $\mathbf{y} - \hat{\mathbf{y}}$ est orthogonal à $\hat{\mathbf{y}} - \mathbf{v}$ (qui appartient à W). Comme

$$\mathbf{y} - \mathbf{v} = (\mathbf{y} - \hat{\mathbf{y}}) + (\hat{\mathbf{y}} - \mathbf{v})$$

il résulte du théorème de Pythagore que

$$\|\mathbf{y} - \mathbf{v}\|^2 = \|\mathbf{y} - \hat{\mathbf{y}}\|^2 + \|\hat{\mathbf{y}} - \mathbf{v}\|^2$$

(Voir dans la figure 4 le triangle rectangle représenté en couleur ; on a indiqué la longueur de chacun des côtés.) Mais comme $\hat{\mathbf{y}} - \mathbf{v} \neq \mathbf{0}$, $\|\hat{\mathbf{y}} - \mathbf{v}\|^2$ est strictement positif. L'inégalité (3) en résulte immédiatement. ∎

EXEMPLE 3 Si l'on considère, comme dans l'exemple 2, les vecteurs

$$\mathbf{u}_1 = \begin{bmatrix} 2 \\ 5 \\ -1 \end{bmatrix},\ \mathbf{u}_2 = \begin{bmatrix} -2 \\ 1 \\ 1 \end{bmatrix},\ \mathbf{y} = \begin{bmatrix} 1 \\ 2 \\ 3 \end{bmatrix}\ \text{et}\ W = \text{Vect}\{\mathbf{u}_1, \mathbf{u}_2\}$$

Alors le point de W le plus proche de **y** est

$$\hat{\mathbf{y}} = \frac{\mathbf{y} \cdot \mathbf{u}_1}{\mathbf{u}_1 \cdot \mathbf{u}_1}\mathbf{u}_1 + \frac{\mathbf{y} \cdot \mathbf{u}_2}{\mathbf{u}_2 \cdot \mathbf{u}_2}\mathbf{u}_2 = \begin{bmatrix} -2/5 \\ 2 \\ 1/5 \end{bmatrix}$$

EXEMPLE 4 On définit la distance d'un point $\mathbf{y}$ de $\mathbb{R}^n$ à un sous-espace vectoriel W comme la distance de $\mathbf{y}$ au point de W le plus proche. Déterminer la distance de $\mathbf{y}$ à $W = \text{Vect}\{\mathbf{u}_1, \mathbf{u}_2\}$, où

$$\mathbf{y} = \begin{bmatrix} -1 \\ -5 \\ 10 \end{bmatrix}, \quad \mathbf{u}_1 = \begin{bmatrix} 5 \\ -2 \\ 1 \end{bmatrix} \quad \text{et} \quad \mathbf{u}_2 = \begin{bmatrix} 1 \\ 2 \\ -1 \end{bmatrix}$$

SOLUTION D'après le théorème de meilleure approximation, la distance de $\mathbf{y}$ à W est égale à $\|\mathbf{y} - \hat{\mathbf{y}}\|$, avec $\hat{\mathbf{y}} = \text{proj}_W\,\mathbf{y}$. Puisque $(\mathbf{u}_1, \mathbf{u}_2)$ est une base orthogonale de W,

$$\hat{\mathbf{y}} = \frac{15}{30}\mathbf{u}_1 + \frac{-21}{6}\mathbf{u}_2 = \frac{1}{2}\begin{bmatrix} 5 \\ -2 \\ 1 \end{bmatrix} - \frac{7}{2}\begin{bmatrix} 1 \\ 2 \\ -1 \end{bmatrix} = \begin{bmatrix} -1 \\ -8 \\ 4 \end{bmatrix}$$

$$\mathbf{y} - \hat{\mathbf{y}} = \begin{bmatrix} -1 \\ -5 \\ 10 \end{bmatrix} - \begin{bmatrix} -1 \\ -8 \\ 4 \end{bmatrix} = \begin{bmatrix} 0 \\ 3 \\ 6 \end{bmatrix}$$

$$\|\mathbf{y} - \hat{\mathbf{y}}\|^2 = 3^2 + 6^2 = 45$$

La distance de $\mathbf{y}$ à W est $\sqrt{45} = 3\sqrt{5}$. ∎

Le dernier théorème de cette section montre que la formule (2), qui donne $\text{proj}_W\,\mathbf{y}$, se simplifie dans le cas où l'on utilise une base orthonormée de W.

THÉORÈME 10

Si $(\mathbf{u}_1, \ldots, \mathbf{u}_p)$ est une base orthonormée d'un sous-espace vectoriel W de $\mathbb{R}^n$, alors

$$\text{proj}_W\,\mathbf{y} = (\mathbf{y} \cdot \mathbf{u}_1)\mathbf{u}_1 + (\mathbf{y} \cdot \mathbf{u}_2)\mathbf{u}_2 + \cdots + (\mathbf{y} \cdot \mathbf{u}_p)\mathbf{u}_p \qquad (4)$$

Si $U = [\,\mathbf{u}_1 \quad \mathbf{u}_2 \quad \cdots \quad \mathbf{u}_p\,]$, alors

$$\text{proj}_W\,\mathbf{y} = U U^T\mathbf{y} \quad \text{pour tout vecteur } \mathbf{y} \text{ de } \mathbb{R}^n \qquad (5)$$

DÉMONSTRATION La formule (4) résulte immédiatement de la relation (2) du théorème 8. De plus, elle montre que $\text{proj}_W\,\mathbf{y}$ est une combinaison linéaire des colonnes de U, les coefficients étant $\mathbf{y} \cdot \mathbf{u}_1, \mathbf{y} \cdot \mathbf{u}_2, \ldots, \mathbf{y} \cdot \mathbf{u}_p$. Ces derniers ne sont autres que les réels $\mathbf{u}_1^T\mathbf{y}, \mathbf{u}_2^T\mathbf{y}, \ldots, \mathbf{u}_p^T\mathbf{y}$; ce sont donc les composantes de $U^T\mathbf{y}$, ce qui justifie la formule (5). ∎

Soit U une matrice $n \times p$ dont les colonnes sont orthonormées et W l'espace engendré par les colonnes de U. Alors

$$U^TU\mathbf{x} = I_p\mathbf{x} = \mathbf{x} \quad \text{pour tout vecteur } \mathbf{x} \text{ de } \mathbb{R}^p \qquad \text{Théorème 6}$$

$$U U^T\mathbf{y} = \text{proj}_W\,\mathbf{y} \quad \text{pour tout vecteur } \mathbf{y} \text{ de } \mathbb{R}^n \qquad \text{Théorème 10}$$

Si U est une matrice $n \times n$ (carrée) dont les colonnes sont orthonormées, alors U est une matrice *orthogonale*, l'espace W engendré par les colonnes de W est $\mathbb{R}^n$ tout entier et $U U^T\mathbf{y} = I\mathbf{y} = \mathbf{y}$ pour tout vecteur $\mathbf{y}$ de $\mathbb{R}^n$.

La formule (4) est importante sur le plan théorique, mais, dans la pratique, les composantes des $\mathbf{u}_i$ contiennent en général des racines carrées. Pour les calculs à la main, la formule (2) est en général préférable.

EXERCICES D'ENTRAÎNEMENT

1. On pose $\mathbf{u}_1 = \begin{bmatrix} -7 \\ 1 \\ 4 \end{bmatrix}$, $\mathbf{u}_2 = \begin{bmatrix} -1 \\ 1 \\ -2 \end{bmatrix}$, $\mathbf{y} = \begin{bmatrix} -9 \\ 1 \\ 6 \end{bmatrix}$ et $W = \text{Vect}\,\{\mathbf{u}_1, \mathbf{u}_2\}$. Après avoir vérifié que $\mathbf{u}_1$ et $\mathbf{u}_2$ sont orthogonaux, calculer $\text{proj}_W \mathbf{y}$.

2. Soit W un sous-espace vectoriel de $\mathbb{R}^n$. On considère deux vecteurs $\mathbf{x}$ et $\mathbf{y}$ de $\mathbb{R}^n$ et $\mathbf{z} = \mathbf{x} + \mathbf{y}$. Montrer que si $\mathbf{u}$ est le projeté orthogonal de $\mathbf{x}$ sur W et $\mathbf{v}$ le projeté orthogonal de $\mathbf{y}$ sur W, alors $\mathbf{u} + \mathbf{v}$ est le projeté orthogonal de $\mathbf{z}$ sur W.

6.3 EXERCICES

On pourra admettre dans les exercices 1 et 2 que $(\mathbf{u}_1, \ldots, \mathbf{u}_4)$ est une base orthogonale de $\mathbb{R}^4$.

1. Soit $\mathbf{u}_1 = \begin{bmatrix} 0 \\ 1 \\ -4 \\ -1 \end{bmatrix}$, $\mathbf{u}_2 = \begin{bmatrix} 3 \\ 5 \\ 1 \\ 1 \end{bmatrix}$, $\mathbf{u}_3 = \begin{bmatrix} 1 \\ 0 \\ 1 \\ -4 \end{bmatrix}$, $\mathbf{u}_4 = \begin{bmatrix} 5 \\ -3 \\ -1 \\ 1 \end{bmatrix}$

et $\mathbf{x} = \begin{bmatrix} 10 \\ -8 \\ 2 \\ 0 \end{bmatrix}$. Écrire $\mathbf{x}$ comme la somme de deux vecteurs, l'un appartenant à $\text{Vect}\,\{\mathbf{u}_1, \mathbf{u}_2, \mathbf{u}_3\}$ et l'autre à $\text{Vect}\,\{\mathbf{u}_4\}$.

2. Soit $\mathbf{u}_1 = \begin{bmatrix} 1 \\ 2 \\ 1 \\ 1 \end{bmatrix}$, $\mathbf{u}_2 = \begin{bmatrix} -2 \\ 1 \\ -1 \\ 1 \end{bmatrix}$, $\mathbf{u}_3 = \begin{bmatrix} 1 \\ 1 \\ -2 \\ -1 \end{bmatrix}$, $\mathbf{u}_4 = \begin{bmatrix} -1 \\ 1 \\ 1 \\ -2 \end{bmatrix}$

et $\mathbf{v} = \begin{bmatrix} 4 \\ 5 \\ -3 \\ 3 \end{bmatrix}$. Écrire $\mathbf{v}$ comme la somme de deux vecteurs, l'un appartenant à $\text{Vect}\,\{\mathbf{u}_1\}$ et l'autre à $\text{Vect}\,\{\mathbf{u}_2, \mathbf{u}_3, \mathbf{u}_4\}$.

Dans les exercices 3 à 6, vérifier que la famille $(\mathbf{u}_1, \mathbf{u}_2)$ est orthogonale, puis déterminer le projeté orthogonal de $\mathbf{y}$ sur $\text{Vect}\,\{\mathbf{u}_1, \mathbf{u}_2\}$.

3. $\mathbf{y} = \begin{bmatrix} -1 \\ 4 \\ 3 \end{bmatrix}$, $\mathbf{u}_1 = \begin{bmatrix} 1 \\ 1 \\ 0 \end{bmatrix}$, $\mathbf{u}_2 = \begin{bmatrix} -1 \\ 1 \\ 0 \end{bmatrix}$

4. $\mathbf{y} = \begin{bmatrix} 6 \\ 3 \\ -2 \end{bmatrix}$, $\mathbf{u}_1 = \begin{bmatrix} 3 \\ 4 \\ 0 \end{bmatrix}$, $\mathbf{u}_2 = \begin{bmatrix} -4 \\ 3 \\ 0 \end{bmatrix}$

5. $\mathbf{y} = \begin{bmatrix} -1 \\ 2 \\ 6 \end{bmatrix}$, $\mathbf{u}_1 = \begin{bmatrix} 3 \\ -1 \\ 2 \end{bmatrix}$, $\mathbf{u}_2 = \begin{bmatrix} 1 \\ -1 \\ -2 \end{bmatrix}$

6. $\mathbf{y} = \begin{bmatrix} 6 \\ 4 \\ 1 \end{bmatrix}$, $\mathbf{u}_1 = \begin{bmatrix} -4 \\ -1 \\ 1 \end{bmatrix}$, $\mathbf{u}_2 = \begin{bmatrix} 0 \\ 1 \\ 1 \end{bmatrix}$

Dans les exercices 7 à 10, on considère le sous-espace W engendré par les $\mathbf{u}_i$. Écrire $\mathbf{y}$ comme la somme d'un vecteur de W et d'un vecteur orthogonal à W.

7. $\mathbf{y} = \begin{bmatrix} 1 \\ 3 \\ 5 \end{bmatrix}$, $\mathbf{u}_1 = \begin{bmatrix} 1 \\ 3 \\ -2 \end{bmatrix}$, $\mathbf{u}_2 = \begin{bmatrix} 5 \\ 1 \\ 4 \end{bmatrix}$

8. $\mathbf{y} = \begin{bmatrix} -1 \\ 4 \\ 3 \end{bmatrix}$, $\mathbf{u}_1 = \begin{bmatrix} 1 \\ 1 \\ 1 \end{bmatrix}$, $\mathbf{u}_2 = \begin{bmatrix} -1 \\ 3 \\ -2 \end{bmatrix}$

9. $\mathbf{y} = \begin{bmatrix} 4 \\ 3 \\ 3 \\ -1 \end{bmatrix}$, $\mathbf{u}_1 = \begin{bmatrix} 1 \\ 1 \\ 0 \\ 1 \end{bmatrix}$, $\mathbf{u}_2 = \begin{bmatrix} -1 \\ 3 \\ 1 \\ -2 \end{bmatrix}$, $\mathbf{u}_3 = \begin{bmatrix} -1 \\ 0 \\ 1 \\ 1 \end{bmatrix}$

10. $\mathbf{y} = \begin{bmatrix} 3 \\ 4 \\ 5 \\ 6 \end{bmatrix}$, $\mathbf{u}_1 = \begin{bmatrix} 1 \\ 1 \\ 0 \\ -1 \end{bmatrix}$, $\mathbf{u}_2 = \begin{bmatrix} 1 \\ 0 \\ 1 \\ 1 \end{bmatrix}$, $\mathbf{u}_3 = \begin{bmatrix} 0 \\ -1 \\ 1 \\ -1 \end{bmatrix}$

Dans les exercices 11 et 12, déterminer le point le plus proche de $\mathbf{y}$ parmi ceux du plan vectoriel W engendré par $\mathbf{v}_1$ et $\mathbf{v}_2$.

11. $\mathbf{y} = \begin{bmatrix} 3 \\ 1 \\ 5 \\ 1 \end{bmatrix}$, $\mathbf{v}_1 = \begin{bmatrix} 3 \\ 1 \\ -1 \\ 1 \end{bmatrix}$, $\mathbf{v}_2 = \begin{bmatrix} 1 \\ -1 \\ 1 \\ -1 \end{bmatrix}$

12. $\mathbf{y} = \begin{bmatrix} 3 \\ -1 \\ 1 \\ 13 \end{bmatrix}$, $\mathbf{v}_1 = \begin{bmatrix} 1 \\ -2 \\ -1 \\ 2 \end{bmatrix}$, $\mathbf{v}_2 = \begin{bmatrix} -4 \\ 1 \\ 0 \\ 3 \end{bmatrix}$

Dans les exercices 13 et 14, déterminer la meilleure approximation de $\mathbf{z}$ par les vecteurs de la forme $c_1 \mathbf{v}_1 + c_2 \mathbf{v}_2$.

13. $\mathbf{z} = \begin{bmatrix} 3 \\ -7 \\ 2 \\ 3 \end{bmatrix}$, $\mathbf{v}_1 = \begin{bmatrix} 2 \\ -1 \\ -3 \\ 1 \end{bmatrix}$, $\mathbf{v}_2 = \begin{bmatrix} 1 \\ 1 \\ 0 \\ -1 \end{bmatrix}$

14. $\mathbf{z} = \begin{bmatrix} 2 \\ 4 \\ 0 \\ -1 \end{bmatrix}$, $\mathbf{v}_1 = \begin{bmatrix} 2 \\ 0 \\ -1 \\ -3 \end{bmatrix}$, $\mathbf{v}_2 = \begin{bmatrix} 5 \\ -2 \\ 4 \\ 2 \end{bmatrix}$

15. On pose $\mathbf{y} = \begin{bmatrix} 5 \\ -9 \\ 5 \end{bmatrix}$, $\mathbf{u}_1 = \begin{bmatrix} -3 \\ -5 \\ 1 \end{bmatrix}$ et $\mathbf{u}_2 = \begin{bmatrix} -3 \\ 2 \\ 1 \end{bmatrix}$. Déterminer la distance de $\mathbf{y}$ au plan de $\mathbb{R}^3$ engendré par $\mathbf{u}_1$ et $\mathbf{u}_2$.

16. Soit $\mathbf{y}$, $\mathbf{v}_1$ et $\mathbf{v}_2$ les vecteurs définis dans l'exercice 12. Déterminer la distance de $\mathbf{y}$ au plan de $\mathbb{R}^4$ engendré par $\mathbf{v}_1$ et $\mathbf{v}_2$.

17. On pose $\mathbf{y} = \begin{bmatrix} 4 \\ 8 \\ 1 \end{bmatrix}$, $\mathbf{u}_1 = \begin{bmatrix} 2/3 \\ 1/3 \\ 2/3 \end{bmatrix}$, $\mathbf{u}_2 = \begin{bmatrix} -2/3 \\ 2/3 \\ 1/3 \end{bmatrix}$

et $W = \text{Vect}\{\mathbf{u}_1, \mathbf{u}_2\}$.

a. Soit $U = [\, \mathbf{u}_1 \quad \mathbf{u}_2\,]$. Calculer $U^T U$ et $U U^T$.

b. Calculer $\text{proj}_W \mathbf{y}$ et $(U U^T)\mathbf{y}$.

18. On pose $\mathbf{y} = \begin{bmatrix} 7 \\ 9 \end{bmatrix}$, $\mathbf{u}_1 = \begin{bmatrix} 1/\sqrt{10} \\ -3/\sqrt{10} \end{bmatrix}$ et $W = \text{Vect}\{\mathbf{u}_1\}$.

a. Soit U la matrice 2×1 dont l'unique colonne est $\mathbf{u}_1$. Calculer $U^T U$ et $U U^T$.

b. Calculer $\text{proj}_W \mathbf{y}$ et $(U U^T)\mathbf{y}$.

19. On pose $\mathbf{u}_1 = \begin{bmatrix} 1 \\ 1 \\ -2 \end{bmatrix}$, $\mathbf{u}_2 = \begin{bmatrix} 5 \\ -1 \\ 2 \end{bmatrix}$ et $\mathbf{u}_3 = \begin{bmatrix} 0 \\ 0 \\ 1 \end{bmatrix}$. On remarque que $\mathbf{u}_1$ et $\mathbf{u}_2$ sont orthogonaux, mais que $\mathbf{u}_3$ n'est orthogonal ni à $\mathbf{u}_1$ ni à $\mathbf{u}_2$. On peut montrer que $\mathbf{u}_3$ n'appartient pas au sous-espace W engendré par $\mathbf{u}_1$ et $\mathbf{u}_2$. En déduire un vecteur non nul $\mathbf{v}$ de $\mathbb{R}^3$ orthogonal à $\mathbf{u}_1$ et à $\mathbf{u}_2$.

20. Soit $\mathbf{u}_1$ et $\mathbf{u}_2$ les vecteurs définis dans l'exercice 19 et $\mathbf{u}_4 = \begin{bmatrix} 0 \\ 1 \\ 0 \end{bmatrix}$. On peut montrer que $\mathbf{u}_4$ n'appartient pas au sous-espace W engendré par $\mathbf{u}_1$ et $\mathbf{u}_2$. En déduire un vecteur non nul $\mathbf{v}$ de $\mathbb{R}^3$ orthogonal à $\mathbf{u}_1$ et à $\mathbf{u}_2$.

Dans les exercices 21 et 22, tous les vecteurs et sous-espaces sont dans $\mathbb{R}^n$. Dire de chaque énoncé s'il est vrai ou faux. Justifier les réponses.

21. a. Si $\mathbf{z}$ est orthogonal à $\mathbf{u}_1$ et à $\mathbf{u}_2$, et si $W = \text{Vect}\{\mathbf{u}_1, \mathbf{u}_2\}$, alors $\mathbf{z}$ appartient à $W^\perp$.

b. Pour tout vecteur $\mathbf{y}$ et pour tout sous-espace vectoriel W, le vecteur $\mathbf{y} - \text{proj}_W \mathbf{y}$ est orthogonal à W.

c. Le projeté orthogonal $\hat{\mathbf{y}}$ de $\mathbf{y}$ sur un sous-espace vectoriel W dépend dans certains cas de la base orthogonale de W choisie pour calculer $\hat{\mathbf{y}}$.

d. Si $\mathbf{y}$ appartient à un sous-espace vectoriel W, le projeté orthogonal de $\mathbf{y}$ sur W est égal à $\mathbf{y}$ lui-même.

e. Si les colonnes d'une matrice U de type $n \times p$ sont orthonormées, alors $U U^T \mathbf{y}$ est le projeté orthogonal de $\mathbf{y}$ sur l'image (espace engendré par les colonnes) de U.

22. a. Soit W un sous-espace vectoriel de $\mathbb{R}^n$. Tout vecteur appartenant à la fois à W et à $W^\perp$ est nécessairement nul.

b. Dans le théorème de projection orthogonale, chaque terme de l'expression de $\hat{\mathbf{y}}$ dans la formule (2) est lui-même le projeté orthogonal de $\mathbf{y}$ sur un sous-espace vectoriel de W.

c. Si $\mathbf{y} = \mathbf{z}_1 + \mathbf{z}_2$, où $\mathbf{z}_1$ appartient à un certain sous-espace vectoriel W et où $\mathbf{z}_2$ appartient à $W^\perp$, alors $\mathbf{z}_1$ est le projeté orthogonal de $\mathbf{y}$ sur W.

d. Si W est un sous-espace vectoriel de $\mathbb{R}^n$, la meilleure approximation de $\mathbf{y}$ par un élément de W est égale au vecteur $\mathbf{y} - \text{proj}_W \mathbf{y}$.

e. Si U est une matrice $n \times p$ dont les colonnes forment une base orthonormée, alors, pour tout vecteur $\mathbf{x}$ de $\mathbb{R}^n$, on a $U U^T \mathbf{x} = \mathbf{x}$.

23. Soit A une matrice $m \times n$. Montrer que tout vecteur $\mathbf{x}$ de $\mathbb{R}^n$ peut se décomposer sous la forme $\mathbf{x} = \mathbf{p} + \mathbf{u}$, où $\mathbf{p}$ appartient à $\text{Lgn}\,A$ et $\mathbf{u}$ à $\text{Ker}\,A$. Montrer également que si l'équation $A\mathbf{x} = \mathbf{b}$ est compatible, alors il existe un unique vecteur $\mathbf{p}$ dans $\text{Lgn}\,A$ tel que $A\mathbf{p} = \mathbf{b}$.

24. Soit W un sous-espace vectoriel de $\mathbb{R}^n$, muni d'une base orthogonale $(\mathbf{w}_1, \ldots, \mathbf{w}_p)$, et soit $(\mathbf{v}_1, \ldots, \mathbf{v}_q)$ une base orthogonale de $W^\perp$.

a. Justifier le fait que $(\mathbf{w}_1, \ldots, \mathbf{w}_p, \mathbf{v}_1, \ldots, \mathbf{v}_q)$ est une famille orthogonale.

b. Montrer que la famille de la question (a) engendre $\mathbb{R}^n$.

c. Montrer que $\dim W + \dim W^\perp = n$.

25. [M] Soit U la matrice 8×4 définie dans l'exercice 36 de la section 6.2. Déterminer le point de $\text{Im}\,U$ le plus proche du vecteur $\mathbf{y} = (1, 1, 1, 1, 1, 1, 1, 1)$. Préciser la suite de touches ou de fonctions du logiciel utilisée pour résoudre cette question.

26. [M] Soit U la matrice de l'exercice 25. Calculer la distance de $\mathbf{b} = (1, 1, 1, 1, -1, -1, -1, -1)$ à $\text{Im}\,U$.

SOLUTIONS DES EXERCICES D'ENTRAÎNEMENT

1. On calcule

$$\text{proj}_W \mathbf{y} = \frac{\mathbf{y} \cdot \mathbf{u}_1}{\mathbf{u}_1 \cdot \mathbf{u}_1}\mathbf{u}_1 + \frac{\mathbf{y} \cdot \mathbf{u}_2}{\mathbf{u}_2 \cdot \mathbf{u}_2}\mathbf{u}_2 = \frac{88}{66}\mathbf{u}_1 + \frac{-2}{6}\mathbf{u}_2$$

$$= \frac{4}{3}\begin{bmatrix} -7 \\ 1 \\ 4 \end{bmatrix} - \frac{1}{3}\begin{bmatrix} -1 \\ 1 \\ -2 \end{bmatrix} = \begin{bmatrix} -9 \\ 1 \\ 6 \end{bmatrix} = \mathbf{y}$$

Il se trouve que, dans ce cas, $\mathbf{y}$ est une combinaison linéaire de $\mathbf{u}_1$ et $\mathbf{u}_2$, c'est-à-dire que $\mathbf{y}$ appartient à W. Le point de W le plus proche de $\mathbf{y}$ est $\mathbf{y}$ lui-même.

2. Soit U la matrice dont les colonnes sont les vecteurs de la base orthonormée de W. D'après le théorème 10, $\text{proj}_W \mathbf{z} = UU^T \mathbf{z} = UU^T (\mathbf{x} + \mathbf{y}) = UU^T\mathbf{x} + UU^T\mathbf{y}$ $= \text{proj}_W\mathbf{x} + \text{proj}_W\mathbf{y} = \mathbf{u} + \mathbf{v}$.

6.4 | PROCÉDÉ DE GRAM-SCHMIDT

Le procédé de Gram-Schmidt est un algorithme simple qui permet d'obtenir une base orthogonale ou orthonormée pour tout sous-espace vectoriel de $\mathbb{R}^n$. Les deux premiers exemples ci-dessous sont destinés à être calculés à la main.

EXEMPLE 1 On pose $\mathbf{x}_1 = \begin{bmatrix} 3 \\ 6 \\ 0 \end{bmatrix}$, $\mathbf{x}_2 = \begin{bmatrix} 1 \\ 2 \\ 2 \end{bmatrix}$ et $W = \text{Vect}\{\mathbf{x}_1, \mathbf{x}_2\}$. Construire une base orthogonale $(\mathbf{v}_1, \mathbf{v}_2)$ de W.

SOLUTION Le sous-espace W est représenté à la figure 1, ainsi que les vecteurs $\mathbf{x}_1$ et $\mathbf{x}_2$, et le projeté $\mathbf{p}$ de $\mathbf{x}_2$ sur $\mathbf{x}_1$. La composante de $\mathbf{x}_2$ orthogonale à $\mathbf{x}_1$ est le vecteur $\mathbf{x}_2 - \mathbf{p}$, qui appartient à W car il est composé de $\mathbf{x}_2$ et d'un vecteur colinéaire à $\mathbf{x}_1$. On pose alors $\mathbf{v}_1 = \mathbf{x}_1$ et

$$\mathbf{v}_2 = \mathbf{x}_2 - \mathbf{p} = \mathbf{x}_2 - \frac{\mathbf{x}_2 \cdot \mathbf{x}_1}{\mathbf{x}_1 \cdot \mathbf{x}_1}\mathbf{x}_1 = \begin{bmatrix} 1 \\ 2 \\ 2 \end{bmatrix} - \frac{15}{45}\begin{bmatrix} 3 \\ 6 \\ 0 \end{bmatrix} = \begin{bmatrix} 0 \\ 0 \\ 2 \end{bmatrix}$$

Alors $(\mathbf{v}_1, \mathbf{v}_2)$ est une famille orthogonale de vecteurs non nuls de W. Puisque $\dim W = 2$, cette famille est une base de W. ∎

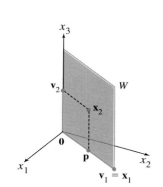

FIGURE 1

Construction d'une base orthogonale $(\mathbf{v}_1, \mathbf{v}_2)$

L'exemple qui suit illustre toutes les étapes du procédé de Gram-Schmidt. Celui-ci doit être soigneusement étudié.

EXEMPLE 2 On pose $\mathbf{x}_1 = \begin{bmatrix} 1 \\ 1 \\ 1 \\ 1 \end{bmatrix}$, $\mathbf{x}_2 = \begin{bmatrix} 0 \\ 1 \\ 1 \\ 1 \end{bmatrix}$ et $\mathbf{x}_3 = \begin{bmatrix} 0 \\ 0 \\ 1 \\ 1 \end{bmatrix}$. Il est clair que la famille $(\mathbf{x}_1, \mathbf{x}_2, \mathbf{x}_3)$ est libre. C'est donc une base d'un certain sous-espace vectoriel W de $\mathbb{R}^4$. Construire une base orthogonale de W.

SOLUTION

Étape 1. On pose $\mathbf{v}_1 = \mathbf{x}_1$, puis $W_1 = \text{Vect}\{\mathbf{x}_1\} = \text{Vect}\{\mathbf{v}_1\}$.

Étape 2. Soit $\mathbf{v}_2$ le vecteur obtenu en retranchant à $\mathbf{x}_2$ son projeté orthogonal sur le sous-espace W_1, c'est-à-dire

$$\begin{aligned} \mathbf{v}_2 &= \mathbf{x}_2 - \text{proj}_{W_1} \mathbf{x}_2 \\ &= \mathbf{x}_2 - \frac{\mathbf{x}_2 \cdot \mathbf{v}_1}{\mathbf{v}_1 \cdot \mathbf{v}_1}\mathbf{v}_1 \qquad \text{Car } \mathbf{v}_1 = \mathbf{x}_1 \\ &= \begin{bmatrix} 0 \\ 1 \\ 1 \\ 1 \end{bmatrix} - \frac{3}{4}\begin{bmatrix} 1 \\ 1 \\ 1 \\ 1 \end{bmatrix} = \begin{bmatrix} -3/4 \\ 1/4 \\ 1/4 \\ 1/4 \end{bmatrix} \end{aligned}$$

Comme dans l'exemple 1, $\mathbf{v}_2$ est la composante de $\mathbf{x}_2$ orthogonale à $\mathbf{x}_1$ et $(\mathbf{v}_1, \mathbf{v}_2)$ est une base orthogonale du sous-espace W_2 engendré par $\mathbf{x}_1$ et $\mathbf{x}_2$.

Étape 2′ (facultative). On peut éventuellement multiplier $\mathbf{v}_2$ par un facteur permettant de simplifier les calculs ultérieurs. Puisque les composantes du vecteur $\mathbf{v}_2$ sont fractionnaires, il est commode de les multiplier par le facteur 4 et de remplacer $(\mathbf{v}_1, \mathbf{v}_2)$ par la base orthogonale

$$\mathbf{v}_1 = \begin{bmatrix} 1 \\ 1 \\ 1 \\ 1 \end{bmatrix}, \quad \mathbf{v}_2' = \begin{bmatrix} -3 \\ 1 \\ 1 \\ 1 \end{bmatrix}$$

Étape 3. Soit $\mathbf{v}_3$ le vecteur obtenu en retranchant à $\mathbf{x}_3$ son projeté sur le sous-espace vectoriel W_2. On utilise la base orthogonale $(\mathbf{v}_1, \mathbf{v}_2')$ pour effectuer cette projection sur W_2 :

$$\text{proj}_{W_2}\, \mathbf{x}_3 = \underbrace{\frac{\mathbf{x}_3 \cdot \mathbf{v}_1}{\mathbf{v}_1 \cdot \mathbf{v}_1}\mathbf{v}_1}_{\substack{\text{Projeté de} \\ \mathbf{x}_3 \text{ sur } \mathbf{v}_1}} + \underbrace{\frac{\mathbf{x}_3 \cdot \mathbf{v}_2'}{\mathbf{v}_2' \cdot \mathbf{v}_2'}\mathbf{v}_2'}_{\substack{\text{Projeté de} \\ \mathbf{x}_3 \text{ sur } \mathbf{v}_2'}} = \frac{2}{4}\begin{bmatrix} 1 \\ 1 \\ 1 \\ 1 \end{bmatrix} + \frac{2}{12}\begin{bmatrix} -3 \\ 1 \\ 1 \\ 1 \end{bmatrix} = \begin{bmatrix} 0 \\ 2/3 \\ 2/3 \\ 2/3 \end{bmatrix}$$

Le vecteur $\mathbf{v}_3$ est la composante de $\mathbf{x}_3$ orthogonale à W_2, à savoir

$$\mathbf{v}_3 = \mathbf{x}_3 - \text{proj}_{W_2}\, \mathbf{x}_3 = \begin{bmatrix} 0 \\ 0 \\ 1 \\ 1 \end{bmatrix} - \begin{bmatrix} 0 \\ 2/3 \\ 2/3 \\ 2/3 \end{bmatrix} = \begin{bmatrix} 0 \\ -2/3 \\ 1/3 \\ 1/3 \end{bmatrix}$$

La figure 2 schématise cette construction. On remarque que puisque $\mathbf{x}_3$ et $\text{proj}_{W_2}\, \mathbf{x}_3$ appartiennent tous deux à W, c'est aussi le cas de $\mathbf{v}_3$. Il en résulte que $(\mathbf{v}_1, \mathbf{v}_2', \mathbf{v}_3)$ est une famille orthogonale de vecteurs non nuls, donc une famille libre, dans W. Puisque l'on a défini W par une base de trois vecteurs, cet espace est de dimension 3. Donc, d'après le théorème de caractérisation des bases vu à la section 4.5, $(\mathbf{v}_1, \mathbf{v}_2', \mathbf{v}_3)$ est une base orthogonale de W. ∎

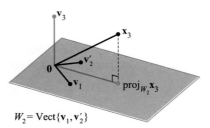

$W_2 = \text{Vect}\{\mathbf{v}_1, \mathbf{v}_2'\}$

FIGURE 2 Construction de $\mathbf{v}_3$ à partir de $\mathbf{x}_3$ et W_2

La démonstration du théorème qui suit montre que la stratégie présentée précédemment fonctionne dans tous les cas. On ne mentionne pas le remplacement d'un vecteur par un vecteur colinéaire car cette opération a pour seul but de simplifier les calculs à la main.

THÉORÈME 11   **Procédé de Gram-Schmidt**

Soit $(\mathbf{x}_1, \ldots, \mathbf{x}_p)$ une base d'un sous-espace vectoriel non nul W de $\mathbb{R}^n$. On définit successivement

$$\mathbf{v}_1 = \mathbf{x}_1$$

$$\mathbf{v}_2 = \mathbf{x}_2 - \frac{\mathbf{x}_2 \cdot \mathbf{v}_1}{\mathbf{v}_1 \cdot \mathbf{v}_1}\mathbf{v}_1$$

$$\mathbf{v}_3 = \mathbf{x}_3 - \frac{\mathbf{x}_3 \cdot \mathbf{v}_1}{\mathbf{v}_1 \cdot \mathbf{v}_1}\mathbf{v}_1 - \frac{\mathbf{x}_3 \cdot \mathbf{v}_2}{\mathbf{v}_2 \cdot \mathbf{v}_2}\mathbf{v}_2$$

$$\vdots$$

$$\mathbf{v}_p = \mathbf{x}_p - \frac{\mathbf{x}_p \cdot \mathbf{v}_1}{\mathbf{v}_1 \cdot \mathbf{v}_1}\mathbf{v}_1 - \frac{\mathbf{x}_p \cdot \mathbf{v}_2}{\mathbf{v}_2 \cdot \mathbf{v}_2}\mathbf{v}_2 - \cdots - \frac{\mathbf{x}_p \cdot \mathbf{v}_{p-1}}{\mathbf{v}_{p-1} \cdot \mathbf{v}_{p-1}}\mathbf{v}_{p-1}$$

Alors $(\mathbf{v}_1, \ldots, \mathbf{v}_p)$ est une base orthogonale de W. De plus,

$$\text{Vect}\{\mathbf{v}_1, \ldots, \mathbf{v}_k\} = \text{Vect}\{\mathbf{x}_1, \ldots, \mathbf{x}_k\} \qquad \text{pour } 1 \leq k \leq p \qquad (1)$$

DÉMONSTRATION   Pour $1 \leq k \leq p$, soit $W_k = \text{Vect}\{\mathbf{x}_1, \ldots, \mathbf{x}_k\}$. On pose $\mathbf{v}_1 = \mathbf{x}_1$, de sorte que $\text{Vect}\{\mathbf{v}_1\} = \text{Vect}\{\mathbf{x}_1\}$. On suppose que, pour un certain $k < p$, on a déjà construit $\mathbf{v}_1, \ldots, \mathbf{v}_k$ de façon que $(\mathbf{v}_1, \ldots, \mathbf{v}_k)$ soit une base orthogonale de W_k. On définit alors

$$\mathbf{v}_{k+1} = \mathbf{x}_{k+1} - \text{proj}_{W_k}\,\mathbf{x}_{k+1} \qquad (2)$$

D'après le théorème de projection orthogonale, $\mathbf{v}_{k+1}$ est orthogonal à W_k. On remarque que le projeté $\text{proj}_{W_k}\,\mathbf{x}_{k+1}$ appartient à W_k, donc aussi à W_{k+1}. Et puisque $\mathbf{x}_{k+1}$ appartient aussi à W_{k+1}, il en va de même de $\mathbf{v}_{k+1}$ (car W_{k+1} est un sous-espace vectoriel, donc stable par soustraction). De plus, $\mathbf{v}_{k+1} \neq \mathbf{0}$ car $\mathbf{x}_{k+1}$ n'appartient pas à $W_k = \text{Vect}\{\mathbf{x}_1, \ldots, \mathbf{x}_k\}$. Par conséquent, $\{\mathbf{v}_1, \ldots, \mathbf{v}_{k+1}\}$ est une famille orthogonale de vecteurs non nuls de l'espace W_{k+1} de dimension $k + 1$. D'après le théorème de caractérisation des bases de la section 4.5, cette famille est une base orthogonale de W_{k+1}. Donc $W_{k+1} = \text{Vect}\{\mathbf{v}_1, \ldots, \mathbf{v}_{k+1}\}$. Le processus s'arrête quand $k + 1 = p$. ∎

Le théorème 11 montre que tout sous-espace non nul W de $\mathbb{R}^n$ admet une base orthogonale. En effet, on peut toujours trouver une base ordinaire $(\mathbf{x}_1, \ldots, \mathbf{x}_p)$ (d'après le théorème de la base incomplète vu à la section 4.5). Le procédé de Gram-Schmidt consiste alors à calculer au fur et à mesure des projections orthogonales sur des sous-espaces W au moyen de bases orthogonales déjà construites.

Bases orthonormées

Il est facile de construire une base orthonormée à partir d'une base orthogonale $(\mathbf{v}_1, \ldots, \mathbf{v}_p)$: il suffit de normer tous les vecteurs $\mathbf{v}_k$. Quand on effectue les calculs à la main, il vaut mieux procéder de cette façon, plutôt que de normer les vecteurs $\mathbf{v}_k$ au fur et à mesure des calculs. On évite ainsi de manipuler inutilement des racines carrées.

EXEMPLE 3   On a construit dans l'exemple 1 la base orthogonale

$$\mathbf{v}_1 = \begin{bmatrix} 3 \\ 6 \\ 0 \end{bmatrix}, \quad \mathbf{v}_2 = \begin{bmatrix} 0 \\ 0 \\ 2 \end{bmatrix}$$

On en déduit la base orthonormée

$$\mathbf{u}_1 = \frac{1}{\|\mathbf{v}_1\|}\mathbf{v}_1 = \frac{1}{\sqrt{45}}\begin{bmatrix} 3 \\ 6 \\ 0 \end{bmatrix} = \begin{bmatrix} 1/\sqrt{5} \\ 2/\sqrt{5} \\ 0 \end{bmatrix}$$

$$\mathbf{u}_2 = \frac{1}{\|\mathbf{v}_2\|}\mathbf{v}_2 = \begin{bmatrix} 0 \\ 0 \\ 1 \end{bmatrix}$$ ∎

Factorisation QR

Si les colonnes $\mathbf{x}_1, \ldots, \mathbf{x}_n$ d'une matrice $m \times n$ sont linéairement indépendantes, alors, comme l'indique le théorème qui suit, l'application du procédé de Gram-Schmidt à $\mathbf{x}_1, \ldots, \mathbf{x}_n$ (en normant les vecteurs) revient à *factoriser* cette matrice. De nombreux calculs, tels que la résolution d'équations (développée à la section 6.5) ou le calcul de valeurs propres (voir les exercices de la section 5.2), utilisent des algorithmes s'appuyant sur cette factorisation.

THÉORÈME 12

Factorisation QR

Soit A une matrice $m \times n$ dont les colonnes sont linéairement indépendantes. Alors il existe une factorisation du type $A = QR$, où Q est une matrice $m \times n$ dont les colonnes forment une base orthonormée de Im A, et R une matrice triangulaire supérieure inversible $n \times n$ à coefficients diagonaux strictement positifs.

DÉMONSTRATION Par hypothèse, les colonnes de A forment une base $(\mathbf{x}_1, \ldots, \mathbf{x}_n)$ de Im A. On construit alors une base orthonormée $(\mathbf{u}_1, \ldots, \mathbf{u}_n)$ de $W = \text{Im } A$ vérifiant la propriété (1) du théorème 11. On peut effectuer cette construction par le procédé de Gram-Schmidt ou par tout autre moyen. On pose

$$Q = [\,\mathbf{u}_1 \quad \mathbf{u}_2 \quad \cdots \quad \mathbf{u}_n\,]$$

Pour $k = 1, \ldots, n$, $\mathbf{x}_k$ appartient à Vect$\{\mathbf{x}_1, \ldots, \mathbf{x}_k\}$ = Vect$\{\mathbf{u}_1, \ldots, \mathbf{u}_k\}$. Il existe donc des constantes $r_{1k}, \ldots, r_{kk}$ telles que

$$\mathbf{x}_k = r_{1k}\mathbf{u}_1 + \cdots + r_{kk}\mathbf{u}_k + 0\cdot\mathbf{u}_{k+1} + \cdots + 0\cdot\mathbf{u}_n$$

On peut supposer que $r_{kk} \geq 0$ (sinon, on multiplie à la fois r_{kk} et $\mathbf{u}_k$ par -1). Le vecteur $\mathbf{x}_k$ apparaît donc comme une combinaison linéaire des colonnes de Q dont les coefficients sont les composantes du vecteur

$$\mathbf{r}_k = \begin{bmatrix} r_{1k} \\ \vdots \\ r_{kk} \\ 0 \\ \vdots \\ 0 \end{bmatrix}$$

On a donc $\mathbf{x}_k = Q\mathbf{r}_k$ pour $k = 1, \ldots, n$. On pose $R = [\,\mathbf{r}_1 \quad \cdots \quad \mathbf{r}_n\,]$. Alors

$$A = [\,\mathbf{x}_1 \quad \cdots \quad \mathbf{x}_n\,] = [\,Q\mathbf{r}_1 \quad \cdots \quad Q\mathbf{r}_n\,] = QR$$

L'inversibilité de R se déduit facilement du fait que les colonnes de A sont linéairement indépendantes (voir exercice 19). Or R est clairement triangulaire supérieure, donc ses coefficients diagonaux, *a priori* positifs ou nuls, sont en fait strictement positifs. ∎

EXEMPLE 4 Déterminer une factorisation QR de la matrice $A = \begin{bmatrix} 1 & 0 & 0 \\ 1 & 1 & 0 \\ 1 & 1 & 1 \\ 1 & 1 & 1 \end{bmatrix}$.

SOLUTION Les colonnes de A sont les vecteurs $\mathbf{x}_1$, $\mathbf{x}_2$ et $\mathbf{x}_3$ de l'exemple 2. On avait trouvé dans cet exemple une base orthogonale de Im $A = \text{Vect}\{\mathbf{x}_1, \mathbf{x}_2, \mathbf{x}_3\}$:

$$\mathbf{v}_1 = \begin{bmatrix} 1 \\ 1 \\ 1 \\ 1 \end{bmatrix}, \quad \mathbf{v}_2' = \begin{bmatrix} -3 \\ 1 \\ 1 \\ 1 \end{bmatrix}, \quad \mathbf{v}_3 = \begin{bmatrix} 0 \\ -2/3 \\ 1/3 \\ 1/3 \end{bmatrix}$$

Pour simplifier les calculs, on pose $\mathbf{v}_3' = 3\mathbf{v}_3$. On norme ensuite les trois vecteurs, obtenant ainsi $\mathbf{u}_1$, $\mathbf{u}_2$ et $\mathbf{u}_3$. On définit la matrice Q à partir de ces derniers vecteurs :

$$Q = \begin{bmatrix} 1/2 & -3/\sqrt{12} & 0 \\ 1/2 & 1/\sqrt{12} & -2/\sqrt{6} \\ 1/2 & 1/\sqrt{12} & 1/\sqrt{6} \\ 1/2 & 1/\sqrt{12} & 1/\sqrt{6} \end{bmatrix}$$

Par construction, les k premières colonnes de Q forment une base orthonormée de $\text{Vect}\{\mathbf{x}_1, \ldots, \mathbf{x}_k\}$. D'après la démonstration du théorème 12, il existe une matrice R telle que $A = QR$. Pour déterminer R, on remarque que $Q^T Q = I$ car les colonnes de Q sont orthonormées. On en déduit que

$$Q^T A = Q^T (QR) = IR = R$$

soit

$$R = \begin{bmatrix} 1/2 & 1/2 & 1/2 & 1/2 \\ -3/\sqrt{12} & 1/\sqrt{12} & 1/\sqrt{12} & 1/\sqrt{12} \\ 0 & -2/\sqrt{6} & 1/\sqrt{6} & 1/\sqrt{6} \end{bmatrix} \begin{bmatrix} 1 & 0 & 0 \\ 1 & 1 & 0 \\ 1 & 1 & 1 \\ 1 & 1 & 1 \end{bmatrix}$$

$$= \begin{bmatrix} 2 & 3/2 & 1 \\ 0 & 3/\sqrt{12} & 2/\sqrt{12} \\ 0 & 0 & 2/\sqrt{6} \end{bmatrix} \qquad \blacksquare$$

REMARQUES NUMÉRIQUES

1. Quand on met en œuvre le procédé de Gram-Schmidt sur ordinateur, les erreurs d'arrondi peuvent s'accumuler au fur et à mesure du calcul des vecteurs $\mathbf{u}_k$. Pour j et k assez grands mais distincts, il se peut que le produit scalaire $\mathbf{u}_j^T \mathbf{u}_k$ ne soit plus suffisamment proche de 0. Il est en grande partie possible de corriger ce défaut d'orthogonalité en réarrangeant l'ordre des calculs[6]. Toutefois, on préfère en général recourir à un autre algorithme de factorisation QR plutôt qu'à ce procédé de Gram-Schmidt modifié car, bien qu'il soit environ deux fois plus coûteux en temps de calcul, il fournit une base orthonormée plus précise.

---

[6] Voir David S. Watkins, *Fundamentals of Matrix Computations*, New York : John Wiley & Sons, 1991, p. 167 à 180.

2. Pour effectuer une factorisation QR d'une matrice A, un ordinateur procède en général à des multiplications à gauche successives par une suite de matrices orthogonales, et cela, jusqu'à ce que A soit transformée en une matrice triangulaire supérieure. Cette construction est analogue à celle consistant à multiplier à gauche par des matrices élémentaires pour obtenir une factorisation LU de A.

EXERCICES D'ENTRAÎNEMENT

1. On pose $\mathbf{x}_1 = \begin{bmatrix} 1 \\ 1 \\ 1 \end{bmatrix}$, $\mathbf{x}_2 = \begin{bmatrix} 1/3 \\ 1/3 \\ -2/3 \end{bmatrix}$ et $W = \text{Vect}\{\mathbf{x}_1, \mathbf{x}_2\}$. Construire une base orthonormée de W.

2. On suppose que $A = QR$, où Q est une matrice $m \times n$ dont les colonnes sont orthonormées et R une matrice $n \times n$. Montrer que si les colonnes de A sont linéairement dépendantes, alors R ne peut pas être inversible.

6.4 EXERCICES

Dans les exercices 1 à 6, on donne une base d'un sous-espace vectoriel W. Déterminer, par le procédé de Gram-Schmidt, une base orthogonale de W.

1. $\begin{bmatrix} 3 \\ 0 \\ -1 \end{bmatrix}, \begin{bmatrix} 8 \\ 5 \\ -6 \end{bmatrix}$ **2.** $\begin{bmatrix} 0 \\ 4 \\ 2 \end{bmatrix}, \begin{bmatrix} 5 \\ 6 \\ -7 \end{bmatrix}$

3. $\begin{bmatrix} 2 \\ -5 \\ 1 \end{bmatrix}, \begin{bmatrix} 4 \\ -1 \\ 2 \end{bmatrix}$ **4.** $\begin{bmatrix} 3 \\ -4 \\ 5 \end{bmatrix}, \begin{bmatrix} -3 \\ 14 \\ -7 \end{bmatrix}$

5. $\begin{bmatrix} 1 \\ -4 \\ 0 \\ 1 \end{bmatrix}, \begin{bmatrix} 7 \\ -7 \\ -4 \\ 1 \end{bmatrix}$ **6.** $\begin{bmatrix} 3 \\ -1 \\ 2 \\ -1 \end{bmatrix}, \begin{bmatrix} -5 \\ 9 \\ -9 \\ 3 \end{bmatrix}$

7. Déterminer une base orthonormée du sous-espace vectoriel engendré par les vecteurs de l'exercice 3.

8. Déterminer une base orthonormée du sous-espace vectoriel engendré par les vecteurs de l'exercice 4.

Déterminer une base orthogonale de l'espace engendré par les colonnes de chacune des matrices des exercices 9 à 12.

9. $\begin{bmatrix} 3 & -5 & 1 \\ 1 & 1 & 1 \\ -1 & 5 & -2 \\ 3 & -7 & 8 \end{bmatrix}$ **10.** $\begin{bmatrix} -1 & 6 & 6 \\ 3 & -8 & 3 \\ 1 & -2 & 6 \\ 1 & -4 & -3 \end{bmatrix}$

11. $\begin{bmatrix} 1 & 2 & 5 \\ -1 & 1 & -4 \\ -1 & 4 & -3 \\ 1 & -4 & 7 \\ 1 & 2 & 1 \end{bmatrix}$ **12.** $\begin{bmatrix} 1 & 3 & 5 \\ -1 & -3 & 1 \\ 0 & 2 & 3 \\ 1 & 5 & 2 \\ 1 & 5 & 8 \end{bmatrix}$

Dans les exercices 13 et 14, les colonnes de Q ont été obtenues en appliquant le procédé de Gram-Schmidt aux colonnes de A. Déter-

miner une matrice triangulaire supérieure R telle que $A = QR$. Vérifier les résultats.

13. $A = \begin{bmatrix} 5 & 9 \\ 1 & 7 \\ -3 & -5 \\ 1 & 5 \end{bmatrix}$, $Q = \begin{bmatrix} 5/6 & -1/6 \\ 1/6 & 5/6 \\ -3/6 & 1/6 \\ 1/6 & 3/6 \end{bmatrix}$

14. $A = \begin{bmatrix} -2 & 3 \\ 5 & 7 \\ 2 & -2 \\ 4 & 6 \end{bmatrix}$, $Q = \begin{bmatrix} -2/7 & 5/7 \\ 5/7 & 2/7 \\ 2/7 & -4/7 \\ 4/7 & 2/7 \end{bmatrix}$

15. Déterminer une factorisation QR de la matrice de l'exercice 11.

16. Déterminer une factorisation QR de la matrice de l'exercice 12.

Dans les exercices 17 et 18, les vecteurs et les sous-espaces sont dans $\mathbb{R}^n$. Dire de chaque énoncé s'il est vrai ou faux. Justifier les réponses.

17. a. Si $(\mathbf{v}_1, \mathbf{v}_2, \mathbf{v}_3)$ est une base orthogonale de W, alors, en multipliant $\mathbf{v}_3$ par c, on obtient une nouvelle base orthogonale $(\mathbf{v}_1, \mathbf{v}_2, c\mathbf{v}_3)$.

   b. Le procédé de Gram-Schmidt transforme une famille libre $(\mathbf{x}_1, \ldots, \mathbf{x}_p)$ en une famille orthogonale $(\mathbf{v}_1, \ldots, \mathbf{v}_p)$ telle que, pour tout k, les vecteurs $\mathbf{v}_1, \ldots, \mathbf{v}_k$ engendrent le même espace que $\mathbf{x}_1, \ldots, \mathbf{x}_k$.

   c. Si $A = QR$, les colonnes de Q étant orthonormées, alors $R = Q^T A$.

18. a. Si $(\mathbf{x}_1, \mathbf{x}_2, \mathbf{x}_3)$ est une famille libre et si $(\mathbf{v}_1, \mathbf{v}_2, \mathbf{v}_3)$ est une famille orthogonale de $W = \text{Vect}\{\mathbf{x}_1, \mathbf{x}_2, \mathbf{x}_3\}$, alors $(\mathbf{v}_1, \mathbf{v}_2, \mathbf{v}_3)$ est une base de W.

b. Soit W un sous-espace vectoriel de $\mathbb{R}^n$. Si un vecteur $\mathbf{x}$ n'appartient pas à W, alors $\mathbf{x} - \text{proj}_W\, \mathbf{x}$ est non nul.

c. Dans une factorisation QR du type $A = QR$ (en supposant que les colonnes de A sont linéairement indépendantes), les colonnes de Q forment une base orthonormée de l'espace engendré par les colonnes de A.

19. On suppose que $A = QR$, où Q est une matrice $m \times n$ et R une matrice $n \times n$. Montrer que si les colonnes de A sont linéairement indépendantes, alors R est nécessairement inversible. [*Indication :* Étudier l'équation $R\mathbf{x} = \mathbf{0}$ et utiliser le fait que $A = QR$.]

20. On suppose que $A = QR$, où R est une matrice inversible. Montrer que les colonnes de A et de Q engendrent le même espace. [*Indication :* Étant donné un vecteur $\mathbf{y}$ de $\text{Im}\, A$, montrer qu'il existe $\mathbf{x}$ tel que $\mathbf{y} = Q\mathbf{x}$; montrer, inversement, qu'étant donné un vecteur $\mathbf{y}$ de $\text{Im}\, Q$, il existe $\mathbf{x}$ tel que $\mathbf{y} = A\mathbf{x}$.]

21. On considère la décomposition $A = QR$ telle qu'elle est définie au théorème 12. En déduire une matrice orthogonale Q_1 de type $m \times m$ (carrée) et une matrice $n \times n$ triangulaire supérieure inversible R telle que

$$A = Q_1 \begin{bmatrix} R \\ 0 \end{bmatrix}$$

La commande de MATLAB `qr` permet d'obtenir ce type de factorisation QR « complète » quand rang $A = n$.

22. Soit $(\mathbf{u}_1, \ldots, \mathbf{u}_p)$ une base orthogonale d'un sous-espace vectoriel W de $\mathbb{R}^n$ et $T : \mathbb{R}^n \to \mathbb{R}^n$ la projection orthogonale sur W définie par $T(\mathbf{x}) = \text{proj}_W\, \mathbf{x}$. Montrer que T est une application linéaire.

23. Soit A une matrice $m \times n$ dont les colonnes sont linéairement indépendantes. On considère une factorisation QR

de A de la forme $A = QR$. On partitionne la matrice A en blocs $[A_1 \quad A_2]$, la matrice A_1 ayant p colonnes. Décrire comment on peut obtenir une factorisation QR de A_1 et justifier le fait que cette factorisation a bien les propriétés voulues.

24. [M] En utilisant, comme dans l'exemple 2, le procédé de Gram-Schmidt, déterminer une base orthogonale de l'espace engendré par les colonnes (c'est-à-dire l'image) de

$$A = \begin{bmatrix} -10 & 13 & 7 & -11 \\ 2 & 1 & -5 & 3 \\ -6 & 3 & 13 & -3 \\ 16 & -16 & -2 & 5 \\ 2 & 1 & -5 & -7 \end{bmatrix}$$

25. [M] En utilisant la méthode décrite dans cette section, déterminer une factorisation QR de la matrice de l'exercice 24.

26. [M] Quand il est effectué sur ordinateur, le procédé de Gram-Schmidt fonctionne mieux avec des vecteurs orthonormés. On part, comme dans le théorème 1, de vecteurs $\mathbf{x}_1, \ldots, \mathbf{x}_p$ et l'on pose $A = [\mathbf{x}_1 \quad \cdots \quad \mathbf{x}_p]$. On suppose que Q est une matrice $n \times k$ dont les colonnes forment une base orthonormée du sous-espace W_k engendré par les k premières colonnes de A. Alors, pour tout vecteur $\mathbf{x}$ de $\mathbb{R}^n$, $QQ^T\mathbf{x}$ est le projeté orthogonal de $\mathbf{x}$ sur W_k (théorème 10, section 6.3). Si $\mathbf{x}_{k+1}$ est la colonne suivante de A, alors la relation (2) apparaissant dans la démonstration du théorème 11 devient

$$\mathbf{v}_{k+1} = \mathbf{x}_{k+1} - Q(Q^T\mathbf{x}_{k+1})$$

(Le placement des parenthèses dans l'expression ci-dessus permet de réduire le nombre d'opérations.) On pose $\mathbf{u}_{k+1} = \mathbf{v}_{k+1}/\|\mathbf{v}_{k+1}\|$. La nouvelle matrice Q pour l'étape suivante est $[\, Q \quad \mathbf{u}_{k+1}\,]$. Calculer, à l'aide de cette procédure, la factorisation QR de l'exercice 24. Préciser la suite de touches ou de commandes du logiciel utilisé.

SOLUTIONS DES EXERCICES D'ENTRAÎNEMENT

1. On pose $\mathbf{v}_1 = \mathbf{x}_1 = \begin{bmatrix} 1 \\ 1 \\ 1 \end{bmatrix}$, puis $\mathbf{v}_2 = \mathbf{x}_2 - \dfrac{\mathbf{x}_2 \cdot \mathbf{v}_1}{\mathbf{v}_1 \cdot \mathbf{v}_1} \mathbf{v}_1 = \mathbf{x}_2 - 0\mathbf{v}_1 = \mathbf{x}_2$. Donc $(\mathbf{x}_1, \mathbf{x}_2)$

est déjà orthogonale. La seule opération à effectuer est de normer les vecteurs. On pose

$$\mathbf{u}_1 = \frac{1}{\|\mathbf{v}_1\|}\mathbf{v}_1 = \frac{1}{\sqrt{3}}\begin{bmatrix} 1 \\ 1 \\ 1 \end{bmatrix} = \begin{bmatrix} 1/\sqrt{3} \\ 1/\sqrt{3} \\ 1/\sqrt{3} \end{bmatrix}$$

Plutôt que de normer $\mathbf{v}_2$ directement, on norme $\mathbf{v}_2' = 3\mathbf{v}_2$:

$$\mathbf{u}_2 = \frac{1}{\|\mathbf{v}_2'\|}\mathbf{v}_2' = \frac{1}{\sqrt{1^2 + 1^2 + (-2)^2}}\begin{bmatrix} 1 \\ 1 \\ -2 \end{bmatrix} = \begin{bmatrix} 1/\sqrt{6} \\ 1/\sqrt{6} \\ -2/\sqrt{6} \end{bmatrix}$$

La famille $(\mathbf{u}_1, \mathbf{u}_2)$ est bien une base orthonormée de W.

2. Comme les colonnes de A sont linéairement dépendantes, alors il existe un vecteur $\mathbf{x}$ non nul tel que $A\mathbf{x} = \mathbf{0}$. Dans ce cas, $QR\mathbf{x} = \mathbf{0}$. En appliquant le théorème 7 de la section 6.2, on obtient $\|R\mathbf{x}\| = \|QR\mathbf{x}\| = \|\mathbf{0}\| = 0$. Comme $\|R\mathbf{x}\| = 0$, alors $R\mathbf{x} = \mathbf{0}$, d'après le théorème 1 de la section 6.1. Donc il existe un vecteur non nul $\mathbf{x}$ tel que $R\mathbf{x} = \mathbf{0}$ et, d'après le théorème de caractérisation des matrices inversibles, R ne peut pas être inversible.

6.5 | MÉTHODE DES MOINDRES CARRÉS

L'exemple introductif de ce chapitre présentait un problème se ramenant à une équation du type $A\mathbf{x} = \mathbf{b}$, de très grande taille et n'admettant pas de solution. De tels systèmes incompatibles se rencontrent dans de nombreuses applications, même s'il est rare que ce soit avec une matrice de coefficients aussi énorme. Quand on a besoin d'une solution et qu'il n'en existe aucune, le mieux que l'on puisse faire est de trouver un vecteur $\mathbf{x}$ pour lequel $A\mathbf{x}$ soit aussi proche que possible de $\mathbf{b}$.

Il faut dans ce cas considérer $A\mathbf{x}$ comme une *approximation* de $\mathbf{b}$. Plus la distance entre $\mathbf{b}$ et $A\mathbf{x}$ (c'est-à-dire $\|\mathbf{b} - A\mathbf{x}\|$) est petite, meilleure est l'approximation. La **méthode des moindres carrés** consiste à trouver un vecteur $\mathbf{x}$ tel que $\|\mathbf{b} - A\mathbf{x}\|$ soit aussi petit que possible. La locution « moindres carrés » vient du fait que $\|\mathbf{b} - A\mathbf{x}\|$ est la racine carrée d'une somme de carrés.

DÉFINITION

> Soit A une matrice $m \times n$ et $\mathbf{b}$ un vecteur de $\mathbb{R}^m$. On appelle **solution au sens des moindres carrés** ou **pseudo-solution** de l'équation $A\mathbf{x} = \mathbf{b}$ un vecteur $\hat{\mathbf{x}}$ de $\mathbb{R}^n$ tel que pour tout vecteur $\mathbf{x}$ de $\mathbb{R}^n$
>
> $$\|\mathbf{b} - A\hat{\mathbf{x}}\| \leq \|\mathbf{b} - A\mathbf{x}\|$$

L'aspect le plus important de la méthode des moindres carrés est que, quel que soit le choix du vecteur $\mathbf{x}$, le vecteur $A\mathbf{x}$ appartient forcément à Im A. On cherche donc un vecteur $\mathbf{x}$ tel que $A\mathbf{x}$ soit le point de Im A le plus proche de $\mathbf{b}$ (voir figure 1). Bien entendu, dans le cas où $\mathbf{b}$ appartient déjà à Im A, alors $\mathbf{b}$ est *égal* à $A\mathbf{x}$ pour un certain vecteur $\mathbf{x}$ qui est « solution au sens des moindres carrés ».

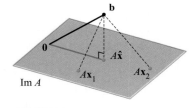

FIGURE 1

De tous les vecteurs du type $A\mathbf{x}$, c'est $A\hat{\mathbf{x}}$ qui est le plus proche de $\mathbf{b}$.

Détermination de la solution au sens des moindres carrés

Étant donné A et $\mathbf{b}$ comme précédemment, on applique le théorème de meilleure approximation de la section 6.3 au sous-espace Im A. On pose donc

$$\hat{\mathbf{b}} = \text{proj}_{\text{Im } A} \, \mathbf{b}$$

Puisque $\hat{\mathbf{b}}$ appartient à l'image de A, l'équation $A\mathbf{x} = \hat{\mathbf{b}}$ *est* compatible et il existe un vecteur $\hat{\mathbf{x}}$ de $\mathbb{R}^n$ tel que

$$A\hat{\mathbf{x}} = \hat{\mathbf{b}} \tag{1}$$

Comme $\hat{\mathbf{b}}$ est le point de Im A le plus proche de $\mathbf{b}$, un vecteur $\hat{\mathbf{x}}$ est une solution au sens des moindres carrés de l'équation $A\mathbf{x} = \mathbf{b}$ si et seulement si $\hat{\mathbf{x}}$ vérifie l'équation (1). Un tel $\hat{\mathbf{x}}$ est un vecteur de $\mathbb{R}^n$ dont les composantes sont les coefficients de l'expression de $\hat{\mathbf{b}}$ comme combinaison linéaire des colonnes de A (voir figure 2). Si l'équation comporte des inconnues non principales, l'équation (1) admet plusieurs solutions.

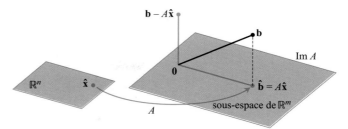

FIGURE 2 La pseudo-solution $\hat{\mathbf{x}}$ appartient à $\mathbb{R}^n$.

Supposons que $\hat{\mathbf{x}}$ vérifie $A\hat{\mathbf{x}} = \hat{\mathbf{b}}$. D'après le théorème de projection orthogonale de la section 6.3, le projeté $\hat{\mathbf{b}}$ est tel que $\mathbf{b} - \hat{\mathbf{b}}$ est orthogonal à Im A ; le vecteur $\mathbf{b} - A\hat{\mathbf{x}}$ est donc orthogonal à chaque colonne de A. Si $\mathbf{a}_j$ est une colonne quelconque de A, alors $\mathbf{a}_j \cdot (\mathbf{b} - A\hat{\mathbf{x}}) = 0$, soit $\mathbf{a}_j^T (\mathbf{b} - A\hat{\mathbf{x}}) = 0$. Comme les $\mathbf{a}_j^T$ sont les lignes de A^T, cela revient à dire que

$$A^T (\mathbf{b} - A\hat{\mathbf{x}}) = \mathbf{0} \tag{2}$$

(Cette équation peut également se déduire du théorème 3 de la section 6.1.) On a donc

$$A^T \mathbf{b} - A^T A\hat{\mathbf{x}} = \mathbf{0}$$
$$A^T A\hat{\mathbf{x}} = A^T \mathbf{b}$$

Ces calculs montrent que toute solution au sens des moindres carrés de l'équation $A\mathbf{x} = \mathbf{b}$ vérifie l'équation

$$A^T A\mathbf{x} = A^T \mathbf{b} \tag{3}$$

L'équation matricielle (3) représente un système d'équations linéaires appelées **équations normales** de l'équation $A\mathbf{x} = \mathbf{b}$. Une solution de (3) est en général notée $\hat{\mathbf{x}}$.

THÉORÈME 13

> L'ensemble des solutions au sens des moindres carrés de l'équation $A\mathbf{x} = \mathbf{b}$ est égal à l'ensemble non vide des solutions du système d'équations normales $A^T A\mathbf{x} = A^T \mathbf{b}$.

DÉMONSTRATION   On a montré précédemment que l'ensemble des solutions au sens des moindres carrés est non vide et que ces pseudo-solutions vérifiaient les équations normales. Inversement, supposons que $\hat{\mathbf{x}}$ vérifie l'équation $A^T A\hat{\mathbf{x}} = A^T \mathbf{b}$. Alors $\hat{\mathbf{x}}$ vérifie l'équation (2) précédente, ce qui montre que $\mathbf{b} - A\hat{\mathbf{x}}$ est orthogonal aux lignes de A^T, c'est-à-dire aux colonnes de A. Puisque les colonnes de A engendrent Im A, le vecteur $\mathbf{b} - A\hat{\mathbf{x}}$ est orthogonal à Im A tout entier. La relation

$$\mathbf{b} = A\hat{\mathbf{x}} + (\mathbf{b} - A\hat{\mathbf{x}})$$

est donc une décomposition de $\mathbf{b}$ en somme d'un vecteur de Im A et d'un vecteur orthogonal à Im A. Par unicité d'une telle décomposition, $A\hat{\mathbf{x}}$ est le projeté orthogonal de $\mathbf{b}$ sur Im A. Autrement dit, $A\hat{\mathbf{x}} = \hat{\mathbf{b}}$, et $\hat{\mathbf{x}}$ est une solution au sens des moindres carrés. ∎

EXEMPLE 1   On pose

$$A = \begin{bmatrix} 4 & 0 \\ 0 & 2 \\ 1 & 1 \end{bmatrix} \quad \text{et} \quad \mathbf{b} = \begin{bmatrix} 2 \\ 0 \\ 11 \end{bmatrix}$$

Déterminer une solution au sens des moindres carrés du système incompatible $A\mathbf{x} = b$.

SOLUTION Pour établir les équations normales (3), on calcule

$$A^T A = \begin{bmatrix} 4 & 0 & 1 \\ 0 & 2 & 1 \end{bmatrix} \begin{bmatrix} 4 & 0 \\ 0 & 2 \\ 1 & 1 \end{bmatrix} = \begin{bmatrix} 17 & 1 \\ 1 & 5 \end{bmatrix}$$

$$A^T \mathbf{b} = \begin{bmatrix} 4 & 0 & 1 \\ 0 & 2 & 1 \end{bmatrix} \begin{bmatrix} 2 \\ 0 \\ 11 \end{bmatrix} = \begin{bmatrix} 19 \\ 11 \end{bmatrix}$$

L'équation $A^T A \mathbf{x} = A^T \mathbf{b}$ s'écrit alors

$$\begin{bmatrix} 17 & 1 \\ 1 & 5 \end{bmatrix} \begin{bmatrix} x_1 \\ x_2 \end{bmatrix} = \begin{bmatrix} 19 \\ 11 \end{bmatrix}$$

On peut réduire ce système par la méthode du pivot, mais puisque $A^T A$ est inversible et de type 2×2, il est sans doute plus rapide de calculer

$$(A^T A)^{-1} = \frac{1}{84} \begin{bmatrix} 5 & -1 \\ -1 & 17 \end{bmatrix}$$

puis de résoudre $A^T A \mathbf{x} = A^T \mathbf{b}$ en écrivant

$$\hat{\mathbf{x}} = (A^T A)^{-1} A^T \mathbf{b}$$
$$= \frac{1}{84} \begin{bmatrix} 5 & -1 \\ -1 & 17 \end{bmatrix} \begin{bmatrix} 19 \\ 11 \end{bmatrix} = \frac{1}{84} \begin{bmatrix} 84 \\ 168 \end{bmatrix} = \begin{bmatrix} 1 \\ 2 \end{bmatrix}$$ ∎

Il est fréquent que $A^T A$ soit inversible, mais ce n'est pas toujours le cas. L'exemple suivant fait intervenir un type de matrice que l'on rencontre en statistiques en étudiant ce que l'on appelle *l'analyse de variance*.

EXEMPLE 2   On pose

$$A = \begin{bmatrix} 1 & 1 & 0 & 0 \\ 1 & 1 & 0 & 0 \\ 1 & 0 & 1 & 0 \\ 1 & 0 & 1 & 0 \\ 1 & 0 & 0 & 1 \\ 1 & 0 & 0 & 1 \end{bmatrix} \quad \text{et} \quad \mathbf{b} = \begin{bmatrix} -3 \\ -1 \\ 0 \\ 2 \\ 5 \\ 1 \end{bmatrix}$$

Trouver une solution au sens des moindres carrés de l'équation $A\mathbf{x} = \mathbf{b}$.

SOLUTION On calcule

$$A^T A = \begin{bmatrix} 1 & 1 & 1 & 1 & 1 & 1 \\ 1 & 1 & 0 & 0 & 0 & 0 \\ 0 & 0 & 1 & 1 & 0 & 0 \\ 0 & 0 & 0 & 0 & 1 & 1 \end{bmatrix} \begin{bmatrix} 1 & 1 & 0 & 0 \\ 1 & 1 & 0 & 0 \\ 1 & 0 & 1 & 0 \\ 1 & 0 & 1 & 0 \\ 1 & 0 & 0 & 1 \\ 1 & 0 & 0 & 1 \end{bmatrix} = \begin{bmatrix} 6 & 2 & 2 & 2 \\ 2 & 2 & 0 & 0 \\ 2 & 0 & 2 & 0 \\ 2 & 0 & 0 & 2 \end{bmatrix}$$

$$A^T \mathbf{b} = \begin{bmatrix} 1 & 1 & 1 & 1 & 1 & 1 \\ 1 & 1 & 0 & 0 & 0 & 0 \\ 0 & 0 & 1 & 1 & 0 & 0 \\ 0 & 0 & 0 & 0 & 1 & 1 \end{bmatrix} \begin{bmatrix} -3 \\ -1 \\ 0 \\ 2 \\ 5 \\ 1 \end{bmatrix} = \begin{bmatrix} 4 \\ -4 \\ 2 \\ 6 \end{bmatrix}$$

La matrice complète du système $A^T A \mathbf{x} = A^T \mathbf{b}$ est

$$\begin{bmatrix} 6 & 2 & 2 & 2 & 4 \\ 2 & 2 & 0 & 0 & -4 \\ 2 & 0 & 2 & 0 & 2 \\ 2 & 0 & 0 & 2 & 6 \end{bmatrix} \sim \begin{bmatrix} 1 & 0 & 0 & 1 & 3 \\ 0 & 1 & 0 & -1 & -5 \\ 0 & 0 & 1 & -1 & -2 \\ 0 & 0 & 0 & 0 & 0 \end{bmatrix}$$

La solution générale est $x_1 = 3 - x_4$, $x_2 = -5 + x_4$, $x_3 = -2 + x_4$, x_4 quelconque. La forme générale des solutions au sens des moindres carrés de $A\mathbf{x} = \mathbf{b}$ est donc

$$\hat{\mathbf{x}} = \begin{bmatrix} 3 \\ -5 \\ -2 \\ 0 \end{bmatrix} + x_4 \begin{bmatrix} -1 \\ 1 \\ 1 \\ 1 \end{bmatrix}$$ ■

Le théorème qui suit donne des critères commodes d'unicité de la pseudo-solution de l'équation $A\mathbf{x} = \mathbf{b}$ (le projeté orthogonal $\hat{\mathbf{b}}$, lui, est bien sûr toujours unique).

THÉORÈME 14

Soit A une matrice $m \times n$. Les propositions suivantes sont équivalentes :

a. Pour tout vecteur $\mathbf{b}$ de $\mathbb{R}^m$, l'équation $A\mathbf{x} = \mathbf{b}$ admet une solution unique au sens des moindres carrés.

b. Les colonnes de A sont linéairement indépendantes.

c. La matrice $A^T A$ est inversible.

Dans le cas où ces propositions sont vérifiées, la solution au sens des moindres carrés $\hat{\mathbf{x}}$ est donnée par

$$\hat{\mathbf{x}} = (A^T A)^{-1} A^T \mathbf{b} \tag{4}$$

Les grandes lignes de la démonstration du théorème 14 sont données dans les exercices 19 à 21, lesquels donnent aussi l'occasion de réviser les concepts du chapitre 4. La formule (4) qui donne $\hat{\mathbf{x}}$ a surtout une utilité théorique ; elle est également utilisable dans des calculs à la main dans le cas où $A^T A$ est une matrice 2×2 inversible.

Si $\hat{\mathbf{x}}$ est une pseudo-solution et que $A\hat{\mathbf{x}}$ est vu comme une approximation de $\mathbf{b}$, la distance de $\mathbf{b}$ à $A\hat{\mathbf{x}}$ est appelée **écart quadratique** de cette approximation.

EXEMPLE 3   Étant donné A et $\mathbf{b}$ comme dans l'exemple 1, déterminer l'écart quadratique résultant de l'application de la méthode des moindres carrés à l'équation $A\mathbf{x} = \mathbf{b}$.

SOLUTION   D'après les calculs de l'exemple 1,

$$\mathbf{b} = \begin{bmatrix} 2 \\ 0 \\ 11 \end{bmatrix} \quad \text{et} \quad A\hat{\mathbf{x}} = \begin{bmatrix} 4 & 0 \\ 0 & 2 \\ 1 & 1 \end{bmatrix} \begin{bmatrix} 1 \\ 2 \end{bmatrix} = \begin{bmatrix} 4 \\ 4 \\ 3 \end{bmatrix}$$

On a donc

$$\mathbf{b} - A\hat{\mathbf{x}} = \begin{bmatrix} 2 \\ 0 \\ 11 \end{bmatrix} - \begin{bmatrix} 4 \\ 4 \\ 3 \end{bmatrix} = \begin{bmatrix} -2 \\ -4 \\ 8 \end{bmatrix}$$

d'où

$$\|\mathbf{b} - A\hat{\mathbf{x}}\| = \sqrt{(-2)^2 + (-4)^2 + 8^2} = \sqrt{84}$$

L'écart quadratique est égal à $\sqrt{84}$. Cela signifie que quel que soit le vecteur $\mathbf{x}$ de $\mathbb{R}^2$, la distance entre $\mathbf{b}$ et $A\mathbf{x}$ est au moins égale à $\sqrt{84}$ (voir figure 3). On peut remarquer que la pseudo-solution $\hat{\mathbf{x}}$ n'apparaît pas elle-même dans la figure.   ■

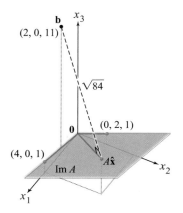

FIGURE 3

Autres méthodes de calcul de la solution au sens des moindres carrés

L'exemple qui suit montre comment on peut déterminer une solution au sens des moindres carrés de l'équation $A\mathbf{x} = \mathbf{b}$ dans le cas où les colonnes de A sont orthogonales. On rencontre souvent de telles matrices dans les questions de régression linéaire, décrites à la section suivante.

EXEMPLE 4 On pose

$$A = \begin{bmatrix} 1 & -6 \\ 1 & -2 \\ 1 & 1 \\ 1 & 7 \end{bmatrix} \quad \text{et} \quad \mathbf{b} = \begin{bmatrix} -1 \\ 2 \\ 1 \\ 6 \end{bmatrix}$$

Déterminer une solution au sens des moindres carrés de l'équation $A\mathbf{x} = \mathbf{b}$.

SOLUTION Puisque les colonnes $\mathbf{a}_1$ et $\mathbf{a}_2$ de A sont orthogonales, le projeté orthogonal de $\mathbf{b}$ sur Im A est donné par

$$\hat{\mathbf{b}} = \frac{\mathbf{b} \cdot \mathbf{a}_1}{\mathbf{a}_1 \cdot \mathbf{a}_1} \mathbf{a}_1 + \frac{\mathbf{b} \cdot \mathbf{a}_2}{\mathbf{a}_2 \cdot \mathbf{a}_2} \mathbf{a}_2 = \frac{8}{4} \mathbf{a}_1 + \frac{45}{90} \mathbf{a}_2 \tag{5}$$

$$= \begin{bmatrix} 2 \\ 2 \\ 2 \\ 2 \end{bmatrix} + \begin{bmatrix} -3 \\ -1 \\ 1/2 \\ 7/2 \end{bmatrix} = \begin{bmatrix} -1 \\ 1 \\ 5/2 \\ 11/2 \end{bmatrix}$$

Maintenant que l'on connaît $\hat{\mathbf{b}}$, on peut résoudre l'équation $A\hat{\mathbf{x}} = \hat{\mathbf{b}}$. Mais cette résolution est évidente car on connaît l'expression de $\hat{\mathbf{b}}$ comme combinaison linéaire des colonnes de A. Il résulte clairement de (5) que

$$\hat{\mathbf{x}} = \begin{bmatrix} 8/4 \\ 45/90 \end{bmatrix} = \begin{bmatrix} 2 \\ 1/2 \end{bmatrix} \qquad \blacksquare$$

Il arrive dans certains cas que le système d'équations normales d'un problème de moindres carrés soit *mal conditionné*, c'est-à-dire que de petites erreurs dans le calcul des coefficients de la matrice $A^T A$ conduisent à des erreurs relativement grandes pour la solution $\hat{\mathbf{x}}$. Si les colonnes de A sont linéairement indépendantes, on peut souvent calculer la solution au sens des moindres carrés de façon plus précise au moyen d'une factorisation QR de A (voir section 6.4)[7].

THÉORÈME 15

Soit A une matrice $m \times n$ dont les colonnes sont linéairement indépendantes, et $A = QR$ une factorisation QR de A, telle que décrite dans le théorème 12. Alors, pour tout vecteur $\mathbf{b}$ de $\mathbb{R}^m$, l'équation $A\mathbf{x} = \mathbf{b}$ admet une solution unique au sens des moindres carrés, donnée par la formule

$$\hat{\mathbf{x}} = R^{-1} Q^T \mathbf{b} \tag{6}$$

DÉMONSTRATION Posons $\hat{\mathbf{x}} = R^{-1} Q^T \mathbf{b}$. Alors

$$A\hat{\mathbf{x}} = QR\hat{\mathbf{x}} = QRR^{-1} Q^T \mathbf{b} = QQ^T \mathbf{b}.$$

---

[7] On trouvera une comparaison entre la méthode QR et la méthode usuelle des équations normales dans G. Golub et C. Van Loan, *Matrix Computations*, 3e éd., Baltimore : Johns Hopkins Press, 1996, p. 230 à 231.

D'après le théorème 12, les colonnes de Q forment une base orthonormée de $\operatorname{Im} A$. Donc, d'après le théorème 10, $QQ^T\mathbf{b}$ est le projeté orthogonal $\hat{\mathbf{b}}$ de $\mathbf{b}$ sur $\operatorname{Im} A$. On a donc $A\hat{\mathbf{x}} = \hat{\mathbf{b}}$, ce qui montre que $\hat{\mathbf{x}}$ est bien la solution au sens des moindres carrés de l'équation $A\mathbf{x} = \mathbf{b}$. L'unicité de $\hat{\mathbf{x}}$ résulte du théorème 14. ■

> **REMARQUE NUMÉRIQUE**
>
> Comme la matrice R du théorème 15 est triangulaire supérieure, le vecteur $\hat{\mathbf{x}}$ est la solution exacte de l'équation
>
> $$R\mathbf{x} = Q^T\mathbf{b} \tag{7}$$
>
> Il est bien plus rapide de résoudre l'équation (7), soit par substitutions successives en remontant à partir de la dernière équation, soit par des opérations sur les lignes, que de calculer R^{-1} et d'utiliser la formule (6).

EXEMPLE 5 On pose

$$A = \begin{bmatrix} 1 & 3 & 5 \\ 1 & 1 & 0 \\ 1 & 1 & 2 \\ 1 & 3 & 3 \end{bmatrix} \quad \text{et} \quad \mathbf{b} = \begin{bmatrix} 3 \\ 5 \\ 7 \\ -3 \end{bmatrix}$$

Déterminer la solution au sens des moindres carrés de l'équation $A\mathbf{x} = \mathbf{b}$.

SOLUTION On détermine la factorisation QR de A de la même façon qu'à la section 6.4.

$$A = QR = \begin{bmatrix} 1/2 & 1/2 & 1/2 \\ 1/2 & -1/2 & -1/2 \\ 1/2 & -1/2 & 1/2 \\ 1/2 & 1/2 & -1/2 \end{bmatrix} \begin{bmatrix} 2 & 4 & 5 \\ 0 & 2 & 3 \\ 0 & 0 & 2 \end{bmatrix}$$

d'où

$$Q^T\mathbf{b} = \begin{bmatrix} 1/2 & 1/2 & 1/2 & 1/2 \\ 1/2 & -1/2 & -1/2 & 1/2 \\ 1/2 & -1/2 & 1/2 & -1/2 \end{bmatrix} \begin{bmatrix} 3 \\ 5 \\ 7 \\ -3 \end{bmatrix} = \begin{bmatrix} 6 \\ -6 \\ 4 \end{bmatrix}$$

La solution au sens des moindres carrés $\hat{\mathbf{x}}$ vérifie $R\mathbf{x} = Q^T\mathbf{b}$, soit

$$\begin{bmatrix} 2 & 4 & 5 \\ 0 & 2 & 3 \\ 0 & 0 & 2 \end{bmatrix} \begin{bmatrix} x_1 \\ x_2 \\ x_3 \end{bmatrix} = \begin{bmatrix} 6 \\ -6 \\ 4 \end{bmatrix}$$

On résout facilement cette équation et l'on obtient $\hat{\mathbf{x}} = \begin{bmatrix} 10 \\ -6 \\ 2 \end{bmatrix}$. ■

EXERCICES D'ENTRAÎNEMENT

1. On pose $A = \begin{bmatrix} 1 & -3 & -3 \\ 1 & 5 & 1 \\ 1 & 7 & 2 \end{bmatrix}$ et $\mathbf{b} = \begin{bmatrix} 5 \\ -3 \\ -5 \end{bmatrix}$. Déterminer une solution au sens des moindres carrés de l'équation $A\mathbf{x} = \mathbf{b}$ et calculer l'écart quadratique associé.

2. Que peut-on dire des solutions au sens des moindres carrés de l'équation $A\mathbf{x} = \mathbf{b}$ dans le cas où $\mathbf{b}$ est orthogonal aux colonnes de A ?

6.5 EXERCICES

Dans les exercices 1 à 4, déterminer une solution au sens des moindres carrés de l'équation $A\mathbf{x} = \mathbf{b}$ en construisant le système d'équations normales associé, puis en le résolvant.

1. $A = \begin{bmatrix} -1 & 2 \\ 2 & -3 \\ -1 & 3 \end{bmatrix}$, $\mathbf{b} = \begin{bmatrix} 4 \\ 1 \\ 2 \end{bmatrix}$

2. $A = \begin{bmatrix} 2 & 1 \\ -2 & 0 \\ 2 & 3 \end{bmatrix}$, $\mathbf{b} = \begin{bmatrix} -5 \\ 8 \\ 1 \end{bmatrix}$

3. $A = \begin{bmatrix} 1 & -2 \\ -1 & 2 \\ 0 & 3 \\ 2 & 5 \end{bmatrix}$, $\mathbf{b} = \begin{bmatrix} 3 \\ 1 \\ -4 \\ 2 \end{bmatrix}$

4. $A = \begin{bmatrix} 1 & 3 \\ 1 & -1 \\ 1 & 1 \end{bmatrix}$, $\mathbf{b} = \begin{bmatrix} 5 \\ 1 \\ 0 \end{bmatrix}$

Dans les exercices 5 et 6, décrire l'ensemble des solutions au sens des moindres carrés de l'équation $A\mathbf{x} = \mathbf{b}$.

5. $A = \begin{bmatrix} 1 & 1 & 0 \\ 1 & 1 & 0 \\ 1 & 0 & 1 \\ 1 & 0 & 1 \end{bmatrix}$, $\mathbf{b} = \begin{bmatrix} 1 \\ 3 \\ 8 \\ 2 \end{bmatrix}$

6. $A = \begin{bmatrix} 1 & 1 & 0 \\ 1 & 1 & 0 \\ 1 & 1 & 0 \\ 1 & 0 & 1 \\ 1 & 0 & 1 \\ 1 & 0 & 1 \end{bmatrix}$, $\mathbf{b} = \begin{bmatrix} 7 \\ 2 \\ 3 \\ 6 \\ 5 \\ 4 \end{bmatrix}$

7. Calculer l'écart quadratique associé à la solution au sens des moindres carrés déterminée dans l'exercice 3.

8. Calculer l'écart quadratique associé à la solution au sens des moindres carrés déterminée dans l'exercice 4.

Dans les exercices 9 à 12, déterminer (a) le projeté orthogonal de $\mathbf{b}$ sur Im A et (b) une solution au sens des moindres carrés de l'équation $A\mathbf{x} = \mathbf{b}$.

9. $A = \begin{bmatrix} 1 & 5 \\ 3 & 1 \\ -2 & 4 \end{bmatrix}$, $\mathbf{b} = \begin{bmatrix} 4 \\ -2 \\ -3 \end{bmatrix}$

10. $A = \begin{bmatrix} 1 & 2 \\ -1 & 4 \\ 1 & 2 \end{bmatrix}$, $\mathbf{b} = \begin{bmatrix} 3 \\ -1 \\ 5 \end{bmatrix}$

11. $A = \begin{bmatrix} 4 & 0 & 1 \\ 1 & -5 & 1 \\ 6 & 1 & 0 \\ 1 & -1 & -5 \end{bmatrix}$, $\mathbf{b} = \begin{bmatrix} 9 \\ 0 \\ 0 \\ 0 \end{bmatrix}$

12. $A = \begin{bmatrix} 1 & 1 & 0 \\ 1 & 0 & -1 \\ 0 & 1 & 1 \\ -1 & 1 & -1 \end{bmatrix}$, $\mathbf{b} = \begin{bmatrix} 2 \\ 5 \\ 6 \\ 6 \end{bmatrix}$

13. On considère la matrice $A = \begin{bmatrix} 3 & 4 \\ -2 & 1 \\ 3 & 4 \end{bmatrix}$, ainsi que les vecteurs $\mathbf{b} = \begin{bmatrix} 11 \\ -9 \\ 5 \end{bmatrix}$, $\mathbf{u} = \begin{bmatrix} 5 \\ -1 \end{bmatrix}$ et $\mathbf{v} = \begin{bmatrix} 5 \\ -2 \end{bmatrix}$. Calculer $A\mathbf{u}$ et $A\mathbf{v}$, puis comparer leurs distances avec $\mathbf{b}$. Le vecteur $\mathbf{u}$ peut-il être solution au sens des moindres carrés de $A\mathbf{x} = \mathbf{b}$ (on ne demande pas le calcul d'une solution au sens des moindres carrés) ?

14. On considère la matrice $A = \begin{bmatrix} 2 & 1 \\ -3 & -4 \\ 3 & 2 \end{bmatrix}$, ainsi que les vecteurs $\mathbf{b} = \begin{bmatrix} 5 \\ 4 \\ 4 \end{bmatrix}$, $\mathbf{u} = \begin{bmatrix} 4 \\ -5 \end{bmatrix}$ et $\mathbf{v} = \begin{bmatrix} 6 \\ -5 \end{bmatrix}$. Calculer $A\mathbf{u}$ et $A\mathbf{v}$, puis comparer leurs distances avec $\mathbf{b}$. L'un des vecteurs $\mathbf{u}$ et $\mathbf{v}$ peut-il être solution au sens des moindres carrés de $A\mathbf{x} = \mathbf{b}$ (on ne demande pas le calcul d'une solution au sens des moindres carrés) ?

Dans les exercices 15 et 16, utiliser la factorisation $A = QR$ indiquée pour déterminer la solution au sens des moindres carrés de l'équation $A\mathbf{x} = \mathbf{b}$.

15. $A = \begin{bmatrix} 2 & 3 \\ 2 & 4 \\ 1 & 1 \end{bmatrix} = \begin{bmatrix} 2/3 & -1/3 \\ 2/3 & 2/3 \\ 1/3 & -2/3 \end{bmatrix} \begin{bmatrix} 3 & 5 \\ 0 & 1 \end{bmatrix}$, $\mathbf{b} = \begin{bmatrix} 7 \\ 3 \\ 1 \end{bmatrix}$

16. $A = \begin{bmatrix} 1 & -1 \\ 1 & 4 \\ 1 & -1 \\ 1 & 4 \end{bmatrix} = \begin{bmatrix} 1/2 & -1/2 \\ 1/2 & 1/2 \\ 1/2 & -1/2 \\ 1/2 & 1/2 \end{bmatrix} \begin{bmatrix} 2 & 3 \\ 0 & 5 \end{bmatrix}$, $\mathbf{b} = \begin{bmatrix} -1 \\ 6 \\ 5 \\ 7 \end{bmatrix}$

Dans les exercices 17 et 18, A désigne une matrice $m \times n$ et $\mathbf{b}$ un vecteur de $\mathbb{R}^m$. Dire de chaque énoncé s'il est vrai ou faux. Justifier les réponses.

17. a. La méthode des moindres carrés consiste à chercher un vecteur $\mathbf{x}$ tel que $A\mathbf{x}$ soit aussi proche que possible de $\mathbf{b}$.

b. Une solution au sens des moindres carrés de l'équation $A\mathbf{x} = \mathbf{b}$ est un vecteur $\hat{\mathbf{x}}$ vérifiant l'équation $A\hat{\mathbf{x}} = \hat{\mathbf{b}}$, où $\hat{\mathbf{b}}$ est le projeté orthogonal de $\mathbf{b}$ sur Im A.

c. Une solution au sens des moindres carrés de l'équation $A\mathbf{x} = \mathbf{b}$ est un vecteur $\hat{\mathbf{x}}$ tel que pour tout vecteur $\mathbf{x}$ de $\mathbb{R}^n$, $\|\mathbf{b} - A\mathbf{x}\| \leq \|\mathbf{b} - A\hat{\mathbf{x}}\|$.

d. Toute solution de l'équation $A^T A\mathbf{x} = A^T\mathbf{b}$ est une solution au sens des moindres carrés de l'équation $A\mathbf{x} = \mathbf{b}$.

e. Si les colonnes de A sont linéairement indépendantes, alors l'équation $A\mathbf{x} = \mathbf{b}$ admet exactement une solution au sens des moindres carrés.

18. a. Si $\mathbf{b}$ appartient à l'image de A, alors toute solution de $A\mathbf{x} = \mathbf{b}$ est une solution au sens des moindres carrés.

b. La solution au sens des moindres carrés de l'équation $A\mathbf{x} = \mathbf{b}$ est le point de l'image de A le plus proche de $\mathbf{b}$.

c. Si l'on combine linéairement les colonnes de A en utilisant pour coefficients les composantes d'une solution au sens des moindres carrés de l'équation $A\mathbf{x} = \mathbf{b}$, on obtient exactement le projeté orthogonal de $\mathbf{b}$ sur $\operatorname{Im} A$.

d. Si $\hat{\mathbf{x}}$ est une solution au sens des moindres carrés de l'équation $A\mathbf{x} = \mathbf{b}$, alors $\hat{\mathbf{x}} = (A^T A)^{-1} A^T \mathbf{b}$.

e. Les équations normales permettent toujours de calculer numériquement, de façon précise et fiable, des solutions au sens des moindres carrés.

f. Si A admet une factorisation QR du type $A = QR$, alors la meilleure façon d'obtenir une solution au sens des moindres carrés de l'équation $A\mathbf{x} = \mathbf{b}$ est de calculer $\hat{\mathbf{x}} = R^{-1}Q^T\mathbf{b}$.

19. Soit A une matrice $m \times n$. Démontrer, en suivant les étapes ci-dessous, qu'un vecteur $\mathbf{x}$ de $\mathbb{R}^n$ vérifie $A\mathbf{x} = \mathbf{0}$ si et seulement si $A^T A\mathbf{x} = \mathbf{0}$, c'est-à-dire que $\operatorname{Ker} A = \operatorname{Ker} A^T A$.

a. Montrer que si $A\mathbf{x} = \mathbf{0}$, alors $A^T A\mathbf{x} = \mathbf{0}$.

b. On suppose que $A^T A\mathbf{x} = \mathbf{0}$. Justifier le fait que $\mathbf{x}^T A^T A\mathbf{x} = \mathbf{0}$ et en déduire que $A\mathbf{x} = \mathbf{0}$.

20. Soit A une matrice $m \times n$ telle que $A^T A$ soit inversible. Montrer que les colonnes de A sont linéairement indépendantes. [*Attention :* On ne suppose pas A inversible ; on ne la suppose même pas carrée.]

21. Soit A une matrice $m \times n$ dont les colonnes sont linéairement indépendantes. [*Attention :* A n'est pas nécessairement carrée.]

a. Montrer, en utilisant l'exercice 19, que $A^T A$ est inversible.

b. Expliquer pourquoi A a nécessairement au moins autant de lignes que de colonnes.

c. Déterminer le rang de A.

22. Montrer, en utilisant l'exercice 19, que $\operatorname{rang} A^T A = \operatorname{rang} A$. [*Indication :* Combien la matrice $A^T A$ a-t-elle de colonnes ? Quel est le lien avec le rang de $A^T A$?]

23. Soit A une matrice $m \times n$ dont les colonnes sont linéairement indépendantes et $\mathbf{b}$ un vecteur de $\mathbb{R}^m$. En utilisant les équations normales, établir une formule exprimant $\hat{\mathbf{b}}$, le projeté orthogonal de $\mathbf{b}$ sur $\operatorname{Im} A$. [*Indication :* Exprimer d'abord $\hat{\mathbf{x}}$; la formule demandée ne fait pas intervenir de base orthogonale de $\operatorname{Im} A$.]

24. Exprimer directement la solution au sens des moindres carrés d'une équation $A\mathbf{x} = \mathbf{b}$ dans le cas où les colonnes de A sont orthonormées.

25. Décrire l'ensemble des solutions au sens des moindres carrés du système

$$x + y = 2$$
$$x + y = 4$$

26. [M] L'exemple 3 de la section 4.8 décrivait un filtre passe-bas qui transformait un signal (y_k) en (y_{k+1}), et un signal (w_k), de fréquence plus élevée, en signal nul. Ces signaux étaient définis respectivement par $y_k = \cos(\pi k/4)$ et $w_k = \cos(3\pi k/4)$. On veut construire un filtre jouissant de ces propriétés. L'équation d'un tel filtre est du type

$$a_0 y_{k+2} + a_1 y_{k+1} + a_2 y_k = z_k \qquad \text{pour tout } k \qquad (8)$$

Puisque les signaux sont périodiques de période 8, il suffit d'étudier l'équation (8) pour $k = 0, \dots, 7$. L'action sur les deux signaux décrits ci-dessus se traduit par deux ensembles de huit équations, indiqués ci-après :

$$
\begin{array}{c}
\quad\quad y_{k+2} \quad y_{k+1} \quad\quad y_k \\
\begin{array}{l}
k=0 \\ k=1 \\ \vdots \\ \\ \\ \\ \\ k=7
\end{array}
\left[\begin{array}{ccc}
0 & 0{,}7 & 1 \\
-0{,}7 & 0 & 0{,}7 \\
-1 & -0{,}7 & 0 \\
-0{,}7 & -1 & -0{,}7 \\
0 & -0{,}7 & -1 \\
0{,}7 & 0 & -0{,}7 \\
1 & 0{,}7 & 0 \\
0{,}7 & 1 & 0{,}7
\end{array}\right]
\left[\begin{array}{c}
a_0 \\ a_1 \\ a_2
\end{array}\right]
=
\left[\begin{array}{c}
0{,}7 \\ 0 \\ -0{,}7 \\ -1 \\ -0{,}7 \\ 0 \\ 0{,}7 \\ 1
\end{array}\right]
\end{array}
$$

$$
\begin{array}{c}
\quad\quad w_{k+2} \quad w_{k+1} \quad\quad w_k \\
\begin{array}{l}
k=0 \\ k=1 \\ \vdots \\ \\ \\ \\ \\ k=7
\end{array}
\left[\begin{array}{ccc}
0 & -0{,}7 & 1 \\
0{,}7 & 0 & -0{,}7 \\
-1 & 0{,}7 & 0 \\
0{,}7 & -1 & 0{,}7 \\
0 & 0{,}7 & -1 \\
-0{,}7 & 0 & 0{,}7 \\
1 & -0{,}7 & 0 \\
-0{,}7 & 1 & -0{,}7
\end{array}\right]
\left[\begin{array}{c}
a_0 \\ a_1 \\ a_2
\end{array}\right]
=
\left[\begin{array}{c}
0 \\ 0 \\ 0 \\ 0 \\ 0 \\ 0 \\ 0 \\ 0
\end{array}\right]
\end{array}
$$

Écrire l'équation $A\mathbf{x} = \mathbf{b}$, où A est la matrice 16×3 formée des deux matrices 8×3 précédentes et où $\mathbf{b}$ est le vecteur de $\mathbb{R}^{16}$ formé des deux seconds membres des équations. Déterminer les coefficients a_0, a_1 et a_2 donnés par la solution au sens des moindres carrés de l'équation $A\mathbf{x} = \mathbf{b}$.

Remarque : Afin d'illustrer la façon dont les calculs sont effectués dans un problème pratique, on a remplacé le nombre $\sqrt{2}/2$ par l'approximation $0{,}7$. Si l'on avait écrit à la place $0{,}707$, les coefficients du filtre que l'on aurait obtenus auraient correspondu, avec une précision de sept décimales, aux valeurs exactes $\sqrt{2}/4$, $1/2$ et $\sqrt{2}/4$.

| SOLUTIONS DES EXERCICES D'ENTRAÎNEMENT

1. On calcule d'abord

$$A^T A = \begin{bmatrix} 1 & 1 & 1 \\ -3 & 5 & 7 \\ -3 & 1 & 2 \end{bmatrix} \begin{bmatrix} 1 & -3 & -3 \\ 1 & 5 & 1 \\ 1 & 7 & 2 \end{bmatrix} = \begin{bmatrix} 3 & 9 & 0 \\ 9 & 83 & 28 \\ 0 & 28 & 14 \end{bmatrix}$$

$$A^T \mathbf{b} = \begin{bmatrix} 1 & 1 & 1 \\ -3 & 5 & 7 \\ -3 & 1 & 2 \end{bmatrix} \begin{bmatrix} 5 \\ -3 \\ -5 \end{bmatrix} = \begin{bmatrix} -3 \\ -65 \\ -28 \end{bmatrix}$$

On applique ensuite la méthode du pivot à la matrice complète du système d'équations normales $A^T A \mathbf{x} = A^T \mathbf{b}$:

$$\begin{bmatrix} 3 & 9 & 0 & -3 \\ 9 & 83 & 28 & -65 \\ 0 & 28 & 14 & -28 \end{bmatrix} \sim \begin{bmatrix} 1 & 3 & 0 & -1 \\ 0 & 56 & 28 & -56 \\ 0 & 28 & 14 & -28 \end{bmatrix} \sim \cdots \sim \begin{bmatrix} 1 & 0 & -3/2 & 2 \\ 0 & 1 & 1/2 & -1 \\ 0 & 0 & 0 & 0 \end{bmatrix}$$

La solution générale au sens des moindres carrés est $x_1 = 2 + \frac{3}{2}x_3$, $x_2 = -1 - \frac{1}{2}x_3$, avec x_3 quelconque. On obtient une solution particulière en prenant par exemple $x_3 = 0$, soit

$$\hat{\mathbf{x}} = \begin{bmatrix} 2 \\ -1 \\ 0 \end{bmatrix}$$

Pour trouver l'écart quadratique , on calcule

$$\hat{\mathbf{b}} = A\hat{\mathbf{x}} = \begin{bmatrix} 1 & -3 & -3 \\ 1 & 5 & 1 \\ 1 & 7 & 2 \end{bmatrix} \begin{bmatrix} 2 \\ -1 \\ 0 \end{bmatrix} = \begin{bmatrix} 5 \\ -3 \\ -5 \end{bmatrix}$$

Il apparaît ici que $\hat{\mathbf{b}} = \mathbf{b}$, donc $\|\mathbf{b} - \hat{\mathbf{b}}\| = 0$. L'erreur est nulle car il se trouve ici que $\mathbf{b}$ appartient déjà à $\mathrm{Im}\, A$.

2. Si $\mathbf{b}$ est orthogonal aux colonnes de A, alors le projeté orthogonal de $\mathbf{b}$ sur l'image de A est égal à $\mathbf{0}$. Dans ce cas, les solutions au sens des moindres carrés $\hat{\mathbf{x}}$ de l'équation $A\mathbf{x} = \mathbf{b}$ vérifient toutes $A\hat{\mathbf{x}} = \mathbf{0}$.

6.6 | APPLICATIONS À DES MODÈLES LINÉAIRES

Il arrive souvent que les scientifiques ou les ingénieurs aient à analyser et à comprendre la façon dont certaines quantités variables dépendent les unes des autres. On se propose, dans cette section, de décrire diverses situations dans lesquelles on utilise des données expérimentales pour établir ou vérifier une formule permettant de prédire les valeurs d'une variable en fonction d'autres variables. Dans chaque cas, on résout le problème à l'aide d'une méthode des moindres carrés.

Afin de faciliter l'application de ce qui suit à des problèmes réels, on introduit des notations couramment utilisées en analyse statistique par les scientifiques ou les ingénieurs. Au lieu de $A\mathbf{x} = \mathbf{b}$, on écrit $X\boldsymbol{\beta} = \mathbf{y}$; la matrice X est appelée **matrice du modèle (linéaire)**, $\boldsymbol{\beta}$ est le **vecteur des paramètres** et $\mathbf{y}$ est le **vecteur d'observation**.

Droite de régression

La relation la plus simple que l'on puisse écrire entre deux variables x et y est une relation du premier degré du type[8] $y = \beta_0 + \beta_1 x$. Il est fréquent que des données expérimentales $(x_1, y_1), \ldots, (x_n, y_n)$, quand on les reporte sur un graphique, semblent se répartir approximativement selon une droite. On veut déterminer des coefficients β_0 et β_1 qui rendent la droite correspondante aussi « proche » que possible des points expérimentaux.

Fixons pour l'instant β_0 et β_1, et considérons la droite d'équation $y = \beta_0 + \beta_1 x$, représentée à la figure 1. À chaque point (x_j, y_j) correspond le point $(x_j, \beta_0 + \beta_1 x_j)$, situé sur la droite et de même abscisse. Les nombres y_j et $\beta_0 + \beta_1 x_j$ sont respectivement appelés valeur *observée* et valeur *prédite* (selon la droite) de y. La différence entre les valeurs observée et prédite de y est appelée *résidu*.

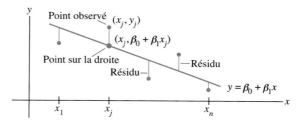

FIGURE 1 Ajustement d'une droite à des données expérimentales

Il existe plusieurs façons de mesurer la « proximité » entre la droite et les données. Le choix le plus courant (avant tout parce que les calculs mathématiques sont simples) est d'ajouter les carrés des résidus. On appelle **droite des moindres carrés** la droite d'équation $y = \beta_0 + \beta_1 x$ qui minimise la somme des carrés des résidus. Cette droite est également appelée **droite de régression (linéaire) de y en x**, car les erreurs de mesure des données sont supposées ne provenir que des ordonnées y. Les coefficients β_0 et β_1 de l'équation de la droite sont appelés **coefficients de régression (linéaire)**[9].

Si les points représentant les données étaient tous exactement sur la droite, les paramètres β_0 et β_1 vérifieraient les équations

Valeur de y prédite		Valeur de y observée
$\beta_0 + \beta_1 x_1$	$=$	y_1
$\beta_0 + \beta_1 x_2$	$=$	y_2
$\vdots$		$\vdots$
$\beta_0 + \beta_1 x_n$	$=$	y_n

[8] C'est cette notation, plutôt que $y = mx + b$, qui est en général utilisée pour une droite de régression.

[9] Si les erreurs de mesure portent sur x et non sur y, il suffit d'échanger les coordonnées des points (x_j, y_j) avant de les représenter sur le graphique et de calculer la droite de régression. Si les deux coordonnées sont susceptibles d'être entachées d'erreurs, il est possible de considérer la droite qui minimise la somme des carrés des distances *orthogonales* (perpendiculaires) des points à la droite (voir à ce sujet l'exercice d'entraînement de la section 7.5).

On peut écrire ce système sous la forme

$$X\boldsymbol{\beta} = \mathbf{y}, \quad \text{avec } X = \begin{bmatrix} 1 & x_1 \\ 1 & x_2 \\ \vdots & \vdots \\ 1 & x_n \end{bmatrix}, \quad \boldsymbol{\beta} = \begin{bmatrix} \beta_0 \\ \beta_1 \end{bmatrix} \quad \text{et} \quad \mathbf{y} = \begin{bmatrix} y_1 \\ y_2 \\ \vdots \\ y_n \end{bmatrix} \quad (1)$$

Bien entendu, si les données observées ne sont pas alignées, alors il n'existe pas de valeurs des paramètres β_0 et β_1 pour lesquelles les valeurs prédites de y (les composantes de $X\boldsymbol{\beta}$) soient égales aux valeurs observées (les composantes du vecteur $\mathbf{y}$), et l'équation $X\boldsymbol{\beta} = \mathbf{y}$ n'a pas de solution. On a donc un problème de moindres carrés du type $A\mathbf{x} = \mathbf{b}$. Seules les notations diffèrent.

Le carré de la distance entre les vecteurs $X\boldsymbol{\beta}$ et $\mathbf{y}$ est précisément la somme des carrés des résidus. Les vecteurs $\boldsymbol{\beta}$ qui minimisent cette somme minimisent également la distance entre $X\boldsymbol{\beta}$ et $\mathbf{y}$. *Calculer la solution au sens des moindres carrés de l'équation $X\boldsymbol{\beta} = \mathbf{y}$ équivaut à rechercher le vecteur $\boldsymbol{\beta}$ correspondant à la droite de régression de la figure 1.*

EXEMPLE 1 Déterminer l'équation $y = \beta_0 + \beta_1 x$ de la droite de régression correspondant aux points $(2, 1)$, $(5, 2)$, $(7, 3)$ et $(8, 3)$.

SOLUTION On construit la matrice du modèle X apparaissant en (1) à partir des abscisses des points ; les ordonnées correspondent au vecteur des observations $\mathbf{y}$:

$$X = \begin{bmatrix} 1 & 2 \\ 1 & 5 \\ 1 & 7 \\ 1 & 8 \end{bmatrix}, \quad \mathbf{y} = \begin{bmatrix} 1 \\ 2 \\ 3 \\ 3 \end{bmatrix}$$

Les équations normales correspondant à la solution au sens des moindres carrés de $X\boldsymbol{\beta} = \mathbf{y}$ sont données par le système

$$X^T X \boldsymbol{\beta} = X^T \mathbf{y}$$

On calcule

$$X^T X = \begin{bmatrix} 1 & 1 & 1 & 1 \\ 2 & 5 & 7 & 8 \end{bmatrix} \begin{bmatrix} 1 & 2 \\ 1 & 5 \\ 1 & 7 \\ 1 & 8 \end{bmatrix} = \begin{bmatrix} 4 & 22 \\ 22 & 142 \end{bmatrix}$$

$$X^T \mathbf{y} = \begin{bmatrix} 1 & 1 & 1 & 1 \\ 2 & 5 & 7 & 8 \end{bmatrix} \begin{bmatrix} 1 \\ 2 \\ 3 \\ 3 \end{bmatrix} = \begin{bmatrix} 9 \\ 57 \end{bmatrix}$$

Les équations normales sont

$$\begin{bmatrix} 4 & 22 \\ 22 & 142 \end{bmatrix} \begin{bmatrix} \beta_0 \\ \beta_1 \end{bmatrix} = \begin{bmatrix} 9 \\ 57 \end{bmatrix}$$

On en déduit que

$$\begin{bmatrix} \beta_0 \\ \beta_1 \end{bmatrix} = \begin{bmatrix} 4 & 22 \\ 22 & 142 \end{bmatrix}^{-1} \begin{bmatrix} 9 \\ 57 \end{bmatrix} = \frac{1}{84} \begin{bmatrix} 142 & -22 \\ -22 & 4 \end{bmatrix} \begin{bmatrix} 9 \\ 57 \end{bmatrix} = \frac{1}{84} \begin{bmatrix} 24 \\ 30 \end{bmatrix} = \begin{bmatrix} 2/7 \\ 5/14 \end{bmatrix}$$

La droite de régression a pour équation

$$y = \frac{2}{7} + \frac{5}{14} x$$

(Voir figure 2.) ∎

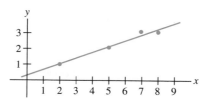

FIGURE 2 La droite de régression
$y = \frac{2}{7} + \frac{5}{14}x$

Souvent, avant de commencer les calculs de la droite de régression, on calcule la moyenne $\overline{x}$ de la distribution initiale x et l'on forme la nouvelle variable $x^* = x - \overline{x}$. On dit que x a été mise sous **forme centrée**. Dans ce cas, les deux colonnes de la matrice du modèle sont orthogonales. Cela permet, comme dans l'exemple 4 de la section 6.5, de simplifier la résolution des équations normales (voir exercices 17 et 18).

Modèle linéaire général

Certaines applications nécessitent d'ajuster les données à d'autres courbes que des lignes droites. Dans les exemples qui suivent, on obtient toujours une équation matricielle du type $X\boldsymbol{\beta} = \mathbf{y}$, mais la forme particulière de la matrice X change d'un problème à l'autre. Les statisticiens introduisent en général un **vecteur résidu** $\boldsymbol{\epsilon}$, défini par $\boldsymbol{\epsilon} = \mathbf{y} - X\boldsymbol{\beta}$, et écrivent l'équation

$$\mathbf{y} = X\boldsymbol{\beta} + \boldsymbol{\epsilon}$$

On appelle **modèle linéaire** une équation de cette forme. Une fois X et $\mathbf{y}$ déterminés, on cherche à minimiser la longueur de $\boldsymbol{\epsilon}$, ce qui revient à trouver une solution au sens des moindres carrés de $X\boldsymbol{\beta} = \mathbf{y}$. Dans chaque cas, la solution au sens des moindres carrés $\hat{\boldsymbol{\beta}}$ est une solution du système d'équations normales

$$X^T X \boldsymbol{\beta} = X^T \mathbf{y}$$

Ajustement par les moindres carrés à d'autres courbes

Quand un nuage $(x_1, y_1), \ldots, (x_n, y_n)$ ne semble pas correspondre à une droite, on peut chercher d'autres types de relations fonctionnelles entre x et y.

Les deux exemples suivants montrent comment on peut ajuster des données à des courbes de la forme

$$y = \beta_0 f_0(x) + \beta_1 f_1(x) + \cdots + \beta_k f_k(x) \tag{2}$$

où $f_0, \ldots, f_k$ sont des fonctions connues et $\beta_0, \ldots, \beta_k$ des paramètres à déterminer. Comme on va le voir, si l'équation (2) décrit un modèle *linéaire*, c'est qu'elle est linéaire par rapport aux paramètres inconnus.

Pour chaque valeur de x, l'équation (2) donne la valeur de y prédite par le modèle (également appelée « valeur d'ajustement »). La différence entre la valeur observée et la valeur prédite est le résidu. Il s'agit alors de déterminer les paramètres $\beta_0, \ldots, \beta_k$ de façon à minimiser la somme des carrés des résidus.

EXEMPLE 2   On considère des données représentées par des points $(x_1, y_1), \ldots, (x_n, y_n)$ dont la répartition dans le plan est plus proche d'une parabole que d'une droite. Par exemple, si les abscisses x désignent le niveau de production d'une entreprise et si les ordonnées y désignent le coût moyen unitaire nécessaire à la production de x unités par jour, alors, typiquement, la courbe des coûts moyens

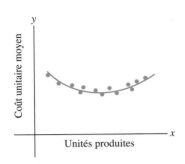

FIGURE 3

Courbe des coûts unitaires

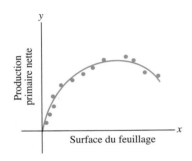

FIGURE 4

Production de nutriments

ressemble à une parabole évasée vers le haut (voir figure 3). En écologie, on utilise une parabole évasée vers le bas pour modéliser la production primaire nette de nutriments par une plante en fonction de la surface du feuillage (voir figure 4). On veut approcher ces données par une relation de la forme

$$y = \beta_0 + \beta_1 x + \beta_2 x^2 \tag{3}$$

Décrire le modèle linéaire permettant un ajustement au sens des moindres carrés des données par une équation du type de l'équation (3).

SOLUTION L'équation (3) décrit un cas idéal. Supposons que les « vraies » valeurs des paramètres soient β_0, β_1 et β_2. Alors, les coordonnées du premier point (x_1, y_1) vérifient une relation de la forme

$$y_1 = \beta_0 + \beta_1 x_1 + \beta_2 x_1^2 + \varepsilon_1$$

où ε_1 est l'erreur résiduelle entre la valeur observée y_1 et la valeur de y prédite, soit $\beta_0 + \beta_1 x_1 + \beta_2 x_1^2$. Chacun des points détermine une équation du même type :

$$y_1 = \beta_0 + \beta_1 x_1 + \beta_2 x_1^2 + \varepsilon_1$$
$$y_2 = \beta_0 + \beta_1 x_2 + \beta_2 x_2^2 + \varepsilon_2$$
$$\vdots \qquad\qquad \vdots$$
$$y_n = \beta_0 + \beta_1 x_n + \beta_2 x_n^2 + \varepsilon_n$$

Ce système s'écrit alors facilement sous la forme $\mathbf{y} = X\boldsymbol{\beta} + \boldsymbol{\epsilon}$. On trouve X en examinant les premières lignes et en cherchant une forme générale.

$$\begin{bmatrix} y_1 \\ y_2 \\ \vdots \\ y_n \end{bmatrix} = \begin{bmatrix} 1 & x_1 & x_1^2 \\ 1 & x_2 & x_2^2 \\ \vdots & \vdots & \vdots \\ 1 & x_n & x_n^2 \end{bmatrix} \begin{bmatrix} \beta_0 \\ \beta_1 \\ \beta_2 \end{bmatrix} + \begin{bmatrix} \varepsilon_1 \\ \varepsilon_2 \\ \vdots \\ \varepsilon_n \end{bmatrix}$$
$$\mathbf{y} \qquad = \qquad\qquad X \qquad\quad \boldsymbol{\beta} \quad + \quad \boldsymbol{\epsilon}$$ ∎

EXEMPLE 3 Pour des données tendant à se répartir sous la forme représentée à la figure 5, on peut essayer un modèle de la forme

$$y = \beta_0 + \beta_1 x + \beta_2 x^2 + \beta_3 x^3$$

Ce type de répartition peut, par exemple, correspondre aux coûts totaux d'une entreprise en fonction du niveau de production. Décrire le modèle linéaire permettant un ajustement au sens des moindres carrés de ces données $(x_1, y_1), \ldots, (x_n, y_n)$.

SOLUTION Une analyse semblable à celle de l'exemple 2 donne

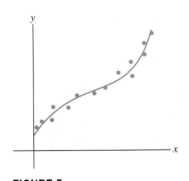

FIGURE 5

Nuage de points se répartissant selon une cubique

$$\underset{\substack{\text{Vecteur} \\ \text{d'observation}}}{\mathbf{y} = \begin{bmatrix} y_1 \\ y_2 \\ \vdots \\ y_n \end{bmatrix}}, \quad \underset{\substack{\text{Matrice} \\ \text{du modèle}}}{X = \begin{bmatrix} 1 & x_1 & x_1^2 & x_1^3 \\ 1 & x_2 & x_2^2 & x_2^3 \\ \vdots & \vdots & \vdots & \vdots \\ 1 & x_n & x_n^2 & x_n^3 \end{bmatrix}}, \quad \underset{\substack{\text{Vecteur des} \\ \text{paramètres}}}{\boldsymbol{\beta} = \begin{bmatrix} \beta_0 \\ \beta_1 \\ \beta_2 \\ \beta_3 \end{bmatrix}}, \quad \underset{\substack{\text{Vecteur} \\ \text{résidu}}}{\boldsymbol{\epsilon} = \begin{bmatrix} \varepsilon_1 \\ \varepsilon_2 \\ \vdots \\ \varepsilon_n \end{bmatrix}}$$ ∎

Régression multiple

Considérons une expérience décrite par deux variables indépendantes u et v ainsi qu'une variable y dépendant des deux autres. La relation la plus simple permettant une prédiction de y en fonction de u et v serait de la forme

$$y = \beta_0 + \beta_1 u + \beta_2 v \tag{4}$$

On peut imaginer plus généralement une relation de la forme

$$y = \beta_0 + \beta_1 u + \beta_2 v + \beta_3 u^2 + \beta_4 uv + \beta_5 v^2 \tag{5}$$

On utilise par exemple des relations de ce type en géologie, pour modéliser les surfaces d'érosion, les cirques glaciaires, le pH des sols ou d'autres grandeurs. Dans un tel cas, l'ajustement par les moindres carrés est appelé *surface de tendance*.

Les relations (4) et (5) aboutissent toutes les deux à un modèle linéaire car elles sont linéaires par rapport aux paramètres (bien qu'elles soient de degré supérieur par rapport à u et v). De façon générale, un modèle est linéaire à chaque fois que l'on cherche à prédire y par une relation de la forme

$$y = \beta_0 f_0(u, v) + \beta_1 f_1(u, v) + \cdots + \beta_k f_k(u, v)$$

où $f_0, \ldots, f_k$ sont des fonctions connues de n'importe quel type et où $\beta_0, \ldots, \beta_k$ sont des coefficients inconnus.

EXEMPLE 4   En géographie, on construit des modèles locaux de terrains à partir de données du type $(u_1, v_1, y_1), \ldots, (u_n, v_n, y_n)$, où u_j, v_j et y_j désignent respectivement la latitude, la longitude et l'altitude. Décrire le modèle linéaire fondé sur la relation (4) permettant d'obtenir un ajustement au sens des moindres carrés de ces données. La solution est appelée *plan des moindres carrés* (voir figure 6).

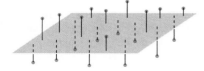

FIGURE 6

Plan des moindres carrés

SOLUTION   Les données doivent vérifier un système du type

$$y_1 = \beta_0 + \beta_1 u_1 + \beta_2 v_1 + \varepsilon_1$$
$$y_2 = \beta_0 + \beta_1 u_2 + \beta_2 v_2 + \varepsilon_2$$
$$\vdots \qquad\qquad \vdots$$
$$y_n = \beta_0 + \beta_1 u_n + \beta_2 v_n + \varepsilon_n$$

Ce système s'écrit sous forme matricielle $\mathbf{y} = X\boldsymbol{\beta} + \boldsymbol{\epsilon}$, où

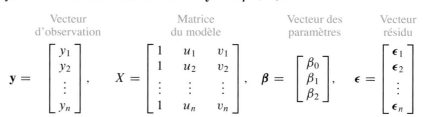

L'exemple 4 montre que la forme abstraite du modèle linéaire d'une régression multiple est identique à celle du modèle d'une régression simple décrit dans les exemples précédents. C'est la puissance de l'algèbre linéaire qui permet de comprendre le principe général de tous les modèles linéaires. Une fois X défini convenablement, les équations normales vérifiées par $\boldsymbol{\beta}$ ont la même forme matricielle, et cela, quel que soit le nombre de variables en jeu. Par conséquent, si le modèle linéaire est tel que $X^T X$ soit inversible, la solution au sens des moindres carrés $\hat{\boldsymbol{\beta}}$ est égale à $(X^T X)^{-1} X^T \mathbf{y}$.

Pour aller plus loin

J. Ferguson, *Introduction to Linear Algebra in Geology*, New York : Chapman & Hall, 1994.

W. C. Krumbein et F. A. Graybill, *An Introduction to Statistical Models in Geology*, New York : McGraw-Hill, 1965.

P. Legendre et L. Legendre, *Numerical Ecology*, Amsterdam : Elsevier, 1998.

David J. Unwin, *An Introduction to Trend Surface Analysis*, Concepts and Techniques in Modern Geography, n° 5, Norwich, Royaume-Uni : Geo Books, 1975.

EXERCICE D'ENTRAÎNEMENT

On considère un produit dont les ventes mensuelles sont sujettes à des variations saisonnières. On peut par exemple modéliser ces ventes par une relation du type

$$y = \beta_0 + \beta_1 x + \beta_2 \sin(2\pi x/12)$$

où x désigne le temps exprimé en mois. Le terme $\beta_0 + \beta_1 x$ donne la tendance générale et le terme en sinus représente les variations saisonnières. Écrire la matrice et le vecteur des paramètres associés au modèle linéaire permettant un ajustement au sens des moindres carrés de la relation précédente. On notera les données $(x_1, y_1), \ldots, (x_n, y_n)$.

6.6 EXERCICES

Dans les exercices 1 à 4, déterminer l'équation $y = \beta_0 + \beta_1 x$ de la droite de régression s'ajustant au mieux aux données indiquées.

1. $(0, 1), (1, 1), (2, 2), (3, 2)$

2. $(1, 0), (2, 1), (4, 2), (5, 3)$

3. $(-1, 0), (0, 1), (1, 2), (2, 4)$

4. $(2, 3), (3, 2), (5, 1), (6, 0)$

5. Soit X la matrice d'un modèle de régression linéaire pour les points $(x_1, y_1), \ldots, (x_n, y_n)$. En utilisant un théorème de la section 6.5, montrer que le système d'équations normales associé admet une solution unique si et seulement si les données comprennent au moins deux points d'abscisses distinctes.

6. Soit X la matrice du modèle de l'exemple 2, correspondant à un ajustement au sens des moindres carrés des points $(x_1, y_1), \ldots, (x_n, y_n)$ par une parabole. On suppose que x_1, x_2 et x_3 sont distincts. Justifier le fait qu'il n'existe qu'une parabole qui approche au mieux les données au sens des moindres carrés (voir exercice 5).

7. On considère une certaine expérience, qui a produit les données $(1 \, ; 1,8), (2 \, ; 2,7), (3 \, ; 3,4), (4 \, ; 3,8), (5 \, ; 3,9)$. Décrire le modèle permettant d'ajuster au sens des moindres carrés ces données par une fonction de la forme

$$y = \beta_1 x + \beta_2 x^2$$

Une telle fonction peut, par exemple, représenter le revenu tiré de la vente de x unités d'un produit dans le cas où la quantité de produits proposée à la vente se répercute sur le prix à fixer.

a. Écrire la matrice du modèle, le vecteur des observations et le vecteur des paramètres inconnus.

b. [M] Déterminer la courbe d'ajustement des données au sens des moindres carrés.

8. L'un des modèles qui donne souvent de bons résultats pour représenter les coûts variables d'une entreprise en fonction des ventes x est une courbe dont l'équation est du type $y = \beta_1 x + \beta_2 x^2 + \beta_3 x^3$. L'équation ne comporte pas de terme constant car on ne tient pas compte des coûts fixes.

a. Écrire la matrice du modèle correspondant à un ajustement au sens des moindres carrés de ce type pour les données $(x_1, y_1), \ldots, (x_n, y_n)$, ainsi que le vecteur des paramètres.

b. [M] Déterminer la courbe d'ajustement au sens des moindres carrés (toujours du même type) pour les données $(4 \, ; 1,58), (6 \, ; 2,08), (8 \, ; 2,5), (10 \, ; 2,8), (12 \, ; 3,1), (14 \, ; 3,4), (16 \, ; 3,8)$ et $(18 \, ; 4,32)$, les valeurs étant exprimées en milliers d'unités vendues. Si possible, représenter dans un même graphique les données et la courbe du troisième degré obtenue.

9. On considère une certaine expérience qui a produit les données $(1 \, ; 7,9), (2 \, ; 5,4)$ et $(3 \, ; -0,9)$. Décrire le modèle permettant un ajustement de ces points au sens des moindres carrés par une courbe du type

$$y = A \cos x + B \sin x$$

10. On considère deux substances radioactives A et B, de constantes de désintégration respectives 0,02 et 0,07. À l'instant $t = 0$, on mélange M_A grammes de A et M_B grammes de B. On peut alors modéliser la quantité totale y du mélange présent à l'instant t par une relation de la forme

$$y = M_A e^{-0,02t} + M_B e^{-0,07t} \tag{6}$$

Les quantités initiales M_A et M_B sont inconnues, mais un scientifique a pu mesurer la quantité présente à divers instants et a enregistré les points (t_i, y_i) suivants : $(10 ; 21,34)$, $(11 ; 20,68)$, $(12 ; 20,05)$, $(14 ; 18,87)$ et $(15 ; 18,30)$.

  a. Décrire un modèle linéaire permettant d'estimer M_A et M_B.

  b. [M] Déterminer la courbe d'ajustement au sens des moindres carrés correspondant au modèle (6).

11. [M] Les lois de Kepler stipulent que, si l'on néglige l'attraction des planètes, l'orbite d'une comète est elliptique, parabolique ou hyperbolique. Dans un système de coordonnées polaires bien choisi, la position (r, θ) d'une comète vérifie une équation du type

$$r = \beta + e(r \cdot \cos \theta)$$

où β est une constante et e l'*excentricité* de l'orbite. On a $0 \le e < 1$ pour une ellipse, $e = 1$ pour une parabole et $e > 1$ pour une hyperbole. Supposons que l'on ait découvert une nouvelle comète et que l'on ait relevé les positions ci-dessous[10]. Déterminer le type d'orbite et prédire la position de la planète pour $\theta = 4,6$ (radians).

θ	0,88	1,10	1,42	1,77	2,14
r	3,00	2,30	1,65	1,25	1,01

La dernière apparition de la comète de Halley remonte à 1986 et la prochaine aura lieu en 2061.

12. [M] La pression artérielle systolique p (mesurée en millimètres de mercure) d'un enfant en bonne santé et son poids w (mesuré en livres) sont liés approximativement par une relation du type

$$\beta_0 + \beta_1 \ln w = p$$

En utilisant les données expérimentales suivantes, estimer la pression artérielle systolique d'un enfant en bonne santé de 100 livres (environ 45 kg).

w	44	61	81	113	131
$\ln w$	3,78	4,11	4,39	4,73	4,88
p	91	98	103	110	112

13. [M] Afin d'étudier les performances d'un avion au décollage, on a mesuré toutes les secondes la distance horizontale parcourue entre les instants $t = 0$ et $t = 12$. Les distances mesurées étaient (en mètres) : 0 ; 8,8 ; 29,9 ; 62,0 ; 104,7 ; 159,1 ; 222,0 ; 294,5 ; 380,4 ; 571,7 ; 686,8 et 809,2.

  a. Déterminer l'ajustement au sens des moindres carrés de ces données par une cubique du type

$$y = \beta_0 + \beta_1 t + \beta_2 t^2 + \beta_3 t^3$$

  b. Estimer, à l'aide de la question (a), la vitesse de l'avion à l'instant $t = 4,5$ secondes.

14. On pose $\overline{x} = \dfrac{1}{n}(x_1 + \cdots + x_n)$ et $\overline{y} = \dfrac{1}{n}(y_1 + \cdots + y_n)$. Montrer que la droite de régression des points $(x_1, y_1), \ldots, (x_n, y_n)$ passe nécessairement par le point $(\overline{x}, \overline{y})$, c'est-à-dire que $\overline{x}$ et $\overline{y}$ vérifient l'équation affine $\overline{y} = \hat{\beta}_0 + \hat{\beta}_1 \overline{x}$. [*Indication :* Déduire cette équation de l'équation vectorielle $\mathbf{y} = X\hat{\boldsymbol{\beta}} + \boldsymbol{\epsilon}$. En notant $\mathbf{1}$ la première colonne de X, utiliser le fait que le vecteur résidu $\boldsymbol{\epsilon}$ est orthogonal à l'espace engendré par les colonnes de X, donc à $\mathbf{1}$.]

Étant donné un problème d'ajustement au sens des moindres carrés de points $(x_1, y_1), \ldots, (x_n, y_n)$, il peut être commode d'utiliser les abréviations suivantes :

$$\sum x = \sum_{i=1}^{n} x_i, \qquad \sum x^2 = \sum_{i=1}^{n} x_i^2,$$
$$\sum y = \sum_{i=1}^{n} y_i, \qquad \sum xy = \sum_{i=1}^{n} x_i y_i$$

Les équations normales correspondant à la droite de régression d'équation $y = \hat{\beta}_0 + \hat{\beta}_1 x$ s'écrivent alors

$$n\hat{\beta}_0 + \hat{\beta}_1 \sum x = \sum y \tag{7}$$
$$\hat{\beta}_0 \sum x + \hat{\beta}_1 \sum x^2 = \sum xy$$

15. Montrer les relations (7) en utilisant la forme matricielle donnée dans cette section.

16. Résoudre le système (7) à l'aide d'une inversion de matrice et en déduire l'expression de $\hat{\beta}_0$ et $\hat{\beta}_1$ sous la forme que l'on rencontre usuellement dans les ouvrages de statistiques.

17.   a. Reprendre les données de l'exemple 1 et mettre la distribution des abscisses x sous forme centrée. Soit X la matrice du modèle associée. Pourquoi les colonnes de X sont-elles orthogonales ?

  b. Écrire les équations normales correspondant aux données de la question (a), puis les résoudre pour déterminer la droite de régression $y = \beta_0 + \beta_1 x^*$, où $x^* = x - 5,5$.

---

[10] L'idée de l'ajustement au sens des moindres carrés est due au départ à K. F. Gauss (et, indépendamment, à A. Legendre), qui se rend célèbre en 1801 en déterminant par cette méthode la trajectoire de l'astéroïde *Cérès*. Quarante jours après sa découverte, l'astre disparut derrière le Soleil. Gauss prédit qu'il réapparaîtrait dix mois plus tard et indiqua sa localisation. La précision de sa prédiction stupéfia la communauté scientifique européenne.

18. On considère des données $(x_1, y_1), \ldots, (x_n, y_n)$ et on suppose que les abscisses x sont sous forme centrée, c'est-à-dire que $\sum x_i = 0$. Montrer que dans ce cas, si X est la matrice du modèle d'ajustement au sens des moindres carrés, la matrice $X^T X$ est diagonale.

On s'intéresse dans les exercices 19 et 20 à la matrice X d'un modèle linéaire comportant au moins deux colonnes, et à une solution au sens des moindres carrés $\hat{\boldsymbol{\beta}}$ de l'équation $\mathbf{y} = X\boldsymbol{\beta}$. On introduit les nombres suivants :

(i) $\|X\hat{\boldsymbol{\beta}}\|^2$, somme des carrés des « termes de régression ». On note ce nombre SC(R).

(ii) $\|\mathbf{y} - X\hat{\boldsymbol{\beta}}\|^2$, somme des carrés des termes d'erreur. On note ce nombre SC(E).

(iii) $\|\mathbf{y}\|^2$, somme « totale » des carrés des valeurs de y. On note ce nombre SC(T).

Tous les ouvrages traitant de régression et de modèles linéaires du type $\mathbf{y} = X\boldsymbol{\beta} + \boldsymbol{\epsilon}$ introduisent ces quantités, même si la terminologie et les notations peuvent varier quelque peu. Pour simplifier les choses, on suppose que la moyenne des valeurs de y est nulle. Dans ce cas, SC(T) est proportionnel à ce que l'on appelle la *variance* de la distribution des valeurs de y.

19. Justifier la relation SC(T) = SC(R) + SC(E). [*Indication :* Utiliser un théorème et justifier que ses hypothèses sont bien vérifiées.] Cette relation est fondamentale en statistiques, aussi bien dans la théorie de la régression qu'en analyse de variance.

20. Montrer que $\|X\hat{\boldsymbol{\beta}}\|^2 = \hat{\boldsymbol{\beta}}^T X^T \mathbf{y}$. [*Indication :* Réécrire le premier membre et utiliser le fait que $\hat{\boldsymbol{\beta}}$ vérifie le système d'équations normales.] Cette expression de SC(R) est utilisée en statistiques. Déduire de cette relation et de l'exercice 19 l'expression usuelle de SC(E) :

$$\text{SC(E)} = \mathbf{y}^T \mathbf{y} - \hat{\boldsymbol{\beta}}^T X^T \mathbf{y}$$

SOLUTION DE L'EXERCICE D'ENTRAÎNEMENT

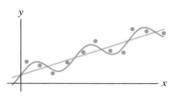

Tendance de ventes sujettes à des fluctuations saisonnières

On construit X et $\boldsymbol{\beta}$ de façon que la k^e composante de $X\boldsymbol{\beta}$ soit égale à la valeur prédite de y correspondant à la donnée (x_k, y_k), à savoir $\beta_0 + \beta_1 x_k + \beta_2 \sin(2\pi x_k / 12)$. On a alors clairement

$$X = \begin{bmatrix} 1 & x_1 & \sin(2\pi x_1/12) \\ \vdots & \vdots & \vdots \\ 1 & x_n & \sin(2\pi x_n/12) \end{bmatrix}, \quad \boldsymbol{\beta} = \begin{bmatrix} \beta_0 \\ \beta_1 \\ \beta_2 \end{bmatrix}$$

6.7 | ESPACES PRÉHILBERTIENS

Il est important de pouvoir appliquer les notions de longueur, de distance et d'orthogonalité dans le cadre général des espaces vectoriels. Pour $\mathbb{R}^n$, on a fondé ces notions sur les propriétés du produit scalaire énoncées dans le théorème 1 de la section 6.1. Pour les autres espaces vectoriels, il faut introduire une notion analogue au produit scalaire de $\mathbb{R}^n$, avec les mêmes propriétés. Les conclusions du théorème 1 deviennent dans la définition suivante des *axiomes*.

DÉFINITION

On appelle **produit scalaire** sur un espace vectoriel V une application qui associe à tout couple de vecteurs $\mathbf{u}$ et $\mathbf{v}$ de V un nombre réel $\langle \mathbf{u}, \mathbf{v} \rangle$ vérifiant pour tout $\mathbf{u}$, $\mathbf{v}$ et $\mathbf{w}$ de V et tout scalaire c les axiomes suivants :

1. $\langle \mathbf{u}, \mathbf{v} \rangle = \langle \mathbf{v}, \mathbf{u} \rangle$

2. $\langle \mathbf{u} + \mathbf{v}, \mathbf{w} \rangle = \langle \mathbf{u}, \mathbf{w} \rangle + \langle \mathbf{v}, \mathbf{w} \rangle$

3. $\langle c\mathbf{u}, \mathbf{v} \rangle = c\langle \mathbf{u}, \mathbf{v} \rangle$

4. $\langle \mathbf{u}, \mathbf{u} \rangle \geq 0$ et $\langle \mathbf{u}, \mathbf{u} \rangle = 0$ si et seulement si $\mathbf{u} = \mathbf{0}$

Un espace vectoriel muni d'un produit scalaire est appelé **espace préhilbertien**. S'il est de dimension finie, on parle d'**espace euclidien**.

L'espace $\mathbb{R}^n$ muni du produit scalaire usuel (appelé aussi *canonique*) est un espace euclidien, et à peu près tout ce qui a été énoncé dans ce chapitre pour $\mathbb{R}^n$ se généralise aux espaces préhilbertiens ou euclidiens. Les exemples de cette section et de la suivante conduisent à des applications variées en sciences de l'ingénieur, physique, mathématiques et statistiques.

EXEMPLE 1   On fixe deux nombres strictement positifs (ici 4 et 5) et, pour deux vecteurs $\mathbf{u} = (u_1, u_2)$ et $\mathbf{v} = (v_1, v_2)$ de $\mathbb{R}^2$, on pose

$$\langle \mathbf{u}, \mathbf{v} \rangle = 4u_1v_1 + 5u_2v_2 \tag{1}$$

Montrer que la relation (1) définit un produit scalaire.

SOLUTION Il est clair que l'axiome 1 est vérifié, puisque $\langle \mathbf{u}, \mathbf{v} \rangle = 4u_1v_1 + 5u_2v_2 = 4v_1u_1 + 5v_2u_2 = \langle \mathbf{v}, \mathbf{u} \rangle$. Si $\mathbf{w} = (w_1, w_2)$, alors

$$\begin{aligned}
\langle \mathbf{u} + \mathbf{v}, \mathbf{w} \rangle &= 4(u_1 + v_1)w_1 + 5(u_2 + v_2)w_2 \\
&= 4u_1w_1 + 5u_2w_2 + 4v_1w_1 + 5v_2w_2 \\
&= \langle \mathbf{u}, \mathbf{w} \rangle + \langle \mathbf{v}, \mathbf{w} \rangle
\end{aligned}$$

L'axiome 2 est vérifié. Pour l'axiome 3, on calcule

$$\langle c\mathbf{u}, \mathbf{v} \rangle = 4(cu_1)v_1 + 5(cu_2)v_2 = c(4u_1v_1 + 5u_2v_2) = c\langle \mathbf{u}, \mathbf{v} \rangle$$

Pour l'axiome 4, on remarque que $\langle \mathbf{u}, \mathbf{u} \rangle = 4u_1^2 + 5u_2^2 \geq 0$; de plus $4u_1^2 + 5u_2^2 = 0$ seulement si $u_1 = u_2 = 0$, c'est-à-dire si $\mathbf{u} = \mathbf{0}$. Par ailleurs, $\langle \mathbf{0}, \mathbf{0} \rangle = 0$. Donc la relation (1) définit bien un produit scalaire sur $\mathbb{R}^2$. ∎

On peut définir d'autres produits scalaires sur $\mathbb{R}^n$, analogues à la relation (1). Ils apparaissent naturellement dans des problèmes de « moindres carrés pondérés », pour lesquels on donne un poids à certaines composantes dans la somme définissant le produit scalaire, de façon à donner plus d'importance aux mesures les plus fiables.

À partir de maintenant, quand il est question de produits scalaires sur des espaces de polynômes ou d'autres types de fonctions, on note les fonctions comme on le fait d'habitude, plutôt que de les noter en caractères gras comme des vecteurs. Il faut toutefois bien garder présent à l'esprit que, quand on les traite comme des éléments d'un espace vectoriel, les fonctions *sont* des vecteurs.

EXEMPLE 2   Soit $t_0, \ldots, t_n$ des réels distincts. Si p et q sont deux polynômes de $\mathbb{P}_n$, on définit

$$\langle p, q \rangle = p(t_0)q(t_0) + p(t_1)q(t_1) + \cdots + p(t_n)q(t_n) \tag{2}$$

La vérification des axiomes 1 à 3 est immédiate. Pour l'axiome 4, on écrit

$$\langle p, p \rangle = [p(t_0)]^2 + [p(t_1)]^2 + \cdots + [p(t_n)]^2 \geq 0$$

On a aussi $\langle \mathbf{0}, \mathbf{0} \rangle = 0$ (le zéro en caractères gras désigne le polynôme nul, vecteur nul de $\mathbb{P}_n$). Si $\langle p, p \rangle = 0$, alors p s'annule en $n + 1$ points : $t_0, \ldots, t_n$. Cela n'est possible que si p est le polynôme nul, car p est de degré strictement inférieur à $n + 1$. Donc la relation (2) définit bien un produit scalaire sur $\mathbb{P}_n$. ∎

EXEMPLE 3   Soit V l'espace vectoriel $\mathbb{P}_2$ des polynômes de degré inférieur ou égal à 2, muni du produit scalaire de l'exemple 2 avec $t_0 = 0$, $t_1 = \frac{1}{2}$ et $t_2 = 1$. On considère $p(t) = 12t^2$ et $q(t) = 2t - 1$. Calculer $\langle p, q \rangle$ et $\langle q, q \rangle$.

SOLUTION

$$\langle p, q \rangle = p(0)q(0) + p\left(\tfrac{1}{2}\right) q\left(\tfrac{1}{2}\right) + p(1)q(1)$$
$$= (0)(-1) + (3)(0) + (12)(1) = 12$$
$$\langle q, q \rangle = [q(0)]^2 + [q\left(\tfrac{1}{2}\right)]^2 + [q(1)]^2$$
$$= (-1)^2 + (0)^2 + (1)^2 = 2 \qquad \blacksquare$$

Longueurs, distances et orthogonalité

Soit V un espace préhilbertien, muni du produit scalaire $\langle \mathbf{u}, \mathbf{v} \rangle$. On définit comme dans $\mathbb{R}^n$ la **longueur**, ou **norme**, d'un vecteur $\mathbf{v}$ comme étant le scalaire

$$\|\mathbf{v}\| = \sqrt{\langle \mathbf{v}, \mathbf{v} \rangle}$$

Il est équivalent de poser $\|\mathbf{v}\|^2 = \langle \mathbf{v}, \mathbf{v} \rangle$ (cette définition a un sens car $\langle \mathbf{v}, \mathbf{v} \rangle \geq 0$, mais elle *ne dit pas* que $\langle \mathbf{v}, \mathbf{v} \rangle$ est une « somme de carrés » car $\mathbf{v}$ n'est pas forcément un élément de $\mathbb{R}^n$).

On appelle **vecteur unitaire** un vecteur de longueur 1. On appelle **distance entre u et v** la longueur $\|\mathbf{u} - \mathbf{v}\|$. On dit que deux vecteurs $\mathbf{u}$ et $\mathbf{v}$ sont **orthogonaux** si $\langle \mathbf{u}, \mathbf{v} \rangle = 0$.

EXEMPLE 4 On munit $\mathbb{P}_2$ du produit scalaire (2) défini dans l'exemple 3. Calculer la longueur des vecteurs $p(t) = 12t^2$ et $q(t) = 2t - 1$.

SOLUTION

$$\|p\|^2 = \langle p, p \rangle = [p(0)]^2 + [p\left(\tfrac{1}{2}\right)]^2 + [p(1)]^2$$
$$= 0 + [3]^2 + [12]^2 = 153$$
$$\|p\| = \sqrt{153}$$

On a vu dans l'exemple 3 que $\langle q, q \rangle = 2$. Il en résulte que $\|q\| = \sqrt{2}$. $\qquad \blacksquare$

Procédé de Gram-Schmidt

Comme dans $\mathbb{R}^n$, on démontre par le **procédé de Gram-Schmidt** que tout sous-espace de dimension finie d'un espace préhilbertien admet des bases orthogonales. Certaines d'entre elles, fréquemment utilisées dans les applications, peuvent être construites par ce procédé.

On peut alors construire par la méthode habituelle la projection orthogonale sur un sous-espace W muni d'une base orthogonale. Cette projection ne dépend pas du choix de la base orthogonale et jouit des propriétés énoncées dans les théorèmes de projection orthogonale et de meilleure approximation quadratique.

EXEMPLE 5 On pose $V = \mathbb{P}_4$, on le munit du produit scalaire défini dans l'exemple 2, les polynômes étant évalués aux points $-2, -1, 0, 1$ et 2, et l'on considère $\mathbb{P}_2$ comme un sous-espace vectoriel de V. Construire une base orthogonale de $\mathbb{P}_2$ en appliquant le procédé de Gram-Schmidt aux polynômes $1, t$ et t^2.

SOLUTION Le produit scalaire de deux polynômes ne dépend que de leurs valeurs en $-2, \ldots, 2$. Sous chaque polynôme, on a rassemblé ci-dessous ces valeurs dans un vecteur[11] de $\mathbb{R}^5$

---

[11] Tout polynôme de $\mathbb{P}_4$ est déterminé de façon unique par ses valeurs aux cinq points $-2, \ldots, 2$. En fait, la correspondance entre p et le vecteur de ses valeurs est un isomorphisme, c'est-à-dire une bijection de $\mathbb{P}_4$ sur $\mathbb{R}^5$ qui conserve les combinaisons linéaires.

Polynôme : 1 t t^2

Vecteur des valeurs : $\begin{bmatrix} 1 \\ 1 \\ 1 \\ 1 \\ 1 \end{bmatrix}$, $\begin{bmatrix} -2 \\ -1 \\ 0 \\ 1 \\ 2 \end{bmatrix}$, $\begin{bmatrix} 4 \\ 1 \\ 0 \\ 1 \\ 4 \end{bmatrix}$

Le produit scalaire de deux polynômes de V est égal au produit scalaire (usuel) des vecteurs de $\mathbb{R}^5$ qui leur sont associés. On remarque que t est orthogonal à la fonction constante égale à 1. On peut donc prendre $p_0(t) = 1$ et $p_1(t) = t$. Pour p_2, on utilise les vecteurs de $\mathbb{R}^5$ ci-dessus pour calculer le projeté de t^2 sur Vect $\{p_0, p_1\}$:

$$\langle t^2, p_0 \rangle = \langle t^2, 1 \rangle = 4 + 1 + 0 + 1 + 4 = 10$$
$$\langle p_0, p_0 \rangle = 5$$
$$\langle t^2, p_1 \rangle = \langle t^2, t \rangle = -8 + (-1) + 0 + 1 + 8 = 0$$

Le projeté orthogonal de t^2 sur Vect $\{1, t\}$ est $\frac{10}{5} p_0 + 0 p_1$. Par conséquent,

$$p_2(t) = t^2 - 2 p_0(t) = t^2 - 2$$

Une base orthogonale du sous-espace vectoriel $\mathbb{P}_2$ de V est donc :

Polynôme : p_0 p_1 p_2

Vecteur des valeurs : $\begin{bmatrix} 1 \\ 1 \\ 1 \\ 1 \\ 1 \end{bmatrix}$, $\begin{bmatrix} -2 \\ -1 \\ 0 \\ 1 \\ 2 \end{bmatrix}$, $\begin{bmatrix} 2 \\ -1 \\ -2 \\ -1 \\ 2 \end{bmatrix}$ (3)

■

Meilleure approximation dans un espace préhilbertien

On se place dans un espace vectoriel de fonctions, noté V, et l'on veut approcher une fonction f de V par une fonction g appartenant à un certain sous-espace vectoriel W de V. Ce problème est courant en mathématiques appliquées. La « proximité » de g et de f dépend de la façon dont on a défini $\| f - g \|$. On se place ici uniquement dans la situation où cette distance est définie à partir d'un produit scalaire. Dans ce cas, la *meilleure approximation de f par les fonctions de W* n'est autre que le projeté orthogonal de f sur le sous-espace W.

EXEMPLE 6   Soit V l'espace $\mathbb{P}_4$ muni du produit scalaire défini dans l'exemple 5 ; on avait également déterminé une base orthogonale (p_0, p_1, p_2). Déterminer la meilleure approximation, par des polynômes de $\mathbb{P}_2$, du polynôme p défini par $p(t) = 5 - \frac{1}{2} t^4$.

SOLUTION Les valeurs des polynômes p_0, p_1 et p_2 aux nombres $-2, -1, 0, 1$ et 2 sont rassemblées dans les vecteurs de $\mathbb{R}^5$ indiqués précédemment en (3). Les valeurs correspondantes de p sont $-3, 9/2, 5, 9/2$ et -3. On calcule

$$\langle p, p_0 \rangle = 8 \qquad \langle p, p_1 \rangle = 0 \qquad \langle p, p_2 \rangle = -31$$
$$\langle p_0, p_0 \rangle = 5 \qquad \qquad \qquad \langle p_2, p_2 \rangle = 14$$

Le meilleure approximation de p dans V par des polynômes de $\mathbb{P}_2$ est donc

$$\hat{p} = \mathrm{proj}_{\mathbb{P}_2} \, p = \frac{\langle p, p_0 \rangle}{\langle p_0, p_0 \rangle} p_0 + \frac{\langle p, p_1 \rangle}{\langle p_1, p_1 \rangle} p_1 + \frac{\langle p, p_2 \rangle}{\langle p_2, p_2 \rangle} p_2$$
$$= \tfrac{8}{5} p_0 + \tfrac{-31}{14} p_2 = \tfrac{8}{5} - \tfrac{31}{14}(t^2 - 2)$$

Ce polynôme est le plus proche de p parmi tous les polynômes de $\mathbb{P}_2$, quand on mesure la distance entre deux polynômes par une évaluation aux seuls points $-2, -1, 0, 1$ et 2 (voir figure 1). ∎

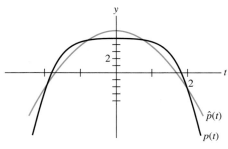

FIGURE 1

Les polynômes p_0, p_1 et p_2 des exemples 5 et 6 appartiennent à une classe de polynômes appelés en statistiques *polynômes orthogonaux*[12]. Il s'agit d'une orthogonalité au sens de produits scalaires du type de celui décrit dans l'exemple 2.

Deux inégalités

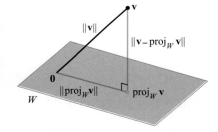

FIGURE 2

L'hypoténuse est le côté le plus long.

Étant donné un vecteur $\mathbf{v}$ d'un espace préhilbertien V et un sous-espace vectoriel W de dimension finie, on peut appliquer le théorème de Pythagore à la décomposition de $\mathbf{v}$ associée à la projection orthogonale sur W, qui s'écrit

$$\|\mathbf{v}\|^2 = \|\,\mathrm{proj}_W \, \mathbf{v}\|^2 + \|\mathbf{v} - \mathrm{proj}_W \, \mathbf{v}\|^2$$

(Voir figure 2.) Cela montre en particulier que la norme du projeté de $\mathbf{v}$ sur W est inférieure ou égale à la norme de $\mathbf{v}$ lui-même. Cette simple observation conduit à l'importante inégalité suivante.

THÉORÈME 16

> **Inégalité de Cauchy-Schwarz**
>
> Pour tous vecteurs $\mathbf{u}$ et $\mathbf{v}$ de V,
>
> $$|\langle \mathbf{u}, \mathbf{v} \rangle| \leq \|\mathbf{u}\| \, \|\mathbf{v}\| \qquad (4)$$

---

[12] Voir Norman L. Johnson et Fred C. Leone, *Statistics and Experimental Design in Engineering and the Physical Sciences*, 2e éd., New York : John Wiley & Sons, 1977. On y trouve des tables de « polynômes orthogonaux » donnés simplement sous forme de listes de valeurs des polynômes en des points tels que -2, $-1, 0, 1$ et 2.

DÉMONSTRATION Si $\mathbf{u} = \mathbf{0}$, alors les deux membres de l'inégalité (4) sont nuls et l'inégalité est vérifiée (voir exercice d'entraînement 1). Si $\mathbf{u} \neq \mathbf{0}$, on considère la droite vectorielle W engendrée par $\mathbf{u}$. On rappelle que pour tout scalaire c, $\|c\mathbf{u}\| = |c|\,\|\mathbf{u}\|$. Donc

$$\| \operatorname{proj}_W \mathbf{v}\| = \left\| \frac{\langle \mathbf{v}, \mathbf{u}\rangle}{\langle \mathbf{u}, \mathbf{u}\rangle}\mathbf{u} \right\| = \frac{|\langle \mathbf{v}, \mathbf{u}\rangle|}{|\langle \mathbf{u}, \mathbf{u}\rangle|}\|\mathbf{u}\| = \frac{|\langle \mathbf{v}, \mathbf{u}\rangle|}{\|\mathbf{u}\|^2}\|\mathbf{u}\| = \frac{|\langle \mathbf{u}, \mathbf{v}\rangle|}{\|\mathbf{u}\|}$$

Comme $\| \operatorname{proj}_W \mathbf{v}\| \leq \|\mathbf{v}\|$, on obtient $\dfrac{|\langle \mathbf{u}, \mathbf{v}\rangle|}{\|\mathbf{u}\|} \leq \|\mathbf{v}\|$, ce qui donne l'inégalité (4). ∎

L'inégalité de Cauchy-Schwarz est utilisée dans de nombreuses branches des mathématiques. Quelques applications simples sont présentées en exercices. On va essentiellement l'appliquer ici à une autre inégalité fondamentale, entre normes de vecteurs (voir figure 3).

THÉORÈME 17

> **Inégalité triangulaire**
>
> Pour tous vecteurs $\mathbf{u}$ et $\mathbf{v}$ de V,
>
> $$\|\mathbf{u} + \mathbf{v}\| \leq \|\mathbf{u}\| + \|\mathbf{v}\|$$

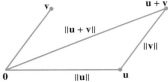

FIGURE 3
Longueur des côtés d'un triangle

DÉMONSTRATION

$$\begin{aligned}
\|\mathbf{u} + \mathbf{v}\|^2 &= \langle \mathbf{u} + \mathbf{v}, \mathbf{u} + \mathbf{v}\rangle = \langle \mathbf{u}, \mathbf{u}\rangle + 2\langle \mathbf{u}, \mathbf{v}\rangle + \langle \mathbf{v}, \mathbf{v}\rangle\\
&\leq \|\mathbf{u}\|^2 + 2|\langle \mathbf{u}, \mathbf{v}\rangle| + \|\mathbf{v}\|^2\\
&\leq \|\mathbf{u}\|^2 + 2\|\mathbf{u}\|\,\|\mathbf{v}\| + \|\mathbf{v}\|^2 \qquad \text{Cauchy-Schwarz}\\
&= (\|\mathbf{u}\| + \|\mathbf{v}\|)^2
\end{aligned}$$

L'inégalité triangulaire en résulte immédiatement par l'application de la racine carrée à chaque membre. ∎

Un produit scalaire dans $C([a, b])$ (utilise le cours d'analyse)

L'espace préhilbertien le plus utilisé dans les applications est probablement l'espace $C([a, b])$ des fonctions continues sur un intervalle $[a, b]$, muni d'un produit scalaire que nous allons maintenant construire.

On commence par considérer un polynôme p et un entier n supérieur ou égal au degré de p. Alors p appartient à $\mathbb{P}_n$, et l'on peut calculer la « longueur » de p correspondant au produit scalaire défini dans l'exemple 2, qui s'exprime en évaluant le polynôme en $n + 1$ points de $[a, b]$. Mais cette longueur de p ne tient compte que de son comportement en $n + 1$ points. Puisque, à partir d'un certain rang, p appartient à tous les $\mathbb{P}_n$, on peut utiliser des valeurs de n aussi grandes que l'on veut, ce qui fournit beaucoup plus de points d'évaluation pour estimer le produit scalaire (voir figure 4).

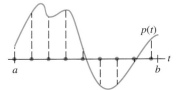 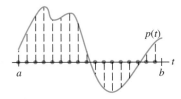

FIGURE 4 On peut utiliser de plus en plus de points d'évaluation dans $[a, b]$ pour calculer $\|p\|^2$.

On subdivise alors l'intervalle $[a, b]$ en $n + 1$ sous-intervalles, chacun de longueur $\Delta t = (b - a)/(n + 1)$, et l'on considère $t_0, \ldots, t_n$, des points quelconques de chacun de ces sous-intervalles.

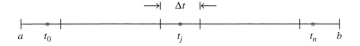

Quand n augmente, le produit scalaire dans $\mathbb{P}_n$ défini par $t_0, \ldots, t_n$ tend, lui aussi, à augmenter ; on normalise donc ce produit scalaire en le divisant par $n + 1$. On remarque que $1/(n + 1) = \Delta t/(b - a)$, et l'on pose

$$\langle p, q \rangle = \frac{1}{n + 1} \sum_{j=0}^{n} p(t_j) q(t_j) = \frac{1}{b - a} \left[\sum_{j=0}^{n} p(t_j) q(t_j) \Delta t \right]$$

Puisque les polynômes p et q définissent des fonctions continues, l'expression entre crochets est une somme de Riemann, qui tend vers une intégrale sur $[a, b]$ quand n tend vers l'infini. Cela conduit à considérer la *valeur moyenne de* $p(t)q(t)$ sur l'intervalle $[a, b]$

$$\frac{1}{b - a} \int_a^b p(t) q(t)\, dt$$

Cette quantité est définie pour des polynômes de n'importe quel degré (et plus généralement pour tout couple de fonctions continues) et, comme le montre l'exemple qui suit, elle vérifie toutes les propriétés d'un produit scalaire. Le facteur d'échelle $1/(b - a)$ n'intervient pas et, pour simplifier, on ne le met pas, en général, dans la définition du produit scalaire.

EXEMPLE 7 Si f et g sont des fonctions de $C([a, b])$, on pose

$$\langle f, g \rangle = \int_a^b f(t) g(t)\, dt \tag{5}$$

Montrer que la relation (5) définit un produit scalaire sur $C([a, b])$.

SOLUTION Les axiomes 1 à 3 résultent des propriétés élémentaires des intégrales. Pour l'axiome 4, on écrit

$$\langle f, f \rangle = \int_a^b [f(t)]^2\, dt \geq 0$$

La fonction $[f(t)]^2$ est continue et positive sur $[a, b]$. On sait, par un théorème du calcul intégral, que si l'intégrale de $[f(t)]^2$ est nulle, alors $[f(t)]^2$ est identiquement nulle sur $[a, b]$, ce qui implique que f est la fonction nulle. Donc $\langle f, f \rangle = 0$ implique que f est nulle sur $[a, b]$, et la relation (5) définit bien un produit scalaire sur $C([a, b])$. ■

EXEMPLE 8 Soit V l'espace $C([0, 1])$, muni du produit scalaire défini dans l'exemple 7, et W le sous-espace vectoriel engendré par les polynômes $p_1(t) = 1$, $p_2(t) = 2t - 1$ et $p_3(t) = 12t^2$. Déterminer une base orthogonale de W en appliquant le procédé de Gram-Schmidt à cette base.

SOLUTION On pose $q_1 = p_1$ et l'on calcule

$$\langle p_2, q_1 \rangle = \int_0^1 (2t - 1)(1)\, dt = \left[(t^2 - t) \right]_0^1 = 0$$

Donc p_2 est déjà orthogonal à q_1 et l'on peut prendre $q_2 = p_2$. Pour déterminer le projeté de p_3 sur $W_2 = \text{Vect}\{q_1, q_2\}$, on calcule

$$\langle p_3, q_1 \rangle = \int_0^1 12t^2 \cdot 1 \, dt = \left[4t^3\right]_0^1 = 4$$

$$\langle q_1, q_1 \rangle = \int_0^1 1 \cdot 1 \, dt = 1$$

$$\langle p_3, q_2 \rangle = \int_0^1 12t^2(2t - 1) \, dt = \int_0^1 (24t^3 - 12t^2) \, dt = 2$$

$$\langle q_2, q_2 \rangle = \int_0^1 (2t - 1)^2 \, dt = \left[\frac{1}{6}(2t - 1)^3\right]_0^1 = \frac{1}{3}$$

Alors

$$\text{proj}_{W_2} \, p_3 = \frac{\langle p_3, q_1 \rangle}{\langle q_1, q_1 \rangle} q_1 + \frac{\langle p_3, q_2 \rangle}{\langle q_2, q_2 \rangle} q_2 = \frac{4}{1} q_1 + \frac{2}{1/3} q_2 = 4q_1 + 6q_2$$

d'où

$$q_3 = p_3 - \text{proj}_{W_2} \, p_3 = p_3 - 4q_1 - 6q_2$$

Donc q_3 est défini par $q_3(t) = 12t^2 - 4 - 6(2t - 1) = 12t^2 - 12t + 2$. La base orthogonale de W recherchée est (q_1, q_2, q_3). ∎

EXERCICES D'ENTRAÎNEMENT

Montrer, à l'aide des axiomes du produit scalaire, les résultats suivants :

1. $\langle \mathbf{v}, \mathbf{0} \rangle = \langle \mathbf{0}, \mathbf{v} \rangle = 0$.
2. $\langle \mathbf{u}, \mathbf{v} + \mathbf{w} \rangle = \langle \mathbf{u}, \mathbf{v} \rangle + \langle \mathbf{u}, \mathbf{w} \rangle$.

6.7 EXERCICES

1. On munit $\mathbb{R}^2$ du produit scalaire défini dans l'exemple 1 et l'on pose $\mathbf{x} = (1, 1)$ et $\mathbf{y} = (5, -1)$.

   a. Déterminer $\|\mathbf{x}\|$, $\|\mathbf{y}\|$ et $|\langle \mathbf{x}, \mathbf{y} \rangle|^2$.

   b. Déterminer les vecteurs (z_1, z_2) orthogonaux à $\mathbf{y}$.

2. On munit $\mathbb{R}^2$ du produit scalaire défini dans l'exemple 1. Vérifier l'inégalité de Cauchy-Schwarz sur les vecteurs $\mathbf{x} = (3, -2)$ et $\mathbf{y} = (-2, 1)$. [*Suggestion :* Considérer $|\langle \mathbf{x}, \mathbf{y} \rangle|^2$.]

Dans les exercices 3 à 8, on se place dans $\mathbb{P}_2$ muni du produit scalaire défini par l'évaluation des polynômes en $-1, 0$ et 1 (voir exemple 2).

3. Calculer $\langle p, q \rangle$, où $p(t) = 4 + t$ et $q(t) = 5 - 4t^2$.

4. Calculer $\langle p, q \rangle$, où $p(t) = 3t - t^2$ et $q(t) = 3 + 2t^2$.

5. Calculer $\|p\|$ et $\|q\|$, où p et q sont les polynômes définis dans l'exercice 3.

6. Calculer $\|p\|$ et $\|q\|$, où p et q sont les polynômes définis dans l'exercice 4.

7. Calculer le projeté orthogonal de q sur la droite vectorielle engendrée par p, où p et q sont les polynômes définis dans l'exercice 3.

8. Calculer le projeté orthogonal de q sur la droite vectorielle engendrée par p, où p et q sont les polynômes définis dans l'exercice 4.

9. On munit $\mathbb{P}_3$ du produit scalaire défini par l'évaluation des polynômes aux points $-3, -1, 1$ et 3. On considère les polynômes $p_0(t) = 1$, $p_1(t) = t$ et $p_2(t) = t^2$.

   a. Calculer le projeté orthogonal de p_2 sur le sous-espace engendré par p_0 et p_1.

   b. Déterminer un polynôme q orthogonal à p_0 et à p_1, tel que (p_0, p_1, q) soit une base orthogonale de $\text{Vect}\{p_0, p_1, p_2\}$. Déterminer un polynôme colinéaire à q de façon que le vecteur de ses valeurs aux points $-3, -1, 1$ et 3 soit égal à $(1, -1, -1, 1)$.

10. On munit $\mathbb{P}_3$ du produit scalaire défini dans l'exercice 9 et l'on reprend les polynômes p_0, p_1 et q définis dans ce même exercice. Déterminer la meilleure approximation quadratique de $p(t) = t^3$ par des polynômes de $\text{Vect}\{p_0, p_1, q\}$.

11. On considère les polynômes orthogonaux p_0, p_1 et p_2 décrits dans l'exemple 5, où l'on avait introduit le produit scalaire dans $\mathbb{P}_4$ défini par l'évaluation des polynômes aux points -2, -1, 0, 1 et 2. Déterminer le projeté orthogonal de t^3 sur Vect $\{p_0, p_1, p_2\}$.

12. Déterminer un polynôme p_3 de façon que (p_0, p_1, p_2, p_3) (les notations sont celles de l'exercice 11) soit une base orthogonale du sous-espace $\mathbb{P}_3$ de $\mathbb{P}_4$. Déterminer un polynôme colinéaire à p_3 de façon que le vecteur de ses valeurs soit $(-1, 2, 0, -2, 1)$.

13. Soit A une matrice inversible $n \times n$. Pour tous les vecteurs $\mathbf{u}$ et $\mathbf{v}$ de $\mathbb{R}^n$, on considère l'expression $\langle \mathbf{u}, \mathbf{v} \rangle = (A\mathbf{u}) \cdot (A\mathbf{v}) = (A\mathbf{u})^T (A\mathbf{v})$. Montrer que l'on définit ainsi un produit scalaire dans $\mathbb{R}^n$.

14. Soit T une application linéaire injective d'un espace vectoriel V dans $\mathbb{R}^n$. Pour tous les vecteurs $\mathbf{u}$ et $\mathbf{v}$ de V, on considère l'expression $\langle \mathbf{u}, \mathbf{v} \rangle = T(\mathbf{u}) \cdot T(\mathbf{v})$. Montrer que l'on définit ainsi un produit scalaire dans V.

En utilisant les axiomes du produit scalaire ainsi que d'autres résultats de cette section, vérifier les propositions des exercices 15 à 18.

15. $\langle \mathbf{u}, c\mathbf{v} \rangle = c \langle \mathbf{u}, \mathbf{v} \rangle$ pour tout scalaire c.

16. Si $(\mathbf{u}, \mathbf{v})$ est une famille orthonormée de vecteurs de V, alors $\|\mathbf{u} - \mathbf{v}\| = \sqrt{2}$.

17. $\langle \mathbf{u}, \mathbf{v} \rangle = \frac{1}{4}\|\mathbf{u} + \mathbf{v}\|^2 - \frac{1}{4}\|\mathbf{u} - \mathbf{v}\|^2$

18. $\|\mathbf{u} + \mathbf{v}\|^2 + \|\mathbf{u} - \mathbf{v}\|^2 = 2\|\mathbf{u}\|^2 + 2\|\mathbf{v}\|^2$

19. Étant donné $a \geq 0$ et $b \geq 0$, on considère les vecteurs $\mathbf{u} = \begin{bmatrix} \sqrt{a} \\ \sqrt{b} \end{bmatrix}$ et $\mathbf{v} = \begin{bmatrix} \sqrt{b} \\ \sqrt{a} \end{bmatrix}$. À l'aide de l'inégalité de Cauchy-Schwarz, comparer la moyenne géométrique $\sqrt{ab}$ et la moyenne arithmétique $(a + b)/2$.

20. On pose $\mathbf{u} = \begin{bmatrix} a \\ b \end{bmatrix}$ et $\mathbf{v} = \begin{bmatrix} 1 \\ 1 \end{bmatrix}$. Montrer, à l'aide de l'inégalité de Cauchy-Schwarz, que
$$\left(\frac{a + b}{2}\right)^2 \leq \frac{a^2 + b^2}{2}$$

Dans les exercices 21 à 24, on considère l'espace $V = C([0, 1])$, muni du produit scalaire défini, comme dans l'exemple 7, par une intégrale.

21. Calculer $\langle f, g \rangle$, où $f(t) = 1 - 3t^2$ et $g(t) = t - t^3$.

22. Calculer $\langle f, g \rangle$, où $f(t) = 5t - 3$ et $g(t) = t^3 - t^2$.

23. Calculer $\| f \|$, où f est la fonction définie dans l'exercice 21.

24. Calculer $\|g\|$, où g est la fonction définie dans l'exercice 22.

25. Soit V l'espace $C([-1, 1])$ muni du produit scalaire défini dans l'exemple 7. Déterminer une base orthogonale du sous-espace vectoriel engendré par 1, t et t^2. Les polynômes de cette base sont appelés *polynômes de Legendre*.

26. Soit V l'espace $C([-2, 2])$ muni du produit scalaire défini dans l'exemple 7. Déterminer une base orthogonale du sous-espace vectoriel engendré par 1, t et t^2.

27. [M] On munit $\mathbb{P}_4$ du produit scalaire défini dans l'exemple 5 et l'on considère les polynômes orthogonaux p_0, p_1 et p_2 calculés dans cet exemple. À l'aide d'un logiciel de calcul matriciel, appliquer le procédé de Gram-Schmidt à la famille $(p_0, p_1, p_2, t^3, t^4)$ pour construire une base orthogonale de $\mathbb{P}_4$.

28. [M] Soit V l'espace vectoriel $C([0, 2\pi])$ muni du produit scalaire défini dans l'exemple 7. À l'aide du procédé de Gram-Schmidt, construire une base orthogonale du sous-espace engendré par $(1, \cos t, \cos^2 t, \cos^3 t)$. On utilisera un logiciel de calcul matriciel ou de calcul formel pour calculer les intégrales nécessaires.

| **SOLUTIONS DES EXERCICES D'ENTRAÎNEMENT**

1. D'après l'axiome 1, $\langle \mathbf{v}, \mathbf{0} \rangle = \langle \mathbf{0}, \mathbf{v} \rangle$. On utilise ensuite l'axiome 3 pour écrire $\langle \mathbf{0}, \mathbf{v} \rangle = \langle 0\mathbf{v}, \mathbf{v} \rangle = 0\langle \mathbf{v}, \mathbf{v} \rangle$, d'où $\langle \mathbf{0}, \mathbf{v} \rangle = 0$.

2. D'après les axiomes 1 et 2, puis de nouveau l'axiome 1, $\langle \mathbf{u}, \mathbf{v} + \mathbf{w} \rangle = \langle \mathbf{v} + \mathbf{w}, \mathbf{u} \rangle = \langle \mathbf{v}, \mathbf{u} \rangle + \langle \mathbf{w}, \mathbf{u} \rangle = \langle \mathbf{u}, \mathbf{v} \rangle + \langle \mathbf{u}, \mathbf{w} \rangle$.

6.8 | APPLICATIONS DES ESPACES PRÉHILBERTIENS

Les exemples de cette section illustrent la façon dont les espaces préhilbertiens définis à la section 6.7 peuvent apparaître dans des problèmes pratiques. Le premier exemple est lié à l'énorme problème d'approximation au sens des moindres carrés engendré par la mise à jour du système géodésique nord-américain décrit dans l'exemple introductif de ce chapitre.

Méthode des moindres carrés pondérés

Soit $\mathbf{y}$ un vecteur correspondant à n observations, $y_1, \ldots, y_n$. **On souhaite approcher** $\mathbf{y}$ **par un vecteur** $\hat{\mathbf{y}}$ **appartenant à un certain sous-espace vectoriel fixé de** $\mathbb{R}^n$ (à la section 6.5, on cherchait $\hat{\mathbf{y}}$ sous la forme $A\mathbf{x}$, c'est-à-dire qu'on lui imposait d'appartenir à l'image de A). Si l'on note $\hat{y}_1, \ldots, \hat{y}_n$ les composantes de $\hat{\mathbf{y}}$, alors *la somme* SC(E) *des carrés des erreurs* commises en remplaçant $\mathbf{y}$ par $\hat{\mathbf{y}}$ est égale à

$$\text{SC(E)} = (y_1 - \hat{y}_1)^2 + \cdots + (y_n - \hat{y}_n)^2 \tag{1}$$

Il s'agit simplement de $\|\mathbf{y} - \hat{\mathbf{y}}\|^2$, au sens de la longueur usuelle dans $\mathbb{R}^n$.

Supposons maintenant que les mesures ayant permis de déterminer les composantes de $\mathbf{y}$ n'aient pas toutes la même précision. C'était le cas du système géodésique nord-américain, puisque les mesures s'étaient étalées sur 140 ans. Une autre situation de ce type est celle où chacune des composantes de $\mathbf{y}$ provient de séries de mesures plus ou moins nombreuses. Il est pertinent dans ce cas de pondérer dans la relation (1) les carrés des erreurs de façon à donner plus d'importance aux mesures les plus fiables[13]. Si l'on note ces poids $w_1^2, \ldots, w_n^2$, alors la somme pondérée des carrés des erreurs est

$$\text{SC(E) pondérée} = w_1^2(y_1 - \hat{y}_1)^2 + \cdots + w_n^2(y_n - \hat{y}_n)^2 \tag{2}$$

Il s'agit du carré de la longueur de $\mathbf{y} - \hat{\mathbf{y}}$, au sens d'un produit scalaire du type de celui défini dans l'exemple 1 de la section 6.7, à savoir

$$\langle \mathbf{x}, \mathbf{y} \rangle = w_1^2 x_1 y_1 + \cdots + w_n^2 x_n y_n$$

Il peut parfois être commode de transformer ce problème de moindres carrés pondérés en un problème de moindres carrés usuels équivalent. Si l'on note W la matrice diagonale de coefficients diagonaux (strictement positifs) $w_1, \ldots, w_n$, alors

$$W\mathbf{y} = \begin{bmatrix} w_1 & 0 & \cdots & 0 \\ 0 & w_2 & & \vdots \\ \vdots & & \ddots & \vdots \\ 0 & & \cdots & w_n \end{bmatrix} \begin{bmatrix} y_1 \\ y_2 \\ \vdots \\ y_n \end{bmatrix} = \begin{bmatrix} w_1 y_1 \\ w_2 y_2 \\ \vdots \\ w_n y_n \end{bmatrix}$$

L'expression de $W\hat{\mathbf{y}}$ est similaire. Si l'on écrit le j^e terme de la relation (2) sous la forme

$$w_j^2(y_j - \hat{y}_j)^2 = (w_j y_j - w_j \hat{y}_j)^2$$

la somme SC(E) pondérée (2) n'est autre que le carré de la norme usuelle (dans $\mathbb{R}^n$) de $W\mathbf{y} - W\hat{\mathbf{y}}$, c'est-à-dire $\|W\mathbf{y} - W\hat{\mathbf{y}}\|^2$.

Si maintenant on veut que l'approximation $\hat{\mathbf{y}}$ soit une combinaison linéaire des colonnes d'une certaine matrice A, il faut chercher un vecteur $\hat{\mathbf{x}}$ qui rende $A\hat{\mathbf{x}} = \hat{\mathbf{y}}$ aussi proche que possible de $\mathbf{y}$. Cette proximité est évaluée par l'erreur pondérée

$$\|W\mathbf{y} - W\hat{\mathbf{y}}\|^2 = \|W\mathbf{y} - WA\hat{\mathbf{x}}\|^2$$

Le vecteur $\hat{\mathbf{x}}$ est donc la solution au sens des moindres carrés (usuels) de l'équation

$$WA\mathbf{x} = W\mathbf{y}$$

L'équation normale associée à la solution au sens des moindres carrés est

$$(WA)^T WA\mathbf{x} = (WA)^T W\mathbf{y}$$

---

[13] Remarque à l'intention des lecteurs ayant des connaissances en statistiques : Si l'on considère les erreurs de mesure des y_i comme des variables aléatoires indépendantes d'espérance nulle et de variances respectives $\sigma_1^2, \ldots, \sigma_n^2$, alors on choisit comme poids dans la relation (2) les nombres $w_i^2 = 1/\sigma_i^2$. Plus la variance de l'erreur est grande, plus le poids doit être petit.

EXEMPLE 1 On considère les points $(-2, 3)$, $(-1, 5)$, $(0, 5)$, $(1, 4)$ et $(2, 3)$. On suppose que les erreurs de mesure des ordonnées y sont plus grandes pour les deux derniers points que pour les autres et l'on accorde à ceux-ci un poids égal à la moitié de celui des autres. Déterminer la droite de régression $y = \beta_0 + \beta_1 x$ de ces points ainsi pondérés.

SOLUTION On adopte les notations de la section 6.6, à savoir X pour la matrice A et $\boldsymbol{\beta}$ pour le vecteur $\mathbf{x}$, et l'on écrit

$$X = \begin{bmatrix} 1 & -2 \\ 1 & -1 \\ 1 & 0 \\ 1 & 1 \\ 1 & 2 \end{bmatrix}, \quad \boldsymbol{\beta} = \begin{bmatrix} \beta_0 \\ \beta_1 \end{bmatrix} \quad \text{et} \quad \mathbf{y} = \begin{bmatrix} 3 \\ 5 \\ 5 \\ 4 \\ 3 \end{bmatrix}$$

On prend pour matrice de pondération la matrice W de coefficients diagonaux $2, 2, 2,$ 1 et 1. La multiplication à gauche par W revient à multiplier les lignes de X et de $\mathbf{y}$ par un certain facteur :

$$WX = \begin{bmatrix} 2 & -4 \\ 2 & -2 \\ 2 & 0 \\ 1 & 1 \\ 1 & 2 \end{bmatrix} \quad \text{et} \quad W\mathbf{y} = \begin{bmatrix} 6 \\ 10 \\ 10 \\ 4 \\ 3 \end{bmatrix}$$

On écrit alors le système d'équations normales :

$$(WX)^T WX = \begin{bmatrix} 14 & -9 \\ -9 & 25 \end{bmatrix} \quad \text{et} \quad (WX)^T W\mathbf{y} = \begin{bmatrix} 59 \\ -34 \end{bmatrix}$$

et l'on résout le système

$$\begin{bmatrix} 14 & -9 \\ -9 & 25 \end{bmatrix} \begin{bmatrix} \beta_0 \\ \beta_1 \end{bmatrix} = \begin{bmatrix} 59 \\ -34 \end{bmatrix}$$

La solution du système d'équations normales est, avec deux chiffres significatifs, $\beta_0 = 4{,}3$ et $\beta_1 = 0{,}20$. La droite recherchée est la droite d'équation

$$y = 4{,}3 + 0{,}20\, x$$

Par comparaison, la droite de régression au sens des moindres carrés usuels a pour équation

$$y = 4{,}0 - 0{,}10\, x$$

Les deux droites sont représentées à la figure 1. ■

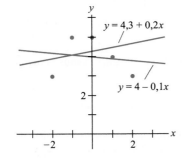

FIGURE 1
Droites des moindres carrés usuels et pondérés

Analyse de tendance

On considère une fonction f inconnue dont les valeurs en des points $t_0, \dots, t_n$ sont connues (éventuellement de façon approchée). Si les données $f(t_0), \dots, f(t_n)$ montrent une « tendance linéaire », alors on doit pouvoir approcher les valeurs de f par une fonction affine de la forme $\beta_0 + \beta_1 t$. Si les données montrent une « tendance quadratique », alors on peut essayer une fonction de la forme $\beta_0 + \beta_1 t + \beta_2 t^2$. C'est ce qui a été fait, avec un point de vue différent, à la section 6.6.

Dans certains problèmes statistiques, il est important de pouvoir séparer les tendances linéaire et quadratique (voire des tendances de degrés plus élevés). Supposons par exemple que des ingénieurs analysent les performances d'une nouvelle voiture et que $f(t)$ représente la distance parcourue par la voiture à l'instant t depuis un point pris comme origine. Si la voiture roule à vitesse constante, le graphe de f est une droite dont la pente est égale à la vitesse du véhicule. Si l'on enfonce brutalement la pédale d'accélérateur, le graphe de f est modifié et, du fait de l'accélération, il comprendra des termes de degré 2, voire 3. Pour analyser par exemple la capacité de la voiture à effectuer un dépassement, les ingénieurs peuvent avoir besoin de séparer les composantes de degré 2 ou 3 de la composante linéaire.

Si l'on approche la fonction par une fonction de la forme $y = \beta_0 + \beta_1 t + \beta_2 t^2$, le coefficient β_2 peut ne pas correspondre à la composante quadratique recherchée, car il peut ne pas être « indépendant », au sens statistique, des autres β_i. Pour effectuer ce que l'on appelle une **analyse de tendance** des données, on introduit sur l'espace vectoriel $\mathbb{P}_n$ des polynômes de degré inférieur ou égal à n un produit scalaire analogue à celui défini dans l'exemple 2 de la section 6.7. Si p et q sont dans $\mathbb{P}_n$, on pose

$$\langle p, q \rangle = p(t_0)q(t_0) + \cdots + p(t_n)q(t_n)$$

Dans la pratique, les statisticiens ont rarement besoin de considérer des tendances de degré supérieur à 3 ou 4. On considère donc des polynômes p_0, p_1, p_2 et p_3, constituant une base orthogonale de $\mathbb{P}_3$ (considéré comme un sous-espace vectoriel de $\mathbb{P}_n$), obtenue en appliquant le procédé de Gram-Schmidt aux polynômes 1, t, t^2 et t^3. D'après l'exercice supplémentaire 11 du chapitre 2, il existe un polynôme g de $\mathbb{P}_n$ coïncidant avec la fonction inconnue f aux points $t_0, \ldots, t_n$. Soit $\hat{g}$ le projeté orthogonal (au sens du produit scalaire défini précédemment) de g sur $\mathbb{P}_3$, que l'on écrit sous la forme

$$\hat{g} = c_0 p_0 + c_1 p_1 + c_2 p_2 + c_3 p_3$$

Le polynôme $\hat{g}$ est appelé **fonction de tendance** cubique et $c_0, \ldots, c_3$ sont appelés **coefficients de tendance** des données. Le coefficient c_1 mesure la tendance linéaire, c_2 la tendance quadratique et c_3 la tendance cubique. Il se trouve que si les données ont certaines propriétés, ces coefficients sont statistiquement indépendants.

Puisque $p_0, \ldots, p_3$ sont orthogonaux, on peut calculer les coefficients de tendance un par un, indépendamment des autres (on rappelle que $c_i = \langle g, p_i \rangle / \langle p_i, p_i \rangle$). Si l'on souhaite se contenter de la tendance quadratique, il est inutile de calculer p_3 et c_3. Si, au contraire, on veut, par exemple, la tendance quartique (de degré 4), il suffit de déterminer, par le procédé de Gram-Schmidt, un polynôme p_4 de $\mathbb{P}_4$ orthogonal à $\mathbb{P}_3$ et de calculer $\langle g, p_4 \rangle / \langle p_4, p_4 \rangle$.

EXEMPLE 2 L'analyse de tendance est surtout utilisée dans le cas simple où l'on peut choisir les points $t_0, \ldots, t_n$ de façon qu'ils soient régulièrement espacés et de somme nulle. Déterminer la fonction de tendance quadratique correspondant aux données $(-2, 3)$, $(-1, 5)$, $(0, 5)$, $(1, 4)$ et $(2, 3)$.

SOLUTION Les t_i ont été ajustés de façon à ce qu'on puisse utiliser les polynômes orthogonaux calculés dans l'exemple 5 de la section 6.7 :

Polynôme : p_0 $\quad$ p_1 $\quad$ p_2 $\quad$ Données : g

$$\text{Vecteur des valeurs : } \begin{bmatrix} 1 \\ 1 \\ 1 \\ 1 \\ 1 \end{bmatrix}, \begin{bmatrix} -2 \\ -1 \\ 0 \\ 1 \\ 2 \end{bmatrix}, \begin{bmatrix} 2 \\ -1 \\ -2 \\ -1 \\ 2 \end{bmatrix}, \begin{bmatrix} 3 \\ 5 \\ 5 \\ 4 \\ 3 \end{bmatrix}$$

Les calculs n'utilisent que ces vecteurs, et non pas l'expression explicite des polynômes orthogonaux. Le meilleure approximation de ces données par des polynômes de $\mathbb{P}_2$ est

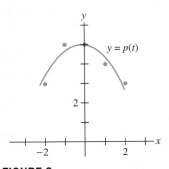

FIGURE 2

Approximation par une fonction de tendance quadratique

le projeté orthogonal

$$\hat{p} = \frac{\langle g, p_0 \rangle}{\langle p_0, p_0 \rangle} p_0 + \frac{\langle g, p_1 \rangle}{\langle p_1, p_1 \rangle} p_1 + \frac{\langle g, p_2 \rangle}{\langle p_2, p_2 \rangle} p_2$$

$$= \frac{20}{5} p_0 - \frac{1}{10} p_1 - \frac{7}{14} p_2$$

soit

$$\hat{p}(t) = 4 - 0{,}1t - 0{,}5(t^2 - 2) \tag{3}$$

On voit que le coefficient de p_2 n'est pas négligeable. Il est donc raisonnable de penser que la tendance est au moins quadratique, ce que confirme le graphe de la figure 2. ∎

Séries de Fourier (utilise le cours d'analyse)

Il est fréquent que l'on ait besoin d'approcher des fonctions continues par des combinaisons linéaires de sinus et de cosinus. Une fonction continue peut par exemple représenter une onde sonore, un signal électrique de tel ou tel type ou les mouvements d'un système mécanique oscillant.

Pour simplifier, on considère des fonctions de t définies pour $0 \le t \le 2\pi$. On montre que toute fonction de $C([0, 2\pi])$ peut être approchée d'aussi près que l'on veut par une fonction de la forme

$$\frac{a_0}{2} + a_1 \cos t + \cdots + a_n \cos nt + b_1 \sin t + \cdots + b_n \sin nt \tag{4}$$

pourvu que n soit suffisamment grand. Une fonction du type (4) est appelée **polynôme trigonométrique**. Si a_n et b_n ne sont pas tous les deux nuls, on dit que le polynôme est **d'ordre** (ou de **degré**) n. La théorie de Fourier, qui établit un lien entre une fonction quelconque de $C([0, 2\pi])$ et les polynômes trigonométriques, s'appuie sur le fait que pour tout $n \ge 1$, la famille

$$(1, \cos t, \cos 2t, \ldots, \cos nt, \sin t, \sin 2t, \ldots, \sin nt) \tag{5}$$

est orthogonale au sens du produit scalaire

$$\langle f, g \rangle = \int_0^{2\pi} f(t) g(t) \, dt \tag{6}$$

La vérification de cette orthogonalité fait l'objet de l'exemple qui suit et des exercices 5 et 6.

EXEMPLE 3 On munit $C([0, 2\pi])$ du produit scalaire (6) et l'on considère deux entiers distincts strictement positifs m et n. Montrer que $\cos mt$ et $\cos nt$ sont orthogonaux.

SOLUTION On utilise une formule de trigonométrie. Si $m \neq n$,

$$\langle \cos mt, \cos nt \rangle = \int_0^{2\pi} \cos mt \cos nt \, dt$$

$$= \frac{1}{2} \int_0^{2\pi} [\cos(mt + nt) + \cos(mt - nt)] \, dt$$

$$= \frac{1}{2} \left[\frac{\sin(mt + nt)}{m + n} + \frac{\sin(mt - nt)}{m - n} \right] \Big|_0^{2\pi} = 0 \qquad ∎$$

Soit W le sous-espace vectoriel de $C([0, 2\pi])$ engendré par les fonctions indiquées en (5). Si f est une fonction de $C([0, 2\pi])$, la meilleure approximation quadratique de f par les fonctions de W est appelée **approximation de Fourier d'ordre *n*** de f sur $[0, 2\pi]$. Comme les fonctions indiquées en (5) sont orthogonales, la meilleure approximation est donnée par la projection orthogonale sur W. Dans ce cas, les coefficients a_k et b_k en (4) sont appelés **coefficients de Fourier** de f. La formule usuelle donnant la projection orthogonale montre que

$$a_k = \frac{\langle f, \cos kt \rangle}{\langle \cos kt, \cos kt \rangle}, \quad b_k = \frac{\langle f, \sin kt \rangle}{\langle \sin kt, \sin kt \rangle}, \quad k \geq 1$$

Dans l'exercice 7, on demande de montrer les égalités $\langle \cos kt, \cos kt \rangle = \pi$ et $\langle \sin kt, \sin kt \rangle = \pi$. Ainsi

$$a_k = \frac{1}{\pi} \int_0^{2\pi} f(t) \cos kt \, dt, \quad b_k = \frac{1}{\pi} \int_0^{2\pi} f(t) \sin kt \, dt \qquad (7)$$

Le coefficient de la fonction (constante) 1 dans l'expression du projeté orthogonal est

$$\frac{\langle f, 1 \rangle}{\langle 1, 1 \rangle} = \frac{1}{2\pi} \int_0^{2\pi} f(t) \cdot 1 \, dt = \frac{1}{2} \left[\frac{1}{\pi} \int_0^{2\pi} f(t) \cos(0 \cdot t) \, dt \right] = \frac{a_0}{2}$$

a_0 étant défini par la relation en (7) avec $k = 0$. Cela explique que le terme constant en (4) ait été écrit sous la forme $a_0/2$.

EXEMPLE 4 Déterminer l'approximation de Fourier d'ordre n de $f(t) = t$ sur l'intervalle $[0, 2\pi]$.

SOLUTION On calcule

$$\frac{a_0}{2} = \frac{1}{2} \cdot \frac{1}{\pi} \int_0^{2\pi} t \, dt = \frac{1}{2\pi} \left[\frac{1}{2} t^2 \right]_0^{2\pi} = \pi$$

puis, pour $k > 0$, en intégrant par parties,

$$a_k = \frac{1}{\pi} \int_0^{2\pi} t \cos kt \, dt = \frac{1}{\pi} \left[\frac{1}{k^2} \cos kt + \frac{t}{k} \sin kt \right]_0^{2\pi} = 0$$

$$b_k = \frac{1}{\pi} \int_0^{2\pi} t \sin kt \, dt = \frac{1}{\pi} \left[\frac{1}{k^2} \sin kt - \frac{t}{k} \cos kt \right]_0^{2\pi} = -\frac{2}{k}$$

L'approximation de Fourier d'ordre n de $f(t) = t$ est donc

$$\pi - 2 \sin t - \sin 2t - \frac{2}{3} \sin 3t - \cdots - \frac{2}{n} \sin nt$$

La figure 3 représente les approximations de Fourier de f d'ordres 3 et 4. ■

La norme de la différence entre f et une de ses approximations de Fourier est appelée **écart quadratique moyen** de l'approximation (le terme de *moyen* vient du fait que la norme est définie par une intégrale, c'est-à-dire une valeur moyenne). On peut montrer que l'écart quadratique moyen tend vers 0 quand l'ordre de l'approximation de Fourier tend vers l'infini. C'est pour cette raison que l'on écrit souvent

$$f(t) = \frac{a_0}{2} + \sum_{m=1}^{\infty} (a_m \cos mt + b_m \sin mt)$$

Cette expression de $f(t)$ est appelée **série de Fourier** de f sur $[0, 2\pi]$. Le terme $a_m \cos mt$, par exemple, est le projeté de f sur la droite vectorielle engendrée par $\cos mt$.

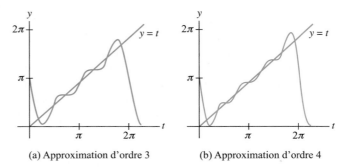

(a) Approximation d'ordre 3   (b) Approximation d'ordre 4

FIGURE 3 Approximations de Fourier de la fonction $f(t) = t$

EXERCICES D'ENTRAÎNEMENT

1. On pose $q_1(t) = 1$, $q_2(t) = t$ et $q_3(t) = 3t^2 - 4$. Vérifier que (q_1, q_2, q_3) est une famille orthogonale d'éléments de $C([-2, 2])$ pour le produit scalaire défini dans l'exemple 7 de la section 6.7 (avec une intégrale de -2 à 2).

2. Déterminer les approximations de Fourier d'ordres 1 et 3 de la fonction

$$f(t) = 3 - 2\sin t + 5\sin 2t - 6\cos 2t$$

6.8 EXERCICES

1. Déterminer la droite de régression $y = \beta_0 + \beta_1 x$ qui ajuste au mieux les points $(-2, 0)$, $(-1, 0)$, $(0, 2)$, $(1, 4)$ et $(2, 4)$. On suppose que les premières et dernière mesures sont les moins fiables et on les affecte d'un poids égal à la moitié de celui des trois points intérieurs.

2. On suppose que parmi les 25 points d'un problème de moindres carrés pondérés, la mesure des ordonnées y de cinq d'entre eux soit moins fiable, et qu'il faille leur accorder un poids égal à la moitié de celui des 20 autres. La première méthode est de pondérer les 20 points par un facteur 1 et les cinq autres par un facteur $\frac{1}{2}$. On peut aussi pondérer les 20 points par un facteur 2 et les cinq autres par un facteur 1. Ces deux méthodes produisent-elles des résultats différents ? Expliquer.

3. Déterminer la fonction de tendance cubique des données de l'exemple 2. Le polynôme orthogonal de degré 3 est $p_3(t) = \frac{5}{6}t^3 - \frac{17}{6}t$.

4. Pour effectuer une analyse de tendance en six points régulièrement espacés, on peut utiliser des polynômes orthogonaux relativement au produit scalaire défini par l'évaluation des polynômes aux points $t = -5$, $-3, -1, 1, 3$ et 5.

   a. Montrer que les trois premiers polynômes orthogonaux sont

   $$p_0(t) = 1, \quad p_1(t) = t \quad \text{et} \quad p_2(t) = \frac{3}{8}t^2 - \frac{35}{8}$$

   (On a choisi une normalisation de p_2 de façon que ses valeurs aux points d'évaluation soient de petits entiers.)

   b. Déterminer la fonction de tendance quadratique des points $(-5, 1)$, $(-3, 1)$, $(-1, 4)$, $(1, 4)$, $(3, 6)$, $(5, 8)$.

Dans les exercices 5 à 14, on munit l'espace $C([0, 2\pi])$ du produit scalaire (6).

5. Montrer que si $m \neq n$, les fonctions $\sin mt$ et $\sin nt$ sont orthogonales.

6. Montrer que les fonctions $\sin mt$ et $\cos nt$ sont orthogonales quels que soient les entiers strictement positifs m et n.

7. Montrer que si $k > 0$, $\|\cos kt\|^2 = \pi$ et $\|\sin kt\|^2 = \pi$.

8. Déterminer l'approximation de Fourier d'ordre 3 de la fonction f définie par $f(t) = t - 1$.

9. Déterminer l'approximation de Fourier d'ordre 3 de la fonction f définie par $f(t) = 2\pi - t$.

10. Déterminer l'approximation de Fourier d'ordre 3 de la *fonction créneau*, définie par $f(t) = 1$ pour $0 \leq t < \pi$ et $f(t) = -1$ pour $\pi \leq t < 2\pi$.

11. Déterminer, sans aucun calcul d'intégrale, l'approximation de Fourier d'ordre 3 de $\sin^2 t$.

12. Déterminer, sans aucun calcul d'intégrale, l'approximation de Fourier d'ordre 3 de $\cos^3 t$.

13. Expliquer pourquoi les coefficients de Fourier de la somme de deux fonctions sont les sommes des coefficients de Fourier correspondant à chacune des deux fonctions.

14. Soit a_0, a_1, a_2 et b_1, b_2, b_3 les premiers coefficients de Fourier d'une fonction f de $C([0, 2\pi])$. Laquelle des fonctions suivantes est la plus proche de f ? Justifier la réponse.

$$g(t) = \frac{a_0}{2} + a_1 \cos t + a_2 \cos 2t + b_1 \sin t$$

$$h(t) = \frac{a_0}{2} + a_1 \cos t + a_2 \cos 2t + b_1 \sin t + b_2 \sin 2t$$

15. [M] On reprend les données de l'exercice 13 de la section 6.6, concernant les performances au décollage d'un avion. On considère que les erreurs de mesure risquent d'être d'autant plus grandes que la vitesse de l'appareil est élevée, et l'on introduit la matrice de pondération W, matrice diagonale

dont les coefficients diagonaux sont : 1 ; 1 ; 1 ; 0,9 ; 0,9 ; 0,8 ; 0,7 ; 0,6 ; 0,5 ; 0,4 ; 0,3 ; 0,2 et 0,1. Déterminer la cubique (courbe de degré 3) qui ajuste au mieux les données, au sens des moindres carrés pondérés par la matrice W, et en déduire une estimation de la vitesse de l'avion à l'instant $t = 4,5$ secondes.

16. [M] Soit f_4 et f_5 les approximations de Fourier respectives d'ordres 4 et 5 de la fonction créneau définie dans l'exercice 10. Dessiner dans des graphiques séparés les fonctions f_4 et f_5 sur l'intervalle $[0, 2\pi]$, ainsi que la fonction f_5 sur $[-2\pi, 2\pi]$.

SOLUTIONS DES EXERCICES D'ENTRAÎNEMENT

1. On calcule

$$\langle q_1, q_2 \rangle = \int_{-2}^{2} 1 \cdot t \, dt = \left[\frac{1}{2} t^2 \right]_{-2}^{2} = 0$$

$$\langle q_1, q_3 \rangle = \int_{-2}^{2} 1 \cdot (3t^2 - 4) \, dt = \left[t^3 - 4t \right]_{-2}^{2} = 0$$

$$\langle q_2, q_3 \rangle = \int_{-2}^{2} t \cdot (3t^2 - 4) \, dt = \left[\frac{3}{4} t^4 - 2t^2 \right]_{-2}^{2} = 0$$

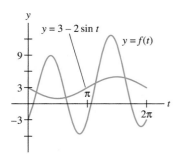

Approximations de $f(t)$
d'ordres 1 et 3

2. L'approximation de Fourier d'ordre 3 de f est la meilleure approximation de f dans $C([0, 2\pi])$ par des fonctions (des vecteurs) du sous-espace engendré par $1, \cos t$, $\cos 2t$, $\cos 3t$, $\sin t$, $\sin 2t$ et $\sin 3t$. Mais il est clair que f *appartient* à ce sous-espace ; donc f est égal à sa propre approximation :

$$f(t) = 3 - 2\sin t + 5\sin 2t - 6\cos 2t$$

Pour l'approximation d'ordre 1, la fonction du sous-espace $W = \text{Vect}\{1, \cos t, \sin t\}$ la plus proche de f est $3 - 2\sin t$. Les deux autres termes de l'expression définissant $f(t)$ sont orthogonaux aux fonctions de W, donc leur contribution dans l'intégrale donnant les coefficients de Fourier d'ordre inférieur ou égal à 1 est nulle.

CHAPITRE 6 EXERCICES SUPPLÉMENTAIRES

1. On se place dans $\mathbb{R}^n$ (ou $\mathbb{R}^m$) muni du produit scalaire usuel. Dire de chaque énoncé s'il est vrai ou faux. Justifier les réponses.

a. La longueur d'un vecteur est un réel strictement positif.

b. Tout vecteur $\mathbf{v}$ est de même longueur que son opposé $-\mathbf{v}$.

c. La distance entre $\mathbf{u}$ et $\mathbf{v}$ est égale à $\|\mathbf{u} - \mathbf{v}\|$.

d. Pour tout scalaire r et tout vecteur $\mathbf{v}$, $\|r\mathbf{v}\| = r\|\mathbf{v}\|$.

e. Deux vecteurs orthogonaux sont toujours linéairement indépendants.

f. Tout vecteur $\mathbf{x}$ orthogonal à la fois à $\mathbf{u}$ et à $\mathbf{v}$ est orthogonal à $\mathbf{u} - \mathbf{v}$.

g. Si $\|\mathbf{u} + \mathbf{v}\|^2 = \|\mathbf{u}\|^2 + \|\mathbf{v}\|^2$, alors $\mathbf{u}$ et $\mathbf{v}$ sont orthogonaux.

h. Si $\|\mathbf{u} - \mathbf{v}\|^2 = \|\mathbf{u}\|^2 + \|\mathbf{v}\|^2$, alors $\mathbf{u}$ et $\mathbf{v}$ sont orthogonaux.

i. Le projeté orthogonal de $\mathbf{y}$ sur $\mathbf{u}$ est colinéaire à $\mathbf{y}$.

j. Tout vecteur $\mathbf{y}$ coïncidant avec son projeté orthogonal sur un sous-espace W appartient à W.

k. L'ensemble des vecteurs de $\mathbb{R}^n$ orthogonaux à un vecteur fixé est un sous-espace vectoriel de $\mathbb{R}^n$.

l. Si W est un sous-espace vectoriel de $\mathbb{R}^n$, alors W et $W^\perp$ n'ont aucun vecteur en commun.

m. Si la famille de vecteurs $(\mathbf{v}_1, \mathbf{v}_2, \mathbf{v}_3)$ est orthogonale et si c_1, c_2 et c_3 sont des scalaires, alors la famille $(c_1\mathbf{v}_1, c_2\mathbf{v}_2, c_3\mathbf{v}_3)$ est orthogonale.

n. Si les colonnes d'une matrice U sont orthonormales, alors $U U^T = I$.

o. Une matrice carrée dont les colonnes sont orthogonales entre elles est une matrice orthogonale.

p. Si les colonnes d'une matrice carrée sont orthonormales, alors il en va de même de ses lignes.

q. Pour tout sous-espace vectoriel W et tout vecteur $\mathbf{v}$ de $\mathbb{R}^n$, $\| \operatorname{proj}_W \mathbf{v} \|^2 + \| \mathbf{v} - \operatorname{proj}_W \mathbf{v} \|^2 = \| \mathbf{v} \|^2$.

r. La solution au sens des moindres carrés d'un système $A\mathbf{x} = \mathbf{b}$ est le vecteur $A\hat{\mathbf{x}}$ de Im A le plus proche de $\mathbf{b}$, c'est-à-dire celui qui vérifie $\| \mathbf{b} - A\hat{\mathbf{x}} \| \leq \| \mathbf{b} - A\mathbf{x} \|$ pour tout vecteur $\mathbf{x}$.

s. Les équations normales fournissant une solution au sens des moindres carrés de l'équation $A\mathbf{x} = \mathbf{b}$ sont données par le système $\hat{\mathbf{x}} = (A^T A)^{-1} A^T \mathbf{b}$.

2. Soit $(\mathbf{v}_1, \dots, \mathbf{v}_p)$ une famille orthonormée. Vérifier l'égalité suivante par récurrence, en commençant par le cas $p = 2$. Si $\mathbf{x} = c_1 \mathbf{v}_1 + \cdots + c_p \mathbf{v}_p$, alors

$$\| \mathbf{x} \|^2 = |c_1|^2 + \cdots + |c_p|^2$$

3. Soit $(\mathbf{v}_1, \dots, \mathbf{v}_p)$ une famille orthonormée de vecteurs de $\mathbb{R}^n$. Vérifier l'inégalité suivante, appelée *inégalité de Bessel*, qui est vraie pour tout vecteur $\mathbf{x}$ de $\mathbb{R}^n$:

$$\| \mathbf{x} \|^2 \geq |\mathbf{x} \cdot \mathbf{v}_1|^2 + |\mathbf{x} \cdot \mathbf{v}_2|^2 + \cdots + |\mathbf{x} \cdot \mathbf{v}_p|^2$$

4. Soit U une matrice orthogonale $n \times n$. Montrer que si $(\mathbf{v}_1, \dots, \mathbf{v}_n)$ est une base orthonormée de $\mathbb{R}^n$, alors il en va de même de $(U\mathbf{v}_1, \dots, U\mathbf{v}_n)$.

5. Montrer que si une matrice U de type $n \times n$ vérifie $(U\mathbf{x}) \cdot (U\mathbf{y}) = \mathbf{x} \cdot \mathbf{y}$ pour tous les $\mathbf{x}$ et $\mathbf{y}$ de $\mathbb{R}^n$, alors U est une matrice orthogonale.

6. Montrer que les valeurs propres réelles d'une matrice orthogonale sont égales à 1 ou à -1.

7. On appelle *matrice de Householder* toute matrice de la forme $Q = I - 2\mathbf{u}\mathbf{u}^T$, où $\mathbf{u}$ est un vecteur unitaire (voir exercice supplémentaire 13 du chapitre 2). Montrer qu'une telle matrice est orthogonale. (Les matrices de Householder sont souvent utilisées dans les algorithmes de calcul de la factorisation QR d'une matrice A. Dans le cas où les colonnes de A sont linéairement indépendantes, on peut transformer A en une matrice triangulaire supérieure au moyen d'une succession de multiplications à gauche par des matrices de Householder.)

8. Soit $T : \mathbb{R}^n \to \mathbb{R}^n$ une application linéaire qui conserve les longueurs, c'est-à-dire telle que $\| T(\mathbf{x}) \| = \| \mathbf{x} \|$ pour tout vecteur $\mathbf{x}$ de $\mathbb{R}^n$.

a. Montrer que T préserve également l'orthogonalité, c'est-à-dire que si $\mathbf{x} \cdot \mathbf{y} = 0$, alors $T(\mathbf{x}) \cdot T(\mathbf{y}) = 0$.

b. Montrer que la matrice canoniquement associée à T est orthogonale.

9. Soit $\mathbf{u}$ et $\mathbf{v}$ deux vecteurs de $\mathbb{R}^n$ linéairement indépendants, *non* orthogonaux. Expliquer comment on peut déterminer

la meilleure approximation d'un vecteur $\mathbf{z}$ de $\mathbb{R}^n$ par des vecteurs de la forme $x_1 \mathbf{u} + x_2 \mathbf{v}$, sans construire préalablement de base orthogonale de Vect $\{\mathbf{u}, \mathbf{v}\}$.

10. Soit A une matrice dont les colonnes sont linéairement indépendantes. Expliquer ce que devient la solution au sens des moindres carrés $\hat{\mathbf{x}}$ de l'équation $A\mathbf{x} = \mathbf{b}$ quand on remplace $\mathbf{b}$ par un vecteur de la forme $c\mathbf{b}$, où c est un scalaire non nul.

11. Si a, b et c sont des réels distincts, le système suivant est incompatible car les équations représentent des plans parallèles. Montrer que l'ensemble des solutions au sens des moindres carrés est exactement le plan d'équation $x - 2y + 5z = (a + b + c)/3$.

$$x - 2y + 5z = a$$
$$x - 2y + 5z = b$$
$$x - 2y + 5z = c$$

12. On s'intéresse à la question de la détermination des valeurs propres d'une matrice A de type $n \times n$ dans le cas où l'on connaît une valeur approchée $\mathbf{v}$ d'un vecteur propre. Puisque $\mathbf{v}$ n'est pas exactement un vecteur propre, il est probable que l'équation en λ

$$A\mathbf{v} = \lambda\mathbf{v} \qquad (1)$$

n'ait pas de solution. On peut cependant estimer λ par la méthode des moindres carrés à condition d'interpréter convenablement l'équation (1). Si l'on voit $\mathbf{v}$ comme une matrice V de type $n \times 1$ et λ comme un vecteur de $\mathbb{R}^1$, et si l'on note $\mathbf{b}$ le vecteur $A\mathbf{v}$, alors l'équation (1) devient $\mathbf{b} = \lambda V$, ce que l'on peut aussi écrire $V\lambda = \mathbf{b}$. Déterminer la solution au sens des moindres carrés de ce système de n équations à une inconnue λ et réécrire cette solution avec les notations initiales. L'estimation de λ ainsi obtenue est appelée *quotient de Rayleigh* (voir exercices 11 et 12, section 5.8).

13. Démontrer, en suivant les étapes indiquées, ces relations entre les quatre sous-espaces fondamentaux associés à une matrice A de type $m \times n$:

$$\text{Lgn } A = (\text{Ker } A)^\perp \quad \text{et} \quad \text{Im } A = (\text{Ker } A^T)^\perp$$

a. Montrer que Lgn A est inclus dans $(\text{Ker } A)^\perp$, c'est-à-dire que les vecteurs de Lgn A sont orthogonaux à chaque colonne de Ker A.

b. On pose $r = \text{rang } A$. Exprimer la dimension de Ker A, puis celle de $(\text{Ker } A)^\perp$. Déduire alors de (a) que Lgn $A = (\text{Ker } A)^\perp$. [*Indication :* Étudier les exercices de la section 6.3.]

c. Justifier enfin la relation Im $A = (\text{Ker } A^T)^\perp$.

14. Justifier le fait que l'équation $A\mathbf{x} = \mathbf{b}$ admet une solution si et seulement si $\mathbf{b}$ est orthogonal à toutes les solutions de l'équation $A^T \mathbf{x} = \mathbf{0}$.

On s'intéresse dans les exercices 15 et 16 à la *factorisation de Schur* (réelle) d'une matrice A de type $n \times n$, qui est une factorisation de la forme $A = URU^T$, où U est une matrice orthogonale et R une matrice $n \times n$ triangulaire supérieure[14].

15. Montrer qu'une matrice admettant une factorisation de Schur (réelle) de la forme $A = URU^T$ possède, compte tenu des ordres de multiplicité, n valeurs propres réelles.

16. Soit A une matrice $n \times n$ admettant, compte tenu des ordres de multiplicité, n valeurs propres réelles notées $\lambda_1, \ldots, \lambda_n$. On peut montrer que A admet une factorisation de Schur (réelle). Les questions (a) et (b) présentent les points clés de la démonstration. On termine ensuite par récurrence.

a. Soit $\mathbf{u}_1$ un vecteur propre unitaire associé à la valeur propre λ_1 et $\mathbf{u}_2, \ldots, \mathbf{u}_n$ des vecteurs choisis de façon que $(\mathbf{u}_1, \ldots, \mathbf{u}_n)$ soit une base orthonormée de $\mathbb{R}^n$. On pose $U = [\,\mathbf{u}_1 \quad \mathbf{u}_2 \quad \cdots \quad \mathbf{u}_n\,]$. Montrer que la première colonne de $U^T A U$ est égale à $\lambda_1 \mathbf{e}_1$, où $\mathbf{e}_1$ désigne la première colonne de la matrice unité $n \times n$.

b. D'après la question (a), la matrice $U^T A U$ est de la forme ci-dessous. Expliquer pourquoi les valeurs propres de A_1 sont $\lambda_2, \ldots, \lambda_n$. [*Indication :* Voir les exercices supplémentaires du chapitre 5.]

$$U^T A U = \begin{bmatrix} \lambda_1 & * & * & * & * \\ 0 & & & & \\ \vdots & & & A_1 & \\ 0 & & & & \end{bmatrix}$$

[M] Si l'on modifie un peu le second membre d'une équation du type $A\mathbf{x} = \mathbf{b}$ et que l'on considère une équation du type $A\mathbf{x} = \mathbf{b} + \Delta\mathbf{b}$, où $\Delta\mathbf{b}$ est un certain vecteur, la solution passe de $\mathbf{x}$ à $\mathbf{x} + \Delta\mathbf{x}$, où $\Delta\mathbf{x}$ vérifie la relation $A(\Delta\mathbf{x}) = \Delta\mathbf{b}$. Le quotient $\|\Delta\mathbf{b}\|/\|\mathbf{b}\|$ est appelé **erreur relative** sur $\mathbf{b}$ quand on remplace $\mathbf{b}$ par $\mathbf{b} + \Delta\mathbf{b}$. L'erreur relative sur la solution est alors $\|\Delta\mathbf{x}\|/\|\mathbf{x}\|$. Si A est inversible, le **conditionnement** de A, noté $\mathrm{cond}(A)$, est un nombre permettant de majorer l'erreur relative sur $\mathbf{x}$ par une relation de la forme

$$\frac{\|\Delta\mathbf{x}\|}{\|\mathbf{x}\|} \leq \mathrm{cond}(A) \cdot \frac{\|\Delta\mathbf{b}\|}{\|\mathbf{b}\|} \tag{2}$$

Dans les exercices 17 à 20, résoudre les équations $A\mathbf{x} = \mathbf{b}$ et $A(\Delta\mathbf{x}) = \Delta\mathbf{b}$ et vérifier dans chaque cas l'inégalité (2) (une présentation des matrices *mal conditionnées* est proposée dans les exercices 41 à 43 de la section 2.3).

17. $A = \begin{bmatrix} 4,5 & 3,1 \\ 1,6 & 1,1 \end{bmatrix}$, $\mathbf{b} = \begin{bmatrix} 19,249 \\ 6,843 \end{bmatrix}$, $\Delta\mathbf{b} = \begin{bmatrix} 0,001 \\ -0,003 \end{bmatrix}$

18. $A = \begin{bmatrix} 4,5 & 3,1 \\ 1,6 & 1,1 \end{bmatrix}$, $\mathbf{b} = \begin{bmatrix} 0,500 \\ -1,407 \end{bmatrix}$, $\Delta\mathbf{b} = \begin{bmatrix} 0,001 \\ -0,003 \end{bmatrix}$

19. $A = \begin{bmatrix} 7 & -6 & -4 & 1 \\ -5 & 1 & 0 & -2 \\ 10 & 11 & 7 & -3 \\ 19 & 9 & 7 & 1 \end{bmatrix}$, $\mathbf{b} = \begin{bmatrix} 0,100 \\ 2,888 \\ -1,404 \\ 1,462 \end{bmatrix}$,

$$\Delta\mathbf{b} = 10^{-4} \begin{bmatrix} 0,49 \\ -1,28 \\ 5,78 \\ 8,04 \end{bmatrix}$$

20. $A = \begin{bmatrix} 7 & -6 & -4 & 1 \\ -5 & 1 & 0 & -2 \\ 10 & 11 & 7 & -3 \\ 19 & 9 & 7 & 1 \end{bmatrix}$, $\mathbf{b} = \begin{bmatrix} 4,230 \\ -11,043 \\ 49,991 \\ 69,536 \end{bmatrix}$,

$$\Delta\mathbf{b} = 10^{-4} \begin{bmatrix} 0,27 \\ 7,76 \\ -3,77 \\ 3,93 \end{bmatrix}$$

[14] Si l'on considère des matrices à coefficients complexes, *toutes* les matrice $n \times n$ admettent une factorisation de Schur (complexe) de la forme $A = URU^{-1}$, où R est triangulaire supérieure et où U^{-1} est la *conjuguée* de la transposée de U. Cette propriété très utile est présentée dans *Matrix Analysis*, de Roger A. Horn et Charles R. Johnson, Cambridge : Cambridge University Press, 1985, p. 79 à 100.

7
Matrices symétriques et formes quadratiques

Traitement d'image multicanal

En à peine plus de 80 minutes, les deux satellites Landsat, striant silencieusement le ciel, effectuent en orbite quasi polaire une révolution complète autour du globe. Ils enregistrent par bandes de 185 kilomètres de largeur les images du sol et des côtes. En 16 jours, chacun des satellites passe au-dessus de presque chaque kilomètre carré de la surface terrestre, ce qui fait qu'un lieu donné peut être observé tous les huit jours.

Les images Landsat sont utiles à plus d'un titre. Les urbanistes s'en servent pour étudier la croissance d'une ville, le développement industriel ou tout autre type de modification de l'utilisation du sol. Les pays agricoles peuvent analyser l'humidité des sols, classifier la végétation de régions reculées, localiser des lacs ou des fleuves intérieurs... Les autorités peuvent détecter et évaluer les dégâts provoqués par des catastrophes naturelles telles que des incendies de forêt, des coulées de lave, des inondations ou des ouragans. Les agences environnementales peuvent identifier des sources de pollution en repérant un nuage de fumée, ou mesurer au voisinage des centrales électriques la température de l'eau des lacs ou des rivières.

Les capteurs embarqués dans les satellites peuvent enregistrer simultanément sept images de la région de la Terre qu'ils sont en train d'étudier. Ils mesurent l'énergie émise dans différentes gammes de longueurs d'onde : trois en lumière visible et quatre en infrarouge et en thermique. Chaque image est numérisée et stockée dans des tableaux rectangulaires de nombres, indiquant chacun l'intensité du signal au point correspondant de l'image (un *pixel*). Chacune des sept images constitue un canal d'une image *multicanal* ou *multispectrale*.

Les sept images Landsat d'une région donnée contiennent beaucoup d'informations redondantes, puisque certains éléments apparaissent sur plusieurs images. D'autres éléments, en revanche, du fait de leur couleur ou de leur température, peuvent réfléchir une lumière qui ne sera enregistrée que par un ou deux capteurs. L'un des buts du traitement d'image multicanal est de pouvoir visualiser les données de façon à extraire une information plus facile à analyser que par une étude séparée de chaque image.

L'*analyse en composantes principales* est un moyen efficace de supprimer l'information redondante et de synthétiser en une ou deux images composites la plupart des informations présentes dans les données initiales. L'objectif est *grosso modo* de déterminer une combinaison linéaire particulière des images, c'est-à-dire de trouver un jeu de coefficients permettant de calculer pour chaque pixel une valeur unique à partir des valeurs sur chacune des sept images. Les coefficients sont choisis de façon que l'amplitude des intensités lumineuses (la *variance de l'image*) dans l'image composite (appelée alors *première composante principale*) soit supérieure à celle de chacune des images d'origine. D'autres composantes peuvent également être construites, selon des critères expliqués à la section 7.5.

L'analyse en composantes principales est illustrée par les photos ci-dessous, prises au-dessus de la Railroad Valley (Nevada, États-Unis). Les figures (a) à (c) sont les images de trois bandes spectrales Landsat. L'information totale correspondant à ces trois longueurs d'onde est réarrangée en trois composantes principales, dont on peut voir la représentation sur les figures (d) à (f).

La première composante (d) montre (ou « explique ») 93,5 % de la variance des données initiales. Ainsi, les données initiales de trois canaux ont été réduites à un seul canal, et l'on peut considérer que, d'une certaine façon, seuls 6,5 % des détails ont été perdus.

La Earth Satellite Corporation (Compagnie des satellites d'observation terrestre) de Rockville (Maryland, États-Unis), qui nous a aimablement fourni les photos ci-dessous, est en train d'expérimenter le traitement d'images issues de 224 bandes spectrales différentes. L'analyse en composantes principales, indispensable pour de telles quantités de données, réduit typiquement les données à environ 15 composantes principales utilisables.

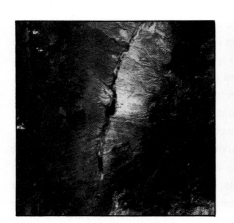

(a) Bande spectrale 1 : lumière visible bleue

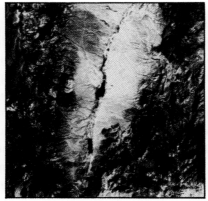

(b) Bande spectrale 4 : infrarouge proche

(c) Bande spectrale 7 : infrarouge moyen

(d) Composante principale 1 : 93,5 %

(e) Composante principale 2 : 5,3 %

(f) Composante principale 3 : 1,2 %

Parmi les principales familles de matrices, c'est celle des matrices symétriques qui, d'une façon ou d'une autre, intervient le plus souvent dans les applications. La théorie est riche et élégante, et repose fondamentalement sur les notions de diagonalisation et d'orthogonalité, étudiées respectivement aux chapitres 5 et 6. La diagonalisation des matrices symétriques, qui fait l'objet de la section 7.1, est l'outil fondamental de la théorie des formes quadratiques, exposée quant à elle aux sections 7.2 et 7.3. À son tour, la section 7.3 est utilisée dans les deux dernières sections qui traitent respectivement de la décomposition en valeurs singulières et du traitement d'image décrit dans l'exemple introductif. Dans tout le chapitre, les matrices et les vecteurs sont à coefficients réels.

7.1 | DIAGONALISATION DES MATRICES SYMÉTRIQUES

On appelle matrice **symétrique** toute matrice A telle que $A^T = A$. Une matrice de ce type est nécessairement carrée. Ses coefficients diagonaux peuvent être quelconques, mais les coefficients non diagonaux sont égaux à leur symétrique par rapport à la diagonale principale.

EXEMPLE 1   Des trois matrices suivantes, seules les trois premières sont symétriques :

$$\text{Symétriques :} \quad \begin{bmatrix} 1 & 0 \\ 0 & -3 \end{bmatrix}, \quad \begin{bmatrix} 0 & -1 & 0 \\ -1 & 5 & 8 \\ 0 & 8 & -7 \end{bmatrix}, \quad \begin{bmatrix} a & b & c \\ b & d & e \\ c & e & f \end{bmatrix}$$

$$\text{Non symétriques :} \quad \begin{bmatrix} 1 & -3 \\ 3 & 0 \end{bmatrix}, \quad \begin{bmatrix} 1 & -4 & 0 \\ -6 & 1 & -4 \\ 0 & -6 & 1 \end{bmatrix}, \quad \begin{bmatrix} 5 & 4 & 3 & 2 \\ 4 & 3 & 2 & 1 \\ 3 & 2 & 1 & 0 \end{bmatrix} \quad \blacksquare$$

Pour commencer l'étude des matrices symétriques, il est utile de revoir la notion de diagonalisation présentée à la section 5.3.

EXEMPLE 2   Diagonaliser si possible la matrice $A = \begin{bmatrix} 6 & -2 & -1 \\ -2 & 6 & -1 \\ -1 & -1 & 5 \end{bmatrix}$.

SOLUTION   Le polynôme caractéristique de A est

$$-\lambda^3 + 17\lambda^2 - 90\lambda + 144 = -(\lambda - 8)(\lambda - 6)(\lambda - 3)$$

On calcule comme d'habitude une base de chaque sous-espace propre :

$$\lambda = 8: \mathbf{v}_1 = \begin{bmatrix} -1 \\ 1 \\ 0 \end{bmatrix}; \quad \lambda = 6: \mathbf{v}_2 = \begin{bmatrix} -1 \\ -1 \\ 2 \end{bmatrix}; \quad \lambda = 3: \mathbf{v}_3 = \begin{bmatrix} 1 \\ 1 \\ 1 \end{bmatrix}$$

Ces trois vecteurs forment une base de $\mathbb{R}^3$. On vérifie facilement qu'en fait $(\mathbf{v}_1, \mathbf{v}_2, \mathbf{v}_3)$ est une base *orthogonale* de $\mathbb{R}^3$. Certains exemples du chapitre 6 suggèrent qu'il est souvent plus facile de travailler avec des bases *orthonormées*. On norme donc les vecteurs pour obtenir des vecteurs propres unitaires.

$$\mathbf{u}_1 = \begin{bmatrix} -1/\sqrt{2} \\ 1/\sqrt{2} \\ 0 \end{bmatrix}, \quad \mathbf{u}_2 = \begin{bmatrix} -1/\sqrt{6} \\ -1/\sqrt{6} \\ 2/\sqrt{6} \end{bmatrix}, \quad \mathbf{u}_3 = \begin{bmatrix} 1/\sqrt{3} \\ 1/\sqrt{3} \\ 1/\sqrt{3} \end{bmatrix}$$

On pose

$$P = \begin{bmatrix} -1/\sqrt{2} & -1/\sqrt{6} & 1/\sqrt{3} \\ 1/\sqrt{2} & -1/\sqrt{6} & 1/\sqrt{3} \\ 0 & 2/\sqrt{6} & 1/\sqrt{3} \end{bmatrix} \quad \text{et} \quad D = \begin{bmatrix} 8 & 0 & 0 \\ 0 & 6 & 0 \\ 0 & 0 & 3 \end{bmatrix}$$

On a alors, comme d'habitude, $A = PDP^{-1}$. Mais cette fois, la matrice P est carrée et ses colonnes forment une base orthonormée. C'est donc une matrice *orthogonale* et P^{-1} est tout simplement égale à P^T (voir section 6.2). ■

Le théorème 1 explique pourquoi les vecteurs propres de l'exemple 2 sont orthogonaux : ils sont associés à des valeurs propres distinctes.

THÉORÈME 1 | Deux vecteurs propres d'une matrice symétrique, appartenant à des sous-espaces propres distincts, sont orthogonaux.

DÉMONSTRATION Soit $\mathbf{v}_1$ et $\mathbf{v}_2$ deux vecteurs propres d'une matrice symétrique A, associés à des valeurs propres distinctes que l'on note respectivement λ_1 et λ_2. Pour montrer que $\mathbf{v}_1 \cdot \mathbf{v}_2 = 0$, on calcule

$$\begin{aligned}
\lambda_1 \mathbf{v}_1 \cdot \mathbf{v}_2 &= (\lambda_1 \mathbf{v}_1)^T \mathbf{v}_2 = (A\mathbf{v}_1)^T \mathbf{v}_2 && \text{car } \mathbf{v}_1 \text{ est un vecteur propre} \\
&= (\mathbf{v}_1^T A^T)\mathbf{v}_2 = \mathbf{v}_1^T (A\mathbf{v}_2) && \text{car } A^T = A \\
&= \mathbf{v}_1^T (\lambda_2 \mathbf{v}_2) && \text{car } \mathbf{v}_2 \text{ est un vecteur propre} \\
&= \lambda_2 \mathbf{v}_1^T \mathbf{v}_2 = \lambda_2 \mathbf{v}_1 \cdot \mathbf{v}_2
\end{aligned}$$

Donc $(\lambda_1 - \lambda_2)\mathbf{v}_1 \cdot \mathbf{v}_2 = 0$, mais comme $\lambda_1 - \lambda_2 \neq 0$, il en résulte que $\mathbf{v}_1 \cdot \mathbf{v}_2 = 0$. ■

La forme particulière de la diagonalisation de l'exemple 2 joue un rôle fondamental dans la théorie des matrices symétriques. On dit qu'une matrice A de type $n \times n$ est **diagonalisable en base orthonormée**[1] s'il existe une matrice orthogonale P (vérifiant $P^{-1} = P^T$) et une matrice diagonale D telle que

$$A = PDP^T = PDP^{-1} \tag{1}$$

Pour pouvoir écrire une telle diagonalisation, il faut n vecteurs propres linéairement indépendants et orthonormés. À quelle condition cela est-il possible ? Si A est diagonalisable en base orthonormée, alors, avec les notations de la relation (1),

$$A^T = (PDP^T)^T = (P^T)^T D^T P^T = PDP^T = A$$

Donc A est symétrique. Le théorème 2 ci-dessous montre que, inversement, toute matrice symétrique est diagonalisable en base orthonormée. La démonstration est beaucoup plus difficile et l'on admettra le résultat ; les idées essentielles sont toutefois indiquées après le théorème 3.

THÉORÈME 2 | Une matrice carrée A est diagonalisable en base orthonormée si et seulement si elle est symétrique.

---

[1] On dit parfois « orthodiagonalisable ». (*NdT*)

Ce théorème est assez étonnant, dans la mesure où le chapitre 5 suggère plutôt qu'il est en général impossible de savoir d'emblée si une matrice est diagonalisable. Le cas des matrices symétriques est de ce point de vue tout à fait particulier.

L'exemple suivant traite le cas d'une matrice dont les valeurs propres ne sont pas toutes distinctes.

EXEMPLE 3 Diagonaliser la matrice $A = \begin{bmatrix} 3 & -2 & 4 \\ -2 & 6 & 2 \\ 4 & 2 & 3 \end{bmatrix}$ en base orthonormale.

On donne son polynôme caractéristique :

$$-\lambda^3 + 12\lambda^2 - 21\lambda - 98 = -(\lambda - 7)^2(\lambda + 2)$$

SOLUTION On obtient, par la méthode habituelle, une base de chaque sous-espace propre

$$\lambda = 7: \mathbf{v}_1 = \begin{bmatrix} 1 \\ 0 \\ 1 \end{bmatrix}, \mathbf{v}_2 = \begin{bmatrix} -1/2 \\ 1 \\ 0 \end{bmatrix}; \qquad \lambda = -2: \mathbf{v}_3 = \begin{bmatrix} -1 \\ -1/2 \\ 1 \end{bmatrix}$$

Bien que $\mathbf{v}_1$ et $\mathbf{v}_2$ soient linéairement indépendants, ils ne sont pas orthogonaux. On a vu à la section 6.2 que le projeté de $\mathbf{v}_2$ sur $\mathbf{v}_1$ était $\dfrac{\mathbf{v}_2 \cdot \mathbf{v}_1}{\mathbf{v}_1 \cdot \mathbf{v}_1} \mathbf{v}_1$ et que la composante de $\mathbf{v}_2$ orthogonale à $\mathbf{v}_1$ était

$$\mathbf{z}_2 = \mathbf{v}_2 - \frac{\mathbf{v}_2 \cdot \mathbf{v}_1}{\mathbf{v}_1 \cdot \mathbf{v}_1} \mathbf{v}_1 = \begin{bmatrix} -1/2 \\ 1 \\ 0 \end{bmatrix} - \frac{-1/2}{2} \begin{bmatrix} 1 \\ 0 \\ 1 \end{bmatrix} = \begin{bmatrix} -1/4 \\ 1 \\ 1/4 \end{bmatrix}$$

Donc $(\mathbf{v}_1, \mathbf{z}_2)$ est une famille orthogonale du sous-espace propre de valeur propre $\lambda = 7$ (on remarque que le vecteur $\mathbf{z}_2$ est une combinaison linéaire des vecteurs propres $\mathbf{v}_1$ et $\mathbf{v}_2$ et qu'il appartient donc au sous-espace propre ; cette construction de $\mathbf{z}_2$ n'est autre que le procédé de Gram-Schmidt présenté à la section 6.4). Le sous-espace propre est de dimension 2 (de base $\mathbf{v}_1, \mathbf{v}_2$). Donc, d'après le théorème de caractérisation des bases (voir sections 2.9 ou 4.5), la famille $(\mathbf{v}_1, \mathbf{z}_2)$ est une *base orthogonale* du sous-espace propre. On norme $\mathbf{v}_1$ et $\mathbf{z}_2$, et l'on obtient pour le sous-espace propre de valeur propre $\lambda = 7$ la base orthonormée

$$\mathbf{u}_1 = \begin{bmatrix} 1/\sqrt{2} \\ 0 \\ 1/\sqrt{2} \end{bmatrix}, \quad \mathbf{u}_2 = \begin{bmatrix} -1/\sqrt{18} \\ 4/\sqrt{18} \\ 1/\sqrt{18} \end{bmatrix}$$

On obtient comme base orthonormée du sous-espace propre de valeur propre $\lambda = -2$

$$\mathbf{u}_3 = \frac{1}{\|2\mathbf{v}_3\|} 2\mathbf{v}_3 = \frac{1}{3} \begin{bmatrix} -2 \\ -1 \\ 2 \end{bmatrix} = \begin{bmatrix} -2/3 \\ -1/3 \\ 2/3 \end{bmatrix}$$

D'après le théorème 1, $\mathbf{u}_3$ est orthogonal aux autres vecteurs propres $\mathbf{u}_1$ et $\mathbf{u}_2$. La famille $(\mathbf{u}_1, \mathbf{u}_2, \mathbf{u}_3)$ est donc orthonormée. On pose

$$P = [\, \mathbf{u}_1 \quad \mathbf{u}_2 \quad \mathbf{u}_3 \,] = \begin{bmatrix} 1/\sqrt{2} & -1/\sqrt{18} & -2/3 \\ 0 & 4/\sqrt{18} & -1/3 \\ 1/\sqrt{2} & 1/\sqrt{18} & 2/3 \end{bmatrix} \quad \text{et} \quad D = \begin{bmatrix} 7 & 0 & 0 \\ 0 & 7 & 0 \\ 0 & 0 & -2 \end{bmatrix}$$

Donc P diagonalise A en base orthonormée, c'est-à-dire que $A = PDP^{-1}$. ■

Dans l'exemple 3, la valeur propre 7 est de multiplicité 2 et le sous-espace propre est de dimension 2. Comme le montre le théorème suivant, ce n'est pas le fait du hasard.

Théorème spectral

L'ensemble des valeurs propres d'une matrice A est parfois appelé *spectre* de A et un théorème tel que le théorème 3 ci-dessous, qui décrit les valeurs propres, est appelé *théorème spectral*.

THÉORÈME 3

Théorème spectral des matrices symétriques

Toute matrice symétrique A de type $n \times n$ vérifie les propriétés suivantes :

a. A admet n valeurs propres réelles, compte tenu des ordres de multiplicité.

b. Pour chaque valeur propre λ, la dimension du sous-espace propre associé est égale à l'ordre de multiplicité de λ en tant que racine du polynôme caractéristique.

c. Les sous-espaces propres sont deux à deux orthogonaux, ce qui signifie que deux vecteurs propres associés à des valeurs propres distinctes sont orthogonaux.

d. A est diagonalisable en base orthonormée.

Nous avons montré la propriété (a) dans l'exercice 24 de la section 5.5. La propriété (b) est une conséquence immédiate de (d) (voir exercice 31). La propriété (c) n'est autre que le théorème 1. On peut enfin démontrer (d) en utilisant (a), ainsi que l'exercice 32 et la factorisation de Schur présentée dans l'exercice supplémentaire 16 du chapitre 6. Nous ne donnons pas de démonstration détaillée.

Décomposition spectrale

On écrit A sous la forme $A = PDP^{-1}$, les colonnes $\mathbf{u}_1, \ldots, \mathbf{u}_n$ de P étant des vecteurs propres de A orthonormés et les valeurs propres associées $\lambda_1, \ldots, \lambda_n$ constituant la matrice diagonale D. Alors, comme $P^{-1} = P^T$, on peut écrire

$$A = PDP^T = \begin{bmatrix} \mathbf{u}_1 & \cdots & \mathbf{u}_n \end{bmatrix} \begin{bmatrix} \lambda_1 & & 0 \\ & \ddots & \\ 0 & & \lambda_n \end{bmatrix} \begin{bmatrix} \mathbf{u}_1^T \\ \vdots \\ \mathbf{u}_n^T \end{bmatrix}$$

$$= \begin{bmatrix} \lambda_1 \mathbf{u}_1 & \cdots & \lambda_n \mathbf{u}_n \end{bmatrix} \begin{bmatrix} \mathbf{u}_1^T \\ \vdots \\ \mathbf{u}_n^T \end{bmatrix}$$

En utilisant le développement colonne-ligne du produit matriciel (théorème 10 de la section 2.4), on peut écrire

$$A = \lambda_1 \mathbf{u}_1 \mathbf{u}_1^T + \lambda_2 \mathbf{u}_2 \mathbf{u}_2^T + \cdots + \lambda_n \mathbf{u}_n \mathbf{u}_n^T \tag{2}$$

Cette écriture de A est appelée **décomposition spectrale** de A, car il s'agit d'une décomposition de A en parties dépendant de son spectre (c'est-à-dire de ses valeurs propres). Chaque terme de la relation (2) est une matrice $n \times n$ de rang 1. Par exemple, les colonnes de $\lambda_1 \mathbf{u}_1 \mathbf{u}_1^T$ sont colinéaires à $\mathbf{u}_1$. De plus, chacune de ces matrices $\mathbf{u}_j \mathbf{u}_j^T$ est une **matrice de projection** au sens où, pour tout vecteur $\mathbf{x}$ de $\mathbb{R}^n$, le vecteur $(\mathbf{u}_j \mathbf{u}_j^T)\mathbf{x}$ est le projeté orthogonal de $\mathbf{x}$ sur la droite vectorielle engendrée par $\mathbf{u}_j$ (voir exercice 35).

EXEMPLE 4   Soit A une matrice qui se diagonalise en base orthonormée sous la forme

$$A = \begin{bmatrix} 7 & 2 \\ 2 & 4 \end{bmatrix} = \begin{bmatrix} 2/\sqrt{5} & -1/\sqrt{5} \\ 1/\sqrt{5} & 2/\sqrt{5} \end{bmatrix} \begin{bmatrix} 8 & 0 \\ 0 & 3 \end{bmatrix} \begin{bmatrix} 2/\sqrt{5} & 1/\sqrt{5} \\ -1/\sqrt{5} & 2/\sqrt{5} \end{bmatrix}$$

Expliciter une décomposition spectrale de A.

SOLUTION   Si l'on note $\mathbf{u}_1$ et $\mathbf{u}_2$ les colonnes de P, alors

$$A = 8\mathbf{u}_1\mathbf{u}_1^T + 3\mathbf{u}_2\mathbf{u}_2^T$$

On peut vérifier cette décomposition de A en calculant

$$\mathbf{u}_1\mathbf{u}_1^T = \begin{bmatrix} 2/\sqrt{5} \\ 1/\sqrt{5} \end{bmatrix} \begin{bmatrix} 2/\sqrt{5} & 1/\sqrt{5} \end{bmatrix} = \begin{bmatrix} 4/5 & 2/5 \\ 2/5 & 1/5 \end{bmatrix}$$

$$\mathbf{u}_2\mathbf{u}_2^T = \begin{bmatrix} -1/\sqrt{5} \\ 2/\sqrt{5} \end{bmatrix} \begin{bmatrix} -1/\sqrt{5} & 2/\sqrt{5} \end{bmatrix} = \begin{bmatrix} 1/5 & -2/5 \\ -2/5 & 4/5 \end{bmatrix}$$

puis

$$8\mathbf{u}_1\mathbf{u}_1^T + 3\mathbf{u}_2\mathbf{u}_2^T = \begin{bmatrix} 32/5 & 16/5 \\ 16/5 & 8/5 \end{bmatrix} + \begin{bmatrix} 3/5 & -6/5 \\ -6/5 & 12/5 \end{bmatrix} = \begin{bmatrix} 7 & 2 \\ 2 & 4 \end{bmatrix} = A \quad \blacksquare$$

REMARQUE NUMÉRIQUE

On dispose maintenant d'algorithmes performants permettant de calculer avec une grande précision les valeurs et vecteurs propres d'une matrice symétrique A, pourvu qu'elle soit de taille raisonnable. Ces algorithmes transforment A en une succession de matrices semblables au moyen de matrices orthogonales. Les coefficients diagonaux des matrices transformées convergent alors rapidement vers les valeurs propres de A (voir remarques numériques, section 5.2). L'utilisation de matrices orthogonales permet en général d'éviter que les erreurs numériques ne s'accumulent au cours du calcul. Dans le cas où A est symétrique, on obtient une suite de matrices orthogonales qui se combinent en une matrice orthogonale dont les colonnes sont des vecteurs propres de A.

Une matrice non symétrique ne peut pas avoir de base orthonormée de vecteurs propres, mais l'algorithme permet cependant d'obtenir les valeurs propres avec une assez bonne précision. Il faut ensuite utiliser d'autres techniques que celle des matrices orthogonales pour calculer les vecteurs propres.

EXERCICES D'ENTRAÎNEMENT

1. Montrer que le carré d'une matrice symétrique est symétrique.

2. Montrer que le carré d'une matrice diagonalisable en base orthonormée est également diagonalisable en base orthonormée.

7.1 EXERCICES

Parmi les matrices des exercices 1 à 6, lesquelles sont symétriques ?

1. $\begin{bmatrix} 3 & 5 \\ 5 & -7 \end{bmatrix}$

2. $\begin{bmatrix} 3 & -5 \\ -5 & -3 \end{bmatrix}$

3. $\begin{bmatrix} 2 & 3 \\ 2 & 4 \end{bmatrix}$

4. $\begin{bmatrix} 0 & 8 & 3 \\ 8 & 0 & -4 \\ 3 & 2 & 0 \end{bmatrix}$

5. $\begin{bmatrix} -6 & 2 & 0 \\ 2 & -6 & 2 \\ 0 & 2 & -6 \end{bmatrix}$

6. $\begin{bmatrix} 1 & 2 & 2 & 1 \\ 2 & 2 & 2 & 1 \\ 2 & 2 & 1 & 2 \end{bmatrix}$

Parmi les matrices des exercices 7 à 12, lesquelles sont orthogonales ? Déterminer l'inverse de celles qui le sont.

7. $\begin{bmatrix} 0,6 & 0,8 \\ 0,8 & -0,6 \end{bmatrix}$

8. $\begin{bmatrix} 1 & 1 \\ 1 & -1 \end{bmatrix}$

9. $\begin{bmatrix} -4/5 & 3/5 \\ 3/5 & 4/5 \end{bmatrix}$

10. $\begin{bmatrix} 1/3 & 2/3 & 2/3 \\ 2/3 & 1/3 & -2/3 \\ 2/3 & -2/3 & 1/3 \end{bmatrix}$

11. $\begin{bmatrix} 2/3 & 2/3 & 1/3 \\ 0 & 1/3 & -2/3 \\ 5/3 & -4/3 & -2/3 \end{bmatrix}$

12. $\begin{bmatrix} 0,5 & 0,5 & -0,5 & -0,5 \\ 0,5 & 0,5 & 0,5 & 0,5 \\ 0,5 & -0,5 & -0,5 & 0,5 \\ 0,5 & -0,5 & 0,5 & -0,5 \end{bmatrix}$

Diagonaliser en base orthonormée les matrices des exercices 13 à 22, en précisant la matrice orthogonale P et la matrice diagonale D. On précise, pour gagner du temps, que pour les exercices 17 à 22, les valeurs propres sont : (17) -4, 4, 7 ; (18) -3, -6, 9 ; (19) -2, 7 ; (20) -3, 15 ; (21) 1, 5, 9 ; (22) 3, 5.

13. $\begin{bmatrix} 3 & 1 \\ 1 & 3 \end{bmatrix}$

14. $\begin{bmatrix} 1 & -5 \\ -5 & 1 \end{bmatrix}$

15. $\begin{bmatrix} 3 & 4 \\ 4 & 9 \end{bmatrix}$

16. $\begin{bmatrix} 6 & -2 \\ -2 & 9 \end{bmatrix}$

17. $\begin{bmatrix} 1 & 1 & 5 \\ 1 & 5 & 1 \\ 5 & 1 & 1 \end{bmatrix}$

18. $\begin{bmatrix} 1 & -6 & 4 \\ -6 & 2 & -2 \\ 4 & -2 & -3 \end{bmatrix}$

19. $\begin{bmatrix} 3 & -2 & 4 \\ -2 & 6 & 2 \\ 4 & 2 & 3 \end{bmatrix}$

20. $\begin{bmatrix} 5 & 8 & -4 \\ 8 & 5 & -4 \\ -4 & -4 & -1 \end{bmatrix}$

21. $\begin{bmatrix} 4 & 3 & 1 & 1 \\ 3 & 4 & 1 & 1 \\ 1 & 1 & 4 & 3 \\ 1 & 1 & 3 & 4 \end{bmatrix}$

22. $\begin{bmatrix} 4 & 0 & 1 & 0 \\ 0 & 4 & 0 & 1 \\ 1 & 0 & 4 & 0 \\ 0 & 1 & 0 & 4 \end{bmatrix}$

23. On pose $A = \begin{bmatrix} 4 & -1 & -1 \\ -1 & 4 & -1 \\ -1 & -1 & 4 \end{bmatrix}$ et $\mathbf{v} = \begin{bmatrix} 1 \\ 1 \\ 1 \end{bmatrix}$.

Vérifier que 5 est une valeur propre et $\mathbf{v}$ un vecteur propre de A, puis diagonaliser A en base orthonormée.

24. On pose

$$A = \begin{bmatrix} 2 & -1 & 1 \\ -1 & 2 & -1 \\ 1 & -1 & 2 \end{bmatrix}, \quad \mathbf{v}_1 = \begin{bmatrix} -1 \\ 0 \\ 1 \end{bmatrix} \text{ et } \mathbf{v}_2 = \begin{bmatrix} 1 \\ -1 \\ 1 \end{bmatrix}$$

Vérifier que $\mathbf{v}_1$ et $\mathbf{v}_2$ sont des vecteurs propres de A, puis diagonaliser A en base orthonormée.

Dans les exercices 25 et 26, dire si les énoncés proposés sont vrais ou faux. Justifier chaque réponse.

25. a. Une matrice $n \times n$ diagonalisable en base orthonormée est nécessairement symétrique.

b. Si $A^T = A$ et si $\mathbf{u}$ et $\mathbf{v}$ sont deux vecteurs vérifiant $A\mathbf{u} = 3\mathbf{u}$ et $A\mathbf{v} = 4\mathbf{v}$, alors $\mathbf{u} \cdot \mathbf{v} = 0$.

c. Toute matrice symétrique $n \times n$ admet n valeurs propres réelles distinctes.

d. Si $\mathbf{v}$ est un vecteur non nul de $\mathbb{R}^n$, alors la matrice $\mathbf{v}\mathbf{v}^T$ est appelée matrice de projection.

26. a. Toute matrice symétrique est diagonalisable en base orthonormée.

b. Si P est une matrice telle que $P^T = P^{-1}$, D est une matrice diagonale et $B = PDP^T$, alors la matrice B est symétrique.

c. Toute matrice orthogonale est orthodiagonalisable.

d. La dimension d'un sous-espace propre d'une matrice symétrique est égale à l'ordre de multiplicité de la valeur propre associée.

27. Montrer que si A est une matrice symétrique $n \times n$, alors, pour tous les vecteurs $\mathbf{x}$ et $\mathbf{y}$ de $\mathbb{R}^n$, on a $(A\mathbf{x}) \cdot \mathbf{y} = \mathbf{x} \cdot (A\mathbf{y})$.

28. Soit A une matrice symétrique $n \times n$ et B une matrice $n \times m$ quelconque. Montrer que les matrices $B^T A B$, $B^T B$ et BB^T sont symétriques.

29. Soit A une matrice inversible diagonalisable en base orthonormée. Montrer que A^{-1} est également diagonalisable en base orthonormée.

30. Soit A et B deux matrices diagonalisables en base orthonormée telles que $AB = BA$. Montrer que AB est également diagonalisable en base orthonormée.

31. Soit P une matrice orthogonale et D une matrice diagonale. On pose $A = PDP^{-1}$. Soit λ une valeur propre de A d'ordre de multiplicité k. La valeur λ apparaît donc k fois sur la diagonale de D. Justifier le fait que le sous-espace propre de valeur propre λ est de dimension k.

32. Soit P une matrice orthogonale et R une matrice triangulaire supérieure. On pose $A = PRP^{-1}$. Montrer que si A est symétrique, alors R est symétrique, donc en fait diagonale.

33. Écrire une décomposition spectrale de la matrice A de l'exemple 2.

34. Écrire une décomposition spectrale de la matrice A de l'exemple 3.

35. Soit $\mathbf{u}$ un vecteur unitaire de $\mathbb{R}^n$. On pose $B = \mathbf{u}\mathbf{u}^T$.

    a. On considère un vecteur $\mathbf{x}$ de $\mathbb{R}^n$. Calculer $B\mathbf{x}$ et montrer que $B\mathbf{x}$ est, au sens de la section 6.2, le projeté orthogonal de $\mathbf{x}$ sur $\mathbf{u}$.

    b. Montrer que B est une matrice symétrique et que $B^2 = B$.

    c. Montrer que $\mathbf{u}$ est un vecteur propre de B. Quelle est la valeur propre associée ?

36. Soit B une matrice symétrique $n \times n$ telle que $B^2 = B$. Une telle matrice est appelée **matrice de projection** (ou plus précisément ici **matrice de projection orthogonale**). Étant donné un vecteur $\mathbf{y}$ de $\mathbb{R}^n$, on pose $\hat{\mathbf{y}} = B\mathbf{y}$ et $\mathbf{z} = \mathbf{y} - \hat{\mathbf{y}}$.

    a. Montrer que $\mathbf{z}$ est orthogonal à $\hat{\mathbf{y}}$.

    b. Soit W le sous-espace vectoriel engendré par les colonnes de B (son image). Montrer que $\mathbf{y}$ est la somme d'un vecteur de W et d'un vecteur de $W^{\perp}$. En déduire que $B\mathbf{y}$ est le projeté orthogonal de $\mathbf{y}$ sur l'image de B.

[M] Diagonaliser en base orthonormée les matrices des exercices 37 à 40. Afin de mettre en pratique les méthodes indiquées dans cette section, on n'utilisera pas les fonctions de calcul de vecteurs propres du logiciel. On calculera les valeurs propres à l'aide du logiciel, puis, pour chaque valeur propre λ, on déterminera, comme dans les exemples 2 et 3, une base orthonormée de $\mathrm{Ker}(A - \lambda I)$.

37. $\begin{bmatrix} 6 & 2 & 9 & -6 \\ 2 & 6 & -6 & 9 \\ 9 & -6 & 6 & 2 \\ -6 & 9 & 2 & 6 \end{bmatrix}$

38. $\begin{bmatrix} 0{,}63 & -0{,}18 & -0{,}06 & -0{,}04 \\ -0{,}18 & 0{,}84 & -0{,}04 & 0{,}12 \\ -0{,}06 & -0{,}04 & 0{,}72 & -0{,}12 \\ -0{,}04 & 0{,}12 & -0{,}12 & 0{,}66 \end{bmatrix}$

39. $\begin{bmatrix} 0{,}31 & 0{,}58 & 0{,}08 & 0{,}44 \\ 0{,}58 & -0{,}56 & 0{,}44 & -0{,}58 \\ 0{,}08 & 0{,}44 & 0{,}19 & -0{,}08 \\ 0{,}44 & -0{,}58 & -0{,}08 & 0{,}31 \end{bmatrix}$

40. $\begin{bmatrix} 8 & 2 & 2 & -6 & 9 \\ 2 & 8 & 2 & -6 & 9 \\ 2 & 2 & 8 & -6 & 9 \\ -6 & -6 & -6 & 24 & 9 \\ 9 & 9 & 9 & 9 & -21 \end{bmatrix}$

SOLUTIONS DES EXERCICES D'ENTRAÎNEMENT

1. Si A est une matrice symétrique, alors $(A^2)^T = (AA)^T = A^TA^T$, d'après une propriété de la transposition. Par hypothèse, $A^T = A$. Donc $(A^2)^T = AA = A^2$, ce qui montre que A^2 est symétrique.

2. Si A est diagonalisable en base orthonormée, alors, d'après le théorème 2, A est symétrique. D'après l'exercice d'entraînement 1, A^2 est symétrique, donc, toujours d'après le théorème 2, elle est diagonalisable.

7.2 | FORMES QUADRATIQUES

Nous nous sommes surtout intéressés jusque-là aux relations et aux équations linéaires, sauf au chapitre 6 où le calcul de $\mathbf{x}^T\mathbf{x}$ faisait intervenir des sommes de carrés. On rencontre fréquemment de telles sommes, ou des expressions plus générales appelées *formes quadratiques*, dans les applications de l'algèbre linéaire aux sciences de l'ingénieur (par exemple pour les critères de conception et l'optimisation) ou au traitement du signal (quand on calcule la puissance de bruit en sortie). Elles apparaissent aussi en physique (potentiel, énergie cinétique), en géométrie différentielle (courbure normale d'une surface), en économie (fonction d'utilité) ou en statistiques (ellipsoïde de confiance). Ce type d'applications s'appuie, entre autres, sur une théorie mathématique qui découle facilement de l'étude précédente des matrices symétriques.

On appelle **forme quadratique** sur $\mathbb{R}^n$ toute application Q qui associe à un vecteur $\mathbf{x}$ de $\mathbb{R}^n$ un scalaire de la forme $Q(\mathbf{x}) = \mathbf{x}^TA\mathbf{x}$, où A est une matrice symétrique $n \times n$ fixée. La matrice A est appelée **matrice de la forme quadratique**.

L'exemple le plus simple de forme quadratique non nulle est $Q(\mathbf{x}) = \mathbf{x}^TI\mathbf{x} = \|\mathbf{x}\|^2$. Les exemples 1 et 2 montrent la relation qui existe entre une matrice symétrique quelconque A et la forme quadratique $\mathbf{x}^TA\mathbf{x}$.

EXEMPLE 1 On pose $\mathbf{x} = \begin{bmatrix} x_1 \\ x_2 \end{bmatrix}$. Calculer $\mathbf{x}^T A\mathbf{x}$ pour les matrices suivantes :

a. $A = \begin{bmatrix} 4 & 0 \\ 0 & 3 \end{bmatrix}$
b. $A = \begin{bmatrix} 3 & -2 \\ -2 & 7 \end{bmatrix}$

SOLUTION

a. $\mathbf{x}^T A\mathbf{x} = \begin{bmatrix} x_1 & x_2 \end{bmatrix} \begin{bmatrix} 4 & 0 \\ 0 & 3 \end{bmatrix} \begin{bmatrix} x_1 \\ x_2 \end{bmatrix} = \begin{bmatrix} x_1 & x_2 \end{bmatrix} \begin{bmatrix} 4x_1 \\ 3x_2 \end{bmatrix} = 4x_1^2 + 3x_2^2$

b. La matrice A comporte deux coefficients de valeur -2. Le lecteur est invité à examiner soigneusement la façon dont ils interviennent dans le calcul. On a représenté le coefficient $(1, 2)$ de A en caractères gras.

$$\mathbf{x}^T A\mathbf{x} = \begin{bmatrix} x_1 & x_2 \end{bmatrix} \begin{bmatrix} 3 & \mathbf{-2} \\ -2 & 7 \end{bmatrix} \begin{bmatrix} x_1 \\ x_2 \end{bmatrix} = \begin{bmatrix} x_1 & x_2 \end{bmatrix} \begin{bmatrix} 3x_1 - \mathbf{2}x_2 \\ -2x_1 + 7x_2 \end{bmatrix}$$

$$= x_1(3x_1 - \mathbf{2}x_2) + x_2(-2x_1 + 7x_2)$$

$$= 3x_1^2 - \mathbf{2}x_1x_2 - 2x_2x_1 + 7x_2^2$$

$$= 3x_1^2 - 4x_1x_2 + 7x_2^2$$ ■

Le terme $-4x_1x_2$ de la forme quadratique de l'exemple 1(b) provient du coefficient non diagonal -2 de la matrice A. En revanche, la forme quadratique associée à la matrice diagonale A de l'exemple 1(a) ne comporte aucun *terme rectangle* x_1x_2.

EXEMPLE 2 On associe à un vecteur $\mathbf{x}$ de $\mathbb{R}^3$ l'expression

$$Q(\mathbf{x}) = 5x_1^2 + 3x_2^2 + 2x_3^2 - x_1x_2 + 8x_2x_3$$

Écrire cette forme quadratique sous la forme $\mathbf{x}^T A\mathbf{x}$.

SOLUTION On reporte les coefficients de x_1^2, x_2^2 et x_3^2 sur la diagonale de A. La matrice A doit être symétrique. Donc si $i \neq j$, il faut partager le coefficient de x_ix_j en parts égales entre les coefficients (i, j) et (j, i) de A. Le coefficient de x_1x_3 est nul. On vérifie facilement que

$$Q(\mathbf{x}) = \mathbf{x}^T A\mathbf{x} = \begin{bmatrix} x_1 & x_2 & x_3 \end{bmatrix} \begin{bmatrix} 5 & -1/2 & 0 \\ -1/2 & 3 & 4 \\ 0 & 4 & 2 \end{bmatrix} \begin{bmatrix} x_1 \\ x_2 \\ x_3 \end{bmatrix}$$ ■

EXEMPLE 3 On pose $Q(\mathbf{x}) = x_1^2 - 8x_1x_2 - 5x_2^2$. Calculer $Q(\mathbf{x})$ pour $\mathbf{x} = \begin{bmatrix} -3 \\ 1 \end{bmatrix}$, $\begin{bmatrix} 2 \\ -2 \end{bmatrix}$ et $\begin{bmatrix} 1 \\ -3 \end{bmatrix}$.

SOLUTION

$$Q(-3, 1) = (-3)^2 - 8(-3)(1) - 5(1)^2 = 28$$

$$Q(2, -2) = (2)^2 - 8(2)(-2) - 5(-2)^2 = 16$$

$$Q(1, -3) = (1)^2 - 8(1)(-3) - 5(-3)^2 = -20$$ ■

Il est plus facile, dans certains cas, de travailler avec des formes quadratiques sans termes rectangles, c'est-à-dire dont la matrice est diagonale. Il se trouve justement qu'un changement de variable approprié permet d'éliminer ces termes rectangles.

Changement de variable dans une forme quadratique

Si **x** désigne un vecteur variable de $\mathbb{R}^n$, on appelle **changement de variable** une relation de la forme

$$\mathbf{x} = P\mathbf{y} \qquad \text{ou, de façon équivalente,} \quad \mathbf{y} = P^{-1}\mathbf{x} \tag{1}$$

où P désigne une matrice inversible, **y** étant alors un nouveau vecteur variable de $\mathbb{R}^n$. En fait, **y** est le vecteur des composantes de **x** dans la base de $\mathbb{R}^n$ définie par les colonnes de P (voir section 4.4).

Si l'on effectue le changement de variable (1) dans une forme quadratique $\mathbf{x}^T A\mathbf{x}$, on obtient

$$\mathbf{x}^T A\mathbf{x} = (P\mathbf{y})^T A(P\mathbf{y}) = \mathbf{y}^T P^T A P\mathbf{y} = \mathbf{y}^T (P^T A P)\mathbf{y} \tag{2}$$

La nouvelle matrice de la forme quadratique est $P^T A P$. Puisque A est symétrique, le théorème 2 assure qu'il existe une matrice *orthogonale* P telle que la matrice $D = P^T A P$ soit diagonale. La forme quadratique de la relation (2) devient alors $\mathbf{y}^T D\mathbf{y}$. C'est cette stratégie qui est développée dans l'exemple qui suit.

EXEMPLE 4   Effectuer un changement de variable qui transforme la forme quadratique de l'exemple 3 en une forme quadratique sans terme rectangle.

SOLUTION   La matrice de la forme quadratique de l'exemple 3 est

$$A = \begin{bmatrix} 1 & -4 \\ -4 & -5 \end{bmatrix}$$

La première étape consiste à diagonaliser A en base orthonormée. On trouve les valeurs propres $\lambda = 3$ et $\lambda = -7$. On leur associe les vecteurs propres unitaires

$$\lambda = 3: \begin{bmatrix} 2/\sqrt{5} \\ -1/\sqrt{5} \end{bmatrix}; \qquad \lambda = -7: \begin{bmatrix} 1/\sqrt{5} \\ 2/\sqrt{5} \end{bmatrix}$$

Ces vecteurs sont automatiquement orthogonaux (car associés à des valeurs propres distinctes) et constituent donc une base orthonormée de $\mathbb{R}^2$. On pose

$$P = \begin{bmatrix} 2/\sqrt{5} & 1/\sqrt{5} \\ -1/\sqrt{5} & 2/\sqrt{5} \end{bmatrix} \quad \text{et} \quad D = \begin{bmatrix} 3 & 0 \\ 0 & -7 \end{bmatrix}$$

Alors $A = PDP^{-1}$, soit, comme on l'a montré précédemment, $D = P^{-1}AP = P^T AP$. En prenant comme changement de variable $\mathbf{x} = P\mathbf{y}$ et en posant $\mathbf{x} = \begin{bmatrix} x_1 \\ x_2 \end{bmatrix}$ et $\mathbf{y} = \begin{bmatrix} y_1 \\ y_2 \end{bmatrix}$, on obtient finalement

$$\begin{aligned} x_1^2 - 8x_1x_2 - 5x_2^2 = \mathbf{x}^T A\mathbf{x} &= (P\mathbf{y})^T A(P\mathbf{y}) \\ &= \mathbf{y}^T P^T A P\mathbf{y} = \mathbf{y}^T D\mathbf{y} \\ &= 3y_1^2 - 7y_2^2 \end{aligned}$$ ∎

Pour comprendre ce que signifie, dans l'exemple 4, l'égalité des deux formes quadratiques, on peut par exemple calculer $Q(\mathbf{x})$ pour $\mathbf{x} = (2, -2)$ en utilisant la nouvelle forme quadratique. On calcule d'abord **y**. Puisque $\mathbf{x} = P\mathbf{y}$, on a

$$\mathbf{y} = P^{-1}\mathbf{x} = P^T\mathbf{x}$$

soit

$$\mathbf{y} = \begin{bmatrix} 2/\sqrt{5} & -1/\sqrt{5} \\ 1/\sqrt{5} & 2/\sqrt{5} \end{bmatrix} \begin{bmatrix} 2 \\ -2 \end{bmatrix} = \begin{bmatrix} 6/\sqrt{5} \\ -2/\sqrt{5} \end{bmatrix}$$

Ainsi,

$$3y_1^2 - 7y_2^2 = 3(6/\sqrt{5})^2 - 7(-2/\sqrt{5})^2 = 3(36/5) - 7(4/5)$$
$$= 80/5 = 16$$

On retrouve bien la valeur de $Q(\mathbf{x})$ trouvée dans l'exemple 3 dans le cas où $\mathbf{x} = (2, -2)$ (voir figure 1).

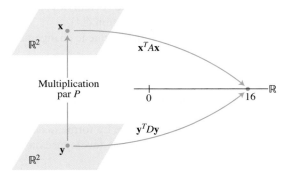

FIGURE 1   Changement de variable dans $\mathbf{x}^T A \mathbf{x}$

L'exemple 4 illustre le théorème qui suit. L'essentiel de la démonstration a été donné juste avant l'exemple en question.

THÉORÈME 4

> **Théorème des axes principaux**
>
> Soit A une matrice symétrique $n \times n$. Il existe une matrice orthogonale P telle que le changement de variable $\mathbf{x} = P\mathbf{y}$ transforme la forme quadratique $\mathbf{x}^T A \mathbf{x}$ en une forme quadratique $\mathbf{y}^T D \mathbf{y}$ sans termes rectangles.

Les colonnes de la matrice P introduite dans le théorème sont appelées **axes principaux** de la forme quadratique $\mathbf{x}^T A \mathbf{x}$. Le vecteur $\mathbf{y}$ n'est autre que le vecteur des composantes de $\mathbf{x}$ dans la base orthonormée de $\mathbb{R}^n$ formée par les axes principaux.

Interprétation géométrique des axes principaux

Soit A une matrice symétrique inversible 2×2, Q la forme quadratique définie par la relation $Q(\mathbf{x}) = \mathbf{x}^T A \mathbf{x}$ et c une constante. On peut montrer que l'ensemble des vecteurs (ou points) $\mathbf{x}$ de $\mathbb{R}^2$ vérifiant

$$\mathbf{x}^T A \mathbf{x} = c \tag{3}$$

est soit une ellipse (ou un cercle), soit une hyperbole, soit deux droites sécantes, soit un seul point, soit l'ensemble vide. Si la matrice A est diagonale, la figure est dans la *configuration usuelle*, comme à la figure 2. Si A n'est pas diagonale, la figure correspondant à l'équation (3) est tournée par rapport à la configuration usuelle, comme à la figure 3. Chercher les *axes principaux* (dirigés par les vecteurs propres de A) revient à chercher un nouveau système de coordonnées par rapport auquel la figure est dans la configuration usuelle.

L'hyperbole de la figure 3(b) correspond à l'équation $\mathbf{x}^T A \mathbf{x} = 16$, où A est la matrice de l'exemple 4. Sur la figure, le demi-axe des y_1 positifs est dans la direction de la première colonne de la matrice P de l'exemple et le demi-axe des y_2 positifs est dans la direction de la seconde colonne de P.

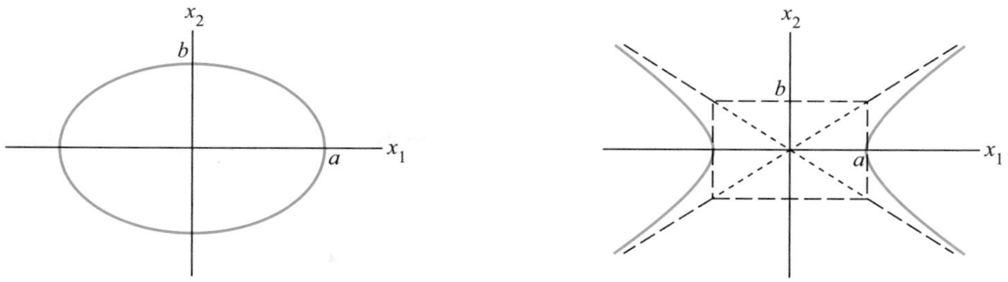

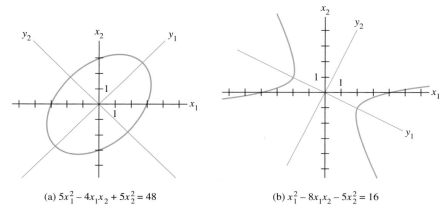

$$\frac{x_1^2}{a^2} + \frac{x_2^2}{b^2} = 1, \ a > b > 0$$

ellipse

$$\frac{x_1^2}{a^2} - \frac{x_2^2}{b^2} = 1, \ a > b > 0$$

hyperbole

FIGURE 2 Ellipse et hyperbole dans la configuration usuelle

(a) $5x_1^2 - 4x_1x_2 + 5x_2^2 = 48$

(b) $x_1^2 - 8x_1x_2 - 5x_2^2 = 16$

FIGURE 3 Ellipse et hyperbole dans une configuration *non* usuelle

EXEMPLE 5 L'ellipse de la figure 3(a) a pour équation $5x_1^2 - 4x_1x_2 + 5x_2^2 = 48$. Déterminer un changement de variable permettant d'éliminer le terme rectangle de cette équation.

SOLUTION La matrice de la forme quadratique est $A = \begin{bmatrix} 5 & -2 \\ -2 & 5 \end{bmatrix}$. On trouve 3 et 7 comme valeurs propres de A, associées respectivement aux vecteurs propres unitaires

$$\mathbf{u}_1 = \begin{bmatrix} 1/\sqrt{2} \\ 1/\sqrt{2} \end{bmatrix} \quad \text{et} \quad \mathbf{u}_2 = \begin{bmatrix} -1/\sqrt{2} \\ 1/\sqrt{2} \end{bmatrix}$$

La matrice $P = [\,\mathbf{u}_1 \quad \mathbf{u}_2\,] = \begin{bmatrix} 1/\sqrt{2} & -1/\sqrt{2} \\ 1/\sqrt{2} & 1/\sqrt{2} \end{bmatrix}$ diagonalise A en base orthonormée, donc le changement de variable $\mathbf{x} = P\mathbf{y}$ transforme la forme quadratique en la nouvelle forme quadratique $\mathbf{y}^T D\mathbf{y} = 3y_1^2 + 7y_2^2$. Les axes correspondant à ce changement de variable sont représentés à la figure 3(a). ∎

Classification des formes quadratiques

Soit A une matrice de type $n \times n$. La forme quadratique $Q(\mathbf{x}) = \mathbf{x}^T A\mathbf{x}$ est une fonction de $\mathbb{R}^n$ dans $\mathbb{R}$. La figure 4 représente graphiquement quatre formes quadratiques sur $\mathbb{R}^2$.

Chacun des graphes correspond à une forme quadratique Q et s'obtient en associant au point $\mathbf{x} = (x_1, x_2)$ de $\mathbb{R}^2$ le point (x_1, x_2, z), où $z = Q(\mathbf{x})$. On remarque que, à l'exception du cas où $\mathbf{x} = \mathbf{0}$, les valeurs de $Q(\mathbf{x})$ sont strictement positives à la figure 4(a) et strictement négatives à la figure 4(d). Les sections transversales horizontales (traces horizontales) sont des ellipses aux figures 4(a) et 4(d), et des hyperboles à la figure 4(c).

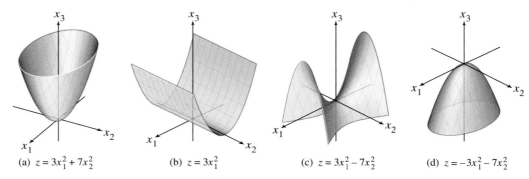

(a) $z = 3x_1^2 + 7x_2^2$ (b) $z = 3x_1^2$ (c) $z = 3x_1^2 - 7x_2^2$ (d) $z = -3x_1^2 - 7x_2^2$

FIGURE 4 Représentation graphique de formes quadratiques

Ces exemples simples en dimension 2 illustrent la définition suivante.

DÉFINITION

Une **forme quadratique** Q est dite :

a. **définie positive** si $Q(\mathbf{x}) > 0$ pour tout $\mathbf{x} \neq \mathbf{0}$

b. **définie négative** si $Q(\mathbf{x}) < 0$ pour tout $\mathbf{x} \neq \mathbf{0}$

c. **non définie** si $Q(\mathbf{x})$ prend à la fois des valeurs positives et des valeurs négatives.

La forme quadratique Q est simplement dite **positive** si $Q(\mathbf{x}) \geq 0$ pour tout $\mathbf{x}$ et **négative** si $Q(\mathbf{x}) \leq 0$ pour tout $\mathbf{x}$. Les formes quadratiques des cas (a) et (b) de la figure 4 sont toutes deux positives, mais celle de (a) est plus précisément définie positive.

Le théorème 5 permet de caractériser certaines formes quadratiques en termes de valeurs propres.

THÉORÈME 5

Formes quadratiques et valeurs propres

Soit A une matrice symétrique $n \times n$. La forme quadratique $\mathbf{x}^T A \mathbf{x}$ est

a. définie positive si et seulement si toutes les valeurs propres de A sont strictement positives ;

b. définie négative si et seulement si toutes les valeurs propres de A sont strictement négatives ;

c. non définie si A admet à la fois des valeurs propres négatives et des valeurs propres positives.

DÉMONSTRATION D'après le théorème des axes principaux, il existe un changement de variable en base orthonormée $\mathbf{x} = P\mathbf{y}$ tel que

$$Q(\mathbf{x}) = \mathbf{x}^T A \mathbf{x} = \mathbf{y}^T D \mathbf{y} = \lambda_1 y_1^2 + \lambda_2 y_2^2 + \cdots + \lambda_n y_n^2 \tag{4}$$

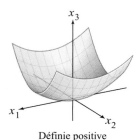

Définie positive

Définie négative

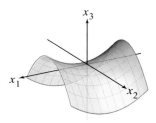

Non définie

les scalaires $\lambda_1, \ldots, \lambda_n$ étant les valeurs propres de A. Comme la matrice P est inversible, elle définit une bijection entre vecteurs non nuls, transformant $\mathbf{x}$ en $\mathbf{y}$. Les valeurs décrites par $Q(\mathbf{x})$ quand $\mathbf{x} \neq \mathbf{0}$ sont donc les mêmes que celles décrites par le membre de droite de l'égalité (4), dont le signe dépend clairement de celui des valeurs propres $\lambda_1, \ldots, \lambda_n$, de la façon décrite dans le théorème. ∎

EXEMPLE 6 La forme quadratique $Q(\mathbf{x}) = 3x_1^2 + 2x_2^2 + x_3^2 + 4x_1x_2 + 4x_2x_3$ est-elle définie positive ?

SOLUTION On pourrait penser, à la vue de tous ces signes « + », que Q est définie positive. Mais la matrice de la forme quadratique est

$$A = \begin{bmatrix} 3 & 2 & 0 \\ 2 & 2 & 2 \\ 0 & 2 & 1 \end{bmatrix}$$

et l'on trouve pour valeurs propres de A les valeurs 5, 2 et -1. La forme quadratique Q est donc non définie et, par conséquent, n'est pas définie positive. ∎

On utilise souvent le vocabulaire de la classification des formes quadratiques pour qualifier également la matrice de la forme quadratique. Une matrice *symétrique* A est ainsi dite **définie positive** si la forme quadratique associée $\mathbf{x}^T A \mathbf{x}$ est définie positive. Les autres termes, tels que **matrice symétrique positive**, se définissent de façon analogue.

┌─ REMARQUE NUMÉRIQUE ─

Une méthode efficace pour déterminer si une matrice symétrique A est définie positive consiste à chercher à la factoriser sous la forme $A = R^T R$, où R est triangulaire supérieure à coefficients diagonaux strictement positifs (l'une des façons de le faire est d'appliquer un algorithme de factorisation LU légèrement modifié). Une telle *décomposition de Cholesky* est possible si et seulement si A est définie positive (voir à ce sujet l'exercice supplémentaire 7 en fin de chapitre).

│ EXERCICE D'ENTRAÎNEMENT

Caractériser les matrices symétriques positives en termes de valeurs propres.

7.2 EXERCICES

1. Calculer la forme quadratique $\mathbf{x}^T A \mathbf{x}$, pour $A = \begin{bmatrix} 5 & 1/3 \\ 1/3 & 1 \end{bmatrix}$
et

a. $\mathbf{x} = \begin{bmatrix} x_1 \\ x_2 \end{bmatrix}$ b. $\mathbf{x} = \begin{bmatrix} 6 \\ 1 \end{bmatrix}$ c. $\mathbf{x} = \begin{bmatrix} 1 \\ 3 \end{bmatrix}$

2. Calculer la forme quadratique $\mathbf{x}^T A \mathbf{x}$ pour la matrice
$A = \begin{bmatrix} 3 & 2 & 0 \\ 2 & 2 & 1 \\ 0 & 1 & 0 \end{bmatrix}$ et les vecteurs

a. $\mathbf{x} = \begin{bmatrix} x_1 \\ x_2 \\ x_3 \end{bmatrix}$ b. $\mathbf{x} = \begin{bmatrix} -2 \\ -1 \\ 5 \end{bmatrix}$ c. $\mathbf{x} = \begin{bmatrix} 1/\sqrt{2} \\ 1/\sqrt{2} \\ 1/\sqrt{2} \end{bmatrix}$

3. Déterminer la matrice de la forme quadratique indiquée. Le vecteur $\mathbf{x}$ appartient à $\mathbb{R}^2$.

a. $3x_1^2 - 4x_1x_2 + 5x_2^2$ b. $3x_1^2 + 2x_1x_2$

4. Déterminer la matrice de la forme quadratique indiquée. Le vecteur $\mathbf{x}$ appartient à $\mathbb{R}^2$.

a. $5x_1^2 + 16x_1x_2 - 5x_2^2$ b. $2x_1x_2$

5. Déterminer la matrice de la forme quadratique indiquée. Le vecteur $\mathbf{x}$ appartient à $\mathbb{R}^3$.

a. $3x_1^2 + 2x_2^2 - 5x_3^2 - 6x_1x_2 + 8x_1x_3 - 4x_2x_3$
b. $6x_1x_2 + 4x_1x_3 - 10x_2x_3$

6. Déterminer la matrice de la forme quadratique indiquée. Le vecteur **x** appartient à $\mathbb{R}^3$.

a. $3x_1^2 - 2x_2^2 + 5x_3^2 + 4x_1x_2 - 6x_1x_3$

b. $4x_3^2 - 2x_1x_2 + 4x_2x_3$

7. À l'aide d'un changement de variable du type **x** = P**y**, transformer la forme quadratique $x_1^2 + 10x_1x_2 + x_2^2$ en une forme quadratique sans terme rectangle. Préciser P ainsi que la nouvelle forme quadratique.

8. Soit A la matrice de la forme quadratique

$$9x_1^2 + 7x_2^2 + 11x_3^2 - 8x_1x_2 + 8x_1x_3$$

On peut montrer que les valeurs propres de A sont 3, 9 et 15. Déterminer une matrice orthogonale P telle que le changement de variable **x** = P**y** transforme $\mathbf{x}^T A\mathbf{x}$ en une forme quadratique sans termes rectangles. Préciser P ainsi que la nouvelle forme quadratique.

Classifier les formes quadratiques des exercices 9 à 18, puis effectuer un changement de variable **x** = P**y** transformant la forme quadratique donnée en une nouvelle ne contenant pas de termes rectangles. Préciser la nouvelle forme quadratique. On construira P en utilisant les méthodes de la section 7.1.

9. $4x_1^2 - 4x_1x_2 + 4x_2^2$ **10.** $2x_1^2 + 6x_1x_2 - 6x_2^2$

11. $2x_1^2 - 4x_1x_2 - x_2^2$ **12.** $-x_1^2 - 2x_1x_2 - x_2^2$

13. $x_1^2 - 6x_1x_2 + 9x_2^2$ **14.** $3x_1^2 + 4x_1x_2$

15. [M] $-3x_1^2 - 7x_2^2 - 10x_3^2 - 10x_4^2 + 4x_1x_2 + 4x_1x_3$
$+4x_1x_4 + 6x_3x_4$

16. [M] $4x_1^2 + 4x_2^2 + 4x_3^2 + 4x_4^2 + 8x_1x_2 + 8x_3x_4 - 6x_1x_4$
$+6x_2x_3$

17. [M] $11x_1^2 + 11x_2^2 + 11x_3^2 + 11x_4^2 + 16x_1x_2 - 12x_1x_4$
$+12x_2x_3 + 16x_3x_4$

18. [M] $2x_1^2 + 2x_2^2 - 6x_1x_2 - 6x_1x_3 - 6x_1x_4 - 6x_2x_3$
$-6x_2x_4 - 2x_3x_4$

19. Déterminer la valeur maximale de la forme quadratique $5x_1^2 + 8x_2^2$ si l'on suppose que **x** = (x_1, x_2) et que $\mathbf{x}^T\mathbf{x} = 1$, c'est-à-dire si $x_1^2 + x_2^2 = 1$ (on pourra d'abord essayer quelques valeurs de **x**).

20. Déterminer la valeur maximale de la forme quadratique $5x_1^2 - 3x_2^2$ si l'on suppose que $\mathbf{x}^T\mathbf{x} = 1$.

Dans les exercices 21 et 22, les matrices sont des matrices $n \times n$ et les vecteurs sont dans $\mathbb{R}^n$. Dire de chaque énoncé s'il est vrai ou faux. Justifier les réponses.

21. a. La matrice d'une forme quadratique est toujours symétrique.

b. Une forme quadratique est sans termes rectangles si et seulement si sa matrice est diagonale.

c. Les axes principaux de la forme quadratique $\mathbf{x}^T A\mathbf{x}$ sont les vecteurs propres de A.

d. Une forme quadratique définie positive Q vérifie $Q(\mathbf{x}) > 0$ quel que soit le vecteur **x** de $\mathbb{R}^n$.

e. Si les valeurs propres d'une matrice symétrique A

sont toutes strictement positives, alors la forme quadratique $\mathbf{x}^T A\mathbf{x}$ est définie positive.

f. On appelle décomposition de Cholesky d'une matrice symétrique A une écriture de la forme $A = R^T R$, où R est une matrice triangulaire supérieure à éléments diagonaux strictement positifs.

22. a. L'expression $\|\mathbf{x}\|^2$ est une forme quadratique.

b. Si A est symétrique et si P est une matrice orthogonale, alors le changement de variable **x** = P**y** transforme $\mathbf{x}^T A\mathbf{x}$ en une forme quadratique sans termes rectangles.

c. Si A est une matrice symétrique 2×2, alors l'ensemble des vecteurs **x** tels que $\mathbf{x}^T A\mathbf{x} = c$ (où c est une constante) correspond soit à un cercle, soit à une ellipse, soit à une hyperbole.

d. Une forme quadratique non définie est soit positive, soit négative.

e. Si A est une matrice symétrique et si la forme quadratique $\mathbf{x}^T A\mathbf{x}$ ne prend que des valeurs strictement négatives quand **x** $\neq$ **0**, alors les valeurs propres de A sont strictement négatives.

Les exercices 23 et 24 montrent comment on peut, dans le cas où $A = \begin{bmatrix} a & b \\ b & d \end{bmatrix}$ et $\det A \neq 0$, classifier les formes quadratiques $Q(\mathbf{x}) = \mathbf{x}^T A\mathbf{x}$ sans calculer les valeurs propres de A.

23. Soit λ_1 et λ_2 les valeurs propres de A. On peut alors écrire le polynôme caractéristique de A de deux façons différentes : $\det(A - \lambda I)$ ou $(\lambda - \lambda_1)(\lambda - \lambda_2)$. En déduire les relations $\lambda_1 + \lambda_2 = a + d$ (somme des coefficients diagonaux de A) et $\lambda_1 \lambda_2 = \det A$.

24. Montrer les propriétés suivantes.

a. Q est définie positive si et seulement si $\det A > 0$ et $a > 0$.

b. Q est définie négative si et seulement si $\det A > 0$ et $a < 0$.

c. Q est non définie si et seulement si $\det A < 0$.

25. Montrer que si B est une matrice $m \times n$, alors $B^T B$ est symétrique positive et que si B est une matrice $n \times n$ inversible, alors $B^T B$ est définie positive.

26. Montrer que si A est une matrice symétrique $n \times n$ définie positive, alors il existe une matrice symétrique définie positive B telle que $A = B^T B$. [*Indication* : Écrire $A = PDP^T$, avec $P^T = P^{-1}$, déterminer une matrice diagonale C telle que $D = C^T C$ et poser $B = PCP^T$; montrer que cette matrice B convient.]

27. Soit A et B deux matrices symétriques $n \times n$ dont les valeurs propres sont toutes strictement positives. Montrer que les valeurs propres de $A + B$ sont strictement positives. [*Indication* : Considérer des formes quadratiques.]

28. Soit A une matrice symétrique $n \times n$ inversible. Montrer que si la forme quadratique $\mathbf{x}^T A\mathbf{x}$ est définie positive, il en va de même de la forme quadratique $\mathbf{x}^T A^{-1}\mathbf{x}$. [*Indication* : Considérer les valeurs propres.]

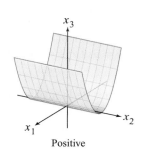

Positive

Un changement de variable en base orthonormée du type $\mathbf{x} = P\mathbf{y}$ permet d'écrire

$$\mathbf{x}^T A\mathbf{x} = \mathbf{y}^T D\mathbf{y} = \lambda_1 y_1^2 + \lambda_2 y_2^2 + \cdots + \lambda_n y_n^2$$

écriture analogue à celle de la relation (4). Si une valeur propre, disons λ_i, était strictement négative, alors le réel $\mathbf{x}^T A\mathbf{x}$ serait strictement négatif pour la valeur $\mathbf{x}$ correspondant à $\mathbf{y} = \mathbf{e}_i$ (la i^e colonne de I_n). Les valeurs propres d'une forme quadratique positive sont donc toutes positives ou nulles. Inversement, si les valeurs propres sont positives ou nulles, alors l'écriture précédente montre que $\mathbf{x}^T A\mathbf{x}$ est positive.

7.3 | OPTIMISATION SOUS CONTRAINTES

Il est fréquent que des ingénieurs, des économistes, des scientifiques ou des mathématiciens aient à déterminer le maximum ou le minimum d'une forme quadratique $Q(\mathbf{x})$ quand $\mathbf{x}$ décrit un certain ensemble fixé. On peut souvent reformuler le problème de façon que $\mathbf{x}$ décrive l'ensemble des vecteurs unitaires. On peut donner à ce *problème d'optimisation sous contraintes* une solution intéressante et élégante. L'exemple 6 ci-après ainsi que la section 7.5 montrent des situations pratiques dans lesquelles ce type de problème peut apparaître.

On peut exprimer de différentes façons équivalentes le fait qu'un vecteur $\mathbf{x}$ de $\mathbb{R}^n$ soit unitaire :

$$\|\mathbf{x}\| = 1, \qquad \|\mathbf{x}\|^2 = 1, \qquad \mathbf{x}^T\mathbf{x} = 1$$

ou encore

$$x_1^2 + x_2^2 + \cdots + x_n^2 = 1 \tag{1}$$

En pratique, on utilise fréquemment la forme (1), qui n'est qu'une version développée de $\mathbf{x}^T\mathbf{x} = 1$.

Dans le cas où une forme quadratique Q n'a pas de termes rectangles, la recherche du maximum et du minimum de $Q(\mathbf{x})$ pour $\mathbf{x}^T\mathbf{x} = 1$ est extrêmement simple.

EXEMPLE 1 Déterminer le maximum et le minimum de $Q(\mathbf{x}) = 9x_1^2 + 4x_2^2 + 3x_3^2$ sous la contrainte $\mathbf{x}^T\mathbf{x} = 1$.

SOLUTION On remarque d'abord que, puisque x_2^2 et x_3^2 sont positifs,

$$4x_2^2 \leq 9x_2^2 \qquad \text{et} \qquad 3x_3^2 \leq 9x_3^2$$

d'où

$$\begin{aligned} Q(\mathbf{x}) &= 9x_1^2 + 4x_2^2 + 3x_3^2 \\ &\leq 9x_1^2 + 9x_2^2 + 9x_3^2 \\ &= 9(x_1^2 + x_2^2 + x_3^2) \\ &= 9 \end{aligned}$$

dès que $x_1^2 + x_2^2 + x_3^2 = 1$. Le maximum de $Q(\mathbf{x})$ quand $\mathbf{x}$ est unitaire est donc majoré par 9. De plus, pour $\mathbf{x} = (1, 0, 0)$, on a $Q(\mathbf{x}) = 9$. Le maximum de $Q(\mathbf{x})$ quand $\mathbf{x}^T\mathbf{x} = 1$ est donc 9.

Pour le minimum, on remarque que

$$9x_1^2 \geq 3x_1^2, \qquad 4x_2^2 \geq 3x_2^2$$

d'où

$$Q(\mathbf{x}) \geq 3x_1^2 + 3x_2^2 + 3x_3^2 = 3(x_1^2 + x_2^2 + x_3^2) = 3$$

dès que $x_1^2 + x_2^2 + x_3^2 = 1$. De plus, $Q(\mathbf{x}) = 3$ pour $x_1 = 0, x_2 = 0$ et $x_3 = 1$. Le minimum de $Q(\mathbf{x})$ pour $\mathbf{x}^T\mathbf{x} = 1$ est donc 3. ∎

On voit facilement, dans l'exemple 1, que les valeurs propres de la matrice de la forme Q sont 9, 4 et 3, et que la plus grande et la plus petite de ces valeurs propres sont au maximum et au minimum (sous contraintes) de $Q(\mathbf{x})$. On verra que cette propriété se vérifie pour toute forme quadratique.

EXEMPLE 2 On pose $A = \begin{bmatrix} 3 & 0 \\ 0 & 7 \end{bmatrix}$ et, pour tout vecteur $\mathbf{x}$ de $\mathbb{R}^2$, $Q(\mathbf{x}) = \mathbf{x}^T A \mathbf{x}$. La forme quadratique Q est représentée à la figure 1. La figure 2 montre la partie de cette représentation graphique située à l'intérieur d'un cylindre ; l'intersection du cylindre avec la surface est l'ensemble des points (x_1, x_2, z) vérifiant $z = Q(x_1, x_2)$ et $x_1^2 + x_2^2 = 1$. Les « hauteurs » de ces points correspondent aux valeurs de $Q(\mathbf{x})$ sous la contrainte $x_1^2 + x_2^2 = 1$. Géométriquement, le problème d'optimisation sous contraintes revient à identifier sur la courbe d'intersection les points de hauteurs minimale et maximale.

Les deux points les plus hauts sur la courbe sont situés à 7 unités au-dessus du plan $x_1 x_2$ et correspondent aux cas où $x_1 = 0$ et $x_2 = \pm 1$. Ces points sont associés à la valeur propre 7 de A et aux vecteurs propres $\mathbf{x} = (0, 1)$ et $-\mathbf{x} = (0, -1)$. De même, les deux points les plus bas sur la courbe sont situés à 3 unités au-dessus du plan $x_1 x_2$. Ils sont associés à la valeur propre 3 et aux vecteurs propres $(1, 0)$ et $(-1, 0)$. ∎

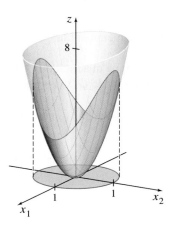

FIGURE 1 $z = 3x_1^2 + 7x_2^2$

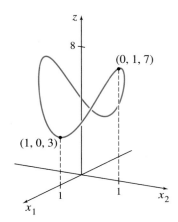

FIGURE 2 Intersection de $z = 3x_1^2 + 7x_2^2$ et du cylindre $x_1^2 + x_2^2 = 1$

Dans la figure 2, les points de la courbe d'intersection ont une cote (coordonnée z) comprise entre 3 et 7 et, pour tout réel t compris entre 3 et 7, il existe au moins un vecteur $\mathbf{x}$ tel que $Q(\mathbf{x}) = t$. En d'autres termes, quand $\mathbf{x}$ décrit l'ensemble des vecteurs unitaires, $\mathbf{x}^T A \mathbf{x}$ décrit l'intervalle fermé $[3, 7]$.

On peut montrer que, pour toute matrice symétrique A, l'ensemble décrit par $\mathbf{x}^T A \mathbf{x}$ quand $\|\mathbf{x}\|$ décrit l'ensemble des vecteurs unitaires est un intervalle fermé de la droite réelle (voir exercice 13). On note respectivement m et M les extrémités droite et gauche de cet intervalle, c'est-à-dire que l'on pose

$$m = \min \{ \mathbf{x}^T A \mathbf{x} : \|\mathbf{x}\| = 1 \} \text{ et } M = \max \{ \mathbf{x}^T A \mathbf{x} : \|\mathbf{x}\| = 1 \} \qquad (2)$$

On montre dans l'exercice 12 que si λ est une valeur propre de A, alors $m \leq \lambda \leq M$. Le théorème qui suit énonce[2] que, comme dans l'exemple 2, m et M sont elles-mêmes des valeurs propres de A.

THÉORÈME 6

Soit A une matrice symétrique, et m et M des valeurs définies comme en (2). Alors M est égal à la plus grande valeur propre λ_1 de A et m à la plus petite. L'expression $\mathbf{x}^T A \mathbf{x}$ vaut M dans le cas où $\mathbf{x}$ est un vecteur propre $\mathbf{u}_1$ de valeur propre M. Elle vaut m dans le cas où $\mathbf{x}$ est un vecteur propre de valeur propre m.

DÉMONSTRATION On diagonalise A en base orthonormée sous la forme $A = PDP^{-1}$. On sait que

$$\mathbf{x}^T A \mathbf{x} = \mathbf{y}^T D \mathbf{y} \quad \text{en posant } \mathbf{x} = P\mathbf{y} \qquad (3)$$

De plus,

$$\|\mathbf{x}\| = \|P\mathbf{y}\| = \|\mathbf{y}\| \quad \text{quel que soit } \mathbf{y}$$

car $P^T P = I$, d'où $\|P\mathbf{y}\|^2 = (P\mathbf{y})^T (P\mathbf{y}) = \mathbf{y}^T P^T P \mathbf{y} = \mathbf{y}^T \mathbf{y} = \|\mathbf{y}\|^2$.

En particulier, $\|\mathbf{y}\| = 1$ si et seulement si $\|\mathbf{x}\| = 1$. Par conséquent, $\mathbf{x}^T A \mathbf{x}$ et $\mathbf{y}^T D \mathbf{y}$ décrivent les mêmes valeurs quand $\mathbf{x}$ et $\mathbf{y}$ parcourent l'ensemble des vecteurs unitaires.

On suppose, pour simplifier les notations, que A est une matrice 3×3 de valeurs propres $a \geq b \geq c$. On ordonne les colonnes $\mathbf{u}_1$, $\mathbf{u}_2$ et $\mathbf{u}_3$ de P, qui sont des vecteurs propres de A, par ordre décroissant des valeurs propres. On a donc

$$D = \begin{bmatrix} a & 0 & 0 \\ 0 & b & 0 \\ 0 & 0 & c \end{bmatrix}$$

Étant donné un vecteur unitaire $\mathbf{y}$ de $\mathbb{R}^3$ de composantes y_1, y_2, y_3, on remarque que

$$ay_1^2 = ay_1^2$$
$$by_2^2 \leq ay_2^2$$
$$cy_3^2 \leq ay_3^2$$

d'où résultent les inégalités

$$\mathbf{y}^T D \mathbf{y} = ay_1^2 + by_2^2 + cy_3^2$$
$$\leq ay_1^2 + ay_2^2 + ay_3^2$$
$$= a(y_1^2 + y_2^2 + y_3^2)$$
$$= a\|\mathbf{y}\|^2 = a$$

---

[2] Les termes *minimum* et *maximum* employés en (2), ainsi que *plus grande* et *plus petite* dans le théorème sont à prendre au sens de l'ordre naturel sur la droite réelle. Il ne s'agit pas de comparaisons en valeur absolue.

Donc, par définition de M, on a $M \le a$. Mais comme $\mathbf{y}^T D \mathbf{y} = a$ quand $\mathbf{y}$ prend la valeur $\mathbf{e}_1 = (1, 0, 0)$, il y a en fait égalité : $M = a$. D'après (3), le vecteur $\mathbf{x}$ qui correspond à $\mathbf{y} = \mathbf{e}_1$ est le vecteur propre $\mathbf{u}_1$ de A. En effet,

$$\mathbf{x} = P\mathbf{e}_1 = \begin{bmatrix} \mathbf{u}_1 & \mathbf{u}_2 & \mathbf{u}_3 \end{bmatrix} \begin{bmatrix} 1 \\ 0 \\ 0 \end{bmatrix} = \mathbf{u}_1$$

Donc $M = a = \mathbf{e}_1^T D \mathbf{e}_1 = \mathbf{u}_1^T A \mathbf{u}_1$, ce qui montre les propriétés de M énoncées dans le théorème. On montre de la même façon que m est la plus petite valeur propre, c, et que cette valeur de $\mathbf{x}^T A \mathbf{x}$ est atteinte si $\mathbf{x} = P\mathbf{e}_3 = \mathbf{u}_3$. ∎

EXEMPLE 3 On pose $A = \begin{bmatrix} 3 & 2 & 1 \\ 2 & 3 & 1 \\ 1 & 1 & 4 \end{bmatrix}$. Déterminer la valeur maximale de la forme quadratique $\mathbf{x}^T A \mathbf{x}$ sous la contrainte $\mathbf{x}^T \mathbf{x} = 1$, et déterminer un vecteur unitaire pour lequel ce maximum est atteint.

SOLUTION D'après le théorème 6, la valeur maximale demandée est égale à la plus grande valeur propre de A. On trouve comme polynôme caractéristique

$$-\lambda^3 + 10\lambda^2 - 27\lambda + 18 = -(\lambda - 6)(\lambda - 3)(\lambda - 1)$$

La plus grande valeur propre est 6.

Le maximum sous la contrainte de $\mathbf{x}^T A \mathbf{x}$ est atteint quand $\mathbf{x}$ est un vecteur propre unitaire de valeur propre $\lambda = 6$. On résout le système $(A - 6I)\mathbf{x} = 0$ et l'on trouve un vecteur propre égal à $\begin{bmatrix} 1 \\ 1 \\ 1 \end{bmatrix}$. Un des vecteurs répondant à la question est $\mathbf{u}_1 = \begin{bmatrix} 1/\sqrt{3} \\ 1/\sqrt{3} \\ 1/\sqrt{3} \end{bmatrix}$. ∎

Dans le théorème 7 et les applications ultérieures, on étudie les valeurs de $\mathbf{x}^T A \mathbf{x}$ en ajoutant de nouvelles contraintes pour $\mathbf{x}$.

THÉORÈME 7

On définit A, λ_1 et $\mathbf{u}_1$ comme dans le théorème 6. La valeur maximale de $\mathbf{x}^T A \mathbf{x}$ sous les contraintes

$$\mathbf{x}^T \mathbf{x} = 1 \quad \text{et} \quad \mathbf{x}^T \mathbf{u}_1 = 0$$

est la deuxième plus grande valeur propre, λ_2, et ce maximum est atteint dans le cas où $\mathbf{x}$ est un vecteur propre $\mathbf{u}_2$ associé à la valeur propre λ_2.

Le théorème 7 se démontre à l'aide d'un argument analogue à celui développé précédemment, où l'on était revenu au cas où la matrice de la forme quadratique était diagonale. L'exemple qui suit donne l'idée de la démonstration dans le cas d'une matrice diagonale.

EXEMPLE 4 Déterminer la valeur maximale de $9x_1^2 + 4x_2^2 + 3x_3^2$ sous les contraintes $\mathbf{x}^T \mathbf{x} = 1$ et $\mathbf{x}^T \mathbf{u}_1 = 0$, où l'on a posé $\mathbf{u}_1 = (1, 0, 0)$. On remarque que $\mathbf{u}_1$ est un vecteur propre unitaire, associé à la plus grande valeur propre $\lambda = 9$ de la matrice de la forme quadratique.

SOLUTION   Soit x_1, x_2, x_3 les coordonnées d'un vecteur $\mathbf{x}$ de $\mathbb{R}^3$. La contrainte $\mathbf{x}^T\mathbf{u}_1 = 0$ signifie simplement que $x_1 = 0$. Pour un vecteur unitaire vérifiant cette condition, on a $x_2^2 + x_3^2 = 1$ et

$$
\begin{aligned}
9x_1^2 + 4x_2^2 + 3x_3^2 &= 4x_2^2 + 3x_3^2 \\
&\leq 4x_2^2 + 4x_3^2 \\
&= 4(x_2^2 + x_3^2) \\
&= 4
\end{aligned}
$$

Le maximum, sous cette contrainte, de la forme quadratique est donc majoré par 4. De plus, cette valeur est atteinte en $\mathbf{x} = (0, 1, 0)$, qui est un vecteur propre associé à la deuxième plus grande valeur propre de la matrice de la forme quadratique. ∎

EXEMPLE 5   Soit A la matrice de l'exemple 3 et $\mathbf{u}_1$ un vecteur propre unitaire de A associé à sa plus grande valeur propre. Déterminer la valeur maximale de $\mathbf{x}^T A\mathbf{x}$ sous les contraintes

$$
\mathbf{x}^T\mathbf{x} = 1 \quad \text{et} \quad \mathbf{x}^T\mathbf{u}_1 = 0 \tag{4}
$$

SOLUTION   Les calculs de l'exemple 3 montrent que la deuxième plus grande valeur propre de A est $\lambda = 3$. On résout alors le système $(A - 3I)\mathbf{x} = \mathbf{0}$ et l'on trouve un vecteur propre, que l'on norme pour obtenir

$$
\mathbf{u}_2 = \begin{bmatrix} 1/\sqrt{6} \\ 1/\sqrt{6} \\ -2/\sqrt{6} \end{bmatrix}
$$

Le vecteur $\mathbf{u}_2$ est automatiquement orthogonal à $\mathbf{u}_1$, car tous deux sont des vecteurs propres relatifs à des valeurs propres distinctes. Le maximum de $\mathbf{x}^T A\mathbf{x}$ sous les contraintes définies en (4) est donc égal à 3, et il est atteint pour $\mathbf{x} = \mathbf{u}_2$. ∎

On admet le théorème suivant, qui généralise le théorème 7 et qui, en conjonction avec le théorème 6, donne une caractérisation importante de *l'ensemble* des valeurs propres de A.

THÉORÈME 8

> Soit A une matrice symétrique $n \times n$, diagonalisée en base orthonormée sous la forme $A = PDP^{-1}$. On ordonne les coefficients de D de façon que $\lambda_1 \geq \lambda_2 \geq \cdots \geq \lambda_n$ et l'on note dans cet ordre $\mathbf{u}_1, \ldots, \mathbf{u}_n$ les colonnes de P, qui sont des vecteurs propres unitaires de A associés respectivement à ces valeurs propres. Pour $k = 2, \ldots, n$, la valeur maximale de $\mathbf{x}^T A\mathbf{x}$ sous les contraintes
>
> $$ \mathbf{x}^T\mathbf{x} = 1, \quad \mathbf{x}^T\mathbf{u}_1 = 0, \quad \ldots, \quad \mathbf{x}^T\mathbf{u}_{k-1} = 0 $$
>
> est égale à la valeur propre λ_k, et ce maximum est atteint pour $\mathbf{x} = \mathbf{u}_k$.

Nous utiliserons le théorème 8 essentiellement aux sections 7.4 et 7.5. L'application suivante n'utilise que le théorème 6.

EXEMPLE 6   On considère une région dans laquelle les autorités responsables projettent au cours de l'année, d'une part, de réparer x centaines de kilomètres de routes et de ponts et, d'autre part, de réaménager y centaines d'hectares de parcs et de terrains de jeux. Il faut répartir les ressources disponibles (budget, équipement, main-d'œuvre, etc.) entre ces deux projets. S'il est moins coûteux de travailler simultanément sur les deux

projets que sur un seul, alors on peut imaginer que x et y sont soumis à une certaine *contrainte*, par exemple

$$4x^2 + 9y^2 \leq 36$$

À la figure 3, chaque point (x, y) du domaine en couleur, dit *domaine admissible*, représente une programmation annuelle possible pour les deux projets. Les points de la courbe de contrainte $4x^2 + 9y^2 = 36$ correspondent à l'utilisation de la totalité des ressources disponibles.

Pour procéder aux arbitrages, les autorités doivent aussi tenir compte de l'opinion des habitants. Pour mesurer la valeur, ou l'*utilité*, que les habitants pourraient accorder aux diverses valeurs de (x, y), les économistes introduisent parfois une fonction, par exemple

$$q(x, y) = xy$$

On appelle *courbe d'indifférence* (ou *courbe de niveau*) l'ensemble des points (x, y) en lesquels $q(x, y)$ est constante. On a représenté trois de ces courbes à la figure 4. Les points d'une courbe d'indifférence correspondent à des choix auxquels, collectivement, les habitants accordent la même valeur[3]. Déterminer le projet qui maximise la fonction d'utilité q.

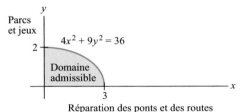

FIGURE 3 Projets de travaux publics

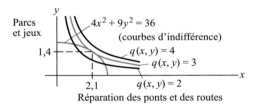

FIGURE 4 Le projet de travaux publics optimal correspond à $x = 2,1$ et $y = 1,4$.

SOLUTION La contrainte $4x^2 + 9y^2 = 36$ ne correspond pas à un ensemble de vecteurs unitaires, mais on résout facilement ce problème à l'aide d'un changement de variable. On réécrit la contrainte sous la forme

$$\left(\frac{x}{3}\right)^2 + \left(\frac{y}{2}\right)^2 = 1$$

et l'on pose

$$x_1 = \frac{x}{3} \quad \text{et} \quad x_2 = \frac{y}{2}, \qquad \text{soit} \quad x = 3x_1 \quad \text{et} \quad y = 2x_2$$

---

[3] On trouvera une présentation des courbes d'indifférence dans Michael D. Intriligator, Ronald G. Bodkin et Cheng Hsiao, *Econometric Models, Techniques, and Applications*, Upper Saddle River, NJ : Prentice-Hall, 1996.

La contrainte devient alors

$$x_1^2 + x_2^2 = 1$$

et la fonction d'utilité devient $q(3x_1, 2x_2) = (3x_1)(2x_2) = 6x_1x_2$. On pose $\mathbf{x} = \begin{bmatrix} x_1 \\ x_2 \end{bmatrix}$.
Le problème est alors de maximiser l'expression $Q(\mathbf{x}) = 6x_1x_2$ sous la contrainte $\mathbf{x}^T\mathbf{x} = 1$. On remarque que $Q(\mathbf{x}) = \mathbf{x}^TA\mathbf{x}$, avec

$$A = \begin{bmatrix} 0 & 3 \\ 3 & 0 \end{bmatrix}$$

Les valeurs propres de A sont ± 3, associées aux vecteurs propres $\begin{bmatrix} 1/\sqrt{2} \\ 1/\sqrt{2} \end{bmatrix}$ pour $\lambda = 3$

et $\begin{bmatrix} -1/\sqrt{2} \\ 1/\sqrt{2} \end{bmatrix}$ pour $\lambda = -3$. La valeur maximale de $Q(\mathbf{x}) = q(x_1, x_2)$ est donc 3, et elle
est atteinte pour $x_1 = 1/\sqrt{2}$ et $x_2 = 1/\sqrt{2}$.

Si l'on revient aux variables initiales, le choix optimal pour programmer les travaux
est $x = 3x_1 = 3/\sqrt{2} \approx 2,1$, soit 210 kilomètres de routes et de ponts, et $y = 2x_2$
$= \sqrt{2} \approx 1,4$, soit 140 hectares de parcs et de terrains de jeux. Cet optimum correspond
au point où la courbe de contrainte est tangente à la courbe d'équation $q(x, y) = 3$. Les
points (x, y) d'utilité supérieure sont sur des courbes d'indifférence n'ayant aucun point
d'intersection avec la courbe des contraintes (voir figure 4). ∎

EXERCICES D'ENTRAÎNEMENT

1. On pose $Q(\mathbf{x}) = 3x_1^2 + 3x_2^2 + 2x_1x_2$. Déterminer un changement de variable qui
transforme Q en une forme quadratique sans terme rectangle et donner l'expression
de la nouvelle forme quadratique.

2. La forme quadratique Q étant celle de l'exercice d'entraînement 1, déterminer la
valeur maximale de $Q(\mathbf{x})$ sous la contrainte $\mathbf{x}^T\mathbf{x} = 1$ et un vecteur propre en lequel
ce maximum est atteint.

7.3 EXERCICES

Dans les exercices 1 et 2, déterminer le changement de variable $\mathbf{x} = P\mathbf{y}$ qui transforme, comme indiqué, la forme quadratique $\mathbf{x}^TA\mathbf{x}$ en la forme $\mathbf{y}^TD\mathbf{y}$.

1. $5x_1^2 + 6x_2^2 + 7x_3^2 + 4x_1x_2 - 4x_2x_3 = 9y_1^2 + 6y_2^2 + 3y_3^2$

2. $3x_1^2 + 3x_2^2 + 5x_3^2 + 6x_1x_2 + 2x_1x_3 + 2x_2x_3 = 7y_1^2 + 4y_2^2$
   [*Remarque :* $\mathbf{x}$ et $\mathbf{y}$ doivent avoir le même nombre de composantes, ce qui signifie que le terme en y_3^2 existe bien dans la forme quadratique indiquée ici, mais que son coefficient est nul.]

Dans les exercices 3 à 6, déterminer (a) la valeur maximale de $Q(\mathbf{x})$ sous la contrainte $\mathbf{x}^T\mathbf{x} = 1$, (b) un vecteur unitaire $\mathbf{u}$ en lequel ce maximum est atteint et (c) la valeur maximale de $Q(\mathbf{x})$ sous les contraintes $\mathbf{x}^T\mathbf{x} = 1$ et $\mathbf{x}^T\mathbf{u} = 0$.

3. $Q(\mathbf{x}) = 5x_1^2 + 6x_2^2 + 7x_3^2 + 4x_1x_2 - 4x_2x_3$
   (Utiliser l'exercice 1.)

4. $Q(\mathbf{x}) = 3x_1^2 + 3x_2^2 + 5x_3^2 + 6x_1x_2 + 2x_1x_3 + 2x_2x_3$
   (Utiliser l'exercice 2.)

5. $Q(\mathbf{x}) = x_1^2 + x_2^2 - 10x_1x_2$

6. $Q(\mathbf{x}) = 3x_1^2 + 9x_2^2 + 8x_1x_2$

7. On pose $Q(\mathbf{x}) = -2x_1^2 - x_2^2 + 4x_1x_2 + 4x_2x_3$. Déterminer
un vecteur unitaire $\mathbf{x}$ de $\mathbb{R}^3$ en lequel $Q(\mathbf{x})$ est maximal sous
la contrainte $\mathbf{x}^T\mathbf{x} = 1$. [*Indication :* Les valeurs propres de la
matrice de la forme quadratique Q sont $2, -1$ et -4.]

8. On pose

$$Q(\mathbf{x}) = 7x_1^2 + x_2^2 + 7x_3^2 - 8x_1x_2 - 4x_1x_3 - 8x_2x_3$$

Déterminer un vecteur unitaire $\mathbf{x}$ de $\mathbb{R}^3$ en lequel $Q(\mathbf{x})$ est
maximal sous la contrainte $\mathbf{x}^T\mathbf{x} = 1$. [*Indication :* Les valeurs
propres de la matrice de la forme quadratique Q sont 9 et -3.]

9. Déterminer la valeur maximale de la forme quadratique $Q(\mathbf{x}) = 7x_1^2 + 3x_2^2 - 2x_1x_2$ sous la contrainte
$x_1^2 + x_2^2 = 1$ (on ne demande pas de déterminer un vecteur
atteignant ce maximum).

10. Déterminer la valeur maximale de la forme quadratique $Q(\mathbf{x}) = -3x_1^2 + 5x_2^2 - 2x_1x_2$ sous la contrainte

$x_1^2 + x_2^2 = 1$ (on ne demande pas de déterminer un vecteur atteignant ce maximum).

11. Soit **x** un vecteur propre unitaire d'une matrice A associé à la valeur propre 3. Que vaut $\mathbf{x}^T A \mathbf{x}$?

12. Soit λ une valeur propre d'une matrice symétrique A. On a affirmé dans cette section que $m \le \lambda \le M$, m et M étant définis comme en (2). Justifier ce résultat. [*Indication* : Déterminer un vecteur **x** tel que $\lambda = \mathbf{x}^T A \mathbf{x}$.]

13. Soit A une matrice symétrique $n \times n$, et M et m respectivement le maximum et le minimum de la forme quadratique $\mathbf{x}^T A \mathbf{x}$ sous la contrainte $\mathbf{x}^T \mathbf{x} = 1$. On note $\mathbf{u}_1$ et $\mathbf{u}_n$ des vecteurs propres unitaires respectivement associés à M et à m. Le calcul suivant montre que, pour tout réel t

compris entre M et m, il existe un vecteur unitaire **x** tel que $t = \mathbf{x}^T A \mathbf{x}$. Montrer d'abord qu'il existe un réel α compris entre 0 et 1 tel que $t = (1 - \alpha)m + \alpha M$. On pose alors $\mathbf{x} = \sqrt{1 - \alpha}\,\mathbf{u}_n + \sqrt{\alpha}\,\mathbf{u}_1$. Montrer que $\mathbf{x}^T \mathbf{x} = 1$ et $\mathbf{x}^T A \mathbf{x} = t$.

[M] Reprendre pour les exercices 14 à 17 les consignes données pour les exercices 3 à 6.

14. $3x_1 x_2 + 5x_1 x_3 + 7x_1 x_4 + 7x_2 x_3 + 5x_2 x_4 + 3x_3 x_4$

15. $4x_1^2 - 6x_1 x_2 - 10x_1 x_3 - 10x_1 x_4 - 6x_2 x_3 - 6x_2 x_4 - 2x_3 x_4$

16. $-6x_1^2 - 10x_2^2 - 13x_3^2 - 13x_4^2 - 4x_1 x_2 - 4x_1 x_3 - 4x_1 x_4 + 6x_3 x_4$

17. $x_1 x_2 + 3x_1 x_3 + 30x_1 x_4 + 30x_2 x_3 + 3x_2 x_4 + x_3 x_4$

SOLUTIONS DES EXERCICES D'ENTRAÎNEMENT

1. La matrice de la forme quadratique est $A = \begin{bmatrix} 3 & 1 \\ 1 & 3 \end{bmatrix}$. On montre facilement que ses valeurs propres sont 4 et 2, associées respectivement aux vecteurs unitaires $\begin{bmatrix} 1/\sqrt{2} \\ 1/\sqrt{2} \end{bmatrix}$ et $\begin{bmatrix} -1/\sqrt{2} \\ 1/\sqrt{2} \end{bmatrix}$. Le changement de variable demandé est donc $\mathbf{x} = P\mathbf{y}$, en posant $P = \begin{bmatrix} 1/\sqrt{2} & -1/\sqrt{2} \\ 1/\sqrt{2} & 1/\sqrt{2} \end{bmatrix}$. (Attention à ne pas oublier de normer les vecteurs propres.) La nouvelle forme quadratique est $\mathbf{y}^T D \mathbf{y} = 4y_1^2 + 2y_2^2$.

2. Si **x** est un vecteur unitaire, le maximum de $Q(\mathbf{x})$ est 4, et ce maximum est atteint en le vecteur $\begin{bmatrix} 1/\sqrt{2} \\ 1/\sqrt{2} \end{bmatrix}$. (Une erreur fréquente consiste à donner comme réponse le vecteur $\begin{bmatrix} 1 \\ 0 \end{bmatrix}$; ce vecteur maximise la forme quadratique $\mathbf{y}^T D \mathbf{y}$ et non pas $Q(\mathbf{x})$.)

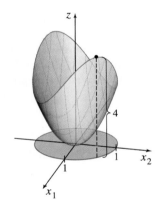

Le maximum de $Q(\mathbf{x})$ sous la contrainte $\mathbf{x}^T \mathbf{x} = 1$ est égal à 4.

7.4 | DÉCOMPOSITION EN VALEURS SINGULIÈRES

Les théorèmes de diagonalisation des sections 5.3 et 7.1 jouent un rôle important dans de nombreuses applications intéressantes. Mais on sait, hélas, que les matrices ne peuvent pas toutes s'écrire sous la forme $A = PDP^{-1}$, avec D diagonale. En revanche, toute matrice $m \times n$ peut être factorisée sous la forme $A = QDP^{-1}$. Il existe en particulier une factorisation de ce type, appelée *décomposition en valeurs singulières*, qui est l'une des plus utiles en algèbre linéaire appliquée.

La décomposition en valeurs singulières est fondée sur la propriété suivante de la diagonalisation usuelle, dont on cherche à s'inspirer pour les matrices rectangulaires : la valeur absolue des valeurs propres d'une matrice symétrique A mesure la façon dont A étire ou comprime certains vecteurs (en l'occurrence les vecteurs propres). Si $A\mathbf{x} = \lambda\mathbf{x}$ et $\|\mathbf{x}\| = 1$, alors

$$\|A\mathbf{x}\| = \|\lambda\mathbf{x}\| = |\lambda|\,\|\mathbf{x}\| = |\lambda| \tag{1}$$

Si λ_1 est la plus grande valeur propre en valeur absolue et si $\mathbf{v}_1$ est un vecteur propre unitaire associé, alors $\mathbf{v}_1$ correspond à une direction dans laquelle l'étirement sous l'action de A est maximal. Donc, pour un vecteur unitaire, la longueur de $A\mathbf{x}$ est maximale pour $\mathbf{x} = \mathbf{v}_1$ et, d'après la relation (1), on a alors $\|A\mathbf{v}_1\| = |\lambda_1|$. Cette interprétation de $\mathbf{v}_1$ et $|\lambda_1|$ peut, d'une certaine façon, s'étendre aux matrices rectangulaires, ce qui nous amènera à la décomposition en valeurs singulières.

EXEMPLE 1 On pose $A = \begin{bmatrix} 4 & 11 & 14 \\ 8 & 7 & -2 \end{bmatrix}$. L'application linéaire $\mathbf{x} \mapsto A\mathbf{x}$ transforme la sphère unité $\{\mathbf{x} : \|\mathbf{x}\| = 1\}$ de $\mathbb{R}^3$ en une ellipse $\mathbb{R}^2$, représentée à la figure 1. Déterminer un vecteur unitaire $\mathbf{x}$ pour lequel la longueur $\|A\mathbf{x}\|$ est maximale et calculer cette longueur maximale.

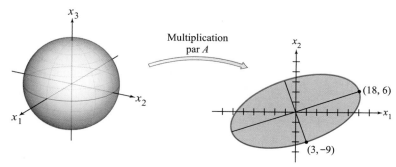

FIGURE 1 Une application de $\mathbb{R}^3$ dans $\mathbb{R}^2$

SOLUTION Les valeurs de $\mathbf{x}$ qui maximisent la quantité $\|A\mathbf{x}\|^2$ sont les mêmes que celles qui maximisent $\|A\mathbf{x}\|$. Or $\|A\mathbf{x}\|^2$ s'étudie facilement. On remarque que

$$\|A\mathbf{x}\|^2 = (A\mathbf{x})^T (A\mathbf{x}) = \mathbf{x}^T A^T A \mathbf{x} = \mathbf{x}^T (A^T A)\mathbf{x}$$

Mais la matrice $A^T A$ est symétrique, car $(A^T A)^T = A^T A^{TT} = A^T A$. Le problème est donc ramené à la recherche du maximum de la forme quadratique $\mathbf{x}^T (A^T A)\mathbf{x}$ sous la contrainte $\|\mathbf{x}\| = 1$. D'après le théorème 6 de la section 7.3, ce maximum est égal à la plus grande valeur propre λ_1 de $A^T A$. De plus, il est atteint en un vecteur propre unitaire de $A^T A$ associé à la valeur propre λ_1.

En ce qui concerne la matrice A de cet exemple, on a

$$A^T A = \begin{bmatrix} 4 & 8 \\ 11 & 7 \\ 14 & -2 \end{bmatrix} \begin{bmatrix} 4 & 11 & 14 \\ 8 & 7 & -2 \end{bmatrix} = \begin{bmatrix} 80 & 100 & 40 \\ 100 & 170 & 140 \\ 40 & 140 & 200 \end{bmatrix}$$

Les valeurs propres de la matrice $A^T A$ sont $\lambda_1 = 360$, $\lambda_2 = 90$ et $\lambda_3 = 0$. Elles sont associées respectivement aux vecteurs propres unitaires

$$\mathbf{v}_1 = \begin{bmatrix} 1/3 \\ 2/3 \\ 2/3 \end{bmatrix}, \quad \mathbf{v}_2 = \begin{bmatrix} -2/3 \\ -1/3 \\ 2/3 \end{bmatrix} \quad \text{et} \quad \mathbf{v}_3 = \begin{bmatrix} 2/3 \\ -2/3 \\ 1/3 \end{bmatrix}$$

La valeur maximale de $\|A\mathbf{x}\|^2$ est 360, atteinte si $\mathbf{x}$ est égal au vecteur unitaire $\mathbf{v}_1$. À la figure 1, le vecteur $A\mathbf{v}_1$ correspond au point de l'ellipse le plus éloigné de l'origine, à savoir

$$A\mathbf{v}_1 = \begin{bmatrix} 4 & 11 & 14 \\ 8 & 7 & -2 \end{bmatrix} \begin{bmatrix} 1/3 \\ 2/3 \\ 2/3 \end{bmatrix} = \begin{bmatrix} 18 \\ 6 \end{bmatrix}$$

La valeur maximale de $\|A\mathbf{x}\|$ pour $\|\mathbf{x}\| = 1$ est $\|A\mathbf{v}_1\| = \sqrt{360} = 6\sqrt{10}$. ∎

L'exemple 1 suggère que l'effet de A sur la sphère unité de $\mathbb{R}^3$ est lié à la forme quadratique $\mathbf{x}^T(A^TA)\mathbf{x}$. On va voir qu'en fait toutes les propriétés géométriques de l'application $\mathbf{x} \mapsto A\mathbf{x}$ sont déterminées par cette forme quadratique.

Valeurs singulières d'une matrice $m \times n$

Soit A une matrice $m \times n$. La matrice A^TA est symétrique et l'on peut la diagonaliser en base orthonormée. Soit $(\mathbf{v}_1, \ldots, \mathbf{v}_n)$ une base orthonormale de $\mathbb{R}^n$ constituée de vecteurs propres de A^TA, et $\lambda_1, \ldots, \lambda_n$ les valeurs propres de A^TA associées. Alors, si $1 \le i \le n$,

$$
\begin{aligned}
\|A\mathbf{v}_i\|^2 = (A\mathbf{v}_i)^TA\mathbf{v}_i &= \mathbf{v}_i^T A^TA\mathbf{v}_i \\
&= \mathbf{v}_i^T(\lambda_i\mathbf{v}_i) \qquad \text{Car } \mathbf{v}_i \text{ est un vecteur propre de } A^TA \\
&= \lambda_i \qquad\qquad \text{Car } \mathbf{v}_i \text{ est un vecteur unitaire}
\end{aligned}
\tag{2}
$$

Les valeurs propres de A^TA sont donc positives. Quitte à les renuméroter, on peut supposer qu'elles sont ordonnées de façon que

$$
\lambda_1 \ge \lambda_2 \ge \cdots \ge \lambda_n \ge 0
$$

On appelle alors **valeurs singulières** de A les racines carrées des valeurs propres de la matrice A^TA. On les note en général $\sigma_1, \ldots, \sigma_n$ et on les range dans l'ordre décroissant. Pour $1 \le i \le n$, on pose donc $\sigma_i = \sqrt{\lambda_i}$. D'après la relation (2), *les valeurs singulières de A sont les longueurs des vecteurs $A\mathbf{v}_1, \ldots, A\mathbf{v}_n$*.

EXEMPLE 2 Soit A la matrice de l'exemple 1. Les valeurs propres de A^TA sont 360, 90 et 0, donc les valeurs singulières de A sont

$$
\sigma_1 = \sqrt{360} = 6\sqrt{10}, \quad \sigma_2 = \sqrt{90} = 3\sqrt{10} \quad \text{et} \quad \sigma_3 = 0
$$

D'après ce qui précède, la première valeur singulière de A est égale à la valeur maximale de $\|A\mathbf{x}\|$ quand $\mathbf{x}$ est un vecteur unitaire, et ce maximum est atteint en le vecteur propre unitaire $\mathbf{v}_1$. D'après le théorème 7 de la section 7.3, la deuxième valeur singulière de A est la valeur maximale de $\|A\mathbf{x}\|$ quand $\mathbf{x}$ est un vecteur unitaire *orthogonal à* $\mathbf{v}_1$, et ce maximum est atteint en le deuxième vecteur propre unitaire $\mathbf{v}_2$ (voir exercice 22). Pour le vecteur $\mathbf{v}_2$ calculé à l'exemple 1, on a

$$
A\mathbf{v}_2 = \begin{bmatrix} 4 & 11 & 14 \\ 8 & 7 & -2 \end{bmatrix} \begin{bmatrix} -2/3 \\ -1/3 \\ 2/3 \end{bmatrix} = \begin{bmatrix} 3 \\ -9 \end{bmatrix}
$$

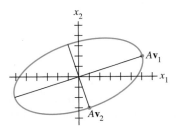

FIGURE 2

Ce point est situé sur le petit axe de l'ellipse de la figure 1, de même que $A\mathbf{v}_1$ est sur le grand axe (voir figure 2). Les deux premières valeurs singulières de A sont les longueurs des demi-axes de l'ellipse. ∎

Comme le montre le théorème suivant, le fait que $A\mathbf{v}_1$ et $A\mathbf{v}_2$ soient orthogonaux n'est pas dû au hasard.

THÉORÈME 9

> Soit $(\mathbf{v}_1, \ldots, \mathbf{v}_n)$ une base orthonormée de $\mathbb{R}^n$ constituée de vecteurs propres de $A^T A$, ordonnée de façon que les valeurs propres associées vérifient $\lambda_1 \geq \cdots \geq \lambda_n$. On suppose que A admet r valeurs singulières non nulles. Alors $(A\mathbf{v}_1, \ldots, A\mathbf{v}_r)$ est une base orthogonale de $\mathrm{Im}\, A$ et rang $A = r$.

DÉMONSTRATION Pour $i \neq j$, on sait que les vecteurs $\mathbf{v}_i$ et $\lambda_j \mathbf{v}_j$ sont orthogonaux :

$$(A\mathbf{v}_i)^T (A\mathbf{v}_j) = \mathbf{v}_i^T A^T A \mathbf{v}_j = \mathbf{v}_i^T (\lambda_j \mathbf{v}_j) = 0$$

La famille $(A\mathbf{v}_1, \ldots, A\mathbf{v}_n)$ est donc orthogonale. De plus, comme les longueurs des vecteurs $A\mathbf{v}_1, \ldots, A\mathbf{v}_n$ sont les valeurs singulières de A et comme A admet r valeurs singulières non nulles, $A\mathbf{v}_i \neq \mathbf{0}$ si et seulement si $1 \leq i \leq r$. Les vecteurs $A\mathbf{v}_1, \ldots, A\mathbf{v}_r$ sont donc linéairement indépendants, et ils appartiennent à $\mathrm{Im}\, A$. Enfin, si $\mathbf{y}$ est un vecteur de $\mathrm{Im}\, A$, il est de la forme $\mathbf{y} = A\mathbf{x}$, où $\mathbf{x}$ est lui-même de la forme $\mathbf{x} = c_1 \mathbf{v}_1 + \cdots + c_n \mathbf{v}_n$.

On a alors

$$\begin{aligned}
\mathbf{y} = A\mathbf{x} &= c_1 A\mathbf{v}_1 + \cdots + c_r A\mathbf{v}_r + c_{r+1} A\mathbf{v}_{r+1} + \cdots + c_n A\mathbf{v}_n \\
&= c_1 A\mathbf{v}_1 + \cdots + c_r A\mathbf{v}_r + 0 + \cdots + 0
\end{aligned}$$

Donc $\mathbf{y}$ appartient à $\mathrm{Vect}\{A\mathbf{v}_1, \ldots, A\mathbf{v}_r\}$, ce qui montre que $(A\mathbf{v}_1, \ldots, A\mathbf{v}_r)$ est une base (orthogonale) de $\mathrm{Im}\, A$. Il en résulte bien que rang $A = \dim \mathrm{Im}\, A = r$. ■

REMARQUE NUMÉRIQUE

Dans certains cas, la valeur du rang de A peut être très sensible à de petites modifications des coefficients de A. La méthode élémentaire consistant à compter les colonnes pivots une fois la matrice réduite ne se prête pas bien à un traitement informatique. Les erreurs d'arrondi font que l'on obtient souvent une matrice échelonnée de rang maximal.

Dans la pratique, la méthode la plus sûre pour estimer le rang d'une matrice de grande taille est de compter les valeurs singulières non nulles. On considère alors comme nulles les valeurs singulières très petites, et l'on appelle *rang effectif* de la matrice le nombre de valeurs singulières restantes[4].

Décomposition en valeurs singulières

Cette décomposition fait intervenir une matrice $m \times n$ « diagonale » Σ de la forme

$$\Sigma = \begin{bmatrix} D & 0 \\ 0 & 0 \end{bmatrix} \quad \begin{array}{l} \leftarrow m - r \text{ lignes} \\ \\ \uparrow \\ n - r \text{ colonnes} \end{array} \tag{3}$$

où D est une matrice diagonale $r \times r$, r étant un entier inférieur ou égal à la fois à m et à n (si r est égal à m, à n ou aux deux, certaines des sous-matrices nulles indiquées n'existent pas).

---

[4] Le problème général de l'estimation numérique du rang d'une matrice n'est pas simple. On trouvera une discussion sur les subtilités de cette question dans Philip E. Gill, Walter Murray et Margaret H. Wright, *Numerical Linear Algebra and Optimization*, vol. 1, Redwood City, CA : Addison-Wesley, 1991, Sec. 5.8.

THÉORÈME 10

Décomposition en valeurs singulières

Soit A une matrice $m \times n$ de rang r. Il existe :

- une matrice Σ, de type $m \times n$ et de la forme (3), telle que les coefficients diagonaux de D soient les r premières valeurs singulières de A, c'est-à-dire $\sigma_1 \geq \sigma_2 \geq \cdots \geq \sigma_r > 0$

- une matrice orthogonale U de type $m \times m$

- une matrice orthogonale V de type $n \times n$

telles que

$$A = U\Sigma V^T$$

Si A est une matrice, on appelle **décomposition en valeurs singulières** de A (souvent abrégée par son acronyme anglais **SVD**, *Singular Value Decomposition*) toute factorisation de la forme $A = U\Sigma V^T$, où U et V sont orthogonales et où Σ est de la forme (3), les coefficients diagonaux de D étant strictement positifs. Les matrices U et V ne sont pas déterminées de façon unique par A, mais les coefficients « diagonaux » de Σ sont nécessairement les valeurs singulières de A (voir exercice 19). Dans une telle décomposition, on appelle les colonnes de U **vecteurs singuliers à gauche** de A et les colonnes de V **vecteurs singuliers à droite** de A.

DÉMONSTRATION On définit les λ_i et les $\mathbf{v}_i$ comme dans le théorème 9, de sorte que $(A\mathbf{v}_1, \ldots, A\mathbf{v}_r)$ est une base orthogonale de Im A. On norme les $A\mathbf{v}_i$ pour obtenir une base orthonormée $(\mathbf{u}_1, \ldots, \mathbf{u}_r)$, c'est-à-dire que l'on pose

$$\mathbf{u}_i = \frac{1}{\|A\mathbf{v}_i\|} A\mathbf{v}_i = \frac{1}{\sigma_i} A\mathbf{v}_i$$

soit

$$A\mathbf{v}_i = \sigma_i \mathbf{u}_i \qquad (1 \leq i \leq r) \qquad (4)$$

On complète ensuite la famille $(\mathbf{u}_1, \ldots, \mathbf{u}_r)$ pour former une base orthonormée $(\mathbf{u}_1, \ldots, \mathbf{u}_m)$ de $\mathbb{R}^m$, et l'on pose

$$U = [\,\mathbf{u}_1 \quad \mathbf{u}_2 \quad \cdots \quad \mathbf{u}_m\,] \quad \text{et} \quad V = [\,\mathbf{v}_1 \quad \mathbf{v}_2 \quad \cdots \quad \mathbf{v}_n\,]$$

Par construction, U et V sont des matrices orthogonales. Il résulte en outre de la relation (4) que

$$AV = [\,A\mathbf{v}_1 \quad \cdots \quad A\mathbf{v}_r \quad \mathbf{0} \quad \cdots \quad \mathbf{0}\,] = [\,\sigma_1\mathbf{u}_1 \quad \cdots \quad \sigma_r\mathbf{u}_r \quad \mathbf{0} \quad \cdots \quad \mathbf{0}\,]$$

Soit D la matrice diagonale de coefficients diagonaux $\sigma_1, \ldots, \sigma_r$ et soit Σ la matrice définie précédemment en (3). Alors

$$U\Sigma = [\,\mathbf{u}_1 \quad \mathbf{u}_2 \quad \cdots \quad \mathbf{u}_m\,] \begin{bmatrix} \sigma_1 & & & & 0 & \\ & \sigma_2 & & & & 0 \\ & & \ddots & & & \\ 0 & & & \sigma_r & & \\ & & 0 & & & 0 \end{bmatrix}$$

$$= [\,\sigma_1\mathbf{u}_1 \quad \cdots \quad \sigma_r\mathbf{u}_r \quad \mathbf{0} \quad \cdots \quad \mathbf{0}\,]$$

$$= AV$$

Comme V est une matrice orthogonale, on obtient bien $U\Sigma V^T = AVV^T = A$. ∎

Les deux exemples qui suivent permettent d'analyser la structure interne de la décomposition en valeurs singulières. Cependant, l'approche présentée ici ne permet pas d'obtenir un algorithme numérique stable et efficace (voir à ce sujet la remarque numérique en fin de section).

EXEMPLE 3   En utilisant les résultats des exemples 1 et 2, construire une décomposition en valeurs singulières de la matrice $A = \begin{bmatrix} 4 & 11 & 14 \\ 8 & 7 & -2 \end{bmatrix}$.

SOLUTION   On peut décomposer la construction en trois étapes.

*Étape 1. **Diagonaliser la matrice $A^T A$ en base orthonormée.*** Autrement dit, trouver les valeurs propres de $A^T A$ et une famille orthonormée de vecteurs propres associés. Si A n'a que deux colonnes, les calculs peuvent facilement être effectués à la main. Pour une matrice de plus grande taille, il faut en général recourir à un logiciel matriciel. Mais pour la matrice A donnée ici, les éléments propres de $A^T A$ ont été indiqués dans l'exemple 1.

*Étape 2. **Mettre en place V et Σ.*** On ordonne les valeurs propres de $A^T A$ dans le sens décroissant. C'était déjà le cas dans l'exemple 1, où l'on avait énuméré les valeurs propres, à savoir 360, 90 et 0. Les vecteurs unitaires associés $\mathbf{v}_1$, $\mathbf{v}_2$ et $\mathbf{v}_3$ sont les vecteurs singuliers à droite de A. En reprenant les résultats de l'exemple 1, on obtient

$$V = [\, \mathbf{v}_1 \quad \mathbf{v}_2 \quad \mathbf{v}_3 \,] = \begin{bmatrix} 1/3 & -2/3 & 2/3 \\ 2/3 & -1/3 & -2/3 \\ 2/3 & 2/3 & 1/3 \end{bmatrix}$$

Les valeurs singulières de A sont les racines carrées des valeurs propres précédentes, soit

$$\sigma_1 = 6\sqrt{10}, \quad \sigma_2 = 3\sqrt{10} \quad \text{et} \quad \sigma_3 = 0$$

Les valeurs singulières non nulles constituent la diagonale de D. La matrice Σ est de même taille que A et se construit en plaçant D en haut à gauche et en mettant des 0 partout ailleurs.

$$D = \begin{bmatrix} 6\sqrt{10} & 0 \\ 0 & 3\sqrt{10} \end{bmatrix}, \qquad \Sigma = [\, D \quad 0 \,] = \begin{bmatrix} 6\sqrt{10} & 0 & 0 \\ 0 & 3\sqrt{10} & 0 \end{bmatrix}$$

*Étape 3. **Construire U.*** Si A est de rang r, on obtient les r premières colonnes de U en normant $A\mathbf{v}_1, \ldots, A\mathbf{v}_r$. Dans cet exemple, A admet deux valeurs singulières non nulles, donc rang $A = 2$. On a vu en (2) et dans le paragraphe précédant l'exemple 2 que $\|A\mathbf{v}_1\| = \sigma_1$ et $\|A\mathbf{v}_2\| = \sigma_2$. Par conséquent,

$$\mathbf{u}_1 = \frac{1}{\sigma_1} A\mathbf{v}_1 = \frac{1}{6\sqrt{10}} \begin{bmatrix} 18 \\ 6 \end{bmatrix} = \begin{bmatrix} 3/\sqrt{10} \\ 1/\sqrt{10} \end{bmatrix}$$

$$\mathbf{u}_2 = \frac{1}{\sigma_2} A\mathbf{v}_2 = \frac{1}{3\sqrt{10}} \begin{bmatrix} 3 \\ -9 \end{bmatrix} = \begin{bmatrix} 1/\sqrt{10} \\ -3/\sqrt{10} \end{bmatrix}$$

On remarque que $(\mathbf{u}_1, \mathbf{u}_2)$ est déjà une base de $\mathbb{R}^2$. Il n'est pas nécessaire ici de compléter cette famille pour construire U, et l'on obtient $U = [\, \mathbf{u}_1 \quad \mathbf{u}_2 \,]$. La décomposition en valeurs singulières de A est donc

$$A = \underset{\underset{U}{\uparrow}}{\begin{bmatrix} 3/\sqrt{10} & 1/\sqrt{10} \\ 1/\sqrt{10} & -3/\sqrt{10} \end{bmatrix}} \underset{\underset{\Sigma}{\uparrow}}{\begin{bmatrix} 6\sqrt{10} & 0 & 0 \\ 0 & 3\sqrt{10} & 0 \end{bmatrix}} \underset{\underset{V^T}{\uparrow}}{\begin{bmatrix} 1/3 & 2/3 & 2/3 \\ -2/3 & -1/3 & 2/3 \\ 2/3 & -2/3 & 1/3 \end{bmatrix}} \quad \blacksquare$$

EXEMPLE 4 Déterminer une décomposition en valeurs singulières de la matrice
$$A = \begin{bmatrix} 1 & -1 \\ -2 & 2 \\ 2 & -2 \end{bmatrix}.$$

SOLUTION On calcule d'abord $A^T A = \begin{bmatrix} 9 & -9 \\ -9 & 9 \end{bmatrix}$. Ses valeurs propres sont 18 et 0, associées aux vecteurs propres unitaires

$$\mathbf{v}_1 = \begin{bmatrix} 1/\sqrt{2} \\ -1/\sqrt{2} \end{bmatrix} \quad \text{et} \quad \mathbf{v}_2 = \begin{bmatrix} 1/\sqrt{2} \\ 1/\sqrt{2} \end{bmatrix}$$

Ces vecteurs unitaires forment les colonnes de la matrice

$$V = [\, \mathbf{v}_1 \quad \mathbf{v}_2 \,] = \begin{bmatrix} 1/\sqrt{2} & 1/\sqrt{2} \\ -1/\sqrt{2} & 1/\sqrt{2} \end{bmatrix}$$

Les valeurs singulières de A sont $\sigma_1 = \sqrt{18} = 3\sqrt{2}$ et $\sigma_2 = 0$. Comme A ne possède qu'une valeur singulière non nulle, on peut assimiler la « matrice » D à un réel, c'est-à-dire que l'on pose $D = 3\sqrt{2}$. La matrice Σ est de même taille que A, et on l'obtient en plaçant D en haut à gauche :

$$\Sigma = \begin{bmatrix} D & 0 \\ 0 & 0 \\ 0 & 0 \end{bmatrix} = \begin{bmatrix} 3\sqrt{2} & 0 \\ 0 & 0 \\ 0 & 0 \end{bmatrix}$$

Pour construire U, on exprime d'abord $A\mathbf{v}_1$ et $A\mathbf{v}_2$:

$$A\mathbf{v}_1 = \begin{bmatrix} 2/\sqrt{2} \\ -4/\sqrt{2} \\ 4/\sqrt{2} \end{bmatrix} \quad \text{et} \quad A\mathbf{v}_2 = \begin{bmatrix} 0 \\ 0 \\ 0 \end{bmatrix}$$

À titre de vérification, on peut calculer $\|A\mathbf{v}_1\| = \sigma_1 = 3\sqrt{2}$. On a bien sûr $A\mathbf{v}_2 = \mathbf{0}$, puisque $\|A\mathbf{v}_2\| = \sigma_2 = 0$. On ne dispose pour l'instant que d'une seule colonne de U, à savoir

$$\mathbf{u}_1 = \frac{1}{3\sqrt{2}} A\mathbf{v}_1 = \begin{bmatrix} 1/3 \\ -2/3 \\ 2/3 \end{bmatrix}$$

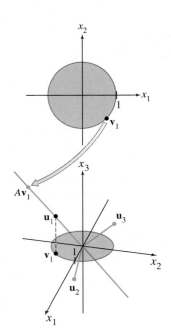

FIGURE 3

On obtient les autres colonnes de U en complétant la famille ($\mathbf{u}_1$) de manière à former une base orthonormée de $\mathbb{R}^3$. Il faut donc deux vecteurs unitaires $\mathbf{u}_2$ et $\mathbf{u}_3$, orthogonaux entre eux et orthogonaux à $\mathbf{u}_1$ (voir figure 3). Chacun de ces deux vecteurs doit vérifier $\mathbf{u}_1^T \mathbf{x} = 0$, ce qui équivaut à l'équation $x_1 - 2x_2 + 2x_3 = 0$. Une base de l'ensemble des solutions de cette équation est

$$\mathbf{w}_1 = \begin{bmatrix} 2 \\ 1 \\ 0 \end{bmatrix}, \quad \mathbf{w}_2 = \begin{bmatrix} -2 \\ 0 \\ 1 \end{bmatrix}$$

(On vérifie que $\mathbf{w}_1$ et $\mathbf{w}_2$ sont tous deux orthogonaux à $\mathbf{u}_1$.) En appliquant le procédé de Gram-Schmidt (et en normant les vecteurs) à ($\mathbf{w}_1, \mathbf{w}_2$), on obtient

$$\mathbf{u}_2 = \begin{bmatrix} 2/\sqrt{5} \\ 1/\sqrt{5} \\ 0 \end{bmatrix}, \quad \mathbf{u}_3 = \begin{bmatrix} -2/\sqrt{45} \\ 4/\sqrt{45} \\ 5/\sqrt{45} \end{bmatrix}$$

On pose finalement $U = [\mathbf{u}_1 \quad \mathbf{u}_2 \quad \mathbf{u}_3]$ et, en reprenant les expressions de Σ et V^T obtenues plus haut, on écrit

$$A = \begin{bmatrix} 1 & -1 \\ -2 & 2 \\ 2 & -2 \end{bmatrix} = \begin{bmatrix} 1/3 & 2/\sqrt{5} & -2/\sqrt{45} \\ -2/3 & 1/\sqrt{5} & 4/\sqrt{45} \\ 2/3 & 0 & 5/\sqrt{45} \end{bmatrix} \begin{bmatrix} 3\sqrt{2} & 0 \\ 0 & 0 \\ 0 & 0 \end{bmatrix} \begin{bmatrix} 1/\sqrt{2} & -1/\sqrt{2} \\ 1/\sqrt{2} & 1/\sqrt{2} \end{bmatrix}$$

∎

Applications de la décomposition en valeurs singulières

Comme on l'a noté plus haut, l'une des applications de la SVD est le calcul du rang d'une matrice. On se propose ci-après de décrire quelques autres applications numériques. Une application au traitement d'image est également présentée à la section 7.5.

EXEMPLE 5 (Conditionnement)   Pour la plupart des calculs dans lesquels intervient une équation du type $A\mathbf{x} = \mathbf{b}$, la SVD de A permet de réduire, autant que cela est possible, les imprécisions. Les deux matrices orthogonales U et V ne modifient ni les longueurs des vecteurs, ni les angles qu'ils forment entre eux (voir théorème 7, section 6.2). C'est dans Σ qu'apparaissent les éventuelles instabilités numériques. Si les valeurs singulières de A sont très petites ou très grandes, les erreurs d'arrondi sont presque inévitables, mais l'analyse des erreurs est facilitée par la connaissance des coefficients de Σ et de V.

Si A est une matrice $n \times n$ inversible, le rapport σ_1/σ_n entre la plus grande et la plus petite valeur singulière indique le **conditionnement** de A. On a montré, dans les exercices 41 à 43 de la section 2.3, comment ce conditionnement influait sur la sensibilité de la solution d'une équation $A\mathbf{x} = \mathbf{b}$ aux modifications (ou aux erreurs) relatives aux coefficients de A (il existe en réalité plusieurs façons de calculer un « conditionnement » de A, mais la définition donnée ici est très largement utilisée quand on veut étudier l'équation $A\mathbf{x} = \mathbf{b}$).

∎

EXEMPLE 6 (Bases des sous-espaces fondamentaux)   Considérons une décomposition en valeurs singulières d'une matrice A de type $m \times n$, et soit $\mathbf{u}_1, \ldots, \mathbf{u}_m$ les vecteurs singuliers à gauche, $\mathbf{v}_1, \ldots, \mathbf{v}_n$ les vecteurs singuliers à droite, $\sigma_1, \ldots, \sigma_n$ les valeurs singulières et r le rang de A. D'après le théorème 9,

$$(\mathbf{u}_1, \ldots, \mathbf{u}_r) \tag{5}$$

est une base orthonormée de Im A.

On a vu au théorème 3 de la section 6.1 que $(\text{Im } A)^\perp = \text{Ker } A^T$. Par conséquent,

$$(\mathbf{u}_{r+1}, \ldots, \mathbf{u}_m) \tag{6}$$

est une base orthonormée de Ker A^T.

Puisque $\|A\mathbf{v}_i\| = \sigma_i$ pour $1 \le i \le n$ et que σ_i est nul si et seulement si $i > r$, les vecteurs $\mathbf{v}_{r+1}, \ldots, \mathbf{v}_n$ engendrent un sous-espace vectoriel de Ker A de dimension $n - r$. D'après le théorème du rang, dim Ker $A = n - \text{rang } A$. Le théorème de caractérisation des bases (voir section 4.5) permet donc d'affirmer que

$$(\mathbf{v}_{r+1}, \ldots, \mathbf{v}_n) \tag{7}$$

est une base orthonormée de Ker A.

D'après (5) et (6), Im A est l'orthogonal de Ker A^T. En échangeant les rôles de A et de A^T et en remarquant que $(\text{Ker } A)^\perp = \text{Im } A^T = \text{Lgn } A$, on déduit de (7) que

$$(\mathbf{v}_1, \ldots, \mathbf{v}_r) \tag{8}$$

est une base orthonormée de Lgn A.

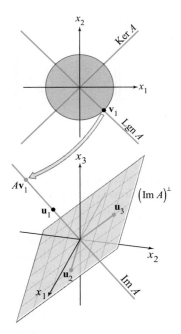

Sous-espaces fondamentaux dans le cas de l'exemple 4

La figure 4 résume les interprétations des familles (5) à (8). Pour Im A, on a toutefois fait figurer la base orthogonale $(\sigma_1\mathbf{u}_1, \ldots, \sigma_r\mathbf{u}_r)$ plutôt que la base orthonormée afin de rappeler que, pour $1 \leq i \leq r$, on avait $A\mathbf{v}_i = \sigma_i\mathbf{u}_i$. Dans certaines applications, en particulier dans des problèmes d'optimisation sous contraintes, il est utile de disposer explicitement de bases orthonormées pour les quatre sous-espaces fondamentaux de A. ∎

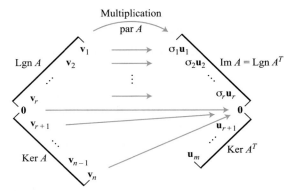

FIGURE 4 Les quatre sous-espaces fondamentaux et l'action de A

Les quatre sous-espaces fondamentaux et la notion de valeurs singulières permettent d'apporter la touche finale au théorème de caractérisation des matrices inversibles (on rappelle que, pour éviter de quasi doubler le nombre d'énoncés, on n'a pas fait figurer les résultats analogues concernant A^T). Les autres énoncés ont été donnés dans les sections 2.3, 2.9, 3.2, 4.6 et 5.2.

THÉORÈME

Théorème de caractérisation des matrices inversibles (suite et fin)

Soit A une matrice $n \times n$. Toutes les propriétés ci-dessous sont équivalentes au fait que A est inversible.

u. $(\text{Im } A)^{\perp} = \{\mathbf{0}\}$

v. $(\text{Ker } A)^{\perp} = \mathbb{R}^n$

w. $\text{Lgn } A = \mathbb{R}^n$

x. A admet n valeurs singulières non nulles.

EXEMPLE 7 (SVD réduite et pseudo-inverse de A) Si Σ contient des lignes ou des colonnes de 0, on peut obtenir une décomposition de A plus compacte. Avec les notations précédentes, posons $r = \text{rang } A$ et considérons une partition de U et V en sous-matrices, le premier bloc étant constitué de r colonnes :

$$U = [\, U_r \quad U_{m-r} \,], \quad \text{avec } U_r = [\, \mathbf{u}_1 \quad \cdots \quad \mathbf{u}_r \,]$$
$$V = [\, V_r \quad V_{n-r} \,], \quad \text{avec } V_r = [\, \mathbf{v}_1 \quad \cdots \quad \mathbf{v}_r \,]$$

Les matrices U_r et V_r sont respectivement de types $m \times r$ et $n \times r$ (pour simplifier, on note dans tous les cas U_{m-r} ou V_{n-r}, même si ces matrices peuvent ne pas avoir de colonnes). Le produit matriciel par blocs montre alors que

$$A = \begin{bmatrix} U_r & U_{m-r} \end{bmatrix} \begin{bmatrix} D & 0 \\ 0 & 0 \end{bmatrix} \begin{bmatrix} V_r^T \\ V_{n-r}^T \end{bmatrix} = U_r D V_r^T \tag{9}$$

On appelle cette factorisation **décomposition en valeurs singulières réduite** de A. Puisque les coefficients diagonaux de D sont non nuls, D est inversible. La matrice suivante est appelée **pseudo-inverse** (ou **inverse de Moore-Penrose**) de A :

$$A^+ = V_r D^{-1} U_r^T \tag{10}$$

Les exercices supplémentaires 12 à 14 en fin de chapitre explorent certaines propriétés de la décomposition en valeurs singulières réduite et de la pseudo-inverse. ■

EXEMPLE 8 (Solution au sens des moindres carrés) Étant donné l'équation $A\mathbf{x} = \mathbf{b}$, on définit à l'aide de la pseudo-inverse introduite en (10)

$$\hat{\mathbf{x}} = A^+ \mathbf{b} = V_r D^{-1} U_r^T \mathbf{b}$$

Alors, d'après la SVD (9),

$$\begin{aligned} A\hat{\mathbf{x}} &= (U_r D V_r^T)(V_r D^{-1} U_r^T \mathbf{b}) \\ &= U_r D D^{-1} U_r^T \mathbf{b} \qquad \text{Car } V_r^T V_r = I_r \\ &= U_r U_r^T \mathbf{b} \end{aligned}$$

Il résulte de (5) et du théorème 10 de la section 6.3 que $U_r U_r^T \mathbf{b}$ est le projeté orthogonal $\hat{\mathbf{b}}$ de $\mathbf{b}$ sur Im A. Donc $\hat{\mathbf{x}}$ est une solution au sens des moindres carrés de l'équation $A\mathbf{x} = \mathbf{b}$. Ce $\hat{\mathbf{x}}$ est en fait une solution au sens des moindres carrés de longueur minimale de l'équation $A\mathbf{x} = \mathbf{b}$ (voir exercice supplémentaire 14). ■

REMARQUE NUMÉRIQUE

Les exemples 1 à 4 et les exercices illustrent le concept de valeurs singulières et proposent des méthodes de calcul à la main. Dans la pratique, il vaut mieux éviter le calcul de $A^T A$ car toute erreur sur les coefficients de A sera élevée au carré dans ceux de $A^T A$. Il existe des méthodes itératives performantes qui calculent les valeurs et les vecteurs singuliers de A avec une grande précision numérique.

Pour aller plus loin

Roger A. Horn et Charles R. Johnson, *Matrix Analysis*, Cambridge : Cambridge University Press, 1990.

Cliff Long, « Visualization of Matrix Singular Value Decomposition », *Mathematics Magazine*, **56**, 1983, p. 161 à 167.

C. B. Moler et D. Morrison, « Singular Value Analysis of Cryptograms », *Amer. Math. Monthly*, **90**, 1983, p. 78 à 87.

Gilbert Strang, *Linear Algebra and Its Applications*, 4e éd., Belmont, CA : Brooks/ Cole, 2005.

David S. Watkins, *Fundamentals of Matrix Computations*, New York : Wiley, 1991, p. 390 à 398 et 409 à 421.

1. Étant donné une décomposition en valeurs singulières $A = U\Sigma V^T$, déterminer une SVD de A^T. Quel lien existe-t-il entre les valeurs singulières de A et de A^T ?

2. Pour une matrice A de taille $n \times n$, utiliser la SVD pour montrer qu'il existe une matrice Q orthogonale de taille $n \times n$ telle que $A^TA = Q^T(A^TA)Q$.

Remarque: Pour l'exercice d'entraînement 2, établir que pour toute matrice A de taille $n \times n$, les matrices AA^T et A^TA sont *orthogonalement semblables*.

7.4 EXERCICES

Déterminer les valeurs singulières des matrices des exercices 1 à 4.

1. $\begin{bmatrix} 1 & 0 \\ 0 & -3 \end{bmatrix}$ 2. $\begin{bmatrix} -3 & 0 \\ 0 & 0 \end{bmatrix}$

3. $\begin{bmatrix} 2 & 3 \\ 0 & 2 \end{bmatrix}$ 4. $\begin{bmatrix} 3 & 0 \\ 8 & 3 \end{bmatrix}$

Déterminer une SVD des matrices des exercices 5 à 12. *Indication :* Dans l'exercice 11, un choix possible pour U est la matrice
$\begin{bmatrix} -1/3 & 2/3 & 2/3 \\ 2/3 & -1/3 & 2/3 \\ 2/3 & 2/3 & -1/3 \end{bmatrix}$. Dans l'exercice 12, on peut prendre une des colonnes de U égale à $\begin{bmatrix} 1/\sqrt{6} \\ -2/\sqrt{6} \\ 1/\sqrt{6} \end{bmatrix}$.

5. $\begin{bmatrix} -2 & 0 \\ 0 & 0 \end{bmatrix}$ 6. $\begin{bmatrix} -3 & 0 \\ 0 & -2 \end{bmatrix}$

7. $\begin{bmatrix} 2 & -1 \\ 2 & 2 \end{bmatrix}$ 8. $\begin{bmatrix} 4 & 6 \\ 0 & 4 \end{bmatrix}$

9. $\begin{bmatrix} 3 & -3 \\ 0 & 0 \\ 1 & 1 \end{bmatrix}$ 10. $\begin{bmatrix} 7 & 1 \\ 5 & 5 \\ 0 & 0 \end{bmatrix}$

11. $\begin{bmatrix} -3 & 1 \\ 6 & -2 \\ 6 & -2 \end{bmatrix}$ 12. $\begin{bmatrix} 1 & 1 \\ 0 & 1 \\ -1 & 1 \end{bmatrix}$

13. Déterminer une SVD de $A = \begin{bmatrix} 3 & 2 & 2 \\ 2 & 3 & -2 \end{bmatrix}$. [*Indication :* Considérer A^T.]

14. Dans l'exercice 7, déterminer un vecteur unitaire $\mathbf{x}$ en lequel $A\mathbf{x}$ est de longueur maximale.

15. On suppose que la factorisation ci-dessous est une SVD de A, les coefficients de U et V étant arrondis à deux décimales.

$$A = \begin{bmatrix} 0,40 & -0,78 & 0,47 \\ 0,37 & -0,33 & -0,87 \\ -0,84 & -0,52 & -0,16 \end{bmatrix} \begin{bmatrix} 7,10 & 0 & 0 \\ 0 & 3,10 & 0 \\ 0 & 0 & 0 \end{bmatrix}$$
$$\times \begin{bmatrix} 0,30 & -0,51 & -0,81 \\ 0,76 & 0,64 & -0,12 \\ 0,58 & -0,58 & 0,58 \end{bmatrix}$$

a. Quel est le rang de A?

b. À l'aide de cette décomposition de A, déterminer sans calculs une base de Im A et une base de Ker A. [*Indication :* Considérer d'abord les colonnes de V.]

16. Reprendre l'exercice 15 avec la SVD suivante, correspondant à une matrice A de type 3×4 :

$$A = \begin{bmatrix} -0,86 & -0,11 & -0,50 \\ 0,31 & 0,68 & -0,67 \\ 0,41 & -0,73 & -0,55 \end{bmatrix} \begin{bmatrix} 12,48 & 0 & 0 & 0 \\ 0 & 6,34 & 0 & 0 \\ 0 & 0 & 0 & 0 \end{bmatrix}$$
$$\times \begin{bmatrix} 0,66 & -0,03 & -0,35 & 0,66 \\ -0,13 & -0,90 & -0,39 & -0,13 \\ 0,65 & 0,08 & -0,16 & -0,73 \\ -0,34 & 0,42 & -0,84 & -0,08 \end{bmatrix}$$

Dans les exercices 17 à 24, A désigne une matrice $m \times n$ admettant la décomposition en valeurs singulières $A = U\Sigma V^T$, où U est une matrice orthogonale $m \times m$, Σ une matrice « diagonale » $m \times n$ admettant r coefficients strictement positifs et dont les autres coefficients sont nuls, et V une matrice orthogonale $n \times n$.

17. On suppose que A est carrée inversible. Déterminer une décomposition en valeurs singulières de A^{-1}.

18. Montrer que si A est carrée, alors $|\det A|$ est égal au produit des valeurs singulières de A.

19. Montrer que les colonnes de V sont des vecteurs propres de A^TA, que celles de U sont des vecteurs propres de AA^T et que les coefficients diagonaux de Σ sont les valeurs singulières de A. [*Indication :* Exprimer A^TA et AA^T en utilisant la SVD indiquée.]

20. Montrer que si A est une matrice symétrique $n \times n$ définie positive, alors toute diagonalisation de A en base orthonormée, $A = PDP^T$, est une décomposition en valeurs singulières de A.

21. Montrer que si P est une matrice orthogonale $m \times m$, alors PA admet les mêmes valeurs singulières que A.

22. Justifier l'affirmation de l'exemple 2, selon laquelle si l'on note $\mathbf{v}_1$ un vecteur singulier à droite d'une matrice A associé à sa plus grande valeur singulière, alors la deuxième plus grande valeur singulière de A est égale au maximum de $\|A\mathbf{x}\|$ quand $\mathbf{x}$ décrit l'ensemble des vecteurs unitaires orthogonaux à $\mathbf{v}_1$. [*Indication :* Utiliser le théorème 7 de la section 7.3.]

23. On définit les vecteurs $\mathbf{u}_i$ et $\mathbf{v}_i$ comme dans la démonstration du théorème 10, et l'on pose $U = [\, \mathbf{u}_1 \; \cdots \; \mathbf{u}_m \,]$ et $V = [\, \mathbf{v}_1 \; \cdots \; \mathbf{v}_n \,]$. Montrer que

$$A = \sigma_1 \mathbf{u}_1 \mathbf{v}_1^T + \sigma_2 \mathbf{u}_2 \mathbf{v}_2^T + \cdots + \sigma_r \mathbf{u}_r \mathbf{v}_r^T$$

24. On reprend les notations de l'exercice 23. Montrer que si $1 \le j \le r = \operatorname{rang} A$, alors $A^T \mathbf{u}_j = \sigma_j \mathbf{v}_j$.

25. Soit $T : \mathbb{R}^n \to \mathbb{R}^m$ une application linéaire. Décrire comment on peut construire une base $\mathcal{B}$ de $\mathbb{R}^n$ et une base $\mathcal{C}$ de $\mathbb{R}^m$ telles que la matrice de T dans les bases $\mathcal{B}$ et $\mathcal{C}$ soit une matrice $m \times n$ « diagonale ».

[M] En utilisant la méthode des exemples 3 et 4, calculer une SVD pour chacune des matrices des exercices 26 et 27. On donnera les coefficients des matrices avec deux chiffres après la virgule.

26. $A = \begin{bmatrix} -18 & 13 & -4 & 4 \\ 2 & 19 & -4 & 12 \\ -14 & 11 & -12 & 8 \\ -2 & 21 & 4 & 8 \end{bmatrix}$

27. $A = \begin{bmatrix} 6 & -8 & -4 & 5 & -4 \\ 2 & 7 & -5 & -6 & 4 \\ 0 & -1 & -8 & 2 & 2 \\ -1 & -2 & 4 & 4 & -8 \end{bmatrix}$

28. **[M]** Déterminer les valeurs singulières de la matrice 4×4 de l'exercice 9 de la section 2.3 et calculer son conditionnement σ_1/σ_4.

29. **[M]** Déterminer les valeurs singulières de la matrice 5×5 de l'exercice 10 de la section 2.3 et calculer son conditionnement σ_1/σ_5.

SOLUTIONS DES EXERCICES D'ENTRAÎNEMENT

1. Si A s'écrit sous la forme $A = U\Sigma V^T$, où Σ est de type $m \times n$, alors on peut écrire la relation $A^T = (V^T)^T \Sigma^T U^T = V\Sigma^T U^T$. Comme V et U sont des matrices orthogonales et comme Σ^T est une matrice $n \times m$ « diagonale », cette écriture est une SVD de A^T. Et comme Σ et Σ^T ont les mêmes coefficients « diagonaux » non nuls, A et A^T ont les mêmes valeurs singulières non nulles. [*Remarque :* Si A est une matrice $2 \times n$, alors AA^T n'est que de taille 2×2 et ses valeurs propres sont en général plus faciles à calculer (à la main) que celles de $A^T A$.]

2. On utilise une SVD pour écrire $A = U\Sigma V^T$, où U et V sont des matrices orthogonales $n \times n$ et où Σ est une matrice diagonale $n \times n$. Donc $U^T U = I = V^T V$ et $\Sigma^T = \Sigma$. En remplaçant A par sa SVD dans AA^T et $A^T A$, on obtient

$$AA^T = U\Sigma V^T (U\Sigma V^T)^T = U\Sigma V^T V \Sigma^T U^T = U\Sigma\Sigma^T U^T = U\Sigma^2 U^T$$

et

$$A^T A = (U\Sigma V^T)^T U\Sigma V^T = V\Sigma^T U^T U\Sigma V^T = V\Sigma^T \Sigma V^T = V\Sigma^2 V^T$$

On pose $Q = VU^T$. Alors,

$$Q^T(A^T A)Q = (VU^T)^T (V\Sigma^2 V^T)(VU^T) = UV^T V\Sigma^2 V^T V U^T = U\Sigma^2 U^T = AA^T$$

7.5 | APPLICATIONS AU TRAITEMENT D'IMAGE ET AUX STATISTIQUES

Les photographies par satellite présentées en introduction de ce chapitre sont un exemple de données multidimensionnelles, ou *multivariées*, c'est-à-dire un exemple d'ensemble d'informations tel que chaque donnée élémentaire peut être représentée par un point (un vecteur) de $\mathbb{R}^n$. L'objectif principal de cette section est d'expliquer une technique, appelée *analyse en composantes principales*, utilisée pour analyser ces données multivariées. Les calculs constituent une bonne application de la diagonalisation en base orthonormée et de la décomposition en valeurs singulières.

L'analyse en composantes principales peut s'appliquer à n'importe quel ensemble de données constitué de listes de mesures effectuées sur un groupe d'objets ou d'individus. Considérons par exemple un processus chimique de fabrication d'une matière plastique. Pour contrôler le processus, on prélève 300 échantillons du matériau fabriqué et l'on soumet chacun d'entre eux à une série de huit tests, tels que le point de fusion, la densité, la ductilité, la résistance à la rupture, etc. Pour chaque échantillon, le laboratoire fournit donc un vecteur de $\mathbb{R}^8$, et l'ensemble de ces vecteurs constitue une matrice 8×300, appelée **matrice d'observation**.

On peut dire de façon un peu rapide que ce processus de contrôle est à huit dimensions. Les deux exemples suivants décrivent des données que l'on peut visualiser graphiquement.

EXEMPLE 1   On peut prendre comme exemple de données à deux dimensions le résultat de mesures du poids et de la taille de N étudiants. Notons $\mathbf{X}_j$ le **vecteur d'observation** de $\mathbb{R}^2$ fournissant le poids et la taille du j^e étudiant. Si l'on note p le poids et t la taille, alors la matrice d'observation est de la forme

On peut visualiser les vecteurs d'observation sous la forme d'un *nuage de points* (voir figure 1). ∎

FIGURE 1 Nuage de points associé aux vecteurs d'observation $\mathbf{X}_1, \dots, \mathbf{X}_N$

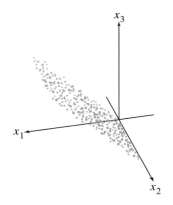

FIGURE 2

Nuage de points associé aux données spectrales d'une image par satellite

EXEMPLE 2   On peut considérer les trois premières photos de la Railroad Valley (Nevada, États-Unis) présentées en introduction du chapitre comme *trois composantes spectrales d'une seule et même image* de la région. Il s'agit en effet de prises de vue simultanées de la région dans trois longueurs d'onde distinctes. Chacune des photos fournit une information différente sur la même région physique. Le pixel supérieur gauche de chaque prise de vue, par exemple, correspond exactement au même endroit (un carré d'environ 30 mètres par 30 mètres) sur le terrain. À chacun des pixels correspond un vecteur d'observation de $\mathbb{R}^3$ qui donne les intensités respectives de chaque pixel dans chacune des trois bandes spectrales.

Typiquement, une image de ce genre comporte $2\,000 \times 2\,000$ pixels, soit au total 4 millions de pixels. L'image est donc décrite par une matrice à 3 lignes et à 4 millions de colonnes (ces dernières étant ordonnées d'une façon appropriée). Dans ce cas, le caractère « multidimensionnel » se rapporte aux trois dimensions *spectrales* et non aux deux dimensions *spatiales* que comporte naturellement chaque photo. On peut visualiser ces données par l'intermédiaire d'un ensemble de 4 millions de points de $\mathbb{R}^3$, qui peut par exemple avoir l'allure du nuage de points de la figure 2. ∎

Moyenne et covariance

Avant d'aborder l'analyse en composantes principales, donnons quelques définitions. On considère une matrice d'observation $[\,\mathbf{X}_1 \ \cdots \ \mathbf{X}_N\,]$ de type $p \times N$, telle que décrite plus haut. On appelle **moyenne (empirique)** des vecteurs d'observation $\mathbf{X}_1, \ldots, \mathbf{X}_N$ le vecteur

$$\mathbf{M} = \frac{1}{N}(\mathbf{X}_1 + \cdots + \mathbf{X}_N)$$

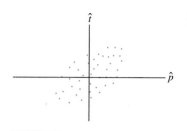

FIGURE 3

Nuage de points poids-taille sous forme centrée

Pour les données de la figure 1, la moyenne empirique est le point situé au « centre » du nuage de points. Pour $k = 1, \ldots, N$, on pose

$$\hat{\mathbf{X}}_k = \mathbf{X}_k - \mathbf{M}$$

La moyenne des colonnes de la matrice $p \times N$

$$B = [\,\hat{\mathbf{X}}_1 \quad \hat{\mathbf{X}}_2 \quad \cdots \quad \hat{\mathbf{X}}_N\,]$$

est nulle. On dit que la matrice B est **sous forme centrée**. Si l'on retranche aux données de la figure 1 leur moyenne empirique, on obtient un nuage de points centré à l'origine, comme à la figure 3.

On appelle **matrice de covariance (empirique)** la matrice S de type $p \times p$ définie par

$$S = \frac{1}{N-1} BB^T$$

Comme toute matrice de la forme BB^T, la matrice S est symétrique positive (voir exercice 25, section 7.2, avec un échange des rôles de B et B^T).

EXEMPLE 3 On choisit aléatoirement quatre individus d'une certaine population, sur chacun desquels on effectue trois mesures. On obtient les vecteurs d'observation

$$\mathbf{X}_1 = \begin{bmatrix} 1 \\ 2 \\ 1 \end{bmatrix}, \quad \mathbf{X}_2 = \begin{bmatrix} 4 \\ 2 \\ 13 \end{bmatrix}, \quad \mathbf{X}_3 = \begin{bmatrix} 7 \\ 8 \\ 1 \end{bmatrix} \quad \text{et} \quad \mathbf{X}_4 = \begin{bmatrix} 8 \\ 4 \\ 5 \end{bmatrix}$$

Calculer la moyenne et la matrice de covariance de cet échantillon.

SOLUTION La moyenne empirique est

$$\mathbf{M} = \frac{1}{4}\left(\begin{bmatrix} 1 \\ 2 \\ 1 \end{bmatrix} + \begin{bmatrix} 4 \\ 2 \\ 13 \end{bmatrix} + \begin{bmatrix} 7 \\ 8 \\ 1 \end{bmatrix} + \begin{bmatrix} 8 \\ 4 \\ 5 \end{bmatrix} \right) = \frac{1}{4}\begin{bmatrix} 20 \\ 16 \\ 20 \end{bmatrix} = \begin{bmatrix} 5 \\ 4 \\ 5 \end{bmatrix}$$

En retranchant cette moyenne des vecteurs $\mathbf{X}_1, \ldots, \mathbf{X}_4$, on obtient

$$\hat{\mathbf{X}}_1 = \begin{bmatrix} -4 \\ -2 \\ -4 \end{bmatrix}, \quad \hat{\mathbf{X}}_2 = \begin{bmatrix} -1 \\ -2 \\ 8 \end{bmatrix}, \quad \hat{\mathbf{X}}_3 = \begin{bmatrix} 2 \\ 4 \\ -4 \end{bmatrix} \quad \text{et} \quad \hat{\mathbf{X}}_4 = \begin{bmatrix} 3 \\ 0 \\ 0 \end{bmatrix}$$

puis

$$B = \begin{bmatrix} -4 & -1 & 2 & 3 \\ -2 & -2 & 4 & 0 \\ -4 & 8 & -4 & 0 \end{bmatrix}$$

La matrice de covariance empirique est donc

$$S = \frac{1}{3}\begin{bmatrix} -4 & -1 & 2 & 3 \\ -2 & -2 & 4 & 0 \\ -4 & 8 & -4 & 0 \end{bmatrix}\begin{bmatrix} -4 & -2 & -4 \\ -1 & -2 & 8 \\ 2 & 4 & -4 \\ 3 & 0 & 0 \end{bmatrix}$$

$$= \frac{1}{3}\begin{bmatrix} 30 & 18 & 0 \\ 18 & 24 & -24 \\ 0 & -24 & 96 \end{bmatrix} = \begin{bmatrix} 10 & 6 & 0 \\ 6 & 8 & -8 \\ 0 & -8 & 32 \end{bmatrix}$$

∎

Pour interpréter les coefficients de la matrice $S = [s_{ij}]$, on considère un vecteur $\mathbf{X}$ décrivant l'ensemble des vecteurs d'observation et l'on note ses composantes $x_1, \ldots, x_p$. Le réel x_1, par exemple, décrit l'ensemble des valeurs des premières composantes des vecteurs d'observation $\mathbf{X}_1, \ldots, \mathbf{X}_N$. Si $j = 1, \ldots, p$, le coefficient diagonal s_{jj} de S est appelé **variance** de x_j.

La variance de x_j mesure la dispersion des valeurs de x_j (voir exercice 13). Dans l'exemple 3, la variance de x_1 vaut 10 et celle de x_3 vaut 32. Le fait que 32 soit supérieur à 10 indique que les valeurs de la troisième composante des vecteurs de l'échantillon se répartissent sur un intervalle plus grand que celles de la première composante.

On appelle **variance totale** de l'échantillon la somme des variances figurant sur la diagonale de S. De façon générale, la somme des coefficients diagonaux d'une matrice carrée S est appelée **trace** de la matrice et est notée $\operatorname{tr}(S)$. Ainsi,

$$\{\text{variance totale}\} = \operatorname{tr}(S)$$

Si $i \neq j$, le coefficient s_{ij} de S est appelé **covariance** de x_i et x_j. On peut remarquer dans l'exemple 3 que, puisque le coefficient $(1, 3)$ de S est nul, la covariance de x_1 et x_3 est nulle. On dit en statistiques que les variables x_1 et x_3 sont **non corrélées**. L'analyse de données multivariées représentées par les vecteurs d'observation $\mathbf{X}_1, \ldots, \mathbf{X}_N$ est grandement simplifiée dans le cas où les variables $x_1, \ldots, x_p$, ou au moins la plupart d'entre elles, sont non corrélées, c'est-à-dire quand la matrice de covariance de $\mathbf{X}_1, \ldots, \mathbf{X}_N$ est diagonale ou presque diagonale.

Analyse en composantes principales

On suppose, pour simplifier, que la matrice $[\,\mathbf{X}_1 \ \cdots \ \mathbf{X}_N\,]$ est déjà sous forme centrée. Le but de l'analyse en composantes principales est de déterminer une matrice orthogonale $P = [\,\mathbf{u}_1 \ \cdots \ \mathbf{u}_p\,]$ de type $p \times p$ qui définit un changement de variable $\mathbf{X} = P\mathbf{Y}$, soit

$$\begin{bmatrix} x_1 \\ x_2 \\ \vdots \\ x_p \end{bmatrix} = \begin{bmatrix} \mathbf{u}_1 & \mathbf{u}_2 & \cdots & \mathbf{u}_p \end{bmatrix} \begin{bmatrix} y_1 \\ y_2 \\ \vdots \\ y_p \end{bmatrix}$$

tel que les nouvelles variables $y_1, \ldots, y_p$ soient non corrélées et rangées par ordre de variance décroissante.

Le changement de variable en base orthonormée $\mathbf{X} = P\mathbf{Y}$ signifie que l'on donne à chaque vecteur d'observation $\mathbf{X}_k$ un « nouveau nom » $\mathbf{Y}_k$, les deux vecteurs étant liés par la relation $\mathbf{X}_k = P\mathbf{Y}_k$. On remarque, d'une part, que $\mathbf{Y}_k$ n'est autre que la colonne des composantes de $\mathbf{X}_k$ dans la base formée par les colonnes de P et, d'autre part, que pour $k = 1, \ldots, N$, on a $\mathbf{Y}_k = P^{-1}\mathbf{X}_k = P^T\mathbf{X}_k$.

On vérifie facilement (voir exercice 11) que, pour toute matrice orthogonale P, la matrice de covariance de $\mathbf{Y}_1, \ldots, \mathbf{Y}_N$ est égale à $P^T S P$. On cherche donc une matrice orthogonale P telle que $P^T S P$ soit diagonale. Il suffit pour cela de considérer la matrice diagonale D constituée des valeurs propres $\lambda_1, \ldots, \lambda_p$ de S, ordonnées de façon que $\lambda_1 \geq \lambda_2 \geq \cdots \geq \lambda_p \geq 0$, et la matrice orthogonale P dont les colonnes sont les vecteurs propres unitaires associés $\mathbf{u}_1, \ldots, \mathbf{u}_p$. On a bien alors $S = PDP^T$, soit $P^T S P = D$.

Les vecteurs propres unitaires $\mathbf{u}_1, \ldots, \mathbf{u}_p$ de la matrice de covariance S sont appelés **composantes principales** des données (représentées par la matrice d'observation). On appelle **première composante principale** le vecteur propre associé à la plus grande valeur propre de S, **deuxième composante principale** le vecteur propre associé à la deuxième plus grande valeur propre, etc.

La première composante principale $\mathbf{u}_1$ permet de déterminer la nouvelle variable y_1 de la façon suivante. On note $c_1, \ldots, c_p$ les composantes de $\mathbf{u}_1$. Comme $\mathbf{u}_1^T$ n'est autre que la première ligne de P^T, la relation $\mathbf{Y} = P^T\mathbf{X}$ montre que

$$y_1 = \mathbf{u}_1^T\mathbf{X} = c_1x_1 + c_2x_2 + \cdots + c_px_p$$

Ainsi, y_1 apparaît comme une combinaison linéaire des variables initiales $x_1, \ldots, x_p$, dont les coefficients sont les composantes de $\mathbf{u}_1$. De même, $\mathbf{u}_2$ permet d'exprimer y_2, etc.

EXEMPLE 4 Au départ, les données constituant les images de la Railroad Valley (voir exemple 2) représentent 4 millions de vecteurs de $\mathbb{R}^3$. La matrice de covariance associée est[5]

$$S = \begin{bmatrix} 2\,382,78 & 2\,611,84 & 2\,136,20 \\ 2\,611,84 & 3\,106,47 & 2\,553,90 \\ 2\,136,20 & 2\,553,90 & 2\,650,71 \end{bmatrix}$$

Déterminer les composantes principales de ces données et préciser la nouvelle variable correspondant à la première composante principale.

SOLUTION On obtient les valeurs propres de S et les composantes principales associées (vecteurs propres unitaires) suivantes :

$$\lambda_1 = 7\,614,23 \qquad \lambda_2 = 427,63 \qquad \lambda_3 = 98,10$$

$$\mathbf{u}_1 = \begin{bmatrix} 0,5417 \\ 0,6295 \\ 0,5570 \end{bmatrix} \quad \mathbf{u}_2 = \begin{bmatrix} -0,4894 \\ -0,3026 \\ 0,8179 \end{bmatrix} \quad \mathbf{u}_3 = \begin{bmatrix} 0,6834 \\ -0,7157 \\ 0,1441 \end{bmatrix}$$

Avec un arrondi à deux décimales, la variable correspondant à la première composante principale est

$$y_1 = 0,54x_1 + 0,63x_2 + 0,56x_3$$

C'est cette relation qui a servi à créer la photo (d) en introduction du chapitre. Les variables x_1, x_2 et x_3 correspondent à l'intensité du signal dans chacune des trois bandes spectrales. Les valeurs de x_1, reportées sur une échelle de niveaux de gris allant du noir au blanc, aboutissent à la photo (a). De même, les valeurs de x_2 et x_3 donnent respectivement les photos (b) et (c). Pour chaque pixel de la photo (d), le niveau de gris correspond à la valeur de y_1, combinaison linéaire de x_1, x_2 et x_3 avec les coefficients appropriés. On peut dire en ce sens que la photo (d) « montre » la première composante principale de l'ensemble de données. ∎

Dans l'exemple 4, la matrice de covariance après transformation, associée aux variables y_1, y_2 et y_3, est la matrice

$$D = \begin{bmatrix} 7\,614,23 & 0 & 0 \\ 0 & 427,63 & 0 \\ 0 & 0 & 98,10 \end{bmatrix}$$

La matrice D est certes plus simple que la matrice de covariance initiale S, mais, cela posé, l'intérêt de l'introduction de ces nouvelles variables n'apparaît pas encore clairement. On remarque quand même que les variances des variables y_1, y_2 et y_3 apparaissent sur la diagonale de D et que la première de ces variances est beaucoup plus grande que les deux autres. Comme on va le voir, c'est cette propriété qui permet essentiellement de visualiser les données sous une forme unidimensionnelle et non plus tridimensionnelle.

---

[5] Les données de l'exemple 4 et des exercices 5 et 6 proviennent de la Earth Satellite Corporation (Compagnie des satellites d'observation terrestre) à Rockville (Maryland, États-Unis).

Réduction de la dimension pour des données multivariées

L'analyse en composantes principales est particulièrement intéressante quand on l'applique à des situations dans lesquelles la variabilité des données est concentrée sur *un petit nombre* des nouvelles variables $y_1, \ldots, y_p$.

On peut montrer qu'un changement de variable en base orthonormée de la forme $\mathbf{X} = P\mathbf{Y}$ ne modifie pas la variance totale des données (cela vient *grosso modo* du fait que la multiplication à gauche par P n'affecte ni les longueurs des vecteurs, ni les angles qu'ils forment entre eux ; voir exercice 12). Cela signifie que si $S = PDP^T$, alors

$$\begin{Bmatrix} \text{variance totale} \\ \text{de } x_1, \ldots, x_p \end{Bmatrix} = \begin{Bmatrix} \text{variance totale} \\ \text{de } y_1, \ldots, y_p \end{Bmatrix} = \text{tr}(D) = \lambda_1 + \cdots + \lambda_p$$

La variance de y_j est λ_j et le quotient $\lambda_j / \text{tr}(S)$ mesure la part de la variance totale « due » à y_j.

EXEMPLE 5 Les photos (d) à (f) de l'introduction du chapitre proposent une représentation des données multispectrales correspondant à la vue de la Railroad Valley. Expliquer les divers pourcentages indiqués sous ces photos.

SOLUTION La variance totale de ces données est égale à

$$\text{tr}(D) = 7\,614{,}23 + 427{,}63 + 98{,}10 = 8\,139{,}96$$

[Vérifier que ce nombre est bien égal à $\text{tr}(S)$.] Les pourcentages de la variance totale dus à chacune des composantes principales sont

Première composante	Deuxième composante	Troisième composante
$\dfrac{7\,614{,}23}{8\,139{,}96} = 93{,}5\ \%$	$\dfrac{427{,}63}{8\,139{,}96} = 5{,}3\ \%$	$\dfrac{98{,}10}{8\,139{,}96} = 1{,}2\ \%$

D'une certaine façon, 93,5 % de l'information collectée par Landsat au-dessus de la région de la Railroad Valley apparaît dans la photo (d), 5,3 % est dans (e) et il ne reste que 1,2 % dans (f). ∎

Les calculs de l'exemple 5 montrent que la variance de la troisième (nouvelle) composante est pratiquement nulle. Les valeurs de y_3 restent très proches de 0. Géométriquement, les points du nuage s'écartent très peu du plan $y_3 = 0$ et il suffit de connaître y_1 et y_2 pour les localiser assez précisément. Mais y_2 a elle-même une variance relativement faible, ce qui signifie que, finalement, les points se répartissent approximativement selon une droite et que les données sont pratiquement unidimensionnelles. On peut voir cela à la figure 2, où la forme du nuage évoque celle d'un bâton d'esquimau.

Caractérisation des variables issues de l'analyse en composantes principales

Si $y_1, \ldots, y_p$ sont les variables déduites de l'analyse en composantes principales d'une matrice d'observation $p \times N$, alors y_1 est de variance maximale au sens suivant. Si $\mathbf{u}$ est un vecteur unitaire quelconque et si l'on pose $y = \mathbf{u}^T\mathbf{X}$, alors on montre que la variance des valeurs prises par y quand $\mathbf{X}$ décrit l'ensemble $\{\mathbf{X}_1, \ldots, \mathbf{X}_N\}$ est égale à $\mathbf{u}^T S\mathbf{u}$. D'après le théorème 8 de la section 7.3, la valeur maximale de $\mathbf{u}^T S\mathbf{u}$ quand $\mathbf{u}$ décrit l'ensemble des vecteurs unitaires est la plus grande valeur propre λ_1 de S, et cette variance maximale est atteinte quand $\mathbf{u}$ est égal au vecteur propre associé $\mathbf{u}_1$. De même, le théorème 8 montre que y_2 est de variance maximale parmi toutes les variables $y = \mathbf{u}^T\mathbf{X}$ *non corrélées* à y_1. À son tour, y_3 est de variance maximale parmi toutes les variables non corrélées à y_1 et à y_2, etc.

┌─ REMARQUE NUMÉRIQUE ──────────────────────────

Dans la pratique, l'outil principal pour effectuer l'analyse en composantes principales est la décomposition en valeurs singulières. Si B est une matrice d'observation $p \times N$ sous forme centrée et si l'on pose $A = (1/\sqrt{N-1})B^T$, alors A^TA est la matrice de covariance S. Les p valeurs propres de S sont les carrés des valeurs singulières de A et les composantes principales sont ses vecteurs singuliers à droite.

On a indiqué à la section 7.4 qu'il existait des méthodes de calcul itératives de la SVD de A, plus rapides et plus précises que le calcul des valeurs propres de S. Cela est particulièrement vrai dans le cas du traitement d'image hyperspectral (avec $p = 224$) signalé dans l'introduction du chapitre. Des stations de travail spécialisées sont capables d'effectuer l'analyse en composantes principales en quelques secondes.

Pour aller plus loin

Thomas M. Lillesand et Ralph W. Kiefer, *Remote Sensing and Image Interpretation*, 4e éd., New York : John Wiley, 2000.

│ **EXERCICES D'ENTRAÎNEMENT**

Le tableau ci-dessous donne les poids et tailles de cinq garçons :

Garçon	1	2	3	4	5
Poids (en kg)	55	57,5	57,5	62,5	67,5
Taille (en cm)	162	160	168	176	184

1. Déterminer la matrice de covariance de cet échantillon.

2. Effectuer une analyse en composantes principales pour définir un *indice morphologique* qui explique, sous la forme d'un seul nombre, l'essentiel de la variabilité des données.

7.5 EXERCICES

Dans les exercices 1 et 2, calculer la forme centrée de la matrice d'observation indiquée et en déduire la matrice de covariance.

1. $\begin{bmatrix} 19 & 22 & 6 & 3 & 2 & 20 \\ 12 & 6 & 9 & 15 & 13 & 5 \end{bmatrix}$

2. $\begin{bmatrix} 1 & 5 & 2 & 6 & 7 & 3 \\ 3 & 11 & 6 & 8 & 15 & 11 \end{bmatrix}$

3. Déterminer les composantes principales de l'ensemble de données représenté par la matrice de l'exercice 1.

4. Déterminer les composantes principales de l'ensemble de données représenté par la matrice de l'exercice 2.

5. [M] Après avoir été frappée par l'ouragan Andrews en 1992, la base aérienne américaine de Homestead en Floride fut observée par Landsat dans trois domaines distincts du spectre. La matrice de covariance calculée à partir des données obtenues est reproduite ci-dessous. Calculer la première composante principale, ainsi que le pourcentage de la variance totale contenu dans cette composante.

$$S = \begin{bmatrix} 164,12 & 32,73 & 81,04 \\ 32,73 & 539,44 & 249,13 \\ 81,04 & 249,13 & 189,11 \end{bmatrix}$$

6. [M] La matrice de covariance ci-dessous provient de l'observation par Landsat, dans trois domaines distincts du spectre, du fleuve Columbia dans l'État de Washington (États-Unis). Soit x_1, x_2 et x_3 les trois composantes spectrales en chacun des points de l'image. Construire une nouvelle variable de la forme $y_1 = c_1x_1 + c_2x_2 + c_3x_3$ de variance maximale sous la contrainte $c_1^2 + c_2^2 + c_3^2 = 1$. Quel est le pourcentage de la variance totale dû à y_1 ?

$$S = \begin{bmatrix} 29,64 & 18,38 & 5,00 \\ 18,38 & 20,82 & 14,06 \\ 5,00 & 14,06 & 29,21 \end{bmatrix}$$

7. Soit x_1 et x_2 les deux variables correspondant aux données bidimensionnelles de l'exercice 1. Déterminer une nouvelle variable y_1 de la forme $y_1 = c_1 x_1 + c_2 x_2$, avec $c_1^2 + c_2^2 = 1$, telle que y_1 soit de variance maximale quand x_1 et x_2 décrivent les valeurs indiquées. Quelle est la part de la variance due à y_1 ?

8. Reprendre l'exercice 7 avec les données de l'exercice 2.

9. On considère des étudiants auxquels on fait subir trois tests et l'on introduit les vecteurs d'observation $\mathbf{X}_1, \ldots, \mathbf{X}_N$, vecteurs de $\mathbb{R}^3$ qui donnent les scores de chaque étudiant aux trois tests. Pour $j = 1, 2, 3$, on note x_j le score d'un étudiant au j^e examen. La matrice de covariance est donnée par

$$S = \begin{bmatrix} 5 & 2 & 0 \\ 2 & 6 & 2 \\ 0 & 2 & 7 \end{bmatrix}$$

On définit « l'indice de performance » y d'un étudiant sous la forme $y = c_1 x_1 + c_2 x_2 + c_3 x_3$, avec $c_1^2 + c_2^2 + c_3^2 = 1$. Déterminer c_1, c_2 et c_3 de façon que la variance des valeurs de y parmi ces étudiants soit maximale. [*Indication* : Les valeurs propres de la matrice de covariance sont 3, 6 et 9.]

10. [M] Reprendre l'exercice 9 avec $S = \begin{bmatrix} 5 & 4 & 2 \\ 4 & 11 & 4 \\ 2 & 4 & 5 \end{bmatrix}$.

11. On considère un ensemble de données multivariées représenté par des vecteurs de $\mathbb{R}^p$ notés $\mathbf{X}_1, \ldots, \mathbf{X}_N$, supposés être sous forme centrée, et une matrice P de type $p \times p$. Pour $k = 1, \ldots, N$, on pose $\mathbf{Y}_k = P^T \mathbf{X}_k$.

a. Montrer que $\mathbf{Y}_1, \ldots, \mathbf{Y}_N$ sont également sous forme centrée. [*Indication* : Si l'on note $\mathbf{w}$ le vecteur de $\mathbb{R}^N$ dont toutes les composantes sont égales à 1, on remarque que $[\, \mathbf{X}_1 \;\; \cdots \;\; \mathbf{X}_N \,] \mathbf{w} = \mathbf{0}$ (le vecteur nul de $\mathbb{R}^p$).]

b. Montrer que si S est la matrice de covariance des observations $\mathbf{X}_1, \ldots, \mathbf{X}_N$, alors la matrice de covariance de $\mathbf{Y}_1, \ldots, \mathbf{Y}_N$ est $P^T S P$.

12. Soit $\mathbf{X}$ un vecteur décrivant les colonnes d'une matrice d'observation $p \times N$ et soit P une matrice orthogonale $p \times p$. Montrer que le changement de variable $\mathbf{X} = P \mathbf{Y}$ ne modifie pas la variance totale de l'ensemble de données. [*Indication* : D'après l'exercice 11, il suffit de montrer que $\mathrm{tr}(P^T S P) = \mathrm{tr}(S)$. Utiliser alors une propriété de la trace mentionnée dans l'exercice 25 de la section 5.4.]

13. La notion de matrice de covariance empirique est la généralisation de la notion de variance empirique d'un échantillon de N valeurs scalaires. Si l'on note $t_1, \ldots, t_N$ ces valeurs et si m est la moyenne de l'échantillon, alors on appelle *variance empirique* le réel

$$\frac{1}{N-1} \sum_{k=1}^{n} (t_k - m)^2 \quad (1)$$

Montrer que l'on peut exprimer la matrice de covariance, définie juste avant l'exemple 3, d'une façon analogue à celle de la définition (1). [*Indication* : À l'aide de produits par blocs, montrer que S peut s'écrire comme le produit de $1/(N-1)$ par la somme de N matrices $p \times p$. Pour $1 \leq k \leq N$, on écrira $\mathbf{X}_k - \mathbf{M}$ au lieu de $\hat{\mathbf{X}}_k$.]

SOLUTIONS DES EXERCICES D'ENTRAÎNEMENT

1. On écrit d'abord les données sous forme centrée. On voit facilement que le vecteur moyenne est $\mathbf{M} = \begin{bmatrix} 60 \\ 170 \end{bmatrix}$. On retranche alors $\mathbf{M}$ des vecteurs d'observation (qui correspondent aux colonnes du tableau) et l'on obtient

$$B = \begin{bmatrix} -5 & -2{,}5 & -2{,}5 & 2{,}5 & 7{,}5 \\ -8 & -10 & -2 & 6 & 14 \end{bmatrix}$$

La matrice de covariance est donc

$$S = \frac{1}{5-1} \begin{bmatrix} -5 & -2{,}5 & -2{,}5 & 2{,}5 & 7{,}5 \\ -8 & -10 & -2 & 6 & 14 \end{bmatrix} \begin{bmatrix} -5 & -8 \\ -2{,}5 & -10 \\ -2{,}5 & -2 \\ 2{,}5 & 6 \\ 7{,}5 & 14 \end{bmatrix}$$

$$= \frac{1}{4} \begin{bmatrix} 100 & 190 \\ 190 & 400 \end{bmatrix} = \begin{bmatrix} 25{,}0 & 47{,}5 \\ 47{,}5 & 100{,}0 \end{bmatrix}$$

2. Les valeurs propres de S sont (avec deux décimales) $\lambda_1 = 123{,}02$ et $\lambda_2 = 1{,}98$. Un vecteur propre unitaire associé à λ_1 est $\mathbf{u} = \begin{bmatrix} 0{,}436 \\ 0{,}900 \end{bmatrix}$ (comme S est une matrice 2×2, on peut effectuer le calcul à la main si l'on ne dispose pas d'un logiciel matriciel). Pour définir *l'indice morphologique*, on pose

$$y = 0{,}436 \hat{p} + 0{,}900 \hat{t}$$

où $\hat{p}$ et $\hat{t}$ désignent respectivement le poids et la taille, sous forme centrée. La variance de cet indice pour l'ensemble des garçons mesurés est égale à 123,02. Comme la variance totale est égale à $\text{tr}(S) = 100 + 25 = 125$, cet indice explique à lui tout seul presque toute la variance (98,4 %) de cet échantillon.

Les données initiales de l'exercice d'entraînement 1, ainsi que la droite correspondant à la première composante principale $\mathbf{u}$ (il s'agit de la droite dont une représentation paramétrique est $\mathbf{x} = \mathbf{M} + t\mathbf{u}$) sont représentées à la figure 4. On peut montrer que cette droite est la meilleure approximation de ces données, au sens où la somme des distances *orthogonales* des points à la droite est minimale. L'analyse en composantes principales est en fait équivalente à ce que l'on appelle la *régression orthogonale*. Mais cela est une autre histoire. Une autre fois, peut-être...

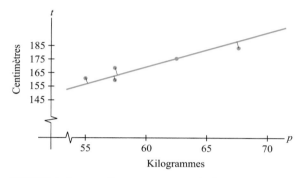

FIGURE 4 La première composante principale détermine une droite de régression orthogonale.

CHAPITRE 7 EXERCICES SUPPLÉMENTAIRES

1. Dire de chaque énoncé s'il est vrai ou faux. Justifier les réponses. Ici, A désigne une matrice $n \times n$.

a. Toute matrice diagonalisable en base orthonormée est symétrique.

b. Toute matrice orthogonale est symétrique.

c. Si A est une matrice orthogonale, alors pour tout vecteur $\mathbf{x}$ de $\mathbb{R}^n$ $\|A\mathbf{x}\| = \|\mathbf{x}\|$.

d. Quelle que soit la matrice P qui diagonalise A, les colonnes de P sont les axes principaux de la forme quadratique $\mathbf{x}^T A \mathbf{x}$.

e. Une matrice P de type $n \times n$ dont les colonnes sont orthogonales vérifie $P^T = P^{-1}$.

f. Toute forme quadratique dont les coefficients sont tous strictement positifs est définie positive.

g. Toute forme quadratique $\mathbf{x}^T A \mathbf{x}$ telle qu'il existe un vecteur $\mathbf{x}$ vérifiant $\mathbf{x}^T A \mathbf{x} > 0$ est définie positive.

h. Toute forme quadratique peut être transformée, au moyen d'un changement de variable approprié, en une forme quadratique sans termes rectangles.

i. La valeur maximale de la forme quadratique $\mathbf{x}^T A \mathbf{x}$, sous la contrainte $\|\mathbf{x}\| = 1$, est égale au plus grand coefficient diagonal de A.

j. La valeur maximale d'une forme quadratique définie positive $\mathbf{x}^T A \mathbf{x}$ est égale à la plus grande valeur propre de A.

k. On peut transformer une forme quadratique définie positive en une forme quadratique définie négative au moyen d'un changement de variable $\mathbf{x} = P\mathbf{u}$, où P est une matrice orthogonale.

l. Une forme quadratique non définie est une forme quadratique dont les valeurs propres ne sont pas définies.

m. Si P est une matrice orthogonale $n \times n$, le changement de variable $\mathbf{x} = P\mathbf{u}$ transforme la forme quadratique $\mathbf{x}^T A \mathbf{x}$ en la forme quadratique de matrice $P^{-1}AP$.

n. Si U est une matrice $m \times n$ dont les colonnes sont orthogonales, le projeté orthogonal de $\mathbf{x}$ sur $\text{Im}\,U$ est égal à $U U^T \mathbf{x}$.

o. Soit B une matrice $m \times n$, $\mathbf{x}$ un vecteur unitaire de $\mathbb{R}^n$ et σ_1 la première valeur singulière de B. On a $\|B\mathbf{x}\| \leq \sigma_1$.

p. Une décomposition en valeurs singulières d'une matrice B de type $m \times n$ est une écriture $B = P\Sigma Q$, où P est une matrice $m \times m$ orthogonale, Q une matrice $n \times n$ orthogonale et Σ une matrice $m \times n$ « diagonale ».

q. Si A est une matrice $n \times n$, alors A et $A^T A$ admettent les mêmes valeurs singulières.

2. Soit $(\mathbf{u}_1, \ldots, \mathbf{u}_n)$ une base orthonormée de $\mathbb{R}^n$ et $\lambda_1, \ldots, \lambda_n$ des réels. On pose

$$A = \lambda_1 \mathbf{u}_1 \mathbf{u}_1^T + \cdots + \lambda_n \mathbf{u}_n \mathbf{u}_n^T$$

a. Montrer que A est symétrique.

b. Montrer que les valeurs propres de A sont $\lambda_1, \ldots, \lambda_n$.

3. Soit A une matrice symétrique $n \times n$ de rang r. Montrer que la décomposition spectrale de A est une décomposition de A en une somme de r matrices de rang 1.

4. Soit A une matrice symétrique $n \times n$.

a. Montrer que $(\text{Im } A)^{\perp} = \text{Ker } A$. [*Indication :* Utiliser les résultats de la section 6.1.]

b. Montrer que tout vecteur $\mathbf{y}$ de $\mathbb{R}^n$ peut se décomposer sous la forme $\mathbf{y} = \hat{\mathbf{y}} + \mathbf{z}$, avec $\hat{\mathbf{y}}$ dans $\text{Im } A$ et $\mathbf{z}$ dans $\text{Ker } A$.

5. Montrer que si A est une matrice $n \times n$, alors tout vecteur propre de A de valeur propre non nulle appartient à $\text{Im } A$. [*Indication :* Utiliser la définition d'un vecteur propre.]

6. Soit A une matrice symétrique $n \times n$. Démontrer à nouveau le résultat de l'exercice 4(b) en utilisant une base de $\mathbb{R}^n$ constituée de vecteurs propres de A, ainsi que le résultat de l'exercice 5.

7. Montrer qu'une matrice carrée A est symétrique définie positive si et seulement si elle admet une *décomposition de Cholesky*, c'est-à-dire une factorisation de la forme $A = R^T R$, où R est une matrice inversible triangulaire supérieure à coefficients diagonaux (strictement) positifs. [*Indication :* Utiliser une factorisation QR, ainsi que l'exercice 26 de la section 7.2.]

8. Montrer, à l'aide de l'exercice 7, que si une matrice symétrique A est définie positive, alors elle admet une factorisation LU, de la forme $A = LU$, telle que les coefficients diagonaux de U soient des pivots strictement positifs (la réciproque est d'ailleurs également vraie).

Soit A une matrice $m \times n$. On appelle *matrice de Gram* de A la matrice $G = A^T A$. Les coefficients de G sont les produits scalaires de colonnes de A (voir exercices 9 et 10).

9. Montrer que la matrice de Gram de toute matrice A est symétrique positive et de même rang que A (voir les exercices de la section 6.5).

10. Montrer que toute matrice G de type $n \times n$, symétrique positive et de rang r est la matrice de Gram d'une certaine matrice A de type $r \times n$. [*Indication :* En utilisant la décomposition spectrale de G, montrer d'abord qu'il existe une matrice B de type $n \times r$ telle que $G = BB^T$.]

11. Montrer que pour toute matrice A carrée $n \times n$, il existe une matrice P de type $n \times n$, symétrique positive et de même rang que A, et une matrice Q de type $n \times n$ orthogonale, telles que $A = PQ$. [*Indication :* On remarquera que si $A = U\Sigma V^T$ est une décomposition en valeurs singulières

de A, alors $A = (U\Sigma U^T)(UV^T)$.] Une telle décomposition est appelée *décomposition polaire*. On l'utilise par exemple en génie mécanique pour modéliser la déformation d'un matériau. La matrice P décrit l'étirement ou la compression d'un matériau (dans la direction des vecteurs propres de P) et Q décrit la rotation du matériau dans l'espace.

Dans les exercices 12 à 14, on considère une matrice A de type $m \times n$, dont une décomposition réduite en valeurs singulières est $A = U_r D V_r^T$, et l'on introduit sa pseudo-inverse $A^+ = V_r D^{-1} U_r^T$.

12. Vérifier les propriétés suivantes de A^+ :

a. Pour tout vecteur $\mathbf{y}$ de $\mathbb{R}^m$, le vecteur $AA^+\mathbf{y}$ est égal au projeté orthogonal de $\mathbf{y}$ sur $\text{Im } A$.

b. Pour tout vecteur $\mathbf{x}$ de $\mathbb{R}^n$, le vecteur $A^+ A\mathbf{x}$ est égal au projeté orthogonal de $\mathbf{x}$ sur $\text{Lgn } A$.

c. $AA^+ A = A$ et $A^+ AA^+ = A^+$.

13. On suppose que l'équation $A\mathbf{x} = \mathbf{b}$ est compatible et l'on pose $\mathbf{x}^+ = A^+\mathbf{b}$. D'après l'exercice 23 de la section 6.3, il existe un unique vecteur $\mathbf{p}$ de $\text{Lgn } A$ tel que $A\mathbf{p} = \mathbf{b}$. Le but de l'exercice est de montrer que $\mathbf{x}^+ = \mathbf{p}$ et que $\mathbf{x}^+$ est la *solution de longueur minimale* de l'équation $A\mathbf{x} = \mathbf{b}$.

a. Montrer que $\mathbf{x}^+$ appartient à $\text{Lgn } A$. [*Indication :* Utiliser l'exercice 12 après avoir remarqué que $\mathbf{b}$ est de la forme $A\mathbf{x}$ pour un certain vecteur $\mathbf{x}$.]

b. Montrer que $\mathbf{x}^+$ est une solution de $A\mathbf{x} = \mathbf{b}$.

c. Montrer que, pour toute solution $\mathbf{u}$ de l'équation $A\mathbf{x} = \mathbf{b}$, on a $\|\mathbf{x}^+\| \le \|\mathbf{u}\|$, avec égalité si et seulement si $\mathbf{u} = \mathbf{x}^+$.

14. Étant donné, maintenant, un vecteur quelconque $\mathbf{b}$ de $\mathbb{R}^m$ (on ne suppose plus forcément l'équation $A\mathbf{x} = \mathbf{b}$ compatible), adapter l'exercice 13 pour montrer que $A^+\mathbf{b}$ *est la solution au sens des moindres carrés de longueur minimale.* [*Indication :* Considérer l'équation $A\mathbf{x} = \hat{\mathbf{b}}$, où $\hat{\mathbf{b}}$ est le projeté orthogonal de $\mathbf{b}$ sur $\text{Im } A$.]

[M] Dans les exercices 15 et 16, déterminer la pseudo-inverse de A. On commencera soit par calculer une SVD de A, soit, si cette fonction n'est pas disponible dans le logiciel, par diagonaliser $A^T A$ en base orthonormée. À l'aide de cette pseudo-inverse, résoudre l'équation $A\mathbf{x} = \mathbf{b}$, pour $\mathbf{b} = (6, -1, -4, 6)$. Soit $\hat{\mathbf{x}}$ la solution. Vérifier, à l'aide d'un calcul, que $\hat{\mathbf{x}}$ appartient à $\text{Lgn } A$. Déterminer un vecteur non nul $\mathbf{u}$ de $\text{Ker } A$ et vérifier que $\|\hat{\mathbf{x}}\| < \|\hat{\mathbf{x}} + \mathbf{u}\|$, ce qui confirme le résultat de l'exercice 13(c).

15. $A = \begin{bmatrix} -3 & -3 & -6 & 6 & 1 \\ -1 & -1 & -1 & 1 & -2 \\ 0 & 0 & -1 & 1 & -1 \\ 0 & 0 & -1 & 1 & -1 \end{bmatrix}$

16. $A = \begin{bmatrix} 4 & 0 & -1 & -2 & 0 \\ -5 & 0 & 3 & 5 & 0 \\ 2 & 0 & -1 & -2 & 0 \\ 6 & 0 & -3 & -6 & 0 \end{bmatrix}$

8

Géométrie des espaces vectoriels

Les solides platoniciens

En 387 avant Jésus-Christ, le philosophe grec Platon fonda à Athènes une Académie, parfois considérée comme la première université au monde. On y étudiait l'astronomie, la biologie, les sciences politiques, la philosophie... Mais la discipline la plus chère au cœur du philosophe était la géométrie. Il avait d'ailleurs fait inscrire ces mots au-dessus des portes de son Académie : « *Que nul n'entre ici s'il n'est géomètre.* »

Les Grecs étaient fascinés par les figures géométriques telles que les solides réguliers. Un polyèdre est dit régulier si ses faces sont des polygones réguliers isométriques et si, à chaque sommet, les angles formés par les arêtes sont égaux. Cent cinquante ans avant Platon, les pythagoriciens connaissaient au moins trois solides réguliers (voir figure 1) : le tétraèdre (quatre faces triangulaires), le cube (six faces carrées) et l'octaèdre (huit faces triangulaires). Ces objets sont présents dans la nature sous forme de cristaux de minéraux très répandus. Il n'existe que cinq solides réguliers, les deux autres étant le dodécaèdre (douze faces pentagonales) et l'icosaèdre (vingt faces triangulaires).

Platon présenta les fondements théoriques de ces cinq solides dans son dialogue intitulé *Timée*, et on leur donne depuis le nom de « solides platoniciens ».

Pendant des siècles, personne n'éprouva le besoin de visualiser des objets géométriques en plus de trois dimensions. Mais de nos jours, les mathématiciens manipulent régulièrement des objets dans des espaces vectoriels à quatre, cinq, voire des centaines de dimensions. Or la généralisation des propriétés géométriques à des objets de dimension supérieure ne va pas forcément de soi.

Par exemple, quelles propriétés des droites dans un espace à deux dimensions et des plans dans un espace à trois dimensions pourraient être utiles en dimension supérieure ? Comment peut-on caractériser ce type d'objets ? Les sections 8.1 et 8.4 proposent quelques réponses.

À quoi l'analogue d'un polyèdre en plus de trois dimensions pourrait-il « ressembler » ? On peut répondre partiellement à cette question en effectuant des projections en deux dimensions d'objets possédant quatre dimensions, de la même façon que l'on projette en deux dimensions des objets tridimensionnels. La section 8.5 illustre cette idée pour le « cube » et le « simplexe » en quatre dimensions.

Non seulement la géométrie en dimension supérieure fournit de nouvelles façons de visualiser des notions algébriques abstraites, mais elle crée aussi des outils que l'on peut utiliser dans $\mathbb{R}^3$. Les sections 8.2 et 8.6 proposent par exemple des applications à l'infographie et l'exercice 22 de la section 8.5 permet de démontrer qu'il n'existe que cinq polyèdres réguliers dans $\mathbb{R}^3$.

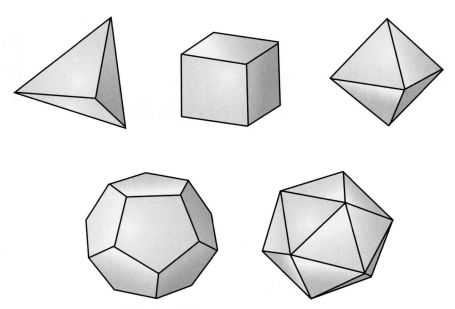

FIGURE 1 Les cinq solides platoniciens

Dans les chapitres précédents, il a été essentiellement question de calculs algébriques sur des combinaisons linéaires de vecteurs dans des sous-espaces vectoriels. Dans le présent chapitre, on étudie des ensembles de vecteurs qui peuvent être visualisés sous la forme d'objets géométriques tels que des segments de droite, des polygones ou des polyèdres. On considère alors les vecteurs comme des points[1]. Les notions introduites ici sont utiles en infographie, en programmation linéaire et dans divers autres domaines des mathématiques[2].

Dans tout le chapitre, on décrit des ensembles de vecteurs au moyen de combinaisons linéaires, mais celles-ci sont assorties de diverses restrictions sur les coefficients. Par exemple, dans la section 8.1, on impose aux coefficients d'avoir une somme égale à 1, tandis que dans la section 8.2, les coefficients doivent avoir une somme égale à 1 et, de plus, être positifs. Bien entendu, il faut se placer dans $\mathbb{R}^2$ ou $\mathbb{R}^3$ pour visualiser les concepts, mais les définitions s'appliquent aussi bien à $\mathbb{R}^n$ et, plus généralement, à tout espace vectoriel.

8.1 | BARYCENTRES

Un barycentre est une combinaison linéaire d'un type particulier. Étant donné des vecteurs (ou plutôt des « points ») $\mathbf{v}_1, \mathbf{v}_2, \ldots, \mathbf{v}_p$ de $\mathbb{R}^n$, on appelle **barycentre** ou **combinaison affine** de $\mathbf{v}_1, \mathbf{v}_2, \ldots, \mathbf{v}_p$ toute combinaison linéaire

$$c_1\mathbf{v}_1 + \cdots + c_p\mathbf{v}_p$$

où les coefficients $c_1, \ldots, c_p$ sont des scalaires vérifiant la condition $c_1 + \cdots + c_p = 1$.

---

[1] Les *différences* entre deux points sont en revanche toujours appelés *vecteurs*, ce qui correspond à la notion familière de vecteur formé par deux points. Il arrivera par conséquent qu'un point **p** soit interprété comme un vecteur entre **0** et **p**. *(NdT)*

[2] Voir James D. Foley, Andries Van Dam, Steven K. Feiner et John F. Hughes, *Computer Graphics—Principles and Practice*, 2ᵉ éd., Boston : Addison-Wesley, 1996, p. 1083-1112. Il y est aussi question d'espaces affines, étudiés sans recours aux coordonnées.

DÉFINITION

Soit S une partie de $\mathbb{R}^n$. On appelle **sous-espace affine engendré** par S (ou **enveloppe affine** de S), et l'on note aff S, l'ensemble des barycentres des points de S.

Le sous-espace affine engendré par un singleton $\{\mathbf{v}_1\}$ est ce singleton lui-même, car c'est l'ensemble des points de la forme $c_1\mathbf{v}_1$ avec $c_1 = 1$. On décrit en général le sous-espace affine engendré par deux points distincts sous une forme particulière. Posons $\mathbf{y} = c_1\mathbf{v}_1 + c_2\mathbf{v}_2$ avec $c_1 + c_2 = 1$. En posant $t = c_2$, on obtient $c_1 = 1 - c_2 = 1 - t$. Le sous-espace affine engendré par $\{\mathbf{v}_1, \mathbf{v}_2\}$ est alors l'ensemble des points de la forme

$$\mathbf{y} = (1 - t)\mathbf{v}_1 + t\mathbf{v}_2 \quad \text{avec } t \in \mathbb{R} \tag{1}$$

Cet ensemble contient les points $\mathbf{v}_1$ (avec $t = 0$) et $\mathbf{v}_2$ (avec $t = 1$). Si $\mathbf{v}_2 = \mathbf{v}_1$, alors on retrouve dans la relation (1) un seul et unique point. Sinon, la relation (1) décrit la *droite* passant par $\mathbf{v}_1$ et $\mathbf{v}_2$. Pour le voir, il suffit de réécrire la relation (1) sous la forme

$$\mathbf{y} = \mathbf{v}_1 + t(\mathbf{v}_2 - \mathbf{v}_1) = \mathbf{p} + t\mathbf{u} \quad \text{avec } t \in \mathbb{R}$$

où l'on a posé $\mathbf{p} = \mathbf{v}_1$ et $\mathbf{u} = \mathbf{v}_2 - \mathbf{v}_1$. L'ensemble des vecteurs colinéaires à $\mathbf{u}$ est la droite vectorielle Vect $\{\mathbf{u}\}$, c'est-à-dire la droite passant par $\mathbf{u}$ et par l'origine. Ajouter $\mathbf{p}$ à chaque point de cette droite revient à translater Vect $\{\mathbf{u}\}$ du vecteur $\mathbf{p}$, pour le transformer en la droite qui passe par $\mathbf{p}$ et qui est parallèle à la droite passant par $\mathbf{u}$ et l'origine (voir figure 1 ; on pourra comparer cette figure à la figure 5 de la section 1.5).

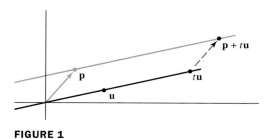

FIGURE 1

On revient, dans la figure 2, aux points initiaux $\mathbf{v}_1$ et $\mathbf{v}_2$ et l'on fait apparaître aff $\{\mathbf{v}_1, \mathbf{v}_2\}$ comme étant la droite passant par $\mathbf{v}_1$ et par $\mathbf{v}_2$.

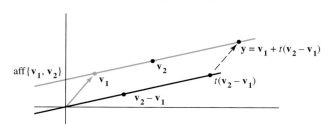

FIGURE 2

On remarque dans la figure 2, d'une part, que $\mathbf{y}$ est un barycentre de $\mathbf{v}_1$ et $\mathbf{v}_2$ et, d'autre part, que le point $\mathbf{y} - \mathbf{v}_1$ est égal à $t(\mathbf{v}_2 - \mathbf{v}_1)$, c'est-à-dire à une combinaison linéaire de $\mathbf{v}_2 - \mathbf{v}_1$ (ici, cela revient simplement à une relation de colinéarité). Comme le montre le théorème qui suit, ce lien entre $\mathbf{y}$ et $\mathbf{y} - \mathbf{v}_1$ s'applique à tout barycentre.

THÉORÈME 1

Un point $\mathbf{y}$ de $\mathbb{R}^n$ est un barycentre des points $\mathbf{v}_1, \ldots, \mathbf{v}_p$ de $\mathbb{R}^n$ si et seulement si $\mathbf{y} - \mathbf{v}_1$ est une combinaison linéaire des points translatés $\mathbf{v}_2 - \mathbf{v}_1, \ldots, \mathbf{v}_p - \mathbf{v}_1$.

DÉMONSTRATION Supposons que $\mathbf{y} - \mathbf{v}_1$ est une combinaison linéaire de $\mathbf{v}_2 - \mathbf{v}_1$, ..., $\mathbf{v}_p - \mathbf{v}_1$. Il existe des coefficients $c_2, \ldots, c_p$ tels que

$$\mathbf{y} - \mathbf{v}_1 = c_2(\mathbf{v}_2 - \mathbf{v}_1) + \cdots + c_p(\mathbf{v}_p - \mathbf{v}_1) \tag{2}$$

soit

$$\mathbf{y} = (1 - c_2 - \cdots - c_p)\mathbf{v}_1 + c_2\mathbf{v}_2 + \cdots + c_p\mathbf{v}_p \tag{3}$$

Les coefficients de cette combinaison linéaire ont pour somme 1, donc $\mathbf{y}$ est un barycentre de $\mathbf{v}_1, \ldots, \mathbf{v}_p$. Supposons inversement que

$$\mathbf{y} = c_1\mathbf{v}_1 + c_2\mathbf{v}_2 + \cdots + c_p\mathbf{v}_p \tag{4}$$

avec $c_1 + \cdots + c_p = 1$. Puisque $c_1 = 1 - c_2 - \cdots - c_p$, on peut réécrire la relation (4) sous la forme (3), d'où l'on déduit la relation (2). Cela montre bien que $\mathbf{y} - \mathbf{v}_1$ est une combinaison linéaire de $\mathbf{v}_2 - \mathbf{v}_1, \ldots, \mathbf{v}_p - \mathbf{v}_1$. ∎

Dans l'énoncé du théorème 1, on peut remplacer le point $\mathbf{v}_1$ par n'importe lequel des points $\mathbf{v}_2, \ldots, \mathbf{v}_p$. La démonstration est la même aux notations près.

EXEMPLE 1 On pose

$$\mathbf{v}_1 = \begin{bmatrix} 1 \\ 2 \end{bmatrix}, \mathbf{v}_2 = \begin{bmatrix} 2 \\ 5 \end{bmatrix}, \mathbf{v}_3 = \begin{bmatrix} 1 \\ 3 \end{bmatrix}, \mathbf{v}_4 = \begin{bmatrix} -2 \\ 2 \end{bmatrix} \text{ et } \mathbf{y} = \begin{bmatrix} 4 \\ 1 \end{bmatrix}$$

Écrire si possible $\mathbf{y}$ comme barycentre de $\mathbf{v}_1, \mathbf{v}_2, \mathbf{v}_3$ et $\mathbf{v}_4$.

SOLUTION On calcule les translatés

$$\mathbf{v}_2 - \mathbf{v}_1 = \begin{bmatrix} 1 \\ 3 \end{bmatrix}, \quad \mathbf{v}_3 - \mathbf{v}_1 = \begin{bmatrix} 0 \\ 1 \end{bmatrix}, \quad \mathbf{v}_4 - \mathbf{v}_1 = \begin{bmatrix} -3 \\ 0 \end{bmatrix} \text{ et } \mathbf{y} - \mathbf{v}_1 = \begin{bmatrix} 3 \\ -1 \end{bmatrix}$$

Pour déterminer des scalaires c_2, c_3 et c_4 tels que

$$c_2(\mathbf{v}_2 - \mathbf{v}_1) + c_3(\mathbf{v}_3 - \mathbf{v}_1) + c_4(\mathbf{v}_4 - \mathbf{v}_1) = \mathbf{y} - \mathbf{v}_1 \tag{5}$$

on applique la méthode du pivot à la matrice complète admettant ces vecteurs pour colonnes :

$$\begin{bmatrix} 1 & 0 & -3 & 3 \\ 3 & 1 & 0 & -1 \end{bmatrix} \sim \begin{bmatrix} 1 & 0 & -3 & 3 \\ 0 & 1 & 9 & -10 \end{bmatrix}$$

L'équation (5) est donc compatible et la solution générale s'écrit $c_2 = 3c_4 + 3$, $c_3 = -9c_4 - 10$, avec c_4 quelconque. On peut prendre par exemple $c_4 = 0$, d'où

$$\mathbf{y} - \mathbf{v}_1 = 3(\mathbf{v}_2 - \mathbf{v}_1) - 10(\mathbf{v}_3 - \mathbf{v}_1) + 0(\mathbf{v}_4 - \mathbf{v}_1)$$

soit

$$\mathbf{y} = 8\mathbf{v}_1 + 3\mathbf{v}_2 - 10\mathbf{v}_3$$

Un autre choix possible aurait été $c_4 = 1$. On aurait alors obtenu $c_2 = 6$ et $c_3 = -19$, d'où

$$\mathbf{y} - \mathbf{v}_1 = 6(\mathbf{v}_2 - \mathbf{v}_1) - 19(\mathbf{v}_3 - \mathbf{v}_1) + 1(\mathbf{v}_4 - \mathbf{v}_1)$$

soit

$$\mathbf{y} = 13\mathbf{v}_1 + 6\mathbf{v}_2 - 19\mathbf{v}_3 + \mathbf{v}_4 \qquad \blacksquare$$

La méthode de l'exemple 1 s'applique à n'importe quels points $\mathbf{v}_1, \mathbf{v}_2, \ldots, \mathbf{v}_p$ de l'espace de $\mathbb{R}^n$. Le problème est cependant plus facile à traiter si les points $\mathbf{v}_i$ forment une base de $\mathbb{R}^n$. Soit $\mathcal{B} = (\mathbf{b}_1, \ldots, \mathbf{b}_n)$ une telle base. Tout vecteur $\mathbf{y}$ de $\mathbb{R}^n$ est alors de façon unique une combinaison *linéaire* de $\mathbf{b}_1, \ldots, \mathbf{b}_n$. Cette combinaison linéaire est une combinaison affine des $\mathbf{b}_i$ si et seulement si la somme des coefficients est égale à 1 (ces coefficients sont tout simplement les composantes de $\mathbf{y}$ dans la base $\mathcal{B}$ telles qu'elles ont été définies à la section 4.4).

EXEMPLE 2   Soit $\mathbf{b}_1 = \begin{bmatrix} 4 \\ 0 \\ 3 \end{bmatrix}$, $\mathbf{b}_2 = \begin{bmatrix} 0 \\ 4 \\ 2 \end{bmatrix}$, $\mathbf{b}_3 = \begin{bmatrix} 5 \\ 2 \\ 4 \end{bmatrix}$, $\mathbf{p}_1 = \begin{bmatrix} 2 \\ 0 \\ 0 \end{bmatrix}$ et $\mathbf{p}_2 = \begin{bmatrix} 1 \\ 2 \\ 2 \end{bmatrix}$.

La famille $\mathcal{B} = (\mathbf{b}_1, \mathbf{b}_2, \mathbf{b}_3)$ est une base de $\mathbb{R}^3$. Préciser si les points $\mathbf{p}_1$ et $\mathbf{p}_2$ sont des barycentres des points de $\mathcal{B}$.

SOLUTION   On détermine les composantes de $\mathbf{p}_1$ et $\mathbf{p}_2$ dans la base $\mathcal{B}$. On peut combiner ces deux calculs en un seul en appliquant la méthode du pivot à la matrice complétée par deux colonnes $[\, \mathbf{b}_1 \quad \mathbf{b}_2 \quad \mathbf{b}_3 \quad \mathbf{p}_1 \quad \mathbf{p}_2 \,]$:

$$\begin{bmatrix} 4 & 0 & 5 & 2 & 1 \\ 0 & 4 & 2 & 0 & 2 \\ 3 & 2 & 4 & 0 & 2 \end{bmatrix} \sim \begin{bmatrix} 1 & 0 & 0 & -2 & \frac{2}{3} \\ 0 & 1 & 0 & -1 & \frac{2}{3} \\ 0 & 0 & 1 & 2 & -\frac{1}{3} \end{bmatrix}$$

On lit les composantes de $\mathbf{p}_1$ dans la colonne 4 et celles de $\mathbf{p}_2$ dans la colonne 5 :

$$\mathbf{p}_1 = -2\mathbf{b}_1 - \mathbf{b}_2 + 2\mathbf{b}_3 \quad \text{et} \quad \mathbf{p}_2 = \tfrac{2}{3}\mathbf{b}_1 + \tfrac{2}{3}\mathbf{b}_2 - \tfrac{1}{3}\mathbf{b}_3$$

La somme des coefficients de la combinaison linéaire exprimant $\mathbf{p}_1$ n'est pas égale à 1, mais à -1. Donc $\mathbf{p}_1$ *n'est pas* un barycentre des $\mathbf{b}_i$. En revanche $\mathbf{p}_2$, lui, est bien un barycentre des $\mathbf{b}_i$ car, pour $\mathbf{p}_2$, la somme des coefficients vaut 1.   ■

DÉFINITION

> On dit qu'un ensemble S est une **variété affine** si pour tout couple $(\mathbf{p}, \mathbf{q})$ appartenant à S et pour tout réel t, le point $(1 - t)\mathbf{p} + t\mathbf{q}$ appartient à S.

Géométriquement, une variété affine est un ensemble tel que, dès qu'il contient deux points, il contient toute la droite joignant ces deux points (si S est réduit à un seul point $\mathbf{p}$, alors la « droite » passant par $\mathbf{p}$ et $\mathbf{p}$ se réduit à un point, c'est une « droite dégénérée »). D'un point de vue algébrique, pour que S soit une variété affine, il doit contenir toutes les combinaisons affines (les barycentres) de toute paire de points de S. Une propriété remarquable est que cela équivaut au fait que tous les barycentres de tous les ensembles finis de points de S appartiennent à S.

THÉORÈME 2

> Un ensemble S est une variété affine si et seulement si tout barycentre de points de S appartient à S. Autrement dit, S est une variété affine si et seulement si $S = \operatorname{aff} S$.

DÉMONSTRATION   Supposons que S soit une variété affine. On veut montrer que pour tout entier m, tout barycentre de tout ensemble de m points de S appartient à S. On raisonne par récurrence sur m. D'après la définition d'une variété affine, la propriété est vérifiée si m vaut 1 ou 2. Soit maintenant k un entier tel que tout barycentre d'au plus k points de S appartienne à S. Considérons un barycentre de $k + 1$ points de S. Autrement dit, on prend $k + 1$ points $\mathbf{v}_i$ de S pour $i = 1, \ldots, k + 1$ et l'on considère un point de la forme $\mathbf{y} = c_1\mathbf{v}_1 + \cdots + c_k\mathbf{v}_k + c_{k+1}\mathbf{v}_{k+1}$, où les c_i sont des réels tels que $c_1 + \cdots + c_{k+1} = 1$. Comme la somme des c_i vaut 1, l'un au moins est différent de 1. Quitte à réindexer les $\mathbf{v}_i$ et les c_i, on peut supposer $c_{k+1} \neq 1$. Posons $t = c_1 + \cdots + c_k$. Alors $t = 1 - c_{k+1} \neq 0$, d'où

$$\mathbf{y} = (1 - c_{k+1})\left(\frac{c_1}{t}\mathbf{v}_1 + \cdots + \frac{c_k}{t}\mathbf{v}_k\right) + c_{k+1}\mathbf{v}_{k+1} \tag{6}$$

Par hypothèse de récurrence, le point $\mathbf{z} = (c_1/t)\mathbf{v}_1 + \cdots + (c_k/t)\mathbf{v}_k$ appartient à S, car la somme des coefficients de cette combinaison linéaire vaut 1. La relation (6) exprime alors $\mathbf{y}$ comme barycentre de deux points de S donc, par hypothèse, $\mathbf{y} \in S$. D'après le principe de récurrence, tout barycentre de points de S appartient à S. On a ainsi montré l'inclusion aff $S \subset S$. Mais l'inclusion inverse, $S \subset$ aff S, est évidemment toujours vraie. Donc si S est une variété affine, $S =$ aff S. Inversement, si $S =$ aff S, alors tout barycentre de deux points (ou plus) de S appartient à S, donc S est une variété affine. ∎

La définition ci-dessous permet d'introduire une terminologie qui insiste sur le lien entre variétés affines et sous-espaces vectoriels de $\mathbb{R}^n$.

DÉFINITION

Soit S une partie et $\mathbf{p}$ un vecteur de $\mathbb{R}^n$. On appelle « translaté[3] de S par $\mathbf{p}$ » l'ensemble $S + \mathbf{p} = \{\mathbf{s} + \mathbf{p} : \mathbf{s} \in S\}$. On appelle **sous-espace affine** de $\mathbb{R}^n$ tout translaté d'un sous-espace vectoriel de $\mathbb{R}^n$. On dit que deux sous-espaces affines sont **parallèles** si l'un est un translaté de l'autre. On appelle **dimension d'un sous-espace affine** la dimension du sous-espace vectoriel qui lui est parallèle. On appelle **dimension d'une partie** S de $\mathbb{R}^n$, et l'on note dim S, la dimension du plus petit sous-espace affine contenant S. Un sous-espace affine de $\mathbb{R}^n$ de dimension 1 est appelé **droite**. Un sous-espace affine de dimension $n - 1$ de $\mathbb{R}^n$ est appelé **hyperplan**.

Les sous-espaces vectoriels stricts[4] de $\mathbb{R}^3$ sont l'origine $\mathbf{0}$, les droites vectorielles et les plans vectoriels. Par conséquent, les sous-espaces affines stricts de $\mathbb{R}^3$ sont les points (de dimension 0), les droites (de dimension 1) et les plans (de dimension 2), qu'ils passent ou non par l'origine, c'est-à-dire qu'ils soient ou non des sous-espaces vectoriels.

Le théorème qui suit montre que ces descriptions géométriques des droites et des plans de $\mathbb{R}^3$ (comme translatés de sous-espaces vectoriels) coïncident en fait avec les descriptions algébriques données précédemment (comme ensembles de barycentres respectivement de deux ou de trois points).

THÉORÈME 3

Une partie non vide de $\mathbb{R}^n$ est une variété affine si et seulement si c'est un sous-espace affine.

DÉMONSTRATION Soit S une variété affine et $\mathbf{p}$ un point fixé de S. On considère l'espace $W = S + (-\mathbf{p})$, soit $S = W + \mathbf{p}$. Pour montrer que S est un sous-espace affine, il suffit de montrer que W est un sous-espace vectoriel de $\mathbb{R}^n$. Le point $\mathbf{p}$ appartient à S, donc le vecteur nul appartient à W. Pour montrer que W est stable par addition et par multiplication par un scalaire, il suffit de montrer que, étant donné deux éléments $\mathbf{u}_1$ et $\mathbf{u}_2$ de W, le vecteur $\mathbf{u}_1 + t\mathbf{u}_2$ appartient à W quel que soit le réel t. Puisque $\mathbf{u}_1$ et $\mathbf{u}_2$ appartiennent à W, il existe deux points $\mathbf{s}_1$ et $\mathbf{s}_2$ de S tels que $\mathbf{u}_1 = \mathbf{s}_1 - \mathbf{p}$ et $\mathbf{u}_2 = \mathbf{s}_2 - \mathbf{p}$. Par conséquent, quel que soit le réel t,

$$\mathbf{u}_1 + t\mathbf{u}_2 = (\mathbf{s}_1 - \mathbf{p}) + t(\mathbf{s}_2 - \mathbf{p})$$
$$= (1 - t)\mathbf{s}_1 + t(\mathbf{s}_1 + \mathbf{s}_2 - \mathbf{p}) - \mathbf{p}$$

---

[3] Si $\mathbf{p} = \mathbf{0}$, ce translaté est tout simplement S lui-même (voir figure 4, section 1.5).

[4] On dit qu'une partie A d'un ensemble B est une **partie stricte** de B si $A \neq B$; on définit de même les sous-espaces vectoriels et les sous-espaces affines stricts de $\mathbb{R}^n$: ce sont ceux qui sont distincts de $\mathbb{R}^n$.

Posons $\mathbf{y} = \mathbf{s}_1 + \mathbf{s}_2 - \mathbf{p}$. Ce point est un barycentre de points de S, donc, comme S est une variété affine, il appartient, d'après le théorème 2, à S. Il en résulte alors que $(1 - t)\mathbf{s}_1 + t\mathbf{y}$ appartient aussi à S. Donc $\mathbf{u}_1 + t\mathbf{u}_2$ appartient à $-\mathbf{p} + S = W$. On a bien montré que W était un sous-espace vectoriel de $\mathbb{R}^n$. Comme $S = W + \mathbf{p}$, S est bien un sous-espace affine.

Inversement, supposons que S soit un sous-espace affine, c'est-à-dire qu'il existe un vecteur $\mathbf{p}$ de $\mathbb{R}^n$ et un sous-espace vectoriel W tels que $S = W + \mathbf{p}$. Il suffit, pour montrer que S est une variété affine, de montrer que pour tout couple $(\mathbf{s}_1, \mathbf{s}_2)$ de points de S, la droite passant par $\mathbf{s}_1$ et $\mathbf{s}_2$ est incluse dans S. Par définition de W, il existe $\mathbf{u}_1$ et $\mathbf{u}_2$ dans W tels que $\mathbf{s}_1 = \mathbf{u}_1 + \mathbf{p}$ et $\mathbf{s}_2 = \mathbf{u}_2 + \mathbf{p}$. Donc, pour tout réel t,

$$(1 - t)\mathbf{s}_1 + t\mathbf{s}_2 = (1 - t)(\mathbf{u}_1 + \mathbf{p}) + t(\mathbf{u}_2 + \mathbf{p})$$
$$= (1 - t)\mathbf{u}_1 + t\mathbf{u}_2 + \mathbf{p}$$

Mais W est un sous-espace vectoriel, donc $(1 - t)\mathbf{u}_1 + t\mathbf{u}_2 \in W$, ce qui montre finalement que $(1 - t)\mathbf{s}_1 + t\mathbf{s}_2 \in W + \mathbf{p} = S$. On a bien montré que S était une variété affine. ■

Le théorème 3 permet d'interpréter géométriquement la notion de sous-espace affine engendré par un ensemble : il s'agit du sous-espace affine constitué de tous les barycentres de tous les points de cet ensemble. On a représenté par exemple à la figure 3 les points étudiés dans l'exemple 2 . L'ensemble des combinaisons *linéaires* de $\mathbf{b}_1, \mathbf{b}_2$ et $\mathbf{b}_3$ est $\mathbb{R}^3$ tout entier, alors que l'ensemble des combinaisons *affines* (autrement dit des barycentres) de ces points se limite au plan passant par $\mathbf{b}_1, \mathbf{b}_2$ et $\mathbf{b}_3$. On remarque que le point $\mathbf{p}_2$ de l'exemple 2 appartient à ce plan, alors que le point $\mathbf{p}_1$ ne lui appartient pas (voir aussi exercice 14).

L'exemple qui suit permet de porter un regard neuf sur un ensemble bien connu : l'ensemble des solutions d'un système linéaire $A\mathbf{x} = \mathbf{b}$.

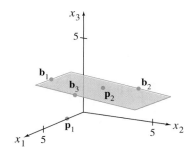

FIGURE 3

EXEMPLE 3 Considérons un système linéaire $A\mathbf{x} = \mathbf{b}$ dont les solutions sont les vecteurs de la forme $\mathbf{x} = x_3\mathbf{u} + \mathbf{p}$, avec $\mathbf{u} = \begin{bmatrix} 2 \\ -3 \\ 1 \end{bmatrix}$ et $\mathbf{p} = \begin{bmatrix} 4 \\ 0 \\ -3 \end{bmatrix}$. On a vu à la section 1.5 que l'ensemble des solutions était parallèle à l'ensemble des solutions du système $A\mathbf{x} = \mathbf{0}$, lequel consiste en l'ensemble des points de la forme $x_3\mathbf{u}$. Déterminer deux points $\mathbf{v}_1$ et $\mathbf{v}_2$ tels que l'ensemble des solutions du système $A\mathbf{x} = \mathbf{b}$ soit égal à aff$\{\mathbf{v}_1, \mathbf{v}_2\}$.

SOLUTION L'ensemble des solutions est la droite passant par $\mathbf{p}$ dirigée par $\mathbf{u}$ (voir figure 1). Comme aff$\{\mathbf{v}_1, \mathbf{v}_2\}$ n'est autre que la droite passant par $\mathbf{v}_1$ et $\mathbf{v}_2$, il suffit de déterminer deux points distincts sur la droite $\mathbf{x} = x_3\mathbf{u} + \mathbf{p}$. Le plus simple est de choisir $x_3 = 0$ et $x_3 = 1$, soit $\mathbf{v}_1 = \mathbf{p}$ et

$$\mathbf{v}_2 = \mathbf{u} + \mathbf{p} = \begin{bmatrix} 2 \\ -3 \\ 1 \end{bmatrix} + \begin{bmatrix} 4 \\ 0 \\ -3 \end{bmatrix} = \begin{bmatrix} 6 \\ -3 \\ -2 \end{bmatrix}$$

Cela revient dans ce cas à décrire l'ensemble des solutions comme un ensemble de barycentres de la forme

$$\mathbf{x} = (1 - x_3)\begin{bmatrix} 4 \\ 0 \\ -3 \end{bmatrix} + x_3 \begin{bmatrix} 6 \\ -3 \\ -2 \end{bmatrix}$$ ■

Le théorème 1 faisait, en début de chapitre, un lien important entre les barycentres (ou combinaisons affines) et les combinaisons linéaires. Le théorème qui suit apporte un point de vue encore différent qui, dans le cas de $\mathbb{R}^2$ et $\mathbb{R}^3$, est intimement lié aux applications en infographie expliquées à la section suivante (ainsi qu'à la section 2.7).

DÉFINITION

Soit $\mathbf{v}$ un vecteur de $\mathbb{R}^n$. On appelle **coordonnées homogènes normalisées** de $\mathbf{v}$ le vecteur $\tilde{\mathbf{v}}$ de $\mathbb{R}^{n+1}$ défini par $\tilde{\mathbf{v}} = \begin{bmatrix} \mathbf{v} \\ 1 \end{bmatrix}$.

THÉORÈME 4

Un point $\mathbf{y}$ de $\mathbb{R}^n$ est un barycentre de points $\mathbf{v}_1, \ldots, \mathbf{v}_p$ de $\mathbb{R}^n$ si et seulement si ses coordonnées homogènes normalisées appartiennent à $\text{Vect}\{\tilde{\mathbf{v}}_1, \ldots, \tilde{\mathbf{v}}_p\}$. Plus précisément, $\mathbf{y} = c_1\mathbf{v}_1 + \cdots + c_p\mathbf{v}_p$, avec $c_1 + \cdots + c_p = 1$, si et seulement si $\tilde{\mathbf{y}} = c_1\tilde{\mathbf{v}}_1 + \cdots + c_p\tilde{\mathbf{v}}_p$.

DÉMONSTRATION Un point $\mathbf{y}$ appartient à $\text{aff}\{\mathbf{v}_1, \ldots, \mathbf{v}_p\}$ si et seulement si il existe des coefficients $c_1, \ldots, c_p$ tels que

$$\begin{bmatrix} \mathbf{y} \\ 1 \end{bmatrix} = c_1 \begin{bmatrix} \mathbf{v}_1 \\ 1 \end{bmatrix} + c_2 \begin{bmatrix} \mathbf{v}_2 \\ 1 \end{bmatrix} + \cdots + c_p \begin{bmatrix} \mathbf{v}_p \\ 1 \end{bmatrix}$$

Cela équivaut à dire que $\tilde{\mathbf{y}}$ appartient à $\text{Vect}\{\tilde{\mathbf{v}}_1, \tilde{\mathbf{v}}_2, \ldots, \tilde{\mathbf{v}}_p\}$. ■

EXEMPLE 4 On pose $\mathbf{v}_1 = \begin{bmatrix} 3 \\ 1 \\ 1 \end{bmatrix}$, $\mathbf{v}_2 = \begin{bmatrix} 1 \\ 2 \\ 2 \end{bmatrix}$, $\mathbf{v}_3 = \begin{bmatrix} 1 \\ 7 \\ 1 \end{bmatrix}$ et $\mathbf{p} = \begin{bmatrix} 4 \\ 3 \\ 0 \end{bmatrix}$. En utilisant le théorème 4, exprimer si possible $\mathbf{p}$ comme barycentre de $\mathbf{v}_1$, $\mathbf{v}_2$ et $\mathbf{v}_3$.

SOLUTION On utilise la méthode du pivot pour résoudre l'équation

$$x_1\tilde{\mathbf{v}}_1 + x_2\tilde{\mathbf{v}}_2 + x_3\tilde{\mathbf{v}}_3 = \tilde{\mathbf{p}}$$

Pour simplifier les calculs, on amène la dernière ligne de 1 en première position (ce qui revient à effectuer trois échanges). Cela fait, le nombre d'opérations arithmétiques à effectuer est identique à celui de la méthode utilisant le théorème 1.

$$[\,\tilde{\mathbf{v}}_1 \quad \tilde{\mathbf{v}}_2 \quad \tilde{\mathbf{v}}_3 \quad \tilde{\mathbf{p}}\,] \sim \begin{bmatrix} 1 & 1 & 1 & 1 \\ 3 & 1 & 1 & 4 \\ 1 & 2 & 7 & 3 \\ 1 & 2 & 1 & 0 \end{bmatrix} \sim \begin{bmatrix} 1 & 1 & 1 & 1 \\ 0 & -2 & -2 & 1 \\ 0 & 1 & 6 & 2 \\ 0 & 1 & 0 & -1 \end{bmatrix}$$

$$\sim \cdots \sim \begin{bmatrix} 1 & 0 & 0 & 1{,}5 \\ 0 & 1 & 0 & -1 \\ 0 & 0 & 1 & 0{,}5 \\ 0 & 0 & 0 & 0 \end{bmatrix}$$

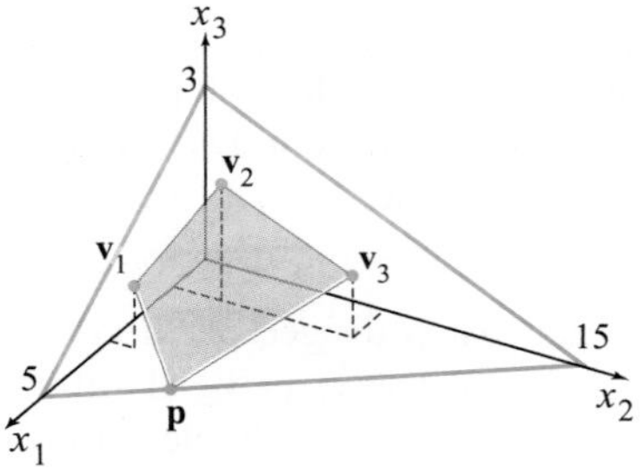

FIGURE 4

D'après le théorème 4, on obtient $1{,}5\mathbf{v}_1 - \mathbf{v}_2 + 0{,}5\mathbf{v}_3 = \mathbf{p}$. La figure 4 représente le plan contenant les points $\mathbf{v}_1$, $\mathbf{v}_2$, $\mathbf{v}_3$ et $\mathbf{p}$, ainsi que les axes de coordonnées. ■

EXERCICE D'ENTRAÎNEMENT

Dessiner les points $\mathbf{v}_1 = \begin{bmatrix} 1 \\ 0 \end{bmatrix}$, $\mathbf{v}_2 = \begin{bmatrix} -1 \\ 2 \end{bmatrix}$, $\mathbf{v}_3 = \begin{bmatrix} 3 \\ 1 \end{bmatrix}$ et $\mathbf{p} = \begin{bmatrix} 4 \\ 3 \end{bmatrix}$ sur du papier millimétré et justifier le fait que $\mathbf{p}$ est nécessairement un barycentre de $\mathbf{v}_1$, $\mathbf{v}_2$ et $\mathbf{v}_3$. Expliciter ensuite les coefficients correspondants. [*Indication :* Quelle est la dimension de l'ensemble $\text{aff}\{\mathbf{v}_1, \mathbf{v}_2, \mathbf{v}_3\}$?]

8.1 EXERCICES

Dans les exercices 1 à 4, exprimer si possible **y** comme barycentre des autres points.

1. $\mathbf{v}_1 = \begin{bmatrix} 1 \\ 2 \end{bmatrix}, \mathbf{v}_2 = \begin{bmatrix} -2 \\ 2 \end{bmatrix}, \mathbf{v}_3 = \begin{bmatrix} 0 \\ 4 \end{bmatrix}, \mathbf{v}_4 = \begin{bmatrix} 3 \\ 7 \end{bmatrix}, \mathbf{y} = \begin{bmatrix} 5 \\ 3 \end{bmatrix}$

2. $\mathbf{v}_1 = \begin{bmatrix} 1 \\ 1 \end{bmatrix}, \mathbf{v}_2 = \begin{bmatrix} -1 \\ 2 \end{bmatrix}, \mathbf{v}_3 = \begin{bmatrix} 3 \\ 2 \end{bmatrix}, \mathbf{y} = \begin{bmatrix} 5 \\ 7 \end{bmatrix}$

3. $\mathbf{v}_1 = \begin{bmatrix} -3 \\ 1 \\ 1 \end{bmatrix}, \mathbf{v}_2 = \begin{bmatrix} 0 \\ 4 \\ -2 \end{bmatrix}, \mathbf{v}_3 = \begin{bmatrix} 4 \\ -2 \\ 6 \end{bmatrix}, \mathbf{y} = \begin{bmatrix} 17 \\ 1 \\ 5 \end{bmatrix}$

4. $\mathbf{v}_1 = \begin{bmatrix} 1 \\ 2 \\ 0 \end{bmatrix}, \mathbf{v}_2 = \begin{bmatrix} 2 \\ -6 \\ 7 \end{bmatrix}, \mathbf{v}_3 = \begin{bmatrix} 4 \\ 3 \\ 1 \end{bmatrix}, \mathbf{y} = \begin{bmatrix} -3 \\ 4 \\ -4 \end{bmatrix}$

Dans les exercices 5 et 6, on pose $\mathbf{b}_1 = \begin{bmatrix} 2 \\ 1 \\ 1 \end{bmatrix}$, $\mathbf{b}_2 = \begin{bmatrix} 1 \\ 0 \\ -2 \end{bmatrix}$, $\mathbf{b}_3 = \begin{bmatrix} 2 \\ -5 \\ 1 \end{bmatrix}$ et $S = \{\mathbf{b}_1, \mathbf{b}_2, \mathbf{b}_3\}$. On remarque que les vecteurs de S constituent une base orthogonale de $\mathbb{R}^3$. Exprimer si possible chacun des points indiqués comme barycentre des points de S. [*Indication :* Utiliser le théorème 5 de la section 6.2 plutôt que la méthode du pivot pour déterminer les coefficients.]

5. a. $\mathbf{p}_1 = \begin{bmatrix} 3 \\ 8 \\ 4 \end{bmatrix}$ b. $\mathbf{p}_2 = \begin{bmatrix} 6 \\ -3 \\ 3 \end{bmatrix}$ c. $\mathbf{p}_3 = \begin{bmatrix} 0 \\ -1 \\ -5 \end{bmatrix}$

6. a. $\mathbf{p}_1 = \begin{bmatrix} 0 \\ -19 \\ -5 \end{bmatrix}$ b. $\mathbf{p}_2 = \begin{bmatrix} 1,5 \\ -1,3 \\ -0,5 \end{bmatrix}$ c. $\mathbf{p}_3 = \begin{bmatrix} 5 \\ -4 \\ 0 \end{bmatrix}$

7. On pose

$\mathbf{v}_1 = \begin{bmatrix} 1 \\ 0 \\ 3 \\ 0 \end{bmatrix}, \quad \mathbf{v}_2 = \begin{bmatrix} 2 \\ -1 \\ 0 \\ 4 \end{bmatrix}, \quad \mathbf{v}_3 = \begin{bmatrix} -1 \\ 2 \\ 1 \\ 1 \end{bmatrix},$

$\mathbf{p}_1 = \begin{bmatrix} 5 \\ -3 \\ 5 \\ 3 \end{bmatrix}, \quad \mathbf{p}_2 = \begin{bmatrix} -9 \\ 10 \\ 9 \\ -13 \end{bmatrix}, \quad \mathbf{p}_3 = \begin{bmatrix} 4 \\ 2 \\ 8 \\ 5 \end{bmatrix},$

et $S = \{\mathbf{v}_1, \mathbf{v}_2, \mathbf{v}_3\}$. On montre facilement que les vecteurs de S sont linéairement indépendants.

a. $\mathbf{p}_1$ appartient-il à Vect S ? à aff S ?

b. $\mathbf{p}_2$ appartient-il à Vect S ? à aff S ?

c. $\mathbf{p}_3$ appartient-il à Vect S ? à aff S ?

8. Reprendre l'exercice 7 avec

$\mathbf{v}_1 = \begin{bmatrix} 1 \\ 0 \\ 3 \\ -2 \end{bmatrix}, \quad \mathbf{v}_2 = \begin{bmatrix} 2 \\ 1 \\ 6 \\ -5 \end{bmatrix}, \quad \mathbf{v}_3 = \begin{bmatrix} 3 \\ 0 \\ 12 \\ -6 \end{bmatrix},$

$\mathbf{p}_1 = \begin{bmatrix} 4 \\ -1 \\ 15 \\ -7 \end{bmatrix}, \quad \mathbf{p}_2 = \begin{bmatrix} -5 \\ 3 \\ -8 \\ 6 \end{bmatrix} \quad \text{et} \quad \mathbf{p}_3 = \begin{bmatrix} 1 \\ 6 \\ -6 \\ -8 \end{bmatrix}.$

9. On considère un système linéaire $A\mathbf{x} = \mathbf{b}$ dont les solutions sont les vecteurs de la forme $\mathbf{x} = x_3\mathbf{u} + \mathbf{p}$, avec $\mathbf{u} = \begin{bmatrix} 4 \\ -2 \end{bmatrix}$ et $\mathbf{p} = \begin{bmatrix} -3 \\ 0 \end{bmatrix}$. Déterminer deux points $\mathbf{v}_1$ et $\mathbf{v}_2$ tels que l'ensemble des solutions de $A\mathbf{x} = \mathbf{b}$ soit aff $\{\mathbf{v}_1, \mathbf{v}_2\}$.

10. On considère un système linéaire $A\mathbf{x} = \mathbf{b}$ dont les solutions sont les vecteurs de la forme $\mathbf{x} = x_3\mathbf{u} + \mathbf{p}$, avec $\mathbf{u} = \begin{bmatrix} 5 \\ 1 \\ -2 \end{bmatrix}$ et $\mathbf{p} = \begin{bmatrix} 1 \\ -3 \\ 4 \end{bmatrix}$. Déterminer deux points $\mathbf{v}_1$ et $\mathbf{v}_2$ tels que l'ensemble des solutions de $A\mathbf{x} = \mathbf{b}$ soit aff $\{\mathbf{v}_1, \mathbf{v}_2\}$.

Dans les exercices 11 et 12, dire de chaque énoncé s'il est vrai ou faux. Justifier les réponses.

11. a. On appelle « espace affine engendré par S » l'ensemble des barycentres des points de S.

b. Si $(\mathbf{b}_1, \ldots, \mathbf{b}_k)$ est une famille libre de vecteurs de $\mathbb{R}^n$ et si $\mathbf{p}$ est une combinaison linéaire de $\mathbf{b}_1, \ldots, \mathbf{b}_k$, alors $\mathbf{p}$ est un barycentre de $\mathbf{b}_1, \ldots, \mathbf{b}_k$.

c. Le sous-espace affine engendré par deux points distincts est appelé « droite ».

d. Tout sous-espace affine est un sous-espace vectoriel.

e. Un plan de $\mathbb{R}^3$ est un hyperplan.

12. a. Si $S = \{\mathbf{x}\}$, alors aff S est égal à l'ensemble vide.

b. Un ensemble est une variété affine si et seulement si il contient le sous-espace affine qu'il engendre.

c. Un sous-espace affine de dimension 1 est appelé « droite ».

d. Un sous-espace affine de dimension 2 est appelé « hyperplan ».

e. Tout sous-espace affine passant par l'origine est un sous-espace vectoriel.

13. Soit $(\mathbf{v}_1, \mathbf{v}_2, \mathbf{v}_3)$ une base de $\mathbb{R}^3$. Montrer que le sous-espace Vect $\{\mathbf{v}_2 - \mathbf{v}_1, \mathbf{v}_3 - \mathbf{v}_1\}$ est un plan de $\mathbb{R}^3$. [*Indication :* À quelle condition concernant $\mathbf{u}$ et $\mathbf{v}$ Vect $\{\mathbf{u}, \mathbf{v}\}$ est-il un plan ?]

14. Montrer que si $(\mathbf{v}_1, \mathbf{v}_2, \mathbf{v}_3)$ est une base de $\mathbb{R}^3$, alors aff $\{\mathbf{v}_1, \mathbf{v}_2, \mathbf{v}_3\}$ est le plan passant par $\mathbf{v}_1$, $\mathbf{v}_2$, et $\mathbf{v}_3$.

15. Soit A une matrice $m \times n$ et $\mathbf{b}$ un vecteur de $\mathbb{R}^m$. Montrer que l'ensemble S des solutions du système $A\mathbf{x} = \mathbf{b}$ est un sous-espace affine de $\mathbb{R}^n$.

16. Soit $\mathbf{v} \in \mathbb{R}^n$ et $k \in \mathbb{R}$. Démontrer que $S = \{\mathbf{x} \in \mathbb{R}^n : \mathbf{x} \cdot \mathbf{v} = k\}$ est un sous-espace affine de $\mathbb{R}^n$.

17. Trouver un exemple d'ensemble S de trois points tel que aff S soit le plan de $\mathbb{R}^3$ d'équation $x_3 = 5$. Justifier ce choix.

18. Trouver un exemple d'ensemble S de quatre points distincts tel que aff S soit le plan de $\mathbb{R}^3$ d'équation $2x_1 + x_2 - 3x_3 = 12$. Justifier ce choix.

19. Soit S un sous-espace affine de $\mathbb{R}^n$ et $f : \mathbb{R}^n \to \mathbb{R}^m$ une application linéaire. On note $f(S)$ l'ensemble $\{f(\mathbf{x}) : \mathbf{x} \in S\}$. Démontrer que $f(S)$ est un sous-espace affine de $\mathbb{R}^m$.

20. Soit $f : \mathbb{R}^n \to \mathbb{R}^m$ une application linéaire, T un sous-espace affine de $\mathbb{R}^m$ et $S = \{\mathbf{x} \in \mathbb{R}^n : f(\mathbf{x}) \in T\}$. Montrer que S est un sous-espace affine de $\mathbb{R}^n$.

Dans les exercices 21 à 26, démontrer les propriétés énoncées ou trouver l'exemple demandé. Ici, A et B désignent des parties de $\mathbb{R}^n$. On peut utiliser dans un exercice le résultat d'un exercice précédent (ainsi, bien entendu, que les théorèmes énoncés dans le cours).

21. Si $A \subset B$ et si B est un sous-espace affine, alors aff $A \subset B$.

22. Si $A \subset B$, alors aff $A \subset$ aff B.

23. $[(\text{aff } A) \cup (\text{aff } B)] \subset \text{aff } (A \cup B)$. [*Indication :* Pour montrer que $D \cup E \subset F$, montrer que $D \subset F$ et $E \subset F$.]

24. Trouver un exemple dans $\mathbb{R}^2$ montrant qu'il n'y a pas forcément égalité dans l'inclusion énoncée à l'exercice 23. [*Indication :* Considérer des ensembles A et B ne contenant qu'un ou deux points.]

25. aff $(A \cap B) \subset (\text{aff } A \cap \text{aff } B)$.

26. Trouver un exemple dans $\mathbb{R}^2$ montrant qu'il n'y a pas forcément égalité dans l'inclusion énoncée à l'exercice 25.

SOLUTION DE L'EXERCICE D'ENTRAÎNEMENT

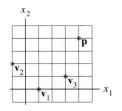

Comme les points $\mathbf{v}_1$, $\mathbf{v}_2$ et $\mathbf{v}_3$ ne sont pas alignés (c'est-à-dire qu'ils ne sont pas tous sur une même droite), aff $\{\mathbf{v}_1, \mathbf{v}_2, \mathbf{v}_3\}$ n'est pas de dimension 1. Donc, aff $\{\mathbf{v}_1, \mathbf{v}_2, \mathbf{v}_3\}$ est nécessairement égal à $\mathbb{R}^2$. Pour expliciter les coefficients qui font de $\mathbf{p}$ un barycentre de $\mathbf{v}_1$, $\mathbf{v}_2$ et $\mathbf{v}_3$, on calcule d'abord

$$\mathbf{v}_2 - \mathbf{v}_1 = \begin{bmatrix} -2 \\ 2 \end{bmatrix}, \quad \mathbf{v}_3 - \mathbf{v}_1 = \begin{bmatrix} 2 \\ 1 \end{bmatrix} \quad \text{et} \quad \mathbf{p} - \mathbf{v}_1 = \begin{bmatrix} 3 \\ 3 \end{bmatrix}$$

On veut ensuite exprimer $\mathbf{p} - \mathbf{v}_1$ comme combinaison linéaire de $\mathbf{v}_2 - \mathbf{v}_1$ et $\mathbf{v}_3 - \mathbf{v}_1$. On applique pour cela la méthode du pivot à la matrice constituée de ces trois vecteurs :

$$\begin{bmatrix} -2 & 2 & 3 \\ 2 & 1 & 3 \end{bmatrix} \sim \begin{bmatrix} 1 & 0 & \frac{1}{2} \\ 0 & 1 & 2 \end{bmatrix}$$

On a donc $\mathbf{p} - \mathbf{v}_1 = \frac{1}{2}(\mathbf{v}_2 - \mathbf{v}_1) + 2(\mathbf{v}_3 - \mathbf{v}_1)$, d'où l'on tire

$$\mathbf{p} = \left(1 - \tfrac{1}{2} - 2\right)\mathbf{v}_1 + \tfrac{1}{2}\mathbf{v}_2 + 2\mathbf{v}_3 = -\tfrac{3}{2}\mathbf{v}_1 + \tfrac{1}{2}\mathbf{v}_2 + 2\mathbf{v}_3$$

Les coefficients ont pour somme 1, donc on a bien exprimé $\mathbf{p}$ comme barycentre de $\mathbf{v}_1$, $\mathbf{v}_2$ et $\mathbf{v}_3$.

On peut aussi utiliser la méthode des coordonnées homogènes de l'exemple 3 et appliquer la méthode du pivot à

$$\begin{bmatrix} \mathbf{v}_1 & \mathbf{v}_2 & \mathbf{v}_3 & \mathbf{p} \\ 1 & 1 & 1 & 1 \end{bmatrix} \sim \begin{bmatrix} 1 & 1 & 1 & 1 \\ 1 & -1 & 3 & 4 \\ 0 & 2 & 1 & 3 \end{bmatrix} \sim \begin{bmatrix} 1 & 0 & 0 & -\frac{3}{2} \\ 0 & 1 & 0 & \frac{1}{2} \\ 0 & 0 & 1 & 2 \end{bmatrix}$$

On obtient à nouveau $\mathbf{p} = -\frac{3}{2}\mathbf{v}_1 + \frac{1}{2}\mathbf{v}_2 + 2\mathbf{v}_3$.

8.2 | INDÉPENDANCE AFFINE

On se propose dans cette section de continuer à explorer les liens entre les notions linéaires et les notions affines. Considérons d'abord une famille $F = (\mathbf{v}_1, \mathbf{v}_2, \mathbf{v}_3)$ de trois vecteurs de $\mathbb{R}^3$. Si cette famille est liée, l'un des vecteurs est une combinaison linéaire des autres. On peut se demander à quelle condition l'un des vecteurs est une combinaison *affine* (c'est-à-dire un barycentre) des autres. Supposons par exemple qu'il existe un réel t tel que

$$\mathbf{v}_3 = (1-t)\mathbf{v}_1 + t\mathbf{v}_2$$

Alors

$$(1-t)\mathbf{v}_1 + t\mathbf{v}_2 - \mathbf{v}_3 = \mathbf{0}$$

Il s'agit d'une relation de dépendance linéaire, car les coefficients ne sont pas tous nuls. Mais il y a plus : la somme $(1-t) + t + (-1)$ des coefficients est nulle.

C'est cette propriété supplémentaire qui permet de définir la notion de *dépendance affine*.

DÉFINITION

> On dit qu'une **famille** $(\mathbf{v}_1, \dots, \mathbf{v}_p)$ de points de $\mathbb{R}^n$ est **affinement liée** (et que ses **points** sont **affinement dépendants**) s'il existe des réels $c_1, \dots, c_p$ non tous nuls tels que
>
> $$c_1 + \cdots + c_p = 0 \quad \text{et} \quad c_1\mathbf{v}_1 + \cdots + c_p\mathbf{v}_p = \mathbf{0} \qquad (1)$$
>
> On dit, sinon, que la **famille** est **affinement libre** (et que ses **points** sont **affinement indépendants**).

De même qu'une combinaison affine est un type particulier de combinaison linéaire, la dépendance affine est un cas particulier de dépendance linéaire. Des vecteurs affinement dépendants sont donc nécessairement linéairement dépendants.

Une famille $(\mathbf{v}_1)$ constituée d'un seul point (même si c'est le vecteur nul) est toujours affinement libre, car les propriétés des coefficients c_i définissant la dépendance linéaire ne peuvent être vérifiées s'il n'y a qu'un seul coefficient. Pour $(\mathbf{v}_1)$, la première relation exprimée en (1) s'écrit simplement $c_1 = 0$, alors que l'un au moins des coefficients (ici, il n'y en a qu'un) doit être non nul.

On montre dans l'exercice 13 qu'une famille $(\mathbf{v}_1, \mathbf{v}_2)$ de deux vecteurs est affinement liée si et seulement si $\mathbf{v}_1 = \mathbf{v}_2$. Le théorème 5 suivant aborde le cas général et montre les liens entre dépendance affine et dépendance linéaire. Les propriétés (c) et (d) fournissent des méthodes permettant de déterminer si des vecteurs sont affinement dépendants. On rappelle la notation introduite à la section 8.1 : si $\mathbf{v}$ est un vecteur de $\mathbb{R}^n$, alors $\tilde{\mathbf{v}}$ désigne le vecteur de $\mathbb{R}^{n+1}$ correspondant aux coordonnées homogènes normalisées de $\mathbf{v}$.

THÉORÈME 5

> Soit $F = (\mathbf{v}_1, \dots, \mathbf{v}_p)$, avec $p \geq 2$, une famille de vecteurs de $\mathbb{R}^n$. Les propriétés suivantes sont logiquement équivalentes, c'est-à-dire soit toutes vraies, soit toutes fausses.
>
> a. F est affinement liée.
>
> b. L'un au moins des points de F est un barycentre des autres points de F.
>
> c. La famille $(\mathbf{v}_2 - \mathbf{v}_1, \dots, \mathbf{v}_p - \mathbf{v}_1)$ de vecteurs de $\mathbb{R}^n$ est liée.
>
> d. La famille $(\tilde{\mathbf{v}}_1, \dots, \tilde{\mathbf{v}}_p)$ de vecteurs de $\mathbb{R}^{n+1}$, constitués des coordonnées homogènes des $\mathbf{v}_i$, est liée.

DÉMONSTRATION Supposons vraie la propriété (a) et soit $c_1, \ldots, c_p$ des coefficients vérifiant les deux relations indiquées en (1). Quitte à renommer les points, on peut supposer que $c_1 \neq 0$ et diviser les deux relations par c_1. On a donc

$$1 + (c_2/c_1) + \cdots + (c_p/c_1) = 0$$

et

$$\mathbf{v}_1 = (-c_2/c_1)\mathbf{v}_2 + \cdots + (-c_p/c_1)\mathbf{v}_p \tag{2}$$

On constate que la somme des coefficients de la relation (2) est égale à 1. Donc la propriété (a) implique la propriété (b). Supposons maintenant vraie la propriété (b). Quitte à renommer les points, on peut supposer par exemple que $\mathbf{v}_1 = c_2\mathbf{v}_2 + \cdots + c_p\mathbf{v}_p$, avec $c_2 + \cdots + c_p = 1$. Alors

$$(c_2 + \cdots + c_p)\mathbf{v}_1 = c_2\mathbf{v}_2 + \cdots + c_p\mathbf{v}_p \tag{3}$$

soit

$$c_2(\mathbf{v}_2 - \mathbf{v}_1) + \cdots + c_p(\mathbf{v}_p - \mathbf{v}_1) = \mathbf{0} \tag{4}$$

Les coefficients $c_2, \ldots, c_p$ ne sont pas tous nuls car leur somme est égale à 1. Donc la propriété (b) implique la propriété (c).

Supposons ensuite vraie la propriété (c). Alors il existe des coefficients $c_2, \ldots, c_p$, non tous nuls, vérifiant la relation (4). On réécrit celle-ci sous la forme (3) et l'on pose $c_1 = -(c_2 + \cdots + c_p)$. On a bien $c_1 + \cdots + c_p = 0$ et la relation (3) donne l'une des relations de (1). Donc la propriété (c) implique la propriété (a) et l'on a montré que les propriétés (a), (b) et (c) sont logiquement équivalentes. Enfin, la propriété (d) est équivalente à la propriété (a) car les deux relations en (1) équivalent à la relation suivante entre les coordonnées homogènes des points de F :

$$c_1 \begin{bmatrix} \mathbf{v}_1 \\ 1 \end{bmatrix} + \cdots + c_p \begin{bmatrix} \mathbf{v}_p \\ 1 \end{bmatrix} = \begin{bmatrix} \mathbf{0} \\ 0 \end{bmatrix} \qquad \blacksquare$$

Dans la propriété (c) du théorème 5, on peut remplacer $\mathbf{v}_1$ par n'importe lequel des points $\mathbf{v}_2, \ldots, \mathbf{v}_p$. La démonstration est la même aux notations près. Donc, pour savoir si des points sont affinement dépendants, on retranche l'un d'eux aux autres et l'on vérifie si les $p - 1$ vecteurs ainsi obtenus sont linéairement dépendants.

EXEMPLE 1 Le sous-espace affine engendré par deux points distincts $\mathbf{p}$ et $\mathbf{q}$ est une droite. Si un troisième point $\mathbf{r}$ est situé sur cette droite, alors les points $\mathbf{p}, \mathbf{q}$ et $\mathbf{r}$ sont affinement dépendants. Si un point $\mathbf{s}$ n'est pas situé sur la droite passant par $\mathbf{p}$ et $\mathbf{q}$, alors ces trois points ne sont pas alignés et $\mathbf{p}, \mathbf{q}$ et $\mathbf{s}$ sont affinement indépendants (voir figure 1). $\blacksquare$

FIGURE 1 $\mathbf{p}, \mathbf{q}$ et $\mathbf{r}$ sont affinement dépendants.

EXEMPLE 2   On considère les vecteurs $\mathbf{v}_1 = \begin{bmatrix} 1 \\ 3 \\ 7 \end{bmatrix}$, $\mathbf{v}_2 = \begin{bmatrix} 2 \\ 7 \\ 6{,}5 \end{bmatrix}$ et $\mathbf{v}_3 = \begin{bmatrix} 0 \\ 4 \\ 7 \end{bmatrix}$.

Étudier l'indépendance affine de ces points.

SOLUTION On calcule $\mathbf{v}_2 - \mathbf{v}_1 = \begin{bmatrix} 1 \\ 4 \\ -0{,}5 \end{bmatrix}$ et $\mathbf{v}_3 - \mathbf{v}_1 = \begin{bmatrix} -1 \\ 1 \\ 0 \end{bmatrix}$. Ces deux vecteurs

ne sont pas colinéaires, donc sont linéairement indépendants. Les propriétés du théorème 5 ne sont pas vérifiées, donc les points sont affinement indépendants. La figure 2 montre les trois points, ainsi que leurs translatés de $-\mathbf{v}_1$. On remarque que le sous-espace $\text{Vect}\{\mathbf{v}_2 - \mathbf{v}_1, \mathbf{v}_3 - \mathbf{v}_1\}$ est un plan passant par l'origine et que $\text{aff}\{\mathbf{v}_1, \mathbf{v}_2, \mathbf{v}_3\}$ est le plan parallèle à celui-ci passant par $\mathbf{v}_1$, $\mathbf{v}_2$ et $\mathbf{v}_3$ (bien entendu, seule une portion de ces plans a été représentée). ■

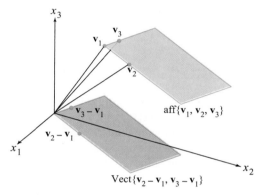

FIGURE 2 Vecteurs $\mathbf{v}_1$, $\mathbf{v}_2$ et $\mathbf{v}_3$ affinement indépendants

EXEMPLE 3   On pose $\mathbf{v}_1 = \begin{bmatrix} 1 \\ 3 \\ 7 \end{bmatrix}$, $\mathbf{v}_2 = \begin{bmatrix} 2 \\ 7 \\ 6{,}5 \end{bmatrix}$, $\mathbf{v}_3 = \begin{bmatrix} 0 \\ 4 \\ 7 \end{bmatrix}$ et $\mathbf{v}_4 = \begin{bmatrix} 0 \\ 14 \\ 6 \end{bmatrix}$.

Étudier l'indépendance affine de ces points.

SOLUTION On calcule $\mathbf{v}_2 - \mathbf{v}_1 = \begin{bmatrix} 1 \\ 4 \\ -0{,}5 \end{bmatrix}$, $\mathbf{v}_3 - \mathbf{v}_1 = \begin{bmatrix} -1 \\ 1 \\ 0 \end{bmatrix}$ et $\mathbf{v}_4 - \mathbf{v}_1 = \begin{bmatrix} -1 \\ 11 \\ -1 \end{bmatrix}$,

et on applique la méthode du pivot à la matrice

$$\begin{bmatrix} 1 & -1 & -1 \\ 4 & 1 & 11 \\ -0{,}5 & 0 & -1 \end{bmatrix} \sim \begin{bmatrix} 1 & -1 & -1 \\ 0 & 5 & 15 \\ 0 & -0{,}5 & -1{,}5 \end{bmatrix} \sim \begin{bmatrix} 1 & -1 & -1 \\ 0 & 5 & 15 \\ 0 & 0 & 0 \end{bmatrix}$$

Les colonnes ne sont pas toutes des colonnes pivots, donc, d'après ce que l'on a vu à la section 4.6 (ou 2.8), les colonnes de la matrice initiale sont linéairement dépendantes. Donc $\mathbf{v}_2 - \mathbf{v}_1$, $\mathbf{v}_3 - \mathbf{v}_1$ et $\mathbf{v}_4 - \mathbf{v}_1$ sont linéairement dépendants. D'après la propriété (c) du théorème 5, la famille $(\mathbf{v}_1, \mathbf{v}_2, \mathbf{v}_3, \mathbf{v}_4)$ est affinement liée. On pouvait aussi établir cette dépendance affine à l'aide de la propriété (d) du théorème 5 plutôt qu'avec la propriété (c). ■

Les calculs de l'exemple 3 montrent que $\mathbf{v}_4 - \mathbf{v}_1$ est une combinaison linéaire de $\mathbf{v}_2 - \mathbf{v}_1$ et $\mathbf{v}_3 - \mathbf{v}_1$, ce qui signifie que $\mathbf{v}_4 - \mathbf{v}_1$ appartient à $\text{Vect}\{\mathbf{v}_2 - \mathbf{v}_1, \mathbf{v}_3 - \mathbf{v}_1\}$.

D'après le théorème 1 de la section 8.1, $\mathbf{v}_4$ appartient donc à aff $\{\mathbf{v}_1, \mathbf{v}_2, \mathbf{v}_3\}$. En poussant plus loin la méthode du pivot, on montrerait en fait que

$$\mathbf{v}_4 - \mathbf{v}_1 = 2(\mathbf{v}_2 - \mathbf{v}_1) + 3(\mathbf{v}_3 - \mathbf{v}_1) \tag{5}$$

$$\mathbf{v}_4 = -4\mathbf{v}_1 + 2\mathbf{v}_2 + 3\mathbf{v}_3 \tag{6}$$

(Voir figure 3.)

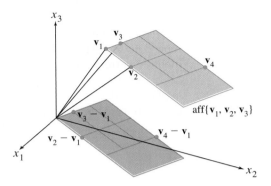

FIGURE 3 Le vecteur $\mathbf{v}_4$ appartient au plan aff $\{\mathbf{v}_1, \mathbf{v}_2, \mathbf{v}_3\}$.

Dans la figure 3, on a dessiné un quadrillage sur chacun des plans aff $\{\mathbf{v}_1, \mathbf{v}_2, \mathbf{v}_3\}$ et Vect$\{\mathbf{v}_2 - \mathbf{v}_1, \mathbf{v}_3 - \mathbf{v}_1\}$. Le quadrillage sur aff $\{\mathbf{v}_1, \mathbf{v}_2, \mathbf{v}_3\}$ s'appuie sur la relation (5). On va maintenant définir un autre « système de coordonnées », issu de la relation (6), système dans lequel les coefficients $-4, 2$ et 3 sont nommés *coordonnées barycentriques* du point $\mathbf{v}_4$.

Coordonnées barycentriques

La définition des coordonnées barycentriques repose sur une version affine, énoncée ci-après, du théorème de représentation d'un vecteur de la section 4.4. Sa démonstration fait l'objet de l'exercice 17.

THÉORÈME 6

Soit $F = (\mathbf{v}_1, \ldots, \mathbf{v}_k)$ une famille affinement libre de points de $\mathbb{R}^n$. Tout point $\mathbf{p}$ de aff F s'écrit de façon unique comme barycentre de $\mathbf{v}_1, \ldots, \mathbf{v}_k$. Autrement dit, quel que soit le point $\mathbf{p}$ dans aff F, il existe une unique famille de scalaires $c_1, \ldots, c_k$ telle que

$$\mathbf{p} = c_1\mathbf{v}_1 + \cdots + c_k\mathbf{v}_k \quad \text{et} \quad c_1 + \cdots + c_k = 1 \tag{7}$$

DÉFINITION

Soit $F = (\mathbf{v}_1, \ldots, \mathbf{v}_k)$ une famille affinement libre. Si $\mathbf{p}$ est un point de aff F, les coefficients $c_1, \ldots, c_k$ définis en (7) sont appelés **coordonnées barycentriques** de $\mathbf{p}$.

On peut remarquer que les relations données en (7) équivalent à l'unique relation

$$\begin{bmatrix} \mathbf{p} \\ 1 \end{bmatrix} = c_1 \begin{bmatrix} \mathbf{v}_1 \\ 1 \end{bmatrix} + \cdots + c_k \begin{bmatrix} \mathbf{v}_k \\ 1 \end{bmatrix} \tag{8}$$

entre les coordonnées homogènes des points. Il suffit alors d'appliquer la méthode du pivot à la matrice complète $\begin{bmatrix} \tilde{\mathbf{v}}_1 & \cdots & \tilde{\mathbf{v}}_k & \tilde{\mathbf{p}} \end{bmatrix}$ pour obtenir les coordonnées barycentriques de $\mathbf{p}$.

EXEMPLE 4 Soit $\mathbf{a} = \begin{bmatrix} 1 \\ 7 \end{bmatrix}$, $\mathbf{b} = \begin{bmatrix} 3 \\ 0 \end{bmatrix}$, $\mathbf{c} = \begin{bmatrix} 9 \\ 3 \end{bmatrix}$ et $\mathbf{p} = \begin{bmatrix} 5 \\ 3 \end{bmatrix}$. Déterminer les coordonnées barycentriques de $\mathbf{p}$ par rapport à la famille affinement libre $(\mathbf{a}, \mathbf{b}, \mathbf{c})$.

SOLUTION On applique la méthode du pivot à la matrice des coordonnées homogènes des points, en faisant passer la dernière ligne de 1 en haut pour simplifier les calculs :

$$\begin{bmatrix} \tilde{\mathbf{a}} & \tilde{\mathbf{b}} & \tilde{\mathbf{c}} & \tilde{\mathbf{p}} \end{bmatrix} = \begin{bmatrix} 1 & 3 & 9 & 5 \\ 7 & 0 & 3 & 3 \\ 1 & 1 & 1 & 1 \end{bmatrix} \sim \begin{bmatrix} 1 & 1 & 1 & 1 \\ 1 & 3 & 9 & 5 \\ 7 & 0 & 3 & 3 \end{bmatrix}$$

$$\sim \begin{bmatrix} 1 & 0 & 0 & \frac{1}{4} \\ 0 & 1 & 0 & \frac{1}{3} \\ 0 & 0 & 1 & \frac{5}{12} \end{bmatrix}$$

Les coordonnées sont $\frac{1}{4}$, $\frac{1}{3}$ et $\frac{5}{12}$, donc $\mathbf{p} = \frac{1}{4}\mathbf{a} + \frac{1}{3}\mathbf{b} + \frac{5}{12}\mathbf{c}$. ∎

On peut donner aux coordonnées barycentriques des interprétations aussi bien physiques que géométriques. À l'origine, elles furent définies par A. F. Moebius en 1827 pour un point $\mathbf{p}$ situé à l'intérieur d'un triangle de sommets $\mathbf{a}$, $\mathbf{b}$ et $\mathbf{c}$. Il définit les coordonnées barycentriques de $\mathbf{p}$ comme étant trois réels positifs $m_\mathbf{a}, m_\mathbf{b}$ et $m_\mathbf{c}$ tels que $\mathbf{p}$ soit le centre de masse d'un système constitué d'un triangle (sans masse) et de masses $m_\mathbf{a}, m_\mathbf{b}$ et $m_\mathbf{c}$ situées aux sommets du triangle. Ces masses sont déterminées de façon unique, à condition d'imposer qu'elles aient une somme égale à 1. Ce point de vue est actuellement encore très utilisé en physique[5].

La figure 4 donne une interprétation géométrique des coordonnées barycentriques calculées dans l'exemple 4. On a représenté le triangle $\mathbf{abc}$, ainsi que les trois petits triangles $\mathbf{pbc}$, $\mathbf{apc}$ et $\mathbf{abp}$. Les aires des petits triangles sont proportionnelles aux coordonnées barycentriques de $\mathbf{p}$. Plus précisément,

$$\text{aire}(\mathbf{pbc}) = \frac{1}{4} \cdot \text{aire}(\mathbf{abc})$$

$$\text{aire}(\mathbf{apc}) = \frac{1}{3} \cdot \text{aire}(\mathbf{abc}) \tag{9}$$

$$\text{aire}(\mathbf{abp}) = \frac{5}{12} \cdot \text{aire}(\mathbf{abc})$$

La démonstration des formules de la figure 4 fait l'objet des exercices 21 à 23. On obtient des formules analogues avec des volumes de tétraèdres dans le cas d'un point $\mathbf{p}$ situé à l'intérieur d'un tétraèdre de $\mathbb{R}^3$ de sommets $\mathbf{a}, \mathbf{b}, \mathbf{c}$ et $\mathbf{d}$.

Pour un point non situé à l'intérieur du triangle (ou du tétraèdre), certaines des coordonnées barycentriques sont négatives. On a représenté à la figure 5 un triangle de sommets $\mathbf{a}, \mathbf{b}, \mathbf{c}$, les coordonnées barycentriques étant, comme précédemment, notées respectivement r, s et t. Les points de la droite passant par $\mathbf{b}$ et $\mathbf{c}$, par exemple, sont ceux qui vérifient $r = 0$, car ils ne sont des barycentres que de $\mathbf{b}$ et $\mathbf{c}$. La parallèle à cette droite passant par $\mathbf{a}$ est caractérisée par la propriété $r = 1$.

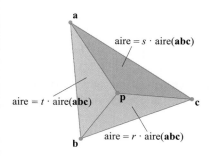

FIGURE 4

$\mathbf{p} = r\mathbf{a} + s\mathbf{b} + t\mathbf{c}$, avec ici $r = \frac{1}{4}$, $s = \frac{1}{3}, t = \frac{5}{12}$

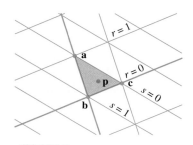

FIGURE 5

Coordonnées barycentriques des points de aff $\{\mathbf{a}, \mathbf{b}, \mathbf{c}\}$

[5] Voir l'exercice 29 de la section 1.3. Attention, en astronomie, l'expression « coordonnées barycentriques » désigne en général les coordonnées usuelles des points de $\mathbb{R}^3$ dans ce que l'on appelle le *système international de références célestes (International Celestial Reference System, ICRS)*, un système de représentation de l'espace en coordonnées cartésiennes ayant pour origine le centre de masse (le barycentre) du système solaire.

Application des coordonnées barycentriques à l'infographie

La création, par des moyens logiciels, d'une image finale réaliste passe souvent par des étapes intermédiaires consistant à modéliser les objets de l'image par une structure dite « en fil de fer[6] ». Si l'on représente par exemple la surface d'une partie d'un objet par de petites portions de plans triangulaires, le logiciel peut alors facilement ajouter de la couleur, de la lumière ou un ombrage à chacune de ces petites surfaces, connaissant la valeur de ces paramètres aux sommets du triangle. Les coordonnées barycentriques permettent une interpolation « lisse » à l'intérieur du triangle, à partir des informations connues aux sommets. On effectue tout simplement l'interpolation en un point donné en calculant la combinaison linéaire des valeurs aux sommets dont les coefficients sont les coordonnées barycentriques de ce point.

On représente en général les couleurs sur un écran d'ordinateur par des coordonnées dans le système RVB. Les intensités de chacune des couleurs (rouge, vert, bleu) sont représentées par un triplet (r, v, b), dont les composantes sont comprises entre 0 et 1. Le rouge pur est par exemple représenté par le triplet $(1, 0, 0)$, le blanc correspond à $(1, 1, 1)$ et le noir à $(0, 0, 0)$.

EXEMPLE 5 On pose $\mathbf{v}_1 = \begin{bmatrix} 3 \\ 1 \\ 5 \end{bmatrix}, \mathbf{v}_2 = \begin{bmatrix} 4 \\ 3 \\ 4 \end{bmatrix}, \mathbf{v}_3 = \begin{bmatrix} 1 \\ 5 \\ 1 \end{bmatrix}$ et $\mathbf{p} = \begin{bmatrix} 3 \\ 3 \\ 3,5 \end{bmatrix}$. Les couleurs aux sommets $\mathbf{v}_1$, $\mathbf{v}_2$ et $\mathbf{v}_3$ d'un triangle sont respectivement magenta $(1, 0, 1)$, magenta clair $(1 ; 0,4 ; 1)$ et pourpre $(0,6 ; 0 ; 1)$. Déterminer la couleur interpolée au point $\mathbf{p}$. Voir la figure 6.

FIGURE 6 Couleurs interpolées

SOLUTION On détermine d'abord les coordonnées barycentriques de $\mathbf{p}$. Les calculs suivants utilisent les coordonnées homogènes. La première étape consiste à amener la ligne 4 en première position.

$$\begin{bmatrix} \tilde{\mathbf{v}}_1 & \tilde{\mathbf{v}}_2 & \tilde{\mathbf{v}}_3 & \tilde{\mathbf{p}} \end{bmatrix} \sim \begin{bmatrix} 1 & 1 & 1 & 1 \\ 3 & 4 & 1 & 3 \\ 1 & 3 & 5 & 3 \\ 5 & 4 & 1 & 3,5 \end{bmatrix} \sim \begin{bmatrix} 1 & 0 & 0 & 0,25 \\ 0 & 1 & 0 & 0,50 \\ 0 & 0 & 1 & 0,25 \\ 0 & 0 & 0 & 0 \end{bmatrix}$$

On a donc $\mathbf{p} = 0,25\mathbf{v}_1 + 0,5\mathbf{v}_2 + 0,25\mathbf{v}_3$. On utilise les coordonnées barycentriques de $\mathbf{p}$ pour effectuer une combinaison linéaire des couleurs aux sommets indiqués. Les valeurs RVB au point $\mathbf{p}$ sont

$$0,25\begin{bmatrix} 1 \\ 0 \\ 1 \end{bmatrix} + 0,50\begin{bmatrix} 1 \\ 0,4 \\ 1 \end{bmatrix} + 0,25\begin{bmatrix} 0,6 \\ 0 \\ 1 \end{bmatrix} = \begin{bmatrix} 0,9 \\ 0,2 \\ 1 \end{bmatrix} \begin{matrix} \text{rouge} \\ \text{vert} \\ \text{bleu} \end{matrix} \quad ■$$

---

[6] L'exemple introductif du chapitre 2 montre une représentation en fil de fer d'un Boeing 777, utilisée pour modéliser les écoulements d'air autour de la surface de l'avion.

Dans le processus de préparation d'une scène pour l'affichage sur un écran d'ordinateur, l'une des dernières étapes consiste à ôter les « partie cachées », celles qui ne doivent pas apparaître sur l'écran. Pour fixer les idées, imaginons un écran d'un million de pixels. Considérons alors un rayon lumineux, ou une « ligne de visée », qui part de l'œil de l'observateur et atteint, en passant par un pixel de l'écran, un ensemble d'objets constituant la scène à représenter en 3D. La couleur et les autres paramètres à afficher au niveau du pixel de l'écran doivent être ceux de l'objet intercepté en premier par le rayon (voir figure 7). Dans le cas où la scène est modélisée par une structure en fil de fer délimitant des cellules triangulaires, on peut résoudre le problème des parties cachées à l'aide de coordonnées barycentriques.

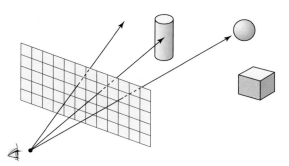

FIGURE 7 Rayon lumineux partant de l'œil pour atteindre l'objet le plus proche en passant par l'écran

Les mathématiques utilisées pour déterminer l'intersection entre un rayon lumineux et un triangle permettent également d'obtenir des effets d'ombrage très réalistes. Cette méthode de *lancer de rayons (ray-tracing)* est actuellement trop lente pour un rendu en temps réel, mais de récents progrès dans les matériels utilisés pourraient faire évoluer cette situation[7].

EXEMPLE 6   On pose

$$\mathbf{v}_1 = \begin{bmatrix} 1 \\ 1 \\ -6 \end{bmatrix}, \quad \mathbf{v}_2 = \begin{bmatrix} 8 \\ 1 \\ -4 \end{bmatrix}, \quad \mathbf{v}_3 = \begin{bmatrix} 5 \\ 11 \\ -2 \end{bmatrix}, \quad \mathbf{a} = \begin{bmatrix} 0 \\ 0 \\ 10 \end{bmatrix}, \quad \mathbf{b} = \begin{bmatrix} 0{,}7 \\ 0{,}4 \\ -3 \end{bmatrix}$$

et, pour $t \geq 0$, $\mathbf{x}(t) = \mathbf{a} + t\mathbf{b}$. Déterminer le point en lequel le rayon $\mathbf{x}(t)$ coupe le plan contenant le triangle de sommets $\mathbf{v}_1, \mathbf{v}_2$ et $\mathbf{v}_3$. Ce point est-il à l'intérieur du triangle ?

SOLUTION Il s'agit du plan aff $\{\mathbf{v}_1, \mathbf{v}_2, \mathbf{v}_3\}$. Les points du plan sont ceux de la forme $(1 - c_2 - c_3)\mathbf{v}_1 + c_2\mathbf{v}_2 + c_3\mathbf{v}_3$, où c_2 et c_3 sont des réels (la somme des coefficients doit être égale à 1). Le rayon $\mathbf{x}(t)$ coupe le plan quand c_2, c_3 et t vérifient

$$(1 - c_2 - c_3)\mathbf{v}_1 + c_2\mathbf{v}_2 + c_3\mathbf{v}_3 = \mathbf{a} + t\mathbf{b}$$

En réarrangeant les termes, on obtient $c_2(\mathbf{v}_2 - \mathbf{v}_1) + c_3(\mathbf{v}_3 - \mathbf{v}_1) + t(-\mathbf{b}) = \mathbf{a} - \mathbf{v}_1$, soit, sous forme matricielle,

$$\begin{bmatrix} \mathbf{v}_2 - \mathbf{v}_1 & \mathbf{v}_3 - \mathbf{v}_1 & -\mathbf{b} \end{bmatrix} \begin{bmatrix} c_2 \\ c_3 \\ t \end{bmatrix} = \mathbf{a} - \mathbf{v}_1$$

---

[7] Voir Joshua Fender et Jonathan Rose, « A High-Speed Ray Tracing Engine Built on a Field-Programmable System », dans *Proc. Int. Conf on Field-Programmable Technology*, IEEE (2003) (chaque processeur peut calculer jusqu'à 600 millions d'intersections rayon-triangle par seconde).

Avec les points considérés ici, on a

$$\mathbf{v}_2 - \mathbf{v}_1 = \begin{bmatrix} 7 \\ 0 \\ 2 \end{bmatrix}, \quad \mathbf{v}_3 - \mathbf{v}_1 = \begin{bmatrix} 4 \\ 10 \\ 4 \end{bmatrix} \quad \text{et} \quad \mathbf{a} - \mathbf{v}_1 = \begin{bmatrix} -1 \\ -1 \\ 16 \end{bmatrix}$$

La méthode du pivot appliquée à la matrice complète du système donne

$$\begin{bmatrix} 7 & 4 & -0{,}7 & -1 \\ 0 & 10 & -0{,}4 & -1 \\ 2 & 4 & 3 & 16 \end{bmatrix} \sim \begin{bmatrix} 1 & 0 & 0 & 0{,}3 \\ 0 & 1 & 0 & 0{,}1 \\ 0 & 0 & 1 & 5 \end{bmatrix}$$

On a donc $c_2 = 0{,}3$, $c_3 = 0{,}1$ et $t = 5$. Le point d'intersection est donc

$$\mathbf{x}(5) = \mathbf{a} + 5\mathbf{b} = \begin{bmatrix} 0 \\ 0 \\ 10 \end{bmatrix} + 5 \begin{bmatrix} 0{,}7 \\ 0{,}4 \\ -3 \end{bmatrix} = \begin{bmatrix} 3{,}5 \\ 2{,}0 \\ -5{,}0 \end{bmatrix}$$

On pouvait aussi écrire

$$\mathbf{x}(5) = (1 - 0{,}3 - 0{,}1)\mathbf{v}_1 + 0{,}3\mathbf{v}_2 + 0{,}1\mathbf{v}_3$$

$$= 0{,}6 \begin{bmatrix} 1 \\ 1 \\ -6 \end{bmatrix} + 0{,}3 \begin{bmatrix} 8 \\ 1 \\ -4 \end{bmatrix} + 0{,}1 \begin{bmatrix} 5 \\ 11 \\ -2 \end{bmatrix} = \begin{bmatrix} 3{,}5 \\ 2{,}0 \\ -5{,}0 \end{bmatrix}$$

Le point d'intersection est à l'intérieur du triangle, car les trois coordonnées barycentriques de $\mathbf{x}(5)$ sont strictement positives.

EXERCICES D'ENTRAÎNEMENT

1. Donner une méthode simple et rapide permettant de savoir si trois points sont alignés.

2. Les points $\mathbf{v}_1 = \begin{bmatrix} 4 \\ 1 \end{bmatrix}$, $\mathbf{v}_2 = \begin{bmatrix} 1 \\ 0 \end{bmatrix}$, $\mathbf{v}_3 = \begin{bmatrix} 5 \\ 4 \end{bmatrix}$ et $\mathbf{v}_4 = \begin{bmatrix} 1 \\ 2 \end{bmatrix}$ sont affinement dépendants. Déterminer des coefficients $c_1, \ldots, c_4$ permettant d'écrire une **relation de dépendance affine** $c_1\mathbf{v}_1 + \cdots + c_4\mathbf{v}_4 = \mathbf{0}$, avec $c_1 + \cdots + c_4 = 0$, les c_i n'étant pas tous nuls. [*Indication :* Voir la fin de la démonstration du théorème 5.]

8.2 EXERCICES

Dans les exercices 1 à 6, étudier l'indépendance affine des points indiqués (voir exercice d'entraînement 2). Expliciter, s'il y a lieu, des relations de dépendance affine.

1. $\begin{bmatrix} 3 \\ -3 \end{bmatrix}, \begin{bmatrix} 0 \\ 6 \end{bmatrix}, \begin{bmatrix} 2 \\ 0 \end{bmatrix}$ **2.** $\begin{bmatrix} 2 \\ 1 \end{bmatrix}, \begin{bmatrix} 5 \\ 4 \end{bmatrix}, \begin{bmatrix} -3 \\ -2 \end{bmatrix}$

3. $\begin{bmatrix} 1 \\ 2 \\ -1 \end{bmatrix}, \begin{bmatrix} -2 \\ -4 \\ 8 \end{bmatrix}, \begin{bmatrix} 2 \\ -1 \\ 11 \end{bmatrix}, \begin{bmatrix} 0 \\ 15 \\ -9 \end{bmatrix}$

4. $\begin{bmatrix} -2 \\ 5 \\ 3 \end{bmatrix}, \begin{bmatrix} 0 \\ -3 \\ 7 \end{bmatrix}, \begin{bmatrix} 1 \\ -2 \\ -6 \end{bmatrix}, \begin{bmatrix} -2 \\ 7 \\ -3 \end{bmatrix}$

5. $\begin{bmatrix} 1 \\ 0 \\ -2 \end{bmatrix}, \begin{bmatrix} 0 \\ 1 \\ 1 \end{bmatrix}, \begin{bmatrix} -1 \\ 5 \\ 1 \end{bmatrix}, \begin{bmatrix} 0 \\ 5 \\ -3 \end{bmatrix}$

6. $\begin{bmatrix} 1 \\ 3 \\ 1 \end{bmatrix}, \begin{bmatrix} 0 \\ -1 \\ -2 \end{bmatrix}, \begin{bmatrix} 2 \\ 5 \\ 2 \end{bmatrix}, \begin{bmatrix} 3 \\ 5 \\ 0 \end{bmatrix}$

Dans les exercices 7 et 8, déterminer les coordonnées barycentriques du point $\mathbf{p}$ par rapport au système de points affinement indépendants indiqué auparavant.

7. $\begin{bmatrix} 1 \\ -1 \\ 2 \\ 1 \end{bmatrix}, \begin{bmatrix} 2 \\ 1 \\ 0 \\ 1 \end{bmatrix}, \begin{bmatrix} 1 \\ 2 \\ -2 \\ 0 \end{bmatrix}, \mathbf{p} = \begin{bmatrix} 5 \\ 4 \\ -2 \\ 2 \end{bmatrix}$

8. $\begin{bmatrix} 0 \\ 1 \\ -2 \\ 1 \end{bmatrix}, \begin{bmatrix} 1 \\ 1 \\ 0 \\ 2 \end{bmatrix}, \begin{bmatrix} 1 \\ 4 \\ -6 \\ 5 \end{bmatrix}, \mathbf{p} = \begin{bmatrix} -1 \\ 1 \\ -4 \\ 0 \end{bmatrix}$

Dans les exercices 9 et 10, dire de chaque énoncé s'il est vrai ou faux. Justifier les réponses.

9. a. Soit $\mathbf{v}_1, \ldots, \mathbf{v}_p$ des vecteurs de $\mathbb{R}^n$. Si les vecteurs $\mathbf{v}_1 - \mathbf{v}_2, \mathbf{v}_3 - \mathbf{v}_2, \ldots, \mathbf{v}_p - \mathbf{v}_2$ sont linéairement dépendants, les points $\mathbf{v}_1, \ldots, \mathbf{v}_p$ sont affinement dépendants (attention, lire l'énoncé soigneusement).

b. Soit $\mathbf{v}_1, \ldots \mathbf{v}_p$ des points de $\mathbb{R}^n$. Si la famille $(\tilde{\mathbf{v}}_1, \ldots, \tilde{\mathbf{v}}_p)$ des coordonnées homogènes normalisées de ces points est libre dans $\mathbb{R}^{n+1}$, alors la famille $(\mathbf{v}_1, \ldots, \mathbf{v}_p)$ est affinement liée.

c. Une famille finie $(\mathbf{v}_1, \ldots, \mathbf{v}_k)$ de points est affinement liée s'il existe des réels $c_1, \ldots, c_k$ non tous nuls tels que $c_1 + \cdots + c_k = 1$ et $c_1\mathbf{v}_1 + \cdots + c_k\mathbf{v}_k = \mathbf{0}$.

d. Soit $S = (\mathbf{v}_1, \ldots, \mathbf{v}_p)$ une famille de points de $\mathbb{R}^n$ affinement libre. Si l'une des coordonnées barycentriques par rapport à S d'un point $\mathbf{p}$ de $\mathbb{R}^n$ est strictement négative, alors $\mathbf{p}$ n'appartient pas à aff S.

e. Soit $\mathbf{v}_1, \mathbf{v}_2, \mathbf{v}_3, \mathbf{a}$ et $\mathbf{b}$ des points de $\mathbb{R}^3$. Si un rayon lumineux de la forme $\mathbf{a} + t\mathbf{b}$, avec $t \geq 0$, coupe le triangle de sommets $\mathbf{v}_1, \mathbf{v}_2$ et $\mathbf{v}_3$, les coordonnées barycentriques du point d'intersection sont toutes positives ou nulles.

10. a. Si des points $\mathbf{v}_1, \ldots \mathbf{v}_p$ de $\mathbb{R}^n$ sont affinement dépendants, les coordonnées homogènes $\tilde{\mathbf{v}}_1, \ldots, \tilde{\mathbf{v}}_p$ peuvent former des vecteurs de $\mathbb{R}^{n+1}$ linéairement indépendants.

b. Soit $\mathbf{v}_1, \mathbf{v}_2, \mathbf{v}_3$ et $\mathbf{v}_4$ des points de $\mathbb{R}^3$. Si la famille $(\mathbf{v}_2 - \mathbf{v}_1, \mathbf{v}_3 - \mathbf{v}_1, \mathbf{v}_4 - \mathbf{v}_1)$ est libre, les points $\mathbf{v}_1, \ldots, \mathbf{v}_4$ sont affinement indépendants.

c. Si $S = \{\mathbf{b}_1, \ldots, \mathbf{b}_k\}$ est une partie finie de $\mathbb{R}^n$, tout point $\mathbf{p}$ de aff S est de façon unique un barycentre de $\mathbf{b}_1, \ldots, \mathbf{b}_k$.

d. Si l'on précise une couleur en chaque point $\mathbf{v}_1, \mathbf{v}_2, \mathbf{v}_3$ d'un triangle de $\mathbb{R}^3$, alors on peut interpoler la couleur en un point $\mathbf{p}$ de aff $\{\mathbf{v}_1, \mathbf{v}_2, \mathbf{v}_3\}$ en utilisant les coordonnées barycentriques de $\mathbf{p}$.

e. Si T est un triangle de $\mathbb{R}^2$ et si l'on considère un point $\mathbf{p}$ situé sur l'un des côtés du triangle, les coordonnées barycentriques de $\mathbf{p}$ (relativement à ce triangle) ne sont pas toutes les trois strictement positives.

11. Justifier le fait que cinq points ou plus de $\mathbb{R}^3$ sont nécessairement affinement dépendants.

12. Montrer que si $p \geq n + 2$, des points $\mathbf{v}_1, \ldots, \mathbf{v}_p$ de $\mathbb{R}^n$ sont forcément affinement dépendants.

13. Montrer, en n'utilisant que la définition de la dépendance affine, que deux points $\mathbf{v}_1$ et $\mathbf{v}_2$ de $\mathbb{R}^n$ sont affinement dépendants si et seulement si $\mathbf{v}_1 = \mathbf{v}_2$.

14. La propriété de dépendance affine est plus forte que la propriété de dépendance linéaire. Des points (ou vecteurs) affinement dépendants sont donc automatiquement linéairement dépendants. Il en résulte que des points (ou vecteurs) linéairement indépendants ne peuvent être affinement dépendants et sont donc affinement indépendants. Construire deux familles liées F_1 et F_2 de points de $\mathbb{R}^2$ telles que les points de F_1 soient affinement dépendants et ceux de F_2 affinement indépendants. Chacune de ces familles devra comprendre un, deux ou trois points distincts du vecteur nul.

15. On pose $\mathbf{v}_1 = \begin{bmatrix} -1 \\ 2 \end{bmatrix}$, $\mathbf{v}_2 = \begin{bmatrix} 0 \\ 4 \end{bmatrix}$ et $\mathbf{v}_3 = \begin{bmatrix} 2 \\ 0 \end{bmatrix}$.

a. Montrer que ces trois points sont affinement indépendants.

b. Déterminer les coordonnées barycentriques des points $\mathbf{p}_1 = \begin{bmatrix} 2 \\ 3 \end{bmatrix}$, $\mathbf{p}_2 = \begin{bmatrix} 1 \\ 2 \end{bmatrix}$, $\mathbf{p}_3 = \begin{bmatrix} -2 \\ 1 \end{bmatrix}$, $\mathbf{p}_4 = \begin{bmatrix} 1 \\ -1 \end{bmatrix}$ et $\mathbf{p}_5 = \begin{bmatrix} 1 \\ 1 \end{bmatrix}$ par rapport à $\mathbf{v}_1, \mathbf{v}_2$ et $\mathbf{v}_3$.

c. Soit T le triangle de sommets $\mathbf{v}_1, \mathbf{v}_2$ et $\mathbf{v}_3$. Si l'on prolonge chacun des côtés de T, on obtient trois droites divisant le plan en sept régions (voir figure 8). On veut décrire le signe des coordonnées barycentriques d'un point en fonction de la région dans laquelle il est situé. Par exemple, $\mathbf{p}_5$ est à l'intérieur du triangle T et ses coordonnées barycentriques sont toutes positives. Les coordonnées de $\mathbf{p}_1$ ont les signes $(-, +, +)$. Sa troisième coordonnée est positive car $\mathbf{p}_1$ est du même côté que $\mathbf{v}_3$ par rapport à la droite passant par $\mathbf{v}_1$ et $\mathbf{v}_2$. Sa première coordonnée est négative car $\mathbf{p}_1$ est du côté opposé à celui de $\mathbf{v}_1$ par rapport à la droite passant par $\mathbf{v}_2$ et $\mathbf{v}_3$. Le point $\mathbf{p}_2$ est sur le côté $\mathbf{v}_2\mathbf{v}_3$ de T. Ses coordonnées ont les signes $(0, +, +)$. Sans les calculer explicitement, déterminer le signe des coordonnées barycentriques des points $\mathbf{p}_6, \mathbf{p}_7$ et $\mathbf{p}_8$ indiqués dans la figure 8.

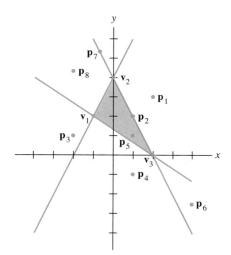

FIGURE 8

16. On pose $\mathbf{v}_1 = \begin{bmatrix} 0 \\ 1 \end{bmatrix}$, $\mathbf{v}_2 = \begin{bmatrix} 1 \\ 5 \end{bmatrix}$, $\mathbf{v}_3 = \begin{bmatrix} 4 \\ 3 \end{bmatrix}$, $\mathbf{p}_1 = \begin{bmatrix} 3 \\ 5 \end{bmatrix}$, $\mathbf{p}_2 = \begin{bmatrix} 5 \\ 1 \end{bmatrix}$, $\mathbf{p}_3 = \begin{bmatrix} 2 \\ 3 \end{bmatrix}$, $\mathbf{p}_4 = \begin{bmatrix} -1 \\ 0 \end{bmatrix}$, $\mathbf{p}_5 = \begin{bmatrix} 0 \\ 4 \end{bmatrix}$, $\mathbf{p}_6 = \begin{bmatrix} 1 \\ 2 \end{bmatrix}$ et $\mathbf{p}_7 = \begin{bmatrix} 6 \\ 4 \end{bmatrix}$.

a. Montrer que $\mathbf{v}_1$, $\mathbf{v}_2$ et $\mathbf{v}_3$ sont affinement indépendants.

b. Déterminer les coordonnées barycentriques de $\mathbf{p}_1$, $\mathbf{p}_2$ et $\mathbf{p}_3$ par rapport aux points $\mathbf{v}_1$, $\mathbf{v}_2$ et $\mathbf{v}_3$.

c. Représenter sur du papier millimétré le triangle T de sommets $\mathbf{v}_1$, $\mathbf{v}_2$ et $\mathbf{v}_3$, prolonger les côtés de la même façon que dans la figure 8, et marquer les points $\mathbf{p}_4$, $\mathbf{p}_5$, $\mathbf{p}_6$ et $\mathbf{p}_7$. Sans les calculer explicitement, déterminer les signes des coordonnées barycentriques des points $\mathbf{p}_4$, $\mathbf{p}_5$, $\mathbf{p}_6$ et $\mathbf{p}_7$.

17. Démontrer le théorème 6. [*Indication :* On pourra par exemple s'inspirer de la démonstration du théorème 7 de la section 4.4.]

18. Soit T un tétraèdre en « position usuelle », c'est-à-dire dont les côtés sont portés par les demi-axes de coordonnées positifs de $\mathbb{R}^3$. On note les sommets $a\mathbf{e}_1$, $b\mathbf{e}_2$, $c\mathbf{e}_3$ et $\mathbf{0}$, avec $[\,\mathbf{e}_1 \quad \mathbf{e}_2 \quad \mathbf{e}_3\,] = I_3$. Donner l'expression des coordonnées barycentriques d'un point $\mathbf{p}$ quelconque de $\mathbb{R}^3$.

19. Soit $\mathbf{p}_1$, $\mathbf{p}_2$ et $\mathbf{p}_3$ des points de $\mathbb{R}^n$ affinement dépendants et $f : \mathbb{R}^n \to \mathbb{R}^m$ une application linéaire. Montrer que $f(\mathbf{p}_1)$, $f(\mathbf{p}_2)$ et $f(\mathbf{p}_3)$ sont des points affinement dépendants de $\mathbb{R}^m$.

20. Soit $\mathbf{p}_1$, $\mathbf{p}_2$ et $\mathbf{p}_3$ des points de $\mathbb{R}^n$ affinement indépendants et $\mathbf{q}$ un élément quelconque de $\mathbb{R}^n$. Montrer que les points translatés $\mathbf{p}_1 + \mathbf{q}$, $\mathbf{p}_2 + \mathbf{q}$ et $\mathbf{p}_3 + \mathbf{q}$ sont, eux aussi, affinement indépendants.

Dans les exercices 21 à 24, $\mathbf{a}$, $\mathbf{b}$ et $\mathbf{c}$ désignent des points non alignés de $\mathbb{R}^2$ et $\mathbf{p}$ un autre point de $\mathbb{R}^2$. On note $\mathbf{abc}$ la partie fermée du plan bornée par le triangle de sommets $\mathbf{a}$, $\mathbf{b}$ et $\mathbf{c}$, et $\mathbf{pbc}$ la partie du plan définie de la même façon par les points $\mathbf{p}$, $\mathbf{b}$ et $\mathbf{c}$. On note respectivement $\tilde{\mathbf{a}}$, $\tilde{\mathbf{b}}$ et $\tilde{\mathbf{c}}$ les coordonnées homogènes normalisées de $\mathbf{a}$, $\mathbf{b}$ et $\mathbf{c}$. On peut supposer que les points $\mathbf{a}$, $\mathbf{b}$ et $\mathbf{c}$ sont ordonnés de telle façon que $\det[\,\tilde{\mathbf{a}} \quad \tilde{\mathbf{b}} \quad \tilde{\mathbf{c}}\,]$ soit (strictement) positif.

21. Montrer que l'aire de $\mathbf{abc}$ est égale à $\det[\,\tilde{\mathbf{a}} \quad \tilde{\mathbf{b}} \quad \tilde{\mathbf{c}}\,]/2$. [*Indication :* Revoir les sections 3.2 et 3.3, y compris les exercices.]

22. Soit $\mathbf{p}$ un point de la droite passant par $\mathbf{a}$ et $\mathbf{b}$. Montrer que $\det[\,\tilde{\mathbf{a}} \quad \tilde{\mathbf{b}} \quad \tilde{\mathbf{p}}\,] = 0$.

23. Soit $\mathbf{p}$ un point quelconque intérieur à $\mathbf{abc}$, de coordonnées barycentriques (r, s, t). Ces coordonnées vérifient

$$\begin{bmatrix} \tilde{\mathbf{a}} & \tilde{\mathbf{b}} & \tilde{\mathbf{c}} \end{bmatrix} \begin{bmatrix} r \\ s \\ t \end{bmatrix} = \tilde{\mathbf{p}}$$

En utilisant, d'une part, l'exercice 21 et, d'autre part, une propriété du déterminant vue au chapitre 3, montrer que

$r = (\text{aire de } \mathbf{pbc})/(\text{aire de } \mathbf{abc})$

$s = (\text{aire de } \mathbf{apc})/(\text{aire de } \mathbf{abc})$

$t = (\text{aire de } \mathbf{abp})/(\text{aire de } \mathbf{abc})$

24. Soit $\mathbf{q}$ un point du segment joignant $\mathbf{b}$ et $\mathbf{c}$. On considère la droite passant par $\mathbf{q}$ et $\mathbf{a}$, que l'on peut paramétrer sous la forme $\mathbf{p} = (1 - x)\mathbf{q} + x\mathbf{a}$, x décrivant $\mathbb{R}$ tout entier. Montrer que quel que soit x, $\det[\,\tilde{\mathbf{p}} \quad \tilde{\mathbf{b}} \quad \tilde{\mathbf{c}}\,] = x \cdot \det[\,\tilde{\mathbf{a}} \quad \tilde{\mathbf{b}} \quad \tilde{\mathbf{c}}\,]$. À l'aide de ce résultat et des exercices précédents, en déduire que le paramètre x n'est autre que la première coordonnée barycentrique de $\mathbf{p}$. Mais par construction, x est aussi égal à la distance algébrique de $\mathbf{q}$ à $\mathbf{p}$, rapportée à la distance de $\mathbf{q}$ à $\mathbf{a}$ (pour $x = 1$, on a $\mathbf{p} = \mathbf{a}$). Si l'on applique ce résultat à l'exemple 5, on en déduit qu'en interpolant en $\mathbf{p}$ les couleurs aux points $\mathbf{a}$ et $\mathbf{q}$ comme indiqué, on obtient un dégradé régulier quand $\mathbf{p}$ se déplace le long du segment joignant $\mathbf{a}$ et $\mathbf{q}$.

25. On pose $\mathbf{v}_1 = \begin{bmatrix} 1 \\ 3 \\ -6 \end{bmatrix}$, $\mathbf{v}_2 = \begin{bmatrix} 7 \\ 3 \\ -5 \end{bmatrix}$, $\mathbf{v}_3 = \begin{bmatrix} 3 \\ 9 \\ -2 \end{bmatrix}$,

$\mathbf{a} = \begin{bmatrix} 0 \\ 0 \\ 9 \end{bmatrix}$, $\mathbf{b} = \begin{bmatrix} 1{,}4 \\ 1{,}5 \\ -3{,}1 \end{bmatrix}$ et, pour $t \geq 0$, $\mathbf{x}(t) = \mathbf{a} + t\mathbf{b}$.

Déterminer le point en lequel le rayon $\mathbf{x}(t)$ coupe le plan contenant le triangle de sommets $\mathbf{v}_1$, $\mathbf{v}_2$ et $\mathbf{v}_3$. Ce point est-il à l'intérieur du triangle ?

26. Reprendre l'exercice 25 avec $\mathbf{v}_1 = \begin{bmatrix} 1 \\ 2 \\ -4 \end{bmatrix}$, $\mathbf{v}_2 = \begin{bmatrix} 8 \\ 2 \\ -5 \end{bmatrix}$,

$\mathbf{v}_3 = \begin{bmatrix} 3 \\ 10 \\ -2 \end{bmatrix}$, $\mathbf{a} = \begin{bmatrix} 0 \\ 0 \\ 8 \end{bmatrix}$ et $\mathbf{b} = \begin{bmatrix} 0{,}9 \\ 2{,}0 \\ -3{,}7 \end{bmatrix}$.

SOLUTIONS DES EXERCICES D'ENTRAÎNEMENT

1. D'après l'exemple 1, cela revient à déterminer si les points sont affinement dépendants. On utilise alors la méthode de l'exemple 2 : on retranche l'un des points des deux autres ; les trois points sont alignés si et seulement si les deux vecteurs obtenus sont colinéaires.

2. La démonstration du théorème 5 repose principalement sur le fait qu'une relation de dépendance affine entre des points correspond à une relation de dépendance linéaire entre leurs coordonnées homogènes, avec les mêmes coefficients. On applique donc la méthode du pivot à la matrice ci-dessous :

$$\begin{bmatrix} \tilde{\mathbf{v}}_1 & \tilde{\mathbf{v}}_2 & \tilde{\mathbf{v}}_3 & \tilde{\mathbf{v}}_4 \end{bmatrix} = \begin{bmatrix} 4 & 1 & 5 & 1 \\ 1 & 0 & 4 & 2 \\ 1 & 1 & 1 & 1 \end{bmatrix} \sim \begin{bmatrix} 1 & 1 & 1 & 1 \\ 4 & 1 & 5 & 1 \\ 1 & 0 & 4 & 2 \end{bmatrix}$$

$$\sim \begin{bmatrix} 1 & 0 & 0 & -1 \\ 0 & 1 & 0 & 1,25 \\ 0 & 0 & 1 & 0,75 \end{bmatrix}$$

On interprète cette matrice comme la matrice des coefficients d'un système linéaire à quatre inconnues du type $A\mathbf{x} = \mathbf{0}$. L'inconnue x_4 peut prendre n'importe quelle valeur et on a les relations $x_1 = x_4$, $x_2 = -1,25x_4$ et $x_3 = -0,75x_4$. Une solution possible est $x_1 = x_4 = 4$, $x_2 = -5$ et $x_3 = -3$, c'est-à-dire que l'on a entre les coordonnées homogènes la relation de dépendance linéaire $4\tilde{\mathbf{v}}_1 - 5\tilde{\mathbf{v}}_2 - 3\tilde{\mathbf{v}}_3 + 4\tilde{\mathbf{v}}_4 = \mathbf{0}$. Il en résulte finalement la relation $4\mathbf{v}_1 - 5\mathbf{v}_2 - 3\mathbf{v}_3 + 4\mathbf{v}_4 = \mathbf{0}$.

On aurait pu également ramener par translation le problème à l'origine en retranchant $\mathbf{v}_1$ des autres points, puis trouver une relation de dépendance linéaire entre les vecteurs ainsi calculés et réarranger les termes. Le temps de calcul de cette seconde méthode est du même ordre de grandeur que celui de la première.

8.3 | CONVEXITÉ

Dans la section 8.1, on s'est intéressé à des combinaisons linéaires d'un type particulier, à savoir celles de la forme

$$c_1\mathbf{v}_1 + c_2\mathbf{v}_2 + \cdots + c_k\mathbf{v}_k, \quad \text{avec } c_1 + c_2 + \cdots + c_k = 1$$

Dans cette section, on impose en outre aux coefficients d'être positifs.

DÉFINITION

> On appelle **combinaison convexe** de points $\mathbf{v}_1, \mathbf{v}_2, \ldots, \mathbf{v}_k$ de $\mathbb{R}^n$ toute combinaison linéaire de la forme
>
> $$c_1\mathbf{v}_1 + c_2\mathbf{v}_2 + \cdots + c_k\mathbf{v}_k$$
>
> avec les conditions $c_1 + c_2 + \cdots + c_k = 1$ et $c_i \geq 0$ pour tout i. L'ensemble des combinaisons convexes des points d'une partie S de $\mathbb{R}^n$ est appelée **enveloppe convexe** de S et est notée conv S.

L'enveloppe convexe d'un singleton $\{\mathbf{v}_1\}$ est ce singleton lui-même (identique au sous-espace affine engendré par $\{\mathbf{v}_1\}$). Sinon, l'enveloppe convexe d'une partie autre qu'un singleton est strictement incluse dans le sous-espace affine engendré par cette partie. On a vu que le sous-espace affine engendré par deux points distincts $\mathbf{v}_1$ et $\mathbf{v}_2$ était la droite caractérisée par

$$\mathbf{y} = (1 - t)\mathbf{v}_1 + t\mathbf{v}_2, \quad \text{avec } t \in \mathbb{R}$$

Comme les coefficients d'une combinaison convexe doivent être positifs, on peut écrire les points de conv $\{\mathbf{v}_1, \mathbf{v}_2\}$ sous la forme

$$\mathbf{y} = (1 - t)\mathbf{v}_1 + t\mathbf{v}_2, \quad \text{avec } 0 \leq t \leq 1$$

ce qui correspond au **segment de droite** joignant $\mathbf{v}_1$ et $\mathbf{v}_2$, que l'on note désormais $[\mathbf{v}_1\mathbf{v}_2]$.

Si S est une partie affinement libre de $\mathbb{R}^n$ et si $\mathbf{p} \in$ aff S, alors $\mathbf{p} \in$ conv S si et seulement si les coordonnées barycentriques de $\mathbf{p}$ sont positives ou nulles. L'exemple 1 propose une situation dans laquelle S est plus qu'une simple partie affinement libre.

EXEMPLE 1 On pose

$$\mathbf{v}_1 = \begin{bmatrix} 3 \\ 0 \\ 6 \\ -3 \end{bmatrix}, \quad \mathbf{v}_2 = \begin{bmatrix} -6 \\ 3 \\ 3 \\ 0 \end{bmatrix}, \quad \mathbf{v}_3 = \begin{bmatrix} 3 \\ 6 \\ 0 \\ 3 \end{bmatrix}, \quad \mathbf{p}_1 = \begin{bmatrix} 0 \\ 3 \\ 3 \\ 0 \end{bmatrix}, \quad \mathbf{p}_2 = \begin{bmatrix} -10 \\ 5 \\ 11 \\ -4 \end{bmatrix},$$

et $S = \{\mathbf{v}_1, \mathbf{v}_2, \mathbf{v}_3\}$. On remarque que S correspond à une famille orthogonale. Le point $\mathbf{p}_1$ appartient-il à Vect S ? à aff S ? à conv S ? Mêmes questions concernant $\mathbf{p}_2$.

SOLUTION Tout d'abord, si $\mathbf{p}_1$ est une combinaison linéaire des points de S, les coefficients de cette combinaison sont faciles à déterminer car les vecteurs de S sont deux à deux orthogonaux. Soit W le sous-espace vectoriel engendré par S. Un calcul analogue à ceux présentés à la section 6.3 montre que le projeté orthogonal de $\mathbf{p}_1$ sur W n'est autre que $\mathbf{p}_1$ lui-même :

$$\text{proj}_W \, \mathbf{p}_1 = \frac{\mathbf{p}_1 \cdot \mathbf{v}_1}{\mathbf{v}_1 \cdot \mathbf{v}_1} \mathbf{v}_1 + \frac{\mathbf{p}_1 \cdot \mathbf{v}_2}{\mathbf{v}_2 \cdot \mathbf{v}_2} \mathbf{v}_2 + \frac{\mathbf{p}_1 \cdot \mathbf{v}_3}{\mathbf{v}_3 \cdot \mathbf{v}_3} \mathbf{v}_3$$

$$= \frac{18}{54} \mathbf{v}_1 + \frac{18}{54} \mathbf{v}_2 + \frac{18}{54} \mathbf{v}_3$$

$$= \frac{1}{3} \begin{bmatrix} 3 \\ 0 \\ 6 \\ -3 \end{bmatrix} + \frac{1}{3} \begin{bmatrix} -6 \\ 3 \\ 3 \\ 0 \end{bmatrix} + \frac{1}{3} \begin{bmatrix} 3 \\ 6 \\ 0 \\ 3 \end{bmatrix} = \begin{bmatrix} 0 \\ 3 \\ 3 \\ 0 \end{bmatrix} = \mathbf{p}_1$$

Donc $\mathbf{p}_1$ appartient bien à Vect S. Comme, de plus, les coefficients ont pour somme 1, il appartient plus précisément à aff S. Et puisque les coefficients sont tous positifs, il appartient en fait à conv S.

Quant à $\mathbf{p}_2$, un calcul du même type montre que $\text{proj}_W \, \mathbf{p}_2 \neq \mathbf{p}_2$. Et puisque $\text{proj}_W \, \mathbf{p}_2$ est le point de Vect S le plus proche de $\mathbf{p}_2$, le point $\mathbf{p}_2$ n'appartient pas à Vect S et *a fortiori* ni à aff S ni à conv S. ∎

On a vu qu'un ensemble S était un sous-espace affine si et seulement si il contenait toutes les droites définies par toutes les paires de points de S. Si l'on se limite aux combinaisons convexes, on obtient une notion analogue, où l'on remplace les droites par des segments.

DÉFINITION

> On dit qu'un ensemble S est **convexe** si, quels que soient $\mathbf{p}, \mathbf{q} \in S$, le segment $[\mathbf{pq}]$ est inclus dans S.

Intuitivement, un ensemble est convexe si deux points quelconques de cet ensemble peuvent « se voir » sans que la ligne de visée ne sorte de l'ensemble. La figure 1 illustre cette idée.

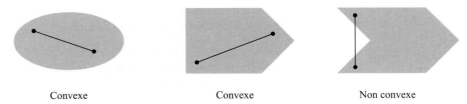

Convexe   Convexe   Non convexe

FIGURE 1

Le théorème 7 suivant est aux ensembles convexes ce que le théorème 2 est aux sous-espaces affines.

THÉORÈME 7

Un ensemble S est convexe si et seulement si toute combinaison convexe de points de S appartient à S. Autrement dit, S est convexe si et seulement si $S = \text{conv } S$.

DÉMONSTRATION Le principe de la démonstration est le même que pour le théorème 2. La seule différence est dans l'application du principe de récurrence. On prend une combinaison convexe de $k + 1$ points, de la forme

$$\mathbf{y} = c_1 \mathbf{v}_1 + \cdots + c_k \mathbf{v}_k + c_{k+1} \mathbf{v}_{k+1}$$

avec $c_1 + \cdots + c_{k+1} = 1$ et $0 \leq c_i \leq 1$ pour tout i. Si $c_{k+1} = 1$, alors $\mathbf{y} = \mathbf{v}_{k+1}$, qui appartient à S, et c'est terminé. Si $c_{k+1} < 1$, on pose $t = c_1 + \cdots + c_k$. Alors, par hypothèse, $t = 1 - c_{k+1} > 0$ et

$$\mathbf{y} = (1 - c_{k+1})\left(\frac{c_1}{t}\mathbf{v}_1 + \cdots + \frac{c_k}{t}\mathbf{v}_k\right) + c_{k+1}\mathbf{v}_{k+1} \tag{1}$$

Par hypothèse de récurrence, le point $\mathbf{z} = (c_1/t)\mathbf{v}_1 + \cdots + (c_k/t)\mathbf{v}_k$ appartient à S, car les coefficients sont positifs et ont pour somme 1. La relation (1) fait apparaître $\mathbf{y}$ comme une combinaison convexe de deux points de S. D'après le principe de récurrence, toute combinaison convexe de points de S appartient à S. ■

Le théorème 9 qui suit fournit une caractérisation plus géométrique de l'enveloppe convexe d'un ensemble. Avant de l'énoncer, il nous faut un résultat préliminaire sur les intersections d'ensembles. On a vu, dans l'exercice 32 de la section 4.1, que l'intersection de deux sous-espaces vectoriels était elle-même un sous-espace vectoriel. Ce résultat s'étend en fait à l'intersection de n'importe quelle famille de sous-espaces vectoriels. On énonce ici une propriété analogue pour les sous-espaces affines et les parties convexes.

THÉORÈME 8

Soit $(S_\alpha)_{\alpha \in \mathcal{A}}$ une famille quelconque de parties convexes de $\mathbb{R}^n$. Alors $\cap_{\alpha \in \mathcal{A}} S_\alpha$ est convexe. De même, si $(T_\beta)_{\beta \in \mathcal{B}}$ est une famille quelconque de sous-espaces affines, alors $\cap_{\beta \in \mathcal{B}} T_\beta$ est un sous-espace affine.

DÉMONSTRATION Si $\mathbf{p}$ et $\mathbf{q}$ sont deux points de $\cap S_\alpha$, alors, par définition, $\mathbf{p}$ et $\mathbf{q}$ appartiennent à tous les ensembles S_α. Comme les S_α sont convexes, le segment joignant $\mathbf{p}$ et $\mathbf{q}$ est inclus dans S_α, et cela, pour tout α. Donc ce segment est inclus dans $\cap S_\alpha$. On démontre de la même façon le résultat pour les sous-espaces affines. ■

THÉORÈME 9

Soit S une partie de $\mathbb{R}^n$. L'enveloppe convexe de S est égale à l'intersection de tous les ensembles convexes contenant S.

DÉMONSTRATION Soit T l'intersection de tous les ensembles convexes contenant S. L'ensemble conv S est un ensemble convexe contenant S, donc $T \subset \text{conv } S$. Par ailleurs, soit C un ensemble convexe quelconque contenant S. D'après le théorème 7, C contient toutes les combinaisons convexes de points de C, donc contient en particulier toutes les combinaisons convexes de points de S. Autrement dit, conv $S \subset C$. Cette inclusion est vérifiée pour tout ensemble convexe C contenant S, donc elle est vérifiée pour leur intersection. On a donc conv $S \subset T$, d'où finalement l'égalité. ■

Le théorème 9 signifie qu'en un certain sens, conv S est le « plus petit » ensemble convexe contenant S. Considérons par exemple un ensemble S entièrement inclus dans un rectangle de $\mathbb{R}^2$ et imaginons que l'on tende un élastique autour du bord de S. En se refermant autour de S, l'élastique se positionne le long de la frontière de l'enveloppe convexe de S. On peut imaginer aussi que, pour obtenir conv S, on comble les trous situés à l'intérieur de S ainsi que les échancrures de la frontière extérieure à S.

EXEMPLE 2

a. La figure ci-dessous représente les enveloppes convexes de deux parties S et T de $\mathbb{R}^2$.

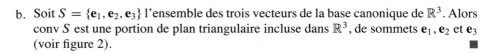

S	conv S	T	conv T

b. Soit $S = \{\mathbf{e}_1, \mathbf{e}_2, \mathbf{e}_3\}$ l'ensemble des trois vecteurs de la base canonique de $\mathbb{R}^3$. Alors conv S est une portion de plan triangulaire incluse dans $\mathbb{R}^3$, de sommets $\mathbf{e}_1$, $\mathbf{e}_2$ et $\mathbf{e}_3$ (voir figure 2). ■

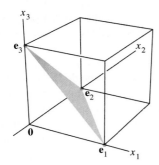

FIGURE 2

EXEMPLE 3 Soit S défini par $S = \left\{ \begin{bmatrix} x \\ y \end{bmatrix} : x \geq 0 \text{ et } y = x^2 \right\}$. Montrer que l'enveloppe convexe de S est l'ensemble constitué de l'origine et de la partie de $\mathbb{R}^2$ définie par $\left\{ \begin{bmatrix} x \\ y \end{bmatrix} : x > 0 \text{ et } y \geq x^2 \right\}$ (voir figure 3).

SOLUTION Tout point de conv S appartient à un segment joignant deux points de S. Le pointillé de la figure 3 signifie qu'à l'exception de l'origine, le demi-axe des y positifs ne fait pas partie de conv S. Cela est dû au fait que l'origine est le seul point de l'axe des y appartenant à S. Il semble raisonnable de supposer que la figure 3 représente bien conv S, mais comment être sûr, par exemple, que le point $(10^{-2}, 10^4)$ appartient bien à un segment joignant l'origine à un point de la courbe définissant S ?

Soit $\mathbf{p}$ un point quelconque de la région coloriée de la figure 3, de la forme

$$\mathbf{p} = \begin{bmatrix} a \\ b \end{bmatrix}, \quad \text{avec } a > 0 \text{ et } b \geq a^2$$

La droite passant par $\mathbf{0}$ et $\mathbf{p}$ admet pour équation $y = (b/a)t$, où t décrit $\mathbb{R}$. Cette droite coupe S en un point d'abscisse t tel que $(b/a)t = t^2$, c'est-à-dire pour $t = b/a$. Le point $\mathbf{p}$ est donc sur le segment joignant $\mathbf{0}$ à $\begin{bmatrix} b/a \\ b^2/a^2 \end{bmatrix}$, ce qui montre que la figure 3 est correcte. ■

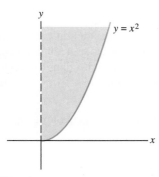

FIGURE 3

Le théorème qui suit est fondamental dans la théorie des ensembles convexes. Il fut démontré pour la première fois par Constantin Carathéodory en 1907. Par définition, tout point $\mathbf{p}$ de l'enveloppe convexe de S est une combinaison convexe de points de S. Mais la définition ne précise pas combien il faut prendre de points de S pour écrire cette combinaison. Le résultat remarquable de Carathéodory est que, dans un espace de dimension n, on peut toujours limiter à $n + 1$ le nombre de points de S dont $\mathbf{p}$ est une combinaison convexe.

THÉORÈME 10

> **(Carathéodory)** Soit S une partie non vide de $\mathbb{R}^n$. Alors tout point de conv S peut s'écrire comme une combinaison convexe d'au plus $n + 1$ points de S.

DÉMONSTRATION Étant donné un point $\mathbf{p}$ quelconque de conv S, il existe un certain k, et, pour $i = 1, \ldots, k$, des coefficients $c_i \geq 0$ et des points $\mathbf{v}_i$ de S tels que $\mathbf{p} = c_1 \mathbf{v}_1 + \cdots + c_k \mathbf{v}_k$ et $c_1 + \cdots + c_k = 1$. On veut montrer que l'on peut trouver une telle expression de $\mathbf{p}$ avec $k \leq n + 1$.

On suppose $k > n + 1$. Alors, d'après l'exercice 12 de la section 8.2, les points $\mathbf{v}_1, \ldots, \mathbf{v}_k$ sont affinement dépendants. Il existe donc des scalaires $d_1, \ldots, d_k$ non tous nuls tels que

$$\sum_{i=1}^{k} d_i \mathbf{v}_i = \mathbf{0} \quad \text{et} \quad \sum_{i=1}^{k} d_i = 0$$

On a donc les deux relations

$$c_1 \mathbf{v}_1 + c_2 \mathbf{v}_2 + \cdots + c_k \mathbf{v}_k = \mathbf{p}$$

et

$$d_1 \mathbf{v}_1 + d_2 \mathbf{v}_2 + \cdots + d_k \mathbf{v}_k = \mathbf{0}$$

On cherche à éliminer l'un des $\mathbf{v}_i$ entre les deux relations en retranchant de la première un multiple convenable de la seconde, afin d'obtenir une combinaison convexe de moins de k éléments de S égale à $\mathbf{p}$.

Comme les coefficients d_i ne sont pas tous nuls, on peut supposer (quitte à réindexer éventuellement les termes) que $d_k > 0$ et que pour tout i tel que $d_i > 0$, $c_k/d_k \leq c_i/d_i$. Pour $i = 1, \ldots, k$, on pose alors $b_i = c_i - (c_k/d_k)d_i$. Alors $b_k = 0$ et

$$\sum_{i=1}^{k} b_i = \sum_{i=1}^{k} c_i - \frac{c_k}{d_k} \sum_{i=1}^{k} d_i = 1 - 0 = 1$$

De plus, quel que soit i, $b_i \geq 0$. En effet, si $d_i \leq 0$, alors $b_i \geq c_i \geq 0$ et si $d_i > 0$, alors $b_i = d_i (c_i/d_i - c_k/d_k) \geq 0$. Par construction,

$$\sum_{i=1}^{k-1} b_i \mathbf{v}_i = \sum_{i=1}^{k} b_i \mathbf{v}_i = \sum_{i=1}^{k} \left(c_i - \frac{c_k}{d_k} d_i \right) \mathbf{v}_i$$

$$= \sum_{i=1}^{k} c_i \mathbf{v}_i - \frac{c_k}{d_k} \sum_{i=1}^{k} d_i \mathbf{v}_i = \sum_{i=1}^{k} c_i \mathbf{v}_i = \mathbf{p}$$

On a donc écrit $\mathbf{p}$ comme combinaison convexe de $k - 1$ des points $\mathbf{v}_1, \ldots, \mathbf{v}_k$. On peut répéter ce processus jusqu'à ce que $\mathbf{p}$ s'exprime comme combinaison convexe d'au plus $n + 1$ points de S. ∎

L'exemple suivant illustre les calculs effectués dans la démonstration.

EXEMPLE 4 On pose

$$\mathbf{v}_1 = \begin{bmatrix} 1 \\ 0 \end{bmatrix}, \quad \mathbf{v}_2 = \begin{bmatrix} 2 \\ 3 \end{bmatrix}, \quad \mathbf{v}_3 = \begin{bmatrix} 5 \\ 4 \end{bmatrix}, \quad \mathbf{v}_4 = \begin{bmatrix} 3 \\ 0 \end{bmatrix}, \quad \mathbf{p} = \begin{bmatrix} \frac{10}{3} \\ \frac{5}{2} \end{bmatrix},$$

et $S = \{\mathbf{v}_1, \mathbf{v}_2, \mathbf{v}_3, \mathbf{v}_4\}$. On vérifie facilement que

$$\frac{1}{4} \mathbf{v}_1 + \frac{1}{6} \mathbf{v}_2 + \frac{1}{2} \mathbf{v}_3 + \frac{1}{12} \mathbf{v}_4 = \mathbf{p} \tag{2}$$

En utilisant la procédure décrite dans la démonstration du théorème de Carathéodory, exprimer $\mathbf{p}$ comme combinaison convexe de trois points de S.

SOLUTION Les points de S sont affinement dépendants. La technique décrite à la section 8.2 permet d'obtenir la relation de dépendance affine

$$-5\mathbf{v}_1 + 4\mathbf{v}_2 - 3\mathbf{v}_3 + 4\mathbf{v}_4 = \mathbf{0} \tag{3}$$

On considère ensuite les points $\mathbf{v}_2$ et $\mathbf{v}_4$, dont les coefficients dans la relation (3) sont strictement positifs. On calcule pour ces deux points le rapport des coefficients dans les relations (2) et (3). Ce rapport est égal pour $\mathbf{v}_2$ à $\frac{1}{6} \div 4 = \frac{1}{24}$ et, pour $\mathbf{v}_4$, à $\frac{1}{12} \div 4 = \frac{1}{48}$. C'est pour $\mathbf{v}_4$ que la valeur est la plus petite, donc on retranche $\frac{1}{48}$ fois la relation (3) de la relation (2) pour éliminer $\mathbf{v}_4$:

$$\left(\tfrac{1}{4} + \tfrac{5}{48}\right)\mathbf{v}_1 + \left(\tfrac{1}{6} - \tfrac{4}{48}\right)\mathbf{v}_2 + \left(\tfrac{1}{2} + \tfrac{3}{48}\right)\mathbf{v}_3 + \left(\tfrac{1}{12} - \tfrac{4}{48}\right)\mathbf{v}_4 = \mathbf{p}$$

$$\tfrac{17}{48}\mathbf{v}_1 + \tfrac{4}{48}\mathbf{v}_2 + \tfrac{27}{48}\mathbf{v}_3 = \mathbf{p} \qquad \blacksquare$$

On ne peut pas, de façon générale, améliorer ce résultat en diminuant le nombre de points de la combinaison convexe. Si, par exemple, on considère trois points non alignés de $\mathbb{R}^2$, le centre de gravité du triangle qu'ils forment appartient à l'enveloppe convexe des trois points, mais à aucune des enveloppes convexes de deux d'entre eux.

EXERCICES D'ENTRAÎNEMENT

1. On pose $\mathbf{v}_1 = \begin{bmatrix} 6 \\ 2 \\ 2 \end{bmatrix}$, $\mathbf{v}_2 = \begin{bmatrix} 7 \\ 1 \\ 5 \end{bmatrix}$, $\mathbf{v}_3 = \begin{bmatrix} -2 \\ 4 \\ -1 \end{bmatrix}$, $\mathbf{p}_1 = \begin{bmatrix} 1 \\ 3 \\ 1 \end{bmatrix}$ et $\mathbf{p}_2 = \begin{bmatrix} 3 \\ 2 \\ 1 \end{bmatrix}$. On considère l'ensemble $S = \{\mathbf{v}_1, \mathbf{v}_2, \mathbf{v}_3\}$. Préciser pour chacun des points $\mathbf{p}_1$ et $\mathbf{p}_2$ s'ils appartiennent à conv S.

2. Soit S l'ensemble des points de la courbe d'équation $y = 1/x$, avec $x > 0$. Justifier géométriquement le fait que conv S est l'ensemble des points situés sur la courbe ou au-dessus d'elle.

8.3 EXERCICES

1. Soit $S = \left\{ \begin{bmatrix} 0 \\ y \end{bmatrix} \in \mathbb{R}^2 : 0 \le y < 1 \right\} \cup \left\{ \begin{bmatrix} 2 \\ 0 \end{bmatrix} \right\}$. Décrire (ou dessiner) l'enveloppe convexe de S.

2. Décrire l'enveloppe convexe de l'ensemble S des points $\begin{bmatrix} x \\ y \end{bmatrix}$ de $\mathbb{R}^2$ vérifiant les conditions indiquées. Justifier la réponse (montrer en particulier que tout point $\mathbf{p}$ de S appartient bien à conv S).

   a. $y = 1/x$ et $x \ge 1/2$

   b. $y = \sin x$

   c. $y = x^{1/2}$ et $x \ge 0$

3. On considère les points définis dans l'exercice 5 de la section 8.1. Parmi les points $\mathbf{p}_1, \mathbf{p}_2$ et $\mathbf{p}_3$, lesquels appartiennent à conv S ?

4. On considère les points définis dans l'exercice 6 de la section 8.1. Parmi les points $\mathbf{p}_1, \mathbf{p}_2$ et $\mathbf{p}_3$, lesquels appartiennent à conv S ?

5. On pose

$$\mathbf{v}_1 = \begin{bmatrix} -1 \\ -3 \\ 4 \end{bmatrix}, \mathbf{v}_2 = \begin{bmatrix} 0 \\ -3 \\ 1 \end{bmatrix}, \mathbf{v}_3 = \begin{bmatrix} 1 \\ -1 \\ 4 \end{bmatrix}, \mathbf{v}_4 = \begin{bmatrix} 1 \\ 1 \\ -2 \end{bmatrix},$$

$$\mathbf{p}_1 = \begin{bmatrix} 1 \\ -1 \\ 2 \end{bmatrix}, \mathbf{p}_2 = \begin{bmatrix} 0 \\ -2 \\ 2 \end{bmatrix}$$

ainsi que $S = \{\mathbf{v}_1, \mathbf{v}_2, \mathbf{v}_3, \mathbf{v}_4\}$. Préciser pour chacun des points $\mathbf{p}_1$ et $\mathbf{p}_2$ s'ils appartiennent à conv S.

6. On considère $\mathbf{v}_1 = \begin{bmatrix} 2 \\ 0 \\ -1 \\ 2 \end{bmatrix}$, $\mathbf{v}_2 = \begin{bmatrix} 0 \\ -2 \\ 2 \\ 1 \end{bmatrix}$, $\mathbf{v}_3 = \begin{bmatrix} -2 \\ 1 \\ 0 \\ 2 \end{bmatrix}$,

$$\mathbf{p}_1 = \begin{bmatrix} -1 \\ 2 \\ -\frac{3}{2} \\ \frac{5}{2} \end{bmatrix}, \mathbf{p}_2 = \begin{bmatrix} -\frac{1}{2} \\ 0 \\ \frac{1}{4} \\ \frac{7}{4} \end{bmatrix}, \mathbf{p}_3 = \begin{bmatrix} 6 \\ -4 \\ 1 \\ -1 \end{bmatrix} \text{ et } \mathbf{p}_4 = \begin{bmatrix} -1 \\ -2 \\ 0 \\ 4 \end{bmatrix}.$$

Soit S l'ensemble de vecteurs deux à deux orthogonaux $\{\mathbf{v}_1, \mathbf{v}_2, \mathbf{v}_3\}$. Étudier l'appartenance de chacun des $\mathbf{p}_i$ à Vect S, à aff S et à conv S.

a. $\mathbf{p}_1$ b. $\mathbf{p}_2$ c. $\mathbf{p}_3$ d. $\mathbf{p}_4$

Dans les exercices 7 à 10, on utilise la terminologie de la section 8.2.

7. a. On pose $T = \left(\begin{bmatrix} -1 \\ 0 \end{bmatrix}, \begin{bmatrix} 2 \\ 3 \end{bmatrix}, \begin{bmatrix} 4 \\ 1 \end{bmatrix} \right)$, et l'on considère les points

$$\mathbf{p}_1 = \begin{bmatrix} 2 \\ 1 \end{bmatrix}, \quad \mathbf{p}_2 = \begin{bmatrix} 3 \\ 2 \end{bmatrix}, \quad \mathbf{p}_3 = \begin{bmatrix} 2 \\ 0 \end{bmatrix} \text{ et } \mathbf{p}_4 = \begin{bmatrix} 0 \\ 2 \end{bmatrix}.$$

Déterminer les coordonnées barycentriques de $\mathbf{p}_1, \mathbf{p}_2, \mathbf{p}_3$ et $\mathbf{p}_4$ par rapport à la famille T.

b. À l'aide de la question (a), déterminer si les points $\mathbf{p}_1, \dots, \mathbf{p}_4$ sont à l'intérieur, à l'extérieur ou sur les côtés de la région triangulaire conv T.

8. Reprendre l'exercice 7 avec $T = \left\{ \begin{bmatrix} 2 \\ 0 \end{bmatrix}, \begin{bmatrix} 0 \\ 5 \end{bmatrix}, \begin{bmatrix} -1 \\ 1 \end{bmatrix} \right\}$, et

$$\mathbf{p}_1 = \begin{bmatrix} 2 \\ 1 \end{bmatrix}, \quad \mathbf{p}_2 = \begin{bmatrix} 1 \\ 1 \end{bmatrix}, \quad \mathbf{p}_3 = \begin{bmatrix} 1 \\ \frac{1}{3} \end{bmatrix}, \quad \mathbf{p}_4 = \begin{bmatrix} 1 \\ 0 \end{bmatrix}.$$

9. Soit $S = (\mathbf{v}_1, \mathbf{v}_2, \mathbf{v}_3, \mathbf{v}_4)$ une famille affinement libre. On considère les points $\mathbf{p}_1, \dots, \mathbf{p}_5$ dont les coordonnées barycentriques par rapport à S sont respectivement $(2, 0, 0, -1)$, $(0, \frac{1}{2}, \frac{1}{4}, \frac{1}{4})$, $(\frac{1}{2}, 0, \frac{3}{2}, -1)$, $(\frac{1}{3}, \frac{1}{4}, \frac{1}{4}, \frac{1}{6})$ et $(\frac{1}{3}, 0, \frac{2}{3}, 0)$. Préciser pour chacun des points $\mathbf{p}_1, \dots, \mathbf{p}_5$ s'ils sont à l'intérieur, à l'extérieur ou sur la surface de la région tétraédrique conv S. L'un de ces points est-il sur une arête de conv S ?

10. Reprendre l'exercice 9 avec les points $\mathbf{q}_1, \dots, \mathbf{q}_5$ dont les coordonnées barycentriques par rapport à S sont respectivement $(\frac{1}{8}, \frac{1}{4}, \frac{1}{8}, \frac{1}{2})$, $(\frac{3}{4}, -\frac{1}{4}, 0, \frac{1}{2})$, $(0, \frac{3}{4}, \frac{1}{4}, 0)$, $(0, -2, 0, 3)$ et $(\frac{1}{3}, \frac{1}{3}, \frac{1}{3}, 0)$.

Dans les exercices 11 et 12, dire de chaque énoncé s'il est vrai ou faux. Justifier les réponses.

11. a. Si $\mathbf{y} = c_1 \mathbf{v}_1 + c_2 \mathbf{v}_2 + c_3 \mathbf{v}_3$ et si $c_1 + c_2 + c_3 = 1$, $\mathbf{y}$ est une combinaison convexe de $\mathbf{v}_1, \mathbf{v}_2$ et $\mathbf{v}_3$.

b. Si S est un ensemble non vide, alors conv S contient des points n'appartenant pas à S.

c. Si S et T sont convexes, alors $S \cup T$ est convexe.

12. a. Un ensemble est convexe si pour tous les $\mathbf{x}, \mathbf{y} \in S$, le segment joignant $\mathbf{x}$ et $\mathbf{y}$ est inclus dans S.

b. Si S et T sont convexes, alors $S \cap T$ est convexe.

c. Si S est une partie non vide de $\mathbb{R}^5$ et si $\mathbf{y} \in \text{conv } S$, alors il existe des points distincts $\mathbf{v}_1, \dots, \mathbf{v}_6$ de S tels que $\mathbf{y}$ soit une combinaison convexe de $\mathbf{v}_1, \dots, \mathbf{v}_6$.

13. On considère une partie convexe S de $\mathbb{R}^n$ et une application linéaire $f : \mathbb{R}^n \to \mathbb{R}^m$. Montrer que l'ensemble $f(S) = \{f(\mathbf{x}) : \mathbf{x} \in S\}$ est une partie convexe de $\mathbb{R}^m$.

14. Soit $f : \mathbb{R}^n \to \mathbb{R}^m$ une application linéaire et T une partie convexe de $\mathbb{R}^m$. Montrer que $S = \{\mathbf{x} \in \mathbb{R}^n : f(\mathbf{x}) \in T\}$ est une partie convexe de $\mathbb{R}^n$.

15. On pose $\mathbf{v}_1 = \begin{bmatrix} 1 \\ 0 \end{bmatrix}$, $\mathbf{v}_2 = \begin{bmatrix} 1 \\ 2 \end{bmatrix}$, $\mathbf{v}_3 = \begin{bmatrix} 4 \\ 2 \end{bmatrix}$, $\mathbf{v}_4 = \begin{bmatrix} 4 \\ 0 \end{bmatrix}$ et $\mathbf{p} = \begin{bmatrix} 2 \\ 1 \end{bmatrix}$. Vérifier que

$$\mathbf{p} = \tfrac{1}{3}\mathbf{v}_1 + \tfrac{1}{3}\mathbf{v}_2 + \tfrac{1}{6}\mathbf{v}_3 + \tfrac{1}{6}\mathbf{v}_4 \text{ et } \mathbf{v}_1 - \mathbf{v}_2 + \mathbf{v}_3 - \mathbf{v}_4 = \mathbf{0}$$

En appliquant la même méthode que dans la démonstration du théorème de Carathéodory, exprimer $\mathbf{p}$ comme combinaison convexe de trois des points $\mathbf{v}_i$. Donner deux solutions différentes.

16. Reprendre l'exercice 15 avec les points $\mathbf{v}_1 = \begin{bmatrix} -1 \\ 0 \end{bmatrix}$, $\mathbf{v}_2 = \begin{bmatrix} 0 \\ 3 \end{bmatrix}$, $\mathbf{v}_3 = \begin{bmatrix} 3 \\ 1 \end{bmatrix}$, $\mathbf{v}_4 = \begin{bmatrix} 1 \\ -1 \end{bmatrix}$ et $\mathbf{p} = \begin{bmatrix} 1 \\ 2 \end{bmatrix}$ en remarquant que

$$\mathbf{p} = \tfrac{1}{121}\mathbf{v}_1 + \tfrac{72}{121}\mathbf{v}_2 + \tfrac{37}{121}\mathbf{v}_3 + \tfrac{1}{11}\mathbf{v}_4$$

et

$$10\mathbf{v}_1 - 6\mathbf{v}_2 + 7\mathbf{v}_3 - 11\mathbf{v}_4 = \mathbf{0}$$

Dans les exercices 17 à 20, démontrer les propositions énoncées, dans lesquelles A et B désignent des parties de $\mathbb{R}^n$. Pour chaque exercice, on pourra utiliser les résultats des exercices précédents.

17. Si $A \subset B$ et si B est convexe, alors conv $A \subset B$.

18. Si $A \subset B$, alors conv $A \subset$ conv B.

19. a. $[(\text{conv } A) \cup (\text{conv } B)] \subset \text{conv } (A \cup B)$

b. Trouver un exemple dans $\mathbb{R}^2$ montrant que l'on n'a pas nécessairement égalité dans (a).

20. a. $\text{conv } (A \cap B) \subset [(\text{conv } A) \cap (\text{conv } B)]$

b. Trouver un exemple dans $\mathbb{R}^2$ montrant que l'on n'a pas nécessairement égalité dans (a).

21. On considère des points $\mathbf{p}_0$, $\mathbf{p}_1$ et $\mathbf{p}_2$ de $\mathbb{R}^n$ et l'on définit pour $0 \le t \le 1$ les fonctions $\mathbf{f}_0(t) = (1 - t)\mathbf{p}_0 + t\mathbf{p}_1$, $\mathbf{f}_1(t) = (1 - t)\mathbf{p}_1 + t\mathbf{p}_2$ et $\mathbf{g}(t) = (1 - t)\mathbf{f}_0(t) + t\mathbf{f}_1(t)$. Représenter sur le graphique ci-dessous les points $\mathbf{f}_0\left(\frac{1}{2}\right)$, $\mathbf{f}_1\left(\frac{1}{2}\right)$ et $\mathbf{g}\left(\frac{1}{2}\right)$.

22. Reprendre l'exercice 21 avec $\mathbf{f}_0\left(\frac{3}{4}\right)$, $\mathbf{f}_1\left(\frac{3}{4}\right)$ et $\mathbf{g}\left(\frac{3}{4}\right)$.

23. On définit $\mathbf{g}(t)$ comme dans l'exercice 21. Sa représentation graphique est appelée *courbe quadratique de Bézier*. On utilise ces courbes en informatique dans certaines applications graphiques. Les points $\mathbf{p}_0$, $\mathbf{p}_1$ et $\mathbf{p}_2$ sont appelés *points de contrôle* de la courbe. Exprimer $\mathbf{g}(t)$ en fonction de $\mathbf{p}_0$, $\mathbf{p}_1$ et $\mathbf{p}_2$, puis montrer que pour $0 \le t \le 1$, $\mathbf{g}(t)$ appartient à conv $\{\mathbf{p}_0, \mathbf{p}_1, \mathbf{p}_2\}$.

24. On considère des points de contrôle $\mathbf{p}_0$, $\mathbf{p}_1$, $\mathbf{p}_2$ et, $\mathbf{p}_3$ de $\mathbb{R}^n$, et si $0 \leq t \leq 1$, on définit comme dans l'exercice 23 la courbe de Bézier quadratique associée à $\mathbf{p}_0$, $\mathbf{p}_1$ et $\mathbf{p}_2$. On définit de même $\mathbf{g}_2(t)$ par les points $\mathbf{p}_1$, $\mathbf{p}_2$ et $\mathbf{p}_3$. On pose ensuite, pour $0 \leq t \leq 1$, $\mathbf{h}(t) = (1-t)\mathbf{g}_1(t) + t\mathbf{g}_2(t)$. Montrer que le graphe de $\mathbf{h}(t)$ est inclus dans l'enveloppe convexe des quatre points de contrôle. On appelle cette courbe *courbe cubique de Bézier*. La définition donnée ici constitue la première étape d'un algorithme de construction des courbes de Bézier, que l'on présente plus loin à la section 8.6. Une courbe de Bézier de degré k est déterminée par $k + 1$ points de contrôle et son graphe est inclus dans l'enveloppe convexe de ces points.

SOLUTIONS DES EXERCICES D'ENTRAÎNEMENT

1. Les points (vecteurs) $\mathbf{v}_1$, $\mathbf{v}_2$ et $\mathbf{v}_3$ ne sont pas orthogonaux, donc on calcule

$$\mathbf{v}_2 - \mathbf{v}_1 = \begin{bmatrix} 1 \\ -1 \\ 3 \end{bmatrix}, \ \mathbf{v}_3 - \mathbf{v}_1 = \begin{bmatrix} -8 \\ 2 \\ -3 \end{bmatrix}, \ \mathbf{p}_1 - \mathbf{v}_1 = \begin{bmatrix} -5 \\ 1 \\ -1 \end{bmatrix} \ \text{et} \ \mathbf{p}_2 - \mathbf{v}_1 = \begin{bmatrix} -3 \\ 0 \\ -1 \end{bmatrix}$$

On complète la matrice $[\,\mathbf{v}_2 - \mathbf{v}_1 \quad \mathbf{v}_3 - \mathbf{v}_1\,]$ par $\mathbf{p}_1 - \mathbf{v}_1$ et $\mathbf{p}_2 - \mathbf{v}_1$, et on applique la méthode du pivot :

$$\begin{bmatrix} 1 & -8 & -5 & -3 \\ -1 & 2 & 1 & 0 \\ 3 & -3 & -1 & -1 \end{bmatrix} \sim \begin{bmatrix} 1 & 0 & \frac{1}{3} & 1 \\ 0 & 1 & \frac{2}{3} & \frac{1}{2} \\ 0 & 0 & 0 & -\frac{5}{2} \end{bmatrix}$$

La troisième colonne montre que $\mathbf{p}_1 - \mathbf{v}_1 = \frac{1}{3}(\mathbf{v}_2 - \mathbf{v}_1) + \frac{2}{3}(\mathbf{v}_3 - \mathbf{v}_1)$, d'où l'on déduit que $\mathbf{p}_1 = 0\mathbf{v}_1 + \frac{1}{3}\mathbf{v}_2 + \frac{2}{3}\mathbf{v}_3$. Donc $\mathbf{p}_1$ appartient à conv S. En fait, $\mathbf{p}_1$ appartient plus précisément à conv $\{\mathbf{v}_2, \mathbf{v}_3\}$.

La dernière colonne de la matrice montre que $\mathbf{p}_2 - \mathbf{v}_1$ n'est pas une combinaison linéaire de $\mathbf{v}_2 - \mathbf{v}_1$ et $\mathbf{v}_3 - \mathbf{v}_1$. Donc $\mathbf{p}_2$ n'est pas une combinaison affine de $\mathbf{v}_1$, $\mathbf{v}_2$ et $\mathbf{v}_3$, et $\mathbf{p}_2$ ne peut pas appartenir à conv S.

On aurait également pu appliquer la méthode du pivot à la matrice des coordonnées homogènes

$$\begin{bmatrix} \tilde{\mathbf{v}}_1 & \tilde{\mathbf{v}}_2 & \tilde{\mathbf{v}}_3 & \tilde{\mathbf{p}}_1 & \tilde{\mathbf{p}}_2 \end{bmatrix} \sim \begin{bmatrix} 1 & 0 & 0 & 0 & 0 \\ 0 & 1 & 0 & \frac{1}{3} & 0 \\ 0 & 0 & 1 & \frac{2}{3} & 0 \\ 0 & 0 & 0 & 0 & 1 \end{bmatrix}$$

2. Si $\mathbf{p}$ est au-dessus de S, alors la droite passant par $\mathbf{p}$ et de pente -1 coupe S en deux points avant d'atteindre les demi-axes des x et des y positifs.

8.4 | HYPERPLANS

Les hyperplans jouent un rôle particulier dans la description géométrique de $\mathbb{R}^n$ car ils divisent l'espace en deux parties disjointes, de la même façon qu'un plan (respectivement une droite) sépare $\mathbb{R}^3$ (respectivement $\mathbb{R}^2$) en deux parties. L'avantage des hyperplans est que l'on peut les décrire très simplement de façon *implicite*, au contraire des représentations *explicites* ou paramétriques des droites et des plans utilisées dans le travail précédent sur les espaces affines[8].

---

[8] Les représentations paramétriques ont été définies à la section 1.5.

Une droite de $\mathbb{R}^2$ admet une équation cartésienne de la forme $ax + by = d$. Un plan de $\mathbb{R}^3$ admet de même une équation cartésienne du type $ax + by + cz = d$. Ces deux équations décrivent la droite ou le plan comme l'ensemble des points en lesquels une certaine expression linéaire (en l'occurrence ici une *forme linéaire*) prend une valeur fixée d.

DÉFINITION

On appelle **forme linéaire** sur $\mathbb{R}^n$ toute application linéaire f de $\mathbb{R}^n$ dans $\mathbb{R}$. Si d est un scalaire fixé dans $\mathbb{R}$, le symbole $[f:d]$ désigne l'ensemble des points $\mathbf{x}$ de $\mathbb{R}^n$ en lesquels f prend la valeur d. Autrement dit,

$$[f:d] \quad \text{est l'ensemble} \quad \{\mathbf{x} \in \mathbb{R}^n : f(\mathbf{x}) = d\}$$

La **forme linéaire nulle** est l'application telle que pour tout $\mathbf{x}$ de $\mathbb{R}^n$, $f(\mathbf{x}) = 0$. Les autres formes linéaires sur $\mathbb{R}^n$ sont dites **non nulles**.

EXEMPLE 1 Dans $\mathbb{R}^2$, la droite d'équation $x - 4y = 13$ est un hyperplan. C'est l'ensemble des points en lesquels la forme linéaire $f(x, y) = x - 4y$ prend la valeur 13, c'est-à-dire l'ensemble $[f:13]$. ∎

EXEMPLE 2 Dans $\mathbb{R}^3$, le plan d'équation $5x - 2y + 3z = 21$ est un hyperplan. C'est l'ensemble des points en lesquels la forme linéaire $g(x, y, z) = 5x - 2y + 3z$ prend la valeur 21. Cet hyperplan est l'ensemble $[g:21]$. ∎

Une forme linéaire f sur $\mathbb{R}^n$ est canoniquement associée, en tant qu'application linéaire, à une matrice $1 \times n$ de la forme $A = [\,a_1 \quad a_2 \quad \cdots \quad a_n\,]$. Alors

$$[f:0] \quad \text{n'est autre que} \quad \{\mathbf{x} \in \mathbb{R}^n : A\mathbf{x} = 0\} = \text{Ker } A \tag{1}$$

Si f est une forme linéaire non nulle, alors rang $A = 1$, donc d'après le théorème du rang[9], dim Ker $A = n - 1$. Le sous-espace vectoriel $[f:0]$ est donc de dimension $n - 1$ et est par conséquent un hyperplan. De plus, si d est un réel quelconque, alors

$$[f:d] \quad \text{n'est autre que} \quad \{\mathbf{x} \in \mathbb{R}^n : A\mathbf{x} = d\} \tag{2}$$

On a vu, au théorème 6 de la section 1.5, que l'on obtenait l'ensemble des solutions de l'équation $A\mathbf{x} = \mathbf{b}$ en translatant l'ensemble des solutions de $A\mathbf{x} = \mathbf{0}$ d'une solution particulière $\mathbf{p}$ de $A\mathbf{x} = \mathbf{b}$. Si l'on note A la matrice canoniquement associée à l'application linéaire f, ce théorème signifie alors que pour tout $\mathbf{p}$ appartenant à $[f:d]$,

$$[f:d] = [f:0] + \mathbf{p} \tag{3}$$

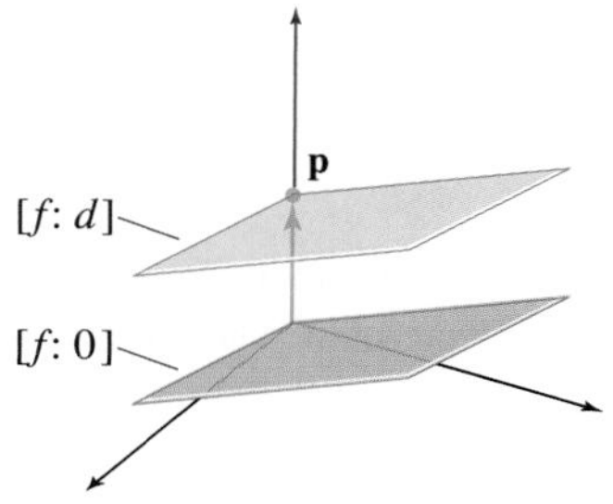

Les ensembles $[f:d]$ sont donc les hyperplans parallèles à $[f:0]$ (voir figure 1).

Si A est une matrice $1 \times n$, l'équation $A\mathbf{x} = d$ peut s'écrire au moyen d'un produit scalaire $\mathbf{n} \cdot \mathbf{x}$, le vecteur $\mathbf{n}$ de $\mathbb{R}^n$ ayant comme composantes les coefficients de A. Donc d'après l'énoncé (2),

$$[f:d] \quad \text{est égal à} \quad \{\mathbf{x} \in \mathbb{R}^n : \mathbf{n} \cdot \mathbf{x} = d\} \tag{4}$$

En particulier, $[f:0] = \{\mathbf{x} \in \mathbb{R}^n : \mathbf{n} \cdot \mathbf{x} = 0\}$, ce qui montre que $[f:0]$ est l'orthogonal de la droite vectorielle engendrée par $\mathbf{n}$. En calcul différentiel et en géométrie de $\mathbb{R}^3$, on dit que le **vecteur n** est **normal** à l'hyperplan $[f:0]$ (on parle de vecteur « normal », et non pas « normé » ; il n'est pas nécessaire que ce vecteur soit unitaire). On dit aussi

FIGURE 1

Hyperplans parallèles, avec $f(\mathbf{p}) = d$

[9] Voir le théorème 14 de la section 2.9 ou le théorème 14 de la section 4.6.

que **n** est **normal** à chacun des hyperplans parallèles $[f:d]$, bien que $\mathbf{n} \cdot \mathbf{x}$ ne soit pas nul dans le cas où $d \neq 0$.

L'ensemble $[f:d]$ est aussi nommé *ligne de niveau* de f, et quand on a $f(\mathbf{x}) = \mathbf{n} \cdot \mathbf{x}$ pour tout $\mathbf{x}$, le vecteur **n** est parfois[10] appelé *gradient* de f.

EXEMPLE 3 On pose $\mathbf{n} = \begin{bmatrix} 3 \\ 4 \end{bmatrix}$ et $\mathbf{v} = \begin{bmatrix} 1 \\ -6 \end{bmatrix}$. On considère alors l'ensemble H défini par $H = \{\mathbf{x} : \mathbf{n} \cdot \mathbf{x} = 12\}$, soit $H = [f:12]$, avec $f(x, y) = 3x + 4y$. Autrement dit, H est la droite d'équation $3x + 4y = 12$. Donner une équation cartésienne de l'hyperplan (c'est-à-dire de la droite) parallèle à H défini par $H_1 = H + \mathbf{v}$.

SOLUTION Il faut d'abord déterminer un point **p** de H_1. Pour cela, on prend un point de H, par exemple $\begin{bmatrix} 0 \\ 3 \end{bmatrix}$ et on le translate de **v**. On obtient le point **p** défini par l'égalité $\mathbf{p} = \begin{bmatrix} 1 \\ -6 \end{bmatrix} + \begin{bmatrix} 0 \\ 3 \end{bmatrix} = \begin{bmatrix} 1 \\ -3 \end{bmatrix}$, qui appartient à H_1. On calcule ensuite $\mathbf{n} \cdot \mathbf{p} = -9$, ce qui montre que $H_1 = [f:-9]$ (voir figure 2, où on a également représenté le sous-espace vectoriel $H_0 = \{\mathbf{x} : \mathbf{n} \cdot \mathbf{x} = 0\}$). ∎

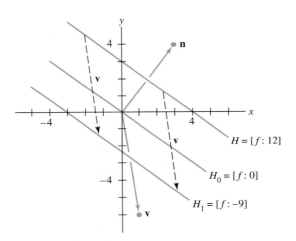

FIGURE 2

Les trois exemples qui suivent montrent comment on passe, pour un hyperplan, d'une description implicite à une description explicite, ou inversement. Dans l'exemple 4, on part d'une description implicite.

EXEMPLE 4 Dans $\mathbb{R}^2$, décrire explicitement la droite d'équation $x - 4y = 13$ sous la forme d'une représentation paramétrique vectorielle.

SOLUTION La question revient à résoudre l'équation non homogène $A\mathbf{x} = \mathbf{b}$, où A est la matrice $[\,1 \quad -4\,]$ et **b** le réel 13. On l'écrit $x = 13 + 4y$, y pouvant prendre une valeur quelconque. On obtient donc la représentation paramétrique

$$\mathbf{x} = \begin{bmatrix} x \\ y \end{bmatrix} = \begin{bmatrix} 13 + 4y \\ y \end{bmatrix} = \begin{bmatrix} 13 \\ 0 \end{bmatrix} + y \begin{bmatrix} 4 \\ 1 \end{bmatrix} = \mathbf{p} + y\mathbf{q} \quad y \in \mathbb{R}$$ ∎

---

[10] Essentiellement en calcul différentiel, dans le cas où f est la *différentielle* d'une application de $\mathbb{R}^n$ dans $\mathbb{R}$.

Le passage d'une forme explicite à une forme implicite demande un peu plus de réflexion. L'idée est de construire d'abord $[f:0]$, puis de déterminer d de façon à caractériser l'hyperplan sous la forme $[f:d]$.

EXEMPLE 5 On considère les points $\mathbf{v}_1 = \begin{bmatrix} 1 \\ 2 \end{bmatrix}$ et $\mathbf{v}_2 = \begin{bmatrix} 6 \\ 0 \end{bmatrix}$, ainsi que la droite D_1 passant par $\mathbf{v}_1$ et $\mathbf{v}_2$. Déterminer une forme linéaire f et une constante d telles que $D_1 = [f:d]$.

SOLUTION La droite D_1 est parallèle à la droite translatée D_0 passant par $\mathbf{v}_2 - \mathbf{v}_1$ et par l'origine. Cette droite admet une équation de la forme

$$\begin{bmatrix} a & b \end{bmatrix} \begin{bmatrix} x \\ y \end{bmatrix} = 0 \quad \text{soit} \quad \mathbf{n} \cdot \mathbf{x} = 0, \quad \text{où l'on a posé} \quad \mathbf{n} = \begin{bmatrix} a \\ b \end{bmatrix} \qquad (5)$$

Puisque $\mathbf{n}$ est orthogonal au sous-espace vectoriel D_0, qui contient le vecteur $\mathbf{v}_2 - \mathbf{v}_1$, on calcule

$$\mathbf{v}_2 - \mathbf{v}_1 = \begin{bmatrix} 6 \\ 0 \end{bmatrix} - \begin{bmatrix} 1 \\ 2 \end{bmatrix} = \begin{bmatrix} 5 \\ -2 \end{bmatrix}$$

et l'on résout

$$\begin{bmatrix} a & b \end{bmatrix} \begin{bmatrix} 5 \\ -2 \end{bmatrix} = 0$$

Une solution évidente est $\begin{bmatrix} a & b \end{bmatrix} = \begin{bmatrix} 2 & 5 \end{bmatrix}$. On pose donc $f(x, y) = 2x + 5y$. D'après l'équation (5), $D_0 = [f:0]$ et D_1 est de la forme $[f:d]$ pour une certaine constante d. Comme $\mathbf{v}_1$ est sur la droite D_1, on a $d = f(\mathbf{v}_1) = 2(1) + 5(2) = 12$. La droite D_1 admet donc pour équation $2x + 5y = 12$. On peut remarquer, à titre de vérification, que le point $\mathbf{v}_2$ est tel que $f(\mathbf{v}_2) = f(6, 0) = 2(6) + 5(0) = 12$, donc qu'il est bien lui aussi sur D_1. ∎

EXEMPLE 6 On pose $\mathbf{v}_1 = \begin{bmatrix} 1 \\ 1 \\ 1 \end{bmatrix}$, $\mathbf{v}_2 = \begin{bmatrix} 2 \\ -1 \\ 4 \end{bmatrix}$ et $\mathbf{v}_3 = \begin{bmatrix} 3 \\ 1 \\ 2 \end{bmatrix}$. Déterminer une équation cartésienne $[f:d]$ du plan H_1 passant par $\mathbf{v}_1, \mathbf{v}_2$ et $\mathbf{v}_3$.

SOLUTION H_1 est parallèle au plan H_0 passant par l'origine et contenant les points translatés (c'est-à-dire les vecteurs)

$$\mathbf{v}_2 - \mathbf{v}_1 = \begin{bmatrix} 1 \\ -2 \\ 3 \end{bmatrix} \quad \text{et} \quad \mathbf{v}_3 - \mathbf{v}_1 = \begin{bmatrix} 2 \\ 0 \\ 1 \end{bmatrix}$$

Ces deux vecteurs sont linéairement indépendants, donc $H_0 = \text{Vect}\{\mathbf{v}_2 - \mathbf{v}_1, \mathbf{v}_3 - \mathbf{v}_1\}$. Soit $\mathbf{n} = \begin{bmatrix} a \\ b \\ c \end{bmatrix}$ un vecteur normal à H_0. Les vecteurs $\mathbf{v}_2 - \mathbf{v}_1$ et $\mathbf{v}_3 - \mathbf{v}_1$ sont tous deux orthogonaux à $\mathbf{n}$. On a donc $(\mathbf{v}_2 - \mathbf{v}_1) \cdot \mathbf{n} = 0$ et $(\mathbf{v}_3 - \mathbf{v}_1) \cdot \mathbf{n} = 0$. Ces deux équations s'écrivent

$$\begin{bmatrix} 1 & -2 & 3 \end{bmatrix} \begin{bmatrix} a \\ b \\ c \end{bmatrix} = 0 \quad \text{et} \quad \begin{bmatrix} 2 & 0 & 1 \end{bmatrix} \begin{bmatrix} a \\ b \\ c \end{bmatrix} = 0$$

et forment un système dont la matrice complète est

$$\begin{bmatrix} 1 & -2 & 3 & 0 \\ 2 & 0 & 1 & 0 \end{bmatrix}$$

On obtient, à l'aide d'opérations sur les lignes, $a = (-\frac{2}{4})c$ et $b = (\frac{5}{4})c$, avec c quelconque. On prend par exemple $c = 4$ et l'on obtient $\mathbf{n} = \begin{bmatrix} -2 \\ 5 \\ 4 \end{bmatrix}$, d'où $H_0 = [f:0]$, avec $f(\mathbf{x}) = -2x_1 + 5x_2 + 4x_3$.

L'hyperplan parallèle H_1 est du type $[f:d]$. On détermine d en écrivant que $\mathbf{v}_1$ appartient à H_1. On obtient $d = f(\mathbf{v}_1) = f(1, 1, 1) = -2(1) + 5(1) + 4(1) = 7$. On peut vérifier le résultat en calculant $f(\mathbf{v}_2) = f(2, -1, 4) = -2(2) + 5(-1) + 4(4) = 16 - 9 = 7$. On vérifie de même que $f(\mathbf{v}_3) = 7$. ∎

La méthode de l'exemple 6 se généralise à des dimensions plus grandes. Mais dans le cas particulier de $\mathbb{R}^3$, on peut également calculer $\mathbf{n}$ au moyen d'un **produit vectoriel**. Un procédé mnémotechnique simple pour ce faire est d'écrire un déterminant symbolique.

$$\mathbf{n} = (\mathbf{v}_2 - \mathbf{v}_1) \wedge (\mathbf{v}_3 - \mathbf{v}_1)$$

$$= \begin{vmatrix} 1 & 2 & \mathbf{i} \\ -2 & 0 & \mathbf{j} \\ 3 & 1 & \mathbf{k} \end{vmatrix} = \begin{vmatrix} -2 & 0 \\ 3 & 1 \end{vmatrix} \mathbf{i} - \begin{vmatrix} 1 & 2 \\ 3 & 1 \end{vmatrix} \mathbf{j} + \begin{vmatrix} 1 & 2 \\ -2 & 0 \end{vmatrix} \mathbf{k}$$

$$= -2\mathbf{i} + 5\mathbf{j} + 4\mathbf{k} = \begin{bmatrix} -2 \\ 5 \\ 4 \end{bmatrix}$$

Si l'on a seulement besoin de l'expression de f, on peut écrire le calcul du produit vectoriel au moyen d'un déterminant ordinaire :

$$f(x_1, x_2, x_3) = \begin{vmatrix} 1 & 2 & x_1 \\ -2 & 0 & x_2 \\ 3 & 1 & x_3 \end{vmatrix} = \begin{vmatrix} -2 & 0 \\ 3 & 1 \end{vmatrix} x_1 - \begin{vmatrix} 1 & 2 \\ 3 & 1 \end{vmatrix} x_2 + \begin{vmatrix} 1 & 2 \\ -2 & 0 \end{vmatrix} x_3$$

$$= -2x_1 + 5x_2 + 4x_3$$

Tous les hyperplans examinés jusque-là s'écrivaient sous la forme $[f:d]$ pour une certaine forme linéaire f et un certain réel d ou, de façon équivalente, sous la forme $\{\mathbf{x} \in \mathbb{R}^n : \mathbf{n}\cdot\mathbf{x} = d\}$ pour un certain $\mathbf{n}$ de $\mathbb{R}^n$. Le théorème suivant montre qu'en fait, tous les hyperplans peuvent s'écrire de ces deux façons équivalentes.

THÉORÈME 11

Une partie H de $\mathbb{R}^n$ est un hyperplan si et seulement si il existe une forme linéaire f et un réel d tels que $H = [f:d]$. Il en résulte que si H est un hyperplan, il existe un vecteur non nul $\mathbf{n}$ et un réel d tels que $H = \{\mathbf{x} : \mathbf{n}\cdot\mathbf{x} = d\}$.

DÉMONSTRATION Soit H un hyperplan. On prend un vecteur $\mathbf{p} \in H$ et l'on pose $H_0 = H - \mathbf{p}$. Alors H_0 est un sous-espace vectoriel de $\mathbb{R}^n$ de dimension $(n-1)$. On fixe maintenant un vecteur $\mathbf{y}$ n'appartenant pas à H_0. D'après le théorème de projection orthogonale de la section 6.3, il existe un unique vecteur $\mathbf{y}_1$ de H_0 et un unique vecteur $\mathbf{n}$ orthogonal à tout vecteur de H_0 tels que

$$\mathbf{y} = \mathbf{y}_1 + \mathbf{n}$$

D'après les propriétés du produit scalaire, l'application f définie par

$$f(\mathbf{x}) = \mathbf{n}\cdot\mathbf{x} \quad \text{pour } \mathbf{x} \in \mathbb{R}^n$$

est une forme linéaire. Par construction de **n**, $[f:0]$ est alors un hyperplan contenant H_0. Il en résulte que

$$H_0 = [f:0]$$

En effet, H_0 admet une base $\mathcal{B}$ constituée de $n-1$ vecteurs, et comme les vecteurs de $\mathcal{B}$ appartiennent au sous-espace $[f:0]$ de dimension $(n-1)$, il résulte du théorème de caractérisation des bases que $\mathcal{B}$ est également une base de $[f:0]$. On pose pour finir

$$d = f(\mathbf{p}) = \mathbf{n}\cdot\mathbf{p}$$

Alors, par le même raisonnement que celui qui a conduit plus haut à la relation (3), on a

$$[f:d] = [f:0] + \mathbf{p} = H_0 + \mathbf{p} = H$$

La réciproque, c'est-à-dire le fait que $[f:d]$ soit un hyperplan, résulte des relations (1) et (3) énoncées en début de section. ∎

Un grand nombre de propriétés importantes des hyperplans reposent sur la possibilité de « séparer » deux ensembles par un hyperplan. Intuitivement, cela signifie que les deux ensembles se situent de part et d'autre de l'hyperplan. Le vocabulaire ci-dessous permet de préciser cette idée.

TOPOLOGIE DE $\mathbb{R}^n$: DÉFINITIONS ET PROPRIÉTÉS

Si **p** est un point de $\mathbb{R}^n$ et δ un réel strictement positif, on appelle **boule ouverte** de centre **p** et de rayon δ l'ensemble

$$B(\mathbf{p}, \delta) = \{\mathbf{x} : \|\mathbf{x} - \mathbf{p}\| < \delta\}$$

Si S est une partie de $\mathbb{R}^n$, un **point p** est dit **intérieur** à S s'il existe $\delta > 0$ tel que $B(\mathbf{p}, \delta) \subset S$. Si toute boule ouverte de centre **p** rencontre à la fois S et son complémentaire, on dit que **p** est un **point frontière** de S. Une partie de $\mathbb{R}^n$ est dite **ouverte** si elle ne contient aucun de ses points frontières (ce qui équivaut à dire que tous ses points lui sont intérieurs). On dit qu'une partie de $\mathbb{R}^n$ est **fermée** si elle contient tous ses points frontières (une partie qui contient certains de ses points frontières, mais pas tous, n'est ni ouverte ni fermée). Une **partie** S de $\mathbb{R}^n$ est dite **bornée** s'il existe $\delta > 0$ tel que $S \subset B(\mathbf{0}, \delta)$. On dit enfin qu'une partie de $\mathbb{R}^n$ est **compacte** si elle est à la fois fermée et bornée.

Théorème : L'enveloppe convexe d'un ouvert[11] est ouverte et l'enveloppe convexe d'un compact est compacte. En revanche, l'enveloppe convexe d'un fermé n'est pas nécessairement fermée (voir exercice 27).

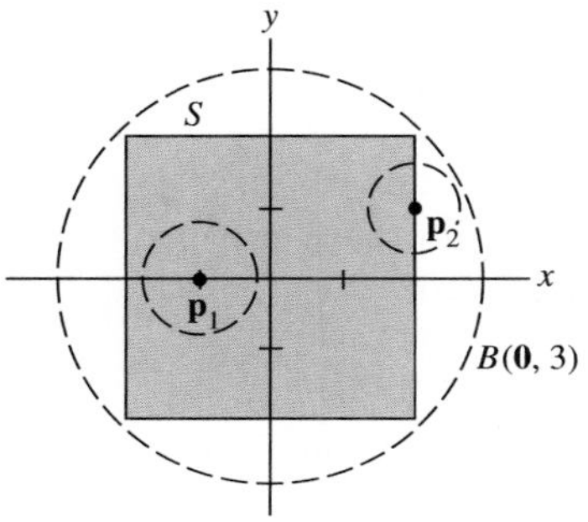

FIGURE 3
L'ensemble S est fermé et borné.

EXEMPLE 7 On pose, comme indiqué à la figure 3,

$$S = \text{conv}\left\{\begin{bmatrix} -2 \\ 2 \end{bmatrix}, \begin{bmatrix} -2 \\ -2 \end{bmatrix}, \begin{bmatrix} 2 \\ -2 \end{bmatrix}, \begin{bmatrix} 2 \\ 2 \end{bmatrix}\right\}, \quad \mathbf{p}_1 = \begin{bmatrix} -1 \\ 0 \end{bmatrix} \quad \text{et} \quad \mathbf{p}_2 = \begin{bmatrix} 2 \\ 1 \end{bmatrix}$$

Le point $\mathbf{p}_1$ est un point intérieur à S car $B\left(\mathbf{p}, \frac{3}{4}\right) \subset S$. Le point $\mathbf{p}_2$ est un point frontière de S car toute boule ouverte de centre $\mathbf{p}_2$ rencontre à la fois S et son complémentaire. L'ensemble S est fermé car il contient tous ses points frontières. Il est borné car $S \subset B(\mathbf{0}, 3)$. Il est donc également compact. ∎

---

[11] On utilise souvent la terminologie suivante : un ouvert, un fermé, un compact ou un convexe de $\mathbb{R}^n$, pour désigner une partie ouverte, une partie fermée, une partie compacte ou une partie convexe de $\mathbb{R}^n$.

Notation : Si f est une forme linéaire, la notation $f(A) \le d$ signifie que $f(\mathbf{x}) \le d$ pour tout $\mathbf{x} \in A$. On définit des notations analogues avec des inégalités dans l'autre sens ou des inégalités strictes.

> **DÉFINITION**
>
> On dit qu'un hyperplan $H = [f:d]$ **sépare** deux ensembles A et B si l'une ou l'autre des deux propriétés suivantes est vérifiée :
>
> (i) $f(A) \le d$ et $f(B) \ge d$
> (ii) $f(A) \ge d$ et $f(B) \le d$
>
> Si, dans les conditions ci-dessus, on peut remplacer les inégalités larges par des inégalités strictes, on dit que H **sépare strictement** A et B.

On remarque que la séparation stricte implique que les deux ensembles sont disjoints, ce qui n'est pas forcément le cas pour la simple séparation. Si l'on considère par exemple deux cercles du plan tangents extérieurement, alors leur tangente commune les sépare (mais ne les sépare pas strictement).

Bien que, pour pouvoir être strictement séparés, deux ensembles doivent nécessairement être disjoints, cette condition n'est pas suffisante, même pour des ensembles convexes fermés. Posons par exemple

$$A = \left\{ \begin{bmatrix} x \\ y \end{bmatrix} : x \ge \frac{1}{2} \text{ et } \frac{1}{x} \le y \le 2 \right\} \quad \text{et} \quad B = \left\{ \begin{bmatrix} x \\ y \end{bmatrix} : x \ge 0 \text{ et } y = 0 \right\}$$

Les ensembles A et B sont deux ensembles convexes disjoints, mais (voir figure 4) ils ne peuvent être strictement séparés par un hyperplan (une droite de $\mathbb{R}^2$ ici). La question de la séparation (ou de la séparation stricte) de deux ensembles par un hyperplan est plus délicate que ce que l'on pourrait penser à première vue.

Il existe beaucoup de conditions intéressantes relatives à deux ensembles A et B qui impliquent l'existence d'un hyperplan de séparation, mais nous nous contenterons dans cette section des deux théorèmes suivants. La démonstration du premier demande des notions préalables supplémentaires[12]. En revanche, le second théorème se déduit aisément du premier.

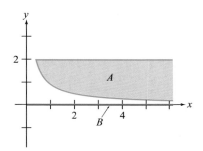

FIGURE 4
Ensembles convexes fermés disjoints

> **THÉORÈME 12**
>
> Soit A et B deux ensembles convexes non vides, tels que A soit compact et B fermé. Alors il existe un hyperplan séparant strictement A et B si et seulement si $A \cap B = \varnothing$.

> **THÉORÈME 13**
>
> Soit A et B deux ensembles compacts non vides. Alors il existe un hyperplan séparant strictement A et B si et seulement si $(\text{conv } A) \cap (\text{conv } B) = \varnothing$.

DÉMONSTRATION On suppose que $(\text{conv } A) \cap (\text{conv } B) = \varnothing$. L'enveloppe convexe d'un ensemble compact est un ensemble compact, donc, d'après le théorème 12, il existe un hyperplan H qui sépare strictement conv A et conv B. Puisque A et B sont inclus dans leurs enveloppes convexes, il est clair que H sépare strictement également A et B.

---

[12] On trouvera une démonstration du théorème 12 dans Steven R. Lay, *Convex Sets and Their Applications*, New York : John Wiley & Sons, 1982 ; Mineola, NY : Dover Publications, 2007, p. 34 à 39.

Inversement, supposons que l'hyperplan $H = [f : d]$ sépare strictement A et B. On peut supposer, sans perte de généralité, que $f(A) < d$ et $f(B) > d$. On considère une combinaison convexe $\mathbf{x} = c_1\mathbf{x}_1 + \cdots + c_k\mathbf{x}_k$ d'éléments de A. Alors, comme on a $c_1 + \cdots + c_k = 1$,

$$f(\mathbf{x}) = c_1 f(\mathbf{x}_1) + \cdots + c_k f(\mathbf{x}_k) < c_1 d + \cdots + c_k d = d$$

Donc $f(\text{conv } A) < d$. De même, $f(\text{conv } B) > d$, donc $H = [f : d]$ sépare strictement conv A et conv B. D'après le théorème 12, conv A et conv B sont disjoints. ■

EXEMPLE 8 On pose

$$\mathbf{a}_1 = \begin{bmatrix} 2 \\ 1 \\ 1 \end{bmatrix}, \quad \mathbf{a}_2 = \begin{bmatrix} -3 \\ 2 \\ 1 \end{bmatrix}, \quad \mathbf{a}_3 = \begin{bmatrix} 3 \\ 4 \\ 0 \end{bmatrix}, \quad \mathbf{b}_1 = \begin{bmatrix} 1 \\ 0 \\ 2 \end{bmatrix}, \quad \mathbf{b}_2 = \begin{bmatrix} 2 \\ -1 \\ 5 \end{bmatrix},$$

$A = \{\mathbf{a}_1, \mathbf{a}_2, \mathbf{a}_3\}$ et $B = \{\mathbf{b}_1, \mathbf{b}_2\}$. Soit f la forme linéaire sur $\mathbb{R}^3$ définie par la relation $f(x_1, x_2, x_3) = 2x_1 - 3x_2 + x_3$. Montrer que l'hyperplan $H = [f : 5]$ ne sépare pas A et B. Existe-t-il un hyperplan parallèle à H séparant A et B ? Les enveloppes convexes de A et de B ont-elles une intersection non vide ?

SOLUTION On évalue la forme linéaire f en chacun des points de A et de B :

$$f(\mathbf{a}_1) = 2, \quad f(\mathbf{a}_2) = -11, \quad f(\mathbf{a}_3) = -6, \quad f(\mathbf{b}_1) = 4 \quad \text{et} \quad f(\mathbf{b}_2) = 12$$

Puisque $f(\mathbf{b}_1) = 4$ est strictement inférieur à 5 et que $f(\mathbf{b}_2) = 12$ est strictement supérieur à 5, les points de B sont de part et d'autre de $H = [f : 5]$, donc H ne sépare pas A et B.

Par ailleurs, on a $f(A) < 3$ et $f(B) > 3$, donc l'hyperplan $[f : 3]$, parallèle à H, sépare strictement A et B. D'après le théorème 13, il en résulte que $(\text{conv } A) \cap (\text{conv } B)$ est vide.

Attention : Si l'on n'avait trouvé aucun hyperplan parallèle à H séparant strictement A et B, on n'aurait pas pu en déduire que leurs enveloppes convexes avaient une intersection non vide. Il aurait été possible qu'un autre hyperplan, non parallèle à H, les sépare strictement. ■

EXERCICE D'ENTRAÎNEMENT

On pose $\mathbf{p}_1 = \begin{bmatrix} 1 \\ 0 \\ 2 \end{bmatrix}, \mathbf{p}_2 = \begin{bmatrix} -1 \\ 2 \\ 1 \end{bmatrix}, \mathbf{n}_1 = \begin{bmatrix} 1 \\ 1 \\ -2 \end{bmatrix}$ et $\mathbf{n}_2 = \begin{bmatrix} -2 \\ 1 \\ 3 \end{bmatrix}$. Soit H_1 l'hyperplan

(c'est-à-dire ici le plan) de $\mathbb{R}^3$ passant par $\mathbf{p}_1$ et normal au vecteur $\mathbf{n}_1$, et H_2 l'hyperplan passant par $\mathbf{p}_2$ et normal au vecteur $\mathbf{n}_2$. Décrire $H_1 \cap H_2$ sous forme paramétrique.

8.4 EXERCICES

1. Soit D la droite de $\mathbb{R}^2$ passant par les points $\begin{bmatrix} -1 \\ 4 \end{bmatrix}$ et $\begin{bmatrix} 3 \\ 1 \end{bmatrix}$. Déterminer une forme linéaire f et un réel d tels que $D = [f : d]$.

2. Soit D la droite de $\mathbb{R}^2$ passant par les points $\begin{bmatrix} 1 \\ 4 \end{bmatrix}$ et $\begin{bmatrix} -2 \\ -1 \end{bmatrix}$. Déterminer une forme linéaire f et un réel d tels que $D = [f : d]$.

Dans les exercices 3 et 4, préciser si les ensembles sont ouverts, fermés ou ni l'un ni l'autre.

3. a. $\{(x, y) : y > 0\}$

   b. $\{(x, y) : x = 2 \text{ et } 1 \leq y \leq 3\}$

   c. $\{(x, y) : x = 2 \text{ et } 1 < y < 3\}$

   d. $\{(x, y) : xy = 1 \text{ et } x > 0\}$

   e. $\{(x, y) : xy \geq 1 \text{ et } x > 0\}$

4. a. $\{(x, y) : x^2 + y^2 = 1\}$

b. $\{(x, y) : x^2 + y^2 > 1\}$

c. $\{(x, y) : x^2 + y^2 \leq 1 \text{ et } y > 0\}$

d. $\{(x, y) : y \geq x^2\}$

e. $\{(x, y) : y < x^2\}$

Dans les exercices 5 et 6, préciser si les ensembles sont compacts et s'ils sont convexes.

5. Les ensembles de l'exercice 3.

6. Les ensembles de l'exercice 4.

Dans les exercices 7 à 10, on considère l'hyperplan H passant par les points indiqués. (a) Déterminer un vecteur $\mathbf{n}$ normal à l'hyperplan. (b) Déterminer une forme linéaire f et un réel d tels que $H = [f : d]$.

7. $\begin{bmatrix} 1 \\ 1 \\ 3 \end{bmatrix}, \begin{bmatrix} 2 \\ 4 \\ 1 \end{bmatrix}, \begin{bmatrix} -1 \\ -2 \\ 5 \end{bmatrix}$ **8.** $\begin{bmatrix} 1 \\ -2 \\ 1 \end{bmatrix}, \begin{bmatrix} 4 \\ -2 \\ 3 \end{bmatrix}, \begin{bmatrix} 7 \\ -4 \\ 4 \end{bmatrix}$

9. $\begin{bmatrix} 1 \\ 0 \\ 1 \\ 0 \end{bmatrix}, \begin{bmatrix} 2 \\ 3 \\ 1 \\ 0 \end{bmatrix}, \begin{bmatrix} 1 \\ 2 \\ 2 \\ 0 \end{bmatrix}, \begin{bmatrix} 1 \\ 1 \\ 1 \\ 1 \end{bmatrix}$

10. $\begin{bmatrix} 1 \\ 2 \\ 0 \\ 0 \end{bmatrix}, \begin{bmatrix} 2 \\ 2 \\ -1 \\ -3 \end{bmatrix}, \begin{bmatrix} 1 \\ 3 \\ 2 \\ 7 \end{bmatrix}, \begin{bmatrix} 3 \\ 2 \\ -1 \\ -1 \end{bmatrix}$

11. On pose $\mathbf{p} = \begin{bmatrix} 1 \\ -3 \\ 1 \\ 2 \end{bmatrix}$, $\mathbf{n} = \begin{bmatrix} 1 \\ 1 \\ 5 \\ -1 \end{bmatrix}$, $\mathbf{v}_1 = \begin{bmatrix} 0 \\ 1 \\ 1 \\ 1 \end{bmatrix}$,

$\mathbf{v}_2 = \begin{bmatrix} -2 \\ 0 \\ 1 \\ 3 \end{bmatrix}$ et $\mathbf{v}_3 = \begin{bmatrix} 1 \\ 4 \\ 0 \\ 4 \end{bmatrix}$ et l'on considère l'hyperplan H

de $\mathbb{R}^4$ normal à $\mathbf{n}$ et passant par $\mathbf{p}$. Parmi les points $\mathbf{v}_1$, $\mathbf{v}_2$ et $\mathbf{v}_3$, lesquels sont du même côté de H que l'origine et lesquels sont de l'autre côté ?

12. On pose $\mathbf{a}_1 = \begin{bmatrix} 2 \\ -1 \\ 5 \end{bmatrix}$, $\mathbf{a}_2 = \begin{bmatrix} 3 \\ 1 \\ 3 \end{bmatrix}$, $\mathbf{a}_3 = \begin{bmatrix} -1 \\ 6 \\ 0 \end{bmatrix}$,

$\mathbf{b}_1 = \begin{bmatrix} 0 \\ 5 \\ -1 \end{bmatrix}$, $\mathbf{b}_2 = \begin{bmatrix} 1 \\ -3 \\ -2 \end{bmatrix}$, $\mathbf{b}_3 = \begin{bmatrix} 2 \\ 2 \\ 1 \end{bmatrix}$ et $\mathbf{n} = \begin{bmatrix} 3 \\ 1 \\ -2 \end{bmatrix}$,

et l'on considère les ensembles $A = \{\mathbf{a}_1, \mathbf{a}_2, \mathbf{a}_3\}$ et $B = \{\mathbf{b}_1, \mathbf{b}_2, \mathbf{b}_3\}$. Déterminer un hyperplan H normal à $\mathbf{n}$ qui sépare A et B. Existe-t-il un hyperplan parallèle à H séparant strictement A et B ?

13. On pose $\mathbf{p}_1 = \begin{bmatrix} 2 \\ -3 \\ 1 \\ 2 \end{bmatrix}$, $\mathbf{p}_2 = \begin{bmatrix} 1 \\ 2 \\ -1 \\ 3 \end{bmatrix}$, $\mathbf{n}_1 = \begin{bmatrix} 1 \\ 2 \\ 4 \\ 2 \end{bmatrix}$ et

$\mathbf{n}_2 = \begin{bmatrix} 2 \\ 3 \\ 1 \\ 5 \end{bmatrix}$, et l'on considère, d'une part, l'hyperplan H_1

de $\mathbb{R}^4$ passant par $\mathbf{p}_1$ et normal à $\mathbf{n}_1$ et, d'autre part, l'hyperplan H_2 passant par $\mathbf{p}_2$ et normal à $\mathbf{n}_2$. Décrire explicitement (sous forme paramétrique) $H_1 \cap H_2$. [*Indication* : Déterminer un point $\mathbf{p}$ de $H_1 \cap H_2$ et deux vecteurs linéairement indépendants $\mathbf{v}_1$ et $\mathbf{v}_2$ engendrant le sous-espace vectoriel parallèle au sous-espace affine $H_1 \cap H_2$ de dimension 2.]

14. Soit F_1 et F_2 deux sous-espaces affines de $\mathbb{R}^6$ de dimension 4 tels que $F_1 \cap F_2 \neq \varnothing$. Quelles sont les dimensions possibles de $F_1 \cap F_2$?

Dans les exercices 15 à 20, déterminer une forme linéaire f et un réel d de façon que $[f : d]$ soit l'hyperplan H décrit dans l'exercice.

15. On pose $A = \begin{bmatrix} 1 & -3 & 4 & -2 \end{bmatrix}$ (matrice 1×4) et $b = 5$. On prend pour H l'hyperplan $\{\mathbf{x} \in \mathbb{R}^4 : A\mathbf{x} = b\}$.

16. On pose $A = \begin{bmatrix} 2 & 5 & -3 & 0 & 6 \end{bmatrix}$ (matrice 1×5). On prend pour H l'hyperplan (de $\mathbb{R}^5$) Ker A.

17. On prend pour H le plan de $\mathbb{R}^3$ engendré par les lignes de la matrice $B = \begin{bmatrix} 1 & 3 & 5 \\ 0 & 2 & 4 \end{bmatrix}$. Autrement dit, $H = \text{Lgn } B$. [*Indication* : Quel lien existe-t-il entre H et Ker B (voir section 6.1) ?]

18. On prend pour H le plan de $\mathbb{R}^3$ engendré par les lignes de la matrice $B = \begin{bmatrix} 1 & 4 & -5 \\ 0 & -2 & 8 \end{bmatrix}$. Autrement dit, $H = \text{Lgn } B$.

19. On prend pour H le sous-espace engendré par les colonnes de la matrice $B = \begin{bmatrix} 1 & 0 \\ 4 & 2 \\ -7 & -6 \end{bmatrix}$. Autrement dit, $H = \text{Im } B$. [*Indication* : Quel lien existe-t-il entre Im B et Ker B^T (voir section 6.1) ?]

20. On prend pour H le sous-espace engendré par les colonnes de la matrice $B = \begin{bmatrix} 1 & 0 \\ 5 & 2 \\ -4 & -4 \end{bmatrix}$. Autrement dit, $H = \text{Im } B$.

Dans les exercices 21 et 22, dire de chaque énoncé s'il est vrai ou faux. Justifier chaque réponse.

21. a. On appelle « forme linéaire » toute application linéaire de $\mathbb{R}$ dans $\mathbb{R}^n$.

b. Si f est une forme linéaire définie sur $\mathbb{R}^n$, alors il existe un réel k tel que, pour tout vecteur $\mathbf{x}$ de $\mathbb{R}^n$, $f(\mathbf{x}) = k\mathbf{x}$.

c. S'il existe un hyperplan séparant strictement A et B, alors $A \cap B = \varnothing$.

d. Si A et B sont des convexes fermés tels que $A \cap B = \varnothing$, alors il existe un hyperplan qui sépare strictement A et B.

22. a. Pour tout réel d et pour toute forme linéaire f non nulle définie sur $\mathbb{R}^n$, l'ensemble $[f:d]$ est un hyperplan de $\mathbb{R}^n$.

   b. Pour tout vecteur $\mathbf{n}$ et tout réel d, l'ensemble $\{\mathbf{x}: \mathbf{n} \cdot \mathbf{x} = d\}$ est un hyperplan.

   c. Si A et B sont deux ensembles non vides disjoints, tels que A est compact et B est fermé, alors il existe un hyperplan séparant strictement A et B.

   d. Si A et B sont deux ensembles et qu'il existe un hyperplan H ne les séparant pas strictement, alors l'intersection $(\text{conv } A) \cap (\text{conv } B)$ est non vide.

23. On pose $\mathbf{v}_1 = \begin{bmatrix} 1 \\ 1 \end{bmatrix}$, $\mathbf{v}_2 = \begin{bmatrix} 3 \\ 0 \end{bmatrix}$, $\mathbf{v}_3 = \begin{bmatrix} 5 \\ 3 \end{bmatrix}$ et $\mathbf{p} = \begin{bmatrix} 4 \\ 1 \end{bmatrix}$. Déterminer un hyperplan $[f:d]$ (ici, une droite) séparant strictement $\mathbf{p}$ et $\text{conv } \{\mathbf{v}_1, \mathbf{v}_2, \mathbf{v}_3\}$.

24. Reprendre l'exercice 23 avec les points $\mathbf{v}_1 = \begin{bmatrix} 1 \\ 2 \end{bmatrix}$, $\mathbf{v}_2 = \begin{bmatrix} 5 \\ 1 \end{bmatrix}$, $\mathbf{v}_3 = \begin{bmatrix} 4 \\ 4 \end{bmatrix}$ et $\mathbf{p} = \begin{bmatrix} 2 \\ 3 \end{bmatrix}$.

25. On pose $\mathbf{p} = \begin{bmatrix} 4 \\ 1 \end{bmatrix}$. Déterminer un hyperplan $[f:d]$ séparant strictement les boules ouvertes $B(\mathbf{0}, 3)$ et $B(\mathbf{p}, 1)$. [*Indication* : Après avoir déterminé f, montrer que le point $\mathbf{v} = (1 - 0{,}75)\mathbf{0} + 0{,}75\mathbf{p}$ n'appartient ni à $B(\mathbf{0}, 3)$ ni à $B(\mathbf{p}, 1)$.]

26. On pose $\mathbf{q} = \begin{bmatrix} 2 \\ 3 \end{bmatrix}$ et $\mathbf{p} = \begin{bmatrix} 6 \\ 1 \end{bmatrix}$. Déterminer un hyperplan $[f:d]$ séparant strictement $B(\mathbf{q}, 3)$ et $B(\mathbf{p}, 1)$.

27. Donner un exemple de fermé S de $\mathbb{R}^2$ tel que $\text{conv } S$ ne soit pas fermé.

28. Donner un exemple de compact A et de fermé B de $\mathbb{R}^2$ tels que $(\text{conv } A) \cap (\text{conv } B) = \varnothing$, bien que l'on ne puisse pas séparer strictement A et B par un hyperplan.

29. Montrer que la boule ouverte $B(\mathbf{p}, \delta) = \{\mathbf{x} : \|\mathbf{x} - \mathbf{p}\| < \delta\}$ est convexe. [*Indication* : Utiliser l'inégalité triangulaire.]

30. Montrer que l'enveloppe convexe d'une partie bornée est bornée.

SOLUTION DE L'EXERCICE D'ENTRAÎNEMENT

On calcule d'abord $\mathbf{n}_1 \cdot \mathbf{p}_1 = -3$ et $\mathbf{n}_2 \cdot \mathbf{p}_2 = 7$. L'hyperplan H_1 est égal à l'ensemble des solutions de l'équation $x_1 + x_2 - 2x_3 = -3$ et H_2, à l'ensemble des solutions de l'équation $-2x_1 + x_2 + 3x_3 = 7$. Alors

$$H_1 \cap H_2 = \{\mathbf{x} : x_1 + x_2 - 2x_3 = -3 \text{ et } -2x_1 + x_2 + 3x_3 = 7\}$$

L'ensemble $H_1 \cap H_2$ est ici décrit sous forme implicite. Pour en déterminer une représentation explicite (paramétrique), on résout le système d'équations par la méthode du pivot :

$$\begin{bmatrix} 1 & 1 & -2 & -3 \\ -2 & 1 & 3 & 7 \end{bmatrix} \sim \begin{bmatrix} 1 & 0 & -\frac{5}{3} & -\frac{10}{3} \\ 0 & 1 & -\frac{1}{3} & \frac{1}{3} \end{bmatrix}$$

On obtient $x_1 = -\frac{10}{3} + \frac{5}{3}x_3$, $x_2 = \frac{1}{3} + \frac{1}{3}x_3$ et $x_3 = x_3$. On pose alors $\mathbf{p} = \begin{bmatrix} -\frac{10}{3} \\ \frac{1}{3} \\ 0 \end{bmatrix}$

et $\mathbf{v} = \begin{bmatrix} \frac{5}{3} \\ \frac{1}{3} \\ 1 \end{bmatrix}$. On peut écrire la solution générale sous la forme $\mathbf{x} = \mathbf{p} + x_3\mathbf{v}$. L'ensemble $H_1 \cap H_2$ est la droite passant par $\mathbf{p}$ et dirigée par $\mathbf{v}$. On remarque que $\mathbf{v}$ est orthogonal à la fois à $\mathbf{n}_1$ et à $\mathbf{n}_2$.

8.5 | POLYTOPES

On étudie dans cette section des propriétés géométriques d'une classe importante de compacts convexes appelés polytopes. Ces ensembles apparaissent dans de nombreuses applications telles que la théorie des jeux, la programmation linéaire et, plus généralement, dans divers problèmes d'optimisation, par exemple pour la conception de boucles de rétroaction en automatique.

On appelle **polytope** toute partie de $\mathbb{R}^n$ qui est l'enveloppe convexe d'un ensemble fini de points. Dans $\mathbb{R}^2$, un polytope est tout simplement un polygone. Dans $\mathbb{R}^3$, un polytope est appelé « polyèdre ». Parmi les éléments caractéristiques importants d'un polyèdre figurent les faces, les arêtes et les sommets. Un cube a par exemple 6 faces carrées, 12 arêtes et 8 sommets. Les définitions suivantes introduisent une terminologie valable aussi bien dans $\mathbb{R}^2$ ou $\mathbb{R}^3$ que dans une dimension supérieure. On rappelle que la dimension d'une partie de $\mathbb{R}^n$ est par définition égale à celle du plus petit sous-espace affine la contenant. On remarque également qu'un polytope est un cas particulier de compact convexe, parce qu'une partie finie est compacte et que, d'après le théorème cité dans l'encadré sur les définitions et propriétés topologiques de $\mathbb{R}^n$ de la section 8.4, l'enveloppe convexe d'un ensemble compact est compacte.

DÉFINITION

Soit S un ensemble compact convexe de $\mathbb{R}^n$. On dit qu'une partie non vide F de S est une **face** (au sens strict) de S si les trois conditions suivantes sont réunies :

- $F \neq S$;
- Il existe un hyperplan $H = [f:d]$ tel que $F = S \cap H$;
- L'une des deux relations $f(S) \leq d$ ou $f(S) \geq d$ est vérifiée.

L'hyperplan H est appelé **hyperplan d'appui** de S. Si F est de dimension k, on dit que F est une **k-face** de S.

Un polytope P de dimension k est appelé **k-polytope**. Une 0-face de P est appelée **sommet**, une 1-face est appelée **arête** et une face de dimension $(k-1)$ est appelée **facette**[13] de S.

EXEMPLE 1 Supposons que S soit un cube de $\mathbb{R}^3$. Si l'on translate un plan H dans $\mathbb{R}^3$ jusqu'à ce qu'il touche le cube sans en couper l'intérieur (on dit aussi qu'il *s'appuie* sur le cube), il existe, selon l'orientation de H, trois possibilités pour $H \cap S$ (voir figure 1).

$H \cap S$ peut être une face carrée du cube, de dimension 2.

$H \cap S$ peut être une arête du cube, de dimension 1.

$H \cap S$ peut être un sommet du cube, de dimension 0. ∎

La plupart des applications utilisent d'une façon ou d'une autre les sommets car ceux-ci jouissent d'une propriété particulière, correspondant à la définition suivante.

DÉFINITION

Soit S un ensemble convexe. On appelle **point extrémal** de S tout point $\mathbf{p}$ de S qui n'appartient à l'intérieur d'aucun segment inclus dans S. Cela signifie que si $\mathbf{x}, \mathbf{y} \in S$ et si $\mathbf{p} \in [\mathbf{xy}]$, alors $\mathbf{p} = \mathbf{x}$ ou $\mathbf{p} = \mathbf{y}$.

Tout sommet d'un ensemble compact convexe S est automatiquement un point extrémal de S. Cette propriété fait partie du théorème 14. Quand on travaille avec un polytope du type $P = \text{conv}\{\mathbf{v}_1, \ldots, \mathbf{v}_k\}$, où $\mathbf{v}_1, \ldots, \mathbf{v}_k$ sont des points de $\mathbb{R}^n$, on

---

[13] La terminologie concernant le mot « facette » est assez fluctuante.

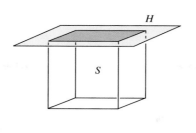 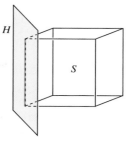 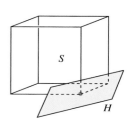

$H \cap S$ est de dimension 2. $H \cap S$ est de dimension 1. $H \cap S$ est de dimension 0.

FIGURE 1

a souvent besoin de savoir si $\mathbf{v}_1, \ldots, \mathbf{v}_k$ sont les points extrémaux de P. Ce n'est pas forcément le cas. L'un des $\mathbf{v}_i$ peut par exemple être le milieu de l'une des arêtes. Dans ce cas, on n'a bien sûr pas besoin d'un tel $\mathbf{v}_i$ pour engendrer l'enveloppe convexe. La définition suivante décrit une propriété de l'ensemble des $\mathbf{v}_i$ qui assure qu'ils sont extrémaux.

DÉFINITION

On dit que l'ensemble $\{\mathbf{v}_1, \ldots, \mathbf{v}_k\}$ est une **représentation minimale** du polytope P si $P = \text{conv} \{\mathbf{v}_1, \ldots, \mathbf{v}_k\}$ et si pour tout $i = 1, \ldots, k$,

$$\mathbf{v}_i \notin \text{conv} \{\mathbf{v}_j : j \neq i\}$$

Tout polytope admet une représentation minimale. En effet, si P est un polytope de la forme $P = \text{conv} \{\mathbf{v}_1, \ldots, \mathbf{v}_k\}$ et si l'un des $\mathbf{v}_i$ est une combinaison convexe des autres points, alors on peut supprimer $\mathbf{v}_i$ de l'ensemble des points sans changer l'enveloppe convexe. On peut répéter ce processus jusqu'à ce qu'il ne reste plus qu'une représentation minimale. On peut montrer que la représentation minimale est unique.

THÉORÈME 14

Soit $M = \{\mathbf{v}_1, \ldots, \mathbf{v}_k\}$ la représentation minimale du polytope P. Les trois propriétés suivantes sont équivalentes :

a. $\mathbf{p} \in M$;

b. $\mathbf{p}$ est un sommet de P ;

c. $\mathbf{p}$ est un point extrémal de P.

FIGURE 2

DÉMONSTRATION (a) $\Rightarrow$ (b) Supposons $\mathbf{p} \in M$ et soit Q le convexe défini par l'égalité $Q = \text{conv} \{\mathbf{v} : \mathbf{v} \in M$ et $\mathbf{v} \neq \mathbf{p}\}$. Par définition de M, $\mathbf{p} \notin Q$ et comme Q est compact, le théorème 13 assure l'existence d'un hyperplan H' qui sépare strictement $\{\mathbf{p}\}$ et Q. Soit H l'hyperplan passant par $\mathbf{p}$ et parallèle à H' (voir figure 2).

L'ensemble convexe Q est entièrement inclus dans l'un des deux demi-espaces H^+ limités par H, donc $P \subseteq H^+$. Par conséquent, H s'appuie sur P au point $\mathbf{p}$. De plus, $\mathbf{p}$ est le seul point de P qui peut appartenir à H, donc $H \cap P = \{\mathbf{p}\}$ et $\mathbf{p}$ est bien un sommet de P.

(b) $\Rightarrow$ (c) Soit $\mathbf{p}$ un sommet de P. Il existe donc un hyperplan $H = [f : d]$ tel que $H \cap P = \{\mathbf{p}\}$ et $f(P) \geq d$. Si $\mathbf{p}$ n'était pas extrémal, il existerait deux points $\mathbf{x}$ et $\mathbf{y}$ de P tels que $\mathbf{p} = (1 - c)\mathbf{x} + c\mathbf{y}$, avec $0 < c < 1$. Autrement dit,

$$c\mathbf{y} = \mathbf{p} - (1 - c)\mathbf{x}, \quad \text{soit} \quad \mathbf{y} = \left(\frac{1}{c}\right)(\mathbf{p}) - \left(\frac{1}{c} - 1\right)(\mathbf{x})$$

Il en résulte que $f(\mathbf{y}) = \dfrac{1}{c} f(\mathbf{p}) - \left(\dfrac{1}{c} - 1\right) f(\mathbf{x})$. Or $f(\mathbf{p}) = d$ et $f(\mathbf{x}) \geq d$, donc

$$f(\mathbf{y}) \leq \left(\dfrac{1}{c}\right)(d) - \left(\dfrac{1}{c} - 1\right)(d) = d$$

Par ailleurs, $\mathbf{y} \in P$, donc $f(\mathbf{y}) \geq d$. Il en résulte que $f(\mathbf{y}) = d$, donc que $\mathbf{y} \in H \cap P$. Cela contredit le fait que $\mathbf{p}$ est un sommet. Donc $\mathbf{p}$ est un point extrémal. On peut remarquer que cette partie de la démonstration ne dépend pas du fait que P est un polytope. La propriété s'applique à tout convexe compact.

(c) $\Rightarrow$ (a) Il est clair que tout point extrémal de P appartient à M. ∎

EXEMPLE 2   Le théorème 14 montre que les points extrémaux d'un polygone de $\mathbb{R}^2$ sont exactement ses sommets (voir figure 3). Les points extrémaux d'une boule fermée sont ses points frontières. Un convexe ouvert n'admet aucun point extrémal. Un demi-espace fermé n'admet aucun point extrémal. ∎

FIGURE 3

On montre dans l'exercice 18 qu'un point $\mathbf{p}$ d'un ensemble convexe S est un point extrémal si et seulement si l'ensemble obtenu en retirant $\mathbf{p}$ de S reste convexe. Il en résulte que si S^* est une partie de S telle que conv $S^* = S$, alors S^* contient l'ensemble des points extrémaux de S. Les convexes présentés dans l'exemple 2 montrent que S^* doit parfois contenir strictement cet ensemble. Toutefois, dans le cas où S est compact, le théorème 15 suivant montre que l'on peut prendre pour S^* exactement l'ensemble de ses points extrémaux. Il en résulte que tout ensemble convexe compact non vide S admet au moins un point extrémal et que l'ensemble des points extrémaux de S est la plus petite partie de S dont l'enveloppe convexe est égale à S.

THÉORÈME 15

> Tout convexe compact non vide est l'enveloppe convexe de l'ensemble de ses points extrémaux.

DÉMONSTRATION La démonstration s'effectue[14] par récurrence sur la dimension de S. ∎

Le théorème suivant constitue l'une des applications importantes du théorème 15. C'est l'un des résultats théoriques qui est à la base du développement de la programmation linéaire. Les formes linéaires définies sur $\mathbb{R}^n$ sont continues, et l'on sait que toute fonction continue sur un ensemble compact atteint un maximum et un minimum. Le théorème 16 signifie que pour un ensemble convexe compact, le maximum et le minimum sont en fait atteints en un point extrémal.

---

[14] On en trouvera les détails, par exemple, dans Steven R. Lay, *Convex Sets and Their Applications*, New York : John Wiley & Sons, 1982 ; Mineola, NY : Dover Publications, 2007, p. 43.

THÉORÈME 16

Soit f une forme linéaire définie sur un ensemble convexe compact non vide S. Alors il existe deux points extrémaux $\hat{\mathbf{v}}$ et $\hat{\mathbf{w}}$ de S tels que

$$f(\hat{\mathbf{v}}) = \max_{\mathbf{v} \in S} f(\mathbf{v}) \quad \text{et} \quad f(\hat{\mathbf{w}}) = \min_{\mathbf{v} \in S} f(\mathbf{v})$$

DÉMONSTRATION Supposons que f atteigne son maximum m sur S en un point $\mathbf{v}'$ de S, c'est-à-dire que $f(\mathbf{v}') = m$. On veut montrer qu'il existe un point extrémal de S vérifiant la même propriété. D'après le théorème 15, $\mathbf{v}'$ est une combinaison convexe des points extrémaux de S, c'est-à-dire qu'il existe des points extrémaux $\mathbf{v}_1, \ldots, \mathbf{v}_k$ de S et des réels positifs $c_1, \ldots, c_k$ tels que

$$\mathbf{v}' = c_1 \mathbf{v}_1 + \cdots + c_k \mathbf{v}_k \quad \text{avec } c_1 + \cdots + c_k = 1$$

Si aucun point extrémal de S ne vérifiait $f(\mathbf{v}) = m$, on aurait

$$f(\mathbf{v}_i) < m \quad \text{pour } i = 1, \ldots, k$$

car m est le maximum de f sur S. Mais comme f est linéaire, il en résulterait que

$$\begin{aligned} m = f(\mathbf{v}') &= f(c_1 \mathbf{v}_1 + \cdots + c_k \mathbf{v}_k) \\ &= c_1 f(\mathbf{v}_1) + \cdots + c_k f(\mathbf{v}_k) \\ &< c_1 m + \cdots + c_k m = m(c_1 + \cdots + c_k) = m \end{aligned}$$

On aboutit à une contradiction, donc il existe au moins un point extrémal $\hat{\mathbf{v}}$ de S tel que $f(\hat{\mathbf{v}}) = m$.

La démonstration pour $\hat{\mathbf{w}}$ est analogue. ∎

EXEMPLE 3 Étant donné les points $\mathbf{p}_1 = \begin{bmatrix} -1 \\ 0 \end{bmatrix}$, $\mathbf{p}_2 = \begin{bmatrix} 3 \\ 1 \end{bmatrix}$ et $\mathbf{p}_3 = \begin{bmatrix} 1 \\ 2 \end{bmatrix}$ de $\mathbb{R}^2$, on pose $S = \text{conv}\{\mathbf{p}_1, \mathbf{p}_2, \mathbf{p}_3\}$. Pour chacune des formes linéaires f indiquées, déterminer le maximum m de f sur l'ensemble S, ainsi que l'ensemble des points $\mathbf{x}$ de S pour lesquels $f(\mathbf{x}) = m$.

a. $f_1(x_1, x_2) = x_1 + x_2$ b. $f_2(x_1, x_2) = -3x_1 + x_2$ c. $f_3(x_1, x_2) = x_1 + 2x_2$

SOLUTION D'après le théorème 16, le maximum est atteint en l'un des points extrémaux de S. Pour déterminer m, on évalue donc f en chacun des points extrémaux et on choisit la valeur la plus grande.

a. $f_1(\mathbf{p}_1) = -1$, $f_1(\mathbf{p}_2) = 4$ et $f_1(\mathbf{p}_3) = 3$, donc $m_1 = 4$. Si l'on représente la droite d'équation $f_1(x_1, x_2) = m_1$, soit $x_1 + x_2 = 4$, on remarque que $\mathbf{x} = \mathbf{p}_2$ est le seul point de S pour lequel $f_1(\mathbf{x}) = 4$ (voir figure 4(a)).

b. $f_2(\mathbf{p}_1) = 3$, $f_2(\mathbf{p}_2) = -8$ et $f_2(\mathbf{p}_3) = -1$, donc $m_1 = 3$. Si l'on représente la droite d'équation $f_2(x_1, x_2) = m_2$, soit $-3x_1 + x_2 = 3$, on remarque que $\mathbf{x} = \mathbf{p}_1$ est le seul point de S pour lequel $f_2(\mathbf{x}) = 3$ (voir figure 4(b)).

c. $f_3(\mathbf{p}_1) = -1$, $f_3(\mathbf{p}_2) = 5$ et $f_3(\mathbf{p}_3) = 5$, donc $m_1 = 5$. On représente la droite d'équation $f_3(x_1, x_2) = m_3$, soit $x_1 + 2x_2 = 5$. Ici, f_3 atteint son maximum en $\mathbf{p}_2$, en $\mathbf{p}_3$ et en tout point de l'enveloppe convexe de $\mathbf{p}_2$ et $\mathbf{p}_3$ (voir figure 4(c)). ∎

La situation illustrée dans $\mathbb{R}^2$ par l'exemple 3 s'applique également dans une dimension supérieure. Un forme linéaire f atteint son maximum sur un polytope P en un point de l'intersection de P et d'un hyperplan d'appui. Soit cette intersection se réduit à un point extrémal de P, soit elle correspond à l'enveloppe convexe d'au moins deux

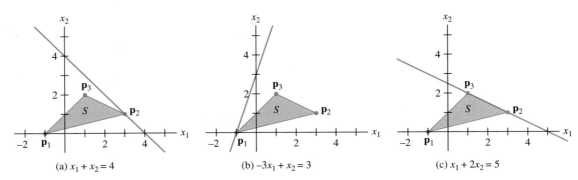

(a) $x_1 + x_2 = 4$ (b) $-3x_1 + x_2 = 3$ (c) $x_1 + 2x_2 = 5$

FIGURE 4

points extrémaux de P. Dans tous les cas, cette intersection est un polytope dont les points extrémaux forment un sous-ensemble de l'ensemble des points extrémaux de P.

Par définition, un polytope est l'enveloppe convexe d'un ensemble fini de points. Cette caractérisation constitue une représentation explicite du polytope, car elle permet de décrire tous les points de S. On peut aussi représenter un polytope implicitement comme une intersection d'un nombre fini de demi-espaces fermés. C'est ce que l'exemple 4 illustre dans le cas de $\mathbb{R}^2$.

EXEMPLE 4   On considère les points de $\mathbb{R}^2$

$$\mathbf{p}_1 = \begin{bmatrix} 0 \\ 1 \end{bmatrix}, \quad \mathbf{p}_2 = \begin{bmatrix} 1 \\ 0 \end{bmatrix} \quad \text{et} \quad \mathbf{p}_3 = \begin{bmatrix} 3 \\ 2 \end{bmatrix}$$

et l'on pose $S = \text{conv}\{\mathbf{p}_1, \mathbf{p}_2, \mathbf{p}_3\}$. On montre facilement que la droite passant par $\mathbf{p}_1$ et par $\mathbf{p}_2$ a pour équation $x_1 + x_2 = 1$ et que S est inclus dans le demi-plan défini par

$$x_1 + x_2 \geq 1 \quad \text{ou, de façon équivalente,} \quad -x_1 - x_2 \leq -1$$

De même, la droite passant par $\mathbf{p}_2$ et $\mathbf{p}_3$ a pour équation $x_1 - x_2 = 1$ et S est dans le demi-plan

$$x_1 - x_2 \leq 1$$

Enfin, la droite passant par $\mathbf{p}_3$ et $\mathbf{p}_1$ a pour équation $-x_1 + 3x_2 = 3$ et S est dans le demi-plan

$$-x_1 + 3x_2 \leq 3$$

(Voir figure 5.) Il en résulte que l'on peut décrire S comme l'ensemble des solutions du système d'inéquations linéaires

$$-x_1 - x_2 \leq -1$$
$$x_1 - x_2 \leq 1$$
$$-x_1 + 3x_2 \leq 3$$

On peut écrire ce système sous la forme $A\mathbf{x} \leq \mathbf{b}$, avec

$$A = \begin{bmatrix} -1 & -1 \\ 1 & -1 \\ -1 & 3 \end{bmatrix}, \quad \mathbf{x} = \begin{bmatrix} x_1 \\ x_2 \end{bmatrix} \quad \text{et} \quad \mathbf{b} = \begin{bmatrix} -1 \\ 1 \\ 3 \end{bmatrix}$$

Une inégalité entre des vecteurs tels que $A\mathbf{x}$ et $\mathbf{b}$ est à prendre au sens de l'inégalité entre les composantes correspondantes des vecteurs. ∎

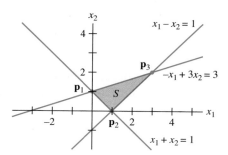

FIGURE 5

En programmation linéaire, il faut passer d'une représentation implicite d'un polytope à une représentation minimale ayant la forme d'une liste de points extrémaux. Dans les cas simples, on peut effectuer cette opération graphiquement. L'exemple qui suit montre comment traiter la situation dans laquelle plusieurs points caractéristiques sont trop proches pour pouvoir être identifiés graphiquement.

EXEMPLE 5 On pose

$$A = \begin{bmatrix} 1 & 3 \\ 1 & 1 \\ 3 & 2 \end{bmatrix} \quad \text{et} \quad \mathbf{b} = \begin{bmatrix} 18 \\ 8 \\ 21 \end{bmatrix}$$

Déterminer une représentation minimale de l'ensemble P des points de $\mathbb{R}^2$ défini par les inégalités $A\mathbf{x} \leq \mathbf{b}$ et $\mathbf{x} \geq \mathbf{0}$.

SOLUTION La condition $\mathbf{x} \geq \mathbf{0}$ signifie que P doit être inclus dans le premier quadrant de $\mathbb{R}^2$, ce qui est une condition habituelle dans les problèmes de programmation linéaire. Les trois inégalités de la condition $A\mathbf{x} \leq \mathbf{b}$ font intervenir les trois droites limites

$$(1) \ \ x_1 + 3x_2 = 18 \quad (2) \ \ x_1 + x_2 = 8 \quad (3) \ \ 3x_1 + 2x_2 = 21$$

Ces trois droites ont une pente négative, ce qui permet d'avoir une idée générale de la forme de P. Un croquis sommaire suffit pour se rendre compte que les points $(0,0)$, $(7,0)$ et $(0,6)$ sont des sommets du polytope P.

Mais qu'en est-il des intersections des droites d'équations (1), (2) et (3) ? Parfois, le graphique suffit à voir quelles intersections il faut inclure. Mais si ce n'est pas le cas, on peut appliquer la méthode algébrique ci-dessous :

> *Si l'on trouve un point d'intersection correspondant à deux inégalités, on le reporte dans les autres inégalités pour déterminer s'il appartient au polytope.*

L'intersection des droites (1) et (2) est $\mathbf{p}_{12} = (3,5)$. Les deux coordonnées sont positives, donc $\mathbf{p}_{12}$ vérifie toutes les inégalités, sauf éventuellement la troisième, correspondant à l'équation (3). On vérifie :

$$3(3) + 2(5) = 19 < 21$$

Ce point d'intersection vérifie la troisième inégalité, donc $\mathbf{p}_{12}$ appartient au polytope.

L'intersection des droites (2) et (3) est $\mathbf{p}_{23} = (5,3)$. Ce point vérifie toutes les inégalités, sauf éventuellement l'inégalité correspondant à l'équation (1). On vérifie :

$$1(5) + 3(3) = 14 < 18$$

Cela montre que $\mathbf{p}_{23}$ appartient au polytope.

Enfin, l'intersection des droites (1) et (3) est $\mathbf{p}_{13} = \left(\frac{27}{7}, \frac{33}{7}\right)$. On reporte les valeurs dans l'inégalité correspondant à l'équation (2) :

$$1\left(\tfrac{27}{7}\right) + 1\left(\tfrac{33}{7}\right) = \tfrac{60}{7} \approx 8{,}6 > 8$$

Donc $\mathbf{p}_{13}$ *ne vérifie pas* la deuxième inégalité, ce qui montre que $\mathbf{p}_{13}$ **n'appartient pas** à P. En conclusion, la représentation minimale du polytope P est

$$\left\{ \begin{bmatrix} 0 \\ 0 \end{bmatrix}, \begin{bmatrix} 7 \\ 0 \end{bmatrix}, \begin{bmatrix} 3 \\ 5 \end{bmatrix}, \begin{bmatrix} 5 \\ 3 \end{bmatrix}, \begin{bmatrix} 0 \\ 6 \end{bmatrix} \right\} \qquad \blacksquare$$

Le reste de cette section est consacré à la construction de deux polytopes fondamentaux de $\mathbb{R}^3$ (ou d'espaces de plus grande dimension). Le premier intervient en programmation linéaire. Les deux polytopes permettent de visualiser $\mathbb{R}^4$ de façon remarquable.

Simplexe

On appelle **simplexe** l'enveloppe convexe d'un ensemble fini affinement libre de vecteurs. Pour construire un simplexe de dimension k (ou un k-simplexe), on procède de la façon suivante.

0-simplexe S^0 : un singleton $\{\mathbf{v}_1\}$

1-simplexe S^1 : $\mathrm{conv}(S^0 \cup \{\mathbf{v}_2\})$, $\mathbf{v}_2$ n'appartenant pas à aff S^0

2-simplexe S^2 : $\mathrm{conv}(S^1 \cup \{\mathbf{v}_3\})$, $\mathbf{v}_3$ n'appartenant pas à aff S^1

$$\vdots$$

k-simplexe S^k : $\mathrm{conv}(S^{k-1} \cup \{\mathbf{v}_{k+1}\})$, $\mathbf{v}_{k+1}$ n'appartenant pas à aff S^{k-1}

Le simplexe S^1 est un segment de droite. On construit le triangle S^2 en choisissant un point $\mathbf{v}_3$ n'appartenant pas à la droite contenant S^1 et en formant l'enveloppe convexe de l'ensemble qu'il constitue avec S^1 (voir figure 6). On construit le tétraèdre S^3 en choisissant un point $\mathbf{v}_4$ n'appartenant pas au plan de S^2 et en formant avec S^2 l'enveloppe convexe.

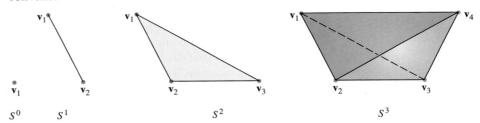

FIGURE 6

Avant de continuer, examinons certaines des formes qui apparaissent. Le triangle S^2 a trois arêtes. Chacune de ces arêtes est un segment de droite analogue à S^1. D'où viennent ces trois segments ? L'un d'eux est S^1 lui-même. L'un des autres apparaît en joignant l'une des extrémités $\mathbf{v}_2$ de S^1 au nouveau point $\mathbf{v}_3$. Enfin, le troisième apparaît en joignant l'autre extrémité $\mathbf{v}_1$ à $\mathbf{v}_3$. On peut dire en quelque sorte que chacune des extrémités de S^1 se développe en un segment de droite de S^2 en rejoignant $\mathbf{v}_3$.

Le tétraèdre S^3 de la figure 6 possède quatre faces triangulaires. L'une d'elles est le triangle initial S^2 et les trois autres peuvent être vues comme un développement des trois arêtes de S^2 rejoignant le nouveau point $\mathbf{v}_4$. On peut également considérer que les sommets de S^2 deviennent lors de ce processus des arêtes de S^3. Les autres arêtes de S^3 sont les arêtes initiales de S^2. Cette interprétation suggère une « visualisation » du simplexe S^4 de dimension 4.

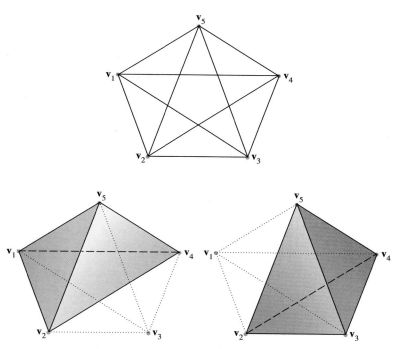

FIGURE 7 Projection sur $\mathbb{R}^2$ du simplexe S^4 de dimension 4, avec deux facettes tétraédriques mises en valeur

La construction de S^4, appelé pentatope, consiste à former l'enveloppe convexe de S^3 à laquelle on adjoint un point $\mathbf{v}_5$ n'appartenant pas à l'espace de dimension 3 contenant S^3. Il est bien sûr impossible de dessiner complètement S^4, mais la figure 7 suggère son allure : S^4 possède cinq sommets et chaque ensemble de quatre sommets détermine une facette en forme de tétraèdre. La figure montre par exemple la facette de sommets $\mathbf{v}_1$, $\mathbf{v}_2$, $\mathbf{v}_4$ et $\mathbf{v}_5$ et celle de sommets $\mathbf{v}_2$, $\mathbf{v}_3$, $\mathbf{v}_4$ et $\mathbf{v}_5$. Ces facettes sont au nombre de cinq. La figure 7 montre également les dix arêtes de S^4, lesquelles peuvent servir à visualiser les dix faces triangulaires.

La figure 8 propose une autre représentation du simplexe S^4 de dimension 4. Le cinquième sommet apparaît cette fois « à l'intérieur » du tétraèdre S^3. Les facettes tétraédriques en couleurs semblent aussi se trouver « à l'intérieur » de S^3.

Hypercube

Soit $I_i = [\mathbf{0}\mathbf{e}_i]$ le segment joignant l'origine au vecteur $\mathbf{e}_i$ de la base canonique de $\mathbb{R}^n$. Pour tout entier k tel que $1 \leq k \leq n$, on appelle **hypercube** de dimension k la somme[15]

$$C^k = I_1 + I_2 + \cdots + I_k$$

Pour visualiser la construction de C^k, commençons par les cas les plus simples. L'hypercube C^1 est tout simplement le segment I_1. Si l'on translate C^1 du vecteur $\mathbf{e}_2$, l'enveloppe convexe de ses positions initiale et finale est le carré C^2 (voir figure 9). On construit de même le cube C^3 en translatant C^2 du vecteur $\mathbf{e}_3$. Et en translatant de même C^3 du vecteur $\mathbf{e}_4$, on obtient l'hypercube C^4 de dimension 4.

---

[15] La somme de deux parties A et B d'un espace vectoriel est définie par
$$A + B = \{\mathbf{c} : \text{il existe } \mathbf{a} \in A \text{ et } \mathbf{b} \in B \text{ tels que } \mathbf{c} = \mathbf{a} + \mathbf{b}\}$$

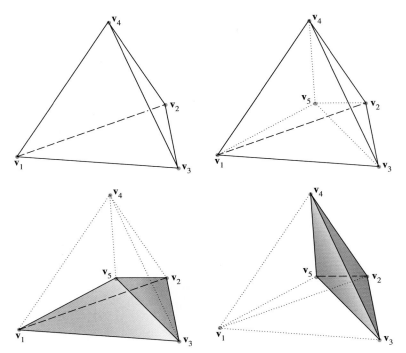

FIGURE 8 Le cinquième sommet de S^4 représenté « à l'intérieur » de S^3

C^1 $\qquad\qquad\qquad\qquad$ C^2 $\qquad\qquad\qquad\qquad\qquad$ C^3

FIGURE 9 Construction du cube C^3

Là encore, il est difficile de visualiser en dimension 4, mais la figure 10 montre une projection de l'hypercube C^4 en deux dimensions. Chacune des arêtes de C^3 se développe en une face carrée de C^4 et chacune des faces carrées de C^3 se développe en une face cubique de C^4. La figure 11 montre trois facettes de C^4. La figure (a) montre le cube provenant de la face carrée gauche de C^3, la figure (b) celui provenant de la face avant et la figure (c) celui provenant de la face supérieure.

La figure 12 propose une autre représentation de C^4 dans laquelle le cube translaté est placé « à l'intérieur » de C^3. Cette position facilite la visualisation de C^4, dans la mesure où il y a moins de distorsion.

En tout, l'hypercube C^4 de dimension 4 possède huit faces cubiques. Deux d'entre elles sont respectivement le cube C^3 et son translaté, et six proviennent des faces carrées de C^3 qui se développent en cubes lors de la translation. Quant aux faces carrées de dimension 2 de C^4, elles viennent, d'une part, des faces de C^3 et de leurs trans-latées et, d'autre part, des arêtes de C^3 qui se développent en carrés. Il y a donc au total $2 \times 6 + 12 = 24$ faces carrées. Pour compter les arêtes, on multiplie par deux le nombre d'arêtes de C^3 et l'on ajoute le nombre de sommets de ce même C^3. Cela donne

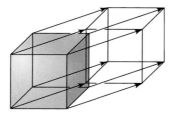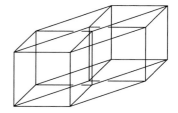

FIGURE 10 Projection de C^4 sur $\mathbb{R}^2$

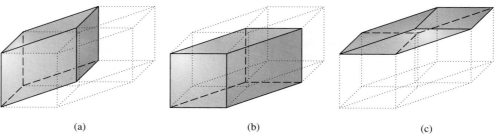

(a)　　　　　　　　　(b)　　　　　　　　　(c)

FIGURE 11 Trois des facettes cubiques de C^4

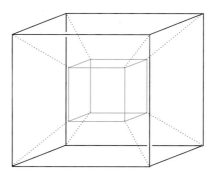

FIGURE 12 L'image translatée de C^3
est placée « à l'intérieur » de C^3 pour
obtenir C^4.

$2 \times 12 + 8 = 32$ arêtes pour C^4. Les sommets de C^4 proviennent tous de ceux de C^3 et de leurs translatés, ce qui donne $2 \times 8 = 16$ sommets.

L'un des résultats les plus remarquables de l'étude des polytopes est la formule[16] suivante, démontrée pour la première fois par Leonard Euler (1707–1783). Elle établit une relation simple entre les nombres de faces des différentes dimensions d'un polytope. Pour simplifier le libellé de la formule, on note $f_k(P)$ le nombre de faces de dimension k d'un polytope P de dimension n.

$$\text{Formule d'Euler :} \qquad \sum_{k=0}^{n-1}(-1)^k f_k(P) = 1 + (-1)^{n-1}$$

En particulier, si $n = 3$, on obtient la relation $s - a + f = 2$, où s, a et f désignent respectivement le nombre de sommets, d'arêtes et de faces de P.

---

[16] On trouvera une démonstration de cette formule dans Steven R. Lay, *Convex Sets and Their Applications*, New York : John Wiley & Sons, 1982 ; Mineola, NY : Dover Publications, 2007, p. 131.

| EXERCICE D'ENTRAÎNEMENT

1. Déterminer la représentation minimale du polytope P défini par les inégalités $A\mathbf{x} \leq \mathbf{b}$

$$\text{et } \mathbf{x} \geq \mathbf{0}, \text{ avec } A = \begin{bmatrix} 1 & 3 \\ 1 & 2 \\ 2 & 1 \end{bmatrix} \text{ et } \mathbf{b} = \begin{bmatrix} 12 \\ 9 \\ 12 \end{bmatrix}.$$

8.5 EXERCICES

1. Étant donné les points $\mathbf{p}_1 = \begin{bmatrix} 1 \\ 0 \end{bmatrix}, \mathbf{p}_2 = \begin{bmatrix} 2 \\ 3 \end{bmatrix}$ et $\mathbf{p}_3 = \begin{bmatrix} -1 \\ 2 \end{bmatrix}$ de $\mathbb{R}^2$, on pose $S = \text{conv}\{\mathbf{p}_1, \mathbf{p}_2, \mathbf{p}_3\}$. Pour chacune des formes linéaires f indiquées, déterminer le maximum m de f sur l'ensemble S, ainsi que les points $\mathbf{x}$ de S pour lesquels $f(\mathbf{x}) = m$.

  a. $f(x_1, x_2) = x_1 - x_2$ b. $f(x_1, x_2) = x_1 + x_2$

  c. $f(x_1, x_2) = -3x_1 + x_2$

2. Étant donné les points $\mathbf{p}_1 = \begin{bmatrix} 0 \\ -1 \end{bmatrix}, \mathbf{p}_2 = \begin{bmatrix} 2 \\ 1 \end{bmatrix}$ et $\mathbf{p}_3 = \begin{bmatrix} 1 \\ 2 \end{bmatrix}$ de $\mathbb{R}^2$, on pose $S = \text{conv}\{\mathbf{p}_1, \mathbf{p}_2, \mathbf{p}_3\}$. Pour chacune des formes linéaires f indiquées, déterminer le maximum m de f sur l'ensemble S, ainsi que les points $\mathbf{x}$ de S pour lesquels $f(\mathbf{x}) = m$.

  a. $f(x_1, x_2) = x_1 + x_2$ b. $f(x_1, x_2) = x_1 - x_2$

  c. $f(x_1, x_2) = -2x_1 + x_2$

3. Reprendre l'exercice 1 en remplaçant le mot « maximum » par « minimum ».

4. Reprendre l'exercice 2 en remplaçant le mot « maximum » par « minimum ».

Dans les exercices 5 à 8, déterminer la représentation minimale du polytope défini par les inégalités $A\mathbf{x} \leq \mathbf{b}$ et $\mathbf{x} \geq \mathbf{0}$.

5. $A = \begin{bmatrix} 1 & 2 \\ 3 & 1 \end{bmatrix}$, $\mathbf{b} = \begin{bmatrix} 10 \\ 15 \end{bmatrix}$

6. $A = \begin{bmatrix} 2 & 3 \\ 4 & 1 \end{bmatrix}$, $\mathbf{b} = \begin{bmatrix} 18 \\ 16 \end{bmatrix}$

7. $A = \begin{bmatrix} 1 & 3 \\ 1 & 1 \\ 4 & 1 \end{bmatrix}$, $\mathbf{b} = \begin{bmatrix} 18 \\ 10 \\ 28 \end{bmatrix}$

8. $A = \begin{bmatrix} 2 & 1 \\ 1 & 1 \\ 1 & 2 \end{bmatrix}$, $\mathbf{b} = \begin{bmatrix} 8 \\ 6 \\ 7 \end{bmatrix}$

9. On pose $S = \{(x, y) : x^2 + (y - 1)^2 \leq 1\} \cup \{(3, 0)\}$. L'origine est-elle un point extrémal de conv S ? Est-elle un sommet de conv S ?

10. Trouver un exemple d'ensemble convexe fermé S de $\mathbb{R}^2$ dont l'ensemble P des points extrémaux n'est pas vide, mais tel que conv $P \neq S$.

11. Trouver un exemple d'ensemble convexe borné S de $\mathbb{R}^2$ dont l'ensemble P des points extrémaux n'est pas vide, mais tel que conv $P \neq S$.

12. a. Pour $k = 0, 1, \ldots, 4$, déterminer le nombre de k-faces du simplexe S^5 de dimension 5. Vérifier que la formule d'Euler est bien respectée.

  b. Dresser un tableau des valeurs de $f_k(S^n)$ pour $n = 1, \ldots, 5$ et $k = 0, 1, \ldots, 4$. Voit-on une forme générale apparaître ? Proposer une formule donnant $f_k(S^n)$.

13. a. Pour $k = 0, 1, \ldots, 4$, déterminer le nombre de k-faces de l'hypercube C^5 de dimension 5. Vérifier que la formule d'Euler est bien respectée.

  b. Dresser un tableau des valeurs de $f_k(C^n)$ pour $n = 1, \ldots, 5$ et $k = 0, 1, \ldots, 4$. Voit-on une forme générale apparaître ? Proposer une formule donnant $f_k(C^n)$.

14. On considère des vecteurs $\mathbf{v}_1, \ldots, \mathbf{v}_k$ de $\mathbb{R}^n$ ($1 \leq k \leq n$) linéairement indépendants. L'ensemble X^k défini par l'égalité $X^k = \text{conv}\{\pm\mathbf{v}_1, \ldots, \pm\mathbf{v}_k\}$ est appelé **k-polytope croisé**.

  a. Dessiner X^1 et X^2.

  b. Pour $k = 0, 1, 2$, déterminer le nombre de k-faces du polytope croisé X^3 de dimension 3. Ce polytope X^3 possède-t-il un autre nom ?

  c. Pour $k = 0, 1, 2, 3$, déterminer le nombre de k-faces du polytope croisé X^4 de dimension 4. Vérifier que la formule d'Euler est bien respectée.

  d. Établir une formule donnant, pour $0 \leq k \leq n - 1$, le nombre $f_k(X^n)$ de k-faces de X^n.

15. On appelle **k-pyramide** et l'on note P^k l'enveloppe convexe d'un $(k - 1)$-polytope Q auquel on adjoint un point $\mathbf{x} \notin \text{aff } Q$. Exprimer les valeurs demandées en fonction des $f_j(Q)$, $j = 0, \ldots, n - 1$.

  a. Le nombre $f_0(P^n)$ de sommets de P^n.

  b. Pour $1 \leq k \leq n - 2$, le nombre $f_k(P^n)$ de k-faces de P^n.

  c. Le nombre $f_{n-1}(P^n)$ de facettes de dimension $(n - 1)$ de P^n.

Dans les exercices 16 et 17, dire de chaque énoncé s'il est vrai ou faux. Justifier les réponses.

16. a. Un polytope est l'enveloppe convexe d'un ensemble fini de points.

  b. Soit $\mathbf{p}$ un point extrémal d'un convexe S. Si $\mathbf{u}, \mathbf{v} \in S$, $\mathbf{p} \in [\mathbf{uv}]$ et $\mathbf{p} \neq \mathbf{u}$, alors $\mathbf{p} = \mathbf{v}$.

c. Si S est un convexe non vide de $\mathbb{R}^n$, alors S est l'enveloppe convexe de l'ensemble de ses points extrémaux.

d. Le simplexe S^4 de dimension 4 possède exactement cinq facettes, qui sont des tétraèdres (de dimension 3).

17. a. Un cube de $\mathbb{R}^3$ possède cinq facettes.

b. Un point $\mathbf{p}$ est point extrémal d'un polytope P si et seulement si $\mathbf{p}$ est un sommet de P.

c. Si S est un ensemble convexe compact non vide et si une forme linéaire atteint son maximum en un point $\mathbf{p}$, alors $\mathbf{p}$ est un point extrémal de S.

d. Un polytope de dimension 2 a toujours autant de sommets que d'arêtes.

18. Soit $\mathbf{v}$ un point d'un ensemble convexe S. Montrer que $\mathbf{v}$ est un point extrémal de S si et seulement si $\{\mathbf{x} \in S : \mathbf{x} \neq \mathbf{v}\}$ est convexe.

19. Si $c \in \mathbb{R}$ et si S est une partie de $\mathbb{R}^n$, on définit l'ensemble $cS = \{c\mathbf{x} : \mathbf{x} \in S\}$. Soit S un ensemble convexe, et c et d deux réels strictement positifs. Montrer que $cS + dS = (c + d)S$.

20. Donner un exemple montrant que l'hypothèse de convexité de S est nécessaire dans l'exercice 19.

21. Montrer que si A et B sont des convexes, alors $A + B$ est convexe.

22. On dit qu'un polyèdre (c'est-à-dire un 3-polytope) est **régulier** si ses faces sont des polygones réguliers isométriques et si tous les angles aux sommets sont égaux. On veut montrer qu'il n'existe que cinq polyèdres réguliers.

a. On suppose qu'un polyèdre régulier possède r faces, qui sont des polygones réguliers à k côtés, et que q arêtes partent de chaque sommet. Soit s et a les nombres respectifs de sommets et d'arêtes du polyèdre. Justifier les relations $kr = 2a$ et $qs = 2a$.

b. À l'aide de la formule d'Euler, montrer que

$$\frac{1}{q} + \frac{1}{k} = \frac{1}{2} + \frac{1}{a}$$

c. Déterminer toutes les solutions entières de l'équation de la question (b) qui satisfassent aux conditions géométriques du problème (combien k et q valent-ils au minimum ?).

Pour information, les cinq polyèdres réguliers sont le tétraèdre (4, 6, 4), le cube (8, 12, 6), l'octaèdre (6, 12, 8), le dodécaèdre (20, 30, 12) et l'icosaèdre (12, 30, 20), les nombres entre parenthèses étant respectivement les nombres de sommets, d'arêtes et de faces.

SOLUTION DE L'EXERCICE D'ENTRAÎNEMENT

1. L'inégalité matricielle $A\mathbf{x} \leq \mathbf{b}$ correspond au système d'inégalités

$$\text{(a)}\quad x_1 + 3x_2 \leq 12$$
$$\text{(b)}\quad x_1 + 2x_2 \leq 9$$
$$\text{(c)}\quad 2x_1 + x_2 \leq 12$$

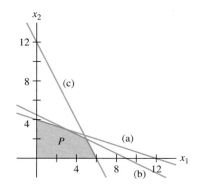

FIGURE 13

La condition $\mathbf{x} \geq \mathbf{0}$ signifie que le polytope est situé dans le premier quadrant du plan. L'un des sommets est $(0, 0)$. Les trois droites coupent l'axe des x_1 pour $x_2 = 0$, c'est-à-dire aux points d'abscisses 12, 9 et 6, donc $(6, 0)$ est un sommet. Elles coupent l'axe des x_2 pour $x_1 = 0$, c'est-à-dire aux points d'ordonnées 4, $\frac{9}{2} = 4{,}5$ et 12, donc $(0, 4)$ est un sommet.

Quelles sont les intersections des trois droites limites pour x_1 et x_2 strictement positifs ? Les droites (a) et (b) se coupent au point $\mathbf{p}_{ab} = (3, 3)$. On reporte $\mathbf{p}_{ab}$ dans l'équation (c) et l'on obtient $2(3) + 1(3) = 9 < 12$, donc $\mathbf{p}_{ab}$ appartient à P. Les droites (b) et (c) se coupent au point $\mathbf{p}_{bc} = (5, 2)$. On reporte $\mathbf{p}_{bc}$ dans l'équation (a) et l'on obtient la valeur $1(5) + 3(2) = 11 < 12$, donc $\mathbf{p}_{bc}$ appartient à P. Les droites (a) et (c) se coupent en $\mathbf{p}_{ac} = (4{,}8\,;2{,}4)$. On reporte $\mathbf{p}_{ac}$ dans l'équation (b) et on obtient $1(4{,}8) + 2(2{,}4) = 9{,}6 > 9$, donc $\mathbf{p}_{ac}$ n'appartient pas à P.

Finalement, les cinq sommets (c'est-à-dire les points extrémaux) du polytope sont $(0, 0)$, $(6, 0)$, $(5, 2)$ $(3, 3)$ et $(0, 4)$. Ces points forment la représentation minimale de P. Cette situation est représentée à la figure 13.

8.6 | COURBES ET SURFACES

Pendant des millénaires, on a construit les coques des bateaux en assemblant de grandes lattes de bois. Plus récemment, les ingénieurs ont utilisé des bandes de métal souples pour former les surfaces extérieures des voitures ou des avions. On fixait ces bandes (appelées *splines* en anglais) à des chevilles et l'on y suspendait des poids pour leur donner la forme de courbes lisses que l'on a nommées *splines cubiques naturelles*. La portion de courbe comprise entre deux points de contrôle (chevilles ou poids) admet une représentation paramétrique polynomiale de degré 3. Malheureusement, du fait des forces que les poids et les chevilles exercent sur la bande, le mouvement d'un seul point de contrôle déforme toute la courbe. Pendant longtemps, les ingénieurs ont cherché le moyen de contrôler localement la courbe en faisant en sorte que le déplacement d'un point de contrôle n'affecte qu'une petite portion de la courbe. En 1962, un ingénieur automobile français, Pierre Bézier, résolut ce problème en ajoutant des points de contrôle supplémentaires et en créant ainsi une classe de courbes qui portent désormais son nom.

Courbes de Bézier

Les courbes décrites ci-dessous jouent un rôle important en infographie et en ingénierie. On les trouve par exemple dans des logiciels tels que Adobe Illustrator, ou dans des interfaces de programmation comme OpenGL. Ces courbes permettent aux logiciels de stocker les informations de façon exacte sur des portions de courbes ou de surfaces, sous la forme d'un nombre relativement restreint de points de contrôle. Pour définir une commande graphique portant sur ces courbes et ces surfaces, il n'est nécessaire de connaître son action que sur les seuls points de contrôle. La structure particulière de ces courbes permet également d'accélérer les calculs tout au long de la « chaîne de production graphique » qui conduit à l'affichage final sur l'écran.

On a introduit dans les exercices de la section 8.3 les courbes quadratiques de Bézier et l'on a montré une méthode de construction pour les courbes de Bézier de degré plus élevé. On va essentiellement s'intéresser ici aux courbes de Bézier quadratiques et cubiques, définies par trois ou quatre points de contrôle notés $\mathbf{p}_0$, $\mathbf{p}_1$, $\mathbf{p}_2$ et $\mathbf{p}_3$. Ces points peuvent appartenir aussi bien à $\mathbb{R}^2$ qu'à $\mathbb{R}^3$. On peut également les définir par des coordonnées homogènes, qui appartiennent alors à $\mathbb{R}^3$ ou à $\mathbb{R}^4$. La représentation paramétrique usuelle de ces courbes est définie pour $0 \le t \le 1$ par

$$\mathbf{w}(t) = (1-t)^2\mathbf{p}_0 + 2t(1-t)\mathbf{p}_1 + t^2\mathbf{p}_2 \tag{1}$$

$$\mathbf{x}(t) = (1-t)^3\mathbf{p}_0 + 3t(1-t)^2\mathbf{p}_1 + 3t^2(1-t)\mathbf{p}_2 + t^3\mathbf{p}_3 \tag{2}$$

La figure 1 montre des exemples de telles courbes. En général, la courbe passe seulement par les premier et dernier points de contrôle, mais elle est toujours incluse dans l'enveloppe convexe de ses points de contrôle (voir exercices 21 à 24, section 8.3).

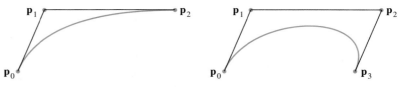

FIGURE 1 Courbes de Bézier quadratique et cubique

Les courbes de Bézier sont très utilisées en infographie car leurs principales propriétés sont conservées par transformation linéaire et par translation. Si par exemple

A est une matrice de taille convenable, il résulte de la linéarité de la multiplication matricielle que si $0 \le t \le 1$,

$$A\mathbf{x}(t) = A[(1-t)^3\mathbf{p}_0 + 3t(1-t)^2\mathbf{p}_1 + 3t^2(1-t)\mathbf{p}_2 + t^3\mathbf{p}_3]$$
$$= (1-t)^3 A\mathbf{p}_0 + 3t(1-t)^2 A\mathbf{p}_1 + 3t^2(1-t)A\mathbf{p}_2 + t^3 A\mathbf{p}_3$$

Les nouveaux points de contrôle sont $A\mathbf{p}_0, \ldots, A\mathbf{p}_3$. L'effet d'une translation sur une courbe de Bézier est étudié dans l'exercice 1.

Les courbes de la figure 1 laissent penser que les points de contrôle déterminent les tangentes à la courbe au premier et au dernier point de contrôle. On sait, d'après le cours de calcul différentiel, que pour toute courbe paramétrée $\mathbf{y}(t)$, la tangente à la courbe au point $\mathbf{y}(t)$ est dirigée par le vecteur[17] $\mathbf{y}'(t)$, appelé **vecteur tangent** à la courbe (on calcule cette dérivée composante par composante).

EXEMPLE 1   Déterminer le lien entre, d'une part, les vecteurs tangents à la courbe de Bézier quadratique $\mathbf{w}(t)$ aux points $t = 0$ et $t = 1$ et, d'autre part, les points de contrôle.

SOLUTION On développe les coefficients de la combinaison linéaire

$$\mathbf{w}(t) = (1 - 2t + t^2)\mathbf{p}_0 + (2t - 2t^2)\mathbf{p}_1 + t^2\mathbf{p}_2$$

Par linéarité de la dérivation

$$\mathbf{w}'(t) = (-2 + 2t)\mathbf{p}_0 + (2 - 4t)\mathbf{p}_1 + 2t\mathbf{p}_2$$

Donc

$$\mathbf{w}'(0) = -2\mathbf{p}_0 + 2\mathbf{p}_1 = 2(\mathbf{p}_1 - \mathbf{p}_0)$$
$$\mathbf{w}'(1) = -2\mathbf{p}_1 + 2\mathbf{p}_2 = 2(\mathbf{p}_2 - \mathbf{p}_1)$$

Le vecteur tangent en $\mathbf{p}_0$, par exemple, est dirigé de $\mathbf{p}_0$ vers $\mathbf{p}_1$, mais est deux fois plus long que le segment joignant $\mathbf{p}_0$ et $\mathbf{p}_1$. On remarque que si $\mathbf{p}_1 = \mathbf{p}_0$, alors $\mathbf{w}'(0) = \mathbf{0}$. Dans ce cas, $\mathbf{w}(t) = (1 - t^2)\mathbf{p}_1 + t^2\mathbf{p}_2$ et le graphe de $\mathbf{w}(t)$ se réduit au segment de droite joignant $\mathbf{p}_1$ à $\mathbf{p}_2$.   ∎

Connexion de deux courbes de Bézier

On peut connecter deux courbes de Bézier par leurs extrémités, le dernier point de la première courbe $\mathbf{x}(t)$ coïncidant avec le premier point $\mathbf{p}_2$ de la seconde courbe $\mathbf{y}(t)$. On dit que cette courbe combinée possède une *continuité géométrique* G^0 (en $\mathbf{p}_2$) car les deux courbes sont reliées en $\mathbf{p}_2$. Si la tangente à la courbe 1 en $\mathbf{p}_2$ n'a pas la même direction que la tangente à la courbe 2 en ce même point, il y aura un point anguleux, c'est-à-dire un changement brutal de direction en $\mathbf{p}_2$ (voir figure 2).

Pour éviter un changement brutal de courbure, il suffit en général d'ajuster les courbes de manière à obtenir ce que l'on appelle une *continuité géométrique* G^1, ce qui signifie que les deux vecteurs tangents en $\mathbf{p}_2$ ont la même direction. On impose donc que les vecteurs dérivés $\mathbf{x}'(1)$ et $\mathbf{y}'(0)$ aient la même direction, même si leurs longueurs peuvent être distinctes. Si, plus précisément, les deux vecteurs tangents en $\mathbf{p}_2$ sont égaux, le vecteur tangent est continu en $\mathbf{p}_2$, et l'on dit que la courbe combinée possède une continuité C^1, ou une *continuité paramétrique* C^1. La figure 3 montre une continuité G^1 en (a) et une continuité C^1 en (b).

---

[17] S'il existe et s'il est non nul.

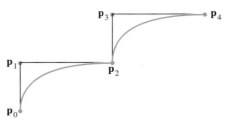

FIGURE 2 Continuité G^0 en $\mathbf{p}_2$

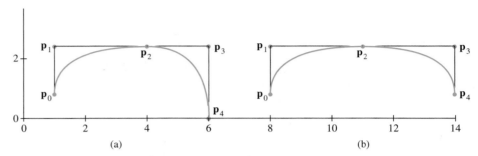

FIGURE 3 (a) Continuité G^1 et (b) continuité C^1

EXEMPLE 2 Soit $\mathbf{x}(t)$ et $\mathbf{y}(t)$ des représentations paramétriques de deux courbes de Bézier quadratiques, de points de contrôle respectifs $\{\mathbf{p}_0, \mathbf{p}_1, \mathbf{p}_2\}$ et $\{\mathbf{p}_2, \mathbf{p}_3, \mathbf{p}_4\}$. Les courbes sont reliées au point $\mathbf{p}_2 = \mathbf{x}(1) = \mathbf{y}(0)$.

a. On suppose que la courbe combinée possède une continuité G^1 (en $\mathbf{p}_2$). Quelle restriction algébrique cette condition impose-t-elle aux points de contrôle ? Exprimer cette restriction sous forme géométrique.

b. Mêmes questions qu'en (a) avec la continuité C^1.

SOLUTION

a. On a vu dans l'exemple 1 que $\mathbf{x}'(1) = 2(\mathbf{p}_2 - \mathbf{p}_1)$. En remplaçant les points de contrôle de $\mathbf{w}(t)$ par ceux de $\mathbf{y}(t)$, on obtient de même $\mathbf{y}'(0) = 2(\mathbf{p}_3 - \mathbf{p}_2)$. La continuité G^1 signifie qu'il existe une constante positive telle que $\mathbf{y}'(0) = k\mathbf{x}'(1)$, ce qui équivaut à

$$\mathbf{p}_3 - \mathbf{p}_2 = k(\mathbf{p}_2 - \mathbf{p}_1), \quad \text{avec } k > 0 \tag{3}$$

Géométriquement, la relation (3) signifie que $\mathbf{p}_2$ appartient au segment joignant $\mathbf{p}_1$ à $\mathbf{p}_3$. Pour le montrer, on pose $t = (k + 1)^{-1}$ et l'on remarque que $0 < t < 1$. On a $k = (1 - t)/t$ et, en remplaçant k par cette expression dans la relation (3), on aboutit, en réarrangeant les termes, à $\mathbf{p}_2 = (1 - t)\mathbf{p}_1 + t\mathbf{p}_3$, ce qui est bien la propriété demandée pour $\mathbf{p}_2$.

b. La continuité C^1 s'écrit $\mathbf{y}'(0) = \mathbf{x}'(1)$. Cela équivaut à $2(\mathbf{p}_3 - \mathbf{p}_2) = 2(\mathbf{p}_2 - \mathbf{p}_1)$, soit à $\mathbf{p}_3 - \mathbf{p}_2 = \mathbf{p}_2 - \mathbf{p}_1$, ou encore à $\mathbf{p}_2 = (\mathbf{p}_1 + \mathbf{p}_3)/2$. Géométriquement, $\mathbf{p}_2$ est le milieu du segment $[\mathbf{p}_1\mathbf{p}_3]$ (voir figure 3). ∎

La figure 4 montre le cas d'une continuité C^1 pour deux courbes de Bézier cubiques. On voit que, là aussi, le point de jonction des deux courbes est au milieu du segment joignant les deux points de contrôle adjacents.

On dit que deux courbes possèdent une continuité (paramétrique) C^2 si elles possèdent une continuité C^1 et si les dérivées secondes $\mathbf{x}''(1)$ et $\mathbf{y}''(0)$ coïncident elles aussi.

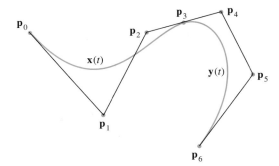

FIGURE 4 Deux courbes de Bézier cubiques

Cela peut avoir lieu pour des courbes de Bézier cubiques, mais cette exigence limite alors considérablement les positions possibles des points de contrôle. Il existe un autre type de courbes cubiques, appelées *B-splines*, qui possèdent toujours la continuité C^2, car deux d'entre elles ont forcément en commun trois points de contrôle et non un seul. Les courbes construites à partir de B-splines ont plus de points de contrôle et nécessitent par conséquent davantage de calculs. Certains des exercices traitent de ces courbes.

Cela peut surprendre mais, en fait, si deux courbes $\mathbf{x}(t)$ et $\mathbf{y}(t)$ se raccordent en un point $\mathbf{p}_3$, la régularité de la courbe en $\mathbf{p}_3$ sera la même, qu'elle présente une continuité G^1 ou une continuité C^1. Cela est dû au fait que la norme de $\mathbf{x}'(t)$ ne dépend pas de l'allure physique de la courbe. Cette norme ne dépend que du paramétrage mathématique choisi. Si, par exemple, on choisit une nouvelle fonction $\mathbf{z}(t)$ égale à $\mathbf{x}(2t)$ pour représenter la courbe, le point $\mathbf{z}(t)$ parcourt la courbe de $\mathbf{p}_0$ à $\mathbf{p}_3$ deux fois plus vite que dans la version initiale, car $2t$ atteint la valeur 1 quand t vaut 0,5. Mais, d'après le théorème de dérivation des fonctions composées, on a $\mathbf{z}'(t) = 2 \cdot \mathbf{x}'(2t)$, donc le vecteur tangent à $\mathbf{z}(t)$ en $\mathbf{p}_3$ est égal à deux fois le vecteur tangent à $\mathbf{x}(t)$ en $\mathbf{p}_3$.

Dans la pratique, il faut souvent assembler plusieurs courbes de Bézier simples pour créer des objets graphiques. Ces courbes sont en particulier utilisées dans les logiciels de composition typographique. En effet, dans une police de caractères, beaucoup de lettres sont constituées de morceaux de courbes. Les lettres d'une police PostScript®, par exemple, sont stockées sous la forme d'un ensemble de points de contrôle, auxquels on ajoute des informations sur la façon d'assembler des segments de droite et des courbes de Bézier pour construire le « profil » de la lettre. Agrandir une lettre ainsi construite revient alors essentiellement à multiplier les coordonnées de chaque point de contrôle par un facteur constant. Une fois le profil du caractère calculé, il reste à remplir les parties en noir. La figure 5 montre l'exemple d'un caractère PostScript®. On voit bien dans cet exemple le rôle des points de contrôle.

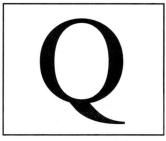

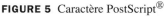

FIGURE 5 Caractère PostScript®

Représentation matricielle d'une courbe de Bézier

Puisqu'une courbe de Bézier se présente comme une combinaison linéaire de points de contrôle à coefficients polynomiaux, on peut écrire l'expression de $\mathbf{x}(t)$ sous la forme

$$\mathbf{x}(t) = \begin{bmatrix} \mathbf{p}_0 & \mathbf{p}_1 & \mathbf{p}_2 & \mathbf{p}_3 \end{bmatrix} \begin{bmatrix} (1-t)^3 \\ 3t(1-t)^2 \\ 3t^2(1-t) \\ t^3 \end{bmatrix}$$

soit

$$\mathbf{x}(t) = \begin{bmatrix} \mathbf{p}_0 & \mathbf{p}_1 & \mathbf{p}_2 & \mathbf{p}_3 \end{bmatrix} \begin{bmatrix} 1 - 3t + 3t^2 - t^3 \\ 3t - 6t^2 + 3t^3 \\ 3t^2 - 3t^3 \\ t^3 \end{bmatrix}$$

$$= \begin{bmatrix} \mathbf{p}_0 & \mathbf{p}_1 & \mathbf{p}_2 & \mathbf{p}_3 \end{bmatrix} \begin{bmatrix} 1 & -3 & 3 & -1 \\ 0 & 3 & -6 & 3 \\ 0 & 0 & 3 & -3 \\ 0 & 0 & 0 & 1 \end{bmatrix} \begin{bmatrix} 1 \\ t \\ t^2 \\ t^3 \end{bmatrix}$$

La matrice G dont les colonnes sont les quatre points de contrôle est appelée **matrice de géométrie**. La matrice M_B de type 4×4 des coefficients des polynômes est appelée **matrice de base de Bézier**. Si l'on note $\mathbf{u}(t)$ le vecteur colonne constitué des puissances de t, alors la courbe de Bézier est donnée par

$$\mathbf{x}(t) = G M_B \mathbf{u}(t) \tag{4}$$

On représente également de cette façon d'autres courbes paramétrées cubiques. En modifiant convenablement les coefficients de la matrice M_B, on peut par exemple obtenir des B-splines. Ces courbes sont plus « lisses » que les courbes de Bézier, mais elles ne passent par aucun de leurs points de contrôle. Si l'on remplace M_B par une matrice de base d'Hermite, on obtient une courbe cubique dite **d'Hermite**. Dans ce cas, les colonnes de la matrice de géométrie correspondent aux deux extrémités de la courbe et aux vecteurs tangents à la courbe en ces points[18].

On peut aussi « factoriser » la courbe de Bézier décrite par la relation (4) d'une autre façon, que nous utiliserons dans le paragraphe sur les surfaces de Bézier. Pour des raisons qui apparaîtront plus loin, on note le paramètre s au lieu de t :

$$\mathbf{x}(s) = \mathbf{u}(s)^T M_B^T \begin{bmatrix} \mathbf{p}_0 \\ \mathbf{p}_1 \\ \mathbf{p}_2 \\ \mathbf{p}_3 \end{bmatrix} = \begin{bmatrix} 1 & s & s^2 & s^3 \end{bmatrix} \begin{bmatrix} 1 & 0 & 0 & 0 \\ -3 & 3 & 0 & 0 \\ 3 & -6 & 3 & 0 \\ -1 & 3 & -3 & 1 \end{bmatrix} \begin{bmatrix} \mathbf{p}_0 \\ \mathbf{p}_1 \\ \mathbf{p}_2 \\ \mathbf{p}_3 \end{bmatrix}$$

$$= \begin{bmatrix} (1-s)^3 & 3s(1-s)^2 & 3s^2(1-s) & s^3 \end{bmatrix} \begin{bmatrix} \mathbf{p}_0 \\ \mathbf{p}_1 \\ \mathbf{p}_2 \\ \mathbf{p}_3 \end{bmatrix} \tag{5}$$

Cette formule n'est pas exactement celle que l'on obtiendrait en transposant la relation (4), car ni le vecteur $\mathbf{x}(s)$ ni les points de contrôle n'ont été transposés dans

---

[18] Le terme de *matrice de base* provient des lignes de la matrice qui donne les coefficients des *polynômes de base* utilisés pour définir la courbe. Pour une courbe de Bézier, ces polynômes sont $(1-t)^3$, $3t(1-t)^2$, $3t^2(1-t)$ et t^3. Ils forment une base de l'espace $\mathbb{P}_3$ des polynômes de degré inférieur ou égal à 3. Chaque composante du vecteur $\mathbf{x}(t)$ est une combinaison linéaire de ces polynômes. Les coefficients de ces combinaisons linéaires sont les termes des lignes de la matrice G apparaissant dans la relation (4).

la relation (5). La matrice des points de contrôle apparaissant dans la relation (5) est appelée **vecteur de géométrie**. Il faut la voir comme une matrice 4×1 par blocs dont les coefficients sont des vecteurs colonnes. On peut voir également la matrice à gauche du vecteur de géométrie dans le second membre de la relation (5) comme une matrice par blocs, donc chaque bloc est réduit à un scalaire. La multiplication par blocs a alors un sens, puisque l'on peut multiplier à gauche chaque composante (vectorielle) du vecteur de géométrie par un scalaire aussi bien que par une matrice. La relation (5) exprime donc bien le vecteur colonne $\mathbf{x}(s)$.

Surfaces de Bézier

On peut construire un morceau de surface 3D bicubique à partir de quatre courbes de Bézier. Considérons les quatre matrices de géométrie

$$\begin{bmatrix} \mathbf{p}_{11} & \mathbf{p}_{12} & \mathbf{p}_{13} & \mathbf{p}_{14} \end{bmatrix}$$
$$\begin{bmatrix} \mathbf{p}_{21} & \mathbf{p}_{22} & \mathbf{p}_{23} & \mathbf{p}_{24} \end{bmatrix}$$
$$\begin{bmatrix} \mathbf{p}_{31} & \mathbf{p}_{32} & \mathbf{p}_{33} & \mathbf{p}_{34} \end{bmatrix}$$
$$\begin{bmatrix} \mathbf{p}_{41} & \mathbf{p}_{42} & \mathbf{p}_{43} & \mathbf{p}_{44} \end{bmatrix}$$

On a vu dans la relation (4) qu'en multipliant à droite l'une de ces matrices par le vecteur

$$M_B \mathbf{u}(t) = \begin{bmatrix} (1-t)^3 \\ 3t(1-t)^2 \\ 3t^2(1-t) \\ t^3 \end{bmatrix}$$

on obtenait une représentation paramétrique d'une courbe de Bézier. Soit G la matrice 4×4 par blocs dont les blocs sont les points de contrôle $\mathbf{p}_{ij}$ ci-dessus. Le produit ci-dessous est une matrice 4×1 par blocs dont chaque élément est une courbe de Bézier

$$GM_B\mathbf{u}(t) = \begin{bmatrix} \mathbf{p}_{11} & \mathbf{p}_{12} & \mathbf{p}_{13} & \mathbf{p}_{14} \\ \mathbf{p}_{21} & \mathbf{p}_{22} & \mathbf{p}_{23} & \mathbf{p}_{24} \\ \mathbf{p}_{31} & \mathbf{p}_{32} & \mathbf{p}_{33} & \mathbf{p}_{34} \\ \mathbf{p}_{41} & \mathbf{p}_{42} & \mathbf{p}_{43} & \mathbf{p}_{44} \end{bmatrix} \begin{bmatrix} (1-t)^3 \\ 3t(1-t)^2 \\ 3t^2(1-t) \\ t^3 \end{bmatrix}$$

soit

$$GM_B\mathbf{u}(t) = \begin{bmatrix} (1-t)^3\mathbf{p}_{11} + 3t(1-t)^2\mathbf{p}_{12} + 3t^2(1-t)\mathbf{p}_{13} + t^3\mathbf{p}_{14} \\ (1-t)^3\mathbf{p}_{21} + 3t(1-t)^2\mathbf{p}_{22} + 3t^2(1-t)\mathbf{p}_{23} + t^3\mathbf{p}_{24} \\ (1-t)^3\mathbf{p}_{31} + 3t(1-t)^2\mathbf{p}_{32} + 3t^2(1-t)\mathbf{p}_{33} + t^3\mathbf{p}_{34} \\ (1-t)^3\mathbf{p}_{41} + 3t(1-t)^2\mathbf{p}_{42} + 3t^2(1-t)\mathbf{p}_{43} + t^3\mathbf{p}_{44} \end{bmatrix}$$

Fixons à présent t. Alors $GM_B\mathbf{u}(t)$ apparaît comme un vecteur colonne que l'on peut utiliser comme vecteur de géométrie dans la relation (5) pour construire une courbe de Bézier en une autre variable s. On obtient de cette façon ce que l'on appelle une **surface bicubique de Bézier** :

$$\mathbf{x}(s,t) = \mathbf{u}(s)^T M_B^T GM_B\mathbf{u}(t), \quad \text{avec } 0 \leq s, t \leq 1 \tag{6}$$

Cette formule exprime $\mathbf{x}(s,t)$ comme une combinaison linéaire de seize points de contrôle. Si l'on imagine ces points de contrôle arrangés comme dans la figure 6 en un tableau grossièrement rectangulaire, la surface de Bézier est alors contrôlée par un maillage de huit courbes de Bézier, quatre « selon s » et quatre « selon t ». La surface passe par les quatre points de contrôle situés aux « coins ». Si elle fait partie d'une surface plus vaste, le morceau de surface défini par les seize points partage avec ses voisins les douze points de contrôle situés à la frontière.

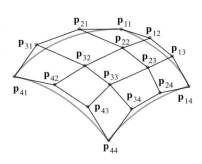

FIGURE 6

Les 16 points de contrôle d'un morceau de surface bicubique de Bézier

Approximations de courbes et de surfaces

Dans les logiciels de CAO ou dans les jeux informatiques, le concepteur travaille en général sur des stations de travail graphiques pour composer une « scène » mettant en jeu différentes structures géométriques. Ce processus nécessite une interaction permanente entre le concepteur et les objets géométriques. Le moindre déplacement d'un objet donne lieu à chaque fois à de nouveaux calculs mathématiques effectués par le programme graphique. Les courbes et les surfaces de Bézier peuvent être d'une grande utilité dans ce processus, car elles dépendent d'un nombre de points de contrôle inférieur à celui qui est nécessaire quand on modélise les objets à l'aide de plusieurs polygones. Cette représentation réduit considérablement le temps de calcul et accélère le travail du concepteur.

Cependant, une fois la scène composée, la préparation de l'image finale exige différentes étapes de calcul qui sont plus faciles à réaliser si les objets sont constitués de surfaces planes et d'arêtes rectilignes, ce qui est le cas des polyèdres. Il faut ensuite obtenir un *rendu* réaliste de la scène en introduisant des sources de lumière, en ajoutant de la couleur et une texture, et en simulant la réflexion de la lumière sur les surfaces.

Pour calculer par exemple un rayon réfléchi par une surface en un point $\mathbf{p}$, il faut connaître, d'une part, le rayon incident et, d'autre part, la *normale à la surface*, c'est-à-dire un vecteur perpendiculaire au plan tangent en $\mathbf{p}$. Il est beaucoup plus facile de calculer de tels vecteurs normaux sur une surface composée par exemple de petits polygones plans que sur une surface incurvée dont le vecteur normal change continuellement avec $\mathbf{p}$. Si $\mathbf{p}_1$, $\mathbf{p}_2$ et $\mathbf{p}_3$ sont des sommets adjacents d'un polygone plan, alors la normale à la surface correspond simplement au produit vectoriel $(\mathbf{p}_2 - \mathbf{p}_1) \wedge (\mathbf{p}_2 - \mathbf{p}_3)$ ou à son opposé. Pour un petit polygone, un seul vecteur normal suffit pour déterminer un rendu de tout le polygone. De plus, deux des algorithmes les plus utilisés pour les ombrages, à savoir l'ombrage de Gouraud et l'ombrage de Phong, nécessitent que la surface soit définie par des polygones.

Cette nécessité de représentation par des surfaces planes fait que les courbes et les surfaces de Bézier issues de l'étape de composition de la scène sont en général approchées par des segments de droites ou des polyèdres. L'idée essentielle, pour effectuer une telle approximation, est de subdiviser la courbe ou la surface en parties plus petites, en introduisant de plus en plus de points de contrôle.

Subdivision récursive des courbes et des surfaces de Bézier

On a représenté à la figure 7 une courbe de Bézier avec ses quatre points de contrôle $\mathbf{p}_0, \ldots, \mathbf{p}_3$, ainsi que les points de contrôle de deux nouvelles courbes qui coïncident chacune avec l'une des moitiés de la courbe initiale. La courbe de « gauche » commence au point $\mathbf{q}_0 = \mathbf{p}_0$ et se termine au point $\mathbf{q}_3$, milieu de la courbe initiale. La courbe de « droite » commence en $\mathbf{r}_0 = \mathbf{q}_3$ et se termine en $\mathbf{r}_3 = \mathbf{p}_3$.

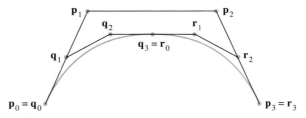

FIGURE 7 Subdivision d'une courbe de Bézier

On voit à la figure 8 que ces nouveaux points de contrôle délimitent des régions plus étroites que la région délimitée par les points de contrôle initiaux. Au fur et à mesure du rapprochement des points de contrôle, ceux d'une courbe donnée tendent à s'aligner le long d'un segment de droite. Cette *propriété de diminution de la variation* des courbes de Bézier provient du fait que ces dernières sont toujours incluses dans l'enveloppe convexe de leurs points de contrôle.

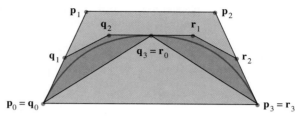

FIGURE 8 Enveloppes convexes des points de contrôle

Les nouveaux points de contrôle s'expriment facilement en fonction des anciens. On a par construction $\mathbf{q}_0 = \mathbf{p}_0$ et $\mathbf{r}_3 = \mathbf{p}_3$. Le point milieu de la courbe initiale $\mathbf{x}(t)$ est défini comme étant $\mathbf{x}(0{,}5)$, $\mathbf{x}(t)$ désignant le paramétrage usuel

$$\mathbf{x}(t) = (1 - 3t + 3t^2 - t^3)\mathbf{p}_1 + (3t - 6t^2 + 3t^3)\mathbf{p}_1 + (3t^2 - 3t^3)\mathbf{p}_2 + t^3\mathbf{p}_3 \qquad (7)$$

pour $0 \le t \le 1$. Les nouveaux points de contrôle $\mathbf{q}_3$ et $\mathbf{r}_0$ sont donc donnés par

$$\mathbf{q}_3 = \mathbf{r}_0 = \mathbf{x}(0{,}5) = \tfrac{1}{8}(\mathbf{p}_0 + 3\mathbf{p}_1 + 3\mathbf{p}_2 + \mathbf{p}_3) \qquad (8)$$

Les points de contrôle « intérieurs » restants s'expriment également par des formules simples, mais pour les établir, il faut d'abord travailler un peu sur les vecteurs tangents des courbes. Par définition, le vecteur tangent à une courbe paramétrée $\mathbf{x}(t)$ est le vecteur dérivé $\mathbf{x}'(t)$. Ce vecteur dirige la tangente à la courbe en $\mathbf{x}(t)$. En ce qui concerne la courbe de Bézier définie par la relation (7), on obtient

$$\mathbf{x}'(t) = (-3 + 6t - 3t^2)\mathbf{p}_0 + (3 - 12t + 9t^2)\mathbf{p}_1 + (6t - 9t^2)\mathbf{p}_2 + 3t^2\mathbf{p}_3$$

pour $0 \le t \le 1$. En particulier,

$$\mathbf{x}'(0) = 3(\mathbf{p}_1 - \mathbf{p}_0) \quad \text{et} \quad \mathbf{x}'(1) = 3(\mathbf{p}_3 - \mathbf{p}_2) \qquad (9)$$

Géométriquement, $\mathbf{p}_1$ et $\mathbf{p}_2$ sont donc situés sur les tangentes à la courbe respectivement en $\mathbf{p}_0$ et en $\mathbf{p}_3$ (voir figure 8). L'expression de $\mathbf{x}'(t)$ donne également

$$\mathbf{x}'(0{,}5) = \tfrac{3}{4}(-\mathbf{p}_0 - \mathbf{p}_1 + \mathbf{p}_2 + \mathbf{p}_3) \qquad (10)$$

Soit $\mathbf{y}(t)$ la courbe de Bézier définie par $\mathbf{q}_0, \ldots, \mathbf{q}_3$ et $\mathbf{z}(t)$ la courbe de Bézier définie par $\mathbf{r}_0, \ldots, \mathbf{r}_3$. Quand t varie entre 0 et 1, $\mathbf{y}(t)$ parcourt la même trajectoire que $\mathbf{x}(t)$, mais s'arrête à $\mathbf{x}(0{,}5)$. Donc pour $0 \le t \le 1$, on a $\mathbf{y}(t) = \mathbf{x}(0{,}5t)$. De même, $\mathbf{z}(t)$ commence à $\mathbf{x}(0{,}5)$ pour $t = 0$, donc $\mathbf{z}(t) = \mathbf{x}(0{,}5 + 0{,}5t)$ pour $0 \le t \le 1$. Par la dérivation de fonctions composées, on obtient pour $0 \le t \le 1$

$$\mathbf{y}'(t) = 0{,}5\mathbf{x}'(0{,}5t) \quad \text{et} \quad \mathbf{z}'(t) = 0{,}5\mathbf{x}'(0{,}5 + 0{,}5t) \qquad (11)$$

Quand on applique la relation (9) à $\mathbf{y}'(0)$, au lieu de $\mathbf{x}'(0)$, puis la relation (11) avec $t = 0$, et de nouveau la relation (9), les points de contrôle de $\mathbf{y}(t)$ vérifient

$$3(\mathbf{q}_1 - \mathbf{q}_0) = \mathbf{y}'(0) = 0{,}5\mathbf{x}'(0) = \tfrac{3}{2}(\mathbf{p}_1 - \mathbf{p}_0) \qquad (12)$$

Quand on applique la relation (9) à $\mathbf{y}'(1)$, au lieu de $\mathbf{x}'(1)$, puis la relation (11) avec $t = 1$, et enfin la relation (10), on obtient

$$3(\mathbf{q}_3 - \mathbf{q}_2) = \mathbf{y}'(1) = 0{,}5\mathbf{x}'(0{,}5) = \tfrac{3}{8}(-\mathbf{p}_0 - \mathbf{p}_1 + \mathbf{p}_2 + \mathbf{p}_3) \qquad (13)$$

On peut alors résoudre les équations $(8), (9), (10), (12)$ et (13) et obtenir ainsi les expressions de $\mathbf{q}_0, \ldots, \mathbf{q}_3$ indiquées dans l'exercice 13. La figure 9 montre l'interprétation géométrique de ces formules. Les points de contrôle intérieurs $\mathbf{q}_1$ et $\mathbf{r}_2$ sont les milieux respectifs des segments $[\mathbf{p}_0\mathbf{p}_1]$ et $[\mathbf{p}_2\mathbf{p}_3]$. Et $\mathbf{q}_2$ n'est autre que le milieu du segment joignant $\mathbf{q}_1$ au milieu du segment $[\mathbf{p}_1\mathbf{p}_2]$.

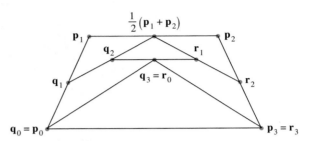

FIGURE 9 Construction géométrique des nouveaux points de contrôle

La première étape du processus de subdivision est terminée. La phase de « récursion » commence alors et l'on subdivise à leur tour les nouvelles courbes. On continue ce processus récursif jusqu'à une profondeur telle que les courbes soient suffisamment rectilignes. Il est également possible de s'adapter au fur et à mesure des étapes récursives en ne subdivisant pas l'une des deux nouvelles courbes si celle-ci apparaît suffisamment rectiligne. Une fois le processus de subdivision totalement terminé, on relie les extrémités des courbes par des segments, et la scène est prête pour l'étape suivante de la préparation de l'image finale.

Une surface bicubique de Bézier possède la même propriété de diminution de la variation que les courbes de Bézier qui définissent les sections planes de la surface. On peut donc appliquer le procédé décrit ci-dessus à chacune des sections droites. Sans entrer dans les détails, la stratégie générale est la suivante. On considère les quatre courbes de Bézier « parallèles » paramétrées par s et on applique à chacune d'elles le procédé de subdivision. On obtient quatre ensembles de huit points de contrôle ; chacun de ces ensembles définit une courbe décrite quand s varie de 0 à 1. Quand t varie, cela donne huit courbes, chacune définie par quatre points de contrôle. On applique la subdivision à chacun de ces ensembles de quatre points, ce qui produit un total de 64 points. L'adaptation de la récursion est également possible ici, mais il faut tenir compte de certaines subtilités qui apparaissent[19].

EXERCICES D'ENTRAÎNEMENT

Le mot de *spline* désigne habituellement une courbe passant par des points donnés. Cependant, une B-spline ne passe en général pas par ses points de contrôle. Un arc simple de B-spline admet un paramétrage du type

$$\begin{aligned}
\mathbf{x}(t) = \tfrac{1}{6}\big[(1-t)^3\mathbf{p}_0 &+ (3t^3 - 6t^2 + 4)\mathbf{p}_1 \\
&+ (-3t^3 + 3t^2 + 3t + 1)\mathbf{p}_2 + t^3\mathbf{p}_3\big]
\end{aligned} \qquad (14)$$

[19] Voir James D. Foley, Andries Van Dam, Steven K. Feiner et John F. Hughes, *Computer Graphics : Principles and Practice*, 2e éd., Boston : Addison-Wesley, 1996, p. 527 à 528.

où $0 \leq t \leq 1$ et où $\mathbf{p}_0$, $\mathbf{p}_1$, $\mathbf{p}_2$ et $\mathbf{p}_3$ sont les points de contrôle. Quand t varie de 0 à 1, $\mathbf{x}(t)$ décrit un petit arc assez proche du segment $[\mathbf{p}_1\mathbf{p}_2]$. Des calculs algébriques élémentaires montrent que l'on peut mettre l'expression de la B-spline sous la forme

$$\mathbf{x}(t) = \tfrac{1}{6}\big[(1-t)^3\mathbf{p}_0 + (3t(1-t)^2 - 3t + 4)\mathbf{p}_1 \\ + (3t^2(1-t) + 3t + 1)\mathbf{p}_2 + t^3\mathbf{p}_3\big] \tag{15}$$

Cela ressemble au paramétrage de la courbe de Bézier. Au facteur $1/6$ près, les coefficients de $\mathbf{p}_0$ et de $\mathbf{p}_3$ sont les mêmes. En revanche, on a ajouté $-3t + 4$ au coefficient de $\mathbf{p}_1$ et $3t + 1$ à celui de $\mathbf{p}_2$. Par rapport à la courbe de Bézier, ces coefficients ont pour effet de rapprocher la courbe du segment $[\mathbf{p}_1\mathbf{p}_2]$. Le facteur $1/6$ est destiné à maintenir la somme des coefficients égale à 1. La figure 10 montre la comparaison entre une B-spline et la courbe de Bézier associée aux mêmes points de contrôle.

FIGURE 10 B-spline et courbe de Bézier

1. Montrer que la B-spline ne commence pas au point $\mathbf{p}_0$, mais que $\mathbf{x}(0)$ appartient à $\mathrm{conv}\,\{\mathbf{p}_0, \mathbf{p}_1, \mathbf{p}_2\}$. En supposant que $\mathbf{p}_0$, $\mathbf{p}_1$ et $\mathbf{p}_2$ sont affinement indépendants, déterminer les coordonnées barycentriques de $\mathbf{x}(0)$ par rapport à $\{\mathbf{p}_0, \mathbf{p}_1, \mathbf{p}_2\}$.

2. Montrer que la B-spline ne se termine pas au point $\mathbf{p}_3$, mais que $\mathbf{x}(1)$ appartient à $\mathrm{conv}\,\{\mathbf{p}_1, \mathbf{p}_2, \mathbf{p}_3\}$. En supposant que $\mathbf{p}_1$, $\mathbf{p}_2$ et $\mathbf{p}_3$ sont affinement indépendants, déterminer les coordonnées barycentriques de $\mathbf{x}(1)$ par rapport à $\{\mathbf{p}_1, \mathbf{p}_2, \mathbf{p}_3\}$.

8.6 EXERCICES

1. On translate une courbe de Bézier pour obtenir la courbe $\mathbf{x}(t) + \mathbf{b}$, c'est-à-dire que la nouvelle courbe est définie pour $0 \leq t \leq 1$ par

$$\mathbf{x}(t) = (1-t)^3\mathbf{p}_0 + 3t(1-t)^2\mathbf{p}_1 \\ + 3t^2(1-t)\mathbf{p}_2 + t^3\mathbf{p}_3 + \mathbf{b}$$

Montrer que cette courbe est également une courbe de Bézier. [*Indication :* Quels sont les nouveaux points de contrôle ?]

2. Dans les exercices d'entraînement, on a défini une B-spline sous la forme paramétrique vectorielle

$$\mathbf{x}(t) = \tfrac{1}{6}\big[(1-t)^3\mathbf{p}_0 + (3t(1-t) - 3t + 4)\mathbf{p}_1 \\ + (3t^2(1-t) + 3t + 1)\mathbf{p}_2 + t^3\mathbf{p}_3\big] \quad \text{pour } 0 \leq t \leq 1$$

où $\mathbf{p}_0$, $\mathbf{p}_1$, $\mathbf{p}_2$ et $\mathbf{p}_3$ sont les points de contrôle.

a. Montrer que pour $0 \leq t \leq 1$, le point $\mathbf{x}(t)$ appartient à l'enveloppe convexe des points de contrôle.

b. Comme dans l'exercice 1, on translate une B-Spline $\mathbf{x}(t)$ pour obtenir $\mathbf{x}(t) + \mathbf{b}$. Montrer que la nouvelle courbe est également une B-spline.

3. Soit $\mathbf{x}(t)$ une courbe de Bézier cubique de points de contrôle $\mathbf{p}_0$, $\mathbf{p}_1$, $\mathbf{p}_2$ et $\mathbf{p}_3$.

a. Calculer le vecteur tangent $\mathbf{x}'(t)$. Trouver un lien entre, d'une part, $\mathbf{x}'(0)$ et $\mathbf{x}'(1)$ et, d'autre part, les points de contrôle, puis décrire géométriquement les *directions* de ces vecteurs tangents. Est-il possible d'avoir $\mathbf{x}'(1) = \mathbf{0}$?

b. Calculer la dérivée seconde $\mathbf{x}''(t)$ et trouver une relation entre, d'une part, $\mathbf{x}''(0)$ et $\mathbf{x}''(1)$ et, d'autre part, les points de contrôle. Faire une figure sur le modèle de la figure 10 et construire un segment de droite dans la direction de $\mathbf{x}''(0)$. [*Indication :* Raisonner dans un système de coordonnées d'origine $\mathbf{p}_1$.]

4. Soit $\mathbf{x}(t)$ la B-spline définie dans l'exercice 2, ayant pour points de contrôle les points $\mathbf{p}_0$, $\mathbf{p}_1$, $\mathbf{p}_2$ et $\mathbf{p}_3$.

a. Calculer le vecteur tangent $\mathbf{x}'(t)$ et trouver une relation entre, d'une part, les vecteurs dérivés $\mathbf{x}'(0)$ et $\mathbf{x}'(1)$ et, d'autre part, les points de contrôle. Décrire géométriquement les *directions* de ces vecteurs tangents. Que se passe-t-il si $\mathbf{x}'(0)$ et $\mathbf{x}'(1)$ sont égaux à $\mathbf{0}$? Justifier.

b. Calculer la dérivée seconde $\mathbf{x}''(t)$ et trouver une relation entre, d'une part, $\mathbf{x}''(0)$ et $\mathbf{x}''(1)$ et, d'autre part, les points de contrôle. Faire une figure sur le modèle de la figure 10 et construire un segment de droite dans la direction de $\mathbf{x}''(1)$. [*Indication :* Raisonner dans un système de coordonnées d'origine $\mathbf{p}_2$.]

5. Soit $\mathbf{x}(t)$ et $\mathbf{y}(t)$ deux courbes de Bézier cubiques, associées respectivement aux points de contrôle $\{\mathbf{p}_0, \mathbf{p}_1, \mathbf{p}_2, \mathbf{p}_3\}$ et $\{\mathbf{p}_3, \mathbf{p}_4, \mathbf{p}_5, \mathbf{p}_6\}$, de sorte que $\mathbf{x}(t)$ et $\mathbf{y}(t)$ sont connectées en $\mathbf{p}_3$. Les questions ci-dessous portent sur la courbe constituée de $\mathbf{x}(t)$ suivie de $\mathbf{y}(t)$. Pour simplifier, on se place dans $\mathbb{R}^2$.

    a. Quelle condition portant sur les points de contrôle assure que la courbe présente une continuité C^1 en $\mathbf{p}_3$? Justifier la réponse.

    b. Que se passe-t-il si les deux vecteurs $\mathbf{x}'(1)$ et $\mathbf{y}'(0)$ sont nuls ?

6. On construit une B-spline à partir de plusieurs B-splines élémentaires telles que celles décrites dans l'exercice 2. Soit $\mathbf{p}_0, \ldots, \mathbf{p}_4$ des points de contrôle. Pour $0 \le t \le 1$, on considère les courbes $\mathbf{x}(t)$ et $\mathbf{y}(t)$ déterminées par les matrices de géométrie respectives $[\mathbf{p}_0 \quad \mathbf{p}_1 \quad \mathbf{p}_2 \quad \mathbf{p}_3]$ et $[\mathbf{p}_1 \quad \mathbf{p}_2 \quad \mathbf{p}_3 \quad \mathbf{p}_4]$. Ces deux arcs ont donc trois points de contrôle en commun. Mais ils ne se recouvrent pas pour autant : ils sont simplement connectés en une extrémité commune proche de $\mathbf{p}_2$.

    a. Montrer que la courbe combinée présente une continuité G^0, c'est-à-dire que $\mathbf{x}(1) = \mathbf{y}(0)$.

    b. Montrer que cette courbe présente une continuité C^1 au point de jonction $\mathbf{x}(1)$, c'est-à-dire que $\mathbf{x}'(1) = \mathbf{y}'(0)$.

7. Soit $\mathbf{x}(t)$ et $\mathbf{y}(t)$ les courbes de Bézier définies dans l'exercice 5. On suppose que la courbe combinée présente une continuité C^2 en $\mathbf{p}_3$ (ce qui implique la continuité C^1). En écrivant que $\mathbf{x}''(1) = \mathbf{y}''(0)$, montrer que $\mathbf{p}_5$ est entièrement déterminé par $\mathbf{p}_1, \mathbf{p}_2$ et $\mathbf{p}_3$. Donc, si l'on impose la condition de continuité C^2, les points $\mathbf{p}_0, \ldots, \mathbf{p}_3$ déterminent tous les points de contrôle de $\mathbf{y}(t)$, sauf un.

8. Soit $\mathbf{x}(t)$ et $\mathbf{y}(t)$ les arcs de B-spline définis dans l'exercice 6. Montrer que la courbe présente une continuité C^2 (ce qui implique qu'elle présente une continuité C^1) en $\mathbf{x}(1)$, c'est-à-dire que $\mathbf{x}''(1) = \mathbf{y}''(0)$. Cette continuité d'ordre plus élevé est recherchée dans certains domaines de la CAO, tels que la recherche de formes de carrosseries automobiles, car on obtient des tracés plus lisses, plus réguliers. En revanche, à longueur comparable, les B-splines demandent des temps de calculs trois fois plus longs que les courbes de Bézier. Pour les surfaces, le temps de calcul est donc multiplié par neuf. Les programmeurs choisissent souvent les courbes de Bézier pour des applications (telles que des simulateurs de vols) qui nécessitent un affichage en temps réel.

9. On appelle « courbe de Bézier quartique » la courbe définie par cinq points de contrôle $\mathbf{p}_0, \mathbf{p}_1, \mathbf{p}_2, \mathbf{p}_3$ et $\mathbf{p}_4$ et par la relation

$$\mathbf{x}(t) = (1-t)^4 \mathbf{p}_0 + 4t(1-t)^3 \mathbf{p}_1 + 6t^2(1-t)^2 \mathbf{p}_2$$
$$+ 4t^3(1-t)\mathbf{p}_3 + t^4 \mathbf{p}_4 \quad \text{pour } 0 \le t \le 1$$

Expliciter la matrice de base quartique M_B de $\mathbf{x}(t)$.

10. Le « B » de l'expression B-spline vient du fait que l'on peut représenter un arc élémentaire $\mathbf{x}(t)$ en fonction d'une matrice de base M_S, d'une façon analogue à ce qui est fait pour une courbe de Bézier. Plus précisément, on écrit

$$\mathbf{x}(t) = GM_S\mathbf{u}(t) \quad \text{pour } 0 \le t \le 1$$

où G est la matrice de géométrie $[\mathbf{p}_0 \quad \mathbf{p}_1 \quad \mathbf{p}_2 \quad \mathbf{p}_3]$ et $\mathbf{u}(t)$ le vecteur colonne $(1, t, t^2, t^3)$. Pour une B-spline *uniforme*, on utilise pour chaque arc la même matrice de base, mais pas la même matrice de géométrie. Écrire la matrice de base M_S correspondant à $\mathbf{x}(t)$.

Dans les exercices 11 et 12, dire de chaque énoncé s'il est vrai ou faux. Justifier les réponses.

11. a. Une courbe de Bézier cubique est définie par quatre points de contrôle.

    b. Si $\mathbf{x}(t)$ est une courbe de Bézier quadratique ayant pour points de contrôle $\mathbf{p}_0, \mathbf{p}_1$ et $\mathbf{p}_2$, le vecteur $\mathbf{p}_1 - \mathbf{p}_0$ (allant de $\mathbf{p}_0$ à $\mathbf{p}_1$) est le vecteur tangent à la courbe au point $\mathbf{p}_0$.

    c. Si deux courbes de Bézier de points de contrôle respectifs $\{\mathbf{p}_0, \mathbf{p}_1, \mathbf{p}_2\}$ et $\{\mathbf{p}_2, \mathbf{p}_3, \mathbf{p}_4\}$ sont connectées au point $\mathbf{p}_2$, la courbe de Bézier combinée présente une continuité C^1 en $\mathbf{p}_2$ si $\mathbf{p}_2$ est le milieu du segment joignant $\mathbf{p}_1$ et $\mathbf{p}_3$.

12. a. Les principales propriétés des courbes de Bézier se conservent sous l'action d'une application linéaire, mais pas d'une translation.

    b. Si deux courbes de Bézier $\mathbf{x}(t)$ et $\mathbf{y}(t)$ sont reliées au point $\mathbf{x}(1) = \mathbf{y}(0)$, la courbe combinée présente une continuité G^0 en ce point.

    c. La matrice de base de Bézier est une matrice dont les colonnes sont les points de contrôle de la courbe.

Dans les exercices 13 à 15, on considère la subdivision d'une courbe de Bézier représentée à la figure 7. Soit $\mathbf{x}(t)$ cette courbe de Bézier, associée aux points de contrôle $\mathbf{p}_0, \ldots, \mathbf{p}_3$, et $\mathbf{y}(t)$ et $\mathbf{z}(t)$ les courbes subdivisées de la façon indiquée dans le cours, ayant pour points de contrôle respectifs $\mathbf{q}_0, \ldots, \mathbf{q}_3$ et $\mathbf{r}_0, \ldots, \mathbf{r}_3$.

13. a. Montrer, à l'aide de la relation (12), que $\mathbf{q}_1$ est le milieu du segment $[\mathbf{p}_0\mathbf{p}_1]$.

    b. Montrer, à l'aide de la relation (13), que

$$8\mathbf{q}_2 = 8\mathbf{q}_3 + \mathbf{p}_0 + \mathbf{p}_1 - \mathbf{p}_2 - \mathbf{p}_3$$

    c. En utilisant la question (b), la relation (8) et la question (a), montrer que $\mathbf{q}_2$ est le milieu du segment joignant $\mathbf{q}_1$ au milieu du segment $[\mathbf{p}_1\mathbf{p}_2]$, c'est-à-dire que

$$\mathbf{q}_2 = \tfrac{1}{2}[\mathbf{q}_1 + \tfrac{1}{2}(\mathbf{p}_1 + \mathbf{p}_2)]$$

14. a. Justifier les égalités

$$3(\mathbf{r}_3 - \mathbf{r}_2) = \mathbf{z}'(1) = 0{,}5\mathbf{x}'(1) = \tfrac{3}{2}(\mathbf{p}_3 - \mathbf{p}_2)$$

    b. Montrer que $\mathbf{r}_2$ est le milieu du segment $[\mathbf{p}_2\mathbf{p}_3]$.

    c. Justifier les égalités $3(\mathbf{r}_1 - \mathbf{r}_0) = \mathbf{z}'(0) = 0{,}5\mathbf{x}'(0{,}5)$.

    d. Montrer, en utilisant (c), que

$$8\mathbf{r}_1 = -\mathbf{p}_0 - \mathbf{p}_1 + \mathbf{p}_2 + \mathbf{p}_3 + 8\mathbf{r}_0$$

e. À l'aide de la question (d), de la relation (8) et de la question (a), montrer que $\mathbf{r}_1$ est le milieu du segment joignant $\mathbf{r}_2$ au milieu du segment $[\mathbf{p}_1\mathbf{p}_2]$, c'est-à-dire que

$$\mathbf{r}_1 = \tfrac{1}{2}[\mathbf{r}_2 + \tfrac{1}{2}(\mathbf{p}_1 + \mathbf{p}_2)]$$

15. Il suffit parfois de ne continuer à effectuer la subdivision que sur une moitié de la courbe de Bézier. On subdivise par exemple la partie « gauche » en utilisant les questions (a) et (c) de l'exercice 13 et la relation (8). Mais si l'on subdivise les deux moitiés de la courbe $\mathbf{x}(t)$, on peut organiser efficacement les calculs pour déterminer en même temps les points de contrôle des parties droite et gauche, sans utiliser explicitement la relation (8).

a. Montrer que les deux vecteurs tangents $\mathbf{y}'(1)$ et $\mathbf{z}'(0)$ sont égaux.

b. Montrer, à l'aide de la question (a), que $\mathbf{q}_3$ (qui est égal à $\mathbf{r}_0$) est le milieu du segment $[\mathbf{q}_2\mathbf{r}_1]$.

c. En utilisant la question (b) et les exercices 13 et 14, en déduire un algorithme qui calcule de façon efficace les points de contrôle à la fois de $\mathbf{y}(t)$ et de $\mathbf{z}(t)$. On n'utilisera que les opérations d'addition et de division par 2.

16. Justifier le fait qu'une courbe de Bézier cubique est entièrement déterminée par la donnée de $\mathbf{x}(0)$, $\mathbf{x}'(0)$, $\mathbf{x}(1)$ et $\mathbf{x}'(1)$.

17. Les polices de caractères TrueType®, créées par Apple Computer et Microsoft, utilisent des courbes de Bézier quadratiques, alors que les polices PostScript®, créées par Adobe Systems, utilisent des courbes de Bézier cubiques. Les courbes cubiques donnent plus de souplesse pour tracer un caractère, mais il est important de pouvoir convertir un dessin de caractère utilisant des courbes quadratiques en un autre utilisant des courbes cubiques. Soit $\mathbf{w}(t)$ une courbe quadratique ayant pour points de contrôle $\mathbf{p}_0$, $\mathbf{p}_1$ et $\mathbf{p}_2$.

a. Déterminer des points de contrôle $\mathbf{r}_0, \mathbf{r}_1, \mathbf{r}_2$ et $\mathbf{r}_3$ de façon que la courbe de Bézier cubique $\mathbf{x}(t)$ correspondante soit telle que $\mathbf{x}(t)$ et $\mathbf{w}(t)$ aient les mêmes extrémités initiale et terminale et que les vecteurs tangents en $t = 0$ et en $t = 1$ soient les mêmes (voir exercice 16).

b. Montrer que si $\mathbf{x}(t)$ est construit conformément à la question (a), alors on a $\mathbf{x}(t) = \mathbf{w}(t)$ pour $0 \le t \le 1$.

18. À l'aide d'un produit par blocs, calculer le produit matriciel suivant, qui intervient dans l'expression (5) constituant une deuxième expression d'une courbe de Bézier :

$$\begin{bmatrix} 1 & 0 & 0 & 0 \\ -3 & 3 & 0 & 0 \\ 3 & -6 & 3 & 0 \\ -1 & 3 & -3 & 1 \end{bmatrix} \begin{bmatrix} \mathbf{p}_0 \\ \mathbf{p}_1 \\ \mathbf{p}_2 \\ \mathbf{p}_3 \end{bmatrix}$$

SOLUTIONS DES EXERCICES D'ENTRAÎNEMENT

1. D'après la relation (14) écrite en $t = 0$, on a $\mathbf{x}(0) \ne \mathbf{p}_0$ car

$$\mathbf{x}(0) = \tfrac{1}{6}[\mathbf{p}_0 + 4\mathbf{p}_1 + \mathbf{p}_2] = \tfrac{1}{6}\mathbf{p}_0 + \tfrac{2}{3}\mathbf{p}_1 + \tfrac{1}{6}\mathbf{p}_2$$

Les coefficients sont strictement positifs et ont pour somme 1, donc $\mathbf{x}(0)$ appartient à conv $\{\mathbf{p}_0, \mathbf{p}_1, \mathbf{p}_2\}$ et ses coordonnées barycentriques par rapport à $\{\mathbf{p}_0, \mathbf{p}_1, \mathbf{p}_2\}$ sont $\left(\tfrac{1}{6}, \tfrac{2}{3}, \tfrac{1}{6}\right)$.

2. D'après la relation (14) écrite en $t = 1$, on a $\mathbf{x}(1) \ne \mathbf{p}_3$ car

$$\mathbf{x}(1) = \tfrac{1}{6}[\mathbf{p}_1 + 4\mathbf{p}_2 + \mathbf{p}_3] = \tfrac{1}{6}\mathbf{p}_1 + \tfrac{2}{3}\mathbf{p}_2 + \tfrac{1}{6}\mathbf{p}_3$$

Les coefficients sont strictement positifs et ont pour somme 1, donc $\mathbf{x}(1)$ appartient à conv $\{\mathbf{p}_1, \mathbf{p}_2, \mathbf{p}_3\}$ et ses coordonnées barycentriques par rapport à $\{\mathbf{p}_1, \mathbf{p}_2, \mathbf{p}_3\}$ sont $\left(\tfrac{1}{6}, \tfrac{2}{3}, \tfrac{1}{6}\right)$.

ANNEXE

A

Unicité de la forme échelonnée réduite

THÉORÈME

Unicité de la forme échelonnée réduite

Toute matrice A de type $m \times n$ est équivalente selon les lignes à une matrice échelonnée réduite U unique.

DÉMONSTRATION L'idée de la démonstration est d'utiliser la remarque de la section 4.3 selon laquelle les colonnes de deux matrices équivalentes selon les lignes ont exactement les mêmes relations de dépendance linéaire.

L'algorithme du pivot montre qu'il existe au moins une matrice U de ce type. Supposons que A soit équivalente selon les lignes à deux matrices échelonnées réduites U et V. Pour chaque ligne non nulle de U, le coefficient non nul le plus à gauche est un coefficient principal égal à 1. Appelons « position de pivot » la position d'un tel 1 et « colonne pivot » la colonne qui le contient (cette définition ne dépend que de la structure échelonnée de U et de V, et ne suppose pas l'unicité de la forme échelonnée réduite).

Les colonnes pivots de U et de V sont exactement les colonnes qui sont linéairement indépendantes des colonnes situées à leur gauche (cette condition est toujours satisfaite par la première colonne si elle est non nulle). Comme U et V sont équivalentes selon les lignes à A, elles le sont également l'une à l'autre, donc leurs colonnes admettent entre elles exactement les mêmes relations de dépendance linéaire. Les colonnes pivots de U et de V ont donc des positions identiques. Si ces colonnes sont au nombre de r, alors, puisque U et V sont échelonnées réduites, leurs colonnes pivots sont tout simplement les r premières colonnes de la matrice unité $m \times m$. Par conséquent, *les colonnes pivots de U et de V situées à la même position sont égales*.

Soit maintenant j l'indice d'une colonne non pivot de U. Soit cette colonne est nulle, soit c'est une combinaison linéaire des colonnes pivots situées à sa gauche (en effet, ces colonnes pivots forment une base de l'espace vectoriel engendré par les colonnes situées à la gauche de la colonne j). Dans tous les cas, cette relation peut s'exprimer sous la forme $U\mathbf{x} = \mathbf{0}$, où $\mathbf{x}$ est un vecteur dont la j^e composante vaut 1. Alors on a également $V\mathbf{x} = \mathbf{0}$, ce qui signifie que la colonne j de V est soit nulle, soit égale à la *même* combinaison linéaire des colonnes pivots de V situées à sa gauche à elle. Comme les colonnes pivots de U et de V situées à la même position sont égales, les colonnes j de U et de V sont aussi égales. Cela s'applique à toutes les colonnes non pivots, donc $V = U$, ce qui montre que U est unique.

Nombres complexes

On appelle *nombre complexe* un nombre qui s'écrit sous la forme

$$z = a + bi$$

où a et b sont des réels, et i un symbole formel vérifiant la relation $i^2 = -1$. Le réel a est appelé *partie réelle* de z et est noté $\text{Re}\,z$; le réel b est appelé *partie imaginaire* de z et est noté $\text{Im}\,z$. Deux nombres complexes sont considérés comme égaux si et seulement si leurs parties réelles et imaginaires sont égales. Par exemple, si $z = 5 + (-2)i$, alors $\text{Re}\,z = 5$ et $\text{Im}\,z = -2$. On écrit pour simplifier $z = 5 - 2i$.

On considère alors un réel a comme un cas particulier de nombre complexe, en l'identifiant au complexe $a + 0i$. En outre, on peut étendre les opérations usuelles sur les réels aux nombres complexes.

On appelle *corps des nombres complexes* et l'on note $\mathbb{C}$ l'ensemble des nombres complexes muni des deux opérations suivantes d'addition et de multiplication :

$$(a + bi) + (c + di) = (a + c) + (b + d)i \qquad (1)$$

$$(a + bi)(c + di) = (ac - bd) + (ad + bc)i \qquad (2)$$

Dans le cas où b et d sont nuls en (1) et (2), ces règles de calcul se réduisent à l'addition et à la multiplication usuelles des réels. On vérifie facilement que les propriétés arithmétiques usuelles de $\mathbb{R}$ s'étendent à $\mathbb{C}$. C'est pour cela que, comme dans l'exemple qui suit, on calcule en général les produits de complexes en développant les expressions.

EXEMPLE 1
$$\begin{aligned}
(5 - 2i)(3 + 4i) &= 15 + 20i - 6i - 8i^2 \\
&= 15 + 14i - 8(-1) \\
&= 23 + 14i
\end{aligned}$$

Autrement dit, on multiplie chaque terme de $5 - 2i$ par chaque terme de $3 + 4i$, on utilise la relation $i^2 = -1$ et l'on écrit le résultat sous la forme $a + bi$. ∎

On définit la soustraction entre deux nombres complexes z_1 et z_2 par

$$z_1 - z_2 = z_1 + (-1)z_2$$

On écrit en particulier $-z$ au lieu de $(-1)z$.

On appelle *conjugué* de $z = a + bi$ le nombre complexe $\overline{z}$ (lire « z barre ») défini par

$$\overline{z} = a - bi$$

On obtient donc $\overline{z}$ à partir de z en changeant le signe de la partie imaginaire.

EXEMPLE 2   Le conjugué de $-3 + 4i$ est $-3 - 4i$, ce que l'on écrit

$$\overline{-3 + 4i} = -3 - 4i$$ ∎

On remarque que si $z = a + bi$, alors

$$z\overline{z} = (a + bi)(a - bi) = a^2 - abi + bai - b^2i^2 = a^2 + b^2 \qquad (3)$$

Ainsi, $z\overline{z}$ est un réel positif ; il admet donc une racine carrée. On appelle *module* de z le réel $|z|$ défini par

$$|z| = \sqrt{z\overline{z}} = \sqrt{a^2 + b^2}$$

Si z est un réel, alors $z = a + 0i$, d'où $|z| = \sqrt{a^2}$, qui n'est autre que la valeur absolue usuelle de a.

Plusieurs propriétés importantes du conjugué et du module sont énoncées ci-après ; w et z désignent des nombres complexes.

1. $\overline{z} = z$ si et seulement si z est réel.

2. $\overline{w + z} = \overline{w} + \overline{z}$.

3. $\overline{wz} = \overline{w}\,\overline{z}$; en particulier, si r est un réel, on a $\overline{rz} = r\overline{z}$.

4. $z\overline{z} = |z|^2 \geq 0$.

5. $|wz| = |w||z|$.

6. $|w + z| \leq |w| + |z|$.

Si $z \neq 0$, alors $|z| > 0$ et z admet un inverse pour la multiplication, noté $1/z$ ou z^{-1} et donné par

$$\frac{1}{z} = z^{-1} = \frac{\overline{z}}{|z|^2}$$

Le quotient w/z signifie alors bien sûr $w \cdot (1/z)$.

EXEMPLE 3   On pose $w = 3 + 4i$ et $z = 5 - 2i$. Calculer $z\overline{z}$, $|z|$ et w/z.

SOLUTION   D'après la relation (3), on a

$$z\overline{z} = 5^2 + (-2)^2 = 25 + 4 = 29$$

Le module de z est donc $|z| = \sqrt{z\overline{z}} = \sqrt{29}$. Pour calculer w/z, on multiplie d'abord le numérateur et le dénominateur par $\overline{z}$, c'est-à-dire par le conjugué du dénominateur.

D'après la relation (3), cela a pour effet d'éliminer le symbole i du dénominateur :

$$\frac{w}{z} = \frac{3 + 4i}{5 - 2i}$$

soit

$$\frac{w}{z} = \frac{3 + 4i}{5 - 2i} \cdot \frac{5 + 2i}{5 + 2i}$$

$$= \frac{15 + 6i + 20i - 8}{5^2 + (-2)^2}$$

$$= \frac{7 + 26i}{29}$$

$$= \frac{7}{29} + \frac{26}{29}i \qquad \blacksquare$$

Interprétation géométrique

À chaque complexe $z = a + bi$ correspond un point (a, b) du plan $\mathbb{R}^2$, comme le montre la figure 1. L'axe horizontal est appelé *axe réel*, car ses points $(a, 0)$ correspondent aux nombres réels. L'axe vertical est appelé *axe imaginaire*, car ses points $(0, b)$ correspondent aux nombres *imaginaires purs* de la forme $0 + bi$, notés plus simplement bi. Le conjugué de z est alors le symétrique de z par rapport à l'axe réel. Le module de z est égal à la distance de (a, b) à l'origine.

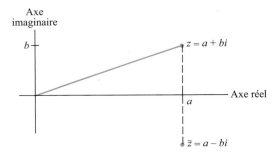

FIGURE 1 Le conjugué vu comme un symétrique

Comme le montre la figure 2, l'addition de deux nombres complexes $z = a + bi$ et $w = c + di$ correspond à l'addition vectorielle de (a, b) et de (c, d) dans $\mathbb{R}^2$.

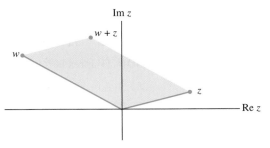

FIGURE 2 Addition de deux nombres complexes

L'interprétation graphique de la multiplication des nombres complexes nécessite l'usage des *coordonnées polaires* dans $\mathbb{R}^2$. Si $z = a + bi$ est un complexe non nul, soit φ l'angle entre le demi-axe des réels positifs et (a, b), comme à la figure 3 où l'on a

$-\pi < \varphi \leq \pi$. On appelle cet angle φ *argument* de z et l'on écrit $\varphi = \arg z$. Il résulte de considérations trigonométriques élémentaires que

$$a = |z| \cos \varphi \quad \text{et} \quad b = |z| \sin \varphi$$

donc que

$$z = a + bi = |z|(\cos \varphi + i \sin \varphi)$$

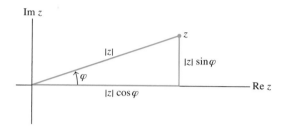

FIGURE 3   Coordonnées polaires de z

Soit w un autre nombre complexe non nul, de la forme

$$w = |w| (\cos \theta + i \sin \theta)$$

En utilisant les formules usuelles donnant le sinus et le cosinus de la somme de deux angles, on vérifie sans peine que

$$wz = |w| \, |z| \, [\cos(\theta + \varphi) + i \sin(\theta + \varphi)] \tag{4}$$

(Voir figure 4.) On obtient des formules analogues pour le quotient sous forme polaire. On peut traduire en phrases les formules donnant le produit et le quotient.

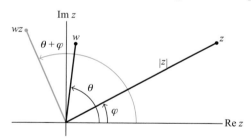

FIGURE 4   Multiplication interprétée en termes de coordonnées polaires

> Le produit de deux nombres complexes non nuls est défini en coordonnées polaires par le produit de leurs modules et la somme de leurs arguments. Le quotient de deux nombres complexes non nuls est défini en coordonnées polaires par le quotient de leurs modules et la différence de leurs arguments.

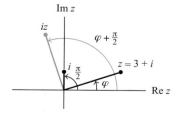

Multiplication par i

EXEMPLE 4

a. Si w est de module 1, alors $w = \cos \theta + i \sin \theta$, où θ est l'argument de w. Multiplier un complexe non nul z par w revient à une simple rotation de z d'angle θ.

b. L'argument de i est $\pi/2$, donc la multiplication de z par i fait tourner z d'un angle de $\pi/2$ radians. Par exemple, $3 + i$ est transformé en $(3 + i)i = -1 + 3i$. ∎

Puissances d'un nombre complexe

La formule (4) s'applique au cas où $z = w = r(\cos\varphi + i\sin\varphi)$. On obtient alors

$$z^2 = r^2(\cos 2\varphi + i\sin 2\varphi)$$

d'où

$$z^3 = z \cdot z^2$$
$$= r(\cos\varphi + i\sin\varphi) \cdot r^2(\cos 2\varphi + i\sin 2\varphi)$$
$$= r^3(\cos 3\varphi + i\sin 3\varphi)$$

De façon générale, pour tout entier k positif,

$$z^k = r^k(\cos k\varphi + i\sin k\varphi)$$

Ce résultat est connu sous le nom de *formule de De Moivre*[1].

Nombres complexes et $\mathbb{R}^2$

Bien que $\mathbb{R}^2$ et $\mathbb{C}$ soient en bijection l'un avec l'autre et que les opérations d'addition soient essentiellement les mêmes, il faut établir une distinction logique entre eux. Dans $\mathbb{R}^2$, on ne peut multiplier un vecteur que par un scalaire réel, alors que dans $\mathbb{C}$, on peut multiplier deux nombres complexes quelconques et obtenir un troisième nombre complexe (ce qui n'a rien à voir avec le produit scalaire qui est un réel et non un élément de $\mathbb{R}^2$). Pour que cette distinction soit claire, on note les éléments de $\mathbb{C}$ comme des scalaires et non comme des vecteurs.

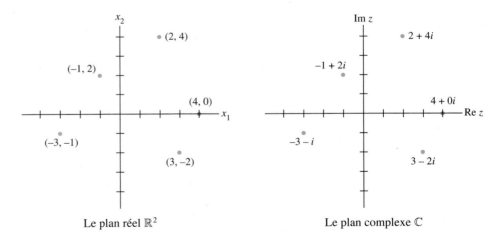

Le plan réel $\mathbb{R}^2$ Le plan complexe $\mathbb{C}$

---

[1] Souvent nommée improprement *formule de Moivre*. (*NdT*)

Glossaire

A

addition vectorielle : addition de vecteurs consistant à ajouter les composantes entre elles.

algorithme du pivot (**de Gauss**) : méthode systématique de réduction d'une matrice à une forme échelonnée, réduite ou non, au moyen d'opérations élémentaires sur les lignes.

analyse de tendance : recherche de polynômes permettant d'ajuster des données en utilisant le produit scalaire défini par l'évaluation en un nombre fini de points.

angle (entre deux vecteurs non nuls $\mathbf{u}$ et $\mathbf{v}$ de $\mathbb{R}^2$ ou $\mathbb{R}^3$) : angle θ entre les segments de droites orientés joignant l'origine aux points $\mathbf{u}$ et $\mathbf{v}$. Relié au produit scalaire par la relation

$$\mathbf{u} \cdot \mathbf{v} = \|\mathbf{u}\| \, \|\mathbf{v}\| \cos \theta$$

application (ou **fonction**, ou **transformation**) T de $\mathbb{R}^n$ dans $\mathbb{R}^m$: processus qui associe à tout vecteur $\mathbf{x}$ de $\mathbb{R}^n$ un vecteur unique $T(\mathbf{x})$ de $\mathbb{R}^m$. Notation : $T : \mathbb{R}^n \to \mathbb{R}^m$. De même, $T : V \to W$ désigne un processus qui associe à tout vecteur $\mathbf{x}$ de V un vecteur unique $T(\mathbf{x})$ de W.

application affine : application $T : \mathbb{R}^n \to \mathbb{R}^m$ de la forme $T(\mathbf{x}) = A\mathbf{x} + \mathbf{b}$, où A est une matrice $m \times n$ et $\mathbf{b}$ un vecteur de $\mathbb{R}^m$.

application coordonnées (associée à une base $\mathcal{B}$ d'un espace vectoriel V) : application associant à un vecteur $\mathbf{x}$ de V le vecteur $[\mathbf{x}]_{\mathcal{B}}$ de ses composantes dans la base $\mathcal{B}$.

application linéaire T (d'un espace vectoriel V dans un espace vectoriel W) : processus associant à chaque vecteur $\mathbf{x}$ de V un unique vecteur $T(\mathbf{x})$ de W, de façon que (i) $T(\mathbf{u} + \mathbf{v}) = T(\mathbf{u}) + T(\mathbf{v})$ pour tous les $\mathbf{u}$ et $\mathbf{v}$ de V et (ii) $T(c\mathbf{u}) = cT(\mathbf{u})$ pour tout $\mathbf{u}$ de V et tout scalaire c. Notations : $T : V \to W$ ou $\mathbf{x} \mapsto A\mathbf{x}$ dans le cas où $T : \mathbb{R}^n \to \mathbb{R}^m$ et où A est la matrice canoniquement associée à T.

application linéaire inversible : application linéaire $T : \mathbb{R}^n \to \mathbb{R}^n$ telle qu'il existe une application $S : \mathbb{R}^n \to \mathbb{R}^n$ vérifiant à la fois $T(S(\mathbf{x})) = \mathbf{x}$ et $S(T(\mathbf{x})) = \mathbf{x}$ pour tout vecteur $\mathbf{x}$ de $\mathbb{R}^n$.

approximation de Fourier (d'ordre n) : point le plus proche, dans l'espace vectoriel, des polynômes trigonométriques d'ordre n d'une fonction donnée de $C[0, 2\pi]$.

arithmétique en virgule flottante : arithmétique selon laquelle les nombres sont représentées sous la forme décimale $\pm 0, d_1 \cdots d_p \times 10^r$, où r est un entier et où le nombre p de chiffres après la virgule est en général compris entre 8 et 16.

associativité de la multiplication : $A(BC) = (AB)C$, quels que soient A, B et C.

A (suite)

attracteur (ou **point attractif**, ou **puits**, d'un système dynamique dans $\mathbb{R}^2$) : l'origine dans le cas où les trajectoires tendent vers $\mathbf{0}$.

axes principaux (d'une forme quadratique $\mathbf{x}^T A \mathbf{x}$) : colonnes orthonormées d'une matrice orthogonale P telles que $P^{-1}AP$ soit diagonale (ces colonnes sont des vecteurs propres unitaires de A). On ordonne en général ces colonnes de façon que les valeurs propres de A associées décroissent en valeur absolue.

B

barycentre (ou **combinaison affine**) : combinaison linéaire de vecteurs (points de $\mathbb{R}^n$) dont la somme des coefficients est égale à 1.

base (d'un sous-espace vectoriel H, non réduit à $\{\mathbf{0}\}$, d'un espace vectoriel V) : famille $\mathcal{B} = (\mathbf{v}_1, \ldots, \mathbf{v}_p)$ de vecteurs de V (i) qui est libre et (ii) qui engendre un sous-espace coïncidant avec H, c'est-à-dire que $H = \text{Vect}\,\{\mathbf{v}_1, \ldots, \mathbf{v}_p\}$.

base canonique : base $\mathcal{E} = (\mathbf{e}_1, \ldots, \mathbf{e}_n)$ de $\mathbb{R}^n$ constituée des colonnes de la matrice unité $n \times n$, ou base $\{1, t, \ldots, t^n\}$ de $\mathbb{P}_n$.

base de vecteurs propres : base constituée entièrement de vecteurs propres d'une matrice donnée.

base orthogonale : base constituant une famille orthogonale.

base orthonormée (ou **orthonormale**) : base constituant une famille orthogonale de vecteurs unitaires.

boule fermée (de $\mathbb{R}^n$) : ensemble $\{\mathbf{x} \in \mathbb{R}^n : \|\mathbf{x} - \mathbf{p}\| \leq \delta\}$, où $\mathbf{p}$ est un point de $\mathbb{R}^n$ et δ un réel strictement positif.

boule ouverte $B(\mathbf{p}, \delta)$ de $\mathbb{R}^n$: partie $\{\mathbf{x} : \|\mathbf{x} - \mathbf{p}\| < \delta\}$ de $\mathbb{R}^n$, où $\delta > 0$.

C

chaîne de Markov : suite $\mathbf{x}_0$, $\mathbf{x}_1$, $\mathbf{x}_2, \ldots$, de vecteurs de probabilité vérifiant une relation du type $\mathbf{x}_{k+1} = P\mathbf{x}_k$ pour tout $k = 0, 1, 2, \ldots$, où P est une matrice stochastique.

changement de base : *voir* matrice de changement de base.

coefficient principal : coefficient non nul le plus à gauche dans une ligne de matrice.

coefficients de Fourier (d'une fonction f de $C[0, 2\pi]$) : coefficients tels que le polynôme trigonométrique associé soit une approximation de Fourier de f.

coefficients de régression (**linéaire**) : coefficients β_0 et β_1 de la droite de régression $y = \beta_0 + \beta_1 x$.

coefficients diagonaux (d'une matrice) : coefficients ayant le même indice de ligne et de colonne.

cofacteur : réel $C_{ij} = (-1)^{i+j} \det A_{ij}$, appelé « cofacteur (i, j) de A », A_{ij} étant la sous-matrice obtenue après suppression de la i^e ligne et de la j^e colonne de A.

colinéaires (vecteurs) : vecteurs $\mathbf{u}$ et $\mathbf{v}$ liés par une relation du type $\mathbf{v} = c\mathbf{u}$, où c est un scalaire.

colonne pivot : colonne contenant une position de pivot.

combinaison convexe (des points $\mathbf{v}_1, \ldots, \mathbf{v}_k$ de $\mathbb{R}^n$) : combinaison linéaire de vecteurs (points) dont les coefficients sont positifs et ont pour somme 1.

combinaison linéaire : somme de produits de vecteurs par des scalaires, appelés *coefficients*.

commandable (ou **contrôlable**, couple de matrices) : couple (A, B) de matrices, A étant $n \times n$, B ayant n colonnes, telles que

$$\text{rang}\,[\, B \quad AB \quad A^2 B \quad \cdots \quad A^{n-1} B \,] = n$$

Intervient dans la représentation d'état d'un système de contrôle et dans la relation de récurrence linéaire $\mathbf{x}_{k+1} = A\mathbf{x}_k + B\mathbf{u}_k$ $(k = 0, 1, \ldots)$.

compact (ou **partie compacte**, de $\mathbb{R}^n$) : partie de $\mathbb{R}^n$ fermée et bornée.

complément de Schur : matrice formée à partir d'une matrice 2×2 par blocs $A = [A_{ij}]$. Si A_{11} est inversible, son complément de Schur est donné par $A_{22} - A_{21}A_{11}^{-1}A_{12}$. Si A_{22} est inversible, son complément de Schur est donné par $A_{11} - A_{12}A_{22}^{-1}A_{21}$.

composante de y orthogonale à u (pour $\mathbf{u} \neq \mathbf{0}$) : vecteur $\mathbf{y} - \dfrac{\mathbf{y} \cdot \mathbf{u}}{\mathbf{u} \cdot \mathbf{u}}\mathbf{u}$.

composantes d'un vecteur x de $\mathbb{R}^n$: scalaires constituant le vecteur $\mathbf{x}$.

composantes de x dans la base $\mathcal{B} = (\mathbf{b}_1, \ldots, \mathbf{b}_n)$: coefficients $c_1, \ldots, c_n$ tels que $\mathbf{x} = c_1\mathbf{b}_1 + \cdots + c_n\mathbf{b}_n$.

composantes principales (de données rassemblées dans une matrice d'observation B) : vecteurs propres unitaires de la matrice de covariance empirique S de B, ordonnés de façon que les valeurs propres de S associées décroissent en valeur absolue. Si B est sous forme centrée, les composantes principales sont les valeurs singulières à droite de la décomposition en valeurs singulières de B^T.

composée d'applications linéaires : application obtenue en appliquant successivement plusieurs applications linéaires. S'il s'agit de transformations matricielles, c'est-à-dire d'une multiplication à gauche par une matrice B suivie d'une multiplication à gauche par une matrice A, alors la composée est l'application $\mathbf{x} \mapsto A(B\mathbf{x}) = (AB)\mathbf{x}$.

conditionnement (de A) : rapport σ_1/σ_n, où σ_1 est la plus grande valeur singulière de A et σ_n la plus petite. Le conditionnement est $+\infty$ si σ_n est nul.

contraction : *voir* homothétie.

convergente (suite de vecteurs) : suite de vecteurs $(\mathbf{x}_k)$ dont les composantes peuvent être rendues aussi proches que voulu des composantes d'un vecteur fixé, pourvu que k soit suffisamment grand.

convexe (ensemble) : partie S de $\mathbb{R}^n$ telle que pour tous points $\mathbf{p}$ et $\mathbf{q}$ de S, le segment $[\mathbf{pq}]$ soit inclus dans S.

coordonnées barycentriques (d'un point $\mathbf{p}$ par rapport à une famille affinement libre $S = (\mathbf{v}_1 \ldots, \mathbf{v}_k)$) : famille (unique) des coefficients $c_1, \ldots, c_k$ tels que $\mathbf{p} = c_1\mathbf{v}_1 + \cdots + c_k\mathbf{v}_k$ et $c_1 + \cdots + c_k = 1$. (Parfois appelées aussi **coordonnées affines** de $\mathbf{p}$ par rapport à S.)

coordonnées homogènes : dans $\mathbb{R}^3$, représentation du vecteur (x, y, z) sous la forme (X, Y, Z, H), où $H \neq 0$ est tel que $x = X/H$, $y = Y/H$ et $z = Z/H$. Dans $\mathbb{R}^2$, on prend en général $H = 1$ et les coordonnées homogènes (dites alors **normalisées**) de (x, y) sont de la forme $(x, y, 1)$.

courbe de Bézier quadratique : courbe que l'on peut décrire sous la forme $\mathbf{g}(t) = (1 - t)\mathbf{f}_0(t) + t\mathbf{f}_1(t)$ pour $0 \leq t \leq 1$, avec $\mathbf{f}_0(t) = (1 - t)\mathbf{p}_0 + t\mathbf{p}_1$ et $\mathbf{f}_1(t) = (1 - t)\mathbf{p}_1 + t\mathbf{p}_2$. Les points $\mathbf{p}_0, \mathbf{p}_1, \mathbf{p}_2$ sont appelés *points de contrôle* de la courbe.

covariance (de deux variables x_i et x_j, avec $i \neq j$) : coefficient s_{ij} de la matrice de covariance S définie à partir d'une matrice d'observation, x_i et x_j décrivant respectivement les i^e et j^e composantes des vecteurs d'observation.

cube : objet en trois dimensions délimité par six faces carrées, chaque sommet étant le point de rencontre de trois faces.

D

décomposition dans une base de vecteurs propres (de $\mathbf{x}$) : relation de la forme $\mathbf{x} = c_1\mathbf{v}_1 + \cdots + c_n\mathbf{v}_n$, exprimant $\mathbf{x}$ comme une combinaison linéaire de vecteurs propres d'une certaine matrice.

décomposition dans une base orthogonale : si W est un sous-espace vectoriel fixé de $\mathbb{R}^n$, écriture d'un vecteur $\mathbf{y}$ de $\mathbb{R}^n$ en somme de deux vecteurs, l'un dans W et l'autre dans $W^\perp$. Plus généralement, décomposition de la forme $\mathbf{y} = c_1\mathbf{u}_1 + \cdots + c_p\mathbf{u}_p$, où $(\mathbf{u}_1, \ldots, \mathbf{u}_p)$ est une base orthogonale d'un sous-espace contenant $\mathbf{y}$.

décomposition de Cholesky : factorisation du type $A = R^T R$, où R est une matrice triangulaire supérieure inversible à coefficients diagonaux strictement positifs.

décomposition en valeurs singulières (d'une matrice A de type $m \times n$) : décomposition de la forme $A = U\Sigma V^T$, où U est une matrice $m \times m$ orthogonale, V une matrice $n \times n$ orthogonale et Σ une matrice $m \times n$ dont les coefficients sont positifs (et rangés par ordre décroissant) sur la diagonale et nuls ailleurs. Si rang $A = r$, Σ possède exactement r coefficients strictement positifs sur la diagonale (ce sont les valeurs singulières non nulles de A).

décomposition en valeurs singulières réduite : factorisation de la forme $A = UDV^T$, où A est une matrice $m \times n$ de rang r, U une matrice $m \times r$ dont les colonnes sont orthonormées, D une matrice diagonale $r \times r$ dont les éléments diagonaux sont les r valeurs singulières non nulles de A, et V une matrice $n \times r$ dont les colonnes sont orthonormées.

décomposition polaire (de A) : factorisation de la forme $A = PQ$, où P est une matrice symétrique positive $n \times n$ de même rang que A et où Q est une matrice orthogonale $n \times n$.

décomposition spectrale (de A) : écriture de la forme

$$A = \lambda_1 \mathbf{u}_1 \mathbf{u}_1^T + \cdots + \lambda_n \mathbf{u}_n \mathbf{u}_n^T$$

où $(\mathbf{u}_1, \ldots, \mathbf{u}_n)$ est une base orthonormée de vecteurs propres de A, associés respectivement aux valeurs propres $\lambda_1, \ldots, \lambda_n$.

découplé (système) : récurrence linéaire $\mathbf{y}_{k+1} = A\mathbf{y}_k$ ou système différentiel $\mathbf{y}'(t) = A\mathbf{y}(t)$ tels que A soit une matrice diagonale. L'évolution discrète de chaque composante $\mathbf{y}_k$ (en tant que fonction de k) ou l'évolution continue de chaque composante de la fonction à valeurs vectorielles $\mathbf{y}(t)$ ne dépendent pas du comportement des autres composantes quand k ou t tend vers l'infini.

demande intermédiaire : demande de biens et de services utilisés dans le processus de production d'autres biens et services à destination des consommateurs. Si $\mathbf{x}$ représente le niveau de production et si C est la matrice de consommation, alors $C\mathbf{x}$ donne la liste des demandes intermédiaires.

description explicite (d'un sous-espace vectoriel W de $\mathbb{R}^n$) : représentation paramétrique de W comme ensemble des combinaisons linéaires de vecteurs fixés.

description implicite (d'un sous-espace vectoriel W de $\mathbb{R}^n$) : système d'une ou plusieurs équations linéaires homogènes caractérisant les points de W.

déterminant (d'une matrice carrée A) : scalaire det A défini par récurrence par développement selon la première ligne de A. Aussi égal à $(-1)^r$ fois le produit des éléments diagonaux de toute forme échelonnée U obtenue à partir de A après des remplacements de lignes et r échanges de lignes (à l'exclusion de la multiplication d'une ligne par un scalaire).

développement colonne-ligne : expression d'un produit matriciel AB comme somme de produits extérieurs : $\text{col}_1(A)\,\text{lgn}_1(B) + \cdots + \text{col}_n(A)\,\text{lgn}_n(B)$, n étant le nombre de colonnes de A.

développement suivant une rangée (ligne ou colonne) : formule exprimant le déterminant det A à l'aide des cofacteurs associés à une ligne ou à une colonne donnée. Le développement selon la ligne 1 est par exemple

$$\det A = a_{11}C_{11} + \cdots + a_{1n}C_{1n}$$

diagonale (**principale**) (d'une matrice) : liste des coefficients dont l'indice de ligne est égal à l'indice de colonne.

diagonale par blocs (matrice) : matrice par blocs $A = [A_{ij}]$ dont les blocs A_{ij}, tels que $i \neq j$, sont nuls.

diagonalisable (matrice) : matrice admettant une factorisation de la forme PDP^{-1}, où D est une matrice diagonale et P une matrice inversible.

diagonalisable en base orthonormée (ou **orthodiagonalisable**, matrice) : matrice A admettant une factorisation de la forme $A = PDP^{-1}$, où P est une matrice orthogonale ($P^{-1} = P^T$) et où D est diagonale.

dilatation : *voir* homothétie.

dimension :
- d'un sous-espace affine S : dimension du sous-espace vectoriel qui lui est parallèle.
- d'une partie S : dimension du plus petit sous-espace affine contenant S.
- d'un sous-espace vectoriel S : nombre de vecteurs d'une base de S, noté dim S.
- d'un espace vectoriel V : nombre de vecteurs d'une base de V, noté dim V. La dimension de l'espace nul est 0.

dimension finie (espace vectoriel de) : espace vectoriel engendré par un ensemble fini de vecteurs.

dimension infinie (espace vectoriel de) : espace vectoriel non nul n'admettant pas de bases finies.

distance à un sous-espace vectoriel : distance d'un point (vecteur) $\mathbf{v}$ donné au point du sous-espace le plus proche de $\mathbf{v}$.

distance entre u et v : longueur du vecteur $\mathbf{u} - \mathbf{v}$, notée dist $(\mathbf{u}, \mathbf{v})$.

distributivité : (à gauche) $A(B + C) = AB + AC$, (à droite) $(B + C)A = BA + CA$, quels que soient A, B, C.

droite de régression (ou **droite des moindres carrés**) : droite $y = \hat{\beta}_0 + \hat{\beta}_1 x$ minimisant l'écart quadratique dans l'équation $\mathbf{y} = X\boldsymbol{\beta} + \boldsymbol{\epsilon}$.

droite passant par p et parallèle à v : ensemble $\{\mathbf{p} + t\mathbf{v} : t \in \mathbb{R}\}$.

droite vectorielle : sous-espace vectoriel de dimension 1 (dans $\mathbb{R}^n$, c'est une droite passant par l'origine).

E

écart quadratique : distance $\|\mathbf{b} - A\hat{\mathbf{x}}\|$ de $\mathbf{b}$ à $A\hat{\mathbf{x}}$, où $\hat{\mathbf{x}}$ est une solution au sens des moindres carrés de $A\mathbf{x} = \mathbf{b}$. On appelle en particulier **écart quadratique moyen** l'écart entre une fonction et son approximation dans un espace préhilbertien dont le produit scalaire est défini par une intégrale.

élimination de Gauss : *voir* algorithme du pivot (de Gauss).

endomorphisme (d'un espace vectoriel V) : application linéaire de V dans V.

ensemble des solutions : ensemble de toutes les solutions d'un système. Si le système est incompatible, cet ensemble est vide.

enveloppe convexe (d'un ensemble S) : ensemble des combinaisons convexes des points de S, noté conv S.

équation (ou **système**) **homogène** (ou **sans second membre**) : équation de la forme $A\mathbf{x} = \mathbf{0}$, que l'on peut aussi écrire sous forme d'équation vectorielle ou de système d'équations linéaires.

équation (ou **système**) **linéaire non homogène** (ou **avec second membre**) : équation de la forme $A\mathbf{x} = \mathbf{b}$ avec $\mathbf{b} \neq \mathbf{0}$, que l'on peut aussi écrire sous forme d'équation vectorielle ou de système d'équations linéaires.

équation caractéristique (d'une relation de récurrence linéaire) : équation polynomiale en r, déduite des coefficients d'une relation de récurrence linéaire homogène.

équation caractéristique (de A) : $\det(A - \lambda I) = 0$.

équation linéaire (d'inconnues $x_1, \ldots, x_n$) : équation que l'on peut mettre sous la forme $a_1 x_1 + a_2 x_2 + \cdots + a_n x_n = b$, où b et les coefficients $a_1, \ldots, a_n$ sont des nombres réels ou complexes.

équation matricielle : équation dans laquelle intervient au moins une matrice, comme $A\mathbf{x} = \mathbf{b}$.

équation vectorielle : équation portant sur une combinaison linéaire de vecteurs, dont les inconnues sont les coefficients de la combinaison linéaire.

équations normales : système d'équations représenté par $A^T A \mathbf{x} = A^T \mathbf{b}$, dont les solutions constituent une solution au sens des moindres carrés de l'équation $A\mathbf{x} = \mathbf{b}$. Système habituellement noté $X^T X \boldsymbol{\beta} = X^T \mathbf{y}$ en statistiques.

équivalentes selon les lignes (matrices) : matrices telles qu'il existe une suite (finie) d'opérations élémentaires sur les lignes transformant l'une en l'autre.

erreur d'arrondi : erreur qui apparaît dans les opérations en virgule flottante quand le résultat d'un calcul est arrondi (ou tronqué) au nombre de décimales stockées. Désigne également l'erreur quand la représentation décimale d'un nombre comme $1/3$ est approchée par un réel admettant un nombre fini de chiffres décimaux.

erreur relative (sur $\mathbf{b}$) : quotient $\|\Delta\mathbf{b}\|/\|\mathbf{b}\|$ quand on change $\mathbf{b}$ en $\mathbf{b} + \Delta\mathbf{b}$.

espace d'arrivée (d'une application linéaire $T : \mathbb{R}^n \to \mathbb{R}^m$) : ici, c'est l'espace $\mathbb{R}^m$ contenant l'image de T. De façon générale, si T est une application d'un espace vectoriel V dans un espace vectoriel W, W est appelé espace d'arrivée de T.

espace de départ ou **domaine de définition** (d'une application linéaire T) : ensemble de vecteurs $\mathbf{x}$ pour lesquels $T(\mathbf{x})$ a un sens.

espace euclidien : *voir* espace préhilbertien.

espace préhilbertien : espace vectoriel muni d'un produit scalaire. Est dit **euclidien** s'il est en outre de dimension finie.

espace vectoriel : ensemble constitué d'objets appelés vecteurs, muni de deux opérations, l'addition de vecteurs et la multiplication d'un vecteur par un scalaire, vérifiant un ensemble de dix axiomes. Voir la première définition de la section 4.1.

extrémal : *voir* point extrémal.

F

factorisation (ou **décomposition**, d'une matrice A) : relation exprimant A comme produit de deux matrices ou plus.

factorisation de Schur (réelle, de A) : factorisation du type $A = URU^T$, où A est une matrice $n \times n$ admettant n valeurs propres réelles, U une matrice orthogonale $n \times n$ et R une matrice triangulaire supérieure.

factorisation (ou **décomposition**) **LU** : écriture d'une matrice A sous la forme $A = LU$, où L est une matrice triangulaire inférieure avec des 1 sur la diagonale (matrice triangulaire inférieure unipotente) et U une forme échelonnée de A.

factorisation LU permutée : représentation d'une matrice A sous la forme $A = LU$, où L est une matrice carrée pouvant être transformée par permutation de ses lignes en une matrice triangulaire inférieure unipotente, et où U est une forme échelonnée de A.

factorisation QR : factorisation d'une matrice A de type $m \times n$ dont les colonnes sont linéairement indépendantes, de la forme $A = QR$, où Q est une matrice $m \times n$ dont les colonnes forment une base orthonormée de $\operatorname{Im} A$ et où R est une matrice triangulaire supérieure inversible $n \times n$ à coefficients diagonaux strictement positifs.

famille affinement libre : famille de points affinement indépendants.

famille affinement liée : famille de points affinement dépendants.

famille génératrice (d'un sous-espace vectoriel H) : famille $(\mathbf{v}_1, \ldots, \mathbf{v}_p)$ de vecteurs de H telle que $H = \operatorname{Vect}\{\mathbf{v}_1, \ldots, \mathbf{v}_p\}$.

famille génératrice minimale (d'un sous-espace vectoriel H) : famille $\mathcal{B}$ engendrant H telle que si on lui enlève un élément, on obtient une famille qui n'engendre plus H.

famille libre : famille de vecteurs linéairement indépendants.

famille libre maximale (de V) : famille libre $\mathcal{B}$ de vecteurs de V telle que si on lui ajoute un vecteur $\mathbf{v}$ de V (n'appartenant pas à $\mathcal{B}$), on obtient à chaque fois une famille liée.

famille liée : famille de vecteurs linéairement dépendants.

famille orthogonale : famille S de vecteurs tels que $\mathbf{u} \cdot \mathbf{v} = 0$ pour tout couple $(\mathbf{u}, \mathbf{v})$ de vecteurs de S distincts.

famille orthonormée (ou **orthonormale**) : famille orthogonale de vecteurs unitaires.

fermé (ou **partie fermée**) **de $\mathbb{R}^n$** : ensemble contenant tous ses points frontières.

filtre linéaire : relation de récurrence linéaire utilisée pour transformer des signaux discrets.

flop : opération arithmétique élémentaire $(+, -, *, /)$ sur deux réels représentés en virgule flottante.

fonctions propres (d'un système différentiel $\mathbf{x}'(t) = A\mathbf{x}(t)$) : fonctions $\mathbf{x}(t) = \mathbf{v}e^{\lambda t}$, où $\mathbf{v}$ est un vecteur propre de A et λ la valeur propre associée.

forme centrée (d'un vecteur) : vecteur dont la somme des composantes est nulle.

forme centrée (d'une matrice d'observation) : matrice dont la somme des termes de chaque ligne est nulle.

forme échelonnée (ou **forme échelonnée en ligne**, d'une matrice) : matrice échelonnée équivalente selon les lignes à cette matrice.

forme échelonnée réduite (ou **forme échelonnée en ligne réduite**) : matrice échelonnée réduite équivalente selon les lignes à une matrice donnée.

forme linéaire (sur $\mathbb{R}^n$) : application linéaire f de $\mathbb{R}^n$ dans $\mathbb{R}$.

forme quadratique : application Q définie pour un vecteur $\mathbf{x}$ de $\mathbb{R}^n$ par $Q(\mathbf{x}) = \mathbf{x}^T A \mathbf{x}$, où A est une matrice symétrique $n \times n$ (appelée **matrice de la forme quadratique**).

forme quadratique définie négative : forme quadratique Q telle que $Q(\mathbf{x}) < 0$ pour tout $\mathbf{x} \neq \mathbf{0}$.

forme quadratique définie positive : forme quadratique Q telle que $Q(\mathbf{x}) > 0$ pour tout $\mathbf{x} \neq \mathbf{0}$.

forme quadratique négative : forme quadratique Q telle que $Q(\mathbf{x}) \leq 0$ pour tout $\mathbf{x}$.

forme quadratique non définie : forme quadratique Q telle que $Q(\mathbf{x})$ puisse prendre aussi bien des valeurs strictement positives que des valeurs strictement négatives.

forme quadratique positive : forme quadratique Q telle que $Q(\mathbf{x}) \geq 0$ pour tout $\mathbf{x} \neq \mathbf{0}$.

formules de Cramer : formules donnant chaque composante de la solution $\mathbf{x}$ d'une équation $A\mathbf{x} = \mathbf{b}$ dans le cas où A est une matrice inversible.

H

homothétie : application du type $\mathbf{x} \mapsto r\mathbf{x}$, r étant un scalaire. On parle parfois de **contraction** si $0 \leq r \leq 1$ et de **dilatation** si $r > 1$.

hyperplan (de $\mathbb{R}^n$) : sous-espace affine de $\mathbb{R}^n$ de dimension $n - 1$. Désigne aussi le translaté d'un sous-espace vectoriel de dimension $n - 1$.

hyperplan d'appui (d'un compact convexe S de $\mathbb{R}^n$) : hyperplan $H = [f : d]$ tel que, d'une part, $H \cap S \neq \varnothing$ et, d'autre part, on ait soit $f(\mathbf{x}) \leq d$ pour tout $\mathbf{x}$ de S, soit $f(\mathbf{x}) \geq d$ pour tout $\mathbf{x}$ de S.

I

Im x : vecteur de $\mathbb{R}^n$ formé des parties imaginaires des composantes d'un vecteur $\mathbf{x}$ de $\mathbb{C}^n$.

image (d'un vecteur $\mathbf{x}$ par une application linéaire T) : vecteur $T(\mathbf{x})$, transformé de $\mathbf{x}$ par T.

image (d'une application linéaire T) : ensemble des vecteurs de la forme $T(\mathbf{x})$, où $\mathbf{x}$ décrit l'espace de départ de T.

image (d'une matrice A de type $m \times n$) : espace $\operatorname{Im} A$ des combinaisons linéaires des colonnes de A. Si l'on écrit $A = [\mathbf{a}_1 \cdots \mathbf{a}_n]$, alors $\operatorname{Im} A = \operatorname{Vect}\{\mathbf{a}_1, \ldots, \mathbf{a}_n\}$. De façon équivalente,

$$\operatorname{Im} A = \{\mathbf{y} : \mathbf{y} = A\mathbf{x} \text{ pour un certain } \mathbf{x} \text{ de } \mathbb{R}^n\}$$

inconnues principales : inconnues correspondant, dans un système linéaire, à une colonne pivot.

inconnues secondaires : inconnues non principales d'un système linéaire.

inégalité de Cauchy-Schwarz : $|\langle \mathbf{u}, \mathbf{v} \rangle| \leq \|\mathbf{u}\| \cdot \|\mathbf{v}\|$ quels que soient les vecteurs $\mathbf{u}$ et $\mathbf{v}$.

inégalité triangulaire : $\|\mathbf{u} + \mathbf{v}\| \leq \|\mathbf{u}\| + \|\mathbf{v}\|$ pour tous les vecteurs $\mathbf{u}$ et $\mathbf{v}$.

injective (application) : application $T : \mathbb{R}^n \to \mathbb{R}^m$ telle que tout vecteur de $\mathbb{R}^m$ soit l'image *d'au plus* un vecteur de $\mathbb{R}^n$.

intensité d'une maille : intensité circulant dans une maille ; la somme algébrique des différences de potentiel RI le long de la maille est égale à la somme algébrique des tensions aux bornes des générateurs de cette maille.

inverse (d'une matrice A de type $n \times n$) : matrice $n \times n$ notée A^{-1} telle que $AA^{-1} = A^{-1}A = I_n$.

inverse à droite (de A) : matrice rectangulaire C telle que $AC = I$.

inverse à gauche (de A) : matrice rectangulaire C telle que $CA = I$.

isomorphes (espaces vectoriels) : espaces vectoriels V et W pour lesquels il existe une application linéaire bijective T (un isomorphisme) de V sur W.

isomorphisme : bijection linéaire entre deux espaces vectoriels.

K

Kirchhoff (lois de) : (1) (**Loi des mailles**) La somme algébrique des différences de potentiel RI le long d'une maille orientée est égale à la somme algébrique des tensions aux bornes des générateurs de cette maille. (2) (**Loi des nœuds**) L'intensité parcourant un conducteur est égale à la somme algébrique des intensités de chacune des mailles auxquelles appartient le conducteur.

L

Lgn A : espace vectoriel engendré par les lignes de A ; aussi égal à $\operatorname{Im} A^T$.

ligne de niveau (d'une forme linéaire f sur $\mathbb{R}^n$) : ensemble $[f : d] = \{\mathbf{x} \in \mathbb{R}^n : f(\mathbf{x}) = d\}$.

linéairement dépendants (vecteurs) : vecteurs $\mathbf{v}_1, \ldots, \mathbf{v}_p$ tels qu'il existe des scalaires $c_1, \ldots, c_p$ non tous nuls vérifiant $c_1 \mathbf{v}_1 + \cdots + c_p \mathbf{v}_p = \mathbf{0}$. Cela revient à dire que l'équation $c_1 \mathbf{v}_1 + c_2 \mathbf{v}_2 + \cdots + c_p \mathbf{v}_p = \mathbf{0}$ aux inconnues c_i admet une solution non triviale.

linéairement indépendants (vecteurs) : vecteurs $\mathbf{v}_1, \ldots, \mathbf{v}_p$ tels que l'équation $c_1 \mathbf{v}_1 + c_2 \mathbf{v}_2 + \cdots + c_p \mathbf{v}_p = \mathbf{0}$ d'inconnues c_i admette la seule solution triviale $c_1 = \cdots = c_p = 0$.

longueur (ou **norme**, de $\mathbf{v}$) : le réel $\|\mathbf{v}\| = \sqrt{\mathbf{v} \cdot \mathbf{v}} = \sqrt{\langle \mathbf{v}, \mathbf{v} \rangle}$.

M

mal conditionnée (matrice) : matrice dont le conditionnement est élevé (voire infini) ; matrice singulière ou que même une légère modification d'un des coefficients peut rendre singulière.

matrice : tableau rectangulaire de nombres.

matrice adjointe (de A) : transposée de la matrice des cofacteurs de A.

matrice bande : matrice dont les coefficients non nuls se répartissent dans une bande autour de la diagonale principale.

matrice bidiagonale : matrice dont les coefficients non nuls sont sur la diagonale principale ou sur l'une des deux diagonales adjacentes à celle-ci.

matrice canoniquement associée à une application linéaire T de $\mathbb{R}^n$ dans $\mathbb{R}^m$: matrice A telle que pour tout vecteur $\mathbf{x}$ de $\mathbb{R}^n$, $T(\mathbf{x}) = A\mathbf{x}$.

matrice compagnon : type particulier de matrice calculé à partir d'un polynôme donné de terme dominant λ^n, et dont le polynôme caractéristique est $(-1)^n p(\lambda)$.

matrice complète (ou **augmentée**) : matrice constituée de la matrice des coefficients d'un système linéaire et d'une ou plusieurs colonnes qu'on ajoute à droite. Ces colonnes supplémentaires contiennent les constantes du second membre du système ayant pour matrice des coefficients la matrice initiale.

matrice d'entrée-sortie : *voir* matrice de consommation.

matrice d'observation : matrice $p \times N$ dont les colonnes sont des vecteurs d'observation donnant la liste de p mesures effectuées sur des individus ou des objets d'une population ou d'un ensemble donnés.

matrice d'un endomorphisme T dans une base $\mathcal{B}$: matrice $[T]_\mathcal{B}$ telle que pour tout $\mathbf{x}$ dans V, $[T(\mathbf{x})]_\mathcal{B} = [T]_\mathcal{B}[\mathbf{x}]_\mathcal{B}$.

matrice d'un modèle linéaire : dans le modèle linéaire $\mathbf{y} = X\boldsymbol{\beta} + \boldsymbol{\epsilon}$, matrice X dont les colonnes sont définies d'une certaine façon à partir des valeurs observées de variables indépendantes.

matrice d'un système linéaire : matrice formée des coefficients du système.

matrice de T dans des bases $\mathcal{B}$ et $\mathcal{C}$: matrice M d'une application linéaire $T : V \to W$ telle que $[T(\mathbf{x})]_\mathcal{C} = M[\mathbf{x}]_\mathcal{B}$ pour tout $\mathbf{x}$ de V, $\mathcal{B}$ étant une base de V et $\mathcal{C}$ une base de W. Si $W = V$ et $\mathcal{C} = \mathcal{B}$, on dit que M est la matrice de T dans la base $\mathcal{B}$ et on la note $[T]_\mathcal{B}$.

matrice de changement de base (d'une base $\mathcal{B}$ à une base $\mathcal{C}$) : matrice $\underset{\mathcal{C} \leftarrow \mathcal{B}}{P}$ qui transforme les colonnes de composantes dans la base $\mathcal{B}$ en colonnes de composantes dans la base $\mathcal{C}$: $[\mathbf{x}]_\mathcal{C} = \underset{\mathcal{C} \leftarrow \mathcal{B}}{P}[\mathbf{x}]_\mathcal{B}$. Si $\mathcal{C}$ est la base canonique de $\mathbb{R}^n$, on note parfois $P_\mathcal{B}$ la matrice $\underset{\mathcal{C} \leftarrow \mathcal{B}}{P}$.

matrice de consommation : matrice du modèle d'entrée-sortie de Leontief dont les colonnes sont les vecteurs de consommation unitaire des différents secteurs d'une économie.

matrice de covariance (**empirique**) : matrice S de type $p \times p$ définie par $S = (N - 1)^{-1} BB^T$, B étant la matrice d'observation $p \times N$ mise sous forme centrée.

matrice de Gram (de A) : matrice $A^T A$.

matrice de migration : matrice donnant en pourcentage les mouvements de population entre deux endroits au cours d'une période d'une certaine durée.

matrice de passage : *voir* matrice de changement de base.

matrice de projection orthogonale : matrice symétrique B telle que $B^2 = B$. Un exemple simple est $B = \mathbf{v}\mathbf{v}^T$, où $\mathbf{v}$ est un vecteur unitaire.

matrice de rigidité : inverse de la matrice de souplesse. La j^e colonne d'une matrice de rigidité donne la force qu'il faut appliquer en des points donnés d'une poutre élastique pour obtenir une flèche d'une unité au j^e point de la poutre.

matrice de souplesse : matrice dont la j^e colonne donne la flèche d'une poutre élastique en des points donnés quand on applique une force d'une unité au j^e point de la poutre.

matrice de transfert : matrice A associée à un circuit électrique muni de bornes d'entrée et de sortie, telle que le vecteur de sortie soit égal au produit de A par le vecteur d'entrée.

matrice diagonale : matrice carrée dont les coefficients non diagonaux sont nuls.

matrice échelonnée (ou **matrice échelonnée en ligne**) : matrice rectangulaire vérifiant trois propriétés : (1) les lignes non nulles sont situées au-dessus des lignes nulles ; (2) chaque coefficient principal d'une ligne est dans une colonne située à droite du coefficient principal de la ligne précédente ; (3) les coefficients situés dans une colonne au-dessous d'un coefficient principal sont nuls.

matrice échelonnée réduite : matrice rectangulaire échelonnée vérifiant les propriétés supplémentaires suivantes : les coefficients principaux des lignes non nulles sont égaux à 1 et chacun de ces 1 est le seul élément non nul de sa colonne.

matrice élémentaire : matrice inversible résultant de l'application d'une opération élémentaire sur les lignes de la matrice unité.

matrice inversible : matrice carrée possédant une inverse.

matrice $m \times n$ (ou **de type $m \times n$**) : matrice à m lignes et n colonnes.

matrice par blocs : matrice dont les éléments sont eux-mêmes des matrices de taille appropriée.

matrice stochastique : matrice dont les colonnes sont des vecteurs de probabilité.

matrice stochastique régulière : matrice stochastique P dont au moins une puissance P^k n'a que des coefficients strictement positifs.

matrice symétrique : matrice A telle que $A^T = A$.

matrice symétrique définie négative : matrice symétrique A telle que $\mathbf{x}^T A \mathbf{x} < 0$ pour tout $\mathbf{x} \neq \mathbf{0}$.

matrice symétrique définie positive : matrice symétrique A telle que $\mathbf{x}^T A \mathbf{x} > 0$ pour tout $\mathbf{x} \neq \mathbf{0}$.

matrice symétrique négative : matrice symétrique A telle que $\mathbf{x}^T A \mathbf{x} \leq 0$ pour tout $\mathbf{x}$.

matrice symétrique non définie : matrice symétrique A telle que $\mathbf{x}^T A \mathbf{x}$ puisse prendre aussi bien des valeurs strictement positives que des valeurs strictement négatives.

matrice symétrique positive : matrice symétrique A telle que $\mathbf{x}^T A \mathbf{x} \geq 0$ pour tout $\mathbf{x}$.

matrice triangulaire : matrice A dont soit tous les coefficients au-dessus de la diagonale sont nuls, soit tous les coefficients au-dessous de la diagonale sont nuls.

matrice triangulaire inférieure : matrice dont les termes situés au-dessus de la diagonale principale sont nuls.

matrice triangulaire inférieure permutée : matrice pouvant être transformée en une matrice triangulaire inférieure par permutation de ses lignes.

matrice triangulaire inférieure unipotente : matrice carrée triangulaire inférieure dont la diagonale est uniquement composée de 1.

matrice triangulaire supérieure : matrice U (non nécessairement carrée) dont les coefficients situés au-dessous de la diagonale principale sont nuls.

matrice triangulaire supérieure par blocs : matrice par blocs $A = [A_{ij}]$ dont les blocs A_{ij}, tels que $i > j$, sont nuls.

matrice unité (notée I ou I_n) : matrice carrée constituée de 1 sur la diagonale et de 0 ailleurs.

matrices conformes pour la multiplication par blocs : matrices par blocs A et B telles que le produit AB ait un sens ; le nombre de colonnes du découpage de A doit correspondre au nombre de lignes du découpage de B.

matrices qui commutent : matrices A et B telles que $AB = BA$.

matrices semblables : matrices A et B pour lesquelles il existe une matrice inversible P telle que $P^{-1}AP = B$, ou, de façon équivalente, $A = PBP^{-1}$.

meilleure approximation : point d'un sous-espace vectoriel donné le plus proche d'un vecteur donné.

même direction (qu'un vecteur $\mathbf{v}$) : vecteur colinéaire et de même sens (avec un coefficient de colinéarité positif) que $\mathbf{v}$.

méthode de la puissance inverse : algorithme d'estimation d'une valeur propre λ d'une matrice carrée dans le cas où l'on dispose d'une estimation initiale assez précise de λ.

méthode de la puissance itérée : algorithme d'estimation d'une valeur propre strictement dominante d'une matrice carrée.

méthode des moindres carrés : étant donné une matrice A de type $m \times n$ et un vecteur $\mathbf{b}$ de $\mathbb{R}^m$, méthode consistant à trouver un vecteur $\hat{\mathbf{x}}$ de $\mathbb{R}^n$ tel que $\|\mathbf{b} - A\hat{\mathbf{x}}\| \leq \|\mathbf{b} - A\mathbf{x}\|$ pour tout $\mathbf{x}$ dans $\mathbb{R}^n$.

méthode des moindre carrés pondérés : méthode des moindres carrés associée à un produit scalaire pondéré du type

$$\langle \mathbf{x}, \mathbf{y} \rangle = w_1^2 x_1 y_1 + \cdots + w_n^2 x_n y_n$$

méthode du pivot : *voir* algorithme du pivot (de Gauss).

modèle d'échanges de Leontief : modèle économique dans lequel les entrées et les sorties sont fixées et où l'on recherche pour chaque secteur un ensemble de prix de ses sorties (productions) de façon que ses revenus soient exactement égaux à ses dépenses. Cette condition d'équilibre se traduit par un système d'équations linéaires dont les inconnues sont les prix.

modèle d'entrée-sortie (ou **équation de production**) de Leontief : équation $\mathbf{x} = C\mathbf{x} + \mathbf{d}$, où $\mathbf{x}$ est la production, $\mathbf{d}$ la demande finale et C la matrice de consommation (ou d'entrée-sortie). La j^e colonne de C donne la liste des entrées consommées par unité produite par le secteur j.

modèle linéaire (en statistiques) : équation de la forme $\mathbf{y} = X\boldsymbol{\beta} + \boldsymbol{\epsilon}$, où X et $\mathbf{y}$ sont connus et où il faut choisir $\boldsymbol{\beta}$ de façon à minimiser la longueur du vecteur résidu $\boldsymbol{\epsilon}$.

Moore-Penrose : *voir* pseudo-inverse.

moyenne empirique : valeur moyenne M d'un ensemble de vecteurs $X_1, \ldots, X_N$, définie par $M = (1/N)(X_1 + \cdots + X_N)$.

multiplicité algébrique : multiplicité d'une valeur propre en tant que racine du polynôme caractéristique.

N

non nul(le) (matrice ou vecteur) : matrice (éventuellement réduite à une ligne ou une colonne) contenant au moins un coefficient non nul.

non singulière (matrice) : matrice inversible.

norme (ou **longueur**) de $\mathbf{v}$: scalaire $\|\mathbf{v}\| = \sqrt{\mathbf{v} \cdot \mathbf{v}} = \sqrt{\langle \mathbf{v}, \mathbf{v} \rangle}$.

normer (un vecteur non nul $\mathbf{v}$) : déterminer un vecteur unitaire $\mathbf{u}$ colinéaire à $\mathbf{v}$.

noyau (d'une application linéaire $T : V \to W$) : ensemble des vecteurs $\mathbf{x}$ de V tels que $T(\mathbf{x}) = \mathbf{0}$.

noyau (d'une matrice A de type $m \times n$) : ensemble Ker A des solutions de l'équation homogène $A\mathbf{x} = \mathbf{0}$. Autrement dit, Ker $A = \{\mathbf{x} \in \mathbb{R}^n : A\mathbf{x} = \mathbf{0}\}$.

O

opération élémentaire sur les lignes : (1) remplacement d'une ligne par la somme de cette ligne et d'un multiple d'une autre ligne, (2) échange de deux lignes, (3) multiplication de toutes les composantes d'une ligne par une constante non nulle.

optimisation sous contraintes : maximisation d'une quantité du type $\mathbf{x}^T A \mathbf{x}$ ou $\|A\mathbf{x}\|$ quand $\mathbf{x}$ est astreint à une ou plusieurs contraintes telles que $\mathbf{x}^T \mathbf{x} = 1$ ou $\mathbf{x}^T \mathbf{v} = 0$.

origine : vecteur nul.

orthodiagonalisable : *voir* diagonalisable en base orthonormée.

orthogonal à W (ou **orthogonal de W**, ou **supplément, complément orthogonal de W**) : ensemble $W^{\perp}$ des vecteurs $\mathbf{z}$ orthogonaux à W.

orthogonale (matrice) : matrice carrée inversible U telle que $U^{-1} = U^T$.

ouvert (ou **partie ouverte**) de $\mathbb{R}^n$: partie ne contenant aucun de ses points frontières ou, de façon équivalente, partie dont tous les points lui sont intérieurs.

P

$\mathbb{P}_n$: espace vectoriel des polynômes de degré inférieur ou égal à n.

partie (ou **sous-ensemble**) **strict(e)** d'un ensemble S : partie de S distincte de S lui-même.

partie bornée (de $\mathbb{R}^n$) : partie de $\mathbb{R}^n$ contenue dans $B(\mathbf{0}, \delta)$ pour un certain $\delta > 0$.

partie triangulaire inférieure (de A) : matrice triangulaire inférieure dont les coefficients diagonaux ainsi que ceux situés au-dessous de la diagonale sont égaux à ceux de A.

phase de descente (de l'algorithme du pivot) : première partie de l'algorithme aboutissant à une matrice échelonnée.

phase de remontée (de l'algorithme du pivot) : dernière partie de l'algorithme transformant une forme échelonnée en forme échelonnée réduite.

pivot : nombre non nul en position de pivot, que l'on peut soit utiliser directement pour faire apparaître des 0 au moyen d'opérations sur les lignes, soit transformer en un coefficient principal égal à 1, lui-même utilisé pour obtenir des 0.

pivot (méthode ou algorithme du) : *voir* algorithme du pivot (de Gauss).

plan vectoriel : sous-espace vectoriel de dimension 2 (dans $\mathbb{R}^n$, c'est un plan passant par l'origine).

point attractif : *voir* attracteur.

point extrémal (d'un convexe S) : point $\mathbf{p}$ de S qui n'est intérieur à aucun segment inclus dans S (c'est-à-dire que si $\mathbf{x}$ et $\mathbf{y}$ sont des points de S tels que $\mathbf{p}$ appartienne au segment $[\mathbf{xy}]$, alors $\mathbf{p} = \mathbf{x}$ ou $\mathbf{p} = \mathbf{y}$).

point frontière (d'une partie S de $\mathbb{R}^n$) : point $\mathbf{p}$ tel que toute boule ouverte de $\mathbb{R}^n$ de centre $\mathbf{p}$ rencontre à la fois S et le complémentaire de S.

point intérieur (à une partie S de $\mathbb{R}^n$) : point $\mathbf{p}$ de S tel qu'il existe $\delta > 0$ pour lequel la boule ouverte $B(\mathbf{p}, \delta)$ de centre $\mathbf{p}$ est incluse dans S.

point répulsif (ou **source**, d'un système dynamique dans $\mathbb{R}^2$) : l'origine dans le cas où les trajectoires autres que la fonction ou la suite nulles s'écartent de $\mathbf{0}$.

point selle (ou **col**, d'un système dynamique de $\mathbb{R}^2$) : l'origine dans le cas où certaines trajectoires sont attirées par $\mathbf{0}$ tandis que d'autres sont repoussées par $\mathbf{0}$.

point spirale (d'un système dynamique de $\mathbb{R}^2$) : l'origine dans le cas où les trajectoires s'enroulent en spirale autour de $\mathbf{0}$.

points affinement dépendants : points $\mathbf{v}_1, \ldots, \mathbf{v}_p$ de $\mathbb{R}^n$ tels qu'il existe des réels $c_1, \ldots, c_p$, non tous nuls, vérifiant

$$c_1 + \cdots + c_p = 0 \quad \text{et} \quad c_1\mathbf{v}_1 + \cdots + c_p\mathbf{v}_p = \mathbf{0}$$

points affinement indépendants : points de $\mathbb{R}^n$ qui ne sont pas affinement dépendants.

polyèdre : polytope de $\mathbb{R}^3$.

polygone : polytope de $\mathbb{R}^2$.

polynôme caractéristique (de A) : $\det(A - \lambda I)$ ou, pour certains auteurs, $\det(\lambda I - A)$.

polynôme d'interpolation : polynôme dont le graphe passe par chacun des éléments d'un ensemble fixé de points de $\mathbb{R}^2$.

polynôme trigonométrique : combinaison linéaire de fonctions du type $\cos nt$ (comprenant en particulier la constante 1 pour $n = 0$) et $\sin nt$.

polytope : enveloppe convexe d'un ensemble fini de points de $\mathbb{R}^n$ (cas particulier de convexe compact).

position de pivot : position dans une matrice A correspondant à un coefficient principal d'une forme échelonnée de A.

prix d'équilibre : ensemble de prix fixés pour les sorties (productions) des divers secteurs d'une économie de façon que les revenus de chaque secteur compensent exactement ses dépenses.

problème d'existence de solutions : problème consistant à se poser la question « Existe-t-il au moins une solution à un système ? » Autrement dit, « Le système est-il compatible ? » Peut aussi signifier « Existe-t-il une solution au système $A\mathbf{x} = \mathbf{b}$ *quelle que soit* la valeur de $\mathbf{b}$? »

problème d'unicité de la solution : problème consistant à se poser la question « S'il existe une solution, est-elle unique ? » Autrement dit, « Y en a-t-il une seule ? »

procédé de Gram-Schmidt : algorithme permettant de déterminer une base orthogonale ou une base orthonormée d'un sous-espace vectoriel engendré par des vecteurs donnés.

produit $A\mathbf{x}$: combinaison linéaire des colonnes de A dont les coefficients sont les composantes de $\mathbf{x}$.

produit extérieur : produit matriciel de la forme $\mathbf{uv}^T$, où $\mathbf{u}$ et $\mathbf{v}$ sont des vecteurs de $\mathbb{R}^n$ vus comme des matrices $n \times 1$.

produit matriciel par blocs : produit de matrices par blocs obtenu en multipliant les lignes par les colonnes comme si les blocs étaient des scalaires.

produit scalaire : scalaire $\mathbf{u}^T\mathbf{v}$, noté en général $\mathbf{u} \cdot \mathbf{v}$, où $\mathbf{u}$ et $\mathbf{v}$ sont des vecteurs de $\mathbb{R}^n$ considérés comme des matrices $n \times 1$. Désigne de façon plus générale une application vérifiant certains axiomes et associant à tout couple de vecteurs $\mathbf{u}$ et $\mathbf{v}$ un réel $\langle \mathbf{u}, \mathbf{v} \rangle$ (voir section 6.7).

projeté orthogonal de y sur W : unique vecteur $\hat{\mathbf{y}}$ de W tel que $\mathbf{y} - \hat{\mathbf{y}}$ soit orthogonal à W. Notation : $\hat{\mathbf{y}} = \text{proj}_W \mathbf{y}$.

projeté orthogonal de y sur u (ou sur la droite vectorielle engendrée par $\mathbf{u}$, pour $\mathbf{u} \neq \mathbf{0}$) : vecteur $\hat{\mathbf{y}}$ défini par $\hat{\mathbf{y}} = \dfrac{\mathbf{y} \cdot \mathbf{u}}{\mathbf{u} \cdot \mathbf{u}}\mathbf{u}$.

pseudo-inverse (ou **inverse de Moore-Penrose**, de A) : matrice $VD^{-1}U^T$, où UDV^T est la décomposition en valeurs singulières réduite de A.

pseudo-solution : *voir* solution au sens des moindres carrés.

Q

quotient de Rayleigh : $R(\mathbf{x}) = (\mathbf{x}^T A \mathbf{x})/(\mathbf{x}^T \mathbf{x})$. Constitue une estimation d'une valeur propre de A (surtout quand A est une matrice symétrique).

R

rang (d'une matrice A) : dimension de l'image de A, notée rang A.

rang maximal (matrice de) : matrice $m \times n$ dont le rang est égal au plus petit des deux entiers m et n.

Re x : vecteur de $\mathbb{R}^n$ constitué des parties réelles des composantes d'un vecteur $\mathbf{x}$ de $\mathbb{C}^n$.

réflexion de Householder : application $\mathbf{x} \mapsto Q\mathbf{x}$, où Q est une matrice de la forme $I - 2\mathbf{u}\mathbf{u}^T$, $\mathbf{u}$ étant un vecteur unitaire ($\mathbf{u}^T\mathbf{u} = 1$).

règle du parallélogramme pour l'addition : interprétation géométrique de la somme de deux vecteurs $\mathbf{u}$ et $\mathbf{v}$ comme la diagonale du parallélogramme défini par $\mathbf{u}$, $\mathbf{v}$ et $\mathbf{0}$.

règle ligne-colonne : règle de calcul d'un produit AB selon laquelle le coefficient (i, j) de AB est la somme des produits des composantes de même indice de la ligne i de A et de la colonne j de B.

règle ligne-vecteur de calcul de $A\mathbf{x}$: règle de calcul du produit d'une matrice A par un vecteur $\mathbf{x}$ selon laquelle la i^e composante du vecteur $A\mathbf{x}$ est la somme des produits des composantes de même rang de la ligne i de A et de $\mathbf{x}$.

régression (droite de) : *voir* droite de régression.

régression multiple : modèle linéaire dans le cas de plusieurs variables indépendantes et d'une variable dépendante.

relation de dépendance affine : relation de la forme $c_1\mathbf{v}_1 + \cdots + c_p\mathbf{v}_p = \mathbf{0}$, où $c_1, \ldots, c_p$ ne sont pas tous nuls et où $c_1 + \cdots + c_p = 0$.

relation de dépendance linéaire : combinaison linéaire nulle entre vecteurs, dont au moins un coefficient est non nul.

relation de récurrence linéaire : relation de la forme $\mathbf{x}_{k+1} = A\mathbf{x}_k$ $(k = 0, 1, 2, \ldots)$ dont la solution est une suite de vecteurs $\mathbf{x}_0, \mathbf{x}_1, \ldots$.

remplacement de ligne : opération élémentaire sur les lignes consistant à ajouter à une ligne un multiple d'une autre ligne.

représentation paramétrique vectorielle d'un plan : relation de la forme $\mathbf{x} = \mathbf{p} + s\mathbf{u} + t\mathbf{v}$ (s, t dans $\mathbb{R}$), où $\mathbf{u}$ et $\mathbf{v}$ sont des vecteurs linéairement indépendants.

représentation paramétrique vectorielle d'une droite : relation de la forme $\mathbf{x} = \mathbf{p} + t\mathbf{v}$ ($t \in \mathbb{R}$), où $\mathbf{v}$ est un vecteur non nul.

réseau en échelle : réseau électrique constitué de plusieurs circuits assemblés en série.

rotation de Givens : endomorphisme de $\mathbb{R}^n$ utilisé en informatique pour créer des coefficients nuls dans un vecteur (en général, une colonne de matrice).

S

scalaire : nombre (réel) par lequel on peut multiplier un vecteur ou une matrice.

série de Fourier (d'une fonction f de $C[0, 2\pi]$) : série convergeant vers f dans l'espace préhilbertien $C[0, 2\pi]$, muni d'un produit scalaire défini par une intégrale.

signal (ou **signal à temps discret**) : suite doublement infinie de nombres (y_k) ; fonction définie sur les entiers. L'espace vectoriel des signaux est noté $\mathbb{S}$.

simplexe : enveloppe convexe d'une famille finie affinement libre de vecteurs de $\mathbb{R}^n$.

singulière (matrice) : matrice carrée non inversible.

solide régulier : l'un des cinq polyèdres réguliers existant dans $\mathbb{R}^3$: le tétraèdre (quatre faces triangulaires identiques), le cube (six faces carrées identiques), l'octaèdre (huit faces triangulaires identiques), le dodécaèdre (douze faces pentagonales identiques) et l'icosaèdre (vingt faces triangulaires identiques).

solution (d'un système linéaire d'inconnues $x_1, \ldots, x_n$) : liste de valeurs $(s_1, s_2, \ldots, s_n)$ qui transforme chaque équation du système en une égalité vraie quand on remplace respectivement les inconnues $x_1, \ldots, x_n$ par $s_1, s_2, \ldots, s_n$.

solution au sens des moindres carrés (ou **pseudo-solution**, de $A\mathbf{x} = \mathbf{b}$) : vecteur $\hat{\mathbf{x}}$ tel que $\|\mathbf{b} - A\hat{\mathbf{x}}\| \leq \|\mathbf{b} - A\mathbf{x}\|$ pour tout vecteur $\mathbf{x}$ de $\mathbb{R}^n$.

solution générale (d'un système linéaire) : représentation paramétrique d'un ensemble de solutions exprimant les inconnues principales en fonction des éventuelles inconnues secondaires (les paramètres). À partir de la section 1.5, cette représentation paramétrique est donnée sous forme vectorielle.

solution non triviale : solution non nulle d'une équation ou d'un système homogène.

solution triviale : solution $\mathbf{x} = \mathbf{0}$ d'un système linéaire homogène $A\mathbf{x} = \mathbf{0}$.

somme de colonne : somme des composantes d'une colonne de matrice.

somme de ligne : somme des composantes d'une ligne de matrice.

sous-déterminé (système) : système d'équations comportant moins d'équations que d'inconnues.

sous-espace affine (de $\mathbb{R}^n$) : translaté d'un sous-espace vectoriel de $\mathbb{R}^n$.

sous-espace affine engendré par un ensemble S (ou **enveloppe affine de S**) : ensemble des barycentres des points de S, noté aff S.

sous-espace engendré par $\{\mathbf{v}_1, \ldots, \mathbf{v}_p\}$: ensemble Vect $\{\mathbf{v}_1, \ldots, \mathbf{v}_p\}$.

sous-espace nul : sous-espace vectoriel $\{\mathbf{0}\}$ constitué du seul vecteur nul.

sous-espace propre (de A associé à λ) : ensemble des solutions de l'équation $A\mathbf{x} = \lambda\mathbf{x}$, où λ est une valeur propre de A. Il est constitué du vecteur nul et des vecteurs propres associés à la valeur propre λ.

sous-espace stable (par A) : sous-espace vectoriel H tel que $A\mathbf{x}$ appartienne à H pour tout vecteur $\mathbf{x}$ de H.

sous-espace vectoriel : partie H d'un espace vectoriel V vérifiant trois propriétés : (1) le vecteur nul de V appartient à H ; (2) H est stable par addition vectorielle ; (3) H est stable par multiplication par un scalaire.

sous-espace vectoriel strict : sous-espace vectoriel d'un espace vectoriel V autre que V lui-même.

sous-espaces affines parallèles : sous-espaces affines chacun translaté des autres.

sous-espaces fondamentaux (associés à A) : le noyau et l'image de A, ainsi que le noyau et l'image de A^T. Le sous-espace Im A^T est le sous-espace engendré par les lignes de A et est noté Lgn A.

sous-matrice (de A) : matrice déduite de A en lui supprimant des lignes ou des colonnes. La matrice A est considérée comme sous-matrice d'elle-même.

soustraction vectorielle : opération qui à deux vecteurs $\mathbf{u}$ et $\mathbf{v}$ associe $\mathbf{u} + (-1)\mathbf{v}$, écrit sous la forme $\mathbf{u} - \mathbf{v}$.

substitutions successives (pour résoudre un système linéaire) : transformation d'un système correspondant, du point de vue matriciel, à la phase de remontée de la méthode du pivot qui transforme une matrice échelonnée en matrice échelonnée réduite.

surdéterminé (système) : système d'équations comportant plus d'équations que d'inconnues.

surjective (application) : application $T : \mathbb{R}^n \to \mathbb{R}^m$ telle que tout vecteur de $\mathbb{R}^m$ soit l'image *d'au moins* un vecteur de $\mathbb{R}^n$.

système d'équations linéaires (ou **système linéaire**) : ensemble d'une ou plusieurs équations linéaires aux mêmes inconnues $x_1, \ldots, x_n$.

système dynamique (**linéaire discret**) : récurrence linéaire de la forme $\mathbf{x}_{k+1} = A\mathbf{x}_k$ décrivant l'évolution d'un système (en général un système physique) au cours du temps. Le système physique est mesuré à des intervalles de temps discrets $k = 0, 1, 2, \ldots$ et l'on définit **l'état** du système à l'instant k comme un vecteur $\mathbf{x}_k$ dont les composantes correspondent à certaines informations importantes sur le système.

système fondamental de solutions : base de l'espace des solutions d'une relation de récurrence linéaire ou d'un système différentiel homogène.

système homogène : *voir* équation homogène.

système linéaire : ensemble d'équations linéaires aux mêmes inconnues $x_1, \ldots, x_n$.

système linéaire compatible (ou **consistant**) : système linéaire admettant au moins une solution.

système linéaire incompatible (ou **inconsistant**) : système linéaire n'admettant pas de solution.

système linéaire non homogène : *voir* équation non homogène.

systèmes (linéaires) équivalents : systèmes linéaires admettant le même ensemble de solutions.

T

taille (d'une matrice) : couple d'entiers, écrit sous la forme $m \times n$, précisant le nombre de lignes (m) et de colonnes (n) d'une matrice.

terme rectangle : terme $cx_i x_j$ dans une forme quadratique quand $i \neq j$.

tétraèdre : objet en trois dimensions délimité par quatre faces triangulaires identiques, chaque sommet étant le point de rencontre de trois faces.

trace (d'une matrice carrée A) : somme des coefficients diagonaux de A, notée tr A.

trajectoire : graphe d'une solution $(\mathbf{x}_0, \mathbf{x}_1, \mathbf{x}_2, \ldots)$ d'un système dynamique $\mathbf{x}_{k+1} = A\mathbf{x}_k$. On relie en général les points par de petits arcs de courbes pour faciliter la visualisation. Désigne aussi le graphe de $\mathbf{x}(t)$ pour $t \geq 0$, quand $\mathbf{x}(t)$ est la solution d'une équation différentielle $\mathbf{x}'(t) = A\mathbf{x}(t)$.

transformation : *voir* application.

transformation matricielle : application du type $\mathbf{x} \mapsto A\mathbf{x}$, où A est une matrice $m \times n$ et où $\mathbf{x}$ représente un vecteur quelconque de $\mathbb{R}^n$.

translation (d'un vecteur $\mathbf{p}$) : application consistant à ajouter $\mathbf{p}$ à un vecteur ou à un ensemble donné de vecteurs.

transposée (de A) : matrice $n \times m$ notée A^T dont les colonnes sont les lignes correspondantes de la matrice A de type $m \times n$.

U

unipotente : *voir* matrice triangulaire inférieure unipotente.

V

valeur propre (de A) : scalaire λ tel que l'équation $A\mathbf{x} = \lambda\mathbf{x}$ admette au moins une solution non nulle $\mathbf{x}$.

valeur propre complexe : racine non réelle du polynôme caractéristique d'une matrice $n \times n$.

valeur propre strictement dominante : valeur propre λ_1 d'une matrice A telle que pour toute autre valeur propre λ_k, on ait $|\lambda_1| > |\lambda_k|$.

valeurs singulières (de A) : racines carrées (positives) des valeurs propres de $A^T A$, rangées en ordre décroissant.

Vandermonde (matrice de) : matrice V de type $n \times n$ (ou sa transposée) de la forme

$$V = \begin{bmatrix} 1 & x_1 & x_1^2 & \cdots & x_1^{n-1} \\ 1 & x_2 & x_2^2 & \cdots & x_2^{n-1} \\ \vdots & \vdots & \vdots & & \vdots \\ 1 & x_n & x_n^2 & \cdots & x_n^{n-1} \end{bmatrix}$$

variables non corrélées : variables x_i et x_j (avec $i \neq j$) décrivant respectivement les i^e et j^e composantes des vecteurs colonnes d'une matrice d'observation, dont la covariance s_{ij} est nulle.

variance (d'une variable x_j) : coefficient s_{jj} de la matrice de covariance S définie à partir d'une matrice d'observation, x_j décrivant la j^e composante des vecteurs d'observation.

variance totale : trace de la matrice de covariance d'une matrice d'observation.

variété affine : ensemble S de points de $\mathbb{R}^n$ tel que si $\mathbf{p}$ et $\mathbf{q}$ appartiennent à S, alors, quel que soit le réel t, le point $(1 - t)\mathbf{p} + t\mathbf{q}$ appartient aussi à S. Cette notion coïncide avec celle de *sous-espace affine*.

Vect $\{\mathbf{v}_1, \ldots, \mathbf{v}_p\}$: ensemble des combinaisons linéaires de $\mathbf{v}_1, \ldots, \mathbf{v}_p$. C'est également le *sous-espace vectoriel engendré* par $\{\mathbf{v}_1, \ldots, \mathbf{v}_p\}$.

vecteur : liste de nombres ; matrice à une seule colonne. Plus généralement, élément d'un espace vectoriel.

vecteur colonne : matrice n'admettant qu'une seule colonne, ou colonne d'une matrice admettant plusieurs colonnes.

vecteur d'équilibre : *voir* vecteur d'état stationnaire.

vecteur d'état : vecteur de probabilité ; plus généralement, vecteur décrivant « l'état » d'un système physique, souvent en lien avec une relation de récurrence linéaire $\mathbf{x}_{k+1} = A\mathbf{x}_k$.

vecteur d'état stationnaire (d'une matrice stochastique P) : vecteur de probabilité $\mathbf{q}$ tel que $P\mathbf{q} = \mathbf{q}$.

vecteur d'observation : vecteur $\mathbf{y}$ du modèle linéaire $\mathbf{y} = X\boldsymbol{\beta} + \boldsymbol{\epsilon}$, dont les composantes sont les valeurs observées d'une variable dépendante.

vecteur de composantes d'un vecteur x dans une base $\mathcal{B}$: vecteur $[\mathbf{x}]_{\mathcal{B}}$ de $\mathbb{R}^n$ constitué des composantes de $\mathbf{x}$ dans la base $\mathcal{B}$.

vecteur de consommation unitaire : dans le modèle d'entrée-sortie de Leontief, vecteur colonne donnant les entrées qu'un secteur consomme pour chaque unité produite ; les différents vecteurs de ce type forment les colonnes de la matrice de consommation.

vecteur de demande finale : vecteur $\mathbf{d}$ du modèle d'entrée-sortie de Leontief donnant les valeurs monétaires des biens et services réclamés aux divers secteurs par les acteurs non productifs de l'économie. Le vecteur $\mathbf{d}$ peut représenter la demande finale des consommateurs, les dépenses publiques, les surplus de production, les exportations ou tout autre type de demande extérieure.

vecteur de probabilité : vecteur de $\mathbb{R}^n$ dont les composantes sont positives et ont pour somme 1.

vecteur de production : dans le modèle d'entrée-sortie de Leontief, vecteur contenant la quantité à produire par les divers secteurs d'une économie.

vecteur des paramètres : vecteur inconnu $\boldsymbol{\beta}$ du modèle linéaire $\mathbf{y} = X\boldsymbol{\beta} + \boldsymbol{\epsilon}$.

vecteur ligne : matrice ne possédant qu'une seule ligne, ou ligne d'une matrice possédant plusieurs lignes.

vecteur normal (à un sous-espace vectoriel V de $\mathbb{R}^n$) : vecteur $\mathbf{n}$ de $\mathbb{R}^n$ tel que $\mathbf{n} \cdot \mathbf{x} = 0$ pour tout $\mathbf{x}$ de V.

vecteur nul : vecteur unique, noté $\mathbf{0}$, tel que pour tout vecteur $\mathbf{u}$, $\mathbf{u} + \mathbf{0} = \mathbf{u}$. Dans $\mathbb{R}^n$, $\mathbf{0}$ est le vecteur dont toutes les composantes sont nulles.

vecteur propre (de A) : vecteur *non nul* $\mathbf{x}$ tel qu'il existe un scalaire λ pour lequel $A\mathbf{x} = \lambda\mathbf{x}$.

vecteur propre complexe : vecteur non nul $\mathbf{x}$ de $\mathbb{C}^n$ tel que $A\mathbf{x} = \lambda\mathbf{x}$, où A est une matrice $n \times n$ et λ une valeur propre complexe de A.

vecteur résidu : vecteur $\boldsymbol{\epsilon}$ qui apparaît dans le modèle linéaire général $\mathbf{y} = X\boldsymbol{\beta} + \boldsymbol{\epsilon}$, c'est-à-dire $\boldsymbol{\epsilon} = \mathbf{y} - X\boldsymbol{\beta}$, différence entre les valeurs observées et prédites (de y).

vecteur unitaire : vecteur $\mathbf{v}$ tel que $\|\mathbf{v}\| = 1$.

vecteurs égaux : vecteurs de $\mathbb{R}^n$ dont les composantes de même indice sont égales.

vecteurs singuliers à droite (de A) : colonnes de V dans la décomposition en valeurs singulières $A = U\Sigma V^T$.

vecteurs singuliers à gauche (de A) : colonnes de U dans la décomposition en valeurs singulières $A = U\Sigma V^T$.

Corrigés des exercices impairs

Chapitre 1

Section 1.1, page 10

1. La solution est $(x_1, x_2) = (-8, 3)$, que l'on peut écrire simplement $(-8, 3)$.

3. $(4/7, 9/7)$

5. On ajoute 3 fois la ligne 3 à la ligne 2, puis -5 fois la ligne 3 à la ligne 1.

7. L'ensemble des solutions est vide.

9. $(4, 8, 5, 2)$ **11.** Incompatible

13. $(5, 3, -1)$ **15.** Compatible

17. Les trois droites se coupent en un point.

19. $h \neq 2$ **21.** h quelconque

23. Les propriétés vraies sont celles qui sont vérifiées dans tous les cas. Donner les réponses ici contredirait l'objectif de ce type d'exercice, qui est d'apprendre à bien lire un énoncé.

25. $k + 2g + h = 0$

27. On réduit la matrice $\begin{bmatrix} 1 & 3 & f \\ c & d & g \end{bmatrix}$ à

$\begin{bmatrix} 1 & 3 & f \\ 0 & d - 3c & g - cf \end{bmatrix}$. Puisque l'on veut une solution quelles que soient les valeurs de f et g, $d - 3c$ doit être non nul. On pourrait sinon trouver des valeurs de f et g telles que la seconde ligne corresponde à une équation de la forme $0 = b$, avec b non nul. On doit donc avoir $d \neq 3c$.

29. Échange des lignes 1 et 2 ; échange des lignes 1 et 2.

31. On ajoute -4 fois la ligne 1 à la ligne 3 ; on ajoute 4 fois la ligne 1 à la ligne 3.

33.
$$\begin{aligned} 4T_1 - T_2 \quad\;\;\; - T_4 &= 30 \\ -T_1 + 4T_2 - T_3 \quad\quad\;\; &= 60 \\ -T_2 + 4T_3 - T_4 &= 70 \\ -T_1 \quad\quad\;\; - T_3 + 4T_4 &= 40 \end{aligned}$$

Section 1.2, page 23

1. Forme échelonnée réduite : a et b. Forme échelonnée : d. Forme non échelonnée : c.

3. $\begin{bmatrix} 1 & 0 & -1 & -2 \\ 0 & 1 & 2 & 3 \\ 0 & 0 & 0 & 0 \end{bmatrix}$.

Col. pivots 1 et 2 : $\begin{bmatrix} 1 & 2 & 3 & 4 \\ 4 & 5 & 6 & 7 \\ 6 & 7 & 8 & 9 \end{bmatrix}$

5. $\begin{bmatrix} \blacksquare & * \\ 0 & \blacksquare \end{bmatrix}, \begin{bmatrix} \blacksquare & * \\ 0 & 0 \end{bmatrix}, \begin{bmatrix} 0 & \blacksquare \\ 0 & 0 \end{bmatrix}$

7. $\begin{cases} x_1 = -5 - 3x_2 \\ x_2 \text{ quelconque} \\ x_3 = 3 \end{cases}$ **9.** $\begin{cases} x_1 = 4 + 5x_3 \\ x_2 = 5 + 6x_3 \\ x_3 \text{ quelconque} \end{cases}$

11. $\begin{cases} x_1 = \dfrac{4}{3}x_2 - \dfrac{2}{3}x_3 \\ x_2 \text{ quelconque} \\ x_3 \text{ quelconque} \end{cases}$

13. $\begin{cases} x_1 = 5 + 3x_5 \\ x_2 = 1 + 4x_5 \\ x_3 \text{ quelconque} \\ x_4 = 4 - 9x_5 \\ x_5 \text{ quelconque} \end{cases}$

15. a. Compatible, avec une solution unique
   b. Incompatible

17. $h = 7/2$

19. a. Incompatible si $h = 2$ et $k \neq 8$
   b. Solution unique si $h \neq 2$
   c. Plusieurs solutions si $h = 2$ et $k = 8$

21. Lire soigneusement le texte avant d'écrire la solution. On rappelle qu'une propriété est vraie si et seulement si elle est vraie dans tous les cas.

23. Oui. Le système est compatible car avec trois colonnes pivots, il y a un pivot pour chaque ligne de la matrice des coefficients. La forme échelonnée réduite ne peut pas contenir une ligne de la forme $[0 \; 0 \; 0 \; 0 \; 1]$.

25. Si chaque ligne de la matrice des coefficients possède un pivot, c'est vrai en particulier pour la dernière ligne ; de plus, aucune position de pivot n'est disponible pour la colonne de droite. D'après le théorème 2, le système est compatible.

27. Si un système linéaire est compatible, alors la solution est unique si et seulement si *toute colonne de la matrice des* *coefficients est colonne pivot ; dans le cas contraire, il y a une infinité de solutions.*

29. Un système sous-déterminé a plus d'inconnues que d'équations. Comme il ne peut y avoir plus d'inconnues principales que d'équations, un tel système admet donc forcément des inconnues non principales. Ces inconnues peuvent prendre n'importe quelle valeur. Si le système est compatible, les différentes valeurs possibles d'une inconnue non principale donneront des solutions distinctes.

31. Oui, un système linéaire possédant plus d'équations que d'inconnues peut être compatible. Le système ci-dessous, par exemple, admet la solution $(x_1 = x_2 = 1)$:

$$\begin{aligned} x_1 + x_2 &= 2 \\ x_1 - x_2 &= 0 \\ 3x_1 + 2x_2 &= 5 \end{aligned}$$

33. $p(t) = 7 + 6t - t^2$

Section 1.3, page 35

1. $\begin{bmatrix} -4 \\ 1 \end{bmatrix}, \begin{bmatrix} 5 \\ 4 \end{bmatrix}$

3.

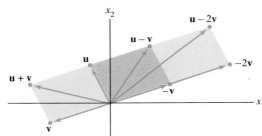

5. $x_1 \begin{bmatrix} 6 \\ -1 \\ 5 \end{bmatrix} + x_2 \begin{bmatrix} -3 \\ 4 \\ 0 \end{bmatrix} = \begin{bmatrix} 1 \\ -7 \\ -5 \end{bmatrix}$,

$\begin{bmatrix} 6x_1 \\ -x_1 \\ 5x_1 \end{bmatrix} + \begin{bmatrix} -3x_2 \\ 4x_2 \\ 0 \end{bmatrix} = \begin{bmatrix} 1 \\ -7 \\ -5 \end{bmatrix}, \begin{bmatrix} 6x_1 - 3x_2 \\ -x_1 + 4x_2 \\ 5x_1 \end{bmatrix} = \begin{bmatrix} 1 \\ -7 \\ -5 \end{bmatrix}$

$\begin{aligned} 6x_1 - 3x_2 &= 1 \\ -x_1 + 4x_2 &= -7 \\ 5x_1 &= -5 \end{aligned}$

En général, on n'écrit pas les étapes intermédiaires.

7. $a = u - 2v, b = 2u - 2v, c = 2u - 3.5v, d = 3u - 4v$

9. $x_1 \begin{bmatrix} 0 \\ 4 \\ -1 \end{bmatrix} + x_2 \begin{bmatrix} 1 \\ 6 \\ 3 \end{bmatrix} + x_3 \begin{bmatrix} 5 \\ -1 \\ -8 \end{bmatrix} = \begin{bmatrix} 0 \\ 0 \\ 0 \end{bmatrix}$

11. Oui, **b** est une combinaison linéaire de $\mathbf{a}_1, \mathbf{a}_2,$ et $\mathbf{a}_3$.

13. Non, **b** n'est pas une combinaison linéaire des colonnes de A.

15. On peut évidemment choisir des coefficients non entiers, mais voici des exemples simples : $0 \cdot \mathbf{v}_1 + 0 \cdot \mathbf{v}_2 = \mathbf{0}$,

$1 \cdot \mathbf{v}_1 + 0 \cdot \mathbf{v}_2 = \begin{bmatrix} 7 \\ 1 \\ -6 \end{bmatrix}, 0 \cdot \mathbf{v}_1 + 1 \cdot \mathbf{v}_2 = \begin{bmatrix} -5 \\ 3 \\ 0 \end{bmatrix}$

$1 \cdot \mathbf{v}_1 + 1 \cdot \mathbf{v}_2 = \begin{bmatrix} 2 \\ 4 \\ -6 \end{bmatrix}, 1 \cdot \mathbf{v}_1 - 1 \cdot \mathbf{v}_2 = \begin{bmatrix} 12 \\ -2 \\ -6 \end{bmatrix}$

17. $h = -17$

19. Vect $\{\mathbf{v}_1, \mathbf{v}_2\}$ est la droite passant par $\mathbf{v}_1$ et $\mathbf{0}$ car $\mathbf{v}_2$ et $\mathbf{v}_1$ sont colinéaires.

21. *Indication :* Montrer que $\begin{bmatrix} 2 & 2 & h \\ -1 & 1 & k \end{bmatrix}$ est compatible quels que soient h et k, et interpréter ce calcul en ce qui concerne Vect $\{\mathbf{u}, \mathbf{v}\}$.

23. Bien relire le texte de la section avant de répondre, en prêtant une attention particulière aux définitions et aux énoncés des théorèmes, et en lisant les remarques qui les suivent ou qui les précèdent.

25. a. Non ; trois. **b.** Oui ; une infinité.
  c. $\mathbf{a}_1 = 1 \cdot \mathbf{a}_1 + 0 \cdot \mathbf{a}_2 + 0 \cdot \mathbf{a}_3$

27. a. $5\mathbf{v}_1$ représente la production de cinq jours de la mine 1.
  b. La production totale est $x_1\mathbf{v}_1 + x_2\mathbf{v}_2$, donc x_1 et x_2 doivent vérifier $x_1\mathbf{v}_1 + x_2\mathbf{v}_2 = \begin{bmatrix} 150 \\ 2\,825 \end{bmatrix}$
  c. [**M**] 1,5 jour pour la mine 1 et 4 jours pour la mine 2.

29. $(1, 3, 0, 9, 0)$

31. a. $\begin{bmatrix} 10/3 \\ 2 \end{bmatrix}$
  b. On ajoute 3,5 g au point $(0, 1)$, 0,5 g au point $(8, 1)$ et 2 g au point $(2, 4)$.

33. Revoir le problème d'entraînement et rédiger complètement la solution.

Section 1.4, page 44

1. Le produit n'a pas de sens, car le nombre de colonnes (2) de la matrice 3×2 ne correspond pas au nombre de composantes (3) du vecteur.

3. $A\mathbf{x} = \begin{bmatrix} 6 & 5 \\ -4 & -3 \\ 7 & 6 \end{bmatrix} \begin{bmatrix} 2 \\ -3 \end{bmatrix} = 2 \cdot \begin{bmatrix} 6 \\ -4 \\ 7 \end{bmatrix} - 3 \cdot \begin{bmatrix} 5 \\ -3 \\ 6 \end{bmatrix}$

$= \begin{bmatrix} 12 \\ -8 \\ 14 \end{bmatrix} + \begin{bmatrix} -15 \\ 9 \\ -18 \end{bmatrix} = \begin{bmatrix} -3 \\ 1 \\ -4 \end{bmatrix}$

$A\mathbf{x} = \begin{bmatrix} 6 & 5 \\ -4 & -3 \\ 7 & 6 \end{bmatrix} \begin{bmatrix} 2 \\ -3 \end{bmatrix} = \begin{bmatrix} 6 \cdot 2 + 5 \cdot (-3) \\ (-4) \cdot 2 + (-3) \cdot (-3) \\ 7 \cdot 2 + 6 \cdot (-3) \end{bmatrix}$

$= \begin{bmatrix} -3 \\ 1 \\ -4 \end{bmatrix}$

5. $5 \cdot \begin{bmatrix} 5 \\ -2 \end{bmatrix} - 1 \cdot \begin{bmatrix} 1 \\ -7 \end{bmatrix} + 3 \cdot \begin{bmatrix} -8 \\ 3 \end{bmatrix} - 2 \cdot \begin{bmatrix} 4 \\ -5 \end{bmatrix} = \begin{bmatrix} -8 \\ 16 \end{bmatrix}$

7. $\begin{bmatrix} 4 & -5 & 7 \\ -1 & 3 & -8 \\ 7 & -5 & 0 \\ -4 & 1 & 2 \end{bmatrix} \begin{bmatrix} x_1 \\ x_2 \\ x_3 \end{bmatrix} = \begin{bmatrix} 6 \\ -8 \\ 0 \\ -7 \end{bmatrix}$

9. $x_1 \begin{bmatrix} 3 \\ 0 \end{bmatrix} + x_2 \begin{bmatrix} 1 \\ 1 \end{bmatrix} + x_3 \begin{bmatrix} -5 \\ 4 \end{bmatrix} = \begin{bmatrix} 9 \\ 0 \end{bmatrix}$

et $\begin{bmatrix} 3 & 1 & -5 \\ 0 & 1 & 4 \end{bmatrix} \begin{bmatrix} x_1 \\ x_2 \\ x_3 \end{bmatrix} = \begin{bmatrix} 9 \\ 0 \end{bmatrix}$

11. $\begin{bmatrix} 1 & 2 & 4 & -2 \\ 0 & 1 & 5 & 2 \\ -2 & -4 & -3 & 9 \end{bmatrix}, \mathbf{x} = \begin{bmatrix} x_1 \\ x_2 \\ x_3 \end{bmatrix} = \begin{bmatrix} 0 \\ -3 \\ 1 \end{bmatrix}$

13. Oui (justifier).

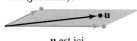

u est ici

15. Si $3b_1 + b_2$ est non nul, l'équation $A\mathbf{x} = \mathbf{b}$ n'est pas compatible (expliquer en détail). L'ensemble des vecteurs **b** pour lesquels l'équation est au contraire compatible est une droite passant par l'origine, à savoir l'ensemble des points (b_1, b_2) tels que $b_2 = -3b_1$.

17. Seules trois lignes contiennent une position de pivot. D'après le théorème 4, il existe des valeurs de **b** dans $\mathbb{R}^4$ pour lesquelles l'équation $A\mathbf{x} = \mathbf{b}$ n'a pas de solution.

19. L'exercice 17 permet de voir que la propriété (d) du théorème 4 n'est pas vérifiée, donc qu'aucune des propriétés de ce théorème n'est vérifiée. Il existe donc des vecteurs de $\mathbb{R}^4$ qui ne sont pas des combinaisons linéaires des colonnes de A. Cela signifie que les colonnes de A n'engendrent pas $\mathbb{R}^4$.

21. Les lignes de la matrice $[\mathbf{v}_1 \quad \mathbf{v}_2 \quad \mathbf{v}_3]$ ne possèdent pas toutes une position de pivot, donc, d'après le théorème 4, les colonnes de cette matrice n'engendrent pas $\mathbb{R}^4$, c'est-à-dire que $\{\mathbf{v}_1, \mathbf{v}_2, \mathbf{v}_3\}$ n'engendre pas $\mathbb{R}^4$.

23. Bien lire les énoncés avant de répondre. Plusieurs énoncés des exercices « vrai-faux » sont des *implications* de la forme

« si ⟨propriété 1⟩, alors ⟨propriété 2⟩ ».

Un tel énoncé est vrai quand ⟨propriété 2⟩ est vérifiée à chaque fois que ⟨propriété 1⟩ l'est.

25. $c_1 = -3, c_2 = -1$ et $c_3 = 2$

27. $Q\mathbf{x} = \mathbf{v}$, avec $Q = [\mathbf{q}_1 \quad \mathbf{q}_2 \quad \mathbf{q}_3]$ et $\mathbf{x} = \begin{bmatrix} x_1 \\ x_2 \\ x_3 \end{bmatrix}$

Note : Si votre réponse est $A\mathbf{x} = \mathbf{b}$, vous devez préciser ce que sont A et **b**.

29. *Indication :* Partir d'une matrice échelonnée 3×3 admettant trois positions de pivot.

31. Combien de positions de pivot A peut-elle posséder au maximum ?

33. *Indication :* Combien la matrice A possède-t-elle de positions de pivot ? Pourquoi ?

35. Étant donné $A\mathbf{u}_1 = \mathbf{v}_1$ et $A\mathbf{u}_2 = \mathbf{v}_2$, on se demande si $A\mathbf{x} = \mathbf{w}$ admet une solution, avec $\mathbf{w} = \mathbf{v}_1 + \mathbf{v}_2$. On remarque que $\mathbf{w} = A\mathbf{u}_1 + A\mathbf{u}_2$ et on utilise le théorème 5(a), en remplaçant **u** et **v** par $\mathbf{u}_1$ et $\mathbf{u}_2$, respectivement. Donc, $\mathbf{w} = A\mathbf{u}_1 + A\mathbf{u}_2 = A(\mathbf{u}_1 + \mathbf{u}_2)$. Alors, $\mathbf{u} = \mathbf{u}_1 + \mathbf{u}_2$ est une solution de $\mathbf{w} = A\mathbf{u}$.

37. **[M]** Les colonnes n'engendrent pas $\mathbb{R}^4$.

39. **[M]** Les colonnes engendrent $\mathbb{R}^4$.

41. **[M]** On peut enlever la colonne 4 de la matrice de l'exercice 39. La colonne 3 au lieu de la colonne 4 convient également.

Section 1.5, page 52

1. Le système admet une solution non triviale car il existe une inconnue non principale, à savoir x_3.

3. Le système admet une solution non triviale car il existe une inconnue non principale, à savoir x_3.

5. $\mathbf{x} = \begin{bmatrix} x_1 \\ x_2 \\ x_3 \end{bmatrix} = x_3 \begin{bmatrix} 5 \\ -2 \\ 1 \end{bmatrix}$

7. $\mathbf{x} = \begin{bmatrix} x_1 \\ x_2 \\ x_3 \\ x_4 \end{bmatrix} = x_3 \begin{bmatrix} -9 \\ 4 \\ 1 \\ 0 \end{bmatrix} + x_4 \begin{bmatrix} 8 \\ -5 \\ 0 \\ 1 \end{bmatrix}$

9. $\mathbf{x} = x_2 \begin{bmatrix} 3 \\ 1 \\ 0 \end{bmatrix} + x_3 \begin{bmatrix} -2 \\ 0 \\ 1 \end{bmatrix}$

11. *Indication :* Le système associé à la forme échelonnée *réduite* est

$$x_1 - 4x_2 \qquad\quad + 5x_6 = 0$$
$$x_3 \qquad - x_6 = 0$$
$$x_5 - 4x_6 = 0$$
$$0 = 0$$

Les inconnues principales sont x_1, x_3 et x_5. Les autres inconnues sont secondaires et peuvent prendre une valeur quelconque.

13. $\mathbf{x} = \begin{bmatrix} 5 \\ -2 \\ 0 \end{bmatrix} + x_3 \begin{bmatrix} 4 \\ -7 \\ 1 \end{bmatrix} = \mathbf{p} + x_3 \mathbf{q}$. Géométriquement,

l'ensemble des solutions est la droite passant par $\begin{bmatrix} 5 \\ -2 \\ 0 \end{bmatrix}$ et

dirigée par $\begin{bmatrix} 4 \\ -7 \\ 1 \end{bmatrix}$.

15. $\mathbf{x} = \begin{bmatrix} x_1 \\ x_2 \\ x_3 \end{bmatrix} = \begin{bmatrix} -2 \\ 1 \\ 0 \end{bmatrix} + x_3 \begin{bmatrix} 5 \\ -2 \\ 1 \end{bmatrix}$. L'ensemble des

solutions est la droite passant par $\begin{bmatrix} -2 \\ 1 \\ 0 \end{bmatrix}$, parallèle à une

droite qui est l'ensemble des solutions de l'équation homogène de l'exercice 5.

17. On pose $\mathbf{u} = \begin{bmatrix} -9 \\ 1 \\ 0 \end{bmatrix}, \mathbf{v} = \begin{bmatrix} 4 \\ 0 \\ 1 \end{bmatrix}, \mathbf{p} = \begin{bmatrix} -2 \\ 0 \\ 0 \end{bmatrix}$. La solution

générale de l'équation homogène est $\mathbf{x} = x_2\mathbf{u} + x_3\mathbf{v}$, qui décrit le plan passant par l'origine et engendré par $\mathbf{u}$ et $\mathbf{v}$. Quant à l'équation non homogène, sa solution générale s'écrit $\mathbf{x} = \mathbf{p} + x_2\mathbf{u} + x_3\mathbf{v}$, et décrit le plan passant par $\mathbf{p}$ parallèle à l'ensemble des solutions de l'équation homogène.

19. $\mathbf{x} = \mathbf{a} + t\mathbf{b}$, t désignant un paramètre réel, soit
$\mathbf{x} = \begin{bmatrix} x_1 \\ x_2 \end{bmatrix} = \begin{bmatrix} -2 \\ 0 \end{bmatrix} + t \begin{bmatrix} -5 \\ 3 \end{bmatrix}$, ou encore $\begin{cases} x_1 = -2 - 5t \\ x_2 = 3t \end{cases}$

21. $\mathbf{x} = \mathbf{p} + t(\mathbf{q} - \mathbf{p}) = \begin{bmatrix} 2 \\ -5 \end{bmatrix} + t \begin{bmatrix} -5 \\ 6 \end{bmatrix}$

23. Il est essentiel de lire chaque énoncé avec soin avant de rédiger la réponse.

25. $A\mathbf{v}_h = A(\mathbf{w} - \mathbf{p}) = A\mathbf{w} - A\mathbf{p} = \mathbf{b} - \mathbf{b} = \mathbf{0}$

27. Si A est une matrice 3×3 nulle, tout $\mathbf{x}$ dans $\mathbb{R}^3$ vérifie $A\mathbf{x} = \mathbf{0}$. Donc tout vecteur de $\mathbb{R}^3$ est solution de l'équation.

29. a. Si A est une matrice 3×3 possédant trois positions de pivot, l'équation $A\mathbf{x} = \mathbf{0}$ n'a pas d'inconnues non principales, donc pas de solutions non triviales.

b. Avec trois positions de pivot, chaque ligne de A comporte une position de pivot. D'après le théorème 4 de la section 1.4, l'équation $A\mathbf{x} = \mathbf{b}$ admet une solution pour tout vecteur possible $\mathbf{b}$. Le mot « possible » dans cet exercice signifie que les vecteurs considérés sont ceux de $\mathbb{R}^3$, car A a trois lignes.

31. a. Si A est une matrice 3×2 possédant deux positions de pivot, toutes ses colonnes sont des colonnes pivots. L'équation $A\mathbf{x} = \mathbf{0}$ n'a donc pas d'inconnues secondaires, donc pas de solutions non triviales.

b. Avec deux positions de pivot et trois lignes, A ne peut pas avoir de pivot dans chaque ligne. D'après le théorème 4 de la section 1.4, l'équation $A\mathbf{x} = \mathbf{b}$ ne peut donc avoir de solution quel que soit le vecteur $\mathbf{b}$ (de $\mathbb{R}^3$).

33. Une réponse possible est : $\mathbf{x} = \begin{bmatrix} 3 \\ -1 \end{bmatrix}$

35. Une telle matrice a forcément pour propriété que la somme des coefficients de chaque ligne est nulle. Pourquoi ?

37. Une réponse possible est $A = \begin{bmatrix} 1 & -4 \\ 1 & -4 \end{bmatrix}$. Si $\mathbf{b}$ est un

vecteur qui n'est pas colinéaire à la première colonne de A, l'ensemble des solutions de $A\mathbf{x} = \mathbf{b}$ est vide et ne peut donc

résulter de la translation de l'ensemble des solutions de $A\mathbf{x} = \mathbf{0}$. Cela ne contredit pas le théorème 6, car celui-ci s'applique uniquement au cas où l'ensemble des solutions de $A\mathbf{x} = \mathbf{b}$ est non vide.

39. Si c est un scalaire, alors $A(c\mathbf{u}) = cA\mathbf{u}$, d'après le théorème 5(b) de la section 1.4. Si $\mathbf{u}$ vérifie $A\mathbf{x} = \mathbf{0}$, alors $A\mathbf{u} = \mathbf{0}, cA\mathbf{u} = c \cdot \mathbf{0} = \mathbf{0}$, et donc $A(c\mathbf{u}) = \mathbf{0}$.

Section 1.6, page 59

1. La solution générale est $p_B = 0,875p_S$, avec p_S quelconque. Une solution d'équilibre possible est $p_S = 1\,000$ et $p_B = 875$. En termes de fractions, on peut écrire cette solution $p_B = (7/8)p_S$ et l'on peut choisir par exemple les valeurs $p_S = 80$ et $p_B = 70$. En fait, il n'y a que le rapport entre les prix qui est important. L'équilibre économique reste le même si l'on remplace les prix par des prix proportionnels.

3. a.

	Répartition de la production de :				
	Én. & C	Man.	Serv.		
Sortie	↓	↓	↓	Entrée	Acheté par :
	0,1	0,1	0,2	→	Én. & C.
	0,8	0,1	0,4	→	Man.
	0,1	0,8	0,4	→	Serv.

b. $\begin{bmatrix} 0,9 & -0,1 & -0,2 & 0 \\ -0,8 & 0,9 & -0,4 & 0 \\ -0,1 & -0,8 & 0,6 & 0 \end{bmatrix}$

c. [M] $p_{É\&C} \approx 30$, $p_M \approx 71$, $p_S = 100$.

5. $B_2S_3 + 6H_2O \rightarrow 2H_3BO_3 + 3H_2S$

7. $3NaHCO_3 + H_3C_6H_5O_7 \rightarrow Na_3C_6H_5O_7 + 3H_2O + 3CO_2$

9. [M] $15PbN_6 + 44CrMn_2O_8 \rightarrow$
$5Pb_3O_4 + 22Cr_2O_3 + 88MnO_2 + 90NO$

11. $\begin{cases} x_1 = 20 - x_3 \\ x_2 = 60 + x_3 \\ x_3 \text{ quelconque} \\ x_4 = 60 \end{cases}$ Le flux minimal pour x_3 est 20.

13. a. $\begin{cases} x_1 = x_3 - 40 \\ x_2 = x_3 + 10 \\ x_3 \text{ quelconque} \\ x_4 = x_6 + 50 \\ x_5 = x_6 + 60 \\ x_6 \text{ quelconque} \end{cases}$ **b.** $\begin{cases} x_2 = 50 \\ x_3 = 40 \\ x_4 = 50 \\ x_5 = 60 \end{cases}$

Section 1.7, page 67

Justifier soigneusement les réponses aux exercices 1 à 22.

1. Lin. indép.   **3.** Lin. dép.

5. Lin. indép.   **7.** Lin. dép.

9. a. Aucun h **b.** h quelconque

11. $h = 6$ **13.** h quelconque

15. Lin. dép.   **17.** Lin. dép.   **19.** Lin. indép.

21. Voir les remarques précédentes sur les exercices « vrai-faux ».

23. $\begin{bmatrix} \blacksquare & * & * \\ 0 & \blacksquare & * \\ 0 & 0 & \blacksquare \end{bmatrix}$ **25.** $\begin{bmatrix} \blacksquare & * \\ 0 & \blacksquare \\ 0 & 0 \\ 0 & 0 \end{bmatrix}$ et $\begin{bmatrix} 0 & \blacksquare \\ 0 & 0 \\ 0 & 0 \\ 0 & 0 \end{bmatrix}$

27. Les cinq colonnes doivent être des colonnes pivots. Sinon, si l'on appelle A cette matrice, l'équation $A\mathbf{x} = \mathbf{0}$ aurait des inconnues non principales, auquel cas les colonnes de A seraient linéairement dépendantes.

29. A : Toute matrice 3×2 avec deux colonnes non nulles et non colinéaires convient.
B : Toute matrice 3×2 avec deux colonnes non nulles et non colinéaires convient. Les deux colonnes sont alors linéairement indépendantes, donc l'équation $A\mathbf{x} = \mathbf{0}$ admet pour seule solution la solution triviale.

31. $\mathbf{x} = \begin{bmatrix} 1 \\ 1 \\ -1 \end{bmatrix}$

33. Vrai d'après le théorème 7.

35. Faux ; $\mathbf{v}_1$ peut être un vecteur nul.

37. Vrai. Toute relation de dépendance linéaire entre $\mathbf{v}_1$, $\mathbf{v}_2$ et $\mathbf{v}_3$ peut être vue comme une relation de dépendance linéaire entre $\mathbf{v}_1$, $\mathbf{v}_2$, $\mathbf{v}_3$ et $\mathbf{v}_4$ en mettant un coefficient nul devant $\mathbf{v}_4$.

39. Exercice facile si l'on a bien compris le cours.

41. [M] $B = \begin{bmatrix} 8 & -3 & 2 \\ -9 & 4 & -7 \\ 6 & -2 & 4 \\ 5 & -1 & 10 \end{bmatrix}$. D'autres choix sont possibles.

43. [M] Toute colonne de A qui n'est pas une colonne de B appartient à la partie engendrée par les colonnes de B.

Section 1.8, page 75

1. $\begin{bmatrix} 2 \\ -6 \end{bmatrix}, \begin{bmatrix} 2a \\ 2b \end{bmatrix}$ **3.** $\mathbf{x} = \begin{bmatrix} 3 \\ 1 \\ 2 \end{bmatrix}$, unique solution

5. $\mathbf{x} = \begin{bmatrix} 3 \\ 1 \\ 0 \end{bmatrix}$, pas unique **7.** $a = 5, b = 6$

9. $\mathbf{x} = x_3 \begin{bmatrix} 9 \\ 4 \\ 1 \\ 0 \end{bmatrix} + x_4 \begin{bmatrix} -7 \\ -3 \\ 0 \\ 1 \end{bmatrix}$

11. Oui, car le système représenté par $[A \quad \mathbf{b}]$ est compatible.

13.

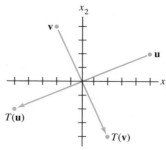

Symétrie par rapport à l'origine

15.

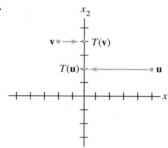

Projection orthogonale sur l'axe x_2

17. $\begin{bmatrix} 6 \\ 3 \end{bmatrix}, \begin{bmatrix} -2 \\ 6 \end{bmatrix}, \begin{bmatrix} 4 \\ 9 \end{bmatrix}$ **19.** $\begin{bmatrix} 13 \\ 7 \end{bmatrix}, \begin{bmatrix} 2x_1 - x_2 \\ 5x_1 + 6x_2 \end{bmatrix}$

21. Lire soigneusement les énoncés avant de répondre. On remarque que l'exercice 21(e) est une proposition de la forme « ⟨propriété 1⟩ si et seulement si ⟨propriété 2⟩ ». Un tel énoncé est vrai si la ⟨propriété 1⟩ est vraie à chaque fois que la ⟨propriété 2⟩ l'est et si, de plus, la ⟨propriété 2⟩ est vraie à chaque fois que la ⟨propriété 1⟩ l'est.

23.

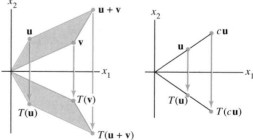

25. *Indication :* Montrer que l'image d'une droite (c'est-à-dire l'ensemble des images des points de la droite) admet une représentation paramétrique caractérisant une droite.

27. a. La droite joignant $\mathbf{p}$ et $\mathbf{q}$ est parallèle au vecteur $\mathbf{q} - \mathbf{p}$ (voir exercices 21 et 22 de la section 1.5). Comme $\mathbf{p}$ est sur la droite, l'équation de cette droite est $\mathbf{x} = \mathbf{p} + t(\mathbf{q} - \mathbf{p})$, qu'on peut réécrire sous la forme $\mathbf{x} = \mathbf{p} - t\mathbf{p} + t\mathbf{q}$, d'où $\mathbf{x} = (1-t)\mathbf{p} + t\mathbf{q}$.

b. On considère $\mathbf{x} = (1-t)\mathbf{p} + t\mathbf{q}$ pour $0 \le t \le 1$. Par la linéarité de T, pour $0 \le t \le 1$

$$T(\mathbf{x}) = T((1-t)\mathbf{p} + t\mathbf{q}) = (1-t)T(\mathbf{p}) + tT(\mathbf{q}) \quad (*)$$

Si $T(\mathbf{p})$ et $T(\mathbf{q})$ sont distincts, alors l'équation (*) est l'équation de la droite joignant $T(\mathbf{p})$ et $T(\mathbf{q})$, comme c'est indiqué en (a). Sinon, l'ensemble image est juste le point $T(\mathbf{p})$, car

$$(1-t)T(\mathbf{p}) + tT(\mathbf{q}) = (1-t)T(\mathbf{p}) + tT(\mathbf{p}) = T(\mathbf{p})$$

29. a. Si $b = 0$, $f(x) = mx$. Dans ce cas, on a, pour tous les x et y de $\mathbb{R}$ et tous les scalaires c et d,

$$\begin{aligned}
f(cx + dy) &= m(cx + dy) = mcx + mdy \\
&= c(mx) + d(my) \\
&= c \cdot f(x) + d \cdot f(y)
\end{aligned}$$

Cela montre bien que f est linéaire.

b. Si $f(x) = mx + b$, avec b non nul,
$$f(0) = m(0) + b = b \neq 0.$$

31. *Indication :* Comme $(\mathbf{v}_1, \mathbf{v}_2, \mathbf{v}_3)$ est liée, il existe une certaine relation entre ces vecteurs, que l'on peut ensuite transformer.

33. On peut par exemple montrer que T ne transforme pas le vecteur nul en le vecteur nul, ce que doit faire toute application linéaire : $T(0, 0) = (0, 4, 0)$.

35. Soit $\mathbf{u}$ et $\mathbf{v}$ dans $\mathbb{R}^3$, et c et d deux scalaires. Alors

$$c\mathbf{u} + d\mathbf{v} = (cu_1 + dv_1, cu_2 + dv_2, cu_3 + dv_3)$$

L'application T est linéaire car

$$\begin{aligned}
T(c\mathbf{u} + d\mathbf{v}) &= (cu_1 + dv_1, cu_2 + dv_2, -(cu_3 + dv_3)) \\
&= (cu_1 + dv_1, cu_2 + dv_2, -cu_3 - dv_3) \\
&= (cu_1, cu_2, -cu_3) + (dv_1, dv_2, -dv_3) \\
&= c(u_1, u_2, -u_3) + d(v_1, v_2, -v_3) \\
&= cT(\mathbf{u}) + dT(\mathbf{v})
\end{aligned}$$

37. **[M]** On trouve tous les vecteurs colinéaires à $(7, 9, 0, 2)$.

39. **[M]** Oui. Un choix possible pour $\mathbf{x}$ est $(4, 7, 1, 0)$.

Section 1.9, page 85

1. $\begin{bmatrix} 3 & -5 \\ 1 & 2 \\ 3 & 0 \\ 1 & 0 \end{bmatrix}$ **3.** $\begin{bmatrix} 0 & 1 \\ -1 & 0 \end{bmatrix}$ **5.** $\begin{bmatrix} 1 & 0 \\ -2 & 1 \end{bmatrix}$

7. $\begin{bmatrix} -1/\sqrt{2} & 1/\sqrt{2} \\ 1/\sqrt{2} & 1/\sqrt{2} \end{bmatrix}$ **9.** $\begin{bmatrix} 0 & -1 \\ -1 & 2 \end{bmatrix}$

11. L'application T transforme $\mathbf{e}_1$ en $-\mathbf{e}_1$ et $\mathbf{e}_2$ en $-\mathbf{e}_2$. Une rotation de π radians transforme également $\mathbf{e}_1$ en $-\mathbf{e}_1$ et $\mathbf{e}_2$ en $-\mathbf{e}_2$. Or une application linéaire est entièrement déterminée par son action sur les colonnes de la matrice unité. Donc cette rotation transforme tous les vecteurs de $\mathbb{R}^2$ de la même manière que T.

13.

15. $\begin{bmatrix} 3 & 0 & -2 \\ 4 & 0 & 0 \\ 1 & -1 & 1 \end{bmatrix}$ **17.** $\begin{bmatrix} 0 & 0 & 0 & 0 \\ 1 & 1 & 0 & 0 \\ 0 & 1 & 1 & 0 \\ 0 & 0 & 1 & 1 \end{bmatrix}$

19. $\begin{bmatrix} 1 & -5 & 4 \\ 0 & 1 & -6 \end{bmatrix}$ **21.** $\mathbf{x} = \begin{bmatrix} 7 \\ -4 \end{bmatrix}$

23. Lire soigneusement les énoncés avant de répondre.

Justifier soigneusement les réponses aux exercices 25 à 28.

25. Ni injective, ni surjective.

27. Non injective, mais surjective.

29. $\begin{bmatrix} \blacksquare & * & * \\ 0 & \blacksquare & * \\ 0 & 0 & \blacksquare \\ 0 & 0 & 0 \end{bmatrix}$

31. n (expliquer).

33. *Indication :* Si $\mathbf{e}_j$ est la j^e colonne de I_n, alors $B\mathbf{e}_j$ est la j^e colonne de B.

35. *Indication :* Peut-on avoir $m > n$? $m < n$?

37. **[M]** Non injective (expliquer).

39. **[M]** Non surjective (expliquer).

Section 1.10, page 93

1. a. $x_1 \begin{bmatrix} 110 \\ 4 \\ 20 \\ 2 \end{bmatrix} + x_2 \begin{bmatrix} 130 \\ 3 \\ 18 \\ 5 \end{bmatrix} = \begin{bmatrix} 295 \\ 9 \\ 48 \\ 8 \end{bmatrix}$, où x_1 est le nombre de portions des céréales A et x_2 celui des céréales B.

b. $\begin{bmatrix} 110 & 130 \\ 4 & 3 \\ 20 & 18 \\ 2 & 5 \end{bmatrix} \begin{bmatrix} x_1 \\ x_2 \end{bmatrix} = \begin{bmatrix} 295 \\ 9 \\ 48 \\ 8 \end{bmatrix}$. On obtient un mélange de 1,5 portion de A et de 1 portion de B.

3. a. Pour parvenir au contenu nutritionnel indiqué, il faut mélanger 0,99 portion de macaronis, 1,54 de brocolis et 0,79 de poulet.

b. Pour parvenir au contenu nutritionnel indiqué, il faut mélanger 1,09 portion de coquillettes, 0,88 de brocolis et 1,03 de poulet. On remarque que ce mélange contient notablement moins de brocolis, ce qui devrait satisfaire cette consommatrice.

5. $R\mathbf{i} = \mathbf{v}$, $\begin{bmatrix} 11 & -5 & 0 & 0 \\ -5 & 10 & -1 & 0 \\ 0 & -1 & 9 & -2 \\ 0 & 0 & -2 & 10 \end{bmatrix} \begin{bmatrix} I_1 \\ I_2 \\ I_3 \\ I_4 \end{bmatrix} = \begin{bmatrix} 50 \\ -40 \\ 30 \\ -30 \end{bmatrix}$

[M] : $\mathbf{i} = \begin{bmatrix} I_1 \\ I_2 \\ I_3 \\ I_4 \end{bmatrix} = \begin{bmatrix} 3{,}68 \\ -1{,}90 \\ 2{,}57 \\ -2{,}49 \end{bmatrix}$

7. $R\mathbf{i} = \mathbf{v}$, $\begin{bmatrix} 12 & -7 & 0 & -4 \\ -7 & 15 & -6 & 0 \\ 0 & -6 & 14 & -5 \\ -4 & 0 & -5 & 13 \end{bmatrix} \begin{bmatrix} I_1 \\ I_2 \\ I_3 \\ I_4 \end{bmatrix} = \begin{bmatrix} 40 \\ 30 \\ 20 \\ -10 \end{bmatrix}$

[M] : $\mathbf{i} = \begin{bmatrix} I_1 \\ I_2 \\ I_3 \\ I_4 \end{bmatrix} = \begin{bmatrix} 11{,}43 \\ 10{,}55 \\ 8{,}04 \\ 5{,}84 \end{bmatrix}$

9. $\mathbf{x}_{k+1} = M\mathbf{x}_k$ pour $k = 0, 1, 2, \ldots$, avec

$M = \begin{bmatrix} 0{,}93 & 0{,}05 \\ 0{,}07 & 0{,}95 \end{bmatrix}$ et $\mathbf{x}_0 = \begin{bmatrix} 800\,000 \\ 500\,000 \end{bmatrix}$.

La population en 2019 (pour $k = 2$) est $\mathbf{x}_2 = \begin{bmatrix} 741\,720 \\ 558\,280 \end{bmatrix}$.

11. a. $M = \begin{bmatrix} 0{,}98033 & 0{,}00179 \\ 0{,}01967 & 0{,}99821 \end{bmatrix}$

  b. $[M]\,\mathbf{x}_{10} = \begin{bmatrix} 35\,729 \\ 27\,818 \end{bmatrix}$

13. [M]

  a. La population de la ville décroît. Au bout de 7 ans, les deux populations sont à peu près égales, mais la ville continue à décliner. Après 20 ans, il ne reste plus que 417 000 personnes en ville (417 456 arrondi au millier). On constate cependant que la taille de la population évolue de plus en plus lentement.

  b. La population de la ville augmente lentement et celle de la banlieue diminue. Au bout de 20 ans, la population de la ville est passée de 350 000 à environ 370 000.

Chapitre 1 Exercices supplémentaires, page 96

1. a. F **b.** F **c.** V **d.** F **e.** V **f.** V
  g. F **h.** F **i.** V **j.** F **k.** V **l.** F
  m. V **n.** V **o.** V **p.** V **q.** F **r.** V
  s. F **t.** V **u.** F **v.** F **w.** F **x.** V
  y. V **z.** F

3. a. N'importe quel système linéaire compatible dont une forme échelonnée est

$\begin{bmatrix} \blacksquare & * & * & * \\ 0 & \blacksquare & * & * \\ 0 & 0 & 0 & 0 \end{bmatrix}$ ou $\begin{bmatrix} \blacksquare & * & * & * \\ 0 & 0 & \blacksquare & * \\ 0 & 0 & 0 & 0 \end{bmatrix}$

ou $\begin{bmatrix} 0 & \blacksquare & * & * \\ 0 & 0 & \blacksquare & * \\ 0 & 0 & 0 & 0 \end{bmatrix}$

  b. N'importe quel système linéaire compatible dont la forme échelonnée réduite est I_3.

  c. N'importe quel système linéaire incompatible de trois équations à trois inconnues.

5. a. L'ensemble des solutions : (i) est vide si $h = 12$ et $k \neq 2$; (ii) est réduit à un seul élément si $h \neq 12$; (iii) est infini si $h = 12$ et $k = 2$.

  b. Si $k + 3h = 0$, l'ensemble des solutions est vide. Sinon, il est réduit à un seul élément.

7. a. On pose $\mathbf{v}_1 = \begin{bmatrix} 2 \\ -5 \\ 7 \end{bmatrix}$, $\mathbf{v}_2 = \begin{bmatrix} -4 \\ 1 \\ -5 \end{bmatrix}$, $\mathbf{v}_3 = \begin{bmatrix} -2 \\ 1 \\ -3 \end{bmatrix}$

  et $\mathbf{b} = \begin{bmatrix} b_1 \\ b_2 \\ b_3 \end{bmatrix}$. « Déterminer si $\text{Vect}\{\mathbf{v}_1, \mathbf{v}_2 \mathbf{v}_3\} = \mathbb{R}^3$. »

  Réponse : non.

  b. On pose $A = \begin{bmatrix} 2 & -4 & -2 \\ -5 & 1 & 1 \\ 7 & -5 & -3 \end{bmatrix}$. « Déterminer si les colonnes de A engendrent $\mathbb{R}^3$. »

  c. On pose $T(\mathbf{x}) = A\mathbf{x}$. « Déterminer si T est surjective. »

9. $\begin{bmatrix} 5 \\ 6 \end{bmatrix} = \dfrac{4}{3} \begin{bmatrix} 2 \\ 1 \end{bmatrix} + \dfrac{7}{3} \begin{bmatrix} 1 \\ 2 \end{bmatrix}$

  ou bien $\begin{bmatrix} 5 \\ 6 \end{bmatrix} = \begin{bmatrix} 8/3 \\ 4/3 \end{bmatrix} + \begin{bmatrix} 7/3 \\ 14/3 \end{bmatrix}$

10. *Indication :* Construire un quadrillage du plan $x_1 x_2$ défini par $\mathbf{a}_1$ et $\mathbf{a}_2$.

11. Un ensemble de solutions est une droite quand il y a une inconnue non principale. Si la matrice des coefficients est de type 2×3, cela signifie que deux des colonnes sont des colonnes pivots. On peut prendre par exemple $\begin{bmatrix} 1 & 2 & * \\ 0 & 3 & * \end{bmatrix}$. On met n'importe quelles valeurs dans la troisième colonne et l'on obtient une matrice échelonnée. Il suffit ensuite d'ajouter à la seconde ligne un multiple de la première et l'on obtient une matrice qui, elle, n'est pas échelonnée. Par exemple $\begin{bmatrix} 1 & 2 & 1 \\ 0 & 3 & 1 \end{bmatrix} \sim \begin{bmatrix} 1 & 2 & 1 \\ 1 & 5 & 2 \end{bmatrix}$.

12. *Indication :* Combien d'inconnues non principales l'équation $A\mathbf{x} = \mathbf{0}$ comporte-t-elle ?

13. $E = \begin{bmatrix} 1 & 0 & -3 \\ 0 & 1 & 2 \\ 0 & 0 & 0 \end{bmatrix}$

15. a. Si les trois vecteurs sont linéairement indépendants, alors a, c et f sont non nuls.

  b. Les réels $a, \ldots, f$ peuvent être quelconques.

16. *Indication :* Énumérer les colonnes sous la forme $\mathbf{v}_1, \ldots, \mathbf{v}_4$.

17. *Indication :* Appliquer le théorème 7.

19. Soit M la droite passant par l'origine et parallèle à la droite contenant $\mathbf{v}_1$, $\mathbf{v}_2$ et $\mathbf{v}_3$. Alors $\mathbf{v}_2 - \mathbf{v}_1$ et $\mathbf{v}_3 - \mathbf{v}_1$ appartiennent à M. Ils sont donc colinéaires. On a par exemple $\mathbf{v}_2 - \mathbf{v}_1 = k(\mathbf{v}_3 - \mathbf{v}_1)$, d'où la relation de dépendance linéaire $(k - 1)\mathbf{v}_1 + \mathbf{v}_2 - k\mathbf{v}_3 = \mathbf{0}$.
  Autre méthode : On peut paramétrer la droite sous la forme $\mathbf{x} = \mathbf{v}_1 + t(\mathbf{v}_2 - \mathbf{v}_1)$. Comme $\mathbf{v}_3$ appartient à la droite, il

existe un réel t_0 tel que
$$\mathbf{v}_3 = \mathbf{v}_1 + t_0(\mathbf{v}_2 - \mathbf{v}_1) = (1 - t_0)\mathbf{v}_1 + t_0\mathbf{v}_2.$$
Donc $\mathbf{v}_3$ est une combinaison linéaire de $\mathbf{v}_1$ et $\mathbf{v}_2$, d'où il résulte que $\mathbf{v}_1$, $\mathbf{v}_2$ et $\mathbf{v}_3$ sont linéairement dépendants.

21. $\begin{bmatrix} 1 & 0 & 0 \\ 0 & -1 & 0 \\ 0 & 0 & 1 \end{bmatrix}$ **23.** $a = 4/5$ et $b = -3/5$

25. a. Le vecteur correspond aux nombres respectifs de trois-pièces, de deux-pièces et de studios si l'on construit x_1 étages selon le plan A.

b. $x_1 \begin{bmatrix} 3 \\ 7 \\ 8 \end{bmatrix} + x_2 \begin{bmatrix} 4 \\ 4 \\ 8 \end{bmatrix} + x_3 \begin{bmatrix} 5 \\ 3 \\ 9 \end{bmatrix}$

c. **[M]** On peut construire soit deux étages selon le plan A et 15 selon le plan B, soit six étages selon le plan A, deux selon le plan B et huit selon le plan C. Ce sont les seules solutions réalisables. Il existe d'autres solutions mathématiques, mais elles nécessiteraient de construire des nombres négatifs ou fractionnaires d'étages selon un ou deux des plans, ce qui n'a physiquement aucun sens.

Chapitre 2

Section 2.1, page 109

1. $\begin{bmatrix} -4 & 0 & 2 \\ -8 & 10 & -4 \end{bmatrix}$, $\begin{bmatrix} 3 & -5 & 3 \\ -7 & 6 & -7 \end{bmatrix}$, non défini,
$\begin{bmatrix} 1 & 13 \\ -7 & -6 \end{bmatrix}$

3. $\begin{bmatrix} -1 & 1 \\ -5 & 5 \end{bmatrix}$, $\begin{bmatrix} 12 & -3 \\ 15 & -6 \end{bmatrix}$

5. a. $A\mathbf{b}_1 = \begin{bmatrix} -7 \\ 7 \\ 12 \end{bmatrix}$, $A\mathbf{b}_2 = \begin{bmatrix} 4 \\ -6 \\ -7 \end{bmatrix}$,

$AB = \begin{bmatrix} -7 & 4 \\ 7 & -6 \\ 12 & -7 \end{bmatrix}$

b. $AB = \begin{bmatrix} -1 \cdot 3 + 2(-2) & -1(-2) + 2 \cdot 1 \\ 5 \cdot 3 + 4(-2) & 5(-2) + 4 \cdot 1 \\ 2 \cdot 3 - 3(-2) & 2(-2) - 3 \cdot 1 \end{bmatrix}$

$= \begin{bmatrix} -7 & 4 \\ 7 & -6 \\ 12 & -7 \end{bmatrix}$

7. 3×7 **9.** $k = 5$

11. $AD = \begin{bmatrix} 2 & 3 & 5 \\ 2 & 6 & 15 \\ 2 & 12 & 25 \end{bmatrix}$, $DA = \begin{bmatrix} 2 & 2 & 2 \\ 3 & 6 & 9 \\ 5 & 20 & 25 \end{bmatrix}$

La multiplication à droite par D multiplie chaque *colonne* de A par le coefficient diagonal correspondant de D, tandis que la multiplication à gauche par D multiplie chaque *ligne* de A par le coefficient diagonal correspondant de D. Il est alors clair que si l'on prend pour B une matrice diagonale

dont tous les coefficients diagonaux sont égaux, on aura $AB = BA$.

13. *Indication :* L'une des deux matrices est Q.

15. Voir les consignes des autres exercices « vrai-faux ».

17. $\mathbf{b}_1 = \begin{bmatrix} 7 \\ 4 \end{bmatrix}$, $\mathbf{b}_2 = \begin{bmatrix} -8 \\ -5 \end{bmatrix}$

19. La troisième colonne de AB est la somme des deux premières colonnes de AB. En effet, si on pose $B = [\mathbf{b}_1 \quad \mathbf{b}_2 \quad \mathbf{b}_3]$, par définition, la troisième colonne de AB est $A\mathbf{b}_3$. Si $\mathbf{b}_3 = \mathbf{b}_1 + \mathbf{b}_2$, alors d'après une propriété de la multiplication d'une matrice par un vecteur, $A\mathbf{b}_3 = A(\mathbf{b}_1 + \mathbf{b}_2) = A\mathbf{b}_1 + A\mathbf{b}_2$.

21. Les colonnes de A sont liées. Pourquoi ?

23. *Indication :* Supposer que $\mathbf{x}$ vérifie $A\mathbf{x} = \mathbf{0}$ et montrer que $\mathbf{x}$ est forcément nul.

25. *Indication :* Utiliser les résultats des exercices 23 et 24, puis appliquer l'associativité du produit matriciel à CAD.

27. $\mathbf{u}^T \mathbf{v} = \mathbf{v}^T \mathbf{u} = -2a + 3b - 4c$

$\mathbf{u}\mathbf{v}^T = \begin{bmatrix} -2a & -2b & -2c \\ 3a & 3b & 3c \\ -4a & -4b & -4c \end{bmatrix}$

$\mathbf{v}\mathbf{u}^T = \begin{bmatrix} -2a & 3a & -4a \\ -2b & 3b & -4b \\ -2c & 3c & -4c \end{bmatrix}$

29. *Indication :* Pour la propriété (b), montrer que le coefficient (i, j) de $A(B + C)$ est égal au coefficient (i, j) de $AB + AC$.

31. *Indication :* Utiliser la définition du produit $I_m A$, ainsi que le fait que pour tout vecteur $\mathbf{x}$ de $\mathbb{R}^m$, $I_m\mathbf{x} = \mathbf{x}$.

33. *Indication :* On écrit d'abord le coefficient (i, j) de $(AB)^T$, qui n'est autre que le coefficient (j, i) de AB. Puis, pour calculer le coefficient (i, j) de $B^T A^T$, on utilise le fait que les coefficients de la ligne i de B^T sont $b_{1i}, \ldots, b_{ni}$, car ce sont les coefficients de la colonne i de B, et que, de même, les coefficients de la colonne j de A^T sont $a_{j1}, \ldots, a_{jn}$.

35. **[M]** Tout dépend évidemment du logiciel utilisé. Pour MATLAB, utiliser la commande `help` pour étudier le fonctionnement des fonctions `zeros`, `ones`, `eye` et `diag`. Pour la TI-86, étudier les commandes `dim`, `fill` et `iden`. La TI-86 ne possède pas de commande « diagonal ».

37. **[M]** Afficher les résultats et conclure.

39. La matrice S « change » les composantes du vecteur (a, b, c, d, e) en $(b, c, d, e, 0)$. S^5 est une matrice nulle 5×5. De même pour S^6.

Section 2.2, page 119

1. $\begin{bmatrix} 2 & -3 \\ -5/2 & 4 \end{bmatrix}$ **3.** $-\dfrac{1}{5}\begin{bmatrix} -5 & -5 \\ 7 & 8 \end{bmatrix}$ ou
$\begin{bmatrix} 1 & 1 \\ -7/5 & -8/5 \end{bmatrix}$

5. $x_1 = 7$ et $x_2 = -9$

7. a et **b** : $\begin{bmatrix} -9 \\ 4 \end{bmatrix}$, $\begin{bmatrix} 11 \\ -5 \end{bmatrix}$, $\begin{bmatrix} 6 \\ -2 \end{bmatrix}$, et $\begin{bmatrix} 13 \\ -5 \end{bmatrix}$

9. Bien lire les énoncés.

11. On peut s'inspirer de la démonstration du théorème 5.

13. $AB = AC \Rightarrow A^{-1}AB = A^{-1}AC \Rightarrow IB = IC \Rightarrow B = C$. En général, B et C peuvent être différentes dans le cas où A n'est pas inversible (voir exercice 10, section 2.1).

15. Montrer que $D = C^{-1}B^{-1}A^{-1}$ convient.

17. $A = BCB^{-1}$

19. Montrer que $X = CB - A$, puis que cette matrice X est une solution.

21. *Indication* : Considérer l'équation $A\mathbf{x} = \mathbf{0}$.

23. *Indication* : Si l'équation $A\mathbf{x} = \mathbf{0}$ admet la solution triviale pour seule solution, alors ce système n'admet aucune inconnue secondaire et les colonnes de A sont toutes des colonnes pivots.

25. *Indication* : Considérer d'abord le cas $a = b = 0$, puis le vecteur $\begin{bmatrix} -b \\ a \end{bmatrix}$ en utilisant le fait que $ad - bc = 0$.

27. *Indication* : Pour (a), on échange les rôles de A et B dans la formule encadrée qui suit l'exemple 6 de la section 2.1, puis on remplace B par la matrice unité. Pour (b) et (c), on commence par écrire

$$A = \begin{bmatrix} \text{ligne}_1(A) \\ \text{ligne}_2(A) \\ \text{ligne}_3(A) \end{bmatrix}$$

29. $\begin{bmatrix} -7 & 2 \\ 4 & -1 \end{bmatrix}$ **31.** $\begin{bmatrix} 8 & 3 & 1 \\ 10 & 4 & 1 \\ 7/2 & 3/2 & 1/2 \end{bmatrix}$

33. La forme générale de A^{-1} est

$$A^{-1} = B = \begin{bmatrix} 1 & 0 & 0 & \cdots & 0 \\ -1 & 1 & 0 & & 0 \\ 0 & -1 & 1 & & \\ \vdots & & & \ddots & \vdots \\ 0 & 0 & \cdots & -1 & 1 \end{bmatrix}$$

Indication : Pour $j = 1, \ldots, n$, on note respectivement $\mathbf{a}_j$, $\mathbf{b}_j$ et $\mathbf{e}_j$ les j^{es} colonnes de A, B et I. On remarque ensuite que $\mathbf{a}_j - \mathbf{a}_{j+1} = \mathbf{e}_j$ et $\mathbf{b}_j = \mathbf{e}_j - \mathbf{e}_{j+1}$ pour $j = 1, \ldots, n - 1$ et que $\mathbf{a}_n = \mathbf{b}_n = \mathbf{e}_n$.

35. La réponse est $\begin{bmatrix} 3 \\ -6 \\ 4 \end{bmatrix}$, que l'on obtient en appliquant la méthode du pivot à $[\; A \quad \mathbf{e}_3 \;]$.

37. $C = \begin{bmatrix} 1 & 1 & -1 \\ -1 & 1 & 0 \end{bmatrix}$

39. On obtient respectivement des flèches de 0,27, de 0,30 et de 0,23 centimètre.

41. [M] On obtient 12 N au premier point, 1,5 N au deuxième, 21,5 N au troisième et 12 N au quatrième.

Section 2.3, page 125

L'abréviation TCMI désignera le théorème de caractérisation des matrices inversibles (théorème 8).

1. Inversible d'après le TCMI. Les colonnes ne sont pas colinéaires, donc elles sont linéairement indépendantes. On peut dire aussi que la matrice est inversible d'après le théorème 4 de la section 2.2, car le déterminant est non nul.

3. On remarque que chaque colonne de A^T possède un pivot, donc d'après le TCMI, A^T est inversible et, toujours d'après ce même TCMI, A est aussi inversible.

5. Non inversible d'après le TCMI. La méthode du pivot transforme la matrice en $\begin{bmatrix} 1 & 0 & 2 \\ 0 & 3 & -5 \\ 0 & 0 & 0 \end{bmatrix}$, qui n'est pas équivalente selon les lignes à I_3.

7. Inversible d'après le TCMI. La méthode du pivot transforme la matrice en $\begin{bmatrix} -1 & -3 & 0 & 1 \\ 0 & -4 & 8 & 0 \\ 0 & 0 & 3 & 0 \\ 0 & 0 & 0 & 1 \end{bmatrix}$, qui admet quatre positions de pivot.

9. [M] La matrice 4×4 admet quatre positions de pivot, donc elle est inversible d'après le TCMI.

11. Bien lire les énoncés.

13. Une matrice carrée triangulaire supérieure est inversible si et seulement si tous ses coefficients diagonaux sont non nuls. Pourquoi ?

Remarque : Dans les corrigés des exercices 15 à 29 ci-après, on utilise systématiquement le TCMI. Mais dans beaucoup de cas, on peut (au moins en partie) se contenter de résultats préliminaires utilisés pour établir le TCMI.

15. Si A possède deux colonnes identiques, elles sont linéairement dépendantes. D'après la propriété (e) du TCMI, A n'est pas inversible.

17. Si A est inversible, alors A^{-1} est inversible, d'après le théorème 6 de la section 2.2. Donc d'après la propriété (e) du TCMI, les colonnes de A^{-1} sont linéairement indépendantes.

19. D'après la propriété (e) du TCMI, D est inversible. Donc d'après la propriété (g) du TCMI, l'équation $D\mathbf{x} = \mathbf{b}$ admet une solution quel que soit le vecteur $\mathbf{b}$ de $\mathbb{R}^7$. Que peut-on dire de plus ?

21. On déduit soit du théorème 5 de la section 2.2, soit du paragraphe qui suit le TCMI que G n'est pas inversible. La propriété (g) du TCMI n'est donc pas vérifiée, donc la propriété (h) ne l'est pas non plus. Les colonnes de G n'engendrent pas $\mathbb{R}^n$.

23. La matrice G ne vérifie pas la propriété (b) du TCMI, donc elle ne vérifie pas non plus les propriétés (e) et (h). On déduit alors que les colonnes de G sont linéairement *dépendantes* et qu'elles *n'engendrent pas* $\mathbb{R}^n$.

25. *Indication* : Utiliser d'abord le TCMI.

27. Soit W l'inverse de AB. On a alors $ABW = I$, ou $A(BW) = I$. Malheureusement, cela ne suffit pas en soi à montrer que A est inversible. Pourquoi ? Achever la démonstration.

29. Comme la transformation $\mathbf{x} \mapsto A\mathbf{x}$ n'est pas injective, la propriété (f) du TCMI n'est pas vérifiée, donc la propriété (i) ne l'est pas non plus. Autrement dit, la transformation $\mathbf{x} \mapsto A\mathbf{x}$ n'est pas surjective de $\mathbb{R}^n$ dans $\mathbb{R}^n$. Donc A n'est pas inversible et, d'après le théorème 9, la transformation $\mathbf{x} \mapsto A\mathbf{x}$ n'est pas inversible.

31. *Indication* : Si l'équation $A\mathbf{x} = \mathbf{b}$ admet une solution pour tout vecteur $\mathbf{b}$ de $\mathbb{R}^n$, alors chaque ligne de A contient un pivot (théorème 4 de la section 1.4). L'équation $A\mathbf{x} = \mathbf{b}$ admet-elle des inconnues non principales ?

33. *Indication* : Montrer d'abord que la matrice canoniquement associée à T est inversible, puis utiliser un ou plusieurs théorèmes pour montrer que $T^{-1}(\mathbf{x}) = B\mathbf{x}$, où l'on a posé $B = \begin{bmatrix} 7 & 9 \\ 4 & 5 \end{bmatrix}$.

35. *Indication* : Pour montrer que T est injective, considérer deux vecteurs $\mathbf{u}$ et $\mathbf{v}$ de $\mathbb{R}^n$ tels que $T(\mathbf{u}) = T(\mathbf{v})$ et montrer que $\mathbf{u} = \mathbf{v}$. Pour montrer que T est surjective, considérer un vecteur quelconque $\mathbf{y}$ de $\mathbb{R}^n$ et en déduire, en utilisant l'inverse S, un vecteur $\mathbf{x}$ tel que $T(\mathbf{x}) = \mathbf{y}$. Une autre méthode consiste à utiliser le théorème 9, ainsi qu'un théorème de la section 1.9.

37. *Indication* : Considérer les matrices canoniquement associées à T et à U.

39. Comme T est surjective, pour tout vecteur $\mathbf{v}$ de $\mathbb{R}^n$, il existe un vecteur $\mathbf{x}$ tel que $\mathbf{v} = T(\mathbf{x})$. Les propriétés de S et U montrent que $S(\mathbf{v}) = S(T(\mathbf{x})) = \mathbf{x}$ et $U(\mathbf{v}) = U(T(\mathbf{x})) = \mathbf{x}$. Donc $S(\mathbf{v})$ et $U(\mathbf{v})$ sont égales pour tout vecteur $\mathbf{v}$. On déduit alors que les fonctions S et U, définies de $\mathbb{R}^n$ dans $\mathbb{R}^n$, sont égales.

41. [M]

   a. La solution exacte de (3) est $x_1 = 3{,}94$ et $x_2 = 0{,}49$. La solution exacte du système modifié (4) est $x_1 = 2{,}90$ et $x_2 = 2{,}00$.

   b. Si l'on utilise la solution de (4) comme approximation de celle de (3), l'erreur commise en utilisant la valeur 2,90 pour x_1 est d'environ 26 % et celle correspondant à la valeur 2,00 pour x_2 est d'environ 308 %.

   c. Le conditionnement de la matrice des coefficients est égal à 3 363. Entre les solutions de (3) et (4), la différence en pourcentage est de l'ordre de 7 700 fois celle qui existe entre les seconds membres des équations. Ce rapport est du même ordre de grandeur que la valeur du conditionnement. Ce dernier mesure grossièrement la sensibilité de la solution du

système $A\mathbf{x} = \mathbf{b}$ aux modifications de $\mathbf{b}$. On trouvera plus d'informations sur le conditionnement d'une matrice à la fin du chapitre 6 et au chapitre 7.

43. [M] $\mathrm{cond}(A) \approx 69\,000$, qui est compris entre 10^4 et 10^5. On peut donc perdre quatre ou cinq chiffres significatifs. En faisant plusieurs expériences avec MATLAB, on voit que $\mathbf{x}$ et $\mathbf{x}_1$ ont en commun 11 ou 12 chiffres.

45. [M] Certaines versions de MATLAB affichent un avertissement quand on demande d'inverser une matrice de Hilbert d'ordre élevé (12 ou plus) par un calcul en virgule flottante. En principe, on devrait obtenir un produit AA^{-1} avec plusieurs coefficients non diagonaux qui sont très loin de valoir 0. Essayer avec des matrices plus grandes si ce n'est pas le cas.

Section 2.4, page 132

1. $\begin{bmatrix} A & B \\ EA + C & EB + D \end{bmatrix}$ **3.** $\begin{bmatrix} Y & Z \\ W & X \end{bmatrix}$

5. $Y = B^{-1}$ (expliquer), $X = -B^{-1}A$, $Z = C$

7. $X = A^{-1}$ (pourquoi ?), $Y = -BA^{-1}$, $Z = 0$ (pourquoi ?)

9. $X = -A_{21}A_{11}^{-1}$, $Y = -A_{31}A_{11}^{-1}$, $B_{22} = A_{22} - A_{21}A_{11}^{-1}A_{12}$

11. Bien réfléchir.

13. *Indications* : Supposer A inversible et poser $A^{-1} = \begin{bmatrix} D & E \\ F & G \end{bmatrix}$. Montrer que $BD = I$ et $CG = I$, ce qui implique que B et C sont inversibles (expliquer pourquoi !). Supposer, inversement, que B et C sont inversibles. Pour montrer que A est inversible, essayer de deviner la forme de A^{-1} et vérifier le résultat.

15. $\begin{bmatrix} A_{11} & A_{12} \\ A_{21} & A_{22} \end{bmatrix} =$
$\begin{bmatrix} I & 0 \\ A_{21}A_{11}^{-1} & I \end{bmatrix}\begin{bmatrix} A_{11} & 0 \\ 0 & S \end{bmatrix}\begin{bmatrix} I & A_{11}^{-1}A_{12} \\ 0 & I \end{bmatrix}$
avec $S = A_{22} - A_{21}A_{11}^{-1}A_{12}$

17. $G_{k+1} = \begin{bmatrix} X_k & \mathbf{x}_{k+1} \end{bmatrix}\begin{bmatrix} X_k^T \\ \mathbf{x}_{k+1}^T \end{bmatrix} = X_k X_k^T + \mathbf{x}_{k+1}\mathbf{x}_{k+1}^T$
$\quad = G_k + \mathbf{x}_{k+1}\mathbf{x}_{k+1}^T$
Seul le calcul du produit extérieur $\mathbf{x}_{k+1}\mathbf{x}_{k+1}^T$ est nécessaire (on l'ajoute ensuite à G_k).

19. $W(s) = I_m - C(A - sI_n)^{-1}B$. Il s'agit du complément de Schur de $A - sI_n$ dans la matrice du système.

21. **a.** $A^2 = \begin{bmatrix} 1 & 0 \\ 3 & -1 \end{bmatrix}\begin{bmatrix} 1 & 0 \\ 3 & -1 \end{bmatrix}$
$\quad = \begin{bmatrix} 1+0 & 0+0 \\ 3-3 & 0+(-1)^2 \end{bmatrix} = \begin{bmatrix} 1 & 0 \\ 0 & 1 \end{bmatrix}$

   b. $M^2 = \begin{bmatrix} A & 0 \\ I & -A \end{bmatrix}\begin{bmatrix} A & 0 \\ I & -A \end{bmatrix}$
$\quad = \begin{bmatrix} A^2+0 & 0+0 \\ A-A & 0+(-A)^2 \end{bmatrix} = \begin{bmatrix} I & 0 \\ 0 & I \end{bmatrix}$

23. Si A_1 et B_1 sont deux matrices $(k + 1) \times (k + 1)$ triangulaires inférieures, on écrit A_1 sous la forme $\begin{bmatrix} a & \mathbf{0}^T \\ \mathbf{v} & A \end{bmatrix}$ et B_1 sous la forme $\begin{bmatrix} b & \mathbf{0}^T \\ \mathbf{w} & B \end{bmatrix}$, où A et B sont deux matrices $k \times k$ triangulaires inférieures, $\mathbf{v}$ et $\mathbf{w}$ des vecteurs de $\mathbb{R}^k$ et a et b des scalaires. En supposant que le produit de deux matrices $k \times k$ triangulaires inférieures est triangulaire inférieur, on calcule le produit $A_1 B_1$ et l'on conclut.

25. On utilise l'exercice 13 pour inverser les matrices de la forme $B = \begin{bmatrix} B_{11} & 0 \\ 0 & B_{22} \end{bmatrix}$, où B_{11} est de type $p \times p$, où B_{22} est de type $q \times q$ et où B est inversible. On partitionne ensuite la matrice A et l'on applique le résultat précédent deux fois pour obtenir

$$A^{-1} = \begin{bmatrix} -5 & 2 & 0 & 0 & 0 \\ 3 & -1 & 0 & 0 & 0 \\ 0 & 0 & 1/2 & 0 & 0 \\ 0 & 0 & 0 & 3 & -4 \\ 0 & 0 & 0 & -5/2 & 7/2 \end{bmatrix}$$

27. a., b. Les commandes à utiliser dépendent évidemment du logiciel.

c. On écrit le système à l'aide de matrices par blocs

$$\begin{bmatrix} A_{11} & 0 \\ A_{21} & A_{22} \end{bmatrix} \begin{bmatrix} \mathbf{x}_1 \\ \mathbf{x}_2 \end{bmatrix} = \begin{bmatrix} \mathbf{b}_1 \\ \mathbf{b}_2 \end{bmatrix}$$

où $\mathbf{x}_1$ et $\mathbf{b}_1$ appartiennent à $\mathbb{R}^{20}$ et où $\mathbf{x}_2$ et $\mathbf{b}_2$ appartiennent à $\mathbb{R}^{30}$. On a $A_{11}\mathbf{x}_1 = \mathbf{b}_1$, que l'on peut résoudre en déterminant $\mathbf{x}_1$. L'équation $A_{21}\mathbf{x}_1 + A_{22}\mathbf{x}_2 = \mathbf{b}_2$ conduit à $A_{22}\mathbf{x}_2 = \mathbf{b}_2 - A_{21}\mathbf{x}_1$, que l'on peut à son tour résoudre en déterminant $\mathbf{x}_2$, en appliquant la méthode du pivot à $[A_{22} \quad \mathbf{c}]$, avec $\mathbf{c} = \mathbf{b}_2 - A_{21}\mathbf{x}_1$.

Section 2.5, page 141

1. $L\mathbf{y} = \mathbf{b} \Rightarrow \mathbf{y} = \begin{bmatrix} -7 \\ -2 \\ 6 \end{bmatrix}$, $U\mathbf{x} = \mathbf{y} \Rightarrow \mathbf{x} = \begin{bmatrix} 3 \\ 4 \\ -6 \end{bmatrix}$

3. $\mathbf{y} = \begin{bmatrix} 1 \\ 3 \\ 3 \end{bmatrix}$, $\mathbf{x} = \begin{bmatrix} -1 \\ 3 \\ 3 \end{bmatrix}$ **5.** $\mathbf{y} = \begin{bmatrix} 1 \\ 5 \\ 1 \\ -3 \end{bmatrix}$, $\mathbf{x} = \begin{bmatrix} -2 \\ -1 \\ 2 \\ -3 \end{bmatrix}$

7. $LU = \begin{bmatrix} 1 & 0 \\ -3/2 & 1 \end{bmatrix} \begin{bmatrix} 2 & 5 \\ 0 & 7/2 \end{bmatrix}$

9. $\begin{bmatrix} 1 & 0 & 0 \\ -1 & 1 & 0 \\ 3 & 2/3 & 1 \end{bmatrix} \begin{bmatrix} 3 & -1 & 2 \\ 0 & -3 & 12 \\ 0 & 0 & -8 \end{bmatrix}$

11. $\begin{bmatrix} 1 & 0 & 0 \\ 2 & 1 & 0 \\ -1/3 & 1 & 1 \end{bmatrix} \begin{bmatrix} 3 & -6 & 3 \\ 0 & 5 & -4 \\ 0 & 0 & 5 \end{bmatrix}$

13. $\begin{bmatrix} 1 & 0 & 0 & 0 \\ -1 & 1 & 0 & 0 \\ 4 & 5 & 1 & 0 \\ -2 & -1 & 0 & 1 \end{bmatrix} \begin{bmatrix} 1 & 3 & -5 & -3 \\ 0 & -2 & 3 & 1 \\ 0 & 0 & 0 & 0 \\ 0 & 0 & 0 & 0 \end{bmatrix}$

15. $\begin{bmatrix} 1 & 0 & 0 \\ 3 & 1 & 0 \\ -1/2 & -2 & 1 \end{bmatrix} \begin{bmatrix} 2 & -4 & 4 & -2 \\ 0 & 3 & -5 & 3 \\ 0 & 0 & 0 & 5 \end{bmatrix}$

17. $U^{-1} = \begin{bmatrix} 1/4 & 3/8 & 1/4 \\ 0 & -1/2 & 1/2 \\ 0 & 0 & 1/2 \end{bmatrix}$

$L^{-1} = \begin{bmatrix} 1 & 0 & 0 \\ 1 & 1 & 0 \\ -2 & 0 & 1 \end{bmatrix}$

$A^{-1} = \begin{bmatrix} 1/8 & 3/8 & 1/4 \\ -3/2 & -1/2 & 1/2 \\ -1 & 0 & 1/2 \end{bmatrix}$

19. *Indication :* Penser à appliquer la méthode du pivot à $[A \quad I]$.

21. *Indication :* Représenter les opérations sur les lignes par une suite de matrices élémentaires.

23. a. On considère les lignes de D comme des transposées de vecteurs colonnes. Le produit par blocs donne alors

$$A = CD = \begin{bmatrix} \mathbf{c}_1 & \cdots & \mathbf{c}_4 \end{bmatrix} \begin{bmatrix} \mathbf{v}_1^T \\ \vdots \\ \mathbf{v}_4^T \end{bmatrix}$$
$$= \mathbf{c}_1 \mathbf{v}_1^T + \cdots + \mathbf{c}_4 \mathbf{v}_4^T$$

b. A possède 40 000 coefficients. Comme C en a 1 600 et D 400, elles n'occupent à elles deux que 5 % de la mémoire nécessaire au stockage de A.

25. Expliquer pourquoi U, D et V^T sont inversibles, puis utiliser un théorème sur l'inverse d'un produit de matrices inversibles.

27. a.

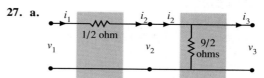

b.

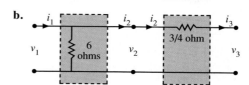

29. a. $\begin{bmatrix} 1 + R_2/R_1 & -R_2 \\ -1/R_1 - R_2/(R_1 R_3) - 1/R_3 & 1 + R_2/R_3 \end{bmatrix}$

b. $A = \begin{bmatrix} 1 & 0 \\ -1/6 & 1 \end{bmatrix} \begin{bmatrix} 1 & -12 \\ 0 & 1 \end{bmatrix} \begin{bmatrix} 1 & 0 \\ -1/36 & 1 \end{bmatrix}$

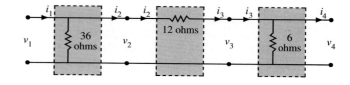

31. [M]

a. $L =$

$$\begin{bmatrix} 1 & 0 & 0 & 0 & 0 & 0 & 0 & 0 \\ -0{,}25 & 1 & 0 & 0 & 0 & 0 & 0 & 0 \\ -0{,}25 & -0{,}0667 & 1 & 0 & 0 & 0 & 0 & 0 \\ 0 & -0{,}2667 & -0{,}2857 & 1 & 0 & 0 & 0 & 0 \\ 0 & 0 & -0{,}2679 & -0{,}0833 & 1 & 0 & 0 & 0 \\ 0 & 0 & 0 & -0{,}2917 & -0{,}2921 & 1 & 0 & 0 \\ 0 & 0 & 0 & 0 & -0{,}2697 & -0{,}0861 & 1 & 0 \\ 0 & 0 & 0 & 0 & 0 & -0{,}2948 & -0{,}2931 & 1 \end{bmatrix}$$

$$U = \begin{bmatrix} 4 & -1 & -1 & 0 & 0 & 0 & 0 & 0 \\ 0 & 3{,}75 & -0{,}25 & -1 & 0 & 0 & 0 & 0 \\ 0 & 0 & 3{,}7333 & -1{,}0667 & -1 & 0 & 0 & 0 \\ 0 & 0 & 0 & 3{,}4286 & -0{,}2857 & -1 & 0 & 0 \\ 0 & 0 & 0 & 0 & 3{,}7083 & -1{,}0833 & -1 & 0 \\ 0 & 0 & 0 & 0 & 0 & 3{,}3919 & -0{,}2921 & -1 \\ 0 & 0 & 0 & 0 & 0 & 0 & 3{,}7052 & -1{,}0861 \\ 0 & 0 & 0 & 0 & 0 & 0 & 0 & 3{,}3868 \end{bmatrix}$$

b. $\mathbf{x} =$
$(3{,}9569\,;\,6{,}5885\,;\,4{,}2392\,;\,7{,}3971\,;\,5{,}6029\,;\,8{,}7608\,;\,9{,}4115\,;\,12{,}0431)$

c. $A^{-1} =$
$$\begin{bmatrix} 0{,}2953 & 0{,}0866 & 0{,}0945 & 0{,}0509 & 0{,}0318 & 0{,}0227 & 0{,}0100 & 0{,}0082 \\ 0{,}0866 & 0{,}2953 & 0{,}0509 & 0{,}0945 & 0{,}0227 & 0{,}0318 & 0{,}0082 & 0{,}0100 \\ 0{,}0945 & 0{,}0509 & 0{,}3271 & 0{,}1093 & 0{,}1045 & 0{,}0591 & 0{,}0318 & 0{,}0227 \\ 0{,}0509 & 0{,}0945 & 0{,}1093 & 0{,}3271 & 0{,}0591 & 0{,}1045 & 0{,}0227 & 0{,}0318 \\ 0{,}0318 & 0{,}0227 & 0{,}1045 & 0{,}0591 & 0{,}3271 & 0{,}1093 & 0{,}0945 & 0{,}0509 \\ 0{,}0227 & 0{,}0318 & 0{,}0591 & 0{,}1045 & 0{,}1093 & 0{,}3271 & 0{,}0509 & 0{,}0945 \\ 0{,}0100 & 0{,}0082 & 0{,}0318 & 0{,}0227 & 0{,}0945 & 0{,}0509 & 0{,}2953 & 0{,}0866 \\ 0{,}0082 & 0{,}0100 & 0{,}0227 & 0{,}0318 & 0{,}0509 & 0{,}0945 & 0{,}0866 & 0{,}2953 \end{bmatrix}$$

Déterminer A^{-1} directement, puis calculer
$A^{-1} - U^{-1}L^{-1}$ pour comparer les deux méthodes
d'inversion de matrice.

Section 2.6, page 148

1. $C = \begin{bmatrix} 0{,}10 & 0{,}60 & 0{,}60 \\ 0{,}30 & 0{,}20 & 0 \\ 0{,}30 & 0{,}10 & 0{,}10 \end{bmatrix}$,

$\begin{Bmatrix} \text{demande} \\ \text{intermédiaire} \end{Bmatrix} = \begin{bmatrix} 60 \\ 20 \\ 10 \end{bmatrix}$

3. $\mathbf{x} = \begin{bmatrix} 40 \\ 15 \\ 15 \end{bmatrix}$ **5.** $\mathbf{x} = \begin{bmatrix} 110 \\ 120 \end{bmatrix}$

7. **a.** $\begin{bmatrix} 1{,}6 \\ 1{,}2 \end{bmatrix}$ **b.** $\begin{bmatrix} 111{,}6 \\ 121{,}2 \end{bmatrix}$

9. $\mathbf{x} = \begin{bmatrix} 82{,}8 \\ 131{,}0 \\ 110{,}3 \end{bmatrix}$

11. *Indication :* En utilisant les propriétés de la transposition,
on obtient $\mathbf{p}^T = \mathbf{p}^T C + \mathbf{v}^T$, d'où
$\mathbf{p}^T \mathbf{x} = (\mathbf{p}^T C + \mathbf{v}^T)\mathbf{x} = \mathbf{p}^T C \mathbf{x} + \mathbf{v}^T \mathbf{x}$. On compare ensuite
cette relation avec l'expression de $\mathbf{p}^T \mathbf{x}$ déduite de
l'équation de production.

13. [M]
$\mathbf{x} = (99\,576,\,97\,703,\,51\,231,\,131\,570,\,49\,488,\,329\,554,\,13\,835)$.
Les composantes du résultat $\mathbf{x}$ sont données ici avec une
précision supérieure à celle des composantes de $\mathbf{d}$, qui
semblent avoir été arrondies au millier de dollars près.
Une réponse plus raisonnable par rapport à la précision
des données serait plutôt
$\mathbf{x} = 1\,000 \times (100, 98, 51, 132, 49, 330, 14)$.

15. [M] $\mathbf{x}^{(12)}$ est le premier vecteur approchant le résultat avec
une précision de l'ordre du millier. Le calcul de $\mathbf{x}^{(12)}$
nécessite environ 1 260 flops, tandis que l'application de la
méthode du pivot à $[(I - C)\,\mathbf{d}]$ ne demande que 550 flops.
Si C était d'une taille supérieure à 20×20, il faudrait
moins d'opérations pour calculer itérativement $\mathbf{x}^{(12)}$ que
pour calculer $\mathbf{x}$ par la méthode du pivot. Plus la taille de C
augmente, plus la méthode itérative devient intéressante. En
outre, plus le modèle économique prend de secteurs en
compte, plus la matrice C est creuse (c'est-à-dire qu'elle
comporte beaucoup de 0), ce qui diminue encore le nombre
d'itérations pour arriver à une bonne précision.

Section 2.7, page 157

1. $\begin{bmatrix} 1 & 0{,}25 & 0 \\ 0 & 1 & 0 \\ 0 & 0 & 1 \end{bmatrix}$

3. $\begin{bmatrix} \sqrt{2}/2 & -\sqrt{2}/2 & \sqrt{2} \\ \sqrt{2}/2 & \sqrt{2}/2 & 2\sqrt{2} \\ 0 & 0 & 1 \end{bmatrix}$

5. $\begin{bmatrix} \sqrt{3}/2 & 1/2 & 0 \\ 1/2 & -\sqrt{3}/2 & 0 \\ 0 & 0 & 1 \end{bmatrix}$

7. $\begin{bmatrix} 1/2 & -\sqrt{3}/2 & 3 + 4\sqrt{3} \\ \sqrt{3}/2 & 1/2 & 4 - 3\sqrt{3} \\ 0 & 0 & 1 \end{bmatrix}$
(voir exercice d'entraînement).

9. $A(BD)$ nécessite 1600 multiplications, alors qu'il en
faut 808 pour $(AB)D$. La première méthode demande donc
deux fois plus de multiplications. Si D avait 20 000
colonnes, ces nombres seraient respectivement de 160 000
et 80 008.

11. On utilise la relation
$$\frac{1}{\cos \varphi} - \tan \varphi \sin \varphi = \frac{1}{\cos \varphi} - \frac{\sin^2 \varphi}{\cos \varphi} = \cos \varphi.$$

13. $\begin{bmatrix} A & \mathbf{p} \\ \mathbf{0}^T & 1 \end{bmatrix} = \begin{bmatrix} I & \mathbf{p} \\ \mathbf{0}^T & 1 \end{bmatrix} \begin{bmatrix} A & \mathbf{0} \\ \mathbf{0}^T & 1 \end{bmatrix}$. Appliquer d'abord
l'application linéaire associée à A, puis faire une translation
de $\mathbf{p}$.

15. $(12, -6, 3)$ **17.** $\begin{bmatrix} 1 & 0 & 0 & 0 \\ 0 & 1/2 & -\sqrt{3}/2 & 0 \\ 0 & \sqrt{3}/2 & 1/2 & 0 \\ 0 & 0 & 0 & 1 \end{bmatrix}$

19. Le triangle de sommets $(7, 2, 0)$, $(7{,}5\,;\,5\,;\,0)$, $(5, 5, 0)$

21. [M] $\begin{bmatrix} 2{,}2586 & -1{,}0395 & -0{,}3473 \\ -1{,}3495 & 2{,}3441 & 0{,}0696 \\ 0{,}0910 & -0{,}3046 & 1{,}2777 \end{bmatrix} \begin{bmatrix} X \\ Y \\ Z \end{bmatrix} = \begin{bmatrix} R \\ V \\ B \end{bmatrix}$

Section 2.8, page 165

1. L'ensemble est stable par addition, mais pas par multiplication par un scalaire strictement négatif (donner un
exemple sur le dessin).

3. L'ensemble n'est stable ni par addition, ni par multiplication par un scalaire.

5. Non. Le système associé à la matrice complète $[\mathbf{v}_1 \quad \mathbf{v}_2 \quad \mathbf{w}]$ est non compatible.

7. **a.** Les trois vecteurs $\mathbf{v}_1, \mathbf{v}_2,$ et $\mathbf{v}_3$.

   b. Une infinité.

   c. Oui, car le système $A\mathbf{x} = \mathbf{p}$ admet une solution.

9. Non, car $A\mathbf{p} \neq \mathbf{0}$.

11. $p = 4$ et $q = 3$. Ker A est un sous-espace vectoriel de $\mathbb{R}^4$ car les solutions de $A\mathbf{x} = \mathbf{0}$ doivent avoir quatre composantes afin de correspondre au nombre de colonnes de A. Im A est un sous-espace de $\mathbb{R}^3$ car les vecteurs colonnes ont trois composantes.

13. Pour Ker A, les vecteurs $(1, -2, 1, 0)$ ou $(-1, 4, 0, 1)$ conviennent. Pour Im A, on peut par exemple prendre n'importe quelle colonne de A.

15. Soit A la matrice dont les colonnes sont les vecteurs proposés. Cette matrice est inversible car son déterminant est non nul ; donc, d'après le TCMI (ou l'exemple 5), ses colonnes forment une base de $\mathbb{R}^2$ (on peut justifier de plusieurs autres façons l'inversibilité de A).

17. Soit A la matrice dont les colonnes sont les vecteurs proposés. En réduisant, on voit apparaître trois pivots, donc A est inversible. D'après le TCMI, les colonnes de A forment une base de $\mathbb{R}^3$.

19. Soit A la matrice 3×2 dont les colonnes sont les vecteurs proposés. Les colonnes de A ne peuvent pas engendrer $\mathbb{R}^3$ car il ne peut pas y avoir un pivot dans chaque ligne. Les colonnes ne forment donc pas une base de $\mathbb{R}^3$ (elles forment une base d'un plan vectoriel de $\mathbb{R}^3$).

21. Bien lire la section avant de répondre. Cette section présente un vocabulaire et des notions fondamentales qu'il est indispensable d'avoir bien compris avant de continuer.

23. Base de Im A : $\begin{bmatrix} 4 \\ 6 \\ 3 \end{bmatrix}, \begin{bmatrix} 5 \\ 5 \\ 4 \end{bmatrix}$

Base de Ker A : $\begin{bmatrix} 4 \\ -5 \\ 1 \\ 0 \end{bmatrix}, \begin{bmatrix} -7 \\ 6 \\ 0 \\ 1 \end{bmatrix}$

25. Base de Im A : $\begin{bmatrix} 1 \\ -1 \\ -2 \\ 3 \end{bmatrix}, \begin{bmatrix} 4 \\ 2 \\ 2 \\ 6 \end{bmatrix}, \begin{bmatrix} -3 \\ 3 \\ 5 \\ -5 \end{bmatrix}$

Base de Ker A : $\begin{bmatrix} 2 \\ -2,5 \\ 1 \\ 0 \\ 0 \end{bmatrix}, \begin{bmatrix} -7 \\ 0,5 \\ 0 \\ -4 \\ 1 \end{bmatrix}$

27. Il suffit de prendre une matrice 3×3 non nulle quelconque et une combinaison linéaire de ses colonnes autre que les colonnes elles-mêmes.

29. *Indication :* Il faut une matrice non nulle dont les colonnes sont linéairement dépendantes.

31. Si Im $F \neq \mathbb{R}^5$, cela signifie que les colonnes de F n'engendrent pas $\mathbb{R}^5$. Comme F est carrée, il résulte alors du TCMI que F n'est pas inversible, donc que l'équation $F\mathbf{x} = \mathbf{0}$ admet une solution non triviale. Par conséquent, Ker F contient un vecteur non nul, ce que l'on peut écrire Ker $F \neq \{\mathbf{0}\}$.

33. Si Im $Q = \mathbb{R}^4$, alors les colonnes de Q engendrent $\mathbb{R}^4$. Comme Q est carrée, il résulte alors du TCMI que Q est inversible et que l'équation $Q\mathbf{x} = \mathbf{b}$ admet une solution pour tout $\mathbf{b}$ dans $\mathbb{R}^4$. D'après le théorème 5 de la section 2.2, cette solution est, de plus, unique.

35. Si les colonnes de B sont linéairement indépendantes, alors l'équation $B\mathbf{x} = \mathbf{0}$ admet uniquement la solution triviale (zéro). Ainsi, Ker $B = \{\mathbf{0}\}$.

37. [M] On calcule la forme échelonnée réduite de A et l'on prend la famille des colonnes pivots de A comme base de Im A. Pour Ker A, on écrit la solution générale de $A\mathbf{x} = \mathbf{0}$ sous forme paramétrique vectorielle.

Base de Im A : $\begin{bmatrix} 3 \\ -7 \\ -5 \\ 3 \end{bmatrix}, \begin{bmatrix} -5 \\ 9 \\ 7 \\ -7 \end{bmatrix}$

Base de Ker A : $\begin{bmatrix} -2,5 \\ -1,5 \\ 1 \\ 0 \\ 0 \end{bmatrix}, \begin{bmatrix} 4,5 \\ 2,5 \\ 0 \\ 1 \\ 0 \end{bmatrix}, \begin{bmatrix} -3,5 \\ -1,5 \\ 0 \\ 0 \\ 1 \end{bmatrix}$

Section 2.9, page 171

1. $\mathbf{x} = 3\mathbf{b}_1 + 2\mathbf{b}_2 = 3\begin{bmatrix} 1 \\ 1 \end{bmatrix} + 2\begin{bmatrix} 2 \\ -1 \end{bmatrix} = \begin{bmatrix} 7 \\ 1 \end{bmatrix}$

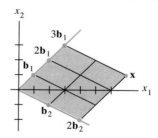

3. $\begin{bmatrix} 7 \\ 5 \end{bmatrix}$ **5.** $\begin{bmatrix} 1/4 \\ -5/4 \end{bmatrix}$

7. $[\mathbf{w}]_{\mathcal{B}} = \begin{bmatrix} 2 \\ -1 \end{bmatrix}, [\mathbf{x}]_{\mathcal{B}} = \begin{bmatrix} 1,5 \\ 0,5 \end{bmatrix}$

9. Base de Im A : $\begin{bmatrix} 1 \\ -3 \\ 2 \\ -4 \end{bmatrix}, \begin{bmatrix} 2 \\ -1 \\ 4 \\ 2 \end{bmatrix}, \begin{bmatrix} -4 \\ 5 \\ -3 \\ 7 \end{bmatrix}$; dim Im $A = 3$

Base de Ker A : $\begin{bmatrix} 3 \\ 1 \\ 0 \\ 0 \end{bmatrix}$; dim Ker $A = 1$

11. Base de Im A : $\begin{bmatrix} 1 \\ 2 \\ -3 \\ 3 \end{bmatrix}, \begin{bmatrix} 2 \\ 5 \\ -9 \\ 10 \end{bmatrix}, \begin{bmatrix} 0 \\ 4 \\ -7 \\ 11 \end{bmatrix}$; dim Im $A = 3$

Base de Ker A : $\begin{bmatrix} 9 \\ -2 \\ 1 \\ 0 \\ 0 \end{bmatrix}, \begin{bmatrix} -5 \\ 3 \\ 0 \\ -2 \\ 1 \end{bmatrix}$; dim Ker $A = 2$

13. Les vecteurs $\mathbf{v}_1$, $\mathbf{v}_3$ et $\mathbf{v}_4$ forment une base du sous-espace engendré par les vecteurs indiqués. Ce sous-espace est donc de dimension 3.

15. Im $A = \mathbb{R}^3$ car chaque ligne de A contient un pivot, donc les colonnes de A engendrent $\mathbb{R}^3$. Il est impossible d'avoir Ker $A = \mathbb{R}^2$ car Ker A est un sous-espace vectoriel de $\mathbb{R}^5$. Ce qui est en revanche exact, c'est que Ker A est de dimension 2. L'équation $A\mathbf{x} = \mathbf{0}$ possède en effet deux inconnues non principales, car A est composée de cinq colonnes dont trois seulement sont des colonnes pivots.

17. Voir la méthode de travail des autres exercices « vrai-faux ».

19. Dire que l'espace des solutions du système $A\mathbf{x} = \mathbf{0}$ admet une base de trois vecteurs revient à dire que dim Ker $A = 3$. Puisqu'une matrice 5×7 possède sept colonnes, il résulte du théorème du rang que rang $A = 7 - \dim \text{Ker } A = 4$.

21. Une matrice 7×6 possède six colonnes. D'après le théorème du rang, dim Ker $A = 6 - \text{rang } A$. Comme le rang est 4, on a dim Ker $A = 2$, c'est-à-dire que l'espace des solutions de l'équation $A\mathbf{x} = \mathbf{0}$ est de dimension 2.

23. On construit une matrice A de type 3×4 admettant deux colonnes pivots. Les deux colonnes restantes correspondent alors aux inconnues non principales du système $A\mathbf{x} = \mathbf{0}$. La construction demandée est donc possible. Il existe six possibilités pour placer les deux colonnes pivots dans la matrice, l'une d'elles étant la suivante :

$$\begin{bmatrix} \blacksquare & * & * & * \\ 0 & \blacksquare & * & * \\ 0 & 0 & 0 & 0 \end{bmatrix}$$

Une simple construction consiste à prendre deux vecteurs de $\mathbb{R}^3$ linéairement indépendants. On les place deux fois dans une matrice, dans un ordre quelconque. La matrice résultante aura évidemment un espace image à deux dimensions, et donc, d'après le théorème du rang, dim Ker $A = 4 - \text{rang } A$.

25. Par définition, les p colonnes de A engendrent Im A. Si dim Im $A = p$, alors, d'après le théorème de caractérisation des bases, cette famille génératrice de p colonnes est automatiquement une base de Im A. Il en résulte en particulier que c'est une famille libre.

27. a. *Indication :* Les colonnes de B engendrent W et les vecteurs $\mathbf{a}_j$ sont dans W. Le vecteur $\mathbf{c}_j$ appartient à $\mathbb{R}^p$ car B possède p colonnes.

b. *Indication :* Quelle est la taille de C ?

c. *Indication :* Quelle relation peut-on écrire entre A d'une part et B et C d'autre part ?

29. [M] Le calcul montre que la matrice $[\,\mathbf{v}_1 \quad \mathbf{v}_2 \quad \mathbf{x}\,]$ est la matrice complète d'un système compatible. Les composantes de $\mathbf{x}$ dans la base $\mathcal{B}$ sont $(-5/3, 8/3)$.

Chapitre 2 Exercices supplémentaires, page 174

1. a. V **b.** F **c.** V **d.** F **e.** F **f.** F
g. V **h.** V **i.** V **j.** F **k.** V **l.** F
m. F **n.** V **o.** F **p.** V

3. I

5. $A^2 = 2A - I$. On multiplie par A : $A^3 = 2A^2 - A$.
On remplace en utilisant $A^2 = 2A - I$:
$A^3 = 2(2A - I) - A = 3A - 2I$
On multiplie de nouveau par A :
$A^4 = A(3A - 2I) = 3A^2 - 2A$
On remplace de nouveau A^2 :
$A^4 = 3(2A - I) - 2A = 4A - 3I$

7. $\begin{bmatrix} 10 & -1 \\ 9 & 10 \\ -5 & -3 \end{bmatrix}$ **9.** $\begin{bmatrix} -3 & 13 \\ -8 & 27 \end{bmatrix}$

11. a. $p(x_i) = c_0 + c_1 x_i + \cdots + c_{n-1} x_i^{n-1}$

$$= \text{lgn}_i(V) \cdot \begin{bmatrix} c_0 \\ \vdots \\ c_{n-1} \end{bmatrix} = \text{lgn}_i(V\mathbf{c}) = y_i$$

b. On suppose $x_1, \ldots, x_n$ distincts. Soit $\mathbf{c}$ un vecteur tel que $V\mathbf{c} = \mathbf{0}$. Les composantes de $\mathbf{c}$ sont les coefficients d'un polynôme s'annulant aux points distincts $x_1, \ldots, x_n$. Mais un polynôme non nul de degré $n - 1$ ne peut pas admettre n zéros, donc le polynôme est identiquement nul, ce qui signifie que toutes les composantes de $\mathbf{c}$ sont nulles. On a bien montré que les colonnes de V étaient linéairement indépendantes.

c. *Indication :* Si $x_1, \ldots, x_n$ sont distincts, il existe un vecteur $\mathbf{c}$ tel que $V\mathbf{c} = \mathbf{y}$. Pourquoi ?

13. a. $P^2 = (\mathbf{uu}^T)(\mathbf{uu}^T) = \mathbf{u}(\mathbf{u}^T\mathbf{u})\mathbf{u}^T = \mathbf{u}(1)\mathbf{u}^T = P$
b. $P^T = (\mathbf{uu}^T)^T = \mathbf{u}^{TT}\mathbf{u}^T = \mathbf{uu}^T = P$
c. $Q^2 = (I - 2P)(I - 2P)$
$\quad = I - I(2P) - 2PI + 2P(2P)$
$\quad = I - 4P + 4P^2 = I$ [d'après la question (a)]

15. Chaque multiplication par une matrice élémentaire revient à effectuer une opération élémentaire sur les lignes :

$$B \sim E_1 B \sim E_2 E_1 B \sim E_3 E_2 E_1 B = C$$

Donc B est équivalente selon les lignes à C. Comme les opérations élémentaires sur les lignes sont réversibles, C est équivalente selon les lignes à B. On pouvait aussi transformer C en B en utilisant les opérations élémentaires sur les lignes associées aux inverses des E_i.

17. Comme B est une matrice 4×6 (avec plus de colonnes que de lignes), ses six colonnes sont linéairement dépendantes, donc il existe un vecteur non nul $\mathbf{x}$ tel que $B\mathbf{x} = \mathbf{0}$. Donc $AB\mathbf{x} = A\mathbf{0} = \mathbf{0}$, et il résulte du théorème de caractérisation des matrices inversibles que AB n'est pas inversible.

19. [M] Quand k tend vers l'infini, on obtient, avec une précision de quatre décimales, les limites

$$A^k \rightarrow \begin{bmatrix} 0{,}2857 & 0{,}2857 & 0{,}2857 \\ 0{,}4286 & 0{,}4286 & 0{,}4286 \\ 0{,}2857 & 0{,}2857 & 0{,}2857 \end{bmatrix} \text{ et}$$

$$B^k \rightarrow \begin{bmatrix} 0{,}2022 & 0{,}2022 & 0{,}2022 \\ 0{,}3708 & 0{,}3708 & 0{,}3708 \\ 0{,}4270 & 0{,}4270 & 0{,}4270 \end{bmatrix}$$

soit, sous forme rationnelle,

$$A^k \rightarrow \begin{bmatrix} 2/7 & 2/7 & 2/7 \\ 3/7 & 3/7 & 3/7 \\ 2/7 & 2/7 & 2/7 \end{bmatrix} \text{ et}$$

$$B^k \rightarrow \begin{bmatrix} 18/89 & 18/89 & 18/89 \\ 33/89 & 33/89 & 33/89 \\ 38/89 & 38/89 & 38/89 \end{bmatrix}$$

Chapitre 3

Section 3.1, page 182

1. 1   **3.** 0   **5.** -24 **7.** 4

9. 15. Commencer par la ligne 3.

11. -18. Commencer par la colonne 1 ou la ligne 4.

13. 6. Commencer par la ligne 2 ou la colonne 2.

15. 24   **17.** -10

19. $ad - bc, cb - da$. L'échange de deux lignes change le signe du déterminant.

21. $2, (12 + 6k) - (10 + 6k) = 2$. Une opération de remplacement ne change pas le déterminant.

23. $-7, k(-8) - 0(5) + k(1) = -7k$. Multiplier une ligne par une constante k multiplie le déterminant par k.

25. 1   **27.** 1   **29.** k

31. 1. La matrice est triangulaire (supérieure ou inférieure) et n'a que des 1 sur la diagonale. Le déterminant est égal au produit des éléments diagonaux, qui est bien 1.

33. $\det EA = \det \begin{bmatrix} a + kc & b + kd \\ c & d \end{bmatrix}$
$$= (a + kc)d - (b + kd)c$$
$$= ad + kcd - bc - kdc = (+1)(ad - bc)$$
$$= (\det E)(\det A)$$

35. $\det EA = \det \begin{bmatrix} c & d \\ a & b \end{bmatrix} = cb - ad = (-1)(ad - bc)$
$$= (\det E)(\det A)$$

37. $5A = \begin{bmatrix} 15 & 5 \\ 20 & 10 \end{bmatrix}$; non.

39. Bien réfléchir.

41. L'aire du parallélogramme et le déterminant $[\, \mathbf{u} \quad \mathbf{v} \,]$ sont tous deux égaux à 6. Si l'on prend $\mathbf{v} = \begin{bmatrix} x \\ 2 \end{bmatrix}$ pour un x quelconque, l'aire reste égale à 6. La base du parallélogramme reste la même et la hauteur reste égale à 2, car elle correspond à la seconde composante de $\mathbf{v}$.

43. [M] En général, $\det A^{-1} = 1/\det A$, à condition que $\det A$ soit différent de 0.

45. [M] Voir la section 3.2 pour vérifier la conjecture.

Section 3.2, page 190

1. L'échange de deux lignes change le signe du déterminant.

3. Multiplier une ligne par 3 multiplie le déterminant par 3.

5. -3 **7.** 0   **9.** -28 **11.** -48

13. 6   **15.** 21   **17.** 7   **19.** 14

21. Non inversible   **23.** Inversible

25. Linéairement indépendants   **27.** Bien relire le cours.

29. 16

31. *Indication :* Montrer que $(\det A)(\det A^{-1}) = 1$.

33. *Indication :* Utiliser le théorème 6.

35. *Indication :* Utiliser le théorème 6, ainsi qu'un autre théorème.

37. $\det AB = \det \begin{bmatrix} 6 & 0 \\ 17 & 4 \end{bmatrix} = 24$;
$(\det A)(\det B) = 3 \cdot 8 = 24$

39. **a.** -12 **b.** -375 **c.** 4   **d.** $-\frac{1}{3}$ **e.** -27

41. $\det A = (a + e)d - (b + f)c = ad + ed - bc - fc$
$$= (ad - bc) + (ed - fc) = \det B + \det C$$

43. *Indication :* Calculer $\det A$ en le développant suivant la colonne 3.

45. [M] On constate que $A^T A$ n'est jamais inversible, alors que AA^T l'est quasi systématiquement. Expliquer.

Section 3.3, page 200

1. $\begin{bmatrix} 5/6 \\ -1/6 \end{bmatrix}$ **3.** $\begin{bmatrix} 4/5 \\ -3/10 \end{bmatrix}$ **5.** $\begin{bmatrix} 1/4 \\ 11/4 \\ 3/8 \end{bmatrix}$

7. $s \neq \pm\sqrt{3}$; $x_1 = \dfrac{5s + 4}{6(s^2 - 3)}$, $x_2 = \dfrac{-4s - 15}{4(s^2 - 3)}$

9. $s \neq 0, 1$; $x_1 = \dfrac{7}{3(s - 1)}$, $x_2 = \dfrac{4s + 3}{6s(s - 1)}$

11. $\operatorname{adj} A = \begin{bmatrix} 0 & 1 & 0 \\ -5 & -1 & -5 \\ 5 & 2 & 10 \end{bmatrix}$, $A^{-1} = \dfrac{1}{5}\begin{bmatrix} 0 & 1 & 0 \\ -5 & -1 & -5 \\ 5 & 2 & 10 \end{bmatrix}$

13. $\operatorname{adj} A = \begin{bmatrix} -1 & -1 & 5 \\ 1 & -5 & 1 \\ 1 & 7 & -5 \end{bmatrix}$, $A^{-1} = \dfrac{1}{6}\begin{bmatrix} -1 & -1 & 5 \\ 1 & -5 & 1 \\ 1 & 7 & -5 \end{bmatrix}$

15. $\operatorname{adj} A = \begin{bmatrix} -1 & 0 & 0 \\ -1 & -5 & 0 \\ -1 & -15 & 5 \end{bmatrix}$, $A^{-1} = \dfrac{-1}{5}\begin{bmatrix} -1 & 0 & 0 \\ -1 & -5 & 0 \\ -1 & -15 & 5 \end{bmatrix}$

17. Si $A = \begin{bmatrix} a & b \\ c & d \end{bmatrix}$, les cofacteurs sont $C_{11} = d$, $C_{12} = -c$, $C_{21} = -b$ et $C_{22} = a$. La transposée de la matrice des cofacteurs est donc

$$\operatorname{adj} A = \begin{bmatrix} d & -b \\ -c & a \end{bmatrix}$$

Pour appliquer le théorème 8, on divise par $\det A$ et l'on retrouve la formule de la section 2.2.

19. 8 **21.** 3 **23.** 23

25. D'après le théorème de caractérisation des matrices inversibles, une matrice A de type 3×3 est non inversible si et seulement si ses colonnes sont linéairement dépendantes. Cela se produit si et seulement si l'une des colonnes est dans le plan engendré par les deux autres (ou sur la droite si elles sont colinéaires), ce qui équivaut à dire que le parallélépipède qu'elles forment avec le vecteur nul est de volume nul, ce qui équivaut à $\det A = 0$.

27. 12 **29.** $\frac{1}{2} |\det \begin{bmatrix} \mathbf{v}_1 & \mathbf{v}_2 \end{bmatrix}|$

31. a. Voir exemple 5. **b.** $4\pi abc/3$

33. [M] Avec MATLAB, on trouve des coefficients pour $B - \operatorname{inv}(A)$ inférieurs à 10^{-15}.

35. [M] Avec MATLAB version étudiant 4.0, on trouve 57 771 flops pour $\operatorname{inv}(A)$ et 14 269 045 flops pour la formule d'inversion. La commande `inv(A)` comporte un nombre d'opérations égal à 0,4 % du nombre d'opérations utilisées pour la formule d'inversion.

Chapitre 3 Exercices supplémentaires, page 202

1. a. V **b.** V **c.** F **d.** F **e.** F **f.** F
g. V **h.** V **i.** F **j.** F **k.** V **l.** F
m. F **n.** V **o.** F **p.** V

Le corrigé de l'exercice 3 s'appuie sur le fait que, d'après le théorème 4, le déterminant d'une matrice dont deux lignes (ou deux colonnes) sont colinéaires est forcément nul. En effet, dans ce cas, la matrice n'est pas inversible.

3. On effectue deux opérations de remplacement de ligne et l'on voit apparaître des facteurs communs dans les lignes 2 et 3.

$$\begin{vmatrix} 1 & a & b+c \\ 1 & b & a+c \\ 1 & c & a+b \end{vmatrix} = \begin{vmatrix} 1 & a & b+c \\ 0 & b-a & a-b \\ 0 & c-a & a-c \end{vmatrix}$$

$$= (b-a)(c-a)\begin{vmatrix} 1 & a & b+c \\ 0 & 1 & -1 \\ 0 & 1 & -1 \end{vmatrix}$$

$$= 0$$

5. -12

7. En développant le déterminant suivant la première ligne, on obtient l'équation sous la forme $ax + by + c = 0$, l'un au moins des deux coefficients a et b étant non nul. C'est l'équation d'une droite. Il est clair que (x_1, y_1) et (x_2, y_2) sont sur cette droite, car en remplaçant x et y par les coordonnées de l'un de ces points, on obtient dans la matrice deux lignes égales, ce qui implique que le déterminant est nul.

9. $T \sim \begin{bmatrix} 1 & a & a^2 \\ 0 & b-a & b^2-a^2 \\ 0 & c-a & c^2-a^2 \end{bmatrix}$. Donc, d'après le théorème 3,

$$\det T = (b-a)(c-a)\det \begin{bmatrix} 1 & a & a^2 \\ 0 & 1 & b+a \\ 0 & 1 & c+a \end{bmatrix}$$

$$= (b-a)(c-a)\det \begin{bmatrix} 1 & a & a^2 \\ 0 & 1 & b+a \\ 0 & 0 & c-b \end{bmatrix}$$

$$= (b-a)(c-a)(c-b)$$

11. Aire = 12. Si l'on retranche les coordonnées de l'un des sommets à celles des quatre sommets et si l'on note $\mathbf{0}, \mathbf{v}_1, \mathbf{v}_2$ et $\mathbf{v}_3$ les sommets ainsi obtenus, alors la figure translatée (et donc la figure initiale) est un parallélogramme si et seulement si l'un des vecteurs $\mathbf{v}_1, \mathbf{v}_2$ et $\mathbf{v}_3$ est la somme des deux autres.

13. La formule d'inversion donne $(\operatorname{adj} A) \cdot \dfrac{1}{\det A} A = A^{-1} A = I$. D'après le théorème de caractérisation des matrices inversibles, $\operatorname{adj} A$ est inversible et $(\operatorname{adj} A)^{-1} = \dfrac{1}{\det A} A$.

15. a. $X = CA^{-1}$ et $Y = D - CA^{-1}B$. On utilise ensuite la question (c) de l'exercice 14.

b. D'après (a) et la propriété de multiplicativité des déterminants

$$\det \begin{bmatrix} A & B \\ C & D \end{bmatrix} = \det [A(D - CA^{-1}B)]$$

$$= \det [AD - ACA^{-1}B]$$

$$= \det [AD - CAA^{-1}B]$$

$$= \det [AD - CB]$$

La troisième égalité utilise l'hypothèse $AC = CA$.

17. On démontre d'abord directement le résultat pour $n = 2$ en calculant les déterminants de B et de C. On suppose ensuite que la formule est vérifiée si les matrices sont $(k-1) \times (k-1)$, et l'on suppose que A, B et C sont de taille $k \times k$. On obtient $\det B$ en le développant suivant la première colonne et en appliquant l'hypothèse de récurrence. Des opérations de remplacement de lignes permettent ensuite de faire apparaître des 0 dans C, sous le premier pivot, et d'obtenir le déterminant d'une matrice triangulaire. On calcule alors $\det C$, qu'il n'y a plus qu'à ajouter à $\det B$ pour conclure.

19. [M] On calcule

$$\begin{vmatrix} 1 & 1 & 1 \\ 1 & 2 & 2 \\ 1 & 2 & 3 \end{vmatrix} = 1, \qquad \begin{vmatrix} 1 & 1 & 1 & 1 \\ 1 & 2 & 2 & 2 \\ 1 & 2 & 3 & 3 \\ 1 & 2 & 3 & 4 \end{vmatrix} = 1,$$

$$\begin{vmatrix} 1 & 1 & 1 & 1 & 1 \\ 1 & 2 & 2 & 2 & 2 \\ 1 & 2 & 3 & 3 & 3 \\ 1 & 2 & 3 & 4 & 4 \\ 1 & 2 & 3 & 4 & 5 \end{vmatrix} = 1$$

Conjecture :

$$\begin{vmatrix} 1 & 1 & 1 & \cdots & 1 \\ 1 & 2 & 2 & & 2 \\ 1 & 2 & 3 & & 3 \\ \vdots & & & \ddots & \vdots \\ 1 & 2 & 3 & \cdots & n \end{vmatrix} = 1$$

Pour confirmer la conjecture, on effectue des opérations de remplacement de lignes pour faire apparaître des 0 sous le premier pivot, puis sous le deuxième, et ainsi de suite. On obtient

$$\begin{vmatrix} 1 & 1 & 1 & \cdots & 1 \\ 0 & 1 & 1 & & 1 \\ 0 & 0 & 1 & & 1 \\ \vdots & & & \ddots & \vdots \\ 0 & 0 & 0 & \cdots & 1 \end{vmatrix}$$

qui est le déterminant d'une matrice triangulaire, égal à 1.

Chapitre 4

Section 4.1, page 212

1. **a.** $\mathbf{u} + \mathbf{v}$ appartient à V car ses composantes sont positives ou nulles.

   b. *Exemple :* Si $\mathbf{u} = \begin{bmatrix} 2 \\ 2 \end{bmatrix}$ et $c = -1$, $\mathbf{u}$ est dans V, mais pas $c\mathbf{u}$.

3. *Exemple :* Si $\mathbf{u} = \begin{bmatrix} 0,5 \\ 0,5 \end{bmatrix}$ et $c = 4$, alors $\mathbf{u}$ est dans H, mais pas $c\mathbf{u}$.

5. Oui d'après le théorème 1, car il s'agit de Vect $\{t^2\}$.

7. Non, car l'ensemble n'est pas stable par multiplication par les scalaires non entiers.

9. $H = \text{Vect}\{\mathbf{v}\}$, avec $\mathbf{v} = \begin{bmatrix} 1 \\ 3 \\ 2 \end{bmatrix}$. D'après le théorème 1, H est un sous-espace vectoriel de $\mathbb{R}^3$.

11. $W = \text{Vect}\{\mathbf{u}, \mathbf{v}\}$, avec $\mathbf{u} = \begin{bmatrix} 5 \\ 1 \\ 0 \end{bmatrix}$, $\mathbf{v} = \begin{bmatrix} 2 \\ 0 \\ 1 \end{bmatrix}$. D'après le théorème 1, W est un sous-espace vectoriel de $\mathbb{R}^3$.

13. **a.** L'ensemble $\{\mathbf{v}_1, \mathbf{v}_2, \mathbf{v}_3\}$ ne contient que trois vecteurs, et $\mathbf{w}$ n'en fait pas partie.

    b. L'ensemble Vect $\{\mathbf{v}_1, \mathbf{v}_2, \mathbf{v}_3\}$ contient une infinité de vecteurs.

    c. $\mathbf{w}$ appartient à Vect $\{\mathbf{v}_1, \mathbf{v}_2, \mathbf{v}_3\}$, car $\mathbf{w} = \mathbf{v}_1 + \mathbf{v}_2$.

15. W n'est pas un espace vectoriel car il ne contient pas le vecteur nul.

17. $S = \left\{ \begin{bmatrix} 1 \\ 0 \\ -1 \\ 0 \end{bmatrix}, \begin{bmatrix} -1 \\ 1 \\ 0 \\ 1 \end{bmatrix}, \begin{bmatrix} 0 \\ -1 \\ 1 \\ 0 \end{bmatrix} \right\}$

19. *Indication :* Utiliser le théorème 1.

21. Oui. Les conditions auxquelles un ensemble est un sous-espace vectoriel sont clairement vérifiées : la matrice nulle appartient à H ; la somme de deux matrices triangulaires supérieures est triangulaire supérieure ; le produit d'une matrice triangulaire supérieure par un scalaire est une matrice triangulaire supérieure.

23. Bien lire les énoncés.

25. 4   27. **a.** 8   **b.** 3   **c.** 5   **d.** 4

29. $\mathbf{u} + (-1)\mathbf{u} = 1\mathbf{u} + (-1)\mathbf{u}$ Axiome 10
    $= [1 + (-1)]\mathbf{u}$ Axiome 8
    $= 0\mathbf{u} = \mathbf{0}$ Exercice 27
    Il résulte alors de l'exercice 26 que $(-1)\mathbf{u} = -\mathbf{u}$.

31. Tout sous-espace vectoriel H contenant $\mathbf{u}$ et $\mathbf{v}$ doit contenir tous les vecteurs colinéaires à $\mathbf{u}$ et tous les vecteurs colinéaires à $\mathbf{v}$, donc aussi les sommes de ces vecteurs. Par conséquent, H doit contenir Vect $\{\mathbf{u}, \mathbf{v}\}$.

33. *Indication pour une partie de l'exercice :* Considérer deux vecteurs $\mathbf{w}_1$ et $\mathbf{w}_2$ de $H + K$, et écrire $\mathbf{w}_1$ et $\mathbf{w}_2$ sous la forme $\mathbf{w}_1 = \mathbf{u}_1 + \mathbf{v}_1$ et $\mathbf{w}_2 = \mathbf{u}_2 + \mathbf{v}_2$, avec $\mathbf{u}_1$ et $\mathbf{u}_2$ dans H et $\mathbf{v}_1$ et $\mathbf{v}_2$ dans K.

35. [M] La forme échelonnée réduite de $[\mathbf{v}_1, \mathbf{v}_2, \mathbf{v}_3, \mathbf{w}]$ montre que $\mathbf{w} = \mathbf{v}_1 - 2\mathbf{v}_2 + \mathbf{v}_3$. Le vecteur $\mathbf{w}$ appartient bien au sous-espace engendré par $\mathbf{v}_1$, $\mathbf{v}_2$ et $\mathbf{v}_3$.

37. [M] Ces fonctions sont $\cos 4t$ et $\cos 6t$ (voir exercice 34, section 4.5).

Section 4.2, page 223

1. $\begin{bmatrix} 3 & -5 & -3 \\ 6 & -2 & 0 \\ -8 & 4 & 1 \end{bmatrix} \begin{bmatrix} 1 \\ 3 \\ -4 \end{bmatrix} = \begin{bmatrix} 0 \\ 0 \\ 0 \end{bmatrix}$, donc $\mathbf{w}$ appartient à Ker A.

3. $\begin{bmatrix} 7 \\ -4 \\ 1 \\ 0 \end{bmatrix}, \begin{bmatrix} -6 \\ 2 \\ 0 \\ 1 \end{bmatrix}$ **5.** $\begin{bmatrix} 2 \\ 1 \\ 0 \\ 0 \\ 0 \end{bmatrix}, \begin{bmatrix} -4 \\ 0 \\ 9 \\ 1 \\ 0 \end{bmatrix}$

7. W n'est pas un sous-espace de $\mathbb{R}^3$, car le vecteur nul $(0, 0, 0)$ n'appartient pas à W.

9. W est un sous-espace vectoriel de $\mathbb{R}^4$, car W n'est autre que l'ensemble des solutions du système

$$\begin{array}{rrrrr} a & - & 2b & - & 4c & & & = 0 \\ 2a & & & - & c & - & 3d & = 0 \end{array}$$

11. W n'est pas un sous-espace vectoriel car il ne contient pas $\mathbf{0}$. *Justification :* Si un vecteur du type $(b - 2d, 5 + d, b + 3d, d)$ était nul, on aurait à la fois $5 + d = 0$ et $d = 0$, ce qui est impossible.

13. $W = \text{Im } A$ avec $A = \begin{bmatrix} 1 & -6 \\ 0 & 1 \\ 1 & 0 \end{bmatrix}$. Donc, d'après le théorème 3, W est un espace vectoriel.

15. $\begin{bmatrix} 0 & 2 & 3 \\ 1 & 1 & -2 \\ 4 & 1 & 0 \\ 3 & -1 & -1 \end{bmatrix}$

17. a. 2 **b.** 4 **19. a.** 5 **b.** 2

21. Par exemple, le vecteur $\begin{bmatrix} 3 \\ 1 \end{bmatrix}$ est dans Ker A et le vecteur $\begin{bmatrix} 2 \\ -1 \\ -4 \\ 3 \end{bmatrix}$ est dans Im A. Bien entendu, beaucoup d'autres réponses sont possibles.

23. $\mathbf{w}$ appartient à la fois à Ker A et à Im A.

25. Bien lire les énoncés.

27. On pose $\mathbf{x} = \begin{bmatrix} 3 \\ 2 \\ -1 \end{bmatrix}$ et $A = \begin{bmatrix} 1 & -3 & -3 \\ -2 & 4 & 2 \\ -1 & 5 & 7 \end{bmatrix}$. Le vecteur $\mathbf{x}$ appartient à Ker A. Comme Ker A est un sous-espace vectoriel de $\mathbb{R}^3$, le vecteur $10\,\mathbf{x}$ est lui aussi dans Ker A.

29. a. $A\mathbf{0} = \mathbf{0}$, donc le vecteur nul appartient à Im A.

b. D'après une propriété de la multiplication matricielle, $A\mathbf{x} + A\mathbf{w} = A(\mathbf{x} + \mathbf{w})$, ce qui montre que le vecteur $A\mathbf{x} + A\mathbf{w}$ est une combinaison linéaire des colonnes de A, donc qu'il appartient à Im A.

c. Pour tout scalaire c, $c(A\mathbf{x}) = A(c\mathbf{x})$, ce qui montre que $c(A\mathbf{x})$ appartient à Im A.

31. a. Quels que soient les polynômes $\mathbf{p}$ et $\mathbf{q}$ de $\mathbb{P}_2$ et le scalaire c,

$$T(\mathbf{p} + \mathbf{q}) = \begin{bmatrix} (\mathbf{p} + \mathbf{q})(0) \\ (\mathbf{p} + \mathbf{q})(1) \end{bmatrix} = \begin{bmatrix} \mathbf{p}(0) + \mathbf{q}(0) \\ \mathbf{p}(1) + \mathbf{q}(1) \end{bmatrix}$$

$$= \begin{bmatrix} \mathbf{p}(0) \\ \mathbf{p}(1) \end{bmatrix} + \begin{bmatrix} \mathbf{q}(0) \\ \mathbf{q}(1) \end{bmatrix} = T(\mathbf{p}) + T(\mathbf{q})$$

$$T(c\mathbf{p}) = \begin{bmatrix} c\mathbf{p}(0) \\ c\mathbf{p}(1) \end{bmatrix} = c \begin{bmatrix} \mathbf{p}(0) \\ \mathbf{p}(1) \end{bmatrix} = cT(\mathbf{p})$$

Donc T est bien une application linéaire de $\mathbb{P}_2$ dans $\mathbb{P}_2$.

b. Un polynôme de degré inférieur ou égal à 2 s'annulant en 0 et en 1 est nécessairement colinéaire à $\mathbf{p}(t) = t(t - 1)$. L'image de T est $\mathbb{R}^2$.

33. a. Pour toutes les matrices A et B de $M_{2\times2}$ et tout scalaire c,

$$T(A + B) = (A + B) + (A + B)^T$$
$$= A + B + A^T + B^T$$
(Propriété de la transposition)
$$= (A + A^T) + (B + B^T) = T(A) + T(B)$$
$$T(cA) = (cA) + (cA)^T = cA + cA^T$$
$$= c(A + A^T) = cT(A)$$

Donc T est bien une application linéaire de $M_{2\times2}$ dans $M_{2\times2}$.

b. Si B est un élément de $M_{2\times2}$ tel que $B^T = B$ et si l'on pose $A = \frac{1}{2}B$, alors

$$T(A) = \frac{1}{2}B + \left(\frac{1}{2}B\right)^T = \frac{1}{2}B + \frac{1}{2}B = B$$

c. D'après la question (b), l'image de T contient toutes les matrices B telles que $B^T = B$. Il suffit donc de montrer que toute matrice B de l'image de T vérifie cette relation. Si $B = T(A)$, alors, d'après les propriétés de la transposition,

$$B^T = (A + A^T)^T = A^T + A^{TT} = A^T + A = B$$

d. Le noyau de T est $\left\{ \begin{bmatrix} 0 & b \\ -b & 0 \end{bmatrix} : b \text{ réel} \right\}$.

35. *Indication :* Vérifier les trois conditions qui caractérisent un sous-espace vectoriel. Deux éléments de $T(U)$ sont de la forme $T(\mathbf{u}_1)$ et $T(\mathbf{u}_2)$, où $\mathbf{u}_1$ et $\mathbf{u}_2$ appartiennent à U.

37. [M] $\mathbf{w}$ appartient à Im A, mais pas à Ker A (expliquer).

39. [M] La forme échelonnée réduite de A est

$$\begin{bmatrix} 1 & 0 & 1/3 & 0 & 10/3 \\ 0 & 1 & 1/3 & 0 & -26/3 \\ 0 & 0 & 0 & 1 & -4 \\ 0 & 0 & 0 & 0 & 0 \end{bmatrix}$$

Section 4.3, page 232

1. La matrice 3×3 définie par $A = \begin{bmatrix} 1 & 1 & 1 \\ 0 & 1 & 1 \\ 0 & 0 & 1 \end{bmatrix}$ possède trois positions de pivot. D'après le théorème de caractérisation des matrices inversibles, A est inversible, donc ses colonnes forment une base de $\mathbb{R}^3$ (voir exemple 3).

3. Cette famille n'est pas une base de $\mathbb{R}^3$. Elle est liée et n'engendre pas $\mathbb{R}^3$.

5. Cette famille n'est pas une base de $\mathbb{R}^3$. Elle est liée car elle contient le vecteur nul. On peut toutefois remarquer que

$$\begin{bmatrix} 1 & -2 & 0 & 0 \\ -3 & 9 & 0 & -3 \\ 0 & 0 & 0 & 5 \end{bmatrix} \sim \begin{bmatrix} 1 & -2 & 0 & 0 \\ 0 & 3 & 0 & -3 \\ 0 & 0 & 0 & 5 \end{bmatrix}$$

Chaque ligne de la matrice contient un pivot. Il en résulte que les colonnes engendrent $\mathbb{R}^3$.

7. Cette famille n'est pas une base de $\mathbb{R}^3$. Elle est libre parce que ses deux vecteurs ne sont pas colinéaires. Mais elle n'engendre pas $\mathbb{R}^3$. La matrice $\begin{bmatrix} -2 & 6 \\ 3 & -1 \\ 0 & 5 \end{bmatrix}$ ne peut pas admettre plus de deux positions de pivot, puisqu'elle n'a que deux colonnes. Il est donc impossible que chaque ligne contienne un pivot.

9. $\begin{bmatrix} 3 \\ 5 \\ 1 \\ 0 \end{bmatrix}, \begin{bmatrix} -2 \\ -4 \\ 0 \\ 1 \end{bmatrix}$ **11.** $\begin{bmatrix} -2 \\ 1 \\ 0 \end{bmatrix}, \begin{bmatrix} -1 \\ 0 \\ 1 \end{bmatrix}$

13. Base de Ker A : $\begin{bmatrix} -6 \\ -5/2 \\ 1 \\ 0 \end{bmatrix}, \begin{bmatrix} -5 \\ -3/2 \\ 0 \\ 1 \end{bmatrix}$

Base de Im A : $\begin{bmatrix} -2 \\ 2 \\ -3 \end{bmatrix}, \begin{bmatrix} 4 \\ -6 \\ 8 \end{bmatrix}$

15. $\{\mathbf{v}_1, \mathbf{v}_2, \mathbf{v}_4\}$ **17.** [M] $\{\mathbf{v}_1, \mathbf{v}_2, \mathbf{v}_3\}$

19. Les trois réponses les plus simples sont $\{\mathbf{v}_1, \mathbf{v}_2\}$, $\{\mathbf{v}_1, \mathbf{v}_3\}$ et $\{\mathbf{v}_2, \mathbf{v}_3\}$. D'autres réponses sont possibles.

21. Bien lire les énoncés.

23. *Indication :* Utiliser le théorème de caractérisation des matrices inversibles.

25. Non. Ni v_1 ni v_3 n'appartiennent à H.

27. $\{\cos \omega t, \sin \omega t\}$

29. Soit A la matrice $n \times k$ définie par $A = [\, \mathbf{v}_1 \cdots \mathbf{v}_k \,]$. Comme A a moins de colonnes que de lignes, il ne peut y avoir de pivot dans chacune des lignes. D'après le théorème 4 de la section 1.4, les colonnes de A n'engendrent pas $\mathbb{R}^n$, donc n'en forment pas une base.

31. *Indication :* Si $(\mathbf{v}_1, \dots, \mathbf{v}_p)$ est liée, il existe des scalaires $c_1, \dots, c_p$ non tous nuls tels que $c_1 \mathbf{v}_1 + \cdots + c_p \mathbf{v}_p = \mathbf{0}$. Utiliser cette relation.

33. Les deux polynômes ne sont pas colinéaires, donc $(\mathbf{p}_1, \mathbf{p}_2)$ est une famille libre de vecteurs de $\mathbb{P}_3$.

35. Soit $(\mathbf{v}_1, \mathbf{v}_3)$ une famille libre de vecteurs de l'espace vectoriel V, et $\mathbf{v}_2$ et $\mathbf{v}_4$ des combinaisons linéaires de $\mathbf{v}_1$ et $\mathbf{v}_3$. Alors $(\mathbf{v}_1, \mathbf{v}_3)$ est une base de Vect$\{\mathbf{v}_1, \mathbf{v}_2, \mathbf{v}_3, \mathbf{v}_4\}$.

37. [M] On peut faire les choses intelligemment en choisissant des valeurs spécifiques de t qui annulent plusieurs termes de la relation (5), ce qui permet d'obtenir un système facile à résoudre à la main. Ou bien on peut choisir une suite de valeurs de t telles que 0, puis 0,1, puis 0,2, etc. et résoudre le système obtenu au moyen d'un logiciel matriciel.

Section 4.4, page 241

1. $\begin{bmatrix} 3 \\ -7 \end{bmatrix}$ **3.** $\begin{bmatrix} -1 \\ -5 \\ 9 \end{bmatrix}$ **5.** $\begin{bmatrix} 8 \\ -5 \end{bmatrix}$ **7.** $\begin{bmatrix} -1 \\ -1 \\ 3 \end{bmatrix}$

9. $\begin{bmatrix} 2 \\ -9 \end{bmatrix}$ **11.** $\begin{bmatrix} 6 \\ 4 \end{bmatrix}$ **13.** $\begin{bmatrix} 2 \\ 6 \\ -1 \end{bmatrix}$

15. Suivre les recommandations habituelles.

17. $\begin{bmatrix} 1 \\ 1 \end{bmatrix} = 5\mathbf{v}_1 - 2\mathbf{v}_2 = 10\mathbf{v}_1 - 3\mathbf{v}_2 + \mathbf{v}_3$ (il existe une infinité de possibilités).

19. *Indication :* Par hypothèse, le vecteur nul admet une seule représentation comme combinaison linéaire des vecteurs de F.

21. $\begin{bmatrix} 9 & 2 \\ 4 & 1 \end{bmatrix}$

23. *Indication :* Considérer deux vecteurs $\mathbf{u}$ et $\mathbf{w}$ de V tels que $[\mathbf{u}]_{\mathcal{B}} = [\mathbf{w}]_{\mathcal{B}}$, noter $c_1, \dots, c_n$ les composantes de $[\mathbf{u}]_{\mathcal{B}}$ et utiliser la définition de $[\mathbf{u}]_{\mathcal{B}}$.

25. Voici une approche possible : Montrer d'abord que si $\mathbf{u}_1, \dots, \mathbf{u}_p$ sont linéairement dépendants, alors $[\mathbf{u}_1]_{\mathcal{B}}, \dots, [\mathbf{u}_p]_{\mathcal{B}}$ sont linéairement dépendants, puis que si $[\mathbf{u}_1]_{\mathcal{B}}, \dots, [\mathbf{u}_p]_{\mathcal{B}}$ sont linéairement dépendants, alors $\mathbf{u}_1, \dots, \mathbf{u}_p$ sont linéairement dépendants. Utiliser les deux équations données dans l'énoncé de l'exercice.

27. Linéairement indépendants. (Justifier soigneusement les réponses aux exercices 27 à 34.)

29. Linéairement dépendants.

31. a. Les vecteurs de composantes $\begin{bmatrix} 1 \\ -3 \\ 5 \end{bmatrix}, \begin{bmatrix} -3 \\ 5 \\ -7 \end{bmatrix}, \begin{bmatrix} -4 \\ 5 \\ -6 \end{bmatrix}$ et $\begin{bmatrix} 1 \\ 0 \\ -1 \end{bmatrix}$ n'engendrent pas $\mathbb{R}^3$. Du fait de l'isomorphisme entre $\mathbb{R}^3$ et $\mathbb{P}_2$, les polynômes correspondants n'engendrent pas $\mathbb{P}_2$.

b. Les vecteurs de composantes $\begin{bmatrix} 0 \\ 5 \\ 1 \end{bmatrix}, \begin{bmatrix} 1 \\ -8 \\ -2 \end{bmatrix}, \begin{bmatrix} -3 \\ 4 \\ 2 \end{bmatrix}$ et $\begin{bmatrix} 2 \\ -3 \\ 0 \end{bmatrix}$ engendrent $\mathbb{R}^3$. Du fait de l'isomorphisme entre $\mathbb{R}^3$ et $\mathbb{P}_2$, les polynômes correspondants engendrent $\mathbb{P}_2$.

33. **[M]** Les vecteurs de composantes $\begin{bmatrix} 3 \\ 7 \\ 0 \\ 0 \end{bmatrix}$, $\begin{bmatrix} 5 \\ 1 \\ 0 \\ -2 \end{bmatrix}$, $\begin{bmatrix} 0 \\ 1 \\ -2 \\ 0 \end{bmatrix}$,

$\begin{bmatrix} 1 \\ 16 \\ -6 \\ 2 \end{bmatrix}$ sont linéairement dépendants dans $\mathbb{R}^4$. Du fait de

l'isomorphisme entre $\mathbb{R}^4$ et $\mathbb{P}_3$, les polynômes correspondants sont linéairement dépendants dans $\mathbb{P}_3$ et n'en forment donc pas une base.

35. **[M]** $[\mathbf{x}]_{\mathcal{B}} = \begin{bmatrix} -5/3 \\ 8/3 \end{bmatrix}$ **37.** **[M]** $\begin{bmatrix} 1{,}3 \\ 0 \\ 0{,}8 \end{bmatrix}$

Section 4.5, page 248

1. $\begin{bmatrix} 1 \\ 1 \\ 0 \end{bmatrix}$, $\begin{bmatrix} -2 \\ 1 \\ 3 \end{bmatrix}$; la dimension est 2.

3. $\begin{bmatrix} 0 \\ 1 \\ 0 \\ 1 \end{bmatrix}$, $\begin{bmatrix} 0 \\ -1 \\ 1 \\ 2 \end{bmatrix}$, $\begin{bmatrix} 2 \\ 0 \\ -3 \\ 0 \end{bmatrix}$; la dimension est 3.

5. $\begin{bmatrix} 1 \\ 2 \\ -1 \\ -3 \end{bmatrix}$, $\begin{bmatrix} -4 \\ 5 \\ 0 \\ 7 \end{bmatrix}$; la dimension est 2.

7. Ce n'est pas une base ; la dimension est 0.

9. 2   **11.** 2   **13.** 2, 3

15. 2, 2   **17.** 0, 3

19. Voir les remarques précédentes.

21. *Indication :* Il suffit de montrer que les quatre premiers polynômes d'Hermite sont linéairement indépendants. Pourquoi ?

23. $[\mathbf{p}]_{\mathcal{B}} = \left(3, 3, -2, \frac{3}{2}\right)$

25. *Indication :* Supposer que F engendre V et utiliser le théorème de la base extraite. On aboutit à une contradiction, ce qui montre que l'hypothèse « F est génératrice » est fausse.

27. *Indication :* Utiliser le fait que $\mathbb{P}_n$ est un sous-espace de $\mathbb{P}$.

29. Justifier chaque réponse.

   a. Vrai   **b.** Vrai   **c.** Vrai

31. *Indication :* Comme H est un sous-espace vectoriel non nul de dimension finie, il est lui-même de dimension finie et admet une base $(\mathbf{v}_1, \ldots, \mathbf{v}_p)$. Montrer d'abord que $(T(\mathbf{v}_1), \ldots, T(\mathbf{v}_p))$ engendre $T(H)$.

33. **[M] a.** $(\mathbf{v}_1, \mathbf{v}_2, \mathbf{v}_3, \mathbf{e}_2, \mathbf{e}_3)$ est une base. On peut en fait compléter $(\mathbf{v}_1, \mathbf{v}_2, \mathbf{v}_3)$ par deux vecteurs quelconques de $(\mathbf{e}_2, \ldots, \mathbf{e}_5)$ pour obtenir une base de $\mathbb{R}^5$.

Section 4.6, page 256

1. rang $A = 2$; dim Ker $A = 2$
   Base de Im A : $\begin{bmatrix} 1 \\ -1 \\ 5 \end{bmatrix}$, $\begin{bmatrix} -4 \\ 2 \\ -6 \end{bmatrix}$
   Base de Lgn A : $(1, 0, -1, 5)$, $(0, -2, 5, -6)$
   Base de Ker A : $\begin{bmatrix} 1 \\ 5/2 \\ 1 \\ 0 \end{bmatrix}$, $\begin{bmatrix} -5 \\ -3 \\ 0 \\ 1 \end{bmatrix}$

3. rang $A = 3$; dim Ker $A = 2$
   Base de Im A : $\begin{bmatrix} 2 \\ -2 \\ 4 \\ -2 \end{bmatrix}$, $\begin{bmatrix} 6 \\ -3 \\ 9 \\ 3 \end{bmatrix}$, $\begin{bmatrix} 2 \\ -3 \\ 5 \\ -4 \end{bmatrix}$
   Lgn A : $(2, -3, 6, 2, 5)$, $(0, 0, 3, -1, 1)$, $(0, 0, 0, 1, 3)$
   Base de Ker A : $\begin{bmatrix} 3/2 \\ 1 \\ 0 \\ 0 \\ 0 \end{bmatrix}$, $\begin{bmatrix} 9/2 \\ 0 \\ -4/3 \\ -3 \\ 1 \end{bmatrix}$

5. $5, 3, 3$

7. Oui ; non. En effet, Im A est un sous-espace de dimension 4 de $\mathbb{R}^4$, donc il coïncide avec $\mathbb{R}^4$. Le noyau ne peut être un sous-espace de $\mathbb{R}^3$ car ses vecteurs ont 7 composantes. Mais d'après le théorème du rang, Ker A est un sous-espace de dimension 3 de $\mathbb{R}^7$.

9. 2 ; non. Les colonnes d'une matrice 5×6 sont des vecteurs de $\mathbb{R}^5$ et non de $\mathbb{R}^4$. En fait, Im A est un sous-espace de dimension 2 de $\mathbb{R}^4$.

11. 3

13. 5 et 5. Dans les deux cas, le nombre de pivots est inférieur ou égal au nombre de lignes et au nombre de colonnes.

15. 2   **17.** Bien lire les énoncés.

19. Oui. Expliquer.

21. Non. Expliquer.

23. Oui. On peut se limiter à six équations linéaires homogènes.

25. Non. Expliquer.

27. Lgn A et Ker A sont des sous-espaces de $\mathbb{R}^n$; Im A et Ker A^T sont des sous-espaces de $\mathbb{R}^m$. Il n'y a que quatre sous-espaces distincts, car Lgn $A^T = $ Im A et Im $A^T = $ Lgn A.

29. On rappelle que dim Im $A = m$ équivaut exactement à Im $A = \mathbb{R}^m$ ou au fait que l'équation $A\mathbf{x} = \mathbf{b}$ est compatible quel que soit le vecteur $\mathbf{b}$. D'après la question (b) de l'exercice 28, dim Im $A = m$ si et seulement si dim Ker $A^T = 0$, ce qui équivaut à dire que l'équation $A^T\mathbf{x} = \mathbf{0}$ admet la solution triviale comme unique solution.

31. $\mathbf{u}\mathbf{v}^T = \begin{bmatrix} 2a & 2b & 2c \\ -3a & -3b & -3c \\ 5a & 5b & 5c \end{bmatrix}$. Les colonnes sont toutes

colinéaires à $\mathbf{u}$, donc Im $\mathbf{u}\mathbf{v}^T$ est de dimension 1, sauf dans le cas où $a = b = c = 0$.

33. *Indication* : On pose $A = [\,\mathbf{u} \quad \mathbf{u}_2 \quad \mathbf{u}_3\,]$. Si $\mathbf{u} \neq \mathbf{0}$, alors $\mathbf{u}$ forme une base de Im A. Pourquoi ?

35. [**M**] **a.** Plusieurs réponses sont possibles. On considère ici le choix « canonique » $A = [\,\mathbf{a}_1 \quad \mathbf{a}_2 \quad \cdots \quad \mathbf{a}_7\,]$:

$$C = [\,\mathbf{a}_1 \quad \mathbf{a}_2 \quad \mathbf{a}_4 \quad \mathbf{a}_6\,], \quad N = \begin{bmatrix} -13/2 & -5 & 3 \\ -11/2 & -1/2 & -2 \\ 1 & 0 & 0 \\ 0 & 11/2 & -7 \\ 0 & 1 & 0 \\ 0 & 0 & -1 \\ 0 & 0 & 1 \end{bmatrix}$$

$$R = \begin{bmatrix} 1 & 0 & 13/2 & 0 & 5 & 0 & -3 \\ 0 & 1 & 11/2 & 0 & 1/2 & 0 & 2 \\ 0 & 0 & 0 & 1 & -11/2 & 0 & 7 \\ 0 & 0 & 0 & 0 & 0 & 1 & 1 \end{bmatrix}$$

b. $M = [\,2 \quad 41 \quad 0 \quad -28 \quad 11\,]^T$. La matrice $[\,R^T \quad N\,]$ est de type 7×7, car les colonnes de R^T et N sont dans $\mathbb{R}^7$ et car dim Lgn A + dim Ker $A = 7$. La matrice $[\,C \quad M\,]$ est de type 5×5, car les colonnes de C et M sont dans $\mathbb{R}^5$ et car dim Im A + dim Ker $A^T = 5$, d'après l'exercice 28(b). L'inversibilité de ces matrices résulte du fait que les colonnes sont linéairement indépendantes, ce qui peut être prouvé à l'aide du théorème 3 de la section 6.1.

37. [**M**] Les matrices C et L données dans l'exercice 35 conviennent. On obtient $A = CL$.

Section 4.7, page 263

1. a. $\begin{bmatrix} 6 & 9 \\ -2 & -4 \end{bmatrix}$ **b.** $\begin{bmatrix} 0 \\ -2 \end{bmatrix}$ **3.** (ii)

5. a. $\begin{bmatrix} 4 & -1 & 0 \\ -1 & 1 & 1 \\ 0 & 1 & -2 \end{bmatrix}$ **b.** $\begin{bmatrix} 8 \\ 2 \\ 2 \end{bmatrix}$

7. $\underset{C \leftarrow B}{P} = \begin{bmatrix} -3 & 1 \\ -5 & 2 \end{bmatrix}$, $\underset{B \leftarrow C}{P} = \begin{bmatrix} -2 & 1 \\ -5 & 3 \end{bmatrix}$

9. $\underset{C \leftarrow B}{P} = \begin{bmatrix} 9 & -2 \\ -4 & 1 \end{bmatrix}$, $\underset{B \leftarrow C}{P} = \begin{bmatrix} 1 & 2 \\ 4 & 9 \end{bmatrix}$

11. Bien lire les énoncés.

13. $\underset{C \leftarrow B}{P} = \begin{bmatrix} 1 & 3 & 0 \\ -2 & -5 & 2 \\ 1 & 4 & 3 \end{bmatrix}$, $[-1 + 2t]_B = \begin{bmatrix} 5 \\ -2 \\ 1 \end{bmatrix}$

15. a. B est une base de V.

b. L'application coordonnées est linéaire.

c. Produit d'une matrice par un vecteur.

d. Le vecteur des composantes de $\mathbf{v}$ dans la base B.

17. a. [**M**]

$$P^{-1} = \frac{1}{32} \begin{bmatrix} 32 & 0 & 16 & 0 & 12 & 0 & 10 \\ & 32 & 0 & 24 & 0 & 20 & 0 \\ & & 16 & 0 & 16 & 0 & 15 \\ & & & 8 & 0 & 10 & 0 \\ & & & & 4 & 0 & 6 \\ & & & & & 2 & 0 \\ & & & & & & 1 \end{bmatrix}$$

b. $\cos^2 t = (1/2)[1 + \cos 2t]$

$\cos^3 t = (1/4)[3\cos t + \cos 3t]$

$\cos^4 t = (1/8)[3 + 4\cos 2t + \cos 4t]$

$\cos^5 t = (1/16)[10\cos t + 5\cos 3t + \cos 5t]$

$\cos^6 t = (1/32)[10 + 15\cos 2t + 6\cos 4t + \cos 6t]$

19. [**M**] *Indication* : Si l'on note C la base $(\mathbf{v}_1, \mathbf{v}_2, \mathbf{v}_3)$, les colonnes de P sont $[\mathbf{u}_1]_C$, $[\mathbf{u}_2]_C$ et $[\mathbf{u}_3]_C$. Calculer $\mathbf{u}_1$, $\mathbf{u}_2$ et $\mathbf{u}_3$ en utilisant la définition des composantes dans la base C ainsi que les propriétés du calcul matriciel.

a. $\mathbf{u}_1 = \begin{bmatrix} -6 \\ -5 \\ 21 \end{bmatrix}$, $\mathbf{u}_2 = \begin{bmatrix} -6 \\ -9 \\ 32 \end{bmatrix}$, $\mathbf{u}_3 = \begin{bmatrix} -5 \\ 0 \\ 3 \end{bmatrix}$

b. $\mathbf{w}_1 = \begin{bmatrix} 28 \\ -9 \\ -3 \end{bmatrix}$, $\mathbf{w}_2 = \begin{bmatrix} 38 \\ -13 \\ 2 \end{bmatrix}$, $\mathbf{w}_3 = \begin{bmatrix} 21 \\ -7 \\ 3 \end{bmatrix}$

Section 4.8, page 272

1. Si l'on pose $y_k = 2^k$, alors $y_{k+1} = 2^{k+1}$ et $y_{k+2} = 2^{k+2}$. En remplaçant dans le premier membre de la relation de récurrence, on obtient

$$\begin{aligned} y_{k+2} + 2y_{k+1} - 8y_k &= 2^{k+2} + 2 \cdot 2^{k+1} - 8 \cdot 2^k \\ &= 2^k(2^2 + 2 \cdot 2 - 8) \\ &= 2^k(0) = 0 \quad \text{quel que soit } k \end{aligned}$$

La relation de récurrence est donc vérifiée pour tout k, donc 2^k est une solution. Le calcul est identique pour $y_k = (-4)^k$.

3. Les signaux 2^k et $(-4)^k$ sont linéairement indépendants car ils ne sont pas colinéaires. Il n'existe aucun scalaire c tel que $2^k = c(-4)^k$ pour *tout* k. D'après le théorème 17, l'ensemble H des solutions de la relation de récurrence de l'exercice 1 est de dimension 2. D'après le théorème de caractérisation des bases de la section 4.5, les deux signaux linéairement indépendants 2^k et $(-4)^k$ forment une base de H.

5. Si l'on pose $y_k = (-3)^k$, alors

$$\begin{aligned} y_{k+2} + 6y_{k+1} + 9y_k &= (-3)^{k+2} + 6(-3)^{k+1} + 9(-3)^k \\ &= (-3)^k[(-3)^2 + 6(-3) + 9] \\ &= (-3)^k(0) = 0 \quad \text{quel que soit } k \end{aligned}$$

De même, si $y_k = k(-3)^k$, alors

$$y_{k+2} + 6y_{k+1} + 9y_k$$
$$= (k+2)(-3)^{k+2} + 6(k+1)(-3)^{k+1} + 9k(-3)^k$$
$$= (-3)^k[(k+2)(-3)^2 + 6(k+1)(-3) + 9k]$$
$$= (-3)^k[9k + 18 - 18k - 18 + 9k]$$
$$= (-3)^k(0) \quad \text{quel que soit } k$$

Les deux signaux $(-3)^k$ et $k(-3)^k$ appartiennent donc à l'espace H des solutions de la relation de récurrence linéaire. De plus, il n'existe aucun scalaire c tel que $k(-3)^k = c(-3)^k$ *quel que soit* k (il faudrait un scalaire c indépendant de k). Donc les deux signaux sont linéairement indépendants. D'après le théorème de caractérisation des bases, comme dim $H = 2$, ils forment une base de H.

7. Oui.   **9.** Oui.

11. Non, deux signaux ne peuvent pas engendrer l'espace des solutions, qui est de dimension 3.

13. $\left(\frac{1}{3}\right)^k, \left(\frac{2}{3}\right)^k$ **15.** $5^k, (-5)^k$

17. $Y_k = c_1(0{,}8)^k + c_2(0{,}5)^k + 10 \to 10 \quad$ si $k \to \infty$

19. $y_k = c_1(-2 + \sqrt{3})^k + c_2(-2 - \sqrt{3})^k$

21. 7, 5, 4, 3, 4, 5, 6, 6, 7, 8, 9, 8, 7 ; voir la figure.

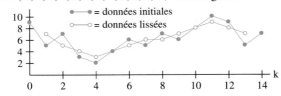

23. a. $y_{k+1} - 1{,}01y_k = -450$, $y_0 = 10\,000$

b. [M] Code MATLAB :
```
pay = 450, y = 10000, m = 0
table = [0 ; y]
while y > 450
        y = 1.01*y - pay
        m = m + 1
        table = [table [m ; y] ]
                    %append new column
end
m, y
```

c. [M] Le dernier paiement a lieu lorsque $k = 26$, au 26e mois. Son montant est de 114,88 \$.
L'emprunteur aura payé au total 11 364,88 \$.

25. $k^2 + c_1 \cdot (-4)^k + c_2$ **27.** $2 - 2k + c_1 \cdot 4^k + c_2 \cdot 2^{-k}$

29. $\mathbf{x}_{k+1} = A\mathbf{x}_k$, avec

$$A = \begin{bmatrix} 0 & 1 & 0 & 0 \\ 0 & 0 & 1 & 0 \\ 0 & 0 & 0 & 1 \\ 9 & -6 & -8 & 6 \end{bmatrix}, \mathbf{x} = \begin{bmatrix} y_k \\ y_{k+1} \\ y_{k+2} \\ y_{k+3} \end{bmatrix}$$

31. La relation est valable pour tout k, donc reste vérifiée si l'on remplace k par $k - 1$, ce qui donne la relation
$$y_{k+2} + 5y_{k+1} + 6y_k = 0 \quad \text{quel que soit } k$$
La relation est d'ordre 2.

33. La matrice de Casorati $C(k)$ n'est inversible pour aucune valeur de k. Dans ce cas, cette matrice ne permet pas de conclure quant à l'indépendance linéaire des signaux. En fait, ici, les signaux ne sont pas colinéaires, donc ils sont linéairement indépendants.

35. *Indication :* Vérifier les deux propriétés caractérisant les applications linéaires. Pour (y_k) et (z_k) dans $\mathbb{S}$, étudier $T((y_k) + (z_k))$. On remarque ensuite que si r est un scalaire quelconque, alors le k^e terme de $r(y_k)$ est ry_k, donc $T(r(y_k))$ est la suite (w_k) définie par
$$w_k = ry_{k+2} + a(ry_{k+1}) + b(ry_k)$$

37. $(TD)(y_0, y_1, y_2, \ldots)$
$= T(D(y_0, y_1, y_2, \ldots)) = T(0, y_0, y_1, y_2, \ldots)$
$= (y_0, y_1, y_2, \ldots) = I(y_0, y_1, y_2, \ldots)$,
tandis que $(DT)(y_0, y_1, y_2, \ldots)$
$= D(T(y_0, y_1, y_2, \ldots)) = D(y_1, y_2, y_3, \ldots)$
$= (0, y_1, y_2, y_3, \ldots)$

Section 4.9, page 281

1. a.
	De :		Vers :
	I	M	
	0,7	0,6	Infos
	0,3	0,4	Musique

b. $\begin{bmatrix} 1 \\ 0 \end{bmatrix}$ **c.** 33 %

3. a.
	De :		Vers :
	B	M	
	0,95	0,45	Bien portants
	0,05	0,55	Malades

b. 15 % ; 12,5 %

c. 0,925 ; on prend $\mathbf{x}_0 = \begin{bmatrix} 1 \\ 0 \end{bmatrix}$.

5. $\begin{bmatrix} 0{,}4 \\ 0{,}6 \end{bmatrix}$ **7.** $\begin{bmatrix} 1/4 \\ 1/2 \\ 1/4 \end{bmatrix}$

9. Oui, car tous les coefficients de P^2 sont strictement positifs.

11. a. $\begin{bmatrix} 2/3 \\ 1/3 \end{bmatrix}$ **b.** 2/3

13. a. $\begin{bmatrix} 0{,}9 \\ 0{,}1 \end{bmatrix}$ **b.** 10 % ; non.

15. [M] Environ 17,3% de la population des États-Unis.

17. a. La somme des coefficients des colonnes de P est égale à 1. Les colonnes de $P - I$ sont les mêmes que celles de P, à l'exception de l'un des coefficients, qui est diminué de 1. La somme de chaque colonne est donc nulle.

b. D'après la question (a), la dernière ligne de $P - I$ est l'opposée de la somme des autres.

c. D'après la question (b) et le théorème de la base extraite, si l'on enlève la dernière ligne de $P - I$, les $(n-1)$ lignes restantes engendrent toujours l'espace lignes de $P - I$. On peut aussi utiliser laquestion (a) et le fait que les opérations sur les lignes ne changent pas l'espace que celles-ci engendrent. Soit A la matrice obtenue à partir de $P - I$ en ajoutant à la dernière ligne les autres. D'après (a), l'espace engendré par les lignes de $P - I$ est engendré par les $(n-1)$ premières lignes de A.

d. D'après la question (c), l'espace engendré par les colonnes de $P - I$ est de dimension strictement inférieure à n. Il résulte donc du théorème du rang que le noyau n'est pas réduit à 0. Puisque $P - I$ est une matrice carrée, on peut également utiliser le théorème de caractérisation des matrices inversibles au lieu du théorème du rang.

19. a. Le produit $S\mathbf{x}$ est égal à la somme des coefficients de $\mathbf{x}$. Un vecteur est un vecteur de probabilité si la somme de ses coefficients est égale à 1.

b. $P = [\,\mathbf{p}_1 \quad \mathbf{p}_2 \quad \cdots \quad \mathbf{p}_n\,]$, où les $\mathbf{p}_i$ sont des vecteurs de probabilité. En effectuant la multiplication matricielle et en tenant compte de (a), on obtient

$$SP = \begin{bmatrix} S\mathbf{p}_1 & S\mathbf{p}_2 & \cdots & S\mathbf{p}_n \end{bmatrix} = \begin{bmatrix} 1 & 1 & \cdots & 1 \end{bmatrix} = S$$

c. D'après (b), $S(P\mathbf{x}) = (SP)\mathbf{x} = S\mathbf{x} = 1$. De plus, les composantes de $P\mathbf{x}$ sont positives (car les coefficients de P et de $\mathbf{x}$ sont positifs). Donc d'après (a), $P\mathbf{x}$ est un vecteur de probabilité.

21. [M]

a. À quatre décimales près,

$$P^4 = P^5 = \begin{bmatrix} 0{,}2816 & 0{,}2816 & 0{,}2816 & 0{,}2816 \\ 0{,}3355 & 0{,}3355 & 0{,}3355 & 0{,}3355 \\ 0{,}1819 & 0{,}1819 & 0{,}1819 & 0{,}1819 \\ 0{,}2009 & 0{,}2009 & 0{,}2009 & 0{,}2009 \end{bmatrix},$$

$$\mathbf{q} = \begin{bmatrix} 0{,}2816 \\ 0{,}3355 \\ 0{,}1819 \\ 0{,}2009 \end{bmatrix}$$

On note que la somme des composantes du vecteur $\mathbf{q}$ n'est pas égale à 1, car les nombres ont été arrondis.

b. À quatre décimales près,

$$Q^{80} = \begin{bmatrix} 0{,}7354 & 0{,}7348 & 0{,}7351 \\ 0{,}0881 & 0{,}0887 & 0{,}0884 \\ 0{,}1764 & 0{,}1766 & 0{,}1765 \end{bmatrix},$$

$$Q^{116} = Q^{117} = \begin{bmatrix} 0{,}7353 & 0{,}7353 & 0{,}7353 \\ 0{,}0882 & 0{,}0882 & 0{,}0882 \\ 0{,}1765 & 0{,}1765 & 0{,}1765 \end{bmatrix},$$

$$\mathbf{q} = \begin{bmatrix} 0{,}7353 \\ 0{,}0882 \\ 0{,}1765 \end{bmatrix}$$

c. Soit P une matrice stochastique $n \times n$, $\mathbf{q}$ le vecteur d'état stationnaire de P et $\mathbf{e}_1$ le premier vecteur colonne de la matrice unité. Alors $P^k\mathbf{e}_1$ est la première colonne de P^k. D'après le théorème 18, $P^k\mathbf{e}_1 \to \mathbf{q}$ quand $k \to \infty$. En remplaçant $\mathbf{e}_1$ par les autres colonnes de la matrice unité, on conclut que chaque colonne de P^k converge vers $\mathbf{q}$ quand $k \to \infty$. D'où $P^k \to [\,\mathbf{q} \quad \mathbf{q} \quad \cdots \quad \mathbf{q}\,]$.

Chapitre 4 Exercices supplémentaires, page 284

1. a. V **b.** V **c.** F **d.** F **e.** V
f. V **g.** F **h.** F **i.** V **j.** F
k. F **l.** F **m.** V **n.** F **o.** V
p. V **q.** F **r.** V **s.** V **t.** F

3. Il s'agit de l'ensemble des triplets (b_1, b_2, b_3) vérifiant $b_1 + 2b_2 + b_3 = 0$.

5. Le vecteur $\mathbf{p}_1$ est non nul et $\mathbf{p}_2$ n'est pas colinéaire à $\mathbf{p}_1$, donc on conserve ces deux vecteurs. Comme $\mathbf{p}_3 = 2\mathbf{p}_1 + 2\mathbf{p}_2$, on enlève $\mathbf{p}_3$. Comme $\mathbf{p}_4$ possède un terme en t^2, il n'est pas une combinaison linéaire de $\mathbf{p}_1$ et de $\mathbf{p}_2$, donc on garde $\mathbf{p}_4$. Pour finir, $\mathbf{p}_5 = \mathbf{p}_1 + \mathbf{p}_4$, donc on enlève $\mathbf{p}_5$. On obtient la base $(\mathbf{p}_1, \mathbf{p}_2, \mathbf{p}_4)$.

7. Il faut supposer que l'ensemble des solutions du système homogène est engendré par deux solutions. Dans ce cas, le noyau de la matrice 18×20 des coefficients A est de dimension inférieure ou égale à 2. D'après le théorème du rang, $\dim \operatorname{Im} A \geq 20 - 2 = 18$. Comme A a 18 colonnes, il en résulte que $\operatorname{Im} A = \mathbb{R}^{18}$, donc que toute équation du type $A\mathbf{x} = \mathbf{b}$ est compatible.

9. Soit A la matrice $m \times n$ canoniquement associée à l'application T.

a. Si T est injective, les colonnes de A sont linéairement indépendantes (théorème 12 de la section 1.9), donc $\dim \operatorname{Ker} A = 0$. D'après le théorème du rang, $\dim \operatorname{Im} A = \operatorname{rang} A = n$. L'image de T est aussi $\operatorname{Im} A$, donc elle est de dimension n.

b. Si T est surjective, les colonnes de A engendrent $\mathbb{R}^m$ (théorème 12 de la section 1.9), donc $\dim \operatorname{Im} A = m$. Le théorème du rang permet d'écrire l'égalité $\dim \operatorname{Ker} A = n - \dim \operatorname{Im} A = n - m$. Le noyau de T est aussi $\operatorname{Ker} A$, il est donc de dimension $n - m$.

11. Si G est une famille génératrice finie de V, alors on peut en extraire une base G' de V. Comme G' engendre V, G' ne peut être strictement incluse dans G, car cela contredirait le caractère minimal de G. Donc $G' = G$, ce qui montre que G est une base de V.

12. a. *Indication :* Tout vecteur $\mathbf{y}$ de $\operatorname{Im} AB$ est de la forme $\mathbf{y} = AB\mathbf{x}$ pour un certain $\mathbf{x}$.

13. D'après l'exercice 12, $\operatorname{rang} PA \leq \operatorname{rang} A$ et $\operatorname{rang} A = \operatorname{rang} P^{-1}PA \leq \operatorname{rang} PA$. Donc $\operatorname{rang} PA = \operatorname{rang} A$.

15. La relation $AB = 0$ montre que toute colonne de B appartient à $\operatorname{Ker} A$. Comme $\operatorname{Ker} A$ est un sous-espace

vectoriel, toute combinaison linéaire des colonnes de B appartient à Ker A, ce qui montre que Im B est un sous-espace de Ker A. D'après le théorème 11 de la section 4.5, dim Im $B \leq$ dim Ker A. Grâce au théorème du rang, on conclut que
$$n = \text{rang } A + \text{dim Ker } A \geq \text{rang } A + \text{rang } B$$

17. a. Soit A_1 la matrice constituée des r colonnes pivots de A. Les colonnes de A_1 sont linéairement indépendantes, donc A_1 est une sous-matrice $m \times r$ de rang r.

b. Il résulte du théorème du rang appliqué à A_1 que Lgn A_1 est de dimension r, donc que A_1 possède r lignes linéairement indépendantes. On forme avec ces lignes une matrice A_2, qui est une matrice $r \times r$ dont les lignes sont linéairement indépendantes. D'après le théorème de caractérisation des matrices inversibles, A_2 est inversible.

19. $\begin{bmatrix} B & AB & A^2B \end{bmatrix} = \begin{bmatrix} 0 & 1 & 0 \\ 1 & -0,9 & 0,81 \\ 1 & 0,5 & 0,25 \end{bmatrix}$

$\sim \begin{bmatrix} 1 & -0,9 & 0,81 \\ 0 & 1 & 0 \\ 0 & 0 & -0,56 \end{bmatrix}$

Cette matrice est de rang 3, donc le couple (A, B) est commandable.

21. [M] rang $\begin{bmatrix} B & AB & A^2B & A^3B \end{bmatrix} = 3$. Le couple (A, B) n'est pas commandable.

Chapitre 5

Section 5.1, page 294

1. Oui   **3.** Non   **5.** Oui, $\lambda = 0$ **7.** Oui,
$\begin{bmatrix} 1 \\ 1 \\ -1 \end{bmatrix}$

9. $\lambda = 1 : \begin{bmatrix} 0 \\ 1 \end{bmatrix}$; $\lambda = 5 : \begin{bmatrix} 2 \\ 1 \end{bmatrix}$ **11.** $\begin{bmatrix} -1 \\ 3 \end{bmatrix}$

13. $\lambda = 1 : \begin{bmatrix} 0 \\ 1 \\ 0 \end{bmatrix}$; $\lambda = 2 : \begin{bmatrix} -1 \\ 2 \\ 2 \end{bmatrix}$; $\lambda = 3 : \begin{bmatrix} -1 \\ 1 \\ 1 \end{bmatrix}$

15. $\begin{bmatrix} -2 \\ 1 \\ 0 \end{bmatrix}, \begin{bmatrix} -3 \\ 0 \\ 1 \end{bmatrix}$ **17.** $0, 2, -1$

19. 0. Justifier.

21. Lire attentivement les énoncés.

23. *Indication* : Utiliser le théorème 2.

25. *Indication* : Déduire de la relation $A\mathbf{x} = \lambda \mathbf{x}$ une relation faisant intervenir A^{-1}.

27. *Indication* : Pour tout λ, $(A - \lambda I)^T = A^T - \lambda I$. D'après un théorème (lequel ?), $A^T - \lambda I$ est inversible si et seulement si $A - \lambda I$ est inversible.

29. Soit $\mathbf{v}$ le vecteur de $\mathbb{R}^n$ dont toutes les composantes sont égales à 1. On a $A\mathbf{v} = s\mathbf{v}$.

31. *Indication* : Si A est la matrice canoniquement associée à T, chercher un vecteur non nul $\mathbf{v}$ (un point du plan) tel que $A\mathbf{v} = \mathbf{v}$.

33. a. $\mathbf{x}_{k+1} = c_1 \lambda^{k+1} \mathbf{u} + c_2 \mu^{k+1} \mathbf{v}$

b.
$$\begin{aligned} A\mathbf{x}_k &= A(c_1 \lambda^k \mathbf{u} + c_2 \mu^k \mathbf{v}) \\ &= c_1 \lambda^k A\mathbf{u} + c_2 \mu^k A\mathbf{v} \quad \text{Linéarité} \\ &= c_1 \lambda^k \lambda \mathbf{u} + c_2 \mu^k \mu \mathbf{v} \quad \text{\textbf{u} et \textbf{v} sont des vect. propres.} \\ &= \mathbf{x}_{k+1} \end{aligned}$$

35.

37. [M] $\lambda = 3 : \begin{bmatrix} 5 \\ -2 \\ 9 \end{bmatrix}$; $\lambda = 13 : \begin{bmatrix} -2 \\ 1 \\ 0 \end{bmatrix}, \begin{bmatrix} -1 \\ 0 \\ 1 \end{bmatrix}$.

39. [M] $\lambda = -2 : \begin{bmatrix} -2 \\ 7 \\ -5 \\ 5 \\ 0 \end{bmatrix}, \begin{bmatrix} 3 \\ 7 \\ -5 \\ 0 \\ 5 \end{bmatrix}$;

$\lambda = 5 : \begin{bmatrix} 2 \\ -1 \\ 1 \\ 0 \\ 0 \end{bmatrix}, \begin{bmatrix} -1 \\ 1 \\ 0 \\ 1 \\ 0 \end{bmatrix}, \begin{bmatrix} 2 \\ 0 \\ 0 \\ 0 \\ 1 \end{bmatrix}$

Section 5.2, page 303

1. $\lambda^2 - 4\lambda - 45$; $9, -5$ **3.** $\lambda^2 - 2\lambda - 1$; $1 \pm \sqrt{2}$

5. $\lambda^2 - 6\lambda + 9$; 3 **7.** $\lambda^2 - 9\lambda + 32$; pas de valeurs propres réelles.

9. $-\lambda^3 + 4\lambda^2 - 9\lambda - 6$ **11.** $-\lambda^3 + 9\lambda^2 - 26\lambda + 24$

13. $-\lambda^3 + 18\lambda^2 - 95\lambda + 150$ **15.** $4, 3, 3, 1$

17. $3, 3, 1, 1, 0$

19. *Indication* : La relation indiquée est valable pour tout λ.

21. Étudier soigneusement les énoncés.

23. *Indication* : Déterminer une matrice inversible P telle que $RQ = P^{-1}AP$.

25. a. $(\mathbf{v}_1, \mathbf{v}_2)$, où $\mathbf{v}_2 = \begin{bmatrix} -1 \\ 1 \end{bmatrix}$ est un vecteur propre associé à la valeur propre $\lambda = 0,3$.

b. $\mathbf{x}_0 = \mathbf{v}_1 - \frac{1}{14}\mathbf{v}_2$

c. $\mathbf{x}_1 = \mathbf{v}_1 - \frac{1}{14}(0,3)\mathbf{v}_2$, $\mathbf{x}_2 = \mathbf{v}_1 - \frac{1}{14}(0,3)^2\mathbf{v}_2$, puis
$\mathbf{x}_k = \mathbf{v}_1 - \frac{1}{14}(0,3)^k\mathbf{v}_2$. Si $k \to \infty$, $(0,3)^k \to 0$
donc $\mathbf{x}_k \to \mathbf{v}_1$.

27. a. $A\mathbf{v}_1 = \mathbf{v}_1$, $A\mathbf{v}_2 = 0,5\mathbf{v}_2$ et $A\mathbf{v}_3 = 0,2\mathbf{v}_3$ (ce qui
montre également que les valeurs propres de A sont
1, ainsi que 0,5 et 0,2).

b. Les vecteurs $\mathbf{v}_1$, $\mathbf{v}_2$ et $\mathbf{v}_3$ sont linéairement
indépendants car ce sont des vecteurs propres
associés à des valeurs propres distinctes
(théorème 2). Ils sont au nombre de trois, donc ils
forment une base de $\mathbb{R}^3$. Il existe par conséquent
trois constantes (uniques) telles que

$$\mathbf{x}_0 = c_1\mathbf{v}_1 + c_2\mathbf{v}_2 + c_3\mathbf{v}_3$$

Il en résulte que

$$\mathbf{w}^T\mathbf{x}_0 = c_1\mathbf{w}^T\mathbf{v}_1 + c_2\mathbf{w}^T\mathbf{v}_2 + c_3\mathbf{w}^T\mathbf{v}_3 \qquad (*)$$

Or $\mathbf{x}_0$ et $\mathbf{v}_1$ sont des vecteurs de probabilité et les
composantes de $\mathbf{v}_2$ et de $\mathbf{v}_3$ ont pour somme 0.
Donc, d'après la relation $(*)$, on a $1 = c_1$.

c. D'après la question (b),

$$\mathbf{x}_0 = \mathbf{v}_1 + c_2\mathbf{v}_2 + c_3\mathbf{v}_3$$

Il résulte alors de la question (a) que

$$\begin{aligned}
\mathbf{x}_k &= A^k\mathbf{x}_0 = A^k\mathbf{v}_1 + c_2 A^k\mathbf{v}_2 + c_3 A^k\mathbf{v}_3 \\
&= \mathbf{v}_1 + c_2(0,5)^k\mathbf{v}_2 + c_3(0,2)^k\mathbf{v}_3 \\
&\to \mathbf{v}_1 \text{ si } k \to \infty
\end{aligned}$$

29. [M] Tirer les conclusions appropriées des résultats
obtenus.

Section 5.3, page 311

1. $\begin{bmatrix} 226 & -525 \\ 90 & -209 \end{bmatrix}$ **3.** $\begin{bmatrix} a^k & 0 \\ 3(a^k - b^k) & b^k \end{bmatrix}$

5. $\lambda = 5 : \begin{bmatrix} 1 \\ 1 \\ 1 \end{bmatrix}$; $\lambda = 1 : \begin{bmatrix} 1 \\ 0 \\ -1 \end{bmatrix}, \begin{bmatrix} 2 \\ -1 \\ 0 \end{bmatrix}$

Pour les solutions faisant intervenir une diagonalisation de
la forme $A = PDP^{-1}$, les matrices P et D ne sont pas
uniques. On peut donc obtenir des résultats différents de
ceux qui sont donnés ici.

7. $P = \begin{bmatrix} 1 & 0 \\ 3 & 1 \end{bmatrix}, D = \begin{bmatrix} 1 & 0 \\ 0 & -1 \end{bmatrix}$ **9.** Non
diagonalisable.

11. $P = \begin{bmatrix} 1 & 2 & 1 \\ 3 & 3 & 1 \\ 4 & 3 & 1 \end{bmatrix}, D = \begin{bmatrix} 3 & 0 & 0 \\ 0 & 2 & 0 \\ 0 & 0 & 1 \end{bmatrix}$

13. $P = \begin{bmatrix} -1 & 2 & 1 \\ -1 & -1 & 0 \\ 1 & 0 & 1 \end{bmatrix}, D = \begin{bmatrix} 5 & 0 & 0 \\ 0 & 1 & 0 \\ 0 & 0 & 1 \end{bmatrix}$

15. $P = \begin{bmatrix} -1 & -4 & -2 \\ 1 & 0 & -1 \\ 0 & 1 & 1 \end{bmatrix}, D = \begin{bmatrix} 3 & 0 & 0 \\ 0 & 3 & 0 \\ 0 & 0 & 1 \end{bmatrix}$

17. Non diagonalisable.

19. $P = \begin{bmatrix} 1 & 3 & -1 & -1 \\ 0 & 2 & -1 & 2 \\ 0 & 0 & 1 & 0 \\ 0 & 0 & 0 & 1 \end{bmatrix}$,
$D = \begin{bmatrix} 5 & 0 & 0 & 0 \\ 0 & 3 & 0 & 0 \\ 0 & 0 & 2 & 0 \\ 0 & 0 & 0 & 2 \end{bmatrix}$

21. Lire attentivement les énoncés.   **23.** Oui (expliquer).

25. Non, A est forcément diagonalisable (expliquer).

27. *Indication :* Écrire $A = PDP^{-1}$. Comme A est
inversible, 0 n'est pas une valeur propre de A, donc les
coefficients diagonaux de D sont non nuls.

29. On peut prendre par exemple $P_1 = \begin{bmatrix} 1 & 1 \\ -2 & -1 \end{bmatrix}$, dont
les colonnes sont des vecteurs propres associés aux
valeurs propres de D_1.

31. *Indication :* Prendre une matrice triangulaire 2×2 bien
choisie.

33. [M] $P = \begin{bmatrix} 2 & 2 & 1 & 6 \\ 1 & -1 & 1 & -3 \\ -1 & -7 & 1 & 0 \\ 2 & 2 & 0 & 4 \end{bmatrix}$,
$D = \begin{bmatrix} 5 & 0 & 0 & 0 \\ 0 & 1 & 0 & 0 \\ 0 & 0 & -2 & 0 \\ 0 & 0 & 0 & -2 \end{bmatrix}$

35. [M] $P = \begin{bmatrix} 6 & 3 & 2 & 4 & 3 \\ -1 & -1 & -1 & -3 & -1 \\ -3 & -3 & -4 & -2 & -4 \\ 3 & 0 & -1 & 5 & 0 \\ 0 & 3 & 4 & 0 & 5 \end{bmatrix}$,
$D = \begin{bmatrix} 5 & 0 & 0 & 0 & 0 \\ 0 & 5 & 0 & 0 & 0 \\ 0 & 0 & 3 & 0 & 0 \\ 0 & 0 & 0 & 1 & 0 \\ 0 & 0 & 0 & 0 & 1 \end{bmatrix}$

Section 5.4, page 318

1. $\begin{bmatrix} 3 & -1 & 0 \\ -5 & 6 & 4 \end{bmatrix}$

3. a. $T(\mathbf{e}_1) = -\mathbf{b}_2 + \mathbf{b}_3$, $T(\mathbf{e}_2) = -\mathbf{b}_1 - \mathbf{b}_3$,
$T(\mathbf{e}_3) = \mathbf{b}_1 - \mathbf{b}_2$

b. $[T(\mathbf{e}_1)]_{\mathcal{B}} = \begin{bmatrix} 0 \\ -1 \\ 1 \end{bmatrix}$, $[T(\mathbf{e}_2)]_{\mathcal{B}} = \begin{bmatrix} -1 \\ 0 \\ -1 \end{bmatrix}$,

$$[T(\mathbf{e}_3)]_{\mathcal{B}} = \begin{bmatrix} 1 \\ -1 \\ 0 \end{bmatrix}$$

c. $\begin{bmatrix} 0 & -1 & 1 \\ -1 & 0 & -1 \\ 1 & -1 & 0 \end{bmatrix}$

5. a. $10 - 3t + 4t^2 + t^3$

b. Pour tous $\mathbf{p}$ et $\mathbf{q}$ dans $\mathbb{P}_2$ et tout scalaire c,

$$\begin{aligned} T[\mathbf{p}(t) + \mathbf{q}(t)] &= (t+5)[\mathbf{p}(t) + \mathbf{q}(t)] \\ &= (t+5)\mathbf{p}(t) + (t+5)\mathbf{q}(t) \\ &= T[\mathbf{p}(t)] + T[\mathbf{q}(t)] \\ T[c \cdot \mathbf{p}(t)] &= (t+5)[c \cdot \mathbf{p}(t)] = c \cdot (t+5)\mathbf{p}(t) \\ &= c \cdot T[\mathbf{p}(t)] \end{aligned}$$

c. $\begin{bmatrix} 5 & 0 & 0 \\ 1 & 5 & 0 \\ 0 & 1 & 5 \\ 0 & 0 & 1 \end{bmatrix}$

7. $\begin{bmatrix} 3 & 0 & 0 \\ 5 & -2 & 0 \\ 0 & 4 & 1 \end{bmatrix}$

9. a. $\begin{bmatrix} 2 \\ 5 \\ 8 \end{bmatrix}$

b. *Indication :* Calculer $T(\mathbf{p} + \mathbf{q})$ et $T(c \cdot \mathbf{p})$ pour des vecteurs arbitraires $\mathbf{p}$ et $\mathbf{q}$ de $\mathbb{P}_2$ et un scalaire arbitraire c.

c. $\begin{bmatrix} 1 & -1 & 1 \\ 1 & 0 & 0 \\ 1 & 1 & 1 \end{bmatrix}$

11. $\begin{bmatrix} 1 & 5 \\ 0 & 1 \end{bmatrix}$ **13.** $\mathbf{b}_1 = \begin{bmatrix} 1 \\ 1 \end{bmatrix}, \mathbf{b}_2 = \begin{bmatrix} 1 \\ 3 \end{bmatrix}$

15. $\mathbf{b}_1 = \begin{bmatrix} -2 \\ 1 \end{bmatrix}, \mathbf{b}_2 = \begin{bmatrix} 1 \\ 1 \end{bmatrix}$

17. a. $A\mathbf{b}_1 = 2\mathbf{b}_1$, donc $\mathbf{b}_1$ est un vecteur propre de A. Mais A n'a qu'une seule valeur propre, $\lambda = 2$, et le sous-espace propre associé est de dimension 1. Donc A n'est pas diagonalisable.

b. $\begin{bmatrix} 2 & -1 \\ 0 & 2 \end{bmatrix}$

19. Par définition, si A est semblable à B, il existe une matrice inversible P telle que $P^{-1}AP = B$ (voir section 5.2). Alors B est inversible comme produit de matrices inversibles. Pour montrer que A^{-1} est semblable à B^{-1}, il suffit de considérer la relation $P^{-1}AP = B$ et d'inverser les matrices dans chaque membre.

21. *Indication :* Revoir le problème d'entraînement 2.

23. *Indication :* Calculer $B(P^{-1}\mathbf{x})$.

25. *Indication :* Écrire $A = PBP^{-1} = (PB)P^{-1}$, puis utiliser la propriété de la trace qui est indiquée.

27. Pour tout j, $I(\mathbf{b}_j) = \mathbf{b}_j$. Comme le vecteur des composantes d'un vecteur de $\mathbb{R}^n$ dans la base canonique n'est autre que ce vecteur lui-même, on a $[I(\mathbf{b}_j)]_{\mathcal{E}} = \mathbf{b}_j$. La matrice de I dans la base $\mathcal{B}$ et la base canonique $\mathcal{E}$ est donc tout simplement $[\, \mathbf{b}_1 \quad \mathbf{b}_2 \quad \cdots \quad \mathbf{b}_n \,]$. Cette matrice est exactement la *matrice de passage* $P_{\mathcal{B}}$ définie à la section 4.4.

29. La matrice de l'identité dans la base $\mathcal{B}$ est I_n, car le vecteur des composantes du j^e vecteur de base $\mathbf{b}_j$ dans la base $\mathcal{B}$ est égal à la j^e colonne de I_n.

31. **[M]** $\begin{bmatrix} -7 & -2 & -6 \\ 0 & -4 & -6 \\ 0 & 0 & -1 \end{bmatrix}$

Section 5.5, page 324

1. $\lambda = 2 + i, \begin{bmatrix} -1+i \\ 1 \end{bmatrix}$; $\lambda = 2 - i, \begin{bmatrix} -1-i \\ 1 \end{bmatrix}$

3. $\lambda = 2 + 3i, \begin{bmatrix} 1-3i \\ 2 \end{bmatrix}$; $\lambda = 2 - 3i, \begin{bmatrix} 1+3i \\ 2 \end{bmatrix}$

5. $\lambda = 2 + 2i, \begin{bmatrix} 1 \\ 2+2i \end{bmatrix}$; $\lambda = 2 - 2i, \begin{bmatrix} 1 \\ 2-2i \end{bmatrix}$

7. $\lambda = \sqrt{3} \pm i, \varphi = \pi/6$ radian, $r = 2$

9. $\lambda = -\sqrt{3}/2 \pm (1/2)i, \varphi = -5\pi/6$ radians, $r = 1$

11. $\lambda = 0, 1 \pm 0, 1i, \varphi = -\pi/4$ radian, $r = \sqrt{2}/10$

Pour les exercices 13 à 20, plusieurs réponses sont possibles. Toute matrice inversible P telle que $P^{-1}AP$ soit égal à la matrice C indiquée ou à C^T convient. On pourra donc déterminer une matrice P, puis vérifier en calculant $P^{-1}AP$.

13. $P = \begin{bmatrix} -1 & -1 \\ 1 & 0 \end{bmatrix}, C = \begin{bmatrix} 2 & -1 \\ 1 & 2 \end{bmatrix}$

15. $P = \begin{bmatrix} 1 & 3 \\ 2 & 0 \end{bmatrix}, C = \begin{bmatrix} 2 & -3 \\ 3 & 2 \end{bmatrix}$

17. $P = \begin{bmatrix} 2 & -1 \\ 5 & 0 \end{bmatrix}, C = \begin{bmatrix} -0{,}6 & -0{,}8 \\ 0{,}8 & -0{,}6 \end{bmatrix}$

19. $P = \begin{bmatrix} 2 & -1 \\ 2 & 0 \end{bmatrix}, C = \begin{bmatrix} 0{,}96 & -0{,}28 \\ 0{,}28 & 0{,}96 \end{bmatrix}$

21. $\mathbf{y} = \begin{bmatrix} 2 \\ -1 + 2i \end{bmatrix} = \dfrac{-1 + 2i}{5} \begin{bmatrix} -2 - 4i \\ 5 \end{bmatrix}$

23. a. Propriétés de la conjugaison et relation $\overline{\mathbf{x}}^T = \overline{\mathbf{x}^T}$.

b. On a $\overline{A\mathbf{x}} = A\overline{\mathbf{x}}$ car A est une matrice réelle.

c. $\mathbf{x}^T A\overline{\mathbf{x}}$ est un scalaire et peut être considérée comme une matrice 1×1.

d. Propriétés de la transposition.

e. $A^T = A$ et définition de q.

25. *Indication :* Écrire d'abord $\mathbf{x} = \text{Re}\,\mathbf{x} + i(\text{Im}\,\mathbf{x})$.

27. [M] $P = \begin{bmatrix} 1 & -1 & -2 & 0 \\ -4 & 0 & 0 & 2 \\ 0 & 0 & -3 & -1 \\ 2 & 0 & 4 & 0 \end{bmatrix}$,

$C = \begin{bmatrix} 0{,}2 & -0{,}5 & 0 & 0 \\ 0{,}5 & 0{,}2 & 0 & 0 \\ 0 & 0 & 0{,}3 & -0{,}1 \\ 0 & 0 & 0{,}1 & 0{,}3 \end{bmatrix}$

D'autres choix sont possibles, mais il faut que C soit égale à $P^{-1}AP$.

Section 5.6, page 335

1. a. *Indication* : Déterminer c_1 et c_2 tels que $x_0 = c_1 v_1 + c_2 v_2$. À partir de cette écriture et en utilisant le fait que v_1 et v_2 sont des vecteurs propres de A, calculer $x_1 = \begin{bmatrix} 49/3 \\ 41/3 \end{bmatrix}$.

b. Pour $k \geq 0$, on obtient $x_k = 5(3)^k v_1 - 4(\frac{1}{3})^k v_2$.

3. Si $p = 0{,}2$, on trouve comme valeurs propres pour A les réels $0{,}9$ et $0{,}7$, donc

$$x_k = c_1(0{,}9)^k \begin{bmatrix} 1 \\ 1 \end{bmatrix} + c_2(0{,}7)^k \begin{bmatrix} 2 \\ 1 \end{bmatrix}$$

qui tend vers 0 quand k tend vers $+\infty$. Le taux de prédation plus élevé finit par priver les chouettes de nourriture. En fin de compte, les populations de chouettes et de rats disparaissent toutes les deux.

5. Pour $p = 0{,}325$, les valeurs propres sont $1{,}05$ et $0{,}55$. Puisque $1{,}05 > 1$, les deux populations croissent de 5 % par an. Le vecteur $(6, 13)$ est un vecteur propre associé à la valeur propre $1{,}05$, donc l'équilibre finira par s'établir sur un rapport d'environ 6 chouettes tachetées pour 13 milliers d'écureuils volants.

7. a. L'origine est un point selle, car l'une des valeurs propres de A est (en valeur absolue) strictement supérieure à 1 et l'autre est strictement inférieure à 1.

b. La direction d'attraction maximale est celle du vecteur propre associé à la valeur propre $1/3$, c'est-à-dire v_2. Les vecteurs colinéaires à v_2 sont attirés vers l'origine. La direction de répulsion maximale est celle du vecteur propre v_1. Les vecteurs colinéaires à v_1 sont repoussés.

c. Lire attentivement l'énoncé.

9. Point selle ; valeurs propres : 2 et 0,5 ; direction de répulsion maximale : celle du vecteur $(-1, 1)$; direction d'attraction maximale : celle du vecteur $(1, 4)$.

11. Point attractif ; valeurs propres : 0,9 et 0,8 ; attraction maximale : vecteur $(5, 4)$.

13. Point répulsif ; valeurs propres : 1,2 et 1,1 ; répulsion maximale : vecteur $(3, 4)$.

15. $x_k = v_1 + 0{,}1(0{,}5)^k \begin{bmatrix} 2 \\ -3 \\ 1 \end{bmatrix} + 0{,}3(0{,}2)^k \begin{bmatrix} -1 \\ 0 \\ 1 \end{bmatrix} \to v_1$ si $k \to \infty$

17. a. $A = \begin{bmatrix} 0 & 1{,}6 \\ 0{,}3 & 0{,}8 \end{bmatrix}$

b. La population augmente car la plus grande valeur propre de A est 1,2, qui est strictement plus grande que 1. Le taux de croissance à l'équilibre est de 1,2, soit 20 % par an. Le vecteur $(4, 3)$ est un vecteur propre associé à la valeur propre $\lambda_1 = 1{,}2$, donc on obtient finalement 4 jeunes pour 3 adultes.

c. [M] Le rapport entre jeunes et adultes semble se stabiliser au bout de cinq ou six ans.

Section 5.7, page 344

1. $x(t) = \frac{5}{2} \begin{bmatrix} -3 \\ 1 \end{bmatrix} e^{4t} - \frac{3}{2} \begin{bmatrix} -1 \\ 1 \end{bmatrix} e^{2t}$

3. $-\frac{5}{2} \begin{bmatrix} -3 \\ 1 \end{bmatrix} e^{t} + \frac{9}{2} \begin{bmatrix} -1 \\ 1 \end{bmatrix} e^{-t}$. L'origine est un point selle. La direction d'attraction maximale est celle du vecteur $(-1, 1)$. La direction de répulsion maximale est celle du vecteur $(-3, 1)$.

5. $-\frac{1}{2} \begin{bmatrix} 1 \\ 3 \end{bmatrix} e^{4t} + \frac{7}{2} \begin{bmatrix} 1 \\ 1 \end{bmatrix} e^{6t}$. L'origine est un point répulsif. La direction de répulsion maximale est celle du vecteur $(1, 1)$.

7. On prend $P = \begin{bmatrix} 1 & 1 \\ 3 & 1 \end{bmatrix}$ et $D = \begin{bmatrix} 4 & 0 \\ 0 & 6 \end{bmatrix}$. On a alors $A = PDP^{-1}$. En remplaçant x par Py dans la relation $x' = Ax$, on obtient

$$\frac{d}{dt}(Py) = A(Py)$$
$$Py' = PDP^{-1}(Py) = PDy$$

La multiplication à gauche par P^{-1} donne

$$y' = Dy, \quad \text{soit} \quad \begin{bmatrix} y_1'(t) \\ y_2'(t) \end{bmatrix} = \begin{bmatrix} 4 & 0 \\ 0 & 6 \end{bmatrix} \begin{bmatrix} y_1(t) \\ y_2(t) \end{bmatrix}$$

9. Solution complexe :
$c_1 \begin{bmatrix} 1-i \\ 1 \end{bmatrix} e^{(-2+i)t} + c_2 \begin{bmatrix} 1+i \\ 1 \end{bmatrix} e^{(-2-i)t}$

Solution réelle :
$c_1 \begin{bmatrix} \cos t + \sin t \\ \cos t \end{bmatrix} e^{-2t} + c_2 \begin{bmatrix} \sin t - \cos t \\ \sin t \end{bmatrix} e^{-2t}$

Les trajectoires se rapprochent en spirale de l'origine.

11. Sol. compl. : $c_1 \begin{bmatrix} -3+3i \\ 2 \end{bmatrix} e^{3it} + c_2 \begin{bmatrix} -3-3i \\ 2 \end{bmatrix} e^{-3it}$

Sol. réelle :
$c_1 \begin{bmatrix} -3\cos 3t - 3\sin 3t \\ 2\cos 3t \end{bmatrix} + c_2 \begin{bmatrix} -3\sin 3t + 3\cos 3t \\ 2\sin 3t \end{bmatrix}$

Les trajectoires sont des ellipses centrées sur l'origine.

13. Sol. compl. : $c_1 \begin{bmatrix} 1+i \\ 2 \end{bmatrix} e^{(1+3i)t} + c_2 \begin{bmatrix} 1-i \\ 2 \end{bmatrix} e^{(1-3i)t}$

Sol. réelle :

$c_1 \begin{bmatrix} \cos 3t - \sin 3t \\ 2\cos 3t \end{bmatrix} e^t + c_2 \begin{bmatrix} \sin 3t + \cos 3t \\ 2\sin 3t \end{bmatrix} e^t$

Les trajectoires s'éloignent en spirale de l'origine.

15. [M]

$\mathbf{x}(t) = c_1 \begin{bmatrix} -1 \\ 0 \\ 1 \end{bmatrix} e^{-2t} + c_2 \begin{bmatrix} -6 \\ 1 \\ 5 \end{bmatrix} e^{-t} + c_3 \begin{bmatrix} -4 \\ 1 \\ 4 \end{bmatrix} e^t$

L'origine est un point selle. Les solutions correspondant à $c_3 = 0$ sont attirées vers l'origine. Les solutions telles que $c_1 = c_2 = 0$ sont repoussées.

17. [M] Solution complexe :

$c_1 \begin{bmatrix} -3 \\ 1 \\ 1 \end{bmatrix} e^t + c_2 \begin{bmatrix} 23 - 34i \\ -9 + 14i \\ 3 \end{bmatrix} e^{(5+2i)t}$

$+ c_3 \begin{bmatrix} 23 + 34i \\ -9 - 14i \\ 3 \end{bmatrix} e^{(5-2i)t}$

Solution réelle :

$c_1 \begin{bmatrix} -3 \\ 1 \\ 1 \end{bmatrix} e^t + c_2 \begin{bmatrix} 23\cos 2t + 34\sin 2t \\ -9\cos 2t - 14\sin 2t \\ 3\cos 2t \end{bmatrix} e^{5t}$

$+ c_3 \begin{bmatrix} 23\sin 2t - 34\cos 2t \\ -9\sin 2t + 14\cos 2t \\ 3\sin 2t \end{bmatrix} e^{5t}$

L'origine est un point répulsif. Les trajectoires s'éloignent en spirale de l'origine.

19. [M] $A = \begin{bmatrix} -2 & 3/4 \\ 1 & -1 \end{bmatrix}$,

$\begin{bmatrix} v_1(t) \\ v_2(t) \end{bmatrix} = \frac{5}{2} \begin{bmatrix} 1 \\ 2 \end{bmatrix} e^{-0,5t} - \frac{1}{2} \begin{bmatrix} -3 \\ 2 \end{bmatrix} e^{-2,5t}$

21. [M] $A = \begin{bmatrix} -1 & -8 \\ 5 & -5 \end{bmatrix}$,

$\begin{bmatrix} i_L(t) \\ v_C(t) \end{bmatrix} = \begin{bmatrix} -20\sin 6t \\ 15\cos 6t - 5\sin 6t \end{bmatrix} e^{-3t}$

Section 5.8, page 351

1. Vecteur propre : $\mathbf{x}_4 = \begin{bmatrix} 1 \\ 0,3326 \end{bmatrix}$ ou

$A\mathbf{x}_4 = \begin{bmatrix} 4,9978 \\ 1,6652 \end{bmatrix}$;

$\lambda \approx 4,9978$.

3. Vecteur propre : $\mathbf{x}_4 = \begin{bmatrix} 0,5188 \\ 1 \end{bmatrix}$ ou

$A\mathbf{x}_4 = \begin{bmatrix} 0,4594 \\ 0,9075 \end{bmatrix}$;

$\lambda \approx 0,9075$.

5. $\mathbf{x} = \begin{bmatrix} -0,7999 \\ 1 \end{bmatrix}$, $A\mathbf{x} = \begin{bmatrix} 4,0015 \\ -5,0020 \end{bmatrix}$;

valeur propre estimée $\lambda = -5,0020$.

7. [M]

$\mathbf{x}_k : \begin{bmatrix} 0,75 \\ 1 \end{bmatrix}, \begin{bmatrix} 1 \\ 0,9565 \end{bmatrix}, \begin{bmatrix} 0,9932 \\ 1 \end{bmatrix}, \begin{bmatrix} 1 \\ 0,9990 \end{bmatrix}, \begin{bmatrix} 0,9998 \\ 1 \end{bmatrix}$

$\mu_k : \quad 11,5 \quad 12,78 \quad 12,96 \quad 12,9948 \quad 12,9990$

9. [M] $\mu_5 = 8,4233$, $\mu_6 = 8,4246$; la « vraie » valeur est 8,42443 (précision de quatre chiffres significatifs).

11. μ_k : 5,8000 5,9655 5,9942 5,9990 $(k = 1, 2, 3, 4)$;
$R(\mathbf{x}_k)$: 5,9655 5,9990 5,99997 5,9999993

13. La méthode fonctionne, mais la convergence peut être très lente.

15. *Indication :* Écrire $A\mathbf{x} - \alpha\mathbf{x} = (A - \alpha I)\mathbf{x}$ et utiliser le fait que $(A - \alpha I)$ est inversible si et seulement si α n'est pas une valeur propre de A.

17. [M] $\nu_0 = 3,3384$, $\nu_1 = 3,32119$ (quatre chiffres exacts après arrondi), $\nu_2 = 3,3212209$. « Vraie » valeur : 3,3212201 (sept chiffres exacts).

19. [M] **a.** $\mu_6 = 30,2887 = \mu_7$ avec quatre décimales. Avec six décimales, la plus grande valeur propre est 30,288685, correspondant au vecteur propre (0,957629 ; 0,688937 ; 1 ; 0,943782).

b. La méthode de la puissance inverse (avec $\alpha = 0$) donne $\mu_1^{-1} = 0,010141$ et $\mu_2^{-1} = 0,010150$. Avec sept décimales, la plus petite valeur propre est 0,0101500, associée au vecteur propre $(-0,603972 ; 1 ; -0,251135 ; 0,148953)$. Si la convergence est aussi rapide, c'est que la valeur propre suivante est de l'ordre de 0,85.

21. **a.** Si les valeurs propres de A sont toutes strictement inférieures à 1 en valeur absolue et si $\mathbf{x} \neq \mathbf{0}$, alors $A^k\mathbf{x}$ est à peu près égal à un vecteur propre si k est suffisamment grand.

b. Si la valeur propre strictement dominante est égale à 1 et si $\mathbf{x}$ a une composante non nulle sur le vecteur propre associé, alors la suite $(A^k\mathbf{x})$ converge vers un vecteur colinéaire à ce vecteur.

c. Si les valeurs propres de A sont toutes strictement supérieures à 1 en valeur absolue et si $\mathbf{x}$ n'est pas un vecteur propre, la distance de $A^k\mathbf{x}$ avec le vecteur propre le plus proche s'accroît indéfiniment lorsque k tend vers $+\infty$.

Chapitre 5 Exercices supplémentaires, page 353

1. **a.** V **b.** F **c.** V **d.** F **e.** V
f. V **g.** F **h.** V **i.** F **j.** V
k. F **l.** F **m.** F **n.** V **o.** F
p. V **q.** F **r.** V **s.** F **t.** V
u. V **v.** V **w.** F **x.** V

3. **a.** Supposons que $A\mathbf{x} = \lambda\mathbf{x}$, avec $\mathbf{x} \neq \mathbf{0}$. Alors

$(5I - A)\mathbf{x} = 5\mathbf{x} - A\mathbf{x} = 5\mathbf{x} - \lambda\mathbf{x} = (5 - \lambda)\mathbf{x}$

La valeur propre est $5 - \lambda$.

b. $(5I - 3A + A^2)\mathbf{x} = 5\mathbf{x} - 3A\mathbf{x} + A(A\mathbf{x})$
$$= 5\mathbf{x} - 3\lambda\mathbf{x} + \lambda^2\mathbf{x}$$
$$= (5 - 3\lambda + \lambda^2)\mathbf{x}$$

La valeur propre est $5 - 3\lambda + \lambda^2$.

5. Supposons que $A\mathbf{x} = \lambda\mathbf{x}$, avec $\mathbf{x} \neq \mathbf{0}$. Alors

$$p(A)\mathbf{x} = (c_0 I + c_1 A + c_2 A^2 + \cdots + c_n A^n)\mathbf{x}$$
$$= c_0\mathbf{x} + c_1 A\mathbf{x} + c_2 A^2\mathbf{x} + \cdots + c_n A^n\mathbf{x}$$
$$= c_0\mathbf{x} + c_1\lambda\mathbf{x} + c_2\lambda^2\mathbf{x} + \cdots + c_n\lambda^n\mathbf{x} = p(\lambda)\mathbf{x}$$

Donc $p(\lambda)$ est une valeur propre de la matrice $p(A)$.

7. Si $A = PDP^{-1}$, alors, comme le montre l'exercice 6, $p(A) = Pp(D)P^{-1}$. Si λ est le coefficient (j, j) de D, alors le coefficient (j, j) de D^k est λ^k, donc le coefficient (j, j) de $p(D)$ est $p(\lambda)$. Si p est le polynôme caractéristique de A, alors $p(\lambda) = 0$ pour chaque coefficient diagonal de D, car ces coefficients ne sont autres que les valeurs propres de A. Donc $p(D)$ est la matrice nulle et l'on conclut que $p(A) = P \cdot 0 \cdot P^{-1} = 0$.

9. Si $I - A$ n'était pas inversible, l'équation $(I - A)\mathbf{x} = \mathbf{0}$ aurait au moins une solution non triviale $\mathbf{x}$. On aurait donc $\mathbf{x} - A\mathbf{x} = \mathbf{0}$, soit $A\mathbf{x} = 1 \cdot \mathbf{x}$, ce qui signifie que 1 serait une valeur propre de A. Or on a supposé que les valeurs propres de A étaient toutes strictement inférieures à 1 en valeur absolue. Donc $I - A$ est forcément inversible.

11. a. Soit $\mathbf{x}$ un vecteur non nul de H. Il existe donc un scalaire c tel que $\mathbf{x} = c\mathbf{u}$. On a alors $A\mathbf{x} = A(c\mathbf{u}) = c(A\mathbf{u}) = c(\lambda\mathbf{u}) = (c\lambda)\mathbf{u}$, et $A\mathbf{x}$ appartient bien à H.

b. Soit $\mathbf{x}$ un vecteur non nul de K. Comme K est de dimension 1, c'est l'ensemble des vecteurs colinéaires à $\mathbf{x}$. Si l'on suppose que K est stable par A, alors $A\mathbf{x}$ appartient à K, donc est colinéaire à $\mathbf{x}$. Le vecteur $\mathbf{x}$ est bien un vecteur propre de A.

13. $1, 3, 7$

15. En remplaçant a par $a - \lambda$ dans l'expression du déterminant obtenue dans l'exercice supplémentaire 16 du chapitre 3, on obtient

$$\det(A - \lambda I) = (a - b - \lambda)^{n-1}[a - \lambda + (n - 1)b]$$

Ce déterminant est nul si et seulement si $a - b - \lambda = 0$ ou $a - \lambda + (n - 1)b = 0$. Donc λ est une valeur propre de A si et seulement si $\lambda = a - b$ ou $\lambda = a + (n - 1)b$. De plus, la multiplicité de $a - b$ est $n - 1$ et celle de $a + (n - 1)b$ est 1.

17. $\det(A - \lambda I) = (a_{11} - \lambda)(a_{22} - \lambda) - a_{12}a_{21}$
$$= \lambda^2 - (a_{11} + a_{22})\lambda + (a_{11}a_{22} - a_{12}a_{21})$$
$$= \lambda^2 - (\text{tr } A)\lambda + \det A$$

Les solutions sont

$$\lambda = \frac{\text{tr } A \pm \sqrt{(\text{tr } A)^2 - 4\det A}}{2}$$

Les deux racines sont réelles si et seulement si le discriminant est positif, c'est-à-dire si $(\text{tr } A)^2 - 4\det A \geq 0$, soit $(\text{tr } A)^2 \geq 4\det A$ ou encore $\left(\dfrac{\text{tr } A}{2}\right)^2 \geq \det A$.

19. $C_p = \begin{bmatrix} 0 & 1 \\ -6 & 5 \end{bmatrix}$;
$$\det(C_p - \lambda I) = 6 - 5\lambda + \lambda^2 = p(\lambda)$$

21. Si p est un polynôme de degré 2, un calcul analogue à celui effectué dans l'exercice 19 montre que le polynôme caractéristique de C_p est $p(\lambda) = (-1)^2 p(\lambda)$, donc le résultat est vérifié pour $n = 2$. Supposons le résultat vrai pour $n = k$, avec $k \geq 2$, et considérons un polynôme p de degré $k + 1$. En développant $\det(C_p - \lambda I)$ selon la première colonne, on obtient

$$(-\lambda)\det\begin{bmatrix} -\lambda & 1 & \cdots & 0 \\ \vdots & & & \vdots \\ 0 & & & 1 \\ -a_1 & -a_2 & \cdots & -a_k - \lambda \end{bmatrix} + (-1)^{k+1}a_0$$

La matrice $k \times k$ qui apparaît est la matrice $C_q - \lambda I$, avec $q(t) = a_1 + a_2 t + \cdots + a_k t^{k-1} + t^k$. Par hypothèse de récurrence, son déterminant est $(-1)^k q(\lambda)$. Donc

$$\det(C_p - \lambda I) = (-1)^{k+1}a_0 + (-\lambda)(-1)^k q(\lambda)$$
$$= (-1)^{k+1}[a_0 + \lambda(a_1 + \cdots + a_k\lambda^{k-1} + \lambda^k)]$$
$$= (-1)^{k+1}p(\lambda)$$

Le résultat est donc vérifié pour $n = k + 1$ à chaque fois qu'il l'est pour $n = k$. D'après le principe de récurrence, la formule proposée pour $\det(C_p - \lambda I)$ est vraie quel que soit l'entier $n \geq 2$.

23. D'après l'exercice 22, les colonnes de V sont des vecteurs propres de C_p, associés aux valeurs propres λ_1, λ_2 et λ_3 (les racines du polynôme p). D'après le théorème 2 de la section 5.1 et comme ces valeurs propres sont distinctes, les vecteurs propres sont linéairement indépendants. Par conséquent, les colonnes de V sont linéairement indépendantes et, d'après le théorème de caractérisation des matrices inversibles, V est inversible. Finalement, comme les colonnes de V sont des vecteurs propres de C_p, il résulte du théorème de diagonalisation (théorème 5 de la section 5.3) que $V^{-1}C_p V$ est diagonale.

25. [M] L'exercice peut être assez délicat si le logiciel ne calcule les valeurs et les vecteurs propres que sous forme numérique par des méthodes itératives, et non pas sous forme symbolique (ces difficultés se présentaient jusqu'à il y a quelques années, mais la situation a pu s'améliorer en fonction des progrès des logiciels). On doit alors trouver une matrice $AP - PD$ dont les coefficients sont très petits et une matrice PDP^{-1} proche de A. Si la matrice P est construite à l'aide de la commande de calcul des vecteurs propres, vérifier la valeur du conditionnement de P. Cette valeur peut être le signe que l'on n'a pas vraiment obtenu trois vecteurs propres linéairement indépendants.

Chapitre 6

Section 6.1, page 365

1. $5, 8, \frac{8}{5}$ **3.** $\begin{bmatrix} 3/35 \\ -1/35 \\ -1/7 \end{bmatrix}$ **5.** $\begin{bmatrix} 8/13 \\ 12/13 \end{bmatrix}$

7. $\sqrt{35}$ **9.** $\begin{bmatrix} -0,6 \\ 0,8 \end{bmatrix}$ **11.** $\begin{bmatrix} 7/\sqrt{69} \\ 2/\sqrt{69} \\ 4/\sqrt{69} \end{bmatrix}$

13. $5\sqrt{5}$ **15.** Non orthogonaux **17.** Orthogonaux

19. Bien lire les énoncés avant de répondre.

21. *Indication :* Utiliser les théorèmes 3 et 2 de la section 2.1.

23. $\mathbf{u} \cdot \mathbf{v} = 0$, $\|\mathbf{u}\|^2 = 30$, $\|\mathbf{v}\|^2 = 101$, $\|\mathbf{u} + \mathbf{v}\|^2 = (-5)^2 + (-9)^2 + 5^2 = 131 = 30 + 101$

25. L'ensemble des vecteurs colinéaires à $\begin{bmatrix} -b \\ a \end{bmatrix}$ (à condition que $\mathbf{v} \neq \mathbf{0}$).

27. *Indication :* Utiliser la définition de l'orthogonalité.

29. *Indication :* Considérer un vecteur quelconque $\mathbf{w} = c_1 \mathbf{v}_1 + \cdots + c_p \mathbf{v}_p$ de W.

31. *Indication :* Si $\mathbf{x}$ appartient $W^\perp$, alors $\mathbf{x}$ est orthogonal à tous les vecteurs de W.

33. [M] Énoncer la conjecture et la vérifier algébriquement.

Section 6.2, page 373

1. Non orthogonale **3.** Non orthogonale **5.** Orthogonale

7. Montrer que $\mathbf{u}_1 \cdot \mathbf{u}_2 = 0$, appliquer le théorème 4 en remarquant que deux vecteurs linéairement indépendants de $\mathbb{R}^2$ en forment une base. On obtient
$$\mathbf{x} = \frac{39}{13}\begin{bmatrix} 2 \\ -3 \end{bmatrix} + \frac{26}{52}\begin{bmatrix} 6 \\ 4 \end{bmatrix} = 3\begin{bmatrix} 2 \\ -3 \end{bmatrix} + \frac{1}{2}\begin{bmatrix} 6 \\ 4 \end{bmatrix}$$

9. Montrer que $\mathbf{u}_1 \cdot \mathbf{u}_2 = 0$, $\mathbf{u}_1 \cdot \mathbf{u}_3 = 0$ et $\mathbf{u}_2 \cdot \mathbf{u}_3 = 0$. Appliquer le théorème 4, en remarquant que trois vecteurs linéairement indépendants de $\mathbb{R}^3$ en forment une base. On obtient
$$\mathbf{x} = \frac{5}{2}\mathbf{u}_1 - \frac{27}{18}\mathbf{u}_2 + \frac{18}{9}\mathbf{u}_3 = \frac{5}{2}\mathbf{u}_1 - \frac{3}{2}\mathbf{u}_2 + 2\mathbf{u}_3$$

11. $\begin{bmatrix} -2 \\ 1 \end{bmatrix}$ **13.** $\mathbf{y} = \begin{bmatrix} -4/5 \\ 7/5 \end{bmatrix} + \begin{bmatrix} 14/5 \\ 8/5 \end{bmatrix}$

15. $\mathbf{y} - \hat{\mathbf{y}} = \begin{bmatrix} 0,6 \\ -0,8 \end{bmatrix}$, la distance est 1.

17. $\begin{bmatrix} 1/\sqrt{3} \\ 1/\sqrt{3} \\ 1/\sqrt{3} \end{bmatrix}$, $\begin{bmatrix} -1/\sqrt{2} \\ 0 \\ 1/\sqrt{2} \end{bmatrix}$

19. Orthonormée **21.** Orthonormée

23. Lire attentivement les énoncés avant de répondre.

25. *Indication :* $\|U\mathbf{x}\|^2 = (U\mathbf{x})^T(U\mathbf{x})$. On peut aussi déduire (a) et (c) de (b).

27. *Indication :* Il faut utiliser deux théorèmes, dont l'un ne s'applique qu'aux matrices qui sont carrées.

29. *Indication :* Une fois que l'on a une matrice candidate pour être l'inverse, il est facile de vérifier si cette candidate convient effectivement.

31. On pose $\hat{\mathbf{y}} = \dfrac{\mathbf{y} \cdot \mathbf{u}}{\mathbf{u} \cdot \mathbf{u}}\mathbf{u}$. On remplace $\mathbf{u}$ par $c\mathbf{u}$ avec $c \neq 0$. On obtient
$$\frac{\mathbf{y} \cdot (c\mathbf{u})}{(c\mathbf{u}) \cdot (c\mathbf{u})}(c\mathbf{u}) = \frac{c(\mathbf{y} \cdot \mathbf{u})}{c^2 \mathbf{u} \cdot \mathbf{u}}(c)\mathbf{u} = \hat{\mathbf{y}}$$

33. On pose $L = \text{Vect}\{\mathbf{u}\}$, avec $\mathbf{u}$ non nul, et l'on considère $T(\mathbf{x}) = \text{proj}_L \mathbf{x}$. Par définition,
$$T(\mathbf{x}) = \frac{\mathbf{x} \cdot \mathbf{u}}{\mathbf{u} \cdot \mathbf{u}}\mathbf{u} = (\mathbf{x} \cdot \mathbf{u})(\mathbf{u} \cdot \mathbf{u})^{-1}\mathbf{u}$$

Si $\mathbf{x}$ et $\mathbf{y}$ sont dans $\mathbb{R}^n$ et si c et d sont deux scalaires, on déduit des propriétés du produit scalaire (théorème 1) que
$$\begin{aligned} T(c\mathbf{x} + d\mathbf{y}) &= [(c\mathbf{x} + d\mathbf{y}) \cdot \mathbf{u}](\mathbf{u} \cdot \mathbf{u})^{-1}\mathbf{u} \\ &= [c(\mathbf{x} \cdot \mathbf{u}) + d(\mathbf{y} \cdot \mathbf{u})](\mathbf{u} \cdot \mathbf{u})^{-1}\mathbf{u} \\ &= c(\mathbf{x} \cdot \mathbf{u})(\mathbf{u} \cdot \mathbf{u})^{-1}\mathbf{u} + d(\mathbf{y} \cdot \mathbf{u})(\mathbf{u} \cdot \mathbf{u})^{-1}\mathbf{u} \\ &= cT(\mathbf{x}) + dT(\mathbf{y}) \end{aligned}$$

Donc T est linéaire.

Section 6.3, page 381

1. $\mathbf{x} = -\frac{8}{9}\mathbf{u}_1 - \frac{2}{9}\mathbf{u}_2 + \frac{2}{3}\mathbf{u}_3 + 2\mathbf{u}_4$;
$$\mathbf{x} = \begin{bmatrix} 0 \\ -2 \\ 4 \\ -2 \end{bmatrix} + \begin{bmatrix} 10 \\ -6 \\ -2 \\ 2 \end{bmatrix}$$

3. $\begin{bmatrix} -1 \\ 4 \\ 0 \end{bmatrix}$ **5.** $\begin{bmatrix} -1 \\ 2 \\ 6 \end{bmatrix} = \mathbf{y}$

7. $\mathbf{y} = \begin{bmatrix} 10/3 \\ 2/3 \\ 8/3 \end{bmatrix} + \begin{bmatrix} -7/3 \\ 7/3 \\ 7/3 \end{bmatrix}$ **9.** $\mathbf{y} = \begin{bmatrix} 2 \\ 4 \\ 0 \\ 0 \end{bmatrix} + \begin{bmatrix} 2 \\ -1 \\ 3 \\ -1 \end{bmatrix}$

11. $\begin{bmatrix} 3 \\ -1 \\ 1 \\ -1 \end{bmatrix}$ **13.** $\begin{bmatrix} -1 \\ -3 \\ -2 \\ 3 \end{bmatrix}$ **15.** $\sqrt{40}$

17. a. $U^TU = \begin{bmatrix} 1 & 0 \\ 0 & 1 \end{bmatrix},$

$UU^T = \begin{bmatrix} 8/9 & -2/9 & 2/9 \\ -2/9 & 5/9 & 4/9 \\ 2/9 & 4/9 & 5/9 \end{bmatrix}$

b. $\operatorname{proj}_W \mathbf{y} = 6\mathbf{u}_1 + 3\mathbf{u}_2 = \begin{bmatrix} 2 \\ 4 \\ 5 \end{bmatrix}, (UU^T)\mathbf{y} = \begin{bmatrix} 2 \\ 4 \\ 5 \end{bmatrix}$

19. Tout vecteur colinéaire à $\begin{bmatrix} 0 \\ 2/5 \\ 1/5 \end{bmatrix}$, par exemple $\begin{bmatrix} 0 \\ 2 \\ 1 \end{bmatrix}$.

21. Bien lire les énoncés avant de répondre.

23. *Indication :* Utiliser le théorème 3 et le théorème de décomposition orthogonale. Pour l'unicité, on suppose que $A\mathbf{p} = \mathbf{b}$ et $A\mathbf{p}_1 = \mathbf{b}$, et l'on utilise les relations $\mathbf{p} = \mathbf{p}_1 + (\mathbf{p} - \mathbf{p}_1)$ et $\mathbf{p} = \mathbf{p} + \mathbf{0}$.

Section 6.4, page 388

1. $\begin{bmatrix} 3 \\ 0 \\ -1 \end{bmatrix}, \begin{bmatrix} -1 \\ 5 \\ -3 \end{bmatrix}$ **3.** $\begin{bmatrix} 2 \\ -5 \\ 1 \end{bmatrix}, \begin{bmatrix} 3 \\ 3/2 \\ 3/2 \end{bmatrix}$

5. $\begin{bmatrix} 1 \\ -4 \\ 0 \\ 1 \end{bmatrix}, \begin{bmatrix} 5 \\ 1 \\ -4 \\ -1 \end{bmatrix}$ **7.** $\begin{bmatrix} 2/\sqrt{30} \\ -5/\sqrt{30} \\ 1/\sqrt{30} \end{bmatrix}, \begin{bmatrix} 2/\sqrt{6} \\ 1/\sqrt{6} \\ 1/\sqrt{6} \end{bmatrix}$

9. $\begin{bmatrix} 3 \\ 1 \\ -1 \\ 3 \end{bmatrix}, \begin{bmatrix} 1 \\ 3 \\ 3 \\ -1 \end{bmatrix}, \begin{bmatrix} -3 \\ 1 \\ 1 \\ 3 \end{bmatrix}$

11. $\begin{bmatrix} 1 \\ -1 \\ -1 \\ 1 \\ 1 \end{bmatrix}, \begin{bmatrix} 3 \\ 0 \\ 3 \\ -3 \\ 3 \end{bmatrix}, \begin{bmatrix} 2 \\ 0 \\ 2 \\ 2 \\ -2 \end{bmatrix}$

13. $R = \begin{bmatrix} 6 & 12 \\ 0 & 6 \end{bmatrix}$

15. $Q = \begin{bmatrix} 1/\sqrt{5} & 1/2 & 1/2 \\ -1/\sqrt{5} & 0 & 0 \\ -1/\sqrt{5} & 1/2 & 1/2 \\ 1/\sqrt{5} & -1/2 & 1/2 \\ 1/\sqrt{5} & 1/2 & -1/2 \end{bmatrix},$

$R = \begin{bmatrix} \sqrt{5} & -\sqrt{5} & 4\sqrt{5} \\ 0 & 6 & -2 \\ 0 & 0 & 4 \end{bmatrix}$

17. Bien lire les énoncés avant de répondre.

19. Si $\mathbf{x}$ est solution de l'équation $R\mathbf{x} = \mathbf{0}$, alors $QR\mathbf{x} = Q\mathbf{0} = \mathbf{0}$, soit $A\mathbf{x} = \mathbf{0}$. Les colonnes de A étant linéairement indépendantes, il en résulte que $\mathbf{x}$ est nul. On a ainsi montré que les colonnes de R sont elles aussi linéairement indépendantes. Et comme R est

carrée, le théorème de caractérisation des matrices inversibles permet de conclure qu'elle est inversible.

21. Soit $\mathbf{q}_1, \ldots, \mathbf{q}_n$ les colonnes de Q. On remarque tout d'abord que $n \le m$ car A est de type $m \times n$ et ses colonnes sont linéairement indépendantes. On peut donc compléter les colonnes de Q pour former une base orthonormée $(\mathbf{q}_1, \ldots, \mathbf{q}_m)$ de $\mathbb{R}^m$. On pose alors $Q_0 = [\,\mathbf{q}_{n+1} \cdots \mathbf{q}_m\,]$ puis $Q_1 = [\,Q \quad Q_0\,]$. Un produit par blocs permet de conclure que

$$Q_1 \begin{bmatrix} R \\ 0 \end{bmatrix} = QR = A$$

23. *Indication :* Partitionner R comme une matrice 2×2 par blocs.

25. [M] Les coefficients diagonaux de R sont $20, 6$ et deux valeurs dont des approximations à quatre décimales sont $10{,}3923$ et $7{,}0711$.

Section 6.5, page 396

1. a. $\begin{bmatrix} 6 & -11 \\ -11 & 22 \end{bmatrix} \begin{bmatrix} x_1 \\ x_2 \end{bmatrix} = \begin{bmatrix} -4 \\ 11 \end{bmatrix}$ **b.** $\hat{\mathbf{x}} = \begin{bmatrix} 3 \\ 2 \end{bmatrix}$

3. a. $\begin{bmatrix} 6 & 6 \\ 6 & 42 \end{bmatrix} \begin{bmatrix} x_1 \\ x_2 \end{bmatrix} = \begin{bmatrix} 6 \\ -6 \end{bmatrix}$ **b.** $\hat{\mathbf{x}} = \begin{bmatrix} 4/3 \\ -1/3 \end{bmatrix}$

5. $\hat{\mathbf{x}} = \begin{bmatrix} 5 \\ -3 \\ 0 \end{bmatrix} + x_3 \begin{bmatrix} -1 \\ 1 \\ 1 \end{bmatrix}$ **7.** $2\sqrt{5}$

9. a. $\hat{\mathbf{b}} = \begin{bmatrix} 1 \\ 1 \\ 0 \end{bmatrix}$ **b.** $\hat{\mathbf{x}} = \begin{bmatrix} 2/7 \\ 1/7 \end{bmatrix}$

11. a. $\hat{\mathbf{b}} = \begin{bmatrix} 3 \\ 1 \\ 4 \\ -1 \end{bmatrix}$ **b.** $\hat{\mathbf{x}} = \begin{bmatrix} 2/3 \\ 0 \\ 1/3 \end{bmatrix}$

13. $A\mathbf{u} = \begin{bmatrix} 11 \\ -11 \\ 11 \end{bmatrix}, \quad A\mathbf{v} = \begin{bmatrix} 7 \\ -12 \\ 7 \end{bmatrix},$

$\mathbf{b} - A\mathbf{u} = \begin{bmatrix} 0 \\ 2 \\ -6 \end{bmatrix}, \quad \mathbf{b} - A\mathbf{v} = \begin{bmatrix} 4 \\ 3 \\ -2 \end{bmatrix}$. Non, $\mathbf{u}$ ne peut pas être une solution au sens des moindres carrés du système $A\mathbf{x} = \mathbf{b}$. Pourquoi ?

15. $\hat{\mathbf{x}} = \begin{bmatrix} 4 \\ -1 \end{bmatrix}$ **17.** Lire soigneusement les énoncés avant de répondre.

19. a. Si $A\mathbf{x} = \mathbf{0}$, alors $A^TA\mathbf{x} = A^T\mathbf{0} = \mathbf{0}$, ce qui montre que Ker A est inclus dans Ker A^TA.

b. Si $A^TA\mathbf{x} = \mathbf{0}$, alors $\mathbf{x}^TA^TA\mathbf{x} = \mathbf{x}^T\mathbf{0} = 0$, soit $(A\mathbf{x})^T(A\mathbf{x}) = 0$, ce qui signifie que $\|A\mathbf{x}\|^2 = 0$, donc que $A\mathbf{x} = \mathbf{0}$. On a montré que Ker A^TA est inclus dans Ker A, d'où finalement l'égalité.

21. *Indication :* La question (a) utilise un théorème important du chapitre 2.

23. D'après le théorème 14, $\hat{\mathbf{b}} = A\hat{\mathbf{x}} = A(A^TA)^{-1}A^T\mathbf{b}$. La matrice $A(A^TA)^{-1}A^T$ intervient fréquemment en statistiques, où on l'appelle parfois *matrice chapeau*.

25. Le système des équations normales est
$$\begin{bmatrix} 2 & 2 \\ 2 & 2 \end{bmatrix}\begin{bmatrix} x \\ y \end{bmatrix} = \begin{bmatrix} 6 \\ 6 \end{bmatrix}, \text{ dont les solutions}$$
correspondent à l'ensemble des couples (x, y) tels que $x + y = 3$. Les solutions correspondent à la droite située à mi-chemin des droites $x + y = 2$ et $x + y = 4$.

Section 6.6, page 404

1. $y = 0{,}9 + 0{,}4x$ **3.** $y = 1{,}1 + 1{,}3x$

5. Si les données comprennent deux points d'abscisses distinctes, les deux colonnes de la matrice du modèle ne sont pas colinéaires et sont donc linéairement indépendantes. D'après le théorème 14 de la section 6.5, le système d'équations normales admet une solution unique.

7. a. $y = X\boldsymbol{\beta} + \boldsymbol{\epsilon}$, avec
$$\mathbf{y} = \begin{bmatrix} 1{,}8 \\ 2{,}7 \\ 3{,}4 \\ 3{,}8 \\ 3{,}9 \end{bmatrix}, X = \begin{bmatrix} 1 & 1 \\ 2 & 4 \\ 3 & 9 \\ 4 & 16 \\ 5 & 25 \end{bmatrix},$$
$$\boldsymbol{\beta} = \begin{bmatrix} \beta_1 \\ \beta_2 \end{bmatrix} \text{ et } \boldsymbol{\epsilon} = \begin{bmatrix} \varepsilon_1 \\ \varepsilon_2 \\ \varepsilon_3 \\ \varepsilon_4 \\ \varepsilon_5 \end{bmatrix}$$
b. [M] $y = 1{,}76x - 0{,}20x^2$

9. $y = X\boldsymbol{\beta} + \boldsymbol{\epsilon}$, avec
$$\mathbf{y} = \begin{bmatrix} 7{,}9 \\ 5{,}4 \\ -0{,}9 \end{bmatrix}, X = \begin{bmatrix} \cos 1 & \sin 1 \\ \cos 2 & \sin 2 \\ \cos 3 & \sin 3 \end{bmatrix},$$
$$\boldsymbol{\beta} = \begin{bmatrix} A \\ B \end{bmatrix} \text{ et } \boldsymbol{\epsilon} = \begin{bmatrix} \varepsilon_1 \\ \varepsilon_2 \\ \varepsilon_3 \end{bmatrix}$$

11. [M] $\beta = 1{,}45$ et $e = 0{,}811$; l'orbite est une ellipse. L'équation $r = \beta/(1 - e \cdot \cos\theta)$ donne $r = 1{,}33$ pour $\theta = 4{,}6$.

13. [M] **a.** $y = -0{,}8558 + 4{,}7025t + 5{,}5554t^2 - 0{,}0274t^3$
b. La vitesse à l'instant t est donnée par
$v(t) = 4{,}7025 + 11{,}1108t - 0{,}0822t^2$, d'où
$v(4{,}5) = 53{,}0$ m/sec.

15. *Indication :* Écrire X et $\mathbf{y}$ sous la forme (1), puis calculer X^TX et $X^T\mathbf{y}$.

17. a. La moyenne des valeurs de x est $\bar{x} = 5{,}5$. Les données sous forme réduite sont $(-3{,}5 ; 1)$; $(-0{,}5 ; 2)$; $(1{,}5 ; 3)$ et $(2{,}5 ; 3)$. Les colonnes sont orthogonales car la somme des composantes de la seconde colonne de X est nulle.

b. $\begin{bmatrix} 4 & 0 \\ 0 & 21 \end{bmatrix}\begin{bmatrix} \beta_0 \\ \beta_1 \end{bmatrix} = \begin{bmatrix} 9 \\ 7{,}5 \end{bmatrix}$,
$y = \frac{9}{4} + \frac{5}{14}x^* = \frac{9}{4} + \frac{5}{14}(x - 5{,}5)$

19. *Indication :* La relation a une interprétation géométrique élégante.

Section 6.7, page 413

1. a. $3, \sqrt{105}, 225$
b. Tous les vecteurs colinéaires à $\begin{bmatrix} 1 \\ 4 \end{bmatrix}$

3. 28 **5.** $5\sqrt{2}, 3\sqrt{3}$ **7.** $\frac{56}{25} + \frac{14}{25}t$

9. a. Le polynôme constant $p(t) = 5$.
b. $t^2 - 5$ est orthogonal à p_0 et à p_1, et a pour valeurs $(4, -4, -4, 4)$ aux points indiqués ; la réponse est $q(t) = \frac{1}{4}(t^2 - 5)$.

11. $\frac{17}{5}t$

13. Vérifier chacun des quatre axiomes. Par exemple :
$$\begin{aligned} 1. \quad \langle \mathbf{u}, \mathbf{v} \rangle &= (A\mathbf{u})\cdot(A\mathbf{v}) && \text{Définition} \\ &= (A\mathbf{v})\cdot(A\mathbf{u}) && \text{Propriété du produit scalaire} \\ &= \langle \mathbf{v}, \mathbf{u} \rangle && \text{Définition} \end{aligned}$$

15. $\begin{aligned} \langle \mathbf{u}, c\mathbf{v} \rangle &= \langle c\mathbf{v}, \mathbf{u} \rangle && \text{Axiome 1} \\ &= c\langle \mathbf{v}, \mathbf{u} \rangle && \text{Axiome 3} \\ &= c\langle \mathbf{u}, \mathbf{v} \rangle && \text{Axiome 1} \end{aligned}$

17. *Indication :* Développer le second membre.

19. $\langle \mathbf{u}, \mathbf{v} \rangle = \sqrt{a}\sqrt{b} + \sqrt{b}\sqrt{a} = 2\sqrt{ab}$,
$\|\mathbf{u}\|^2 = (\sqrt{a})^2 + (\sqrt{b})^2 = a + b$. Comme a et b sont positifs, $\|\mathbf{u}\| = \sqrt{a + b}$. De même, $\|\mathbf{v}\| = \sqrt{b + a}$. D'après Cauchy–Schwarz, $2\sqrt{ab} \le \sqrt{a + b}\sqrt{b + a} = a + b$. On obtient bien $\sqrt{ab} \le \dfrac{a + b}{2}$.

21. 0 **23.** $2/\sqrt{5}$ **25.** $1, t, 3t^2 - 1$

27. [M] Les nouveaux polynômes orthogonaux sont $-17t + 5t^3$ et $72 - 155t^2 + 35t^4$. On peut prendre des vecteurs colinéaires à ceux-là de façon que leurs valeurs en $-2, -1, 0, 1$ et 2 soient de petits entiers.

Section 6.8, page 420

1. $y = 2 + \frac{3}{2}t$

3. $p(t) = 4p_0 - 0{,}1p_1 - 0{,}5p_2 + 0{,}2p_3$
$= 4 - 0{,}1t - 0{,}5(t^2 - 2) + 0{,}2\left(\frac{5}{6}t^3 - \frac{17}{6}t\right)$
(Il se trouve ici que le polynôme s'ajuste exactement aux données.)

5. Utiliser l'identité
$$\sin mt \sin nt = \frac{1}{2}[\cos(mt - nt) - \cos(mt + nt)]$$

7. Utiliser l'identité $\cos^2 kt = \dfrac{1 + \cos 2kt}{2}$.

9. $\pi + 2\sin t + \sin 2t + \frac{2}{3}\sin 3t$ [*Remarque :* On peut gagner du temps en réutilisant les résultats de l'exemple 4.]

11. $\frac{1}{2} - \frac{1}{2}\cos 2t$ (Pourquoi ?)

13. *Indication :* On prend deux fonctions f et g de $C[0, 2\pi]$, on fixe un entier $m \geq 0$ et on exprime les coefficients de Fourier en cosinus, puis ceux en sinus, de $f + g$.

15. [**M**] La cubique est le graphe de la fonction $g(t) = -0{,}2685 + 3{,}6095t + 5{,}8576t^2 - 0{,}0477t^3$. La vitesse à l'instant $t = 4{,}5$ secondes est $g'(4{,}5) = 53{,}4$ m/sec. On obtient une vitesse d'environ 0,7 % supérieure à l'estimation obtenue dans l'exercice 13 de la section 6.6.

Chapitre 6 Exercices supplémentaires, page 421

1. a. F **b.** V **c.** V **d.** F **e.** F
f. V **g.** V **h.** V **i.** F **j.** V
k. V **l.** F **m.** V **n.** F **o.** F
p. V **q.** V **r.** F **s.** F

2. *Indication :* Si la famille $(\mathbf{v}_1, \mathbf{v}_2)$ est orthonormée et si l'on pose $\mathbf{x} = c_1\mathbf{v}_1 + c_2\mathbf{v}_2$, les vecteurs $c_1\mathbf{v}_1$ et $c_2\mathbf{v}_2$ sont orthogonaux (expliquer) et

$$\|\mathbf{x}\|^2 = \|c_1\mathbf{v}_1 + c_2\mathbf{v}_2\|^2 = \|c_1\mathbf{v}_1\|^2 + \|c_2\mathbf{v}_2\|^2$$
$$= (|c_1|\|\mathbf{v}_1\|)^2 + (|c_2|\|\mathbf{v}_2\|)^2 = |c_1|^2 + |c_2|^2$$

L'égalité demandée est donc vérifiée pour $p = 2$. On suppose ensuite qu'elle est vérifiée pour $p = k$, avec $k \geq 2$, et l'on considère une famille orthonormée $(\mathbf{v}_1, \ldots, \mathbf{v}_{k+1})$. On écrit $\mathbf{x} = c_1\mathbf{v}_1 + \cdots + c_k\mathbf{v}_k + c_{k+1}\mathbf{v}_{k+1} = \mathbf{u}_k + c_{k+1}\mathbf{v}_{k+1}$, avec $\mathbf{u}_k = c_1\mathbf{v}_1 + \cdots + c_k\mathbf{v}_k$.

3. Étant donné un vecteur $\mathbf{x}$ et une famille orthonormée $(\mathbf{v}_1, \ldots, \mathbf{v}_p)$ dans $\mathbb{R}^n$, on considère le projeté orthogonal $\hat{\mathbf{x}}$ de $\mathbf{x}$ sur le sous-espace engendré par $\mathbf{v}_1, \ldots, \mathbf{v}_p$. D'après le théorème 10 de la section 6.3,

$$\hat{\mathbf{x}} = (\mathbf{x} \cdot \mathbf{v}_1)\mathbf{v}_1 + \cdots + (\mathbf{x} \cdot \mathbf{v}_p)\mathbf{v}_p$$

D'après l'exercice 2, $\|\hat{\mathbf{x}}\|^2 = |\mathbf{x} \cdot \mathbf{v}_1|^2 + \cdots + |\mathbf{x} \cdot \mathbf{v}_p|^2$. L'inégalité de Bessel résulte alors de l'inégalité $\|\hat{\mathbf{x}}\|^2 \leq \|\mathbf{x}\|^2$, qui a été expliquée à la section 6.7, juste avant l'énoncé de l'inégalité de Cauchy-Schwarz.

5. On suppose que $(U\mathbf{x}) \cdot (U\mathbf{y}) = \mathbf{x} \cdot \mathbf{y}$ pour tous les vecteurs $\mathbf{x}$ et $\mathbf{y}$ de $\mathbb{R}^n$ et l'on note $\mathbf{e}_1, \ldots, \mathbf{e}_n$ les vecteurs de la base canonique de $\mathbb{R}^n$. Pour $j = 1, \ldots, n$, $U\mathbf{e}_j$ est la j^{e} colonne de U. Comme $\|U\mathbf{e}_j\|^2 = (U\mathbf{e}_j) \cdot (U\mathbf{e}_j) = \mathbf{e}_j \cdot \mathbf{e}_j = 1$, les colonnes de U sont des vecteurs unitaires. Et comme $(U\mathbf{e}_j) \cdot (U\mathbf{e}_k) = \mathbf{e}_j \cdot \mathbf{e}_k = 0$ si $j \neq k$, les colonnes de U sont deux à deux orthogonales.

7. *Indication :* Calculer $Q^T Q$ en utilisant le fait que $(\mathbf{u}\mathbf{u}^T)^T = \mathbf{u}^{TT}\mathbf{u}^T = \mathbf{u}\mathbf{u}^T$.

9. On pose $W = \mathrm{Vect}\{\mathbf{u}, \mathbf{v}\}$. Étant donné un vecteur $\mathbf{z}$ de $\mathbb{R}^n$, soit $\hat{\mathbf{z}} = \mathrm{proj}_W \mathbf{z}$. Alors $\hat{\mathbf{z}}$ appartient à Im A, où l'on a posé $A = [\,\mathbf{u} \quad \mathbf{v}\,]$. Autrement dit, il existe un vecteur $\hat{\mathbf{x}}$ de $\mathbb{R}^2$ tel que $\hat{\mathbf{z}} = A\hat{\mathbf{x}}$. Donc $\hat{\mathbf{x}}$ est une solution au sens des moindres carrés du système $A\mathbf{x} = \mathbf{z}$. On peut alors déterminer $\hat{\mathbf{x}}$ en résolvant les équations normales, puis $\hat{\mathbf{z}}$ en calculant $A\hat{\mathbf{x}}$.

11. *Indication :* On pose $\mathbf{x} = \begin{bmatrix} x \\ y \\ z \end{bmatrix}$, $\mathbf{b} = \begin{bmatrix} a \\ b \\ c \end{bmatrix}$,

$\mathbf{v} = \begin{bmatrix} 1 \\ -2 \\ 5 \end{bmatrix}$ et $A = \begin{bmatrix} \mathbf{v}^T \\ \mathbf{v}^T \\ \mathbf{v}^T \end{bmatrix} = \begin{bmatrix} 1 & -2 & 5 \\ 1 & -2 & 5 \\ 1 & -2 & 5 \end{bmatrix}$. Le

système d'équations proposé s'écrit $A\mathbf{x} = \mathbf{b}$ et l'ensemble des solutions au sens des moindres carrés de ce système est l'ensemble des solutions de $A^T A\mathbf{x} = A^T\mathbf{b}$ (voir le théorème 13 de la section 6.5). Examiner ce système et utiliser le fait que, puisque $\mathbf{v}^T\mathbf{x}$ est un scalaire, on a $(\mathbf{v}\mathbf{v}^T)\mathbf{x} = \mathbf{v}(\mathbf{v}^T\mathbf{x}) = (\mathbf{v}^T\mathbf{x})\mathbf{v}$.

13. a. La règle ligne-colonne pour le calcul de $A\mathbf{u}$ montre que chacune des lignes de A est orthogonale à tout vecteur $\mathbf{u}$ de Ker A. Toutes les lignes de A sont donc dans $(\mathrm{Ker}\,A)^\perp$. Et comme $(\mathrm{Ker}\,A)^\perp$ est un sous-espace vectoriel de $\mathbb{R}^n$, il contient toutes les combinaisons linéaires des lignes de A ; par conséquent, $(\mathrm{Ker}\,A)^\perp$ contient Lgn A.

b. Si rang $A = r$, alors, d'après le théorème du rang, $\dim \mathrm{Ker}\,A = n - r$. On a vu à la question (c) de l'exercice 24 de la section 6.3 que

$$\dim \mathrm{Ker}\,A + \dim(\mathrm{Ker}\,A)^\perp = n$$

Donc $\dim(\mathrm{Ker}\,A)^\perp = r$. Or, d'après le théorème du rang et la question (a), Lgn A est un sous-espace vectoriel de $(\mathrm{Ker}\,A)^\perp$ de dimension r. Par conséquent, Lgn A coïncide avec $(\mathrm{Ker}\,A)^\perp$.

c. En remplaçant A par A^T dans la question (b), on obtient Lgn $A^T = (\mathrm{Ker}\,A^T)^\perp$. On conclut en remarquant que Lgn $A^T = \mathrm{Im}\,A$.

15. Si $A = URU^T$ avec U orthogonale, alors A est semblable à R (car U est inversible et $U^T = U^{-1}$). D'après le théorème 4 de la section 5.2, A admet les mêmes valeurs propres que R, à savoir les n coefficients diagonaux de R.

17. [**M**] $\dfrac{\|\Delta\mathbf{x}\|}{\|\mathbf{x}\|} = 0{,}4618$,

$\mathrm{cond}(A) \times \dfrac{\|\Delta\mathbf{b}\|}{\|\mathbf{b}\|} = 3\,363 \times (1{,}548 \times 10^{-4}) = 0{,}5206$

On remarque que $\|\Delta\mathbf{x}\|/\|\mathbf{x}\|$ a une valeur proche de celle du produit $\mathrm{cond}(A) \times \|\Delta\mathbf{b}\|/\|\mathbf{b}\|$.

19. [**M**] $\dfrac{\|\Delta\mathbf{x}\|}{\|\mathbf{x}\|} = 7{,}178 \times 10^{-8}$, $\dfrac{\|\Delta\mathbf{b}\|}{\|\mathbf{b}\|} = 2{,}832 \times 10^{-4}$

On remarque ici que l'erreur relative sur $\mathbf{x}$ est beaucoup plus petite que l'erreur relative sur $\mathbf{b}$.

Or, comme

$$\text{cond}(A) \times \frac{\|\Delta \mathbf{b}\|}{\|\mathbf{b}\|} = 23\,683 \times (2{,}832 \times 10^{-4}) = 6{,}707$$

l'erreur relative sur $\mathbf{x}$ est *a priori* majorée par 6,707 (avec une précision de quatre chiffres significatifs). On voit donc dans cet exercice que même si le conditionnement est élevé, l'erreur relative sur la solution peut être bien plus petite que ce qu'indique la majoration théorique.

Chapitre 7

Section 7.1, page 432

1. Symétrique   **3.** Non symétrique   **5.** Symétrique

7. Orthogonale, $\begin{bmatrix} 0{,}6 & 0{,}8 \\ 0{,}8 & -0{,}6 \end{bmatrix}$

9. Orthogonale, $\begin{bmatrix} -4/5 & 3/5 \\ 3/5 & 4/5 \end{bmatrix}$

11. Non orthogonale

13. $P = \begin{bmatrix} 1/\sqrt{2} & -1/\sqrt{2} \\ 1/\sqrt{2} & 1/\sqrt{2} \end{bmatrix}$, $D = \begin{bmatrix} 4 & 0 \\ 0 & 2 \end{bmatrix}$

15. $P = \begin{bmatrix} -2/\sqrt{5} & 1/\sqrt{5} \\ 1/\sqrt{5} & 2/\sqrt{5} \end{bmatrix}$, $D = \begin{bmatrix} 1 & 0 \\ 0 & 11 \end{bmatrix}$

17. $P = \begin{bmatrix} -1/\sqrt{2} & 1/\sqrt{6} & 1/\sqrt{3} \\ 0 & -2/\sqrt{6} & 1/\sqrt{3} \\ 1/\sqrt{2} & 1/\sqrt{6} & 1/\sqrt{3} \end{bmatrix}$,

$D = \begin{bmatrix} -4 & 0 & 0 \\ 0 & 4 & 0 \\ 0 & 0 & 7 \end{bmatrix}$

19. $P = \begin{bmatrix} -1/\sqrt{5} & 4/\sqrt{45} & -2/3 \\ 2/\sqrt{5} & 2/\sqrt{45} & -1/3 \\ 0 & 5/\sqrt{45} & 2/3 \end{bmatrix}$,

$D = \begin{bmatrix} 7 & 0 & 0 \\ 0 & 7 & 0 \\ 0 & 0 & -2 \end{bmatrix}$

21. $P = \begin{bmatrix} 0 & 1/\sqrt{2} & 1/2 & 1/2 \\ 0 & -1/\sqrt{2} & 1/2 & 1/2 \\ 1/\sqrt{2} & 0 & -1/2 & 1/2 \\ -1/\sqrt{2} & 0 & -1/2 & 1/2 \end{bmatrix}$,

$D = \begin{bmatrix} 1 & 0 & 0 & 0 \\ 0 & 1 & 0 & 0 \\ 0 & 0 & 5 & 0 \\ 0 & 0 & 0 & 9 \end{bmatrix}$

23. $P = \begin{bmatrix} 1/\sqrt{3} & 1/\sqrt{2} & -1/\sqrt{6} \\ 1/\sqrt{3} & -1/\sqrt{2} & -1/\sqrt{6} \\ 1/\sqrt{3} & 0 & 2/\sqrt{6} \end{bmatrix}$,

$D = \begin{bmatrix} 2 & 0 & 0 \\ 0 & 5 & 0 \\ 0 & 0 & 5 \end{bmatrix}$

25. Lire soigneusement les énoncés avant de répondre.

27. $(A\mathbf{x})\cdot\mathbf{y} = (A\mathbf{x})^T \mathbf{y} = \mathbf{x}^T A^T \mathbf{y} = \mathbf{x}^T A\mathbf{y} = \mathbf{x}\cdot(A\mathbf{y})$, car $A^T = A$.

29. *Indication :* Utiliser une diagonalisation en base orthonormée de A ou bien appliquer le théorème 2.

31. Le théorème de diagonalisation de la section 5.3 permet d'affirmer que les colonnes de P sont des vecteurs propres (linéairement indépendants) associés aux valeurs propres de A, lesquelles figurent sur la diagonale de D. Donc P possède exactement k colonnes vecteurs propres de valeur propre λ, et ces k colonnes forment une base du sous-espace propre.

33. $A = 8\mathbf{u}_1\mathbf{u}_1^T + 6\mathbf{u}_2\mathbf{u}_2^T + 3\mathbf{u}_3\mathbf{u}_3^T$

$= 8\begin{bmatrix} 1/2 & -1/2 & 0 \\ -1/2 & 1/2 & 0 \\ 0 & 0 & 0 \end{bmatrix}$

$+ 6\begin{bmatrix} 1/6 & 1/6 & -2/6 \\ 1/6 & 1/6 & -2/6 \\ -2/6 & -2/6 & 4/6 \end{bmatrix}$

$+ 3\begin{bmatrix} 1/3 & 1/3 & 1/3 \\ 1/3 & 1/3 & 1/3 \\ 1/3 & 1/3 & 1/3 \end{bmatrix}$

35. *Indication :* $(\mathbf{u}\mathbf{u}^T)\mathbf{x} = \mathbf{u}(\mathbf{u}^T\mathbf{x}) = (\mathbf{u}^T\mathbf{x})\mathbf{u}$, car $\mathbf{u}^T\mathbf{x}$ est un scalaire.

37. [M] $P = \dfrac{1}{2}\begin{bmatrix} -1 & 1 & 1 & 1 \\ 1 & 1 & 1 & -1 \\ -1 & 1 & -1 & -1 \\ 1 & 1 & -1 & 1 \end{bmatrix}$,

$D = \begin{bmatrix} 19 & 0 & 0 & 0 \\ 0 & 11 & 0 & 0 \\ 0 & 0 & 5 & 0 \\ 0 & 0 & 0 & -11 \end{bmatrix}$

39. [M] $P = \begin{bmatrix} 1/\sqrt{2} & 3/\sqrt{50} & -2/5 & -2/5 \\ 0 & 4/\sqrt{50} & -1/5 & 4/5 \\ 0 & 4/\sqrt{50} & 4/5 & -1/5 \\ 1/\sqrt{2} & -3/\sqrt{50} & 2/5 & 2/5 \end{bmatrix}$

$D = \begin{bmatrix} 0{,}75 & 0 & 0 & 0 \\ 0 & 0{,}75 & 0 & 0 \\ 0 & 0 & 0 & 0 \\ 0 & 0 & 0 & -1{,}25 \end{bmatrix}$

Section 7.2, page 439

1. **a.** $5x_1^2 + \frac{2}{3}x_1x_2 + x_2^2$ **b.** 185   **c.** 16

3. **a.** $\begin{bmatrix} 3 & -2 \\ -2 & 5 \end{bmatrix}$ **b.** $\begin{bmatrix} 3 & 1 \\ 1 & 0 \end{bmatrix}$

5. **a.** $\begin{bmatrix} 3 & -3 & 4 \\ -3 & 2 & -2 \\ 4 & -2 & -5 \end{bmatrix}$ **b.** $\begin{bmatrix} 0 & 3 & 2 \\ 3 & 0 & -5 \\ 2 & -5 & 0 \end{bmatrix}$

7. $\mathbf{x} = P\mathbf{y}$, avec $P = \dfrac{1}{\sqrt{2}}\begin{bmatrix} 1 & -1 \\ 1 & 1 \end{bmatrix}$, $\mathbf{y}^T D\mathbf{y} = 6y_1^2 - 4y_2^2$

Dans les exercices 9 à 16, plusieurs réponses sont possibles (aussi bien en ce qui concerne le changement de variable que la nouvelle forme quadratique).

9. Définie positive ; les valeurs propres sont 6 et 2.
Changement de variable : $\mathbf{x} = P\mathbf{y}$, avec
$$P = \frac{1}{\sqrt{2}}\begin{bmatrix} -1 & 1 \\ 1 & 1 \end{bmatrix}$$
Nouvelle forme quadratique : $6y_1^2 + 2y_2^2$

11. Non définie ; les valeurs propres sont 3 et -2.
Changement de variable : $\mathbf{x} = P\mathbf{y}$, avec
$$P = \frac{1}{\sqrt{5}}\begin{bmatrix} -2 & 1 \\ 1 & 2 \end{bmatrix}$$
Nouvelle forme quadratique : $3y_1^2 - 2y_2^2$

13. Positive ; les valeurs propres sont 10 et 0.
Changement de variable : $\mathbf{x} = P\mathbf{y}$, avec
$$P = \frac{1}{\sqrt{10}}\begin{bmatrix} 1 & 3 \\ -3 & 1 \end{bmatrix}$$
Nouvelle forme quadratique : $10y_1^2$

15. [M] Définie négative ; les valeurs propres sont $-13, -9, -7, -1$.
Changement de variable : $\mathbf{x} = P\mathbf{y}$;
$$P = \begin{bmatrix} 0 & -1/2 & 0 & 3/\sqrt{12} \\ 0 & 1/2 & -2/\sqrt{6} & 1/\sqrt{12} \\ -1/\sqrt{2} & 1/2 & 1/\sqrt{6} & 1/\sqrt{12} \\ 1/\sqrt{2} & 1/2 & 1/\sqrt{6} & 1/\sqrt{12} \end{bmatrix}$$

Nouvelle forme quadratique : $-13y_1^2 - 9y_2^2 - 7y_3^2 - y_4^2$

17. [M] Définie positive ; les valeurs propres sont 1 et 21.
Changement de variable : $\mathbf{x} = P\mathbf{y}$;
$$P = \frac{1}{\sqrt{50}}\begin{bmatrix} 4 & 3 & 4 & -3 \\ -5 & 0 & 5 & 0 \\ 3 & -4 & 3 & 4 \\ 0 & 5 & 0 & 5 \end{bmatrix}$$

Nouvelle forme quadratique : $y_1^2 + y_2^2 + 21y_3^2 + 21y_4^2$

19. 8   **21.** Bien lire les énoncés avant de répondre.

23. On écrit le polynôme caractéristique de deux façons :
d'une part
$$\det(A - \lambda I) = \det\begin{bmatrix} a - \lambda & b \\ b & d - \lambda \end{bmatrix}$$
$$= \lambda^2 - (a + d)\lambda + ad - b^2$$
et, d'autre part,
$$(\lambda - \lambda_1)(\lambda - \lambda_2) = \lambda^2 - (\lambda_1 + \lambda_2)\lambda + \lambda_1\lambda_2$$
En identifiant les coefficients, on obtient $\lambda_1 + \lambda_2 = a + d$ et $\lambda_1\lambda_2 = ad - b^2 = \det A$.

25. On a vu, dans l'exercice 27 de la section 7.1, que $B^T B$ était symétrique. De plus, $\mathbf{x}^T B^T B\mathbf{x} = (B\mathbf{x})^T B\mathbf{x} = \|B\mathbf{x}\|^2 \geq 0$, donc la forme quadratique est positive, ce que l'on exprime par le fait que la matrice $B^T B$ est positive. *Indication :* Pour montrer que $B^T B$ est définie positive quand B est carrée inversible, supposer que $\mathbf{x}^T B^T B\mathbf{x} = 0$ et en déduire $\mathbf{x} = \mathbf{0}$.

27. *Indication :* Montrer que $A + B$ est symétrique et que la forme quadratique $\mathbf{x}^T(A + B)\mathbf{x}$ est définie positive.

Section 7.3, page 447

1. $\mathbf{x} = P\mathbf{y}$, avec $P = \begin{bmatrix} 1/3 & 2/3 & -2/3 \\ 2/3 & 1/3 & 2/3 \\ -2/3 & 2/3 & 1/3 \end{bmatrix}$

3. **a.** 9   **b.** $\pm\begin{bmatrix} 1/3 \\ 2/3 \\ -2/3 \end{bmatrix}$ **c.** 6

5. **a.** 6   **b.** $\pm\begin{bmatrix} 1/\sqrt{2} \\ -1/\sqrt{2} \end{bmatrix}$ **c.** -4

7. $\pm\begin{bmatrix} 1/3 \\ 2/3 \\ 2/3 \end{bmatrix}$ **9.** $5 + \sqrt{5}$ **11.** 3

13. *Indication :* Si $m = M$, la valeur $\alpha = 0$ convient, c'est-à-dire que l'on prend $\mathbf{x} = \mathbf{u}_n$, qui vérifie bien $\mathbf{x}^T A\mathbf{x} = m$. Si $m < M$ et si t est un réel compris entre m et M, alors $0 \leq t - m \leq M - m$, soit $0 \leq (t - m)/(M - m) \leq 1$. On pose alors $\alpha = (t - m)/(M - m)$. On résout en t et l'on trouve $t = (1 - \alpha)m + \alpha M$. Si α décrit $[0, 1]$, t décrit $[m, M]$. On construit alors $\mathbf{x}$ comme indiqué dans l'énoncé et l'on vérifie les propriétés demandées.

15. [M] **a.** 9   **b.** $\begin{bmatrix} -2/\sqrt{6} \\ 0 \\ 1/\sqrt{6} \\ 1/\sqrt{6} \end{bmatrix}$ **c.** 3

17. [M] **a.** 34   **b.** $\begin{bmatrix} 1/2 \\ 1/2 \\ 1/2 \\ 1/2 \end{bmatrix}$ **c.** 26

Section 7.4, page 458

1. 3, 1   **3.** 4, 1

Plusieurs réponses sont possibles dans les exercices 5 à 13.

5. $\begin{bmatrix} -1 & 0 \\ 0 & 1 \end{bmatrix}\begin{bmatrix} 2 & 0 \\ 0 & 0 \end{bmatrix}\begin{bmatrix} 1 & 0 \\ 0 & 1 \end{bmatrix}$

7. $\begin{bmatrix} 1/\sqrt{5} & -2/\sqrt{5} \\ 2/\sqrt{5} & 1/\sqrt{5} \end{bmatrix}\begin{bmatrix} 3 & 0 \\ 0 & 2 \end{bmatrix}$
$\times \begin{bmatrix} 2/\sqrt{5} & 1/\sqrt{5} \\ -1/\sqrt{5} & 2/\sqrt{5} \end{bmatrix}$

9. $\begin{bmatrix} -1 & 0 & 0 \\ 0 & 0 & 1 \\ 0 & 1 & 0 \end{bmatrix} \begin{bmatrix} 3\sqrt{2} & 0 \\ 0 & \sqrt{2} \\ 0 & 0 \end{bmatrix}$

$\times \begin{bmatrix} -1/\sqrt{2} & 1/\sqrt{2} \\ 1/\sqrt{2} & 1/\sqrt{2} \end{bmatrix}$

11. $\begin{bmatrix} -1/3 & 2/3 & 2/3 \\ 2/3 & -1/3 & 2/3 \\ 2/3 & 2/3 & -1/3 \end{bmatrix} \begin{bmatrix} \sqrt{90} & 0 \\ 0 & 0 \\ 0 & 0 \end{bmatrix}$

$\times \begin{bmatrix} 3/\sqrt{10} & -1/\sqrt{10} \\ 1/\sqrt{10} & 3/\sqrt{10} \end{bmatrix}$

13. $\begin{bmatrix} 1/\sqrt{2} & -1/\sqrt{2} \\ 1/\sqrt{2} & 1/\sqrt{2} \end{bmatrix} \begin{bmatrix} 5 & 0 & 0 \\ 0 & 3 & 0 \end{bmatrix}$

$\times \begin{bmatrix} 1/\sqrt{2} & 1/\sqrt{2} & 0 \\ -1/\sqrt{18} & 1/\sqrt{18} & -4/\sqrt{18} \\ -2/3 & 2/3 & 1/3 \end{bmatrix}$

15. a. rang $A = 2$

b. Base de Im A : $\begin{bmatrix} 0,40 \\ 0,37 \\ -0,84 \end{bmatrix}$, $\begin{bmatrix} -0,78 \\ -0,33 \\ -0,52 \end{bmatrix}$

Base de Ker A : $\begin{bmatrix} 0,58 \\ -0,58 \\ 0,58 \end{bmatrix}$ (On rappelle que c'est V^T qui apparaît dans la SVD.)

17. On pose $A = U\Sigma V^T = U\Sigma V^{-1}$. Comme A est carrée inversible, rang $A = n$, donc les coefficients diagonaux de Σ sont non nuls.
Donc $A^{-1} = (U\Sigma V^{-1})^{-1} = V\Sigma^{-1}U^{-1} = V\Sigma^{-1}U^T$.

19. *Indication :* Comme U et V sont orthogonales,
$A^TA = (U\Sigma V^T)^T U\Sigma V^T = V\Sigma^T U^T U\Sigma V^T$
$= V(\Sigma^T\Sigma)V^{-1}$

Donc V diagonalise A^TA. Qu'en déduit-on concernant V ?

21. Soit $A = U\Sigma V^T$. La matrice PU est orthogonale car P et U sont orthogonales (voir exercice 29, section 6.2). La relation $PA = (PU)\Sigma V^T$ a donc la forme requise pour être une décomposition en valeurs singulières. D'après l'exercice 19, les coefficients diagonaux de Σ sont les valeurs singulières de PA.

23. *Indication :* Utiliser un développement colonne-ligne de $(U\Sigma)V^T$.

25. *Indications :* On considère la décomposition en valeurs singulières $A = U\Sigma V^T = U\Sigma V^{-1}$ de la matrice canoniquement associée à T, ainsi que les bases $\mathcal{B} = (\mathbf{v}_1, \dots, \mathbf{v}_n)$ et $\mathcal{C} = (\mathbf{u}_1, \dots, \mathbf{u}_m)$ formées respectivement des colonnes de V et des colonnes de U. On calcule ensuite, comme dans la section 5.4, la matrice de T dans les bases $\mathcal{B}$ et $\mathcal{C}$. Il faut pour cela montrer que $V^{-1}\mathbf{v}_j = \mathbf{e}_j$ ($\mathbf{e}_j$ désigne la j^{e} colonne de I_n).

27. [M] $\begin{bmatrix} -0,57 & -0,65 & -0,42 & 0,27 \\ 0,63 & -0,24 & -0,68 & -0,29 \\ 0,07 & -0,63 & 0,53 & -0,56 \\ -0,51 & 0,34 & -0,29 & -0,73 \end{bmatrix}$

$\times \begin{bmatrix} 16,46 & 0 & 0 & 0 & 0 \\ 0 & 12,16 & 0 & 0 & 0 \\ 0 & 0 & 4,87 & 0 & 0 \\ 0 & 0 & 0 & 4,31 & 0 \end{bmatrix}$

$\times \begin{bmatrix} -0,10 & 0,61 & -0,21 & -0,52 & 0,55 \\ -0,39 & 0,29 & 0,84 & -0,14 & -0,19 \\ -0,74 & -0,27 & -0,07 & 0,38 & 0,49 \\ 0,41 & -0,50 & 0,45 & -0,23 & 0,58 \\ -0,36 & -0,48 & -0,19 & -0,72 & -0,29 \end{bmatrix}$

29. [M] $25,9343$; $16,7554$; $11,2917$; $1,0785$; $0,00037793$; $\sigma_1/\sigma_5 = 68\,622$

Section 7.5, page 465

1. $M = \begin{bmatrix} 12 \\ 10 \end{bmatrix}$, $B = \begin{bmatrix} 7 & 10 & -6 & -9 & -10 & 8 \\ 2 & -4 & -1 & 5 & 3 & -5 \end{bmatrix}$,
$S = \begin{bmatrix} 86 & -27 \\ -27 & 16 \end{bmatrix}$

3. $\begin{bmatrix} 0,95 \\ -0,32 \end{bmatrix}$ pour $\lambda = 95,2$, $\begin{bmatrix} 0,32 \\ 0,95 \end{bmatrix}$ pour $\lambda = 6,8$

5. [M] $(0,130 ; 0,874 ; 0,468)$, $75,9\,\%$ de la variance.

7. $y_1 = 0,95x_1 - 0,32x_2$; y_1 explique $93,3\,\%$ de la variance.

9. $c_1 = 1/3$, $c_2 = 2/3$, $c_3 = 2/3$; la variance de y est 9.

11. a. Si l'on note $\mathbf{w}$ le vecteur de $\mathbb{R}^N$ dont toutes les composantes sont égales à 1, on a

$\begin{bmatrix} \mathbf{X}_1 & \cdots & \mathbf{X}_N \end{bmatrix} \mathbf{w} = \mathbf{X}_1 + \cdots + \mathbf{X}_N = \mathbf{0}$

car les $\mathbf{X}_k$ sont sous forme centrée. Donc

$\begin{bmatrix} \mathbf{Y}_1 & \cdots & \mathbf{Y}_N \end{bmatrix} \mathbf{w}$
$= \begin{bmatrix} P^T\mathbf{X}_1 & \cdots & P^T\mathbf{X}_N \end{bmatrix} \mathbf{w}$ Par définition
$= P^T \begin{bmatrix} \mathbf{X}_1 & \cdots & \mathbf{X}_N \end{bmatrix} \mathbf{w} = P^T\mathbf{0} = \mathbf{0}$

Autrement dit, $\mathbf{Y}_1 + \cdots + \mathbf{Y}_N = \mathbf{0}$, et les $\mathbf{Y}_k$ sont bien sous forme centrée.

b. *Indication :* Comme les $\mathbf{X}_j$ sont sous forme centrée, la matrice de covariance des $\mathbf{X}_j$ est

$1/(N-1) \begin{bmatrix} \mathbf{X}_1 & \cdots & \mathbf{X}_N \end{bmatrix} \begin{bmatrix} \mathbf{X}_1 & \cdots & \mathbf{X}_N \end{bmatrix}^T$

On calcule ensuite la matrice de covariance des $\mathbf{Y}_j$ en utilisant la question (a).

13. Si l'on pose $B = \begin{bmatrix} \hat{\mathbf{X}}_1 & \cdots & \hat{\mathbf{X}}_N \end{bmatrix}$, alors

$S = \dfrac{1}{N-1} BB^T = \dfrac{1}{N-1} \begin{bmatrix} \hat{\mathbf{X}}_1 & \cdots & \hat{\mathbf{X}}_n \end{bmatrix} \begin{bmatrix} \hat{\mathbf{X}}_1^T \\ \vdots \\ \hat{\mathbf{X}}_N^T \end{bmatrix}$

$= \dfrac{1}{N-1} \sum_1^N \hat{\mathbf{X}}_k \hat{\mathbf{X}}_k^T = \dfrac{1}{N-1} \sum_1^N (\mathbf{X}_k - \mathbf{M})(\mathbf{X}_k - \mathbf{M})^T$

Chapitre 7 Exercices supplémentaires, page 467

1. a. V **b.** F **c.** V **d.** F **e.** F **f.** F
g. F **h.** V **i.** F **j.** F **k.** F **l.** F
m. V **n.** F **o.** V **p.** V **q.** F

3. D'après le théorème du rang et puisque rang $A = r$, on a dim Ker $A = n - r$. Donc 0 est une valeur propre de multiplicité $n - r$. Il en résulte que parmi les n termes de la décomposition spectrale de A, il y en a exactement $n - r$ qui sont nuls. On a vu, quand on a abordé la décomposition spectrale, que les r termes restants (correspondant aux valeurs propres non nulles) étaient des matrices de rang 1.

5. Si $A\mathbf{v} = \lambda\mathbf{v}$ pour un certain λ non nul, alors $\mathbf{v} = \lambda^{-1}A\mathbf{v} = A(\lambda^{-1}\mathbf{v})$, ce qui montre que $\mathbf{v}$ est une combinaison linéaire des colonnes de A.

7. *Indications :* Si $A = R^T R$, avec R inversible, alors d'après l'exercice 25 de la section 7.2, A est définie positive. Inversement, supposons A définie positive. Alors, d'après l'exercice 26 de la section 7.2, il existe une matrice symétrique définie positive telle que $A = B^T B$. Justifier alors le fait que B admet une factorisation QR et en déduire une factorisation de Cholesky de A.

9. Si A est une matrice $m \times n$ et si $\mathbf{x}$ est un vecteur de $\mathbb{R}^n$, alors $\mathbf{x}^T A^T A\mathbf{x} = (A\mathbf{x})^T (A\mathbf{x}) = \|A\mathbf{x}\|^2 \geq 0$. Donc $A^T A$ est positive. D'après l'exercice 22 de la section 6.5, rang $A^T A$ = rang A.

11. *Indication :* On écrit une SVD de A sous la forme $A = U\Sigma V^T = PQ$, avec $P = U\Sigma U^T$ et $Q = UV^T$. Montrer que P est symétrique et qu'elle a les mêmes valeurs propres que Σ. Expliquer pourquoi Q est orthogonale.

13. a. Si $\mathbf{b} = A\mathbf{x}$, alors $\mathbf{x}^+ = A^+\mathbf{b} = A^+ A\mathbf{x}$. D'après la question (a) de l'exercice 12, $\mathbf{x}^+$ est le projeté orthogonal de $\mathbf{x}$ sur Lgn A.

b. D'après la question (a) de cet exercice et la question (c) de l'exercice 12, on a $A\mathbf{x}^+ = A(A^+ A\mathbf{x}) = (AA^+ A)\mathbf{x} = A\mathbf{x} = \mathbf{b}$

c. Comme $\mathbf{x}^+$ est le projeté orthogonal de $\mathbf{x}$ sur Lgn A, il résulte du théorème de Pythagore que $\|\mathbf{u}\|^2 = \|\mathbf{x}^+\|^2 + \|\mathbf{u} - \mathbf{x}^+\|^2$. On en déduit immédiatement le résultat demandé.

15. [M] $A^+ = \dfrac{1}{40} \cdot \begin{bmatrix} -2 & -14 & 13 & 13 \\ -2 & -14 & 13 & 13 \\ -2 & 6 & -7 & -7 \\ 2 & -6 & 7 & 7 \\ 4 & -12 & -6 & -6 \end{bmatrix}$,

$\hat{\mathbf{x}} = \begin{bmatrix} 0{,}7 \\ 0{,}7 \\ -0{,}8 \\ 0{,}8 \\ 0{,}6 \end{bmatrix}$

La forme échelonnée réduite de $\begin{bmatrix} A \\ \hat{\mathbf{x}}^T \end{bmatrix}$ est la même que celle de A, à l'exception d'une ligne supplémentaire de 0.

Il existe donc une combinaison linéaire des lignes de A qui, ajoutée à $\mathbf{x}^T$, donne une ligne nulle. Donc $\hat{\mathbf{x}}^T$ appartient à Lgn A.

Base de Ker A : $\begin{bmatrix} -1 \\ 1 \\ 0 \\ 0 \\ 0 \end{bmatrix}$, $\begin{bmatrix} 0 \\ 0 \\ 1 \\ 1 \\ 0 \end{bmatrix}$

Chapitre 8

Section 8.1, page 477

1. Quelques réponses possibles : $\mathbf{y} = 2\mathbf{v}_1 - 1{,}5\mathbf{v}_2 + 0{,}5\mathbf{v}_3$, $\mathbf{y} = 2\mathbf{v}_1 - 2\mathbf{v}_3 + \mathbf{v}_4$, $\mathbf{y} = 2\mathbf{v}_1 + 3\mathbf{v}_2 - 7\mathbf{v}_3 + 3\mathbf{v}_4$.

3. $\mathbf{y} = -3\mathbf{v}_1 + 2\mathbf{v}_2 + 2\mathbf{v}_3$. La somme des coefficients vaut 1, donc il s'agit bien d'un barycentre.

5. a. $\mathbf{p}_1 = 3\mathbf{b}_1 - \mathbf{b}_2 - \mathbf{b}_3 \in$ aff S, car la somme des coefficients vaut 1.

b. $\mathbf{p}_2 = 2\mathbf{b}_1 + 0\mathbf{b}_2 + \mathbf{b}_3 \notin$ aff S, car la somme des coefficients est différente de 1.

c. $\mathbf{p}_3 = -\mathbf{b}_1 + 2\mathbf{b}_2 + 0\mathbf{b}_3 \in$ aff S, car la somme des coefficients vaut 1.

7. a. $\mathbf{p}_1 \in$ Vect S, mais $\mathbf{p}_1 \notin$ aff S.

b. $\mathbf{p}_2 \in$ Vect S et $\mathbf{p}_2 \in$ aff S.

c. $\mathbf{p}_3 \notin$ Vect S, donc $\mathbf{p}_3 \notin$ aff S.

9. $\mathbf{v}_1 = \begin{bmatrix} -3 \\ 0 \end{bmatrix}$ et $\mathbf{v}_2 = \begin{bmatrix} 1 \\ -2 \end{bmatrix}$. D'autres réponses sont possibles.

11. Bien lire les énoncés avant de répondre.

13. Vect $\{\mathbf{v}_2 - \mathbf{v}_1, \mathbf{v}_3 - \mathbf{v}_1\}$ est un plan si et seulement si $(\mathbf{v}_2 - \mathbf{v}_1, \mathbf{v}_3 - \mathbf{v}_1)$ est libre. Soit c_2 et c_3 tels que $c_2(\mathbf{v}_2 - \mathbf{v}_1) + c_3(\mathbf{v}_3 - \mathbf{v}_1) = \mathbf{0}$. Montrer que cela implique $c_2 = c_3 = 0$.

15. On a $S = \{\mathbf{x} : A\mathbf{x} = \mathbf{b}\}$. Posons $W = \{\mathbf{x} : A\mathbf{x} = \mathbf{0}\}$. Alors, d'après le théorème 2 de la section 4.2 (ou le théorème 12 de la section 2.8), W est un sous-espace vectoriel de $\mathbb{R}^n$ et, d'après le théorème 6 de la section 1.5, on a $S = W + \mathbf{p}$, où $\mathbf{p}$ est une solution fixée de $A\mathbf{p} = \mathbf{b}$. Donc S est un translaté de W et c'est bien un sous-espace affine.

17. Cela revient à chercher trois points non alignés dont la troisième coordonnée est égale à 5. En effet, cette condition signifie qu'ils appartiennent au plan $z = 5$. S'ils ne sont pas alignés, leur enveloppe convexe n'est pas une droite, donc c'est un plan.

19. Soit $\mathbf{p}, \mathbf{q} \in f(S)$. Il existe $\mathbf{r}, \mathbf{s} \in S$ tels que $f(\mathbf{r}) = \mathbf{p}$ et $f(\mathbf{s}) = \mathbf{q}$. Il faut montrer que pour tout $t \in \mathbb{R}$, $\mathbf{z} = (1 - t)\mathbf{p} + t\mathbf{q}$ appartient à $f(S)$. Cela résulte facilement de la définition de $\mathbf{p}$ et $\mathbf{q}$ et de la linéarité de f.

21. L'ensemble B est affine, donc B contient tous les barycentres des points de B. En particulier, B contient tous les barycentres des points de A, ce qui signifie bien que aff $A \subset B$.

23. Comme $A \subset (A \cup B)$, il résulte de l'exercice 22 que aff $A \subset$ aff $(A \cup B)$. De même, aff $B \subset$ aff $(A \cup B)$. Donc [aff $A \cup$ aff B] $\subset$ aff $(A \cup B)$.

25. Pour montrer que $D \subset E \cap F$, on montre que $D \subset E$ et $D \subset F$. La propriété demandée se démontre alors facilement.

Section 8.2, page 486

1. Affinement dépendants car $2\mathbf{v}_1 + \mathbf{v}_2 - 3\mathbf{v}_3 = \mathbf{0}$.

3. Les points sont affinement indépendants. Si on les appelle $\mathbf{v}_1, \mathbf{v}_2, \mathbf{v}_3$ et $\mathbf{v}_4$, alors $(\mathbf{v}_1, \mathbf{v}_2, \mathbf{v}_3)$ est une base de $\mathbb{R}^3$ et $\mathbf{v}_4 = 16\mathbf{v}_1 + 5\mathbf{v}_2 - 3\mathbf{v}_3$. La somme des coefficients n'est pas égale à 1, donc $\mathbf{v}_4$ n'est pas un barycentre des autres.

5. $-4\mathbf{v}_1 + 5\mathbf{v}_2 - 4\mathbf{v}_3 + 3\mathbf{v}_4 = \mathbf{0}$

7. Les coordonnées barycentriques sont $(-2, 4, -1)$.

9. Bien lire les énoncés avant de répondre.

11. Si l'on retranche à cinq points l'un d'entre eux (par exemple le premier), alors, d'après le théorème 8 de la section 1.7, les quatre points (ou vecteurs) ainsi obtenus sont forcément linéairement dépendants, puisque l'on a supposé qu'ils appartenaient à $\mathbb{R}^3$. D'après le théorème 5, les cinq points initiaux sont affinement dépendants.

13. Si la famille $(\mathbf{v}_1, \mathbf{v}_2)$ est affinement liée, il existe c_1 et c_2, qui ne sont pas tous les deux nuls, tels que $c_1 + c_2 = 0$ et $c_1\mathbf{v}_1 + c_2\mathbf{v}_2 = \mathbf{0}$. Il en résulte immédiatement que $\mathbf{v}_1 = \mathbf{v}_2$. Pour la réciproque, on suppose que $\mathbf{v}_1 = \mathbf{v}_2$ et l'on en déduit là aussi facilement deux coefficients c_1 et c_2 qui montrent leur dépendance affine.

15. a. Les vecteurs $\mathbf{v}_2 - \mathbf{v}_1 = \begin{bmatrix} 1 \\ 2 \end{bmatrix}$ et $\mathbf{v}_3 - \mathbf{v}_1 = \begin{bmatrix} 3 \\ -2 \end{bmatrix}$ ne sont pas colinéaires, donc ils sont linéairement indépendants. D'après le théorème 5, S est affinement libre.

   b. $\mathbf{p}_1 \leftrightarrow \left(-\frac{6}{8}, \frac{9}{8}, \frac{5}{8}\right)$, $\mathbf{p}_2 \leftrightarrow \left(0, \frac{1}{2}, \frac{1}{2}\right)$, $\mathbf{p}_3 \leftrightarrow \left(\frac{14}{8}, -\frac{5}{8}, -\frac{1}{8}\right)$, $\mathbf{p}_4 \leftrightarrow \left(\frac{6}{8}, -\frac{5}{8}, \frac{7}{8}\right)$, $\mathbf{p}_5 \leftrightarrow \left(\frac{1}{4}, \frac{1}{8}, \frac{5}{8}\right)$

   c. $\mathbf{p}_6$ est de type $(-, -, +)$, $\mathbf{p}_7$ de type $(0, +, -)$ et $\mathbf{p}_8$ de type $(+, +, -)$.

17. Soit $S = (\mathbf{b}_1, \ldots, \mathbf{b}_k)$ une famille affinement libre. L'équation (7) a une solution car $\mathbf{p}$ appartient à aff S. Donc l'équation (8) a une solution. D'après le théorème 5, les coordonnées homogènes des points de S forment une famille libre. Donc l'équation (8) admet une solution unique. Donc l'équation (7) a également une solution unique car l'équation (8) équivaut aux deux équations données en (7).

L'argument qui suit est calqué sur la démonstration du théorème 7 de la section 4.4. Si $S = (\mathbf{b}_1, \ldots, \mathbf{b}_k)$ est libre, alors, par définition de aff S, il existe bien des coefficients $c_1, \ldots, c_k$ vérifiant les équations données en (7). Supposons que $\mathbf{x}$ vérifie également

$$\mathbf{x} = d_1\mathbf{b}_1 + \cdots + d_k\mathbf{b}_k \quad \text{et} \quad d_1 + \cdots + d_k = 1 \qquad (7a)$$

pour des scalaires $d_1, \ldots, d_k$. En retranchant les deux relations, on obtient

$$\mathbf{0} = \mathbf{x} - \mathbf{x} = (c_1 - d_1)\mathbf{b}_1 + \cdots + (c_k - d_k)\mathbf{b}_k \qquad (7b)$$

Les coefficients de la relation (7b) ont pour somme 0 car les c_i, d'une part, et les d_i, d'autre part, ont pour somme 1. Cela n'est possible que si les coefficients de la relation (7b) sont tous nuls, car S est affinement libre. On a donc bien $c_i = d_i$ pour tout $i = 1, \ldots, k$.

19. Si $\mathbf{p}_1, \mathbf{p}_2$ et $\mathbf{p}_3$ sont affinement dépendants, il existe des scalaires c_1, c_2 et c_3 non tous nuls tels que $c_1\mathbf{p}_1 + c_2\mathbf{p}_2 + c_3\mathbf{p}_3 = \mathbf{0}$ et $c_1 + c_2 + c_3 = 0$. On conclut en utilisant la linéarité de f.

21. On pose $\mathbf{a} = \begin{bmatrix} a_1 \\ a_2 \end{bmatrix}$, $\mathbf{b} = \begin{bmatrix} b_1 \\ b_2 \end{bmatrix}$ et $\mathbf{c} = \begin{bmatrix} c_1 \\ c_2 \end{bmatrix}$. On a alors

$$\det[\tilde{\mathbf{a}} \ \tilde{\mathbf{b}} \ \tilde{\mathbf{c}}] = \det \begin{bmatrix} a_1 & b_1 & c_1 \\ a_2 & b_2 & c_2 \\ 1 & 1 & 1 \end{bmatrix} = \det \begin{bmatrix} a_1 & a_2 & 1 \\ b_1 & b_2 & 1 \\ c_1 & c_2 & 1 \end{bmatrix}$$

car le déterminant d'une matrice est égal à celui de sa transposée (voir le théorème 5 de la section 3.2). D'après l'exercice 30 de la section 3.3, ce déterminant est égal à 2 fois l'aire du triangle de sommets $\mathbf{a}, \mathbf{b}$ et $\mathbf{c}$.

23. On a supposé que $[\tilde{\mathbf{a}} \ \tilde{\mathbf{b}} \ \tilde{\mathbf{c}}]\begin{bmatrix} r \\ s \\ t \end{bmatrix} = \tilde{\mathbf{p}}$. Donc, d'après les formules de Cramer, $r = \det[\tilde{\mathbf{p}} \ \tilde{\mathbf{b}} \ \tilde{\mathbf{c}}]/\det[\tilde{\mathbf{a}} \ \tilde{\mathbf{b}} \ \tilde{\mathbf{c}}]$. D'après l'exercice 21, le numérateur de ce quotient est égal à 2 fois l'aire du triangle $\mathbf{pbc}$ et le dénominateur à 2 fois l'aire du triangle $\mathbf{abc}$. On a donc le résultat pour r. On obtient de même les autres relations en calculant s et t par les formules de Cramer.

25. Le point d'intersection est

$$\mathbf{x}(4) = -0,1 \begin{bmatrix} 1 \\ 3 \\ -6 \end{bmatrix} + 0,6 \begin{bmatrix} 7 \\ 3 \\ -5 \end{bmatrix} + 0,5 \begin{bmatrix} 3 \\ 9 \\ -2 \end{bmatrix} = \begin{bmatrix} 5,6 \\ 6,0 \\ -3,4 \end{bmatrix}$$

Il n'est pas à l'intérieur du triangle.

Section 8.3, page 494

1. On obtient l'intérieur du triangle de sommets $(0, 0)$, $(0, 1)$ et $(2, 0)$, le côté joignant $(0, 1)$ à $(2, 0)$ étant exclu et les deux autres côtés étant inclus.

3. Aucun des trois n'appartient à conv S.

5. $\mathbf{p}_1 = -\frac{1}{6}\mathbf{v}_1 + \frac{1}{3}\mathbf{v}_2 + \frac{2}{3}\mathbf{v}_3 + \frac{1}{6}\mathbf{v}_4$, donc $\mathbf{p}_1 \notin$ conv S. $\mathbf{p}_2 = \frac{1}{3}\mathbf{v}_1 + \frac{1}{3}\mathbf{v}_2 + \frac{1}{6}\mathbf{v}_3 + \frac{1}{6}\mathbf{v}_4$, donc $\mathbf{p}_2 \in$ conv S.

7. a. Les coordonnées barycentriques de $\mathbf{p}_1, \mathbf{p}_2, \mathbf{p}_3$ et $\mathbf{p}_4$ sont respectivement $\left(\frac{1}{3}, \frac{1}{6}, \frac{1}{2}\right)$, $\left(0, \frac{1}{2}, \frac{1}{2}\right)$, $\left(\frac{1}{2}, -\frac{1}{4}, \frac{3}{4}\right)$ et $\left(\frac{1}{2}, \frac{3}{4}, -\frac{1}{4}\right)$.

   b. $\mathbf{p}_3$ et $\mathbf{p}_4$ sont en dehors de conv T, $\mathbf{p}_1$ est à l'intérieur et $\mathbf{p}_2$ est sur l'arête $[\mathbf{v}_2\mathbf{v}_3]$ de conv T.

9. Les points $\mathbf{p}_1$ et $\mathbf{p}_3$ sont en dehors du tétraèdre conv S, le point $\mathbf{p}_2$ appartient à la face contenant les sommets $\mathbf{v}_2, \mathbf{v}_3$ et $\mathbf{v}_4$, le point $\mathbf{p}_4$ est à l'intérieur et le point $\mathbf{p}_5$ appartient à l'arête joignant $\mathbf{v}_1$ et $\mathbf{v}_3$.

11. Bien lire les énoncés avant de répondre.

13. Soit $\mathbf{p}$ et $\mathbf{q}$ deux points de $f(S)$. Il existe $\mathbf{r}$ et $\mathbf{s} \in S$ tels que $f(\mathbf{r}) = \mathbf{p}$ et $f(\mathbf{s}) = \mathbf{q}$. Il s'agit de montrer que le segment décrit par $\mathbf{y} = (1-t)\mathbf{p} + t\mathbf{q}$, pour $0 \le t \le 1$, est inclus dans $f(S)$. On montre facilement, en utilisant la linéarité de f et la convexité de S, qu'il existe un point $\mathbf{w} \in S$ tel que $\mathbf{y} = f(\mathbf{w})$. Cela montre que $\mathbf{y} \in f(S)$ et que $f(S)$ est bien convexe.

15. $\mathbf{p} = \frac{1}{6}\mathbf{v}_1 + \frac{1}{2}\mathbf{v}_2 + \frac{1}{3}\mathbf{v}_4$ et $\mathbf{p} = \frac{1}{2}\mathbf{v}_1 + \frac{1}{6}\mathbf{v}_2 + \frac{1}{3}\mathbf{v}_3$

17. On suppose que $A \subset B$, avec B convexe. Comme B est convexe, il résulte du théorème 7 que B contient toutes les combinaisons convexes des points de B. En particulier, B contient toutes les combinaisons convexes des points de A. Autrement dit, conv $A \subset B$.

19. a. D'après l'exercice 18, conv A et conv B sont inclus dans conv $(A \cup B)$. Il en résulte bien que leur réunion est elle aussi incluse dans conv $(A \cup B)$.

    b. On peut par exemple prendre pour A deux sommets adjacents d'un carré et pour B les deux autres. Que sont alors respectivement (conv A) $\cup$ (conv B) et conv $(A \cup B)$?

21.

$\mathbf{p}_1$ $\mathbf{f}_1\!\left(\frac{1}{2}\right)$ $\mathbf{p}_2$

$\mathbf{f}_0\!\left(\frac{1}{2}\right)$ $\mathbf{g}\!\left(\frac{1}{2}\right)$

$\mathbf{p}_0$

23. $\mathbf{g}(t) = (1-t)\mathbf{f}_0(t) + t\mathbf{f}_1(t)$
$= (1-t)[(1-t)\mathbf{p}_0 + t\mathbf{p}_1] + t[(1-t)\mathbf{p}_1 + t\mathbf{p}_2]$
$= (1-t)^2\mathbf{p}_0 + 2t(1-t)\mathbf{p}_1 + t^2\mathbf{p}_2$

La somme des coefficients de la combinaison linéaire correspondant à $\mathbf{g}$ est $(1-t)^2 + 2t(1-t) + t^2$, soit $(1-2t+t^2) + (2t-2t^2) + t^2 = 1$. Si $0 \le t \le 1$, les coefficients sont tous compris entre 0 et 1, donc $\mathbf{g}(t)$ appartient à conv $\{\mathbf{p}_0, \mathbf{p}_1, \mathbf{p}_2\}$.

Section 8.4, page 503

1. $f(x_1, x_2) = 3x_1 + 4x_2$ et $d = 13$

3. a. Ouvert   **b.** Fermé   **c.** Ni l'un ni l'autre
    d. Fermé   **e.** Fermé

5. a. Non compact, convexe
    b. Compact, convexe
    c. Non compact, convexe
    d. Non compact, non convexe
    e. Non compact, convexe

7. a. $\mathbf{n} = \begin{bmatrix} 0 \\ 2 \\ 3 \end{bmatrix}$ ou un vecteur qui lui est colinéaire.

    b. $f(\mathbf{x}) = 2x_2 + 3x_3, d = 11$

9. a. $\mathbf{n} = \begin{bmatrix} 3 \\ -1 \\ 2 \\ 1 \end{bmatrix}$ ou un vecteur qui lui est colinéaire.

    b. $f(\mathbf{x}) = 3x_1 - x_2 + 2x_3 + x_4, d = 5$

11. $\mathbf{v}_2$ est du même côté que $\mathbf{0}$, $\mathbf{v}_1$ est de l'autre côté et $\mathbf{v}_3$ appartient à H.

13. Par exemple $\mathbf{p} = \begin{bmatrix} 32 \\ -14 \\ 0 \\ 0 \end{bmatrix}$, $\mathbf{v}_1 = \begin{bmatrix} 10 \\ -7 \\ 1 \\ 0 \end{bmatrix}$ et $\mathbf{v}_2 = \begin{bmatrix} -4 \\ 1 \\ 0 \\ 1 \end{bmatrix}$.

15. $f(x_1, x_2, x_3) = x_1 - 3x_2 + 4x_3 - 2x_4$ et $d = 5$

17. $f(x_1, x_2, x_3) = x_1 - 2x_2 + x_3$ et $d = 0$

19. $f(x_1, x_2, x_3) = -5x_1 + 3x_2 + x_3$ et $d = 0$

21. Bien lire les énoncés avant de répondre.

23. Par exemple $f(x_1, x_2) = 3x_1 - 2x_2$ et d tel que $9 < d < 10$.

25. $f(x, y) = 4x + y$. Un choix naturel pour d est $12{,}75 = f(3, 3/4)$. Le point $(3, 3/4)$ est situé aux trois quarts de la distance entre les centres de $B(\mathbf{0}, 3)$ et de $B(\mathbf{p}, 1)$.

27. La question (a) de l'exercice 2 de la section 8.3 fournit un exemple. On peut aussi prendre comme exemple $S = \{(x, y) : x^2 y^2 = 1 \text{ et } y > 0\}$. Dans ce cas, conv S est le demi-plan supérieur (ouvert).

29. Soit $\mathbf{x}$ et $\mathbf{y}$ deux points de $B(\mathbf{p}, \delta)$ et $\mathbf{z} = (1-t)\mathbf{x} + t\mathbf{y}$, avec $0 \le t \le 1$. Il suffit de montrer que
$$\|\mathbf{z} - \mathbf{p}\| = \|[(1-t)\mathbf{x} + t\mathbf{y}] - \mathbf{p}\|$$
$$= \|(1-t)(\mathbf{x} - \mathbf{p}) + t(\mathbf{y} - \mathbf{p})\| < \delta$$

Section 8.5, page 516

1. a. $m = 1$ au point $\mathbf{p}_1$ **b.** $m = 5$ au point $\mathbf{p}_2$
    c. $m = 5$ au point $\mathbf{p}_3$

3. a. $m = -3$ au point $\mathbf{p}_3$
    b. $m = 1$ sur l'ensemble conv $\{\mathbf{p}_1, \mathbf{p}_3\}$
    c. $m = -3$ sur l'ensemble conv $\{\mathbf{p}_1, \mathbf{p}_2\}$

5. $\left\{ \begin{bmatrix} 0 \\ 0 \end{bmatrix}, \begin{bmatrix} 5 \\ 0 \end{bmatrix}, \begin{bmatrix} 4 \\ 3 \end{bmatrix}, \begin{bmatrix} 0 \\ 5 \end{bmatrix} \right\}$

7. $\left\{ \begin{bmatrix} 0 \\ 0 \end{bmatrix}, \begin{bmatrix} 7 \\ 0 \end{bmatrix}, \begin{bmatrix} 6 \\ 4 \end{bmatrix}, \begin{bmatrix} 0 \\ 6 \end{bmatrix} \right\}$

9. L'origine est un point extrémal, mais n'est pas un sommet. Expliquer pourquoi.

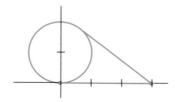

11. On peut par exemple prendre pour S un carré avec une partie de sa frontière, mais pas sa totalité. On peut inclure deux arêtes contiguës. L'enveloppe de l'ensemble P des points extrémaux est une région triangulaire.

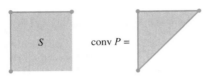

13. a. $f_0(C^5) = 32$, $f_1(C^5) = 80$, $f_2(C^5) = 80$, $f_3(C^5) = 40$, $f_4(C^5) = 10$ et $32 - 80 + 80 - 40 + 10 = 2$

b.

	f_0	f_1	f_2	f_3	f_4
S^1	2				
S^2	4	4			
S^3	8	12	6		
S^4	16	32	24	8	
S^5	32	80	80	40	10

On vérifie que ces résultats correspondent à la formule $f_k(C_n) = 2^{n-k} \binom{n}{k}$, où $\binom{a}{b} = \frac{a!}{b!(a-b)!}$ est le coefficient binomial.

15. a. $f_0(P^n) = f_0(Q) + 1$

b. $f_k(P^n) = f_k(Q) + f_{k-1}(Q)$

c. $f_{n-1}(P^n) = f_{n-2}(Q) + 1$

17. Bien lire les énoncés avant de répondre.

19. Soit S un convexe et $\mathbf{x} \in cS + dS$, avec $c > 0$ et $d > 0$. Il existe $\mathbf{s}_1$ et $\mathbf{s}_2$ dans S tels que $\mathbf{x} = c\mathbf{s}_1 + d\mathbf{s}_2$. Or on peut écrire

$$\mathbf{x} = c\mathbf{s}_1 + d\mathbf{s}_2 = (c+d)\left(\frac{c}{c+d}\mathbf{s}_1 + \frac{d}{c+d}\mathbf{s}_2\right)$$

On conclut en montrant que le membre de droite de cette égalité appartient à $(c+d)S$.
La réciproque se démontre en prenant un point de $(c+d)S$ et en montrant qu'il appartient à $cS + dS$.

21. *Indication :* On suppose que A et B sont des ensembles convexes. On prend $\mathbf{x}, \mathbf{y} \in A + B$. Il existe $\mathbf{a}, \mathbf{c} \in A$ et $\mathbf{b}$, $\mathbf{d} \in B$ tels que $\mathbf{x} = \mathbf{a} + \mathbf{b}$ et $\mathbf{y} = \mathbf{c} + \mathbf{d}$. Si t est un réel quelconque tel que $0 \le t \le 1$, on conclut en montrant que

$$\mathbf{w} = (1-t)\mathbf{x} + t\mathbf{y} = (1-t)(\mathbf{a} + \mathbf{b}) + t(\mathbf{c} + \mathbf{d})$$

appartient à $A + B$.

Section 8.6, page 527

1. Il est à peu près clair que les points de contrôle $\mathbf{x}(t) + \mathbf{b}$ doivent être $\mathbf{p}_0 + \mathbf{b}$, $\mathbf{p}_1 + \mathbf{b}$ et $\mathbf{p}_3 + \mathbf{b}$. On montre facilement que la courbe de Bézier correspondant à ces points de contrôle est décrite par $\mathbf{x}(t) + \mathbf{b}$.

3. a. $\mathbf{x}'(t) = (-3 + 6t - 3t^2)\mathbf{p}_0 + (3 - 12t + 9t^2)\mathbf{p}_1 + (6t - 9t^2)\mathbf{p}_2 + 3t^2\mathbf{p}_3$
Donc $\mathbf{x}'(0) = -3\mathbf{p}_0 + 3\mathbf{p}_1 = 3(\mathbf{p}_1 - \mathbf{p}_0)$
et $\mathbf{x}'(1) = -3\mathbf{p}_2 + 3\mathbf{p}_3 = 3(\mathbf{p}_3 - \mathbf{p}_2)$
Cela montre que le vecteur tangent $\mathbf{x}'(0)$ est dirigé de $\mathbf{p}_0$ vers $\mathbf{p}_1$ et a une longueur triple de celle de $\mathbf{p}_1 - \mathbf{p}_0$. De même, $\mathbf{x}'(1)$ est dirigé de $\mathbf{p}_2$ vers $\mathbf{p}_3$ et a une longueur triple de celle de $\mathbf{p}_3 - \mathbf{p}_2$. En particulier, $\mathbf{x}'(1) = \mathbf{0}$ si et seulement si $\mathbf{p}_3 = \mathbf{p}_2$.

b. $\mathbf{x}''(t) = (6 - 6t)\mathbf{p}_0 + (-12 + 18t)\mathbf{p}_1 + (6 - 18t)\mathbf{p}_2 + 6t\mathbf{p}_3$
D'où
$\mathbf{x}''(0) = 6\mathbf{p}_0 - 12\mathbf{p}_1 + 6\mathbf{p}_2 = 6(\mathbf{p}_0 - \mathbf{p}_1) + 6(\mathbf{p}_2 - \mathbf{p}_1)$
et
$\mathbf{x}''(1) = 6\mathbf{p}_1 - 12\mathbf{p}_2 + 6\mathbf{p}_3 = 6(\mathbf{p}_1 - \mathbf{p}_2) + 6(\mathbf{p}_3 - \mathbf{p}_2)$
Pour dessiner $\mathbf{x}''(0)$, on construit un système de coordonnées d'origine $\mathbf{p}_1$, et l'on note sur le dessin $\mathbf{p}_0 - \mathbf{p}_1$ à la place de $\mathbf{p}_0$ et $\mathbf{p}_2 - \mathbf{p}_1$ à la place de $\mathbf{p}_2$. Pour finir, on construit le segment joignant la nouvelle origine à la somme de $\mathbf{p}_0 - \mathbf{p}_1$ et de $\mathbf{p}_2 - \mathbf{p}_1$ en l'étendant un peu. Cette droite est dans la direction de $\mathbf{x}''(0)$.

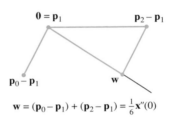

$\mathbf{w} = (\mathbf{p}_0 - \mathbf{p}_1) + (\mathbf{p}_2 - \mathbf{p}_1) = \frac{1}{6}\mathbf{x}''(0)$

5. a. D'après la question (a) de l'exercice 3 ou la relation (9) du texte, on a

$$\mathbf{x}'(1) = 3(\mathbf{p}_3 - \mathbf{p}_2)$$

L'application de la formule donnant $\mathbf{x}'(0)$ aux points de contrôle définissant $\mathbf{y}(t)$ conduit à

$$\mathbf{y}'(0) = 3\mathbf{p}_3 + 3\mathbf{p}_4 = 3(\mathbf{p}_4 - \mathbf{p}_3)$$

La condition de continuité C^1 est donc $3(\mathbf{p}_3 - \mathbf{p}_2) = 3(\mathbf{p}_4 - \mathbf{p}_3)$, soit $\mathbf{p}_3 = (\mathbf{p}_4 + \mathbf{p}_2)/2$, ce qui revient à dire que $\mathbf{p}_3$ est le milieu du segment $[\mathbf{p}_2\mathbf{p}_4]$.

b. Si $\mathbf{x}'(1) = \mathbf{y}'(0) = \mathbf{0}$, alors $\mathbf{p}_2 = \mathbf{p}_3$ et $\mathbf{p}_3 = \mathbf{p}_4$. Le « segment » $[\mathbf{p}_2\mathbf{p}_4]$ est alors réduit au point $\mathbf{p}_3$.
[*Remarque :* Dans ce cas, la courbe combinée possède par définition la continuité C^1. Toutefois, il peut exister des choix des points de contrôle $\mathbf{p}_0$, $\mathbf{p}_1$, $\mathbf{p}_5$ et $\mathbf{p}_6$ tels que la courbe présente un point anguleux en $\mathbf{p}_3$; dans ce cas, la courbe ne possède pas la continuité G^1 en $\mathbf{p}_3$.]

7. *Indication :* Utiliser l'expression de $\mathbf{x}''(t)$ obtenue dans l'exercice 3 en l'adaptant à la seconde courbe, et en déduire que

$$\mathbf{y}''(t) = 6(1-t)\mathbf{p}_3 + 6(-2 + 3t)\mathbf{p}_4 + 6(1 - 3t)\mathbf{p}_5 + 6t\mathbf{p}_6$$

Écrire ensuite la condition $\mathbf{x}''(1) = \mathbf{y}''(0)$. La courbe doit présenter une continuité C^1 en $\mathbf{p}_3$, ce qui, d'après la question (a) de l'exercice 5, signifie que $\mathbf{p}_3$ est le milieu du segment $[\mathbf{p}_2\mathbf{p}_4]$, c'est-à-dire que $\mathbf{p}_4 - \mathbf{p}_3 = \mathbf{p}_3 - \mathbf{p}_2$. De tout cela résulte le fait que $\mathbf{p}_4$ et $\mathbf{p}_5$ sont déterminés de façon unique par $\mathbf{p}_1$, $\mathbf{p}_2$ et $\mathbf{p}_3$. Seul $\mathbf{p}_6$ peut être choisi arbitrairement.

9. On écrit le vecteur des coefficients polynomiaux de $\mathbf{x}(t)$, on développe les polynômes et on écrit le vecteur sous la forme d'un produit $M_B \mathbf{u}(t)$:

$$\begin{bmatrix} 1 - 4t + 6t^2 - 4t^3 + t^4 \\ 4t - 12t^2 + 12t^3 - 4t^4 \\ 6t^2 - 12t^3 + 6t^4 \\ 4t^3 - 4t^4 \\ t^4 \end{bmatrix}$$

$$= \begin{bmatrix} 1 & -4 & 6 & -4 & 1 \\ 0 & 4 & -12 & 12 & -4 \\ 0 & 0 & 6 & -12 & 6 \\ 0 & 0 & 0 & 4 & -4 \\ 0 & 0 & 0 & 0 & 1 \end{bmatrix} \begin{bmatrix} 1 \\ t \\ t^2 \\ t^3 \\ t^4 \end{bmatrix}$$

d'où $\quad M_B = \begin{bmatrix} 1 & -4 & 6 & -4 & 1 \\ 0 & 4 & -12 & 12 & -4 \\ 0 & 0 & 6 & -12 & 6 \\ 0 & 0 & 0 & 4 & -4 \\ 0 & 0 & 0 & 0 & 1 \end{bmatrix}$

11. Lire attentivement les énoncés avant de répondre.

13. a. *Indication :* Utiliser le fait que $\mathbf{q}_0 = \mathbf{p}_0$.

b. On multiplie le premier et le dernier membre de la relation (13) par $\frac{8}{3}$ et l'on en déduit l'expression de $8\mathbf{q}_2$.

c. On remplace $8\mathbf{q}_3$ par sa valeur tirée de la relation (8), puis on applique la question (a).

15. a. D'après la relation (11), $\mathbf{y}'(1) = 0,5\mathbf{x}'(0,5) = \mathbf{z}'(0)$.

b. On remarque que $\mathbf{y}'(1) = 3(\mathbf{q}_3 - \mathbf{q}_2)$. Cela résulte de la relation (9), appliquée à $\mathbf{y}(t)$ et à ses points de contrôle, au lieu de $\mathbf{x}(t)$. De même, pour $\mathbf{z}(t)$ et ses points de contrôle, $\mathbf{z}'(0) = 3(\mathbf{r}_1 - \mathbf{r}_0)$. D'après la question (a), $3(\mathbf{q}_3 - \mathbf{q}_2) = 3(\mathbf{r}_1 - \mathbf{r}_0)$. En remplaçant $\mathbf{r}_0$ par $\mathbf{q}_3$, on obtient $\mathbf{q}_3 - \mathbf{q}_2 = \mathbf{r}_1 - \mathbf{q}_3$, soit $\mathbf{q}_3 = (\mathbf{q}_2 + \mathbf{r}_1)/2$.

c. On écrit $\mathbf{q}_0 = \mathbf{p}_0$ et $\mathbf{r}_3 = \mathbf{p}_3$. On calcule $\mathbf{q}_1 = (\mathbf{p}_0 + \mathbf{p}_1)/2$ et $\mathbf{r}_2 = (\mathbf{p}_2 + \mathbf{p}_3)/2$. On calcule $\mathbf{m} = (\mathbf{p}_1 + \mathbf{p}_2)/2$. On calcule $\mathbf{q}_2 = (\mathbf{q}_1 + \mathbf{m})/2$ et $\mathbf{r}_1 = (\mathbf{m} + \mathbf{r}_2)/2$. On calcule $\mathbf{q}_3 = (\mathbf{q}_2 + \mathbf{r}_1)/2$ et l'on écrit $\mathbf{r}_0 = \mathbf{q}_3$.

17. a. $\mathbf{r}_0 = \mathbf{p}_0, \mathbf{r}_1 = \dfrac{\mathbf{p}_0 + 2\mathbf{p}_1}{3}, \mathbf{r}_2 = \dfrac{2\mathbf{p}_1 + \mathbf{p}_2}{3}, \mathbf{r}_3 = \mathbf{p}_2$

b. *Indication :* On écrit la formule générale (7) de cette section, en remplaçant les $\mathbf{p}_i$ par les $\mathbf{r}_i$ pour $i = 0, \dots, 3$, puis on remplace respectivement $\mathbf{r}_0$ et $\mathbf{r}_3$ par $\mathbf{p}_0$ et $\mathbf{p}_2$:

$$\mathbf{x}(t) = (1 - 3t + 3t^2 - t^3)\mathbf{p}_0 \\ + (3t - 6t^2 + 3t^3)\mathbf{r}_1 \\ + (3t^2 - 3t^3)\mathbf{r}_2 + t^3\mathbf{p}_2 \qquad (iii)$$

On utilise alors les expressions de $\mathbf{r}_1$ et $\mathbf{r}_2$ obtenues à la question (a) et l'on examine les deuxième et troisième termes de cette expression de $\mathbf{x}(t)$.

Index

Sources des photographies

Couverture : Logan Troxell/Unsplash.

Chapitre 1

Ouverture : Wassily Leontief © Keystone/Hulton Archive/Getty Images.

Page 55 : Olivier Le Queinec/Shutterstock, Abutyrin/Shutterstock et SasinT/Shutterstock.

Page 59 : Monkey Business Images/Shutterstock et Kurhan/Shutterstock.

Page 92 : Josef Hanus/Shutterstock et Gary Blakeley/Shutterstock.

Chapitre 2

Ouverture : modélisation 3D d'un Boeing 777 © Spooky2006/Fotolia.

Page 100 : NASA.

Page 128 : Radub85/Fotolia.

Page 133 : NASA.

Page 148 : Fotokostic/Shutterstock, Rainer Plendl/Shutterstock, Vibe Images/Fotolia et Dotshock/Shutterstock.

Page 154 : Alexander Raths/Fotolia.

Chapitre 3

Ouverture : Richard Feynman © AP Images.

Chapitre 4

Ouverture : premier vol de la navette spatiale américaine © NASA.

Page 239 : Shim11/Fotolia et Ifong/Shutterstock.

Page 275 : Archana Bhartial/Shutterstock et Noah Strycker/Shutterstock.

Chapitre 5

Ouverture : chouette tachetée du Nord © Digitalmedia.fws.gov.

Chapitre 6

Ouverture : système géodésique nord-américain © Dmitry Kalinovsky/Shutterstock.

Page 405 : MarcelClemens/Shutterstock.

Chapitre 7

Ouverture : satellites Landsat © Landsat Data/U.S. Geological Survey.

Page 426 : Landsat Data/U.S. Geological Survey.

Page 446 : Dejangasparin/Fotolia, Dmitry Kalinovsky/Shutterstock et Viki2win/Shutterstock.

Chapitre 8

Ouverture : fresque *L'École d'Athènes* © The Art Gallery Collection/Alamy.

S